A PRIVACIDADE DOS TRABALHADORES
E AS NOVAS TECNOLOGIAS DE INFORMAÇÃO
E COMUNICAÇÃO: CONTRIBUTO PARA UM ESTUDO
DOS LIMITES DO PODER DE CONTROLO
ELECTRÓNICO DO EMPREGADOR

TERESA ALEXANDRA COELHO MOREIRA
Doutora em Direito

A PRIVACIDADE DOS TRABALHADORES E AS NOVAS TECNOLOGIAS DE INFORMAÇÃO E COMUNICAÇÃO: CONTRIBUTO PARA UM ESTUDO DOS LIMITES DO PODER DE CONTROLO ELECTRÓNICO DO EMPREGADOR

A PRIVACIDADE DOS TRABALHADORES
E AS NOVAS TECNOLOGIAS DE INFORMAÇÃO
E COMUNICAÇÃO: CONTRIBUTO PARA UM ESTUDO
DOS LIMITES DO PODER DE CONTROLO
ELECTRÓNICO DO EMPREGADOR

AUTOR
TERESA ALEXANDRA COELHO MOREIRA

EDITOR
EDIÇÕES ALMEDINA, SA
Av. Fernão Magalhães, n.º 584, 5.º Andar
3000-174 Coimbra
Tel.: 239 851 904
Fax: 239 851 901
www.almedina.net
editora@almedina.net

PRÉ-IMPRESSÃO | IMPRESSÃO | ACABAMENTO
G.-C. GRÁFICA DE COIMBRA, LDA.
Palheira – Assafarge
3001-453 Coimbra
producao@graficadecoimbra.pt

Maio, 2010

DEPÓSITO LEGAL
311091/10

Os dados e as opiniões inseridos na presente publicação
são da exclusiva responsabilidade do(s) seu(s) autor(es).

Toda a reprodução desta obra, por fotocópia ou outro qualquer
processo, sem prévia autorização escrita do Editor, é ilícita
e passível de procedimento judicial contra o infractor.

Biblioteca Nacional de Portugal – Catalogação na Publicação

MOREIRA, Teresa Coelho

A privacidade dos trabalhadores e as novas tecnologias de
informação e comunicação : contributo para um estudo dos
limites do poder de controlo electrónico do empregador.
(Teses de doutoramento)
ISBN 978-972-40-4208-4

CDU 349
      331
      342

Ao João
Às nossas filhas Joana e Maria Beatriz

Aos meus pais
Às minhas irmãs
Aos meus avós

Todos eles, a seu jeito, meus companheiros de viagem,
com carinhoso sentido de companheirismo,
compreensão, entre-ajuda e solidariedade.

A obra que agora se publica corresponde, com ligeiras alterações, à dissertação de doutoramento em Ciências Jurídico-Empresariais apresentada na Universidade do Minho em Abril de 2009 e defendida em provas públicas em 3 de Fevereiro de 2010.

É de elementar justiça traduzir o profundo agradecimento ao Senhor Professor Doutor Leal Amado, orientador desta dissertação, pela disponibilidade constante, pelos ensinamentos, pelas sugestões e pelo estímulo permanente.

Agradeço, igualmente, ao Senhor Professor Doutor Luís Couto Gonçalves, co-orientador, toda a solidariedade, apoio e solicitude, essenciais à concretização deste trabalho.

Aos Senhores Professores Doutores Júlio Gomes e José João Abrantes, agradeço as observações e críticas construtivas que formularam na qualidade de arguentes.

Traduzo, ainda, o meu sincero agradecimento à Escola de Direito da Universidade do Minho todo o apoio concedido, nomeadamente através da dispensa de serviço docente.

Por último, mas não menos importante, agradeço aos meus familiares mais próximos, o apoio, o carinho e a atenção que sempre me dispensaram ajudando-me a fazer a caminhada.

Vila Nova de Gaia, Março de 2010

ÍNDICE GERAL

Agradecimento	7
Índice Geral	9
Abreviaturas	15
Introdução	21
Capítulo I – As Novas Tecnologias e a Privacidade	47

1. Introdução 49
2. As consequências da explosão informática e o surgimento do mundo
   digital: as novas tecnologias de informação e comunicação 65
3. As novas tecnologias, a organização empresarial e o Direito do Trabalho 78
4. A Privacidade 105
   4.1. Introdução 105
   4.2. A protecção da privacidade no Direito Internacional 125
   4.3. A protecção da privacidade no Direito Comparado 133
       4.3.1. A protecção da privacidade nos ordenamentos jurídicos
           norte americanos 135
           4.3.1.1. A protecção da privacidade nos EUA 135
           4.3.1.2. A protecção da privacidade no Canadá: breve refe-
                   rência 158
       4.3.2. A protecção da privacidade no contexto europeu 161
           4.3.2.1. O direito à privacidade nos textos internacionais do
                   Conselho da Europa 165
           4.3.2.2. O direito à privacidade na jurisprudência do Tribu-
                   nal Europeu dos Direitos do Homem: análise do ar-
                   tigo 8.° da CEDH 175
           4.3.2.3. O direito à privacidade na União Europeia 186

10 *A Privacidade dos Trabalhadores e as Novas Tecnologias...*

4.3.2.4. O direito à privacidade no ordenamento jurídico
alemão 203
4.3.2.5. O direito à privacidade no ordenamento jurídico
espanhol 221
4.3.2.6. O direito à privacidade no ordenamento jurídico
francês 236
4.3.2.7. O direito à privacidade no ordenamento jurídico
inglês 247
4.3.2.8. O direito à privacidade no ordenamento jurídico
italiano 252
4.4. A protecção da privacidade no ordenamento jurídico português.... 262
4.4.1. A protecção constitucional da privacidade 264
4.4.1.1. Introdução 264
4.4.1.2. Análise dos direitos fundamentais 269
4.4.1.2.1. Direito à dignidade da pessoa humana 269
4.4.1.2.2. Direito à reserva sobre a intimidade da vida privada 275
4.4.1.2.3. Direito ao sigilo da correspondência e de outras
comunicações privadas 288
4.4.1.2.4. Direito à autodeterminação informativa 293
4.4.2. A protecção civil da privacidade 302
4.4.3. A protecção penal da privacidade: breve referência............ 325
4.4.4. A protecção laboral da privacidade 329

**Capítulo II – O Poder de Controlo Electrónico do Empregador e as
Novas Tecnologias** 341

1. Os poderes do empregador... 343
2. O poder directivo do empregador 354
3. O poder de controlo do empregador 368
4. As condições de exercício do poder de controlo do empregador: a proporcionalidade, a boa fé e o conhecimento prévio por parte dos trabalhadores 380
5. Limites do poder de controlo do empregador: os direitos fundamentais do
trabalhador 398
6. O impacto das novas tecnologias no âmbito do poder de controlo do empregador: o controlo electrónico do empregador 413
7. A responsabilidade do empregador por actos dos seus trabalhadores:
referência 430

Índice Geral   11

Capítulo III – O Controlo através de Meios Audiovisuais 439

1. Introdução 441
2. O controlo do empregador e a protecção de dados 453
   2.1. A consideração da imagem e do som do trabalhador como dados pessoais e o seu tratamento 468
   2.2. O consentimento do trabalhador afectado 476
3. A adopção de instrumentos audiovisuais de controlo na relação de trabalho 486
   3.1. Introdução 486
   3.2. O princípio da finalidade legítima 489
      3.2.1. A necessária concorrência de um interesse do empregador constitucionalmente relevante 491
      3.2.2. A proibição, como regra geral, do controlo directo da actividade do trabalhador 495
      3.2.3. Os possíveis fins legítimos da vídeo e da audiovigilância ... 506
         3.2.3.1. Por exigências de segurança de pessoas e bens 513
         3.2.3.2. Por particulares exigências inerentes à natureza da actividade 519
   3.3. O princípio da proporcionalidade 520
      3.3.1. O carácter indispensável da vigilância 525
      3.3.2. O princípio da intromissão mínima: valoração do campo de visão e do tempo de gravação 528
   3.4. O princípio da transparência 534
      3.4.1. A informação prévia aos trabalhadores e aos seus representantes 537
      3.4.2. A proibição do controlo oculto: excepções 546
4. A aplicação dos meios audiovisuais de controlo na relação de trabalho 559
   4.1. Introdução 559
   4.2. O princípio da adequação da visualização das imagens ao fim pretendido 560
   4.3. A compatibilidade com a finalidade declarada 567

Capítulo IV – O Controlo das Comunicações Electrónicas e o Poder Informático do Empregador 583

1. Introdução 585
2. O controlo das comunicações electrónicas na jurisprudência do TEDH: breve referência 597
3. Breve referência às tendências de regulamentação da monitorização das comunicações electrónicas na União Europeia 604

12   *A Privacidade dos Trabalhadores e as Novas Tecnologias...*

4. A informática, as novas tecnologias de informação e comunicação e o controlo electrónico dos trabalhadores 613
   4.1. Considerações introdutórias 613
   4.2. O princípio da boa fé, da transparência e do uso pessoal como questões prévias no uso dos instrumentos informáticos da empresa e no exercício do poder de controlo electrónico do empregador 620
   4.3. O computador 632
      4.3.1. Introdução 632
      4.3.2. O computador como instrumento de controlo do empregador 635
         4.3.2.1. A instalação de programas para controlar a actividade do trabalhador 640
         4.3.2.2. O controlo da memória do computador 647
   4.4. A *Internet* 656
      4.4.1. Introdução 656
         4.4.1.1. A concepção e a evolução da *Internet* 660
         4.4.1.2. Serviços da *Internet* 665
      4.4.2. Uso e controlo da *internet* na empresa 668
         4.4.2.1. Análise dos direitos em causa: breve referência 672
         4.4.2.2. Breve análise das técnicas empresariais de controlo da utilização da *internet* por parte dos trabalhadores 677
         4.4.2.3. Análise crítica dos motivos que justificam o controlo electrónico da *internet* 686
   4.5. O *e-mail* 704
      4.5.1. Introdução 704
      4.5.2. O controlo dos *e-mails* dos trabalhadores 709
         4.5.2.1. Formas de controlo utilizadas por parte do empregador: breve referência 712
         4.5.2.2. O controlo das mensagens dos trabalhadores 715
            4.5.2.2.1. Questão prévia: natureza do *e-mail* 717
            4.5.2.2.2. A aplicação do direito ao sigilo da correspondência e de outras comunicações privadas ao *e-mail* dos trabalhadores: análise dos elementos caracterizadores deste direito e a sua aplicação na relação de trabalho 719
                4.5.2.2.2.1. Análise do ordenamento jurídico norte-americano 719
                4.5.2.2.2.2. Análise do ordenamento jurídico alemão 734
                4.5.2.2.2.3. Análise do ordenamento jurídico espanhol 741

4.5.2.2.2.4. Análise do ordenamento jurídico francês 759
4.5.2.2.2.5. Análise do ordenamento jurídico inglês........................... 771
4.5.2.2.2.6. Análise do ordenamento jurídico italiano 777
4.5.2.2.2.7. Análise do ordenamento jurídico português 782

Conclusões 799

Bibliografia 833

ABREVIATURAS

AA.VV.	—	Autores vários
AAFDL	—	Associação Académica da Faculdade de Direito de Lisboa
Ac.	—	Acórdão
ACLU	—	American Civil Liberties Union
ADL	—	Argomenti di Diritto del Lavoro
ADN	—	Ácido desoxirribonucleico
ADSTA	—	Acórdãos Doutrinais do Supremo Tribunal Administrativo
AiB	—	Arbeitsrecht im Betrieb
AL	—	Actualidad Laboral
Al. (als.)	—	Alínea(s)
Am. Bus. L. J.	—	American Business Law Journal
AMA	—	American Management Association
AS	—	Arazandi Social
AuA	—	Arbeit und Arbeitsrecht
B. U. J. Sci. & Tech. L.	—	Boston University Journal of Science & Technology Law
BAG	—	Bundesarbeitsgericht
BB	—	Der Betriebs-Berater
BDSG	—	Bundesdatenschutzgesetz
Betrvg	—	Betriebsverfassungesetz
BFDUC	—	Boletim da Faculdade de Direito da Universidade de Coimbra
BGB	—	Bürgerliches Gesetzbuch
BGHZ	—	Bundesgerichtshof in Zivilsachen
BMJ	—	Boletim do Ministério da Justiça
BOE	—	Boletín Oficial del Estado
Bverfg	—	Betriebsverfassungsgericht
BverfGE	—	Bundesverfassungsgericht
C.C.T.	—	Convenção Colectiva de Trabalho
Cass. Soc.	—	Cassation Sociale

CC	— Código Civil
CCTV	— Circuito fechado de televisão
CE	— Constituição Espanhola
CEDH	— Convenção Europeia dos Direitos do Homem
CEE	— Comunidade Económica Europeia
CES	— Consejo Económico y Social
CF	— Computer Fachwissen
Cf.	— Confrontar; conferir
CI	— Constituição Italiana
Cit.	— Citado
CJ	— Colectânea de Jurisprudência
CJTE	— Colectânea de Jurisprudência do Tribunal Europeu
CNIL	— Comission Nationale de Informatique et Libertés
CNPD	— Comissão Nacional de Protecção de Dados
COLR	— Cork On Line Review
Comp. Labor Law & Pol'y Journal	— Comparative Labor Law & Policy Journal
Coord.	— Coordenação
CP	— Código Penal
CPC	— Código de Processo Civil
CPP	— Código de Processo Penal
CRP	— Constituição da República Portuguesa
CT	— Code du Travail ou Código do Trabalho
CuA	— Computer und Arbeit
DL	— Documentación Laboral ou Decreto-Lei ou Diritto del Lavoro
DJ	— Direito e Justiça
DO	— Droit Ouvrier
DR	— Diário da República
DRI	— Diritto della Relazione Industriali
DS	— Droit Social
DuD	— Datenschutz und Datensicherung
DUDH	— Declaração Universal dos Direitos do Homem
DVR	— Datenverarbeitung im Recht
ECPA	— Electronics Communications Privacy Act
ET	— Estatuto de los Trabajadores
EUA	— Estados Unidos da América
Ex vi	— Por força de
FDUNL	— Faculdade de Direito da Universidade Nova de Lisboa
FI	— Il Foro Italiano
GDLRI	— Giornale di diritto del lavoro e di relazioni industriali

GG	—	Grundgesetz
GI	—	Giurisprudenza Italiana
GPS	—	Global Position System
ILJ	—	Industrial Law Journal
ILR	—	Industrial Law Review
ILR	—	International Law Review
IP	—	Internet Protocol
IR	—	Industrial Review
JCP	—	Juris-classeur Périodique
JOCE	—	Jornal Oficial da Comunidade Europeia
JZ	—	Juristen Zeitung
KSchG	—	Kündigungschutzsgesetz
L.	—	Lei
LCCT	—	Regime Jurídico da Cessação do Contrato Individual de Trabalho e da Celebração e Caducidade do Contrato de Trabalho a Termo, aprovado pelo D.L. n.º 64-A/89, de 27 de Fevereiro
LD	—	Lavoro e Diritto
LGDJ	—	Librairie Générale de Droit et de Jurisprudence
LNG	—	Il Lavoro nella Giurisprudenza
MGL	—	Massimario di Giurisprudenza del Lavoro
MMR	—	Multimedia und Recht
MTTLR	—	Michigan Telecommunication Technology Law Review
N.º	—	Número
NTIC	—	Novas Tecnologias da Informação e da Comunicação
NZA	—	Neue Zeitschrift für Arbeitsrecht
OCDE	—	Organização de Cooperação e Desenvolvimento Económico
OIT	—	Organização Internacional do Trabalho
ONU	—	Organização das Nações Unidas
Op. cit.	—	Obra citada
P.	—	Página
PC	—	Personal Computer
PDT	—	Prontuário de Direito do Trabalho
PGR	—	Procuradoria-Geral da República
PIDCP	—	Pacto Internacional de Direito Civis e Políticos
Pp.	—	Páginas
QL	—	Questões Laborais
RCDP	—	Revista Critica del Diritto Privato
RdA	—	Recht der Arbeit
RDE	—	Revista de Direito e Economia

RDES	—	Revista de Direito e de Estudos Sociais
RDS	—	Revista de Derecho Social
RDT	—	Revista de Direito do Trabalho
RDTIC	—	La Revue du Droit des Tecniques de l'Information et de la Communication
RDV	—	Recht der Datenvearbeitung
RE	—	Relação de Évora
REDT	—	Revista Española de Derecho del Trabajo
Reimp.	—	Reimpressão
RGLPS	—	Revista Giuridica del Lavoro e della Previdenza Sociale
RIDC	—	Revue Internationale de Droit Comparé
RIDL	—	Revista Italiana di Diritto del Lavoro
RIT	—	Revue Internationale du Travail
RJS	—	Revue de Jurisprudence Sociale
RL	—	Relaciones Laborales ou Relação de Lisboa
RMP	—	Revista do Ministério Público
RMTAS	—	Revista del Ministerio de Trabajo y Asuntos Sociales
ROA	—	Revista da Ordem dos Advogados
RP	—	Relação do Porto
RT	—	Revista de Trabajo
RTDPC	—	Rivista Trimestrale di Diritto e Procedura Civile
RTSS	—	Revista de Trabajo e Seguridad Social
RTSS-CEF	—	Revista de Trabajo e Seguridad Social – Cuadernos de Estudios Fiscales
S.	—	Seguinte
Séc.	—	Século
SL	—	Statuto dei Lavoratori
Ss.	—	Seguintes
Stanf. Techn. L. Rev.	—	Stanford Technology Law Review
STC	—	Sentença do Tribunal Constitucional
StGB	—	Strafgesetzbuch
STJ	—	Supremo Tribunal de Justiça
TC	—	Tribunal Constitucional
TCE	—	Tribunal Constitucional Espanhol
TCP	—	Transport Control Protocol
TEDH	—	Tribunal Europeu dos Direitos do Homem
TGI	—	Tribunal de Grand Instance
TJCE	—	Tribunal de Justiça das Comunidades Europeias
TKG	—	Telekommunikationsgesetz
TKÜV	—	Telekommunikations-Überwachungsverordnung

TL	—	Temas Laborales
TMG	—	Telemediengesetz
Trad.	—	Tradução
TS	—	Tribuna Social
TSJ	—	Tribunal Superior de Justiça
TUE	—	Tratado da União Europeia
UE	—	União Europeia
UNESCO	—	United Nations
USAL	—	Universidad del Salvador
V.g.	—	Verbi gratia, por exemplo
Vd.	—	Vide, veja

INTRODUÇÃO

1. O tema das NTIC e da privacidade dos trabalhadores incide sobre vários segmentos das relações de trabalho, do plano individual ao colectivo, sendo um tema bastante polémico e com múltiplas ligações e interrogações. Torna-se uma temática extremamente ampla, cujo desenvolvimento e análise pormenorizados não são comportados na análise feita neste trabalho. Desta forma, não irão ser vistas algumas vertentes do problema, como o da utilização de dados biométricos para controlo dos trabalhadores ou o controlo através dos telefones e dos telemóveis, assim como o controlo das comunicações electrónicas dos representantes dos trabalhadores e daqueles com estes, sem prejuízo de serem considerados temas extremamente importantes. Foi feita a opção pela análise de outras *frentes* do problema.

Assim, o estudo centra-se na problemática adveniente do relacionamento entre as NTIC e a privacidade dos trabalhadores, analisando os limites ao poder de controlo electrónico do empregador que derivam desta relação, atendendo a que esta matéria e a problemática que suscita adquiriram grande actualidade com a introdução das NTIC nas empresas.

2. As NTIC associadas à informática fizeram com que o tema do direito à privacidade e à dignidade dos trabalhadores adquirisse enorme importância no Direito do trabalho, de tal forma que há quem refira, a esse nível, uma verdadeira revolução industrial, agora de tipo informático, na medida em que se opera uma ruptura com o sistema anteriormente vigente com a emergência e o surgimento de uma longa série de transformações económicas e sociais que nunca mais param.

Nos últimos anos, o impacto das NTIC na sociedade tem sido notável e incidiu, com uma velocidade vertiginosa, e com efeitos sinergéticos incalculáveis, não só no modo de viver, de pensar e de agir de todas as pessoas, como também no mundo do trabalho, transformando em profundidade a estrutura empresarial, revolucionando todo o processo de produção, a programação e a organização da actividade do trabalho, assim como a própria profissionalidade e as condições de vida materiais e morais dos trabalhadores e, consequentemente, a própria configuração da relação de trabalho. E a centralidade da informação e da comunicação constitui uma das características fundamentais da sociedade actual, sendo nesta sociedade informacional que a empresa dos nossos dias necessariamente se coloca e movimenta.

Simultaneamente, moldam-se e modelam-se novas sociedades que colocam múltiplas e diferenciadas questões ao Direito do trabalho, principalmente porque o homem passa a ser instrumentalizado, considerado como uma verdadeira fonte de informação pessoal, com a secundarização dos valores humanos e com a prevalência do dito pensamento único, economicista.

De facto, com as NTIC surgem vários instrumentos informáticos capazes de ameaçar a privacidade das pessoas, em geral, e dos trabalhadores, em especial. Esta situação levanta um verdadeiro e quase insolúvel desafio à privacidade já que através destas inovações tecnológicas é possível efectuar, quase de forma ilimitada, a recolha e o tratamento de informações pessoais, associados a uma enorme rapidez de acesso através dos computadores, a que acresce a circulação informacional em moldes quase inimagináveis.

É, assim, possível tratar, armazenar, regular e controlar grande número de informação sobre as pessoas, o que provoca um enorme controlo sobre elas e sobre a sua privacidade.

No entanto, também não pode deixar de atender-se a que a tecnologia é em si mesma neutra, o mesmo não se podendo dizer do homem que a utiliza, cujo *leitmotiv* é o controlo das pessoas. Na verdade, conforme a história tem vindo a demonstrar ao longo do tempo, tão curto e tão longo, as inovações tecnológicas só dependem da utilização que lhes é dada pelo homem.

E a questão que, desde logo, se coloca é a de saber se o tratamento de dados pessoais associado à enorme facilidade da sua recolha, tratamento e circulação através das inovações tecnológicas se poderá circunscrever aos parâmetros tradicionais ou se será necessária uma regulamentação nova, num mundo *novo*[1] que atenda às características extremamente

---

[1] ALDOUS HUXLEY, O *Admirável Mundo Novo*, Colecção Mil Folhas, Lisboa, 2003.

Introdução 25

intrusivas das NTIC, não deixando de ter em consideração que a informação, mesmo a mais pessoal, circula de forma muito rápida, em muito maior quantidade e através de muitos mais sujeitos do que em qualquer outra época, aumentando o perigo da sua descontextualização.

Torna-se necessário, se bem vemos, aferir da forma como o tratamento de dados pessoais deve ser feito, já que os que estão computorizados e telematicamente disponíveis podem ser recolhidos de modo muito mais simples e com um custo substancialmente menor para o empregador.

A sociedade actual, entendida como sociedade da informação, identifica-se cada vez mais com uma sociedade da identificação, onde o espaço da privacidade é cada vez mais acanhado.

Fácil é constatar que, com o aumento da possibilidade de controlo e da vigilância neste tipo de sociedade, o tema da privacidade das pessoas, em geral, e dos trabalhadores, em especial, adquire importância extraordinária e excepcional.

Não pode entender-se que as novas tecnologias só trazem consequências negativas para a sociedade, com o enorme aumento do poder de controlo que comporta. De facto, em termos colectivos, elas potenciam um desenvolvimento humano mais harmónico, facultando uma maior mundividência.

Torna-se necessário, diria mesmo imperioso, aferir qual a extensão da protecção da privacidade e tentar saber se a tecnologia comporta e impõe os seus próprios limites.

3. Assiste-se, actualmente, a uma verdadeira revolução tecnológica associada às NTIC e que alterou toda a estrutura da sociedade a nível mundial. Como se caracteriza este tipo de sociedade? Como surge o conceito da actual sociedade da informação?

As novas tecnologias, associadas às telecomunicações, possibilitam situações impensáveis até há poucos anos. Do ponto de vista material, esta sociedade provoca enormes mudanças nas formas de produção, podendo falar-se de uma nova economia, de uma nova forma de organização do trabalho, e de novas realidades laborais, de que é exemplo, a ser registado, o teletrabalho. Como se caracterizam estas novas relações de trabalho? E que mudanças implicam para a tradicional relação jurídico-laboral, atendendo a que um dos factores que se está a repercutir de forma mais dinâmica nas relações laborais está relacionado com a incorporação de novas estruturas organizativas amparadas nas NTIC, que supõem uma mudança na concepção espacial e temporal da relação de trabalho clássica. Esta é outra *vexata quaestio*.

4. Impõe-se, no entanto, responder a uma questão prévia. O que deve entender-se por novas tecnologias de informação e de comunicação? Quais as suas repercussões nas relações de trabalho, com a consciência de que elas vieram para ficar?

Na verdade, o Direito do trabalho é um ramo do Direito que está constantemente sujeito a um processo de mudanças devido à intervenção de inúmeros factores de diversa natureza, onde as inovações tecnológicas e o aumento da produtividade e da competitividade marcam presença constante. Pode dizer-se, até, que este ramo do Direito é um dos mais *permeáveis* às mudanças e, por isso, é muito reactivo, havendo quem o compare a uma espécie de *sismógrafo*.

Pergunta-se, pois, que diferenças advêm da introdução maciça destas NTIC? O que se altera na relação de trabalho? Será possível a manutenção da defesa da relação de trabalho *típica* que esteve na origem do Direito do trabalho dito clássico[2]? E qual a reacção do ordenamento jurídico perante o surgimento de novas empresas intrinsecamente relacionadas com as NTIC e com a informática?

Perante uma nova revolução, uma *inforevolução*, ligada ao desenvolvimento das NTIC, onde o papel preponderante é ocupado pela informação, quais são as características deste novo tipo de trabalho? Tornar-se-á necessário o surgimento de um novo Direito do trabalho[3]? Na verdade, as NTIC estão a alterar as relações laborais e a determinar que os sistemas de organização e gestão de trabalho se modifiquem, principal-

---

[2] BERNARDO DA GAMA LOBO XAVIER, "O direito do trabalho na crise (Portugal), *in Temas de Direito do Trabalho – Direito do Trabalho na crise Poder empresarial Greves atípicas – IV Jornadas Luso-Hispano-Brasileiras de Direito do Trabalho*, Coimbra Editora, Coimbra, 1990, p. 103, e *Curso de Direito do Trabalho – I – Introdução Quadros Organizacionais e Fontes*, 3.ª edição, Verbo, Lisboa, 2004, pp. 54-57. No mesmo sentido BOAVENTURA DE SOUSA SANTOS, JOSÉ REIS e MARIA MANUEL MARQUES, "O Estado e as transformações recentes da relação salarial – A transição para um novo modelo de regulação da economia", *in Temas de Direito do Trabalho…*, p. 142.

[3] Há autores cujos manuais se intitulam, justamente, O Novo Direito do Trabalho. É o caso, *v.g.*, de MONEREO PÉREZ, *Introducción al nuevo derecho del trabajo*, tirant lo blanch, Valencia, 1996.

Introdução 27

mente a nível espacial e temporal. A informática representa, desta forma, o ponto comum às várias mudanças operadas, incidindo, de forma acutilante, em vários sectores das relações laborais, necessitando o Direito do trabalho de adaptar-se às novas realidades.

5. A introdução das NTIC, traduzindo inúmeras vantagens para a empresa e para o empregador, comporta, também, riscos acrescidos para os direitos fundamentais dos trabalhadores, sobretudo para o direito à privacidade. Com estas novas tecnologias há um aumento desmesurado da capacidade de acumulação de informação e permite-se ao empregador reconstruir, a partir de dados aparentemente inócuos e *inofensivos*, o perfil do trabalhador, que poderá ser utilizado com os fins mais diversos. Desta forma, a informática permite um tratamento de dados pessoais do trabalhador de forma ilimitada e indiscriminada, desnudando-o *in totum*, tornando-o mais *transparente et, pour cause*, mais frágil.

Um dos domínios onde as aplicações dos computadores foi mais aceite ocorreu no sector empresarial, quer pela ligação muito próxima que existe entre novas tecnologias e aumento da produtividade, quer, ainda, pelo interesse do empregador em conhecer e controlar o que acontece na empresa de que é titular.

O problema que surge com as NTIC é, sobretudo, um problema de fixação de limites aos poderes empresariais[4], pois mesmo que, tecnicamente, seja possível a omnipresença do empregador este não pode fazer tudo o que lhe aprouver na perspectiva do velho senhor do *quero, posso e mando*[5], sendo objectivo deste trabalho analisar as possíveis violações dos direitos fundamentais dos trabalhadores que poderão ocorrer na empresa devido aos desafios característicos da sociedade actual e relacionados com a utilização indevida das NTIC.

6. O direito à privacidade é entendido como um direito fundamental, interligando-se com outros direitos, e emerge da dignidade da pessoa

---

[4] Leal Amado, *Contrato de Trabalho*, Coimbra Editora, Coimbra, 2009, p. 216, relaciona o problema dos limites dos poderes do empregador com os direitos fundamentais inespecíficos dos trabalhadores. A propósito dos direitos laborais inespecíficos *vide*, ainda, Palomeque López, *in Los derechos laborales en la Constitución Española*, Cuadernos y Debates, n.º 28, Centro de Estudios Constitucionales, Madrid, 1991.

[5] Com a similitude ao *ius utendi, fruendi et abutendi*, dos Direitos reais.

humana, sendo que se tornou num dos direitos mais importantes da actualidade, essencial para uma sociedade pluralista e democrática. Na verdade, há certos valores dinâmicos que não perdem a sua importância apesar dos efeitos da *erosão* do tempo e de outros factores. A privacidade é um deles, mantendo a sua vitalidade no tempo. Em que consiste este direito? Como surgiu e como se fez a *caminhada* até aos nossos dias?

Sabendo que a *paternidade* do direito à privacidade é conferida ao estudo de WARREN e BRANDEIS, *The right to privacy*, a ideia do *right to be alone* não espelha a realidade nem o significado actual deste direito, questionando-se, pois, sobre o conteúdo e a dimensão que ele reveste na actualidade. Sendo diferente do direito à intimidade da vida privada, é um conceito que está umbilicalmente relacionado com as inovações tecnológicas associadas à informática e ao direito à autodeterminação informativa.

7. A partir dos anos sessenta do século passado assiste-se a uma alteração radical do conceito de privacidade e da sensibilidade social a este associada devido ao surgimento dos computadores e às mudanças ocorridas na própria sociedade.

Cabe, pois, ao Direito encontrar o equilíbrio entre o desenvolvimento tecnológico e os direitos e liberdades das pessoas, necessitando de repensar o conceito de privacidade perante as NTIC, na medida em que os conceitos então dominantes estavam como que numa era *pré-informática*, tendo sempre em consideração que as pessoas não são autómatos. Actualmente, torna-se necessário proteger as pessoas e os seus dados pessoais perante os perigos das novas tecnologias associadas à informática na medida em que uma visão meramente negativa deste direito não é o *quantum satis* da protecção. Torna-se essencial alterar a perspectiva, diria mesmo mudar de rumo, e ligar o termo privacidade à capacidade e ao direito dos indivíduos controlarem a informação que lhes diz respeito, ou seja, impõe-se uma perspectiva positiva relacionada com o controlo do fluxo informacional.

Opta-se, desta forma, pelo termo privacidade. Qual a *ratio* da opção feita? E a consagração deste conceito em termos internacionais será antiga? E sob o ponto de vista do Direito comparado, não será necessária uma análise de vários ordenamentos jurídicos para ver e compreender a evolução da noção deste direito? Parece, pois, que esta análise constitui uma exigência inegável, quer do ponto de vista metodológico, quer para uma adequada compreensão do objecto deste trabalho, revestindo-se de particular interesse a distinção entre a protecção nos ordenamentos jurídicos norte-americano e nos europeus continentais.

Tendo o direito à privacidade limites, sabendo-se que praticamente não há direitos absolutos ou ilimitados, quais serão? Atendendo a que o tempo da inovação e o tempo do legislador estão desfasados, andando o primeiro muito mais celeremente do que o segundo, deverá este direito ser entendido como um direito aberto ou fechado?

Será que a privacidade nos ordenamentos jurídicos norte-americanos e nos europeus caminhou de forma idêntica? Teriam surgido na mesma altura? E a sua evolução e ligação com as NTIC como ocorreu? Será que o nível de protecção é idêntico?

Quais as vertentes deste direito à privacidade? Que direitos podem ser considerados como englobados?

8. Para o estudo do direito à privacidade reveste importância fundamental a análise do conceito de dados pessoais e do direito à autodeterminação informativa, não se prescindindo do estudo de outros direitos de personalidade. Torna-se, ainda, essencial aferir do direito à dignidade na medida em que o direito à privacidade do trabalhador decorre, assim como a tutela do direito ao sigilo da correspondência, da sua previsão constitucional e legal, sendo fundamental para se aferir dos eventuais limites ao poder de controlo do empregador.

Uma abordagem comparatista é essencial quando se tem em consideração uma das características fundamentais das NTIC e que é precisamente o esbatimento das fronteiras espácio-temporais. Impõe-se, pois, uma abordagem de vários ordenamentos jurídicos e, ainda, das normas oriundas do Conselho da Europa e da União Europeia, principalmente porque esta conseguiu que o tratamento dos dados pessoais e das NTIC fossem reconduzidos a uma espécie de Direito comum.

9. O ordenamento jurídico português foi pioneiro na consagração constitucional do direito à autodeterminação informativa. Como se operou a sua consagração na legislação ordinária? Qual o conceito de privacidade no nosso ordenamento jurídico?

Este direito assenta na ideia de dignidade da pessoa humana na medida em que esta implica que a cada pessoa sejam atribuídos direitos que representam uma esfera mínima inviolável.

30   *A Privacidade dos Trabalhadores e as Novas Tecnologias...*

A protecção deste direito não se cinge ao plano constitucional, espraiando-se pelo Direito penal, pelo Direito civil e pelo Direito do trabalho. Torna-se, pois, essencial aferir da forma de protecção deste direito quer a nível constitucional, quer a nível penal, civil e laboral, tendo em linha de conta que com as novas tecnologias surge uma nova categoria de direitos, ditos de quarta geração, relacionados com a enorme difusão destas NTIC. Restará procurar saber se a expressão reserva sobre a intimidade da vida privada tem o mesmo significado do direito à privacidade.

10. O direito à privacidade é um direito que se encontra ligado à dignidade do trabalhador enquanto pessoa e, por isso, justifica-se a sua consagração ao nível do Direito do trabalho. O contrato de trabalho pressupõe o reconhecimento da dignidade do trabalhador, sendo que a execução das obrigações que dele decorrem não pode traduzir-se num atentado à dignidade da sua pessoa, devendo o ordenamento jurídico garantir-lhe os direitos fundamentais que tem enquanto pessoa e que não deixa de ter quando celebra um contrato de trabalho. Mas, como deverá ser concretizado o direito à privacidade? E como o fez o CT, considerando que a regulação nele prevista resulta das necessidades actualmente sentidas em que o grande desafio para o Direito do trabalho é o de conseguir encontrar um modo de compatibilizar a competitividade das empresas com os direitos de cidadania e de dignidade dos trabalhadores? Um certo grau de controlo e de tratamento de dados pessoais é essencial para a manutenção da relação de trabalho?

11. O empregador, como titular da organização produtiva, tem direito a conformá-la, sendo necessário, para a sua consecução, que tenha determinados poderes[6]. Estes são inerentes à qualidade de empregador,

---

[6] Leal Amado, última *op.* cit., p. 209, entende que a relação laboral se analisa numa relação de poder. *Vide*, também, Monteiro Fernandes, *Direito do Trabalho*, 12.ª edição, Almedina, Coimbra, 2004, p. 256. Alonso Olea, *in* Prólogo à obra de Montoya Melgar, *El poder de dirección del empresário*, Madrid, 1965, p. 15, refere que "a empresa é um círculo natural de poder". No mesmo sentido Mazzoni, *Manuale di Diritto del Lavoro*, Vol. I, 6.ª edição, Giuffré Editore, Milão, 1988, p. 108, ao escrever que o poder do empregador assume uma importância fulcral na empresa pois é através deste que ela se pode organizar e funcionar, assim como, Javier Gárate Castro, *Lecturas sobre el régimen jurídico del contrato de trabajo – concepto, partes y modalidades del contrato*

Introdução   31

constituindo quase como que uma realidade *pré-jurídica*. O sistema de poderes do empregador tem uma configuração e uma cobertura jurídicas na medida em que a satisfação do seu direito de crédito o exige. Estes são intrínsecos ao reconhecimento da liberdade de empresa, com consagração constitucional. Porém, estes poderes têm limites, sendo que o Direito do trabalho é um sistema de progressiva contenção do poder do empregador[7]. O respeito devido à dignidade da pessoa humana, *rectius*, do trabalhador, é uma questão prévia a esses limites.

12. A divisão tripartida dos poderes do empregador tem uma grande tradição na doutrina, quer nacional, quer estrangeira, entendendo-se que existe um poder directivo, um poder disciplinar e um poder regulamentar[8]. Mas não será preferível uma divisão quadripartida dos poderes do empregador, autonomizando o poder de controlo deste, atendendo à sua enorme importância advinda da massificação das NTIC nas empresas?

---

de trabajo, salário, poder disciplinario del empresário y extinción del contrato de trabajo, Netbiblo, Corunha, 2007, p. 79, MONTOYA MELGAR, *Derecho del Trabajo*, 23.ª edição, Tecnos, Madrid, 2002, p. 361. Ver, também, JEAN RIVERO e JEAN SAVATIER, *Droit du travail*, 12.ª edição, PUF, Paris, 1991, p. 171.

[7] RIVERO LAMAS, *Limitación de los poderes empresariales y democracia industrial*, Universidad de Zaragoza, Zaragoza, 1986, pp. 15-17, assim como COUTINHO DE ALMEIDA, "Poder empresarial: fundamento, conteúdo, limites", *in Temas de Direito do Trabalho...*, cit., p. 326-328.

[8] Veja-se BERNARDO DA GAMA LOBO XAVIER, *Curso de Direito do Trabalho*, 2.ª edição, Verbo, Lisboa, 1996, pp. 324 e ss., COUTINHO DE ALMEIDA, "Os poderes da entidade patronal no direito português", *in RDE*, n.º 3, 1977, p. 303, e "Poder empresarial: fundamento...", cit., p. 313, JORGE LEITE, *Direito do Trabalho, vol. II*, Serviços de Acção Social da Universidade de Coimbra, Coimbra, 1999, p. 154, M.ª DO ROSÁRIO PALMA RAMALHO, *Do fundamento do poder disciplinar laboral*, Almedina, Coimbra, 1993, pp. 147 e ss., MOTTA VEIGA, *Lições de Direito do Trabalho*, 8.ª edição, Universidade Lusíada, Lisboa, 2000, pp. 339 e ss., PEDRO ROMANO MARTINEZ, *Direito do Trabalho*, 4.ª edição, Almedina, Coimbra, 2007, pp. 627 e ss., e SOUSA MACEDO, *Poder Disciplinar Patronal*, Almedina, Coimbra, 1990, p. 16. Cf., ainda, BAYLOS GRAU, *Derecho del Trabajo: Modelo para Armar*, Editorial Trotta, Madrid, 1991, p. 24, GUILLERMO CABANELLAS, *Contrato de Trabajo, Parte General*, vol. I, Buenos Aires, 1963, p. 312, referindo a tripla ordem de poderes do empregador, e JEAN-PAUL DE GAUDEMAR, *El orden y la produccion*, Madrid, 1991, p. 120.

13. Com a celebração do contrato de trabalho o trabalhador ingressa na empresa, organização hierárquica que o coloca numa posição de subordinação jurídica em relação ao empregador. Este é detentor de um poder directivo sobre o trabalhador, de importância fundamental na relação de trabalho. Como se explica o poder directivo[9]? Sendo susceptível de ser analisado sob várias perspectivas, qual a adoptada?

Sendo este poder uma irradiação essencial da liberdade da empresa qual a sua natureza?

O poder de controlo deriva do poder directivo. Em que consiste?

14. O poder de controlo do empregador, como se disse já, é entendido como uma manifestação do poder directivo do empregador. Com a introdução massificada das NTIC a qualificação altera-se. Assim, questões como o controlo do *e-mail* e da *internet*, a utilização do computador como instrumento de controlo dos trabalhadores e a vigilância através de meios audiovisuais, convertem esta matéria num fenómeno de dimensões complexas que justificam a classificação deste poder de controlo de forma autónomica.

Quais são os critérios interpretativos que servem para estabelecer o âmbito, a natureza e o alcance do poder de controlo? E quais são as condições de exercício deste poder? O empregador tem o poder de verificar e de controlar a actividade laboral dos trabalhadores devendo conciliá-lo, necessariamente, com exigências de legalidade, de lealdade, de proporcionalidade e de boa fé, assim como, com a protecção devida à dignidade e à privacidade dos trabalhadores. Tendo o empregador o direito de controlar a prestação de trabalho dos trabalhadores, tem igualmente o dever de assegurar a maior transparência possível no seu exercício, assim como a proporcionalidade do método utilizado e a adequabilidade do local de controlo.

15. A relação de trabalho é uma relação desequilibrada e desigual, onde o exercício do poder de controlo do empregador constitui uma

---

[9] MENEZES CORDEIRO, *Manual de Direito do Trabalho*, reimp., Almedina, Coimbra, 1999, pp. 658 e ss., assim como, JEAN SAVATIER, "Pouvoir patrimonial et direction des personnes", *in DS*, n.° 1, 1982, p. 3, e LUISA RIVA SANSEVERINO, *Diritto del Lavoro*, 14.ª edição, CEDAM, Pádua, 1982, pp. 240-241.

Introdução 33

ameaça real para a afirmação dos direitos fundamentais dos trabalhadores e, sobretudo, para aqueles que o trabalhador tem enquanto pessoa, os mais expostos a actuações lesivas do empregador[10]. Por outro lado, embora o empregador tenha o poder de controlo e de vigilância para avaliar o cumprimento da prestação de trabalho, é manifesto que este poder tem limites, não tendo carácter absoluto. Quais serão estes? E como conciliar o exercício dos direitos fundamentais dos trabalhadores com o poder de controlo do empregador?

16. Com as NTIC o problema do controlo dos trabalhadores conhece uma nova realidade e uma nova actualidade, na medida em que a evolução tecnológica e a mutação das formas de organização das empresas contribui para criar novos momentos de tensão entre o legítimo poder de controlo do empregador e os direitos fundamentais dos trabalhadores. Aquele não é novo nem proibido, sendo que a questão que se coloca não é a da legitimidade desse poder mas a dos seus limites, tendo em consideração que com estas novas tecnologias ressurgiu o clássico debate entre o equilíbrio do direito fundamental à privacidade dos trabalhadores e os legítimos direitos dos empregadores de os dirigir e de controlar as suas tarefas.

A incidência das novas tecnologias nas relações laborais tem precisamente uma das suas manifestações mais visíveis nas novas dimensões que as mesmas podem ter na fiscalização da actividade laboral do trabalhador, o que cria a necessidade de proceder ao seu adequado enquadramento jurídico.

Configurando o poder de controlo do empregador um aspecto essencial da relação de trabalho, a difusão das NTIC aumentou de forma exponencial as suas potencialidades. Sendo mais intrusivo e mais abrangente, como salvaguardar a posição do trabalhador? Quais são as características

---

[10] Como refere José João Abrantes, *Contrato de Trabalho e Direitos Fundamentais*, Coimbra Editora, Coimbra, 2005, p. 45, a relação de trabalho, mais do que qualquer outra relação, origina um complexo de direitos e de obrigações que têm uma "aptidão especial" para condicionar o exercício dos direitos fundamentais dos trabalhadores. Na relação de trabalho, todos ou quase todos os direitos fundamentais se vêem ao menos potencialmente ameaçados perante os poderes do empregador. *Vide*, ainda, Júlio Gomes *Direito do Trabalho, Volume I, Relações Individuais de Trabalho*, Coimbra Editora, Coimbra, 2007, pp. 265-267.

deste novo poder cujo *nomem iuris* mais adequado será de controlo electrónico?

17. As posições de poder do empregador, por um lado, a que se contrapõe a posição de subordinação do trabalhador, por outro, assumem enorme relevância do ponto de vista social e jurídico, transcendendo o marco estrito da relação entre ambos estabelecida para atingir também as relações externas entre trabalhador e terceiros. Esta dimensão externa leva a que estes possam responsabilizar juridicamente o empregador por danos que os trabalhadores lhes tenham causado, no exercício aparente das respectivas funções, no tempo e no local de trabalho. Será o empregador responsável por actos do trabalhador fora do exercício das suas funções mas utilizando os bens do empregador? Não deverá proceder-se à distinção entre as actividades exercidas no exercício das funções das realizadas por ocasião destas? Não será este um critério legítimo para isentar o empregador da sua responsabilidade perante terceiros? As características das NTIC não poderão conduzir à desresponsabilização do empregador em determinadas situações? No caso dos *e-mails*, se o seu conteúdo for do foro pessoal, o empregador não poderá tomar deles conhecimento. Um eventual facto ilícito por ele perpetrado sem atinência imediata com o desempenho das suas funções poderá responsabilizar o empregador?

18. A proliferação dos sistemas de videovigilância em vários domínios da vida social e, em particular, nas relações de trabalho, é actualmente, uma realidade incontornável que se encontra justificada pela erupção das novas tecnologias e pelas várias aplicações e vantagens que comportam, quer pela sua efectivação para a prevenção ou detecção de ilícitos, ou para o controlo da actividade laboral, quer pelo seu carácter dissuasor ou intimidatório.

No entanto, colocam problemas importantes de relacionamento com direitos fundamentais dos trabalhadores na medida em que supõem uma apropriação da imagem do cidadão ou do trabalhador, uma certa perda de privacidade e de liberdade, assim como a permanente possibilidade de constituição de perfis de trabalhadores.

A utilização destas formas de controlo não pode ser reconduzida a meras razões de segurança de pessoas e bens. Na verdade, a sua conexão com outros interesses é indesmentível, na medida em que constitui um excelente meio de controlo da actividade laboral dos trabalhadores e uma nova forma de *governar* as relações laborais, especialmente baseada no conhecimento e no fluxo de informação que proporciona.

Esta forma de controlo e vigilância pode aumentar desmesuradamente a capacidade de controlo do empregador na medida em que pode ser quase total, mastodôntica, omnímoda. Está-se, assim, perante um tipo de controlo desumanizante, muito mais penetrante e incisivo que os tradicionais meios de controlo não electrónicos, na medida em que permite uma vigilância total e completa da actividade do trabalhador. Com a introdução destas novas formas de controlo assiste-se a um aumento do desequilíbrio entre as partes por propiciar que a subordinação do trabalhador atinja patamares impensáveis, com a regressão que isso comporta perante um controlo contínuo e permanente, permitindo ao empregador uma maior concentração de poder. E a tecnologia é a primeira responsável por este aumento de controlo pois já não se utilizam somente os tradicionais circuitos fechados de televisão, mas sobretudo outros sistemas mais avançados relacionados com o computador e a *Internet*.

A adopção e a utilização destes sistemas de controlo audiovisuais podem conduzir à intromissão na vida privada do trabalhador e à colisão com vários direitos de personalidade. O uso de instrumentos de captação de imagem e de som compromete a personalidade do trabalhador na relação de trabalho, sendo que outros direitos fundamentais podem, também, ser atingidos. Quais são esses direitos? Será que a associação do som à imagem aumenta os perigos para a privacidade dos trabalhadores? E será esta associação sempre possível? Qual deverá ser o juízo de legitimidade para a instalação deste tipo de meios de controlo? Em que situações devem ser admitidos?

Se começa a entender-se que o controlo do empregador através destes meios está relacionado com a protecção de dados pessoais dos trabalhadores e com o direito à autodeterminação informativa, não será preferível atender aos princípios relativos a esta protecção de dados?

19. Os dados pessoais constituem uma parte inegável, por vezes fundamental, do capital informacional e do património imaterial de uma empresa. Reconhecendo esta realidade, adquire importância essencial a delimitação adequada da noção de dados pessoais bem como a de saber em que medida a imagem e o som captados poderão ser considerados como tais.

No entanto, não basta para que se possa operar a subsunção legal que estejamos perante dados pessoais. Será necessário, ainda, um outro requisito e que é o de ocorrer o tratamento desses dados. O que deve entender-se por este tratamento? Será apenas no caso de os dados pessoais estarem incluídos em ficheiros ou poder-se-á ir mais além?

20. O consentimento do titular dos dados pessoais, livre e individualmente prestado, é entendido como um dos elementos fulcrais do direito à autodeterminação informativa. Mas será que na relação de trabalho o consentimento prestado pelo trabalhador é livre e esclarecido[11]? Não haverá vícios na formação da vontade? Não teria sido preferível ter-se em atenção as especiais características da relação de trabalho e adoptar-se uma legislação própria? E em que consiste este consentimento? Quais as excepções que comporta?

21. Na análise dos limites ao poder de controlo electrónico do empregador através de meios audiovisuais deve adoptar-se a distinção entre a decisão de instalar os meios de controlo e a sua aplicação por parte do empregador. Existe, pois, o momento prévio à adopção destes mecanismos de controlo, altura em que os trabalhadores têm o direito de saber em que medida é que os seus direitos fundamentais vão ser atingidos. E há, ainda, um outro momento, em que, partindo-se do pressuposto de que todos os requisitos para a instalação estão cumpridos, se trata de assegurar o direito de controlar o uso e o fluxo da informação obtida.

Sabendo que o direito a ser salvaguardado é o direito à autodeterminação informativa, são os seus princípios que adquirem relevância na altura do estabelecimento de regras e limites jurídicos à instalação e utilização destes sistemas de controlo audiovisuais. Desta forma, quer a possibilidade de instalação destes tipo de sistemas, quer a licitude da sua utilização, dependem da valoração que se faça dos requisitos exigidos para o tratamento de dados pessoais e do respeito pelo direito à dignidade da pessoa humana.

---

[11] DÄUBLER, *Derecho del Trabajo*, Ministério de Trabajo y Seguridad Social, Madrid, 1994, p. 629, entende que o consentimento não é prestado livremente quando é dado perante o receio das consequências de não fazer, assim como em *Direito do Trabalho e Sociedade na Alemanha*, (trad. ALFRED KELLER), Editora LTR, São Paulo, 1997, p. 190, e *Arbeitsrecht – Ratgeber für Beruf, Praxis und Studium*, 5.ª edição, Bund-Verlag, Frankfurt am Main, 2004, pp. 212-213.

Introdução 37

Tendo tudo isto em consideração, quais os princípios que devem ser respeitados? Qual o significado de cada um deles?

O empregador não pode submeter o trabalhador a um controlo permanente ou mesmo pontual, pelo que só condições excepcionais o poderão justificar. Quais os interesses objectivos do empregador que são considerados relevantes e susceptíveis de justificar a instalação deste tipo de sistemas? E estas situações não comportam indirectamente algum tipo de controlo?

O princípio da finalidade é considerado o princípio essencial na protecção de dados, sendo os demais função deste na medida em que os dados pessoais devem ser adequados, pertinentes e não excessivos em relação à finalidade pretendida inicialmente. Assim, bastará estar-se perante uma destas situações justificativas e cumpridoras do princípio da finalidade para automaticamente poder instalar-se este tipo de meios? Como se conciliam estas situações com os outros princípios? Qual o tipo de controlo electrónico do empregador que se considera interdito? E quais os meios que o legislador teve em atenção? Terá querido referir-se apenas a circuitos fechados de televisão, como estabelece o art. 20.º, n.º 3, do CT?

22. O princípio da proporcionalidade é considerado um princípio fundamental, tendendo a realizar o equilíbrio entre as obrigações do trabalhador, que emanam do seu contrato de trabalho, e o âmbito da sua privacidade. Como se aplica este princípio no controlo audiovisual? Como se opera a divisão deste princípio da proporcionalidade? Será que é possível a instalação destes meios de controlo em todos os locais da empresa? Não existirão zonas relacionadas com a vida íntima e não laboral dos trabalhadores que estarão interditas a esta forma de controlo do empregador? Não deverá prestar-se atenção à intensidade temporal da instalação?

23. O princípio da transparência, fundando-se no conhecimento da vigilância e do controlo exercido pelo empregador, é de capital importância para o correcto tratamento de dados pessoais dos trabalhadores. O direito do titular dos dados de receber toda a informação que se lhe reporte constitui um dos princípios geralmente aceites como parte essencial e integrante do direito à privacidade, onde se insere o direito à autodeterminação informativa. Este princípio constitui, ainda, um requisito prévio para se poderem exercer as faculdades conferidas legalmente ao titular dos dados, já que ninguém pode exercitar ou defender um direito se não souber que ele existe. Por outro lado, o poder de controlo electrónico do empregador pressupõe a existência de uma relação de legitimidade entre as partes, devendo este poder de controlo exercer-se de forma legítima, proporcional e transparente, não podendo ser adoptada nenhuma medida que contrarie a dignidade da pessoa humana.

A ser assim, como se aplica este princípio na relação de trabalho e no controlo através de meios audiovisuais? Proscreve-se desta forma todo o controlo oculto? Como deverá ser concretizado o direito de informação dos trabalhadores: apenas perante os representantes dos trabalhadores ou na presença destes? Serão aceitáveis excepções à proibição do controlo oculto?

24. Após a instalação do sistema audiovisual ser considerada válida por cumprir todos os requisitos legais, devem considerar-se outros princípios relacionados com a sua aplicação. Tem de aferir-se, nomeadamente, quais os princípios necessários a serem observados para a correcta realização das actividades de videovigilância. Estes princípios adquirem grande importância tendo em atenção a enorme capacidade de armazenamento e de valoração, assim como o perigo da descontextualização dos dados pessoais possibilitados pelas NTIC. Estas novas tecnologias e o tratamento de dados pessoais a elas associado permitem a reconstrução minuciosa dos comportamentos do trabalhador e fornecem ao empregador vários tipos de informação que, por vezes, podem não corresponder à realidade.

Quais são os princípios que deverão ser observados nesta fase de aplicação dos meios audiovisuais de controlo electrónico? Na redacção do art. 21.º, n.º 3, do CT o legislador terá adoptado a melhor solução?

Um princípio a ser respeitado é o da compatibilidade com a finalidade declarada. Em que consiste este princípio? Porque é necessária a sua consagração na relação de trabalho? O que deverá ser entendido por finalidades incompatíveis? Será que não existem certas situações excepcionais que permitem derrogar este princípio?

25. Nos últimos tempos tem-se assistido a uma enorme proliferação das NTIC na relação de trabalho, o que tem originado grandes mudanças a nível laboral. Se têm existido inúmeros benefícios para os trabalhadores, assim como para os empregadores, não pode deixar de considerar-se que estas novas tecnologias, nomeadamente a *Internet*, têm originado novos

Introdução 39

desafios para os sujeitos da relação laboral, suscitando novas questões, assim como fazendo repensar outras mais *velhas*. O tema das comunicações electrónicas e do controlo à distância dos trabalhadores tem suscitado a curiosidade da doutrina e levantado grandes controvérsias. Existem diferentes formas de controlo à distância que o empregador poderá adoptar, sendo que o controlo das comunicações electrónicas surge como particularmente invasivo. O progressivo desenvolvimento das NTIC, assim como o surgimento de mecanismos de captação cada vez mais avançados, tornaram evidente a enorme possibilidade que o empregador tem de actuar com forte intromissão na privacidade dos trabalhadores, com as finalidades mais diversas, e com meios cada vez mais simples e baratos. Acresce a tudo isto que as NTIC trouxeram novas possibilidades de comunicação, impensáveis há apenas alguns anos atrás, sendo que uma das aplicações mais prometedoras está relacionada com o *e-mail*. Será que com estas NTIC e com as novas formas de comunicação surge um novo tipo de direitos dos trabalhadores? Como tem o TEDH e o Direito comunitário tratado e regulado esta matéria? E qual a noção que tem sido dada de correspondência?

26. As NTIC tiveram e têm uma enorme repercussão no desenvolvimento do Direito do trabalho dando origem, mesmo, a um novo tipo de controlo, o controlo electrónico do empregador. O uso destas novas tecnologias, principalmente a *internet* e o *e-mail*, tornou o controlo do empregador cada vez mais presente e intrusivo, afectando em cada vez maior grau a privacidade dos trabalhadores. Os empregadores podem, com a utilização destas NTIC, reunir informação sobre os trabalhadores através da observação do que fizeram durante o tempo e no local de trabalho, descobrir os seus interesses e preferências, através da análise dos *sites* mais visitados, possibilitando a criação de perfis dos trabalhadores e a sua selecção baseada nestes dados. Desta forma, as NTIC permitem, graças às suas capacidades praticamente ilimitadas de captar, armazenar, relacionar e transmitir todo o tipo de dados, reunir de forma personalizada, a partir de vários tipos de informação, múltiplas facetas da vida dos trabalhadores.

Estas novas formas de controlo electrónico podem ser bastante problemáticas se comparadas com as formas tradicionais de controlo associadas à supervisão humana, na medida em que este novo tipo de controlo electrónico pode ser realizado à distância, secretamente, de forma oculta, podendo tornar-se contínuo e muito mais intrusivo. Neste

40 *A Privacidade dos Trabalhadores e as Novas Tecnologias...*

contexto, torna-se muito mais fácil para o empregador o controlo das comunicações electrónicas dos trabalhadores.

O problema da utilização destas novas formas de comunicação está no facto de o empregador poder servir-se delas para finalidades nem sempre legítimas, disfarçadas com *biombos linguísticos* sob a forma de interesses produtivos ou comerciais, quando na realidade pode ser de controlo puro e duro que se trate.

A introdução das NTIC nas relações de trabalho suscita inúmeras questões, sendo que uma das fundamentais está relacionada com a eventual possibilidade do empregador controlar a sua utilização para fins pessoais. A questão conecta-se, desta forma, com a existência ou não do direito do trabalhador usar estas novas tecnologias para fins pessoais e, consequentemente, com a possibilidade do empregador sancionar disciplinarmente as condutas contrárias às regras estabelecidas. Pode o empregador proibir toda a utilização da *internet* e do *e-mail* para fins pessoais?

Um requisito que tem de estar preenchido quando ocorre este tipo de controlo é o da transparência, no sentido de que os trabalhadores devem ser informados de como, quando e de que forma este controlo electrónico é realizado. Em que consiste este princípio? Como deve ser concretizada esta transparência? Qual a forma que deve ser utilizada?

27. A informática está omnipresente na nossa vida quotidiana e, nas últimas décadas, tem-se assistido ao aparecimento no local de trabalho de um novo instrumento de trabalho, o computador, que, de forma cada vez mais visível e vertiginosa, está a alterar a estrutura e a organização das relações de trabalho. Aquele tornou-se num novo *companheiro de trabalho* dos trabalhadores. O computador foi o instrumento que provocou uma verdadeira revolução na prestação de trabalho. E pergunta-se: como pode o computador servir de instrumento de controlo? Os computadores têm uma enorme possibilidade de controlo na medida em que possuem memória e podem *interagir* com outros meios de comunicação.

O uso *poliédrico* do computador pode manifestar-se de diferentes formas. Quais?

O empregador tem um interesse legítimo em controlar se o computador, um instrumento de trabalho, está a ser utilizado de forma adequada e em conformidade com as suas instruções. Esta consideração da legitimidade é suficiente para se aceitar a possibilidade da existência de um certo controlo ou vigilância da sua utilização, sendo que este controlo pode ser realizado, desde logo, de forma directa através do controlo dos arquivos e das pastas utilizadas, ou seja, da memória do computador. Como se poderá proceder a este tipo de controlo?

Contudo, não terá o trabalhador direito a um *espaço virtual* para fins pessoais na memória do computador ou no servidor da empresa?

28. A informática tem vindo a tornar-se cada vez mais popular em todos os sectores da sociedade, sendo que o grande contributo tem sido dado pelas NTIC, principalmente a *Internet*. Esta está intrinsecamente relacionada com a *Sociedade da Informação*, potenciando inúmeras alterações sociais, políticas e legislativas na sociedade. A *Internet* penetrou, desta forma, em todos os sectores da sociedade e em todos os domínios de actividade. A *Internet* está a mudar a própria prática do Direito, constituindo um meio de comunicação muito frequente e cada vez mais utilizado nas relações entre empregadores e trabalhadores e entre estes e os seus clientes ou terceiros na medida em que facilita as comunicações ao poupar tempo e custos. Ela confere um acesso cada vez mais rápido e fiável a um número cada vez maior de informação e, no domínio económico, apresenta-se como uma ferramenta importante de informação e de gestão, oferecendo às empresas um enorme número de serviços interactivos. Porém, não pode esquecer-se o *reverso da medalha* no sentido de que pode trazer também desvantagens para as empresas.

Os sistemas de informação e de comunicação, marcados pela interconexão de milhares de redes, ultrapassam os limites geográficos permitindo aceder a todo o tipo de informação útil para o desenvolvimento da relação laboral e favorecem uma comunicação cada vez mais instantânea e plural.

Desta forma, o uso destas NTIC pelas empresas não só está a alterar substancialmente a sua estrutura como a determinar processos de reestruturação, originando uma modificação significativa do comportamento quotidiano dos trabalhadores no próprio local de trabalho.

As NTIC transformaram o computador num meio de comunicação cada vez mais utilizado e multiplicaram as possibilidades do seu uso extra-profissional. Não poderá falar-se aqui de um novo prisma com que os computadores podem ser vistos? Não deverá aceitar-se um certo uso *social* destes meios?

Contudo, esta navegação extra-profissional dos trabalhadores não deixa de colocar alguns problemas, sendo que a infra-estrutura crescente de rede de computadores ligados entre si tem originado um acréscimo de preocupações aos empregadores relacionadas com o uso que os trabalhadores fazem deste serviço no seu horário laboral.

Por outro lado, não pode deixar de ter-se em atenção que o controlo electrónico da *Internet* pode ser extremamente intrusivo na medida em que as pessoas utilizam este meio como uma forma de obter informação, por vezes de carácter extremamente pessoal, podendo o empregador, ao efectuar este tipo de controlo, ficar a conhecer muitas características pessoais que em nada relevam para a análise da aptidão do trabalhador para o posto de trabalho que lhe está ou vai ser adstrito.

O empregador, perante a implantação destas NTIC na empresa, como uma forma de aumentar a sua produtividade e competitividade, pode ter de adoptar certas medidas técnicas para limitar a sua utilização. A questão que tem de ser colocada é a dos limites a estas formas de controlo, sendo que com estas novas tecnologias o controlo electrónico do empregador aumentou de uma forma exponencial, sem precedentes. Actualmente, praticamente todos os programas utilizados deixam vestígios que permitem responder a três questões: quem fez, quando o fez e o que fez.

Desta forma tem que se conseguir conciliar os diferentes interesses em causa e que estão muitas vezes contrapostos. Há questões relacionadas com a propriedade, a segurança, a rentabilidade, a produtividade da empresa e a possibilidade de responsabilização do empregador por factos cometidos pelos seus trabalhadores, o que pode fundamentar e legitimar um certo controlo electrónico por parte dos empregadores. Do outro lado colocam-se os direitos dos trabalhadores que pretendem preservar os seus direitos fundamentais, principalmente o seu direito à privacidade no próprio local de trabalho, na medida em que a *Internet* é um espaço de comunicação no seu sentido amplo, englobando a informação, constituindo, ainda e principalmente, um espaço de trabalho. Como conseguir a conciliação destes vários direitos?

29. O empregador tem ao seu dispor várias técnicas de controlo da navegação na *internet*. Como funcionam e quais os limites? Há ainda que atender ao papel importante do administrador do sistema. Tendo por função principal garantir a sua segurança, como conciliar essa função com os direitos dos trabalhadores, nomeadamente os seus direitos ao sigilo das comunicações e à privacidade?

Introdução 43

30. A utilização da *internet* para fins pessoais, se não respeitar o princípio da proporcionalidade e da boa fé, pode trazer algumas consequências negativas para o empregador, colocando-se a questão da possibilidade de controlar o seu uso ao abrigo do poder de controlo electrónico do empregador. A questão que emerge é a de saber como se há-de proceder a este controlo e quais os argumentos invocados pelo empregador para o tentar realizar. Será que a propriedade do sistema poderá legitimar este tipo de controlo? E os custos associados à navegação na *internet*? E o problema de serem cometidos crimes através da utilização deste tipo de meios? Não podem esquecer-se, ainda, os problemas associados à segurança do sistema já que a navegação pode trazer vírus ou *cavalos de Tróia*. E a eventual responsabilidade do empregador? A utilização da *Internet* altera os quadros de referência clássicos em relação aos mecanismos de responsabilidade na medida em que a procura de imputabilidade pode tornar-se muito difícil num sistema de comunicação onde o indivíduo como que se *dilui*.

31. O *e-mail* é uma forma de comunicação que adquiriu nos últimos anos uma grande importância a nível laboral, podendo referir-se que se tornou, se não no principal, pelo menos num dos principais meios de comunicação nas empresas. A evolução da tecnologia informática altera os modos de comunicação e o *e-mail* tornou-se no instrumento informático e telemático que mais está a revolucionar a estrutura das empresas e as relações laborais. Este instrumento de comunicação fundamental possui uma clara natureza dupla pois, para além de ser uma ferramenta de trabalho muito utilizada e caracterizada pela sua rapidez e baixo custo é, ainda, um meio de comunicação protegido pelo direito fundamental previsto no art. 34.º da CRP, relativo ao sigilo das comunicações, independentemente do mesmo se utilizar para comunicações internas ou externas, ou com carácter habitual ou residual na empresa.

Os conflitos que podem surgir em relação à utilização e ao controlo electrónico que o empregador possa fazer colocam questões novas ao Direito do trabalho. De facto, se, por um lado, as características deste instrumento de comunicação originam para o empregador um aumento da produtividade e da competitividade, não pode deixar de ter-se em atenção que a sua utilização pode provocar perda de tempo de trabalho assim como a possível responsabilidade do empregador. Este pode, pois, devido à titularidade dos meios, efectuar algum controlo sobre a utilização, principalmente tendo em consideração que a instalação e o uso destas inovações tecnológicas supõem um elevado custo material e pessoal para o empregador, circunstância que, em virtude da liberdade da empresa e do poder directivo, permite ao empregador controlar a utilização deste meio de comunicação, sendo a questão fundamental a de determinar o *quantum* de controlo que pode ser efectuado e a do seu *quando*.

O *e-mail*, embora constitua, primordialmente, um instrumento de trabalho permite, ainda, um notável uso social, que merece algum tipo de protecção e de reconhecimento de diferentes efeitos jurídicos.

Contudo, não pode deixar de defender-se que o empregador tem um legítimo interesse em controlar a utilização do *e-mail* dos seus trabalhadores, detendo um poder de controlo directo e intencional sobre a sua actividade. Este interesse em controlar electronicamente os trabalhadores colide, porém, com uma não menos legítima expectativa de privacidade dos trabalhadores e que se baseia na confidencialidade e na inviolabilidade das comunicações por eles efectuadas a partir do seu computador. Como conseguir conciliar estes interesses e direitos contrapostos? Como deve ser feito este controlo electrónico?

A questão central que se coloca é, assim, a de saber como deve efectuar-se este controlo do empregador e como se obtém o conhecimento dos eventuais ilícitos cometidos pelos trabalhadores nessa qualidade, tendo em consideração que o direito que está em causa quando utilizam o *e-mail* para fins pessoais é de natureza constitucional na medida em que se encontra amparado pelo art. 34.° da CRP. Assim, a primeira questão que se coloca é a de saber como é que o empregador pode controlar as instruções dadas e quais os meios que pode utilizar para verificar se os instrumentos de trabalho estão a ser utilizados em conformidade com elas. A questão fundamental está em determinar a extensão das faculdades de controlo e de vigilância do empregador em relação ao *e-mail* dos seus trabalhadores.

32. De uma forma sem precedentes, o *e-mail* tornou-se no meio de comunicação habitual para um grande número de trabalhadores, o que provocou o surgimento de um elevado número de questões entre empregadores e trabalhadores sobre o possível controlo electrónico que aqueles podem realizar em relação às mensagens enviadas e recebidas pelos trabalhadores. Mas como pode o empregador controlar o *e-mail*?

Em primeiro lugar, a questão prévia é delimitar se as mensagens electrónicas podem ser consideradas dentro da noção de correspondência, sendo que, como questão preliminar, se torna necessário saber se o acesso aos *e-mails* dos trabalhadores tem alguma relevância constitucional.

Em segundo lugar, a questão que deve ser analisada é a de saber como se concretiza a aplicação do art. 34.° da CRP e do art. 22.° do CT aos *e-mails* enviados ou recebidos pelos trabalhadores através de sistemas informáticos da empresa e utilizando os meios desta. Esta questão deve ser vista segundo um duplo ponto de vista: o que deve entender-se por comunicação constitucionalmente relevante; e sobre que elementos se estende o direito ao sigilo das comunicações, adquirindo grande importância uma visão de Direito comparado. A análise das soluções construídas nos diferentes ordenamentos jurídicos é essencial até para tentar encontrar possíveis *caminhos* a seguir e obter resposta a várias questões. O que deve entender-se por sigilo de correspondência? Será que se aplicará somente às mensagens íntimas? Como será possível o controlo electrónico dos *e-mails*? Estando o conteúdo dos *e-mails* pessoais, assim como os dados externos, protegidos pelo direito ao sigilo das comunicações, quais os dados que o empregador pode eventualmente controlar? Não será preferível a divisão entre *e-mails* profissionais e *e-mails* pessoais? Não deverá o empregador impor regras claras acerca desta divisão, obrigando os trabalhadores a separarem correctamente os *e-mails*? Estarão os anexos aos *e-mails* abrangidos pelo direito ao sigilo das comunicações? Aplicar-se-á este direito apenas às mensagens em trânsito ou também às que são recebidas e guardadas pelo destinatário? A inexistência da referência à pessoalidade permitirá ao empregador controlar o conteúdo da mensagem? E mesmo as mensagens profissionais poderão ser alvo de controlo constante por parte do empregador? A advertência inicial sobre este tipo de controlo revestirá algum valor?

Tendo consciência da complexidade das questões suscitadas, e com a convicção de que algumas revestem uma certa novidade, procuraremos ao longo dos quatro Capítulos que se seguem encontrar algumas respostas ou, tão só, meras hipóteses de respostas. Esta foi a nossa caminhada, havendo, naturalmente, ainda muito caminho a trilhar.

CAPÍTULO I

AS NOVAS TECNOLOGIAS E A PRIVACIDADE

1. INTRODUÇÃO

As novas tecnologias[12] [13] associadas à informática tornaram o tema do respeito pela dignidade e privacidade das pessoas, em geral, e do

---

[12] A utilização desta expressão é, segundo DÄUBLER, "Nuove tecnologie: un nuovo Diritto del Lavoro", *in GDLRI,*n.° 25, 1986, "uma coisa óbvia", já que na sociedade pós-feudal a técnica já não se apresenta como um facto estático. Mas a expressão utilizada é *novas tecnologias*, enunciando de seguida o autor as razões que entende ocorrerem para se empregar esta terminologia. Também CLIMENT BARBERÁ, *Derecho y nuevas tecnologias*, Universidade Cardenal Herrera – CEU, Valência, 2001, p. 7, a propósito desta expressão, entende que nela se insere uma série de conteúdos muito diversos que têm em comum a inovação tecnológica, tratando-se de uma locução com carácter muito contingente e relativo. No mesmo sentido BRUNO VENEZIANI, "Nuove tecnologie e contratto di lavoro: profili di diritto comparato", *in GDLRI*, n.° 33, 1, 1987, p. 5, defendendo que esta expressão "indica factores heterogéneos de mudança". Partilha este entendimento OMBRETTA DESSÍ, "Poder directivo y nuevas formas de organización y gestión del trabajo en el ordenamiento jurídico italiano: puesta a disposición, subcontratación y teletrabajo", *in El poder de direc-ción del empresário: nuevas perspectivas*, (coord. ESCUDERO RODRÍGUEZ), La Ley, Madrid, 2005, p. 181. Para DUBOIS, "Lavoro e nuove tecnologie: una riflessione di sín-tese", *in Sociologia del Lavoro*, n.°s 26-27, 1985/1986, pp. 216-217, com esta expressão deve abranger-se qualquer aparelho ou máquina que recorra à informática para elaborar dados e, para FROSINI, "Tecnologie e libertà costituzionali", *in Dir. Inf.*, vol. 19, n.° 3, 2003, p. 487, por tecnologia deve entender-se o "fecundo campo de fusão de ciência e de técnica que se verificou com a estimulação da investigação científica perante objectivos práticos e com a revalorização da técnica enquanto conexa e submetida à investigação científica". Também RENATO BIGNAMI, "Los derechos fundamentales de la persona del trabajador", *in RDT*, Ano 32, n.° 122, 2006, pp. 215-216, se interroga sobre qual a noção desta expressão e quais as tecnologias que nela poderão ser inseridas.

[13] No prefácio à obra de WESTIN, *Privacy and Freedom*, Atheneum, Nova Iorque, 1970, p. vii, RUEBHAUSEN, defende, a propósito da ligação do homem à ciência e tecnolo-gia que, "desde que Prometeu roubou fogo aos Deuses, o homem tem estado fascinado e um pouco ansioso acerca da magia da ciência" e que, pela primeira vez, parece perspec-tivar-se o acesso a poderes que anteriormente eram considerados de origem divina.

50 *A Privacidade dos Trabalhadores e as Novas Tecnologias...*

trabalhador, em particular, uma questão de "primeiro plano"[14] de tal forma que várias vezes é referida uma *sociedade informática* ou *sociedade informatizada*. Na verdade, o progresso da humanidade está, muitas vezes, associado ao fascínio perante a ciência e a tecnologia por originarem inovações que fazem avançar a humanidade: da roda ao microprocessador, do ábaco ao computador, da imprensa escrita à *Internet* e à *web*, *inter alia*[15]. Assim, como refere MERCADER UGUINA[16], após uma revolução agrícola e uma revolução industrial, estamos perante uma verdadeira revolução informática[17] [18] onde o papel cimeiro é ocupado pelo com-

---

[14] Expressão utilizada por RODRÍGUEZ-PIÑERO y BRAVO FERRER, "Intimidad del trabajador y contrato de trabajo", *in RL*, I/2004, p. 93. Também BUTARELLI, *Banche dati e tutela della riservatezza – La privacy nella Società dell'informazione – Commento analitico alle leggi 31 dicembre 1996, n.° 675 e 676 in matéria di tratamento dei dati personali e alla normativa comunitária ed internazionale*, Giuffrè Editore, Milão, 1997, p. xiv, defende ser um tema "da moda".

[15] Ver o esquema com diferentes fases de evolução apresentado em JEAN-MICHEL RODES, GENEVIÈVE PIEJUT e EMMANUELLE PLAS, *Memory of tthe Information Society*, UNESCO, Paris, 2003, p. 11.

[16] *Derecho del Trabajo, Nuevas Tecnologías y Sociedad de la Información*, Editorial Lex Nova, Valladolid, 2002, p. 107.

[17] LUISA GALANTINO, "Il Diritto del Lavoro e la Società dell'Informazione", *in DL*, ano LIX, 1985, p. 324, defende que "depois da revolução agrícola do neolítico e da revolução industrial de dezanove, está-se hoje perante uma terceira mudança de ordem estrutural, que conduzirá em pouco tempo a uma sociedade nova". Também MONTOYA MELGAR, "Derechos del trabajador e informática", *in Estudios Jurídicos en Homenage ao Doctor Néstor de Buen Lozano*, (coord. PATRÍCIA KURCZYN VILLALOBOS e CARLOS PUIG HERNANDÉZ), Universidade Nacional Autónoma do México, México, 2003, p. 537, defende estarmos perante uma terceira revolução técnica e científica associada à informática. No mesmo sentido, acentuando o papel da informática como factor desencadeante de uma terceira revolução industrial, FERNÁNDEZ DOMÍNGUEZ e SUSANA RODRÍGUEZ ESCANCIANO, *Utilización y control de datos laborales automatizados*, Agencia de Protección de Datos, Madrid, 1997, p. 19. Referindo-se à evolução histórica da tecnologia, PÉREZ ADAN "Impacto de la revolución tecnológica en el trabajo humano", *in RTSS*, n.° 1, 1991, p. 87, defende que "trata-se de uma sucessão de novas realidades que, a um ritmo variado de incidência e com uma capacidade de gerar novos elementos tremendamente desigual, tem vindo a condicionar os sistemas de produção e de consumo ao longo da história da humanidade. Quando meios técnicos se acumulam num determinado momento histórico fala-se de revoluções", referindo não ter dúvidas que a actual revolução tecnológica constitui "um novo ponto de inflexão na história".

[18] Vários autores defendem que esta revolução é a mais importante desde a invenção da imprensa no século XV. Assim, M.ª LUISA FERNÁNDEZ ESTEBAN, *Nuevas tecno-*

putador[19] [20]. Há quem entenda também que se está perante uma nova revolução industrial[21] já que, enquanto na primeira Revolução Industrial as máquinas começaram a substituir o trabalho físico realizado pelos Homens, sendo a tarefa de controlo efectuada por estes, com esta segunda Revolução, as tarefas de controlo começam a ser praticadas por máquinas. Assim, as novas tecnologias[22] representam uma revolução na medida em que operam uma ruptura com o sistema anterior através de uma série de

---

logias, Internet y Derechos Fundamentales, McGrawHill, Madrid, 1998, p. XVII, defende que a digitalização maciça de todo o tipo de informação constitui a "revolução cultural mais importante desde a invenção da escrita no século XV" e JEAN-EMMANUEL RAY, *Le droit du travail à l'épreuve des NTIC*, Editions Liaisons, Paris, 2001, propugna que desde a invenção de Gutemberg, em 1439, dos caracteres móveis tipográficos, as novas tecnologias de informação e de comunicação não pararam de se desenvolver. Assim, os novos meios tecnológicos, ligados à informática, podem ter, graças à sua rapidez e ao baixo custo de difusão, o mesmo efeito que a imprensa teve há quase seiscentos anos. Há, mesmo, autores que vão mais longe por entenderem que esta revolução pode permitir que o acesso ao conhecimento se torne universal. Cf. TÉLLEZ AGUILERA, *Nuevas Tecnologías, Intimidad y Protección de Datos com estúdio sistemático de la Lei Orgánica 15/1999*, Edisofer, Madrid, 2001, p. 22.

[19] Como refere RUPRECHT KAMLAH, *Right of Privacy Das algemeine Persönlichkeitsrecht in Americanischer sicht under berücksichtigung nueuer Technologischer entwicklungen*, Carl Heymanns Verlag KG, Berlim, 1969, p. 38, o computador veio revolucionar as anteriores formas de recolha de dados. Também SPIROS SIMITIS, "Quatre hypothèses et quatre dilemmmes – Quelques propôs sur l'état actuel de la protection des données personnelles des salariés", *in DS*, n.° 1/2002, p. 88, salienta que o aparecimento dos computadores não é um acontecimento singular na medida em que "ele não é mais do que o início de um processo marcado pelas modificações não menos radicais da tecnologia, mas sobretudo por uma aceleração cada vez maior das mudanças".

[20] Para mais desenvolvimentos sobre o computador ver capítulo IV, 4.3

[21] Neste sentido ver TÉLLEZ AGUILERA, *op. cit.*, pp. 21-22.

[22] Como informa ORTEGA Y GASSET, *apud* MERCADER UGUINA, *Derecho del Trabajo...*, cit, p. 99, a técnica é "uma paisagem artificial tão cheia que oculta a natureza primária (do homem) por ela e que, inclusive, ameaça "esquecer a sua consciência". Chamava também a atenção há mais de meio século com uma premonitória antecipação que "um dos temas que nos próximos anos se vai debater com maior brio é o do sentido, vantagens, danos e limites da técnica", sendo que a explicação baseava-se no facto da técnica "cuja missão era resolver problemas ao homem, se ter convertido imediatamente num gigantesco problema". Ver PÉREZ LUÑO, *Nuevas tecnologias, sociedad y derecho. El impacto sócio-jurídico de las N.T. de la información*, Fundesco, Madrid, 1987, p. 49.

transformações económicas e sociais[23]. Assiste-se, desta forma, a importantes mutações ocorridas na segunda metade do século passado e que conduziram ao surgimento de sociedades tecnologicamente avançadas mas que originam muitas questões. Estes avanços tecnológicos geraram, assim, várias perspectivas acerca do significado que irão ter na sociedade. Como preconiza PÉREZ LUÑO[24], o caminho para esta "civilização tecnológica" está a afectar profundamente as condições de vida humana e se, para alguns, se está a assistir a uma "radical transformação antropológica", para outros, menos radicais, está-se a presenciar uma "metamorfose parcial da natureza humana"[25]. Secundando o defendido por este autor, independentemente da opção por uma destas visões, o que não pode deixar de ser considerado é que a revolução tecnológica associada às Novas Tecnologias de Informação e Comunicação[26] está a produzir mudanças no comportamento das pessoas e dos grupos sociais que implicam uma transformação da imagem do Homem no Universo. O mesmo autor[27] defende, também, que nesta nova era adquiriu-se a convicção que o *habitat* cívico assume "dimensões planetárias", já que com o acesso à *Internet*[28] cada pessoa pode estabelecer, sem sair do seu lar, uma comunicação em tempo real sem quaisquer limites espaciais ou temporais[29].

O homem encontra-se irremediavelmente imbricado com esta realidade tecnológica e de digitalização, isto é, com este mundo virtual. Estas novas tecnologias permitiram uma "prodigiosa dilatação do mundo acessível, aquele que se pode comunicar, perceber e actuar"[30].

---

[23] Como afirmam JORGE ARAGÓN, ALICIA DURÁN, FERNANDO ROCHA e JESÚS CRUCES, *Las relaciones laborales y la innovación tecnológica en España*, Catarata, Madrid, 2005, pp. 35-36, a profundidade destas mudanças está associada à ruptura de paradigma no qual assentaram a primeira e a segunda Revolução Industrial – a energia –, que se substitui por um novo arquétipo onde a matéria prima é a informação.

[24] *Nuevas tecnologias...,*cit., p. 21.

[25] Último autor citado, p. 21.

[26] De seguida adoptar-se-á a sigla NTIC.

[27] "Internet y los derechos humanos", *in Derecho y conocimiento*, vol. 2, p. 101.

[28] Sobre este meio de comunicação ver, para mais desenvolvimentos, o Capítulo IV.

[29] Tendo em vista esta realidade há quem entenda que mais do que perante uma revolução, estar-se-á diante de uma "nova etapa da humanidade": a do "símio informatizado". Cf. FROSINI, *apud* TÉLLEZ AGUILERA, *op. cit.*, p. 22.

[30] J. MARIAS, *apud* MERCADER UGUINA, *Derecho del Trabajo...,*cit., p. 99.

As Novas Tecnologias e a Privacidade 53

Com estas novas tecnologias as comunicações libertaram-se de quaisquer barreiras espaciais e temporais[31] [32] e, perante este novo contexto, o Homem transforma-se, "involuntária mas inevitavelmente"[33], numa fonte de informação pessoal. Ocorre, assim, com a progressiva expansão das novas tecnologias informáticas nos mais diversos sectores, um processo de "perda de anonimato"[34] das pessoas. Secundando RODOTÀ[35], "a tecnologia é pródiga em promessas", o que origina que vários sectores da sociedade sejam redesenhados e transformados. Mas, como também bem adverte, esta transformação tem um preço. E esse preço é a ameaça para a privacidade das pessoas, em geral[36] [37], e dos tra-

---

[31] No mesmo sentido vide RODOTÀ, *Tecnologie e diritti*, Societa Editrice il Mulino, Bolonha, 1995, p. 14, ao defender que a tecnologia electrónica pode funcionar como um instrumento de libertação do vínculo do tempo e da distância, "de expansão dos direitos individuais graças às novas possibilidades de iniciativa autónoma e de controlo do poder". Também SÁNCHES BLANCO, *Internet – Sociedad, Empresa y Poderes Públicos*, Editorial Comares, Granada, 1999, p. 6, alude ao facto de que "o BIT e a sociedade cujos indivíduos materializam as suas aplicações mediante os computadores interconectados, quebraram a lógica espacio-temporal".

[32] Para mais desenvolvimentos sobre as NTIC cf. neste capítulo 2.

[33] SPIROS SIMITIS, "Il contesto giuridico e politico della privacy", *in RCDP*, ano XV, n.° 4, 1997, p. 574.

[34] Neste sentido *vide* GIUSEPPE CASSANO, "Internet e riservatezza", *in Internet – Nuovi problemi e questioni controverse*, (coord. GIUSEPPE CASSANO), Giuffrè Editore, Milão, 2001, p. 9.

[35] "Tecnología y derechos fundamentales", *in datospersonales.org*, n.° 8, 2004, p. 1.

[36] A tutela da privacidade constituiu um dos problemas de mais intensa gravidade relacionados com a difusão dos computadores na sociedade civil e originou uma grande preocupação logo no início dos primeiros tempos da expansão desta tecnologia bastando citar, a título exemplificativo, as obras de WESTIN, *Privacy...*, cit, p. 3, onde defende que a partir dos finais dos anos 60 do século passado, a sociedade americana consciencializou--se acerca dos problemas que para a privacidade apresentava a vigilância tecnológica, e ARTHUR R. MILLER, *The Assault on Privacy – Computers, Data Banks and Dossiers*, Ann Harbor, 1971. Mas, também, há a consciencialização de uma reformulação do próprio conceito de privacidade, operando-se como que uma "revolução coperniciana", segundo VINCENZO FRANCESCHELLI, "La tutela dei dati personali. Introduzione alla lege sulla privacy informatica", *in La tutela della privacy informatica – Problema e prospettive*, (coord. VINCENZO FRANCESCHELLI), Giuffré Editore, Milão, 1998, p. 4.

[37] JANUÁRIO GOMES, "O problema da salvaguarda da privacidade antes e depois do computador", *in BMJ*, n.° 319, 1982, p. 46, refere-se aos "especiais perigos que o tratamento automatizado comporta", na medida em que constitui um perigo de violação dos

balhadores, em especial[38]. As inovações tecnológicas associadas à informática têm vindo a fornecer vários instrumentos bastante intrusivos da privacidade das pessoas, referindo-se, muitas vezes, que se está perante a passagem de "um máximo de opacidade para um máximo de transparência"[39], ocorrendo um autêntico *assault on privacy*[40]. Esta situação parece configurar um verdadeiro desafio para a privacidade na medida em

---

direitos e liberdades fundamentais dos cidadãos, que resulta da "espantosa capacidade de armazenamento da informação, da fulgurante velocidade de recuperação da mesma, mas sobretudo da possibilidade de *concentração, interconexão* e *difusão* da informação que o computador permite fazer". ARNAUD BELLEIL, *E-privacy – le marche des données personnelles: protection de la vie privée à l'âge d'Internet*, Dunod, Paris, p. 1, tem uma expressão que demonstra um pouco os perigos desta utilização da informática em relação à vida privada – "a destruição da vida privada é para a economia da informação o que a destruição do ambiente foi para a economia industrial". Como também chama a atenção JUDITH DECEW, *In Pursuit of privacy – Law, Ethics and the Rise of Technology*, Cornell University Press, Ithaca e Londres, 1997, p. 145, à medida que avançam as inovações tecnológicas, a privacidade é ameaçada de forma mais constante. Quer-nos parecer que uma expressão do presidente americano LYNDON JOHNSON, *apud* FRANÇOIS BLANCHETTE, *L'expectative raisonnable de vie privée et les principaux contextes de communications dans Internet*, tese de Mestrado em Direito, Montreal, 2001, *in* www.juriscom.net, p. 17, ilustra esta realidade, sendo nossa opinião que, na língua original, traduz melhor a ideia "The principle that a man's home is his castle is under a new attack. For centuries the law of trespass protected a man's lands and his home. But in this age of advanced technology, thick walls and locked doors cannot guard our privacy or safeguard our personal freedom".

[38] Para uma síntese de algumas técnicas de controlo dos trabalhadores que afectam a sua privacidade pode ver-se FRANCISCO MARTÍNEZ LÓPEZ, PAULA LUNA HUERTAS, INFANTE MORO e MARTÍNEZ LÓPEZ, "Los sistemas de control de la actividad laboral mediante las Nuevas Tecnologías de la Información y las Comunicaciones", *in RL*, n.° 12, 2003, pp. 100 e ss..

[39] *Vd.* neste sentido RODOTÀ, *Elaboratori elettronici e controllo sociale*, Societa editrice il Mulino, Bolonha, 1973, p. 77. Aponta para a mesma situação KIRBY, "La protection de la vie privée et des droits de l'homme à l'ère du numerique", *in Les Droits de l'homme dans le cyberspace*, Economica UNESCO, Paris, 2005, pp. 14-15.

[40] Expressão utilizada por ARTHUR R. MILLER, *op.* cit., e referida por vários autores, podendo encontrar-se desde logo, e a título de exemplo, em BESSONE, "Segreto della vita privata e garanzie della persona – Materiali per lo studio dell'esperienza francese", *in RTDPC*, ano XXVII, 1973, p. 1130, referindo que nas sociedades urbanas é necessário conciliar uma política de defesa do segredo da vida privada com o fenómeno do *assault on privacy*.

que estas tecnologias permitem[41] uma possibilidade quase ilimitada de recolha de informações pessoais, uma enorme rapidez de acesso a tais informações através dos computadores, e uma grande possibilidade de circulação das mesmas[42]. Assim, a privacidade pode ser afectada não só através da simples recolha de dados mas também, e sobretudo, com a enorme possibilidade de recomposição e até descontextualização que as novas tecnologias possibilitam. Todavia, não pode deixar de ter-se em atenção que as novas tecnologias, ao permitirem uma difusão de dados sempre mais ampla e diversificada, produzem também, simultaneamente, formas de "esgotamento e de despedaçamento" dos mesmos[43].

---

[41] A locução que nos parece preferível é esta já que a tecnologia é neutra. A utilização que dela é feita é que poderá conduzir a atentados para a privacidade das pessoas e este uso é realizado pelo homem. Como menciona ROSSELLI, "Art. 4 dello Statuto dei Lavoratori e sistemi informatici – Nuove problematiche in tema di controlli dell'organizzazione del lavoro", in DL, n.º 5, 1987, pp. 454-455, o computador, por si só, não coloca nenhum direito em perigo. Quem pode realizar esse possível atentado é a pessoa humana. No mesmo sentido pode ver-se MASSIMO DOGLIOTTI, "Banche dei dati e protezione della persona", in Computers e responsabilità civile, (coord. GUIDO ALPA), Giuffrè Editore, Milão, 1985, p. 36, ao afirmar que "todos sabem que uma invenção científica é em geral neutra e precisa de considerar-se o fim e a finalidade para a qual vem a ser utilizada". Chamando a atenção para esta última parte RODOTÀ, Tecnologie...cit., pp. 14-15, ao defender que a tese de neutralidade tecnológica é importante para a responsabilização de quem a opera sendo o mais relevante o facto de a tecnologia derivar sobretudo da forma do seu uso específico. Também BUTARELLI, op. cit., p. xx, sustenta não ser possível afirmar que o computador seja um instrumento "negativo" e em contraste com os direitos da pessoa; é a sociedade que, com as suas próprias regras, pode torná-lo perigoso. No mesmo sentido, PIETRO ZANELLI, Impresa, lavoro e innovazione tecnologica, Giuffrè Editore, Milão, 1985, p. 5, nega à inovação tecnológica qualquer capacidade autónoma de transformação já que só pode ser um "instrumento nas mãos de um sistema predisposto".

[42] Neste sentido pode ver-se PEDRO PAIS DE VASCONCELOS, "Protecção de dados pessoais e direito à privacidade", in Direito da Sociedade da Informação, volume I, Coimbra Editora, Coimbra, 1999, p. 241, quando refere que "a capacidade de recolha, armazenamento e tratamento de dados pessoais possibilitada pelos actuais meios informáticos envolve perigos graves que exigem sistemas e meios de protecção eficazes das pessoas e da sua privacidade. O descontrolo do tratamento informático de dados pessoais ou a falta de um seu controlo eficaz acarreta riscos e perigos muito graves para a privacidade das pessoas". Também chama a atenção para esta situação GILDRE GENTILE, "Innovazioni Tecnologiche e Art. 4 dello Statuto dei Lavoratori", in DL, n.º 4, 1996, pp. 486-487.

[43] No mesmo sentido RODOTÀ, "Persona, riservatezza, identità. Prime note sistematiche sulla protezione dei dati personali", in RCDP, ano XV, n.º 4, 1997, p. 605.

56 *A Privacidade dos Trabalhadores e as Novas Tecnologias...*

Na verdade, se, em tese, estas inovações são criadas para facilitar a vida do homem, ampliar-lhe a capacidade de domínio sobre o que o rodeia, têm a potencialidade, como se tem visto, de provocar graves alterações que podem afectar os direitos fundamentais. Como preconiza RITA AMARAL CABRAL[44], "verifica-se que o progresso tecnológico adquiriu, em alguns domínios, uma velocidade e um dinamismo próprios, desprovidos de critérios morais, conduzidos por um neutralismo ao qual são estranhas e mesmo desprezíveis quaisquer preocupações éticas, metafísicas, humanísticas"[45].

Através destas inovações tecnológicas é possível armazenar, planificar, regular, controlar e transmitir informação, o que permite um enorme controlo das pessoas[46], embora não possa deixar de considerar-se que as

---

[44] "O direito à intimidade da vida privada (breve reflexão acerca do artigo 80.º do Código Civil", *in Separata dos Estudos em memória do Prof. Doutor Paulo Cunha*, Lisboa, 1988, p. 6.

[45] Chamando também um pouco a atenção para esta situação, CRISTINA MÁXIMO DOS SANTOS, "As novas tecnologias da informação e o sigilo das telecomunicações", *in RMP*, Ano 25, n.º 99, Jul/Set., 2004, p. 113, ao referir que "a globalização que assistimos no dealbar do século XXI apresenta novos desafios às sociedades democráticas pelo confronto da dimensão universal dos direitos humanos e a insuficiência da protecção estadual e que, não raro, se têm traduzido no enfraquecimento dos direitos dos cidadãos". Também há mais de trinta anos, os participantes na Conferência Internacional dos Direitos do Homem, organizada em Teerão, declaravam que "Se as descobertas científicas e o progresso tecnológico abriram a perspectiva do desenvolvimento económico, social e cultural, podem, também, colocar em perigo os direitos e liberdades dos indivíduos e devem, consequentemente, ser objecto de constante atenção". Ver BRAND, "Human Rights and Scientific and Technological Development", *in Human Rights Journal*, n.º 4, 1971, p. 356. No mesmo sentido GLÓRIA REBELO, *Teletrabalho e Privacidade: contributos e desafios para o Direito do Trabalho*, Editora RH, Lisboa, 2004, pp. 46-47, ao afirmar que as inovações tecnológicas constituem um "conjunto de novas possibilidades" de atentar contra vários direitos de personalidade, em especial a privacidade.

[46] Como chama a atenção GILES TRUDEAU, "Vie professionnelle et vie personnelle tâtonnements nord-américains", *in DS*, n.º 1, 2004, p. 11, "a evolução das novas tecnologias, particularmente aquelas ligadas à informática, fragiliza a privacidade já que existem tecnologias que permitem a captação da voz, imagem ou mensagens de uma pessoa sem o seu conhecimento ou consentimento, independentemente do local onde ela se encontre, mesmo nos locais considerados mais íntimos". Também WEIβGERBER, *Arbeitsrechtliche Fragen bei der Einführung und Nutzung vernetzer Computerarbeitsplätze*, Duncker & Humblot, Berlim, 2003, p. 98, alude ao facto de com as novas tecnologias de diferentes tipos ser possível criar "perfis totais" da pessoa vigiada.

novas tecnologias, permitindo uma enorme possibilidade de invasão da privacidade, também podem torná-las obsoletas[47]. Na verdade, factores como a velocidade, a potência e a capacidade de armazenamento dos computadores constituem, actualmente, uma séria ameaça à privacidade das pessoas, risco que aumenta exponencialmente quando a comunicação entre elas é facilitada pela existência de terminais separados por milhares de quilómetros, não existindo nenhum impedimento técnico[48] para o tratamento dos seus dados pessoais[49]. O perigo para a privacidade das pessoas decorre da possibilidade de uma elaboração automática que o computador oferece[50] de reunir um conjunto de dados das pessoas que isoladamente nada dizem mas que, apresentados de forma sistemática e cruzada entre si[51], permitem uma informação quase inimaginável[52]. E os

---

[47] Ver JON BIBLE e DARIEN MCWHIRTER, *Privacy in the Workplace – a Guide for Human Resource Managers*, Quorum Books, Nova Iorque, 1990, p. 241.

[48] Mas há vários impedimentos legais conforme veremos ao longo desta tese.

[49] Neste sentido ver CINTA CASTILLO JIMÉNEZ, "Protección de la intimidade en Internet", *in Informática y Derecho*, n.os 27, 28 e 29, 1998, p. 461, e em "La Sociedad de la Información y los Derechos fundamentales. Ley 34/2002 de Servicios de la Sociedad de la Información y del Comercio Electrónico", *in Derecho y Conocimiento*, vol. 2, p. 23.

[50] VICENTE PACHÉS, "Vulneración del derecho a la libertad sindical por uso indebido de la empresa de datos informáticos relativos a afiliación sindical. Comentário a la sentencia 11/1998, de 13 enero, de la sala 1.ª del Tribunal Constitucional (BOE de 12 de febrero de 1998)", *in AS*, n.º 5, 1998, p. 477, e também em "El derecho a la Intimidad y la Informática en el Âmbito Laboral", *in Informática y Derecho*, n.os 30, 31 e 32, 1999, p. 277.

[51] Como salienta BELLAVISTA, "La direttiva sulla protezione dei dati personali: profili giuslavoristici", *in DRI*, n.º 1, 1997, p. 121, o perigo apresentado decorre da possibilidade de utilização ilimitada de dados recolhidos para os fins mais diversos e de lhes dar uma posterior utilização totalmente diferente do intuito original.

[52] No mesmo sentido pode ver-se M.ª EDUARDA GONÇALVES, *Direito da Informação – Novos direitos e formas de regulação na sociedade da informação*, Almedina, Coimbra, 2003, p. 173, ao defender que o ciberespaço coloca em risco a privacidade e as liberdades públicas de duas formas principais: pela acumulação de informação e dados pessoais e pela possibilidade de intercepção ilícita das comunicações privadas. Esta autora, citando SYKES, refere que "a Internet reescreveu as regras da vida pública e privada dando a ilusão da *privacy* num mundo que passou a ser, na realidade, um «aquário»". Também BENJAMIM SILVA RODRIGUES, *Das escutas telefónicas – à obtenção da prova [em ambiente] digital, Tomo II*, Coimbra Editora, Coimbra, 2008, p. 436, preconiza que "a privacidade encontra-se a saque", acrescentando que "os cidadãos assistem, de forma apática e obediente, à [vitrificação] dos mais vulgares aspectos da sua vida quotidiana", ideia com

grupos de poder quer sejam públicos, quer privados, exercem o seu controlo social, cada vez de forma mais difusa, a partir do domínio e do manuseamento de dados pessoais das pessoas[53]. Desta forma "o conhecimento centralizado e sistemático de dados pessoais traduz-se no sistema de vigilância e controlo da sociedade mais rápido e eficaz".

O tratamento de dados e a sua posterior divulgação não pode mais circunscrever-se a certos parâmetros tradicionais pois, a *Internet*, o *e-mail* e o constante desenvolvimento tecnológico aumentam, e muito, a enorme capacidade de deslocação de dados[54], o que se traduz num acréscimo muito grande das várias formas de intrusão na privacidade das pessoas e, na maior parte das ocasiões, com o seu desconhecimento[55]. Se associar-

---

a qual não podemos concordar já que não nos parece que haja uma apatia das pessoas perante esta realidade, bastando mencionar o caso de uma acção coordenada pelo grupo de direitos civis alemão *Arbeitkreis Vorratsdatenspeichrung* que, com o apoio de mais de trinta mil cidadãos, interpôs uma petição no Tribunal Constitucional alemão sobre a constitucionalidade da transposição da Directiva 2006/24/CE, de 15 de Março, pela lei alemã e que deu origem, pelo julgamento de 11 de Março de 2008 (que pode ser consultado em www.bverfg.de), a um reconhecimento de que a retenção de dados provoca significativas ameaças à privacidade.

[53] Como referem STAHL, PRIOR, WILFORD e COLLINS, "Electronic monitoring in the workplace: if People Don't Care, Then What is the Relevance", *in Electronic Monitoring in the Workplace: Controversies and Solutions*, (coord. JOHN WECKERT), Idea Group Publishing, EUA, 2005, p. 66, um outro aspecto relacionado com o impacto das inovações tecnológicas na sociedade é a economia já que, se tradicionalmente a maior ameaça para a privacidade era representada pelo Estado e poderes públicos, actualmente a situação alterou-se e são as grandes companhias privadas que têm maior interesse em recolher dados dos seus consumidores ou trabalhadores e, por isso, apresentam-se como os mais "fortes candidatos" a exercer a vigilância.

[54] Como realça ZUCCHETTI, *Privacy – Dati personali e sensibili Sicurezza – Regolamento – Sanzioni – Problemi e Casi pratici*, Giuffrè Editore, Milão, 2005, p. 3.

[55] No mesmo sentido RODOTÀ, *Tecnologie…*, cit., p. 47, mencionando que a *Internet* está a converter-se num canal importantíssimo para a aquisição de bens e serviços. Os dados oferecidos pelos interessados para a obtenção de determinados serviços são tais, quer pela quantidade, quer pela qualidade, que permitem toda uma ampla possibilidade de utilização secundária particularmente remunerativa, possibilitando a criação de perfis de consumo individual ou familiar, análise de referências, informações estatísticas a partir dos dados obtidos graças à oferta de serviços, *inter alia*. Também chamam a atenção para este facto FABRIZIA DOUGLAS SCOTTI, "Alcune osservazioni in mérito alla tutela del lavoratore subordinato di fronte al trattamento informático dei dati personali", *in DRI*, n.° 1, 1993, p. 231. *Vd.*, ainda, FRANCESCO DI CIOMMO, "Internet e crise del diritto privato: tra

As Novas Tecnologias e a Privacidade 59

mos a tudo isto o baixo custo que agora representa o tratamento de dados que estas tecnologias permitem[56], assim como o tempo cada vez mais reduzido, constatar-se-á, facilmente, os perigos que poderão ocorrer. A vulnerabilidade é grande. A informação, mesmo a mais pessoal, circula de forma mais rápida ou em maior quantidade e sendo muitos mais os sujeitos, directa ou indirectamente, lícita ou ilicitamente, que são capazes de conhecer e utilizar dados pessoais de outras pessoas[57].

Há um consenso alargado em torno da ideia que é necessário fazer com que o tratamento de dados seja realizado com maior cautela já que os que estão computorizados e telematicamente disponíveis podem ser recolhidos de uma forma simples e com baixo custo; que, uma vez efectuada a recolha de dados, a sua reelaboração, com a finalidade de realizar perfis pessoais, acarreta esforços irrisórios; e que os incentivos de mercado a desenvolverem tais operações são muito elevados, seja em vista de objectivos plausivelmente positivos, seja por razões meramente comerciais[58], ou inspiradas na mera lógica do lucro[59].

---

globalizzazione, dematerializzazione e anonimato virtuale", *in RCDP*, ano XXI, n.° 1, 2003, p. 117, e MÓNICA SOLANA, "Derecho de intimidad y protección de datos personales", *in Derecho y Nuevas Tecnologias*, Editorial UOC, Barcelona, 2005, p. 94.

[56] Chamando a atenção para os baixos custos do processamento da informação e das comunicações digitais ver LUC SOETE, "Nuevas tecnologias, trabajo del conocimiento y empleo. Retos para Europa", *in RIT,* vol. 120, n.° 2, 2001, p. 175.

[57] *Vd.* NICOLA LUGARESI, *Internet, privacy e pubblici poteri negli Stati Uniti*, Giuffrè, Milão, 2000, pp. 9-10, e GIANLUIGI CIACCI, "Internet e il diritto alla riservatezza", *in RTDPC*, ano 53, 1999, p. 233. No mesmo sentido ver, ainda, IRFAN DEMIR, *Changing privacy concerns in the Internet Era*, Universidade do Norte do Texas, 2002, *in* www.proquest.com, p. 4.

[58] Como bem refere INMACULADA MARÍN ALONSO, "La facultad fiscalizadora del empresario sobre el uso del correo electrónico en la empresa: su limitación en base al derecho fundamental al secreto de las comunicaciones", *in TL*, n.° 75, 2004, p. 107, a privacidade pode tornar-se "uma mercadoria muito valiosa sujeita a transacções comerciais". Também RODOTÀ, *Tecnologie...*, cit., p. 13, chama a atenção para esta situação, e M.ª DEL CARMEN PICÓ, *El impacto de Internet en el Derecho Fundamental a la Protección de Datos de Carácter Personal*, Thomson Civitas, Navarra, 2006, p. 25, defende que "a informação nominativa tornou-se uma mercadoria de valor inimaginável".

[59] Ver ROBERTO PARDOLESI, "Dalla Riservatezza alla Protezione dei Dati Personali: una Storia di Evoluzione e Discontinuità", *in Diritto alla riservatezza e circolazione dei dati personali, Volume Primo*, (coord. ROBERTO PARDOLESI), Giuffrè Editore, Milão, 2003, pp. 44-45. No mesmo sentido JAMES RULE, "Toward strong privacy: values,

60   *A Privacidade dos Trabalhadores e as Novas Tecnologias...*

Constata-se, pois, que a sociedade actual está a caracterizar-se cada vez mais como uma sociedade da identificação, da classificação e do controlo, com um espaço cada vez menor para a privacidade[60]. Com a expansão da vigilância e do poder a esta associado o tema da privacidade adquire uma importância fulcral, já que, como diz MARK INHAT[61], a disciplina e o poder encontram-se interligados com a vigilância e com a recolha e arquivo de informação das pessoas o que permite a sua categorização e, até, classificação. Uma das características centrais da nossa sociedade consubstancia-se na enorme importância dada à informação[62] e à comunicação, sendo que a pessoa *conta* pela informação que a define, que a classifica e que a elabora. Surge assim a "pessoa electrónica"[63], onde não há só uma representação mas tantas quantas as criadas pelo mercado em relação aos interesses presentes em cada recolha de informações e cada uma destas é perfeitamente funcional com a finalidade da recolha[64].

---

markets, mechanisms, and institutions", *in University of Toronto Law Journal*, vol. 54, 2004, p. 183, quando afirma que os dados pessoais tornaram-se para vastos sectores da sociedade "um material essencial" para as mais variadas finalidades e, também, PAUL SCHWARTZ, "Property, privacy and personal data", *in Harvard Law Review*, vol. 117, 2004, pp. 2056-2057, observando que a privacidade é um importante "produto" no novo milénio e que as empresas estão a tentar obter lucro com ela.

[60] Neste sentido ANA URRUTIA, HÉCTOR GORSKI e MÓNICA MICHEL, *Tecnologia, Intimidad y Sociedad Democrática*, Icaria editorial, Barcelona, 2003, p. 12.

[61] *The eyes of capitalism: surveillance in the workplace – a Study of the Issue of Employee Privacy*, Universidade de Queen, Kingston, Ontario, 2000, *in* www.proquest.com, p. 31.

[62] Sobre a importância da informação ver GAUTI SIGTHORSSON, *A Life of The Dead: Privacy, Data Subjects and Labor*, Universidade de Minnesota, 2004, *in* www.proquest.com, pp. 93-96. Ver, ainda, como MARIA REGINA REDINHA e MARIA RAQUEL GUIMARÃES, "O uso do correio electrónico no local de trabalho – algumas reflexões", *in Estudos em Homenagem ao Professor Doutor Jorge Ribeiro de Faria*, Coimbra Editora, Coimbra, 2003, pp. 647-648, defendem que na actualidade "o motor do crescimento económico é a informação".

[63] Expressão empregue por MARIAPAOLA AIMO, "I «lavoratori di vetro»: regole di trattamento e meccanismi di tutela dei dati personali", *in RGLPS*, Ano LIII, n.º 1, 2002, p. 45.

[64] Apontam neste sentido LUCA FAILLA e CARLO QUARANTA, *Privacy e rapporto di lavoro*, IPSOA Editore, 2002, p. 15.

Estas novas formas de ameaça à privacidade apontam para a *sociedade de controlo ou vigilância*[65] já que grandes quantidades de dados da vida privada das pessoas são recolhidos, tratados e processados todos os dias para um número infindável de finalidades. De facto, se nas décadas de 70 e de 80 do século passado existia um grande entusiasmo com a chegada de novas condições sociais, com a divulgação de computadores e de novas formas de comunicação associados a uma nova prosperidade, novas oportunidades e uma nova democracia, cedo se constatou[66] a enorme capacidade para vigiar e controlar tudo e todos[67], associando muitas vezes este novo tipo de sociedade à figura do *Big Brother*[68] e à conexão com uma sociedade constantemente vigiada[69]. Pode não ser o Estado que controle sistematicamente todos os cidadãos como na obra de ORWELL, mas os sistemas informáticos modernos permitem obter esse resultado de controlo total com a infalível eficácia numérica dos computadores. Parece, assim, que, actualmente, o modo de vigilância, propaganda e manipulação descrito por este autor está, de alguma forma, concretizado. E, a crítica de

---

[65] Termo empregue por DAVID LYON, *The Electronic Eye – The Rise of Surveillance Society*, Polity Press, Reino Unido, 1994, p. 3. Também DAVID FLAHERTY, *Protecting Privacy in Surveillance Societies – The Federal Republic of Germany, Sweden, France, Canada, and The United States*, The University of North Carolina Press, EUA, 1989, p. 1, chama a atenção para o facto das sociedades ocidentais industrializadas correrem o risco de se tornarem – ou mesmo já serem – sociedades vigiadas e controladas, referindo vários exemplos. No mesmo sentido TÉLLEZ AGUILERA, *op.* cit., p. 27, defende que não sendo partidário de teorias apocalípticas, não pode deixar de entender-se que estamos perante o "auge da sociedade vigiada".

[66] Conforme já se referiu por diversas vezes.

[67] Como preconiza RODOTÀ, *Tecnologie...*, cit., pp. 41-42, passa-se de uma utopia positiva de "desejo, vontade", para uma negativa "de angústia", com o fim da crença cega no progresso, embora saliente também que a "angústia" no futuro não comporta a sua recusa. A angústia existente nasce da consciencialização de que, perante a rapidez do progresso técnico, há uma enorme morosidade na sua projecção a nível sociológico e institucional.

[68] Alusão à obra de GEORGE ORWELL, *Mil novecentos e oitenta e quatro*, (trad. ANA LUÍSA FARIA), Antígona, Lisboa, 1991.

[69] Como indica CHRISTOPHE VIGNEAU, "El Derecho Francés", *in Tecnología Informática y Privacidad de los Trabajadores*, (coord. MARK JEFFERY, JAVIER THIBAULT ARANDA e ÁNGEL JURADO), Thomson Aranzadi, Navarra, 2003, p. 185, o que até há algumas décadas era apenas ficção científica, actualmente é realidade, numa clara alusão à obra *1984*.

ORWELL torna-se ainda mais actual se aplicada à *realidade virtual* que é a *Internet*[70] [71]. Porém, não pode considerar-se que a vigilância é somente negativa[72]. Não pode deixar de atender-se a que as novas tecnologias proporcionam às pessoas uma nova capacidade para a expressão da sua vontade e para o exercício da sua liberdade[73]. Ao mesmo tempo elas estão associadas à inovação já que têm por objectivo, muitas vezes, a melhoria das condições existentes, a mudança e a superação quantitativa e qualitativa da situação precedente e das funções pré-existentes. As novas tecnologias podem contribuir para um desenvolvimento humano mais harmónico e multilateral[74]. Desta forma o *olho electrónico* pode "piscar de forma benigna" e a questão torna-se mais subtil e consiste em saber em que circunstâncias, situações e segundo que critérios é possível atribuir a esta vigilância e controlo um aspecto negativo ou positivo. A vigilância e o controlo são extremamente ambíguos e expandem-se de forma muito imperceptível e oculta num contexto digital, a maior parte das vezes como resultado de decisões e de processos que visam atingir objectivos como uma maior eficiência e produtividade.

Perante esta situação o Direito tem de actuar porque[75] se é certo, que de acordo com os princípios liberais do Direito, a tecnologia só deveria ser submetida ao controlo jurídico após ser conhecida na prática, actualmente, perante estas novas tecnologias associadas à informática, há que mudar de paradigma e atender aos "riscos sociais" que comportam. Há que substituir a ideologia do *laisser-faire, laissez-innover*[76], por uma regulamentação que tenha em atenção que a nova era informática altera o próprio

---

[70] Como o ecrã da obra *1984*, todos os computadores dotados de uma conexão à *Internet* podem, simultaneamente, receber e transmitir informação, o mais frequentemente de forma oculta.

[71] Ver, no mesmo sentido, MAURIZIO DE ARCANGELIS, *L'Internet et la vie privée*, Editions "Les Fils d'Arianne", Aix-en-Provence, 2004, p. 8.

[72] No mesmo sentido DAVID LYON, *op.* cit., p. ix.

[73] *Vide* GARCIA MARQUES e LOURENÇO MARTINS, *Direito da Informática*, Almedina, Coimbra, 2000, p. 99. Também CRISTINA MÁXIMO DOS SANTOS, *op.* cit., p. 116, entende que a "revolução informática pode revelar-se como factor de inclusão, permitindo uma participação (mais) activa e informada dos cidadãos na discussão das opções políticas e sociais relevantes, dando expressão a uma cidadania global".

[74] PÉREZ LUÑO, *Nuevas tecnologias...*, cit., pp. 14-15.

[75] Conforme ensina DÄUBLER, *Direito do Trabalho...*, cit., p. 177.

[76] RODOTÀ, *Tecnologie...*, cit., p. 37.

quadro de valores em que a sociedade se insere. Não pode concordar-se assim com a afirmação de PAUL BARAN[77] que, com dados de 1965, nos primórdios da revolução electrónica, sustentava que esta nova tecnologia não precisaria do Direito porque tinha "produzido os seus próprios anti-corpos", e criado a sua auto-regulação sobre tudo o que fosse socialmente relevante. Afigura-se-nos, de facto, poder existir um entrave a esta situação, não tanto na regulação destas novas tecnologias mas na sua aplicação, e que consiste na *banalização* do fenómeno informático e telemático. O perigo desta *banalização* está na falta de consciencialização dos riscos e das consequências do desenvolvimento tecnológico na privacidade dos indivíduos[78]. A esta situação poderá juntar-se o facto de que a assimilação social da nova tecnologia e a ordenação jurídica das alterações nas relações sociais que produz conduzirem a um desfasamento entre inovação tecnológica e adaptação do Direito às novas situações sociais[79]. Isto é particularmente sentido nas épocas mais recentes, onde a evolução tecnológica cresce a um ritmo exponencial, enquanto a regulação jurídica tem uma certa *lentidão* em realizar as necessárias modificações e adaptações, sendo verdade a ideia que *a realidade corre mais depressa que o Direito*[80].

---

[77] *Apud* RODOTÀ, "Diritto, scienza, tecnologia: modelli e scelte di regolamentazione", *in RCDP*, Ano XXII, n.º 3, 2004, p. 359.

[78] Na mesma direcção cf. CARLO SARZANA, "Evoluzione tecnológica e diritti dell'individuo", *in Dir. Inf.*, n.º 2, 1992, p. 395.

[79] E, secundando o defendido por M.ª BELÉN CARDONA RUBERT, *Informática y contrato de trabajo (Aplicación de la Ley Orgánica 5/1992, de 29 de octubre, de Regulación del Tratamiento Automatizado de los datos de carácter Personal)*, tirant lo blanch, Valencia, 1999, p. 19, o Direito do trabalho, caracterizado por ser o ramo do Direito com mais capacidade de adaptação à evolução social, nesta ocasião "não soube, ou melhor, não se preocupou em realizar um adequado enquadramento dos problemas surgidos como consequência da introdução das novas tecnologias no contrato de trabalho".

[80] No mesmo sentido pode ver-se JOSÉ PASTORE, "Evolução tecnológica: repercussões nas relações de trabalho", *in RDT*, Ano 31, n.º 119, 2005, p. 163, referindo que há momentos em que "a história corre mais depressa" e que, nos últimos anos, "as mudanças tecnológicas têm sido meteóricas", assim como NATALIA OVIEDO, *Control empresarial sobre los «e-mails» de los dependientes – Uso y abuso del correo electrónico en el marco de una relación laboral. Controles permitidos y prohibidos. Responsabilidad civil y penal. Analisis jurisprudencial – Proyectos legislativos*, hamurabi, Buenos Aires, 2004, p. 223, referindo que a realidade caminha a uma velocidade distinta da evolução legislativa. Também JEAN-EMMANUEL RAY, "Droit du travail et TIC (I)", *in DS*, n.º 2, 2007, pp. 142-143, escreve que enquanto o "tempo tecnológico acelera sem cessar, o tempo jurídico mantém-se

Afigura-se, assim, que a evolução tecnológica e o novo contexto económico e social restituíram à privacidade um inegável carácter de novidade devido aos novos problemas que trazem e às novas formas de agressão que ameaçam um direito que faz parte, inevitavelmente, do património próprio do homem e que constitui um dos valores fundamentais para que os cidadãos se mantenham livres. Parece, também, que quando o avanço tecnológico colidir com a privacidade torna-se imperioso encontrar soluções para que a tecnologia não dite qual a extensão da sua protecção. Ao contrário, as pessoas devem definir qual a parte da sua privacidade que pretendem *ceder* e quais os factos que pretendem tornar conhecidos. Assim, deve partir-se de um máximo de protecção deste direito e, depois, assegurar a todos o acesso aos dados e permitir-lhes dar o seu consentimento[81] relativamente à quantidade de dados que vão ser recolhidos e tratados. Secunda-se, ainda, PÉREZ LUÑO[82] quando afirma que deve partir-se de determinadas premissas base que formam uma tripla convicção: que a revolução tecnológica é um facto inevitável e irreversível; que as suas consequências possuem uma grande ambivalência, podendo ser utilizadas para o bem e para o mal; que, porém, é da responsabilidade de todos conduzir o progresso tecnológico para "objectivos de paz, justiça, progresso e liberdade".

---

lento regido pelo ritmo dos procedimentos democráticos". Para SÓNIA SÁNCHEZ, "Variaciones sobre el poder de control a distancia: el espejo de la madrasta", *in El poder de dirección ...*, cit., p. 86, "como sempre tem ocorrido ao longo da história do Direito em geral e, em particular, do Direito do trabalho: a realidade corre mais depressa". Como escreve BRUNO VENEZIANI, "Nuove tecnologie...", cit., p. 4, é um "singular destino" do Direito do trabalho (e do Direito em geral) "responder mais do que antecipar as mudanças sociais". É a reactividade jurídica que está no *banco dos réus*.

[81] O consentimento na relação de trabalho postula um regime especial dada a relação de subordinação jurídica, e muitas vezes económica, que o trabalhador tem. Lembro, a título exemplificativo, a consagração da figura do direito ao arrependimento, do *venire contra factum proprium* para salvaguardar a integralidade do consentimento. Para mais desenvolvimentos sobre esta questão *vd.*, ainda neste capítulo, 4.4.4., e capítulo III, 2.2..

[82] *Nuevas tecnologias...*, cit., p. 16.

2. AS CONSEQUÊNCIAS DA EXPLOSÃO INFORMÁTICA E O SURGIMENTO DO MUNDO DIGITAL: AS NOVAS TECNO-LOGIAS DE INFORMAÇÃO E COMUNICAÇÃO

No início de um novo milénio assiste-se ao crescimento de uma verdadeira revolução tecnológica associada ao surgimento das NTIC e que alterou, praticamente sem qualquer paralelo, toda a estrutura da sociedade a nível mundial[83]. Surge a *sociedade pós-industrial*, uma nova era tecnológica ou, segundo ALVIN TOFFLER[84], uma "nova civilização". Nesta nova era há uma mutação económica radical produzida pela inserção das NTIC[85] e que origina um paulatino desaparecimento das fronteiras técnicas que anteriormente permitiam distinguir os diferentes sectores da economia já que os sectores primário, secundário e terciário estão a perder o protagonismo para o sector quaternário, constituído pela informação. Nesta sociedade pós-industrial informatizada[86] a comercialização de pro-

---

[83] Como menciona ROSARIO D'AFFLITTO, "Il computer e le nuove tecnologie: tipologie e applicazioni", *in Nuove Tecnologie e Tutela della Riservatezza dei Lavoratori*, (coord. LUCA TAMAJO, ROSARIO D'AFFLITTO e ROBERTO ROMEI), Franco Angeli, Milão, 1988, p. 162, a época actual é "o centro de uma transformação tecnológica tão radical que invade com todos os seus efeitos, directa ou indirectamente, toda a economia".

[84] *A Terceira Vaga*, Livros do Brasil, Lisboa, 2003, p. 116. No mesmo sentido MUÑOZ LORENTE, "Los limites penales en el uso del correo electrónico e Internet en la empresa", *in El uso laboral y sindical del correo electrónico e Internet en la empresa – Aspectos constitucionales, penales y laborales*, (coord. ROIG BATALLA), tirant lo blanch, Valencia, 2007, p. 125, asseverando que o desenvolvimento das NTIC juntamente com a implantação e desenvolvimento mundial de redes informáticas de comunicação supôs um "notável avanço", quer do ponto de vista social, quer económico, mas que, simultaneamente, cria um enorme desafio para o Direito perante os perigos que podem advir da "faceta perversa" destas tecnologias.

[85] Para RUI FIOLHAIS, *Sobre as implicações Jurídico-laborais do Teletrabalho Subordinado em Portugal*, Instituto do Emprego e Formação Profissional, Lisboa, 1998, p. 31, "a actual conjuntura histórica caracteriza-se pela emergência de um novo paradigma técnico-económico, justamente designado por *paradigma das tecnologias de informação*".

[86] Nos anos 70 do século XX, um sociólogo americano, DANIEL BELL, definiu a sociedade da informação como uma sociedade onde a informação era o recurso que identificava a sociedade pós-industrial e constituía uma nova fase do desenvolvimento económico. A tecnologia central desta nova era seria a recolha, armazenamento, tratamento,

dutos, as finanças, a publicidade, os seguros, os transportes e as comunicações, assim como a produção de novos conhecimentos, são impensáveis sem o tratamento da informação[87]. A ampliação do âmbito de actividade das empresas e a superação das barreiras físicas originam em todo o mundo grandes mudanças a nível económico e social[88]. Esta *nova sociedade* baseada na utilização das NTIC[89] estabelece um novo tipo de relacionamento entre a economia, a sociedade e o Estado. Surgem, desta forma, novos desafios para o homem, associados a três grandes tendências: a digitalização, a privatização e a génese de redes globais de informação[90]. Quanto ao primeiro conceito OLIVEIRA ASCENSÃO[91] entende que a base universal de todos os fenómenos associados às NTIC é a digitalização pois é esta que "permite o aparecimento e a utilização de novos bens" e se associarmos a este facto as novas infra-estruturas nas teleco-

---

comunicação e interligação da informação. Ver WILLIAM H. DUTTON, *Social Transformation in an Information Society: Rethinking Access to You and the World*, UNESCO, Paris, 2004, p. 23.

[87] Como lembra CARLA VIGNALI, "Il consenso dell'interessato al trattamento dei dati", *in La tutela della* privacy…, cit., p. 141, a informática, a informação e a comunicação tornaram-se instrumentos essenciais na actual era tecnológica que não mais podem ser ignorados. Também no Relatório da OCDE, de 2004, *Perspectivas da Tecnologia de Informação na OCDE: Edição 2004 – Sumário em Português,* as tecnologias de informação e comunicação (TIC) desempenham um papel chave na economia mundial. A proporção do sector das TIC na actividade económica está a aumentar e representam uma contribuição importante para o desempenho económico. As perspectivas do sector das TIC estão a melhorar, embora mais devagar do que o anteriormente previsto.

[88] Neste sentido PÉREZ LUÑO, última *op.* cit., pp. 14 e 36-37.

[89] Para MANUEL CASTELLS, *A Era da Informação: Economia, Sociedade e Cultura, A Sociedade em Rede Vol. I*, 3.ª edição, Fundação Calouste Gulbenkien, Lisboa, 2007, p. 34, a tecnologia é a utilização do conhecimento científico para especificar as vias de se fazerem coisas de forma reprodutível, aí incluindo a microelectrónica, a computação, as telecomunicações, a radiodifusão, a opto-electrónica e a engenharia genética. Mas, concorda-se com ANTONIOS KANIADAKIS, *The human factor problem and póst-fordism – The Case of the Automobile Industry*, Universidade de Queen, Kingston, Ontario, Canada, 2001, *in* www.proquest.com, p. 13, quando entende ser muito difícil encontrar uma noção de tecnologia.

[90] Neste sentido ARMANDO VEIGA e BENJAMIM SILVA RODRIGUES, *Escutas Telefónicas – Rumo à Monitorização dos Fluxos Informacionais e Comunicacionais Digitais*, 2.ª edição, Coimbra Editora, Coimbra, 2007, p. 12.

[91] "A sociedade da Informação", *in Direito da Sociedade da Informação, Volume I*, Coimbra Editora, Coimbra, 1999, p.163.

As Novas Tecnologias e a Privacidade 67

municações e as possibilidades oferecidas pelas comunicações por satélite ver-se-á como se têm dado "passos de gigante"[92], que a tecnologia está a mudar e que a *Internet* constitui o paradigma desta evolução tecnológica que mudou profundamente o mundo.

Assiste-se, assim, à Sociedade da Informação[93] que se caracteriza por uma verdadeira revolução sem precedentes no mundo das telecomunicações e da informação[94]. O *Livro verde para a sociedade da informação em Portugal*[95] define[96] esta expressão como "um modo de desenvolvimento social e económico em que a aquisição, armazenamento, processa-

---

[92] Expressão de M.ª LUISA FERNANDÉZ ESTEBAN, *Nuevas tecnologias,...*, cit., p. XIX.

[93] Para OLIVEIRA ASCENSÃO, "A Sociedade da Informação", cit., p.167, o conceito técnico que deveria aplicar-se seria o de "sociedade de comunicação, uma vez que o que se pretende impulsionar é a comunicação, e só num sentido muito lato se pode qualificar toda a mensagem como informação". Também MANUEL CASTELLS, *A Era da Informação....*, vol. I, cit., p. 115, entende preferível o termo "sociedade informacional e global". Informacional "porque a produtividade e competitividade dos agentes económicos depende, fundamentalmente, da sua capacidade de gerar, processar e utilizar de forma eficiente informação baseada no conhecimento" e global "porque o núcleo principal das actividades de produção, consumo e circulação, bem como os seus componentes (capital, trabalho, matérias-primas, gestão, informação, tecnologia, mercados) se encontram organizados à escala global, directamente através de redes de ligação entre agentes económicos". Também opta por esta terminologia FERNÁNDEZ VILLARINO, "La aplicación de los médios telemáticos en las relaciones de trabajo. Tratamiento jurídico vigente", *in Derecho y conocimiento*, vol. 2, p. 39.

[94] Secunda-se o defendido por FARIA COSTA, "O Direito Penal, a informática e a reserva da vida privada", *in Direito Penal da Comunicação (Alguns escritos)*, Coimbra Editora, Coimbra, 1998, p. 70, quando defende que "o traço essencial revelado pelo armazenamento de informação e que constitui um eixo [...] essencialíssimo de qualquer comunidade humana adquiriu [...] uma relevância tão forte e profunda que podemos, hoje, considerar que se vive, em muitos aspectos, numa sociedade de informação. E, verdadeiramente, quem operou esta radical transformação qualitativa, sobre a própria informação foram, sem dúvida alguma, as chamadas ciências informáticas". Também chama a atenção para este aspecto HELMS, "Translating privacy values with technology", *in* B.U. J. SCI. & TECH. L., vol. 7, n.º 2, 2001, p. 291, assim como, CONSUELO CHACARTEGUI JÁVEGA, "El correo electrónico como instrumento de información, consulta y participación de los trabajadores en las empresas de dimensión comunitaria", *in RL*, n.º I, 2004, p. 1255.

[95] Disponível em formato electrónico no *site* www.missão-si.mct.pt.

[96] Na p. 9.

mento, valorização, transmissão, distribuição e disseminação de informação, conducente à criação de conhecimento e à satisfação das necessidades dos cidadãos e das empresas, desempenham um papel central na actividade económica, na criação de riqueza, na definição da qualidade de vida dos cidadãos e das suas práticas culturais. A sociedade de informação[97] corresponde, por conseguinte, a uma sociedade cujo funcionamento recorre crescentemente a redes digitais da informação"[98].

Esta sociedade assenta num novo modelo de organização industrial, cultural e social[99], em que os trabalhadores, enquanto cidadãos, devem ser estimulados a usarem as NTIC, sendo que este estímulo deve ser dado pela possibilidade de as utilizarem no seu local de trabalho para diferentes finalidades, não parecendo benéfico ou mesmo desejável para as empresas uma proibição absoluta e injustificada da utilização destes meios[100].

Esta sociedade baseia-se, ainda, num uso optimizado das NTIC, com respeito pelos princípios democráticos, da igualdade e da solidariedade, "visando o reforço da economia e da prestação de serviços públicos e, a final, a melhoria da qualidade de vida de todos os cidadãos[101].

As novas tecnologias aplicadas às telecomunicações possibilitam situações impensáveis até há poucos anos. Do ponto de vista material, a

---

[97] O DL 7/2004, de 7 de Janeiro, que transpôs a Directiva 2000/31/CE, de 8 de Junho de 2000, relativa a certos aspectos legais dos serviços da sociedade de informação, em especial do comércio electrónico, no mercado interno («Directiva sobre comércio electrónico»), entende por serviços da sociedade de informação "qualquer serviço prestado a distância por via electrónica, mediante remuneração ou pelo menos no âmbito de uma actividade económica na sequência de pedido individual do destinatário".

[98] Também GARCIA MARQUES e LOURENÇO MARTINS, op.cit., pp. 42-43, referem, socorrendo-se de um documento preparado no âmbito da União Europeia, que "o progresso tecnológico permite-nos hoje tratar, armazenar, recuperar e transmitir informação sob qualquer forma – oral, escrita ou visual – sem limitações de distância, tempo ou volume", mencionando que "pretende-se que a expressão Sociedade de Informação tenha sido cunhada neste continente pelo então Presidente da Comissão Europeia Jacques Delors, por ocasião do Conselho Europeu de Copenhaga (1993)".

[99] Neste sentido AMADEU GUERRA, A privacidade no local de trabalho. As novas tecnologias e o controlo dos trabalhadores através de sistemas automatizados. Uma abordagem ao Código do Trabalho, Almedina, Coimbra, 2004, p. 10.

[100] No capítulo IV, 4.2. aborda-se com mais profundidade o problema da proibição da utilização para fins pessoais destas novas tecnologias.

[101] GARCIA MARQUES e LOURENÇO MARTINS, op.cit., p.43.

As Novas Tecnologias e a Privacidade   69

sociedade da informação caracteriza-se por uma utilização em grande escala das NTIC, que tornam possível uma recolha, armazenamento e gestão de dados sem precedentes, provocando mudanças transcendentais nas formas de produção, falando-se de uma nova economia, nova organização do trabalho, novas realidades laborais[102] e mudanças nas relações jurídicas.

As NTIC compreendem o conjunto de inovações baseadas na microelectrónica, na informática – *hardware* e *software*[103] – e nas telecomunicações e cuja finalidade é melhorar os mecanismos de armazenamento, recuperação, transmissão e tratamento da informação[104].

Desde uma perspectiva histórica há que destacar, pelo menos, três etapas na evolução da informática e das NTIC: a da macroinformática, a da microinformática e a das redes mundiais e da *Internet*[105], já que, cada uma destas etapas trouxe problemas diversos para o Direito[106].

O desenvolvimento destas tecnologias tem as suas raízes já em meados do século passado, fruto de descobertas científicas e de inovações

---

[102] O número seguinte será dedicado a uma aproximação às alterações nas relações de trabalho provocadas pelas NTIC.

[103] Como lembra PÉREZ LUÑO, *Nuevas tecnologias…*, cit., p. 26, uma distinção básica quando se abordam as tecnologias de informação e de comunicação é a existente entre o "suporte lógico", o *software*, ou seja, as instruções ou programas de funcionamento que são dadas ao computador, e o "suporte físico", o *hardware*, isto é, as máquinas ou computadores electrónicos.

[104] *Vide* JORGE ARAGÓN, ALICIA DURÁN, FERNANDO ROCHA e JESÚS CRUCES, *op. cit.*, p. 43. Também BRIAN CLIFFORD, "Individual privacy in an information dependent society", *in Ethics in Computer Age*, 1994, p. 51, entende que estas tecnologias associadas à sociedade da informação aumentaram drasticamente a quantidade de informação tratada.

[105] Como preconiza ROBERTA GERHARDT, *Relação de emprego, Internet e futuro – uma perspectiva crítica em âmbito brasileiro*, LTR, São Paulo, 2002, p. 18, se analisarmos o último século percebe-se que várias invenções marcantes da história levaram muito mais tempo para se tornarem populares do que a *Internet*. Sabe-se que a progressão geométrica do desenvolvimento tecnológico é acompanhada pela efectiva diminuição do tempo que se interpõe entre uma descoberta científica e a sua correspondente exploração industrial. Para isso basta observar que "foram necessários 112 anos para a fotografia, 56 anos para o telefone, 35 anos para o rádio, 15 anos para o radar, 12 anos para a televisão, 6 anos para a bomba atómica, 5 anos para o transístor e apenas 3 anos para o circuito integrado".

[106] MARTÍNEZ MARTÍNEZ, *Una aproximación crítica a la autodeterminacion informativa*, Thomson Civitas, Madrid, 2004, p. 24.

industriais. Foi durante a II Guerra Mundial e no período que se lhe seguiu que ocorreram as principais inovações tecnológicas associadas à electrónica: o primeiro computador programável[107] e o transístor, base essencial da microelectrónica, que constituem o cerne da revolução da tecnologia da informação do século XX. É a primeira etapa que corresponde às primeiras aproximações à cibernética[108] e à presença dos primeiros "computadores". Tratava-se de grandes máquinas com uma potência de cálculo limitada quando comparada com as possibilidades actuais mas, mesmo assim, o seu constante desenvolvimento gerou os primeiros problemas de protecção da privacidade e originou a aprovação das primeiras leis de protecção de dados pessoais. O transístor[109], inventado em 1947[110], tornou possível a codificação da lógica e da comunicação com máquinas e entre máquinas. O grande salto qualitativo e quantitativo e a sua difusão universal deu-se com o aparecimento do *chip* de silício como semicondutor e a constante redução do tamanho dos equipamentos, assim como o aumento da velocidade dos processadores. Assim, após a invenção do circuito integrado na década de cinquenta do século passado, abriu-se a possibilidade

---

[107] Sobre uma evolução histórica dos computadores ver *infra* capítulo IV, 4.3.1.

[108] Segundo PÉREZ LUÑO, última *op.* cit., p. 61, a cibernética e uma definição clássica de quem foi o seu criador, NORBERT WIENER, surge como a ciência da comunicação e controlo dos seres vivos e nas máquinas e para este a ciência cibernética teria como objectivo fundamental o estudo das mensagens, o que implicaria uma análise profunda dos processos lógicos de transmissão da informação e do controlo da eficácia operativa em todo o tipo de sistemas artificiais e naturais. Também ALAIN SUPIOT, "Travail, droit et technique", *in DS,* n.° 1, 2002, p. 15, entende a cibernética como a "ciência geral da comunicação englobando não somente todos os homens mas também as máquinas e os animais". WIENER, *apud* GAUTI SIGTHORSSON, *op.*cit., pp. 103-104, entende a cibernética como "a teoria das mensagens" com um vasto leque de aplicações que inclui não só o estudo da linguagem como a análise das próprias mensagens como uma forma de controlar as máquinas e a sociedade, o desenvolvimento dos computadores e de outros mecanismos do género, assim como certas reflexões sobre psicologia e do sistema nervoso humano.

[109] A este propósito M.ª REGINA REDINHA, "O teletrabalho", *in II Congresso Nacional de Direito do Trabalho – Memórias*, (coord. ANTÓNIO MOREIRA), Almedina, Coimbra, 1999, p. 83, defende que nos últimos 50 anos o transístor "invadiu quase todos os domínios da nossa vida, das comodidades domésticas aos bens de equipamento, do automóvel às comunidades, passando pela medicina e pelo trabalho".

[110] Sobre esta invenção *vd.* AURELIO IORI, *Nuove tecnologie e organizzazione del lavoro*, edizioni lavoro, Roma, 1984, pp. 28-29.

As Novas Tecnologias e a Privacidade

para integrar componentes cada vez mais minúsculos com uma inversa capacidade de precisão[111].

Contudo, é nos anos setenta do século passado que ocorre uma série de inovações e invenções chave, que converte esta década numa "verdadeira fronteira ou divisória tecnológica"[112], e que origina um enorme desenvolvimento das tecnologias de informação e comunicação. É então que se entra numa espécie de "micro-electrónica-digital"[113], dado que, embora as principais inovações se baseiem em conhecimentos prévios, constituem um salto quantitativo e qualitativo na difusão maciça da tecnologia em aplicações comerciais e civis devido à sua crescente acessibilidade e versatilidade, assim como ao seu custo decrescente e com uma qualidade cada vez maior[114]. É esta a altura do aparecimento da micro-electrónica, da informática[115 116], das telecomunicações e de novos mate-

---

[111] M.ª REGINA REDINHA, última *op. cit.*, p. 83, refere que desde a invenção do circuito integrado, "o número de transístores num *chip* de computador dobra, aproximadamente, em cada 18 meses, numa tendência tão firmada que é conhecida como a «lei de Moore»". Também MARTÍNEZ MARTÍNEZ, *op. cit.*, p. 24, nota n.º 7, refere que, em 1965, Gordon Moore afirmou numa entrevista à revista *Electronics* que o número de transístores nos circuitos integrados duplicar-se-ia em cada ano e que a tendência continuaria durante as duas décadas seguintes. Posteriormente modificou a sua própria lei afirmando que a densidade dos dados se duplicaria aproximadamente cada 18 meses.

[112] JORGE ARAGÓN, ALICIA DURÁN, FERNANDO ROCHA e JESÚS CRUCES, *op. cit.*, p. 43.

[113] ARMANDO VEIGA e BENJAMIM SILVA RODRIGUES, *op. cit.*, p. 15.

[114] PÉREZ LUÑO, *Nuevas tecnologias…*, p. 26, defende que em relação ao progresso do *hardware* devem referir-se quatro momentos de grande importância e que marcam a evolução das distintas gerações de computadores e que se referem a: redução do tamanho das memórias de armazenamento de informação; aumento da capacidade de memória dos dados; aumento da velocidade de acesso à memória; e diminuição do custo de armazenamento e recuperação das informações.

[115] Para ROUDIL, "Le droit du travail au regard de l'informatisation", *in DS*, n.º 4, 1981, p. 307, a informatização apresenta-se como "uma política de reestruração do aparelho económico articulada à da tecnologia e que assenta, sob o ponto de vista técnico, na informática que permite, por seu lado, o tratamento da informação sem a intervenção humana. A informática é um vocábulo criado por PHILIPPE DREYFUS, em 1962, e é a ciência que estuda o tratamento automático da informação, ocupando-se, para tal, de todos os processos encaminhados à recepção, ao armazenamento, ao tratamento e à difusão da informação através de computadores. Daí o nome *informática* que quer dizer informação automatizada ou tratada com o auxílio de computadores electrónicos. *Vide* PÉREZ LUÑO, última *op. cit.*, pp. 25 e 61. No mesmo sentido RENATO BORRUSO, *Computer e diritto, Tomo Primo, analisi giuridica del computer*, Giuffrè Editore, Milão, 1988, p. 19, consi-

72 *A Privacidade dos Trabalhadores e as Novas Tecnologias...*

riais sintéticos e fibras ópticas que tornam mais rápidos os mecanismos de comunicação. Também é nesta década que se inventa o primeiro computador electrónico digital, o microprocessador, o protocolo de rede de interconexão TCP/IP, básico para o desenvolvimento da *Internet*[117] e o microcomputador.

Paralelamente à redução da dimensão dos equipamentos e ao aumento da sua capacidade de cálculo, produziu-se uma autêntica revolução no mundo do *software* e nas redes de telecomunicações. Tem-se assistido, desta forma, a um caminho que visa assegurar o uso do computador a qualquer pessoa[118] sem necessidade de aprender complexas linguagens de programação[119]. Acresce que o desenvolvimento dos sistemas informáticos multimédia permitiu a confluência num só meio de texto, imagem

---

derando que a informática é a ciência acerca do uso dos computadores electrónicos – *computer science*. Para GONZÁLEZ ORTEGA, "La informática en el seno de la empresa. Poderes del empresário y condiciones de trabajo", *in Nuevas tecnologias de la información y la comunicación y Derecho del Trabajo*, (coord. ALARCÓN CARACUEL e ESTEBAN LEGARRETA), Editorial Bomarzo, Alicante, 2004, p. 19, a informática, assim como a robótica e a ofimática, é uma tecnologia aplicada que expressa a tecnologia genérica de tratamento electrónico da informação. Segundo LÓPEZ PARADA, "Informática, productividad y salud laboral", *in Nuevas tecnologias de la información...*, cit., p. 93, quando se fala de informática faz-se referência a uma etapa superior da mecanização produtiva.

[116] Para MARIO LOSANO, "La «iuscibernética» trás quatro décadas", *in Cuestiones Actuales de Derecho y Tecnologías de la Información y la Comunicación (TICS)*, Thomson Aranzadi, Navarra, 2006, p. 15, a história da informática inciou-se há cerca de meio século quando nos anos cinquenta o computador, nascido por exigências militares durante a guerra, deixa de ser um instrumento protegido pelo segredo, para converter-se num artigo comercial cada vez mais difundido. Como afirma, "neste meio século, a informática tem sido objecto de tal refinamento tecnológico, tem conhecido tal difusão operativa e originou um tal impacto social que hoje pode falar-se, sem ironia, daquela primeira informática como a «informática do século passado», para não dizer do «milénio passado»".

[117] Sobre isto ver *infra* capítulo IV, 4.4.1..

[118] ROSARIO D'AFFLITTO, *op. cit.*, p. 163, entende que a difusão desta nova era deve-se a dois factores com igual relevância: a "elasticidade reactiva" da indústria informática que permitiu satisfazer a procura; e a peculiaridade da inovação tecnológica consistente na capacidade de incorporar-se, mediante um processo "não traumático", no sistema económico que pretendia inovar.

[119] WAQUET, "Propos liminaires", *in DS*, n.° 1, 2002, p. 10, a propósito da expansão das NTIC, defende que este crescimento é "prodigioso", sendo que é qualitativo: rapidez da consulta e de troca, qualidade das mensagens, fiabilidade e comodidade dos aparelhos.

As Novas Tecnologias e a Privacidade · 73

e som, tornando muito mais atractivo e útil o uso do computador. Não pode deixar de considerar-se que os avanços trazidos pelas novas tecnologias baseiam-se em três pilares: a digitalização, as novas infra-estruturas de telecomunicações e o desenvolvimento da comunicação por satélite[120]. E o aspecto mais importante é o da convergência entre a tecnologia de telecomunicações, da informática e da radiodifusão. Surge a informática com uma outra *roupagem*[121], convertida em telemática[122], enquanto união da informática com os meios de comunicação[123]. Mas este "casamento"[124] entre a informática e as telecomunicações, facilitadora da circulação de informação e da comunicação de dados, traz alguns problemas jurídicos porque diminui as respectivas possibilidades de controlo[125].

Desta forma, as novas tecnologias afectam todos os sistemas de comunicação que, até ao presente, foram sendo considerados como independentes. E a *Internet* é "instrumento chave"[126] e o símbolo desta convergência[127] que provocou uma verdadeira revolução nas comunica-

---

[120] M.ª LUISA FERNÁNDEZ ESTEBAN, *Nuevas tecnologias,...*, cit., p. 8.

[121] Neste sentido cf. CATARINA SARMENTO E CASTRO, "O direito à autodeterminação informativa e os novos desafios gerados pelo direito à liberdade e à segurança no pós 11 de Setembro", *in Estudos em Homenagem ao Conselheiro José Manuel Cardoso da Costa, Volume II*, Coimbra Editora, Coimbra, 2005, pp. 84-85.

[122] Como alude FRANCESCO DI CIOMMO, *op.* cit., pp. 121-122, nota 12, o termo telemática resulta da fusão entre telecomunicação e informática. Com este termo faz-se referência à integração tecnológica que, desfrutando de redes de telecomunicações tradicionais, permite que os dados elaborados num computador sejam transmitidos para outros sem quaisquer impedimentos físicos.

[123] CLIMENT BARBERÁ, *op.* cit., p. 25, menciona que a combinação das inovações informáticas com as das telecomunicações produziu uma interacção entre ambas que originou uma certa fusão, de tal modo que os sistemas tradicionais de comunicação operam normalmente por meios informáticos e os computadores assumem, entre outras funções, as de autênticos terminais de telecomunicação. No mesmo sentido KIRBY, *op.* cit., p. 13, referindo que no domínio da informática as tecnologias convergiram e que as telecomunicações conseguiram uma informatização ligada a outros sistemas de comunicação.

[124] Expressão de M.ª EDUARDA GONÇALVES, *op.* cit., p.87.

[125] Para ANA URRUTIA, HÉCTOR GORSKI e MÓNICA MICHEL, *op.* cit., p.151, este tipo de sociedade baseada nas NTIC está a configurar-se como uma sociedade "não democrática", já que traz grandes perigos para a protecção da privacidade.

[126] MANUEL CASTELLS, *apud* ARMANDO VEIGA e BENJAMIM SILVA RODRIGUES, *op.* cit., p. 16.

[127] No *livro verde sobre a convergência dos sectores de telecomunicações, meios de comunicação e tecnologias da informação e sobre as suas consequências para a regu-*

74   *A Privacidade dos Trabalhadores e as Novas Tecnologias...*

ções[128] de tal forma que há autores[129] que entendem preferível uma divisão em dois tempos que, embora marcados pela tecnologia, têm temas centrais diferentes. Assim, ter-se-ia uma "era da informática", onde a centralidade é dada ao computador e aos sistemas de computadores, e que corresponde à década de 80 do século XX, e a "era da *Internet*", coincidente com os anos 90 e início do século XXI, caracterizada pela comunicação em termos globais. Porém, prefere-se a consideração de um só tempo que abarca todas estas situações, embora não se possa deixar de ter em atenção o importante papel da *Internet* como elemento de mudança na visão das comunicações na medida em que os esquemas tradicionais dos direitos de comunicação, baseados em relações unidireccionais entre emissores e receptores passivos de informação, tornaram-se antiquados num passado não muito longínquo, tornando possíveis novos meios de comunicação e multidifusão, entre os quais a *Internet* que, devido à sua sincronia pura, ocupa lugar cimeiro[130].

As NTIC, a começar pela *Internet*, introduzem, assim, uma nova realidade: o tempo e o espaço virtuais[131]. Secundando FARIA COSTA[132],

---

lamentação sob a perspectiva da sociedade da informação, da Comissão Europeia, de 3 de Dezembro de 1997, disponível em www.europa.eu.int, pp. 3-4, com este termo convergência pretende-se abarcar a capacidade das diferentes plataformas tecnológicas para transportar tipos de serviços essencialmente similares graças às tecnologias digitais e para a aproximação de dispositivos de consumo tal como o telefone, a televisão e o computador pessoal.

[128] M.ª PÉREZ-UGENA, "Implicaciones constitucionales de las nuevas tecnologías", *in datospersonales.org*, n.º 8, 2004, p. 1, defende que ao longo das últimas décadas tem-se assistido a uma verdadeira revolução no âmbito das comunicações graças às novas tecnologias. Para ALEXANDRE DIAS PEREIRA, *Informática, Direito de Autor e Propriedade Tecnodigital*, Coimbra Editora, Coimbra, 2001, p. 20, com a *Internet* está em causa o aparecimento de um meio de comunicação interactivo à escala global, diferente de todos os anteriores.

[129] Ver M.ª EDUARDA GONÇALVES, *op. cit.*, p. 11.

[130] Neste sentido pode ver-se M.ª LUISA FERNÁNDEZ ESTEBAN, *Nuevas tecnologias,...*, cit., pp. 88-89.

[131] CRISTOPHE RADÉ, "Nouvelles Technologies de l'information et de la communication et nouvelles formes de subordination", *in DS*, n.º 1, 2002, p. 26, defende que as NTIC estão a provocar profundas mudanças nas relações que o homem estabelece com o tempo e com o espaço pois abolem praticamente todas as formas de fronteira física.

[132] "As telecomunicações e a privacidade: o olhar (in)discreto de um penalista", *in Direito Penal...*, cit., pp. 151-152.

há uma outra realidade para além da palavra falada e da palavra escrita: a "palavra *virtual*". A informática mas, sobretudo, a informatização em rede de computadores através da *Internet*[133], trouxe a possibilidade da palavra não ser falada nem escrita e estar virtualmente acessível a qualquer momento num ecrã por força de um simples jogo de lógica binária, o que permite, assim, " a possibilidade da palavra estar e não estar e, todavia, se se quiser, estando ou não estando, trazê-la ao mundo normal da palavra escrita em suporte de papel". Verifica-se, com esta nova realidade, uma "verdadeira aceleração do tempo", com o consequente "esmagamento da duração"[134] do acto de comunicação.

Fruto desta nova era tecnológica interligada às NTIC assiste-se a uma das maiores transformações na vida da humanidade associada a uma mudança antropológica que é a passagem do átomo ao *bit*[135]. Como refere M.ª LUISA FERNÁNDEZ ESTEBAN[136], o mundo está feito de átomos. O *bit*, pelo contrário, é o "ADN da informação" pois não tem "peso, cor ou medida" e é tão somente um número, cuja representação é feita através de uma sequência de zeros e uns. Os *bits* têm sido sempre o elemento básico da informática e dos computadores mas nos últimos anos tem-se conseguido digitalizar cada vez mais tipos de informação auditiva e visual, *inter alia*, reduzindo de igual forma a números[137] esta informação[138]. Esta pas-

---

[133] Que é isso mesmo uma *rede de redes* de âmbito mundial. Para mais desenvolvimentos ver *infra* capítulo IV, 4.4.1..

[134] ARMANDO VEIGA e BENJAMIM SILVA RODRIGUES, *op.* cit., p. 19.

[135] A unidade básica de informação com que operam os computadores é o *byte* que é constituído por oito *bits*.

[136] *Nuevas tecnologias,...*, cit., pp. 3-4.

[137] NEGROPONTE, *apud* MARCO FREDIANI, "Telelavoro: dal mercato della forza lavoro al mercato dell'informazione", *in LNG*, n.º 10, 1998, pp. 825-826, defende que tudo é um problema de *bit*. Não se transforma ou elabora matéria mas sim *bit*, que é um elemento imaterial reproduzível ao infinito, transferível muito rapidamente sem qualquer problema físico ou de armazenamento. "Não mais átomos, não mais matéria mas *bits*".

[138] M.ª LUISA FERNÁNDEZ ESTEBAN chama a atenção para isso mesmo na medida em que digitalizar consiste em converter em números o que se quer transmitir e a informação é enviada através de códigos, sendo que a digitalização permite que diferentes tipos de dados como o som, o texto, a imagem, criada por um computador, possam combinar-se ou apresentar-se de forma separada. Assim, o fenómeno multimédia é o resultado da digitalização de todo o tipo de sinais.

sagem significa que alguns dos actos realizados podem converter-se em "actos virtuais ou digitais" representados por um impulso electromagnético que gera um fluxo informacional e comunicacional que ocorre nas redes de serviços e comunicações electrónicas publicamente acessíveis. Assiste-se, desta forma, a uma globalização[139] associada às telecomunicações mas, principalmente, à *Internet*, que se tornou na infra-estrutura da *aldeia global*[140].

Trata-se de uma realidade que está a criar novas interrogações e que tem de encontrar soluções jurídicas[141], não esquecendo que, a tecnologia

---

[139] GIDDENS, *apud* JOSÉ PATROCÍNIO, *Tornar-se pessoa e cidadão digital – Aprender a formar-se dentro e fora da escola na sociedade tecnológica globalizada, vol. I*, Tese de Doutoramento da Faculdade de Ciências e Tecnologia da Universidade Nova de Lisboa, Lisboa, 2004, p. 39, entende por globalização " a intensificação de relações sociais de escala mundial, relações que ligam localidades distantes de tal maneira que as ocorrências locais são moldadas por acontecimentos que se dão a muitos quilómetros de distância e vice-versa. Este processo é dialéctico porque essas ocorrências locais podem ir numa direcção inversa das relações muito distanciadas que as moldaram. A *transformação local* faz parte da globalização tanto como extensão lateral das ligações sociais através do espaço e do tempo".

[140] Como defende MANUEL CASTELLS, *A Era da Informação: Economia, Sociedade e Cultura, o poder da identidade, Volume II*, Fundação Calouste Gulbenkien, Lisboa, 2003, p. 84, a globalização "e a informacionalização, determinadas pelas redes de riqueza, tecnologia e poder, estão a transformar o nosso mundo, possibilitando a melhoria da nossa capacidade produtiva, criativa, cultural e potencial de comunicação. Ao mesmo tempo, estão a privar as sociedades de direitos políticos e privilégios". No mesmo sentido ESTEBAN LÓPEZ-ESCOBAR, "Comunicación, participación, ciudadania y nuevas tecnologias: una perspectiva desde la globalización", *in Annuario jurídico La Rioja*, n.os 6-7, 2000, p. 289. Também EMILY SMITH, *"Everything is monitored, everything is watched", Employee Resistance to Surveillance in Ontario Call Centers*, Universidade de Queen, Kingston, Ontario, Canada, 2004, *in* www.proquest.com, p. 8, defende que a globalização está inerentemente ligada às NTIC. M.ª PAOLA MONACO, "Mercato, lavoro, diritti fondamentali",*in RGLPS*, Parte I, 2001, p. 299, observa também que a globalização "condena o mercado a uma dimensão supranacional", originando uma crescente diminuição das barreiras económicas, a uma internacionalização dos mercados financeiros e ao desaparecimento tendencial das barreiras tarifárias.

[141] Secunda-se M.ª LUISA FERNÁNDEZ ESTEBAN, *Nuevas tecnologias,...,* cit., p. XXIII, quando acentua a ideia que a sociedade da informação é uma nova fonte de interrogações e novos problemas como a desintegração social e a oposição entre os que têm acesso às novas tecnologias e os que não têm, sendo que no futuro poderão existir diferentes modelos de sociedade de informação, como actualmente existem diferentes modelos de sociedade industrializadas. No mesmo sentido, alertando para os perigos de

não determina a sociedade e nem a sociedade dita a evolução da mudança tecnológica[142], já que muitos factores, incluindo a invenção e iniciativas pessoais, intervêm no processo de descoberta científica, da inovação tecnológica e das aplicações sociais, de modo que o resultado final decorre de um complexo modo de interacção. Assim, a tecnologia não determina a sociedade: mostra-a, mas tão pouco a sociedade determina a inovação tecnológica: utiliza-a.

Há que ter em atenção que a sociedade mundial está a viver um período único da sua história e que é caracterizado por uma transformação permanente impulsionada pelo incremento da utilização das NTIC[143]. O sistema jurídico não pode ignorar estes fenómenos e tem que reagir, quer para combatê-los, quer para encontrar uma forma de lhes conferir uma legitimidade e um quadro jurídico próprio[144], tendo em atenção que há uma interconexão permanente entre a técnica informática e a personalidade do cidadão, aumentando, *inter alia*, o problema da defesa da privacidade[145],

---

uma divisão social, está DUNCAN CAMPBELL, "Puede atajarse la desigualdade en el ámbito de la tecnologia digital?", *RIT*, vol. 120, n.º 2, 2001, p. 149, referindo que as mudanças tecnológicas velozes produzem-se, normalmente, de maneira desigual e isto está a acontecer com as NTIC. *Vide*, também, STEINMUELLER, "Posibilidades de salto de etapas tecnológico para los países en desarrollo", *in RIT*, vol. 120, n.º 2, 2001, p. 231.

[142] No mesmo sentido, MANUEL CASTELLS, *A era da informação...*, cit., p. 34.

[143] Segundo MANUEL CASTELLS, *apud* ARMANDO VEIGA e BENJAMIM SILVA RODRIGUES, *op.* cit., pp. 27-28, nos últimos 25 anos do século passado coincidiram três processos independentes, dos quais resultou uma nova estruturação social baseada predominantemente em redes. "As necessidades da economia em flexibilizar a gestão e de globalizar o capital, a produção e o comércio. A procura de uma sociedade em que os valores da liberdade individual e da comunicação aberta fossem fundamentais. E, por fim, os extraordinários avanços da informática e das telecomunicações, o que só foi possível graças à revolução da micro-electrónica".

[144] CHRISTOPHE RADÉ, "Nouvelles Technologies...", cit., p. 26.

[145] Como defende STEVE GUYNES, "Privacy Considerations as We Enter The «Information Highway» Era", *in Computers and Society*, Setembro, 1994, p. 16, para se conseguir a realização plena da sociedade da informação e as autopistas de informação é preciso atender aos problemas de privacidade de todos os cidadãos, já que as mesmas tecnologias que facilitam o desenvolvimento deste tipo de sociedade, também aumentam a possibilidade de recolha e tratamento de dados das pessoas afectando a sua privacidade.

78 A Privacidade dos Trabalhadores e as Novas Tecnologias...

do direito de acesso a determinados dados pessoais e do princípio da transparência[146].

3. AS NOVAS TECNOLOGIAS, A ORGANIZAÇÃO EMPRESA-RIAL E O DIREITO DO TRABALHO

O Direito do trabalho é uma área jurídica que está constantemente sujeita a um processo de mudança, devido à intervenção de diferentes factores como é o caso, *inter alia*, dos económicos, políticos, sociológicos e ambientais, que repercutem os seus efeitos de forma imediata nas relações laborais[147]. Como observa PISANI[148], o Direito do trabalho é umdos sectores do ordenamento jurídico que, pela sua própria natureza, é mais exposto à influência das mudanças tecnológicas[149] [150]. Secundando

---

[146] Ver, para uma enumeração de vários problemas que poderão surgir, MARIO LOSANO, "La «iuscibernética»", cit., pp. 20-28.

[147] Neste sentido SALVADOR DEL REY GUANTER, "Relaciones laborales y nuevas tecnologías: reflexiones introductorias", *in Relaciones Laborales y Nuevas Tecnologías*, (coord. SALVADOR DEL REY GUANTER e LUQUE PARRA), La Ley, Madrid, 2005, p. 3.

[148] "Rapporto di lavoro e nuove tecnologie: le mansioni", *in GDLRI*, n.° 38, 1988, n.° 2, pp. 293-294.

[149] Também JEAN-EMMANUEL RAY, "Nouvelles Technologies, nouvelles formes de subordination", *in DS*, n.° 6, 1992, pp. 519-537, preconiza o mesmo, entendendo que o Direito do trabalho tem vindo a enfrentar o desafio de adaptar-se permanentemente às importantes mudanças tecnológicas em curso. No mesmo sentido HIRUMA RAMOS LUJÁN, "La intimidad de los trabajadores y las nuevas tecnologias", *in RL*, n.° 17, 2003, p. 42, para quem ao longo da história a evolução tecnológica sempre influenciou decisivamente as relações de trabalho".

[150] O trabalho e a técnica têm uma "aliança que remonta à criação do primeiro utensílio" como escreve HUBERT BOUCHET, "À l'épreuve des nouvelles...", cit., p. 78, e desde essa altura o homem não mais deixou de criar novos bens para facilitar-lhe a forma de viver. Na verdade, não pode deixar de atender-se que o homem é um ser em constante evolução, que mantém com o seu tempo e com a sociedade uma permanente dialéctica em que se manifesta como motor de mudanças mas, simultaneamente, como receptor das mesmas, o que gera uma contínua situação de adaptação. Cf. NOELIA DE MIGUEL SÁNCHEZ, *Tratamiento de datos personales en el âmbito sanitário: intimidad «versus» interés público*, tirant lo blanch, Valencia, 2004, p. 19.

ALONSO OLEA[151], já desde a Revolução Industrial, há uma "simbiose" entre a ciência e a tecnologia que se repercute no Direito do trabalho e que permitiu "a passagem para a indústria, para as máquinas e, consequentemente, para o trabalho, das ideias do sábio". Como indica, também, uma das consequências directas da Revolução Industrial foi um desenvolvimento económico intenso e progressivamente acelerado graças às inovações tecnológicas[152].

Como se vê, pois, os sistemas produtivos têm-se caracterizado pela sua contínua modernização e melhoria das técnicas utilizadas de tal forma que o emprego do termo novas tecnologias poderia entender-se como uma característica permanente deste ramo do Direito, perfeitamente aplicável a cada uma das suas fases ou etapas cronológicas ou, até mesmo, uma redundância[153]. Secundando MERCADER UGUINA[154], desde que ADAM SMITH consolidou a ideia da organização do trabalho, socorrendo-se do exemplo da fábrica de alfinetes[155], a história da industrialização está estreitamente ligada às transformações e mudanças nos métodos de organização do trabalho.[156] Continuando, acrescenta que "desde as formas

---

[151] *Introducción al Derecho del Trabajo*, 4.ª edição, Editoriales de Derecho Reunidas, Madrid, 1981, pp. 100 e ss..

[152] No mesmo sentido cf. DAU-SCHMIDT, "Employment in the new age of trade and technology: implications for labor and employment law", *in Indiana Law Journal*, vol. 76, n.º 1, 2001, pp. 1-2 e "Meeting the demands of workers into the twenty-first century: the future of Labor and Employment Law", *in Indiana Law Journal*, vol. 68, p. 685.

[153] Veja-se SEMPERE NAVARRO e CAROLINA SAN MARTÍN MAZZUCCONI, *Nuevas Tecnologías y Relaciones Laborales*, Aranzadi, Navarra, 2002, p. 21, e "Intimidad del trabajador y registros informáticos", *in Revista Europea de Derechos Fundamentales*, n.º 1, 2003, p. 40. No mesmo sentido, DÄUBLER, "Nuove tecnologie...", cit., p. 65, defende que falar de novas tecnologias é algo óbvio para o Direito do trabalho já que após a sociedade feudal a técnica deixa de ser algo estático e imutável já que passa a haver constantes inovações tecnológicas para conseguir produzir de forma mais racional e económica, escrevendo que "o imobilismo é vedado sob pena de extinção".

[154] *Derecho del trabajo...*, cit., pp. 49-50.

[155] Neste exemplo ADAM SMITH escolhe o famoso caso da fabricação de alfinetes para descrever a passagem do artesão até à fábrica constantando que se um trabalhador isolado conseguia, anteriormente, produzir cerca de 20 alfinetes por dia, a separação de tarefas e a colaboração entre os trabalhadores permite produzir 48 mil alfinetes, isto é, 2400 vezes mais.

[156] Iniciava-se, desta forma, a "grande aventura", desde a visão como uma promessa da divisão do trabalho até uma progressiva incorporação da força de trabalho numa

tradicionais, passando pelos modelos fordista e taylorista de produção em massa até chegar aos sistemas actuais de «especialização flexível», o condicionante organizativo tem marcado o desenvolvimento e a evolução das normas laborais ao impor adaptações da força de trabalho às necessidades produtivas requeridas em cada momento". Desde a revolução industrial, e por exigências de pressão de mercado para aumentar a produtividade e os benefícios económicos, a fábrica converteu-se num lugar fundamental para a inovação nos métodos de vigilância, controlo, disciplina e tecnologia. Ao inserir-se a cadeia de montagem os trabalhadores inserem-se num fluxo constante e mecanizado.

TAYLOR, nos princípios do século XX, desenvolve e promove a gestão *científica*, não somente como um plano de acção mas, principalmente, como uma "panaceia para conseguir um funcionamento mais eficaz de todos os aspectos da sociedade capitalista"[157]. Segundo TAYLOR, todo o trabalho poderia decompor-se em diferentes movimentos e alcançar uma maior eficácia mediante a análise científica destes movimentos que indicasse o *melhor modo* de obter tal trabalho. Conseguia-se, desta forma, a ampliação do campo económico do trabalho tendo por base o controlo do tempo e do movimento espacial das operações que realizavam os trabalhadores. Deve-se a TAYLOR esta forma de aproveitar o "mais importante dos recursos de produção (o homem mesmo)"[158] e, com base neste trinómio tempo/movimento/estímulos, os crescentes aumentos da produtividade não se ficaram a dever ao aumento do capital, mas, em boa parte, à remodelação do método de trabalho, à direcção *científica* do mesmo com a reordenação do tempo e do espaço.

Este modelo de gestão da força de trabalho aplicado à indústria por HENRY FORD[159], no dealbar do século XX, distinguia-se, *inter alia*, pela clara diferença entre concepção e execução do trabalho, pela forte e contínua progressão da divisão do trabalho, pela conformação rígida do

---

máquina, primeiro como energia motora, para depois ser energia operadora e, por fim, com uma função de controlo. *Vide* CARINCI, "Rivoluzione tecnológica e Diritto del Lavoro: il rapporto individuale", *in GDLRI*, n.º 25, 1986, p. 203.

[157] MERCADER UGUINA, última *op.*cit., p. 50.

[158] GUSTAVO MATÍAS, "El trabajo en el espacio y el tiempo digital", *in RMTAS*, vol. 11, 1998, p. 48.

[159] A grande virtualidade de HENRY FORD foi a de ter realizado o desenvolvimento prático da obra de TAYLOR, *Scientific Managment*.

processo de trabalho, pela centralização máxima e ao mais alto nível do poder de desenho organizativo e das decisões de execução, pela circulação unidireccional da informação através de vários níveis hierárquicos e pela estabilização da força de trabalho. Com esta organização taylorista do trabalho e com a sua tradução mecânica, a fábrica fordista estandardizada e com produção em massa, surge a segunda revolução industrial. Como alude MERCADER UGUINA[160], ao "cronómetro sucede a cadeia de montagem" e entra-se na era do fordismo[161] associada, como defendem BOAVENTURA DE SOUSA SANTOS, JOSÉ REIS e MARIA MANUEL MARQUES[162], a um "círculo virtuoso" traduzido na articulação perfeita e recíproca entre o desenvolvimento da economia capitalista, o aumento da produtividade e a progressão dos salários[163].

O modelo fordista de relações laborais supõe um paradigma empresarial na organização e nas estratégias baseadas no controlo do tempo e do espaço dos trabalhadores e orientadas para explorar as fontes de produtividade que oferecem a mecanização e as economias de escala das grandes fábricas. Por outro lado, este modelo é o da grande empresa industrial, que assegura uma produção em massa e que se baseia na especialização estrita das tarefas e das competências de cada trabalhador, bem como numa organização piramidal do trabalho que se revela no enquadramento hierárquico da mão-de-obra e na separação entre as tarefas de concepção e de realização dos produtos[164]. Contribuiu, ainda, para criar mercados internos de

---

[160] Última *op.* cit., p. 51.

[161] Para este autor, historicamente entende-se por fordismo o modelo tecnológico e institucional que caracterizou as principais economias capitalistas durante grande parte do século passado, caracterizado pela implantação dos métodos de produção em série das indústrias de montagem de rápida expansão, sendo que o elemento central de produção em série era a cadeia de montagem móvel.

[162] *Op.* cit., p. 144.

[163] Neste sentido M.ª REGINA REDINHA, *A relação laboral fragmentada – Estudo sobre o trabalho temporário, Studia Iuridica*, n.º 12, Coimbra Editora, Coimbra, 1995, p. 34, e RUI ASSIS, *O poder de direcção do empregador – Configuração geral e problemas actuais*, Coimbra Editora, Coimbra, 2005, p. 155.

[164] Veja-se ALAIN SUPIOT e outros, *Transformações do Trabalho e futuro do Direito do Trabalho na Europa*, Coimbra Editora, Coimbra, 2003, p. 17. Cf., também, PAULO MORGADO DE CARVALHO, "O Código do Trabalho e a dignificação do trabalho", n *VII Congresso Nacional de Direito do Trabalho – Memórias*, (coord. ANTÓNIO MOREIRA), Almedina, Coimbra, 2004, p. 197-198. Ver, ainda, NUNES DE CARVALHO,

82 *A Privacidade dos Trabalhadores e as Novas Tecnologias...*

trabalho que reservavam o acesso aos postos de nível superior ao pessoal da empresa e restringiam a contratação do exterior, o que explica que, nesta altura, as comunidades industriais se caracterizassem pela existência de mercados laborais compartimentados, constituídos por um núcleo central de trabalhadores manuais muito bem remunerados e uma periferia integrada por trabalhadores (operários) que recebiam salários baixos[165]. A sistematização generalizada dos métodos de produção fordistas, a normalização dos produtos finais e o oligopólio de mercados traduziram-se numa redução dos custos de produção e num aumento dos salários reais.

A este modelo empresarial estava associado um modelo próprio de relação de trabalho – a denominada *relação de trabalho típica* – caracterizado pelas ideias de emprego por tempo indeterminado, com um vínculo estável, assente na durabilidade e a tempo integral[166]. Como indica

---

"Ainda sobre a crise do Direito do trabalho", *in II Congresso Nacional de Direito do Trabalho – Memórias*, (coord. ANTÓNIO MOREIRA), Almedina, Coimbra, 1999, p. 59 que, apoiando-se em L. GALANTINO, defende ser "um modelo de organização impregnado de uma concepção mecanicística relativamente aos factores de produção, em que as actividades estritamente produtivas são caracterizadas por formas organizativas de controlo piramidal e hierárquico, por tecnologias mecânicas rígidas, por uma elevada repetitividade das tarefas, pela utilização de mão-de-obra relativamente pouco qualificada, e, por isso mesmo, homogénea, e cuja produção é prevalentemente standartizada. É, por outro lado, um processo produtivo que se desenvolve numa dimensão espácio-temporal predeterminada e de tipo sequencial, num modelo industrial caracterizado pela sincronização dos tempos de trabalho, pela concentração dos espaços, pela rigidez dos modos de execução do trabalho".

[165] Como menciona M.ª REGINA REDINHA, última *op.* cit., p. 35, esta vinculação do pessoal qualificado era alcançada "através da concessão de regalias sociais, prémios de permanência, participação nos resultados, e da tendência para a gestão por sobre-efectivos com o duplo objectivo de protecção do investimento inicial e de salvaguarda contra a insuficiência da mão-de-obra especializada".

[166] Vejam-se, entre outros, BERNARDO DA GAMA LOBO XAVIER, "O direito do trabalho na crise...", cit., p. 103, e *Curso de Direito do Trabalho – I – Introdução Quadros Organizacionais e Fontes*, 3.ª edição, cit., pp. 54-57, BOAVENTURA DE SOUSA SANTOS, JOSÉ REIS e MARIA MANUEL MARQUES, *op.* cit., pp. 141-143, maxime, 142, defendendo que "a relação salarial de tipo fordista tem como característica principal o prolongamento da fase taylorista pela mecanização, por um lado, e a mutação das normas de consumo graças, em particular, à progressão do salário nominal ao ritmo dos ganhos de produtividade antecipados, por outro". Também GUYLAINE VALLEE, "Pluralite des status de travail et protection des droits de la personne", *in Relations Industrielles*, vol. 54, n.º 2, p. 277, considera que "o Direito do trabalho desenvolveu-se no quadro de relações de trabalho homo-

DÄUBLER[167], são sete os elementos característicos de uma relação de trabalho típica: o trabalho por tempo indeterminado, o horário de trabalho normal, uma remuneração mensal, a integração do trabalhador numa organização alheia, a sujeição a um regime de tutela, a determinação das condições de trabalho pelas instituições laborais colectivas e a obrigação de contribuição para o sistema de segurança social a cargo do empregador. Por sua vez, para M.ª DO ROSÁRIO PALMA RAMALHO[168] esta relação de

---

géneas, com empregos estáveis e continuados, ocupados por trabalhadores a tempo inteiro, executando o seu trabalho para um só empregador". Por seu lado, ISABELLE MEYRAT, "La contribution des droits fondamentaux à l'évolution du système français des relations du travail – Pour une approche critique", *in Droit fondamentaux et droit social*, Dalloz, Paris, 2005, p. 51, entende que o modelo fordista se caracteriza como um "modelo de emprego principalmente masculino na grande indústria, com uma homogeneização de tarefas e uma estrita hierarquia ao serviço de uma produção de bens materiais, com a compensação de uma estabilidade de emprego e de garantia de benefícios e de protecção social. JEAN--EMMANUEL RAY, "Temps professionnel et temps personnels", *in DS*, n.º 1, 2004, p. 59, observa que "o todo colectivo – unidade de tempo, de local e de acção" caracteriza a relação de trabalho deste modelo. *Vd.*, ainda, M.ª DO ROSÁRIO PALMA RAMALHO, "Ainda a crise do direito laboral: a erosão da relação de trabalho «típica» e o futuro do direito do trabalho", *in III Congresso Nacional de Direito do Trabalho – Memórias*, (coord. ANTÓNIO MOREIRA), Almedina, Coimbra, 2001, pp. 256-258 e republicado em *Estudos de Direito do Trabalho, vol.I*, Almedina, Coimbra, 2003, pp. 110-112, *Da autonomia dogmática do Direito do Trabalho*, Almedina, Coimbra, 2000, pp. 542-545, *Direito do Trabalho – Parte I – Dogmática geral*, Almedina, Coimbra, 2005, pp. 59-60, e *Perspectivas metodológicas do Direito do Trabalho – Relatório*, Almedina, Coimbra, 2005, pp. 96-98. M.ª REGINA REDINHA, "Os direitos de personalidade no Código do Trabalho: actualidade e oportunidade da sua inclusão", *in A Reforma do Código do Trabalho*, Coimbra Editora, Coimbra, 2004, p. 161, refere que o modelo se caracteriza por ser de "emprego fabril, masculino, vitalício e evolutivo", e RUI FIOLHAIS, *op.* cit., pp. 27 e 50-51, acrescenta que neste período " a tutela legislativa do direito ao emprego, o aumento da protecção social e a indexação dos salários sobre o custo de vida e dos ganhos, de produtividade foram factores que funcionaram como alavancas de um *círculo virtuoso* praticamente legitimado por um compromisso que se traduzia, do lado dos trabalhadores, na aceitação da modernização, bem como na renúncia à participação no processo produtivo e à luta pela transformação socialista da sociedade, contra a garantia de estabilidade de rendimentos e do reforço da protecção social". UMBERTO CARABELLI, "Organizzazione del lavoro e professionalità: una riflessione su contratto di lavoro e post-taylorismo", *in GDLRI*, n.º 101, 2004, pp. 49-50, caracteriza o modelo de relação típica como trabalho subordinado, a tempo inteiro e por tempo indeterminado e integrado numa fábrica integrada e verticalizada.

[167] *Apud* M.ª DO ROSÁRIO PALMA RAMALHO, *Da autonomia...*, cit., p. 543.

[168] "Ainda a crise do direito laboral...", cit., p. 111, e pp. 256-257.

trabalho típica tem por base determinados pressupostos económicos e empresariais e um certo tipo de trabalhador. Assim, do ponto de vista económico, este modelo de relação laboral assenta numa economia de base industrial em desenvolvimento e tendente para o pleno emprego[169]. A nível empresarial trata-se da "grande unidade industrial, com uma organização piramidal mais ou menos estratificada e uma repartição de tarefas relativamente rígida, e com um relativo grau de auto-suficiência, porque é capaz, por si só, de satisfazer o conjunto das suas necessidades"[170]. Interligado a este modelo está um determinado tipo de trabalhador que, como a autora indica é "o trabalhador homem, pai de família, que trabalha a tempo inteiro e em exclusivo para uma única empresa, onde desenvolve a sua carreira profissional, por vezes durante toda a sua vida activa. Tradicional e sociologicamente, este trabalhador não tem grandes habilitações e é ainda um trabalhador economicamente dependente da empresa"[171].

Na década de setenta do século XX este quadro empresarial começou a alterar-se e as razões são de diversa índole, quer de origem económica, quer de origem social, passando a falar-se de *Crise do Direito do Trabalho*[172] [173]. Secundando M.ª DO ROSÁRIO PALMA

---

[169] O denominado *círculo virtuoso* referido *supra*.

[170] Trata-se da empresa que JOÃO NUNO ZENHA MARTINS, "A descentralização produtiva e os grupos de empresas", *in QL*, n.º 18, p. 193, menciona ser "compactada, de organização produtiva imutável, fechada na sua configuração inicial".

[171] Também BERNARDO DA GAMA LOBO XAVIER, *Curso de Direito do Trabalho…*, cit., pp. 55-56, entende que a figura típica de trabalhador é "varão, pai de família, operário industrial, dependente de hierarquia rígida, com tarefas repetitivas, especializado ou semi-especializado, mas fungível, por curta formação e posse de técnicas manuais relativamente constantes, a tempo inteiro, numa relação estável e por tempo indeterminado, com forte solidariedade relativamente a camaradas de trabalho".

[172] Mas, como indica PALOMEQUE LÓPEZ, *Direito do Trabalho e Ideologia*, (trad. ANTÓNIO MOREIRA), Almedina, Coimbra, 2001, p. 39, a crise económica é "uma realidade que tem acompanhado o Direito do Trabalho, pelo menos de forma intermitente, ao longo do seu percurso histórico, para converter-se, certamente, num «companheiro de viagem histórico» da mesma, incómodo se se quiser". Para corroborar esta ideia pode ver-se a citação de HUGO SINZHEIMAR, em 1933, proferida quando a Europa conhecia as graves consequências da crise de 1929, *apud* PALOMEQUE LÓPEZ, "Un compañero de viaje histórico del Derecho del Trabajo: la crisis económica", *in Derecho del Trabajo y Razón Crítica – Libro dedicado al Professor Manuel Carlos Palomeque López en su vigésimo quinto aniversario como catedrático*, Salamanca, 2004, p. 32, "estas formas tradicionais de Direito do Trabalho são hoje postas em discussão. A crise geral e os seus efeitos parti-

culares no Direito do Trabalho [...] reavivaram no mesmo uma situação de tensão latente por algum tempo [...] Aqui radica a mais grave crise do Direito do Trabalho, que inverte por completo os seus princípios constitutivos. Ela põe contemporaneamente em crise também as teorias fundamentais que até ao momento guiaram o Direito do Trabalho. Emerge um novo interesse pela constituição do Direito da economia. O Direito do Trabalho não tem sentido isoladamente considerado. É complementar da economia. Pode subsistir somente se existir uma economia capaz de garantir as condições de vida dos trabalhadores, de protegê-las da destruição, de subtrair o Direito do Trabalho das vicissitudes de uma economia desordenada [...] Que sentido tem o Direito do Trabalho, se se apresenta fundamentalmente como o Direito de uma elite de trabalhadores que têm a sorte de trabalhar, quando juntamente existe um cemitério económico de *desemprego estrutural?*".

[173] Não é objecto de estudo nesta tese o problema da denominada *crise do Direito do Trabalho* remetendo-se, para mais desenvolvimentos, e a título meramente exemplificativo, para a doutrina nacional A. CARLOS DOS SANTOS, "Neoliberalismo e crise das relações laborais: análise de uma estratégia patronal", *in Temas de Direito do Trabalho...*, cit., pp. 249-273, ANTÓNIO VILAR, "A caminho de uma sociedade de trabalhadores sem trabalho – um outro olhar sobre a crise do trabalho", *in Minerva, Revista de Estudos Laborais*, Série II, n.º 1, 2008, pp. 31-82, BERNARDO DA GAMA LOBO XAVIER, "A crise e alguns institutos de direito do trabalho", *in RDES*, n.º 4, 1986, pp. 517-569, BOAVENTURA SOUSA SANTOS, JOSÉ REIS e MARIA MANUEL MARQUES, *op. cit.*, pp. 139-179, JORGE LEITE, "Direito do Trabalho na Crise", *in Temas de Direito do Trabalho...*, cit., pp. 21-49, e *Direito do Trabalho, vol. I*, Serviços de Acção Social da Universidade de Coimbra, Coimbra, 1998, p. 59, JOSÉ JOÃO ABRANTES, "O Direito Laboral face aos novos modelos de prestação do trabalho", *in IV Congresso Nacional de Direito do Trabalho – Memórias*, (coord. ANTÓNIO MOREIRA), Almedina, Coimbra, 2002, pp. 83-94, JÚLIO GOMES, *Direito do...*, cit., pp. 14-15, M.ª REGINA REDINHA, última *op.* cit., pp. 33 e ss., MÁRIO PINTO, "A função do Direito do Trabalho e a crise actual", *in RDES*, n.º 1, 1986, pp. 33-63, e "Garantia de emprego e crise económica; contributo ensaístico para um novo conceito", *in DJ*, III, 1987/1988, pp. 141-162, MENEZES LEITÃO, *Direito do Trabalho*, Almedina, Coimbra, 2008, pp. 32-35, MONTEIRO FERNANDES, *Direito do Trabalho*, 12.ª edição, Almedina, Coimbra, 2004, pp. 40 e ss., e "Os novos horizontes do Direito do Trabalho ou a mobilidade das suas fronteiras (algumas reflexões introdutórias)", *in VIII Congresso Nacional de Direito do Trabalho – Memórias*, (coord. ANTÓNIO MOREIRA), Almedina, Coimbra, 2006, pp. 23-29, NUNES DE CARVALHO, *op.* cit., pp. 49-79, PEDRO FURTADO MARTINS, "A crise do contrato de trabalho", *in RDES*, n.º 4, 1997, pp. 335-368, e RUI ASSIS, *op.* cit., pp.153 e ss.. Na doutrina internacional ver, entre outros, ALONSO OLEA, *Introducción al ...cit.*, pp. 264-266, ANTÓNIO MARTÍN VALVERDE, "El derecho del trabajo de la crisis (España)", *in Temas de Direito do Trabalho...*, cit., pp. 81-99, ANTONIO OJEDA-AVILÉS, "La saturación del fundamento contractualista. La respuesta autopoyética a la crisis del Derecho del

86 *A Privacidade dos Trabalhadores e as Novas Tecnologias...*

RAMALHO[174], há alterações nos sectores dominantes da economia assim como as tendências de especialização das empresas e a própria globalização das trocas económicas, a que acrescem as inovações tecnológicas associadas à informática, que conduzem a uma alteração do quadro laboral vigente. A partir desta altura começam a surgir ao lado das grandes unidades fabris típicas do modelo fordista e do sector secundário, empresas com um perfil muito diverso, associadas ao sector terciário e, mais tarde, com a massificação da informática e a sua incorporação nas empresas, surgem as empresas do denominado sector quaternário[175 176]. Há uma abertura, desta

---

Trabajo", *in REDT*, n.º 111, 2002, pp. 333-344, EFRÉN BORRAJO DACRUZ, *Introducción al Derecho del Trabajo*, 9.ª edição, Tecnos, Madrid, 1996, pp. 86 e ss., GINO GIUGNI, "Direito do Trabalho", *in RDES*, n.º 3, 1986, pp. 305-365, GIUSEPPE PERA, *Diritto del Lavoro*, Giuffrè Editore, Milão, 1990, pp. 15-16, JACQUES LE GOFF, *Du Silence a la Parole – Droit du Travail, Société, État (1830-1989)*, Calligrammes, Quimper, 1989, pp. 199 e ss., JEAN RIVERO e JEAN SAVATIER, *Droit du Travail*, 12.ª edição, Puf, Paris, 1991, pp. 55-58, LUÍS DE PINHO PEDREIRA, "O Direito do Trabalho na Crise (Brasil) ", *in Temas de Direito do Trabalho...*, cit., pp. 51-79, ORONZO MAZZOTTA, *Diritto del Lavoro*, 2.ª edição, Giuffrè Editore, Milão, 2005, pp. 20-24, PALOMEQUE LÓPEZ e ÁLVAREZ DE LA ROSA, *Derecho del Trabajo*, 12.ª edição, Editorial Centro de Estudios Ramón Areces, S.A., Madrid, 2004, pp. 70-79, ROLF BIRK, "Le droit du travail au seuil du 21ème siècle", *in X Jornadas Luso-Hispano-Brasileiras de Direito do Trabalho, Anais*, (coord. ANTÓNIO MOREIRA), Almedina, Coimbra, 1999, pp. 25-36, SPIROS SIMITIS, "Il diritto del lavoro e la riscoperta dell'individuo", *in GDLRI*, n.º 45, 1990, pp. 87-113, *maxime* pp. 102-103, e "Le droit du travail a-t-il encore un avenir", *in DS*, n.os 7/8, 1997, pp. 655-667, onde identifica as situações que entende estarem na origem da "desconstrução" do Direito do trabalho, e DÄUBLER, *Derecho del...*, cit., pp. 97-102, assim como, as obras citadas na nota 166.

[174] *Direito do Trabalho...*, cit., pp. 60-61.

[175] Como indica esta autora *in Perspectivas Metodológicas...*, cit., p. 97, "o próprio modelo da grande empresa fabril, dominante nas décadas anteriores, deu lugar a uma pluralidade de modelos de organização empresarial, nos vários sectores da economia (incluindo as empresas mais pequenas, mais flexíveis, especializadas e competitivas, mas também empresas em situação de grupo, de dimensão internacional ou deslocalizadas) e esta pluralidade de modelos empresariais favoreceu também o pluralismo dos vínculos laborais e o desenvolvimento do contrato de trabalho em moldes diferentes, facilitados pelo desenvolvimento tecnológico e, designadamente, pela informática". Também PALOMEQUE LÓPEZ, no prólogo à obra de MERCADER UGUINA, *Derecho del trabajo...*, cit., pp. 16-17, defende que o modelo fordista de relações industriais associado à grande empresa industrial que realiza uma produção em massa e responde a uma certa concepção hierárquica e colectiva das relações de trabalho (na medida em que a convenção colectiva se erige como a "peça reguladora básica de uniformização sectorial e territorial das con

forma, para uma "nova era do capital humano"[177], cujo efeito fundamental é a implicação directa do trabalhador na actividade da empresa. Assim, perante o monopólio, típico da produção em massa do sistema fordista-taylorista, estão a ocorrer mudanças essenciais diversificadas e provocadas por alterações operadas no mercado e na estratégia dos produtos e, principalmente, nas inovações tecnológicas. As vantagens que historicamente tinham sido atribuídas ao modelo fordista, assente numa produção fabril, e que fizeram que, conforme avançava o processo de industrialização, as vantagens tecnológicas se lhe associassem, determinando a sua superioridade, tendem a desaparecer[178], tanto porque o progresso tecnológico cria condições que anulam ou compensam, numa produção mais descentralizada, essa superioridade, como também, pelo desenvolvimento de determinados ordenamentos jurídicos que "anularam" algumas das vantagens iniciais da produção fabril fundamentalmente em termos de disciplina laboral[179].

---

dições de trabalho"), deixará de ser o "marco único de inspiração ou de referência do padrão normativo para coexistir com outras formas de organização do trabalho na sociedade post-industrial".

[176] JEAN-EMMANUEL RAY, "Du Germinal à Internet. Une nécessaire évolution du critère du contrat de travail", *in DS*, n.ºs 7/8, 1995, p. 634, defende que as empresas ocidentais entrarão no terceiro milénio com um desenvolvimento rápido do sector quaternário, baseado na informação e na comunicação, onde as distâncias são abolidas e onde as noções de "sanção disciplinar e de local de trabalho não fazem mais sentido".

[177] MERCADER UGUINA, *Derecho del Trabajo...*, cit., p. 97.

[178] Neste sentido DURÁN LÓPEZ, "Globalización y relaciones de trabajo", *in REDT*, n.º 92, 1998, p. 871.

[179] MONTOYA MELGAR, "Nuevas dimensiones jurídicas de la organización del trabajo en la empresa", *in RMTAS*, n.º 23, 2000, p. 20, enuncia que alguns autores pensam que "a mudança tecnológica nos leva a mudar o caminho da revolução industrial", de tal maneira que se esta conduziu à superespecialização, à extrema divisão do trabalho, à concentração dos trabalhadores em grandes fábricas, ao autoritarismo patronal e à escassa capacidade da mão-de-obra, a nova revolução tecnológica "devolve o trabalhador ao seu lar" e consegue a liberalização da autoridade do empregador, ao mesmo tempo que obtém a polivalência do trabalhador, o desaparecimento dos trabalhos rotineiros e duros que vão ser realizados por computadores, *inter alia*. Assim, "o período industrial representaria simplesmente uma anomalia de trezentos anos na nossa história pois as novas tecnologias estariam a escrever o seu epitáfio". Não pode concordar-se inteiramente com esta visão dos autores citados por MONTOYA MELGAR, já que não se partilha duma visão tão optimista da introdução destas novas tecnologias.

Com o desenvolvimento da informática todos os sectores da sociedade sofreram alterações e o Direito do trabalho não é a excepção[180] até porque é um dos ramos de Direito mais *permeável* à mudança e que sofre mais *invasão* com as novas tecnologias[181]. Pode dizer-se assim, tal como SEMPERE NAVARRO e CAROLINA SAN MARTÍN MAZZUCCONI[182], que esta "frenética renovação e modernização tecnológica veio para ficar"[183], já que a tendência é claramente expansiva, no sentido que estas NTIC impregnaram as relações laborais do mesmo modo que ocorre no restante âmbito da vida social[184].

Está-se, assim, conforme já se aludiu anteriormente, perante a terceira[185] ou até, para alguns[186], a quarta Revolução Industrial, associada à

---

[180] MARTÍNEZ LÓPEZ, PAULA LUNA HUERTAS e ROCA PULIDO, "El teletrabajo en España: análisis comparativo com la Unión Europea", *in RL*, II, 2001, pp. 1215-1216, consideram que embora sempre tenha existido mudança tecnológica, jamais se tinha produzido de forma tão rápida e completa, sobretudo porque, anteriormente, outras revoluções tecnológicas tinham afectado de maneira imediata apenas alguns sectores e, depois, estendiam-se para as restantes actividades económicas. Mas, com esta revolução tecnológica associada às NTIC, ocorreu um impacto directo em todos os sectores e actividades económicas, o que origina que as organizações tenham que inovar os seus processos, com novas formas estruturais e hierárquicas, perante uma nova realidade muito mais dinâmica e competitiva. Também FRANCESCO DI CIOMMO, *op.* cit., p. 117, refere este aspecto de mudanças cada vez mais rápidas e profundas, assim como ALARCÓN CARACUEL, "Aspectos generales de la influencia de las nuevas tecnologias sobre las relaciones laborales", *in Cuestiones Actuales...*, cit., p. 321, que entende que a generalização destas NTIC só aconteceu na última década do século XX mas com uma progressão geométrica". No mesmo sentido ISEULT CRONIN, "Who's minding your business? E-mail privacy in the workplace", *COLR*, VI, 2002, p. 1, entendendo que desde os anos oitenta as inovações tecnológicas no local de trabalho têm aumentado rapidamente.

[181] Como escreve JÚLIO GOMES, *Direito do...*, cit., p. 353, "o desenvolvimento vertiginoso da técnica informática teve um impacto particularmente significativo no mundo do trabalho".

[182] "Intimidad del trabajador...", cit., p. 40.

[183] No mesmo sentido FRANCISCO MARTÍNEZ LÓPEZ, PAULA LUNA HUERTAS, INFANTE MORO e MARTÍNEZ LÓPEZ, *op.* cit., p. 97.

[184] Compartilha a mesma ideia IRFAN DEMIR, *op.*cit., p. 49, para quem as NTIC fazem parte do moderno mundo do trabalho.

[185] Neste sentido ver, *inter alii*, ARION SAYÃO ROMITA, *Direitos Fundamentais nas Relações de Trabalho*, 2.ª edição, Editora LTR, São Paulo, 2007, p. 203, entendendo que a terceira revolução industrial, a revolução tecnológica, e a globalização da economia dos mercados, provocam o abandono do paradigma centrado na organização taylorista/fordista

tecnologia informática e à globalização[187], ou à sociedade pós-industrial[188]. Assiste-se a uma *Inforevolução*, identificada com o desenvolvi-

---

de trabalho. BRUNO VENEZIANI, "Nuove tecnologie...", cit., p. 1, refere-se à terceira revolução industrial ou sociedade pós-industrial; CARINCI, no prefácio à obra de PIETRO ZANELLI, *Impresa, lavoro...*, cit., p. XI, para quem é sob a ideia da crise, da primeira metade da década de 70 do século vinte, que parece sempre piorar, que começa a formar-se em Itália a terceira revolução industrial, com a crescente difusão da informática. Também DÄUBLER, *Internet und Arbeitsrecht*, 3.ª edição, Bund-Verlag, Frankfurt am Main, 2004, pp. 54-55, compara a importância desta revolução informática à revolução industrial, assim como STEINMÜLLER, "Informationsrecht – das Arbeitsrecht der zweiten industriellen Revolution?", *in DVR*, 1982, pp. 179-185. Também ANNE UTECK, *Electronic surveillance and workplace privacy*, Universidade de Dalhousie, Halifax, Nova Scotia, *in* www.proquest.com, p. 18, alude a esta passagem da era da industrialização para a "era dos computadores", da informática, surgindo uma nova revolução industrial, e CARY COOPER, "Improving the Quality of Working Life: A New Industrial revolution", *in Employee Relations*, vol. 1, n.º 4, 1979, pp. 17-18. No mesmo sentido SALA-CHIRI, "Nuove tecnologie, nuovi lavoratori", *in MGL*, II, 1988, p. 608, observando que esta terceira revolução industrial colocou em "sérias dificuldades" o Direito do trabalho que, "como na primeira e na segunda revolução, corre o risco de intervir somente *a posteriori* com respostas sempre tardias e desadequadas". Chamando a atenção para este facto GIOVANNI ROSSELLI, *op.* cit., pp. 452-453. Defendendo a existência de uma verdadeira revolução tecnológica, encontram-se ANNA ZILLI, "Licenziamento in tronco per abuso del telefono aziendale", *in LNG*, n.º 12/2005, p. 1177, PIETRO ZANELLI, "Innovazione tecnológica, controlli, riservatezza nel Diritto del Lavoro", *in Dir. Inf.*, vol. 4, 1988, p. 749, assim como em "Innovazione tecnológica e controllo sui lavoratori", *Dir. Inf.*, Vol. 1, n.º 1, p. 294.

186 ORONZO MAZZOTTA, *op.* cit., p. 20.

187 Também para GIUSEPPE CASSANO e STEFANIA LOPATRIELLO, "Il telelavoro: profili giuridici e sociologici", *in Dir. Inf.*, vol. 14, n.º 2, 1998, p. 384, as mudanças profundas, estruturais, que estão na base daquilo que se apelida vulgarmente de sociedade pós-industrial são fundamentalmente três: a automatização associada à informatização, a globalização e a orientação do mercado. Perfilham o mesmo entendimento GILDRE GENTILE, *op.* cit., p. 485, GIOVANNI ROSSELLI, *op.* cit., p. 453, para quem a robótica, o computador e a informação ocupam os lugares cimeiros nesta revolução tecnológica, e ROGER BLANPAIN, "Il diritto del lavoro nel XXI secolo: l'era dei lavoratori dal «portafoglio» creativo", *in DRI*, n.º 3, 1998, pp. 331-332, crendo que as mudanças radicais que têm surgido no Direito do trabalho estão associadas à globalização dos mercados, à explosão demográfica e à tecnologia informática. Também como indica BUTERA, "Il lavoro nella rivoluzione tecno-economica", *in GDLRI*, n.º 36, 4, 1987, p. 734, há que ter em atenção que a nova tecnologia associada à informática é apenas um dos factores que compõe esta "revolução tecno-económica". No mesmo sentido GUIDO ALPA, "Introduzione. New Economy e Diritto nell'Era della rivoluzione Digitale", *in La Tutela del Navigatore in Internet*, (coord. ANTONIO PALAZZO e UGO RUFFOLO), Giuffrè Editore, Milão, 2002, pp. 1-4.

188 Ver as cautelas apresentadas por GÉRARD LYON-CAEN, *Le droit du Tra-*

mento das tecnologias de informação e das telecomunicações, e cujas características fundamentais que a diferenciam das revoluções anteriores são o seu dinamismo e rapidez assim como a profunda difusão do conhecimento, essencial para o desenvolvimento da economia mundial[189].

Nesta sociedade, a indústria deixa de ser o local à volta do qual gira toda a estrutura social, isto é, a economia, o sistema de emprego e a própria estratificação da sociedade[190]. A sociedade pós-industrial apresenta--se como um novo tipo de organização económica e social que sucede no tempo, como é óbvio, à sociedade industrial e onde o lugar cimeiro é ocupado pela informação associada às NTIC[191]. Nesta nova sociedade há a passagem, qualitativa, da electrónica associada aos computadores gigantes, os *giant brains*, da informação centralizada, para a era da microelectrónica, do micro computador, do micro processador e de uma informação difusa[192]. Há uma verdadeira mudança do modelo antropológico em que assentou o Direito do trabalho[193] e, até, de um novo Direito do trabalho na medida em que estamos perante uma mudança que não é somente estrutural mas, também, e principalmente, funcional, no sentido de que mudou profundamente a maneira de efectuar a prestação laboral[194]. Esta situação

---

vail – Une technique réversible, Dalloz, Paris, 1995, pp. 2-3, acerca da utilização deste termo e do seu significado.

[189] *Vide* ESTHER SÁNCHEZ TORRES, "El ejercicio de la libertad de expresión de los trabajadores a través de las nuevas tecnologías", *in Relaciones Laborales…*, cit., p. 107.

[190] Tal como refere MERCADER UGUINA, última *op.*cit., p. 54.

[191] Para descrever esta passagem para outro tipo de sociedade servindo-nos da imagem expressiva de FALGUERA I BARÓ, "Comunicación sindical a traves de médios electrónicos. La STC 281/2005, de 7 de noviembre: un hito esencial en la modernidad de nuestro sistema de relaciones laborales (conflito CCOO vs. BBVA), *in Iuslabor*, n.º 1, 2006, p. 1, "há já bastantes anos que o antigo transatlântico juslaboralista, surgido da grande empresa fordista, apresenta várias entradas de água, sem que os tradicionais sistemas de defesa as consigam enfrentar, pois o barco não está desenhado para sulcar tais águas, como são as do novo sistema de flexibilidade e as novas tecnologias".

[192] *Vd.* CARINCI, "Rivoluzione tecnológica e …", cit., p. 204.

[193] Neste sentido MERCADER UGUINA, *Derecho del Trabajo…*, cit., p. 77, e PÉREZ DE LOS COBOS ORIHUEL, *Nuevas tecnologias y relaciones de trabajo*, tirant lo blanch, Valencia, 1990, p. 33, ao referir que o modelo antropológico sobre o qual assentou a relação de trabalho está "em crise", sendo que um dos factores que está a condicionar esta mudança de modelo é a incorporação das novas tecnologias na relação de trabalho.

[194] Em idêntico sentido PAOLA BORGHI, "Appunti sulla riservatezza dei lavoratori e sugli strumenti di controllo informatico", *in MGL*, 1993, p. 280.

implica uma mudança capital e um redimensionamento do Direito do trabalho, já não tanto em sentido material de alteração da sua extensão ou volume, mas num processo de revisão do seu âmbito ou extensão, da sua intensidade e do nível que se deve adoptar na sua regulamentação, podendo falar-se de uma "nova dimensão da sua disciplina"[195].

Na verdade, a introdução das NTIC no âmbito da relação laboral, quer seja a telemática ou as mais antigas como a robótica[196], ou o computador, *inter alia*, estão a alterar as relações laborais e a fazer com que os sistemas de organização e gestão de trabalho se modifiquem, os quais, nos inserem num "mundo de transição"[197] onde se altera a percepção do

---

[195] RODRÍGUEZ-PIÑERO Y BRAVO-FERRER, "La nueva dimensión del derecho del Trabajo", *in RL*, I, 2002, p. 88. Também para CORREA CARRASCO, "La proyección de las nuevas tecnologias en la dinâmica (individual y colectiva) de las relaciones laborales en la empresa: su tratamiento en la negociación colectiva", *in RDS*, n.º 31, 2005, p. 41, para quem a necessária adaptação às exigências impostas pela chamada "Nova Economia" provocou mudanças significativas tanto na estratégia das empresas, como nos próprios modelos organizacionais, até ao ponto de poder afirmar-se que foi a própria concepção de empresa que foi alterada por estas transformações.

[196] Como indicam CRESSEY e DI MARTINO, "La introducción de nuevas tecnologías: un enfoque participativo", *in Revista de Trabajo*, n.º 80, 1985, p. 213, a robótica foi criada para "suplantar" as funções humanas e para criar um sistema central autónomo. Também CRISTINA TACCONE, "Controlli a distanza e nuove tecnologie informatiche", *in ADL*, n.º 1, 2004, p. 300, entende que a introdução da robótica, assim como da cibernética, no processo produtivo teve por finalidade essencial retirar os trabalhadores da realização de actividades repetitivas, permitindo assim uma melhoria da qualidade de vida dos trabalhadores porque elimina-se a desmotivação psicológica que existe perante actividades repetitivas. Chama também a atenção para o reverso da medalha desta introdução da automatização e que é o desemprego. Se é verdade que a robótica exige novos postos de trabalho para a manutenção dos programas e assistência técnica, estes postos de trabalho são em número inferior aos suprimidos com a introdução das inovações tecnológicas, pelo menos num arco de tempo limitado. Chamando a atenção para este facto JUAN CUADRADO, CARLOS IGLESIAS e RAQUEL LLORENTE, "Los effectos del cambio tecnológico sobre el empleo. Análisis de un caso representativo: la comunidad de Madrid", *in TL*, n.º 57, 2000, p. 157, observando que "a relação entre a tecnologia e o emprego é um dos temas centrais no debate aberto para a explicação do desemprego e da capacidade das economias para gerar emprego", assim como FERNÁNDEZ DOMÍNGUEZ e SUSANA RODRÍGUEZ ESCANCIANO, *op.* cit., pp. 22 e ss.. Também alude a este problema, que representa a outra face da inovação tecnológica, CRIS FREEMAN, LUC SOETE e UMIT EFENDIOGLU, "Diffusion and the employment effects of information and communication technology", *in ILR*, vol. 134, n.os 4-5, 1995, p. 597.

[197] INMACULADA MARÍN ALONSO, "La facultad fiscalizadora...", cit., p. 105, e também em *El poder de control empresarial sobre el uso del correo electrónico en la*

92   *A Privacidade dos Trabalhadores e as Novas Tecnologias...*

tempo e do espaço[198]. Assim, a digitalização da informação proporciona à sociedade em geral, e ao Direito do trabalho em particular, uma "nova visão" do tempo, da distância e do volume.

A potencialidade destas tecnologias é enorme, quer do ponto de vista da tecnologia de produção, isto é, aplicada directamente ao processo de trabalho operativo[199], quer do ponto de vista da tecnologia de gestão, utilizada para a elaboração de decisões, direcção de trabalho e resolução de problemas e conduz a enormes alterações na organização do trabalho e nas formas, modos e modelos de trabalho[200].

---

empresa – su limitación en base al secreto de las comunicaciones, Tirant Monografias, n.º 338, Valencia, 2005, p. 27.

[198] No mesmo sentido FRANCISCO MARTÍNEZ LÓPEZ, PAULA LUNA HUERTAS, INFANTE MORO e MARTÍNEZ LÓPEZ, *op.* cit., p.95, defendendo que as NTIC alteraram de "forma drástica os ingredientes" temporais e espaciais da relação laboral, assim como ANDRÉ NAYER, "Droit du tavail et cyberespace: du vestige au vertige?", *in Les droits de l'homme dans le...*, cit., p. 137, entendendo que graças ao ciberespaço a empresa "pode, alegremente, saltar os esquemas anteriores e ultrapassar as fronteiras de qualquer natureza (físicas, institucionais, jurídicas)". Também ARMIN HÖLAND, "A comparative study of the impact of electronic technology on workplace disputes: national report on Germany", *in Com. Labor Law & Pol'y Journal*, vol. 24, 2002, p. 146, aborda esta característica da ubi-quidade das novas tecnologias que não conhecem fronteiras físicas nem espaciais, CHRISTOPHE RADÉ, "Nouvelles technologies...", cit., p. 26, FABRICE FEVRIER, "Téletravail: l'employeur ne peut imposer au salarié un retour au sein de l'entreprise", *in RDTIC*, n.º 54, 2006, p. 6, GAIL LASPROGATA, NANCY KING e SUKANYA PILLAY, "Regulation of Electronic Employee Monitoring: Identifying Fundamental Principles of Employee Privacy through a Comparative Study of Data Privacy Legislation in the European Union, United States and Canada", *in Stan. Techn. L. Rev.*, n.º 4, 2004, p. 1, JEAN-EMMANUEL RAY e JACQUES ROJOT, "A comparative study of the impact of electronic technology on workplace disputes", *in Com. Labor Law & Pol'y Journal*, vol. 24, 2002, p. 116, e VICTORIA BELLOTTI, "Design for Privacy in Multimedia Computing and Communications Environments", *in Technology and Privacy: The New Landscape*, (coord. PHILIP AGRE e MARC ROTENBERG), The MIT Press, Massachusetts, 2001, p. 65, defende o mesmo. ISABELLE DE BÉNALCAZAR, *Droit du travail et nouvelles Technologies – collecte des données Internet cybersurveillance télétravail*, Gualiano éditeur, Paris, 2003, p. 17, observa que estas novas tecnologias permitiram que os trabalhadores estejam praticamente sempre disponíveis, assim como GIANNI LOY, "El domínio ejercido sobre el trabajador", *in El poder de dirección...*, cit., p. 61.

[199] M.ª BELÉN CARDONA RUBERT, *Informática y...*, cit., p. 19.

[200] Neste sentido ver ADDISON e TEIXEIRA, "Technology employment and wages", *in Labour*, vol. 15, n.º 2, 2001, pp. 191 e ss., e BROWN e CAMPBELL, "The impact of technological change on work and wages", *in IR*, vol. 41, n.º 1, 2002, pp. 1-33.

A informática representa, assim, o ponto comum destas várias mudanças com uma potencialidade tal que permite que incida sobre o "sistema nervoso" das organizações de toda a sociedade[201]. A sua ampla difusão[202] está relacionada com várias razões fundamentais: a idoneidade para ser utilizada para um amplo conjunto de actividades, o rápido progresso das suas aplicações, a redução dos seus custos e, por último, a possibilidade de adaptar-se facilmente e, em pouco tempo, às mudanças e transformações na produção e "a conseguir resistir, com um mínimo dano, aos inconvenientes tais como à greve e agitações dos trabalhadores"[203].

A introdução das novas tecnologias associadas ao computador e à informática no local de trabalho aumentou nas últimas décadas a eficiência e a produtividade. As inovações tecnológicas conseguiram que actividades que anteriormente eram realizadas manualmente passassem a ser feitas mecanicamente ou electronicamente e criaram-se métodos de comunicação anteriormente inimagináveis. De facto, cada vez maiores e melhores métodos de comunicação são criados permitindo às empresas coordenar os trabalhadores e as operações que fazem em qualquer local.

Assim, o Direito do trabalho tem de adaptar-se a estas constantes mutações e, se a introdução da tecnologia nos processos de produção não é novidade para este ramo do Direito[204], com estas NTIC, como a informática, a robótica, a ofimática, a cibernética e a telemática, associadas à microelectrónica e relacionadas com a informação e a comunicação, surgem perspectivas únicas capazes de motivar uma verdadeira exigência de transformação no Direito do trabalho que pode originar, inclusive, uma

---

[201] M.ª TERESA SALIMBENI, "Nuove tecnologie e rapporto di lavoro: il quadro generale", *in Nuove tecnologie...*, cit., p. 22.

[202] Como indica M.ª BELÉN CARDONA RUBERT, última *op.* cit., p. 19, uma das características que definiu a introdução da informática foi a sua rápida difusão não só nas grandes empresas como também nas pequenas e médias. Também LORENZO GAETA, "La dignidad del trabajador y las «perturbaciones» de la innovación", *in Autoridad y Democracia en la Empresa*, (coord. JOAQUIN APARICIO TOVAR e ANTONIO BAYLOS GRAU), Editorial Trotta, Madrid, 1992, p. 73, chama a atenção para estas novas empresas de tipo "neo-feudal, potencialmente adequadas para apoderar-se de cada momento existencial do trabalhador", podendo ser as microempresas que nascem dos novos processos de descentralização produtiva, ou as grandes empresas com uma espécie de "japonização" das relações laborais.

[203] M.ª TERESA SALIMBENI, *op.* cit., p. 26.

[204] Ver as considerações tecidas no início deste número.

possível "desnaturalização", ou "crise de identidade de determinados institutos básicos" [205] [206]. Como escreve DÄUBLER[207], estas novas tecnologias têm duas características que as tornam uma verdadeira *novidade:* em primeiro lugar, a capacidade de se tornarem especialmente perigosas e apresentarem um quociente de risco que origina uma série de questões novas; e a segunda característica, que "não é menos dramática que a primeira" e está relacionada com a capacidade de substituição do trabalho intelectual pela máquina e o consequente desemprego[208]. Mas é importante ter em atenção a dupla característica da inovação tecnológica pois se, por um lado, o aumento da produtividade[209] pode originar o fenómeno, infelizmente bastante conhecido ao longo da história do capitalismo, de *desemprego tecnológico*, também não é menos certo que mais cedo ou mais tarde, todas as inovações tecnológicas originam o surgimento de novos produtos, com a consequente repercussão na expansão da procura e na criação de novos postos de trabalho[210].

---

[205] FÉRNANDEZ DOMÍNGUEZ e SUSANA RODRÍGUEZ ESCANCIANO, *op.* cit., pp. 20-21.

[206] PIETRO ZANELLI, *Nuove tecnologie – Lege e contrattazione collettiva*, Giuffrè Editore, Milão, 1993, pp. 4-5. No mesmo sentido ADRIÁN GOLDIN, "El concepto de dependência laboral y las transformaciones productivas", *in RL*, I, 1996, p. 340, entendendo que as transformações económicas, tecnológicas e produtivas submetem o Direito do trabalho a "duras provas". Também BARBA RAMOS e RODRIGUÉZ-PIÑERO ROYO, "Alternativas de regulación de los derechos on-line en el ordenamiento laboral español", *in Derecho y conocimiento*, n.° 1, p. 15, defendem que "se se quer manter a eficácia e o poder de penetração do Direito do Trabalho num contexto social, económico e produtivo radicalmente distinto torna-se necessário avaliar a operatividade das suas instituições essenciais nesta nova realidade". No mesmo sentido aponta FABRICE FEVRIER, *Pouvoir de contrôle de l'employeur et droits des salariés à l'heure d'Internet – les enjeux de la cybersurveillance dans l'entreprise*, 2003, *in* www.droit-technologie.org.

[207] "Nuove tecnologie...", cit., pp. 65-66.

[208] Entende que a substituição do trabalho mental por equipamentos informatizados e microprocessadores reduz o volume de trabalho necessário e, com isso, o número de postos de trabalho. *Vd. Direito do Trabalho...*, cit., p. 216. Relacionado com tudo isto está, também, como adverte ROUDIL, *op.* cit., p. 310, a desqualificação de grande número de trabalhadores.

[209] Como este autor defende, a principal razão de ser das inovações tecnológicas é o aumento da produtividade, isto é, poder produzir mais e com menos mão-de-obra.

[210] Neste sentido ALARCÓN CARACUEL, "La informatización y las nuevas formas de trabajo", *in Nuevas tecnologias de la información...*, cit., p. 10.

As novas tecnologias são relevantes para o mundo laboral, sobretudo pelas inovações que são capazes de introduzir no processo produtivo e na forma de organização do trabalho, e permitem melhorar a obtenção, armazenamento, recuperação, exploração, uso e difusão da informação[211], sendo que estão a converter-se num factor chave para o desenvolvimento do processo produtivo das empresas[212]. Por outro lado, as NTIC têm uma presença *polivalente*[213] ou *poliédrica*[214] no processo produtivo já que se traduzem em inovações tanto de tipo tecnológico e produtivo como de carácter organizativo e de controlo. Ocorrem mudanças na organização do trabalho, na forma de trabalhar e no próprio domínio da empresa, enquanto natureza e instrumentos do processo de trabalho. Secundando MARTÍNEZ FONS[215], se sempre houve uma estreita conexão entre a tecnologia e a relação de trabalho, ela torna-se particularmente "intensa" com a introdução das NTIC[216], pois são numerosos, complexos e variados os problemas jurídicos que coloca[217].

---

[211] Como se refere no Documento *Princípios sobre a privacidade no local de trabalho – O tratamento de dados em centrais telefónicas, o controlo do e-mail e do acesso à Internet*, da CNPD, disponível em www.cnpd.pt, "as novas tecnologias apresentam-se como factor decisivo para a modernização, organização, aumento da produtividade e de competitividade dos agentes económicos".

[212] Como refere PIERA FABRIS, "Innovazione tecnológica e organizzazione del lavoro", *in DL*, I, 1985, p. 351, a empresa, para sobreviver, deve continuamente renovar--se quer na estrutura organizativo-produtiva, quer nos objectivos perseguidos, na adequação ao mercado e ao progresso científico.

[213] Termo empregue por GONZÁLEZ ORTEGA, *op.* cit., p. 19.

[214] Expressão utilizada por MARTÍNEZ FONS, *Nuevas tecnologias y poder de control empresarial, in* www.ceveal.com, p. 25 (*site* entretanto indisponível).

[215] "Uso y control de las tecnologias de la información y comunicación en la empresa", *in RL*, II, 2002, pp. 1311, 1312, e "El control empresarial del uso de las nuevas tecnologias en la empresa", *in Relaciones Laborales...*, cit., p.187.

[216] Perfilhando igual opinião, YASMINA ARAUJO CABRERA, "La dirección en la empresa del siglo XXI", *in RTSS – CEF*, n.° 231, 2002, p. 168, para quem as empresas enfrentam actualmente o maior dilema de adaptar-se às novas normas competitivas ou desaparecer e, por isso, há uma crescente dependência entre a técnica, inovação e o mundo do trabalho, e GARCIA VIÑA, "Limitaciones en el uso del correo electrónico en las empresas por parte de las secciones sindicales. A propósito de la Sentencia del Tribunal Supremo de 28 de Marzo de 2003 (RJ 2003, 7134), *in REDT*, n.° 122, 2004, p. 308, assinalando que existe uma relação clara entre *Internet* e as relações laborais, de tal maneira que estas novas tecnologias já formam parte das empresas.

[217] Também para SARA RUANO ALBERTOS, "Facultades de control por medios informáticos", *in El Control Empresarial*, (coord. GARCÍA NINET e VICENTE PACHÉS),

A informática apresenta-se sob o duplo aspecto de *tecnologia de produção e tecnologia de organização*[218], isto é, como instrumento directo do trabalho e como instrumento de organização do trabalho realizado por outrem. Assim, o centro desta sociedade caracterizada por esta inovação informática é a informação, o conhecimento, *o know-how*, o que implica determinados níveis de conhecimento e de qualificação laboral[219] que podem originar o denominado *analfabetismo tecnológico* e o *desemprego tecnológico*. As NTIC caracterizam-se, do ponto de vista produtivo, por reduzir e integrar as fases da actividade humana, por deslocar até ao trabalho e ao trabalhador os problemas de interpretação, solução de problemas, tomada de decisões e controlo das suas aplicações, e por permitir um alto grau de flexibilidade e adaptabilidade dos processos produtivos às exigências de mercado. Ora, este processo torna as actividades mais complexas e globais e origina o desaparecimento do trabalho repetitivo ao mesmo tempo que exige que a formação e os conhecimentos sejam mais amplos e polivalentes, abarcando tanto necessidades actuais como

---

CISS, Valência, 2005, p. 129, a evolução tecnológica, sobretudo a informática, reflecte-se no Direito do trabalho, e conduz ao surgimento de vários problemas jurídicos. No mesmo sentido SEMPERE NAVARRO e CAROLINA SAN MARTÍN MAZZUCCONI, "El uso sindical del correo a la luz de la STC 281/2005 de 7 de noviembre (RTC 2005, 281)", *in AS*, n.º 17, 2006, p. 1, para quem a implantação das novas tecnologias nas relações de trabalho tem originado uma série de conflitos jurídicos. Também KAI KUHLMANN, *Die Nutzung von E-Mail und Internet Im Unternehmen – Rechtliche Grundlagen und Handlungsoptionen – Version 1.5*, 2008, disponível em www.bitkom.org., p. 8, refere que a introdução dos sistemas de informação nas empresas tem originado várias questões de diversa índole, e BRITTA MESTER, "Anspruch des Betriebsrats auf Internetzugang und Nutzung des betrieblichen Intranets-*Anmerkung* zu den Besclhüssen des BAG vom 3. Sept.03 (Az. 7 ABR 12/03; 7 ABR 8/03), *in JurPC Web-Dok.* 255, 2004, p. 1, *in* www.jurpc.de, e PETER WEDDE, "Das Telekommunikations-gesetz und die private E-Mail-Nutzung am Arbeitsplatz, *in CuA*, n.º 3, 2007, p. 9, observa que as novas tecnologias trouxeram inúmeras vantagens para a relação laboral mas, simultaneamente, colocaram novas e relevantes questões jurídicas para as quais, em alguns casos, ainda não há respostas satisfatórias.

[218] No mesmo sentido PIETRO ZANELLI, *Impresa, lavoro...*, cit., p. 11.

[219] É nesta parte que o pensamento de MARX denota alguma intuição preditiva pois mantém-se hoje extremamente actual quando vê a máquina como uma projecção do cérebro humano, criado pelas mãos do homem, e com uma capacidade científica objectiva. Entende que o desenvolvimento do capital fixo é o "conhecimento social geral – *knowledge* –, que se torna uma força produtiva imediata". Cf. PIETRO ZANELLI, última *op.* cit., p. 11, nota n.º 20.

futuras[220]. A ciência, actuando sobre os processos produtivos, tende a tornar-se uma "outra força produtiva"[221].

O desenvolvimento tecnológico permite, também, a realização de novas formas de organizar o trabalho, a sua divisão entre as empresas e a exteriorização de funções[222]. Mas também supõe, necessariamente, a modificação da forma de trabalhar dos trabalhadores que incitam o Direito do trabalho a adaptar-se aos novos tempos e a velar pelos direitos dos trabalhadores[223]. O surgimento das NTIC transformou em profundidade a organização do trabalho fundamentalmente em duas das suas facetas: no processo de produção e na gestão empresarial[224].

As novas formas de organização do trabalho[225] potenciam a flexibilidade e o aumento da autonomia, assim como a responsabilidade do trabalhador no desenvolvimento da sua prestação laboral[226]. Concorda-se com FALGUERA BARÓ[227] quando defende que as novas tecnologias trazem, consigo, flexibilidade que tanto pode ser, *inter alia*, temporal, geográfica como produtiva[228]. Mas, como adverte também, essa flexibilidade

---

[220] Neste sentido GONZÁLEZ ORTEGA, *op.* cit., pp. 25-26.

[221] PIETRO ZANELLI, *Nuove tecnologie...*, p. 12. Citando HABERMAS, escreve que "a ciência, como motor do próprio progresso técnico, tornou-se a primeira força produtiva".

[222] Pode ver-se a este propósito PÉREZ DE LOS COBOS ORIHUEL, *Nuevas tecnologias...*, cit., pp. 18-19, ao referir que certas actividades como a gestão da contabilidade, o *know-how*, a investigação, a assistência técnica, *inter alia*, estão a ser exteriorizadas.

[223] Veja-se INMACULADA MARÍN ALONSO, *El poder de control...*, cit., p. 18.

[224] Neste sentido M.ª BELÉN CARDONA RUBERT, "Relaciones laborales y tecnologias de la información y comunicación", *in datospersonales.org*, n.° 9, 2004, p. 1.

[225] Sobre estas novas formas de organização do trabalho e a automatização pode ver-se LÓPEZ PARADA, "Informática,...", cit., pp. 94-95.

[226] Ver neste sentido VICENTE PACHÉS, "Las facultades empresariales de vigilância y controle en las relaciones de trabajo: concepto y fundamento. Una primera aproximación a las diversas formas de control empresarial", *in El control empresarial...*, cit., p. 19.

[227] "Criterios doctrinales en la relación con el uso por el trabajador de los médios informáticos empresariales para fines extraproductivos", *in Derecho Social y Nuevas Tecnologías*, (coord. M.ª DEL MAR SERNA CALVO), Consejo General del Poder Judicial, Madrid, 2005, p. 285.

[228] Para MERCADER UGUINA, *Derecho del Trabajo...*, cit., p. 63, "a flexibilidade converteu-se num macro-conceito social, numa referência necessária, num instrumento mais na altura de caracterizar e definir os parâmetros que caracterizam o actuar social".

98 *A Privacidade dos Trabalhadores e as Novas Tecnologias...*

não pode ser unidireccional. Também terá de inserir-se no marco dos direitos dos trabalhadores. O aumento evidente que as NTIC introduzem na produtividade tem de reflectir-se em ambas as partes do contrato de trabalho[229].

As mudanças ocorridas na organização e gestão do trabalho conduzem também ao aumento da autonomia organizativa dos trabalhadores que utilizam as novas tecnologias como instrumento de trabalho dado o carácter predominantemente criativo ou intelectual das suas prestações. Estas, inclusive, inserem-se mais numa ideia de coordenação do que de subordinação, já que o trabalhador não presta a sua actividade, pelo menos na totalidade, dentro do âmbito da organização e direcção de um terceiro, antes a encaminha para a sua própria criatividade, manifestada de forma autónoma e sem exercício aparente de qualquer direcção ou controlo[230]. Surgem, assim, desde logo, não só novas profissões[231] como também novas questões para o Direito do trabalho, já que se complica a própria delimitação do requisito de dependência da relação laboral[232] e, ainda, o seu próprio controlo. É o que acontece no teletrabalho subordinado, regulado no Código do Trabalho, nos artigos 165.° a 171.°[233] [234].

---

[229] Conforme se verá com mais detalhe no capítulo IV, 4.2., este é um dos argumentos em que se baseia uma defesa da utilização das NTIC para fins privados.

[230] INMACULADA MARÍN ALONSO, última *op.* cit., p. 48.

[231] *Vide* ROBERTA GERHARDT, *op.* cit., pp. 112 e ss..

[232] Veja-se a este propósito ALAIN SUPIOT, "Les nouveaux visages de la subordination", *in DS,* n.° 2, 2000, pp. 131-145, CRISTOPHE RADÉ, "Nouvelles technologies...", cit., pp. 26 e ss. e PÉREZ DE LOS COBOS ORIHUEL, *Nuevas tecnologias...,* cit., pp. 33 e ss., e também em "La «subordinazione tecnológica» nella giurisprudenza spagnola", *in LD,* vol. 19, n.° 3, 2005, pp. 537 e ss., e em "La subordinación jurídica frente a la innovación tecnológica", *in RL,* I, 2005, pp. 1315 e ss..

[233] Não iremos abordar este tipo de trabalho remetendo-se, a título meramente exemplificativo, para DAMASCENO CORREIA, "Uma abordagem crítica ao Código do Trabalho: a estrutura, o regime do teletrabalho e os direitos de personalidade", *in PDT,* n.° 66, 2003, pp. 82-89, GLÓRIA REBELO, *Teletrabalho e privacidade – Contributos e Desafios para o Direito do Trabalho,* RH Editora, Lisboa, 2004, "Reflexões sobre o teletrabalho: entre a vida privada e a vida profissional", *in QL,* Ano XI, n.° 23, 2004, pp. 98-116, e "Teletrabalho: reflexões sobre uma nova forma de prestar trabalho subordinado", *in PDT,* n.° 67, 2004, pp. 53-65, GUILHERME DRAY, "Teletrabalho. Sociedade de informação e Direito", *in Estudos do Instituto de Direito do Trabalho, vol. III,* Almedina, Coimbra, 2002, pp. 261-286, e as anotações aos arts. 233.° a 243.° *in* PEDRO ROMANO MARTINEZ e outros, *Código do Trabalho Anotado,* 6.ª edição, Almedina, Coimbra, 2008, pp. 475-489,

JÚLIO GOMES, *Direito do...*, cit., pp. 736-751, M.ª DO ROSÁRIO PALMA RAMALHO, *Direito do Trabalho, Parte II, Situações Laborais Individuais*, Almedina, Coimbra, 2006, pp. 277--289, e "Novas formas de realidade laboral: o teletrabalho", *in Estudos de Direito do...*, cit., pp. 195-211, M.ª REGINA REDINHA, "O teletrabalho", cit., pp. 81-102, e "O teletrabalho", *in QL*, n.º 17, 2001, pp. 87-107, MENEZES LEITÃO, *Direito do...*, cit., pp. 488-491, PEDRO ORTINS DE BETTENCOURT, "Os regimes do teletrabalho", *in Estudos jurídicos em Homenagem ao Professor António da Motta Veiga*, Almedina, Coimbra, 2007, pp. 247--266, e PEDRO ROMANO MARTINEZ, *Direito do Trabalho*, 4.ª edição, Almedina, Coimbra, 2007, pp. 675-677, e "Relações empregador empregado", *in Direito da Sociedade...*, cit., pp. 185-190. Na doutrina estrangeira veja-se, a título de exemplo, FAIRWEATHER, "Surveillance in Employment: The Case of Teleworking", *in Journal of Business Ethics*, vol. 22, 1999, pp. 39 e ss., FERNAND MORIN, "Nouvelles Technologies et la telesubordination du salarié", *in Relations Industrielles*, vol. 55, n.º 4, 2000, pp. 725 e ss., FERNÁNDEZ DOMÍNGUEZ e SUSANA RODRÍGUEZ ESCANCIANO, *op.* cit., pp. 53 e ss., GIUSEPPE CASSANO e STEFANIA LOPATRIELLO, *op.* cit., pp. 379 e ss., ISABELLE DE BENALCÁZAR, *op.*cit., pp. 54-74, M.ª LUISA FERNÁNDEZ ESTEBAN, *Nuevas tecnologias,...*, cit., pp. XXI-XXII, MARTÍNEZ FONS, *El poder de control del empresário en la relación laboral*, CES, Madrid, 2002, pp. 255 e ss., MARK JEFFERY, "Derecho del trabajo en la sociedad de la información", *in Derecho y nuevas tecnologias*, cit., pp. 209-229, MARTÍNEZ LÓPEZ, PAULA LUNA HUERTAS e ROCA PULIDO, *op.* cit., pp. 1215-1236, MERCADER UGUINA, *Derecho del trabajo...*, cit., pp. 203 e ss., NICOLE ELLISON, "Social Impacts – New Perspectives on Telework", *in Social Science Computer Review*, vol. 17. n.º 3, 1999, pp. 338 e ss., NORBERT ENGELHARDT, "«Kleine» Tele (heim)-arbeit", *in CF*, n.º 3, 2004, pp. 18 e ss., PÉREZ DE LOS COBOS ORIHUEL, *Nuevas tecnologias...*, pp. 33-34, YOLANDA RUIZ e ANNETTE WALLING, "Home-based working using communication Technologies", *in Labour Market Trends*, vol. 113, n.º 10, 2005, pp. 417 e ss., e XAVIER SOLÀ I MONELS, "El deber empresarial de protección en los supuestos de teletrabajo: contenido y alcance", *in Nuevas tecnologias de la información...*, cit., pp. 211-232.

[234] Existem vários outros efeitos das inovações tecnológicas que não serão objecto de estudo pois o problema dos limites ao poder de controlo do empregador centrar-se-á na privacidade dos trabalhadores. Basta pensar, a título de exemplo, a tutela da profissionalidade dos trabalhadores perante a mudança no plano das funções que estas tecnologias comportam; na tutela da saúde do trabalhador, tanto física, como psíquica, perante o aparecimento de novas doenças relacionadas com estas novas tecnologias (tema que se abordará, ainda que sem pretensão exaustiva, no capítulo II, 6); na forte descentralização produtiva; no problema da redução de trabalhadores que se verifica nos sectores afectados pela reestruturação e no consequente desemprego; no acesso ao mercado de trabalho e os problemas do recrutamento *on line*; nos direitos de autor do trabalhador na criação de programas na *Internet*; no exercício dos direitos de conflito laboral como a greve; a responsabilidade dos trabalhadores e do empregador por opiniões expressas ou publicadas em

fóruns promovidos pela empresa e alheias à mesma (sobre uma breve referência acerca da responsabilidade do empregador pode ver-se, *infra*, capítulo II, 7, e capítulo IV, 4.4.2.3., a propósito da *world wide Web*), da possível validade da assinatura electrónica num contrato de trabalho, na comunicação de sanções disciplinares, inclusive o despedimento, através do correio electrónico, ou, até, *inter alia*, a vontade do trabalhador fazer cessar o contrato de trabalho também através do mesmo. Podem ver-se, a título de exemplo, alguns autores como ALARCÓN CARACUEL, "La informatización y...", cit., pp. 10-15, e "Aspectos generales...", cit., pp. 322-328, ALEXANDRE BELMONTE, *O Monitoramento da Correspondência Electrônica nas Relações de Trabalho*, Editora LTR, São Paulo, 2004, pp. 17-19, AMADEU GUERRA, *A privacidade no local de trabalho...*, cit., pp. 11-12, BUTERA, *op. cit.*, p. 733, referindo que podem ter-se duas visões acerca das repercussões das inovações tecnológicas no Direito do trabalho, DAVID COCKROFT, "New Office technology and employment", *in ILR*, vol. 119, n.º 6, 1980, pp. 689 e ss., DUBOIS, *op. cit.*, pp. 217 e ss., ÉFREN CORDOVA, "From full-time wage employment to atypical employment: a major shift in the evolution of labour relations?", *in ILR*, vol. 125, n.º 6, 1986, pp. 641 e ss., FABRICE FEVRIER, *Pouvoir de contrôle de...*, cit., pp. 8-9, GONZÁLEZ ORTEGA, *op. cit.*, pp. 21-36, INMACULADA MARÍN ALONSO, *El poder de control...*, cit., pp. 45-47, JOAN GABEL e NANCY MANSFIDELD, "The information Revolution and its Impact on the Employment Relationship: an Analysis of the cyberspace Workplace", *in Am. Bus. L. J.*, n.º 301, 2003, abordando detalhadamente como esta *Revolução* Informacional alterou a relação de trabalho nos Estados Unidos da América, JOSEPH KIZZA e JACKLINE SSANYU, "Workplace surveillance", *in Electronic monitoring...*, cit., pp. 3 e ss., KARL-H. EBBEL, "The impact of industrial robots on the world of work", *in ILR*, vol. 125, n.º 1, 1986, pp. 39 e ss., LAÏLLA BENRAISS, OTHMAN BOUJENA e LOUBNA TAHSSAIN, "TIC et performance des salariés: quel role pour la responsabilité sociale de l'entreprise", *in RITS*, Outubro, 2005, pp. 915 e ss., LÓPEZ PARADA, "Informática,...", cit., pp. 94-119, relacionado com os problemas para a saúde dos trabalhadores com estas novas tecnologias, LUISA GALANTINO, *op cit.*, pp. 325 e ss., MARIE-PIERRE FENOLL-TROUSSEAU e GÉRARD HAAS, *La cybersurveillance dans l'entreprise et le droit – Traquer Être traqué*, LITEC, Paris, 2002, pp. 11 e ss., analisando as alterações no recrutamento dos trabalhadores, M.ª TERESA SALIMBENI, *op. cit.*, pp. 26-27, MANUEL CASTELLS, *A Era da Informação...*, vol. I, cit., p. 2-3, entendendo que há uma maior flexibilidade na gestão e uma descentralização das empresas, assim como a sua ligação em rede, MYRIAM DELAWARI e CHRISTOPHE LANDAT, *Les enjeux de la relation salariale au regard du développement du réseau Internet*, disponível *in* www.ntic.fr, pp. 38 e ss., mencionando as alterações na percepção do local e no tempo de trabalho, PÉREZ LUÑO, *Nuevas tecnologias...*, cit., pp. 40-42, entendendo que a introdução das novas tecnologias nas empresas pode fomentar o aumento do "autoritarismo tecnocrático", contribundo para incrementar a concentração de poder nos *managers* em detrimento de fórmulas de participação e cogestão. Como observa, esta hierarquização das relações laborais é possibilitada por tornar-se menos transparente, devido ao carácter

A introdução das novas tecnologias na relação laboral traduzindo-se numa série de vantagens organizativas e de gestão, cria, também, um risco para determinados direitos fundamentais dos trabalhadores e, em especial, para a sua privacidade[235]. Com as NTIC multiplica-se a capacidade de

---

inacessível para os "não introduzidos no círculo mágico da tecnologia" a própria significação dos processos produtivos. Acresce, ainda, que aumenta o risco de que o progresso tecnológico diminua a autonomia pessoal no trabalho, acentuando-se a sua componente de rotina, PISANI, "I controlli a distanza sui lavoratori", *in GDLRI*, n.º 33, 1, 1987, pp. 132--134, e "Rapporto di lavoro...", cit., pp. 294 e ss., refere-se às mudanças nas tarefas assumidas com a introdução das novas tecnologias, OLIVIER DE TISSOT, "Internet et contrat de travail – les incidences de la conexion à Internet sur les rapports employeurs-salariés", *in DS*, n.º 2, 2000, pp. 155 e ss., OLIVIER PUJOLAR, "Poder de dirección del empresário y nuevas formas de organizacion y gestión del trabajo", *in El poder de dirección...*, cit., pp. 131 e ss., que escreve que esta nova forma de organização de trabalho se caracteriza, essencialmente, por um forte desenvolvimento dos contratos de trabalho de duração determinada e uma "certa banalização" dos períodos de desemprego no seio das carreiras profissionais dos trabalhadores, ONOFRIO FANELLI, "Informatica e Diritto del Lavoro", *in DL*, 1985, I, pp. 28 e ss., PIETRO ZANELLI, *Nuove tecnologie...*, cit., pp. 41 e ss. e *Impresa, lavoro...*, cit., sobre a descentralização produtiva, incidindo sobre estes vários temas com bastante desenvolvimento, RITA GARCIA PEREIRA, "Os E-mails: O cavalo de Tróia Actual", *in Minerva – Revista de Estudos Laborais*, Ano IV, n.º 7, 2005, pp. 148-149, e notas n.º 22 e 23, para quem a introdução das novas tecnologias se traduziu numa "significativa alteração dos postos de trabalho disponíveis e numa migração do sector secundário para o terciário" e, acrescenta-se, também para o quaternário, fruto da introdução das NTIC. RIVERO LAMAS, "El trabajo en la sociedad de la información", *AS*, I, 2001, pp. 1049-1052, escreve que a primeira característica que ressalta deste novo tipo de trabalho é a divisão dos trabalhadores em duas categorias muito distintas: "os trabalhadores auto-programáveis e os trabalhadores genéricos", aludindo ainda à descentralização produtiva e à flexibilidade laboral, ROGER BLANPAIN, "Il diritto del lavoro...", cit., pp. 332-334, referindo que a inovação tecnológica aumenta a desregulamentação e a flexibilidade no Direito do trabalho e SÁNCHÉZ BLANCO, *op.* cit., pp. 22-24, abordando o problema da deslocalização das empresas. Ver, ainda, o *Livro Verde para a Sociedade...*, cit., pp. 51 e ss., todos os artigos de *Relaciones Laborales y Nuevas Tecnologías*, cit., assim como *Derecho Social y Nuevas Tecnologías*, cit. e o *Dossier Relations du Travail et Internet – Panorame législatif et jurisprudential*, de 26 de Janeiro de 2006, disponível em www.foruminternet.org, pp. 4 e ss., onde se abordam várias das questões relacionadas com a introdução da *Internet* nas empresas, desde a fase da candidatura, passando pela execução do contrato de trabalho, até à extinção deste.

[235] Como adverte CRISTINA TACCONE, *op.* cit., p. 300, se a utilização maciça para fins produtivos das novas tecnologias como o *personal computer*, a *Internet*, o *e-mail*, permitem um incremento da qualidade e da quantidade de produção e uma melhoria da orga

acumulação de informação e permite-se ao empregador reconstruir, a partir de dados aparentemente inócuos e *inofensivos*, o perfil do trabalhador, que pode ser utilizado com os fins mais diversos. Os perigos que decorrem da introdução deste poder informático para os direitos dos trabalhadores estão relacionados com a capacidade de recolher e de transmitir dados sobre a sua pessoa[236], assim como a capacidade de tratamento ou de elaboração da informação[237]. A informática permite um tratamento ilimitado e indiscriminado de dados pessoais do trabalhador[238], facilitando que

---

nização de trabalho, possibilitam, simultaneamente, por serem particulamente complexos, uma utilização muito mais ampla graças a programas caracterizados por terem diversas funções e, como consequência, têm uma capacidade lesiva bastante grande da privacidade dos trabalhadores.

[236] Neste sentido GOÑI SEIN, "Vulneración de derechos fundamentales en el trabajo mediante instrumentos informáticos, de comunicación y archivo de datos", *in Nuevas tecnologias de la...*, cit., pp. 51-52.

[237] Veja-se, a título exemplificativo, e aludindo aos perigos da informática, VICENTE PACHÉS, *El derecho del trabajador al respeto de su intimidad*, CES, Madrid, 1998, pp. 137 e ss., MARTÍNEZ FONS, *El poder de control...*, cit., pp. 203 e ss., e M.ª BELÉN CARDONA RUBERT, *Informática...*, cit., pp. 22-23.

[238] Mas não só. Também é possível o controlo dos dados de sindicatos, por exemplo. O controlo das comunicações destes não será objecto deste trabalho que se debruça, apenas, sobre os trabalhadores individuais, considerados *uti singuli*. Pode ver-se sobre estes entes colectivos e o problema do controlo, a título de exemplo, ALARCÓN CARACUEL, "Aspectos generales de la influencia...", cit., pp. 328-332, BAYLOS GRAU e BERTA VALDÉS DE LA VEJA, "El efecto de las nuevas tecnologías en las relaciones colectivas de trabajo", *in Nuevas tecnologías de la...*, cit., pp. 121 e ss., CAROLINA GALA DURÁN, "La reciente negociación colectiva en el ámbito del uso de Internet y del correo electrónico en las empresas", *in El uso laboral...*, cit., pp. 231 e ss., CNIL, *Guide pratique pour es employeurs*, *in* www.cnil.fr, pp. 27-28, FERNÁNDEZ VILLAZÓN, *Las facultades empresariales de control de la actividad laboral*, Thomson Aranzadi, Navarra, 2003, pp. 135--136, GARCÍA NINET, "Sobre el uso del correo electrónico por los sindicatos utilizando los médios de la empresa, o las nuevas tecnologías al servicio de la libertad sindical. El caso COMFIA-CC.OO. contra BBVA- Argentaria: del «ius usus inocui» de las nuevas tecnologias", *in TS*, n.° 181, 2006, pp. 5 e ss., INMACULADA MARÍN ALONSO, *El poder de control...*, cit., pp. 246 e ss., JACK FIORITO, PAUL JARLEY e JOHN DELANEY, "The Adoption of Information Technology by U.S. National unions", *in Relations Industrielles*, vol. 55, n.° 3, 2000, pp. 451 e ss., JACK FIORITO e WILLIAM BASS, "The Use of Information Technology by National Unions: an Exploratory Analysis", *in Industrial Relations*, n.° 1, 2002, pp. 34 e ss., JEAN-EMMANUEL RAY, "NTIC et droit syndical", *in DS*, n.° 1, 2002, pp. 65 e ss., "Droit du travail et TIC (III) Droit syndical et TIC: sites, blogs, messagerie", *in DS*, n.° 4, 2007, pp. 423 e ss. e "Actualités des TIC", *in DS*, n.° 9/10, 2007, pp. 959-961,

dados que se encontrem disseminados apareçam instantaneamente reunidos numa única base de dados sem se submeterem a um juízo prévio sobre a sua relevância em relação aos requisitos de aptidão ou com as obrigações derivadas do conteúdo da prestação laboral. Acresce a isto a possibilidade que os processos de recolha sejam realizados sem o controlo por parte do trabalhador afectado, de tal forma que o empregador pode aceder aos dados do trabalhador sem que ele tenha conhecimento do facto[239]. Afirma-se que o empregador deseja aumentar a sua acção e controlo sobre os trabalhadores e, em particular, pretende contar com o maior número de dados na altura de adoptar decisões[240]. Há ainda que considerar que existem características inerentes à relação laboral que conferem transcendência ao tratamento automatizado de dados e que a tornam especialmente sensível aos perigos derivados da informática. É o caso da sua perdurabilidade, que torna importante a conservação dos dados, o seu carácter pessoal, o que dificulta os tipos de dados a considerar, a diversidade de cenários para os que podem ser relevantes e o número de trabalhadores bastante elevado aos quais se requer a informação.

Assim, se em todos os sectores da vida o computador marcou profundamente o início da era tecnológica, permitindo concretizar realidades anteriormente só atingidas pela ficção científica, um dos domínios onde a sua aplicação foi mais aceite foi no sector empresarial, quer pela ligação que existe entre inovação tecnológica e aumento da eficiência e produtividade, como, ainda, pelo interesse do empregador em conhecer e controlar tudo quanto aconteça no seio da organização que dirige e gere, sendo que

---

MARTÍNEZ FONS, *El poder de control...*, cit., pp. 149 e ss., MAXENCE CAFFIN, *L'action syndicale face aux NTIC*, 2004, *in* www.juriscom.net, MERCADER UGUINA, *Derecho del Trabajo...*, cit., pp. 117 e ss., PETER WEDDE, "Wenn der Arbeitgeber eine Flatrate hat...", *in CF*, n.° 5, 2004, pp. 28 e ss., SEMPERE NAVARRO e CAROLINA SAN MARTÍN MAZZUCCONI, *Nuevas tecnologias...*, cit., pp. 149 e ss., THIBAULT ARANDA, "El papel de los representantes de los trabajadores", *in Tecnología Informática...*, cit., pp. 357 e ss., e *Dossier Relations du Travail...*, cit., pp. 37-41.

[239] Porém, há uma série de princípios legalmente previstos que visam impedir esta possibilidade conforme se verá, *infra*, nos capítulos III e IV.

[240] Neste sentido cf. BENNETT e LOCKE, "Privacy in the workplace: a pratical premier", *in Labor Law Journal*, vol. 49, n.° 1, 1998, pp. 781-782, CONLON, "Privacy in the workplace", vol. 48, n.° 8, 1997, pp. 444-445, e CYNTHIA GUFFEY e JUDY WEST, "Employee privacy: legal implications for managers", *in Labor Law Journal*, vol. 47, n.° 11, 1996, pp. 735-736.

104   *A Privacidade dos Trabalhadores e as Novas Tecnologias...*

este efeito de controlo se repercute quer na grande empresa como também, devido à diminuição de custos associada ao crescimento exponencial destas novas tecnologias, na pequena e média empresa[241].

A inovação tecnológica permite e favorece mesmo, através de instrumentos como as videocâmaras[242], ou a monitorização dos computadores[243], nas vertentes de controlo dos programas de computadores, de controlo da *world wide web* e no controlo do *e-mail*[244], a vigilância da actividade dos trabalhadores contínua e centralizada, transformando assim, por um lado, uma das máximas básicas do *taylorismo* e da *direcção científica da empresa* relacionada com a supervisão e controlo do trabalhador através da observação do comportamento laboral do trabalhador de forma imediata e pessoal. Assim, a transformação operada pelos novos modos de vigilância e controlo origina uma complexa concepção deste poder de controlo do empregador já que este se renova, inclusive dando lugar a novas formas[245], e chegando a originar, tal como defende PÉREZ DE LOS COBOS ORIHUEL[246], um "taylorismo de diverso modo", diferente, que aumenta, e muito, este poder de controlo[247].

---

[241] FRANCISCO MARTÍNEZ LÓPEZ, PAULA LUNA HUERTAS, INFANTE MORO e MARTÍNEZ LÓPEZ, *op.* cit., p. 109.

[242] Ver *infra* capítulo III.

[243] Ver *infra* capítulo IV.

[244] Mas não só. Também pode exercer-se o controlo através de *badges*, de *smartcards*, de *chips* incorporados na roupa de trabalho dos trabalhadores, de GPS instalados na viatura, de controlo através de dados biométricos – ver art. 18.º do CT –, entre outras formas de controlo. Ver sobre estes meios (e não só), *inter alii*, ANDREW BIBBY, *Te están siguiendo – Control y vigilancia electrónicos en el lugar de trabajo*, UNI, disponível em www.union-network.org, FREDERICK S. LANE III, *The naked employee – how technology is compromising workplace privacy*, AMACOM, EUA, 2003. Sobre o controlo através de GPS podem ver-se, CINDY WAXER, "Navigating privacy concerns to equip workers with GPS", *in Workforce Management*, vol. 84, n.º 8, pp. 71 e ss., ROGER CLARKE, "Person location and person tracking – technologies, risks and policy implications", *in Information Technology & People*, vol. 14, n.º 2, pp. 206 e ss., NATIONAL WORKRIGHTS INSTITUTE, *On your tracks: GPS tracking in the workplace*, *in* www.workrights.org e o guia da CNIL, *Guide de la geolocalisation des salariés*, disponível em www.cnil.fr. Ver, ainda, a decisão do STJ, de 22 de Maio de 2007, disponível em www.dgsi.pt, sobre a inaplicabilidade do art. 20.º do CT, a aparelhos de GPS.

[245] No mesmo sentido *vd.*, INMACULADA MARÍN ALONSO, última *op.* cit., p. 44.

[246] *Nuevas tecnologias...*, cit., p. 35.

[247] Iremos abordar o poder de controlo do empregador no próximo capítulo e, em

O problema que surge com as NTIC é o de fixação de limites pois, secundando o filósofo HANS JONAS[248], "nem tudo o que é tecnicamente possível é forçosamente sustentável".

Quer-nos parecer que a actual incorporação das novas tecnologias constitui, sem dúvida, um desafio de primeira ordem para o Direito do trabalho do futuro. Parece, ainda, dever considerar-se que este fenómeno se transformou já num seu "velho companheiro de jornada", convindo lembrar que este ramo do Direito nasceu como consequência de uma Revolução – a primeira revolução industrial – associada, à data, às novas tecnologias que surgiram. Deve dizer-se que o Direito do trabalho tem um bom *historial* pois não é mais do que um *filho* dessas revoluções e tem tido sempre como "companheira de viagem" as sucessivas crises económicas que têm vindo a afectar a sociedade, conseguindo *coexistir* com elas mais ou menos *pacificamente*. Entende-se, assim, que o Direito do trabalho tem uma sólida e provada experiência de maleabilidade perante as inovações tecnológicas e que irá adaptar-se e acompanhar também estas NTIC[249].

4. A PRIVACIDADE

4.1. Introdução

O homem, enquanto pessoa, parece ter dois interesses fundamentais[250]: como indivíduo, tem interesse numa existência livre e, como cidadão, demonstra interesse no livre desenvolvimento da vida em relação. A esta duplicidade de interesses poderão reconduzir-se as diversas instâncias específicas da personalidade humana.

---

especial no n.º 6, irá analisar-se mais detalhadamente este controlo electrónico do empregador associado às novas tecnologias.

[248] *Apud* FABRICE FEVRIER, *Pouvoir de controle…*, cit., p. 5.

[249] No mesmo sentido PÉREZ AMORÓS, "Retos del derecho del Trabajo del futuro", *in RDS*, n.º 32, 2005, pp. 57-58.

[250] Secunda-se o defendido por GIAMPICCOLO, "La tutela giuridica della persona umana e il c.d. diritto alla riservatezza", *in RTDPC*, ano XII, 1958, p. 458.

O direito à privacidade está relacionado com estes dois interesses, sendo considerado um direito fundamental que decorre da dignidade humana e que se interliga com outros direitos[251], sendo que se tornou num dos direitos mais importantes da idade contemporânea. A partir da consideração institucional da pessoa, observa-se um crescente reconhecimento por parte do poder constituído e aprecia-se o dinamismo que caracteriza a evolução jurídica dos direitos a ela inerentes, consequência das ideias que presidiram à convivência, adequando-se à mesma e reagindo perante a sua violação ou, mesmo, reivindicando a sua protecção. No fundo, esta evolução reflecte a permanente luta do homem pelo reconhecimento daqueles direitos essenciais que conduzem ao respeito da pessoa, considerado *uti singuli* ou no seu desenvolvimento em sociedade[252].

Deve, desta forma, acentuar-se a ideia, tal como ORLANDO DE CARVALHO[253] que o homem (e a personalidade humana), "é um *prius* da personalidade jurídica do homem. *Prius* lógico (como ontológico – no plano do ser – e axiológico no plano do valor), embora não um *prius* cronológico[254]. Do homem reclama-se o reconhecimento da "essencialidade, indissolubilidade e ilimitabilidade da sua personalidade"[255].

A privacidade é reconhecida no mundo, em diversas regiões e culturas. Está protegida por diferente legislação, internacional e nacional, e, dentro desta, a nível constitucional[256]. Trata-se de um valor tão *dinâmico*[257] que não perde a sua importância apesar dos tempos actuais de

---

[251] Há certos direitos fundamentais que são inerentes à referida dignidade, sendo alvo de protecção jurisdicional especial. Dentre estes, podem referir-se o direito à intimidade da vida privada, pessoal e familiar, a liberdade ideológica e religiosa e o direito à honra e à liberdade de expressão· *Vd.* para mais desenvolvimentos GONZÁLEZ PÉREZ, *La dignidad de la persona*, Civitas, Madrid, 1986.

[252] Neste sentido GARCÍA GARCÍA, *El derecho a la intimidad y dignidad en la doctrina del Tribunal Constitucional*, Universidade de Murcia, Murcia, 2003, p. 29.

[253] *Apud* FARIA COSTA, "As telecomunicações e a privacidade...", cit., pp. 157--158, nota n.º 25.

[254] No mesmo sentido OLIVEIRA ASCENSÃO, *Direito Civil, Teoria Geral – Volume I – Introdução, As pessoas, os bens*, Coimbra Editora, Coimbra, 1997, p. 38, entendendo que "a pessoa é uma realidade pré-legal, embora não seja pré-jurídica".

[255] M.ª REGINA REDINHA e M.ª RAQUEL GUIMARÃES, *op. cit.*, pp. 650-651.

[256] Ir-se-á abordar nos números seguintes esta regulamentação.

[257] Expressão de IRFAN DEMIR, *op. cit.*, p. 1.

forte ataque à privacidade, conservando a sua vitalidade. Mas, secundando ARTHUR R. MILLER[258], é um direito extremamente difícil de definir devido ao seu carácter, "exasperadamente vago e evanescente", muitas vezes com um significado diferente consoante as pessoas em causa e a situação em concreto[259] [260]. A privacidade é, por vezes, um

---

[258] *Op.* cit., p. 40.

[259] No mesmo sentido podem ver-se DANIEL SOLOVE, "A taxonomy of privacy", *in University of Pennsylvania Law Review*, vol. 154, n.° 3, 2006, p. 478., observando que "a privacidade é um conceito extremamente vago", FREDERICK S. LANE III, *op.*cit., p. 4, aludindo ao facto de o conceito de privacidade mudar de geração para geração e, mesmo, de pessoa para pessoa, HAZEL OLIVER, *Why information and the employment relationship don't mix: workplace e-mail and Internet monitoring in the United Kingdom and Canada*, Universidade de Toronto, 2001, *in* www.proquest.com, p. 3, para quem a privacidade é bastante difícil de definir, JAMES MICHAEL, *Privacy and Human Rights*, UNESCO, Paris, 1994, p. 1, observando que de todos os direitos humanos a privacidade é, talvez, o mais difícil de circunscrever e de definir, e MARIE-THÉRÈSE MEULDERS-KLEIN, "Vie privée, vie familiale et droits de l'homme", *in RIDC*, n.° 4, 1992, p. 770, escrevendo que "de todas as gloriosas ambiguidades no catálogo dos direitos e liberdades fundamentais, o respeito da vida privada parece o mais desconcertante tanto pela seu aspecto nebuloso indistinto, como pela extraordinário imbróglio das suas fontes. Também JENNIFER FISHER, *Implications of electronic mail policies for fairness and invasion of privacy: a field experiment*, Universidade de Albany, 2002, *in* www.proquest.com, pp. 20-21, entende que o conceito de privacidade é multifacetado e vago, assim como JUDITH DECEW, *op.* cit., p. 1, para quem a discussão em torno do conceito de privacidade engloba vários sectores da sociedade. Igualmente o relatório do *Electronic Privacy Information Center, Privacy and Human Rights 2002 – An International Survey of Privacy Laws and Developments*, 2002, p. 1, e TÉLLEZ AGUILERA, *op.* cit., p. 55, apontam a dificuldade de definição pelo facto de estar relacionada com os modos e os costumes da sociedade em que se insere e, portanto, sujeita a frequentes mudanças. Como assinalam JON BIBLE e DARIEN MCWHIRTER, *op.* cit., p. 33, "poucos conceitos foram sujeitos a tantas interpretações como a privacidade". Compartilha esta ideia WESTIN, *Privacy...*, cit., p. 7, referindo que "poucos conceitos tão fundamentais para a sociedade foram deixados indefinidos ou sujeitos a tanta vacuidade e tanta confusão pelos cientistas sociais". Este entendimento é secundado por WARE, *apud* WILLIAM BROWN, *Workplace privacy and technological control*, Universidade de Pittsburgh, 2003, *in* www.proquest.com, p. 23.

[260] Como refere FARIA COSTA, "encontrar em cada época histórica um equilíbrio – necessariamente instável, na nossa perspectiva – entre aquelas duas dimensões essencialíssimas do nosso modo-de-ser é tarefa complexa para a qual não há, à partida, [...] qualquer receita, panaceia ou mezinha *à la carte*. São as sociedades, com as suas instituições, os homens que as compõem e as condições históricas que as envolvem que encontram as concretas soluções que melhor respondem aos problemas colocados".

108   *A Privacidade dos Trabalhadores e as Novas Tecnologias...*

"enigma"[261] já que as questões estão relacionadas não só com as suas definições, mas também com as suas funções[262], a natureza, a utilidade e os valores. Desta forma, e paradoxalmente, parece que o objecto da privacidade é tão amplo e abrangente quanto vago[263], não podendo deixar de atender-se ao papel que a tecnologia teve nesta mudança já que há como que uma "colonização", ou *liberties pollution*, das liberdades individuais pelo direito à privacidade que tende a esvaziá-lo e a privá-lo de utilidade na salvaguarda de certos interesses que estariam na base do seu objecto[264]. Assim, o conceito de privacidade transforma-se, segundo o juiz BLACK[265], "num verdadeiro camaleão que muda de cor a cada momento"[266].

O direito à privacidade está relacionado com a diversidade e é essencial para qualquer sociedade pluralista e democrática[267]. Assim, dada a relevância da privacidade para a manutenção de uma sociedade democrática, qualquer diminuição na privacidade das pessoas, na qualidade ou não de trabalhadores, é uma questão preocupante e de acentuada importância. Concorda-se com WESTIN[268] quando observa que a privacidade é "um requisito funcional importante" para a efectiva operacionalidade da estrutura social[269]. Parece, pois, que uma sociedade que protege a privacidade

---

[261] ANNE UTECK, *op.* cit., pp. 54-55, defendendo que é um enigma, *inter alia*, quer para sociólogos, psicólogos, antropologistas, filósofos, políticos, juristas, governantes. Também CATAUDELLA, "Riservatezza (diritto alla)", *in Enciclopedia Giuridica Treccani*, Vol. XXVII, Roma, Itália, 1991, p. 1, defende que a exigência de *riservatezza* varia consoante a posição social do indivíduo e do papel que é chamado a desenvolver. No mesmo sentido PETER BLUME, "Privacy as a theoretical and Pratical Concept", *in International Review of Law Computers & Technology*, vol. 11, n.º 2, 1997, p. 194.

[262] Cf., a este propósito, a obra de JUDITH DECEW já citada anteriormente.

[263] Como refere NICOLA LUGARESI, *op.* cit., p. 16, o conceito jurídico de privacidade é particularmente amplo e complexo, inidóneo para ser reduzido a uma simples questão de protecção da informação pessoal.

[264] Neste sentido RITA AMARAL CABRAL, *op.* cit., p. 23.

[265] *Apud* FRANÇOIS RIGAUX, "L' élaboration d'un «right of privacy» par la jurisprudence américaine", *in RIDC*, n.º 4, 1980, p. 726.

[266] Sobre as repercussões da tecnologia neste direito cf. *infra*, ainda neste número, a evolução do conceito de privacidade no século XX.

[267] JOHN CRAIG, *Privacy & Employment Law*, Hart Publishing, Oxford, 1999, p. 25.

[268] Privacy…, cit., p. 58.

[269] Como indica RITA AMARAL CABRAL, *op.* cit., p. 14, "constitui este um dos principais, senão o mais importante direito regulado autonomamente pelo Código Civil – há quem diga que, nos nossos dias, sem ele a liberdade individual é destituída de signifi-

As Novas Tecnologias e a Privacidade

e encoraja a autonomia e a diversidade de escolhas individuais é mais facilmente mais tolerante e pluralista do que outra em que as escolhas individuais sejam cerceadas. A privacidade pode ser vista, assim, como um direito que permite às pessoas desenvolverem as suas ideias antes de "virem a público"[270] e é essencial para qualquer regime democrático porque incentiva a autonomia das pessoas[271].

Em relação ao percurso histórico da privacidade distinguiram-se diversos momentos: em primeiro lugar, o fenómeno da propensão do ser humano para procurar um espaço próprio longe dos demais e sem o *olhar indiscreto* dos restantes cidadãos[272]; depois, o aparecimento da necessidade de privacidade e, consequentemente, a gestação da ideia e reivindicação teórica; e, por último, a formulação técnico-jurídica do direito à privacidade, primeiro ligado ao direito de propriedade e, depois, como um direito fundamental autónomo com legislação própria – é a passagem da *privacy property* para a *privacy personality*[273].

Numa perspectiva historicista, a privacidade é um fenómeno constante que aparece em todas as sociedades humanas ligadas ao sentimento de territorialidade. Assim, para WESTIN[274], desde as sociedades primitivas há um sentimento partilhado por homens e mulheres de terem uma esfera própria de isolamento dos demais. Nas palavras de CATAUDELLA[275], a

---

cado – e a meditação sobre ele é particularmente reveladora, patenteando os vários fenómenos já assinalados: desde a deficiente construção dogmática à simultaneidade da sua consagração jurídica com o visível e crescente papel desempenhado pela tecnologia na sua ofensa".

[270] WESTIN, *Privacy...*, cit., p. 7.

[271] De notar que a autonomia pode ser afectada por violações de privacidade mesmo se as pessoas não tiverem a certeza que estão a ocorrer essas violações. Apenas a suspeita que estão a ser alvo de vigilância pode ter um efeito "arrepiante" no exercício dos seus direitos. Ver, neste sentido, DAVID FLAHERTY, *op. cit.*, p. 9, HAZEL OLIVER, "E-mail and Internet Monitoring in the workplace: Information Privacy and Contracting-Out", *in ILJ*, vol. 31, n.º 4, 2002, p. 323, e JAMES MICHAEL, *op. cit.*, p. 4.

[272] Considerando que a vida privada não é uma realidade natural, desde o início dos tempos, mas sim uma realidade histórica construída de várias maneiras por diferentes sociedades, cf. MICHELINE DECKER, *Aspects internes et internationaux de la protection de la vie privée en droits français, allemand et anglais*, Presses Universitaires d'Aix--Marseille, Aix-en-Provence, 2001, p. 17.

[273] Ver MARTÍNEZ MARTÍNEZ, *op.* cit., p. 38.

[274] *Privacy...*, cit., p. 7.

[275] "Riservatezza ...", cit., p. 1.

110   *A Privacidade dos Trabalhadores e as Novas Tecnologias...*

"fruição de um período de isolamento, material ou psicológico, é uma exigência biologicamente inerente ao homem".

O reconhecimento da privacidade tem raízes históricas antigas, podendo encontrar-se referências a este direito na Bíblia, no Corão e nas leis judaicas que desde cedo consagraram o direito a não ser observado e a ter um espaço de liberdade[276]. O mesmo pode ser encontrado nas civilizações mais antigas como a chinesa, a hindu e no budismo.

4.1.1. Na Antiguidade clássica também se coloca o conflito entre a vida em comunidade e a vida privada. Certos autores gregos – Eurípides, Péricles, Platão e Aristóteles – e romanos – como Séneca e Lucílio[277] – demonstraram preocupações com esta divisão. Todavia na Antiguidade clássica, era atribuído à comunidade um valor de tal ordem que se tornava difícil existir uma esfera de reserva da vida pessoal de cada pessoa[278]. Contudo, ainda assim é possível encontrar uma esfera pessoal. Conforme refere JÜRGEN HABERMAS[279], na Grécia, a esfera da *pólis*, comum aos cidadãos livres, era estritamente separada da *oikos*, onde cada pessoa detinha uma esfera própria. Para ARISTÓTELES[280], a *oikos* era uma esfera privada ligada à casa, normalmente a casa de cada pessoa, tendo na sua obra *Ética a Nicomano* afirmado a repugnância que representava a intromissão na vida privada de cada um[281]. É a este autor que se deve uma das primeiras abordagens entre a relação estrita da privacidade com liberdade. Na verdade, refere que um dos primeiros meios que as tiranias utilizam é o de procurar ter todos aqueles que residem na cidade sempre *à vista*, sendo difícil desta maneira ocultar o que fazem[282].

---

[276] *Vide Privacy and Human Rights...*, cit., p. 5, e IRFAN DEMIR, *op.* cit., pp. 1-2.

[277] Ver as referências em WILLIAM BROWN, *Workplace privacy...*, cit., pp. 65-66.

[278] Cf., da mesma opinião, REBOLLO DELGADO, *Derechos Fundamentales y Protección de Datos*, Dykinson, Madrid, 2004, p. 34.

[279] *Apud* JUDITH DECEW, *op.* cit., p. 10.

[280] *Apud* JUDITH DECEW, *op..* cit., p. 10.

[281] *Vide* GLÓRIA REBELO, *Teletrabalho e...*, p. 50, e "Reflexões sobre o teletrabalho...", cit., p. 98.

[282] Ver RUIZ MIGUEL, *La configuración constitucional del derecho a la intimidad*, Tecnos, Madrid, 1995, p. 39. Para este autor é também importante o pensamento de EURÍPIDES que mostra o conflito entre o mundo político e o mundo privado ou íntimo, sendo que em SÓFOCLES também se encontra esta mesma dicotomia.

As Novas Tecnologias e a Privacidade

Se se entender que a liberdade religiosa é uma manifestação da privacidade, o Édito de Milão do ano 313 constitui um importante passo, dado pelos Imperadores Constantino e Lucínio, quando atribui "aos cristãos, como a todos, a liberdade de professar a religião que quiserem", sendo que o Imperador Constantino suprimiu por completo a acusação de adultério ao entender que "é coisa indigna que matrimónios tranquilos se vejam perturbados pela audácia de estranhos"[283].

4.1.2. Na etapa pré-moderna, o pensamento cristão e, em especial, Santo Agostinho, o primeiro teórico do direito à intimidade propriamente dita, desenvolveu ideias que estão na base de muitas das nossas liberdades individuais e do actual direito à privacidade. Aludiu na sua obra *Confessiones*, pela primeira vez, à "doutrina da interioridade" onde releva a consciência do ser e afirma o direito pessoal à solidão, da liberdade do indivíduo perante o público. No século XIII realça-se o importante contributo de São Tomás de Aquino, precursor da filosofia escolástica, escrevendo que a par dos bens externos existem "bens intrínsecos à pessoa humana", referindo como exemplos a integridade corporal e a privacidade. Para este filósofo, a "intimidade é o núcleo mais oculto das pessoas, e só quando esta intimidade é tornada pública pela pessoa é que pode ser julgada e valorada pelos outros; mas se é manifestada em segredo a outra pessoa, há que continuar a respeitá-la"[284].

Pode encontrar-se no século XIV um precedente remoto de tutela legal da privacidade já que, em 1361[285], os juízes do *Peace Act* em Inglaterra estabeleceram a detenção de quem se introduzisse em casa e a vigiasse[286]. Também como indica RITA AMARAL CABRAL[287], há autores que consideram que o mais antigo antecedente para o direito à privacidade

---

[283] REBOLLO DELGADO, *Derechos Fundamentales...*, cit., pp. 34-35 e RUIZ MIGUEL, *La configuración...*, cit., p. 51.

[284] Cf. GLÓRIA REBELO, *Teletrabalho e...*, p. 50, e "Reflexões sobre o teletrabalho...", cit., p. 98.

[285] Mesmo antes, a *Lex Cornelia de Iniuriis*, estabelecia uma acção criminal por crimes contra pessoas livres por ser-lhes tomada ou retirada a casa. Ver EUGENIO DÍAZ, "La Protección de la Intimidad y el uso de Internet", *in Informática y Derecho*, n.os 30, 31 e 32, 1999, p. 153.

[286] *Vd. Privacy and Human Rights...*, cit., p. 5.

[287] *Op.* cit., p. 15.

é uma sentença francesa de 1384 – caso *I. de S. et uxor v. De S.* –, onde o réu, propondo-se comprar vinho de madrugada, batera à porta da taberna, propriedade dos autores. Como não o atenderam, golpeou com uma machada o batente da janela da sua casa e, como consequência, foi obrigado a pagar uma indemnização pelos "males" causados, embora no processo não se tivesse conseguido provar qualquer dano material, além do que resultou da destruição do batente. Porém, concorda-se com a autora quando defende que este caso se fundou unicamente, ao que parece, na violação do direito de propriedade.

4.1.3. Na Idade Média, secundando RUÍZ MIGUEL[288], obteve-se, "a feliz conjunção entre a técnica do Direito romano e do direito comum, o zelo germânico pela liberdade e a ideia cristã, desconhecida na civilização greco-romana, da dignidade da pessoa", com a qual se ligará a ideia de privacidade.

4.1.4. Na Idade Moderna podem apontar-se dois marcos fundamentais. Em primeiro lugar, o processo de contra-reforma que, entre outras consequências, produziu a separação do poder político e, em segundo lugar, o reconhecimento normativo em alguns textos jurídicos da inviolabilidade do domicílio e do segredo das comunicações.

4.1.5. Com o Renascimento, começam a surgir ideias individualistas, desenvolvidas com a Reforma protestante e com o pensamento de inúmeros filósofos ingleses[289], como JOHN LOCKE, JOHN STUART MILL e THOMAS HOBBES[290], que criam e/ou desenvolvem as ideias de liberdade

---

[288] *La configuración* ..., cit., p. 53.

[289] E que, mais tarde, dão origem ao denominado "personalismo ético", teoria defendida por KARL LARENZ, segundo a qual a pessoa é vista como um elemento que antecede o próprio direito e que é anterior a qualquer atribuição normativa, condicionando a intervenção do legislador. Cf. GUILHERME DRAY, "Justa causa e esfera privada", *in Estudos do Instituto de Direito do Trabalho,* Vol. II, *Justa causa de Despedimento*, Instituto de Direito do Trabalho da Faculdade de Direito da Universidade de Lisboa (coord. PEDRO ROMANO MARTINEZ), Almedina, Coimbra, 2001, p. 39.

[290] Tanto HOBBES como LOCKE começaram a construção do seu pensamento teorizando sobre a noção atomística de interesse individual, em si próprio; o problema colocava-se em saber como indivíduos separados, com conflitos privados e interesses próprios, poderiam co-existir em "tolerável harmonia". Cf. ANNE UTECK, *op. cit.*, p. 57.

As Novas Tecnologias e a Privacidade

e autonomia, conduzindo à ideia de privacidade, acarretando que seja afirmado por alguns que o "fundamento da actual noção de intimidade procede basicamente do pensamento anglo-saxónico"[291] [292].

JOHN LOCKE distinguiu, na obra *Second Treatise on Government*, de 1690, entre a propriedade pública e a privada, desenvolvendo a sua ideia de liberdade. Foi considerado o defensor da *liberdade negativa*, ou seja, de um certo âmbito de liberdade inviolável, estabelecendo uma fronteira entre o âmbito da vida privada e a autoridade pública[293], sendo considerado como uma das grandes influências do pensamento liberal das democracias ocidentais. Segundo a sua visão, "não há qualquer limite moral para a actividade humana e cada pessoa tem o direito a procurar a felicidade". Assim, se cada pessoa tem o direito de perseguir a sua visão de felicidade, "é imoral para o estado ou qualquer outro ente interferir no exercício desses direitos"[294].

HOBBES distingue entre esfera pública e privada, mas o conceito desta última é mínimo. A liberdade dos indivíduos está cingida à esfera económica e à doméstica, sendo que o privado é o que cai fora das margens do público.

Para STUART MILL há um âmbito próprio de liberdade humana que compreende a liberdade de consciência, a liberdade de pensamento e a liberdade de sentimento. A preocupação em manter esta esfera de liberdade pessoal preocupava este autor porque só com estas condições de liberdade é que o individualismo poderia florescer.

Os autores referidos conferiram ao Homem, ainda que em termos muito restritos, uma esfera de *privacidade* onde ele é soberano[295].

Para as teorias historicistas, este processo histórico culmina, em 1890, com a primeira formulação jurídico-doutrinal do direito à privacidade, como direito de natureza constitucional e ligado à per-

---

[291] VICENTE PACHÉS, *El derecho del trabajador...*, cit., p. 52.

[292] Sobre a evolução deste direito no ordenamento inglês ver, ainda neste capítulo, n.º 4.3.2.7..

[293] RUIZ MIGUEL, última *op.* cit., p. 44.

[294] ANNE UTECK, *op.* cit., p. 58.

[295] *Vd.* para toda esta matéria JUDITH DECEW, *op.* cit., pp. 10-11, e VICENTE PACHÉS, *El derecho del trabajador...*, cit., pp. 52-54.

sonalidade, com o trabalho de WARREN e BRANDEIS, *The right to privacy*[296] [297].

Do ponto de vista jurídico esta corrente pretende encontrar *vestígios* de privacidade, tentando demonstrar a aspiração humana à sua protecção, embora seja muito complexo atribuir uma natureza juridicamente equivalente à actual protecção que no nosso sistema se confere à protecção deste direito[298].

Um outro sector doutrinal associa o aparecimento do conceito de privacidade à desagregação da sociedade feudal e ao surgimento de uma sociedade urbana associados a um complexo conjunto de relações sociais e a uma profunda mudança quanto aos modos e às relações de produção. Assim, por um lado, desaparece a confusão entre o local de trabalho e a residência uma vez que os operários já não residem no local onde trabalham e, por outro lado, o acesso à propriedade deixa de ser um privilégio reservado à nobreza. A burguesia proprietária pode usufruir de um espaço físico próprio vedado a *olhares indiscretos*: a residência ou o domicílio.

Para esta corrente, o conceito de privacidade estaria estreitamente ligado ao aparecimento da burguesia, classe que tem privilegiadas condições de ascendência no Estado Liberal, e surge como um privilégio de classe, sendo um índice de um certo *status* social, com enquadramento moldado no direito de propriedade. A ideia de intimidade conexiona-se com a vontade da burguesia de ascender a algo que, no *ancién regime*, era privilégio só de alguns. Assim, o núcleo original do direito à vida privada era constituído pela relação entre os direitos da pessoa e o direito de propriedade, sendo que esta era condição necessária para aceder à intimidade. A propriedade e o contrato eram o suporte jurídico desta *privacy* mais "primitiva", sendo que a sua vulneração só podia verificar-se por meio de intrusões físicas. Assim, o direito a ser deixado só e a ter uma esfera pró-

---

[296] *In Harvard Law Review*, vol. IV, n.º 5, 1890, pp. 193 e ss.

[297] Analisar-se-á a evolução deste direito no ordenamento jurídico norte-americano ainda neste capítulo, n.º 4.3.1..

[298] Neste sentido MARTÍNEZ MARTÍNEZ, *op. cit.*, pp. 39-40, citando CONSTANT, defende que este autor fixou a existência de um âmbito de privacidade como um dos elementos diferenciadores entre as democracias clássicas e as modernas democracias representativas defendendo em tal sentido uma tese que viria a colocar o embrião jurídico da protecção da privacidade nos sistemas democráticos que se vislumbram na passagem da Idade Moderna para a Idade Contemporânea.

pria era, especificamente, o de estar só dentro dos "muros domésticos", onde, por natureza, a esfera era delimitada pela propriedade das coisas[299]. "A protecção da pessoa e a protecção da coisa não se sobrepunham ao ponto de a segunda se tornar uma extensão da primeira. Da mesma maneira que o senhor feudal exercia os seus privilégios no perímetro das suas posses, ou seja, das suas terras, – *my castle* –, a burguesia exige exercer os seus direitos (de liberdade) no perímetro da sua propriedade – *my home*"[300] [301]. É neste âmbito que a burguesia poderia reivindicar o seu direito a ser deixada só ou em paz e a não ser perturbada por intromissões alheias e não consentidas[302].

---

[299] *Vide* KAREN ELTIS, "The emerging American approach to e-mail privacy in the workplace: its influence on developing case law in Canada and Israel: should others follow suit?", *in Comp. Labor Law & Pol'y Journal*, vol. 24, 2003, pp. 519-520, referindo que o desenvolvimento do direito à privacidade foi primeiramente reconhecido em virtude da sua ligação à propriedade pessoal. Também MICHAEL FORD, "Two conceptions of worker privacy", *in ILJ*, vol. 31, n.º 2, 2002, pp. 137-138, considera que a articulação da privacidade como um direito está historicamente ligada com o desenvolvimento e protecção legal da propriedade privada, preconizando a barreira entre a esfera privada e a esfera pública.

[300] Ver GIUSEPPE BUSIA e MASSIMO LUCIANI, "Constitution et secret de la vie privée – Italie", *in Annuaire International de Justice Constitutionnelle*, Economica, Paris, 2001, p. 301.

[301] Aliás, a relação entre a propriedade e a liberdade gerou uma multiplicidade de direitos não patrimoniais em ligação com a qualidade original de proprietário – ex: direitos políticos, como o direito ao voto.

[302] Neste sentido pode ver-se RODOTÁ, *Tecnologie e ...*cit., pp. 22-24, para quem o nascimento da privacidade pode ser historicamente reportado à desagregação da sociedade feudal e ligado ao surgimento de uma classe, a burguesia, que tende a realizar-se sobretudo graças às transformações sócio-económicas conexas com a revolução industrial. MARIE-THÉRÈSE MEULDERS-KLEIN, *op.* cit., p. 767, considera que "a emergência da noção de vida privada e o direito à sua protecção" é relativamente tardio e não apareceu antes do século XIX. Também CYNTHIA CHASSIGNEUX, *Vie privée et commerce électronique*, Les Éditions Themis, Montreal, 2004, pp. 2-3, entende que a noção de privacidade, tal como juridicamente é entendida actualmente, é uma consequência directa da revolução industrial já que a urbanização decorrente dos finais do século XIX conduziu a uma distinção entre a esfera pública e a privada. WESTIN, *Privacy...*, cit., p. 7, preconiza a mesma ideia. Igualmente MYRIAM DELAWARI e CHRISTOPHE LANDAT, *op.* cit., p. 83, consideram que o surgimento da privacidade está relacionado com as diversas revoluções industriais que trazem para as pessoas "invenções novas sinónimos de um conforto ligado à vida no domicílio".

Esta protecção da privacidade não decorre de um desenvolvimento linear mas de uma ruptura que ocorre no seio da organização social[303]. Assim, a nível social e institucional, o surgimento da privacidade não se apresenta como a realização de uma *exigência natural* de todas as pessoas mas como a aquisição de um privilégio por parte de um grupo, a burguesia. São, assim, as condições materiais de vida que excluem a privacidade do horizonte da classe operária, bastando recordar os dados recolhidos por ENGELS sobre a situação habitacional dos operários de Londres, Edimburgo, Bradford, Leeds ou Manchester, para se consciencializar da conotação *elitista* do conceito de privacidade, sendo que "pobreza e privacidade são simplesmente contraditórias"[304], enquanto o conceito de *ser deixado só* pode assumir um significado profundamente negativo quando implica um desinteresse pelas condições dos menos abonados, abandonados à mais forte violência social[305].

Parece, assim, que o direito à protecção da privacidade começa a ser perspectivado doutra forma nos finais do séc. XIX, altura em que se evidenciam os primeiros sinais da designada *revolução da informação*[306].

---

[303] No mesmo sentido, RODOTÁ última *op.* cit., p. 23.

[304] Ver RODOTÁ, *Tecnologie e* ...cit., pp. 23-24.

[305] Esta ideia do "direito a estar só ou a ser deixado só", que foi consagrada nos EUA, é severamente criticada por OLIVEIRA ASCENSÃO, *Direito Civil...*, cit., pp. 108-110, porque se trata de uma concepção demasiado extensa e esvaziada de conteúdo ético. Este autor considera que a concepção norte-americana conduz a que "o direito de personalidade se transforme no direito dos egoísmos privados", contrariando o que deveria ser a sua base fundamental e que é a consideração da pessoa. No mesmo sentido, *vd.* GUILHERME DRAY, "Justa causa...", cit., p. 49.

[306] JANUÁRIO GOMES, "O problema da salvaguarda da privacidade antes e depois do computador", *in BMJ*, n.º 319, 1982, p. 24, referindo, também, que a paulatina divulgação das técnicas de impressão e fotografia, bem como o surgimento do telefone e do telégrafo, originaram uma perturbação no estado das coisas uma vez que possibilitaram uma eficaz difusão da informação num perímetro de espaço cada vez maior. Também GUILHERME DRAY, *Direitos de Personalidade – Anotações ao Código Civil e ao Código do Trabalho*, Almedina, Coimbra, 2006, p. 53, a propósito da anotação ao art. 80.º do CC, defende que "o direito à reserva sobre a intimidade da vida privada era desconhecido até ao final do jusracionalismo e das sociedades liberais da época. A afirmação e o reconhecimento deste direito, bem como a sua efectiva consagração legislativa, são um fenómeno relativamente recente, próprio da sociedade de informação contemporânea, que pôs a nu a falta de intimidade e de privacidade dos cidadãos".

As Novas Tecnologias e a Privacidade   117

Conforme indica KAYSER[307], a protecção da vida privada torna-se necessária nas sociedades industriais porque o progresso das ciências e da técnica cria novas e graves ameaças para aquela. Suscita-se o conflito entre o interesse dos particulares à sua protecção e o interesse geral da liberdade de expressão e da liberdade de informação.

4.1.6. É comummente aceite pela doutrina que o surgimento da primeira formulação do direito à privacidade ocorreu em 1890 com o estudo de SAMUEL D. WARREN e LOUIS D. BRANDEIS intitulado *The Right to Privacy*, publicado na *Harvard Law Review*[308] [309]. Contudo, antes deste estudo[310], já tinha existido uma menção à *privacy* em 1880 quando o juiz THOMAS COOLEY utilizou uma expressão que vai ser seguida mais tarde por WARREN e BRANDEIS e que é o *right to be let alone*, ou seja, "o direito a estar só ou a ser deixado só". Com esta afirmação o juiz pretendia referir um direito de cada pessoa e um direito de imunidade pessoal – *a right to one's person and a right of personal immunity*. Mas, a *paternidade*[311]

---

[307] *La protection de la vie privée par le droit – protection du secret de la vie privée*, 3.ª edição, Economica, Paris, 1995, p. 90.

[308] *Op.* cit.

[309] FRANCISCO MATIA PORTILLA, "Constitution et secret de la vie privée – Espagne", *in Annuaire International ...*, cit., 2001, p. 210, considera que foi com o estudo de WARREN e BRANDEIS que a "velha ideia" da *privacy-property* foi abandonada em favor da ideia de *privacy-personality*. No mesmo sentido TÉLLEZ AGUILERA, *op.* cit., p. 56.

[310] JANUÁRIO GOMES, *op.* cit., p. 25, faz referência a uma obra anterior, de 1848, de DAVID AUGUSTO RÖDER, citada por PÉREZ LUÑO, intitulada *Grundzüge des Naturrechts*. Nesta obra definiam-se como actos contrários ao direito natural e à vida privada, o "abordar alguém com perguntas indiscretas" ou "entrar num aposento sem se fazer previamente anunciar". É importante referir ainda, a nível legislativo, a lei toscana de 1853 que dedicava um dos seus capítulos "aos delitos contra a liberdade pessoal e a tranquilidade privada".

[311] RODOTÀ, *Tecnologie e....*, cit., p. 24, apelida estes autores de "pais fundadores" da privacidade no plano jurídico. Também MÁRIO RAPOSO, "Sobre a Protecção da Intimidade da Vida Privada", *in ROA*, 1973, p. 7, citando PUGLIESE, defende serem os EUA a "verdadeira pátria" do direito à privacidade, através do estudo de WARREN e BRANDEIS. No mesmo sentido, RUPRECHT KAMLAH, *op.* cit., utiliza a expressão "a descoberta dos advogados WARREN e BRANDEIS" a propósito do surgimento deste direito. ENZO ROPPO, *op.* cit., p. 169, chega mesmo a referir-se a uma "data de nascimento" com o artigo destes autores.

do direito à privacidade é conferida a este estudo[312] pois, conforme refere ARTHUR MILLER[313], "o artigo reconheceu eloquentemente um *tort* ou uma acção civil por danos quando ocorresse uma invasão na privacidade individual". E, "independentemente da motivação, *«The Right to Privacy»* tornou-se um modelo de como trabalhos académicos podem conduzir a mudanças na lei"[314].

Estas duas visões sobre a evolução da privacidade, uma de aproximação histórica ou historicista, baseada na ideia de que é possível encontrar a ideia de privacidade em diferentes épocas, sociedades e instituições humanas, e outra, a aproximação racionalista, que situa o surgimento do direito à privacidade num determinado contexto histórico, parecem contrapostas mas ambas possuem relevância no âmbito deste trabalho e não parece que sejam excludentes entre si[315]. Parece ser possível[316] a convivência das duas teorias já que não se afigura discutível defender que a ideia de privacidade pode estar presente em modelos sociais muito dife-

---

[312] Compartilhando da mesma opinião podem ver-se, a título de exemplo, BUTARELLI, *op. cit.*, p. XIII, DARREN CHARTERS, "Electronic Monitoring and Privacy Issues in Business-Marketing: The Ethics of the Doubleclick Experience", *in Journal of Business Ethics*, vol. 35, 2002, p. 246, DAVID LYON, *op. cit.*, p. 14, DÄUBLER, KLEBE, WEDDE e WEICHERT, *Bundesdatenschutzgesetz, Basiskommentar zum BDSG*, 2.ª edição, Bund-Verlag, Frankfurt am Main, 2007, p. 70, EUGENIO DÍAZ, *op. cit.*, pp. 154-155, ENZO ROPPO, "Informatica, tutela della «privacy» e diritti di libertà", *in GI*, vol. CXXXVI, parte quarta, 1984, p. 169, FROSINI, Banche dei dati e tutela della persona", *in Banche dei Dati e Tutela della Persona*, Camera dei Deputati, 2.ª edição, Servizio per la Documentazione Automatica, Roma, 1983, pp. 3-4, M.ª BELÉN CARDONA RUBERT, *Informática y ...*, cit., p. 27, ROBERTO PARDOLESI, *op. cit.*, p. 3, RUI ASSIS, *op. cit.*, p. 216, SYLVAIN LEFÈBVRE, *Nouvelles Technologies et protection de la vie privée en milieu de travail en France et au Québec*, Presses Universitaires d'Aix-Marseille, Aix-en-Provence, 1998, p. 21, TASCÓN LÓPEZ, *El tratamiento por la Empresa de Datos Personales de los Trabajadores. Análisis del estado de la cuestión*, Thomson Civitas, Madrid, 2005, p. 26, e ZUCCHETTI, *op. cit.*, pp. 3 e 50.

[313] *Op. cit.*, pp. 170-171.

[314] No mesmo sentido PROSSER, "Privacy", *California Law Review*, vol. 48, n.º 3, p. 384, para quem esta obra constitui "um exemplo destacado da influência das revistas jurídicas sobre o direito americano" e RANDALL BEZANSON, "The *Right to Privacy* Revisited: Privacy, News and Social Change, 1890-1990", *in California Law Review*, vol. 80, n.º 5, p.1134.

[315] No mesmo sentido ver MARTÍNEZ MARTÍNEZ, *op. cit.*, pp. 41-42.

[316] Sendo que até parece a melhor opção.

As Novas Tecnologias e a Privacidade

rentes – desde a Antiguidade até aos nossos dias – e considerar que a época concreta em que, na história do Ocidente, surgiu o conceito jurídico deste direito coincide com a ascendência da burguesia. Parece, pois, que a teoria racionalista permite determinar com precisão o momento em que numa sociedade baseada numa determinada classe social – no caso a classe burguesa – se produz a conjuntura para que aqueles fenómenos isolados de demonstrações de privacidade se concretizem na formulação jurídica de um direito com vocação de generalidade[317].

4.1.7. O direito à privacidade, assumindo um carácter evolutivo, vai-se ampliando nos finais do século XIX e no século XX, relacionado com o desenvolvimento de novas tecnologias e com o objectivo de abranger novas realidades relacionadas com estas inovações. Já WARREN e BRANDEIS[318] [319] tinham advertido que as invenções e os avanços da técnica poderiam trazer sérios riscos para as liberdades dos indivíduos e, concretamente, para o seu âmbito mais privado[320].

A partir destes argumentos surgiu a convicção da necessidade da existência de um verdadeiro e autónomo direito à privacidade através do qual se visava excluir do conhecimento alheio o âmbito mais reservado da personalidade, cujo fundamento residia não já na propriedade privada mas num direito superior de inviolabilidade da personalidade[321]. Contudo, na época em que se desenvolveu esta tutela do direito à privacidade o *perigo*

---

[317] Compartilha esta opinião MARTÍNEZ MARTÍNEZ, *op.* cit., p. 43. Também CATARINA SARMENTO E CASTRO, *Direito da Informática, Privacidade e Dados Pessoais*, Almedina, Coimbra, 2005, p. 17, entende que o direito à privacidade foi "autonomizado" em 1890 com o estudo de WARREN e BRANDEIS, assim como DAVID DE OLIVEIRA FESTAS, "O direito à reserva da intimidade da vida privada do trabalhador no Código do Trabalho", *in ROA*, Ano 64, vol. I/II, 2004, p. 3, observando que "é a WARREN e BRANDEIS que se deve, senão a descoberta ou emancipação conceptual do direito à reserva da intimidade da vida privada, certamente o primeiro ensaio sobre a matéria".

[318] *Op.* cit., p. 194.

[319] Esta obra e as suas repercussões no ordenamento jurídico norte-americano serão vistas mais atentamente em 4.3.1..

[320] "As fotografias instantâneas e os jornais periódicos invadiram os sagrados recintos da vida privada e do lar; e numerosos engenhos mecânicos ameaçam tornar realidade a profecia de que: «o que se murmura dentro de casa será proclamado aos quatro ventos", *op.* cit., p. 194.

[321] TASCÓN LÓPEZ, *El tratamiento por...*, cit., p. 28.

120 *A Privacidade dos Trabalhadores e as Novas Tecnologias...*

que enfrentavam as pessoas não estava relacionado com a era da informática. O objectivo passava por criar um sistema que defendesse a privacidade da pessoa perante a "incipiente e descarada actividade desenvolvida pela imprensa"[322].

Muito tempo passou desde o artigo que vem sendo referido e as alterações das condições económicas, sociais, políticas e económicas, assim como tecnológicas, que ditaram o surgimento de novas ameaças para o direito à privacidade e que originaram a necessidade da sua reformulação[323]. A tecnologia contribui para o surgimento de uma nova esfera privada que, embora mais rica, também se apresenta mais frágil, por estar mais exposta a terceiros, o que origina a necessidade de um reforço da protecção jurídica e de um alargamento das fronteiras do conceito de privacidade[324].

A partir dos anos sessenta do século XX assiste-se a uma alteração radical do conceito de privacidade e da sensibilidade social a este associada devido ao surgimento da era dos computadores e à mudança na própria organização da sociedade estreitamente ligada a esta inovação tecnológica[325].

---

[322] DEL PESO NAVARRO, *apud* TASCÓN LÓPEZ, *El tratamiento por...*, cit., p. 28.

[323] M.ª BELÉN CARDONA RUBERT, *Informática y...*, cit., pp. 27-28.

[324] Neste sentido RODOTÀ, "Persona, riservatezza, identità. Prime note sistematiche sulla protezione dei dati personali", *in RCDP*, Ano XV, n.º 4, 1997, pp. 588-589, *Tecnologie e ...*, cit., p. 105, e *Elaboratori elettronici...*, cit. p 7. Também FROSINI, "Banche dei dati...", cit., p. 4, chama a atenção para a necessidade de reformulação do conceito de privacidade com o advento da sociedade tecnológica em que se vive. No mesmo sentido PASQUALE CHIECO, *Privacy e Lavoro – La disciplina del trattamento dei dati personali del lavoratore*, Cacucci Editore, Bari, 2000, p. 11, defende que o advento da sociedade da informação e da informática provocaram a necessidade de mudança do conceito de privacidade.

[325] Como menciona JANUÁRIO GOMES, *op.* cit., p. 34, o século XX foi pródigo na criação e desenvolvimento de técnicas de registo, comunicação e observação que colocaram em risco a salvaguarda da privacidade das pessoas. O aparecimento do telefone e do telex, em primeiro lugar e, mais tarde, do computador, da *Internet* e dos diversos serviços a ela associados, aumentaram, e muito, a possibilidade de atentados ao direito à privacidade das pessoas. Ver, ainda, sobre o problema do uso dos telefones como instrumento de controlo, SUSAN BRENNER, "The privacy privilege: law enforcement, technology, and the Constitution", *in University of Florida Journal of Technology Law & Policy*, vol. 7, n.º 2, pp. 129 e ss..

Assim, a informática[326] abarca territórios cada vez maiores através de uma rede cada vez mais aperfeiçoada que permite uma maior e mais rápida transmissão de dados. A rapidez de recolha, elaboração, tratamento e interconexão de dados, assim como a facilidade de descontextualização, é enorme. O cidadão inquieta-se uma vez que a quantidade de dados memorizados permitiria a quem tivesse acesso a esses elementos controlar em profundidade as actividades e as pessoas[327]. À euforia dos primeiros tempos perante a informática, seguir-se-á um período de receio perante as ameaças que ela comporta[328], cabendo ao Direito encontrar o equilí-

---

[326] A evolução da informática pode dividir-se em três grandes etapas ou períodos. O primeiro, que data dos finais dos anos 60 e perdura nos anos 70 do século passado, caracteriza-se pelos grandes computadores, ainda em reduzido número, embora, segundo RODOTÀ, *Elaboratori elettronici...*, cit. p 7, fossem, em 1970, 69200 nos EUA, 4880 no Reino Unido, 4630 em França e 3170 em Itália. Um segundo período está relacionado com o aparecimento dos *personal computers*, com uma expansão enorme tanto em locais de trabalho como nos lares das pessoas. Nos anos 80 o computador tornou-se um objecto de uso quotidiano para muitos e começaram a colocar-se vários problemas sociológicos, jurídicos e morais relativamente à sua utilização. Por último, há um terceiro período iniciado nos anos 90 e que é o da conexão electrónica, com a difusão do uso da *Internet* e de todos os seus serviços. O computador deixa de ser um instrumento isolado para passar a estar ligado em rede interna ou, até, em redes externas. Está-se perante o *boom* da informação. Ver, para mais desenvolvimentos, VALENTINA GRIPPO, "Analisi dei dati personali presenti su Internet. La legge n. 675/96 e le reti telematiche", *in RCDP*, Ano XV, n.º 4, 1997, pp. 639-641.

[327] Como refere DAVID LYON, *op. cit.*, p. 14, com a vigilância electrónica é a vida do cidadão vulgar, normal, por contraposição à necessidade de protecção de "elites" do tempo em que o artigo de WARREN e BRANDEIS foi escrito, que necessita de protecção. Na verdade, "é a prática dos grandes computadores que tende a incidir nos pobres, nos vulneráveis, nas minorias que estão em particular desvantagem perante as grandes forças burocráticas". Também ENZO ROPPO, *op. cit.*, p. 170, chama a atenção para este aspecto ao escrever que "não se trata de defender o segredo e a reserva de factos próprios perante qualquer jornal indiscreto. Trata-se, diferentemente, de potentes organizações públicas ou privadas que recolhem, detêm e utilizam uma extraordinária quantidade de informação podendo fazer as utilizações mais variadas, inclusive prejudiciais ou perigosas".

[328] WESTIN, *Privacy...*, cit., pp. 67-68, 133 e ss. e 158 e ss., identificou três mecanismos de vigilância relacionados com a utilização da informática e que eram o controlo físico, o controlo psicológico e o controlo dos dados. Também ARTHUR MILLER, *op. cit.*, se preocupou com estes novos mecanismos de controlo que poderiam produzir um verdadeiro *ataque à privacidade – assault on privacy –* de forma visível mas, também, e muito mais perigoso, de forma invisível.

brio entre o desenvolvimento tecnológico e os direitos e liberdades das pessoas[329].

O fenómeno da informática conduziu, desta forma, a uma "autêntica revolução"[330] nos métodos tradicionais para a organização, registo e utilização das informações. A dimensão quantitativa e mesmo qualitativa das informações que podem ser recolhidas, armazenadas e cedidas é de tal grandeza que originou um verdadeiro salto qualitativo que obriga a considerar o problema das relações entre a privacidade e a informação sob um novo prisma[331].

Do lado activo concretiza-se uma capacidade de organizar informação que confere ao responsável pelo tratamento de dados muito mais poderes do que aqueles que tradicionalmente detinha[332]. Quanto ao lado passivo, a rapidez e a potencialidade elaborativa dos computadores, com a sua capacidade de articulação, e de com esses dados gerarem um conjunto novo de informação, constitui para o indivíduo um perigo concreto para a integridade da sua privacidade. As pessoas sentem que todos os seus passos podem ser controlados e começa a proliferar a ideia de se viver num *grande aquário* ou numa *casa de cristal*[333].

---

[329] M.ª BELÉN CARDONA RUBERT, *Informática y...*, cit., pp. 27-28, e SPIROS SIMITIS, "Il contesto...", cit., pp. 564-565, chamando a atenção para a convicção difusa que os direitos fundamentais das pessoas e a estrutura democrática da sociedade estavam sujeitas a uma recolha ilimitada de informações pessoais e elaboradas automaticamente, confrontando-se esta percepção, nos finais dos anos 60, inícios dos anos 70 do séc. XX, com a falta de experiência na área tecnológica, ainda pouco familiar, e que permitia uma enorme diversidade de tratamento da informação.

[330] PÉREZ LUÑO, *Nuevas tecnologias...*, cit., p. 85.

[331] Já nos anos 70 ORLANDO DE CARVALHO, *Os Direitos do Homem no Direito Civil Português*, Edição do Autor, Coimbra, 1973, p. 29, escrevia a propósito das ameaças ao direito à privacidade que "o indivíduo está universalmente ameaçado – na sua vida, no seu valor pessoal. Os *mass media* – a imprensa, o cinema, a TSF, a TV – são ferozmente ciosos do destino do indivíduo, com vista a satisfazer os insaciáveis desejos de um público drogado pela "machine à sensations". Os meios técnicos de que hoje se dispõe – o magnetofone, as câmaras de filmar, os postos de escuta – violam, sistematicamente, a intimidade de cada um".

[332] FABRIZIA DOUGLAS SCOTTI, "Alcune osservazioni...", cit., p. 231.

[333] Vários são os autores que falam de uma verdadeira vitrificação de aspectos da nossa vida privada. Podem citar-se, a título meramente exemplificativo, ARTHUR MILLER, *op.* cit., FARIA COSTA, "Os meios de comunicação (correios, telégrado, telefones ou telecomunicações), o segredo e a responsabilidade penal dos funcionários", *in Direito*

As Novas Tecnologias e a Privacidade

Se, como menciona PÉREZ LUÑO[334], há três séculos HOBBES explicava o Estado moderno com uma grandiosa metáfora biológica, o *Léviatán*, o monstro colectivo dotado de conhecimento e de poder superior ao de qualquer cidadão, o Estado que a actual sociedade avançada gera nas suas relações de poder económico e social configura-se, facilmente, na imaginação da pessoa comum com esta metáfora tecnológica: a do Estado governado por meio de grandes computadores, ligados em rede, que tudo podem controlar[335] [336].

Por estas razões é essencial alterar o conceito de privacidade já que a sua concepção inicial de que ninguém pode sofrer intrusões ou investigações na sua vida privada e que estas não podem ser divulgadas, não corresponde mais à realidade. Trata-se de uma definição correcta, mas incompleta, e construída numa base "pré-informática" que, apesar das várias reformulações surgidas no decorrer do século XX, não consegue responder às novas questões e situações jurídicas relacionadas com o desenvolvimento da informática e de novas formas de comunicação[337]. Este conceito corresponde a uma dimensão negativa[338], caracterizada pela faculdade de exclusão dos demais de forma que se evitem as ingerências dos outros na sua privacidade. Este direito goza de um duplo âmbito de poder. Por um lado, traduz-se na faculdade de impedir a tomada de conhecimento injustificado ou intrusivo e, por outro, o direito a opor-se à instrumentalização do seu conhecimento mediante a divulgação ilegítima[339].

---

penal..., cit., pp. 95-96, PÉREZ LUÑO, *Nuevas tecnologias...*, cit., RODOTÀ, nas várias obras citadas, e WESTIN, *Privacy...*, cit.. JANUÁRIO GOMES, *op.* cit., p. 34, utiliza a expressão do mundo como "uma autêntica vitrina onde vegeta o homem ... nu".

[334] Última *op.* cit., pp. 132-133.

[335] Não admira assim que tenha sido renovado o interesse em determinadas obras como 1984, de GEORGE ORWELL ou, até, *O Admirável Mundo Novo*, de ALDOUS HUXLEY.

[336] Cf. PÉREZ LUÑO, *Nuevas tecnologias...*, cit., p. 133, RITA AMARAL CABRAL, *op.* cit., p. 17, e RODOTÀ, *Tecnologie e...*, cit., p. 21.

[337] Neste sentido M.ª BELÉN CARDONA RUBERT, *Informática y...*, cit., p. 29, e TASCÓN LÓPEZ, *op.* cit., p. 28.

[338] No mesmo sentido GOÑI SEIN, *El respeto a la esfera privada del trabajador*, Civitas, Madrid, 1988, p. 101.

[339] M.ª BELÉN CARDONA RUBERT, *Informática y...*, cit., p. 29. Também para MARTÍN MORALES, *El régimen constitucional del secreto de las comunicaciones*, Civitas, Madrid, 1995, p. 29, nota n.º 27, a concepção da intimidade como um direito garantista, um *status* negativo de defesa perante qualquer intromissão na esfera privada, sem con-

124   *A Privacidade dos Trabalhadores e as Novas Tecnologias...*

Torna-se necessário proteger as pessoas perante os perigos das novas tecnologias relacionadas com a informática e os dados pessoais. Actualmente, a informática, como nenhum outro meio anteriormente existente, permite "dissipar"[340] a privacidade das pessoas. É por esta razão que surge a necessidade de uma reformulação do conceito de privacidade já que a sua visão estritamente negativa é manifestamente insuficiente. É imprescindível mudar de perspectiva e ligar o termo privacidade à capacidade e ao direito dos indivíduos controlarem a informação que lhes diz respeito, isto é, numa faceta positiva, relacionada com o controlo do fluxo informacional, independentemente de a informação ser de cariz íntimo ou não. Trata-se de abranger dentro do conceito de privacidade o denominado direito à autodeterminação informativa, relacionado com uma função dinâmica da privacidade[341]. Passa-se, assim, de um direito a ser deixado só para um direito a manter um controlo sobre a própria informação, e de um direito à privacidade visto numa acepção negativa, para uma função dinâmica, com um âmbito suficientemente amplo para adaptar-se a novas realidades, dignas, sem dúvida, de protecção pelo ordenamento jurídico, assim como do segredo para o controlo[342]. Também nos parece que estas duas formas de perspectivar a privacidade, classicamente distintas, estão na realidade estreitamente relacionadas entre si, complementando-se uma à outra[343].

Assiste-se, agora, a uma inversão do conceito de privacidade e do modo de entender a sua utilidade, já que não se configura mais como uma possível fonte de ruptura dos vínculos sociais mas antes, como um instrumento funcional para a sua reconstrução o que permite, partindo do controlo, a transparência e a não ocultação do controlo de terceiros. Assim, o reconhecimento de um poder pleno ao indivíduo não serve para determinar o seu isolamento final mas, pelo contrário, restitui-lhe a

---

templar, simultaneamente, um direito activo, um *status* positivo, sobre o fluxo de informação que diz respeito a cada pessoa, é actualmente, insuficiente.

[340] LENOIR e WALLON, "Informatique, travail et libertés", *in DS*, n.º 3, 1988, p. 214.

[341] Ir-se-á analisar com mais desenvolvimento a evolução deste direito no ponto n.º 4.3.2. e, para o ordenamento jurídico português, em 4.4.1.2.4..

[342] Neste sentido RODOTÀ, "Persona, riservatezza...", cit., p. 589.

[343] Compartilha esta ideia MARIAPAOLA AIMO, *Privacy, libertà di espressione e rapporto di lavoro*, Casa Editrice Jovene, Nápoles, 2003, p. 32.

As Novas Tecnologias e a Privacidade

liberdade de inserir-se na sociedade, reforçando a sua qualidade de cidadão[344].

Actualmente, o termo preferível, quando relacionado com as novas tecnologias, parece ser o de privacidade que, em barbarismo importado do inglês, está relacionado com a ideia de confidencialidade, controlo e reserva, essenciais para proteger as pessoas perante as NTIC, principalmente a *Internet*. De facto, o direito à liberdade informática[345] tem um novo significado com o advento da *Internet* e serve para demonstrar a sua "actualidade teórica"[346].

Parece-nos, ainda, que mais importante que o *nomen iuris* é o sistema de garantias que se articula em torno da noção de privacidade e as faculdades que confere ao particular, bem como os bens e interesses que com ela se protegem[347]. Assim, essencial é garantir o exercício dos direitos fundamentais, o que significa tornar possível o desenvolvimento pleno da pessoa, sendo que este é essencialmente a liberdade de poder escolher a própria diferença[348], sendo que a privacidade contribui, substancialmente, para o estabelecimento de uma sociedade plural e diversificada. A privacidade representa um protesto contra a pressão conformista e pretende desenvolver ideias, atitudes e estilos de vida diferentes[349].

4.2. A protecção da privacidade no Direito internacional

No plano internacional o reconhecimento da enorme importância que tem para o Homem a salvaguarda do direito à privacidade é de consagração recente[350]. Na verdade só a partir do fim da II Guerra Mundial é que

---

[344] LUCA FAILLA e CARLO QUARANTA, *op.* cit., p. 12, e RODOTÀ, "Persona, riservatezza...", cit., p. 592.

[345] Que qualificamos como direito à autodeterminação informativa e que se insere no conceito de privacidade.

[346] FROSINI, "Tecnologie e...", cit., p. 490.

[347] No mesmo sentido NOELIA DE MIGUEL SÁNCHEZ, o*p.* cit., p. 21.

[348] Cf. SPIROS SIMITIS, "Il diritto del lavoro...", cit., pp. 87 e ss., que trata deste direito à autodeterminação no trabalho e na pessoa do trabalhador.

[349] JOHN CRAIG, *op.* cit., p. 25.

[350] PAULO MOTA PINTO, "A protecção da vida privada e a Constituição", *in BFDUC*, n.º 76, 2000, p. 153, defende que este direito resultou da combinação de dife-

126 *A Privacidade dos Trabalhadores e as Novas Tecnologias...*

começa a existir um real interesse em regular esta protecção com a consagração em alguns ordenamentos jurídicos de um direito subjectivo novo, qualificado como direito ao respeito da vida privada ou direito à privacidade[351], revestindo, à época, enorme importância devido às violações de que foi objecto. Passou a ser considerado como um direito do homem e reconhecido como tal por diversas convenções internacionais[352].

4.2.1. A primeira formulação só data de 2 de Maio de 1948 – *Declaração Americana dos Direitos e Deveres do Homem* – aprovada em Bogotá, na IX Conferência Internacional Americana, cujo artigo 5.° declara que "Toda a pessoa tem direito à protecção da Lei contra ataques abusivos à sua honra, reputação e à vida privada e familiar". Esta Declaração, embora não muito conhecida, tem a vantagem de se adiantar em cerca de 7 meses à Declaração das Nações Unidas. Pouco tempo depois surge a *Declaração Universal dos Direitos Humanos*, aprovada em 10 de Dezembro de 1948, em Paris, pela Assembleia Geral das Nações Unidas. Trata-se aí de reconhecer uma série de direitos que são necessários não só para a vida do Homem em sociedade como também para o seu desenvolvimento, representando o conjunto de direitos e faculdades sem as quais o Homem não pode desenvolver plenamente a sua personalidade[353]. Como indica PIERRE KAYSER[354], este é o caso do respeito pela privacidade, pois é necessário para a tranquilidade e liberdade do Homem, ameaçadas pelas investigações tornadas possíveis pelo progresso da ciência e da técnica e pelos novos meios de comunicação.

A *Declaração* produziu uma dupla transformação das relações internacionais, originando a novidade de reconhecer o direito de toda e qualquer pessoa a uma ordem internacional onde se tornam efectivos todas as liberdades e direitos básicos de carácter sócio-económico, e abrindo assim o caminho aos relevantes "saltos" ocorridos desde essa altura na protecção

---

rentes condições, "incluindo a afirmação do individualismo com mudanças no ambiente social, o aumento em larga escala da circulação de informação e a evolução tecnológica".

[351] Sobre a adopção deste direito, assim como o seu *nomem iuris*, ver, *infra*, números seguintes.

[352] Ver PIERRE KAYSER, *op. cit.*, p. 17.

[353] *Vd.* FERNANDO HERRERO-TEJEDOR, *Honor, Intimidad y Propria Imagen*, 2.ª edição, Colex, Madrid, 1994, p. 46.

[354] *Op. cit.*, p. 18.

dos direitos fundamentais, sobretudo a nível europeu[355]. Constituiu, desta forma, o início de um processo irreversível de consciencialização da sociedade em matéria de direitos e liberdades fundamentais em todo o mundo na medida em que nos seus trinta artigos, faz referência a direitos e liberdades inerentes à condição do homem, independentemente de fronteiras nacionais, raça, cultura ou qualquer outro factor distintivo. E, embora a DUDH não tenha carácter vinculativo, tem uma grande força moral e política e muitas das suas disposições foram adoptadas noutros diplomas normativos internacionais[356].

O art. 12.º da *Declaração* estipula que "Ninguém sofrerá intromissões arbitrárias na sua vida privada, na sua família, no seu domicílio ou na sua correspondência, nem ataques à sua honra e reputação. Contra tais intromissões ou ataques toda a pessoa tem direito à protecção da lei". Trata-se de preceito um pouco impreciso quanto à compreensão do direito à intimidade mas que, a nível internacional, constituiu o precedente legislativo que serviu de inspiração para posteriores convenções internacionais. Destacam-se a *Convenção Europeia para a protecção dos direitos humanos e liberdades públicas*, aprovada em Roma em 4 de Novembro de 1950[357], e o *Pacto Internacional sobre Direitos Civis e Políticos*, subscrito em Nova Iorque em 16 de Dezembro de 1966. Neste último importa realçar o artigo 17.º, n.º 1, que dispõe que "Ninguém será objecto de ingerências arbitrárias ou ilegais na sua vida privada, na sua família, no seu domicílio ou na sua correspondência, nem de ataques à sua honra e reputação".

A DUDH, assim como o PIDCP e o Pacto Internacional de Direitos Económicos, Sociais e Culturais, de 16 de Dezembro de 1966, formam o que é designado por "Carta Internacional de Direitos"[358], mas, enquanto o primeiro não é legalmente obrigatório[359], o segundo é um tratado internacional, legalmente obrigatório para os países que o subscreveram e que tem de ser integrado no direito interno de cada Estado. Há que notar, porém, que esta *Carta Internacional de Direitos* não consagra um direito absoluto

---

[355] LUÍS DE LA VILLA GIL, "Los derechos humanos y los derechos laborales fundamentales", *in RMTAS*, vol. 17, 1999, p. 21.

[356] *Vd.* IRFAN DEMIR, *op.* cit., p. 26.

[357] A qual será objecto de análise mais pormenorizada ainda neste capítulo, n.º 4.3.2.1..

[358] *International Bill of Rights* no original. Ver IRFAN DEMIR, *op.* cit., pp. 26-27.

[359] Convindo, no entanto, ter em conta o art. 16.º, n.º 2, da CRP.

à privacidade. Estas declarações de direitos visam proteger as pessoas contra intrusões arbitrárias nos seus direitos fundamentais, o que significa que só podem ocorrer intrusões quando autorizadas por Lei, sendo que esta tem de estar em conformidade com os princípios destes diplomas[360].

Estes Documentos normativos internacionais são relevantes porque consagram o direito à privacidade como um direito fundamental, muito embora não contenham directrizes acerca da natureza do direito à privacidade, e porque impõem obrigações específicas para assegurar a sua protecção[361].

A pessoa humana, a partir destas diversas Declarações, passou a ter reconhecidos e assegurados os seus direitos fundamentais, mediante, *inter alia*, a protecção da sua vida, privacidade, integridade física, liberdade e honra. Mas os desenvolvimentos tecnológicos suscitaram novas questões e problemas e as Nações Unidas mostraram esta preocupação na Conferência Internacional dos Direitos do Homem realizada em Teerão, em Maio de 1968, cuja resolução aprovada em 13 de Maio desse mesmo ano pode ser resumida em dois pontos: o primeiro, relativo ao respeito da privacidade perante as técnicas de registo, e o segundo, relativo às utilizações da electrónica, que têm o poder de afectar os direitos das pessoas, e abordando os limites que devem comportar essas utilizações dentro de uma sociedade democrática[362].

Os riscos de dano à privacidade das pessoas pela existência de ficheiros electrónicos de dados pessoais conduziram a Assembleia Geral das Nações Unidas, mediante a adopção da resolução n.º 45/95, de 14 de Dezembro de 1990, a aprovar os princípios básicos nesta matéria de ficheiros informatizados[363], sendo as suas disposições aplicáveis aos trata-

---

[360] Cf. STEPHEN COLEMAN, "Universal Human Rights and Employee Privacy: Questioning Employer Monitoring of Computer Usage", *in Electronic Monitoring...*, cit., p. 285.

[361] Neste sentido JEREMY DEBEER, "Employee Privacy: The Need for Comprehensive Protection", *in Saskatchewan Law Review*, vol. 66, 2003, p. 392.

[362] Pode ler-se no ponto n.º 18 da Resolução aprovada que "Se bem que as recentes descobertas científicas e desenvolvimentos técnicos tenham aberto as portas ao desenvolvimento económico, social e cultural, esta evolução pode, contudo, comprometer os direitos e as liberdades dos indivíduos e, por isso, requerem uma atenção permanente".

[363] Esta Resolução tem uma importância capital porque, embora sem carácter obrigatório para os Estados membros, constitui o primeiro texto em matéria de protecção

As Novas Tecnologias e a Privacidade

mentos automatizados, mas podendo os Estados ampliarem a sua aplicação para os tratamentos manuais, segundo o ponto 10 da 1.ª parte.

Estes princípios deverão ser observados pelas legislações nacionais e dispõem sobre as garantias mínimas a serem asseguradas no sentido de proteger a privacidade das pessoas. Os princípios consagrados são os da licitude e da lealdade, não podendo os dados ser obtidos mediante procedimentos ilícitos ou desleais; o da exactidão, na medida em que devem ser exactos, pertinentes e completos; o da finalidade, significando que a finalidade do ficheiro deve ser especificada e levada ao conhecimento da pessoa em questão, com um determinado período de conservação; o do acesso, pois toda a pessoa tem o direito de verificar se os dados a ela pertinentes são exactos a fim de poderem promover as correcções ou supressões que achem convenientes; o da não discriminação; e o da segurança, devendo ser adoptadas as medidas adequadas para proteger os ficheiros contra riscos da natureza, assim como riscos humanos.

De certa forma, estes princípios básicos aprovados pela Resolução 45/95 regulamentam, no que concerne ao registo electrónico de dados pessoais, o art. 12.º da DUDH, de 1948, segundo o qual ninguém será sujeito a interferências na sua vida privada[364].

4.2.2. Existem, a nível internacional, dois instrumentos que têm sido particularmente importantes no desenvolvimento das orientações acerca da protecção da privacidade: a *Convenção do Conselho da Europa para a Protecção de Dados Pessoais Automatizados*, de 28 de Janeiro de 1981[365], e as *Guidelines*, ou *Linhas Directrizes Regulamentadoras da OCDE da protecção da vida privada e dos fluxos de dados pessoais*, de 23 de Setembro de 1980[366]. Estes Documentos Internacionais consagram a privaci-

---

de dados de carácter mundial. Neste sentido ver PUENTE ESCOBAR, "Breve descripción de la evolución histórica y del marco normativo internacional del derecho fundamental a la protección de datos de carácter personal", *in Protección de Datos de Carácter Personal en IberoAmérica*, (coord. PIÑAR MAÑAS, CANALES GIL e BLANCO ANTÓN), TIRANT LO BLANCH, Valencia, 2005, p. 51.

364 ARION SAYÃO ROMITA, *op.* cit., pp. 121-122.

365 E que será analisada, *infra*, no n.º 4.3.2.1..

366 Já anteriormente, embora sob um enfoque económico, se tinha aprovado o Documento de 15 de Março de 1976 sobre *Transborder data flows, siges and implications*. Veja-se MÓNICA ARENAS RAMIRO, *El derecho fundamental a la protección de datos personales en Europa*, Tirant monografias, n.º 447, Valencia, 2006, p. 159, nota n.º 467.

130 *A Privacidade dos Trabalhadores e as Novas Tecnologias…*

dade como um direito fundamental e reconhecem a necessidade da sua protecção[367]. Porém, na altura da elaboração das directrizes da OCDE não se tiveram em atenção somente motivos económicos, tendo-se também atendido à dimensão individual e social do problema, não podendo esquecer-se que o principal objectivo desta organização é económico e é neste ponto que se encontram as maiores diferenças com a Convenção n.° 108 do Conselho da Europa.

Os textos adoptados pela OCDE são o reflexo de um diálogo permanente, não só entre os diversos países membros, mas também com os países não membros, para conseguir ter assim uma visão conjunta com influências do mundo inteiro. Segundo a mesma ordem de ideias, a OCDE deve seguir a evolução tecnológica susceptível de ter repercussão sobre o comércio e a sociedade em geral[368] [369]. É neste contexto que foram adoptadas as *Linhas Directrizes Regulamentadoras da OCDE da protecção da vida privada e dos fluxos de dados pessoais*, sob a forma de recomendações que reconhecem a necessidade de proteger a privacidade em geral e os dados pessoais perante o desenvolvimento das novas tecnologias, constituindo regras mínimas susceptíveis de serem completadas por outras medidas de protecção da privacidade e das liberdades individuais[370]. Estas

---

[367] No mesmo sentido RODOTÀ, "Persona, riservatezza…", cit., p. 584, associando o surgimento destes dois documentos à época de grande desenvolvimento informático em que os computadores começam a ter enormes possibilidades de uso com um ressurgimento do interesse pela privacidade.

[368] O principal motivo que levou a OCDE a elaborar estes princípios orientadores sobre o tratamento de dados pessoais está relacionado com a preocupação, que também surgiu no seio do Conselho da Europa, de que alguns países, sobretudo os EUA, mostravam perante as iniciativas nacionais que iam surgindo sobre protecção de dados pessoais e o receio de que a regulação nesta matéria criasse barreiras proteccionistas ao comércio internacional. *Vide* MÓNICA ARENAS RAMIRO, *El derecho fundamental…*, cit., p. 159, e, ainda, JAMES MICHAEL, *op.* cit., pp. 32 e ss., M.ª DEL CARMEN GUERRERO PICÓ, *op.* cit., p. 47, e PIERRE KAYSER, *op.* cit., pp. 422 e ss..

[369] Esta organização internacional, embora de génese europeia, engloba vários países não europeus como é o caso da Austrália, Canadá, Estados Unidos da América e Nova Zelândia. A sua missão é a de promover políticas que permitam potenciar a expansão das economias dos Estados membros, elevar o nível de emprego e aumentar progressivamente o seu nível de vida, mantendo a estabilidade financeira.

[370] Como referem GARCIA MARQUES e LOURENÇO MARTINS, *op.* cit., pp. 143-144, após um encontro realizado em Viena, em 1977, no âmbito do qual foram trocadas diversas experiências sobre a utilização da informática nos vários meios empresariais e na

Linhas Directrizes aplicam-se desde o momento em que uma pessoa física ou moral, isto é, o responsável por um ficheiro, pretenda recolher, utilizar e comunicar os dados de carácter pessoal sobre outro, o que significa que não se aplica somente às pessoas físicas.

As *Linhas Directrizes* da OCDE estão divididas em cinco partes, sendo que os princípios que regem a recolha de dados de carácter pessoal são enunciados na segunda parte – *Princípios fundamentais aplicáveis no plano nacional; Princípios sobre a recolha de dados*[371]. Estes princípios devem, assim, como todo o restante documento, ser considerados como mínimos que podem ser ampliados pelos diversos Estados membros por forma a melhor proteger a privacidade e as liberdades individuais[372].

Os princípios que devem ser atendidos são[373]: o princípio da limitação em matéria de recolha – ponto 7 – que significa que todos os dados devem ser obtidos de forma leal e lícita e, sendo caso disso, deve ser informada a pessoa titular dos dados previamente à sua recolha ou

---

própria Administração Pública, criou-se na OCDE, um grupo de peritos *ad hoc*, cuja missão era a de elaborar linhas directrizes relativas às regras fundamentais sobre o movimento transfronteiriço de dados pessoais para se conseguir obter uma desejável harmonia das diferentes legislações nacionais. Este grupo apresentou em 23 de Setembro de 1980 estas *Linhas Directrizes Regulamentadoras da OCDE da protecção da vida privada e dos fluxos de dados pessoais*. Mas, já anteriormente, como menciona CARLO SARZANA, "L'attività delle istituzioni internazionali in matéria di tutela della privacy", *in Banche Dati e...*, cit., pp. 502-503, em 1968, na terceira conferência ministerial sobre a Ciência, tinha sido reconhecido que o desenvolvimento da tecnologia dos computadores revestia uma importância fulcral para os países membros e criou-se um grupo de peritos sobre informática para dar seguimento às recomendações dos Ministros. No quadro do programa delineado, o "grupo informática" examinou em 1970 a questão relacionada com a necessidade de proteger a liberdade individual perante os riscos de divulgação da informação contida nos sistemas automatizados, tendo sido publicado um relatório em 1971. Posteriormente, este grupo dividiu-se em vários subgrupos incumbidos de analisarem diferentes matérias. Sobre esta evolução pode ver-se BUTTARELLI, *op. cit.*, pp. 36-37.

[371] No original *Part Two – Basic principles of national application; collection limitation principle.*

[372] Ver ponto 6 das *Linhas Directrizes*.

[373] Guiámo-nos pela síntese de princípios enunciados por CYNTHIA CHASSIGNEUX, *op.* cit., pp. 110-111, assim como GARCIA MARQUES e LOURENÇO MARTINS, *op.* cit., pp. 145-146, e LOURENÇO MARTINS, GARCIA MARQUES e PEDRO SIMÕES DIAS, *Cyberlaw em Portugal – O direito das tecnologias da informação e comunicação*, Centro Atlântico.pt, Lisboa, 2004, pp. 377-379.

depois de obtido o seu consentimento; o princípio da qualidade dos dados – ponto 8 –, pois os dados recolhidos devem ser pertinentes em relação às finalidades correspondentes à sua utilização, devendo ser exactos, completos e estarem actualizados; o princípio da especificação das finalidades – ponto 9 –, no sentido de que as finalidades para as quais os dados são recolhidos devem ser determinadas o mais tardar no momento da recolha, não devendo os dados ser utilizados posteriormente para obter finalidades incompatíveis com as primeiras; o princípio da limitação da utilização – ponto 10 –, pois os dados não devem ser divulgados, fornecidos ou utilizados para finalidades diferentes das especificadas no momento da recolha, salvo se for obtido o consentimento do titular dos mesmos, ou com autorização concedida por lei; o princípio das garantias de segurança – ponto 11[374]; princípio da transparência – ponto 12 –, devendo ser possível obter facilmente os meios de determinar a existência e natureza dos dados de carácter pessoal, as finalidades principais da sua utilização, ao mesmo tempo que a identidade do responsável pelo ficheiro e a sede habitual das suas actividades; o princípio da participação individual – ponto 13 –; e, por último, o princípio da responsabilidade – ponto 14 – na medida em que todos os responsáveis pelos ficheiros devem ser responsabilizados pelo cumprimento das medidas que permitam a concretização dos diversos princípios anteriormente referidos.

Estes princípios, adoptados em termos gerais há quase trinta anos, mantêm ainda actualidade e aplicam-se à protecção de dados na *Internet*

---

[374] De notar que as *Linhas Directrizes relativas à segurança dos sistemas de informação* adoptadas em 26 de Novembro de 1992 foram substituídas após os acontecimentos de 11 de Setembro de 2001, por um novo Documento intitulado *Linhas Directrizes que regem a segurança dos sistemas de informação: para uma cultura da segurança*, em 25 de Julho de 2002. Na verdade, no pós 11 de Setembro houve uma reformulação de várias políticas e a adopção de vários princípios por diferentes Estados e Organizações Internacionais. As Nações unidas adoptaram a Resolução 1368, a 12 de Setembro, incentivando os vários Estados a aumentar a cooperação por forma a prevenir e lutar contra o terrorismo, a que se seguiu a Declaração do Comité de Ministros do Conselho da Europa, também da mesma data, a Recomendação 1534 da Assembleia Parlamentar do Conselho da Europa, de 26 de Setembro – *democracies facing terrorism* –, e o Relatório da Comissão Europeia sobre a acção concertada para a resposta aos acontecimentos do 11 de Setembro, de 17 de Outubro de 2001. Esta tendência tem vindo a aumentar depois dos atentados de 11 de Março de 2004 em Madrid e dos ataques de Londres. Ver *Privacy and Human Rights...*, cit., pp. 20-21, e números seguintes neste capítulo.

como mais recentemente a OCDE teve oportunidade de confirmar. Assim, em 8 de Dezembro de 1998, a OCDE aprovou uma Declaração relativa à protecção da privacidade nas redes mundiais. Através deste instrumento os Estados comprometem-se a reafirmar os compromissos anteriormente aceites em matéria de privacidade[375].

4.3. A protecção da privacidade no Direito comparado

A análise do Direito comparado constitui uma exigência inegável tanto do ponto de vista metodológico como para uma adequada compreensão do objecto do presente trabalho[376].

Em primeiro lugar porque, conforme já referimos anteriormente[377], a própria génese da tutela jurídica do direito à privacidade se encontra, conforme é aceite quase unanimemente, no âmbito do Direito dos EUA[378]. Assim, a análise deste modelo acrescenta, ainda, à consideração do Direito comparado, um elemento de indagação histórica que nos parece necessário.

Acresce, também, que não nos parece poder ignorar-se a história, o desenvolvimento e as contradições do sistema americano para melhor compreender quais são os interesses, as prioridades e os obstáculos na

---

[375] O Comité de Política da Informação e das Comunicações decidiu empreender em Setembro de 1997 um estudo sobre a realização das *Linhas Directrizes sobre a privacidade on line*. Tendo em atenção este propósito, a secretaria da OCDE realizou uma investigação sobre 50 páginas *Web*, eminentemente comerciais, não escolhidas aleatoriamente, mas, com base nas suas boas práticas de protecção da privacidade. Tendo em atenção os resultados da investigação, a OCDE estabeleceu algumas regras para o estabelecimento de boas políticas de privacidade dos *sites web*. Anos mais tarde, em Março de 2002, realizou-se um estudo similar mas no contexto dos negócios e do comércio electrónico. Ver para mais desenvolvimentos M.ª DEL CARMEN PICÓ, *op.* cit., pp. 388-389, referindo como a página *web* sobre segurança da informação e privacidade da OCDE, coloca à disposição de quem pretende tratar dados *The OCDE Privacy Policy Statement Generator*.

[376] No mesmo sentido MARTÍNEZ MARTÍNEZ, *op.* cit., p. 59.

[377] Cf. *supra*, n.º 4.1..

[378] Como defende BLANCA RODRÍGUEZ RUIZ, *El secreto de las comunicaciones: tecnologia e intimidad*, Mcgraw-Hill, Madrid, 1998, p. 5, o tratamento jurídico do tema nos Estados Unidos é o mais antigo e, sem dúvida, o mais desenvolvido e influente, embora, curiosamente, também seja o mais confuso do ponto de vista conceptual.

regulamentação deste direito e, com especial interesse no âmbito deste trabalho, a privacidade em rede, ligada às NTIC. Os Estados Unidos, também neste caso, fornecem uma série de elementos, de perspectivas e de aspectos bastante úteis. Os EUA constituem um modelo, ou "o modelo" de referência quando se analisam questões jurídicas relacionadas com as NTIC, sobretudo a *Internet*[379]. Não se pretende afirmar, no entanto, que este ordenamento sirva de modelo no sentido de inspiração e exemplo a seguir para uma regulamentação da matéria ou por ter obtido uma disciplina jurídica coerente e completa. A expressão utilizada refere-se a um modelo em virtude do seu valor estatístico dada a enorme penetração da rede na população e à mudança ou mesmo revolução cultural, que ela trouxe[380]. As relações interpessoais, o fenómeno de agregação, os hábitos comerciais, a aquisição de informação aumentou e mudou muito com as NTIC, segundo dinâmicas diferentes dos meios tradicionais, e estas questões surgiram nos EUA quase sempre num momento anterior ao dos restantes países[381].

Em segundo lugar, Portugal insere-se territorialmente numa das áreas geográficas que, historicamente, tem atribuído maior importância ao respeito da privacidade e à defesa dos direitos fundamentais através da criação não só de instrumentos internacionais[382], como também de um grande acervo comum no que concerne à sua interpretação e significado.

Em terceiro e último lugar, numa altura de globalização e de desenvolvimento das NTIC, em que tanto se aborda o problema e a sua influência na privacidade das pessoas, com a consequente queda das barreiras espácio-temporais e com as inúmeras dificuldades de regulamentação da matéria, parece-nos ainda existir mais uma razão para analisar o Direito comparado e obter uma visão mais ampla e *globalizada* deste tema.

Parece-nos, desta forma, que a privacidade é considerada um direito fundamental pela maior parte dos Estados, embora a forma como é vista difira de sociedade para sociedade, havendo uma diferença entre os ordenamentos jurídicos norte-americanos e os ordenamentos jurídicos continentais, já que se, em ambos, reveste importância fulcral, todavia a sua

---

[379] No mesmo sentido NICOLA LUGARESI, *op.* cit., pp. 40-41.

[380] Como entende RODOTÀ, *Elaboratori elettronici...*, cit., p. 11, em nenhum outro país se dispõe de tantos dados e estatísticas como neste país.

[381] Cf. NICOLA LUGARESI, *op.* cit., p. 41.

[382] Que vão ser analisados em 4.3.2.1. e 4.3.2.3..

construção e interpretação são diferentes, pois, secundando DANIEL SOLOVE[383], "a privacidade não tem um valor universal nos diferentes contextos". Assim, enquanto a trajectória doutrinal europeia tem a sua origem relacionada com a doutrina dos direitos de personalidade, isto é, no âmbito do direito privado[384], no ordenamento jurídico dos EUA o mesmo não acontece, estando ligada ao conceito de liberdade e, especialmente, derivando do conceito de propriedade[385].

4.3.1. *A protecção da privacidade nos ordenamentos jurídicos norte americanos*

4.3.1.1. *A protecção da privacidade nos* EUA

O liberalismo democrático que constitui a ideologia política fundamental no ordenamento jurídico dos EUA funda-se sob quatro princípios: democracia, liberdade, educação e liberdade de imprensa. Dado o possível conflito entre estes diferentes princípios, a questão que se coloca é a de saber como conciliá-los e, também, como os harmonizar com a própria privacidade de cada pessoa.

Por outro lado, o aparecimento da privacidade nos Estados Unidos da América está relacionado, ainda, com a ideia de liberdade individual, a

---

[383] *Apud* MARTINEZ-HERRERA, "BIG EMPLOYER: A study of the continuously decreasing expectation of privacy of employees in the US workplace", *in Iuslabor*, n.º 1, 2007, p. 1.

[384] *Vd.* SANCHEZ PEGO, "La intimidad del trabajador y las medidas de prevención de riesgos laborales", *in AL*, n.º 2, 1997, p. 21.

[385] Aplicando estas diferenças ao Direito do trabalho, e de uma forma muito simplificada, MATTHEW FINKIN, "Menschbild: La noción del trabajador como persona en Derecho occidental", *in Tecnología Informática…*, cit., pp. 405-406, e em "Menschbild: the conception of the employee as a person in Western Law", *in Comp. Labor Law & Pol'y Journal*, vol. 23, 2002, p. 576, nos sistemas de Direito civil consideram-se os trabalhadores como pessoas portadoras de uns direitos inalienáveis, incluindo o direito à privacidade, que se afirmam mesmo perante o empregador, enquanto nos sistemas de *common law*, o direito concede aos empregadores faculdades plenas para dirigir os locais de trabalho e, consequentemente, os trabalhadores. O direito estabelece assim que, através da celebração de um contrato de trabalho, o trabalhador consente o controlo do empregador.

136 *A Privacidade dos Trabalhadores e as Novas Tecnologias...*

liberdade de expressão e o direito de prosseguir a felicidade, conceito este que tem estado sempre presente na história americana, sobretudo como distinção entre aquilo que é considerado privado e o que é público[386]. O carácter instrumental da privacidade não comporta uma redução do seu valor, mas exactamente o oposto, podendo, inclusive, imprimir mais força àqueles princípios.

4.3.1.1.1. A construção do direito à privacidade está relacionada, tradicional e principalmente, com a invasão deste direito por parte de entes públicos e dos *media*[387], enquanto no caso das NTIC, sobretudo com a *Internet*, não se está perante um meio exclusivamente passivo, de compartimento estanque com os cidadãos, e antes, numa espécie de ligação activa, de interacção com o sujeito "invasor"[388].

Neste ordenamento jurídico começa a abordar-se o conceito de privacidade nos finais do século XIX, sendo que o primeiro que se lhe referiu foi o juiz THOMAS COOLEY[389] que considera o direito à privacidade como um direito da pessoa. Todavia, este autor referia-se ao direito à privacidade de forma acidental, quase como um direito funcional à segurança pessoal no âmbito de um tratado sobre factos ilícitos[390]. Utilizava uma expressão – *"The right to one's person may be said to be a right of complete immunity: to be let alone"* – que foi utilizado na doutrina e na jurisprudência sucessivas para se referir, sinteticamente, ao conteúdo do direito *the right to be let alone*[391] [392].

Este direito a ser deixado em paz não constituía somente uma aspiração pessoal mas, ao invés, um direito próprio de cada pessoa e constitui

---

[386] *Vide* para mais desenvolvimentos NICOLA LUGARESI, *op. cit.*, pp. 46-47.

[387] "The right to privacy in nineteenth century America", *in Harvard Law Review*, vol. 94, 1981, pp. 1893-1894 refere-se a esta ligação.

[388] NICOLA LUGARESI, *op. cit.*, p. 47.

[389] Já referido anteriormente, ponto 4.1..

[390] Assim na sua obra *A Treatise on the Law of Torts or the Wrongs which Arise Independent of Contract*, citado por NICOLA LUGARESI, *op. cit.*, p. 47.

[391] Ver o caso *Boyd v. United States*, de 1886, *in* "The right to privacy...", cit., pp. 1897-1898.

[392] Ver JUDITH DECEW, *op. cit.*, p. 14. Também AUGUSTO CERRI, "Riservatezza (diritto alla) II) Diritto Comparato e Straniero", *in Enciclopedia Giuridica Treccani*, Vol. XXVII, Roma, p. 3, e, ainda, FRANÇOIS RIGAUX, *La protection de la vie privée et des autres biens de la personnalité*, LGDJ, Paris, 1990, p. 272.

o primeiro passo para o reconhecimento jurídico do direito à privacidade e para a sua definição[393].

Foi só no ano de 1890 que o direito à privacidade recebe atenção específica enquanto direito autónomo, ocorrendo a primeira formulação doutrinal deste direito, como direito de natureza constitucional vinculado à tutela da dignidade[394], na obra de WARREN e BRANDEIS[395]. A aproximação dos autores foi eminentemente empírica pois pretendiam dar solução a um problema concreto[396] [397]. Os dois juristas encontraram-se

---

[393] Pode referir-se que anteriormente, em 1834, há um outro precedente, no caso *Wheaton v. Peters*, onde o Supremo Tribunal tinha já citado a legítima expectativa do visado a ser deixado em paz. Mas, neste caso, tal como menciona NICOLA LUGARESI, *op. cit.*, p. 48, não se trata tanto de um reconhecimento do direito à privacidade mas mais do reconhecimento de garantias de tipo processual em sede de Direito penal.

[394] Não pode esquecer-se esta eminente ligação à dignidade da pessoa humana, tal como RODOTÀ, "Persona, riservatezza...", cit., p. 596, chama a atenção, ao referir que a dignidade humana constitui um dos valores fundamentais da privacidade. Também STÉPHANIE HENNETTE-VAUCHEZ, "Le principe de dignité en droit américain", *in La dignité de la personne humaine – Recherche sur un processus de juridicisation*, (coord. CHARLOTTE GIRARD e STÉPHANIE HENNETTE-VAUCHEZ), PUF, Paris, 2005, p. 147, menciona o princípio da dignidade como "implicitamente proeminente no direito americano". No mesmo sentido DANIEL SOLOVE, *op. cit.*, p. 487.

[395] *Op.* cit.

[396] As circunstâncias que deram origem à publicação deste artigo não deixam de ser significativas para a compreensão desta finalidade. A Sr.ª Warren, filha do Senador Bayard, costumava dar na sua casa de Boston frequentes festas sociais. Os jornais locais, principalmente o *Saturday Evening Gazette*, especializado em assuntos de alta sociedade, escreviam sobre estas com detalhes muito pessoais e, por vezes, desagradáveis. O assunto atingiu o seu culminar no casamento de uma das filhas do casal, o que originou que WARREN procurasse o seu antigo companheiro de estudo BRANDEIS e que motivou a publicação do artigo em causa. Ver CATARINA SARMENTO E CASTRO, *Direito da Informática...*, cit., pp. 17-18, FERNANDO HERRERO-TEJEDOR, *op.* cit., p. 37, FROSINI, « Banche dei dati e tutela... », cit., p. 3, MARTÍNEZ MARTÍNEZ, *op.* cit., pp. 66-67, PROSSER, *op.* cit., p. 383, referindo-se, com uma expressão extremamente actual, que era a era do "*yellow journal*, quando a imprensa começou a invadir a vida das pessoas mais conhecidas numa forma que se tornou lugar comum nos tempos actuais", RITA AMARAL CABRAL, *op.* cit., p. 16, e VICENTE PACHÉS, *El derecho del trabajador...*, cit., p. 56.

[397] Este artigo foi, em grande medida, uma manifestação das especiais condições da sua era, já que visava responder à crescente industrialização, ao crescimento das massas urbanas e da despersonalização do trabalho e das instituições sociais, incluindo as instituições da comunicação.

perante a necessidade de determinar se na *common law* existia a protecção do indivíduo e a inviolabilidade da sua personalidade perante a invasão cada vez maior da imprensa[398] [399]. O aparecimento de uma nova invenção técnica, que denominaram de fotografia instantânea[400], colocava uma nova situação e vinha alterar de alguma forma a prática seguida até essa altura[401]. Ao longo do século XIX a imprensa norte americana tinha vindo a alcançar uma grande importância mas, para algum tipo de jornalismo – o relativo aos "ecos da sociedade" –, o aparecimento das modernas técnicas fotográficas impôs um salto qualitativo. A partir deste momento já não era necessário solicitar a uma pessoa que posasse, sendo possível obter imagens fotográficas de forma oculta. Com isto, subtraía-se à pessoa o conhecimento do facto de ser observada e fotografada e, consequentemente, qualquer controlo sobre a sua informação privada[402] [403].

---

[398] "É um princípio tão velho como o da *common law* que o indivíduo deve gozar de total protecção na sua pessoa e nos seus bens; contudo, resulta necessário, de vez em quando, redefenir com precisão a natureza e a extensão desta protecção. As mudanças políticas, sociais e económicas impõem o reconhecimento de novos direitos, e o da *common law*, na sua eterna juventude, evolui para dar cabimento às necessidades da sociedade". *Op.* cit., p. 193.

[399] Como escreve BEZANSON, *op.* cit., p. 1134, este artigo "é um produto do seu tempo".

[400] *Op.* cit., p. 194.

[401] "As fotografias instantâneas e as empresas de jornais invadiram os recintos sagrados da vida privada e doméstica", *op.* cit., p. 194.

[402] Ver o caso *De May v. Roberts*, de 1881, sobre a protecção da privacidade de pessoas anónimas. Neste caso tratava-se de uma mulher que tinha sido observada durante o parto por um terceiro, sem que tivesse dado o seu consentimento. O tribunal de Michigan veio defender que a queixosa tinha direito à privacidade no seu apartamento e que a lei garantia o direito a todos de impedir que outrem os observasse. *Vd.* FRANÇOIS RIGAUX, "La liberté de la vie privée", *in RIDC*, n.° 3, 1991, p. 542 e pp. 554-555. Também do mesmo autor *La protection de la vie privée...*, cit., pp. 13-14. Cf, ainda, JUDITH DECEW, *op.* cit., p. 14. *Vd*, também, o caso citado por WARREN e BRANDEIS, *op.* cit., p. 194, nota n.° 13, *Marion Manola v. Stevens & Meyers*, do Supremo Tribunal de Nova Iorque, em 1890, onde a actriz fora, sem o seu consentimento, fotografada em roupa interior enquanto representava uma peça de teatro, e pretendera evitar a difusão dessa fotografia pela imprensa.

[403] As passagens da obra que os autores dedicam a esta matéria não só são muito esclarecedoras como mantêm perfeita actualidade: "A intensidade e a complexidade da vida que acompanham os avanços da civilização tornaram necessário um certo distanciamento do mundo e do homem, perante a refinada influência da cultura, fez-se mais vulne-

Contra esta possibilidade insurgem-se estes autores que tentam encontrar uma solução jurídica. Baseando-se sob diversos princípios de diferentes sectores, desde a protecção do direito de autor, à disciplina dos contratos tácitos, à violação da responsabilidade fiduciária, afirmaram, não só de forma criativa e original, mas também com uma grande antecipação no tempo, a necessidade de uma dignidade e de um reconhecimento autónomo do direito à privacidade.

Parece-nos, ainda, que a importância deste trabalho vai mais além da oferta à prática judicial de uma solução para uma nova categoria de conflitos. A estes autores deve-se o facto de terem criado um corpo teórico que altera substancialmente as bases jurídicas sobre as quais se vinham tutelando alguns direitos de personalidade, defendendo a passagem do cerne da questão de uma tutela baseada na propriedade privada para uma nova construção cujo fundamento é a dignidade do homem e a inviolabilidade da pessoa humana. Desta forma, os autores invocam no artigo que a lei deve proteger a privacidade, assegurando a cada indivíduo o direito de determinar a extensão até onde cada um quer ver conhecida e divulgada a sua vida privada, os seus sentimentos, os seus pensamentos, ou os seus gostos[404].

Até 1890 a lei tinha sido muito cautelosa no reconhecimento da protecção de danos morais das pessoas e por duas razões: primeira, devido à dificuldade em quantificá-los; e, depois, devido à subjectividade deste tipo de danos, baseados num estado de espírito, especialmente quando não têm paralelo em nenhuma injúria física. Contudo, WARREN e BRANDEIS, tentam provar que a privacidade já estava protegida pela *common law*, nos casos de difamação e perda de confiança, sendo possível aplicar estes regimes à protecção das pessoas contra a imprensa. Com esta ideia surge a primeira *pedra* sob a sua teoria pois a difamação causa um prejuízo para a

---

rável à publicidade, de tal modo que a privacidade tem algo essencial para a pessoa; as novas invenções, ao invadir a sua privacidade, produzem-lhe um sofrimento espiritual e uma angústia muito maior do que a que podem causar os meros danos pessoais". *Op.* cit., pp. 196.

[404] PAULO MOTA PINTO, "O direito à reserva sobre a intimidade da via privada", *in BFDUC*, n.° 69, 1993, pp. 512-513, defende que neste estudo os autores aproximam o conceito do "direito a ser deixado só" de uma tutela da personalidade e a violação deste direito poderia dar origem a uma indemnização por danos morais, sendo que as sanções deveriam ser determinadas por analogia com a *defamation*.

140 *A Privacidade dos Trabalhadores e as Novas Tecnologias...*

pessoa susceptível de ser avaliado e valorado economicamente e, portanto, capaz de originar um ressarcimento económico pelo dano causado. Mas esta solução torna-se mais complexa nos casos em que a divulgação de factos privados não chega a prejudicar a pessoa na consideração social que tem. Neste caso, os autores referidos entendem que se estaria perante um dano subjectivo, ou espiritual, impossível de valorar com critérios normalmente utilizados. O que caracterizaria a nova realidade seria a faculdade da pessoa exercer um certo controlo sobre a sua vida privada.

Ao defenderem um direito geral à privacidade, aos pensamentos, emoções e sensações, estes autores assentam numa noção que confere a cada indivíduo o poder absoluto de controlar os limites da publicidade sobre si mesmos e sustentam a formação de direitos como o direito à vida, à liberdade e à propriedade. Mais ainda, embora tomem como ponto de partida a propriedade, vão-na estendendo para campos cada vez mais imateriais. Começam por se apoiar no direito de propriedade intelectual e no de criação artística, para criarem um direito à *privacy*, dotado progressivamente de mais autonomia. Assim, a *privacy* deve "desligar-se" do direito à propriedade e, inclusive, da estrita protecção da honra.

O direito defendido por WARREN e BRANDEIS não é um direito absoluto, podendo ser limitado[405]. O direito à privacidade não impede a publicação de tudo o que seja de interesse público ou geral, assim como não proíbe a publicação de tudo aquilo que seja privado. Mais ainda, o direito, em princípio, não atribui nenhuma compensação ou indemnização por violação do princípio da privacidade quando a publicação se faça de forma oral e sem causar danos especiais. O direito à privacidade não pode ser invocado quando a publicação foi realizada com o consentimento do seu titular, mas a invocação de que é verdade aquilo que se publica não serve de defesa para o agressor, o mesmo se devendo dizer quanto à ausência de intenção.

Com o seu trabalho, WARREN e BRANDEIS definiram o direito à privacidade como um direito de conteúdo amplo, ajustado às repercussões que as novas invenções tecnológicas poderiam ter na privacidade de cada um. Esta caracterizava-se por ser um direito que incorporava faculdades de controlo sobre as próprias informações[406]. Pensa-se que o seu grande

---

[405] *Vd. op.* cit., pp. 204 e ss.. De resto não há direitos absolutos, ilimitados.

[406] De notar que BRANDEIS, já enquanto juiz do Supremo Tribunal, em voto de vencido na decisão *Olmstead v. United States*, em 1928, entendeu que o "direito a estar só é

mérito, para além de definir com clarividência os elementos essenciais do direito, reside em tê-lo conseguido como um direito de textura aberta e natureza fundamental ao efectuarem a passagem do paradigma do direito de propriedade para a inviolabilidade e dignidade do ser humano, ao âmbito do direito de personalidade[407]. Neste trabalho académico os autores afirmaram claramente que a privacidade não podia ser reconduzida a um conceito meramente material, mas que os aspectos peculiares assentavam no seu perfil espiritual. O valor que estava na base deste direito era a pessoa, na sua essência mais íntima, e a tutela devia ser feita não tanto na sua reputação, mas mais nos próprios sentimentos relacionados com essa invasão da privacidade.

Se a *Internet* não constituiu, obviamente, o ponto de referência, a aproximação não só material, antecipava alguns dos temas e dos problemas surgidos na sociedade em rede[408]. Assemelha-se, assim, que a grande intuição destes autores foi o da própria definição e conteúdo deste direito à privacidade, ligando-a directamente ao desenvolvimento da personalidade.

Por outro lado, se se analisar a construção deste direito ver-se-á que tem elementos de grande modernidade já que, substancialmente, são apresentados dois elementos que podem conduzir a limites na privacidade das pessoas: o interesse da colectividade, de um lado, e o consentimento do indivíduo, por outro. Também já está presente, embora apenas de forma ténue, o princípio da proporcionalidade das restrições e do interesse público, que constitui o critério base para a resolução dos problemas.

Entende-se, ainda, que é interessante notar como já nos finais do século XIX se defendeu que a intensidade da vida e da complexidade das

---

o direito mais valorizado pelos Americanos" e que "é o mais compreensível dos direitos e o mais valorizado pelas civilizações, entendendo ainda que se trata de um direito intrínseco, particularmente em decisões pessoais. O caso debruçava-se sobre intercepções telefónicas sem mandato e o possível conflito com a Quarta Emenda. Este é o primeiro caso em que o Tribunal Supremo dos Estados Unidos se debruçou sobre o problema de vigilância electrónica. Ver DAVID HAMES e NICKIE DIERSEN, "The Common Law Right to Privacy. Another Incursion Into Employers' Rights to Manage Their Employees?", *in* *Labor Law Journal*, n.º 11, 1991, p. 757, WILLIAM BLOSS, *Privacy Issues Involving Law Enforcement Personnel: A Constitutional Analysis*, Sam Houston State University, 1996, *in* www.proquest.com p. 9, e NICOLA LUGARESI, *op.* cit., pp. 59-60.

[407] Segue-se MARTÍNEZ MARTÍNEZ, *op.* cit., p. 73.

[408] NICOLA LUGARESI, *op.* cit., p. 50.

142 *A Privacidade dos Trabalhadores e as Novas Tecnologias...*

invenções técnicas originariam a necessidade de uma nova definição de direitos pessoais de forma a proteger condutas, actos e relações pessoais, íntimas ou não.

Mesmo que a modernidade do século XIX não seja a modernidade actual, o princípio mantém-se válido: o direito, perante as inovações tecnológicas que podem incidir negativamente sobre os direitos e liberdades fundamentais, tem de intervir e de os defender, assegurando a sua manutenção[409].

4.3.1.1.2. A teoria de WARREN e BRANDEIS não foi unanimemente aceite e provocou vários debates doutrinais sobre a matéria. Assim, para PROSSER[410], a privacidade não constituía um direito único, sendo antes uma composição de interesses relacionados com a reputação, a tranquilidade emocional e a propriedade intangível[411], que se consubstanciavam em quatro *torts*[412], cujo elemento comum residia no direito a ser deixado em paz. Estas quatro categorias são: a intrusão na solidão ou retiro da pessoa, ou nos assuntos privados[413] [414], a difusão pública de factos privados[415], a informação que dá uma imagem falsa da vítima perante os olhos

---

[409] No mesmo sentido NICOLA LUGARESI, *op.* cit., p. 51.

[410] *Op.* cit., pp. 383 e ss.

[411] *Vide* LARRY O. NATT GANTT II, "An affront to human dignity: electronic mail monitoring in the private sector workplace", *in Harvard Journal of Law & Technology*, vol. 8, n.° 2, 1995, p. 412.

[412] Ver GUY SCOFFONI, "Constitution et secret de la vie privée- États-Unis", *in Annuaire International ...*, cit., pp. 248-249. Também PAULO MOTA PINTO, "O direito à reserva...", cit., p. 514. Ainda JUDITH DECEW, *op.* cit., p. 17. Esta categorização permite defender que o direito à vida privada compreende: o direito de ser deixado só; o direito de controlar a difusão de informações que dizem respeito às pessoas; o direito de viver sem ser observado; e o direito ao anonimato. Ver ARNAUD BELLEIL, *op.* cit., p. 2.

[413] Trata-se de casos em que se dão intrusões não consentidas no lar, no quarto de hotel, ou em bens pessoais. Em todos estes casos se dá a acção física de violar – *trespass* – os limites de propriedade de alguém, defendendo que o interesse prevalecente é de ordem moral. *Op.* cit., p. 392.

[414] A este propósito PROSSER, *op.* cit., p. 389, entende que WARREN e BRANDEIS não tinham tido em mente este interesse pois não analisaram o caso *De May v. Roberts*, de 1881, já referido anteriormente, nota n.° 402, considerando que se trata de um caso de privacidade.

[415] Conforme o autor nota, *op.* cit., pp. 392-393, é sob este segundo *tort* que a obra de WARREN e BRANDEIS mais incide. A finalidade deste é a de proteger a reputação, quase

do público – *false light*[416], e a apropriação em benefício próprio da imagem ou nome alheios[417]. Este autor conclui referindo que, embora cada um destes casos possa ocorrer individual ou conjuntamente, o que tem sucedido é que sobre um único conceito – a privacidade – os juízes têm amparado quatro categorias diferentes[418].

Em resposta a PROSSER, BLOUSTEIN[419], rejeitou a visão daquele e tentou encontrar uma visão unitária da privacidade de forma a resolver os problemas que surgiam entre aquele e este conceito, e de proporcionar uma noção de privacidade que fosse capaz de responder às novas preocupações decorrentes do progresso científico e técnico.

BLOUSTEIN argumentava que a análise de PROSSER reduzia a privacidade a uma mera aplicação da tradição legal em matéria de danos mentais, difamação e apropriação indevida[420]. Esta redução conflituaria com a concepção inicial de WARREN e BRANDEIS que entendiam que estas noções resultantes de uma invasão da privacidade não são o que torna o acto errado mas a própria invasão deste direito[421].

---

como que uma extensão nos casos de difamação, em que o dano infligido seria equiparável ao que se produz nos casos de calúnia. O autor constrói a sua teoria com base em diferentes casos de que salienta *Melvin v. Reid*, de 1931. Em *Melvin* tratava-se de um caso contra um filme denominado *The Red Kimono*, onde se narrava um crime praticado por uma ex-prostituta atribuindo à personagem o nome real da pessoa. Esta tinha mudado de vida e casado, tendo o tribunal entendido que a difusão não necessária do seu nome no filme afectava a sua privacidade, tutelando desta forma o direito sobre a base do inalienável direito a perseguir a felicidade.

[416] PROSSER, *op. cit.*, p. 398, entende mais uma vez que WARREN e BRANDEIS não se debruçaram sobre este *tort* que tem como antecedente um caso de 1816 – *Lord Byron v. Johnston* –, onde Lord Byron obteve sucesso num caso contra um poema de qualidade inferior às suas obras e que lhe tinha sido falsamente atribuído. Este *tort* significa então que dá-se uma imagem pública falsa da pessoa em questão, atribuindo-lhe factos ou obras que não correspondem à realidade, não sendo necessário estar-se na presença de difamação.

[417] Trata-se da exploração dos atributos da identidade de outra pessoa em benefício próprio mas exige-se que haja uma conexão que identifique o demandante. Não será um *tort* aqueles casos em que se utiliza um nome muito comum ou uma fotografia em que não se possa reconhecer o afectado. PROSSER, *op. cit.*, p. 403.

[418] PROSSER, *op. cit.*, p. 423.

[419] "Privacy as an aspect of human dignity: an answer to Dean PROSSER", *in New York University Law Review*, vol. 39, 1964, pp. 964 e ss..

[420] *Vd.* BLOUSTEIN, *op. cit.*, pp. 965-966, e LARRY O. GANTT, II, *op. cit.*, p. 412.

[421] A teoria de PROSSER sacrificaria um dos aspectos mais importantes da cons-

Para este autor, o fundamental é que a cultura ocidental define o individual incluindo o direito a estar livre de determinados tipos de intrusões ou intromissões, e que isso comporta um certo controlo pessoal sobre o que nos rodeia e que integra a essência da liberdade pessoal e a própria dignidade. Atendendo a tudo isto, mais que fundamentar os casos de intrusão nos danos mentais ou morais, teria que referir-se à dignidade humana, isto é, a um atentado contra a dignidade.

Por outro lado, enquanto PROSSER não via no *tort* de difusão pública de factos privados mais do que uma extensão da protecção da reputação[422], BLOUSTEIN entendia que ocorria uma violação da inviolabilidade da pessoa quando se revelavam factos da vida privada submetidos ao conhecimento do público. O mesmo sucede nos casos de apropriação em benefício próprio da imagem ou nome alheios. Nestes, o autor partindo de dois casos judiciais, *Robertson v. Rochester Folding Box Co.*[423], de 1902, e *Pavesick v. New England Life Insurance Co.*, de 1905[424], sublinha a evo-

---

trução deste direito e que é o seu aspecto espiritual. Neste sentido NICOLA LUGARESI, *op. cit.*, p. 54.

[422] BLOUSTEIN, *op.* cit., pp. 978-982.

[423] Este caso aconteceu quando uma jovem intentou um processo contra uma companhia de moagem por ter usado indevidamente a sua fotografia para promoção de farinha, com a legenda "a flor da família". A reacção pública a esta decisão foi bastante negativa, o que originou que o legislador do estado nova-iorquino publicasse, na legislatura seguinte, uma lei, a Lei dos Direitos Civis, que nos artigos 50 e 51 criava um *tort* de uso do nome, retrato ou figura de uma pessoa para finalidades comerciais. Ver JANUÁRIO GOMES, *op.* cit., p. 25, e PAULO MOTA PINTO, "O direito à reserva...", cit., p. 513, nota 95. Com este caso a evolução da consagração do direito à privacidade sofreu uma rude brecha quando o tribunal de Nova Iorque rejeitou expressamente esta teoria, assentando a sua decisão na ideia de que não existia qualquer direito à imagem e que a autora não tinha um título de protecção contra tal conduta. As razões alegadas foram as de inexistência de precedentes, o carácter puramente moral do dano, a grande quantidade de litígios que originaria, a dificuldade de traçar uma linha entre as pessoas públicas e as privadas e o medo de uma indevida restrição da liberdade de imprensa. Cf. FERNANDO HERRERO-TEJEDOR, op. cit., p. 40.

[424] Neste caso, o Tribunal recusou a decisão tomada em 1902 e aceitou a tese de WARREN e BRANDEIS, reconhecendo a existência de um direito à própria imagem e, com mais extensão, o direito à intimidade da vida privada, referindo que "o direito à privacidade tem o seu fundamento na própria natureza, sendo, consequentemente, oriundo do Direito natural". Tratava-se de um companhia de seguros que tinha apresentado numa folha publicitária a fotografia de Paolo Pavesich. Este caso tornou-se num *leading case,*

As Novas Tecnologias e a Privacidade   145

lução experimentada pela protecção deste direito, destacando que o aspecto comum nestes dois casos não é a presença de um interesse patrimonial, mas antes a preservação da dignidade individual, tal como acontece nos casos de *false light* em que o problema que está em causa não é tanto a apropriação comercial da imagem, e antes o seu uso que vulnera a dignidade pessoal dos afectados.

BLOUSTEIN entende que o seu conceito de privacidade é aplicável analogamente à IV Emenda Constitucional que proíbe revistas e buscas arbitrárias. Entendeu que esta Emenda reconhece a intrusão como ilegal porque envolve a violação do que está constitucionalmente protegido como liberdade da pessoa, uma liberdade que o Supremo Tribunal decidiu como "básica para uma sociedade livre"[425]. Assim, quando esta Emenda impede a entrada arbitrária na residência das pessoas, não está a reagir perante danos intencionais causados, mas a proteger perante um ataque à dignidade humana ou à personalidade[426].

Para este autor a conclusão é a da recondução dos quatro *torts* de PROSSER a uma única categoria que assenta na protecção da dignidade humana e cuja configuração é essencial como solução para as repercussões perante as novas tecnologias.

4.3.1.1.3. Mais tarde, com as questões e problemas que surgiram com as novas tecnologias, certos autores, como WESTIN[427] e ARTHUR MILLER[428], debruçaram-se sobre as consequências destas inovações tecnológicas para a privacidade das pessoas, abordando a parte de privacidade que denominam de *privacidade informacional*.

WESTIN analisa os problemas distintos que surgiram no ordenamento jurídico dos EUA relacionados com esta matéria e que contribuem para estabelecer as bases da *informational privacy*. A sua teoria formula-se em termos de autodeterminação individual, pois a pessoa deseja manter um controlo material sobre a informação pessoal que lhe respeita

---

dando lugar a inúmeras decisões judiciais. *Vd.* obras citadas na nota anterior e, também, JUDITH DECEW, *op. cit.*, p. 17.

[425] BLOUSTEIN, *op. cit.*, p. 975.

[426] Ibidem, p. 994.

[427] *Privacy...*, cit..

[428] *Op. cit.*.

[429] *Privacy...*, cit., p. 7.

146   *A Privacidade dos Trabalhadores e as Novas Tecnologias...*

embora este desejo de manter a privacidade não seja absoluto pois tem de correlacionar-se com as normas sociais e com a vontade de comunicação e participação[429]. A privacidade relaciona-se com o controlo dos fluxos de informação e a possibilidade de determinar quando, como, e em que medida, a informação sobre si próprio pode ser utilizada ou comunicada a terceiros[430].

Chega-se a esta ideia após uma análise exaustiva sobre o fenómeno da privacidade, distinguindo diferentes aproximações a este direito, desde aspectos históricos, antropológicos a políticos, até às repercussões das que nela têm as novas tecnologias. A aproximação realizada pelo autor é claramente informacional já que a protecção deste direito inclui mesmo certos aspectos e comportamentos privados que ocorrem em locais públicos[431].

ARTHUR MILLER examina a classificação de PROSSER e defende que as soluções por ele propostas não conseguem responder mais às questões colocadas perante os atentados à privacidade permitidos pelas inovações tecnológicas, atentados estes que podem ser visíveis ou invisíveis e, sobretudo, sob o ponto de vista do tratamento dos dados pessoais[432]. Para este autor os custos relacionados com a propositura de uma acção por violação de um *tort* e a publicidade que rodeia todo o litígio – publicidade ironicamente danosa num caso em que se pretende proteger a privacidade – só dissuade o afectado[433].

Para ARTHUR MILLER a grande preocupação era, assim, a de encontrar respostas para os perigos advenientes deste novo fenómeno de informatização. Assumindo a dimensão informativa da privacidade, o autor mostra até que ponto o desenvolvimento da informática se traduz no surgimento de novos elementos para o debate jurídico em torno da tutela da privacidade, produzindo mudanças significativas. Assim, para além de afectar a possibilidade de controlar os vários fluxos de informação, assim como a sua actualidade e certeza, a tecnologia informática relativiza os dois casos sobre os que se havia articulado a protecção da privacidade – a acção por difamação e a acção por invasão da vida privada –, esbatendo as fronteiras entre a vida privada e a vida pública. Defendia, desta forma, ser

---

[430] WESTIN, *Privacy...*, cit., p. 12.
[431] *Privacy...*, cit., p. 389.
[432] *Op.* cit., p. 173.
[433] No mesmo sentido CYNTHIA CASSIGNEUX, *op.* cit., pp. 6-7.

necessário encontrar uma solução legal que tivesse em atenção esta nova realidade. A questão que se colocava era, pois, a mesma que já tinham formulado WARREN e BRANDEIS e que é a de saber se as categorias existentes na *common law* estão ou não adequadas para responder aos inúmeros problemas jurídicos novos[434].

Na senda destes dois autores vários outros se interessaram sobre as questões relativas à informatização da sociedade e às suas incidências na privacidade das pessoas. Estas recaíram bastante tempo na invasão dos poderes públicos na vida quotidiana deixando o sector privado regular-se a ele próprio. Uma das consequências deste *laissez faire* caracteriza-se por uma regulamentação sectorial deste domínio de actividades neste ordenamento jurídico. Por isso mesmo, e seguindo CYNTHIA CHASSIGNEUX[435], a imagem *orwelliana* do *Big Brother* tornou-se uma expressão frequente na invasão mercantil da privacidade. Este fenómeno, acentuado pelo desenvolvimento da *Internet*, conduz a uma redefinição do conceito de privacidade e dos meios que servem para a proteger, assim como da protecção da informação que lhes concerne[436].

4.3.1.1.4. Esta sequência permite defender a existência de uma evolução e de um rico debate doutrinário em torno do conceito de privacidade, um instituto jurídico que tem enorme transcendência. As diferentes aproximações demonstram como a evolução foi influenciada pelas inovações tecnológicas e como com estas, principalmente na década de 70 do século passado, surge uma nova geração de juristas, como WESTIN e ARTHUR MILLER, que criaram as bases da *informational privacy*[437].

A noção de privacidade não pode, desta forma, confinar-se a uma única concepção, pois evolui com os tempos e adquire um valor qualitativamente diferente já que, conforme se aludiu anteriormente[438], não se trata somente de proteger a privacidade perante intromissões externas alheias, mas também, e principalmente, de controlar a informação que lhe diz respeito.

---

[434] Cf. MARTÍNEZ MARTÍNEZ, *op.* cit., pp. 81-82.
[435] *Op.* cit. p. 7.
[436] Ver, para maiores desenvolvimentos BEZANSON, *op.* cit., pp. 1133 e ss.
[437] Que é a parte que mais releva para o âmbito do presente trabalho.
[438] *Vide* n.º 4.1..

148   *A Privacidade dos Trabalhadores e as Novas Tecnologias...*

4.3.1.1.5. O direito à privacidade não é expressamente reconhecido na Constituição americana. Exceptuando algumas disposições específicas, nomeadamente quanto à protecção do domicílio, nem o texto de 1787, nem as Emendas de 1791, lhe fazem directamente alusão[439] [440]. Tem-se entendido que esta omissão deve-se a dois factores. Em primeiro lugar, porque se tratava de algo conatural ao espírito americano, não sendo necessário consagrá-lo expressamente[441]. Por outro lado, não eram ainda possíveis as ameaças que, mais tarde, com os novos meios de comunicação, viriam a ocorrer[442]. Como refere JOHN CRAIG[443], embora a palavra privacidade não apareça na Constituição, isso não a impediu de ganhar dignidade constitucional e, em 1965, o Supremo Tribunal reconheceu, pela primeira vez, um

---

[439] ERWIN CHEMERINSKY, "Privacy and the Alaska Constitution: failing to fulfill the promise", *in Alaska Law Review*, vol. 20, n.° 1, 2003, p. 29, refere que "a maior parte dos Americanos ficaria surpreendida por saber que não há qualquer consagração do direito à privacidade na Constituição dos Estados Unidos da América", pois, como também enuncia GARY ANTON e JOSEPH WARD, "Every breath you take: employee privacy rights in the workplace – an Orwellian prophecy come true?", *in Labor Law Journal*, n.° 3, 1998, p. 897, o direito à privacidade é entendido pelos americanos como um dos direitos básicos.

[440] O que não impediu que vários Estados norte americanos consagrassem nas suas constituições federais este direito. É o caso do Alasca, do Arizona, da Califórnia, da Carolina do Sul, da Florida, do Hawai, de Ilinois, da Louisiana, de Montana, de Rhode Island e de Washington. Vários outros Estados reconhecem este direito como um direito implícito. Ver JOHN CRAIG, *op. cit.*, p. 61, MARK DICHTER e MICHAEL BURKHARDT, *Electronic Interaction in the workplace: monitoring, retrieving and storing employee communications in the Internet Age*, 1999, *in* www.mlb.com, pp. 19-20. Para a Constituição da Califórnia que reconhece também a privacidade do trabalhador ver ANN BRADLEY, "An Employer's Perspective on Monitoring Telemarketing Calls: Invasion of Privacy or Legitimate Business Practice", *in Labor Law Journal*, n.° 5, 1991, pp. 262-263.

[441] Neste sentido WILLIAM BLOSS, *op.*cit., p. 1, ao defender que o direito à privacidade é considerado um "direito fundamental, imbuído no espírito e na intenção dos Constituintes". Também PAUL REID, "Regulating Online Data Privacy", *in Script-ed*, vol. 1, n.° 3, 2004, p. 6, defende que, embora o direito à privacidade não esteja consagrado na Constituição, pode ser visto como uma extensão de um direito constitucional.

[442] Cf. NICOLA LUGARESI, *op. cit.*, p. 57, que também chama a atenção para duas características da Constituição. A primeira é que os direitos reconhecidos neste Documento são geralmente protegidos apenas contra o poder público, o que significa que são oponíveis ao Governo. A segunda característica, e que está relacionada com a anterior, é a de que os direitos constitucionais são geralmente negativos, impedindo os poderes públicos de fazerem algo, mas não lhes impondo um comportamento positivo.

[443] *Op. cit.*, pp. 61-62.

direito constitucional à *privacidade – right to privacy –*, ao lado da *common law*. Este direito surgiu com o caso *Griswold v. Connecticut*, em que se reconhece o poder de deduzir da Constituição a garantia dos direitos individuais e, nomeadamente, o direito à privacidade, que nela estão implicitamente contidos, conferindo-lhes uma notável extensão[444] [445]. Desde então este direito aproximou-se da tutela da liberdade individual[446], passando a ser invocado para outros casos, possibilitando sustentar o afastamento de outras restrições legais[447].

---

[444] Neste caso tratava-se de uma decisão sobre a questão da inconstitucionalidade colocada contra uma lei deste estado que proibia com sanções penais a distribuição, detenção e venda de contraceptivos.

Com esta decisão, e uma posterior de 1973, a noção de *privacidade* passa a abranger dois aspectos principais: segredo da vida privada (concepção inicial) e liberdade da vida privada, abarcando esta a possibilidade de efectuar as escolhas existenciais do ser humano. O primeiro está integrado na noção do *right to be let alone*. Cf. RAQUEL SERRANO OLIVARES, "El derecho a la intimidad como derecho de autonomia personal en la relación laboral", *in REDT*, n.º 103, 2001, p. 116.

[445] Nesta decisão, o tribunal mencionou expressamente que as "garantias previstas na Constituição – *Bill of rights* – têm uma penumbra que contribui para lhe dar vida e substância". Ver PAULO MOTA PINTO, "O Direito à reserva...", cit., p. 514, nota 97, FRANÇOIS RIGAUX, "L'élaboration d'un «right of privacy» par la jurisprudence américaine", *in RIDC*, n.º 4, 1980, p. 704, e JUDITH DECEW, *op. cit.*, pp. 21-22.

[446] *Loving v. Virgínia*, de 1967, como uma justificação para afastar o estatuto da Virgínia que impedia o casamento entre raças diferentes. Também o caso *Stanley v. Geórgia*, de 1969, que justificou a possibilidade das pessoas deterem "material obsceno" em sua casa. Ou, ainda, a decisão *Eisenstadt v. Baird*, de 1972, que permitiu a distribuição de meios contraceptivos. Nesta última decisão defendeu-se, inclusive, que "o direito à *privacidade* significa tudo, é o direito de cada pessoa, casada ou solteira, ser livre de intromissões governamentais em matérias tão fundamentais como as que dizem respeito à decisão de ter ou não ter uma criança". Ver JUDITH DECEW, *op. cit.*, p. 23. Cf. ainda, FRANÇOIS RIGAUX, *La protection de la vie privée...*, cit., pp. 167-168. Ver, também, com numerosa jurisprudência, AUGUSTO CERRI, *op. cit.*, pp. 3-6.

[447] Apesar da importância da sentença de 1965, em que se consagrou expressamente o direito à privacidade como um direito constitucional, a discussão sobre a natureza da privacidade começou bastante antes. Assim, logo em 1902, nos tribunais nova iorquinos colocou-se um caso – *Robertson v. Rochester Folding Box –*, já citado anteriormente, sobre o uso não consentido da imagem de uma mulher numa campanha de publicidade, recusando-se a existência de um direito à privacidade na *common law*. Em 1905 o Supremo Tribunal da Geórgia reconhece este direito no caso *Pavesich v. New England*, já citado anteriormente. O tribunal decidiu que este direito faz parte da liberdade natural do homem e não está ligado à propriedade privada ou à liberdade contra-

150   *A Privacidade dos Trabalhadores e as Novas Tecnologias...*

4.3.1.1.6. Tem-se considerado que a evolução da doutrina e da jurisprudência do Supremo Tribunal não tem sido tarefa fácil, nem ao nível político, nem ao nível jurisprudencial e que, finalmente, após um trabalho contínuo de quase meio século, o Tribunal reconheceu constitucionalmente o direito à privacidade, em 1965, mas fê-lo através de deduções das "sombras e penumbras"[448] contidas nas várias Emendas Constitucionais.

O Supremo Tribunal partiu do facto de a Constituição Americana não conter uma enumeração taxativa de direitos. Pelo contrário, tem-se a Nona Emenda que se erige como uma cláusula aberta que permite a incorporação de novos direitos já que dispõe que "embora a Constituição enumere certos direitos", não "deve entender-se que nega ou menospreza outros que o povo tem"[449]. Por outro lado, também a Décima Quarta Emenda forneceu ao Tribunal o argumento processual para analisar casos em que se colocavam questões relacionadas com a privacidade das pessoas, na medida em que consagra que todos os cidadãos não possam ser privados "da vida, liberdade, ou propriedade, sem o devido processo legal". Estas referências demonstram a intenção do legislador Constituinte em estabelecer certas expectativas de privacidade envolvendo as pessoas e a propriedade, mesmo perante a ausência de declaração expressa a prevê-las[450].

Desta forma, embora o direito à privacidade não esteja expressamente consagrado na Constituição, por inferência poderá ser encontrado em várias Emendas da Constituição.

O Supremo Tribunal Americano tem, assim, defendido que a Constituição impede intrusões governamentais em várias "zonas da privacidade", mencionando que a "privacidade é um direito mais fundamental do que qualquer outro enumerado no *Bill of Rights*"[451]. Como exemplos

---

tual. Relaciona-se este direito com a *Due Process of Law Clause*, em virtude do qual ninguém poderá ser privado de liberdade sem ter direito previamente a um processo legal.

[448] FRED CATE e ROBERT LITAN, "Constitutional Issues in Information Privacy", *in Michigan Telecommunications and Technology Law Review*, vol. 9, n.º 35, 2002, p. 39.

[449] Foi este um dos argumentos do caso *Griswold v. Connecticut*, conforme pode ver-se em WILLIAM BLOSS, *op.* cit., p. 6.

[450] Neste sentido WILLIAM BLOSS, *op.* cit., p. 7, e MARTÍNEZ MARTÍNEZ, *op.* cit., pp. 102-104.

[451] DAVID SCHOEMAN, *Privacy and Social Freedom*, Cambridge University Press, EUA, 1992, p. 12.

As Novas Tecnologias e a Privacidade

podem citar-se: a 1.ª Emenda, que consagra o direito de associação[452], assim como a liberdade de expressão[453], sendo que a interpretação desta emenda é especialmente enriquecedora já que, para além de consagrar estes dois direitos, possui um conteúdo muito amplo que se relaciona com a liberdade religiosa e com o direito à liberdade ideológica[454]; a 2.ª Emenda, que proíbe a intrusão de militares em casas em época de paz sem o consentimento do proprietário; a 4.ª Emenda, ao estabelecer a proibição de revistas e medidas nas pessoas que sejam desnecessárias e irrazoáveis; e a 5.ª Emenda, ao proteger os cidadãos contra a auto-incriminação.

Nos EUA verificam-se mais casos sobre violação da privacidade do que em qualquer outro ordenamento jurídico. Por isso, pouco a pouco, um direito à protecção da vida privada vai sendo consagrado, revestindo grande importância a jurisprudência constitucional, criadora de direitos não escritos, trazendo uma contribuição decisiva para a elaboração de um direito constitucional à vida privada[455]. Porém, a determinação do seu

---

[452] Cf. *NAACP v. Alabama*, de 1958, em que perante a obrigação da *National Association for the Advancement of Coloured People* de apresentar a sua lista de membros e de investigá-la, o Supremo Tribunal, utilizando o *balancing test*, concluiu que a liberdade de expressão, assim como o direito de associação prevaleciam sobre o interesse estadual invocado e que o Estado não tinha demonstrado a existência de uma necessidade que pudesse prevalecer no que concerne aos danos que a revelação poderia produzir nos direitos associativos. Desta forma, definia-se, de alguma maneira, um espaço de informação reservada das associações. *Vd.* neste sentido MARTÍNEZ MARTÍNEZ, *op.* cit., pp. 111-112.

[453] Nesta Emenda, a liberdade de expressão tem sido interpretada como fazendo uma alusão directa ao direito fundamental à liberdade própria de exprimir-se e tem-se proibido qualquer barreira injuriosa ou falsa a este direito. Ver o caso *Stanley v. Georgia*, de 1969, onde se decidiu que este Emenda salvaguarda o direito de possuir material pornográfico na sua própria casa.

[454] Podem classificar-se estes diferentes direitos naquilo que BALDASSARRE, *apud* MARTÍNEZ MARTÍNEZ, *op.* cit., p. 109, denomina de "privacidade política" e que classificou em diferentes categorias: recusa em prestar juramento de fidelidade à nação ou ao Governo; recusa a responder a determinadas perguntas sobre opiniões políticas no seio de investigações parlamentares e constitucionalidade da obrigação imposta para determinadas associações de comunicar a lista dos seus membros ou trabalhadores ao Governo Federal ou ao Estado, sendo que estas linhas de evolução estão relacionadas com o contexto de pós-guerra e o início da *Guerra Fria.*

[455] O desenvolvimento das leis sobre *privacidade* vingou a partir de dois níveis diferentes: ao nível da *common law*, onde os juízes desenvolvem soluções para evitar invasões particulares na *privacidade* das outras pessoas; e ao nível constitucional, onde os

conteúdo continuará a ser tarefa difícil[456]. Mas, ainda assim, a jurisprudência constitucional consagrou um direito à privacidade, considerado como o direito de toda a pessoa "de tomar sozinha as decisões na esfera da sua vida privada"[457].

Na jurisprudência americana contemplam-se dois níveis de protecção do direito à vida privada: a liberdade de efectuar as escolhas existenciais do ser humano – liberdade da vida privada; e o segredo da vida privada. Este último está integrado no denominado *direito a estar só*, protegendo as pessoas contra investigações sobre a sua vida individual e contra a divulgação dos dados relativos à mesma, assim como a captação e publicação da sua imagem[458].

O primeiro fundamento constitucional do segredo da vida privada encontra-se na 4.ª Emenda da Constituição, tendo o Supremo Tribunal consagrado que a protecção aí consagrada abrangia as escutas telefónicas realizadas pela polícia[459]. Esta Emenda concretiza, talvez, a mais forte acepção de privacidade e tem sido um terreno fértil para o crescimento da protecção da privacidade como bem constitucional[460]. Este preceito veio

---

tribunais federais adoptam medidas e estatutos para proteger o direito constitucional à *privacidade*. Cf. JAMES MICHAEL, *op.* cit., pp. 81-82.

[456] O juiz Black, autor da decisão no caso *Griswold v. Connecticut*, mencionou que a vida privada é "um conceito amplo, abstracto e ambíguo". Ver GUY SCOFFONI, *op.* cit., p. 247.

[457] PIERRE KAYSER, *op.* cit., p. 96.

[458] Ver BLANCA RODRÍGUEZ RUIZ, *op.* cit., p. 5, PIERRE KAYSER, *op.* cit., pp. 100-101, e RAQUEL SERRANO OLIVARES, "El derecho a la intimidad...", cit., p. 116.

[459] No ac. *Katz v. Unites States*, de 1967, o tribunal admitiu que uma intercepção de comunicações era assimilável às revistas compreendidas na 4.ª emenda. Mais: nesta decisão o tribunal reafirmou o princípio geral da expectativa razoável dos cidadãos à vida privada. O juiz HARLAN formulou uma regra a este nível, que não foi mais modificada, e que estabelece que para a necessidade de uma expectativa de vida privada ser protegida necessita de satisfazer dois critérios: a pessoa em causa deve crer que o meio utilizado para comunicar os seus pensamentos beneficia da protecção da lei; e, em segundo lugar, é necessário que essa percepção seja considerada como razoável pelo resto da sociedade. Este critério tem, assim, um elemento subjectivo e um objectivo. Mas a segunda parte do critério deixa uma grande amplitude aos tribunais. Cf. RENÉ PÉPIN, "Le statut juridique du courriel au Canada et aux États-Unis", *in* http://www.lex-electronica.org/articles, p. 5.

[460] No caso *United States v. Lefkowitz*, de 1932, o Tribunal decidiu que a IV Emenda foi "criada para salvaguardar o direito à privacidade". Ver WILLIAM BLOSS, *op.* cit., p. 5.

As Novas Tecnologias e a Privacidade

tutelar diferentes aspectos relacionados com o domicílio[461] e, inclusive, com âmbitos da intimidade corporal nos casos de investigação que exigem submeter o afectado a análises clínicas.

Deve assinalar-se que é no contexto do emprego dos meios de vigilância electrónica onde se aprecia a mudança de paradigma até a tutela de privacidade nos casos em que a decisão se fundamenta nesta Emenda Constitucional na medida em que se abandona a ideia da necessidade de um mínimo de intromissão física na propriedade. Nos casos *Berger v. New York*, de 1967 e *Katz v. United States*, de 1967[462] [463], supera-se definitivamente a ideia de *privacy-property*, presente desde o caso *Olmstead*[464]. No primeiro caso declarou-se inconstitucional uma norma que permitia emanar mandados judiciais que autorizassem a instalação de aparelhos de escuta. No segundo caso dá-se um importante passo na medida em que se decidiu que a Emenda se aplica a pessoas e não a lugares, o que dispensa a presença necessária de intromissão física, ultrapassando, desta maneira, a *trespass doctrine*[465] [466].

---

[461] No caso *Siverman v. United States*, de 1961, estava em causa uma gravação na residência de uma pessoa mediante a instalação de um microfone num muro e assinalou-se que, para além de supor uma intromissão no direito de propriedade, comportava, ainda, uma intrusão física que constituía uma invasão de domicílio. Cf. MARTÍNEZ MARTÍNEZ, *op.* cit., p. 123.

[462] Já referido anteriormente, nota n.º 459.

[463] Esta decisão é importante porque assenta as bases do que deve considerar-se as "legítimas expectativas de privacidade" – *expectation of privacy* –. Sobre a noção desta podem ver-se para maiores desenvolvimentos, WILLIAM BLOSS, *op.* cit., pp. 112 e ss., e BLANCA RODRÍGUEZ RUIZ, *op.* cit., pp. 35 e ss., referindo-se que este pressuposto acrescenta um grau adicional de indeterminação na definição deste direito pois obriga a definir, para além de privacidade, o que deve entender-se por "legítima expectativa". Em primeiro lugar o Tribunal, para a definir, socorre-se de parâmetros sociais que variam de época para época e, em segundo lugar, como também observa, ao definir o direito à privacidade, o Tribunal "não outorga à sociedade a função de decidir que expectativas de intimidade devem ser consideradas razoáveis, mas limita-se a observar que expectativas de intimidade são já razoáveis num determinado contexto".

[464] Anteriormente analisado, nota n.º 406.

[465] Vejam-se WILLIAM BLOSS, *op.* cit., pp. 111-112, e MARTÍNEZ MARTÍNEZ, *op.* cit., p. 126.

[466] Um caso interessante é o *Kyllo v. United States*, de 2001, onde se tratava de uma investigação sobre cultivo doméstico de marijuana utilizando *scanners* que analisavam as emissões de calor emanadas da residência. O juiz do Tribunal considerava que,

154   *A Privacidade dos Trabalhadores e as Novas Tecnologias...*

Um outro aspecto a ter em atenção no segredo da vida privada no plano constitucional diz respeito ao direito do indivíduo controlar a acumulação ou a divulgação de dados pessoais[467].

Por último, conforme refere GUY SCOFFONI[468], aplicações do segredo da vida privada encontram-se em matéria política, tendo o Supremo Tribunal consagrado um direito ao anonimato de participar numa associação[469].

---

como o demandante não tinha feito nada para impedir as emanações de calor, não existia qualquer expectativa de privacidade, sendo que o Governo entendia que só estava a captar informação externa da casa. Ver MARTÍNEZ MARTÍNEZ, *op.* cit., p. 127. Sobre esta forma de obter provas pode ver-se JONATHAN LABA, "If you can't stand the heat, get out of the drug business: thermal imagers, emerging technologies, and the Fourth Amendment", *in California Law Review*, vol. 84, 1996, pp. 1437 e ss..

[467] Uma primeira decisão nesta matéria é o ac. *Roe v. Wade* de 1973, onde o Supremo Tribunal afirmou que o conceito de vida privada reconhece uma quádrupla definição: pessoal, familiar, marital e sexual. Nesta decisão, as leis do Texas e da Geórgia que proibiam o aborto foram consideradas inconstitucionais por contrariarem a *privacidade* da mulher. Neste caso examinava-se a pretensão de poder abortar no Estado do Texas realizado por uma mulher que tinha sido violada em 1969, colocando-se dois tipos de argumentos: assinalava-se que os prejuízos que causava à mulher grávida, não são somente físicos e psíquicos, mas também sociais e legais (já que neste Estado as mulheres que estudavam perdiam o direito à matrícula ou viam-se forçadas a abandonar o seu trabalho), assim como, num segundo argumento, invocava-se que a Constituição tutelava as pessoas depois do nascimento, pois só assim concorrem as circunstâncias para aquisição da personalidade. Numa outra decisão, *California Bankers Association v. Schultz* , de 1974, o Tribunal confirmou a constitucionalidade da lei sobre o segredo bancário, de 1970, que obrigava a ter um ficheiro com certas transacções financeiras, nacionais ou estrangeiras, rejeitando assim o recurso fundado na violação da 4.ª e 5.ª Emendas Constitucionais. Mas numa outra sentença, *Thornburgh v. American College of Obstreticians and Gynecologists*, o Tribunal declarou a inconstitucionalidade de uma obrigação de ter ficheiros em matéria de aborto, por falta de garantias suficientes. Num acórdão de 1992, *Plannes Parenthood v. Casey*, o Supremo Tribunal, contudo, voltou a confirmar a constitucionalidade de tais ficheiros. Ver GUY SCOFFONI, *op.* cit., pp. 250-251, e MARTÍNEZ MARTÍNEZ, *op.* cit., pp. 131-132.

[468] *Op.* cit., p. 251.

[469] Caso *National Association for the Advancement of Coloured People*, de 1958, onde os juízes reconheceram a ligação vital entre a liberdade de se associar e o segredo da vida privada dos membros da associação. No mesmo sentido, na decisão *Shelton v. Tucker*, de 1960, o Tribunal considerou inconstitucional uma lei que exigia a todos os professores a divulgação da sua filiação em associações. Também garante este direito como corolário da liberdade de opinião e fê-lo no ac. *Sweezy v. New Hampshire*, de 1957.

As Novas Tecnologias e a Privacidade 155

O Supremo Tribunal tem, ainda, garantido o direito de cada pessoa tomar, com total autonomia, as decisões que lhe dizem respeito, direito cuja extensão abarca, entre outras, a de tomar anticoncepcionais, de abortar, o modo de educar os filhos, o uso de cabelos compridos em certas profissões e de práticas homossexuais[470] [471].

Embora a Constituição e as suas Emendas tivessem tido como intuito original proteger os cidadãos das acções do governo federal, actualmente considera-se que a maior parte dos seus direitos são protegidos também perante os governos locais, através da invocação da 14.ª Emenda[472], mas não são válidos para os poderes privados. Assim, os diversos direitos à protecção do segredo da vida privada em relação às pessoas privadas não podem derivar da Constituição federal[473].

As garantias da protecção da privacidade podem ser alvo de limitações e, se inicialmente existia um movimento jurisprudencial favorável aos interesses deste direito, mais recentemente o Supremo Tribunal

---

[470] Contudo, nos últimos tempos, tem-se notado uma tendência contrária, com o Supremo Tribunal a permitir que se estabeleçam limites ao direito ao aborto no caso de menores e quanto ao esclarecimento prestado por estabelecimentos de saúde públicos sobre o mesmo. Ver PAULO MOTA PINTO, última *op.* cit., p. 515, e JUDITH DECEW, *op.* cit., pp. 24-25. Esta autora menciona que o direito à *privacidade* não tem tido muito sucesso quanto à protecção do fundamento para o aborto – *Harris v. McRae*, de 1980; em relação à protecção dos direitos dos pais, em proteger dados computorizados de pacientes com prescrições médicas de medicamentos perigosos, embora legais; e, por último, de protecção da intimidade do comportamento sexual – caso *Bowers v. Hardwick*, de 1986.

[471] Porém, como nota PAULO MOTA PINTO, "O Direito à reserva..., cit., p. 515, nota 98, a privacidade é praticamente utilizada nos casos onde estão em causa quaisquer direitos fundamentais ligados à liberdade das pessoas. As matérias sujeitas ao Supremo Tribunal não tinham um fundamento substancial comum que permitisse dar coesão a esta privacidade. Esta, entendida desta maneira, corre o risco de se esbater, despojada que está da sua fundamental e primeira união à informação sobre o indivíduo.

[472] Ver DEWEY POTEET, "Employee privacy in the Public Sector", *in* http://www.findlaw.com, p. 1.

[473] Embora possa ver-se que em casos relacionados com a saúde, tem-se defendido uma certa aplicação ao sector privado. *Vide* o caso *Whalen v. Roe*, de 1977, em que o Supremo Tribunal decidiu que certas normas do sector da saúde devem ser aplicadas também no sector privado. O efeito destes argumentos é a extensão para o sector privado de obrigações constitucionais previamente aplicáveis apenas ao Governo. Veja-se, neste sentido FRED CATE e ROBERT LITAN, *op.* cit., p. 40.

156   *A Privacidade dos Trabalhadores e as Novas Tecnologias...*

tem entendido de uma forma mais exigente os requisitos para esta protecção[474].

4.3.1.1.7. Os acontecimentos do 11 de Setembro de 2001 parecem marcar, para as organizações de defesa dos direitos civis e da privacidade, um ponto de inflexão que conduz a uma considerável redução do patamar alcançado na protecção da privacidade[475]. Nos anos imediatamente anteriores, tanto as organizações como os meios de comunicação vinham denunciando as intromissões contra a privacidade na *Internet* e em geral. O Governo não só limitava o uso de criptografia como utilizava programas de rastreamento do *e-mail*, como o *Carnivore*[476], por parte do FBI ou o *Echelon*, fruto da colaboração de diferentes serviços de inteligência de países anglo-saxónicos, mas liderado pelos EUA.

Todas estas diversas políticas aumentaram no pós 11 de Setembro e levaram à criação do *USA Patriot Act*[477] que visa reformar as normas processuais para facilitar a acção do Estado na luta contra o terrorismo e nos temas relacionados com a segurança nacional. Pretende, ainda, reformar os tipos penais e criar alguns novos motivados pelos trágicos eventos ocorridos[478].

---

[474] No caso *Minnesota v. Carter*, de 1998, o Tribunal afirmou que a 4.ª Emenda não protege pessoas que se encontrem temporariamente na casa de outrem por razão de negócios contra revistas "não razoáveis". No mesmo sentido, na decisão *Wyoming v. Houghton*, de 1999, o Tribunal declinou os argumentos dos requerentes, julgando constitucional uma revista efectuada pela polícia sem precedência de mandado desde que haja motivos legítimos para ela. Ver GUY SCOFFONI, *op.* cit., pp.254-255.

[475] *Vide*, neste sentido, WESTIN, "Social and Political Dimensions of Privacy", *in Journal of Social Issues*, vol. 59, n.º 2, 2003, pp. 448 e ss.

[476] Ver o Documento submetido a 6 de Setembro de 2000, ao *Committee on the Judiciary United States Senate*, *"The "Carnivore" controversy: electronic surveillance and privacy in the digital age"*.

[477] *Uniting and Strengthening America by Providing Appropriate Tools Required to Intercept and Obstruct Terrorism Act.*

[478] Cf. sobre este Documento MARTÍNEZ MARTÍNEZ, *op.* cit., p.. 143 e ss., assim como LEE STRICKLAND, "The USA Patriot Act Redux: Should We Reauthorize or Repudiate the Post-9/11 Authorities", *in Bulletin of the American Society for Information Science and Technology*, vol. 31, n.º 5, 2005, pp. 25 e ss., e STEVE HARDIN, "First Plenary Session Openness, Privacy and National Security Post 9/11: A Debate", *in Bulletin of the American Society for Information Science and Technology*, vol. 29, n.º 3, pp. 10 e ss.. A nível do Direito do trabalho e das repercussões na privacidade dos trabalhadores pode

O *USA Patriot Act* foi duramente criticado pelas organizações de defesa dos direitos civis, particularmente por parte da ACLU, que assinala uma constante redução das liberdades democráticas dos cidadãos[479], a que se opõe um aumento substancial dos poderes do Estado e dos instrumentos de vigilância colocados à sua disposição. Este Documento permite uma maior facilidade de acesso aos dados e informações pessoais, assim como a expansão das faculdades de intercepção das comunicações electrónicas e das várias possibilidades de actuação neste campo pelos serviços de inteligência, bem como o aumento dos controlos praticados ocultamente[480].

4.3.1.1.8. Esta análise da doutrina e da jurisprudência parece demonstrar até que ponto o direito à privacidade deve ser concebido como um direito aberto. Perante a enorme influência que o contexto e a sociedade desempenham na própria concepção da privacidade, uma noção aberta deste direito permite fazer frente aos diferentes problemas que ocorrem e, também, às inovações tecnológicas que vão surgindo a todo o momento e perante as quais o legislador não consegue responder imediatamente já que o tempo da inovação e o tempo do legislador estão desfasados, andando o primeiro muito mais rápido do que o segundo. É o eterno problema da reactividade da ciência jurídica.

Entende-se ser possível conceber uma noção ampla deste direito à privacidade que consiga solucionar os diversos problemas que as NTIC possibilitaram e que encontram neste direito a sua "principal porta de entrada"[481], na medida em que é essencial para a conformação da personalidade e garante da autonomia individual e, consequentemente, desempenha um papel fulcral no que concerne a outros direitos fundamentais, como a liberdade de expressão e a liberdade de participação democrática.

---

ver-se, a título exemplificativo, CLARE SPROULE, "The Effect of The USA Patriot Act and Workplace Privacy", *in Cornell Hotel and Restaurant Administration Quarterly*, n.º 10, 2002, pp. 65 e ss..

[479] Conforme pode ver-se nos sucessivos relatórios que promove.

[480] *Vd.* BARRY STEINHARDT, "The Surveillance-Industrial Complex: How the American Government is Conscripting Businesses and Individuals in the Construction of a Surveillance Society", conferência proferida na 27.ª Conferência Internacional sobre a Privacidade e Protecção de Dados Pessoais, em Setembro de 2005, *in* www.cnil.fr, e MARTÍNEZ MARTÍNEZ, *op.* cit., p. 148.

[481] No mesmo sentido MARTÍNEZ MARTÍNEZ, *op.* cit., pp. 150-151.

158   *A Privacidade dos Trabalhadores e as Novas Tecnologias...*

4.3.1.2. *A protecção da privacidade no Canadá: breve referência*

O Canadá não tem uma Constituição escrita. Só tem o *Acte de l'Amérique du Nord britannique*, de 1867, uma lei britânica que o estruturou numa federação com quatro províncias – à data. Esta situação mudou quando, em 1982, a Lei de 1867 foi "repatriada" para o Canadá e estabelecida a *Charte canadienne des droits de la personne* na Constituição[482]. Esta Carta reconhece vários direitos fundamentais e protege-os contra todos os abusos praticados pelo Estado. A carta canadiana alterou o panorama legal deste país no que concerne à protecção da privacidade[483].

Neste ordenamento jurídico[484], ao contrário do ordenamento jurídico dos Estados Unidos, o reconhecimento do direito à privacidade é mais tardio do que nos EUA. Para explicar esta condição, os autores invocam a ideia de que no Canadá a urbanização ocorreu mais tardiamente que nos Estados Unidos. Mas esta ausência de fundamento jurídico não significa que não houvesse uma protecção legal de alguns aspectos deste direito, como é o caso de atentados à propriedade[485], à posse mobiliária[486], à integridade corporal[487], à difamação[488], à mensagem prejudicial[489] e ao abuso de confiança[490]. Mas este tipo de protecção revelou-se várias vezes inaplicável ou, até, ineficaz, tendo a situação mudado com a entrada em vigor da *Carta*, assim como da intervenção do Supremo Tribunal e o reconhecimento deste direito em certas províncias[491] e territórios da *common law*[492 493].

---

[482] Doravante *Carta*.

[483] Ver neste sentido GILLES TRUDEAU, "Vie professionnelle et vie personnelle – Tâtonnements nord-américains", *in DS*, n.º 1, 2004, p. 16, e JOHN CRAIG, *op.* cit., p. 115.

[484] De notar que o Canadá é um país de *common law*, com a excepção do Québec, que se rege pelo direito civil.

[485] *Trespass on land.*

[486] *Trespass to chattels.*

[487] *Trespass to the person.*

[488] *Defamation.*

[489] *Injurious falsehood.*

[490] *Breach of confidence.*

[491] Podem referir-se as seguintes províncias: Saskatchewan, Newfounfland, Manitoba, British Columbia, Ontario e o Québec.

[492] CYNTHIA CHASSIGNEUX, *op.* cit., p. 8.

[493] Deve fazer-se uma ressalva em relação à província do Québec porque é um caso pioneiro na América do Norte já que, subsidiária do sistema de direito civil, esta pro-

O conceito de privacidade tem estado presente neste ordenamento jurídico, quer em legislação, quer em decisões judiciais. Mas o Canadá não tem um regime de privacidade único e compreensivo[494], nem em termos gerais, nem em termos sectoriais, referindo-se aqui especificamente ao Direito do trabalho[495]. Pelo contrário, há uma certa "mistura confusa" entre as várias leis aplicáveis[496] e a aplicação da *Carta*, assim como na sua interpretação.

A *Carta* não contém uma referência directa ao direito à privacidade, mas a secção 8 assegura um direito a não ser sujeito a "buscas ou revistas irrazoáveis"[497], e o Supremo Tribunal, em sede interpretativa, tem

---

víncia reconhece expressamente o direito à privacidade. Por um lado, fá-lo na *Charte des droits et libertés de la personne*, cujo art. 5.º dispõe que "toda a pessoa tem direito ao respeito da sua vida privada" e, por outro, há o Código Civil do Québec, onde este direito é reconhecido quer pelo art. 3.º que dispõe que "toda a pessoa é titular de direitos de personalidade, tais como o direito à vida privada, à inviolabilidade e à integridade da sua pessoa, ao respeito do seu nome, da sua reputação e da sua vida privada", quer pela sua confirmação nos arts. 35.º e ss. que reconhecem que "toda a pessoa tem direito ao respeito da sua reputação e da sua vida privada. Ninguém pode atentar contra estes sem o consentimento da pessoa ou sem que a lei autorize", estabelecendo um regime geral de protecção dos dados pessoais. Esta consagração do direito à privacidade enquanto direito de personalidade foi influenciada quer pela jurisprudência, quer pela doutrina. Esta província, ainda dentro da protecção da privacidade, adoptou legislação que visa proteger o direito à privacidade informacional relacionada com as NTIC, tanto dentro do sector público, como no sector privado. Mais uma vez, o Québec foi precursor em matéria de protecção de dados pessoais no sector privado. Com a *Lei sobre protecção dos dados pessoais no sector privado*, esta província insere-se na linha das legislações que visam proteger as pessoas em todos os sectores das suas vidas e não só no sector público. *Vide* CYNTHIA CHASSIGNEUX, *op.* cit., pp. 11 e ss., e SYLVAIN LEFÈBVRE, *op.* cit., pp. 170 e ss.

[494] HAZEL OLIVER, *Why information privacy...*, cit., p. 72.

[495] Sobre este pode ver-se *infra* n.º 4.4.4..

[496] Há várias Leis canadianas que se referem directamente ao direito à privacidade de cada um em diversas circunstâncias. Mas há que atender que esta legislação não confere uma aproximação coerente a este tema, sendo tudo isto largamente devido às complexidades do sistema federal canadiano, onde o Governo federal só pode legislar em determinadas matérias, cabendo às províncias regularem outras. Em termos de legislação há o Código Penal cuja secção 187 regula a proibição de intercepção de comunicações, o *Federal Privacy Act* que regula a recolha e tratamento de informação pessoal pelo Governo e o *Personal Information Protection and Electronic Documents Act* (*PIPEDA*).

[497] Historicamente a protecção que era conferida neste ordenamento jurídico contra este tipo de condutas efectuada pelos agentes do Estado fundava-se no direito de todas

entendido que abrange o direito à privacidade. Assim, no caso *Hunter v. Southam*, de 1984[498], o Tribunal elevou o direito à privacidade ao nível constitucional já que decidiu que esta provisão legal devia ser interpretada como conferindo ao indivíduo uma "expectativa razoável" de privacidade. Também em *R. v. Dyment*, de 1988, os juízes LA FOREST e DICKSON basearam-se nesta secção 8 para decidirem que "cada um tem direito à protecção contra revistas e buscas abusivas" para firmar a importância da privacidade nas sociedades democráticas. O juiz LA FOREST propôs uma categorização deste direito em três zonas: a primeira comportando aspectos territoriais e espaciais, a segunda, relativa às pessoas, e a terceira, referente ao direito à privacidade informacional que releva para o controlo associado às NTIC[499] [500].

A secção 8 da *Carta* protege as pessoas e não os lugares ou as coisas, sendo que protege os indivíduos unicamente contra as acções do Estado no sentido da sua secção 32.

Há que ter em atenção, ainda, a secção 24.° da Lei que sanciona o desrespeito por uma das garantias constitucionais, incluindo, assim, a secção 8.°. Desta forma, num contexto penal é a este artigo que deverá recorrer-se[501].

O papel do Supremo Tribunal tem sido muito relevante na consagração do direito à privacidade e tem sido entendido como constituindo uma busca, ou uma revista ou uma apreensão no sentido da secção 8 da *Carta*, *inter alia*, uma intercepção das comunicações efectuada de forma confidencial[502], o interrogatório de uma pessoa detida em relação a objectos na

---

as pessoas ao gozo dos seus bens e estava ligado ao direito aplicável em matéria de intrusão, isto é, *trespass*.

[498] Nesta decisão o Tribunal entendeu esta protecção no mesmo sentido que o Supremo Tribunal americano tinha adoptado no caso *Katz*, já anteriormente analisado, nota n.° 459.

[499] Não pode esquecer-se que estas disposições só se aplicam ao sector público, o que limita bastante o seu campo de aplicação.

[500] Cf. CYNTHIA CHASSIGNEUX, *op.* cit., pp. 9-10, HAZEL OLIVER, *Why information privacy...*, cit., pp. 90-91, e KAREN ELTIS, *op.* cit., pp. 506-507.

[501] Ver FRANÇOIS BLANCHETTE, *op.* cit., p. 12 e ss.

[502] Caso *R. v. Duarte*, de 1990 e *R. v. Thompson*, de 1990. No primeiro caso tratava-se de intercepção de um encontro entre um suspeito, um informador da polícia e um polícia disfarçado. A aproximação neste caso feita pelo juiz LA FOREST reconhece

As Novas Tecnologias e a Privacidade

sua posse[503], a captação de uma imagem vídeo de um local ou de uma pessoa[504], a utilização de um dispositivo de localização, a *bumper beeper*[505], a inspecção de documentos comerciais feitas no quadro de um regime regulamentar[506], a inspecção do perímetro de uma casa de habitação[507], a busca efectuada numa casa com base num odor a marijuana[508], a fotocópia de documentos que beneficiam de uma expectativa razoável de privacidade[509] e a protecção do *e-mail*[510] [511].

É graças a esta copiosa jurisprudência que a privacidade passa a ter um papel de destaque nos direitos fundamentais, chegando a ser declarado que "a privacidade está no coração da liberdade no Estado moderno" e que é "essencial para o bem-estar individual"[512]. O direito à privacidade surge, desta forma, como um direito fundamental e com um valor muito importante na sociedade canadiana.

4.3.2. *A protecção da privacidade no contexto europeu*

No contexto jurídico europeu o direito à privacidade apresenta-se bastante diferente a vários níveis em relação à sua visão nos Estados Uni-

---

o potencial da vigilância electrónica na privacidade das pessoas, sendo necessário recorrer ao princípio da proporcionalidade. Cf. HAZEL OLIVER, *Why information privacy...*, cit., pp. 92-93.

[503] Caso *R. v. Mellenthin*, de 1992.

[504] *R. v. Wong*, de 1990. Neste caso, mais uma vez relacionado com a vigilância e controlo electrónico, tratava-se de vigilância feita pela polícia de um quarto de hotel que estava a ser usado para jogo ilegal. Mais uma vez entendeu-se que a vigilância não autorizada violava a "expectativa razoável de privacidade" consagrada nesta secção.

[505] *R. v. Wise*, de 1992.

[506] *Comité paritaire v. Potash*, de 1994.

[507] *R. v. Kokesch*, de 1990.

[508] *R. v. Evans*, de 1996.

[509] *Comité paritaire v. Potash*, de 1994.

[510] *R. v. Weir*, de 1996. Cf., sobre este caso GLEN EDDIE, "E-mail, the Police, and the Canadian Charter of Rights and Freedoms: Retooling Our Understanding of a Reasonable Expectation of Privacy in the Cyber Age", *in International Review of Law Computers & Technology*, vol. 14, n.° 1, pp. 64 e ss.

[511] Ver FRANÇOIS BLANCHETTE, *op. cit.*, p. 12 e ss., e HAZEL OLIVER, *Why information privacy...*,cit., pp. 91 e ss..

[512] Cf. *R. v. Dyment*, já citado, e JOHN CRAIG, *op. cit.*, p. 115.

dos e no Canadá[513]. Assim, enquanto nos EUA a noção de privacidade surgiu logo no séc. XIX e, na Suíça, no primeiro quartel do séc. XX, nos restantes países da Europa Continental foi preciso esperar pelo fim da II Guerra Mundial para que a protecção da vida privada se começasse a desenvolver e a ampliar, não mais parando de se intensificar[514]. Por outro lado, embora os Estados Unidos tenham estado *à frente* da Europa nos progressos associados às inovações tecnológicas, não são o espaço por excelência onde, em paralelo com o desenvolvimento tecnológico, se mostre um particular interesse para proteger o indivíduo perante eventuais violações dos direitos derivados do seu emprego. Parece, assim, que a Europa se erige, desde muito cedo, como a grande defensora do direito subjectivo da pessoa em dispor e controlar os dados que lhe respeitam[515].

Em relação à interpretação deste direito há uma posição muito mais protectora na Europa continental, através do respectivo desenvolvimento normativo e jurisprudencial, do que naqueles ordenamentos jurídicos, não visando apenas uma dimensão meramente negativa como um direito de reacção perante o Estado, mas também como um direito que possui uma faceta positiva que abarca prestações e actuações, quer por parte do Estado, quer por parte de instituições privadas[516]. Por outro lado, o modelo continental tem, ainda, várias diferenças em relação ao sistema da *common law*[517] já que se trata de um Direito "legislado"onde o juiz, pelo menos sob o ponto de vista teórico, decide com subordinação à vontade expressa pelo constituinte ou pelo legislador. Mas, mesmo considerando este aspecto, não pode deixar de atender-se ao papel fundamental que tem vindo a ser desenvolvido pelos tribunais constitucionais de vários

---

[513] BLANCA RODRÍGUEZ RUIZ, *op.* cit., p. 6, entende que, tendo em atenção a influência que o tratamento do direito à privacidade no ordenamento jurídico dos EUA teve, poderia pensar-se que a "confusão" vigente seria importada para a Europa, a que acresceria a dificuldade de encontrar um sinónimo para o termo *privacy*, o que originou que os diferentes ordenamentos jurídicos tivessem que encontrar algum tipo de sinónimo e adoptassem "expressões complexas". Mas a autora acaba por defender que este direito começa a adquirir tradição própria na Europa.

[514] *Vd.* FRANÇOIS RIGAUX, *La liberté* ..., cit., p. 545.

[515] Cf. M.ª DEL CARMEN GUERRERO PICÓ, *op.* cit., p. 27, e PIÑAR MAÑAS, "El derecho fundamental a la protección de datos personales", *in Proteción de Datos de...*, cit., p. 19.

[516] Neste sentido ver MARTÍNEZ MARTÍNEZ, *op.* cit., pp. 153-154.

[517] Neste sentido MARTÍNEZ MARTÍNEZ, *op.* cit., p. 154.

As Novas Tecnologias e a Privacidade 163

ordenamentos jurídicos[518] e pelo Tribunal Europeu dos Direitos Humanos – TEDH –[519].

A União Europeia apresenta, também, elementos de diferenciação dos ordenamentos jurídicos norte-americanos já que tem em vista um processo de construção com vista à criação de um ordenamento jurídico comum. Pretende-se, desta forma, e tendo em consideração o princípio da subsidiariedade, uma harmonização de legislações cada vez maior entre os diversos Estados membros.

Todos os países europeus conhecem e protegem, actualmente, de forma mais ou menos extensa, o direito à privacidade e os seus diversos atributos, quer no Direito público, quer no Direito privado[520] [521]. Mas a forma concreta que é dada a essa protecção pode diferir e é influenciada pela respectiva legislação nacional e pela tradição política[522].

---

[518] Conforme irá ver-se, ainda neste capítulo, n.os 4.3.2.4. e ss..

[519] Cf. n.º 4.3.2.2..

[520] MARIE-THÉRÈSE MEULDERS-KLEIN, op. cit., p. 790, entende o mesmo embora defenda que "seria excessivo" pretender que estes ordenamentos jurídicos tivessem adoptado o modelo americano de privacidade.

[521] A ideia dos direitos fundamentais na Europa é já antiga podendo encontrar-se já desde o século V A.C. a ideia que estes direitos são reconhecidos neste Continente como uma ideia filosófica, tendo principiado no século XI D.C. o seu acolhimento como direitos naturais do homem. Ver PETER QUASDORF, apud DAVID DE OLIVEIRA FESTAS, op. cit., p. 28, nota n.º 34.

[522] Não se irão abordar neste trabalho todos os ordenamentos jurídicos dos vários Estados membros mas poderá referir-se, a título de curiosidade que, na Áustria, a Constituição reconhece aspectos parciais da privacidade, estando de acordo com o art. 8.º da CEDH, não tendo, desta forma, um artigo específico a consagrar este direito. Na Bélgica, o direito à privacidade está constitucionalmente garantido no art. 22.º que determina que: "todos têm direito ao respeito à sua vida privada e familiar, a não ser nos casos e nas circunstâncias determinadas por lei". A noção de privacidade abrange, assim, a privacidade informacional, a privacidade médica, a privacidade nas comunicações e a autodeterminação. Na Dinamarca, o direito à privacidade não está consagrado como um princípio geral mas na secção 72 da Constituição estão assegurados o segredo da correspondência e das telecomunicações e a protecção da propriedade privada. A Finlândia é um ordenamento jurídico muito específico porque tem legislação própria que protege a privacidade do trabalhador, através do Act on Protection of Privacy in working Life, de 2004, que alterou a legislação sobre esta mesma matéria de 2001. Em relação à privacidade em geral ela está assegurada na Constituição, sendo que o segredo de correspondência, telefónico e de outras comunicações confidenciais é considerado inviolável. Também na Grécia, o direito

No que concerne ao direito à protecção de dados, ou direito à auto-determinação informativa, que se defende fazer parte também do novo conceito de privacidade na sua vertente positiva, no sentido de o indivíduo ter controlo sobre a informação que lhe respeita, foi reconhecido nos diferentes ordenamentos jurídicos europeus como consequência do desenvolvimento tecnológico e dos seus impactos nos direitos fundamentais. Este reconhecimento, porém, é relativamente recente[523] e ocorre quando se adverte para os *perigos* que as inovações tecnológicas, sobretudo as relacionadas com a informática, poderiam trazer para a privacidade das

---

à privacidade tem sido considerado como um direito fundamental, sendo que deriva do direito geral de personalidade. Na Holanda, o direito à privacidade está estreitamente ligado ao art. 8.º da CEDH e encontra-se estabelecido no art. 10.º da Constituição em conjugação com o art. 13.º que estabelece a privacidade das comunicações. Na Suécia está estabelecida no Ponto 2 do Capítulo 2 do *Instrument of Government Act*, de 1974. Ver AAVV., *Employment Privacy Law in the European Union: surveillance and monitoring*, (coord. FRANK HENDRICKX), Intersentia, Antuérpia, Oxford, Nova Iorque, 2002, *passim*, ANTTI SUVIRANTA, "Impact of Electronics Labor Law in Finland", *in Comp. Labor Law & Pol'y Journal*, vol. 24, 2002, pp. 105-106, FRANK HENDRICKX, *Protection of worker's personal data in the European Union – Two studies, in* www.europa.eu, pp. 10 e ss., REBECCA WONG, "The Shape of Things to Come: Swedish Developments on the Protection of Privacy", *in Script-ed*, vol. 2, n.º 1, 2005, pp. 107 e ss., SJAAK NOUWT, BEREND VRIES e DORUS VAN DER BURGT, "Camera Surveillance and Privacy in the Netherlands", *in Social Science Research Network Electronic Paper Collection*, http://ssrn.com/abstract, e ULRICH RUNGGALDIER, "Diritto del lavoro e diritti fondamentali: Austria", *in LD*, ano XIV, n.º 4, 2000, pp. 621 e ss..

[523] Para PUENTE ESCOBAR, *op. cit.*, pp. 38 e ss., pode dividir-se em 6 períodos a evolução da protecção de dados de carácter pessoal. A primeira, de 1967 a 1970, está relacionada com as origens da protecção de dados. A segunda fase, de 1970 a 1975, consiste nos primeiros desenvolvimentos legislativos nesta matéria, as denominadas leis de primeira geração. A terceira fase, de 1975 a 1980, relaciona-se com novos desenvolvimentos das legislações de protecção de dados. Trata-se da segunda geração de leis. A quarta fase corresponde à maturidade da protecção de dados e decorre entre 1980 e 1998. É a terceira geração de leis. A quinta fase é a uniformização das Leis de protecção de dados e decorre de 1998 a 2000. A sexta e última fase corresponde à actual e consiste na configuração da protecção de dados como um direito fundamental na União Europeia. M.ª EDUARDA GONÇALVES, *op. cit.*, defende, a propósito destas diferentes gerações de Leis, que as da primeira geração partiram ainda das analogias entre as problemáticas da protecção da intimidade da vida privada e da protecção de dados pessoais informatizados. Mas, a especificidade e a autonomia desta afirmou-se, posteriormente, tendo inspirado a elaboração das Leis de segunda geração.

pessoas. Para que a pessoa se pudesse proteger destas novas ameaças era necessário ir mais além na protecção, reconhecendo ao indivíduo as faculdades necessárias para que pudesse controlar e dispor livremente dos dados pessoais que lhe dizem respeito como garantia última da sua dignidade e do livre desenvolvimento da sua personalidade.

O reconhecimento destas faculdades produziu-se de forma distinta nos diferentes estados, sendo que a principal diferença, subscrevendo o defendido por MÓNICA ARENAS RAMIRO[524], é a que existe entre os ordenamentos jurídicos em que as novas faculdades de controlo e disposição dos próprios dados pessoais se consideraram um novo conteúdo, um novo âmbito protegido por um direito fundamental já existente, o direito à intimidade ou outro direito fundamental, e aqueles em que se reconheceu um novo direito fundamental, o direito à protecção de dados pessoais, cujo conteúdo é formado pelas faculdades referidas anteriormente[525].

4.3.2.1. O direito à privacidade nos textos internacionais do Conselho da Europa

Após a II Guerra Mundial foi criado, no ano de 1949, o Conselho da Europa com o duplo objectivo de proteger os direitos humanos e as liberdades fundamentais e promover uma maior unidade entre os diferentes Estados europeus. A criação do Conselho surge dos esforços do pós-guerra baseados no desenvolvimento da democracia e no respeito pelos direitos fundamentais[526]. Não se tratava só de garantir esses valores como também de caminhar para uma "sociedade europeia"[527] que impedisse que se repetissem os horrores das duas Guerras Mundiais que dividiram euro-

---

[524] El derecho fundamental..., cit., p. 378.

[525] Considera-se que o direito à privacidade engloba já esta protecção, não sendo necessária a consagração de um novo direito fundamental. Cf. em 4.4., aquando da análise do ordenamento jurídico nacional, mais desenvolvimentos sobre esta posição.

[526] Como é assinalado no art. 1.º do Estatuto do Conselho da Europa, a finalidade do mesmo consiste em conseguir uma maior unidade entre os seus membros para a salvaguarda e realização dos ideais e princípios que constituem uma herança comum e para facilitar o seu progresso social e económico, através, entre outros meios, da protecção e desenvolvimento dos direitos humanos e das liberdades individuais.

[527] MARTÍNEZ MARTÍNEZ, op. cit., p. 156.

peus[528] com o seu desfecho fatídico na perda de vidas humanas[529]. Inicialmente o Conselho da Europa foi formado por dez Estados e, actualmente, são quarenta e sete. Um ano depois da sua criação foi elaborado o Documento que é considerado o marco mais importante deste Conselho, a "jóia da Coroa"[530], e que é a *Convenção Europeia dos Direitos Humanos*[531]. Trata-se de Documento internacional com a finalidade de proteger certos direitos e liberdades consideradas fundamentais e, por isso, contém um catálogo de direitos que têm de ser respeitados e garantidos pelos Estados membros. Esta *Convenção* pode considerar-se, então, o primeiro texto europeu que consagra a tutela da privacidade. A CEDH inspira-se noutros Documentos internacionais como a DUDH e o projecto de 1949 do PIDCP. Mas, existem diferenças importantes entre estes vários Documentos[532]. Em primeiro lugar, a *Convenção* está dotada da obrigatoriedade própria dos tratados internacionais, enquanto a DUDH não a tem. Por outro lado, a CEDH estabelece várias garantias judiciais internacionais para controlar o respeito dos direitos que consagra, enquanto a DUDH nada consagra. Por estas razões, esta *Convenção* ocupa um papel cimeiro entre os vários instrumentos de protecção dos direitos humanos, não podendo deixar de atender-se que foi sendo completada com Protocolos adicionais através dos quais se ampliaram o número de direitos nela reconhecidos ou o sistema de protecção a estes associado. Assim, perante a escassa aplicabilidade de outros textos internacionais, a *Convenção* é par-

---

[528] Relaciona-se com esta situação o crescente interesse pela dignidade da pessoa humana, tal como MARIE-LUCE PAVIA, "La Dignité de La Personne Humaine", *in libertés et droits fondamentaux*, 11.ª edição, Dalloz, Paris, 2005, p. 144, assinala.

[529] FROSINI, *apud* MARTÍNEZ MARTÍNEZ, *op.* cit., p. 156, destacou a relação entre a influência das novas tecnologias com o reconhecimento a nível internacional dos Direitos Humanos ao defender que "o observador social deve, porém, constatar que é precisamente em coincidência histórica com a erupção da civilização tecnológica após a segunda guerra mundial, também em parte por uma reacção da consciência humana perante os horrores que tinha presenciado, quando a sociedade civil reivindicou avanços decisivos no plano do reconhecimento e das garantias jurídicas dos direitos humanos no marco planetário".

[530] Expressão de K. D. EWING, "The Human rights Act and Labour Law", *in ILJ*, vol. 27, n.º 4, 1998, p. 276.

[531] CEDH. Como refere IRFAN DEMIR, *op.* cit., p. 27, o nome original da Convenção é *Convenção para a Protecção dos Direitos Humanos e Liberdades Fundamentais* mas ficou conhecida apenas por *Convenção Europeia dos Direitos Humanos*.

[532] MÓNICA ARENAS RAMIRO, *El derecho fundamental...*, cit., pp. 44-45.

ticularmente eficaz no âmbito da protecção dos direitos humanos naqueles Estados que aceitaram subscrevê-la.

O direito ao respeito pela privacidade está expressamente consagrado no art. 8.º da CEDH que declara que "qualquer pessoa tem direito ao respeito da sua vida privada, familiar, do seu domicílio e da sua correspondência". Este instrumento normativo significou um progresso já que a *Declaração Universal dos Direitos Humanos* apenas reconhecia de uma maneira indirecta o direito à reserva da vida privada[533]. Por outro lado, constitui, igualmente, um avanço quando distingue a protecção da vida privada da honra[534]. No art. 8.º a *Convenção* consagra unicamente o direito ao respeito pela vida privada, com a vantagem de o associar ao segredo da correspondência[535]. Permite ainda, em certos casos, previstos no art. 8.º n.º 2, a legitimidade de ingerências de autoridades públicas no exercício do respeito pela vida privada[536], sob a condição de serem

---

[533] Por esta razão OLIVIER DE TISSOT, "La protection de la vie privée du salarié", *in DS*, n.º 3, 1995, p. 222, afirma que o direito ao respeito pela vida privada estava ausente da *Declaração Universal dos Direitos do Homem*, sendo evocada pela primeira vez na *Convenção Europeia dos Direitos do Homem*.

[534] Conforme RUIZ MIGUEL, *La configuración...*, cit., p. 68, salienta, a omissão do art. 8.º em relação à honra não foi casual, tendo em atenção o antecedente próximo da *Declaração Universal dos Direitos Humanos*. Nos trabalhos preparatórios da Convenção constava uma proposta para inserir o direito à protecção da vida privada de acordo com o art. 12.º da *Declaração Universal* mas, intencionalmente, recusou-se esta proposta devido ao carácter vago e dificilmente discernível das noções de *honra* e *reputação*. A reputação está protegida nesta *Convenção*, no art. 10.º n.º 2, como um dos limites da liberdade de expressão e de informação.

[535] No mesmo sentido JEAN-EMMANUEL RAY, "Courrier privé et courrier personnel, Cass. Soc., 2 Octobre, 2001", *in DS*, n.º 11, 2001, p. 915.

[536] "Não pode haver ingerência da autoridade pública no exercício deste direito senão quando esta ingerência estiver prevista na lei e constituir uma providência que, numa sociedade democrática, seja necessária para a segurança nacional, para a segurança pública, para o bem-estar económico do país, a defesa da ordem e a prevenção das infracções penais, a protecção da saúde ou da moral, ou a protecção dos direitos e das liberdades de terceiros". Estas limitações podem agrupar-se da seguinte forma: as limitações necessárias para a manutenção da segurança nacional; as limitações necessárias para a segurança pública; as necessárias para o bem-estar ou desenvolvimento económico do país; as ingerências necessárias para a defesa da ordem e prevenção da criminalidade; as limitações necessárias para a protecção da saúde; as necessárias para a protecção da moral; e as limitações necessárias para a protecção dos direitos e liberdades de terceiros.

previstas por lei e desde que sejam necessárias, numa sociedade democrática, a certos fins[537]. Este preceito limita-se a enunciar um conjunto de direitos sem maior concretização, incumbindo ao TEDH a respectiva densificação[538]. Parece que, com o preceito citado, se pretende a protecção do indivíduo no que concerne aos direitos consagrados no n.º 1 do art. 8.º e, ainda, o reconhecimento da necessidade de se proteger a sociedade em todas as suas variantes[539]. Para alguns parece, ainda, que esta noção corresponde a uma certa visão *negativa* de privacidade, considerada como um conceito defensivo e redutor, permitindo a acção dos cidadãos contra o Estado e contra os atentados à confidencialidade dos dados consagrados neste artigo[540], embora, possa indicar-se que esta norma tem sido entendida no sentido de afastar as cláusulas que conferem a uma parte o direito de conhecer a vida privada de outrem e, mais genericamente, sobre a privacidade da contraparte, o que é relevante para o Direito do trabalho[541].

Nos inícios dos anos sessenta, o aparecimento dos primeiros computadores e os rápidos progressos que ocorreram em torno do tratamento informático da informação permitiram às administrações públicas e às grandes empresas começar a criar bancos de dados electrónicos[542]. Esta evolução tecnológica é contemplada sob uma dupla perspectiva. Por um

---

[537] Estes aspectos são referidos por PIERRE KAYSER, *op.* cit., p. 20, e secundadas por FERNANDO HERRERO-TEJEDOR, *op.* cit., p. 47.

[538] Sobre esta interpretação, assim com as sentenças mais relevantes, ver *infra* n.º seguinte.

[539] No mesmo sentido ARMANDO VEIGA e BENJAMIM SILVA RODRIGUES, *op.* cit., p. 112.

[540] Da mesma opinião YVES POULLET, JEAN-MARC DINANT e CÉCILE DE TER-WANGNE, *Rapport sur l'application des principes de protection dês données aux réseaux mondiaux de telecommunications – l' autodétermination informationnelle à l'ère de l'Internet – Eléments de réflexion sur la Convention n.º 108 destinés au travail futur du Comité consultif (T-PD)*, Conselho da Europa, Documento de 18 de Novembro de 2004, p. 23, que pode ser consultado em www.coe.int.

[541] Veja-se AGNÉS VIOTTOLO-LUDMANN, *Égalité, Liberté et relation Contractuelle de Travail*, Presses Universitaires d'Aix-Marseille, Aix-en-Provence, 2004.

[542] A título exemplificativo, nos Estados Unidos, em 1972, uma empresa *RL Polk* de Detroit, tinha logrado recolher e armazenar dados pessoais de 130 milhões de pessoas que, após a adequada reprogramação, podiam ser transmitidos aos seus clientes em mais de dez mil aspectos diferentes (por idade, profissão, receitas, automóveis, propriedades, *inter alia*). *Vide* PÉREZ LUÑO, *Nuevas tecnologias…*, cit., p. 130.

As Novas Tecnologias e a Privacidade 169

lado, com interesse, pois oferece inúmeras possibilidades e vantagens do ponto de vista da eficiência e da produtividade, na medida em que, *inter alia*, facilita a gestão e agiliza os procedimentos administrativos. Mas, por outro lado, há o risco de registo maciço de dados relativos à privacidade dos particulares. Esta possibilidade de armazenamento e tratamento de dados pessoais e sua posterior utilização, que pode chegar a ser descontextualizada, alerta o Conselho da Europa, *maxime*, quando ainda permanecia bem vivo na memória colectiva o regime nazi que poderia ter-se valido das incipientes técnicas informáticas para identificar as pessoas que pertenciam aos colectivos por ele perseguidos[543]. Desta forma, prevendo a urgência em criar um marco normativo específico que permitisse evitar a obtenção ilícita de dados pessoais e sua posterior descontextualização e uso ilegal, foi criada, em 1967, uma Comissão consultiva dedicada ao estudo das tecnologias da informação e ao seu potencial carácter agressivo perante os direitos das pessoas. Fruto desse trabalho, a Assembleia Parlamentar do Conselho da Europa adopta em 1968, a Recomendação n.º 509 sobre "os direitos humanos e as novas descobertas científicas e técnicas", onde se expressa a convicção de que o uso ilegítimo dos estudos estatísticos oficiais e outros similares para obter informações privadas resulta numa ameaça para o direito previsto no art. 8.º, n.º 1, da *Convenção* e, também, que havia uma insuficiente protecção nas diversas legislações nacionais em matéria de tratamento automatizado de dados pessoais[544] [545].

Esta inquietude originou que em 1971 o Comité de Ministros do Conselho da Europa designasse uma Comissão intergovernamental de

---

[543] M.ª DEL CARMÉN GUERRERO PICÓ, *op.* cit., p. 28.

[544] Vejam-se BUTARELLI, *op.* cit., pp. 3-4, CARLO SARZANA, "L'attività...", cit., p. 498, M.ª DEL CARMEN GUERRERO PICÓ, *op.* cit., p. 29, e MÓNICA ARENAS RAMIRO, *El derecho fundamental...*, cit., pp. 151-152. Também RUIZ MIGUEL, "El derecho a la protección de los datos personales en la Carta de Derechos Fundamentales de la unión europea", *in Temas de Direito da Informática e da Internet*, Coimbra Editora, Coimbra, 2004, p. 22, observa que desde 1969 a Assembleia Parlamentar do Conselho da Europa colocou ao Comité de Ministros a suficiência do art. 8.º para preservar os indivíduos perante o uso abusivo da informática.

[545] Tem-se entendido que é nestas resoluções que se contém a verdadeira origem do movimento legislativo que desde essa altura percorreu a Europa em matéria de protecção de dados, assinalando que os seus princípios, ainda que com pequenas ajustes lógicos fruto da evolução tecnológica, mantêm, ainda hoje, perfeita actualidade. Cf. PIÑAR MAÑAS, *op.* cit., p. 20, e PUENTE ESCOBAR, *op.* cit., p. 39.

170   *A Privacidade dos Trabalhadores e as Novas Tecnologias...*

peritos encarregados de elaborar uma série de projectos para a defesa da tutela das liberdades e, sobretudo, da privacidade, perante os perigos das novas tecnologias associadas à informática[546]. É o denominado *Comité sobre a Protecção da Vida Privada face aos Bancos de Dados Electrónicos*[547], o qual decidiu dar prioridade ao estudo dos problemas que se apresentavam no sector privado já que foi na área dos negócios que, inicialmente, a utilização da informática conheceu um impacto mais relevante e, também, devido à falta de legislações nacionais que controlassem esta matéria e que poderiam conduzir a um enfraquecimento das posições individuais. Esta posição estava perfeitamente de acordo com os princípios da Resolução n.º 3, relativa à protecção da privacidade perante o crescimento da automatização dos dados de carácter pessoal, adoptada na sétima Conferência dos Ministros Europeus, de 15 a 18 de Maio de 1972[548]. Este Comité, após chegar à conclusão de que tanto as legislações nacionais, como mesmo o art. 8.º da CEDH não ofereciam garantias suficientes contra este tipo de intromissões, completou em 1973 a elaboração de um projecto de resolução que veio a ser aprovado pelo Comité de Ministros em 26 de Setembro desse ano, com o n.º R (73) 22. Tratou-se da Resolução sobre "protecção da vida privada das pessoas singulares face aos bancos de dados electrónicos no sector privado" que consagrou um elenco de dez princípios para o correcto tratamento de dados pessoais relacionados com: a qualidade da informação registada; a finalidade dessa informação; o método de obtenção da mesma; a duração do período de conservação da informação; a autorização para a utilização desta; a

---

[546] Este Comité de Ministros não se limitou a cumprir com esta função pois realizou novos passos que originaram que os Governos tomassem consciência dos riscos que para os direitos das pessoas podem conduzir o uso das técnicas informáticas e a materializar a protecção de dados pessoais em normas jurídicas. Cf. M.ª DEL CARMEN GUERRERO PICÓ, *op.* cit., p. 29.

[547] À data do início da actividade deste *Comité* já tinha sido adoptada a Lei do *Land de Hesse*, na Alemanha, em 1970, e já os Estados Unidos da América tinham aprovado o *Fair Credit Reporting Act*, diploma que se preocupou, entre outros assuntos, com a recolha leal e lícita e a utilização equitativa e adequada das informações relativas ao crédito e à solvabilidade dos cidadãos. Também já na Suécia decorriam trabalhos tendo em vista a elaboração do *Datalag*, a primeira legislação sueca sobre matéria de protecção de dados, que surgiu em 1973. Ver GARCIA MARQUES e LOURENÇO MARTINS, *op.* cit., p. 147.

[548] Neste sentido GARCIA MARQUES e LOURENÇO MARTINS, *op.* cit., pp. 146-147. Também CARLO SARZANA, "L'attività...", cit., p. 498, aponta na mesma direcção.

As Novas Tecnologias e a Privacidade 171

informação acerca da pessoa registada; a correcção e o cancelamento da informação; as medidas para prevenir os abusos; o acesso aos dados; e os dados estatísticos[549].

O mesmo *Comité*, um ano mais tarde, em 20 de Setembro, adoptou uma nova Resolução n.° R (74) 29, relativa à protecção da vida privada das pessoas singulares perante os bancos de dados electrónicos no sector público, que estende estas recomendações a outro grande sector de recolha e tratamento de dados. As duas Resoluções têm destinatários muito concretos porque, à data, eram poucos os que poderiam suportar os enormes custos dos produtos informáticos. Tinham por objectivo favorecer a elaboração de legislações nacionais inspiradas em directrizes comuns que garantissem os direitos dos cidadãos em tudo o que se referia ao tratamento automático dos seus dados pessoais. Saliente-se, no entanto, que estas resoluções só tinham por destinatários as pessoas singulares, embora os estados pudessem utilizar os seus princípios para encontrar soluções para o tratamento das pessoas colectivas.

Dada a rápida evolução tecnológica e a urgência em prevenir novas divergências legislativas, estas Resoluções eram, nos anos setenta, as desejadas pelos diferentes Estados membros. O objectivo que se pretendia alcançar era, na realidade, a redacção de uma convenção de âmbito internacional. Assim, após a aprovação daquelas Resoluções, em 1976, o Comité de Ministros criou um comité de peritos em protecção de dados com o objectivo de "preparar uma Convenção para a protecção da privacidade em relação à protecção de dados pessoais e à transferência internacional dos mesmos"[550].

A primeira questão que surgiu foi a de saber qual o tipo de documento que deveria ser elaborado, tendo sido decidido que seria adoptada a forma de Convenção. Surge, desta forma, a Convenção do Conselho da Europa, de 28 de Janeiro de 1981, a Convenção n.° 108[551]. A Convenção

---

[549] *Vd.* BUTTARELLI,, *op.* cit., pp. 4-5, CARLO SARZANA, "L'attività...", cit., pp. 499-500, e GARCIA MARQUES e LOURENÇO MARTINS, *op.* cit., pp. 147-148.

[550] Veja-se a Recomendação n.° R (76) 3, de 18 de Fevereiro.

[551] Esta Convenção foi preparada entre 1976 e 1980, aberta a assinatura em 28 de Janeiro de 1981 e entrada em vigor, nos termos do n.° 2 do art. 22.°, em 1 de Outubro de 1985, isto é, no primeiro dia do mês seguinte após o decurso de três meses sobre a data da 5.ª ratificação por parte de país membro do Conselho da Europa – no caso a República Federal da Alemanha –.

é o primeiro documento internacional destinado a garantir o direito à liberdade informática ou direito à autodeterminação informacional[552] e ficou estabelecido o marco genérico de protecção da pessoa perante possíveis intromissões na sua privacidade, ou lesão de outros direitos de personalidade, através da informática[553]. Esta Convenção surge, assim, como uma necessidade de aumentar a protecção dos direitos das pessoas em relação ao uso da informática, sobretudo no que concerne à noção de vida privada prevista no art. 8.º da *Convenção Europeia*[554]. Também se tornava necessário compatibilizar esta tutela jurídica com a liberdade de circulação de informação e, por último, considerava-se essencial estabelecer um mínimo denominador comum entre as legislações dos futuros estados signatários que permitisse facilitar o fluxo internacional de dados[555] [556].

Logo no Preâmbulo reconhece-se que a intensificação da circulação através das fronteiras de dados pessoais aumenta os perigos para o seu tratamento e como é desejável, uma ampliação da protecção dada à privacidade das pessoas. Tendo isso em atenção, são adoptados vários princípios básicos e reconhecidos vários direitos instrumentais. O objectivo desta Convenção, plasmado nos arts. 1.º e 3.º, n.º 1, é o de garantir a qualquer pessoa singular que se encontre no território de alguma das Partes, o respeito pelos seus direitos e liberdades fundamentais, especificamente o direito à privacidade no que diz respeito ao tratamento automático dos

---

[552] VICENTE PACHÉS, *El derecho del...*, cit., p. 139, e *Documento de trabalho sobre a vigilância das comunicações electrónicas no local de trabalho*, de 29 de Maio de 2002, do Grupo de Protecção de Dados, p. 9.

[553] Ver REBOLLO DELGADO, *Derechos Fundamentales...*, cit., p. 131.

[554] Como referem YVES POULLET, JEAN-MARC DINANT e CÉCILE DE TERWANGNE, *op. cit.*, p. 23, trata-se de associar à visão negativa de privacidade do art. 8.º, uma visão dinâmica, positiva, definida como "direito à autodeterminação informacional", pela atribuição de direitos novos às pessoas como o direito de acesso e a definição de limites ao direito de tratar os dados tanto pelo sector privado como pelo sector público.

[555] Ver CYNTHIA CHASSEGNEUX, *op. cit.*, p. 115. Para ANA URRUTIA, HÉCTOR GORSKI e MÓNICA MICHEL, *op. cit.*, p. 43, esta Convenção pretendeu ser um marco precursor de legislações nacionais.

[556] M.ª EDUARDA GONÇALVES, *op. cit.*, p. 88, entende que o conteúdo dos princípios e regras constantes desta Convenção revela a opção por uma abordagem mais consonante com um modelo de controlo do sistema administrativo, do que com um modelo centrado estritamente na protecção dos direitos individuais.

seus dados de carácter pessoal, quer se realize no sector público, quer no privado[557].

A Convenção e os princípios básicos que enuncia[558], adoptando a própria terminologia do texto, conformam um núcleo irredutível pois estabelecem um denominador comum mínimo na protecção dos direitos das pessoas de forma a facilitar a livre circulação da informação. Assim, por se tratar de um nível mínimo, não era excluído um tratamento mais amplo feito pelas legislações nacionais[559].

Esta Convenção, ao contrário das Recomendações emanadas do Comité de Ministros, tem força vinculativa e este é o grande factor positivo e inovador na medida em que tornou vinculativos os princípios gerais de protecção de dados previstos nas diferentes Resoluções referidas anteriormente. Mas não é um documento *self executing*, vinculando as Partes a conformarem o direito nacional aos princípios fundamentais previstos no Capítulo II que pode denominar-se de *núcleo duro*. São eles: o da recolha leal e lícita; o princípio da finalidade; o princípio da qualidade; o princípio da limitação quantitativa; e o princípio da conservação por tempo limitado. A estes acresce o princípio da segurança dos dados do art. 7.°. Mas, juntamente com estes princípios objectivos, deve acrescentar-se o do art. 8.° já que se torna indispensável que a pessoa a quem os dados respeitam possa exercer o seu próprio controlo[560]. Esta Convenção fixou, desta forma, os princípios fundamentais de forma a assegurar a tutela dos dados

---

[557] Para evitar confusões e fomentar a maior compreensão das normas, e como se trata de uma matéria nova, a Convenção, no art. 2.° estabelece uma série de definições básicas e substitui a expressão "banco electrónico de dados" pelo termo "tratamento".

[558] Esta técnica legislativa de elencar alguns princípios fundamentais inerentes à qualidade, à segurança dos dados e à modalidade do tratamento, em vez de uma definição dos direitos e as correspondentes garantias, foi severamente criticada pela doutrina, tal como escreve BUTTARELLI, *op. cit.*, p. 10.

[559] Isto era o que acontecia com os Estados dotados de legislação própria e que aplicavam os princípios não só aos tratamentos automatizados mas, também, aos tratamentos manuais. Ver GARCIA MARQUES e LOURENÇO MARTINS, *op. cit.*, p. 152.

[560] *Vd.* BENJAMIM SILVA RODRIGUES, *op. cit.*, p. 261, BUTTARELLI,, *op. cit.*, pp. 17--19, FABRIZIA DOUGLAS SCOTTI, "Alcune osservazioni...", cit., p. 234, GARCIA MARQUES e LOURENÇO MARTINS, *op. cit.*, pp. 154-155, LOURENÇO MARTINS, GARCIA MARQUES e SIMÕES DIAS, *op. cit.*, pp. 378-379, M.ª DEL CARMEN GUERRERO PICÓ, *op. cit.*, pp. 36-37, M.ª EDUARDA GONÇALVES, *op. cit.*, pp. 91-92, REBOLLO DELGADO, *Derechos Fundamentales...*, cit., pp. 129-130, e ZUCCHETTI, *op. cit.*, p. 5.

174   *A Privacidade dos Trabalhadores e as Novas Tecnologias...*

pessoais, introduzindo a proibição geral de elaborar categorias especiais de dados e remetendo para os diferentes países a obrigação de estabelecer as respectivas garantias[561] [562].

Desde a adopção, em 1981, da Convenção n.° 108, a sociedade tornou-se muito mais informatizada, de tal forma que o computador pessoal passou a ser um instrumento de uso quotidiano para a maior parte das pessoas. Neste intervalo de tempo, o desenvolvimento sócio-económico traduziu-se em formas mais complexas de organização, gestão e produção relativamente ao tratamento dos dados pessoais e, por isso, o Conselho da Europa sentiu a necessidade de adaptar-se a esta nova realidade. Fê-lo através de Recomendações específicas para diferentes sectores. Estas Recomendações completaram a Convenção e são dirigidas a orientar as decisões normativas em sectores específicos onde a privacidade é mais exposta a perigos ou nos quais mais frequentemente se recorre ao tratamento de dados pessoais. De especial interesse para este estudo é a Recomendação n.° R (89) 2, de 18 de Janeiro, sobre a protecção de dados de carácter pessoal para fins de emprego[563]. Este Documento, embora não tenha eficácia vinculativa para os Países membros, não deixa de exercer uma indiscutível pressão sobre os legisladores nacionais[564], ao proclamar, no art. 2.°, o respeito pela privacidade e pela dignidade dos trabalhadores, e ao reconhecer a possibilidade de exercer relações individuais e sociais no posto de trabalho[565]. Pode entender-se esta Recomendação como um

---

[561] Ver Marco Frediani, "Trattamento dei dati sensibili e rapporto di lavoro", *in LNG*, n.° 2, 1998, p. 105.

[562] A Convenção n.° 108 consta de um Preâmbulo e de 27 artigos, distribuídos por 7 capítulos, podendo defender-se que tem três partes principais: as disposições de direito material enunciadas sob a forma de princípios e direitos, as que regulam a matéria do fluxo internacional de dados e as que estabelecem os mecanismos de ajuda mútua entre as Partes. Segue-se a divisão de M.ª Del Carmen Guerrero Picó, *op. cit.*, p. 36.

[563] Também com interesse podem referir-se a Recomendação n.° R (86) 1 sobre protecção de dados pessoais usados para fins de segurança social, a Recomendação n.° R (95) 4 sobre protecção de dados pessoais no domínio dos serviços de telecomunicações, com especial referência para os serviços telefónicos, e a Recomendação n.° R (97) 5 sobre protecção de dados pessoais médicos.

[564] Neste sentido Mariapaola Aimo, "Il trattamento dei dati personali del lavoratore: la lege sulla *privacy* e lo Statuto dei lavoratori", *in Contrato e Impresa – Europa –,* Ano 3, 1998, p. 432.

[565] Veja-se Camas Roda, "La influencia del correo electrónico y de Internet en

As Novas Tecnologias e a Privacidade

instrumento de reflexão que indica um possível percurso na edificação das normas sobre protecção de dados pessoais atendendo às especificidades da relação laboral[566].

4.3.2.2. O direito à privacidade na jurisprudência do Tribunal Europeu dos Direitos do Homem: análise do artigo 8.° da CEDH

O TEDH é o órgão de garantia da CEDH e tem como objectivo assegurar a protecção dos direitos nela reconhecidos, ao mesmo tempo que faculta a sua adequada interpretação. Este Tribunal, com sede em Estrasburgo, tem afirmado em várias ocasiões que as suas sentenças não decidem apenas os casos apresentados mas, de forma mais geral, esclarece, protege e desenvolve, as normas estabelecidas na CEDH[567]. Este Tribunal institui um sistema de controlo de tipo jurisdicional baseado essencialmente no exame das questões que suscitam a interpretação e aplicação tanto da CEDH como dos Protocolos Adicionais.

O art. 8.° da *Convenção Europeia*, conforme já se mencionou anteriormente[568], reconhece a toda a pessoa "o direito ao respeito pela sua vida privada e familiar, do seu domicílio e da sua correspondência" e, de forma a garantir este direito, o TEDH tem vindo a delimitar o respectivo conceito. Este direito pertence à categoria dos direitos personalíssimos ou de personalidade que estão ligados à própria existência da pessoa[569]. Visa-se com ele assegurar a cada uma um âmbito próprio e reservado face a ingerências de terceiros por forma a garantir um determinado nível de qualidade de vida e, também, assegurar o desenvolvimento da própria persona-

---

el âmbito de las relaciones laborales", *in RTSS – CEF*, n.° 50, 2001, p. 147, com mais desenvolvimentos.

[566] BELLAVISTA, "La direttiva sulla protezione...", cit., p. 117.

[567] Como refere MÓNICA ARENAS RAMIRO, *El derecho fundamental...*, cit., p. 47, nota n.° 15, embora a prática demonstre que há um cumprimento voluntário das sentenças deste Tribunal, a execução das mesmas, contrariamente ao que ocorre com o Tribunal de Justiça da União Europeia, deve-se esperar em última instância, pela vontade dos Estados Membros, pela adopção das medidas necessárias para que surtam efeitos. O que a *Convenção Europeia* exige é a garantia dos resultados e não dos meios para consegui-los.

[568] Cf. n.° anterior.

[569] MÓNICA ARENAS RAMIRO, *El derecho fundamental...*, cit., p. 55.

176   *A Privacidade dos Trabalhadores e as Novas Tecnologias...*

lidade. Para atingir este desiderato, o art. 8.° consagra vários bens jurídicos que têm por objectivo garantir essa esfera de privacidade de cada indivíduo, que está permanentemente patente na jurisprudência deste Tribunal, assinalando que a garantia oferecida pelo art. 8.° visa principalmente a tutela do desenvolvimento, sem ingerências externas, da personalidade de cada indivíduo nas relações com os seus semelhantes, podendo ter um espaço próprio, livre, para desenvolvimento e realização da sua persona-lidade[570].

Desta forma, a noção de vida privada abarca uma ampla gama de elementos e de manifestações da personalidade individual, sendo uma noção muito aberta[571]. Assim, o TEDH tem analisado o art. 8.° da CEDH desenvolvendo um método interpretativo que tem diferentes fases. Em primeiro lugar, e como assinala MARTÍNEZ MARTÍNEZ[572], trata-se de determinar se realmente se produziu uma ingerência num dos âmbitos protegidos pelo art. 8.°, n.° 1, para, de seguida, verificar se essa intromissão se encontra protegida por lei ou por outro dos incisos legais do n.° 2 do artigo. Neste sentido, o Tribunal tem entendido em termos muito amplos a noção de vida privada, não se cingindo a uma interpretação literal do artigo, o que implica uma dupla consequência. Por um lado, com este entendimento, a

---

[570] Pode ver-se a este propósito o caso *Dudgeon contra o Reino Unido*, de 22 de Outubro de 1981. Nesta decisão o Tribunal sustentou que a sexualidade de uma pessoa se concebe como um dos aspectos mais íntimos do indivíduo e, consequentemente, devem existir sérias razões que justifiquem as ingerências por parte dos poderes públicos nos termos previstos no art. 8.°, n.° 2, não podendo esquecer-se que a compreensão do âmbito de protecção da vida privada tem de estar ligada ao n.° 2 do art. 8.°, ou seja, conexa com a ingerência da autoridade pública no exercício deste direito.

[571] Neste sentido cf. ARMANDO VEIGA e BENJAMIM SILVA RODRIGUES, *op.* cit., p. 119, defendendo que a noção de "vida privada" tem de ser entendida atendendo ao caso concreto e à inserção histórico-cultural da pessoa, na medida em que se trata de uma noção que adquiriu significado distinto ao longo da evolução dos direitos fundamentais e da própria história da humanidade. Também MARTÍNEZ MARTÍNEZ, *op.* cit., p. 165, aponta na mesma direcção ao observar que o Tribunal tem, ao longo dos anos, defendido uma noção de vida privada e familiar em sentido muito amplo, não se limitando a contemplar apenas as relações privadas. Também RUIZ MIGUEL, "El derecho a la protección...", cit., pp. 23-24, preconiza que a jurisprudência deste Tribunal "tem ido muito mais longe do que previram os demais órgãos do Conselho da Europa", sendo que, de forma constante, tem interpretado a noção de vida privada de maneira bastante ampla.

[572] *Op.* cit., p. 162.

jurisprudência tem vindo a adaptar-se às circunstâncias sociais e a adquirir, desta maneira, novos perfis à medida que os casos apareciam com novas formas de vulneração. Por outro lado, tem configurado este direito à vida privada e familiar como um instituto que abrange a maior parte das manifestações da personalidade, tanto no plano subjectivo da identidade individual, como no contexto reduzido do âmbito familiar e no plano das relações sociais e do uso dos dados pessoais.

Depois, este método interpretativo exige que se confronte o caso concreto com o estabelecido no n.º 2 do art. 8.º. Tem, desta maneira, que se considerar se a medida adoptada pelo Estado demandado se encontra amparada pelo Direito, tendo de se interpretar o conceito de "lei" deste artigo, de forma acessível e previsível, no sentido de que um cidadão médio deverá estar, de alguma forma, habilitado a conhecer a existência da norma ou de localizá-la, se tal for necessário, e ajustar a sua conduta às suas previsões. Uma vez superado o teste de legalidade, o Tribunal atende a um juízo de proporcionalidade para emitir a sua decisão, tendo em atenção o princípio da necessidade[573], numa sociedade democrática, sendo que este princípio não pode interpretar-se de forma homogénea para todos os países e a todo o tempo[574], podendo dizer-se que vale *hic et nunc*, sendo, no entanto, que pode relacionar-se com a ideia de "necessidade social imperiosa" para a intromissão na questão[575].

---

[573] Este conceito de necessidade constitui, tal como refere COHEN-JONATHAN, *apud*, RUIZ MIGUEL, *El derecho a la protección de la vida privada en la jurisprudência del Tribunal Europeo de Derechos Humanos*, Civitas, Madrid, 1994, p. 104, "o coração do controlo internacional". Mas há que ter em atenção, tal como adverte RUIZ MIGUEL, que o conceito de necessidade não é sinónimo de indispensabilidade.

[574] O Tribunal tem vindo a reconhecer a existência de uma certa margem de manobra e de apreciação aos Estados e, em casos muito concretos, e na falta de um consenso entre os Estados membros no que concerne à solução jurídica a aplicar, tem emitido juízos baseados na concreta realidade normativa do país afectado e, inclusivamente, em juízos sobre a moral social que predomina. Ver RUÍZ MIGUEL, última *op.* cit., pp. 106-113.

[575] Há a referir, contudo, que embora esta seja a ideia dominante em várias decisões, tal como casos *Handyside*, de 1976, *Sunday Times*, de 1979, *Dudgeon*, de 1981, entre outros, não foi entendida unanimemente e pode ver-se o voto de vencido do juiz MATSCHER, no caso *Dudgeon*. Veja-se, a este respeito, RUÍZ MIGUEL, *El derecho a la protección...*, cit., p. 105.

178 *A Privacidade dos Trabalhadores e as Novas Tecnologias...*

4.3.2.2.1. O primeiro nível de protecção do art. 8.° é a vida privada. Mas esta expressão é, conforme já se referiu, uma noção muito ampla, sendo que, para o Tribunal, não é susceptível de uma definição exaustiva, não podendo ser construída em abstracto[576] [577]. Este órgão não considera possível, nem desejável, definir de forma exaustiva tal noção, já que seria demasiado restritivo limitá-la a um "círculo íntimo" onde cada um pudesse levar a sua vida pessoal a seu gosto, excluindo totalmente o mundo desse mesmo círculo. Entende, desta forma, que a noção de vida privada também deverá incluir, até certo ponto, o direito da pessoa a desenvolver relações com terceiros. Por isso, não há razão para excluir da vida privada as acti-

---

[576] Embora, como chama a atenção MÓNICA ARENAS RAMIRO, *El derecho fundamental...*, cit., pp. 56-57, nota n.° 51, a Resolução da Assembleia Parlamentar do Conselho da Europa n.° 428, de 23 de Janeiro de 1970, tenha oferecido uma definição do direito à vida privada como o direito a viver a própria vida com um mínimo de interferências e se delimita o conteúdo da mesma incluindo o direito à vida privada, familiar e ao domicílio, à integridade física e moral, à honra e à reputação, ao direito a não ser sujeito a falsas aparências; a não serem revelados dados irrelevantes ou degradantes, à proibição de publicar fotografias privadas; à protecção contra o uso indevido de conversas privadas e a protecção da informação dada ou recebida pelo indivíduo de forma confidencial.

[577] No caso *Peck contra Reino Unido*, de 28 de Janeiro de 2003, o TEDH decidiu que o conceito de vida privada era um termo muito amplo que não era "susceptível de definição exaustiva", protegendo o direito à identidade e ao desenvolvimento pessoal. No caso, tratava-se de uma pessoa que tinha sido filmada por um circuito fechado de televisão – CCTV – a andar em *Brentwood High Street*, munido de uma faca de cozinha. Ele tentou suicidar-se, cortando os pulsos, embora isto não aparecesse nas filmagens. A polícia foi imediatamente notificada e, depois de desarmar o Sr. *Peck*, deu-lhe assistência médica. Subsequentemente o Conselho local publicou mensagens para a imprensa com duas pequenas fotografias para ilustrar o poder destas filmagens e a sua eficiência, mas a face do Sr. *Peck* não tinha sido disfarçada e a história foi publicada por dois jornais e apareceu nas notícias na televisão. E, embora o Conselho tivesse dado ordens, oralmente, para que as fotografias fossem disfarçadas, os amigos e a família da vítima reconheceram-no imediatamente. O Sr. *Peck* intentou uma acção contra o Reino Unido no Tribunal Europeu, após ter visto a sua acção rejeitada pelos Tribunais ingleses, com base na inexistência de um direito geral de privacidade no Direito inglês. O Tribunal decidiu que a revelação feita pelo Conselho foi desproporcionada e provocou uma interferência na vida privada do demandante. Sustentou que o mero facto da filmagem ter sido realizada num local público não é suficiente para excluir a protecção do art. 8.°. O Sr. *Peck* não estava num evento público, nem era uma figura pública. Cf., para maiores desenvolvimentos, MONICA BHOGAL, "United Kingdom Privacy Update 2003", *in Script-ed*, vol. 1, n.° 1, 2004, pp. 4-5. Esta decisão parece-nos muito interessante também para o Direito do trabalho e para a protecção dos trabalhadores contra filmagens no local de trabalho. Ver, sobre tudo isto, o capítulo III.

As Novas Tecnologias e a Privacidade

vidades comerciais ou profissionais e, em especial, as das profissões liberais, pois as tarefas de um membro destas podem constituir um elemento da vida privada[578]. Assim, no processo *Niemitz contra Alemanha*, de 16 de Dezembro de 1992, que dizia respeito à busca, realizada por uma entidade estatal, do escritório do queixoso[579]. O Estado tentou argumentar que o art. 8.° não conferia uma protecção contra a busca no escritório de alguém, dado que a *Convenção Europeia* estabeleceu uma distinção clara entre a vida privada e a doméstica, por um lado, e a vida e instalações profissionais por outro[580]. Mas, o Tribunal rejeitou esta posição decidindo que "o respeito pela vida privada deve, também, incluir, em certa medida, o direito de estabelecer e desenvolver relações com outros seres humanos. Além do mais, *parece não haver uma razão de princípio para que esta forma de entender a noção de «vida privada» seja tomada como excluindo as actividades de natureza profissional ou comercial, dado que afinal, é no decurso da sua vida profissional que a maioria das pessoas tem oportunidade significativa, senão mesmo a mais importante, de desenvolver laços com o mundo exterior*[581]. Este ponto de vista é apoiado pelo facto de, con-

---

[578] Daqui é possível deduzir a ideia de que, para este Tribunal, há uma distinção entre intimidade e vida privada ou, pelo menos, há diversos graus de intimidade dentro da vida privada, sendo esta um conceito um pouco mais amplo que o primeiro. Neste sentido ver RAQUEL SERRANO OLIVARES, "El derecho a la intimidad…", cit, pp. 100-105, que cita GONZÁLEZ GAITANO para distinguir a noção de *intimidade* da noção de *vida privada*, referindo expressamente, na p. 104, que a distinção entre estes conceitos também é aceite na jurisprudência do TEDH em relação à interpretação a dar ao art. 8.° da *Convenção*, e RUIZ MIGUEL, última *op.* cit., pp. 34-35.

[579] Este processo tem a sua origem num caso contra um empregador que, por razões ideológicas, se recusou a reter um imposto público destinado a financiar a Igreja Católica. Como parte das diligências realizadas foi efectuada uma busca no escritório da advogada *Niemitz*.

[580] O Tribunal, num primeiro momento da sua jurisprudência, contrapôs a vida privada e a vida pública, considerando, tal como menciona MÓNICA ARENAS RAMIRO, *El derecho fundamental…*, cit., pp. 57-58, que não se produzia nenhuma ingerência na vida privada quando, por exemplo, se era parte num processo judicial ou quando se participava num evento público. Posteriormente, este Tribunal, entendeu que comportamentos realizados publicamente ou em locais públicos poderiam estar incluídos também no âmbito do art. 8.°. A noção de vida privada já não se restringia a um âmbito íntimo ou doméstico, sendo que "espaço público" e "vida privada" não são antagónicos.

[581] Itálico nosso, considerando-se esta decisão de suma importância para a consagração da privacidade no âmbito laboral.

180 *A Privacidade dos Trabalhadores e as Novas Tecnologias...*

forme foi justamente indicado pela Comissão, nem sempre ser possível distinguir com clareza as actividades de um indivíduo que fazem ou não parte da sua vida profissional ou comercial"[582].

Esta decisão também é um marco na protecção da inviolabilidade do domicílio pois o Tribunal reconhece a existência de um âmbito de privacidade, inclusivamente no contexto das actividades comerciais e profissionais[583], e aposta numa concepção ampla de vida privada e de domicílio[584].

O conceito de vida privada tem vindo a ter uma interpretação extensiva, de forma que não se garante unicamente uma esfera interna da personalidade, da que se protege o nome[585], a orientação, a identidade e a vida sexual[586], à integridade física e moral e, inclusivamente à estabili-

---

[582] Ver sobre este caso CATARINA SARMENTO E CASTRO, *Direito da Informática...*, cit., pp. 25-26, CÉLINE BÉGUIN, "La liceité de la preuve en Droit du Travail: l'employeur peut-il produire en justice les éléments recueillis grâce à la cybersurveillance?", *in Petites affiches*, n.° 115, 2004, p. 8, CAMAS RODA, "La influencia del correo electrónico...", cit., p. 146, LAËTITIA BUSNEL, *Les nouveaux moyens de surveillance de la productivité du salarié*, Universidade Panthéon-Assas Paris II, 2004, p. 32, MAURIZIO DE ARCANGELIS, *op.* cit., pp. 29-30, e MICHAEL FORD, *op.* cit., pp. 139-140.

[583] Ver BERNARD TEYSSIÉ, *Droit Européen du Travail*, Litec, Paris, 2001, p. 7. Defende este autor que o art. 8.° da *Convenção* também pode ser aplicado em matéria de relações laborais.

[584] MARTÍNEZ MARTÍNEZ, *op.* cit., pp. 167-168.

[585] Casos *Burghartz*, de 22 de Fevereiro de 1994, STJ *erna*, de 25 de Novembro de 1994, entre outros.

[586] Paradigmática é a sentença de 22 de Outubro de 1981, no caso *Dudgeon contra o Reino Unido*. Ver com bastante desenvolvimento CONSUELO CHACARTEGUI JÁVEGA, *Discriminación y orientación sexual del trabajador*, Editorial Lex Nova, Valladolid, 2001, p. 29 e ss.. Cf., ainda, RUIZ MIGUEL, última *op.* cit.. Nesta decisão tratava-se de uma reclamação interposta devido ao facto de que na Irlanda do Norte o demandante, em virtude da sua orientação sexual, ser passível de ser perseguido penalmente o que lhe causava medo, sofrimento e perturbações psicológicas, incluindo o receio de ser alvo de chantagem. *Vd.* também, AUGUSTO CERRI, *op.* cit., p. 8. Outra sentença relevante nesta matéria é a de 21 de Dezembro de 1999, no caso *Da Silva Mouta contra Portugal*, ac. TEDH 72/1999, embora esta decisão faça parte do Direito da família. Tratava-se de uma reclamação interposta pelo pai de uma criança baseada no facto de se ter violado o art. 8.° da *Convenção*, quer considerado este como independente, quer conjugado com o art. 14.°, na medida em que o Tribunal da Relação de Lisboa tinha concedido o poder paternal à mãe da criança baseando-se, exclusivamente, na orientação sexual do autor da reclamação que vivia com outro homem desde 1990, altura em que se tinha separado do cônjuge,

As Novas Tecnologias e a Privacidade

dade e saúde mental, assim como ao direito a estabelecer relações com outras pessoas e com o mundo exterior. Abrange, ainda, a vida familiar, o que pressupõe a existência de uma família, não se podendo distinguir a família *legítima* da *ilegítima*[587]. Engloba, também, o direito ao respeito da correspondência[588], com o caso particular das comunicações telefónicas[589], havendo que admitir um certo controlo, nomeadamente no caso dos presos[590]. Por último, abarca, ainda, a protecção dos dados pessoais contra usos indevidos[591].

---

mãe da criança. Nesta sentença, opera-se uma mudança jurisprudencial com a consideração da discriminação por razão de orientação sexual como uma das causas de discriminação contida no art. 14 da *Convenção*, como um pressuposto de atribuição do poder paternal. O tribunal consolidou uma doutrina que equacionava o problema da discriminação por razão de orientação sexual desde o tratamento do princípio da igualdade e não discriminação previsto no art. 14.º da *Convenção*. Também no caso *Smith contra Reino Unido*, de 1999, decidiu-se ser contrária ao art. 8.º a proibição de pessoas homossexuais servirem no exército.

[587] Acórdão *Marcks*, de 1979, onde se sancionou a legislação belga que distinguia entre filhos legítimos e filhos ilegítimos. Ver RUIZ MIGUEL, *El derecho a la protección...*, cit., p. 36, e, ainda, PAULO MOTA PINTO, *O direito à reserva...*, cit., pp. 520-521, nota 114, e PIERRE KAYSER, *op. cit.*, pp. 66-67. Ver, também, o caso *X. e Y. contra Holanda*, de 26 de Março de 1985, onde se decidiu que o art. 8.º incluía a obrigação positiva para os Estados de proteger o direito ao respeito da vida privada e familiar de certos membros da família contra os excessos de privacidade de outros no quadro da sua legislação civil, penal e judicial. Cf. MARIE-THÉRÈSE MEULDERS-KLEIN, *op. cit.*, p. 793.

[588] O caso *Copland contra Reino Unido*, de 3 de Abril de 2007, é muito importante e será analisado com mais pormenor no Capítulo IV, n.º 2., porque o Tribunal decidiu que o telefone, o *e-mail* e a informação que decorre do uso da *Internet* reentram na noção de reserva da vida privada e de correspondência do art. 8.º da CEDH.

[589] Estas comunicações colocam o problema das escutas telefónicas, já que o art. 8.º, n.º 1, menciona a correspondência mas não refere as conversações telefónicas, embora o TEDH tenha defendido que estas se encontram compreendidas na noção de "vida privada e familiar" e de "correspondência". Esta tese tem como precedente uma resolução do Conselho da Europa, de 5 de Maio de 1971, onde se assinalou que a gravação de conversas com desconhecimento dos participantes ou de um deles, no caso de uma conversa privada, constitui, em princípio, uma ingerência na vida privada. Ver mais à frente, com mais desenvolvimento, o capítulo IV, 2.

[590] Caso *Silver* e caso *Campbell*, citados em RUIZ MIGUEL, *El derecho a la protección...*, p. 45.

[591] Esta protecção originou na Alemanha a categoria jurídica do *direito à autodeterminação informativa*, que foi consagrada pelo Tribunal Constitucional Federal na sentença de 15 de Dezembro de 1983. Vd. esta matéria, com mais pormenor, ainda neste capítulo 4.3.2.4..

182   *A Privacidade dos Trabalhadores e as Novas Tecnologias...*

Assim definido, o âmbito da vida privada fica delimitado como aquele espaço em que o indivíduo pode estabelecer e desenvolver relações com outras pessoas, não importando de que tipo, com a finalidade do desenvolvimento da própria personalidade, mas não inclui actividades que suponham sair da esfera privada ou pública[592].

Quer-nos parecer, desta forma, que o caso de 24 de Junho de 2004 – *Von Hannover contra Alemanha* –, resume bem a jurisprudência actual do TEDH. Assim, decidiu-se que a noção de vida privada compreende elementos que se reportam à identidade de uma pessoa, tais como o nome da pessoa ou o seu direito à imagem. Também que a esfera da vida privada, tal como o Tribunal a concebe, abarca a integridade física e moral de uma pessoa. Desta forma, a garantia oferecida pelo art. 8.° da *Convenção Europeia*, visa principalmente assegurar o desenvolvimento sem ingerências externas, da personalidade de cada pessoa nas relações com os seus semelhantes. Atendendo a tudo isto, há uma zona de interdição entre o indivíduo e os terceiros que, mesmo no contexto público, podem relevar da vida privada. Em determinadas circunstâncias uma pessoa dispõe de uma "esperança legítima"de protecção e de respeito pela sua vida privada. Relembra, ainda, que embora a liberdade de expressão constitua um fundamento essencial da sociedade democrática, está, no entanto conexa com a protecção da reputação e os direitos dos outros, que revestem, também, uma importância considerável[593].

4.3.2.2.2. Em relação ao conceito de dados pessoais, o TEDH entende que a sua definição é a dada pela Convenção n.° 108 sobre protecção de dados pessoais. Assim, serão dados pessoais "toda a informação relativa a um indivíduo identificado ou identificável". Este Tribunal especificou, ainda, que os dados protegidos por este direito não são apenas os relacionados com a vida privada, mas também com qualquer outro dado sobre a vida pública de uma pessoa sempre que afecte o desenvolvimento da sua personalidade.

---

[592] Veja-se MÓNICA ARENAS RAMIRO, *El derecho fundamental...*, cit., p. 61.

[593] No caso tratava-se de fotografias tiradas da princesa de Hannover – Carolina do Mónaco – na sua vida quotidiana, sem ser qualquer evento oficial. Cf. sobre este caso ANITA BERNSTEIN, "Foreword: *What We Talk About When We Talk About Workplace Privacy*", in *La.L. Rev.*, vol. 66, 2006, p. 7, e BERNARD BEIGNIER, "La protection de la vie privée", *in libertés et...*, cit., p. 190.

As Novas Tecnologias e a Privacidade

A primeira referência jurisprudencial em matéria de protecção de dados é constituída pelo considerando n.º 48 do caso *Leander contra Suécia*, de 7 de Maio de 1987[594], onde se questionava a licitude da investigação realizada ao trabalhador e a impossibilidade de cancelar os dados em questão no caso.

O Tribunal verifica a existência de informação policial acerca da pessoa em causa, constata a possível lesão da sua vida privada perante a recusa em cancelar a informação e, se considera admissível a actuação secreta da polícia, entende que mesmo quando se trate da segurança do Estado a norma em causa deve ser minimamente acessível e previsível para o cidadão. Mas o Tribunal aplica o teste da necessidade da medida para uma sociedade democrática e, embora admita a possibilidade de que este tipo de tratamento da informação pessoal se torne necessário para preservar a segurança nacional, decide que não podem ser de forma tal que, com a desculpa de defender a democracia, acabem por a violar. Porém, no caso *sub iudice*, o Tribunal entendeu que a protecção da vida privada não supõe, necessariamente, a comunicação dos dados ao investigado, na medida em que a ocultação dos mesmos é pressuposto da eficácia da investigação[595].

Entende-se que o *leading case* foi *Gaskin contra Reino Unido*, de 7 de Julho de 1989[596]. Neste caso, o Tribunal decidiu que o conteúdo e os

---

[594] O caso foi analisado à luz do princípio da liberdade ideológica pois o queixoso vira ser-lhe negada a possibilidade de se tornar funcionário do Museu Naval de Kalskrona por razões de segurança nacional. O trabalhador tinha sido investigado e tinha sido descoberta a sua antiga militância no Partido Comunista Sueco e a sua participação numa associação que editava um jornal contestatário.

[595] Cf. neste sentido MARTÍNEZ MARTÍNEZ, *op. cit.*, pp. 195-196 e, ainda, CATARINA SARMENTO E CASTRO, *Direito da Informática...*, cit., pp. 25-26.

[596] No caso em concreto o demandado tinha permanecido na sua infância e adolescência em diferentes orfanatos e denunciava ter sofrido maus tratos naquele período, pretendendo aceder aos dados que lhe diziam respeito reportados àquela altura. Tal acesso encontrava-se regulado por uma norma de natureza regulamentar – *Boarding-Out of Children Regulations* –, de modo que poderia aceder a eles parcialmente após um parecer do órgão administrativo competente. Após vários trâmites acede a alguns documentos mas entretanto a legislação aplicável muda, passando a ser o *Access to Personal Files* que rege este tipo de acesso, permitindo-o mas limita-o, vedando-o nos casos em que possa existir informação sobre terceiros ou sobre um funcionário público e estes não tenham consentido previamente. Cf. CATARINA SARMENTO E CASTRO, *Direito da Informática...*, cit., pp. 25-26, MARTÍNEZ MARTÍNEZ, *op. cit.*, p. 197, e MÓNICA ARENAS RAMIRO, *El derecho fundamental...*, cit., p. 80.

184 *A Privacidade dos Trabalhadores e as Novas Tecnologias...*

limites do direito à protecção de dados pessoais dependem tanto do tipo de dados como da sua utilização. E, embora no início o Tribunal não tivesse em conta a natureza ou o conteúdo dos dados, a partir deste caso, passou a entender ser necessário analisar o tipo de dados em questão, na medida em que da natureza e das características dos mesmos dependia a protecção que se lhes deveria reconhecer. Desta forma, o Tribunal começa a referir--se a certos dados como dados "sensíveis", relacionados com os que afectam mais directamente o desenvolvimento da personalidade, como eram os dados deste caso. Tendo em atenção os diferentes tipos de dados que podem existir, o TEDH estabeleceu um princípio geral de confidencialidade para proteger com carácter geral qualquer tipo de dados pessoais e exigiu uma protecção reforçada no caso dos "dados sensíveis"[597].

O Tribunal considera que tanto as imagens como os sons, "se contêm informação relativa a um indivíduo identificado ou identificável" são dados pessoais[598]. Assim, o TEDH entendeu que a gravação permanente de imagens e a sua inclusão para posterior montagem e uso descontextualizado é um registo ou um tratamento de dados pessoais, pois o uso de imagens aqui seria semelhante ao uso de fotografias ou álbuns de identificação. Da mesma forma, a gravação e a análise de vozes consideram-se como fazendo parte do processamento de dados pessoais e, por isso, um registo permanente de dados de voz ou som, sujeito a um processo de análise que permita a sua identificação, é considerado um tratamento de dados pessoais[599].

Deve ainda atender-se aos dados pessoais automatizados, na medida em que, actualmente, grande número de dados pessoais públicos e privados, são objecto de processos de tratamento e armazenamento[600]. Este

---

[597] Ver casos *Z. contra Finlândia*, de 1997, em que se aborda a relação de dados de carácter pessoal com o direito à vida privada sob a perspectiva dos poderes do Estado, *M. S. contra Suécia*, de 1997, em que analisa uma comunicação de dados de uma clínica ginecológica a uma Administração durante a tramitação de um processo de reconhecimento de invalidez, *Amann contra Suíça*, de 16 de Fevereiro de 2000, considerando-se o acesso a um ficheiro policial protegido pelo segredo de Estado, e *Rotaru* contra Roménia, de 5 de Maio de 2000, em que o Tribunal retoma e consolida o conjunto destes casos. Este último caso debruçava-se sobre a posse pelos Serviços Romenos de Identificação de um ficheiro que continha dados sobre o passado do demandante.

[598] Importante para o problema da videovigilância. Ver *infra*, capítulo III, n.º 2.1..

[599] Cf. MÓNICA ARENAS RAMIRO, *El derecho fundamental...*, cit., pp. 81-82.

[600] Caso *Amann*, já referido anteriormente, nota n.º 597.

processo de tratamento de dados pessoais significa que foram objecto de uma recolha e armazenamento sistemático e supõe uma maior ameaça para a privacidade das pessoas e, por isso, estes dados são objecto de garantias específicas, embora também os dados manuais estejam protegidos pelo direito à vida privada[601]. Desta forma o TEDH entende ser crucial averiguar se ocorreu ou não um tratamento de dados pessoais pois "existem dados de natureza pública que podem fazer referência à vida privada das pessoas quando, de maneira sistemática, se recolhem e se armazenam em ficheiros levados a cabo pelos poderes públicos"[602].

Entende-se que após estas várias decisões, o Tribunal contempla a privacidade desde a dimensão informacional, relacionada com uma visão positiva deste direito, e não somente negativa, de abstenção. Não se trata de um conceito que abarque os aspectos privados, e não somente os íntimos, e antes de uma noção que atende que o tratamento de informação pessoal, inclusive quando se trate de informação pública, pode revelar aspectos pessoais, relacionados com a privacidade de cada um.

Parece-nos, ainda, que a jurisprudência deste Tribunal soube conciliar tradição e modernidade, pois conseguiu decidir aplicando o art. 8.º a casos relacionados com a protecção do domicílio e do segredo de correspondência, mas aproveitando a maleabilidade do direito à vida privada para responder a novos casos relacionados com a inovação tecnológica, incluindo o tratamento de dados pessoais[603]. Conseguiu, ainda, ultrapassar uma noção meramente negativa deste direito, de reacção do direito à privacidade perante abusos dos poderes públicos, para uma doutrina "orientada" para que o cidadão possa reclamar do Estado prestações positivas derivadas do seu direito a usufruir de uma vida privada.

Defende-se, assim, que o direito à privacidade consagrado neste artigo é um direito que tutela a personalidade nas suas várias facetas, com um conteúdo bastante amplo e perfeitamente adaptado às mudanças sociais e legais relacionadas com as NTIC.

---

[601] No caso *M.S. contra Suécia* o Tribunal entendeu que os dados relativos a um aborto "são dados pessoais de natureza altamente pessoal e sensível".

[602] Caso *Rotaru*.

[603] Tem a mesma opinião MARTÍNEZ MARTÍNEZ, *op.* cit., p. 210.

4.3.2.3. O direito à privacidade na União Europeia

Os textos normativos bem como como as decisões judiciais do TEDH conformaram um mínimo denominador comum entre os Estados membros no que concerne ao direito à privacidade e, desta forma, a tutela dos direitos dos cidadãos perante as repercussões do uso das inovações tecnológicas. Porém, parece-nos que, para um mais correcto entendimento global da problemática, convém atender à tarefa desenvolvida no seio da União Europeia, cuja grande virtude, entre outras, parece ser a de ter reconduzido o tratamento das tecnologias de informação até uma espécie de Direito comum[604]. Considerando este aspecto, entende-se que não se poderiam analisar os vários ordenamentos jurídicos sem considerar a intensa actividade normativa da União nesta temática, desde, por exemplo, a assinatura electrónica à propriedade intelectual, dos produtos ofimáticos ao comércio electrónico ou à regulação do uso de redes.

Mas torna-se complexo, e por várias razões, abordar o tema dos direitos fundamentais e, especificamente da privacidade, no seio da União Europeia[605]. Desde logo, porque se está perante uma organização internacional *sui generis*. Formalmente reveste esta categoria mas tem conseguido criar um acervo jurídico próprio que impõe, dentro das suas próprias competências, aos Estados-membros[606]. Uma outra peculiaridade que torna ainda mais complexa esta abordagem é a da sua evolução permanente, ainda que descontínua no tempo, para uma união política. Por outro lado, ainda que a União Europeia se baseie na cooperação articulada em três pilares, aprofundada a partir do Tratado que institui esta União, o pilar comunitário, a cooperação em assuntos de justiça e política externa e de segurança comum, a cooperação económica continua a ser o elemento predominante.

---

[604] Conforme refere CRISTINA MÁXIMO DOS SANTOS, *op.* cit., pp. 90-91, "é hoje praticamente inabarcável o acervo de documentação comunitária referente à sociedade de informação, designadamente em resultado da proliferação de grupos de trabalho".

[605] No mesmo sentido MARTÍNEZ MARTÍNEZ, *op.* cit., p. 212.

[606] Através do princípio da subsidiariedade e de lealdade institucional. Ao longo da sua jurisprudência, o Tribunal de Justiça das Comunidades Europeias tem vindo a caracterizar o seu direito pela presença de distintos princípios e, principalmente, pelos da primazia e do efeito directo. Ver, *inter alia*, casos *Van gend en loos* e *Costa c. Enel*. Cf. PAUL REID, *op.* cit., p. 10, e MARTÍNEZ MARTÍNEZ, *op.* cit., p. 212.

As Novas Tecnologias e a Privacidade

Parece-nos, porém, que a União Europeia constitui uma organização internacional que, provavelmente, é o processo "mais sucedido de integração económica de diferentes Estados baseado num marco jurídico e económico comum"[607]. Só que não se consagrou qualquer sistema geral de protecção de direitos fundamentais[608] e, por isso, torna-se necessário recorrer a procedimentos de interpretação do Acervo comunitário e o recurso à CEDH, assim como à Convenção n.º 181, de 1981, do Conselho da Europa.

Esta situação, principalmente no que concerne às NTIC, torna-se paradoxal[609] pois se, por um lado, a União Europeia, ao interpretar os direitos fundamentais neste campo, toma como referência "os princípios constitucionais e as tradições constitucionais comuns aos Estados membros" e os desenvolvimentos jurisprudenciais do TEDH, por outro, e aqui surge o paradoxo, o conjunto de directivas emanadas que cobrem aspectos relacionados com a protecção de dados pessoais, *v.g.*, nos sectores comercial e das telecomunicações, e os Acordos celebrados sob a protecção do Título VI do Tratado da União Europeia – o Acordo de *Schengen* e o Acordo *Europol* – tem originado o desenvolvimento de "um exigente sistema jurídico para protecção dos indivíduos perante as repercussões derivadas do uso das tecnologias da informação e das comunicações"[610].

4.3.2.3.1. A Comunidade Económica Europeia, criada em 25 de Março de 1957 pelo Tratado de Roma[611], não tinha, até ao ano 2000, uma declaração de direitos autónoma[612] [613], o que originou um complexo de

---

[607] MARTÍNEZ MARTÍNEZ, *op.* cit., p. 213.

[608] Esta inexistência de uma declaração completa de direitos fundamentais, com texto escrito, com eficácia jurídica vinculativa, que preveja direitos e a sua tutela, tem originado, tal como entende BERTA VALDÉS DE LA VEJA, "La protección de los derechos fundamentales por el tribunal de justicia", *in RDS*, n.º 23, 2003, p. 33, "a pretensão de alguns Tribunais constitucionais de fazer prevalecer as suas garantias constitucionais".

[609] MARTÍNEZ MARTÍNEZ, *op.* cit., pp. 215-217.

[610] MARTÍNEZ MARTÍNEZ, *op.* cit., p. 217.

[611] Seguida depois pela União Europeia, através do Tratado de Maastricht em 1992, modificado pelo de Amesterdão em 1997, pelo de Nice em 2000, e pelo de Lisboa em 2007.

[612] Não pode deixar de atender-se que nos projectos e nos debates prévios à elaboração dos mesmos tinha-se discutido esta possibilidade. Desta forma, a necessidade sentida de um catálogo próprio de direitos fundamentais na União Europeia tinha estado patente

medidas preparatórias, parciais e diversas, tendentes à sua concretização. Assim, e desde logo, o Acto Único Europeu de 1986 previu, no Preâmbulo, que os Estados membros "estão decididos a promover juntos a democracia, fundando-se sobre os direitos fundamentais reconhecidos nas Constituições e nas leis dos Estados membros, na Convenção de salvaguarda dos direitos do homem e das liberdades fundamentais e na Carta Social Europeia". Depois, o Tratado sobre a União Europeia, no art. 6.°, consagrou-lhe dois números, referindo que "1. A União assenta nos princípios da liberdade, da democracia, do respeito dos direitos do Homem e pelas liberdades fundamentais, bem como do Estado de Direito, princípios que são comuns aos Estados membros. 2. A União respeitará os direitos fundamentais tal como os garante a Convenção Europeia de Salvaguarda dos Direitos do Homem e das Liberdades Fundamentais, assinada em Roma em 4 de Novembro de 1950, e tal como resultam das tradições constitucionais comuns aos Estados membros, enquanto princípios gerais do Direito comunitário"[614]. O Tratado que instituiu a Comunidade Europeia contém diversas disposições relativas aos direitos fundamentais, tais como a afirmação do princípio da não discriminação e a definição dos direitos dos cidadãos da Comunidade.

O Tribunal de Justiça das Comunidades Europeias tem manifestado, também, particular atenção aos direitos do Homem, sendo este a instituição que representa o poder judicial na União Europeia, velando pelo respeito do Direito na interpretação e aplicação dos Tratados, garantindo, desta maneira, o Direito comunitário.

Entre os finais dos anos cinquenta e princípios dos anos sessenta do século passado, começaram a surgir vários casos no TJCE sob a protecção

---

desde o princípio, como se reconheceu na Declaração conjunta do Parlamento Europeu, da Comissão e do Conselho, de 5 de Abril de 1977. *Vide* neste sentido MÓNICA ARENAS RAMIRO, *El derecho fundamental...*, cit., pp. 191-192, e "El derecho a la protección de datos personales en la jurisprudencia del TJCE", *in Cuestiones Actuales...*, cit., pp. 95-96.

[613] As causas desta lacuna estão relacionadas com o carácter predominantemente económico destes Tratados baseados no princípio da livre circulação e da liberdade de mercados. Assim, todos estes Documentos foram concebidos para o estabelecimento de uma cooperação e integração supranacional de natureza económica de estados democráticos, entendendo-se que, em matéria de direitos fundamentais, a CEDH seria instrumento jurídico suficiente.

[614] Art. F-2 do TUE.

eficaz dos direitos fundamentais no âmbito do ordenamento comunitário. Nestes casos solicitava-se a anulação de determinadas disposições normativas comunitárias por se entender que lesavam direitos fundamentais consagrados nas Constituições dos Estados membros. Num primeiro momento, o Tribunal recusou-se a tomar posição sobre estas questões[615] alegando falta de competência para se pronunciar sobre os direitos fundamentais, sendo denominada esta fase como "inibicionista"[616]. Nesta fase, também os tribunais constitucionais, sobretudo os da Alemanha e da Itália, negam competência àquele Tribunal para analisar os direitos fundamentais reconhecidos nas suas Constituições.

Numa segunda fase, o Tribunal dá um passo transcendental na protecção dos direitos fundamentais ao reconhecê-los como princípios gerais do Direito comunitário. Como os Tratados não continham qualquer catálogo de direitos fundamentais, foi o próprio Tribunal de Justiça que, desde finais dos anos sessenta, começou a elaborar um certo *catálogo* de direitos fundamentais que tinham o valor de "princípios gerais de Direito comunitário"[617]. Esta etapa começa com o caso *Stauder*[618], de 12 de Novembro

---

[615] Ver, por exemplo, casos *Stork*, de 4 de Fevereiro de 1959, *Ruhrkohlen--Verkaufsgesellschaften*, de 15 de Julho de 1960, e *Sgarllatta*, de 1 de Abril de 1965. Cf., também, MARIE-NOËLLE MORNET, *La vidéosurveillance et la preuve*, Presses Universitaires d'Aix-Marseille, Aix-en-Provence, 2004, p. 80.

[616] SANZ CABALLERO, *apud* MÓNICA ARENAS RAMIRO, "El derecho a la protección...", cit., p. 96.

[617] MÓNICA ARENAS RAMIRO, *El derecho fundamental...*, cit., p. 194.

[618] Caso *Erich Stauder c. ville d'Ulm-Sozialamt*, Acórdãos do TJCE, 1969, pp. 157-162, onde se decidiu, perante a questão colocada de saber se "pode considerar-se compatível com os princípios gerais do direito comunitário vigentes o facto de a Decisão 69/71/CEE da Comissão das Comunidades Europeias, de 12 de Fevereiro de 1969, implicar que a oferta de manteiga a preço reduzido aos beneficiários de determinados regimes de assistência social depende da divulgação aos vendedores do nome do beneficiário?", que "o segundo travessão do art. 4.º da Decisão 69/71/CEE, de 12 de Fevereiro de 1969, rectificada pela decisão 69/244/CEE, deve ser interpretado no sentido de impor apenas a individualização dos beneficiários das medidas por ele previstas, sem todavia impor ou proibir a sua identificação nominativa para fins de controlo", sendo que "a apreciação da questão apresentada ao Tribunal de Justiça pelo *Verwaltungsgericht Stuttgart* não revela qualquer elemento susceptível de afectar a validade da disposição em causa". Assim, o primeiro elemento da protecção da vida privada a ser tutelado por este Tribunal foi, como elucida PIERRE KAYSER, *op.* cit., p. 85, o da identidade dos beneficiários de uma ajuda familiar, dentro do âmbito do segredo dos elementos da vida privada com esta decisão. Cf., ainda, RUIZ MIGUEL, "El derecho a la protección...", cit., p. 26.

190 *A Privacidade dos Trabalhadores e as Novas Tecnologias...*

de 1969, onde se consagrou que "o respeito pelos direitos fundamentais faz parte integrante dos princípios gerais do Direito que o Tribunal de Justiça assegura". Mais tarde, no acórdão *Internationale Handelsgesellschaft*[619], proferido em 17 de Dezembro de 1970, são referidas duas declarações relevantes: "os direitos fundamentais fazem parte integrante dos princípios gerais do direito", e "a salvaguarda desses direitos, inspirando-se nas tradições comuns aos Estados-membros, deve ser assegurada no quadro da estrutura e dos objectivos da Comunidade". No acórdão *Nold*, de 14 de Maio de 1974, o Tribunal defendeu que não se podem admitir medidas incompatíveis com os direitos fundamentais reconhecidos e garantidos pelas Constituições dos Estados membros, sendo que os instrumentos internacionais que dizem respeito à protecção dos direitos do Homem, em relação aos quais os Estados membros cooperaram ou aderiram, podem igualmente fornecer indicações que convém ter em atenção no quadro do direito comunitário. Mas é só em 1975, com o caso *Rutili*, de 28 de Outubro, que se faz pela primeira vez referência explícita à CEDH, decidindo que a mesma é "fonte de inspiração", expressão que será utilizada posteriormente em diferentes ocasiões, até que, em 13 de Dezembro de 1979, com o caso *Hauer*, se dá um salto neste percurso afirmando-se que "a Convenção será examinada e aplicada pelo Tribunal sempre que as Partes lhe façam referência"[620].

Tendo esta jurisprudência em atenção, o Tribunal de Justiça utilizou a CEDH como um "argumento adicional" para consolidar soluções que resultam, em primeiro lugar, do próprio direito, configurando-se os direitos fundamentais como princípios próprios do ordenamento comunitário, derivados dos Tratados, das várias tradições constitucionais comuns dos Estados membros e da CEDH. Assim, desde 1969, o TJCE tem vindo a reconhecer vários direitos fundamentais como o direito de propriedade[621], o direito à inviolabilidade do domicílio e da correspondência[622], o direito

---

[619] Ver GUY BRAIBANT, *La Charte des droits fondamentaux de l'Union européenne*, Éditions du Seuil, Paris, 2001, p. 15.

[620] Cf. MÓNICA ARENAS RAMIRO, *El derecho fundamental...*, cit., p. 197, e "El derecho a la protección...", cit., p. 97.

[621] Por exemplo, Caso *Hauer*, de 13 de Dezembro de 1979.

[622] Por exemplo, o acórdão *National Panasonic, in Recueil de la Jurisprudence de la Cour*, 1980-5, pp. 2033-2070, de 26 de Junho de 1980, pode ser interpretado

As Novas Tecnologias e a Privacidade

191

à liberdade de expressão[623], o direito à liberdade religiosa[624], o direito à vida privada[625] [626]. O Tribunal reconhece, também, a liberdade de vida privada[627], na medida em que um aspecto inerente àquela é a liberdade de se deslocar, ou seja, de *ir e vir* – livre circulação de pessoas dos diferentes Estados membros, prevista no art. 39.º do Tratado[628].

---

como tendo implicitamente reconhecido o direito ao respeito do domicílio, consagrado no art. 8.º da Convenção Europeia, entre os direitos fundamentais assegurados pelo Tribunal de Justiça.

[623] Por exemplo, caso ERT, de 18 de Junho de 1991.

[624] A título de exemplo, caso *Prais*, de 27 de Outubro de 1976.

[625] *Inter alia*, ver caso *D. e Reino Da Suécia v. Conselho*, de 31 de Maio de 2001.

[626] Cf. estes casos em MÓNICA ARENAS RAMIRO, *El derecho fundamental...*, cit., p. 198, e, ainda KAYSER, *op.* cit., p. 86, e RAQUEL SERRANO OLIVARES, "El derecho a la intimidad...", cit., p. 115. Ainda, no acórdão de 20 de Outubro de 1994, o Tribunal afirmou que "segundo uma jurisprudência constante, os direitos fundamentais, como o respeito pela vida privada que deriva do art. 8.º da Convenção Europeia dos Direitos Humanos, formam parte integrante dos princípios gerais de direito cujo respeito é garantido pelo Tribunal de Justiça". Também, no acórdão de 8 de Abril de 1992, o TJCE afirma que "o respeito pela vida privada e o direito à protecção do segredo médico, que é um dos seus aspectos, constituem direitos fundamentais protegidos pela ordem jurídica comunitária [...] quando um Estado-membro invoca as disposições do Tratado para justificar uma legislação nacional susceptível de obstar ao exercício de uma liberdade garantida pelo Tratado. Esta justificação, prevista pelo direito comunitário, deve interpretar-se à luz dos princípios gerais do direito e, especialmente, dos direitos fundamentais".

[627] *Vd.* PIERRE KAYSER, *op.* cit., p. 87, que aborda a protecção da liberdade da vida familiar dos trabalhadores da Comunidade.

[628] O n.º 2 estipula que "A livre circulação dos trabalhadores implica a abolição de toda e qualquer discriminação em razão da nacionalidade, entre os trabalhadores dos Estados membros, no que diz respeito ao emprego, à remuneração e demais condições de trabalho". A liberdade de circulação está, como nota RAQUEL SERRANO OLIVARES, "El derecho a la intimidad...", cit., pp. 115-116, nota 89, intimamente conexa ao direito à intimidade pessoal e familiar, sendo que esta ligação pode notar-se no tratamento que é dado à família do trabalhador, nomeadamente através do Regulamento (CEE) n.º 1612/68 do Conselho, de 15 de Outubro de 1968, alterado pelo Regulamento (CEE) n.º 312/76 do Conselho, de 9 de Fevereiro de 1976, relativo à livre circulação dos trabalhadores na Comunidade, e que intitula a Parte I "Do emprego e da família dos trabalhadores" (sublinhado nosso) e a Directiva do Conselho n.º 68/360/CEE, de 15 de Outubro de 1968, relativa à supressão das restrições à deslocação e permanência dos trabalhadores dos Estados membros e suas famílias na Comunidade (sublinhado nosso).

192   *A Privacidade dos Trabalhadores e as Novas Tecnologias...*

4.3.2.3.2. Em 7 de Fevereiro de 1992 assinou-se em *Maastricht*, o Tratado da União Europeia[629] que consagrou no art. 6.º, n.º 2[630], a incorporação, no Direito originário, da doutrina que tinha vindo a ser elaborada pelo Tribunal de Justiça e de acordo com a qual os direitos fundamentais formam parte do ordenamento comunitário como princípios gerais de Direito. Desta forma colocam-se em conexão três sistemas diferentes: o da União Europeia, o do Conselho da Europa através da remissão efectuada pela CEDH, e esta própria, e a jurisprudência do TEDH.

Nota-se, contudo, que mesmo após esta incorporação, o sistema continuava a não ser totalmente satisfatório e, por isso, em 1999, atendendo a que o próprio TJCE determinou que a União Europeia não podia aderir à CEDH por carecer de personalidade jurídica, sentiu-se a necessidade de dotar a União com um catálogo de direitos fundamentais e, assim, um Grupo de peritos em direitos fundamentais elaborou um Parecer que sublinhou a transcendência desta matéria no seio da União Europeia e a necessidade de reconhecer expressamente os direitos fundamentais[631].

Surge, desta forma, a *Carta dos Direitos Fundamentais da União Europeia*[632], que configura a terceira etapa no processo de reconhecimento e garantia dos direitos fundamentais na União Europeia e está relacionada com o objectivo de avançar para a integração jurídico-política, para além da integração económica. Esta *Carta* quebra, assim, o carácter

---

[629] TUE.

[630] Que estabelece "2. A União respeitará os direitos fundamentais tal como os garante a Convenção Europeia de Salvaguarda dos Direitos do Homem e das Liberdades Fundamentais, assinada em Roma em 4 de Novembro de 1950, e tal como resultam das tradições constitucionais comuns aos Estados-membros, enquanto princípios gerais do Direito comunitário" – Art. F-2 do TUE.

[631] Ver MARIA DEL CARMEN GUERRERO PICÓ, *op.* cit., pp. 103-104, e MÓNICA ARENAS RAMIRO, *El derecho fundamental...*, cit., p. 201.

[632] Esta *Carta* é o resultado de um procedimento original, sem precedentes na história da União Europeia, que pode ser sintetizado da seguinte forma: o Conselho Europeu de Colónia (3 e 4 de Junho de 1999) conferiu mandato a uma comissão para redigir um projecto. Constituída em Dezembro de 1999, viria a aprovar o projecto em 2 de Outubro de 2000. O Conselho Europeu de Biarritz (13 e 14 de Outubro de 2000) aprovou-o por unanimidade e transmitiu-o ao Parlamento Europeu e à Comissão, sendo que o Parlamento o aprovou em 14 de Novembro de 2000 e a Comissão em 6 de Dezembro do mesmo ano. Em nome das respectivas instituições, os presidentes do Parlamento Europeu, do Conselho e da Comissão assinaram e proclamaram a Carta em 7 de Dezembro de 2000, em Nice.

marcadamente económico dos tratados e orienta a política da Europa para os direitos dos cidadãos, afirmando que a Europa pode ser algo mais do que um mercado único[633].

Até à elaboração da *Carta* não existia no Direito comunitário uma noção normativa de direito fundamental, o que tornava difícil determinar e delimitar o seu conceito. O Tribunal de Justiça das Comunidades tinha vindo a desenvolver uma jurisprudência atendendo aos "princípios gerais do Direito", mas tornava-se difícil assegurar qual a situação em que os princípios revestiam ou não esse valor fundamental.

Perante esta situação tão casuística, a consagração na *Carta dos Direitos Fundamentais da União Europeia* de um catálogo de direitos fundamentais favorece a segurança jurídica e constitui um passo muito importante[634].

Esta *Carta*, datada de 7 de Dezembro de 2000, é uma "Carta para a Europa mas não uma carta para os Europeus"[635], já que estes não são os únicos beneficiários. Os direitos nela previstos aplicam-se a quase todos – cidadãos dos Estados membros, residentes legais ou ilegais, ou, simplesmente, pessoas que estão de passagem[636]. O que está em jogo é o princípio da universalidade dos direitos do homem. Porém, este princípio não pode ter um valor absoluto, salvo nos casos dos direitos *mais* fundamentais, ou seja, aqueles que dizem respeito ao princípio da dignidade da pessoa humana e que não são passíveis de derrogação[637].

A *Carta* enumera uma série de direitos considerados como fundamentais. Desde logo, os direitos clássicos que se situam nos capítulos relativos à dignidade, às liberdades, à igualdade e à justiça. Depois, os direitos sociais e os direitos novos que surgiram na última metade do século XX, após a criação da Comunidade Europeia, relacionados com as

---

[633] Neste sentido Mónica Arenas Ramiro, última *op.* cit., p. 202.

[634] Neste sentido Gail Lasprogata, Nancy King e Sukanya Pillay, *op.* cit., p. 5.

[635] Ver Guy Braibant, *op.* cit., p. 41.

[636] O seu âmbito de aplicação tão aberto levou a que Guy Braibant, *op.* cit., p. 41, dissesse que a Carta pode ser considerada como uma "concha quase vazia e contestada no plano dos princípios" – *une coquille presque vide et contestable sur le plan des principes*, reconhecendo que a questão não é assim tão simples, havendo que acautelar os diferentes interesses em jogo e os diversos direitos.

[637] Cf. Marie-Luce Pavia, *op.* cit., p. 146.

194   *A Privacidade dos Trabalhadores e as Novas Tecnologias...*

inovações tecnológicas e as novas responsabilidades perante o meio ambiente e as gerações futuras[638]. Este Documento constitui, assim, um complemento da CEDH, adaptando-a aos tempos actuais e a sujeitos passivos diferentes dos originais.

Os vários direitos fundamentais consagrados neste texto legislativo são inspirados em grande parte na CEDH, na jurisprudência do TEDH, mas também noutras fontes como as várias Constituições dos Estados membros, nos Tratados institucionais, na Convenção de Genebra sobre os refugiados e na Carta Social Europeia, *inter alia*.

O respeito pela reserva da vida privada encontra consagração expressa no art. 7.°, no capítulo II, dedicado às liberdades. Este artigo, que tem por epígrafe "respeito da vida privada e familiar", refere que "toda a pessoa tem direito ao respeito da sua vida privada e familiar, do seu domicílio e das suas comunicações"[639]. Os direitos garantidos neste artigo correspondem aos do art. 8.° da *Convenção Europeia*, tendo-se naquele substituído o termo *correspondência* por *comunicação*. Entende-se preferível a nova designação na medida em que está mais em consonância com as novas tecnologias da informação e da comunicação, tendo assim em atenção a multiplicidade de modos de transmissão de dados, não se limitando mais ao correio postal[640]. As possíveis derrogações e limitações são as

---

[638] *Vd.* sobre esta matéria GUY BRAIBANT, *op.* cit., pp. 44-47.

[638] Com importância, ainda, para a salvaguarda da reserva da vida privada, *vide* os arts. 9.° e 10.°. O primeiro consagra o direito de toda a pessoa se casar e constituir uma família; o segundo, no n.° 1, estabelece que "toda a pessoa tem direito à liberdade de pensamento, de consciência e de religião", sendo que o último implica a liberdade de mudar de religião, assim como a liberdade de manifestar a sua religião individual ou colectivamente, em público ou em privado, pelo culto, ensino, práticas e realização de rituais".

[640] No mesmo sentido JEAN-EMMANUEL RAY, "Courrier privé...", cit., p. 916, referindo ainda que esta diferente terminologia não é indiferente sobre o plano penal. *Vd.*, do mesmo autor e no mesmo sentido, *Le droit du travail...*, cit., p. 96. Também GAIL LASPROGATA, NANCY KING e SUKANYA PILLAY, *op.* cit., p. 5, nota n.° 34, entendem que esta terminologia pretende ter em atenção os avanços tecnológicos que não encontram reflexo na expressão"correspondência". O Grupo de Protecção de dados instituído pelo art. 29.° da Directiva n.° 95/46/CE, no *Documento de Trabalho sobre a vigilância das comunicações electrónicas no local de trabalho*, de 29 de Maio de 2002, p. 11, também observa o mesmo escrevendo que "a Carta dos Direitos Fundamentais da União Europeia parece seguir as linhas gerais da Convenção Europeia dos Direitos do Homem e o conceito de confidencialidade da correspondência foi alargado para se tornar o conceito de nova geração "confidencialidade das comunicações", que se destina a facultar às comunicações

As Novas Tecnologias e a Privacidade

mesmas que estão enumeradas no segundo parágrafo do art. 8.°, considerando o art. 52.°, n.° 3, da *Carta* quando dispõe que "na medida em que a presente Carta contenha direitos correspondentes aos direitos garantidos pela Convenção Europeia de salvaguarda dos direitos do homem e liberdades fundamentais, o seu sentido e o seu significado são os mesmos que aqueles que a dita Convenção lhes confere. Esta disposição não é obstáculo para que o direito da União lhes confira uma protecção mais ampla".

Em relação a este direito a *Carta* codifica um direito fundamental que já existia no ordenamento jurídico comunitário na medida em que tinha sido reconhecido pelo TJCE em diversas ocasiões.

Este artigo deriva directamente da dignidade da pessoa humana, reconhecida no art. 1.° da *Carta dos Direitos Fundamentais da União Europeia*. Pretende-se com este direito garantir um espaço onde a pessoa possa desenvolver de forma livre e digna a sua própria personalidade, uma esfera privada, e protegê-la do conhecimento de terceiros e das intromissões dos poderes públicos, com especial atenção para os avanços da ciência e da técnica que proporcionam novos métodos para aceder a essa esfera de privacidade.

No que concerne ao conteúdo deste direito, a *Carta* especifica os quatro âmbitos protegidos e que são os mesmos que o TEDH tinha vindo a considerar e a reconhecer na sua jurisprudência

Em estreita relação com este artigo deve considerar-se o art. 8.°. Sob a epígrafe "protecção dos dados de carácter pessoal"[641], estabelecendo o direito de toda a pessoa à protecção dos dados de carácter pessoal que lhe dizem respeito, sendo que estes dados devem ser tratados de uma forma

---

electrónicas o mesmo grau de protecção que o correio tem recebido tradicionalmente". MARTÍNEZ MARTÍNEZ, *op.* cit., p. 219, também sublinha esta diferença.

[641] Este artigo inspira-se no art. 286.° do Tratado que institui a Comunidade Europeia e na Directiva 95/46/CE, do Parlamento Europeu e do Conselho, relativa à protecção das pessoas físicas em relação ao tratamento dos dados de carácter pessoal e à sua livre circulação, e, ainda, no art. 8.° da Convenção Europeia e na Convenção do Conselho da Europa para a protecção das pessoas em relação ao tratamento automatizado dos dados de carácter pessoal. Ver GUY BRAIBANT, *op.* cit., pp. 111-112. Não pode esquecer-se que o processo de integração europeia exige uma disciplina uniforme relativamente à circulação de informações, assegurando uma adequada tutela dos direitos da pessoa e impedindo a criação de verdadeiros "paraísos de dados". Ver M.ª BELÉN CARDONA RUBERT, "Tratamiento automatizado de datos personales del trabajador", *in RTSS*, Outubro-Dezembro, 1994, p. 88.

leal, somente para fins determinados e com o consentimento da pessoa em causa. Este artigo também está relacionado com o art. 42.° da *Carta* que reconhece o direito de acesso aos documentos. De facto, ambos os direitos representam o mesmo. O art. 8.° relaciona-se, ainda, com o art. 1.° que consagra a dignidade da pessoa humana, donde derivam todos os direitos por ela protegidos, entre os quais se incluem o direito à vida privada e o direito à protecção de dados pessoais.

Este é um dos direitos fundamentais que se explicita com maior amplitude e que aparece clarificado e distinto de outros, como o respeito pela vida privada e familiar. A *Carta* consagrou, desta forma, especificamente, o direito à autodeterminação informativa[642], distinguindo melhor os conceitos de vida privada, no art. 7.°, e de protecção de dados, no art. 8.°. O primeiro conceito representa a visão negativa do direito à privacidade. O segundo consagra a consciencialização dos desequilíbrios de poder entre a pessoa em causa e o responsável pelo tratamento de dados e, também, o impacto que este tratamento pode ter sobre as diversas liberdades do cidadão[643]. Defende-se, contudo, que apesar desta divisão no próprio conceito de privacidade, o que releva, sobretudo após a extensão da informática e da capacidade de tratamento de dados que operam uma revisão deste conceito, não é tanto a questão de saber se uma informação faz parte da privacidade ou da intimidade da pessoa, e antes, a capacidade de controlar qualquer informação que lhe respeita. Assim, o elemento determinante é, para nós, a capacidade de decisão sobre a circulação de informação respeitante à pessoa em causa.

Neste art. 8.°, diferentemente do que sucede com outros direitos deste Documento, opta-se por identificar um certo conteúdo do mesmo: o princípio da licitude, o princípio da finalidade, o princípio do consentimento e o do fundamento legal do tratamento, o direito de acesso e o de rectificação. Mas, por outro lado, não se referem outros princípios ou

---

[642] Neste sentido ver ELEONORA STENICO, "Diritto all'autodeterminazione informativa del prestatore: Italia e Spagna a confronto", *in LD*, volume XVI, n.° 1, 2002, p. 75.

[643] Defendendo a mesma opinião podem ver-se: YVES POULLET, JEAN-MARC DINANT e CÉCILE DE TERWANGNE, *op.* cit., p. 24, RODOTÀ, "Tecnología y...", cit., p. 1, observando que a distinção entre estes dois artigos não é meramente aparente pois o primeiro está relacionado sobretudo com o momento que o autor denomina de individualista, sendo a tutela estática, negativa, enquanto pelo art. 8.°, a tutela é dinâmica, seguindo os dados em circulação. Também ZUCCHETTI, *op.* cit., p. 6, defende o mesmo.

direitos também reconhecidos noutros textos europeus, como o direito à informação, o princípio da qualidade dos dados, o direito de cancelamento ou o princípio da segurança, nem se aludindo à protecção dos dados sensíveis. Por isso, talvez tivesse sido preferível limitar-se a proclamar este direito[644].

No ano de 2003, o TJCE proferiu duas decisões importantes em matéria de protecção de dados pessoais, decidindo de forma expressa sobre a existência deste direito. A primeira sentença, datada de 20 de Maio de 2003, é o caso *Österreichiscer Rundfunk*, onde se questionava a obrigação do organismo público de radiodifusão austríaco (ÖRF) comunicar dados sobre os seus trabalhadores, assim como a obrigação do Tribunal de Contas austríaco de recolher e comunicar tais dados para a publicação dos nomes dos trabalhadores. O TJCE remeteu para a jurisprudência do TEDH sobre a matéria e entendeu que esta recolha afectava o direito reconhecido pelo art. 8.º da CEDH e que a sua comunicação a terceiros supõe uma ingerência no direito à protecção de dados pessoais. De seguida, utilizando o teste da proporcionalidade, analisa se essa intromissão era justificada. Em conclusão, o Tribunal decidiu que a obrigação imposta pela norma de comunicar e publicar os dados relativos aos rendimentos dos trabalhadores não era contrária à Directiva 95/46/CE sobre Protecção de Dados Pessoais, sempre que se demonstrasse que a ampla divulgação não só da importância dos rendimentos anuais, como também dos nomes dos beneficiários de tais rendimentos, era necessária, apropriada para conseguir o objectivo proposto, facto que deveria ser analisado pelos órgãos jurisdicionais nacionais.

A segunda sentença, de 6 de Novembro de 2003, é o caso *Lindqvist*, em que se acusava uma catequista de uma paróquia da Suécia de ter infringido uma norma sueca de protecção de dados pessoais ao ter publicado na *Internet* várias páginas *web* que continham informação sobre ela mesma e sobre vários dos seus companheiros na paróquia, sem lhes ter solicitado o consentimento e sem ter comunicado a iniciativa ao *Datainspektion*[645]. O Tribunal de Justiça das Comunidades decidiu que o nome de uma pessoa, juntamente com o seu número de telefone ou outra informação relativa às suas condições de trabalho, pode considerar-se dado pessoal.

---

[644] Esta é a opinião de Maria Del Carmen Guerrero Picó, *op.* cit., p. 105.

[645] Comissão de protecção de dados sueca.

198   *A Privacidade dos Trabalhadores e as Novas Tecnologias...*

Assim, entendeu que a publicação de dados pessoais na *Internet* deve considerar-se um tratamento de dados pessoais, tal como é entendido na Directiva 95/46/CE[646].

4.3.2.3.3. Pode dizer-se que o último passo que se deu no reconhecimento do direito à protecção de dados pessoais produziu-se com a aprovação do Tratado que estabelece a Constituição Europeia. Assim, a *Carta dos Direitos Fundamentais* incluiu-se no Tratado, no título II. Desta forma, o Tratado, à margem da relevância *per se* que possui e os novos aspectos que regula[647], apresenta uma enorme importância do ponto de vista da protecção de dados pessoais devido ao valor jurídico que se confere à *Carta*, com a sua integração no Tratado.

Parece-nos de referir, ainda, que este direito fundamental à protecção de dados seja "preocupante"[648] desde o ponto de vista da segurança nacional. Sabendo que este direito não é ilimitado, tendo que ceder, em bastantes ocasiões, perante outros direitos fundamentais, interesses gerais ou direitos constitucionalmente garantidos e não só perante a segurança nacional, defendemos que há que ter várias cautelas com esta limitação. Os atentados de 11 de Setembro em Nova Iorque, 11 de Março de 2004, em Madrid e 7 de Julho de 2005, em Londres, provocaram mudanças substanciais no modelo europeu de protecção de dados até ao ponto de começar a afectar a regulação que faz a própria Comissão Europeia, mas não se nos afigura a melhor opção, devendo colocar sempre, em primeiro lugar, os direitos fundamentais – no caso a protecção de dados e as liberdades públicas.

Conclui-se por uma visão não pessimista pois é extremamente importante a consagração no art. 8.º da *Carta dos Direitos Fundamentais* do direito à protecção de dados e a sua incorporação no Tratado da futura Constituição Europeia.

---

[646] Ver, com mais desenvolvimento, estes casos em MÓNICA ARENAS RAMIRO, "El derecho a la protección...", cit., pp. 106 e ss, assim como *El derecho fundamental...*, cit., pp. 245 e ss..

[647] Não cabe no âmbito deste trabalho abordar todas as vicissitudes do processo de aprovação deste Tratado mas convém referir que, após o *não* obtido em diferentes referendos ao nível dos Estados membros, foi adoptado, em 3 de Dezembro de 2007, o Tratado de Lisboa que altera o Tratado da União Europeia e o Tratado que instituiu a Comunidade Europeia.

[648] M.ª DEL CARMEN GUERRERO PICÓ, *op. cit.*, pp. 133-134.

As Novas Tecnologias e a Privacidade

4.3.2.3.4. De maneira paralela com este desenvolvimento legal, e tendo em atenção a disparidade de normas que existiam nos vários países da União Europeia sobre protecção de dados pessoais, pretendeu criar-se um Documento que conseguisse uma livre circulação de dados pessoais nos vários Estados membros que não colocasse entraves ao mercado interno e que realizasse uma aproximação entre as várias legislações internas, já que a disparidade de legislações nacionais criava perigosas "distorções" da concorrência no mercado europeu[649].

O primeiro diploma aprovado nesta matéria é a Directiva 95/46/CE, do Parlamento Europeu e do Conselho, de 24 de Julho de 1995, relativa à protecção das pessoas singulares no que concerne ao tratamento de dados pessoais e da livre circulação desses dados[650]. Esta Directiva, contraria-

---

[649] Neste sentido BELLAVISTA, "La direttiva sulla protezione...", cit., pp. 115-116, e FABRIZIA DOUGLAS SCOTTI, "Alcune osservazioni...", cit., p. 233.

[650] Antes da feitura desta Directiva já a União Europeia tinha percorrido um longo caminho que começou em 21 de Novembro de 1973 quando a Comissão Europeia, numa comunicação dirigida ao Conselho e relativa à política da Comunidade no que respeitava à informática, afirmava que a actuação de uma política específica deveria comportar dois tipos de acções, conforme nota CARLO SARZANA, "L'attività...", cit., pp. 504-505. Também BUTTARELLI,, op. cit., pp. 38 e ss., analisa esta evolução notando que a Convenção n.º 108 do Conselho da Europa tinha um número limitado de princípios e não impedia, a não ser no caso dos dados sensíveis, uma desarmonia nos diferentes Estados. Como menciona M.ª EDUARDA GONÇALVES, op. cit., p. 98, a Convenção, pelo seu carácter genérico e pelo facto de admitir várias excepções, não podia ser considerada o instrumento jurídico suficiente para alcançar a harmonização legislativa necessária à livre circulação da informação no interior do mercado interno europeu. GARCIA MARQUES e LOURENÇO MARTINS, op. cit., pp. 261-262, acrescentam, ainda, que a Comissão da União Europeia acompanhou com interesse os trabalhos da Convenção para a protecção das pessoas relativamente ao tratamento Automatizado dos Dados Pessoais, principalmente à problemática dos fluxos transfronteiriços de dados pessoais, atendendo à importância da livre circulação de bens e serviços. Mas, tal como os autores anteriores defendem que, considerando o número limitado de Estados que procederam à ratificação desta Convenção, assim como a circunstância da Convenção, atento o seu carácter non self executing, "proceder a frequentes remissões para as soluções constantes dos direitos nacionais", esta Convenção não poderia constituir o "instrumento jurídico idóneo a assegurar a harmonização legislativa necessária à livre circulação da informação pessoal no interior do Mercado Interno e a garantir a não distorção da concorrência". Desta forma, logo em 1982, a Comissão começou a desenvolver iniciativas no sentido de pressionar os Estados membros no sentido de ratificarem a Convenção n.º 108 e de publicarem legislação interna sobre este assunto. Em 1990 a Comissão apresentou um "pacote" legislativo constituído, entre outros documentos, por duas propostas de Directivas em matéria de protecção de dados.

200   *A Privacidade dos Trabalhadores e as Novas Tecnologias...*

mente à Convenção n.º 108 do Conselho da Europa, não é directamente um instrumento de protecção dos direitos das pessoas, mas antes, uma ferramenta para impedir os entraves à livre circulação de informação pessoal no contexto do mercado interno[651]. Esta Directiva prossegue dois objectivos fundamentais: tutelar a privacidade e os restantes direitos fundamentais e garantir o fluxo de dados entre os Estados membros[652]. Trata-se, desta forma, de impedir que as diferenças entre os níveis de protecção dos direitos e liberdades das pessoas e, em particular, da privacidade, garantidos pelos Estados membros no que concerne ao tratamento de dados pessoais, afecte o funcionamento regular do mercado único[653].

Uma nota diferente em relação à *Carta dos Direitos Fundamentais da União Europeia* consiste no facto do conceito de vida privada referido abarcar a protecção de dados pessoais, revestindo particular interesse os Considerandos 10 e 11[654].

---

[651] Esta é também a opinião de GARCIA MARQUES e LOURENÇO MARTINS, *op. cit.,* p.264, M.ª DEL CÁRMEN GUERRERO PICÓ, *op. cit.,* p. 64, e PUENTE ESCOBAR, *op. cit.,* p. 44. AGATHE LEPAGE, *Libertés et droits fondamentaux à l'épreuve de l'Internet – Droits de l'internaute, Liberté d'expression sur l'Internet, Responsabilité,* Litec, Paris, 2002, pp. 30-31, defende que o objectivo desta Directiva é um pouco "ambíguo". Também MAURIZIO DE ARCANGELIS, *op. cit.,* p. 45, entende o mesmo, assim como EMIDIA ZANETTI VITALI, "Utilizzazione dei «dati sensibili» e tutela del lavoratore", *in La tutela della privacy...,* cit., p. 111.

[652] Nesta direcção apontam os Considerandos 2 e 4. O n.º 2 estabelece que "considerando que os sistemas de tratamento de dados estão ao serviço do Homem; que devem respeitar as liberdades e os direitos fundamentais das pessoas singulares independentemente da sua nacionalidade ou da sua residência, especialmente a vida privada, e contribuir para o progresso económico e social, o desenvolvimento do comércio e o bem-estar dos indivíduos" e que o n.º 4 preconiza que: "Considerando que o recurso ao tratamento de dados pessoais nos diversos domínios das actividades económicas e sociais é cada vez mais frequente na Comunidade; que o progresso registado nas tecnologias da informação facilita consideravelmente o tratamento e a troca dos referidos dados". Também o art. 1.º é relevante estabelecendo-se que o objecto da Directiva é, segundo o n.º 1, que "os Estados membros assegurarão, em conformidade com a presente directiva, a protecção das liberdades e dos direitos fundamentais das pessoas singulares, nomeadamente do direito à vida privada, no que diz respeito ao tratamento de dados pessoais". E no n.º 2, que "os Estados membros não podem restringir ou proibir a livre circulação de dados pessoais entre Estados membros por razões relativas à protecção assegurada por força do n.º 1".

[653] Cf. Considerando n.º 7.

[654] O Considerando n.º 10 estabelece que: "Considerando que o objectivo das legislações nacionais relativas ao tratamento de dados pessoais é assegurar o respeito dos

As Novas Tecnologias e a Privacidade

A Directiva abarca a realidade tecnológica de forma ampla, inserindo qualquer tipo de informação pessoal e em qualquer formato, não só bases de dados que contenham informação alfanumérica, como também aquelas que integrem informação estruturada em suporte de papel, ou que abarquem imagens e sons.

A importância desta Directiva é fundamental e deriva do facto de a sua regulação estar relacionada não só com o âmbito europeu como também mundial, já que as suas normas em matéria de transferência internacional de dados impõem um regime básico delimitando o que deve ser considerado *adequado* para os terceiros Estados não membros da União para que os dados possam ser-lhes transmitidos livremente. Há ainda que acrescentar que esta importância também está relacionada com o facto de se aplicar a tratamentos automatizados como a tratamentos manuais, o que abarca qualquer tipo de tratamento, o que nos parece ser um factor positivo[655], condicionando a legislação dos Estados membros sobre direitos fundamentais[656], adoptando desta forma uma aproximação proactiva para proteger a privacidade pessoal na parte dos dados pessoais.

A Directiva, contudo, não conseguiu ser uma solução harmonizadora porque tem numerosas excepções[657] aos seus princípios e pode, inclusivamente, diminuir o leque de garantias individuais[658], como no caso em que

---

direitos e liberdades fundamentais, nomeadamente do direito à vida privada, reconhecido não só no artigo 8.º da Convenção europeia para protecção dos direitos do Homem e das liberdades fundamentais como nos princípios gerais do direito comunitário; que, por este motivo, a aproximação das referidas legislações não deve fazer diminuir a protecção que asseguram, devendo, pelo contrário, ter por objectivo garantir um elevado nível de protecção na Comunidade;" e no n.º 11 estabelece-se, ainda que: "Considerando que os princípios da protecção dos direitos e liberdades das pessoas, nomeadamente do direito à vida privada, contidos na presente directiva, precisam e ampliam os princípios contidos na Convenção do Conselho da Europa, de 28 de Janeiro de 1981, relativa à protecção das pessoas no que diz respeito ao tratamento automatizado de dados pessoais".

[655] Da mesma opinião JEAN-LUC SOULIER e SANDRA SLEE, "La protection dés données a caractère personnel et la vie privée dans le secteur dés communications électroniques", *in RIDC*, n.º 2, 2002, p. 665.

[656] Cf. ANA URRUTIA, HÉCTOR GORSKI e MÓNICA MICHEL, *op.* cit., p. 45.

[657] Como refere SYLVAIN LEFÈBVRE, *op.* cit., p. 25, a Directiva resultou de um compromisso entre a Alemanha, o Reino Unido e a França, deixando uma certa latitude aos Estados membros de derrogarem os seus princípios, o que torna incerto o efeito pretendido de harmonização.

[658] M.ª EDUARDA GONÇALVES, *op.* cit., p. 105.

202 *A Privacidade dos Trabalhadores e as Novas Tecnologias...*

admite numerosas derrogações ao consentimento individual no uso de dados pessoais[659], generalizando o controlo *a posteriori*, restringindo-se o controlo *a priori* a casos de soberania. Por outro lado, é demasiado genérica, tendo sido preferível atender a certos sectores, nomeadamente o do Trabalho, onde as especificidades da relação jurídico-laboral exigiriam princípios próprios[660].

Esta Directiva consagra vários princípios, como o da qualidade de dados, que compreende os princípios da lealdade e da licitude, devendo todo o tratamento de dados reconduzir-se a fins determinados, explícitos e legítimos, não podendo ser tratados posteriormente de forma incompatível com estes fins. Também relacionado com este princípio encontra-se o dever de não conservar os dados por mais tempo do que o necessário para prosseguir os fins pretendidos. Finalmente, ligado a este deve referir-se o princípio da proporcionalidade da informação, exigindo-se que a que reveste carácter pessoal seja adequada, pertinente e não excessiva em relação aos fins do tratamento.

Existem, ainda, os princípios relacionados com a legitimidade do tratamento dos dados pessoais, previstos no art. 7.º, e que estão ligados ao consentimento do seu titular. Acrescem também, princípios relativos à sua confidencialidade e segurança do seu tratamento, nos arts. 16.º e 17.º, sendo relevante, ainda, o direito a ser informado, dos arts. 10.º e 11.º, e que é bastante relevante para o Direito do trabalho, proscrevendo os controlos ocultos[661] assim como o direito de acesso.

A Directiva estabeleceu, ainda, no art. 8.º um regime próprio para certas categorias de dados pessoais, os denominados dados "sensíveis".

Os esforços subsequentes realizados pela União Europeia em matéria de protecção de dados e na regulação das tecnologias de informação foram estabelecidos na Directiva n.º 97/66/CE, do Parlamento Europeu e do Conselho, de 15 de Dezembro de 1997, relativa ao tratamento dos

---

[659] Em relação a este problema pode ver-se o capítulo III, n.º 2.2., a propósito do caso da áudio e da videovigilância.

[660] Neste sentido ver BELLAVISTA, "La direttiva sulla...", cit., p. 116, "I Poteri dell'imprenditore e la *privacy* del lavoratore", *in DL*, vol. 76, n.º 3, 2002, p. 151, "La tutela dei dati personali nel rapporto di lavoro", *in Il codice dei dati personali – temi e problemi*, (coord. FRANCESCO CARDARELLI, SALVATORE SICA e VINCENZO ZENO-ZENCOVICH), Giuffrè editore, Milão, 2004, pp. 398-399, e SPIROS SIMITIS, "Quatre hypothèses...", cit., p. 92.

[661] Ver com mais desenvolvimentos capítulo III, n.º 3.4.2., e capítulo IV, 4.2..

As Novas Tecnologias e a Privacidade

dados pessoais e da protecção da privacidade no sector das telecomunicações, derrogada pela Directiva 2002/58/CE, do Parlamento Europeu e do Conselho, de 12 de Julho de 2002, relativa ao tratamento dos dados pessoais e à protecção da privacidade no sector das telecomunicações electrónicas, alterada pela Directiva 2006/24/CE, do Parlamento Europeu e do Conselho, de 15 de Março de 2006, relativa à conservação de dados gerados ou tratados no contexto da oferta de serviços de comunicações electrónicas publicamente disponíveis ou de redes públicas de comunicações[662].

4.3.2.3.5. Tendo em atenção o quadro legal referido e a jurisprudência, pode afirmar-se que as normas da União Europeia seguiram uma evolução semelhante à do Tribunal Europeu dos Direitos do Homem. Assim, a tutela perante as repercussões derivadas do uso das NTIC foi articulada através da protecção da privacidade, ainda que tendo em atenção a categoria de protecção de dados consagrada na *Carta Europeia de Direitos Fundamentais*.

4.3.2.4. *O direito à privacidade no ordenamento jurídico alemão*

A história totalitária da Alemanha de 1933 a 1945 criou a consciencialização da necessidade de consagração de um direito de privacidade desde o início dos debates públicos e constitucionais na República Federal da Alemanha. Na verdade, até ao final da II Guerra Mundial, o direito alemão protegia este direito apenas indirectamente através de institutos como o direito à imagem[663] e o direito ao nome. Porém, dois factores determinaram que a situação fosse alterada. Desde logo, as consequências nefastas provocadas pelo regime nacional-socialista deram origem à necessidade de uma protecção reforçada dos direitos de personalidade, com a profunda mudança de valores ao nível da sociedade. O segundo factor deriva da proliferação dos meios de telecomunicações durante a

---

[662] Estas directivas serão analisadas no capítulo IV, n.º 3.

[663] Ver a Lei de 1907 que protege o direito à imagem nos §§ 22 e ss. – *Kunsturbebergesetz – KUG –* referida por DÄUBLER, KLEBE, WEDDE e WEICHERT, *op.* cit., p. 70. Também se refere a esta Lei BRUNO SCHIERBAUM, "Recht am eigenem Bild – Umgang mit Bildern im Arbeitsleben", *in Der Personalrat*, n.º 12, 2005, p. 493.

segunda metade do séc. XX, que facilitou a possibilidade de investigação da vida privada. Assim, para evitar a repetição dos perigos de um regime nacional-socialista e para acautelar os riscos que o desenvolvimento dos meios de telecomunicações representa em relação ao respeito pela vida privada, foi adoptada, ainda em 23 de Maio de 1949, *a Lei Fundamental da República Federal da Alemanha*, a *Grundgesetz – GG*[664].

Parece-nos, ainda, que para compreender o sentido e o papel dos direitos fundamentais na Lei Fundamental Alemã e, em especial, o direito à privacidade, torna-se necessário atender à sua génese. A Constituição alemã corresponde a uma resposta ao período do nazismo que ocorreu na Alemanha com o III *Reich*. Este período correspondeu a uma total diminuição dos direitos fundamentais da pessoa. Simples instrumento ao serviço do totalitarismo, o direito ignorava o indivíduo e não lhe reconhecia direitos por si próprio. É nesta perspectiva que tem de ser compreendida a essência dos direitos fundamentais a partir da segunda metade do século XX[665].

4.3.2.4.1. O artigo 1.º da Constituição alemã é nuclear ao consagrar que "a dignidade da pessoa humana é inviolável". Como defende JÖRG NEUNER[666], aquela é um bem jurídico absoluto que não pode ser lesada por ninguém, incluindo os sujeitos de direito privado. Todo o poder estatal é obrigado a respeitá-la e a protegê-la. Este direito do homem à dignidade foi colocado como a *caput* de todos os direitos fundamentais com o

---

[664] Ver MICHELINE DECKER, *op.* cit., p. 72. Cf., também, PAULO MOTA PINTO, "O direito ao livre desenvolvimento...", cit., pp. 174-175.

[665] Neste sentido MANFRED WEISS, "Les droits fondamentaux et le droit allemand du travail", *in Droits fondamentaux et droit social*, (coord. ANTOINE LYON-CAEN e PASCAL LOKIEC), Dalloz, Paris, 2005, p. 201. Também ARMIN HÖLAND, "Germany", *in Employment privacy law...*, cit., p. 108, chama a atenção para o facto da história dramática do nacional-socialismo ter originado uma redobrada atenção aos direitos fundamentais, sobretudo na dignidade. JÖRG NEUNER, "A influência dos direitos fundamentais no Direito privado alemão", *in Direitos Fundamentais e Direito Privado – Uma Perspectiva de Direito Comparado*, (coord. ANTÓNIO PINTO MONTEIRO, JÖRG NEUNER e INGO SARLET), Almedina, Coimbra, 2007, p. 225, entende que, do ponto de vista da génese, há uma renúncia sem reservas ao nacional-socialismo, cujos excessos se estenderam profundamente no direito privado e, por isso, há que defender a eficácia jurídico-privada directa do art. 1.º da Lei Fundamental.

[666] *Op.* cit., p. 225.

fim de evitar um reaparecimento dos crimes nazis. Trata-se de um princípio constitucional fundamental. A segunda parte do artigo menciona o papel que o Estado tem para assegurar este direito, já que não se trata somente de uma atitude passiva que lhe é exigida, no sentido de a respeitar – *achten* –, mas identicamente uma obrigação de actuar, ou seja, de proteger activamente – *schützen* –, o que exige uma intervenção do Estado no sentido da sua concretização.

Não pode referir-se um processo de criação da dignidade humana, mas antes, uma concretização de um princípio constitucional, objectivo, que garante um direito fundamental[667]. A dignidade da pessoa humana é considerada, quer por razões de ordem material[668], quer por motivos de ordem formal[669], como o fundamento da ordem constitucional no seio do qual se situa o ser humano[670]. A dignidade da pessoa humana é o "conceito chave" da Constituição[671]. É por esta razão, para a doutrina e para a jurisprudência, que beneficia de uma importância equivalente à de Estado de direito. Ela tem, ainda, uma protecção constitucional particular porque não pode ser modificada pelo constituinte, nem concretizada pela lei. Este reforço encontra-se no art. 79.°, parágrafo 3, que a torna numa disposição intangível[672]. Assim, resulta do art. 1.° da Lei Fundamental que a digni-

---

[667] Neste sentido Laure Jeannin, "Le principe de dignité en droit allemand – l'interpretation et le renforcement de la valeur axiologique des droits fondamentaux", *in La dignité de la...*, cit., p. 159.

[668] Relacionadas com a "ordem de valores" – *Wertordnung* –. Ver Laure Jeannin, *op.* cit., p. 169.

[669] Há que considerar, também, que funda-se no valor de princípio que está desde logo enunciado no art. 1.°, sendo o primeiro dos direitos fundamentais, e no seu carácter intangível, no art. 19.°, § 2, que protege todos os direitos fundamentais e a própria jurisprudência. Veja-se Laure Jeannin, *op.* cit., p. 169.

[670] As origens desta noção de dignidade podem encontrar-se na filosofia de Kant, mas também na própria doutrina cristã do direito natural, embora a noção da Constituição seja neutra do ponto de vista religioso, deixando sempre a ideia de Kant de que o homem deve ser encarado sempre como um fim e não como um meio. Mas também não pode deixar de atender-se que este direito à dignidade já estava presente de certa forma no § 151 da Constituição de Weimar, de 11 de Agosto de 1919, embora seja só a partir da Constituição de 1949 que se exprime a ideia de que a Constituição deve fundar-se na dignidade da pessoa humana e nos direitos fundamentais. Neste sentido ver Laure Jeannin, *op.* cit., p. 160.

[671] Klaus Stern, *apud* Laure Jeannin, *op.* cit., p. 167.

[672] Este artigo configura uma garantia de permanência pois não pode ser objecto de revisão constitucional mesmo que por unanimidade. São dois os artigos sujeitos a esta

dade da pessoa humana é um programa constitucional, um princípio de base de estado e um direito fundamental da pessoa que não pode ser derrogado[673]. De uma maneira geral significa a protecção da igualdade jurídica entre os homens, o que proíbe a escravatura, a servidão e a discriminação racial. No domínio penal, significa que a protecção da integridade física interdita a tortura e a punição corporal. Relacionado com a identidade de uma pessoa, significa a proibição do uso de detectores de mentira ou de soros de verdade, assim como a destruição sistemática da honra da pessoa pela mudança forçada da sua identidade[674].

A dignidade da pessoa humana tem uma dupla natureza pois, como todos os direitos fundamentais da Alemanha, reveste um aspecto objectivo, fundador da ordem jurídica, e um aspecto subjectivo, configurando-se como um direito subjectivo que pode ser invocado pelo seu titular perante o Estado para exigir a sua concretização.

Por outro lado, os direitos fundamentais revestem duas faces. Se, numa vertente, têm uma função defensiva, autorizando os seus titulares a invocá-los contra as autoridades públicas, por outro lado, desde que a jurisprudência seguiu a posição doutrinal, são verdadeiras garantias consideradas "objectivas" da ordem jurídica alemã. Desta forma têm dois tipos de efeitos. Desde logo, têm um efeito vertical, assegurando aos cidadãos as garantias contra o poder público. Mas têm, ainda, um efeito horizontal,

---

garantia. O art. 1.º que consagra a dignidade humana e o art. 20.º que constitui uma garantia de aplicação dos direitos fundamentais. Mas, esta garantia de permanência não é absoluta já que deixa de existir face a uma nova Constituição, sendo importante notar que a reunificação das duas Alemanhas não originou uma nova Constituição. *Vide* MANFRED WEISS, *op. cit.*, p. 202.

[673] KARL LARENZ, *Metodologia da Ciência do Direito*, 3.ª edição, Fundação Calouste Gulbenkien, Lisboa, 1997, pp. 584 e ss., defende que "à vida humana e, do mesmo modo, à dignidade humana, corresponde um escalão superior ao de outros bens, em especial os bens materiais".

[674] Cf. MARIE-LUCE PAVIA, *op.* cit., p. 147. Ver, também, FRÉDÉRIQUE FERRAND, *Droit privé allemand*, Dalloz, Paris, 1997, p. 60, observando que o Tribunal Constitucional considerou que o Estado deve proteger a vida humana pois o direito à vida deriva do direito à dignidade humana. São quatro domínios essenciais que podem dar origem à sua violação: a igualdade jurídica entre os homens, o que se traduz na proibição, por exemplo, da escravatura; o respeito pela identidade e integridade humanas, sendo que as violações a este direito se vertem, por exemplo, na tortura, na utilização do polígrafo, nos atentados à moral; a limitação da utilização da força pelo Estado; a garantia de uma vida individual e social digna.

que permite que sejam aplicáveis não só nas relações contra o Estado mas igualmente nas relações dos cidadãos entre si[675].

O princípio da dignidade da pessoa humana serve, ainda, de garantia a outros direitos fundamentais – *Schutzfunktion* –, impondo a Constituição aos poderes públicos uma dupla obrigação: uma, negativa, de se abster de atentar contra os direitos protegidos na Lei Fundamental – *Eingriffsverbot* – e, outra, positiva, adoptando todas as medidas paras assegurar a protecção dos direitos garantidos pela Lei Fundamental – *Grundrechte als Schutzgebote* –. Esta obrigação positiva visa, em primeiro lugar, o legislador e os juízes que devem assegurar um mínimo de protecção a cada pessoa[676].

O Tribunal Constitucional Alemão[677] tem tido um papel fundamental e a sua criação explica-se como mais uma reacção face ao período nazi. Nessa época houve um predomínio exacerbado do positivismo que originou que leis perversas fossem aplicadas e seguidas. Foi, então, para dispor de um instrumento que permitisse que tais leis não pudessem ser promulgadas que foi instituído o Tribunal Constitucional, fiscalizando todos os poderes, permitindo controlar a compatibilidade das leis, de medidas administrativas e de decisões judiciais sobre direitos fundamentais[678]. Este Tribunal tem interpretado a dignidade da pessoa humana como a fonte, o ponto de partida dos vários direitos fundamentais, servindo, ainda, para reforçar e clarificar, enquanto critério de interpretação, o seu conteúdo. A jurisprudência assentou numa ordem de valores dos direitos fundamentais considerados como garantias jurídicas objectivas de valores humanos determinados e o princípio da dignidade da pessoa humana tem sido aplicado frequentemente em articulação com outros direitos fundamentais, permitindo alargar os titulares destes direitos. Porém, a função interpretativa deste direito não tem sido uniforme por parte da jurisprudência na medida em que o juiz utiliza o princípio no caso concreto e atendendo ao direito fundamental em causa.

---

[675] *Vd.* para mais desenvolvimentos LAURE JEANNIN, *op.* cit., pp.163-164, e MANFRED WEISS, *op.* cit., pp. 205-206. Convém notar, porém, que JÖRG NEUNER, *op.* cit., p. 235, entende que apenas o art. 1.° da Lei Fundamental desenvolve uma eficácia jurídico-privada directa. "Fora deste estreito âmbito nuclear de direitos humanos, constituem os direitos fundamentais deveres de protecção".

[676] LAURE JEANNIN, *op.* cit., p. 173.

[677] *BVerfG.*

[678] Veja-se MANFRED WEISS, *op.* cit, pp. 202-203.

208   *A Privacidade dos Trabalhadores e as Novas Tecnologias...*

4.3.2.4.2. O art. 2.º da GG contém dois parágrafos: o primeiro declara o direito de cada um ao livre desenvolvimento da sua personalidade[679]; e o segundo afirma o direito à vida e à integridade corporal, assim como à liberdade. Contudo, o direito ao livre desenvolvimento da personalidade é limitado já que o art. 2, § 1, estipula que "todos têm direito ao livre desenvolvimento da sua personalidade desde que com tal não atentem contra os direitos dos demais, a ordem constitucional ou moral". Antes de tudo, este direito é uma liberdade geral de acção. Trata-se de direito que é invocado a título subsidiário, desde que não seja possível qualquer outra protecção. Mais ainda: este princípio deve ser interpretado à luz da dignidade da pessoa humana.

Tem-se entendido que o direito ao livre desenvolvimento da personalidade foi estabelecido como uma resposta perante a crueldade entre os homens que ocorreu na segunda Guerra Mundial, tendo a Alemanha renovado com a tradição do direito natural alemão ilustrado por PUFENDORF a partir do "princípio da sociabilidade"[680] [681].

---

[679] Para MARIE-THÉRÈSE MEULDERS-KLEIN, *op.* cit., p. 791, este número parecia "oferecer a noção ideal para a *privacy*", ao estabelecer o livre desenvolvimento da personalidade como corolário da dignidade da pessoa humana.

[680] Ver MARIE-THÉRÈSE MEULDERS-KLEIN, *op.* cit., pp. 791-792. Também da mesma opinião ELIMAR SZANIAWSKI, *Direitos de Personalidade e sua Tutela*, 2.ª edição, Editora Revista dos Tribunais, São Paulo, 2005, p. 58, observando que o legislador constituinte do pós-guerra "sensível às lacunas deixadas pela teoria fraccionária e tipificadora e objectivando garantir em grau máximo a tutela da personalidade humana, inseriu nos arts. 1.º e 2.º da Lei fundamental a cláusula geral de protecção da personalidade humana, restaurando, ou melhor, ressuscitando, o direito geral de personalidade". RODOTÀ, *Elaboratori elettronici...*, cit., p. 126, também aponta para o mesmo, assim como ELEONORA STENICO, "Diritto all'autodeterminazione...", cit., p. 71, e XAVIER BIOY, "Le libre développement de la personnalité en droit constitutionnel, essai de comparison (Allemagne, Espagne, France, Italie, Suisse), *in RIDC*, n.º 1, 2003, p. 124.

[681] Na Alemanha, os primeiros esforços de desenvolvimento de um direito geral de personalidade foram encetados por KOHLER e GIERKE nos finais do séc. XIX, embora o legislador e a jurisprudência tenham, durante muito tempo, evitado intervir nesta matéria. A protecção da esfera íntima foi extraída da noção do direito geral de personalidade, sendo que um dos primeiros casos foi o da divulgação de fotografias não permitidas de *Bismarck* depois de morto, e que data de 1898. Mas, neste caso, estava mais em causa o direito à imagem do que o direito à reserva da vida privada. FRANÇOIS RIGAUX, *La liberté...*, cit., pp. 544-545, refere que a noção doutrinal do direito de personalidade foi objecto de numerosos estudos na doutrina alemã do séc. XIX, entre os pandectistas, tendo

Este direito[682] é, em princípio, um direito de liberdade – *Freiheitsrecht* – cujo objectivo é defender e garantir todas aquelas esferas ou âmbitos da pessoa que contribuem para o seu desenvolvimento. Trata-se de um direito com um conteúdo amplo, devido, em grande parte, à sensibilização que existia na sociedade alemã depois da experiência do nacional-socialismo. Trata-se, ainda, de um direito fundamental com uma estrutura complexa, integrado por dois elementos diferentes: uma liberdade geral de acção – *algemeine Handlungsfreiheit* – e um direito geral de personalidade – *algemeine Persönlichkeitsrecht* –. O primeiro já tinha sido consagrado na jurisprudência em 1957, com o caso *Elfes*, onde se reconheceu que o direito de liberdade contido no art. 2, § 1 da *GG* constituía uma liberdade geral de acção, permitindo ao titular do direito uma acção ou omissão com carácter genérico. O direito reconhecido por este artigo garante a liberdade de realização de todas as actividades relevantes para o livre desenvolvimento da personalidade.

O direito geral de personalidade é entendido como o elemento passivo do direito ao livre desenvolvimento da personalidade[683].

Desta forma, o art. 2.°, § 1, constitui a expressão completa da garantia de todas as esferas necessárias para o desenvolvimento da personalidade[684].

---

a controvérsia oposto Puchta, que declarava a existência de um tal direito, e Savigny que era claramente hostil a tal ideia. Ver, ainda, Micheline Decker, *op.* cit., p. 68, e Pierre Kayser, *op. cit.*, p. 104. Cf., também, Paulo Mota Pinto, *O direito à reserva...*, que refere alguns casos antigos onde se invocou este direito.

[682] José João Abrantes, *Contrato de Trabalho...* cit., p. 147, nota n.° 283, refere que este é o direito "que qualquer indivíduo tem de se autodeterminar e desenvolver livremente".

[683] Ver, para mais desenvolvimentos, Mónica Arenas Ramiro, *El derecho fundamental...*, cit., p. 383.

[684] Sobre a origem do reconhecimento deste direito geral de personalidade a doutrina maioritária considera que tem a sua génese no caso *Elfes*, onde, pela primeira vez, o *BVerfG* reconhece que o art. 2.°, § 1, garante não só uma liberdade geral de acção, como também, uma esfera privada das pessoas imprescindível para que possam desenvolver livremente a sua personalidade. Como consequência das inovações tecnológicas chegaram ao Tribunal constitucional novos casos onde se pretendia a protecção para certos domínios e esferas relacionadas também com o livre desenvolvimento da personalidade e com a dignidade. Após alguns recursos, no caso *Epler*, em 1980, este Tribunal reconheceu a existência de um direito geral de personalidade como um segundo elemento do direito ao livre desenvolvimento da personalidade e em profunda conexão com o direito à dignidade da

O direito geral de personalidade garante um âmbito de autonomia onde o indivíduo pode desenvolver a sua própria individualidade, pelo que estão compreendidos vários subdireitos relacionados com as várias facetas da personalidade humana. Assim, entende-se compreendida a representação ou imagem que a pessoa queira fazer de si mesma na sociedade, de onde se depreende o direito à própria imagem, à palavra e à defesa da honra, ou o direito à ressocialização, à sexualidade, à família e ao matrimónio, o direito à autodeterminação informativa, protegendo ainda contra qualquer interferência na esfera privada[685].

Assim, pode ver-se que dentro do âmbito garantido por este direito geral de personalidade está o direito à autodeterminação informativa. Neste caso, a autodeterminação significa que o livre desenvolvimento da sua personalidade implica que a pessoa tenha capacidade para decidir de forma autónoma e tomar decisões livremente[686].

---

pessoa humana consagrado no art. 1.º, § 1. Neste caso, o *BVerfG* decidiu que a principal função deste direito geral de personalidade era a garantia de uma esfera pessoal e do seu desenvolvimento, em especial, perante os novos perigos que foram surgindo com as novas tecnologias. Cf. MÓNICA ARENAS RAMIRO, *El derecho fundamental...*, cit., pp. 386-387. Convém notar que, anteriormente, o *BGHZ*, baseando-se nos artigos 1.º e 2.º da Lei Fundamental, reconheceu, em 25 de Maio de 1954, um direito geral de personalidade. Nesse sentido, os juízes argumentaram que o direito constitucional ao respeito pela dignidade e pelo livre desenvolvimento da personalidade não é somente um direito que protege os indivíduos contra os atentados cometidos pelo Estado mas, também, um direito que deve ser respeitado por toda a pessoa física ou moral. Esta jurisprudência foi confirmada por outras decisões que reconheceram à vítima de um atentado ao seu direito a faculdade de obter uma indemnização, não somente pelos danos patrimoniais mas também pelos danos morais que lhe foram causados. Ver PIERRE KAYSER, *op.* cit., pp. 104-105, e MICHELINE DECKER, *op.*cit., p. 72. Cf. ainda ORLANDO DE CARVALHO, *op.* cit., p. 31, e AUGUSTO CERRI, *op.* cit., pp. 6-7. *Vide* sobre mais casos ELIMAR SZANIAWSKI, *op.* cit., pp. 58 e ss..

[685] Cf. MÓNICA ARENAS RAMIRO, *El derecho fundamental...*, cit., pp. 387-388, e BRUNO SCHIERBAUM, "Recht am...", cit., p. 493.

[686] Para JORGE MIRANDA e RUI MEDEIROS, *Constituição Portuguesa Anotada, Tomo I*, Coimbra Editora, Coimbra, 2005, p. 376, este direito funciona como uma cláusula geral de tutela, na medida em que consagra um direito geral de personalidade e tem uma natureza abrangente garantindo, também, "a protecção do indivíduo contra a recolha, armazenamento, utilização e transmissão dos seus dados pessoais sem restrições", conferindo, da mesma forma, a cada pessoa, a possibilidade de decidir sobre o abandono e a utilização dos seus dados pessoais.

As Novas Tecnologias e a Privacidade   211

4.3.2.4.3. Uma vez reconhecido que a Constituição garante um direito geral de personalidade de que deriva o direito à autodeterminação informativa[687], convém averiguar como é que a doutrina e a jurisprudência do *BVerfG* concretizaram o conteúdo desse direito.

Entre as diferentes teorias que se desenvolveram para fundamentar este direito destaca-se "a teoria das três esferas" – *Sphärentheorie* –. Esta teoria tem a sua origem, segundo MÓNICA ARENAS RAMIRO[688], no caso *Elfes*[689]. De acordo com esta teoria distinguiam-se diferentes "esferas" na vida privada das pessoas que se garantiam com uma intensidade diferente em função do tipo de "esfera" atingido. As três esferas são a esfera mais interna, que representa um âmbito último intangível de liberdade humana; a esfera privada ampla que abarca o âmbito privado na medida em que não pertença à esfera anterior; e a esfera social que abarca todos aqueles comportamentos e actividades que não se encontrem protegidos pela esfera privada ampla[690].

Relativamente ao nível de protecção destas esferas o tribunal defendeu durante bastante tempo a relação existente entre a vida privada da pessoa e o seu desenvolvimento em sociedade e propôs uma graduação na

---

[687] Ver DÄUBLER, KLEBE, WEDDE e WEICHERT, *op.* cit., pp. 71-72.

[688] Última *op.* cit., p. 390.

[689] Embora não se possa esquecer o importante papel da doutrina jurídica alemã, principalmente HUBMANN. Conforme PAULO MOTA PINTO refere, "O direito à reserva...", cit., p. 517, nota 104, generalizou-se na Alemanha a denominada teoria das três esferas, em grande parte devido a HUBMANN, que distinguia entre uma esfera individual ou pessoal, protegendo a própria vida da pessoa na publicidade, nas suas relações com o mundo; uma esfera privada, com a vida quotidiana no trabalho, com as amizades, com a família, englobando a rua e os locais públicos; e uma esfera secreta, à qual pertenceria tudo o que a pessoa tinha afirmado como secreto. Contudo, conforme menciona MICHELINE DECKER, *op.*cit., p. 81, o inconveniente principal desta teoria reside no facto da dignidade de uma pessoa ser independente da esfera protegida. Por outro lado, nem a doutrina, nem a jurisprudência, conseguiram realmente concretizar o conteúdo exacto das três esferas. A necessidade de proceder, em cada caso concreto, à ponderação dos vários interesses em conflito, originou que todas as soluções fossem bastante difíceis. Por esta razão o Tribunal Constitucional renunciou à utilização desta teoria. Actualmente, a protecção da privacidade constitui um caso que está incluído no direito geral de personalidade.

[690] Cf. BRUNO SCHIERBAUM, "Datenschutz durch Mitbestimmung – die rechtlichen Grundlagen", *in CuA*, n.° 1, 2007, pp. 21-22, e DÄUBLER, KLEBE, WEDDE e WEICHERT, *op.* cit., p. 72. Também BLANCA RODRIGUEZ RUIZ, *op.* cit., p. 7, alude a esta teoria.

protecção das esferas da privacidade, sendo a defesa cada vez mais intensa conforme fosse afectada a esfera mais íntima.

Mas o principal problema desta teoria, que originou que fosse abandonada pouco a pouco, é o seu carácter impreciso e os problemas de determinação de qual das esferas é atingida no caso concreto e das garantias que se lhe aplicam. Esta teoria não tinha ainda em atenção os vários avanços tecnológicos ocorridos e os problemas que causava para a privacidade das pessoas e, assim, no caso *Mikrozensus*, foi notório já que a aplicação foi claramente insuficiente nos resultados. Não pode deixar de atender-se que a privacidade está em certa medida relacionada com a sociedade e esta teoria não a teve em conta, o que a tornou deficiente para responder aos problemas colocados.

Contudo, também não pode deixar de reconhecer-se que a teoria das três esferas teve uma grande influência na construção do direito à autodeterminação informativa, na medida em que o direito geral de personalidade, de que o direito à autodeterminação informativa faz parte, pode ser considerado como um produto desta teoria, encontrando protecção nas diferentes esferas em causa.

Defende-se, assim, que o caso *Elfes* e a teoria das três esferas estão na origem da construção jurisprudencial do direito à autodeterminação informativa[691]. Neste caso o Tribunal reconheceu a existência de uma esfera privada e intangível da pessoa sendo que a partir dele o Tribunal começou a decidir outros em que se configurava, dentro da esfera protegida, a existência de um direito novo, o direito à autodeterminação informativa, que alcançaria o reconhecimento definitivo na sentença do censo de 15 de Dezembro de 1983 – *Volkszählungsurteil* –, em que ficaria superada a teoria das três esferas.

Antes desta decisão, há uma outra, datada de 1969, o caso *Mikrozensus*, em que se questionou se a realização de um inquérito sobre os destinos habituais de férias, através da recolha de informação por parte dos poderes públicos, podia lesar a dignidade da pessoa humana. O Tribunal Constitucional reconheceu a existência de um direito à autodeterminação informativa em relação à vida privada das pessoas e excluiu a possibilidade do Estado recolher dados das pessoas que pudesse levar a "registá-

---

[691] A mesma opinião tem MÓNICA ARENAS RAMIRO, *El derecho fundamental...*, cit., p. 392.

As Novas Tecnologias e a Privacidade

-los ou catalogá-los" em conformidade com a sua personalidade[692]. O tribunal entendeu que do direito geral de personalidade deriva o direito ao respeito à esfera íntima mas entendida em sentido amplo, superando a teoria das três esferas.

Esta representa o princípio de uma série de sentenças em que se foi superando também esta teoria e abrindo caminho para a consagração do direito à autodeterminação informativa, direito consagrado na sentença de 15 de Dezembro de 1983, na sentença do censo da população, a propósito da lei do Censo aprovada em 4 de Março de 1982 – a *Volkszählungsgesetz* –, decisão que marcou a construção do direito à autodeterminação informativa[693].

O recurso contra esta lei foi interposto por simpatizantes do movimento "os verdes" – *Die Grünen* – que obtiveram uma providência cautelar do Tribunal Constitucional, de 13 de Abril de 1983, pela qual se suspendia a entrada em vigor desta Lei dos Censos e, posteriormente, a decisão sobre o fundo da questão datada de 15 de Dezembro de 1983. A lei dos censos de 1982 estabelecia uma ampla revelação de dados pessoais

---

[692] Ver, para mais desenvolvimentos, MÓNICA ARENAS RAMIRO, *El derecho fundamental...*, cit., pp. 393-394, e WEIβGERBER, *op. cit.*, pp. 98-99.

[693] Sobre esta decisão há copiosa doutrina dado o seu papel relevante para a construção deste direito e a influência que teve a nível do Direito comparado. Pode ver-se, a título meramente exemplificativo, ARMANDO VEIGA e BENJAMIM SILVA RODRIGUES, *op. cit.*, p. 431, BELLAVISTA, *Il controllo sui lavoratori*, Giappichelli Editore, Turim, 1995, p. 140, BLANCA RODRÍGUEZ RUIZ, *op. cit.*, p. 15, BRUNO VENEZIANI, Nuove tecnologie...", cit., pp. 29-30, DÄUBLER, *Direito do trabalho e...*, cit., pp. 191-193, *Gläserne Belegschaften? Datenschutz in Betrieb und Dienstselle*, 4.ª edição, Bund- Verlag, Frankfurt am Main, 2002, pp. 58 e ss., analisando as repercussões desta sentença no quadro do Direito do trabalho, DÄUBLER, KLEBE, WEDDE e WEICHERT, *op. cit.*, pp. 71-72, EUGENIO DÍAZ, *op. cit.*, pp. 157-158, FÉRNÁNDEZ SEGADO, "El régimen jurídico del tratamiento automatizado de los datos de carácter personal en España", *in Ius et Praxis*, ano 3, n.º 1, 1997, p. 37, HANS-JOACHIM REINHARD, "El derecho alemán", *in Tecnología Informática...*, cit., pp. 233-234, JORGE MIRANDA e RUI MEDEIROS, *op. cit.*, p. 376, KAI KUHLMANN, *op. cit.*, pp. 12, MARTÍNEZ MARTÍNEZ, *op. cit.*, pp. 239 e ss., MÓNICA ARENAS RAMIRO, última *op. cit.*, pp. 395 e ss., PÉREZ LÜNO, *Nuevas tecnologias...*, cit., pp. 126-128, RUÍZ MIGUEL, *La configuración constitucional...*, cit., pp. 95-96, e "El derecho a la protección...", cit., p. 45, SEBASTIAN MEYER, *Das Recht auf informationelle Selbstimmung, in* www.in-beckum.de/messdiener/meyer/docs/Informationelle%20selbstbestimmung.pdf, e WEIβGERBER, *op. cit.*, pp. 96 e ss..

214   *A Privacidade dos Trabalhadores e as Novas Tecnologias...*

exigindo ao cidadão a obrigação de responder detalhadamente a uma série de perguntas sob a ameaça de sanções pecuniárias se o não fizesse[694].

Nesta decisão o tribunal definiu as características do direito à auto-determinação informativa, embora tenha sido necessário aguardar por 2001 para que se regulassem as condições em que se poderia proceder a um censo da população[695].

Esta sentença supõe o ponto final de uma jurisprudência do Tribunal Constitucional sobre o direito geral de personalidade, que se iniciou com o caso *Elfes* e que continuou com os casos *Eppler* e *Mikrozensus*, em que se começou a defender a existência do direito à autodeterminação informativa dentro da esfera íntima e que concluiu com a consagração deste direito atendendo aos perigos que as inovações tecnológicas podiam trazer para o direito geral de personalidade, reconhecendo que para a garantia deste direito não bastava somente a defesa do tipo de informação, mas também a utilização que se podia fazer da mesma.

Nesta sentença, o *BVerfG* decidindo que o medo da população era motivo suficiente para questionar sobre os requisitos constitucionais da protecção de dados pessoais, pretendeu estabelecer uma jurisprudência que cerrasse os possíveis conflitos que pudessem surgir relativamente a este assunto, reconhecendo, assim, um direito à autodeterminação informativa e definindo os seus elementos – *informationelle Selbsbestimmungrecht* –.

O Tribunal Constitucional construiu a sua argumentação sobre o direito geral de personalidade, com fundamento no art. 2.º, § 1, articulado com o art. 1.º, § 1, da *Grundgesetz*, partindo de dois argumentos principais: que o cerne, "o coração" do ordenamento da Constituição se encontra no valor da dignidade da pessoa humana, que actua com livre autodeterminação como membro de uma sociedade livre e que, precisamente, por

---

[694] Para entender o relevo desta decisão do Tribunal tem de se atender, tal como observa MÓNICA ARENAS RAMIRO, *El derecho fundamental...*, cit., p. 396, que a sociedade alemã era particularmente sensível à elaboração de um censo de que iriam fazer parte numerosos dados e, especialmente, o uso que deles poderia ser feitos, na medida em que a sociedade começava a consciencializar-se dos perigos das novas tecnologias e o medo da constituição de "perfis totais" era real. Cf. DÄUBLER, *Gläserne...*, cit., pp. 58-60, DÄUBLER, KLEBE, WEDDE e WEICHERT, *op.* cit., pp. 72-73 e 80, e WEIβGERBER, *op.* cit., pp. 97-98.

[695] MÓNICA ARENAS RAMIRO, *op.* cit., p. 396.

As Novas Tecnologias e a Privacidade

"influxo desta evolução moderna e das novas ameaças que leva aparelhadas pela personalidade tem este direito significado especial"[696].

O direito geral de personalidade comporta a atribuição à pessoa da capacidade de decidir, no exercício da sua autodeterminação, quais os dados que pretende revelar da sua própria vida[697].

Desta forma o Tribunal declarou a existência constitucional de um direito à autodeterminação informativa, decidindo que o cidadão podia ver limitado o seu desenvolvimento pessoal e ser afectado na sua dignidade se não actuasse com total liberdade e que não actuaria com esta liberdade se não soubesse que dados estavam a ser utilizados sobre si e como estariam a sê-lo[698].

Esta liberdade de decisão, de controlo, supõe, ainda, que o cidadão tenha a possibilidade de aceder aos seus dados pessoais e que possa ter conhecimento de que outros processam informação relativamente a si, e, ainda, sujeitá-las a um controlo pois, a não ser possível, existiria uma limitação da sua opção de decidir livremente.

A consequência deste entendimento é o reconhecimento jurisprudencial de um direito fundamental à autodeterminação informativa baseado no direito geral de personalidade e que protege o cidadão perante a recolha, armazenamento, utilização e a transmissão de dados pessoais e que "garanta a faculdade da pessoa de decidir livremente sobre a difusão e a utilização dos seus dados pessoais".

---

[696] Ver a sentença, considerando C. II, DÄUBLER, *Gläserne...*, cit., pp. 58-60, DÄUBLER, KLEBE, WEDDE e WEICHERT, *op.* cit., pp. 72-73, MARTÍNEZ MARTÍNEZ, *op.* cit., p. 239, SEBASTIAN MEYER, *op.* cit., pp. 2-3, e WEIβGERBER, *op.* cit., pp. 97-98

[697] DÄUBLER, *Gläserne...*, cit., pp. 59-60, e DÄUBLER, KLEBE, WEDDE e WEICHERT, *op.* cit., pp. 72-73.

[698] Neste sentido o Tribunal decidiu que "precisamente a sua protecção (a da pessoa) serve o direito geral de personalidade garantido pelo art. 2.º, § 1, em conexão com o art. 1 § 1 da *GG*, direito que, à vista dos modernos desenvolvimentos e das novas ameaças que deles derivam para a personalidade, adquire significado especial" e que este direito "requer, nas condições actuais e futuras do tratamento automatizado de dados, medidas especiais de protecção", na medida em que "o cidadão não pode perceber com certeza que informações relativas e ele são conhecidas em determinados sectores da sociedade [...]. São contrárias ao direito à autodeterminação informativa uma ordem social e o seu ordenamento jurídico correspondente onde os cidadãos não possam saber quem, quando, e em que circunstâncias se conhecem os seus dados".

216 *A Privacidade dos Trabalhadores e as Novas Tecnologias...*

O Tribunal Constitucional entendeu, ainda, que a autodeterminação informativa é um elemento indispensável para o livre desenvolvimento da personalidade, não só do ponto de vista individual, mas, também, do ponto de vista da participação do sujeito em sociedade[699].

Decidiu, ainda, que o direito à autodeterminação informativa, como capacidade para dispor dos dados pessoais, encontra a sua justificação na defesa da esfera privada e íntima do cidadão[700].

Mas este não é um direito ilimitado e, por isso, o *BVerfG* pronuncia--se sobre os seus limites. Entendeu que o cidadão vê limitada a sua autodeterminação informativa em função do interesse preponderante da sociedade, mas que para isso requer-se um fundamento legal que corresponda a um imperativo de clareza normativa e ao princípio da proporcionalidade, assim como da adopção de garantias organizativas e jurídico-processuais que assegurem de maneira suficiente os direitos do cidadão[701]. Este direito tem limitações que significam que o cidadão de um Estado de Direito não tem um direito sobre os seus dados no sentido de "uma soberania absoluta e ilimitada" [702], mas antes que é uma pessoa que se desenvolve numa comunidade social onde a comunicação e a informação resultam imprescindíveis[703].

Atendendo a este carácter limitado do direito à autodeterminação informativa, só é possível, contudo, intromissões em certas situações, como será o caso se estiverem justificadas por lei e corresponderem a "interesses gerais"[704]. Desta forma deve assegurar-se que o titular dos

---

[699] O Tribunal assinalou que a lesão deste direito "não só afectaria as oportunidades de desenvolvimento da personalidade individual, mas também o bem público, porque a autodeterminação constitui uma condição elementar do funcionamento de toda a comunidade democrática fundada na capacidade de actuação e participação dos seus cidadãos".

[700] WESTIN, *Privacy...*, cit., p. 42, é desta opinião.

[701] Conforme pode ver-se no ponto 2 do sumário e, também mais à frente, o Tribunal decide que as limitações "necessitam [...] de um fundamento legal (de acordo com a *GG*), de que se deduzam com suficiente clareza e de modo inteligível para o cidadão os casos e o âmbito das limitações e que responda, desta forma, ao imperativo de certeza inerente ao Estado de Direito".

[702] PÉREZ LUÑO, *Nuevas tecnologias...*, cit., p. 127.

[703] Cf., ainda, WEIβGERBER, *op.* cit., pp. 100-101. Ver, ainda, HANS-JOACHIM REINHARD, *op.* cit., pp. 233-234.

[704] Cf. ponto 2 do sumário desta decisão onde se decidiu só ser possível quando existirem interesses gerais – *Allgemeininteresse* –.

As Novas Tecnologias e a Privacidade 217

dados seja o único competente para decidir sobre o uso e a utilização dos seus dados pessoais[705] e que não existam "interesses gerais" que justifiquem outra medida, e sempre com respeito pelo princípio da proporcionalidade[706]. É ainda necessária uma autorização legal e o legislador tem que determinar "especificando o campo" e de "forma precisa" o fim que se pretende com a recolha de dados, exigindo-se que estes sejam "adequados e necessários" para obter o fim pretendido[707].

Assim, o Tribunal entendeu esta ideia de autodeterminação no sentido de autonomia individual, de liberdade de decidir sem intromissões externas[708].

Da argumentação do Tribunal Constitucional pode inferir-se que o suporte jurídico desta decisão se encontra nos arts. 1.º, § 1, e 2.º, § 1, da Constituição, e, desta forma, assenta a decisão nos princípios da dignidade humana e no livre desenvolvimento da personalidade.

O Tribunal Constitucional analisou também nesta sentença o bem protegido pelo direito à autodeterminação informativa e que é o dado pessoal, sendo que a copiosa jurisprudência sobre esta matéria que foi emanada deste órgão entendeu que são dados pessoais todas aquelas informações individuais de uma pessoa identificada ou identificável relativa a si mesma ou com ela relacionada, considerando dados pessoais elementos muito diferentes, desde diários ou notas, gravações privadas, relatórios médicos, os dados fiscais e os dados sobre o carácter de uma pessoa, *inter alia*[709]. Com especial relevância para este trabalho refere-se a decisão deste Tribunal de 2 de Março de 2006[710], que integrou no âmbito do "segredo das comunicações" os dados de tráfego e de conteúdo, tal como se decidiu no parágrafo 68 desta decisão[711], relacionando-os também com dados pessoais.

---

[705] DAÜBLER, *Derecho del...*, cit., p. 636, observa que nesta sentença se atribuiu ao titular dos dados a possibilidade de decidir directamente sobre a revelação e o emprego dos seus dados pessoais.

[706] Ver WEIβGERBER, *op.* cit., pp. 100-101.

[707] DAÜBLER, *Derecho del...*, cit., p. 636.

[708] Desta opinião MARTÍNEZ MARTÍNEZ, *op.* cit., p. 242.

[709] Ver MÓNICA ARENAS RAMIRO, *El derecho fundamental...*, cit., p. 400.

[710] Decisão que pode ser consultada em www.bverfg.de.

[711] Sobre esta matéria *vide* capítulo IV, n.º 4.5.2.2.2.2..

218 *A Privacidade dos Trabalhadores e as Novas Tecnologias...*

Não existem, desta forma, dados sem interesse pois, devido à finalidade para que foram recolhidos e as possibilidades de interconexão entre eles oferecida pela tecnologia, qualquer dado adquire relevância mesmo que, inicialmente, parecesse não a ter. Atendendo a esta característica, o Tribunal defendeu o princípio da finalidade. Significa este que os dados só podem ser utilizados para o fim para o qual foram recolhidos, pois quantas mais possibilidades ocorrerem, mais "ambíguo e perigoso" se torna o tratamento[712]. Cabe, desta forma, ao legislador o papel activo de definir de "modo preciso e específico para cada área" a finalidade dos dados em causa, exigindo aos cidadãos apenas os dados realmente necessários e adequados para esta finalidade, sendo tarefa do legislador, como defende DAÜBLER[713], decidir sobre a aceitabilidade do risco, tendo este que ser minimizado.

Relacionado com este princípio, o Tribunal decidiu que, relativamente à cessão de dados, esta não pode ocorrer para uma finalidade diferente daquela que inicialmente originou o tratamento.

Por último, o Tribunal decidiu sobre o controlo da protecção dos dados pessoais, observando que uma protecção para ser eficaz deveria ir além do reconhecimento ao titular dos dados de algumas faculdades de controlo, pois deveria estabelecer-se um sistema de protecção e de controlo, devendo criar-se uma autoridade competente e independente neste âmbito, abrangendo cada uma das diferentes fases do tratamento[714].

Esta decisão do Tribunal Constitucional alemão permitiu, assim, uma nova via para a tutela dos direitos fundamentais perante as repercussões associadas ao uso das NTIC[715].

---

[712] *Vide* DAÜBLER, KLEBE, WEDDE e WEICHERT, *op.* cit., pp. 73-74. Também PÉREZ LUÑO, *Nuevas Tecnologías...*, cit., p. 128, observa que na sentença, se decidiu que só quando "reine a clareza sobre a finalidade com a qual se reclama os dados e que possibilidades de interconexão e de utilização existem se poderá contestar sobre a licitude das restrições do direito à autodeterminação informativa" .

[713] *Direito do Trabalho...*, cit., p. 191.

[714] Cf. NATHALIE MÉTTALLINOS, "La fonction de «détaché à la protection des données» en Allemagne et aux Pays-Bas", *in DS*, n.º 12, 2004, pp. 1067 e ss..

[715] Cf. CONSTANCE GREWE, "Constitution et secret de la vie privée – Allemagne", *in Annuaire International...*, cit., p. 146, e FRANCISCA GARCÍA-NÚÑES SERRANO, "La regulación sobre protección de datos personales y su incidencia en el ámbito laboral", *in AS*, n.º 21, 2001, p. 72, referindo que foi o Tribunal Constitucional federal alemão que realizou com maior precisão o significado do direito à autodeterminação informativa ao

As Novas Tecnologias e a Privacidade

4.3.2.4.4. O desenvolvimento jurisprudencial referido, associado aos perigos que as inovações tecnológicas poderiam comportar para os direitos fundamentais, originou a aprovação de diferentes leis de protecção de dados, sendo a primeira a Lei do *Land de Hesse*, de 1970, que se refere exclusivamente a ficheiros de organismos públicos, criando a figura do "comissário parlamentar de protecção de dados", com funções similares às de um *Ombudsman*[716]. Segue-se a Lei de protecção de dados da Baviera, também de 1970, e a de *Rheinland-Pfalz*, em 1974, consagrando-se o reconhecimento constitucional do direito à protecção de dados nos textos constitucionais de alguns *Länder*, como no de *Nordheim-Westfalen* que, em 1978, introduziu um artigo dedicado à protecção de dados pessoais – art. 4.º § 2. Segue-se, em 1977, a criação da *Datenschutzgesetz*, de 27 de Janeiro de 1977, que entrou em vigor em 1978, e que visou a protecção de dados contra o seu uso ilícito, tendo por objectivo, conforme se depreende do § 1, evitar, através da adequada protecção dos mesmos, os prejuízos que poderiam surgir ao cidadão pelo uso incorrecto de dados recolhidos num Banco de dados[717]. Actualmente vigora a *Bundesdatenschutzgesetz*, de 15 de Novembro de 2006, que alterou a lei existente com o objectivo de efectuar a transposição da Directiva 95/46/CE[718] [719].

4.3.2.4.5. O direito à autodeterminação informativa é, desta forma, protegido pelo direito ao livre desenvolvimento da personalidade. Trata-se de um direito fundamental que faz parte dos denominados direitos de liberdade – *Freiheitsrechte* – ou direitos de defesa – *Abwehrrechte* –. Protege-se, desta forma, um espaço de liberdade e de autonomia da pessoa perante qualquer tipo de intromissão dos poderes públicos[720].

---

estipular "a faculdade do indivíduo [...], de decidir basicamente por si mesmo quando e dentro de que limites entende revelar situações referentes à própria vida".

[716] Ver PUENTE ESCOBAR, *op.* cit., p. 40.

[717] Cf. CYNTHIA CHASSIGNEUX, *op.* cit., p. 123.

[718] Ir-se-á fazer referência a várias disposições desta Lei ao longo deste trabalho.

[719] De relevo, também, no âmbito desta investigação são a *Telekommunikationsgesetz* (*TKG*), de 22 de Junho de 2004, e a *Telemediengesetz* (*TMG*), de 26 de Fevereiro de 2007, que serão analisados *infra*, capítulo IV, n.º 4.5.2.2.2.2..

[720] Convém notar, contudo, que embora em princípio esta doutrina só seja aplicável nas relações entre Estado e particulares, o certo é que a mesma tem tido uma

220 *A Privacidade dos Trabalhadores e as Novas Tecnologias...*

Segundo o art. 2.º § 1 da *GG* há uma tripla limitação no direito consagrado neste artigo: as intromissões não devem contrariar o ordenamento jurídico; devem respeitar os direitos de terceiros; e não devem ir contra os bons costumes ou a moral. Mas, esta tripla limitação não funciona de forma igual para a "liberdade geral de acção" e para o "direito geral de personalidade"[721], pois enquanto para a primeira funciona de forma total, na medida em que a "liberdade geral de acção" é um direito de liberdade, "o direito geral de personalidade", e desta forma, o direito à autodeterminação informativa, postula um desenvolvimento legislativo, não exigido aos direitos de liberdade, sendo, assim, limitado, sobretudo, pelo ordenamento jurídico, com a correspondente lei de desenvolvimento.

4.3.2.4.6. Para uma visão mais completa do direito à privacidade neste ordenamento jurídico deve atender-se, ainda, a mais dois artigos da Constituição – os arts. 10.º e 13.º – já que na Lei fundamental de *Bonn* a protecção da vida privada está fragmentada, na medida em que alguns dos seus aspectos gozam de tutela específica enquanto outros fruem de uma garantia geral mas subsidiária.

O art. 10.º, § 1, regula expressamente o segredo da correspondência, dos correios e das telecomunicações, compreendendo estas transmissões não físicas, quer seja o telefone, o telemóvel, os telegramas, o fax, ou o correio electrónico. No § 2 estabelecem-se restrições, fruto de várias revisões constitucionais, sendo que desde os anos 70 se tem vindo a agravar as medidas de vigilância[722]. O âmbito de aplicação deste artigo é bastante amplo, englobando toda a pessoa física, qualquer que seja a idade ou a nacionalidade, em benefício daquele que participe directamente numa troca de comunicações. São excluídas da protecção as empresas postais ou de telecomunicações e os seus trabalhadores.

---

enorme repercussão nas relações entre particulares, incluindo as relações laborais, conforme HANS-JOACHIM REINHARD, *op. cit.*, p. 234 defende, assim como WEIβGERBER, *op. cit.*, p. 101.

[721] MÓNICA ARENAS RAMIRO, última *op. cit.*, pp. 411-412.

[722] Principalmente após os atentados terroristas de 11 de Setembro, conforme se pode ver em *Privacy and Human Rights...*, cit., p. 21.

As Novas Tecnologias e a Privacidade

O art. 13.° protege o domicílio e trata de garantir às pessoas um "espaço vital elementar" bem como o "direito a ser deixado tranquilo" num espaço privado[723].

Contudo, a maior protecção conferida à privacidade resulta da combinação do art. 1.°, § 1, com o art. 2.° da *Grundgesetz*. Na verdade, a dignidade da pessoa humana é o ponto de partida do ordenamento jurídico[724], sendo que o novo ordenamento estatal e social é fundado na titularidade do indivíduo[725]. Assim, a jurisprudência alemã reconheceu a existência de um direito à protecção da privacidade assente na base do direito geral de personalidade consagrado no art. 2.° da Constituição. Esta protecção não abarca somente o segredo mas, também, a liberdade da vida privada, na medida em que o direito ao livre desenvolvimento conduz ao reconhecimento de uma esfera onde toda a pessoa é, em princípio, livre nos seus actos a fim de poder desenvolver a sua personalidade[726].

4.3.2.5. *O direito à privacidade no ordenamento jurídico espanhol*

No ordenamento jurídico espanhol a Constituição de 27 de Dezembro de 1978[727] reconhece no art. 10.°, n.° 1[728], a primazia absoluta da dignidade da pessoa humana, pela simples condição de o ser e pelo mero facto de existir. Este princípio alcança a aplicação máxima no princípio da igualdade perante a Lei[729].

---

[723] *Vd.* CONSTANCE GREWE, *op.* cit., pp. 136-143. Ver ainda JAMES MICHAEL, *op.* cit., pp. 92-93.

[724] Referindo este facto *vd.* OLIVEIRA ASCENSÃO, *Direito Civil...*, cit., pp. 63-64.

[725] THILO RAMM, "Diritti Fondamentali e Diritto del Lavoro", *in GDLRI*, n.° 2, 1991, p. 366.

[726] *Vd.* RAQUEL SERRANO OLIVARES, "El derecho a la intimidad...", cit., p. 117.

[727] A Constituição Espanhola de 1978 é uma norma ampla e detalhada que, tal como observa FERNANDO VALDÉS DAL-RÉ, "Poderes del Empresario y Derechos de la Persona del Trabajador", *in Autoridad y...*, cit., p. 30, não regula somente os aspectos essenciais da acção política mas, configura e define, também, a posição jurídica dos cidadãos nas suas relações com os poderes públicos e entre si.

[728] "A dignidade da pessoa, os direitos invioláveis que lhe são inerentes, o livre desenvolvimento da personalidade, o respeito pela lei e pelos direitos dos demais são fundamento da ordem política e da paz social".

[729] EFRÉN BORRAJO DACRUZ, "Derechos fundamentales y relación de trabajo: casos judiciales significativos", *in AL*, n.° 3, 2004, p. 269.

222 A Privacidade dos Trabalhadores e as Novas Tecnologias...

A Constituição espanhola reconhece uma série de valores que, enquanto tais, constituem a base da própria Constituição e, com ela, de todo o ordenamento jurídico. Estes valores estão enunciados no art. 1.º, n.º 1, e são a liberdade, a justiça, a igualdade e o pluralismo político. Por outro lado, todo o Título I assenta na proclamação do art. 10.º, n.º 1, sobre a dignidade da pessoa. Este é entendido como um princípio estruturante de todos os demais valores e princípios do ordenamento jurídico[730]. Como defende GONZÁLEZ PÉREZ[731], a primazia da dignidade da pessoa constitui um autêntico princípio geral do direito. Assim, tanto o Estado como os particulares devem respeitá-la, sendo antijurídicos os actos que lesem este princípio[732].

O artigo 10.º, n.º 1, consagra um reconhecimento jusnaturalista da dignidade, isto é, entendido como a eliminação da humilhação humana. Secundando REBOLLO DELGADO[733], tem de considerar-se que a dignidade constitui não só a garantia negativa de que a pessoa não vai ser objecto de ofensas ou humilhações mas, também, que afirma positivamente o pleno desenvolvimento da personalidade de cada um. Na verdade, a dignidade humana supõe o "valor básico", que está na base de todos os direitos humanos e que tende e explicitar e a satisfazer as necessidades da pessoa na esfera moral[734].

Este princípio desempenha uma quádrupla função no ordenamento jurídico porquanto fundamenta a ordem jurídica, orienta a sua interpretação, serve como base ao trabalho integrador em caso de lacunas ou para determinar uma norma de conduta e, eventualmente, pode estabelecer os limites a certas formas de exercício dos direitos fundamentais[735].

---

[730] Também GARCÍA GARCÍA, *op.* cit., p. 30, entende que a trilogia de valores superiores – dignidade, liberdade e igualdade – representa o ponto de partida de toda a ponderação dos direitos de personalidade e direitos fundamentais da pessoa. No mesmo sentido VÉRONIQUE GIMENO-CABRERA, *Le traitement Jurisprudentiel du Principe de Dignité de la Personne Humaine dans la Jurisprudence du Conseil Constitutionnel Français et du Tribunal Constitutionnel Espagnol*, LGDJ, Paris, 2004, pp. 194 e ss.

[731] *La dignidad de la persona*, Civitas, Madrid, 1986, p. 85.

[732] *Vd.* GIL Y GIL, "La esfera de intangibilidad del trabajador", *in TS*, n.º 47, 1994, p. 22.

[733] *Derechos Fundamentales...*, cit., p. 18.

[734] PÉREZ LUÑO, *apud* REBOLLO DELGADO, *Derechos Fundamentales...*, cit., pp. 18-19.

[735] GONZÁLEZ PÉREZ, *op.* cit., pp. 87-94, e LUZ PACHECO ZERGA, *La Dignidad Humana en el Derecho del Trabajo*, Thomson Civitas, Navarra, 2007, p. 24.

O Tribunal Constitucional tem vindo a distinguir entre os direitos que são "inerentes à dignidade da pessoa humana" e os que se encontram "intimamente vinculados" a ela. Só que enquanto os primeiros não são enumerados já os segundos estão elencados, naturalmente, com carácter não taxativo. Entre estes destacam-se os do livre desenvolvimento da personalidade – art. 10.°, os da integridade física e moral – art. 15.°, a liberdade ideológica e religiosa – art. 16.°, a honra, a intimidade pessoal e familiar e a própria imagem – art. 18.°, n.° 1[736].

Considerando estes direitos, o Tribunal definiu a dignidade como "um valor espiritual e moral inerente à pessoa, que se manifesta singularmente na autodeterminação consciente e responsável da própria vida e que leva consigo a pretensão ao respeito por parte dos demais". Esta definição tem um claro perfil Kantiano, que relaciona directamente a dignidade com a capacidade de autodeterminar-se e de dominar-se a si mesmo[737]. Por isso, define-se o valor de uma pessoa como opondo-se ao das coisas já que enquanto estas podem ser objecto de troca e determinar-se-lhes um valor, a pessoa não, e a razão está no facto de ter dignidade. Assim, a ideia de dignidade definida pelo Tribunal Constitucional move-se entre a autodeterminação e a proibição de um tratamento vexatório, embora sem nenhuma consequência adicional porque não se estabelecem quais os mínimos invulneráveis. Verifica-se, pois, que a dignidade no âmbito constitucional não tem um conteúdo substantivo próprio.

Para o Tribunal, a dignidade não é dotada de eficácia jurídica prática independente, estando interligada com os diferentes direitos fundamentais em causa[738], sendo que a conexão entre estes e a dignidade da pessoa humana é clara pois em todos os direitos fundamentais está compreendido um núcleo de dignidade pessoal.

---

[736] *Vd.* M.ª BELÉN CARDONA RUBERT, "Workers' Privacy and the Power of Employer Control in Spain", *in The International Journal of Comparative Labour Law and Industrial Relations*, n.° 4, 2000, pp. 349-350. Da mesma autora ver ainda *Informática...*, cit., p. 33. Também VICENTE PACHÉS, *El derecho del...*, cit,., p. 65, aponta no mesmo sentido.

[737] No mesmo sentido LUZ PACHECO ZERGA, *op.* cit., p. 128.

[738] LUZ PACHECO ZERGA, *op.* cit., p. 131.

224   *A Privacidade dos Trabalhadores e as Novas Tecnologias...*

4.3.2.5.1. Em Espanha, o reconhecimento da intimidade como direito fundamental data somente da Constituição de 1978[739] [740]. O constituinte espanhol atendeu à frequente tendência do seu reconhecimento no Direito internacional e constitucional comparado, ou à interpretação jurisprudencial, como no caso do ordenamento jurídico alemão[741]. Desta forma, o art. 18.° eleva ao patamar de direitos fundamentais constitucionais os direitos de personalidade reconhecidos no Direito civil. Assim, na sua origem e na sua finalidade os direitos fundamentais e os direitos de personalidade coincidem na medida em que a dignidade da pessoa humana se converte em denominador comum onde se pode encontrar o ponto de encontro dos direitos fundamentais com os direitos de personalidade[742]. Sendo assim, a intimidade constitui um valor essencial que entronca com a liberdade individual e os direitos de personalidade.

Estes direitos de personalidade, que estão intimamente ligados à dignidade da pessoa humana, são entendidos como direitos essenciais e invioláveis porque se baseiam na própria essência da pessoa humana.

---

[739] Embora não se possa ignorar que a protecção da vida privada não é desconhecida do constitucionalismo histórico espanhol ainda tendo-o sido, como adverte MARTÍNEZ MARTÍNEZ, *op.* cit., p. 246, através da inviolabilidade do domicílio, primeiro e, depois, através do segredo das comunicações. Também GARCIA-PERROTE ESCARTIN, "Jurisprudencia constitucional sobre el derecho a la intimidad personal (art. 18.1 CE), *in RT*, n.° 100, 1990, p. 128, chama a atenção para este facto.

[740] Não faz parte do âmbito deste trabalho analisar os ordenamentos jurídicos latino-americanos mas pode referir-se, a título meramente exemplificativo, que o direito à privacidade está consagrado, pelo menos nalgumas das suas vertentes, na maior parte das Constituições destes ordenamentos jurídicos. Assim, na Argentina, o direito à intimidade estava pressuposto nas primeiras normas que antecederam a Constituição, sendo usual neste ordenamento jurídico utilizar-se, indistintamente, os termos intimidade e privacidade, facto com o qual não se concorda. Neste ordenamento jurídico a tutela deste direito está protegida pelo art. 19.°, enquanto o direito ao segredo da correspondência encontra tutela no art. 18.°. Na Bolívia encontra-se no art. 20.°, no Chile, no art. 19.°, na Colômbia, no art. 15.°, na Costa Rica, no art. 24.°, em Cuba, no art.° 57.°, no Equador, no art. 23.°, em El Salvador, no art. 2.°, na Guatemala, no art. 24.°, nas Honduras, no art. 76.°, no México, no art. 16.°, na Nicarágua, no art. 26.°, no Panamá, no art. 29.°, no Paraguai, no art. 33.°, no Perú, no art. 2.°, na República Dominicana, no art. 8.°, no Uruguai, no art. 10.° e na Venezuela, no art. 3.°. Cf. MARÍA NATALIA OVIEDO, *op.* cit., pp. 190 e ss., e ZAA ADDAD, "El uso del Correo Electrónico en la Empresa bajo la perspectiva del Derecho Laboral Venezolano", *in alfa-redi, Revista de Derecho Informático*, n.° 87, 2005, pp. 3-5.

[741] BLANCA RODRÍGUEZ RUIZ, *op.* cit., pp. 7-8.

[742] VICENTE PACHÉS, última *op.* cit., p. 65.

As Novas Tecnologias e a Privacidade 225

O art. 18.º protege diferentes direitos. No n.º 1 garante três direitos diferentes: o direito à intimidade[743], à honra e à própria imagem[744] [745]. Em segundo lugar protege a inviolabilidade do domicílio e o direito ao segredo das comunicações. E, finalmente, contém um mandato dirigido ao legislador para que regule o uso da informática e garanta a honra, a intimidade pessoal e familiar dos seus cidadãos e o pleno exercício dos seus direitos. Estes direitos têm entre si uma estreita relação pois todos procuram a defesa de um âmbito reservado da pessoa onde a mesma possa desenvolver-se livremente[746].

A referência conjunta, a que se refere o n.º 1, aos direitos à honra, à intimidade pessoal e familiar e à própria imagem poderia fazer crer que se trataria de um direito único dividido em três vertentes. Não nos parece. Na verdade, trata-se de três direitos diferenciados, sendo que a intimidade visa impedir que sejam revelados aspectos intrínsecos à própria esfera pessoal e familiar[747]. Este conceito, contudo, não é unívoco, encerrando noções

---

[743] A utilização desta expressão significa, tal como SEMPERE NAVARRO e CARO-LINA SAN MARTÍN MAZZUCCONI, "Intimidad del...", cit., p. 46, defendem, aludir a zonas ou aspectos reservados de um indivíduo ou de uma família em conformidade com o próprio significado etimológico do termo.

[744] Sobre este direito e as suas implicações no Direito do trabalho, assim como a análise da jurisprudência espanhola, ver TERESA COELHO MOREIRA, *Da esfera privada do trabalhador e o controlo do empregador*, *Studia Iuridica*, n.º 78, Coimbra Editora, Coimbra, 2004, pp. 327 e ss, em especial, pp. 331- 332, e "O Poder Directivo do Empregador e o Direito à Imagem do Trabalhador", *in Estudos Jurídicos em Homenagem ao Professor Doutor António Motta Veiga*, (coord. ANTÓNIO MOREIRA), Almedina, Coimbra, 2007, pp. 291 e ss., sobretudo, pp. 306-310.

[745] M.ª LUISA FERNÁNDEZ ESTEBAN, *Nuevas tecnologias,...*, cit., pp. 120-121, entende que os direitos previstos no art. 18.º, n.º 1, possuem uma pluralidade de causas para a sua protecção. Assim, engloba o direito de rectificação, que pertence a todo aquele que se vê afectado por uma informação errada e que pode prejudicar o seu bom nome. Há, ainda, o direito à protecção civil com conteúdo indemnizatório que tem por objecto a cessação da intromissão ilegítima na vida privada e da indemnização por danos e prejuízos por tal intromissão. Por último, há a protecção penal para os atentados mais graves à honra e à intimidade.

[746] Neste sentido MÓNICA ARENAS RAMIRO, *El derecho fundamental...*, cit., p. 440. Também CRISTINA RODRÍGUEZ COARASA, "Algunas proyecciones del derecho constitucional a la intimidad en él ámbito laboral", *in datos personales.org*, n.º 6, 2003, p. 3, compartilha esta opinião.

[747] Segundo jurisprudência do Tribunal Constitucional espanhol – acórdãos 209/1988, 231/1988, 197/1991, 57/1994, 143/1994 e 207/1996, entre outros, o direito à

diversas, sendo que o texto constitucional distingue entre intimidade pessoal e familiar. Dentro da referência ao direito à honra, à intimidade e à imagem pode, no entanto, encontrar-se um certo denominador comum na medida em que os três fazem referência a um âmbito reservado e pessoal, ou seja, a um reduto mínimo onde o titular é senhor absoluto, excluindo ingerências de terceiros[748]. Mas, o direito à honra protege o bom nome, a honra, a reputação, o reconhecimento que os demais cidadãos têm de uma pessoa. O direito à intimidade protege uma "esfera privada", "íntima", do conhecimento dos poderes públicos e da sociedade. Por último, o direito à imagem protege o direito de dispor e decidir sobre o uso da sua imagem[749].

De entre estes vários direitos, é o direito à intimidade o que tem a mais estreita conexão com o direito à protecção de dados pessoais, pois ambos têm por objecto a garantia de uma esfera em que o indivíduo pode desenvolver-se livremente.

Perante a falta de descrição legal do conteúdo da vida íntima ou esfera privada da pessoa, a dificuldade é a de determinar o seu teor[750]. Um

---

intimidade garante "a existência de um domínio próprio e reservado face à acção e conhecimento de outrem, necessário, na nossa cultura, para manter uma qualidade mínima de vida humana". Cf. MARTÍNEZ MARTÍNEZ, *op.* cit., p. 276, MATIA PORTILLA, *op.* cit, p. 217, e RUIZ MIGUEL, *La configuración...*, cit., p. 80. Ver, ainda, MOLERO MANGLANO, "El derecho al honor y a la intimidad del trabajador", *in AL*, n.º 21, 2001, p. 492.

[748] Ver FERNANDO HERRERO-TEJEDOR, *op.* cit., p. 73, e CORDERO SAAVEDRA, "Derecho a la própria imagen y contrato de trabajo", *in REDT*, n.º 101, 2000, p. 250.

[749] *Vide* FERNANDO HERRERO-TEJEDOR, *op.* cit., pp. 73 e ss., MARTÍNEZ MARTÍNEZ, *op.* cit., pp. 268 e ss., e MÓNICA ARENAS RAMIRO, *El derecho fundamental...*, cit., p. 440.

[750] A jurisprudência do Tribunal Constitucional tem tido um carácter evolutivo. Assim, na sentença 110/1984, decidiu-se que "a esfera de inclusão é aberta e evolutiva com referência ao tema que em si mesmo está a ser considerado e as circunstâncias que o rodeiam." Assim, "no momento determinado pode ser considerado como fora do conceito de intimidade, e pode ser que ao fim de algum tempo seja objecto de inclusão. Da mesma forma, o direito à intimidade não tem que coincidir nos diferentes ramos do direito, de forma que se pode falar de uma intimidade «civil», ou de uma intimidade «laboral» que, embora com pontos coincidentes, podem conhecer variações". Também na sentença 170/1987, se decidiu que "os direitos à intimidade pessoal e à própria imagem garantidos pelo art. 18.1, da Constituição, formam parte dos bens de personalidade que pertencem ao âmbito da vida privada", contribuindo para, nos termos da sentença 99/1994, "salvaguardar uma esfera da própria reserva pessoal frente a intromissões ilegítimas provenientes de terceiros", e adquirem pleno sentido quando se lhes enquadra na salvaguarda de "um

As Novas Tecnologias e a Privacidade 227

papel importante tem sido desenvolvido pelo Tribunal Constitucional, resolvendo possíveis pontos de conflitualidade entre o direito à intimidade e à própria imagem e o direito à informação, atribuindo uma esfera mais ampla ou mais restrita consoante o tipo de pessoa em causa, em razão do "interesse público"[751]. Para este Tribunal torna-se essencial estabelecer os limites da intimidade[752] que há-de ser protegida judicialmente, atendendo aos usos sociais e, principalmente, aos próprios actos e padrões de comportamento livremente escolhidos e assumidos por cada pessoa[753].

âmbito próprio, reservado à acção e conhecimento dos demais, necessário, segundo as pautas da nossa cultura, para manter uma qualidade mínima da vida humana", como estabelecido na decisão 231/1998. Cf. BLANCA RODRÍGUEZ RUIZ, *op.* cit., pp. 9-10, CARMEN ORTIZ LALLANA, "Derechos fundamentales y relación laboral", *in RMTAS*, vol. 13, 1998, p. 22. Também ARIAS DOMÍNGUEZ e RUBIO SÁNCHEZ, *El Derecho de los Trabajadores a la Intimidad*, Thomson Aranzadi, Navarra, 2006, p. 43, MARIA PÉREZ UGENA, *op.* cit., p. 7, M.ª BELÉN CARDONA RUBERT, *Informática y...*, cit., pp. 34-35, PALOMEQUE LÓPEZ, "Los derechos laborales inespecíficos", *in Minerva – Revista de Estudos Laborais*, ano I, n.º 2, 2003, pp. 185-186, PALOMEQUE LÓPEZ e ÁLVAREZ DE LA ROSA, *op.* cit., pp. 113-114, REMEDIOS ROQUETA BUJ, *Uso y control de los médios tecnológicos de información y comunicación en la empresa*, tirant lo blanch, Valencia, 2005, pp. 17-19, ROIG BATALLA, "El uso de Internet en la empresa: aspectos constitucionales", *in El uso laboral y sindical...*, cit., p. 63, TÉLLEZ AGUILERA, *op.* cit., pp. 65-66, e VICENTE PACHÉS, *El derecho del...*, cit., pp. 77-78.

[751] Cf. MARTÍNEZ RANDULFE, "Derecho a la intimidad y relación de trabajo: aproximaciones", *in Derechos fundamentales y contrato de trabajo – 1.ªs Xornadas de Outono de Dereito Social*, (coord. LOUSADA AROCHENA e MOVILLA GARCÍA), Editorial Comares, Granada, 1998, pp. 48-49. Também ANA URRUTIA, HÉCTOR GORSKI e MÓNICA MICHEL, *op.* cit., pp. 27-28, defendem que o Tribunal entende que os critérios para a definição da esfera da intimidade estão determinados pela própria pessoa, pela sua conduta e pela sua projecção pública. Por isso, o direito a esta intimidade pode ceder perante o direito à informação, se o difundido afecta, pelo seu objecto e pelo seu valor, o âmbito do público.

[752] Como se tem vindo a assinalar, não há direitos fundamentais absolutos ou ilimitados, ficando sujeitos às seguintes limitações: os limites gerais estabelecidos no próprio texto constitucional; os limites estabelecidos nas leis de desenvolvimento desses direitos fundamentais; e os limites fixados pela jurisprudência constitucional que se concretizam naqueles que, de maneira directa ou indirecta, se inferem da própria Constituição e que resultam justificados pela necessidade de preservar outros bens ou direitos juridicamente protegidos. Cf. TÉLLEZ AGUILERA, *op.* cit., pp. 65-66.

[753] Segundo FERNANDO HERRERO-TEJEDOR, *op.* cit., p. 87, o Supremo Tribunal decidiu em 1986, na sua primeira sentença relativa à intimidade, caso *Isabel Pantoja v. Prographic, S.A.*, que "a esfera da intimidade pessoal está determinada de maneira decisiva pelas ideias que prevalecem em cada momento na sociedade, e pelo próprio conceito que cada pessoa, segundo os seus próprios actos, mantenha e paute o seu comportamento".

228   *A Privacidade dos Trabalhadores e as Novas Tecnologias...*

Em relação ao âmbito do direito à intimidade pessoal, o Tribunal Constitucional tem entendido que uma das componentes é o da intimidade corporal ou o pudor que proíbe toda a indagação ou pesquisa que se faça sobre o corpo de outra pessoa sem o seu consentimento[754].

O Tribunal Constitucional decidiu, ainda, que a sexualidade pertence ao âmbito da intimidade[755], se bem que, como lembra RUIZ MIGUEL[756], o direito protege a intimidade e não as acções privadas ou íntimas dos homens[757]. O direito à intimidade pessoal e familiar compreende, ainda, a intimidade económica, a própria morte e as relações conjugais e familiares.

O direito à inviolabilidade do domicílio, protegido no art. 18.°, n.° 2, é concebido pela doutrina constitucional como uma manifestação da vida privada[758] e, por isso, não só se protege o âmbito da vida privada coincidente com o núcleo mais intenso da mesma mas, também, o âmbito físico onde se desenvolve parte da vida privada da pessoa.

O art. 18.°, n.° 3, consagra o segredo das comunicações, o que parece indicar uma conexão com o art. 18.°, n.° 1. Mas não é unânime a relação

---

[754] Porém, este Tribunal considera que "o âmbito de intimidade corporal constitucionalmente protegido não é idêntico ao da realidade física do corpo humano, porque é uma realidade cultural, determinado pelo critério dominante na nossa cultura, sobre o recato corporal, de tal modo que não se podem entender como intromissões forçadas na intimidade aquelas actuações que, pelas partes do corpo humano sobre as que operam ou pelos instrumentos mediante os quais se realizam, não constituam, segundo um são critério, violação do pudor ou recato da pessoa" . Ver RUIZ MIGUEL, última *op.* cit., p. 81.

[755] Neste sentido o Tribunal afirmou que "não cabe discutir que a sexualidade pertence ao âmbito da intimidade, que é inclusive um dos seus redutos mais sagrados" – ac. 89/1987. No âmbito laboral pode citar-se a sentença 224/1999, de 13 de Dezembro, na medida em que defende que o direito à intimidade pessoal "inscreve-se no direito à protecção do trabalhador contra o conhecido como assédio sexual no âmbito laboral, porquanto se trata de um atentado a uma parcela tão reservada de uma esfera personalíssima, como é a sexual, no seguimento da dignidade humana". Ver RAQUEL SERRANO OLIVARES, "El derecho a la intimidad...", cit., p. 102, nota 25.

[756] *La configuración...*, cit., p. 81.

[757] Ver MATIA PORTILLA, *op.* cit., p. 220, que alude ao facto de que o art. 18.° da Constituição espanhola não protege a vida privada mas sim a intimidade.

[758] Acórdão 133/1995, de 25 de Setembro, onde se defende que "existe um nexo de sacralidade do domicílio com o direito à intimidade que veda toda a intromissão naquele". *Vd.* RAQUEL SERRANO OLIVARES, "El derecho a la intimidad...", cit., p. 103, nota 35.

com o direito à intimidade[759]. O Tribunal Constitucional tem defendido que a inviolabilidade da correspondência é uma liberdade tradicional cuja ideia originária é o respeito pela vida privada[760].

4.3.2.5.2. O enorme progresso técnico demonstrou que o tradicional conceito de intimidade, como um conceito individualista que configura um direito de defesa, ou uma liberdade negativa pertencente ao *status libertatis*, restringe inevitavelmente o seu âmbito de tutela e não era suficiente para enfrentar os novos desafios lançados pelas NTIC. Este conceito é, tal como defendem vários autores[761], baseado numa intimidade "préinformática", que não atende às enormes repercussões derivadas das tecnologias da informação e por várias razões. Em primeiro lugar, porque em várias ocasiões as informações objecto de processo informático são alheias ao círculo de intimidade concebida em sentido estrito. Em segundo lugar, porque, atendendo a esta visão, o direito à intimidade só poderia actuar para evitar a intromissão ou para obter a reparação do dano uma vez produzida. Não se atende nesta visão a uma via intermédia, a uma possibilidade de dimensão procedimental ou positiva do direito à

---

[759] Para RAQUEL SERRANO OLIVARES, "El derecho a la intimidad...", cit., pp. 103--104, o bem jurídico protegido pelo direito em causa é a liberdade de comunicação enquanto expressão da vida privada. A autora defende que toda a comunicação é secreta independentemente do seu conteúdo entrar ou não no âmbito da intimidade. Parece que aqui está em causa, mais uma vez, a ambiguidade do termo intimidade pois está a ser referida em termos restritos. Se se utilizar o termo privacidade já abrangerá o segredo das comunicações.

[760] Sobre este direito ver, com mais desenvolvimento, *infra*, capítulo IV, n.º 4.5.2.2.2.3..

[761] *Vide* M.ª BELÉN CARDONA RUBERT, última *op.* cit., pp. 32-33, e MARTÍNEZ MARTÍNEZ, *op.* cit., pp. 247-248. Também MARIA GONZÁLEZ MOLINA, "Tratamiento automatizado de datos y derecho de huelga: una aproximación al possible uso de una clave informática en «clave antisindical». (Comentario à STC 60/1998, de 16 de Marzo)", *in Documentación Laboral*, n.º 56, 1998, pp. 205-206. Esta autora refere que a noção de intimidade que predomina no ordenamento jurídico espanhol é "pré-informática", o que origina que não haja uma coincidência plena no âmbito material de protecção do direito à intimidade com o direito à autodeterminação informacional. O primeiro direito parece ficar vinculado à vida privada, enquanto o segundo parece querer resguardar toda a informação individual – íntima ou não íntima. Os dados a proteger têm que ser pessoais mas não têm que ser íntimos. Cf. *op.* cit., pp. 208-209.

230   *A Privacidade dos Trabalhadores e as Novas Tecnologias...*

intimidade[762]. Desta forma, não poderia admitir-se a existência de uma via intermédia consistente na atribuição ao indivíduo de um conjunto de faculdades ínsitas na intimidade e desenvolvidas pelo legislador, como os direitos de informação, de acesso, de rectificação e de cancelamento de dados pessoais.

Pode concluir-se, então, que o direito à intimidade, tal como concebido numa visão negativa, não era suficiente, sendo necessário garantir a capacidade do cidadão de controlar a informação que a si se refere[763].

Neste sentido, o Tribunal Constitucional na sentença 254/1993[764], onde se referiu pela primeira vez a ideia de "liberdade informática", decidiu que "a nossa Constituição incorporou uma nova garantia constitucional como forma de resposta a uma nova modalidade de ameaça concreta à dignidade e aos direitos da pessoa de forma não muito diferente à que originou a incorporação histórica dos distintos direitos fundamentais. No caso presente estamos perante um instituto de garantia de outros direitos,

---

[762] Idêntica opinião tem MARTÍNEZ MARTÍNEZ, *op.* cit., p. 248.

[763] FERNÁNDEZ DOMÍNGUEZ e SUSANA RODRÍGUEZ ESCANCIANO, *op.* cit., pp. 173--175, entendem que o conceito de intimidade tem, frequentemente, uma interpretação demasiado restritiva, identificando-o com o âmbito mais reservado da vida das pessoas, para diferenciá-lo do direito relacionado com a privacidade, que abarcaria todos aqueles aspectos da vida ou personalidade dos cidadãos que isoladamente carecem de relevância mas que, convenientemente trabalhados entre si, podem originar um perfil total da pessoa, o qual excede o conceito de intimidade, para se aproximar ao de autodeterminação informativa. Também VICENTE PACHÉS, "El derecho a la Intimidad...", cit., p. 282, observa que desde a perspectiva da informática, o direito à intimidade adquire uma nova dimensão, pois é insuficiente conceber este direito na sua vertente negativa ou garantista, de defesa perante qualquer intromissão na privacidade, sem contemplá-lo, ao mesmo tempo, como um direito activo, de controlo sobre o fluxo de informações que concernem a cada sujeito.

[764] Já antes o Tribunal Constitucional tinha vindo a consciencializar-se do novo contexto social relacionado com as novas tecnologias. Assim, na sentença 73/1982, de 2 de Dezembro, estabeleceu-se o primeiro conceito de direito à intimidade, manifestando--se que aquela é um âmbito ou reduto onde se interdita que outros penetrem e que não mantém por si só conexão directa com a liberdade de relacionar-se com outras pessoas ou o direito a ter amizades. Na sentença 110/1984, de 26 de Novembro, constatou que o avanço da tecnologia actual e o desenvolvimento dos meios de comunicação de massas tem obrigado a estender a protecção da vida privada para além de assegurar o domicílio como espaço físico em que, normalmente, se desenvolve a intimidade e o respeito pela correspondência. Cf. REBOLLO DELGADO, "Balance constitucional: artículo 18.4 CE", *in datos personales.org*, n.° 6, 2003, p. 6.

As Novas Tecnologias e a Privacidade

fundamentalmente a honra e a intimidade, mas também de um instituto que é, em si mesmo, um direito ou liberdade fundamental, o direito à liberdade perante potenciais agressões à dignidade ou à liberdade da pessoa provenientes de um uso ilegítimo do tratamento mecanizado de dados, o que a Constituição chama de «a informática»", reconhecendo-se, desta maneira, "um direito a controlar o uso dos mesmos dados inseridos num programa informático"[765].

Assim, o Tribunal Constitucional não tem dúvidas em entender que o art. 18.°, n.° 4, consagra, para além de um instituto de garantia de outros direitos fundamentais, e especialmente, do direito à intimidade[766] [767], um verdadeiro direito fundamental autónomo e diferente deste direito[768].

---

[765] Outra sentença de relevo no âmbito do Direito do trabalho é o acórdão do Tribunal Constitucional 202/1999, de 8 de Novembro, acerca da gravação de dados de saúde dos trabalhadores num ficheiro informático, onde se decidiu que "o tratamento e conservação em suporte informático dos dados atinentes à saúde do trabalhador [...], prescindindo do consentimento expresso do afectado, tem de ser qualificado como uma medida inadequada e desproporcionada que contende com o direito à intimidade e à liberdade informática do titular da informação". Ver, ALFONSO MELLADO, BLASCO PELLICER e GOERLICH PESET, *Estatuto de los trabajadores – concordato con la jurisprudencia de los Tribunales Constitucional y Supremo,* 2.ª edição, Tirant lo blanch, Valencia, 2001, p. 211.

[766] SEMPERE NAVARRO e CAROLINA SAN MARTÍN MAZZUCCONI, *Nuevas tecnologías...*, cit., pp. 118-120, e VICENTE PACHÉS, "Vulneración del derecho...", cit., p. 480.

[767] Este reconhecimento envolve a atribuição à intimidade do carácter "institucional de garantia-pressuposto" do exercício de outros direitos constitucionais, como o direito à liberdade religiosa, ideológica e de associação, perante os perigos da informática.

[768] Como defende CORREA CARRASCO, "Libertad sindical y libertad informática en la empresa (Comentario a la STC 11/1998, de 13 de enero), *in RDS*, n.° 2, 1998, p. 117, este direito supõe a articulação jurídica, ao mais alto nível, de uma protecção qualificada e autónoma deste tipo de condutas e a sua configuração jurídica como direito fundamental tem por objecto a protecção da intimidade pessoal perante as eventuais lesões que poderão derivar de um uso inadequado dos dados pessoais. Também HIRUMA RAMOS LUJÁN, *op. cit.*, p. 48, entende que este direito traz para os cidadãos uma possibilidade de uma melhor protecção perante o uso da informática já que seria um direito fundamental, com as especiais garantias que este supõe. LUCAS MURILLO DE LA CUEVA, "La primera jurisprudência sobre el derecho a la autodeterminación informativa", *in datos personales.org*, n.° 1, 2003, p. 3, também entende que com esta decisão o Tribunal Constitucional permitiu a "entrada em cena" de um novo direito fundamental. SALVADOR DEL REY GUANTER, "Tratamiento automatizado de datos de carácter personal y contrato de trabajo – una aproximación a la "intimidad informática" del trabajador", *in RL*, II, 1993, p. 149, entende que há uma consagração de um direito autónomo pois os direitos a proteger neste

Este direito consiste em controlar o uso dos dados pessoais e compreende o direito de os conhecer e de a eles aceder, o denominado *habeas data*, o direito de controlar a qualidades destes, podendo corrigir ou cancelar os dados inexactos ou indevidamente processados e o direito a dispor sobre a sua transmissão. Identifica-se, desta forma, um novo direito[769], o direito à autodeterminação informativa[770], configurando-o como aquele que tem por objecto garantir a faculdade das pessoas para conhecer e aceder às informações que lhe dizem respeito e de cancelar as inexactas[771]. Este direito fundamental visa garantir à pessoa um poder de controlo sobre os seus dados pessoais, sobre o seu uso e destino, com o propósito de evitar o tráfico ilícito e lesivo para a dignidade e direitos do titular dos dados[772]. Visa-se, desta forma, salvaguardar o poder de resguardar a sua vida privada de uma publicidade não querida. Esta garantia impõe aos poderes públicos a proibição de que se convertam em fontes dessa informação sem as devidas garantias, assim como o dever de prevenir riscos que possam derivar do acesso ou divulgação indevidas de tal informação. Mas este poder de disposição sobre os dados pessoais de nada vale se o titular desconhece que dados possuem os terceiros, quem os detém e para que fim os utiliza.

No ano de 2000, através de duas sentenças decisivas, o Tribunal Constitucional consolidou a sua interpretação da existência "autónoma" do direito fundamental à protecção de dados pessoais.

---

direito à autodeterminação informativa são "pessoais", mas não têm que ser íntimos. No mesmo sentido M.ª Dolores Rubio de Medina, *El despido por utilización personal del correo electrónico*, BOSCH, Barcelona, 2003, p. 7, entende que se trata de um direito autónomo. Mas, com base nesta mesma decisão, Ruiz Miguel, *La configuración constitucional...*, cit., pp. 94 e ss., entende que não há uma consagração de um direito diferente, mas sim, uma ampliação deste direito devendo referir-se o termo "intimidade informática". Também em "El derecho a la protección...", cit., pp. 46-47, volta a defender o mesmo.

[769] Neste sentido Vicente Pachés, "El derecho a la intimidad...", cit., p. 283

[770] Mais uma vez reitera-se a nossa posição de que este direito é novo em relação ao conceito de intimidade, mas faz parte do conceito que seguimos de privacidade. Este conceito engloba estes direitos. No mesmo sentido pode ver-se Molina Navarrete e Sofía Olarte Encabo, "Los derechos de la persona del trabajador en la jurisprudência del Tribunal Constitucional", *in RL*, II, 1999, pp. 378-379.

[771] Pérez Luño, *Nuevas tecnologias...*, cit., pp. 85 e ss. e 123 e ss., defende o mesmo.

[772] No mesmo sentido Téllez Aguilera, *op.* cit., pp. 73-74.

As Novas Tecnologias e a Privacidade

233

A primeira sentença é a 290/2000[773] e a segunda é a 292/2000. Nas duas o tribunal consolidou a denominação "direito à protecção de dados pessoais", em substituição do termo "liberdade informática" que tinha utilizado anteriormente. Na última sentença o tribunal decidiu que "a peculiaridade deste direito fundamental à protecção de dados respeitante àquele direito fundamental tão afim como é o da intimidade, radica, pois, na sua distinta função, o que origina, também, que o seu objecto e o seu conteúdo difiram". O Tribunal Constitucional definiu este direito como "o direito a controlar o uso dos mesmos dados inseridos num programa informático (*habeas data*) e compreende, entre outros aspectos, a oposição do cidadão a que determinados dados pessoais sejam utilizados para fins distintos do fim legítimo que justificou a sua obtenção"[774].

Esta sentença, ao consagrar expressamente o direito à autodeterminação informativa como um direito autónomo, originou uma discussão na doutrina que, aliás, já ocorria anteriormente entre os autores que entendiam não ser possível a criação deste novo direito por obra do tribunal, e outros que entendiam que este novo direito poderia ser criado. No fundo, a questão vai mais além do que o reconhecimento de um "novo" direito, não previsto de forma expressa no texto constitucional, pois depende do carácter aberto ou fechado que se atribua ao catálogo de direitos fundamentais do texto constitucional[775], assim como a capacidade "criativa" que se reconheça ao Tribunal Constitucional nestes casos. A questão será a de saber se o máximo intérprete da Constituição se excedeu no seu labor "interpretativo" para passar a um labor "criador".

---

[773] Sobre esta sentença ver TÉLLEZ AGUILERA, *op. cit.*, pp. 68-70.

[774] MÓNICA ARENAS RAMIRO, *El derecho fundamental...*, cit., pp. 453-454. Cf., também, NOELIA DE MIGUEL SÁNCHEZ, *op. cit.*, pp. 38 e ss., assim como PIÑAR MAÑAS, *op. cit.*, pp. 23-24, e PUENTE ESCOBAR, *op. cit.*, pp. 47-48. No mesmo sentido, CINTA CASTILLO JIMÉNEZ, "La sociedad de la información...", cit., p. 30, entende que com estas duas sentenças se estabeleceu o direito à autodeterminação informativa como um direito fundamental independente do direito à intimidade, observando que se decidiu que a garantia da vida privada da pessoa e a sua reputação adquirem hoje uma dimensão positiva que excede o âmbito próprio do direito fundamental à intimidade reconhecido no art. 18.º, n.º 1, da Constituição espanhola, e que se traduz no direito a controlar os dados relativos à própria pessoa.

[775] Neste sentido MÓNICA ARENAS RAMIRO, última *op. cit.*, p. 457.

234   *A Privacidade dos Trabalhadores e as Novas Tecnologias...*

Para GOÑI SEIN[776], a interpretação que o Tribunal Constitucional fez nestas sentenças, e sobretudo nas de 2000, foi uma interpretação "claramente ampliatória" da Constituição, porque o art. 18.º, n.º 4, só concebe a liberdade informática, "no melhor dos casos", como um direito de carácter instrumental de salvaguarda de outros direitos fundamentais perante o uso ilegítimo do poder informático. Mas, como este autor salienta, esta posição não impede que se possa reconhecer um direito fundamental à protecção de dados, na medida em que sempre é possível considerá-lo como um direito fundamental a partir da sua vinculação à dignidade da pessoa, do art. 10.º, n.º 1, da Constituição, assim como dos Acordos Internacionais de interpretação constitucional – art. 10.º, n.º 2 –, como é o caso da Convenção n.º 108 do Conselho da Europa, de 28 de Janeiro de 1981[777] [778].

A particularidade deste direito à autodeterminação informativa é, tal como nota TÉLLEZ AGUILERA[779], o do seu objecto ser mais amplo que o direito à intimidade, estendendo a sua garantia não só a este direito constitucionalmente protegido pelo art. 18.º, n.º 1, mas também para a esfera dos bens de personalidade que pertencem ao âmbito da privacidade e que estão por inerência ligados à dignidade da pessoa humana. Assim, o direito fundamental à autodeterminação informativa estende a protecção constitucional àqueles dados que sejam relevantes ou que tenham incidência no exercício de quaisquer direitos da pessoa, sejam ou não direitos constitucionais, e sejam ou não relativos à honra, à ideologia, à intimidade pessoal e familiar ou a qualquer outro bem constitucionalmente previsto. Desta forma, o objecto de protecção deste direito fundamental não se reduz somente aos dados íntimos da pessoa, mas a quaisquer tipos de dados pessoais, sejam ou não íntimos, cujo conhecimento ou emprego por terceiros possa afectar os seus direitos, independentemente de serem ou não fundamentais.

---

[776] "Vulneración de derechos fundamentales...", cit., pp. 54-55.

[777] Já analisado *supra* no ponto n.º 4.3.2.1..

[778] Da mesma opinião TASCÓN LÓPEZ, *op.* cit., p. 49, assim como RODRÍGUEZ-PIÑERO Y BRAVO-FERRER, "Intimidad...", cit., p. 93. Também TÉLLEZ AGUILERA, *op.* cit., pp. 71-72, defende que este direito à autodeterminação informacional deve ter como suporte o art. 10.º, n.º 1, da Constituição na medida em que é um direito inerente à dignidade da pessoa humana, proporcionando-lhe a "devida consistência constitucional".

[779] *Op.* cit., pp.74-75.

As Novas Tecnologias e a Privacidade

Uma outra especificidade é a deste direito atribuir ao seu titular várias faculdades que consistem em diversos poderes jurídicos cujo exercício vincula terceiros a certos deveres jurídicos que não se enquadram no direito à intimidade e que têm uma função fundamental com ele relacionada. Trata-se de garantir ao titular dos dados um poder de controlo sobre os dados pessoais que lhe dizem respeito, e isto só é possível impondo a terceiros certos deveres positivos, de acção, e que são o do prévio consentimento para o tratamento de dados e o direito de aceder, rectificar e cancelar os dados pessoais, o que significa, em última instância, o poder de disposição sobre os mesmos.

Entende-se que o conteúdo deste direito fundamental consiste num poder de disposição e de controlo sobre os dados pessoais que possibilita ao seu titular decidir quais os dados que faculta a um terceiro, seja o Estado ou um particular, e qual o terceiro que os pode recolher[780]. Este direito também permite ao titular saber quem possui esses dados pessoais e qual o fim que se pretende com o seu tratamento.

4.3.2.5.3. O desenvolvimento do mandato constitucional previsto no art. 18.°, n.° 4, da Constituição espanhola, originou a aprovação, em 29 de Outubro de 1992, da Lei Orgânica 5/1992 – LORTAD –, que tinha por objecto limitar o uso da informática para salvaguardar a honra, a intimidade pessoal e familiar das pessoas físicas e o pleno exercício dos direitos fundamentais. Posteriormente, a aprovação da Directiva 95/46/CE, de 24 de Outubro de 1995, originou a substituição da LORTAD, pela Lei Orgânica 15/1999, de 13 de Dezembro – LOPD –. Esta lei já não aborda esta realidade na vertente de limitar o uso da informática, e antes a de garantir e proteger direitos e liberdades no que concerne ao tratamento de dados pessoais, o que supõe, como observa GOÑI SEIN[781], um passo definitivo no reconhecimento da especificidade do direito à protecção de dados. Esta lei delimita o tratamento jurídico da protecção de dados pessoais, delineando uma série de princípios gerais que definem as pautas que devem ser seguidas na sua recolha, registo e uso, e uma série de garantias da pessoa, que se configuram como direitos subjectivos destinados a tornar operativos os princípios gerais[782].

---

[780] No mesmo sentido TÉLLEZ AGUILERA, *op.* cit., p. 75.

[781] Última *op.* cit., p. 56.

[782] Ir-se-ão analisar com mais pormenor vários destes princípios e garantias no capítulo III e no capítulo IV deste trabalho.

236 *A Privacidade dos Trabalhadores e as Novas Tecnologias...*

4.3.2.6. *O direito à privacidade no ordenamento jurídico francês*

A Constituição francesa não faz qualquer alusão à dignidade da pessoa humana. Na verdade, tal como salienta OLIVIER DE TISSOT[783], já a declaração dos Direitos do Homem e do Cidadão, de 1789 e promulgada pelo Decreto de 3 de Setembro de 1791, não estabelecia a dignidade da pessoa humana e quando definia "os direitos naturais" do homem, no art. 2.º, limitava-se à "liberdade, à propriedade, à segurança e à resistência à opressão". Da mesma forma, o Preâmbulo da Constituição de 27 de Outubro de 1946 não fazia alusão ao direito à dignidade, e a Constituição de 4 de Outubro de 1958 também o ignorou[784].

A inexistência de uma consagração explícita deste direito não impediu que o Conselho Constitucional o consagrasse como um princípio de valor constitucional na decisão de 27 de Julho de 1997, conhecida como a decisão "bioética". Como observa VÉRONIQUE GIMENO-CABRERA[785], em Julho de 1994 o Conselho Constitucional encontrava-se numa situação delicada pois não dispunha de normas de referência suficientes para exercer o controlo de constitucionalidade das leis da bioética. Assim, o princípio da dignidade impunha-se para apreciar estas leis e as suas repercussões na espécie humana, com a dupla dimensão que comporta. Este conceito constitui um elemento de definição da natureza humana mas deve igualmente ser analisado como um elemento da sua protecção. Assim, este princípio não estabelece uma proibição absoluta aos atentados à pessoa humana mas proíbe aqueles que colocam a dignidade em perigo. O respeito pela dignidade surge, assim, como um limite absoluto, como uma barreira intransponível. Esta "descoberta" da dignidade da pessoa humana foi realizada em diferentes fases. Primeiro, o intérprete supremo da Constituição apoiou-se na frase introdutória do Preâmbulo da Constituição de 1946 para extrair o princípio do respeito pela salvaguarda da dignidade da pessoa humana contra toda a forma de degradação e, depois, num segundo

---

[783] "Pour une analyse juridique du concept de «dignité» du salarié", *in DS*, n.º 12, 1995, pp. 973-974.

[784] Também PHILIPPE AUVERGNON, "Poder de dirección y respeto a la persona asalariada", *in El poder de dirección...*, cit., p. 44, VÉRONIQUE GIMENO-CABRERA, *op.* cit., pp. 41-42, e WAQUET, *L'entreprise et les libertés du salarié – du salarié-citoyen au citoyen-salarié*, Editions Liaisons, Paris, 2003, p. 162, referem o mesmo.

[785] *Op.* cit., p. 45.

As Novas Tecnologias e a Privacidade   237

momento, atende à evolução da jurisprudência do Conselho Constitucional para consagrar a dignidade da pessoa[786].

4.3.2.6.1. Neste ordenamento jurídico não há nenhuma norma constitucional que proteja directamente a vida privada[787]. Contudo, o direito à reserva da vida privada está consagrado expressamente no art. 9.° do CC francês[788] [789], pois o legislador, em 1970, decidiu consagrar um direito subjectivo ao respeito pela vida privada de uma forma geral, permitindo que não se sancione só *a posteriori* mas, também, que existam algumas medidas preventivas. Até esta altura, a vítima de um atentado à vida privada podia obter reparação do seu prejuízo apenas nos termos do direito comum da responsabilidade civil, o que significava que tinha de provar um

---

[786] Cf. VÉRONIQUE GIMENO-CABRERA, *op.* cit., p. 47, e, ainda, OLIVIER DE TISSOT, última *op.* cit., p. 974. *Vd.*, também, PHILIPPE AUVERGNON, *op.* cit., p. 44, e WAQUET, última *op.* cit., p. 162.

[787] Desta inexistência dá conta MARTHE STEFANINI, "Constitution et secret de la vie privée – France", *in Annuaire International de Justice Constitutionnelle*, Economica, Paris, 2001, p. 259. Também SOPHIE NERBONNE, "France", *in Employment Privacy Law...*, cit., p. 91, chama a atenção para este facto. JOHN CRAIG, *op.* cit., p. 89, também observa esta inexistência quer na Declaração de 1789, quer no Preâmbulo da Constituição de 1946.

[788] "Cada um tem direito ao respeito da sua vida privada", sendo que refere as medidas que os juízes podem adoptar para fazer cessar violações do direito à intimidade das pessoas. Este artigo resultou da Lei n.° 70-643, de 17 de Julho de 1970, que veio também introduzir modificações a nível penal, artigos 226 -1 e 226-8. Conforme refere PAULO MOTA PINTO, "O direito à reserva...", cit., p. 519, esta lei veio alargar a noção de privacidade, uma vez que o segredo da vida privada era já reconhecido. Cf., também, FRANÇOISE FAVENNEC--HÉRY, "Vie privée dans l'entreprise et à domicile", *in RJS*, n.° 12, 2001, pp. 940-941.

[789] Já anteriormente existia a protecção deste direito, sendo que a utilização da protecção da vida privada não colocou grandes dificuldades em razão do carácter muito geral dos arts. 1382.° e 1383.° do CC na medida em que o art. 1382.° era marcadamente geral, permitindo sancionar alguns comportamentos contra direitos individuais não previstos por outras disposições da lei. Desde a segunda metade do séc. XIX, os juízes franceses asseguravam esta protecção, fazendo apelo às técnicas da responsabilidade delitual. Uma das primeiras decisões neste domínio é a interdição da publicação da fotografia da actriz *Rachel* no leito de morte, decidindo que "o direito de se opor a uma tal reprodução é absoluto; que ele tinha como princípio o respeito que é devido à dor dos familiares" – acórdão do tribunal civil do Sena, em 1858. Nesta decisão reconheceu-se a existência de uma esfera reservada da pessoa na qual ninguém pode penetrar sem o seu expresso consentimento. Ver BEIGNIER, *op.* cit., pp. 177-178, MICHELINE DECKER, *op.* cit., p. 30, nota 19, e PAULO MOTA PINTO, *O Direito à reserva...*, cit, pp. 518-519.

238   *A Privacidade dos Trabalhadores e as Novas Tecnologias...*

atentado à sua vida privada, um dano e um nexo de causalidade entre os dois[790]. Assim, o legislador, através da Lei n.° 70-673, de 17 de Julho de 1970, consagrou no art. 9.° do Código Civil o direito ao respeito pela vida privada, respondendo desta forma, tal como assinala AGATHE LEPAGE[791], aos autores que pretendiam uma intervenção do legislador para que existissem os meios de proteger eficazmente a vida privada, já que, para além das sanções civis, era necessária também a protecção penal[792]. Esta Lei representa a consagração de uma longa evolução jurisprudencial em relação à defesa da vida privada, inserindo o direito ao respeito pela vida privada e os princípios pretorianos num corpo legislativo de âmbito civil e penal, protegendo este direito, que tem por escopo assegurar a paz e a tranquilidade da vida privada, pessoal e familiar.

Há, no entanto, que sublinhar que a noção de vida privada não é nova, mas as principais causas de desenvolvimento deste direito surgiram sobretudo após a segunda Guerra Mundial e por vários motivos, tal como aponta FRANÇOIS RIGAUX[793]. Assim, o primeiro consiste no desenvolvimento das técnicas de fixação e de reprodução do som e da imagem. O segundo situa-se na sucessão de uma civilização de massas em relação à sociedade do Antigo Regime que tinha dominado ainda no século dezanove. A última releva da inserção dos bens da personalidade num marco de troca comercial, na medida em que todo o indivíduo é livre de consentir uma apropriação dos atributos da sua personalidade.

O princípio consagrado no art. 9.° do Código Civil francês representou a confirmação de uma vasta jurisprudência[794] produzida pelos juízes que começaram por consagrar um direito ao segredo das cartas confiden-

---

[790] Ver AGATHE LEPAGE, *Libertés...*, cit., pp. 99-100, e BESSONE, *op.* cit., pp. 1134-1135.

[791] "La vie privée du salarié, une notion civiliste en droit du travail", *in DS*, n.° 4, 2006.

[792] Também se alterou, tal como observa ROBERTO ROMEI, "Profili comparati in matéria di tutela della riservatezza", *in Nuove tecnologie...*, cit., p. 235, a legislação penal, introduzindo-se o art. 368.° do Código penal que, com base numa nova formulação, punia quem voluntariamente atentasse contra a vida privada de outrem, escutando, registando ou transmitindo, através de qualquer aparelho, palavras pronunciadas num local privado de uma pessoa sem o conhecimento desta.

[793] *La liberté...*, cit., p. 539.

[794] As medidas mais antigas de protecção do direito à vida privada têm origem na tutela do direito à propriedade imobiliária, pois pensava-se que ao proteger a propriedade

ciais, concretizando depois, igualmente, o direito da pessoa sobre a sua imagem[795], embora com limites[796], principalmente no caso de ser uma pessoa que tenha uma actividade pública. Assim, a vida privada não é a mesma para todos, tendo em conta, nomeadamente, o caso dos políticos ou dos artistas. Atendendo-se a uma concepção diferente é essencial reter, também, que cada um é capaz de determinar os limites da sua vida privada e de tornar público apenas aquilo que quer[797]. Como observa AGATHE LEPAGE[798], se o conteúdo deste direito deve ser determinado de forma abstracta, independentemente da qualidade das pessoas em causa, a sua protecção é relativa, na medida em que é largamente tributária das circunstâncias nas quais é invocado o direito ao respeito pela vida privada.

A partir de 1955 desenvolveu-se jurisprudencialmente a tutela do respeito pelo direito à vida privada, sendo que, após 1965, produziram-se inúmeras decisões que defendiam o respeito pela vida privada de pessoas conhecidas, originando a determinação dos elementos constitutivos deste direito, assim como as condições para a sua salvaguarda. Foi neste período que a jurisprudência traçou os limites que separam o direito ao respeito

---

estar-se-ia a proteger o local onde se desenrola a vida privada. Mas esta jurisprudência evoluiu e, actualmente, entende-se que mesmo locais públicos também são objecto de protecção deste direito. Ver, para maiores desenvolvimentos, ELIMAR SZANIAWSKI, *op.* cit., pp. 336-338, assim como MARIE-NOËLLE MORNET, *op.* cit., p. 95, que, citando uma decisão do *Cour d'Appel* de Paris, de 27 de Fevereiro de 1981, entende que a vida privada dos particulares não se reduz às actividades realizadas num local privado como o lar, podendo ocorrer também em locais públicos, pois a noção de vida privada abarca as "actividades estranhas à vida pública". A mesma opinião é partilhada por AGATHE LEPAGE, "La vie privée...", cit., p. 369, citando vária jurisprudência.

[795] Há que referir que o direito ao respeito da vida privada foi confundido inicialmente em França com o direito à imagem, sendo que um dos primeiros casos foi o da actriz *Rachel* em meados do séc. XIX. No mesmo sentido o caso *Éden v. Whistler*, onde se estendeu a protecção do caso anterior para pessoas vivas, referindo que se um pintor se incumbiu de realizar um retrato e no final deste se recusa a entregá-lo ao autor do pedido, não pode "fazer qualquer uso dele antes de modificar o aspecto, de maneira a torná-lo irreconhecível". Ver PIERRE KAYSER, *op.*cit., pp. 119-121.

[796] Como nota BEIGNIER, *op.* cit., p. 181, o respeito pela vida privada não é absoluto, tendo de se conciliar dois objectivos com valor constitucional e que são a segurança pública e a liberdade individual.

[797] Neste sentido BEIGNIER, *op.* cit., pp. 187 e ss., referindo inúmeros casos jurisprudenciais que expressam esta delimitação pessoal.

[798] *Libertés...*, cit., pp. 101-102.

240   *A Privacidade dos Trabalhadores e as Novas Tecnologias...*

pela vida privada dos indivíduos, perante o direito do público à informação e à liberdade de imprensa, pois a necessidade de consentimento para a revelação de um facto atinente à vida privada não é absoluto já que cede perante um interesse superior que o justifique[799]. Tem-se entendido que dois julgamentos desta época têm uma conotação histórica importante para a formação e caracterização do direito ao respeito pela vida privada, delimitando-o com a vida pública de uma pessoa. O primeiro caso, julgado pelo Tribunal de Paris em 16 de Março de 1955, é relativo à publicação das memórias da actriz Marlene Dietrich, onde foi levantada a oposição entre a vida pública e a vida privada de alguém. O Tribunal decidiu que as memórias da vida privada de cada pessoa pertencem ao seu património moral e que o direito a publicá-las, mesmo sem intenção maléfica, sem a autorização expressa e inequívoca daquele de quem se conta a vida, deve obedecer a certas regras. Mas também decidiu que a vida pública de uma pessoa obedece a regras diferentes, sem as quais a obra do historiador seria impossível. O segundo caso, também julgado pelo Tribunal de Paris, data de 6 de Julho de 1965, e é relativo a um livro de memórias, intitulado *Vivre avec Picasso*, escrito por uma antiga companheira de Pablo Picasso, François Gilot, envolvendo aspectos da sua vida particular. Neste caso entendeu o tribunal que tendo ambos vivido em comum durante dez anos, os segredos divulgados por François Gilot eram, de certa forma, também *património* desta, que deles poderia dispor como quisesse[800].

Decorridos mais de 100 anos sobre o processo relativo à actriz Rachel, os tribunais não alteraram, substancialmente, a sua visão sobre a questão, na medida em que as pessoas públicas, conhecidas por determinados factos, tal como um simples particular, terão direito à sua vida privada, podendo apenas ser divulgada, sem o seu consentimento, a sua vida pública ou profissional[801].

Por outro lado, o direito ao segredo das cartas confidenciais e o direito da pessoa a que a sua imagem não seja publicada sem a sua autorização prévia implica, logicamente, o direito de proibir que um evento da

---

[799] Neste sentido AGATHE LEPAGE, *Libertés...*, pp. 102-103. Também BEIGNIER, *op.* cit., pp. 187-188, entende o mesmo.

[800] Ver ELIMAR SZANIAWSKI, *op.* cit., pp.337-338, e MÁRIO RAPOSO, *op.* cit., pp. 9-10. Ver, ainda, PIERRE KAYSER, *op.* cit., p. 121.

[801] MÁRIO RAPOSO, *op.* cit., p. 10.

As Novas Tecnologias e a Privacidade

sua vida privada seja divulgado sem ter dado autorização[802]. O próprio Tribunal Constitucional, em vários arestos, considera inconstitucionais algumas disposições legais por implicarem limitações ao segredo da vida privada em proveito de agentes de autoridade pública. Mas, como nota PIERRE KAYSER[803], não o faz baseando-se no segredo da vida privada mas antes no conceito de liberdades individuais[804], consideradas como um valor fundamental consagrado no art. 66.º da Constituição francesa. Tende, assim, este Tribunal a considerar o direito ao respeito pela vida privada, consagrado no art. 9.º do CC, e reconhecido como um direito do homem no art. 12.º da Declaração Universal, no art. 8.º da Convenção Europeia e no art. 17.º do Pacto Internacional Relativo aos Direitos Civis e Políticos, como um direito com valor constitucional[805]. Contudo, há quem defenda o recurso à ideia de liberdade pessoal para defender o fundamento constitucional do respeito pela vida privada, considerando que o

---

[802] O Tribunal de Paris pronunciou-se neste sentido no caso já citado da actriz Marlene Dietrich. Mais recentemente, em 25 de Outubro de 1982, o tribunal decidiu que "o direito ao respeito da vida privada permite a toda a pessoa, mesmo sendo artista de espectáculo, o direito de se opor a que a sua imagem seja publicada se não deu autorização expressa para tal". Cf. FAVENNEC-HÉRY, *Code Civil*, anotado, 101.º edição, Dalloz, Paris, 2002, p. 39.

[803] *Op.* cit., p. 124.

[804] MARTHE STEFANINI, *op.* cit., pp. 279-280, enumera alguma jurisprudência neste sentido, nomeadamente o acórdão 76-75, de 12 de Janeiro de 1977, sobre revistas em veículos, que defende esta teoria de maneira implícita. Explicitamente encontra-se na decisão de 18 de Janeiro de 1995, acerca da videovigilância, onde o Tribunal Constitucional decidiu que "o não reconhecimento do direito ao respeito pela vida privada pode ser de natureza a trazer violação da liberdade individual".

[805] Conforme refere ANDRÉ ROUX, *La protection de la vie privée dans les rapports entre l'état et les particuliers*, Economica, Paris, 1983, pp. 16-23, o respeito pela vida privada "responde aos diferentes critérios que o permitem definir como uma liberdade pública", sendo que uma liberdade deste género é um direito consagrado pelo direito positivo. É também um direito fundamental, "devendo permitir o desenvolvimento da personalidade de cada indivíduo e assegurar a dignidade da pessoa humana". No mesmo sentido JACQUES ROBERT, *Libertés publiques et droits de l'homme*, 4.ª edição, Montchrestien, Paris, 1988, p. 18, onde defende que nem todas as liberdades públicas são liberdades "constitucionalmente" declaradas. Para saber quando se está perante uma liberdade deste género convém que se esteja na presença de direitos de uma certa importância, ou seja, perante "liberdades fundamentais", sendo que actualmente para integrar esta categoria é necessário distinguir entre liberdades "pessoais" e liberdades "colectivas". Nas primeiras figura, em primeiro lugar, a liberdade individual que inclui o respeito pela vida privada.

242   *A Privacidade dos Trabalhadores e as Novas Tecnologias...*

recurso à ideia de liberdade individual é um pouco fluída[806]. Actualmente, após a importante decisão n.º 99-416 DC, do Conselho Constitucional, de 23 de Julho de 1999, proclamou-se que a protecção da vida privada assenta no art. 2.º da Declaração Universal dos Direitos do Homem e do Cidadão[807], sendo que esta conexão permite ligar o direito à reserva da vida privada à liberdade individual, possibilitando não só à jurisdição administrativa como à jurisdição civil a repressão dos atentados a este direito[808].

O conteúdo do direito à reserva da vida privada[809], segundo FRANÇOIS RIGAUX[810], compreende três categorias de situações: atentados à vida privada; atentados à intimidade da vida privada; e atentados a esta que são objecto de uma incriminação penal. A primeira noção engloba a segunda e, no seio desta, a terceira é ainda mais restrita[811]. A intimidade da vida privada constitui o "núcleo duro" da vida privada e engloba a vida familiar, conjugal e sentimental[812], assim como as conversas e cor-

---

[806] *Vide* MARTHE STEFANINI, *op.* cit., pp. 280-282.

[807] Defende-se que "nos termos do art. 2.º da Declaração dos direitos do homem e do cidadão, o fim de toda a associação política é o da conservação dos direitos naturais e imprescritíveis do homem. Estes direitos são a liberdade, a propriedade, a segurança e a resistência à opressão", sendo que a liberdade proclamada por este artigo implica o respeito pela vida privada. Cf. *Code civil,* cit., p. 37, e MARTHE STEFANINI, *op.* cit., p. 283.

[808] Mas já anteriormente, tal como salienta MARIE-NOËLLE MORNET, *op.* cit., p. 81, desde 18 de Janeiro de 1995, que o direito ao respeito pela vida privada se erige em princípio constitucional, pois na decisão n.º 94-352, no considerando n.º 3, o Conselho Constitucional inclui a protecção da vida privada na liberdade individual.

[809] É um pouco difícil definir o conteúdo da vida privada já que depende das situações concretas, da natureza dos sujeitos e das relações jurídicas estabelecidas.

[810] *La protection de la vie privée*, cit., pp. 718-719.

[811] Para JACQUES ROBERT, *op.*cit., pp. 295-314, o conteúdo da vida privada compreende três rubricas: o respeito dos comportamentos, o respeito do anonimato e o respeito das relações das pessoas. Em relação à primeira, ela concerne às condutas que exprimem as qualidades essenciais da pessoa, sendo que respeitar os comportamentos significa reconhecer-lhe o direito de ser ela mesma. Em relação à segunda, significa que sempre que o anonimato da intimidade seja revelado deve responder a uma finalidade explícita que tem de ser divulgada. Por último, as relações que as pessoas estabelecem são um elemento essencial da personalidade e, por isso, estão compreendidas no âmbito da vida privada.

[812] No caso *Gérard Philipe*, de 14 de Março de 1965, os juízes parisienses condenaram vários jornalistas por terem entrado "no quarto do hospital onde se encontrava um filho de um actor célebre e por não terem hesitado em tirar inúmeras fotos mesmo perante os seus protestos", referindo que "a reprodução, com um fim puramente comercial, de

As Novas Tecnologias e a Privacidade

respondência entre pessoas[813] [814], o domicílio[815] e o estado de saúde[816]. As opiniões políticas e religiosas também fazem parte dela[817]. Estes ele-

---

fotografias não autorizadas e a indicação de dados sobre o estado de saúde do menor, constitui uma intromissão intolerável na vida privada da família do interessado". *Vide* MICHELINE DECKER, *op.* cit., p. 31, nota 24, e JACQUES ROBERT, *op.* cit., p. 309. Pode confrontar-se, ainda, a sentença do tribunal civil, de 5 de Janeiro de 1983, onde se decidiu que a maternidade é um dos aspectos da vida privada e por decisão do Tribunal de *Grande Instance* de Paris, de 2 de Junho de 1976, que "a vida sentimental de uma pessoa reveste um carácter estritamente privado e que o art. 9.º do CC interdita que se dê conhecimento ao público de ligações, verdadeiras ou não, que a ela estão ligadas". Ver *Code Civil*, cit., pp. 40-41.

[813] Assim, o Tribunal de *Grande Instance* de Paris, em 11 de Julho de 1977, considerou que o registo abusivo de uma conversa telefónica de carácter privado sem o consentimento do interessado constituía um "atentado ao respeito pela intimidade da vida privada. *Vd.* ANDRÉ ROUX, *op.* cit., p. 10.

[814] Sobre este direito ao segredo de correspondência, cf., *infra*, capítulo IV, n.º 4.5.2.2.2.4..

[815] Vigora o princípio da inviolabilidade do domicílio que tem por fundamento a preservação da intimidade das pessoas e o respeito pela vida privada. Este princípio foi confirmado pelo Conselho Constitucional na decisão 83-164-CD, de 29 de Dezembro de 1983, sendo reconfirmado por jurisprudência posterior – sentenças 90-281, decidindo que eram inconstitucionais as disposições que permitiam o acesso a locais, terrenos ou meios de transporte para uso profissional utilizados por pessoas, físicas ou morais, por não terem em consideração, nomeadamente, que estes locais poderiam ser o domicílio das pessoas; a sentença 94-352 DC, considerou conforme a Constituição a disposição que interditava que fossem visualizadas imagens do interior de imóveis e, nomeadamente, as entradas destes. Na decisão 96-377 DC, defendeu-se que as buscas, revistas e visitas de noite só podem ser admitidas em caso de flagrante delito. *Vide* MARTHE STEFANINI, *op.* cit., p. 262. Em relação ao Direito do trabalho, numa decisão de 16 de Janeiro de 1999, o Tribunal decidiu que "em aplicação do art. 8.º da CEDH, uma restrição à livre escolha do domicílio pessoal e familiar do trabalhador pelo empregador só é válida se for indispensável para a protecção dos legítimos interesses da empresa e proporcional, tendo em atenção o posto de trabalho ocupado e do trabalho realizado, e do fim pretendido". Cf. *Code Civil*, cit., p. 38.

[816] A jurisprudência tem-se esforçado por proteger a vida privada dos doentes, condenando, por exemplo, a divulgação da doença de uma criança, a difusão de uma má formação ou operação estética, assim como a de uma doença mental. Cf. último autor citado. O Conselho Constitucional declarou que o direito ao respeito pela vida privada "requer que seja observada uma particular vigilância na transmissão de informações nominativas de carácter médico entre os médicos prescritores e os organismos de segurança social". *Vide* MARTHE STEFANINI, *op.*cit., p. 273.

[817] Numa decisão de 22 de Fevereiro de 2000, o Tribunal Civil decidiu que "a interdição feita pelo juiz a uma mãe de colocar os seus filhos em contacto com uma seita

244   *A Privacidade dos Trabalhadores e as Novas Tecnologias...*

mentos, que integram os denominados *dados sensíveis* nos textos relativos à protecção automatizada dos dados de carácter pessoal, são bastante heterogéneos, podendo ser distintos segundo duas categorias principais: uma que diz respeito ao corpo do sujeito – saúde e comportamento sexual; e outra que está ligada às liberdades constitucionais – protecção das pessoas contra o risco de discriminação em função das suas opiniões[818].

4.3.2.6.2. A Constituição francesa, datada de 1958, não aborda, evidentemente, nem a *Internet*, nem as novas tecnologias da informação e da comunicação – NTIC. Porém, o Conselho Constitucional, na decisão de 18 de Janeiro de 1995 – vídeo vigilância –, confirmada pela decisão de 23 de Julho de 1999, começou a abarcar estas matérias e os problemas que elas poderiam trazer para o armazenamento de dados das pessoas. Defendeu-se aí que "o não reconhecimento do direito à vida privada pode comportar uma violação do artigo 2.° da Declaração dos Direitos do Homem e do Cidadão de 1789"[819].

As intrusões cada vez mais sofisticadas na privacidade das pessoas levaram o governo a actuar em favor dos direitos dos cidadãos atendendo às enormes possibilidades da informática e da informatização da sociedade, sobretudo depois dos problemas originados pelo projecto SAFARI[820] [821]. Este projecto, realizado pelo Instituto Nacional de Estatística francês, tinha por objectivo a interconexão de ficheiros nominativos da administração graças a um número de identificação único e pretendia recolher informações pertinentes repartidas pelos diferentes repertórios de

---

de que ela é membro não é contrária aos artigos da CEDH relativos à liberdade de religião, pois estes artigos autorizam limitações, presididas pelo interesse único das crianças".

[818] Ver FRANÇOIS RIGAUX, *op*.cit., p. 719.

[819] *Vd.* JEAN-EMMANUEL RAY, *Le Droit du Travail...*, cit., p. 109.

[820] Que significava *système automatisé pour les fichiers administratifs et le répertoire des individus*. Este projecto, em palavras de LOSANO, *apud* VINCENZO FRANCESCHELLI, *op.* cit., p. 9, tem um nome "freudianamente venatório".

[821] Na segunda metade dos anos sessenta do século passado, a França decide dar um particular impulso à informática no quadro do "desafio americano", tão caro à política francesa daquele tempo. No quadro do "Plan Calcul", datado de 1966, e que visava desenvolver a investigação tecnológica, a Administração estudou a possibilidade de constituir um arquivo centralizado nacional. O ponto de partida é dado em 24 de Junho de 1970 com a centralização relativa à documentação relativa às estradas. VINCENZO FRANCESCHELLI, *op.* cit., p. 9.

As Novas Tecnologias e a Privacidade 245

dados públicos. Este projecto recordava, porém, aos franceses um episódio triste da história, e que era o Decreto de 27 de Outubro de 1942, na altura da ocupação alemã. Este decreto tinha atribuído um número de identificação pessoal que colocava manifestamente à vista a pertença da pessoa a um determinado sector da sociedade. Se o número começava com um, tratava-se de um homem de raça ariana, se começava com 2 pertencia a uma mulher de raça ariana, se começava com 3 pertencia a um homem judeu, o número 4 pertencia a uma mulher judia e por aí adiante[822]. SAFARI recordava, assim, a perseguição e a prisão que os franceses tinham sofrido na II Guerra Mundial. Os jornais intervêm e, após um artigo do jornal *Le Monde*, de 24 de Março de 1974, intitulado *Safari ou la chasse aux français*, há uma enorme comoção pública e contestação da sociedade. Esta situação originou que o sistema SAFARI fosse encerrado e que uma comissão[823] fosse incumbida pelo Ministro da Justiça de criar medidas que "garantissem o desenvolvimento do processamento de dados nos sectores público, semi-público e privado, mas garantindo o respeito pela vida privada e as liberdades individuais e públicas" [824]. Sobre a base do relatório Tricot, remetido ao Governo em Junho de 1975, este apresentou um projecto-lei relativo à informática e liberdades em Agosto de 1976, que se tornou, após discussão, a Lei Informática e Liberdades[825].

Através desta Lei de 1978, a França tornou-se um país pioneiro, desde logo, pelo campo de aplicação que abrange quer o sector público, quer o sector privado. Por outro lado, pela criação de uma comissão independente, já que se constituiu a *Comission Nationale de L'Informatique et*

---

[822] EUGENIO DÍAZ, *op.* cit., p. 156.

[823] Esta Comissão foi instituída por Decreto de 8 de Novembro de 1974.

[824] Vd., JAMES MICHAEL, op. cit., p. 65. Vários autores fazem alusão a este projecto e às suas repercussões bastando referir, a título de exemplo, CYNTHIA CHASSIGNEUX, *op.* cit., pp. 124-125, ENZO ROPPO, *op.* cit., p. 172, PÉREZ LUÑO, *Nuevas tecnologías...*, cit., p. 130, que refere como este projecto evocava nos seus destinatários uma imagem nada tranquilizadora sobre a sua posterior repercussão na esfera das suas liberdades, determinando um amplo movimento de oposição nas forças políticas, nos meios de comunicação e na opinião pública de importantes sectores de cidadãos, que não estavam dispostos às "eventuais peças" deste projecto de "Safari informático", SYLVAIN LEFÈBVRE, *op.* cit., p. 168, e VINCENZO FRANCESCHELLI, *op.* cit., pp. 9-10.

[825] L. n.º 78-17, de 6 de Janeiro de 1978, relativa à informática, aos ficheiros e às liberdades.

246 *A Privacidade dos Trabalhadores e as Novas Tecnologias...*

des Libertés[826], com a função de vigiar a correcta observância das disposições da lei, informando as pessoas interessadas dos seus direitos e obrigações, e vigiando a aplicação da informática na elaboração de informações nominativas[827]. No art. 1.° a Lei estabelece que "a informática deve estar ao serviço do cidadão. Esta deve desenvolver-se no quadro da cooperação internacional. Não deve atentar contra a identidade, contra os direitos do homem, contra a vida privada e contra as liberdades individuais e públicas".

As disposições desta Lei estavam em harmonia com as da Convenção n.° 108 do Conselho da Europa, tendo a Directiva n.° 95/46/CE, seguido alguns dos princípios nela enunciados. Esta Lei constitui, assim, a base que permite garantir uma protecção contra a utilização e a divulgação, pela via informática, dos dados pessoais. É evidente que o direito à protecção dos dados pessoais não interdita nem a consulta, nem a comunicação de documentos, mas as possibilidades estão restritas às previstas na lei[828], sendo que o Conselho Constitucional advoga que "o legislador deve conformar-se com as disposições protectoras da liberdade individual previstas por legislação relativa à informática, aos ficheiros e às liberdades"[829].

A Lei de 1978 teve de se adequar à Directiva 95/46/CE, de 24 de Outubro de 1995, do Parlamento Europeu e do Conselho, sendo que o prazo de transposição desta directiva seria de três anos, o que fez com que a França estivesse claramente atrasada em relação a esta transposição. Esta só se efectuou em 2004, através da Lei de 6 de Agosto – 2004-801 –, e, mais tarde, com a Lei de 23 de Janeiro de 2006 – 2006-64 –. Esta nova versão da Lei visou adequar a Lei de 1978 à Directiva comunitária mas,

---

[826] CNIL.

[827] MAURIZIO DE ARCANGELIS é da mesma opinião acerca do carácter pioneiro desta Lei.

[828] Esta lei distingue os vários processos a serem seguidos consoante o tipo de dados em causa. Existem assim os dados muito sensíveis – dados relativos às origens raciais ou às opiniões políticas, filosóficas ou religiosas ou à filiação sindical das pessoas –, as informações sensíveis e as informações neutras. O nível de protecção diminui das primeiras para as últimas, sendo que estas representam as situações onde se está perante dados que "não comportam nenhum atentado à vida privada ou às liberdades". Cf. JACQUES ROBERT, *op.* cit., pp. 286-290. Também FRANK HENDRICKX, *Protection of worker's...*, cit., p. 17, defende a mesma ideia.

[829] *Vide* MARTHE STEFANINI, *op.* cit., p. 269.

As Novas Tecnologias e a Privacidade 247

também, simplificar algumas das obrigações que as empresas têm em relação ao tratamento dos dados pessoais. Através do art. 4.º da Lei de 2004, que modifica o art. 22.º da Lei de 1978, criou-se a figura do *correspondant «informatique et libertés»* no seio das empresas que lhes permitiu serem dispensadas de certas formalidades previstas nos art. 23.º e 24.º da Lei de 1978, desde que tivessem designado esta figura com a incumbência de assegurar, de forma independente, o respeito das obrigações previstas na lei[830].

4.3.2.6.3. Do exposto resulta que, embora não haja uma referência expressa ao direito à privacidade na Constituição francesa, o Conselho Constitucional fez deste princípio um direito constitucionalmente protegido, e várias são as leis que lhe fazem directa ou indirectamente alusão.

4.3.2.7. *O direito à privacidade no ordenamento jurídico inglês*

No Reino Unido não existe uma Constituição escrita, nem podia dizer-se, até há pouco tempo, que o conceito geral de "direitos constitucionais" fosse reconhecido[831]. Por outro lado, tradicionalmente, não existia a consagração do direito à privacidade[832]. Desta forma, não há neste ordenamento uma tutela específica nem exaustiva da protecção da vida privada, mas sim "soluções singulares que podem ser utilizadas para

---

[830] Esta figura levanta algumas questões interessantes ao nível do Direito do trabalho. Para maiores desenvolvimentos ver CÉDRIC CREPIN, *Le correspondant Informatique et Libertés: un nouvel outil de régulation pour la protection dês donées à caractère personnel*, Universidade de Lille 2, 2004-2005, disponível em www.droit-tic.com, DOMINIQUE JOURDAN, "Le correspondant «informatique et libertés»", *in JCP*, n.ᵒˢ 1-2, 2006, pp. 14 e ss, e NATHALIE MÉTTALINOS, "La fonction de...", cit., pp. 1066 e ss..

[831] Neste sentido GILLIAN MORRIS, "United Kingdom", *in Employment privacy law...*, cit., p. 257.

[832] Vários são os autores que observam esta situação do Reino Unido. A título de exemplo podem referir-se ELIMAR SZANIAWSKI, *op.* cit., p. 341, FABIO ZICCARDI, "L'esperienza britannica in matéria di controllo delle banche dati", *in La tutela della privacy...*, cit., p. 158, HAZEL OLIVER, *Why information privacy...*, cit., p. 34, JOHN CRAIG, *op.* cit., p. 238, MARIE-THÉRÈSE MEULDERS-KLEIN, *op.* cit., p. 791, MARK JEFFERY, "El derecho inglês", *in Tecnología Informática y...*, cit., p. 121, e ROBERTO ROMEI, "Profili comparati...", cit., p. 240.

248   *A Privacidade dos Trabalhadores e as Novas Tecnologias...*

este fim"[833]. Assim, nem o Parlamento, nem os tribunais têm procurado proteger a privacidade, com uma excepção: sobre a pressão das instituições internacionais, o Parlamento tem legislado sobre a protecção de dados e a intercepção de comunicações. Assim, não existe praticamente uma protecção da privacidade[834] com a excepção do sistema da Escócia

---

[833] Augusto Cerri, *op.* cit., p. 2.

[834] Como indica Micheline Decker *op.* cit., pp. 30-33, esta protecção é praticamente inexistente porque há uma defesa muito grande da liberdade de expressão que é considerada como sendo um dos direitos do homem mais importantes, podendo citar-se o acórdão Kaye para defender esta ideia. Tratava-se, na verdade, de um caso onde o autor, um actor inglês, foi hospitalizado depois de ter sofrido um acidente de moto. Após ter sido operado, enquanto se encontrava a repousar, vários jornalistas do jornal *The Sunday Sport*, entraram no quarto do hospital, mesmo contra a proibição de incomodar o doente, colocando-lhe várias questões e conseguindo tirar várias fotos, antes de saírem. Para evitar a publicação das fotografias, um amigo do actor intentou no tribunal uma acção, em nome deste, contra o jornal. O Tribunal de recurso de Londres, proibiu a publicação, embora de maneira indirecta, tendo por base o delito de *malicious falsehood*, tendo sido sublinhada a ausência de uma protecção directa da vida privada. Cf. Micheline Decker, *op.* cit., pp. 31-32 –. O tribunal considerou, neste caso, que "é conhecido que no direito inglês não há qualquer direito à privacidade, e, correspectivamente, não há qualquer direito de interpor uma acção contra atentados à vida privada [...] Não podemos conferir ao demandante uma protecção assim entendida muito embora o desejássemos". Existe, no entanto, uma protecção parcial da vida privada, não se podendo esquecer que o Reino Unido ratificou a Convenção Europeia dos Direitos do Homem, aceitando o direito de petição individual, sendo concebível que uma acção seja colocada perante a Comissão Europeia dos Direitos do Homem de maneira a reforçar o direito de privacidade. Esta protecção parcial surge através da figura *breach of confidence* que permite sancionar toda a divulgação de informações que forem obtidas a título confidencial, podendo a obrigação de confidencialidade ser de natureza contratual ou delitual, expressa ou tácita. Assim, os pressupostos para se poder invocar esta figura são três: informação confidencial, obrigação de reserva e uso não autorizado da notícia. Um dos primeiros casos de aplicação destes princípios é a decisão *Prince Albert v. Strange*, de 1849, onde o tribunal defendeu esta ideia de *breach of trust, contract or confidence*. Um outro exemplo, mais recente, é o da sentença *Spycatcher*, que abordava o caso de um antigo assistente do Director Geral da secção do MI5, do Serviço Secreto Britânico, que tinha publicado no final da sua carreira uma autobiografia intitulada *Spycatcher* onde descrevia o funcionamento do Serviço Secreto Britânico. Considerando que o livro continha certas informações secretas, levando a que a publicação pudesse ser prejudicial para os interesses de segurança do governo britânico, este intentou uma acção que evitasse a publicação desta obra no Reino Unido, na Austrália, na Nova Zelândia e em Hong-Kong. Após vários anos os tribunais ingleses constataram, finalmente, a existência de um *breach of confidence* e interditaram a publicação desta obra no Reino Unido. Ver

As Novas Tecnologias e a Privacidade

que, sendo largamente um sistema legal de tipo civilístico, foi um pouco mais longe na sua protecção, através do princípio da *actio injuriarum*, que confere tutela para injúrias contra a honra[835].

Esta situação mudou de certa forma quando três novas leis entraram em vigor em 2000: o *Human Rights Act 1998* – HRA –, o *Data Protection Act* – DPA –, e o *Regulation of Investigatory Powers Act* – RIPA –[836] [837].

O *Human Rights Act 1998*, que entrou em vigor em 2 de Outubro de 2000[838], converteu a Convenção Europeia dos Direitos do Homem numa fonte de princípios fundamentais de aplicação no ordenamento jurídico

---

CATHERINE BARNARD e SIMON DEAKIN, "Costituzionalizzare il diritto del lavoro. L'esperienzia britannica", *in LD*, ano XIV, n.º 4, 2000, pp. 585-586, MICHELINE DECKER, *op. cit.*, p. 40, e AUGUSTO CERRI, *op. cit.*, pp. 1-2.

[835] Ver JAMES MICHAEL, *op.cit.*, p. 100.

[836] Sobre este diploma ver, para mais desenvolvimentos, e a sua aplicação ao controlo do *e-mail* e da *Internet* pelo empregador, *infra*, capítulo IV, 4.5.2.2.2.5..

[837] Já anteriormente, embora nunca se tenha chegado a aprovar uma lei geral sobre a privacidade, os receios e as inúmeras questões levantadas com a introdução das novas tecnologias e a protecção de dados pessoais originaram a aprovação da *Data Protection Act de 1998*. O Governo da altura assinalou que o objectivo deste diploma era incrementar o desenvolvimento da indústria das tecnologias de informação e isso conseguia-se fomentando a confiança pública no tratamento de dados e mediante o cumprimento dos *standards* fixados pelo Conselho da Europa, na *Convenção para a Protecção das Pessoas em relação ao Tratamento Automático de Dados Pessoais*, já analisado anteriormente, em 4.3.2.1.. A Lei reunia duas particularidades que convém mencionar. Em primeiro lugar, as principais disposições relativas à protecção de dados, que se traduziam em oito princípios, parecem "um pouco estranhas", no entender de MARK JEFFERY, "El derecho...", cit., p. 124, pois o tradicional enquadramento no Direito inglês, é o de estabelecer regras específicas mais do que princípios gerais, embora, talvez tivesse sido necessário para a adequação desta Lei às constantes inovações tecnológicas. Em segundo lugar, a Lei foi aprovada e aplicada por um ente público, sendo que os recursos contra as decisões deste deveriam ser interpostas num tribunal específico. Cf., JOHN CRAIG, *op. cit.*, pp. 248-251, assim como ROBERTO ROMEI, "Profili comparati...", cit., pp. 240-243.

[838] O Reino Unido foi não só um dos primeiros signatários da Convenção Europeia dos Direitos do Homem, como contribuiu largamente para a sua redacção. Isto não impediu que durante muito tempo se tivesse recusado a incorporar o texto da Convenção na sua ordem jurídica interna. Só em 1997, após a chegada ao poder do partido trabalhista, é que submeteu ao Parlamento um projecto-lei que integrava a Convenção Europeia no direito inglês – *The Human Rights Bill*. Após debates na *House of Lords* e na *House of Commons*, o projecto-lei foi aceite pelo Parlamento Britânico em 9 de Novembro de 1998, sendo que o *Human Rights Act 1998* entrou em vigor em 2 de Outubro de 2000. *Vd.* MICHELINE DECKER, *op. cit.*, p. 51.

inglês. Esta implementação através deste diploma legal constitui uma grande e indicativa transformação na ordem constitucional do Reino Unido, tal como indica MARK JEFFERY[839], na medida em que todos os poderes públicos devem actuar em conformidade com os princípios estabelecidos nesta Convenção, o que inclui o legislador que, na altura de emanar leis, deve ter em atenção o previsto neste diploma legal[840], assim como o poder judicial[841] que deve interpretar todas as normas vigentes de acordo com o previsto nesta Convenção[842]. Mas, a intenção de reforma vai

---

[839] Última *op. cit.*, p. 125. No mesmo sentido MONICA BHOGAL, *op. cit.*, p. 1, citando o caso *Peck v. UK*, já referido anteriormente, em 4.3.2.2.. Também CATHERINE BARNARD e SIMON DEAKIN defendem o mesmo, assim como HAZEL OLIVER, última *op. cit.*, pp. 334-335.

[840] Este diploma legal estabelece na secção 3 que qualquer legislação que seja aprovada "deve ser interpretada e tornada efectiva de uma maneira que a torne compatível com os direitos previstos na Convenção".

[841] Este *Act* estabelece que o tribunal não pode actuar "de uma maneira incompatível com a Convenção, a não ser que, de acordo com a legislação em vigor, não pudesse actuar de outra forma".

[842] Isto foi o que aconteceu no caso *Wainwright v. Home Office*, de Outubro de 2003. Este caso era semelhante ao assunto *Peck* na medida em que não abrangia confidencialidade ou factos passados no domicílio. Em Janeiro de 1997, a Sr.ª *Wainwright* foi visitar o seu filho que se encontrava detido numa prisão. Foi acompanhada pelo seu outro filho, de 21 anos, que sofria de paralisia cerebral e algumas deficiências mentais. Os dois foram sujeitos a revistas humilhantes e intrusivas por suspeita de trazerem droga para a prisão, o que lhes causou danos emocionais e, ao filho, *stress* pós-traumático. Depois de várias instâncias judiciais, perante a *House of Lords*, tinha-se arguido que, à luz do art. 8.º da CEDH, tinha existido uma invasão na privacidade. Mas, o Tribunal decidiu que o *HRA* confere uma "remédio suficiente" e transferiu qualquer responsabilidade na criação de um *tort* de invasão de privacidade para o Parlamento. Esta solução jurisprudencial foi severamente criticada por ser muito conservadora. Ver, para mais desenvolvimentos, MONICA BHOGAL, *op. cit.*, pp. 5-6, e PAUL REID, *op. cit.*, pp. 2-3. Importa referir, na esteira de MICHELINE DECKER, *op. cit.*, pp. 66-68, que, hoje em dia, parece que começa a existir uma mudança na ideia da protecção da privacidade com um acórdão que opôs os actores Michael Douglas e Catherine Zeta-Jones e a revista *OK!* ao jornal *Hello!*, de Abril de 2003. O importante desta decisão são as considerações finais dos três juízes, sendo que um destes – Justice Sedley – defendeu "ser pouco provável que o acórdão *Kaye* tivesse hoje em dia a mesma solução". As decisões *Hellewell*, de 1995 do Supremo Tribunal e a *Spencer*, de 1995, da Comissão Europeia dos Direitos do Homem, prepararam a via para o desenvolvimento de uma protecção directa e geral da privacidade pelos tribunais. Embora o *Human Rights Act* só crie obrigações para as autoridades públicas, os três juízes consideraram que a obrigação positiva dos Estados-membros da Convenção Europeia, de fazer respeitar os direitos

mais longe, sendo a de promover uma ampla cultura de direitos humanos que, com o decorrer do tempo, se estenda a todos os âmbitos do Direito, podendo marcar a génese de uma tradição em direitos humanos neste ordenamento jurídico o que cria desafios e oportunidades, quer para o legislador, quer para os juízes[843].

O *Data Protection Act* de 1998 transpôs a Directiva 95/46/CE para este ordenamento jurídico. Esta nova legislação veio substituir a anterior Lei de 1984 e, embora a estrutura básica da lei tenha sido mantida, a regulação material foi modificada substancialmente e, por isso, o seu alcance e os seus efeitos foram consideravelmente ampliados. Esta nova legislação cria limitações importantes no processamento de dados pessoais pelos sectores público e privado mas, mais uma vez, tal como a lei anterior, não faz qualquer menção ao direito à privacidade como um direito fundamental. Mas, ainda assim, representa uma expansão significativa na regulação da informação pessoal, já que regula, quer o processamento automático de dados pessoais, quer o manual, e regula, ainda, o tratamento e a recolha de dados pessoais, estabelecendo princípios que o limitam.

A definição que é dada de processamento de dados é bastante ampla de forma a englobar a recolha, tratamento e cruzamento de dados pessoais, sendo que a instituição de um ente que controla este processamento estabelece que tem de estar em conformidade com oito princípios gerais no que concerne ao processamento de dados, tais como, *inter alia*, o princípio da licitude e lealdade, o princípio da compatibilidade e da finalidade e o princípio da proporcionalidade.

O *Regulation of Investigatory Powers Act*, de 2000, estabelece um marco geral para toda a intercepção de comunicações, tanto nos sistemas de comunicações privadas como públicas, e fixa o princípio geral de que essas intercepções são ilegais, a não ser que ambos os interlocutores nelas consintam[844].

---

convencionais conduzirá os juízes a desenvolverem uma protecção da privacidade mesmo nos casos que não se refiram directamente a autoridades públicas. O juiz JUSTICE SEDLEY defende que "chegámos a um ponto onde se pode dizer com confiança que a lei reconhece e irá, oportunamente, proteger um direito à protecção da privacidade".

[843] Ver JOHN CRAIG, *op.* cit., p. 242. Cf., ainda, para maiores desenvolvimentos sobre esta matéria K. D. EWING, *op.* cit., pp. 282 e ss..

[844] Sobre esta lei, as suas alterações e a sua aplicação ao Direito do trabalho, ver, *infra*, capítulo IV, n.º 4.5.2.2.2.5..

252   *A Privacidade dos Trabalhadores e as Novas Tecnologias...*

Em relação ao princípio da inviolabilidade do domicílio há a figura do *trespass* que sanciona a invasão ou a violação de um direito de propriedade ou de outro direito da pessoa, sem uma autorização válida e, também, a permanência sem permissão ou justificação válida. Há ainda a figura de *nuissance* e da *defamation* que protege os cidadãos contra perturbações intoleráveis e prolongadas que afectem a utilização da propriedade. Contudo, embora tenha por vezes protegido o direito à privacidade, apenas o fez indirectamente, tendo uma importância bastante limitada.

4.3.2.8. *O direito à privacidade no ordenamento jurídico italiano*

A dignidade da pessoa humana está consagrada na Constituição italiana no art. 3.°, n.° 1, onde se reconhece "a igual dignidade social". Esta expressão, tal como refere CATAUDELLA[845], faz lembrar a ideia de "reputação, de honra e decoro" mas não se identifica com ela, nem é esse o seu uso corrente, nem a intenção do constituinte. Parece, pelo contrário, que a intenção do legislador foi a de, em relação à ideia de igualdade, referir exigências fundamentais do indivíduo que impedem uma compressão da própria personalidade, diminuindo-o num intolerável desrespeito pela ideia de homem numa sociedade democrática. Desta forma, a dignidade do homem indica a essência da qualidade de ser humano, isto é, a sua personalidade enquanto tal[846].

A palavra "social" significa que a dignidade não é considerada nos termos deste artigo em todos os seus diferentes aspectos mas apenas quando encontra específica projecção nas relações sociais.

Também o art. 32.° da Constituição se relaciona com a ideia de dignidade ao assegurar o "respeito da pessoa humana". De referir, ainda, a norma que protege a iniciativa económica privada, não a colocando, todavia, em contraste com a dignidade humana, conforme o previsto no art. 10.°[847].

---

[845] "La «dignità» del lavoratore (considerazioni sul titolo I.° dello Statuto dei Lavoratori", *in DL*, I, 1973, p. 3.

[846] ROSSANO, *apud*, CATAUDELLA, última *op.* cit., p. 3, nota n.° 4.

[847] Ver TOMMASO AULETTA, *Riservatezza e tutela della personalità*, Giuffrè Editore, Milão, 1978, p. 35. Também PASQUALE CHIECO, "Il diritto alla riservatezza del lavoratore", *in GDLRI*, n.° 77, 1998, p. 5, chama a atenção para o facto do art. 41.°, n.° 2, da Constituição impor ao contraente, empregador, o dever de não exercer a sua posição

As Novas Tecnologias e a Privacidade 253

4.3.2.8.1. A Constituição italiana não consagra explicitamente o direito à privacidade, não porque a doutrina da altura o ignorasse, mas porque a assembleia constituinte, no clima histórico de então, não sentiu a necessidade de o concretizar[848]. Mas não pode deixar de atender-se que a Constituição italiana consagra a tutela da liberdade física, assim como a liberdade moral do indivíduo[849].

O fundamento da protecção deste direito, intitulado de *"diritto alla riservatezza"* pode encontrar-se no art. 2.º da Constituição[850] que reconhece e garante, em termos muito gerais, os "direitos invioláveis" do homem[851] e, dentro destes, o tribunal constitucional tem entendido "os direitos do próprio decoro, da respeitabilidade própria, da *riservatezza*, da intimidade e da reputação"[852]. Este art. 2.º tem, assim, a função de concretizar uma "esfera jurídica" na órbita da qual se atribui a uma pessoa o poder de fazer e de agir, sem que outros tenham o poder de intrusão ou de inspecção ou, até, de censura dos seus actos[853]. A doutrina tem entendido

---

económica e contratualmente dominante, de modo a lesar a dignidade e a personalidade moral do trabalhador, inerentes à dimensão da pessoa, o que traduz o direito à reserva da própria privacidade do trabalhador e uma tutela, quanto a nós, da dignidade da pessoa do trabalhador.

[848] Cf. GIUSEPPE BUSIA e MASSIMO LUCIANI, *op*.cit., p. 303. Estes autores defendem que hoje em dia esta situação até é uma vantagem, pois a ausência de normas específicas evita o risco de ser ultrapassado pela evolução social e tecnológica. Temos algumas dúvidas em relação a este argumento. Não nos parece que pelo facto de se consagrar a nível constitucional o direito à reserva da vida privada se possa considerar que conduzirá a uma menor protecção perante a nova realidade tecnológica. Também ZUCCHETTI, *op.* cit., p.7, entende o mesmo.

[849] TOMASO AULETTA, *Op.* cit., p. 33.

[850] Neste sentido ver LUCIA D'ARCANGELO, "Uso privato del telefono, riservatezza e poteri di controllo del datore di lavoro", *in RGLPS*, II, 2003, p. 75, nota n.º 9.

[851] Neste artigo garante-se o direito inviolável do homem "seja como particular, seja na formação social onde desenvolve a sua personalidade". Como defende MARIA PAOLA MONACO, "L'obbligo di riservatezza delle persone giuridica e la prestazione fedele: un precorso di lettura", *in RIDL*, 2001, II, p. 103, este artigo permite defender que há um duplo valor nesta disposição que possibilita advogar que não é só o direito inviolável do homem que está em causa como também o da própria "sociedade intermédia". Também BUTARELLI, *op.* cit., p. 86, defende a mesma ideia.

[852] ZUCCHETTI, *op.* cit., p.7. Também ELEONORA STENICO, "Diritto all'autodeterminazione...", cit., p. 70, partilha esta opinião.

[853] Neste sentido LUCA FAILLA e CARLO QUARANTA, *op.* cit., p. 14, referindo uma decisão do Tribunal de Nápoles, de 20 de Agosto de 1958.

254 *A Privacidade dos Trabalhadores e as Novas Tecnologias...*

que este preceito constitucional é uma espécie de cláusula geral fechada, com o inconveniente de o elenco nele consagrado não poder ampliar-se, em via interpretativa, o que exclui a própria *riservatezza*.

Outro preceito constitucional que também está ligado a este direito é o art. 3.°, n.° 2, que contém a garantia do pleno desenvolvimento da pessoa humana e consente uma aproximação geral ao tema da relevância constitucional da *riservatezza*[854]. Mas, a utilização deste artigo acentua a necessidade da garantia de uma esfera privada inviolável, ligada à dignidade e à garantia do livre desenvolvimento da personalidade, ser efectivamente assegurada e não, constituir apenas, como por vezes acontece, a mera afirmação de princípios[855].

O reconhecimento do direito à *riservatezza* encontra-se relacionado ainda com outros direitos previstos constitucionalmente, como é o caso da protecção da liberdade pessoal, englobando dois aspectos: a liberdade corporal e a salvaguarda da integridade física e moral. Há também uma clara ligação com as disposições constitucionais relativas à protecção do domicílio – art. 14.° –, à correspondência e a outras formas de comunicação[856] [857] – art. 15.° –, e, em particular, com a livre manifestação do pensamento – art. 21.°–, na medida em que através deste direito se estabelece, por um lado, a liberdade de pensamento e, por outro, de forma negativa, a liberdade de não manifestar a todos, mas só a alguns, o seu pensamento. Deduz-se, assim, um poder de controlo da pessoa sobre o conhecimento de factos da sua vida pessoal[858].

---

[854] CATAUDELLA, "Riservatezza (diritto alla), cit., p. 3, entende que a referência a este artigo é menos apropriada na medida em que atribui a todos os cidadãos uma igual "dignidade social", pois o acento é colocado na dignidade da pessoa, atendendo-se assim à reputação e ao decoro mais do que à protecção da vida privada. Esta pode ter uma função instrumental, como um meio para garantir a tutela da dignidade da pessoa.".

[855] ZUCCHETTI, *op.* cit., p. 8.

[856] O Tribunal Constitucional, a propósito das escutas telefónicas, tem defendido em várias decisões que é necessário encontrar um equilíbrio entre a necessidade de prevenir e de reprimir os delitos e a protecção da vida privada. *Vd.* GIUSEPPE BUSIA e MASSIMO LUCIANI, *op.* cit., p. 304.

[857] Sobre este remete-se para capítulo IV, n.° 4.5.3.2.2.5., não deixando de atender que o segredo é o "núcleo duro" da ideia de *riservatezza*, sendo um dos conceitos jurídicos mais difíceis e incertos de tratar, tal como adverte ZUCCHETTI, *op.* cit., p. 57.

[858] Cf. CATAUDELLA, "Riservatezza (diritto alla)", cit., p. 2.

No ordenamento jurídico italiano tem sido atribuído à noção de *riservatezza* um duplo significado. Para uma primeira acepção, mais restrita, significa a atribuição a uma pessoa do direito a impedir o acesso à sua esfera privada a qualquer outra pessoa, aquilo que é impropriamente chamado, tal como ICHINO[859] alerta, de "segredo de facto"[860]. Há, assim, uma defesa de uma esfera pessoal e inacessível onde cada um é livre de comportar-se de acordo com o seu próprio pensamento[861]. Para uma segunda acepção, relacionada com a ideia de segredo em sentido próprio, atribui-se à pessoa um direito ao silêncio sobre certas notícias de que tenham conhecimento no seguimento do acesso, legítimo ou ilegítimo, à esfera reservada da pessoa[862]. A distinção entre estes dois planos é bastante relevante porque enquanto o primeiro é um direito absoluto que confere ao seu titular o direito de se proteger de qualquer notícia do conhecimento de outro sujeito, o segundo, nas relações entre privados, é um direito eminentemente relativo, que consiste no vínculo de silêncio imposto a uma determinada pessoa ou categoria de pessoas com o fim de impedir a circulação de determinadas notícias ou categorias de notícias, e cujo não conhecimento corresponde a um interesse apreciável do titular do direito. Contudo, como reconhece ICHINO[863], este direito à *riservatezza* é um direito limitadamente disponível, pois a *ratio* da sua tutela é a de salvaguarda da liberdade de escolha da própria pessoa entre um isolamento

---

[859] *Il contratto di Lavoro – III – sospenzione le lavoro-sciopero- riservatezza e segreto-potere disciplinare-cessazione del rapporto-conservazione e gestione dei diritti*, Giuffrè Editore, 2003, p. 218.

[860] Não pode deixar de atender-se que a primeira teorização sobre este direito é da autoria de ADRIANO DE CUPIS, *I diritti della personalità*, Milão, 1950.

[861] No ordenamento jurídico italiano é possível individualizar, no âmbito da locução *riservatezza*, o direito à não intrusão da própria esfera privada e o direito à não divulgação dos factos da vida privada. Neste sentido ver ADRIANO DE CUPIS, *I diritti della personalità*, 2.ª edição, Giuffrè editore, Milão, 1982, *passim*, para quem a *riservatezza* pode definir-se como o modo de ser da pessoa que consiste na exclusão dos outros do conhecimento de tudo o que lhe faça referência, BELLAVISTA, última *op.* cit., p. 15, CATAUDELLA, última *op.* cit., p. 2, ICHINO, última *op.* cit., p. 218, e *Diritto alla riservatezza e diritto al segreto nel rapporto di lavoro – La disciplina giuridica della circulazione delle información nell'impresa*, Giuffrè Editore, Milão, 1979, pp. 16 e ss., e TOMMASO AULETTA, *op.* cit., p. 35.

[862] Neste sentido ICHINO, *Il contratto…*, cit., p. 219.

[863] Última *op.* cit., p. 221.

256   *A Privacidade dos Trabalhadores e as Novas Tecnologias...*

ou um contacto com outrem; é, como indica, um "acto de exercício" desta liberdade tanto a possibilidade de isolar-se, de "fechar-se na própria esfera de reserva", como a de abrir a própria esfera ao conhecimento de terceiros.

Mas a *riservatezza* é um direito que, com base numa certa valoração legislativa e social, é fundamental para o indivíduo. De facto, este tem necessidade, para a condução da própria vida, de ver reconhecido um certo âmbito privado donde possa excluir a ingerência de terceiros, pois, como salienta TOMMASO AULETTA[864], faz parte da própria natureza humana a recusa indiscriminada da publicitação do que é considerado como mais íntimo.

4.3.2.8.2. Foi somente a partir dos anos quarenta do século XX que se firmou a noção de direito à *riservatezza*, inspirada no modelo alemão do *Recht an eigenem geheimnissphäre*, anunciado por GIERKE por volta de 1905. Porém, em Itália, antes da segunda Guerra Mundial, só se discutia este direito num plano meramente doutrinário. Defende-se, pois, que a construção doutrinal e jurisprudencial deste direito é bastante recente[865], o que constitui um paradoxo, tal como entende RODOTÀ[866], já que o direito à *riservatezza*, considerado historicamente como apanágio da burguesia, enquanto instrumento de tutela da esfera privada da burguesia moderna, surge em Itália não nas leis e codificações burguesas e antes, pela primeira vez, no art. 8.º do *Statuto dei Lavoratori*[867].

Após a II Guerra Mundial surgiram livros, publicações em geral e filmes que abordavam factos da vida íntima de algumas pessoas famosas

---

[864] *Op.* cit., p. 36.

[865] Cf. ELEONORA STENICO, "Diritto all'autodeterminazione...", cit., p. 70. Também PIETRO ZANELLI, *Impresa...*, cit., pp. 70-72, alerta para este reconhecimento tardio, assim como ENZO ROPPO, *op.* cit., p. 169, que defende que a construção deste direito é eminentemente fruto da jurisprudência e da doutrina.

[866] "I controlli elettronici tra limiti legali e contrattazione collettiva", *in RGLPS*, n.os 7-10, 1987, p. 475.

[867] Há, no entanto que referir que este autor, em *Tecnologie e...*, cit., pp. 11-12, entende não ser um paradoxo esta consagração pois significa uma mudança de época que nasce da reacção contra o uso, cada vez mais frequente, da informação pessoal como instrumento de discriminação política do trabalhador e contra os riscos tecnológicos ligados à crescente possibilidade de controlo à distância e à nascente tecnologia ligada ao computador.

As Novas Tecnologias e a Privacidade 257

passando, por esta via, a matéria relativa à protecção da vida privada do plano teórico para o campo prático, através de diversas decisões jurisprudenciais de pretensões interpostas pelas vítimas, procurando a tutela judicial contra os atentados a este direito praticados por escritores, jornalistas e cineastas. Destacam-se os casos da família Petacci que, devido às relações amorosas existentes entre Claretta Pettaci e Mussolini, passou a ser alvo de ataques por parte de terceiros através de especulações e prática de indiscrições à vida particular dos membros desta família, e o do cantor Enrico Caruso, em que devido à inserção de cenas que tratavam de aspectos da sua vida em dois filmes intitulados *Caruso – Leggenda di una Voce* e *Il Grande Caruso*, ocorreu a violação da sua vida privada. Os descendentes do tenor intentaram uma acção requerendo que estes filmes não fossem apresentados mas o Supremo Tribunal, na decisão *Caruso*, de 22 de Dezembro de 1956, decidiu que o simples desejo de discrição não merece nenhuma protecção, porque os interessados não tinham conseguido preservar a confidencialidade de factos relevantes sobre a sua vida privada. O Tribunal entendeu que não tinha sido praticado qualquer acto ilícito porque Caruso era um homem público e a sua vida tinha sido igualmente pública[868].

Contudo, esta opinião iria ter uma reviravolta no caso *Petacci v. Palazzi e Tofanelli*, de 24 de Abril de 1963. Neste, o Tribunal encontrou o fundamento para a protecção da vida privada no art. 2.º da Constituição e considerou que as questões relativas à vida privada deveriam ser protegidas de todos os atentados desde que o interessado não tivesse dado o consentimento prévio à sua difusão e que não houvesse um interesse geral na sua revelação. O Tribunal reconheceu que a publicação da obra *Il Grande Amore*, que descrevia episódios das relações amorosas entre Clarettta Petacci e Mussolini, lesava o seu resguardo, condenando o editor a suspender a publicação da obra.

---

[868] Ver GIAMPICCOLO, *op.* cit., p. 459, e TOMMASO AULETTA, *op.* cit., p. 63. Note-se, contudo, que o Tribunal de Roma, numa decisão de recurso sobre este caso, tinha decidido em 1953, que o filme, tal como se apresentava ao público, lesava, efectivamente, a vida do cantor, ofendendo o seu direito à *riservatezza*, condenando, desta forma, o produtor a cortar quatro sequências do filme e a pagar determinado valor em dinheiro a título de ressarcimento, por ter causado um dano de natureza patrimonial. Cf. ELIMAR SZANIAWSKI, *op.* cit., pp. 344-345.

258   *A Privacidade dos Trabalhadores e as Novas Tecnologias...*

O reconhecimento jurisprudencial definitivo ocorreu com a sentença *Soraya Esfandiari v. Rusconi*[869], de 27 de Maio de 1975. O Supremo Tribunal reconheceu um direito à protecção da vida privada em todos os casos em que é impossível existir um consentimento ou quando não há um interesse geral de tomar conhecimento da notícia. O caso *Soraya* originou uma proliferação de decisões que defendem o conceito de protecção da vida privada, contribuindo para o enriquecer. Convém salientar, em particular, que este conceito permitiu a criação de um outro direito afim: o da identidade pessoal que, nascido como corolário do conceito de protecção da vida privada, se desenvolveu de seguida, tendo adquirido dignidade conceptual autónoma[870].

4.3.2.8.3. Assim, pode considerar-se que um direito autónomo à protecção da vida privada já era reconhecido através da jurisprudência. Mas o corpo normativo existente não conseguia apresentar uma uniformização do conceito. A doutrina e mesmo a jurisprudência não tinham conseguido ultrapassar a ideia da protecção da vida privada como um direito à protecção da intimidade contra os atentados de outrem, ou seja, como um *right to be let alone*[871].

Em 1996 surge a L. n.º 675, de 31 de Dezembro, que regulou a protecção da vida privada e dos dados de carácter pessoal, que tem o grande mérito de conseguir conferir dignidade autónoma a este direito, independente dos direitos à honra, à imagem e ao nome[872]. Mas a elaboração de

---

[869] A princesa Soraya, embora tivesse sido repudiada pelo marido, Xá da Pérsia, tinha direito a um rendimento vitalício, sob a condição de ter um comportamento irrepreensível. Um jornal de escândalos publicou fotografias da princesa na sua casa em "atitudes pouco equívocas" na companhia de um desconhecido. Naturalmente, as pessoas fotografadas não tinham dado o seu consentimento para a publicação dessas imagens.

[870] Ver GIOVANNI MARIA RICCIO, "La protection de la vie privée: brève analyse de la situation italienne", *in http://www.lex-eletronica.org/articles*, pp. 2-3, e também PAULO MOTA PINTO, "O direito à reserva...", cit., pp. 517-518.

[871] Esta situação é criticada por MARCO FREDIANI, "Trattamento dei dati...", cit., p. 105, ao observar que há um hiato entre o ordenamento jurídico italiano, "inadequado e obsoleto", e os outros ordenamentos jurídicos dos países da União Europeia, o que constitui motivo de "recriminação pela escassa sensibilidade" ao problema.

[872] Até esta altura, por vezes, para se proteger a vida privada recorria-se, através da interpretação extensiva e sistemática, a estes direitos. Assim, a jurisprudência e a doutrina recorriam ao conceito de atentado à honra e à reputação, ou aplicavam as normas

As Novas Tecnologias e a Privacidade 259

uma norma específica sobre esta matéria tinha sido "longa e tortuosa"[873], já que a primeira proposta de lei data de 21 de Abril de 1981, tendo sido alterada nas legislaturas seguintes, sem chegar a ser aprovada. A Itália, juntamente com a Grécia, eram os únicos países da União Europeia que ainda não tinham aprovado uma lei específica sobre esta matéria[874] [875], tornando-se a Itália um verdadeiro *paraíso informático*.

Com esta lei o ordenamento jurídico italiano concretizou o reconhecimento formal do direito à privacidade, como um direito subjectivo pleno e como um direito fundamental do indivíduo, a ser valorado como um "direito fundamental da pessoa", reconhecido na Constituição[876]. Esta lei abrange o pleno reconhecimento do indivíduo à protecção da sua vida privada, quer configurado como um direito negativo – direito da pessoa a não sofrer um tratamento de dados pessoais sem ter dado o consentimento para

---

relativas ao direito à imagem e ao nome, nunca conseguindo reunir um corpo unitário. Não existia uma configuração do direito à protecção da vida privada, ou dos direitos a esta e à identidade pessoal, nem dos dados de carácter pessoal. Ver GIOVANNI MARIA RICCIO, *op.*cit., p. 3.

[873] ZUCCHETTI, *op.* cit., p. 9.

[874] Neste sentido LAURA CASTELVETRI, "Diritto del lavoro e tutela della *privacy*. I riflessi sulla riscossione dei contributi sindicali", *in DRI*, n.° 3, 1997, p. 167.

[875] Sobre o longo processo de aprovação desta lei pode ver-se BELLAVISTA, "La direttiva sulla protezione...", cit., pp. 116-117, notando com satisfação que a proposta de lei tenta adoptar uma estratégia de aproximação global ao tema da protecção de dados pessoais, ainda que não o faça sempre de forma coerente. Cf., deste autor, "Tutela delle persone e di altri soggetti rispetto al trattamento dati personali", *in LNG*, n.° 5, 1996, p. 375.

[876] *Vd.* ZANETTI VITALI, *op.*, cit p. 110. A nova lei sobre privacidade visa garantir que o tratamento de dados pessoais se desenvolva no respeito dos direitos e liberdades fundamentais e da dignidade da pessoa física, com particular incidência sobre a protecção da reserva da vida privada e da identidade pessoal. Cf. VINCENZO FRANCESCHELLI, *op.* cit., p. 17. Também PIETRO LAMBERTUCCI, "Trattamento dei dati personali e disciplina del rapporto di lavoro: i primi interventi del garante e della giurisprudenza", *in ADL*, n.° 1, 1998, p. 102, entende que esta Lei tem um carácter geral, o que lhe permite a aplicação ao campo das relações laborais – embora se levantem algumas questões, tal como observa, PICCININNO, "Legge, contratto e consenso nella tutela della riservatezza del lavoratore. I rimedi giurisprudenziali", *in MGL*, n.° 1, 1998, pp. 184 e ss. –, defende que esta Lei pretende garantir que o tratamento de dados pessoais se desenvolva no respeito pela "dignidade da pessoa física, com particular referência à *riservatezza* e à identidade pessoal", nos termos do art. 1.°, n.° 1. No mesmo sentido FRANK HENDRICKX, *Protection of worker's...*, cit., p. 19, e SALVATORE SICA, "D.LGS. n.° 467/01 e «riforma» della privacy: un *vulnus* al «sistema» della riservatezza", *in Dir. Inf.*, vol. 18, n.° 2, 2002, p. 263.

260 *A Privacidade dos Trabalhadores e as Novas Tecnologias...*

tal –, quer representado como um direito positivo – o direito de ser informado do tratamento de dados e intervir para evitar que sejam divulgados factos falsos ou obsoletos, por exemplo.

Através desta Lei, e devido talvez ao seu aspecto tardio, adoptou-se uma norma avançada, com um elevado nível de tutela em relação às restantes legislações comunitárias, e com uma noção moderna de privacidade, englobando não só a vertente negativa, do *right to be let alone*, mas também inserindo uma vertente positiva de controlo dos dados pessoais[877], realizando, desta forma, tal como assinala MARIAPAOLA AIMO[878], um poliédrico sistema de tutela[879]. No centro da atenção legislativa figura a pessoa, dado que em paralelo com o tratamento de dados pessoais encontram-se a liberdade e os direitos fundamentais do indivíduo, relacionados nesta lei com uma concepção actual de privacidade e com o direito à autodeterminação informativa[880]. Desta forma, esta lei sobre a privacidade informática alcançou um ponto de equilíbrio entre progresso informático e tutela da privacidade[881], sendo que não respeita apenas aos direitos fundamentais da pessoa mas relaciona-se, também, com a economia e a empresa, impondo a esta uma nova filosofia de gestão de dados.

---

[877] Ver MAURIZIO DE ARCANGELIS, *op.* cit., p. 62. No mesmo sentido FRANCO TOFFOLETTO, *Nuove tecnologie informatiche e tutela del lavoratore – Il potere di controllo del datore di lavoro – Il telelavoro*, Giuffrè Editore, Milão, 2006, p. 20, defendendo que esta nova visão da privacidade está relacionada com a tutela da dignidade e liberdade das pessoas em geral, e dos trabalhadores em especial. Também CLAUDIA FALERI, "El Derecho italiano", *in Tecnología Informática...*, cit., p. 271, entende que a nova legislação sobre privacidade consagrou um novo conceito deste direito, pois já não se refere somente ao direito à não interferência de terceiros na esfera pessoal.

[878] *Privacy...*, cit., p. 171.

[879] Como nota CARLA VIGNALI, "Il consenso dell'interessato al trattamento dei dati", *in La tutela della privacy...*, cit., p. 142, a tutela da privacidade está protegida não só numa vertente subjectiva mas também funcional, porque atribui a um sujeito a possibilidade de conhecer, controlar e cancelar o fluxo de informação que lhe diz respeito, através do reconhecimento do direito de acesso e da possibilidade de exercitar correcções, rectificações e eliminações de dados que não correspondam à verdade.

[880] *Vide* BELLAVISTA, "Le prospettive della tutela dei dati personali nel rapporto di lavoro", *in RGLPS*, I, 2003, p. 58, ELEONORA STENICO, "Diritto all'autodeterminazione...", cit., pp. 67 e ss., e RODOTÀ, *Tecnologie...*, cit., pp. 101 e ss..

[881] VINCENZO FRANCESCHELLI, *op.* cit., p. 2.

As Novas Tecnologias e a Privacidade

Com esta lei obteve-se um verdadeiro e próprio "estatuto da informação"[882], um verdadeiro poder informático[883], regido pelos princípios previstos logo no art. 1.°, segundo o qual o tratamento de dados pessoais deve balizar-se e desenvolver-se no respeito dos direitos, das liberdades fundamentais e da tutela da dignidade da pessoa. Tendo em atenção este quadro de valores, o legislador cria, por um lado, a "fundação constitucional da protecção de dados pessoais"[884], e, por outro, manifesta-se na impossibilidade de adoptar em tal matéria uma leitura unicamente em termos de *riservatezza*, pois seria uma leitura imprópria[885].

Mas a Lei 675/1996 tratava o tema da tutela de dados pessoais de forma sintética, criando uma série de problemas em relação à actuação prática porque algumas normas contidas no texto legislativo não eram de aplicação imediata, o que determinou que o seu "núcleo duro"[886] originasse um grande número de outras leis de diversa natureza. O Governo, considerando esta situação, optou pela adopção de um texto único que contivesse todas as normas de tutela de dados pessoais para os diversos sectores até 31 de Dezembro de 2002, prazo que foi prorrogado sucessivamente até 30 de Junho de 2003, que originou o *Codice sulla privacy*, através do DL 196/2003, que entrou em vigor em 1 de Janeiro de 2004. Este *Códice* em matéria de protecção de dados pessoais incorpora a L. 675/1996 e as disposições subsequentes, sendo que é fruto de uma obra de coordenação e de compilação das normas vigentes com a finalidade de harmonizar a intricada matéria à luz da experiência desenvolvida ao longo dos sete anos que medeiam entre 1996 e 2003. Esta Lei efectuou, assim, uma operação de sistematização e de racionalização das várias fontes normativas existentes nos diversos sectores da sociedade. Mais uma vez o objectivo pretendido foi o do reconhecimento pleno do direito à privacidade, englobando o direito à *riservatezza*, à identidade pessoal e à autodeterminação informativa dos sujeitos singulares ou colectivos.

A complexidade desta lei está relacionada com a consecução do difícil resultado de individualizar na actual sociedade de informação um ponto de equilíbrio entre interesses contrapostos, isto é, entre a máxima liber-

---

[882] MARIAPAOLA AIMO, "I «lavoratori di vetro»...", cit., p. 46.

[883] BUTTARELLI,, *op.* cit., p. XVI.

[884] RODOTÀ, "Persona, riservatezza...", cit., p. 591

[885] Neste sentido MARIAPAOLA AIMO, última *op.* cit., p. 46.

[886] ZUCCHETTI, *op.* cit., pp. 9-10.

262 *A Privacidade dos Trabalhadores e as Novas Tecnologias...*

dade de circulação da informação, por um lado, e o direito oposto à privacidade da circulação da notícia, por outro[887].

4.3.2.8.4. Actualmente, atendendo a este percurso pode defender-se que o direito à privacidade faz parte dos direitos constitucionais, entendido como um direito de "terceira geração", ou como um "novo direito"[888].

4.4. A protecção da privacidade no ordenamento jurídico por-tuguês

A protecção da privacidade no ordenamento jurídico português pode qualificar-se de inovadora. Por um lado, porque desde 1966, com o Código Civil, que existe uma consagração autónoma da "reserva sobre a intimidade da vida privada". Por outro lado, com a Constituição da República Portuguesa de 1976 estabeleceu-se expressamente o direito à reserva sobre a vida privada e familiar, assim como a tutela da autodeterminação informativa, o que nos coloca, enquanto ordenamento jurídico dotado da consagração deste direito, ao mais alto nível, num lugar pioneiro na Europa[889].

Esta protecção da privacidade e da dignidade da pessoa humana tem como pressuposto essencial a ideia da pessoa como "fim do Direito, como fundamento da personalidade jurídica e como sujeito de situações jurídicas de personalidade"[890]. O direito à privacidade assenta na ideia da dig-

---

[887] Cf.UCCHETTI, *op.* cit., pp. 12-13.

[888] Ver GIUSEPPE BUSIA e MASSIMO LUCIANI, *op.* cit., p. 303.

[889] Portugal foi, também, um dos países precursores na utilização da informática em registos da população, tendo as bases de dados relativas à identificação civil sido das primeiras na Europa a utilizar o teleprocessamento e o tempo real, isto é, como observam LOURENÇO MARTINS, GARCIA MARQUES e PEDRO SIMÕES DIAS, *op.* cit., p. 365, a possi-bilidade de transmissão à distância e imediata dos dados constantes dos bilhetes de identidade. Além disto, nos primeiros anos da década de setenta do século passado, foram elaboradas as bases do projecto do *registo nacional de identificação*, o qual foi instituído pela Lei n.º 2/73, de 10 de Fevereiro, que foi regulamentada pelo DL n.º 555/73, de 26 de Outubro. Ver para mais desenvolvimentos sobre estes diplomas e a sua suspensão, LOURENÇO MARTINS, GARCIA MARQUES e PEDRO SIMÕES DIAS, *op.* cit., pp. 365-366.

[890] GUILHERME DRAY, "Justa causa...", cit., p. 39.

nidade da pessoa humana, já que esta implica que a cada pessoa sejam atribuídos direitos que representam um mínimo, criando uma esfera onde cada um possa ter espaço para desenvolver a sua personalidade[891]. É um direito que é inerente à pessoa, enquanto manifestação da sua dignidade e, por isso, surge numa perspectiva ética e ontológica. Entende-se, desta forma, que a reserva da privacidade deve ser entendida sempre como a regra e não a excepção. Parece-nos ser este o entendimento que se deduz, desde logo, por se tratar de um direito de personalidade e, por outro, pela sua consagração constitucional como direito fundamental[892].

Mas a protecção da privacidade não se restringe ao Direito constitucional alargando-se ao Direito civil[893], penal[894] e laboral[895], sendo que, actualmente, não é desejável dissociar estas várias vertentes. Desta forma, a CRP de 1976 consagrou a matéria dos direitos fundamentais de uma forma bastante vincada, quer relativamente ao texto da Constituição de 1933, quer no que concerne a textos constitucionais de outros ordenamentos jurídicos. Na base encontra-se o art. 1.º da Constituição, tutelando a dignidade da pessoa humana, seguindo-se-lhe o art. 13.º, a propósito da igualdade e da não discriminação, assim como, depois, um elenco relativo aos direitos, liberdades e garantias que, em certos casos, concretizam verdadeiros direitos de personalidade.

Também o Código Civil de 1966 tratou a matéria dos direitos de personalidade a dois níveis. Por um lado, através da criação de um regime de tutela geral da personalidade, previsto no art. 70.º. Por outro lado, através da tipificação de alguns direitos de personalidade, em especial nos

---

[891] HENRI MAZEAUD, no prefácio da obra de PIERRE KAYSER, op.cit., p. I, sublinha o facto de o Direito não proteger somente interesses pecuniários. Protege, também, interesses que não são susceptíveis de avaliação pecuniária. Ao lado dos direitos "pecuniários" o Homem é titular de direitos extra-pecuniários, denominados de direitos de personalidade. São direitos indissociavelmente ligados à pessoa humana e quem os violar comete também um atropelo à dignidade humana.

[892] Neste sentido PEDRO PAIS DE VASCONCELOS, op. cit., p. 250.

[893] Cf., infra, n.º 4.4.2..

[894] Ver infra, n.º 4.4.3., ainda que apenas com uma breve referência no Código Penal.

[895] Infra 4.4.4., analisando só o ordenamento jurídico nacional, com a previsão dos direitos de personalidade nos, arts. 14.º a 22.º, do Código do Trabalho ainda que apenas brevemente, já que algumas matérias serão analisadas com mais pormenor nos capítulos III e IV.

264 *A Privacidade dos Trabalhadores e as Novas Tecnologias...*

arts. 72.º a 80.º. Mas o elenco destes direitos não é taxativo, tratando-se, antes, de direitos especiais com "menor conteúdo ético" [896].

Por outro lado, o conceito de privacidade adoptado não é só definido por referência à faceta de inviolabilidade da esfera privada da pessoa, isto é, numa vertente negativa, mas também, e principalmente, pelo conjunto de faculdades que lhe permitem controlar os dados pessoais, isto é, com o direito à autodeterminação informativa, ou o que FROSINI denomina de *liberdade informática*[897], onde é conferido um papel essencial ao controlo, que é composto por dois elementos: vontade e reversibilidade.

4.4.1. *A protecção constitucional da privacidade*

4.4.1.1. *Introdução*

Os direitos do homem constituem, na esteira de MENEZES CORDEIRO[898], prerrogativas próprias do ser humano e o Direito não pode deixar de os consagrar. Estão relacionados com a dignidade da pessoa humana e constituem direitos preexistentes ao Estado que se convertem em jurídicos quando consagrados em leis[899].

---

[896] GUILHERME DRAY, *Direitos de personalidade...*, cit., p. 33.

[897] *Vd.* GOÑI SEIN, *El respeto a la...*, cit., p. 36., assim como RODOTÀ, *Elaboratori elettronici...*, cit., p. 132.

[898] "Contrato de trabalho e objecção de consciência", *in V Congresso Nacional de Direito do Trabalho – Memórias*, (coord. ANTÓNIO MOREIRA), Almedina, Coimbra, 2003, p. 30.

[899] Ver LUZ PACHECO ZERGA, *op. cit.*, p. 132. Também GOMES CANOTILHO e VITAL MOREIRA, *Constituição da República Anotada* – artigos 1.º a 107.º, 4.ª edição, Coimbra Editora, Coimbra, 2007, p. 199, defendem que a dignidade da pessoa humana constitui um "dado prévio", isto é, uma "precondição" de legitimação da República como forma de domínio político, embora alertem para o facto de não se tratar de um conceito "fixista, invariável e abstracto". JORGE MIRANDA e RUI MEDEIROS, *op. cit.*, p. 53, também observam que a dignidade da pessoa humana é um *prius*, estando a vontade popular a ela subordinada. No mesmo sentido, FRANCK MODERNE, "La dignité de la personne comme principe constitutionnel dans les constitutions portugaise et française", *in Perspectivas Constitucionais – Nos 20 anos da Constituição de 1976*, (coord. JORGE MIRANDA), vol. I, Coimbra Editora, Coimbra, 1996, p. 206, entende que a dignidade da pessoa humana dá todo o sentido à própria noção de direitos fundamentais, atendendo ao seu carácter prévio. A dignidade é, assim, um valor espiritual e moral inerente à pessoa humana que conduz

A história dos direitos fundamentais é marcada por um processo de tendencial generalização[900]. Assim, os direitos fundamentais têm o seu triunfo político no séc. XVIII, fruto das revoluções liberais, de que a Americana e, sobretudo a Francesa, são emblemáticas e paradigmáticas, e rapidamente influenciaram grande parte das constituições da maioria dos países europeus, constituindo, desde essa altura, um título substancial de quase todas. Concretizados mais cedo em alguns ordenamentos jurídicos – é o caso da Constituição portuguesa de 1822 – e mais tarde noutros[901], estes direitos surgiram, fundamentalmente, como liberdades, ou seja, como esferas de autonomia dos indivíduos em face da *omnipotência* estatal. Ao Estado exigia-se somente que se abstivesse de intervir na vida económica e social[902]. A ideologia liberal desconfiava dos poderes estatais e, por isso, concretizou os direitos fundamentais como direitos de defesa perante aqueles.

O constitucionalismo liberal proclamava a igualdade essencial de todos os Homens assim como a existência de certos direitos consubstanciais à natureza humana. Como refere CARL SCHMITT[903] "estes direitos reconheciam-se ao Homem na qualidade de ser individual", razão pela qual se mencionava o termo "direitos individuais". Assim é que o art. 1.º da *Declaração da Assembleia Nacional Francesa* de 1789 estipulava que "Os Homens nascem e permanecem livres e iguais em direitos". Estabelecia-se, assim, uma igualdade formal, com carácter de universalidade, e, por essa razão, não deveriam ser admitidos privilégios. Para o liberalismo clássico a igualdade de oportunidades seria possível mediante a igual atribuição de direitos fundamentais à vida, à liberdade e à propriedade[904]. Nesta sociedade de homens livres e iguais o Estado apresentava-se como a única força

---

a um sentimento de respeito consciente e responsável da vida e pelos seus pares, tal como defende BRUNO VÁLIO, *Os Direitos de Personalidade nas relações de Trabalho*, Editora LTR, São Paulo, 2006, p. 38.

[900] Cf. sobre esta MARIAPAOLA AIMO, *Privacy...*, cit., pp. 4-5.

[901] Cf. ORLANDO DE CARVALHO, *op. cit.*, p.7.

[902] *Vd.* VIEIRA DE ANDRADE, *Os Direitos Fundamentais na Constituição Portuguesa de 1976*, 2.ª edição, Almedina, Coimbra, 2001, p. 49.

[903] *Apud* MARTINEZ ESTAY, *Jurisprudencia Constitucional Española sobre Derechos Sociales*, Cedecs, Barcelona, 1997, p. 24.

[904] Ver para mais desenvolvimentos GUILHERME DRAY, *O princípio da igualdade no Direito do Trabalho – sua aplicabilidade no domínio específico da formação de contratos individuais de trabalho*, Almedina, Coimbra, 1999, pp. 52-58.

266 *A Privacidade dos Trabalhadores e as Novas Tecnologias...*

que era capaz de ameaçar a liberdade individual. Do Estado exigia-se tão só uma atitude negativa, de abstenção e, por isso, os diversos direitos consagrados ao longo do séc. XIX foram direitos ou liberdades negativas no sentido de visarem defender a esfera dos cidadãos perante a intervenção do Estado[905] [906]. Positivaram-se direitos para assegurar, frente à ameaça estatal, âmbitos importantes da liberdade individual e social, especialmente expostas, segundo a experiência histórica, à tendência tentacular do poder do Estado. Sendo assim, a primeira concepção destes direitos significava que se pretendia delimitar esferas de autonomia das pessoas perante o Estado através da criação de espaços onde a vontade de cada um poderia livremente projectar-se sem que aquele pudesse intervir[907]. Uma outra função atribuída aos direitos fundamentais, nesta concepção, é a de, enquanto direitos de liberdade, estabelecerem normas de distribuição de competências entre o indivíduo, a sociedade e o Estado[908].

---

[905] JOSÉ JOÃO ABRANTES, *A vinculação das entidades privadas aos direitos fundamentais*, AAFDL, Lisboa, 1990, pp. 10-11.

[906] Como menciona VIEIRA DE ANDRADE, *op. cit.*, p. 51, "direitos de defesa (*Abwehrrechte*) dos indivíduos perante o Estado".

[907] Nas palavras de JEAN RIVERO, "Les libertés publiques dans l'entreprise", *in DS*, n.° 5, 1982, p. 421, " Os primeiros direitos do homem, os da Declaração de 1789, são, no essencial, liberdades da pessoa [...], poderes de autodeterminação que a sociedade reconhece a cada homem, e que ele se compromete a respeitar. As liberdades delimitam, para cada um, uma esfera onde ele é dono de escolher os seus comportamentos sem ter de seguir uma vontade estranha".

[908] Mas esta consideração dos direitos fundamentais como direitos de defesa perante o Estado e a ideia da igualdade formal foram colocadas em causa quando se começou a notar que a igualdade era apenas artificial face ao poder económico e social de alguns que o impunham aos outros sob a capa generosa dessa igualdade jurídica formal. Na verdade, as situações de desigualdade material eram bastante graves na medida em que a igualdade de direitos não era suficiente para tornar acessíveis a quem era socialmente desfavorecido as oportunidades de que gozavam as pessoas detentoras de privilégios. Mas o pleno desenvolvimento dos direitos sociais só ocorre no séc. XX, sobretudo na sequência da I Guerra Mundial, o que origina a consagração de novos direitos e garantias, surgindo então os *direitos a prestações* (*Leistungsrechte*) ou relativamente a serviços existentes, *direitos de quota-parte* (*Teilhaberechte*), que se vão incorporar no advento do denominado constitucionalismo social onde, em palavras de TISSEMBAUM, *apud* MARTÍNEZ VIVOT, *Discriminación laboral – despido discriminatorio*, USAL, Buenos Aires, 2000, p. 16, "o trabalho, que antes tinha sido subestimado como actividade profissional humana, adquiriu a hierarquia de um direito que se consubstanciou com os essenciais da vida humana, de modo equivalente ao da liberdade". Durante esta época generaliza-se

As Novas Tecnologias e a Privacidade

A origem destes direitos é, assim, distinta dos direitos de personalidade, apesar da sua eficácia civil[909], atendendo ao princípio da dignidade da pessoa humana[910], na medida em que foram criados tendo em atenção a tutela das esferas privadas perante as intromissões do poder político, tratando-se de direitos dos indivíduos face ao Estado[911].

Nas últimas décadas do séc. XX, as sociedades evoluíram a um ritmo bastante acelerado, sendo de salientar o enorme desenvolvimento científico e tecnológico. Com esta evolução surge um novo tipo de direitos, denominados de quarta categoria[912], pois não são nem direitos de defesa, nem direitos de participação, nem de prestação, principalmente dirigidos contra o Estado, e antes formam um complexo de todos eles, como que

---

a ideia de que é indispensável o compromisso do Estado em favor de uma igualdade material. Cf. neste sentido JOSÉ JOÃO ABRANTES, *Contrato de Trabalho...*, cit., pp. 68-69, GUILHERME DRAY, *O princípio da igualdade...*, cit., pp. 57-58, e VIEIRA DE ANDRADE, *op.* cit., pp. 57-58. Ver, ainda, AGATHE LEPAGE, *Libertés...*, cit., pp. 11-12. Através desta evolução nota-se como a Constituição passou a ser, secundando JOSÉ JOÃO ABRANTES, última *op.* cit., p. 43, também a "fonte suprema" do direito privado, conferindo um especial regime de tutela, na parte que mais releva para o âmbito deste trabalho, aos trabalhadores, o que significa que o trabalho passou a ser um "problema constitucional".

[909] Sobre esta eficácia nas relações *inter* privados pode ver-se a análise mais desenvolvida das diferentes teorias e das diversas posições de vários autores em diversos ordenamentos jurídicos em TERESA COELHO MOREIRA, *Da esfera privada...*, cit., pp. 46 e ss..

[910] Secunda-se JOSÉ JOÃO ABRANTES, *Contrato de...*, cit., p. 69, quando defende ser o princípio da dignidade da pessoa humana, entendido na sua actual dimensão, que implica a extensão da eficácia dos direitos fundamentais às relações privadas, pois a dignidade é merecedora de protecção perante quem quer que seja e sejam quais forem as circunstâncias. Como observa, "seria absurdo admitir que a mesma pessoa, constituindo uma unidade autónoma, simultaneamente indivíduo e cidadão, pudesse ser livre perante o Estado, não o sendo nas relações com os seus semelhantes".

[911] Neste sentido GUILHERME DRAY, última *op.* cit., p. 28.

[912] Para ARION SAYÃO ROMITA, *op.* cit., pp. 100 e ss., existem basicamente três famílias de direitos fundamentais: a primeira, relacionada com as liberdades negativas, a segunda com os direitos económicos e sociais, e a terceira, relativa aos direitos colectivos e difusos. Mas reconhece que as inovações tecnológicas nos vários sectores fizeram surgir uma quarta família constituída pelos direitos fundamentais decorrentes da manipulação genética, uma quinta, pelos direitos derivados da utilização da cibernética e da informática em geral, e uma sexta, pelos direitos emergentes da globalização. NOELIA DE MIGUEL SÁNCHEZ, *op.* cit., pp. 21-23, refere-se a três gerações de direitos, defendendo que tanto o conceito de direitos humanos, como o de direitos fundamentais, são produto de uma constante evolução social.

268   *A Privacidade dos Trabalhadores e as Novas Tecnologias...*

"direitos circulares"[913], protegendo bens que, embora possam ser individualmente atribuídos e gozados, são ao mesmo tempo "bens comunitários" de que todas as pessoas são titulares. Surgem os direitos de solidariedade, os direitos de informação e, de especial interesse para este trabalho, a protecção especial de bens pessoais de primeira grandeza face aos novos perigos, o que implica, ou poderá implicar, o alargamento e a densificação das liberdades e dos direitos de defesa: direito à identidade genética do ser humano, o direito à *privaticidade*[914] contra o crescimento desenfreado de fenómenos de tratamento automatizado, conexão e transmissão e utilização de dados pessoais – o direito à autodeterminação informativa – e o direito à imagem e à palavra contra certos fenómenos intrusivos.

A Constituição da República Portuguesa não consagrou uma disciplina jurídico-constitucional unitária em matéria de direitos fundamentais[915], tendo o legislador português optado, por um lado, por um regime geral dos direitos fundamentais e, por outro, um regime específico dos direitos, liberdades e garantias, estabelecendo-se, como cânone interpretativo, a necessidade dos direitos fundamentais serem interpretados e integrados de harmonia com a DUDH, nos termos do n.º 2, do art. 16.º[916].

---

[913] Expressão de Vieira de Andrade, *op.* cit., p. 62. Para toda esta parte *vd.* este autor, pp. 60-65.

[914] Termo referido por Vieira de Andrade, *op.* cit., p. 63.

[915] Neste sentido Armando Veiga e Benjamim Silva Rodrigues, *op.* cit., p. 111.

[916] Os direitos fundamentais podem, ainda, na esteira de Agathe Lepage, *Libertés...*, cit., p. 13, ser divididos em função do ser – dignidade da pessoa humana, respeito pelo corpo humano, pela vida privada, da vida familiar, dos direitos fundamentais das crianças –, os direitos do cidadão – direito à liberdade política, religiosa, de pensamento e de crença, liberdade de expressão e de associação, assim como a liberdade de criar, os relacionados com a justiça – direito de acesso à justiça, direito a um tribunal imparcial, presunção de inocência, *inter alia* – e os relacionados com a vida económica e social – direito de propriedade e de liberdade contratual, liberdade de trabalho e direitos sociais, entre outros.

4.4.1.2. *Análise dos direitos fundamentais*

4.4.1.2.1. *Direito à dignidade da pessoa humana*

4.4.1.2.1.1. O respeito pela dignidade da pessoa humana erige-se na cultura ocidental como um dos princípios fundamentais das sociedades democráticas e, consequentemente, impregna a totalidade da ordem jurídica, espraiando-se por todos os ramos do direito, e inspira não só a actividade do legislador como a actuação do poder judicial. Nenhum acto normativo, nenhuma decisão judicial pode violar a dignidade da pessoa humana, sob pena de ofensa ao princípio estruturante do Estado democrático.

A sua consagração tornou-se actualmente uma espécie de princípio geral comum a todas as nações civilizadas, como um princípio que se impõe a todo o ser humano, assim como aos poderes públicos e privados. Esta dignidade da pessoa humana foi consagrada pela primeira vez na Carta das Nações Unidas de 1945[917] e, três anos mais tarde, no Preâmbulo da Declaração Universal dos Direitos do Homem, ao declarar que "a liberdade, a justiça e a paz no mundo têm por base o reconhecimento da dignidade intrínseca e dos direitos iguais e inalienáveis de todos os membros da família humana", e no artigo primeiro ao reconhecer que "todos os homens nascem livres e iguais em dignidade e direitos". A partir deste documento dá-se como que um efeito em *cascata*, tanto a nível internacional, como nos direitos internos de diferentes ordenamentos jurídicos[918], onde se incorporou a dignidade da pessoa humana como essência de todos os direitos fundamentais e como parâmetro para aferir os limites de actuação na vida social. Desta forma, a dignidade é, actualmente, um "verdadeiro princípio universal de Direito contemporâneo"[919]. O próprio Tratado para uma

---

[917] No Preâmbulo afirma-se "a fé nos direitos fundamentais do homem, na dignidade e o valor da pessoa humana, na igualdade dos direitos dos homens e das mulheres".

[918] Cf. *supra* os números anteriores.

[919] LUZ PACHECO ZERGA, *op.* cit., p. 21. No mesmo sentido FRANCK MODERNE, *op.* cit., pp. 197-198. Também JOSÉ JOÃO ABRANTES, "Contrato de trabalho e meios de vigilância da actividade do trabalhador (breves considerações)", *in Estudos em Homenagem ao Prof. Doutor Raúl Ventura*, vol. II, (coord. OLIVEIRA ASCENSÃO), Coimbra Editora, Coimbra, 2003, pp. 812 e 816-817, assim como em "O Código do Trabalho e a Constituição", *in QL*, ano X, n.º 22, 2003, pp. 136-137.

270   *A Privacidade dos Trabalhadores e as Novas Tecnologias...*

Constituição para a Europa é um exemplo deste processo, onde a dignidade da pessoa humana surge como princípio e fundamento da ordem social e como um direito fundamental. Assim, à distância de sessenta anos da DUDH, e de mais de trinta da nossa Constituição, a dignidade humana apresenta-se como uma "premissa cultural" nas sociedades ocidentais[920]. A ordem jurídica é, desta forma, entendida como um todo, onde, dentro de uma hierarquia de valores, tem um local primordial a noção de que o homem é uma pessoa dotada de uma dignidade inalienável e inviolável. O ser humano é o primeiro e o principal destinatário da ordem jurídica e o direito é um sistema ético que tem como centro o homem, como o primeiro dos seus valores, repousando os fundamentos da ordem jurídica dentro da noção de dignidade do ser humano[921].

Não pode, contudo, afirmar-se que os ordenamentos jurídicos que adoptaram uma Constituição no século passado *descobriram* a dignidade após a DUDH. Porém, não pode deixar de ter-se em atenção que foi com a Segunda Guerra Mundial que se tomou consciência, após os terríveis ataques aos direitos das pessoas, da necessidade de fundar uma nova ordem mundial alicerçada no carácter *sui generis* que têm todas as pessoas, sem quaisquer excepções. Desta forma, pretendia-se impossibilitar que qualquer ente, quer privado, quer público, tivesse a prerrogativa de definir o círculo daqueles que têm dignidade e, consequentemente, de ter direitos humanos, porque esta situação originaria um totalitarismo e discriminação impossíveis de aceitar[922].

Há que ter em atenção que na cultura europeia existia uma profunda consciência da dignidade da pessoa humana que baseia as suas raízes na

---

[920] Cf. Luz Pacheco Zerga, *op.* cit., p. 22, e Jay Kesan, "Cyber- working or Cyber-Shrinking?: a First Principles Examination of Electronic Privacy In the Workplace", *in Florida Law Review*, vol. 54, 2002, p. 307.

[921] José João Abrantes, "Contrato de trabalho...", cit., pp. 812 e 816-817, assim como em "O Código do Trabalho e...", cit., pp. 136-137, e em "O novo *Código do Trabalho* e os direitos de personalidade do trabalhador", *in A reforma do Código do Trabalho*, Coimbra Editora, Coimbra, 2004, p. 149, entende que a Constituição portuguesa estabelece uma *ordem de valores*, cujo cerne se encontra na dignidade da pessoa humana, garantida pelos direitos fundamentais, sendo esta dignidade o primeiro e o mais imprescritível dos valores do ordenamento jurídico.

[922] Ver neste sentido Luz Pacheco Zerga, *op.* cit., p. 22, e Marie-Luce Pavia, *op.* cit., p. 142.

cultura greco-romana[923] e na cristã[924], assim como mais tarde, na filosofia germânica de KANT[925] e, depois, de HEGEL[926]. Mas este reconhe-

---

[923] Em Roma existiam diversos significados de dignidade, podendo distinguir-se um sentido moral e um sentido sociopolítico. Este último podia dividir-se em dois: um sentido absoluto, mais político, e um relativo, mais social. A palavra *dignitas* tem um sentido moral presente em alguns textos jurídicos e na literatura, referindo-se ao mérito, à integridade, à lealdade. Aparece associada, por vezes, a termos como *existimatio, fama, laus, decus ou gloria*. Mas, para além deste sentido, a *dignitas* está associada a outro significado político-social mais do que ao Direito. Num sentido absoluto, refere-se a personalidades relevantes tais como as *príncipe civitatis* e todos os magistrados. Num sentido mais relativo, designa a posição social, isto é, a posição de cada pessoa na sociedade. Assim, em Roma, o conceito de dignidade era múltiplo, ligado muitas vezes a uma ideia de elevação, excelência ou mérito, podendo afirmar-se que a dignidade é "atingida" e não é "igual" para todos. Cf., para mais desenvolvimentos, RUIZ MIGUEL, *Human Dignity. History of an Idea*, in www.usc.es, pp. 2-3, e, ainda, KEERKKATTU-JOHN, *Dignity in the workplace: An exploration of worker experiences in one organization*, Universidade de George Washington, 1994, in www.proquest.com, pp. 24 e ss., e LUZ PACHECO ZERGA, *op.* cit., p. 22, nota n.º 6.

[924] A doutrina da Igreja Católica está relacionada tanto com a categoria fundamental de *persona*, como com a da sua dignidade, inseparavelmente unida à liberdade. Está relacionada não só com alguns homens mas com o ser humano enquanto tal, isto é, em virtude da sua humanidade e não de um reconhecimento legal. Este estatuto privilegiado responde, no cristianismo, a um fundamento transcendente pois o homem foi criado à imagem e à semelhança de Deus. A sua dignidade tem um valor infinito e absoluto, porque está destinado a ter uma relação directa com Deus em conhecimento e amor. Desta forma, vem a condensar-se no conceito de *persona* a nova dignidade e o moderno valor que o cristianismo atribui ao homem e à sua condição. Sobre o fundamento da dignidade da pessoa na doutrina da Igreja cf., para mais desenvolvimentos, GONZÁLEZ PÉREZ, *op.* cit., pp. 26 e ss, e 40 e ss.. Ver, ainda, DIOGO LEITE DE CAMPOS, "A Génese dos Direitos da Pessoa", *in Nós-Estudo sobre o Direito das Pessoas*, Almedina, Coimbra, 2004,pp. 26 e ss., GIL Y GIL, "La esfera de intangibilidad...", cit., p. 21, LUZ PACHECO ZERGA, *op.* cit., p. 22, nota n.º 7, e RUIZ MIGUEL, *Human Dignity. History of...*, cit., pp. 3 e ss.. Sobre a doutrina social da igreja pode ver-se IOLANDA PICCININI, "Sulla dignità del lavoratore", *in ADL*, n.º 3, 2005, pp. 739-740, e LASTRA LASTRA, "Principios ordenadores de las relaciones de trabajo", *in REDT*, n.º 104, 2001, pp. 168-169.

[925] Para KANT o homem não podia ser utilizado como meio, antes devendo ser entendido como um fim, afirmando que a dignidade da pessoa humana é "um valor interior absoluto" pelo qual o "homem tem de respeitar todas as outras criaturas com razão", isto é, todos os outros homens, já que só os homens são dotados de *razão* no sentido Kantiano do termo. A dignidade é entendida como um princípio, um dogma que implica o estabelecimento de limites de acção. Cf. MARIE-NOËLLE MORNET, *op.* cit., pp. 64-65, OLIVIER

cimento não se traduzia, na prática, na igual dignidade no exercício de certos direitos civis e políticos, por discriminações baseadas, *inter alia*, no sexo e na raça.

4.4.1.2.1.2. A Constituição consagra, no art. 1.º, a dignidade humana como valor no qual se funda a República Portuguesa. Ao plasmar este princípio, como defendem GOMES CANOTILHO e VITAL MOREIRA[927], a Constituição está a clarificar de forma manifesta que o "poder ou domínio" da República Portuguesa terá de basear-se em dois pressupostos: primeiro, está a pessoa humana e, depois, a organização política; o segundo pressuposto significa que a pessoa é sujeito e não objecto, sendo o fim e não o meio das relações jurídico-sociais. Estes pressupostos estão relacionados com a dignidade da pessoa humana que é a "trave mestra" de sustentação e legitimação do nosso ordenamento jurídico, assim como da correspondente compreensão da organização do poder político. Na esteira destes autores, a dignidade da pessoa humana erige-se como "linha decisiva" de fronteira, como um "valor-limite" contra totalitarismos e contra experiências históricas de aniquilação existencial do homem e que negam a dignidade da pessoa humana.

A dignidade prevista na Constituição é a da pessoa concreta, na sua vida real e quotidiana, e não a de um ser ideal e abstracto[928], sendo que a dimensão intrínseca e autónoma deste princípio base do ordenamento jurídico deve articular-se com a liberdade de conformação e de orientação da

---

DE TISSOT, "Pour une analyse juridique...", cit., p. 973, e RUIZ MIGUEL, *Human Dignity. History of...*, cit., pp. 12 e ss..

[926] Para HEGEL, a noção de dignidade adquire um novo significado, diferente de KANT, pois aparece ligada à *ética*. Assim, assenta também na ideia do homem como um fim em si mesmo mas vai mais longe, defendendo que a dignidade individual assenta no reconhecimento da maneira como a consciência individual moral é articulada com um objectivo universal. Assim, a dignidade individual, para HEGEL, baseia-se na inserção correcta na comunidade política entendida como a instância na qual todas as causas éticas são sintetizadas com a causa geral ética. Desta forma, a dignidade para este autor é uma ideia ética, relacionada com duas situações: a tese (o interesse meramente particular), a antítese (o interesse abstracto geral) e a síntese – quando o interesse particular e o geral coincidem, relacionando com a ideia de que todos os cidadãos são iguais em dignidade. Cf., para maiores desenvolvimentos, RUIZ MIGUEL, *Human Dignity. History of...*, cit., pp. 15 e ss..

[927] *Op.* cit., p. 198.

[928] Ver JORGE MIRANDA e RUI MEDEIROS, *op.* cit., p. 53.

As Novas Tecnologias e a Privacidade

vida segundo o projecto espiritual de cada um. Assim, tal como observam GOMES CANOTILHO e VITAL MOREIRA[929], é necessário realizar-se uma abertura às novas exigências da própria pessoa humana, já que a dignidade não é um conceito invariável, nem abstracto.

Esta dignidade da pessoa não é apenas um princípio limite mas comporta também um valor próprio e uma dimensão normativa específica. Assim, está na base e na essência de vários direitos fundamentais, alimentando materialmente o princípio da igualdade, proibindo qualquer diferenciação, sendo que a dignidade se aplica a todas as pessoas, independentemente de serem portuguesas ou estrangeiras[930], impondo condições materiais de vida capazes de assegurar a liberdade e a segurança das pessoas[931] e a imposição de deveres de protecção especiais.

Não pode, no entanto, deixar de atender-se que a dignidade de cada pessoa tem de ser entendida em relação com as demais, sendo que a dignidade de cada um pressupõe a de todos os outros. Mais, conforme preconizam JORGE MIRANDA e RUI MEDEIROS[932], cada pessoa tem de ser compreendida em relação com os demais. Desta forma, a Constituição completa a referência à dignidade da pessoa humana com a alusão à "mesma dignidade social" que possuem todos os cidadãos e, no caso particular que mais nos interessa, com a dos trabalhadores decorrentes da sua inserção numa dada comunidade.

A dignidade da pessoa humana é, ainda, um *"standard de protecção universal"*[933], impondo a adopção de convenções e medidas internacionais contra a sua violação, assim como a existência de um Direito internacional adequado à sua protecção, não apenas considerando o ser humano *uti singuli* e concretamente mas, também, a própria dignidade humana relativa a entidades colectivas.

Deve ter-se ainda em atenção, secundando o mencionado por JORGE MIRANDA e RUI MEDEIROS[934], que a dignidade e a autonomia pessoais

---

[929] *Op.* cit., p. 199.

[930] Segue-se de perto o defendido por GOMES CANOTILHO e VITAL MOREIRA, *op.* cit., pp. 198-199.

[931] Cf. JORGE MIRANDA e RUI MEDEIROS, *op.* cit., p. 54.

[932] *Op.* cit., p. 55.

[933] GOMES CANOTILHO e VITAL MOREIRA, *op.* cit., p. 200.

[934] *Op.* cit., p. 57.

274   *A Privacidade dos Trabalhadores e as Novas Tecnologias...*

são incindíveis, no sentido em que os direitos que melhor demonstram essa ligação são os direitos, liberdades e garantias, sendo o direito à privacidade um deles[935].

4.4.1.2.1.3. Várias decisões do Tribunal Constitucional trataram a dignidade da pessoa humana.

Assim, na decisão 6/84, de 11 de Maio[936], a dignidade da pessoa humana é designada o fundamento da República, do qual decorre o princípio de que a todo e qualquer direito de personalidade deve caber o maior grau de protecção do ordenamento jurídico, isto é, o grau de protecção que assiste aos direitos fundamentais, na medida em que os direitos de personalidade são intrínsecos à própria pessoa. Também no acórdão n.° 426/91, de 8 de Novembro[937], afirmou-se que o princípio da culpa deriva da dignidade essencial da pessoa humana, não podendo esta ser entendida como um simples meio para a prossecução de fins preventivos, o que se liga ao pensamento de KANT e de HEGEL. Da mesma forma, na decisão 209/93, de 16 de Março[938], decidiu-se, novamente, no mesmo sentido, assim como na decisão 549/94, de 19 de Outubro[939].

O acórdão n.° 232/91, de 23 de Maio[940], foi o primeiro de várias decisões que tratou do problema das pensões sociais, e, especificamente, a sua actualização e impenhorabilidade. Decidiu-se que o primeiro objectivo do Estado de direito identifica-se com a criação e manutenção de uma situação jurídica materialmente justa que, assentando na dignidade da pessoa humana, é dominado por uma ideia de igualdade. No mesmo sentido pronunciou-se o Tribunal na decisão n.° 349/91, de 3 de Julho[941], a propósito do direito fundamental a um mínimo de sobrevivência, tendo-se decidido que este direito deve extrair-se do princípio da dignidade da

---

[935] Neste sentido BELLAVISTA, *Il controllo...*, cit., p. 16, VICENTE PACHÉS, *El derecho del...*, cit., p. 14, e ZUCCHETTI, *op.* cit., p. 52, para quem a privacidade é um meio para garantir a dignidade humana.

[936] *In* www.dgsi.pt.

[937] *In* www.tribunalconstitucional.pt.

[938] *In* www.tribunalconstitucional.pt.

[939] *In* www.tribunalconstitucional.pt.

[940] *In* www.tribunalconstitucional.pt.

[941] *In* www.tribunalconstitucional.pt.

As Novas Tecnologias e a Privacidade 275

pessoa humana. O mesmo foi defendido no acórdão n.º 411/93, de 29 de Junho[942], assim como na decisão n.º 318/99, de 26 de Maio[943] [944].

4.4.1.2.2. *Direito à reserva sobre a intimidade da vida privada*

O direito à reserva sobre a intimidade da vida privada encontra-se inseparavelmente unido à dignidade e, também, aos direitos de personalidade. Dignidade, intimidade e personalidade são realidades mutuamente interdependentes. Por outro lado, a intimidade da vida privada é um elemento fundamental para a realização da liberdade e, consequentemente, para a democracia pluralista[945].

Na Constituição portuguesa, a protecção da vida privada está expressamente prevista no art. 26.º, n.º 1, que consagra como direitos fundamentais os mais importantes direitos de personalidade[946] [947], sendo que

---

[942] *In* www.tribunalconstitucional.pt.

[943] *In* www.tribunalconstitucional.pt.

[944] Cf. para mais desenvolvimentos sobre esta jurisprudência MARCOS KEEL PEREIRA, *O lugar do princípio da dignidade da pessoa humana na jurisprudência dos tribunais portugueses. Uma perspectiva metodológica.*, FDUNL, Lisboa, 2002, pp. 6 e ss..

[945] Como observa MARTÍN MORALES, *op.* cit., p. 24, numa hipotética sociedade onde a vigilância fosse total e constante ocorreria uma homogeneidade social perfeita, na medida em que o cidadão, encontrando-se constantemente vigiado, e para não levantar suspeitas, adoptaria uma estrita ortodoxia de opinião e de conduta. Desta forma, as opiniões não se expressariam, nem as ideias políticas, sendo o imobilismo criativo a regra, estando-se perante a decadência da democracia.

[946] Perante a Constituição, as previsões do Código Civil aparecem com um valor residual – ver OLIVEIRA ASCENSÃO, *Direito Civil...*, cit., p. 92. Anteriormente à Constituição, já o CC continha um sistema de protecção da personalidade do homem. A partir de 1976, estes direitos passaram a gozar, também, de protecção constitucional, podendo referir-se, a este propósito, como o faz SOUSA RIBEIRO, "Constitucionalização do Direito Civil", *in BFDUC*, n.º 74, 1998, p. 736, uma autêntica "constitucionalização do direito civil", no sentido de que os direitos inicialmente consagrados em legislação civil para operarem nas relações interprivadas sobem um degrau na pirâmide *normativa*, passando a gozar, também, de consagração e dignidade constitucionais. Tal como referem GOMES CANOTILHO e VITAL MOREIRA, *op.* cit., p. 461, a Constituição, ao agrupar num mesmo artigo nove direitos distintos (após as várias revisões constitucionais), pretende sublinhar que todos eles, apesar da diversidade, estão ao serviço "da protecção da esfera nuclear das pessoas e da sua vida", compreendendo os denominados direitos de personalidade.

[947] No ordenamento jurídico brasileiro, a Constituição, no art. 5.º, n.º X, declara inviolável a vida privada das pessoas, empregando no mesmo dispositivo legal, tal como

aquele é, possivelmente, um dos direitos que tem maior alcance prático[948], sujeito ao regime mais restrito dos "direitos, liberdades e garantias", que, nos termos do art. 18.°, n.° 1, "são directamente aplicáveis e vinculam entidades públicas e privadas". Contudo, quanto ao conteúdo concreto deste direito, nada preceitua, apenas referindo outros direitos fundamentais que, em certa medida, operam como garantias deste, como é o caso do direito à inviolabilidade do domicílio e da correspondência – art. 34.°[949] [950] –, a proibição do tratamento informático de dados referentes à vida pessoal – art. 35.°, n.° 3[951] –, e ainda a nulidade da prova mediante intromissão abusiva na vida privada, no domicílio, na correspondência ou nas telecomunicações – art. 32.°, n.° 8[952] –, e a restrição em matéria de intimidade das pessoas, relativa ao direito de acesso aos arquivos e registos administrativos, prevista no art. 268.°, n.° 2[953].

---

nota ARION SAYÃO ROMITA, *op. cit.*, p. 278, os vocábulos intimidade, vida privada, honra e imagem, embora estes conceitos devam ser distinguidos, encontrando-se a maior dificuldade na distinção entre intimidade e vida privada.

[948] Opinião de JORGE MIRANDA e RUI MEDEIROS, *op. cit.*, p. 290.

[949] Antes da Constituição actual, os direitos à inviolabilidade do domicílio e da correspondência tinham sido reconhecidos em todas as Constituições portuguesas e, mesmo, em textos anteriores ao movimento constitucionalista que puniam, por exemplo, a violação de domicílio. Cf. PAULO MOTA PINTO, "A protecção da vida privada...", cit, pp. 153-154.

[950] Em relação a este direito ver n.° seguinte e, também, capítulo IV, n.° 4.5.2.2.2.7..

[951] Cf., ainda neste capítulo, n.° 4.4.1.2.4..

[952] A obtenção de provas para a prossecução da justiça penal encontra barreiras através dos limites constitucionais defendidos em relação à vida privada, previstos no art. 32.°, n.° 8. A título de exemplo, no caso do acórdão 607/03, de 5 de Dezembro, o Tribunal Constitucional entendeu a inadmissibilidade como prova em processo penal de um diário pessoal, mesmo estando em causa a investigação de um crime de abuso sexual de menores, pois entrar-se-ia no âmbito do conteúdo essencial da intimidade da vida privada. Também num caso que releva particularmente para o âmbito deste trabalho, e que será referido com mais detalhe no capítulo IV, n.° 4.5.2.2.2.7., o Tribunal Constitucional teve de se debruçar sobre a admissibilidade de um juiz, em processo laboral, pedir dados de tráfego e facturação detalhada de linha telefónica, na decisão n.° 241/02, de 29 de Maio. Ambas as decisões podem ser consultadas em www.tribunalconstitucional.pt.

[953] *Vide* GOMES CANOTILHO e VITAL MOREIRA, *op. cit.*, pp. 467-468, e GUILHERME DRAY, "Justa causa...", cit., p. 46. O conteúdo concreto do direito à reserva da vida privada e a efectiva consagração de garantias que o tutelam deve procurar-se na legislação ordinária para a qual remete o art. 26.°, n.° 2, da CRP.

No entender de GOMES CANOTILHO e VITAL MOREIRA[954], o direito à reserva da vida privada e familiar analisa-se, principalmente, em dois direitos menores: o direito de impedir o acesso de estranhos a informações sobre a vida privada e familiar; e o direito a que ninguém divulgue as informações que tenha sobre a vida privada e familiar de outrem. Segundo estes autores, o critério constitucional de distinção entre a esfera da vida privada e familiar que goza de reserva da intimidade e o campo que é mais aberto à publicidade deve partir dos conceitos de *privacidade*, previsto no n.º 1 do art. 26.º, e de *dignidade humana*, previsto no n.º 2, de "modo a definir-se um conceito de esfera privada de cada pessoa, culturalmente adequado à vida contemporânea". No seguimento destes autores[955], considera-se que o direito fundamental à reserva da vida privada e familiar deve ser delimitado com base num conceito de vida privada que tenha em atenção três aspectos: o respeito dos comportamentos, do anonimato e da vida em relação[956].

Alguma doutrina portuguesa, nomeadamente ORLANDO DE CARVA-LHO[957], por influência germânica, distingue três círculos de actividade ou

---

[954] *Op.*cit., p. 487.

[955] *Op.* cit., p. 468.

[956] Também LUZ PACHECO ZERGA, *op.* cit., p. 216, defende que o núcleo de perso-nalidade pode distinguir-se em três esferas: a intimidade, a vida privada e a vida pública. A intimidade não se opõe ao privado nem ao público, mas distingue-se de ambos. A vida pri-vada e a vida pública são termos relativos em relação a um e a outro. Diferentemente, a inti-midade é um conceito absoluto, que se encontra à margem da dialéctica público-privado. Assim, só desde a intimidade pode existir vida privada e vida pública e só desde o reco-nhecimento do seu carácter absoluto podem definir-se os âmbitos das outras duas esferas.

[957] *Apud* PAULO MOTA PINTO, "O direito à reserva...", cit., p. 525. Cf., ainda, a propósito desta teoria, GARCIA MARQUES e LOURENÇO MARTINS, *op.* cit., pp. 102-103, e JORGE MIRANDA e RUI MEDEIROS, *op.* cit., p. 290. Estes autores referem que há quem adopte a teoria das três esferas dividindo entre a esfera íntima, a esfera privada e a esfera social, sendo que a primeira corresponde ao núcleo duro do direito à intimidade da vida privada, a esfera privada admite ponderações de proporcionalidade e quanto à esfera social já se estará no quadro do direito à imagem e à palavra e não do direito à intimidade da vida privada. Também RITA AMARAL CABRAL, *op.* cit., p. 30, refere-se a esta teoria dividindo entre a vida íntima, a vida privada e a vida pública. Para MENEZES LEITÃO, "A protecção dos dados pessoais no contrato de trabalho", *in A reforma do Código...*, cit., p. 126, pro-cede à divisão entre uma esfera íntima, uma esfera privada e uma esfera pública. Refe-rindo-se à mesma divisão, PEDRO PAIS DE VASCONCELOS, *op.* cit., p. 250, notando, con-tudo, que, mais do que uma delimitação positiva do âmbito material da privacidade há que proceder à sua delimitação negativa, isto é, em vez de se procurar a determinação de quais

protecção da pessoa: a esfera privada, abrangendo não apenas aspectos pessoais mas também, por exemplo, aspectos relacionados com fotografias de residência; a esfera pessoal; e a esfera do segredo. Nesta última, deve proceder-se à diferenciação entre coisas naturalmente secretas e coisas secretas apenas por determinação da pessoa. Esta distinção não foi consagrada, expressamente, pelo Tribunal Constitucional na medida em que se refere apenas a uma esfera inviolável, identificando intimidade com vida privada[958]. Secundando JORGE MIRANDA e RUI MEDEIROS[959], a teoria das três esferas, na sua rigidez de conceitos não possibilita obter resposta para a extensa diversidade de casos que a tutela da privacidade pode originar, só permitindo conceptualizar *a posteriori* os resultados a que por outras vias se tinha chegado[960].

Propende-se para aderir à divisão operada por PAULO MOTA PINTO[961] para quem a oposição fundamental reside na distinção entre informação sobre a vida privada e informação sobre a vida pública das pessoas, ficando excluídos do âmbito de protecção deste direito previsto no art. 26.°, n.° 1, todos aqueles actos que o sujeito não resguarde do conhecimento de terceiros, incluindo-se, pelo contrário, todos os que integram o âmbito mais particular das pessoas e que estes pretendam ver afastados do conhecimento de terceiros.

Na esteira de GOMES CANOTILHO e VITAL MOREIRA, a eventual distinção entre vida privada e intimidade da vida privada não parece muito relevante, sem prejuízo de tal distinção poder revestir importância para atender à gravidade da ofensa ou para a resolução de conflitos com outros direitos ou interesses constitucionalmente protegidos. Não pode, assim, deixar de ter-se em atenção, secundando FARIA COSTA[962], que a intromissão em actos da vida privada não pode confundir-se com a violação da barreira que envolve comportamentos que espelham a dimensão da inti-

---

as zonas da vida que merecem estar protegidas da curiosidade alheia, deve-se antes tentar delimitar que condições materiais da vida das pessoas podem ficar fora desta esfera de protecção. Este entendimento parece-nos ser bastante interessante.

[958] Cf. PAULO MOTA PINTO, "A protecção da vida privada...", cit., p. 162.

[959] *Op.* cit., p. 290.

[960] Sobre mais críticas a esta teoria e a sua inadequação face às NTIC, cf., *supra*, n.° 4.3.2.4..

[961] Última *op.* cit., p. 162.

[962] "O Direito Penal,...", cit., p. 71.

midade. Assim, a vida privada "comporta conteúdos e valorações" que não se esgotam na noção de intimidade da vida familiar. Parece-nos que a intimidade é aquele âmbito da vida da pessoa que se situa completamente na sua interioridade, fora do alcance dos demais, sendo, consequentemente, alheia a toda a exteriorização e relação. Mas a intimidade é comunicável, podendo falar-se de compartilhar a intimidade, tal como LUZ PACHECO ZERGA[963], tratando-se de uma comunicabilidade livre.

Mas, a alusão à intimidade da vida privada não deve ser utilizada para afastar do âmbito de aplicação do art. 26.°, n.° 1, quer aspectos ligados à vida profissional ou ao segredo dos negócios, na medida em que estes estejam relacionados com a vida privada, quer aspectos relacionados com acontecimentos que se desencadeiam em locais públicos mas que integrem a vida privada[964]. Assim, o critério para as distinguir não é

---

[963] *Op.* cit., p. 217.

[964] Esta distinção apresentada por PAULO MOTA PINTO, "A protecção da vida privada...", cit., p. 163, parece-nos importante para o Direito do trabalho e, especificamente, para o conceito de privacidade do trabalhador. Assim, por exemplo, conversas que os trabalhadores tenham no local de trabalho podem fazer parte da sua vida privada e, por isso, não são susceptíveis de controlo por parte do empregador. Por outro lado, certos comportamentos adoptados na empresa, fora do horário de trabalho, não podem constituir justa causa de despedimento, sob pena de ocorrer uma violação do direito à privacidade dos trabalhadores. No acórdão do STJ, de 13 de Novembro de 1996, foi considerado que "não constitui justa causa de despedimento o facto de um trabalhador ter mantido relações sexuais nas instalações da sua entidade empregadora, ao sábado, fora do seu horário de trabalho, com uma trabalhadora de uma outra empresa, mas que no momento ali trabalhava em serviço de limpeza" – *in* http://www.cidadevitrtual.pt/stj/jurisp/JustaCausaDesp.html. No acórdão da RE, de 7 de Abril de 1992, onde se discutia a suspensão do despedimento duma trabalhadora acusada de manter no local de trabalho relações sexuais com um trabalhador, sendo que o acto foi presenciado através das frinchas na porta do gabinete onde tal ocorreu, o tribunal entendeu que não se justificava a suspensão. Este acórdão foi referido por MENEZES CORDEIRO, "O respeito pela esfera privada do trabalhador", *in I Congresso Nacional de Direito do Trabalho – Memórias*, (coord. ANTÓNIO MOREIRA), Almedina, Coimbra, 1998, p. 21 e p. 37. Subscrevemos a opinião deste autor ao referir que o despedimento é injustificado pois as práticas sexuais estão sempre sob tutela da vida privada, sendo que os trabalhadores visados foram vítimas de violação do seu direito ao respeito da vida privada, figurando-se aqui, a ilicitude da prova, ao abrigo do art. 32.°, n.° 8, da CRP, na medida em que existiu uma "abusiva intromissão na vida privada". Diferentemente, M.ª DO ROSÁRIO PALMA RAMALHO, "Contrato de Trabalho e Direitos Fundamentais da Pessoa", *in Estudos em Homenagem à Professora Doutora Isabel de Magalhães Collaço*, vol. II, Almedina, Coimbra, 2002, p. 411, concorda com a decisão do Tribunal

280 A Privacidade dos Trabalhadores e as Novas Tecnologias...

somente espacial, na medida em que certos acontecimentos que ocorrem em público podem igualmente ser protegidos pela reserva da vida privada[965]. Em princípio a vida pública será a vida social da pessoa, aquela que é partilhada com o público.

Em abstracto, o conteúdo da noção de vida privada engloba a informação a ela respeitante e à identidade da pessoa: impressões digitais ou o seu código genético, elementos referentes à saúde[966]; factos ou aconteci-

---

na medida em que há "uma inadequação do comportamento em questão ao local onde se desenrolou", já que "as situações jurídicas devem ser exercidas dentro dos limites de adequação funcional ou de admissibilidade para que foram conferidas".

[965] PAULO MOTA PINTO, última *op. cit.*, p. 165, faz referência ao problema da videovigilância permanente, mesmo na via pública, que poderá colidir com o direito das pessoas à sua intimidade se não for justificada por razões concretamente definidas, de segurança ou de prevenção contra a probabilidade de ocorrência de crimes. Sobre esta questão da videovigilância ver capítulo III.

[966] No acórdão n.° 355/97, de 7 de Maio, publicado na I Série – A, do *Diário da República*, de 7 de Junho de 1997, o Tribunal Constitucional afirmou que os dados relativos a doenças oncológicos integram a categoria de dados relativos à vida privada e que o "tratamento automatizado de dados relativos à vida privada, tais como as informações referentes à origem étnica, à vida familiar, à vida sexual, condenações em processo criminal, situação patrimonial e financeira [...] fazem parte da vida privada de cada um". Mais: tal como defende PAULO MOTA PINTO, "A protecção da vida privada...", cit., p. 167, e também em "A protecção da vida privada na jurisprudência do tribunal constitucional", *in Jurisprudência Constitucional*, n.° 10, 2006, p. 19, não parece que seja necessária a protecção apenas para estados patológicos, incluindo-se nesta protecção o tipo de sangue e informações sobre outras características pessoais. No acórdão n.° 616/98, de 21 de Outubro, *in Acórdãos do Tribunal Constitucional*, 41.° vol., 1998, pp. 263-272, o Tribunal Constitucional aceitou que a imposição de um exame de sangue para aferir da paternidade de um menor, contra a vontade do examinado, pode constituir, nos limites da protecção constitucional, uma ofensa à integridade pessoal, mas aceitou que se possa valorar livremente a recusa da submissão a tais testes, pois tratar-se-á da recusa do demandado na colaboração para a descoberta da verdade. Assim, o Tribunal não deixou de referir que nas acções para o reconhecimento da paternidade está em causa outro direito fundamental, que é o direito do menor à identidade pessoal, consagrado no art. 26.°, n.° 1, da CRP – pelo que "não seria em todo o caso arbitrária ou gratuita a limitação do direito do réu à sua integridade física" em relação "ao direito fundamental do menor à sua identidade pessoal consagrado no art. 26.°, n.° 1, da Constituição, tendo em conta, por um lado, o objectivo da norma que admite o exame de sangue como meio probatório na acção de investigação de paternidade e os efeitos, em sede probatória, da recusa em efectuá-lo e, por outro, o grau mínimo de ofensa corporal em que se traduz esse mesmo exame"- p. 264. Também no acórdão n.° 306/2003, publicado no DR, I série, de 18 de Julho de 2003, proferido em

As Novas Tecnologias e a Privacidade
281

mentos tais como encontros com amigos, deslocações, destinos de férias e outros comportamentos privados[967]; os elementos respeitantes à vida familiar, conjugal, amorosa e afectiva das pessoas[968]; a vida do lar e os factos que nela têm lugar, assim como outros locais privados (ex: carro) ou mesmo públicos (ex: cabine telefónica)[969]; as comunicações por corres-

---

processo de apreciação preventiva da constitucionalidade das normas do Código do Trabalho, o Tribunal decidiu que os dados relativos à saúde ou estado de gravidez do candidato a emprego ou do trabalhador respeitam à intimidade da sua vida privada.

[967] A informação sobre a ingestão de bebidas alcoólicas foi considerada pelo Tribunal Constitucional no acórdão n.º 319/95, de 20 de Junho, como relativa à vida privada, afirmando-se a constitucionalidade da norma que impunha testes de alcoolemia a automobilistas. Cf. PAULO MOTA PINTO, "A protecção da vida privada...", cit., p. 167, "A protecção da vida privada na jurisprudência...", e *Acórdãos do Tribunal Constitucional*, vol. 31.º, 1995, pp. 501-509.

[968] No acórdão n.º 263/97, de 19 de Março de 1997, o Tribunal Constitucional não considerou inconstitucionais as normas dos arts. 523.º e 663.º do CPC. O Tribunal defendeu que fotografias sobre a vida amorosa extra-conjugal do outro cônjuge faziam parte da sua vida privada, mas concluiu que a sua junção em processo de divórcio, com o intuito de provar a violação do dever de fidelidade, estava justificada, sendo que a interpretação normativa em causa não era inconstitucional. "Nesta óptica desencadeadora de uma apreciação ponderada dos interesses em causa, em que se visa impedir uma intolerável afectação da protecção concedida constitucionalmente, a interpretação dada pelo Supremo às normas processuais controvertidas situa-se nos parâmetros da adequação constitucional, atenta a natureza da acção e a sua causa de pedir, o ónus da prova que sobre a autora impendia para fundamentar o pedido e as exigências de justiça daí decorrentes, sendo certo que, como foi salientado, existem normativos legais adequados que vedam a publicação dos elementos de prova para além dos limites processuais". Ver *Acórdãos do Tribunal Constitucional*, 36.º vol., 1997, pp. 727-742.

[969] O local não é critério decisivo para determinar o que faz parte da vida privada, embora não possa deixar de constituir uma referência relevante, tal como assinala PAULO MOTA PINTO, "A protecção da vida privada na jurisprudência...", cit., p. 19. Sobre esta questão, o acórdão n.º 452/89, publicado no D.R., II, de 22 de Julho de 1989, é relevante porque nele se consagrou uma protecção da privacidade em sentido formal, na medida em que não é necessário que as informações colhidas no domicílio ou em comunicações incidam sobre matérias da vida privada. Nesta decisão o tribunal analisou as normas da Guarda Nacional Republicana que permitiam buscas nos segmentos destinados à habitação de grupos ou caravanas de nómadas, sem consentimento dos interessados e nem a intervenção da autoridade judiciária competente, assim como sem a limitação ao período diurno. Neste caso, o Tribunal entendeu que o direito à inviolabilidade do domicílio significa, num domínio particular, a garantia do direito à protecção da intimidade da vida privada e familiar e que esta garantia não se confina à protecção da residência habitual, possuindo, assim, uma dimensão "mais ampla". Também na decisão n.º 364/2006, de

282 *A Privacidade dos Trabalhadores e as Novas Tecnologias...*

pondência quer com suporte em papel quer com suporte digital e a informação patrimonial[970] e financeira[971] [972].

A primeira definição do Tribunal Constitucional sobre o conteúdo do direito à reserva sobre a intimidade da vida privada foi bastante abrangente já que parecia abarcar não apenas aspectos da reserva da vida privada (informação), como também sobre a própria "liberdade" da vida privada, sendo assim uma definição em tudo semelhante à ideia da privacidade do sistema anglo-saxónico, quer pela inclusão de uma ideia de autonomia, não abrangendo somente os aspectos da informação sobre a vida privada, mas também a própria liberdade da vida privada[973].

---

8 de Junho, *in* www.tribunalconstitucional.pt, o Tribunal decidiu pela constitucionalidade do art. 177.° do CPP interpretado no sentido de que "os quartos anexos a uma discoteca onde, além do mais, se praticavam relações sexuais entre indivíduos não se integram no conceito de vida privada ou domicílio". O tribunal entendeu que "a natureza íntima ou privada dos actos praticados em certo local não implica a qualificação do local em causa como domicílio".

[970] Vejam-se as decisões n.° 5/08, de 8 de Janeiro, e 230/08, de 21 de Abril, a propósito da constitucionalidade da norma do art. 456.°, n.° 1, do Regulamento do Código do Trabalho.

[971] O segredo bancário faz parte, igualmente, da reserva sobre a vida privada. Assim, no acórdão n.° 278/95, de 31 de Maio, *in* www.tribunalconstitucional.pt, o Tribunal Constitucional decidiu que a "situação económica do cidadão, espelhada na sua conta bancária, incluindo as operações activas e passivas nela registadas, faz parte do âmbito de protecção do direito à reserva sobre a intimidade da vida privada. Também na decisão n.° 602/2005, de 2 de Novembro, *in* www.tribunalconstitucional.pt, o Tribunal insistiu que a situação económica dos cidadãos faz parte do âmbito protegido do direito à reserva sobre a intimidade da vida privada. O mesmo foi reiterado no acórdão n.° 442/2007, de 14 de Agosto, *in* www.tribunalconstitucional.pt.

[972] Segue-se a enumeração referida por PAULO MOTA PINTO, "A protecção da vida privada...", cit., pp. 167-169, e "A protecção da vida privada na jurisprudência...", cit., pp. 20 e ss..

[973] *Vide* o acórdão n.° 128/92, de 1 de Abril, onde o Tribunal defendeu que no direito à reserva sobre a intimidade da vida privada tratar-se-ia "do direito de cada um a ver protegido o espaço interior ou familiar da pessoa ou do seu lar contra intromissões alheias. É a *privacy* do direito anglo-saxónico [...] Este *direito à intimidade* ou à *vida privada*, este direito a uma esfera própria e inviolável, onde ninguém deve poder penetrar sem autorização do respectivo titular compreende: a) a autonomia, ou seja, o direito a ser o próprio a regular, livre de ingerências estatais e sociais, essa esfera de intimidade; b) o direito a não ver difundido o que é próprio dessa esfera de intimidade, a não ser mediante a autorização do interessado". Cf. PAULO MOTA PINTO, " A protecção da vida privada...", cit., p. 157, e a " A protecção da vida privada na jurisprudência...", cit., pp. 14-15.

As Novas Tecnologias e a Privacidade   283

Posteriormente, o Tribunal restringiu o conceito de intimidade da vida privada apenas aos casos da informação sobre esta[974] [975], excluindo-se do âmbito deste direito a liberdade da vida privada. Esta faz parte de um direito geral de liberdade, saindo reforçada a ideia com a consagração constitucional, a partir de 1997, de um "direito ao desenvolvimento da personalidade", previsto no art. 26.º, n.º 1. Concorda-se com PAULO MOTA PINTO[976] quando defende que parece poder distinguir-se, tal como no ordenamento jurídico alemão – art. 2.º, § I, da *Grundgesetz* – uma dupla dimensão neste direito: "a *protecção da personalidade*, como substrato da individualidade, e a protecção da *liberdade geral de acção* da pessoa (um direito geral de liberdade)", sendo que, nesta segunda acepção, o bem protegido é, essencialmente, a livre decisão sobre o comportamento do titular[977]. Em

---

[974] Salvo a excepção, referida por PAULO MOTA PINTO, última *op.* cit., p. 158, do acórdão n.º 561/95, de 17 de Outubro, publicado *in Acórdãos do Tribunal Constitucional*, 32.º vol., 1995, pp. 367-375, que negou que a punição, prevista no art. 202.º n.º 1 do CP, de práticas sexuais com deficientes, importe violação do direito à liberdade e ao respeito da vida privada.

[975] A título de exemplo poderá citar-se o acórdão n.º 480/98, de 1 de Julho de 1998, *in Acórdãos do Tribunal Constitucional,* 40.º volume, 1998, pp. 507-516, que não considerou inconstitucional a norma do n.º 4.º do art. 36.º do DL n.º 28/84, de 20 de Janeiro, "que impõe que a sentença *condenatória* de alguém por crime de *fraude na obtenção de subsídio* seja *publicitada*, por extracto, numa publicação periódica que se edite na área da comarca onde a infracção foi cometida ou, não se editando aí nenhuma, em publicação editada na área da comarca mais próxima, e, bem assim, através da afixação de *edital* e, em casos «particularmente graves», também através de publicação na II Série do *Diário da República*". Este Tribunal defendeu que, sendo a sentença condenatória proferida numa audiência pública, no final de um julgamento que também foi público, não pode ser considerado que a publicação da sentença ofenda o princípio do direito à reserva da intimidade da vida privada. Conforme se mencionou "está, é certo, em causa uma forma *qualificada* de publicidade. Mas, legitimando-a a necessidade de encontrar justificação, *ratione constitutionis*, nas exigências de justiça que o princípio do Estado de direito faz nesta matéria". Também no acórdão n.º 602/2005, de 2 de Novembro, já citado anteriormente, o tribunal considerou o segredo bancário como instrumento de garantia do direito à reserva da vida privada.

[976] "A protecção da vida privada...", cit., p. 160.

[977] Na opinião de PAULO MOTA PINTO, "O direito ao livre desenvolvimento...", cit., pp. 157-160, a consagração de um direito ao desenvolvimento da personalidade teve sobretudo em vista a *tutela da individualidade* e, particularmente, das suas diferenças e autonomia. Contudo, não se pode resumir este direito a uma dimensão individual – em relação a um "direito à diferença". Assim, a própria noção de "desenvolvimento da per-

284   *A Privacidade dos Trabalhadores e as Novas Tecnologias...*

palavras de ORLANDO DE CARVALHO[978], está aqui em causa o "direito à pessoa-ser em devir, com liberdade de desabrochar". Assim, pode referir--se que o direito à reserva sobre a intimidade da vida privada parece poder ser limitado ao controlo da informação sobre a vida privada, reportando--se a liberdade da vida privada ao direito à liberdade ou ao livre desenvolvimento da personalidade[979].

---

sonalidade" exige uma certa dimensão social do direito em causa, sendo que "o desenvolvimento da personalidade é por natureza comunicativo e ocorre em interacção". A consagração deste direito decorre do princípio da dignidade da pessoa humana, não representando somente um direito subjectivo, mas também objectivo, na medida em que representa um princípio interpretativo da relação entre o cidadão e o Estado e de uma "*decisão valorativa* fundamental", de onde se podem e devem retirar consequências para toda a ordem jurídica. Neste sentido, como nota este autor, constitui a positivação de um *princípio fundamental* da ordem jurídica do Estado de Direito democrático. Para CATARINA SAMPAIO VENTURA, "Os direitos fundamentais à luz da quarta revisão constitucional", *in BFDUC*, n.º 74, 1998, p. 503, o direito ao desenvolvimento da personalidade é, *prima facie*, um direito sem reserva de restrições. Mas, na medida em que seja necessário ponderá-lo com outros direitos ou bens constitucionalmente protegidos, poderão resultar "limites imanentes". Assim, o "direito ao desenvolvimento da personalidade expressar-se-á no respeito dos princípios e regras da ordem jurídico-constitucional".

[978] *Apud* CATARINA SAMPAIO VENTURA, *op*.cit., p. 501.

[979] Esta ideia também sai reforçada se se consultar a jurisprudência. Assim, pelo acórdão n.º 288/98, de 17 de Abril, *in Acórdãos do Tribunal Constitucional*, 40.º vol., 1998, pp. 7-93, o TC considerou constitucional e legal, por maioria dos votos, o referendo proposto na Resolução n.º 16/98, da Assembleia da República, sobre a despenalização da interrupção voluntária da gravidez. Nesta decisão, o Tribunal invocou o direito ao livre desenvolvimento da personalidade, e não o direito à protecção da intimidade da vida privada, para fundamentar a constitucionalidade da "solução dos prazos" para a interrupção voluntária da gravidez. Também no acórdão n.º 436/2000, de 17 de Outubro de 2000, *in* www.tribunalconstitucional.pt , a propósito da constitucionalidade da norma do art. 82.º, c), parte final, da Lei do Jogo, que preceitua ser um dos "deveres dos empregados que prestam serviço nas salas de jogos", a boa apresentação pessoal e usar, quando em serviço, o trajo aprovado pela concessionária, o qual, "com excepção de um pequeno bolso exterior de peito, não poderá ter qualquer bolso", o Tribunal defendeu estar a problemática subjacente relacionada com a tutela da personalidade e, mais especificamente, com o livre desenvolvimento da personalidade dos seus titulares e, nessa medida, com a garantia das suas identidade e integridade, "sendo certo que o direito geral de personalidade radica no princípio da dignidade da pessoa humana que o art. 1.º da Constituição proclama". Refere-se, na p. 10, que a liberdade geral de acção que o direito ao livre desenvolvimento da personalidade subentende, veda ao legislador "dispor do espaço interno no qual cada indivíduo pertence a si próprio – e que constitui o núcleo essencial de conformação privada da vida – mas nem por isso é incompatível com limitações". Também na decisão

As Novas Tecnologias e a Privacidade   285

O direito à reserva da vida privada é um direito fundamental sujeito ao regime dos "direitos, liberdades e garantias", sendo objecto de protecção civil e penal. Em relação ao direito civil, a protecção está consagrada em vários artigos do Código Civil, nomeadamente no art. 80.°[980]. Em relação à protecção penal, a sua tutela consta do Capítulo VII, da parte especial do Código Penal, intitulada dos crimes contra a reserva da vida privada[981]. Mais ainda, a protecção deste direito também é concretizada na proibição da utilização de provas obtidas mediante intromissão abusiva na vida privada, no domicílio, na correspondência ou nas telecomunicações. Esta proibição está prevista constitucionalmente no art. 32.°, n.° 8, consistindo na interdição da utilização de certos meios de prova, que não se confunde com as simples regras processuais de produção de prova. O seu âmbito de abrangência, segundo ISABEL ALEXANDRE[982], abarca a intromissão na vida familiar, embora não se restrinja a esta, englobando a vida afectiva em geral, os hábitos, os passatempos e a saúde[983].

---

n.° 368/02, de 25 de Novembro, *in* www.tribunalconstitucional.pt , o Tribunal acabou por considerar admissíveis, em certas circunstâncias e para certas finalidades, os exames médicos periódicos e obrigatórios a funcionários públicos, sublinhando que a possibilidade de estabelecimento de um exame de saúde com carácter obrigatório pode conflituar, não apenas com o direito à protecção da vida privada, mas também com a própria liberdade geral de actuação.

[980] Cf., para mais desenvolvimentos, neste capítulo, n.° 4.4.2..

[981] Neste capítulo pune-se a violação do domicílio – art. 190.° –, a devassa da vida privada – art. 192.° –, a devassa por meio de informática – art. 193.° –, a violação de correspondência ou de telecomunicações – art. 194.° – e a violação do segredo, especialmente do segredo profissional – arts. 195.° e 196.°. Ver, a breve referência a esta protecção da privacidade, ainda neste capítulo, n.° 4.4.3..

[982] *Provas ilícitas em processo civil*, Almedina, Coimbra, 1998, p. 249.

[983] Em relação ao conceito de intromissão abusiva há a referir que GOMES CANOTILHO e VITAL MOREIRA, *op.* cit., p. 524, defendem que se deve ter por abusiva a intromissão quando realizada fora dos casos previstos na lei e sem intervenção judicial, quando desnecessária ou desproporcionada, ou quando aniquiladora dos próprios direitos. Na jurisprudência alemã podem citar-se duas sentenças paradigmáticas nesta matéria que parecem relevantes para este trabalho. Trata-se dos casos das "setenta e duas gravações" e do "perfurados" – *Der Lochbohrerfall* –, decididas, respectivamente, pelo *Kammergericht* de Berlim, em 1955, e pelo *Bundesgerichtshof*, em 1970. Nestes, discutia-se a possibilidade de valoração, num processo de divórcio, de provas obtidas por um dos cônjuges mediante a lesão de direitos fundamentais do outro – direito à reserva da intimidade da vida privada – e, no caso do perfurador, o direito à inviolabilidade do domicílio – tendo em atenção que, neste tipo de processos, era muito difícil provar os factos constitutivos

286 *A Privacidade dos Trabalhadores e as Novas Tecnologias...*

A jurisprudência constitucional portuguesa não delimitou, assim, a protecção enquanto direito fundamental segundo uma distinção entre "vida privada" e "intimidade da vida privada", embora, sem prejuízo desta distinção, possa ser importante para, conforme já se referiu, graduar a gravidade[984]. A CRP utiliza o termo "vida privada" mas o critério de distinção não é espacial, dependendo do local onde os factos ocorreram, porque embora também deva ser este um elemento a ter em consideração, certos acontecimentos que

---

do direito ao divórcio, na medida em que só eram presenciados pelo cônjuge ofendido. No acórdão de 1955, o *Kammergericht* de Berlim aceitou a valoração como prova de setenta e duas gravações feitas pelo marido, no espaço de um ano, dos insultos proferidos pela mulher. O tribunal reconheceu que a gravação secreta de uma conversa privada representa uma violação do direito geral de personalidade, mas realçou o facto da esposa do ofendido ter por diversas vezes referido que num eventual processo de divórcio negaria tudo. Assim, o tribunal referiu que o único meio de prova credível que restava ao marido era a gravação secreta das mesmas, sendo que a *ratio decidendi* é a de que não podem ser de excluir as gravações secretas que tenham por origem um comportamento ilícito daquele contra quem vão ser, afinal, utilizadas. No caso do "perfurador" coloca-se também a questão da demarcação das fronteiras entre a licitude e a ilicitude, sendo que a situação era a seguinte: uma mulher casada tinha por hábito insultar o cônjuge e, simultaneamente, ameaçá-lo de que, se ele recorresse aos tribunais, ela negaria tudo. Perante as dificuldades de obter provas, o cônjuge – marido – introduziu secretamente um amigo no lar. Este, através de um orifício feito na parede, apercebeu-se dos insultos dirigidos pela esposa ao marido e este, mais tarde, apresentou-o como testemunha no processo de divórcio. A questão que foi colocada perante o tribunal era a de saber se o depoimento poderia ser válido, tendo em atenção a intromissão na esfera da intimidade do casal. O *Bundesgerichtshof* decidiu que o autor tinha actuado de forma ilícita, na medida em que o ordenamento jurídico alemão garante a inviolabilidade do domicílio no art. 13, I, da GG, não se verificando nenhuma causa de justificação. Assim, o entendimento segundo o qual a necessidade de prova não é causa de exclusão de ilicitude, defendida neste caso, parece de seguir. Cf. ISABEL ALEXANDRE, *op. cit.*, pp. 250-257. Esta ideia pode ser importante para o Direito do trabalho onde poderão ocorrer casos deste tipo de intromissão e onde nem pela necessidade de obtenção de provas por parte do empregador se poderá concluir pela exclusão da sua ilicitude. Levanta-se aqui a dúvida de saber se esta proibição de provas deve ser aplicada também ao processo civil e laboral e não só ao processo penal. Concorda-se com a ideia defendida por PAULO MOTA PINTO, "A protecção da vida privada...", cit., p. 189, que defende uma resposta positiva com base num argumento *a fortiori*, pois o processo civil visa a realização de interesses privados. O direito, garantido pela Constituição, "à reserva sobre a intimidade da vida privada deve, assim, impor-se igualmente no processo civil", podendo ver-se, para corroborar esta ideia, o acórdão n.º 263/97.

[984] Neste sentido PAULO MOTA PINTO, "A protecção da vida privada na jurisprudência...", cit., p. 17.

As Novas Tecnologias e a Privacidade

ocorrem em público podem ser igualmente protegidos por este direito[985]. Assim, na decisão n.º 255/02[986], o Tribunal Constitucional afirmou que a permissão prevista nos n.ºs 1 e 2 do art. 12.º do DL n.º 231/98, de 22 de Julho, da possibilidade de utilização de equipamentos electrónicos de vigilância e controlo por parte das entidades de segurança privada, constituía uma limitação ao direito à reserva sobre a intimidade da vida privada e, por isso, constituía matéria da reserva relativa de competência legislativa da Assembleia da República porque relativa a direitos, liberdades e garantias, declarando a inconstitucionalidade orgânica do diploma legal.

Também no acórdão n.º 207/2003, de 28 de Abril[987], voltando a ocupar-se sobre a matéria dos equipamentos electrónicos de vigilância e controlo que se inclui no direito à reserva sobre a intimidade da vida privada, o Tribunal decidiu que a norma prevista no art. 52.º do Decreto-Lei n.º 422/89, de 7 de Dezembro, relativo às salas de jogos que impunha a videovigilância, estava a reger matéria relativa à intimidade da vida privada e era, por isso, organicamente inconstitucional.

A natureza privada de uma situação não pode determinar-se, exclusivamente, tal como aponta PAULO MOTA PINTO[988], em função da vontade da pessoa, mas inclui, ainda, uma justificação objectiva, podendo ser afastada quando não ocorrer um mínimo de justificação do interesse na reserva, segundo as "valorações sociais correntes ou as valorações de cada formação social"[989].

Este direito à reserva sobre a intimidade da vida privada não é absoluto[990] e tem limitações, tendo-se o Tribunal Constitucional debruçado sobre esta matéria. Assim, no acórdão n.º 368/2002[991], o Tribunal chamou a atenção para o facto que o direito à intimidade da vida privada pode ser limitado em resultado da sua harmonização com outros direitos funda-

---

[985] Esta ideia é fundamental para o âmbito deste trabalho.

[986] In DR, I, de 8 de Julho de 2002.

[987] Disponível em www.tribunalconstitucional.pt .

[988] Última op. cit., p. 18.

[989] Neste sentido veja-se a decisão n.º 263/97, já citada anteriormente, sobre o âmbito de noção de vida privada face ao cônjuge, decidindo que a "própria noção de vida privada ser em certa medida dependente do indivíduo, ser também função das valorações de cada formação social".

[990] Como, de resto, nenhum direito reveste essa característica.

[991] Já referido anteriormente.

288   *A Privacidade dos Trabalhadores e as Novas Tecnologias...*

mentais ou com outros interesses constitucionalmente protegidos, atendendo sempre ao princípio da proporcionalidade[992].

4.4.1.2.3. *Direito ao sigilo da correspondência e de outras comunicações privadas*[993]

Este direito, previsto no art. 34.° da Constituição, é significativo do ponto de vista da tutela da privacidade e traduz a possibilidade de manutenção sigilosa das comunicações em geral, tutelando a sua inviolabilidade com um carácter consideravelmente amplo[994].

A concepção moderna deste direito começa em França, a partir do século XVIII, quando em 1790, ano em que a Assembleia Nacional Francesa estabelece o Decreto que configura a correspondência como inviolável e suprime os chamados *cabinet noir*, que eram oficinas encarregadas

---

[992] Também na decisão n.° 319/95, de 20 de Junho, *in* www.tribunalconstitucional.pt, em relação à constitucionalidade dos testes de alcoolemia efectuados a condutores de veículos, entendeu-se o mesmo. No acórdão n.° 631/2005, de 15 de Novembro, *in* www.tribunalconstitucional.pt, sobre o conflito entre o direito ao conhecimento da filiação natural e o direito à reserva sobre a intimidade da vida privada, entendeu que "num balanceamento entre o direito fundamental à reserva sobre a intimidade da vida privada e o direito fundamental da criança à protecção do Estado para o reconhecimento da sua paternidade, não pode, dentro de um juízo de ponderação, assente no princípio da proporcionalidade, recortado no art. 18.°, n.ᵒˢ 2 e 3, da CRP, deixar de aceitar-se a prevalência deste último, pois de outro modo, sabendo-se que esse reconhecimento contende, por via de regra, com a apreciação de factos abrangidos pelo âmbito de protecção da reserva à intimidade, mas que são, simultaneamente, causa jurígena do outro direito, corresponderia, em tal situação, a reconhecer-se a existência de um direito de não ser investigado e de não ser judicialmente compelido, em acção interposta pelo Estado, a reconhecer a paternidade", não entendendo inconstitucionais as normas dos arts. 1865.° e 1866.° do Código Civil, que permitem a averiguação oficiosa da paternidade.

[993] Este direito será objecto de uma análise mais desenvolvida no capítulo IV, n.° 4.5.2.2.2..

[994] A pretensão do homem de conhecer as comunicações de outras pessoas, quer seja íntimo ou não o conteúdo da mensagem, existiu desde sempre. Uma manifestação desta circunstância pode encontrar-se no que concerne à correspondência. Na verdade, apesar de já existir uma certa protecção do conteúdo sigiloso das cartas no Direito Romano, por intermédio da *actio injuriarium* e da *actio furti*, que mais tarde foram substituídas por outras medidas judiciais, ainda não se tinha elaborado um conceito de sigilo das comunicações. Cf. Rebollo Delgado, *Derechos fundamentales...*, cit., p. 101, e Elimar Szaniawski, *op.* cit., pp. 305-306.

As Novas Tecnologias e a Privacidade

de investigar e controlar de forma sistemática e secreta a correspondência[995]. Mas, desde essa altura até aos nossos dias, isto é, desde a carta manuscrita até às *auto-estradas da informação* e ao *e-mail*, alterou-se de maneira profunda o conceito de comunicação, e, com isto, o objecto mesmo da garantia. O segredo de correspondência incidia sobre um marco muito estreito, definido por um sistema social e político assente numa sociedade analfabeta, agrária, com um desenvolvimento industrial muito incipiente e onde eram poucos os que podiam utilizar as comunicações e exigir, portanto, o seu respeito.

O panorama mudou radicalmente e este segredo estende-se, actualmente, a um âmbito infinitamente mais amplo[996]. Os avanços técnicos tornam possível a transmissão rápida e permanente da informação a nível mundial, tornando-se, desta forma, um instrumento essencial, *inter alia*, em processos políticos, económicos e culturais. Por outro lado, também aumentou consideravelmente o número das possíveis ameaças a este direito na medida em que os processos implicam cada vez mais os poderes políticos, económicos e sociais, sendo que, assim, estas ameaças não procedem unicamente do Estado, mas, também, de sujeitos privados[997].

Em Portugal, este direito tem uma longa tradição nos textos constitucionais[998], assumindo uma maior relevância na Constituição de 1976.

---

[995] Estas práticas tinham sido concretizadas com abundantes meios no tempo de Luís XIII e do Cardeal Richelieu. *Vd.* BLANCA RODRÍGUEZ RUIZ, *op.* cit., p. XV, MARTÍN MORALES, *op.* cit., p. 22, e REBOLLO DELGADO, *Derechos fundamentales...*, cit., p. 101.

[996] Ver neste sentido BALAGUER CALLÉJON, no prefácio da obra de MARTÍN MORALES, *op.* cit., p. 11.

[997] Veja-se, para mais desenvolvimentos sobre esta matéria, capítulo IV, n.º 4.5.2.2.2.7..

[998] Já a PGR no Parecer n.º 110/56, se tinha pronunciado sobre a conformidade de uma requisição através da qual uma comissão de assistência judiciária solicitava à Administração dos CTT informação sobre as quantias dispendidas por determinado assinante de telefone em taxas de conversação telefónica, se tinha defendido que "o segredo das correspondências postais e telegráficas é inviolável, qualquer que seja a autoridade ou o poder público que pretenda devassá-lo e seja qual for o fundamento ou pretexto alegado, salvo o disposto no art. 43.º. O sigilo importa a proibição absoluta de revelar o texto dos telegramas e de abrir a correspondência ou procurar, de qualquer modo, conhecer o seu conteúdo, bem como a de comunicar a terceira pessoa as relações dos expedidores e destinatários e a de prestar indicações que permitam a violação do mesmo sigilo". Cf. *Colecção dos Pareceres da Procuradoria-Geral da República*, in www.pgr.pt.

290 *A Privacidade dos Trabalhadores e as Novas Tecnologias...*

Na sua versão inicial, o art. 33.° consagrava o direito à reserva sobre a intimidade da vida privada e familiar[999], proibindo-se a ingerência nas telecomunicações no art. 34.°, e, finalmente, interditando o art. 35.° a utilização da informática no tratamento de dados referentes à vida privada. Desta forma, a nossa Constituição pode entender-se como pioneira em relação aos restantes ordenamentos jurídicos na autonomização de um direito de tutela do sigilo das comunicações, o mesmo tendo acontecido com a consagração do art. 80.° no Código Civil de 1966[1000].

Este direito, consagrado no art. 34.°, é um direito autónomo e independente do direito à reserva sobre a intimidade da vida privada, embora tenha uma estreita conexão com este, assim como à sua protecção, tendo como ponto de partida a sua relação ao direito à intimidade[1001]. Assim, este direito, tal como, de resto, o direito à reserva sobre a intimidade da vida privada, desemboca no valor superior de liberdade. Este direito consagra, desta forma, o direito à liberdade das comunicações de forma implícita[1002], liberdade esta de comunicar quando, como, com quem e o que se quiser, e, de forma explícita, o seu segredo.

O direito ao segredo de correspondência é inviolável, sendo que esta proclamação, secundando GOMES CANOTILHO e VITAL MOREIRA[1003], justifica-se por existir a protecção de certos bens jurídicos fundamentais, como é o caso da dignidade da pessoa humana, do desenvolvimento da personalidade e, principalmente, da garantia de liberdade individual, autodeterminação existencial e garantia de privacidade nos termos do art. 26.°. Assim, como direito inviolável que é, há uma limitação na maior medida possível à possibilidade de restrições, subordinando-se estas a pesados pressupostos. Mas, neste direito, trata-se de uma inviolabilidade de princí-

---

[999] A Revisão Constitucional de 1982 renumerou, entre outros, este artigo que passou a ser o art. 26.°. Por outro lado, alterou a epígrafe para "Outros direitos pessoais", acrescentando o n.° 3. A Revisão constitucional de 1997 alterou o n.° 1, aditou o n.° 3, tendo o anterior n.° 3 passado para n.° 4.

[1000] Ver CRISTINA MÁXIMO DOS SANTOS, *op.* cit., p. 93.

[1001] Neste sentido INMACULADA MARÍN ALONSO, *El poder de control...*, cit., pp. 115-116, e MARTÍN MORALES, *op.* cit., p. 23.

[1002] Assim como uma limitação à própria liberdade alheia na medida em que ninguém tem o direito a devassar o âmago secreto de uma pessoa. Ver ARION SAYÃO ROMITA, *op.* cit., p. 301.

[1003] *Op.* cit., p. 539.

As Novas Tecnologias e a Privacidade 291

pio porque aceita algumas restrições, tal como decorre do art. 34.º, n.º 4, *in fine*, relacionado com a lei penal e assente no art. 18.º que determina que leis restritivas só podem ser aceites se respeitarem os princípios da necessidade, adequação, proporcionalidade e determinabilidade[1004].

O conteúdo do direito ao sigilo de correspondência, e de outros meios de comunicação privada[1005], abarca todo o género de correspondência de pessoa a pessoa, como as cartas postais, os impressos e mesmo os casos de encomendas que não contêm qualquer comunicação escrita, assim como todas as telecomunicações, abrangendo ainda o *e-mail*, na medida em que, tal como preconizam GOMES CANOTILHO e VITAL MOREIRA[1006], o direito ao segredo de correspondência abrange as correspondências mantidas por meio das telecomunicações.

A inviolabilidade prevista neste direito configura-se, assim, como uma extensão da própria pessoa e deve entender-se que exige que outros sujeitos, que não os intervenientes na comunicação, não acedam ilicitamente, isto é, sem autorização, ao conhecimento do conteúdo da correspondência ou das conversações telefónicas ou electrónicas. Assim, não nos parece que pelo facto de o art. 34.º, n.º 4, referir apenas as "autoridades públicas" se deva entender esta restrição somente a estas como se as entidades privadas ficassem de alguma forma autorizadas. Secunda-se o entendimento de CRISTINA MÁXIMO DOS SANTOS[1007] quando entende que

---

[1004] Esta possibilidade única de restrição assume grande importância neste trabalho para comprimir o possível controlo do empregador do conteúdo dos *e-mails* dos trabalhadores. Cf., capítulo IV, n.º 4.5.2.2.2.7. para maiores desenvolvimentos.

[1005] Convém notar que o Tribunal Constitucional distingue os conceitos de sigilo e de confidencialidade no acórdão n.º 241/02, de 29 de Maio, disponível *in* www.tribunal-constitucional.pt, pois enquanto o primeiro é considerado um direito fundamental, a confidencialidade das comunicações assenta na ideia da autonomia da liberdade contratual, podendo o utilizador das redes de comunicações moldar a sua confidencialidade e dos dados técnicos a elas inerentes com base na negociação contratual. Cf. neste sentido CRISTINA MÁXIMO DOS SANTOS, *op.* cit., p. 98.

[1006] *Op.* cit., p. 544. Da mesma opinião JORGE MIRANDA e RUI MEDEIROS, *op.* cit., p. 373, ao referirem que este artigo foi alterado pela IV Revisão Constitucional e consistiu na introdução da parte "e nos demais meios de comunicação", tendo-se em vista as modernas formas de comunicação à distância que não correspondem aos sentidos tradicionais de correspondência ou de telecomunicações.

[1007] *Op.* cit., p. 109.

292 *A Privacidade dos Trabalhadores e as Novas Tecnologias...*

a proibição do n.º 1 do art. 34.º extravasa a relação Estado-cidadão e é aplicável na relação cidadão-cidadão[1008] [1009].

Por outro lado, este carácter inviolável abrange toda e qualquer intercepção, independentemente da sua finalidade, isto é, prescindindo de saber se é para mero conhecimento ou, também, divulgação. E, prescindindo de saber se o conteúdo é íntimo ou não, a violação da correspondência importará a sua devassa e um atentado ao direito previsto constitucionalmente. Este direito significa, também, que terceiros que, eventualmente, tenham acesso às comunicações não divulguem o seu conteúdo[1010]. Assim, no seguimento do ensinamento de GOMES CANOTILHO e VITAL MOREIRA[1011], não pode deixar de atender-se que a Constituição garante não apenas o sigilo de correspondência e de outros meios de comunicação privados proibindo, também, toda a ingerência, nos termos do n.º 4, o que é bem mais vasto, envolvendo, nomeadamente, a liberdade de envio e de recepção de correspondência, a proibição de retenção ou de apreensão, bem como de interferência, da qual a telefónica é um simples exemplo.

A garantia deste direito abrange não apenas o conteúdo da correspondência, mas o tráfego como tal, isto é, a espécie, a hora, a duração e a intensidade da utilização[1012] [1013].

O direito ao segredo de correspondência e a outros meios de comunicação privada tem por objecto a comunicação individual[1014], ou seja, a comunicação que se destina a um receptor individual ou a um círculo de destinatários, como é o caso da correspondência telefónica, previamente determinada. Desta forma, as informações dirigidas à generalidade dos

---

[1008] Também GOMES CANOTILHO e VITAL MOREIRA, *op.* cit., pp. 545-546, e PAULO MOTA PINTO, "A protecção da vida privada na jurisprudência...", cit., p. 25, defendem o mesmo.

[1009] O que é de suma importância para o âmbito deste trabalho já que a relação de trabalho se enquadra neste último tipo de relação.

[1010] Ver ALEXANDRE BELMONTE, *op.* cit., p. 38. Veja-se, ainda, GOMES CANOTILHO e VITAL MOREIRA, *op.* cit., p. 545.

[1011] *Op.* cit., p. 545.

[1012] Cf. GOMES CANOTILHO e VITAL MOREIRA, *op.* cit., p. 544, e JORGE MIRANDA e RUI MEDEIROS, *op.* cit., p. 373.

[1013] O que não deixa de ser importante para o controlo possível que o empregador poderá realizar. Entendemos, porém, conforme se verá no capítulo IV, n.º 4.5.2.2.2.7., que será possível um certo controlo de algum tipos de dados atinentes às comunicações.

[1014] GOMES CANOTILHO e VITAL MOREIRA, *op.* cit., p. 544.

cidadãos não entram no âmbito de protecção deste direito. Actualmente com a *Internet*, torna-se um pouco difícil, por vezes, efectuar a distinção entre a comunicação individual e a comunicação de massas no caso dos *mass media*. Defende-se, assim, que o legislador teve em atenção que nem toda a correspondência e comunicação é sigilosa, deixando de fora da protecção os serviços postais que permitem que o seu conteúdo seja verificado sem que isso origine violação deste direito, assim como aqueles sistemas de comunicação que se realizam em fluxos abertos, bastando a subscrição, visto que os que acedem a tal serviço têm conhecimento recíproco, em tempo real, do conteúdo das comunicações dos demais, como é o caso dos *chat rooms* abertos[1015].

Pensa-se, assim, que este direito ao sigilo das comunicações deve abranger toda e qualquer comunicação privada, levada a cabo por um determinado meio de transmissão ou não, abrangendo-se o conteúdo comunicacional, assim como os elementos externos da comunicação, independentemente da natureza dos sujeitos, abrangendo tanto as comunicações realizadas com sucesso como as que não se conseguiram transmitir[1016].

4.4.1.2.4. *Direito à autodeterminação informativa*

A preocupação com a protecção de dados pessoais surgiu por volta dos anos sessenta do século passado quando se tomou consciência de que, utilizando na altura novas tecnologias, era possível não só armazenar uma enorme quantidade de informação mas também submetê-la a um tratamento informatizado. Estes tratamentos suponham um potencial risco para a privacidade das pessoas, pelo que o legislador considerou necessário adoptar medidas de garantia perante as possíveis ingerências da tecnologia neste direito, através das enormes possibilidades de recolha e localização de dados pessoais, assim como a sua recuperação e posterior tratamento. O facto de tratar um grande número de dados das mais diversas formas possíveis multiplica a possibilidade de que se difunda uma informação errada ou falsa e, ainda, que se vigiem os indivíduos e aumente a ten-

---

[1015] *Vide* ARMANDO VEIGA e BENJAMIM SILVA RODRIGUES, *op.* cit., p. 72.
[1016] Neste sentido BENJAMIM RODRIGUES, *op.* cit., p. 245.

294 *A Privacidade dos Trabalhadores e as Novas Tecnologias...*

dência em influenciá-los e, inclusive, em manipular os seus comportamentos[1017], podendo estabelecer-se um "controlo total"[1018] [1019].

Actualmente, devido ao enorme desenvolvimento das auto-estradas da informação, vive-se num mundo de transmissões de dados contínuas, tanto entre entidades nacionais como estrangeiras. Tendo isso em atenção, compreende-se a razão pela qual há, ultimamente, um cada vez maior interesse, tanto a nível internacional, como nacional, na regulamentação desta matéria, com a finalidade de proteger a intimidade perante os abusos que o seu tratamento pode ocasionar[1020]. Pode afirmar-se, assim, que a protecção de dados de carácter pessoal é uma matéria cujo estudo se circunscreve a um período muito recente da história[1021].

Com esta protecção de dados pessoais surge um novo direito, o direito à autodeterminação informativa[1022], que faz parte dos direitos fundamentais de *terceira geração*, que se apresenta como resposta ao fenómeno de contaminação das liberdades, – *liberties pollution*[1023].

[1017] Veja-se o Documento da OIT, *Protección de los datos personales de los trabajadores*, p. 9, e TÉLLEZ AGUILERA, *op.* cit., p. 89.

[1018] DÄUBLER, *Derecho del...*, cit., pp. 634-635.

[1019] Sobre as enormes possibilidades das novas tecnologias cf. *supra*, n.os 1 e 2.

[1020] Como observa M.ª LUISA FERNANDÉZ ESTEBAN, *Nuevas tecnologias,...*, cit., p. 127, com o progresso tecnológico, os poderes públicos adquirem novas formas de controlo sobre a vida privada dos cidadãos. As possibilidades de controlo incidem cada vez mais no âmbito do privado. Mas esta possibilidade não é só apanágio do Estado, como também é possível a entidades privadas, que podem, com o manancial de informação que obtêm, atentar contra a liberdade e os direitos das pessoas. Também MARIA PÉREZ-UGENA, *op.* cit., p. 11, entende o mesmo.

[1021] Cf. PIÑAR MAÑAS, *op.* cit., p. 19, e PUENTE ESCOBAR, *op.* cit., p. 38. Ver, ainda, ANA URRUTIA, HÉCTOR GORSKI e MÓNICA MICHEL, *op.* cit., pp. 33-34, que defendem que o desenvolvimento das tecnologias da informação e a possibilidade de armazenamento, tratamento e manipulação maciça de dados através da informática, assim como a possibilidade quase ilimitada de difusão de dados através das redes, originaram uma grande revolução nas possibilidades de uso e comercialização da informação pessoal, com os consequentes riscos para a privacidade.

[1022] Note-se que para BLANCA RODRÍGUEZ RUIZ, *op.* cit., pp. 15-16, a autodeterminação não é mais do que a tradução jurídica da ideia de controlo que informa o conceito de intimidade, entendendo que esta noção de autodeterminação nem sequer é uma noção nova na definição do direito à intimidade, mas uma ideia que fez sempre parte dele.

[1023] Termo utilizado por parte da doutrina anglo-saxónica fazendo referência à erosão e à degradação que têm os direitos fundamentais perante determinados usos e abusos

Trata-se de um direito que é uma das manifestações concretas do âmbito individual da privacidade, direito mais amplo que o conceito de intimidade, não se circunscrevendo ao lado mais sagrado e irredutível de uma pessoa, mas a um outro mais genérico, que se traduz no direito de todas as pessoas a controlar e conhecer os dados que sobre si estão contidos em ficheiros informatizados ou manuais. Desta forma a privacidade contém o próprio direito à intimidade e à autodeterminação informativa[1024].

Com este novo direito fundamental toda a pessoa tem o direito de preservar a sua identidade, controlando a revelação e o uso dos dados que lhe dizem respeito e protegendo-se perante a capacidade ilimitada de arquivá-los, relacioná-los e transmiti-los, objectivo que se pretende atingir atribuindo ao cidadão uma série de faculdades tendentes a garantir que o titular dos dados tenha consentido na recolha e no tratamento dos seus dados pessoais ou, pelo menos, os tenha conhecido, dispondo do direito de aceder, rectificar e cancelar, quando for necessário, tais informações[1025]. Mais, secunda-se PAULO MOTA PINTO[1026], entendendo que embora o direito à autodeterminação informativa tenha como origem a protecção de dados pessoais, é-lhe hoje atribuída uma extensão mais ampla, sendo considerado um verdadeiro direito a um controlo da informação sobre a vida privada, que diz respeito não apenas à recolha de informação sobre a vida privada, como também à sua divulgação.

Portugal foi o primeiro Estado europeu que reconheceu de forma expressa no seu texto constitucional um direito à protecção de dados pessoais, distinto do direito à reserva sobre a intimidade da vida pri-

---

derivados das novas formas de vida nas sociedades ocidentais, particularmente com a utilização em massa nas NTIC. *Vide* PÉREZ LUÑO, *apud* TASCÓN LÓPEZ, *op.* cit., pp. 42-43.

[1024] Ver ANA URRUTIA, HÉCTOR GORSKI e MÓNICA MICHEL, *op.* cit., pp. 33-34, e TASCÓN LÓPEZ, *op.* cit., pp. 46-47. *Vide*, ainda RODOTÀ, *Tecnologie...*, cit., pp. 50-51, sobre esta noção de privacidade mais ampla. Também VALVERDE ASENCIO, "El derecho a la protección de datos en la relación laboral", *in Relaciones Laborales y...*, cit., p. 354, coloca a distinção entre o conceito de intimidade e de protecção de dados.

[1025] Ver ELEONORA STENICO, "Diritto all'autodeterminazione...", cit., p. 68-69, VMARIAPAOLA AIMO, *Privacy,...*, cit., p. 133, TASCÓN LÓPEZ, *op.* cit., pp. 46-47, e TÉLLEZ AGUILERA, *op.* cit., p. 75.

[1026] "A limitação voluntária do direito à reserva sobre a intimidade da vida privada", *in Estudos em Homenagem a Cunha Rodrigues, vol. 2*, Coimbra Editora, Coimbra, 2001, p. 529.

296 A Privacidade dos Trabalhadores e as Novas Tecnologias...

vada[1027] [1028]. Desde a sua versão originária de 1976, que a CRP consagra um direito à autodeterminação informativa no art. 35.°[1029]. Este artigo,

---

[1027] Na doutrina estrangeira vários autores reconhecem o carácter pioneiro da nossa Constituição. A título de exemplo pode referir-se FROSINI, "Banche dei dati...", cit., p. 7, JAMES MICHAEL, *op.* cit., p. 115, que elogia o caso de Portugal por incluir na Constituição não só artigos que protegem a reserva da vida privada, mas também a protecção desta no contexto de dados pessoais. Também M.ª BELÉN CARDONA RUBERT, *Informática y...*, cit., p. 20, nota n.° 3, e PÉREZ LUÑO, *Nuevas tecnologias...*, cit., p. 86 o fazem.

[1028] Embora Portugal tenha sido o primeiro país a legislar ao nível constitucional o tratamento de dados, as suas previsões, tal como em Espanha, só foram objecto de desenvolvimento legal 15 anos depois, através da Lei n.° 10/91, de 9 de Abril, que foi alterada pela Lei n.° 67/98, de 26 de Outubro – Lei da Protecção de Dados Pessoais, que operou para o nosso ordenamento jurídico a transposição da Directiva n.° 95/46/CE, do Parlamento Europeu e do Conselho, de 24 de Outubro, relativa à protecção das pessoas singulares no que diz respeito ao tratamento de dados pessoais e à sua livre circulação. JORGE BACELAR GOUVEIA, "Os direitos fundamentais à protecção dos dados pessoais informatizados", *in ROA*, ano 51, 1991, p. 706, refere na nota 22 que "a Constituição Portuguesa de 1976 é o documento constitucional mais aperfeiçoado na protecção conferida à pessoa relativamente à informática". Como menciona PAULO MOTA PINTO, "A protecção da vida privada...", cit., pp. 200-201, o exercício dos direitos previstos no art. 35.° pressupunha, logo a partir da sua consagração, uma mediação legislativa – *interpositio legislatoris* –, em execução das imposições de legislar contidas na norma constitucional. Existiram mais de dez projectos e propostas de lei de protecção de dados pessoais que, no entanto, no final dos anos 80 ainda não tinham dado origem a nenhum diploma legal. O TC teve ocasião de proferir nesta matéria uma decisão de inconstitucionalidade por omissão, através do acórdão n.° 182/89, de 1 de Fevereiro, publicado no *D.R.*, I Série, de 2 de Março de 1989, onde se refere que "pese embora a sua aplicabilidade directa, por força do disposto no n.° 1 do art. 18.° da Constituição, o citado artigo 35.° é uma norma inexequível pela sua natureza e estrutura, carecendo de «actividade legislativa mediadora» em ordem a assegurar a sua aplicabilidade plena e operatividade prática". Assim, o Tribunal deu por verificado o não cumprimento da Constituição por omissão da medida legislativa prevista no n.° 4 do seu artigo 35.°, "necessária para tornar exequível a garantia constante do n.° 2 do mesmo artigo, e dá conhecimento desta verificação à Assembleia da República".

[1029] Para compreender os motivos que originaram a inclusão deste direito no texto constitucional há que ter em atenção o momento histórico que Portugal atravessava aquando da redacção da Constituição. Os antecedentes sociais e políticos encontram-se na Revolução de 25 de Abril de 1974 e na aprovação, em consequência das mudanças sociais e políticas ocorridas, do livro "Informática e Liberdade", que se referia à suspensão de um projecto de criação de um Registo Nacional de Identificação onde se incluíam todas as pessoas físicas e jurídicas, pretendendo-se atribuir um número único de identificação, percebendo-se a inserção no n.° 3 do art. 35.° na sua versão original da proibição da atri-

As Novas Tecnologias e a Privacidade 297

bastante inovador para a altura, foi objecto de revisão em 1982, em 1989 e em 1997, referindo-se inicialmente ao uso de dados mecanográficos, só tendo sido objecto de alteração em 1982[1030]. O art. 35.°, apesar da epígrafe "Utilização da informática", é um direito de protecção da informação pessoal face ao uso da informática, mas também, em relação a outros meios, pois os dados manuais contidos em ficheiros manuais devem gozar de idêntica protecção[1031].

---

buição de um número nacional único aos cidadãos. Cf., para maiores desenvolvimentos, GARCIA MARQUES e LOURENÇO MARTINS, *op. cit.*, pp. 82 e ss..

[1030] Em 1982 a redacção original deste artigo foi modificada devido a certas mudanças sociais e tecnológicas com o objectivo de dotar de maiores garantias os processos de registo e tratamento de dados pessoais. Assim, substituiu-se o termo "registo mecanográfico" por "registo informático", e incluíram-se como dados sensíveis os dados relativos à filiação sindical e a um partido político, acrescentando-se dois novos números. Mas esta redacção, tal como defendem GARCIA MARQUES e LOURENÇO MARTINS, *op. cit.*, pp. 170-171, era manifestamente excessiva, "ignorando as mais triviais circunstâncias em que inevitavelmente ocorrem fluxos de dados transfronteiras" e foi por essa razão que, perante a ausência de publicação da legislação específica do n.° 2 do art. 35.°, a Procuradoria-Geral da República, no parecer n.° 202/80 (complementar), de 9 de Outubro de 1986, entendeu que a Convenção n.° 108 colidia, no que concerne ao art. 12.°, com o n.° 2 do art. 35.°. Isto originaria, segundo o parecer, a inconstitucionalidade material da Convenção à face do ordenamento jurídico português se este instrumento fosse aprovado e ratificado. Só com a revisão constitucional de 1989 viria a ser resolvida esta dificuldade. Para além disto, alterou-se o n.° 1 de forma a introduzir uma referência aos segredos de Estado e de Justiça, como limites aos direitos dos cidadãos. Também se acrescentaram aos números 1 e 4 os conceitos de "ficheiros", e os de "bases" e "bancos de dados", assim como a referência à utilização de dados pessoais por parte de entidades públicas e privadas. A última reforma deste preceito introduziu-se em 1997 como consequência da adaptação do texto constitucional à Directiva n.° 95/46/CE. Nesta redacção o constituinte remeteu para a Lei a determinação dos aspectos essenciais da protecção de dados pessoais, isto é, os direitos e os princípios que devem reger todas as condições e limites do exercício dos direitos do titular de dados. A nova redacção introduz a alusão à criação de uma autoridade competente, encarregada da protecção de dados pessoais, estabelece a mesma regulação para os tratamentos automatizados e manuais, e inclui pela primeira vez um elemento essencial no tratamento de dados pessoais e que é o consentimento. Veja-se, para tudo esta evolução GARCIA MARQUES e LOURENÇO MARTINS, *op. cit*, pp. 170 e ss.. Cf., ainda, CATARINA SARMENTO E CASTRO, *Direito da informática...*, cit., pp. 32 e ss., CRISTINA MÁXIMO DOS SANTOS, *op.* cit., pp. 96-97, GOMES CANOTILHO e VITAL MOREIRA, *op.* cit., pp. 552 e ss., e JORGE MIRANDA e RUI MEDEIROS, *op.* cit., pp. 381-382.

[1031] Veja-se o n.° 7 deste artigo. Cf. CATARINA SARMENTO E CASTRO, *Direito da informática...*, cit., p. 33.

298 *A Privacidade dos Trabalhadores e as Novas Tecnologias...*

Desta forma, os perigos de tratamento de dados pessoais e a correspondente necessidade de protecção da vida privada originaram que logo em 1976 o legislador constituinte consagrasse uma norma para a protecção das pessoas contra o tratamento informático de dados pessoais já que, através destes, pode acontecer que haja uma interconexão de ficheiros. Por outro lado, como defendem GOMES CANOTILHO e VITAL MOREIRA[1032], actualmente, o desenvolvimento dos meios tecnológicos e o crescente recurso a meios electrónicos, que deixam "pegadas electrónicas", tornam cada vez mais importantes as garantias contra o tratamento e a utilização abusiva de dados pessoais informatizados[1033] [1034].

Segundo JORGE MIRANDA[1035], a Constituição portuguesa, neste artigo, prevê o direito à autodeterminação informativa[1036] que visa a pro-

---

[1032] *Op.* cit., p. 550.

[1033] GOMES CANOTILHO, *Direito Constitucional e Teoria da Constituição*, 5.ª edição, Almedina, Coimbra, 2002, pp. 507-508, acrescenta um outro perigo, a "digitalização dos direitos fundamentais".

[1034] Também PIERRE KAYSER, *op.* cit., pp. 217-219, refere vários riscos de uma utilização errónea da informática em relação à reserva da vida privada. Desde logo, um primeiro risco consiste na alteração da personalidade pois podem ser introduzidos dados inexactos ou incompletos sobre as pessoas, sendo que uma outra ameaça é a da conservação por muito tempo de dados nominativos. Mas também há perigos em relação aos ficheiros automatizados, quer em relação à investigação, quer em relação à protecção contra a sua divulgação, na medida em que a informação armazenada nestes ficheiros pode ser utilizada para fins diversos daqueles para os quais foi originariamente criada.

[1035] *Apud* HUBERT ALCARAZ, VÉRONIQUE BERTILE, ÉLISE CARPENTIER e VALÉRIE LANISSON, "Compte rendu des discussions et debats", *in Annuaire International...*, cit., p. 394.

[1036] O TC, no já citado ac. n.º 355/97, refere que "a Constituição da República consagra no artigo 35.º o chamado «direito fundamental à autodeterminação informacional», por sua vez integrado por diferentes direitos, liberdades e garantias, entre estas se destacando – n.º 3 do preceito – a de a informática não poder ser utilizada para tratamento de dados referentes à vida privada". Assim, "os dados pessoais referentes ao estado de saúde – e particularmente no domínio das doenças de foro oncológico – integram a esfera da vida privada, sendo certo que esta, pela sua conceituação «aberta», exige concretização e implica um grau diferenciado de protecção e inviolabilidade, não significando, porém, uma proibição total, permanente e absoluta de tratamento automatizado de quaisquer dados pessoais relacionados com a vida privada e o estado de saúde. Neste sentido, este Tribunal pronunciou-se pela inconstitucionalidade orgânica de um DL que visava a constituição de ficheiros automatizados com registos oncológicos em cada região e instituições de saúde, considerando que, como a matéria dizia respeito à intimidade da vida privada, deveria resultar de lei parlamentar.

As Novas Tecnologias e a Privacidade

tecção das convicções filosóficas ou políticas, a filiação sindical[1037], as opiniões religiosas e a vida privada. Estes são considerados como dados *sensíveis*, sendo que o conceito de vida privada é de contornos mais fluídos, havendo que, na esteira de GOMES CANOTILHO e VITAL MOREIRA, considerar incluídas, entre outras, as informações sobre a origem étnica, a vida familiar, a vida sexual, a saúde, as condenações em processo criminal, a situação patrimonial e financeira. É assim um direito muito mais amplo do que o simples segredo da vida privada. Como consequência deste direito existe o do livre acesso aos dados pessoais informatizados e à sua rectificação e actualização. E, como defendem os mesmos autores[1038], o direito ao conhecimento dos dados pessoais é "uma espécie de direito básico" – *habeas data* – e divide-se em vários direitos: "a) *o direito de acesso*, ou seja, o direito de conhecer os dados constantes de registos informáticos, quaisquer que eles sejam (públicos ou privados); b) *o direito*

[1037] O parecer n.º 167/82, *in Pareceres da Procuradoria Geral da República*, volume VII, pp. 194-196, versa a conformidade jurídica do desconto automático da quotização sindical mediante a utilização do processamento informático dos vencimentos, face ao disposto no n.º 3 do art. 35.º da Constituição, sendo que se defendeu que "os elementos recolhidos parecem não deixar dúvidas quanto ao alcance e sentido do actual art. 35.º, n.º 3, que não consente o registo informático de determinados dados, quando permitam a identificação dos cidadãos visados. É o caso dos dados referentes à filiação sindical. A pretensão da Federação Nacional dos Sindicatos da Função Pública colide manifestamente com aquele preceito constitucional, como bem opina a direcção do Instituto de Informática, já que o processamento do desconto automático visado implicaria o registo individual da filiação sindical dos cidadãos abrangidos, para além de, contrariamente ao preceituado, não visar fins estatísticos". Outro parecer nesta matéria é o parecer n.º 167/82 complementar, publicado na mesma obra, pp. 197-200, que resultou de uma consulta visando o apuramento da constitucionalidade do art. 14.º, n.º 1, do DL n.º 40-A/85, de 1 de Janeiro, e que dispõe: "Em todos os serviços ou organismos da Administração Pública, inclusive nos que utilizam meios informáticos para processamento dos vencimentos, as quotizações sindicais serão descontadas na fonte, desde que solicitado pelos funcionários e agentes". Este parecer levantou duas questões, sendo que uma refere-se ao sentido da norma e a outra com a forma de promover os descontos, isto é "saber se o legislador visou (e admitiu) de facto o uso de *meios informáticos* para processamento desses descontos, mesmo tendo em conta a estatuição do n.º 3 do art. 35.º da Constituição". Decidiu-se, embora não unanimemente, que "o desconto das quotizações sindicais com recurso a meios informáticos, mesmo quando condicionado à solicitação dos funcionários, viola o n.º 3 do art. 35.º da Constituição da República. Nessa medida, a norma do n.º 1 do art. 14.º do DL n.º 40--A/85 é materialmente inconstitucional".

[1038] *Op.*cit., pp. 551-552.

300 *A Privacidade dos Trabalhadores e as Novas Tecnologias...*

ao conhecimento da identidade dos responsáveis bem como o direito ao esclarecimento sobre a finalidade dos dados; c) *o direito à contestação*, ou seja, direito à rectificação dos dados e sobre a identidade e endereço do responsável; d) *o direito à actualização* (cujo escopo fundamental é a correcção do conteúdo dos dados em caso de desactualização); e) finalmente, *o direito à eliminação* dos dados cujo registo é interdito". Em relação às garantias há que obedecer a certos princípios fundamentais, como os da publicidade, da justificação social, da transparência, da especificação de finalidades, da limitação da recolha, do princípio da fidelidade dos dados recolhidos, da limitação da utilização, da imposição de medidas de segurança (que funcionam como garantias), do princípio da política aberta e do princípio da limitação no tempo destes dados[1039].

Assim, o artigo 35.° assegura os direitos fundamentais em matéria de tratamento de dados pessoais[1040], dos quais releva o denominado *direito à autodeterminação informativa*, consistindo na faculdade que cada pessoa tem de "determinar e controlar a utilização dos seus dados pessoais"[1041]. Há, assim, uma clara rejeição da concepção do homem como mero "objecto de informações"[1042].

Pode dizer-se que o direito consagrado neste artigo 35.° traduz-se, assim, num acervo de prerrogativas que pretendem garantir que cada um tenha o direito a manter secreto uma parte dos seus dados pessoais, a não ser objecto de um *controlo total*, ou de ser visto como uma pessoa *transparente*. Assim entendido, este direito é semelhante ao direito à privacidade clássico no sentido de uma posição negativa de oposição à recolha,

---

[1039] *Vd.*, com mais desenvolvimento, GOMES CANOTILHO e VITAL MOREIRA, *op.* cit., pp. 551-552. Cf., ainda, CATARINA SARMENTO E CASTRO, *Direito da Informática...*, cit., pp. 33 e ss., assim como "Privacidade e protecção de dados pessoais em rede", *in Direito da Sociedade da Informação, vol. VII*, Coimbra Editora, Coimbra, 2008, pp. 98-99.

[1040] Não pode esquecer-se o teor do n.° 7 deste artigo, aditado na IV revisão constitucional, e que estende os mecanismos de protecção dos ficheiros informatizados aos "dados pessoais constantes de ficheiros manuais". Este número é importante para o nosso ordenamento jurídico e para este trabalho já que o eventual processamento de dados dos trabalhadores poderá dar-se ao nível de ficheiros manuais. Imagine-se o caso das pequenas e médias empresas, fortemente maioritárias em Portugal e que, sem este número, não estariam protegidos constitucionalmente.

[1041] Ver GOMES CANOTILHO, *Direito Constitucional e Teoria...*, cit., p. 508.

[1042] GOMES CANOTILHO e VITAL MOREIRA, *op.*cit., p. 551.

difusão e tratamento de dados pessoais[1043]. Mas este direito vai mais longe, pois, para além de ser um direito contra as intromissões do Estado ou de outros indivíduos, que devem abster-se de proceder a tratamentos dos seus dados pessoais, é um direito a decidir até onde se pretendem ver salvaguardados os dados pessoais do conhecimento alheio, construindo-se como um direito de liberdade[1044]. Desta forma, o cidadão é dotado de um poder positivo de disposição sobre as suas informações pessoais.

Este direito à autodeterminação informativa é um verdadeiro direito fundamental com um conteúdo próprio, e não apenas uma garantia do direito à reserva sobre a intimidade da vida privada, embora esteja estreitamente ligado a este, assim como a outros "direitos-mãe"[1045] em sede de direitos, liberdades e garantias, como é o caso do direito à dignidade da pessoa humana, do direito ao desenvolvimento da personalidade e do direito à integridade pessoal. Assim, este direito, embora possa proteger informação íntima e seja visto, essencialmente, como um direito-garantia desta, é entendido como um direito-*direito*, tal como preconiza VIEIRA DE ANDRADE[1046], sendo, ainda, um direito dirigido a novas facetas da personalidade, que se traduz na liberdade de controlar a utilização das informações que lhe respeitem e na protecção perante agressões derivadas do uso dessas informações.

O direito previsto neste artigo deve ser visto numa dupla perspectiva: objectiva e subjectiva. A primeira dimensão, comunitária, externa ou horizontal, de defesa contra terceiros, impõe ao Estado a adopção de providências de defesa contra agressões desses terceiros. A segunda dimensão é subjectiva, entendida como aquela em que os titulares usufruem de posições jurídicas perante o Estado, para se defenderem dos seus abusos quanto à utilização da informação pessoal, estando este direito "ligado à protecção intencional e efectiva disponibilidade de um bem ou espaço de

---

[1043] Cf. JORGE MIRANDA e RUI MEDEIROS, *op.* cit., p. 380, que referem ser um direito de natureza negativa, um *Abwehrrecht*.

[1044] Cf. neste sentido CATARINA SARMENTO E CASTRO, "O direito à autodeterminação informativa...", cit., p. 78, e FRANÇOIS RIGAUX, "La liberté...", cit., pp. 539 e ss.. Também JORGE MIRANDA e RUI MEDEIROS, *op.* cit., p. 380, referem que é um direito que configura uma liberdade positiva, isto é, "o poder supervisionar o uso da informação" que diz respeito à pessoa.

[1045] Expressão utilizada por GOMES CANOTILHO e VITAL MOREIRA, *op.* cit., p. 551.

[1046] *Op.* cit., p. 117.

302   *A Privacidade dos Trabalhadores e as Novas Tecnologias...*

autodeterminação individual"[1047], isto é, a autodeterminação informativa[1048].

O Tribunal Constitucional teve oportunidade de analisar a matéria da autodeterminação informativa por mais de uma vez. Na maior parte dos casos estava em causa uma inconstitucionalidade orgânica, por violação da reserva de lei[1049], pelo que há que entender que o Tribunal Constitucional defende que o art.º 35.º incorpora direitos, liberdades e garantias, tratando muitas vezes os casos sob a perspectiva do direito à reserva sobre a intimidade da vida privada[1050], o que não nos parece ter sido a melhor opção, devendo entender-se este direito como um direito autónomo e aferir-se a eventual inconstitucionalidade das questões atendendo a esta autonomia, ainda que em profunda ligação com outros direitos fundamentais.

4.4.2. *A protecção civil da privacidade*[1051]

Actualmente, os direitos de personalidade conhecem um grande surto doutrinário e jurisprudencial, e se o século vinte pode ser referido

---

[1047] Cf. VIEIRA DE ANDRADE, *op.* cit., p. 115.

[1048] Neste sentido CATARINA SARMENTO E CASTRO, "Direito à autodeterminação...", cit., p. 80, *Direito da informática...*, cit., pp. 27-28, e "Privacidade...", cit., p. 93. Cf., ainda JORGE MIRANDA e RUI MEDEIROS, *op.* cit., pp. 380-381.

[1049] Tal como aconteceu no acórdão n.º 355/97, já citado anteriormente, a propósito das normas de um Decreto do Governo relativo à criação de ficheiros informatizados de registos oncológicos, na decisão n.º 255/92, também já referida anteriormente, a propósito de um Diploma que regulava a actividade de segurança privada, na parte em que permitia a utilização de equipamentos electrónicos de vigilância e controlo por parte das entidades que prestem serviços de segurança privada, e estabelecia algumas regras respeitantes a essa utilização, assim como no acórdão n.º 207/2003, também já analisado, em que o tribunal entendeu ser organicamente inconstitucional, por violação de reserva da lei parlamentar, a norma que impunha a existência de equipamentos de vigilância nas salas de jogo.

[1050] Tal foi o caso do acórdão n.º 306/2003, também já referido, onde se suscitava a questão da inconstitucionalidade em virtude do tratamento de dados de saúde dos trabalhadores, sendo que a questão foi analisada na perspectiva do direito à reserva sobre a intimidade da vida privada. O mesmo se passou nas decisões n.º 5/2008, de 8 de Janeiro, e 230/2008, de 21 de Abril.

[1051] Para mais desenvolvimentos sobre esta matéria ver TERESA COELHO MOREIRA, *Da esfera privada...*, cit., pp. 117 e ss..

As Novas Tecnologias e a Privacidade

como tendo sido o período dos contratos, assim como do seu aprimoramento através do instituto da boa fé, o século actual poderá ser entendido como uma "época de direitos das pessoas e do cinzelamento da sua dogmática" [1052].

A noção de personalidade representa uma aquisição de ordem histórica[1053] que, ainda hoje, secundando ORLANDO DE CARVALHO[1054], está longe de ser dominada por completo, de ser reconhecida em todas as suas implicações. Para que cada pessoa o seja verdadeiramente é necessário garantir-se-lhe algumas condições essenciais, ou seja, é preciso que se lhe outorguem os direitos de personalidade, sendo o Direito civil, "enquanto direito dos homens comuns em comum, que parece ser a pátria dos direitos do homem *tout court*"[1055] e, por isso, o campo por excelência para o desenvolvimento destes direitos. No seguimento de MOTA PINTO[1056], considera-se que o reconhecimento pelo Direito civil da ideia de pessoa e da sua personalidade, "começa por ser, para além de um princípio normativo, a aceitação de uma estrutura lógica sem a qual a própria ideia de Direito não é possível".

Os direitos de personalidade[1057] [1058] são aqueles sem os quais as pessoas não são tratadas como tais, sendo direitos que são exigidos pela

---

[1052] MENEZES CORDEIRO, "Os direitos de personalidade na civilística portuguesa", *in Estudos em Homenagem ao Professor Doutor Inocêncio Galvão Telles, volume I – Direito privado e vária*, Almedina, Coimbra, 2002, p. 21.

[1053] Como entende GUILHERME DRAY, *Direitos de personalidade...*, cit., p. 5, seguindo o ensinamento de MENEZES CORDEIRO, a ideia de pessoa não está necessariamente, quanto à sua origem, associada aos propósitos da sua tutela. Esta ideia impôs-se com a finalidade de assegurar a organização económica e social, tornando operacional a figura de troca e, assim, do contrato e da propriedade.

[1054] *Op.*cit., pp. 24-25.

[1055] ORLANDO DE CARVALHO, *op.*cit., p. 15.

[1056] *Teoria Geral do Direito Civil*, 3.ª edição, Coimbra Editora, Coimbra, 1989, p. 84.

[1057] No ordenamento jurídico português, ao nível da legislação, a expressão *direitos de personalidade* só teve consagração no actual Código Civil. Como refere MENEZES CORDEIRO, "Os direitos de personalidade...", cit., p. 21, o Direito civil "despertou tarde para o problema", embora ao longo da história do privatismo português existisse toda uma tradição humanista. O Código Civil de Seabra, de 1867, dentro da lógica da sua classificação das fontes dos direitos e obrigações, dispunha no art. 359.º sobre direitos que resultam da própria natureza e que designava como *direitos originários* – "dizem-se direitos originários os que resultam da própria natureza do homem, e que a lei civil reco-

304 *A Privacidade dos Trabalhadores e as Novas Tecnologias...*

nhece, e protege como fonte e origem de todos os outros". Estes direitos eram: o direito de existência, o direito de liberdade, o direito de associação, o direito de apropriação e o direito de defesa, incumbindo-se os artigos seguintes, arts. 360.º a 368.º, da sua definição. Assim, referindo os exemplos mencionados por CASTRO MENDES, *Teoria Geral do Direito Civil*, I volume, AAFDL, Lisboa, 1978, p. 311, o art. 360.º dispunha que "o direito à existência não só compreende a vida e integridade pessoal do homem, mas também o seu bom nome e reputação em que consiste a sua dignidade moral", e o art. 361.º estipulava que "o direito de liberdade consiste no livre exercício das faculdades físicas e intelectuais, e compreende o pensamento, a expressão e a acção". Algumas destas categorias são também direitos de personalidade o que lhes confere, ainda hoje, uma grande importância. Conforme HEINRICH HÖRSTER menciona, *A Parte Geral do Código Civil Português – Teoria Geral do Direito Civil*, Almedina, Coimbra, 1992, p. 258, os artigos 70.º a 81.º do actual CC continuam o caminho que já tinha sido aberto pelos arts. 359.º a 368.º do Código de Seabra. A Constituição política de 1933 não abordava ainda o termo *direitos de personalidade* mas enumerava, no art. 8.º, os direitos, liberdades e garantias individuais dos cidadãos portugueses, entre os quais direitos de personalidade, como o direito à vida e integridade pessoal e o direito ao bom nome e reputação. Tinha, ainda, uma Parte I sobre as garantias fundamentais. O CC actual alterou significativamente este quadro legal, não apenas por consagrar a expressão legal *direitos de personalidade*, mas também por realizar um tratamento específico, embora não exaustivo, desta matéria. *Vide* CARVALHO FERNANDES, *Teoria Geral do Direito Civil, I, Introdução, Pressupostos da Relação Jurídica*, Universidade Católica Editora, Lisboa, 2001, pp. 222--223, GUILHERME DRAY, *Direitos de personalidade...*, cit., pp. 30-32, e MENEZES CORDEIRO, última *op.* cit., pp. 22 e ss.. O Código Civil contém um amplo sistema de protecção absoluta da personalidade do homem na medida em que a cada pessoa, pelo simples facto de o ser, é reconhecida uma esfera de bens pessoais tutelada contra agressões de terceiros. Ver, neste sentido, SOUSA RIBEIRO, *op.*cit., p. 735.

[1058] CASTRO MENDES, *op.* cit., p. 310, alude ao facto da categoria *direitos de personalidade* estar conexa com outras afins, podendo confundir-se com elas. Assim, tenta distingui-la destas, sendo relevante referir nesta sede a distinção efectuada por este autor. Há que mencionar seis categorias: direitos fundamentais, direitos de personalidade, direitos originários, direitos do Homem, direitos pessoalíssimos e direitos pessoais. Os primeiros, em sentido formal, são atribuídos pela Constituição. Espécies destes direitos são os direitos, liberdades e garantias, sendo que o critério é o da fonte de atribuição. Os segundos são "os que incidem sobre elementos e realidades afins", sendo o critério utilizado o do objecto. Os direitos originários são os que resultam da própria natureza do Homem e o critério é o da extensão da sua titularidade positiva ou efectiva. Os direitos do Homem resultam da própria natureza deste e a lei natural e internacional reconhecem-nos. O critério é o da extensão da sua titularidade natural ou internacional. Quanto aos direitos

As Novas Tecnologias e a Privacidade

sua iminente ligação à dignidade humana, constituindo fundamento ontológico da personalidade[1059] e da dignidade humana[1060]. Desta forma, se o ordenamento jurídico não os respeitar perde a característica de juridicidade[1061].

Os direitos de personalidade são caracterizados, fundamentalmente, pela valoração ética ligada ao seu conteúdo e, por isso, são supra legais, sendo hierarquicamente superiores aos outros direitos, mesmo os direitos fundamentais que não são direitos deste tipo. Caracterizam-se, também, pela sua inalienabilidade[1062], e estão plasmados, directa ou indirectamente, em múltiplas normas ou instituições, constituindo, praticamente,

---

pessoalíssimos são intransmissíveis e, por isso, o critério é o da possibilidade de transmissão. Por último, os direitos pessoais são, no entendimento mais frequente, os não patrimoniais, sendo o critério utilizado o da sua avaliação em dinheiro. Também R. CAPELO DE SOUSA, *op. cit.*, pp. 575-594, distingue os direitos de personalidade de outros institutos jurídicos próximos ou afins, referindo os direitos patrimoniais sobre coisas incorpóreas, os direitos pessoais juscivilísticos, os direitos fundamentais, os direitos subjectivos públicos dos particulares, os direitos do Homem e os direitos e os interesses legítimos de personalidade. Por seu lado, GUILHERME DRAY, última *op. cit.*, pp. 28-30, analisa esta classificação dividindo entre direitos fundamentais, direitos originários, direitos do homem, direitos pessoalíssimos e direitos pessoais. Para M.ª REGINA REDINHA, "Os direitos de personalidade...", cit., p. 162, os direitos de personalidade podem ser entendidos em sentido técnico, ou seja, como categoria jurídica distinta dos direitos fundamentais, mais horizontal do que esta última e mais dirigida às relações jurídicas privadas.

[1059] Segundo o ensinamento de DE CUPIS, *op. cit.*, p. 9, a personalidade jurídica, com a capacidade jurídica, vem definida como a atitude de ser titular de direitos e obrigações jurídicas, ou, segundo uma formulação mais recente, de poderes e deveres jurídicos.

[1060] PEDRO PAIS DE VACONCELOS, *op.* cit., p. 250.

[1061] Como refere MÁRIO RAPOSO, *op.* cit., p. 6, os direitos de personalidade, entendidos como direitos essenciais do homem, sem os quais todos os outros direitos subjectivos perderiam o seu significado, têm por base a ideia da dignidade da pessoa humana. Também PEDRO ROMANO MARTINEZ, *Direito do...*, cit., p. 355, entende que os direitos de personalidade são direitos subjectivos que projectam a personalidade humana, correspondendo a direitos pessoais, justificando-se, desta forma, a dignidade que lhes é conferida pelo ordenamento jurídico. Para PEDRO ORTINS DE BETTENCOURT, "Controle patronal e limitação dos direitos de personalidade", *in Minerva – Revista de Estudos Laborais*, Ano I, n.º 1, 2002, p. 130, a existência e o reconhecimento dos direitos de personalidade é inerente à pessoa humana, entendendo que o reconhecimento destes direitos equivale a aceitar a própria personalidade e identidade.

[1062] Cf. M.ª EDUARDA GONÇALVES, *op.* cit., p. 83, e PEDRO PAIS DE VASCONCELOS, *op.* cit., p. 250.

306 *A Privacidade dos Trabalhadores e as Novas Tecnologias...*

cláusulas gerais de controlo do ordenamento jurídico e de preenchimento de lacunas eventualmente existentes[1063].

Contudo, os direitos de personalidade são também, tal como defendem ORLANDO DE CARVALHO[1064] e OLIVEIRA ASCENSÃO[1065], uma categoria histórica pois correspondem a circunstâncias históricas. Assim, o aparecimento de novas técnicas de intromissão na vida privada como a fotografia, as gravações não autorizadas, a possibilidade de escutas, originou, nos finais do século XIX, uma nova preocupação de defesa da personalidade. Actualmente, com o surgimento das NTIC e a possibilidade de intromissão informática, configuram-se novos problemas. A ideia de direitos de personalidade surgiu tardiamente na dogmática jurídica[1066], abrangendo os direitos que recaíam sobre bens pessoalíssimos, como o direito à vida, à integridade física, à imagem ou ao nome[1067], sendo que a sua evolução posterior os consagraria como uma figura civil[1068]. Também

---

[1063] Tal como entende DIOGO LEITE DE CAMPOS, "O Direito e os Direitos de Personalidade", *in Nós- Estudos sobre...*, cit., p. 133.

[1064] *Op.* cit., p. 24.

[1065] *Direito civil...*, cit., pp. 64-65.

[1066] Neste sentido MENEZES CORDEIRO, *Tratado de Direito Civil Português – I – Parte Geral*, Tomo I, 2.ª edição, Almedina, Coimbra, 2000, p. 203, e "O respeito pela esfera privada...", cit., pp. 33-34.

[1067] A mesma opinião tem GUILHERME DRAY, "Justa causa...", cit., p. 40, para quem os direitos de personalidade traduzem, no essencial, direitos subjectivos que recaem sobre bens pessoalíssimos, projectando a própria personalidade humana. Também R. CAPELO DE SOUSA, *op.* cit., pp. 184-185, entende que os direitos de personalidade são direitos subjectivos, privados, absolutos, gerais, extrapatrimoniais, perpétuos, intransmissíveis e relativamente indisponíveis.

[1068] Para OTTO VON GIERKE, *apud* MENEZES CORDEIRO, última *op.* cit., p. 203, a definição de direitos de personalidade é algo circular, referindo que "chamamos direitos de personalidade aos direitos que concedem ao seu sujeito um domínio sobre uma parte da sua própria esfera de personalidade. Com este nome, eles caracterizam-se como «direitos sobre a própria pessoa» distinguindo-se com isso, através da referência à especialidade do seu objecto, de todos os outros direitos. Os direitos de personalidade distinguem-se, como direitos privados especiais, do direito geral da personalidade, que consiste na pretensão geral, conferida pela ordem jurídica, de valer como pessoa. O direito de personalidade é um direito subjectivo e deve ser observado por todos". Não pode esquecer-se que os direitos de personalidade não são reconhecidos como tal na Constituição alemã, resultando da combinação de duas das suas normas fundamentais: art. 1.º, § I, que consagra o princípio da dignidade humana, e o art. 2.º, § I, que garante o direito ao livre desenvolvimento da

As Novas Tecnologias e a Privacidade

CARVALHO FERNANDES[1069] considera que a categoria dos direitos de personalidade é de formação relativamente recente, constituindo ainda hoje uma matéria onde é viva a polémica acerca do seu conceito, natureza e âmbito. Para este autor, uma noção de direitos de personalidade poderia ser a de "direitos que constituem atributo da própria pessoa e que têm por objecto bens da sua personalidade física, moral e jurídica, enquanto emanações ou manifestações da personalidade em geral".

Para MOTA PINTO[1070] a pessoa é sempre titular de um certo número de direitos absolutos que se impõem ao respeito, incidindo sobre os vários modos de ser físicos ou morais da sua personalidade e que são denominados de *direitos de personalidade*. Constituem, assim, um círculo de direitos necessários, ou seja, um conteúdo mínimo e imprescindível da esfera jurídica de cada pessoa, incidindo sobre a sua vida, a sua saúde física e psicológica, o seu nome, a sua imagem e a reserva sobre a intimidade da sua vida privada. A tutela da personalidade humana exige não só a protecção dos seus "bens interiores", como a vida, a integridade física e a identidade, mas também, o "resguardo e a preservação do seu espaço vital"[1071], compreendendo deste modo as condições externas, sociais e ambientais, tais como os deveres de reserva social face à intimidade da vida privada de outrem, essenciais ao homem e à sua sobrevivência e desenvolvimento, "bem como ainda a defesa das manifestações ou objectivações exteriores dessa personalidade no mundo circundante e que a ela se mantenham unidas, finalmente, a salvaguarda do direito de participação de cada personalidade nos bens colectivos". Os direitos de personalidade representam um certo número de poderes jurídicos que são inerentes a todas as pessoas por

---

personalidade. Foi a jurisdição civil que em 1954 consagrou pela primeira vez este direito apoiando-se na Constituição e qualificando os direitos de personalidade como "outros direitos", nos termos do art. 823.°, § I, do *BGB*. Ver CONSTANCE GREWE, *op*. cit., p. 143. Por sua vez DE CUPIS divide os direitos de personalidade em cinco categorias: direito à vida e à liberdade física, direito à liberdade (liberdades públicas), direito à honra e à reserva, sendo que o direito à imagem constitui a principal manifestação deste último, a identidade pessoal e o direito moral de autor. Cf. HERCE DE LA PRADA, *El derecho a la propia imagen y su incidência en los médios de difusión*, Jose Maria Bosch Editor, S.A., Barcelona, 1994, p. 19.

[1069] *Op.* cit., p. 214.
[1070] *Op.* cit., pp. 87 e 206.
[1071] R. CAPELO DE SOUSA, *op.* cit., p. 184.

força do seu nascimento[1072] e que constituem verdadeiros direitos do homem no sentido das várias Declarações Universais sobre esta matéria. Mais, embora se esteja no plano civil e, por isso, constituam direitos integradores de relações entre particulares, o Estado deve respeitá-los.

Os direitos de personalidade, apesar de terem antecedentes no direito romano e no direito intermédio, só a partir do séc. XIX é que se conseguiram afirmar no direito privado independentemente de outros direitos. Constituem um "conjunto de direitos subjectivos que incidem sobre a própria pessoa ou sobre alguns fundamentais modos de ser, físicos ou morais, da personalidade" [1073]. São, assim, direitos das pessoas que tutelam bens ou interesses da sua própria personalidade.

Os direitos de personalidade têm características próprias e um regime específico. Desde logo, são direitos privados na medida em que se integram no sistema civil e regem-se pelas regras deste. São também direitos essenciais, pois a personalidade humana ficaria descaracterizada se a protecção que eles concedem não fosse reconhecida pelo ordenamento jurídico[1074]. São ainda direitos gerais, no sentido de terem como titulares todos os seres humanos, não ficando restritos a uma certa classe, raça ou grupo, e absolutos, integrando-se numa categoria de direitos oponíveis *erga omnes*. A estes direitos não se contrapõe um dever jurídico de pessoas determinadas mas antes uma obrigação passiva universal[1075]. São

---

[1072] Para MÓNICA MOLINA GARCÍA, "El derecho del trabajador a su propia imagen (STC 99/1994, de 11 de Abril)", *in RL*, II, 1995, p. 622, os direitos de personalidade caracterizam-se por serem direitos inatos e inerentes à pessoa, ressaltando a ideia de que são inseparáveis da mesma, nascem com ela e extinguem-se com esta. Distinguem-se, assim, de todos os direitos adquiridos e dos direitos de crédito pois são direitos pessoais reconhecidos pelo ordenamento jurídico a cada pessoa de maneira individual desde que, com o nascimento, é reconhecida ao ser humano a personalidade jurídica.

[1073] Esta é a opinião de PAULO MOTA PINTO, "O direito à reserva...", cit., p. 482, e "Os direitos de personalidade no Código Civil de Macau", *in BFDUC*, n.º 76, 2000, p. 205.

[1074] Ver PAULO MOTA PINTO, últimas obras citadas, e MOTA PINTO, *op.* cit., p. 207, quando alude a um "círculo de direitos necessários", "a um conteúdo mínimo e imprescindível da esfera jurídica de cada pessoa".

[1075] Contudo, o seu carácter absoluto não significa que estes direitos não sejam susceptíveis de limitações. No entender de OLIVEIRA ASCENSÃO, *op* cit., p. 84, estas podem ser intrínsecas ou extrínsecas. Os primeiros limites são os que a lei enuncia ao estabelecer o conteúdo dos direitos e os segundos resultam da necessidade de os conciliar com

direitos pessoais, não só no sentido de não serem patrimoniais, ou seja, não serem susceptíveis de avaliação pecuniária, embora entendida em termos adequados já que esta característica não significa que a sua violação não possa acarretar uma reparação de conteúdo patrimonial, ao abrigo, por exemplo, do art. 484.° do CC, mas, principalmente, por se encontrarem interligados de uma forma estreita, directa e incindível com a pessoa do seu titular, sendo intransmissíveis, quer em vida, quer por morte, extinguindo-se assim com o seu titular, não podendo transmitir-se para uma esfera jurídica diferente da inicial. Por serem considerados como bens essenciais à personalidade humana, são ainda direitos indisponíveis, inalienáveis e irrenunciáveis, estando subtraídos à livre vontade do seu titular[1076]. Para além destas características, por estarem ligados, por inerência, à pessoa física, são integrados na categoria de *direitos pessoalíssimos*, no sentido que lhes é dado por CARVALHO FERNANDES[1077], com um especial e significativo conteúdo ético. Apoiando esta ideia, pode dizer-se que os direitos de personalidade são os que incidem sobre bens pessoais e pessoalíssimos[1078] e que traduzem uma excepcional dignidade ética[1079] [1080].

---

outras situações protegidas, isto é, com outros direitos de personalidade de terceiros. Como salienta este autor, é importante sublinhar que o carácter absoluto do direito de personalidade não pode significar uma arbitrariedade reconhecida ao titular. Conforme defende CARVALHO FERNANDES, *op.* cit., p. 218, a característica destes direitos como absolutos significa apenas uma nota genérica pois não é de excluir a possibilidade de se identificarem direitos desta categoria que têm uma configuração relativa, apresentando-se, em palavras de PAULO CUNHA, *apud* CARVALHO FERNANDES, como "direitos subjectivos públicos cívicos, ou seja, como direitos a obter uma prestação do Estado". Também PEDRO PAIS DE VASCONCELOS, *op.* cit., pp. 250-251, defende que as limitações a estes direitos só poderão ocorrer quando um interesse público as exigir em termos tais e com uma tal intensidade que o contrário possa ser causa de danos gravíssimos para a comunidade.

[1076] Para OLIVEIRA ASCENSÃO, *Direito* civil..., cit., p. 84, o facto dos direitos de personalidade serem indisponíveis implica três aspectos: por um lado, são intransmissíveis, não podendo ser objecto de cessão nem de sucessão; são irrenunciáveis, sendo que o titular pode renunciar ao exercício de um direito de personalidade mas não pode renunciar ao direito em si e só são "escassamente" restringíveis através de negócio jurídico, embora esta característica seja relativa.

[1077] *Op.*cit., p. 219.

[1078] GUILHERME DRAY, "Justa causa...", cit., p. 40.

[1079] No entender de MÓNICA MOLINA GARCÍA, *op.* cit., p. 622, os direitos de personalidade são "inexpropriáveis, inembargáveis e extra-patrimoniais, porque são imateriais e encontram-se fora do comércio dos homens". A mesma opinião é compartilhada

310   *A Privacidade dos Trabalhadores e as Novas Tecnologias...*

Devido às suas características especiais, os direitos de personalidade não estão na disponibilidade do seu titular e, por isso, ele não pode renunciar a eles, apenas podendo consentir em limitações quanto ao seu exercício. Assim, a ofensa de um qualquer direito sem o consentimento do seu titular tem como consequência a ilicitude do acto lesivo. Porém, se existir consentimento e este tiver sido validamente prestado, essa violação passa a ser lícita, podendo referir-se aqui a figura do *consentimento do lesado*. Contudo, a eventual relevância do consentimento não produz a extinção do direito, conforme adverte MOTA PINTO[1081], tendo apenas um destinatário que beneficia desses efeitos[1082]. O art. 81.º do CC debruça-se sobre

---

por ANDRÉ ROUX, *op.* cit., p. 13, que caracteriza estes direitos como gerais, absolutos, extra-patrimoniais, inalienáveis e imprescritíveis, tendo eficácia *erga omnes*, quer perante os particulares, quer perante o Estado. Num sentido diferente FRANÇOIS RIGAUX, *La protection de la vie privée...*, cit., pp. 729-745 critica, de certa forma, estas características dos direitos de personalidade, em particular o seu carácter absoluto, não patrimonial e subjectivo.

[1080] A Procuradoria-Geral da República, no parecer n.º 129/83, *Pareceres*, cit., volume VII, pp. 22-23, a propósito de uma consulta formulada pelos familiares das vítimas do acidente de Camarate, na qual se pretendia saber se a publicação do livro que incluía relatórios de autópsias efectuadas nos cadáveres, na parte em que se descrevem pormenores íntimos dos falecidos, constitui ofensa à reserva da intimidade da vida privada, refere, a propósito dos direitos de personalidade, que estes – nos quais se insere o direito à intimidade da vida privada – "podem ser definidos como direitos subjectivos, privados, absolutos, gerais, extrapatrimoniais, inatos, perpétuos, intransmissíveis, relativamente indisponíveis, tendo por objecto os bens e as manifestações interiores da pessoa humana, visando tutelar a integridade e o desenvolvimento físico e moral dos indivíduos e obrigando todos os sujeitos de direito a absterem-se de praticar ou de deixar de praticar actos que ilicitamente ofendam ou ameacem ofender a personalidade alheia sem que incorram em responsabilidade civil e/ou na sujeição às providências cíveis adequadas a evitar a consumação da ameaça ou a atenuar os efeitos da ofensa cometida".

[1081] *Op* cit., p. 211.

[1082] A ideia do consentimento do lesado como uma forma de limitação voluntária dos direitos de personalidade reveste-se de particular acuidade neste trabalho já que o trabalhador, pelo simples facto de celebrar um contrato de trabalho, está a limitar alguns dos seus direitos de personalidade. Contudo, esta limitação tem restrições e só é admitida em certos termos. Ver, para mais desenvolvimentos, capítulo III, n.º 2.2., podendo já adiantar-se que na relação laboral o trabalhador sofre duma *capitis diminutio* e, por isso, o seu consentimento pode ser irrelevante. Assim, no que concerne ao consentimento do lesado, é necessário não só que o trabalhador esteja devidamente esclarecido sobre o consentimento que vai prestar mas, principalmente, que este seja dado livremente, isto é, sem qualquer tipo de pressão. Parece-nos que este é o requisito essencial para a aplicação desta

As Novas Tecnologias e a Privacidade

esta matéria, tendo a lei, neste artigo, estabelecido uma cláusula geral, de ordem pública, pois seria "praticamente impossível delimitar normativamente"[1083] os actos que objectivamente violam um direito de personalidade. Assim, a limitação voluntária ao exercício dos direitos de personalidade tem de ser conforme com os princípios da ordem pública[1084]. Na esteira de HEINRICH HÖRSTER[1085], defende-se que para ser válido, o consentimento do lesado, para além de legal, deve ser consciente, ou seja,

---

figura e que, tendo em atenção o facto do trabalhador ser o contraente mais débil da relação jurídico-laboral, pode por vezes não ocorrer. Para PAULO MOTA PINTO, "A limitação voluntária do direito à reserva sobre a intimidade da vida privada", *in Estudos em Homenagem a Cunha Rodrigues*, vol. 2, Coimbra Editora, Coimbra, 2001, pp. 539-540, é necessário ter em atenção a verificação da *"integridade do consentimento"*, dado que em determinadas situações de necessidade "as pessoas podem ser levadas a limitar a reserva sobre a sua vida privada por temerem as consequências de uma eventual recusa", dando como exemplo a relação entre o trabalhador e o empregador para o exercício de certas formas de controlo ou para a realização de determinados testes. Torna-se assim necessário existir uma "prevenção da liberdade e do esclarecimento do titular". Também M.ª DO ROSÁRIO PALMA RAMALHO, "Contrato de Trabalho e...", cit., p. 414, analisa esta questão defendendo que os problemas que possam surgir aquando destas limitações aos direitos fundamentais dos trabalhadores poderão ser solucionados através da aplicação conjugada do art. 18.º da CRP, relativo à tutela dos direitos, liberdades e garantias, e do art. 81.º do CC, respeitante ao regime da protecção dos direitos de personalidade. A mesma opinião tem CATARINA SARMENTO E CASTRO, "A protecção dos dados pessoais...", cit., p. 58, na medida em que relembra que a relação subordinada de trabalho pode não conceder ao trabalhador liberdade suficiente para tomar uma decisão sobre os tratamentos de dados que o afectem. Também MARIAPAOLA AIMO, *Privacy...*, cit., pp. 141 e 326, aponta para esta debilidade do trabalhador perantte o empregador que se repercute numa falta de liberdade de prestar o consentimento, assim como ARIAS DOMÍNGUEZ e RUBIO SÁNCHEZ, *op. cit.*, pp. 104-105, BELLAVISTA, *Il controllo...*, cit., p. 141, chamando a atenção para a falta de liberdade do consentimento que é muitas vezes imposto, DÄUBLER, KLEBE, WEDDE e WEICHERT, *op. cit.*, pp. 135-136, ISABELLE DE BÉNALCAZAR, *op. cit.*, p. 27, LUCA FAILLA e CARLO QUARANTA, *op. cit.*, p. 103, PIETRO ZANELLI, *Impresa,...*, cit., pp. 78-79, e VALVERDE ASENCIO, *op. cit.*, pp. 358-359. Cf., ainda, o Documento do Information Commissioner's Office, *The Employment Practices Code*, p. 59.

[1083] OLIVEIRA ASCENSÃO, *Direito* civil..., cit., p. 85.

[1084] Propugna HEINRICH HÖRSTER, *op. cit.*, p. 268, que a limitação voluntária ao exercício dos direitos de personalidade prevista no "art. 81.º, n.º 1 – uma *lex specialis* em relação ao art. 340.º, n.º 2 [...] é sempre nula quando for contrária aos princípios de ordem pública; não basta assim para esta sanção imediata uma violação dos bons costumes, muito embora esta possa ser um fundamento da nulidade".

[1085] *A Parte Geral...*, cit., p. 269.

312   *A Privacidade dos Trabalhadores e as Novas Tecnologias...*

resultar de uma vontade esclarecida, ponderando todos os efeitos desta limitação. Deve ser prestado, regra geral, de maneira expressa e não pode ser deduzido de um comportamento anteriormente observado[1086]. Importa aplicar a esta limitação voluntária os requisitos do art. 280.° do Código Civil que condicionam a validade de um negócio jurídico e, por isso, há que existir determinabilidade, tendo a limitação que ser precisa quanto aos seus termos, ao tempo e à finalidade, e não contrariar os bons costumes, relacionado aqui com os aspectos atinentes à moral sexual e familiar[1087]. Este consentimento não exige capacidade negocial e, por isso, também os menores podem consentir numa limitação voluntária ao exercício dos seus direitos de personalidade quando possuírem, "conforme a gravidade do caso concreto, uma capacidade natural suficiente para entender plenamente o significado do seu acto"[1088].

Tem de notar-se que, mesmo quando existe uma autorização lícita do titular para a limitação do seu direito de personalidade, ela é sempre livremente revogável, embora possa ocorrer uma obrigação de indemnizar os eventuais danos causados às expectativas legítimas da contraparte – art. 81.°, n.° 2[1089]. Secunda-se HEINRICH HÖRSTER[1090] quando menciona que a lei, através desta solução legal, pretende realçar o carácter vincadamente pessoal dos direitos de personalidade, colocando-os num patamar superior ao princípio do *pacta sunt servanda*[1091]. Sai reforçada a ideia da posição do titular no sentido de poder fazer valer sempre os seus

---

[1086] Porém, como nota este autor, o consentimento prestado não necessita de o ser sempre de forma expressa, podendo ser dado também tacitamente, implicitamente.

[1087] Neste sentido GUILHERME DRAY, *Direitos de personalidade...*, cit., p. 59.

[1088] HEINRICH HÖRSTER, *A Parte Geral...*, cit., p. 270.

[1089] OLIVEIRA ASCENSÃO, *Direito* civil..., cit., p. 86, defende que a revogação, sendo lícita, causa danos a quem não tem qualquer responsabilidade. Neste conflito entre a tutela da personalidade e interesses de terceiros, a lei intervém, impondo como contrapartida ao titular o dever de indemnizar esses danos. Trata-se de um caso de responsabilidade civil por actos lícitos.

[1090] *A Parte Geral...*, cit., p. 271.

[1091] Também PIERRE KAYSER, *op.* cit., p. 238, defende, a propósito do consentimento para a limitação do direito à reserva sobre a vida privada, que este não pode ser dado para acontecimentos futuros e incertos pois, de contrário, estar-se-ia a violar um direito de personalidade, o que não é possível. Só pode ser conferido para acontecimentos já concretizadas ou quase realizados. Este consentimento tem de ser dado livremente e é, em princípio, relativo.

As Novas Tecnologias e a Privacidade

direitos, constituindo a limitação ao seu exercício uma "situação precária ou mesmo excepcional"[1092].

Há a referir, ainda, que se o consentimento do lesado for nulo ou ilegal, não faz perder ao acto violador do direito o seu carácter de ilicitude[1093] e, consequentemente, não isenta o seu autor da obrigação de indemnizar o lesado pelos danos resultantes da violação[1094] [1095].

Os direitos de personalidade gozam no nosso ordenamento jurídico, para além de todas as especificidades de regime já referidas, de uma tutela acrescida. Assim, desde logo, usufruem de todos os meios gerais de tutela e, por isso, a lesão destes direitos é, conforme já foi referido, ilícita, abrangendo a ilicitude, nos termos comuns, a ameaça de lesão, nos termos do art. 70.º, n.º 1, estando sujeita às consequências normais, nomeadamente no que concerne à responsabilidade civil. Mas, mais ainda, o lesado pode requerer, ao abrigo do art. 70.º n.º 2, quaisquer providências não especificadas no artigo, a determinar perante as circunstâncias do caso concreto[1096].

[1092] Assim, pode inferir-se do art. 81.º um princípio geral de indisponibilidade e/ou irrenunciabilidade dos direitos de personalidade.

[1093] MOTA PINTO, *op.* cit., p. 213.

[1094] Para este autor há limitações voluntárias que não podem ser válidas *a priori*, como é o caso das limitações à liberdade física, no sentido do *jus ambulanti*. Porém, já considera válidas, desde que conformes com a ordem pública, "designadamente se temporal ou espacialmente limitadas, quaisquer outras restrições ao livre desenvolvimento de actividades profissionais, materiais ou jurídicas". Em relação aos direitos à honra, à reserva sobre a intimidade da vida privada e à imagem, considera que, em princípio, podem ser objecto de limitações voluntárias válidas.

[1095] PIRES DE LIMA e ANTUNES VARELA, *Código Civil Anotado*, volume I, 4.ª edição, Coimbra Editora, Coimbra, 1987, p. 110, mencionam que neste artigo se está perante duas categorias de limitações ao exercício dos direitos de personalidade, consoante contrariem ou não princípios de ordem pública. As primeiras limitações são nulas e as segundas válidas, mas podem ser revogadas, ainda que com a obrigação de indemnizar a outra parte. Referem alguns exemplos, sendo que pode uma pessoa, por não ofender a ordem pública, obrigar-se, para evitar confusão com outra pessoa que tem o mesmo nome, a não usar ou a usar somente o seu nome completo. Mas já será contrário à ordem pública uma pessoa facultar a alguém o direito de a ofender física ou moralmente. De salientar que a ordem pública a que o preceito se refere é a *ordem pública interna* e não a *ordem pública internacional*.

[1096] Em relação à aplicação destra figura ao trabalhador, cf. n.º 4.4.4., e capítulo III, n.º 2.2., e atender que as especificidades da relação de trabalho implicam que as coisas não sejam exactamente iguais.

CARVALHO FERNANDES[1097] clarifica que a fixação do elenco dos vários direitos de personalidade é "apenas uma das muitas questões doutrinais – e não a menor – que se desenvolvem em redor do instituto". Em relação a este há a referir, desde logo, que os direitos de personalidade elencados no Código Civil não têm de maneira nenhuma carácter taxativo e aponta duas ordens de razões. Desde logo, porque "a enumeração é demasiado restrita, perante a própria ideia geral traçada pelo Código para o instituto e que resulta da *cláusula geral* de *tutela da personalidade* constante do art. 70.°". Em segundo lugar, porque outros diplomas legais, incluindo a própria Constituição, consagram e regulam outros direitos que têm as características necessárias para fazer parte do elenco dos direitos de personalidade.

Os direitos de personalidade são plúrimos, como já se referiu, sendo possíveis várias sistematizações. Para esta investigação interessa saber onde se situa o direito à reserva da intimidade da vida privada. OLIVEIRA ASCENSÃO[1098] insere-o na categoria dos direitos à individualidade, que supõe a pessoa socialmente situada, procurando garantir o "grau de autonomia necessário para esta não ser absorvida pela comunidade", referindo a divisão em três esferas realizada por HUBMANN: a individual, a privada – ligada à *privacidade*, estando mais conexa com os direitos à intimidade e à liberdade – e a secreta, como a esfera mais íntima ou a esfera do segredo. Para CARVALHO FERNANDES[1099], seguindo o defendido por CASTRO MENDES, o direito à intimidade da vida privada inserir-se-ia nos direitos referentes a elementos externos, isto é, "elementos que se prendem com a posição do homem na sociedade". Segundo LEITE DE CAMPOS[1100], o direito à *privacidade* faz parte dos direitos de "projecção da personalidade física", constituindo como que uma "zona periférica dos direitos de personalidade".

O direito à reserva sobre a intimidade da vida privada é, assim, um direito *especial* de personalidade[1101], previsto no art. 80.° do CC, muitas vezes interligado com outros, nomeadamente o direito à imagem[1102].

[1097] *Op.* cit., pp. 224-225.

[1098] *Direito civil...*, cit., pp. 97-98.

[1099] *Op.* cit., p. 227.

[1100] *Apud* CARVALHO FERNANDES, *op.* cit., p. 228.

[1101] Segundo ORLANDO DE CARVALHO, *apud* CATARINA SARMENTO E CASTRO, *Direito da Informática...*, cit., p. 23, este direito é um direito especial que não se confunde

Face ao previsto neste artigo secunda-se PAULO MOTA PINTO[1103] quando defende que não se está perante conceitos determinados, cujas fronteiras sejam claramente discerníveis e relativamente aos quais não surjam dúvidas sobre se certas situações pertencem ou não ao domínio do conceito[1104]. Esta situação conduz OLIVEIRA ASCENSÃO[1105] a referir que este é o direito que está mais imprecisamente disciplinado dentro dos vários direitos de personalidade.

O art. 80.° enuncia, em primeiro lugar, um princípio geral, fazendo apelo àquilo que foi designado por GUILHERME DRAY[1106] por "sistema móvel", na medida em que o teor e o reconhecimento do direito em causa variam consoante a "natureza do caso e a condição das pessoas". Na

---

com o direito geral de personalidade e que faz parte da inviolabilidade pessoal, juntamente com direitos relativos à projecção física da personalidade, e com direitos referentes à projecção moral da personalidade, sendo mais concretamente um direito relativo à projecção vital da personalidade. É, assim, um direito sobre informação. Cf., ainda M.ª REGINA REDINHA e M.ª RAQUEL GUIMARÃES, *op.* cit., p. 653.

[1102] O Código Civil português autonomizou do direito à reserva da intimidade da vida privada os direitos à imagem e sobre cartas-missivas, por exemplo, o que conduz OLIVEIRA ASCENSÃO, *Direito civil...*, cit., p. 108, a referir que aquele direito tem de ser residual. Servindo-nos do exemplo dado por este autor, se uma fotografia íntima é obtida com uma teleobjectiva, não se tem de invocar o direito à reserva sobre a intimidade da vida privada, mas o direito à imagem.

[1103] "O direito à reserva...", cit., pp. 523-524.

[1104] JANUÁRIO GOMES, *op.* cit., pp. 31-32, considera que a dificuldade de referir uma definição rigorosa e definitiva deste direito advém, "grosso modo de *factores objectivos* e *subjectivos*". Em relação aos primeiros, o autor aponta que, desde logo, o Estado contemporâneo não pode ser comparado ao Estado existente na altura do famoso estudo de WARREN e BRANDEIS. Hoje em dia, "a actuação deste ente público é incisiva e constante, realçando-se inclusivamente a existência dum *direito do Estado à informação*". Tem de ter-se ainda em conta o facto de existir a consagração da liberdade de expressão e imprensa, com o que se pretende uma "*open society*" onde "impere *the people's right to know*". Assim, "a tutela jurídica do interesse dos cidadãos em conhecer levanta notoriamente dificuldades ao interesse dos cidadãos em dar a conhecer e à sua tutela jurídica". Ainda dentro destes factores objectivos há a considerar "*o modo de vida quotidiano* dos cidadãos do séc. XX". Em relação aos factores subjectivos este autor aponta para o facto de cada pessoa ter "a sua própria «dimensão» de privacidade, sendo que também a condição das pessoas "pode determinar que informações tidas como íntimas se reportadas a outrem, não o sejam em relação às pessoas a que respeitam".

[1105] *Direito civil...*, cit., p. 108.

[1106] "Justa causa...", cit., p. 47.

316 *A Privacidade dos Trabalhadores e as Novas Tecnologias...*

medida em que este artigo não fornece um conceito de vida privada, cabe à doutrina e à jurisprudência fazê-lo, colocando essencialmente três questões: em primeiro lugar, há que aferir o que deve ser entendido por vida privada, demarcando-a do conceito de vida pública; em segundo lugar, há que avaliar se o que fica abrangido pela intimidade da reserva da vida privada é o mesmo que vida privada já que o termo utilizado é aquele e não só vida privada, impondo-se ver se é toda a vida privada ou só parte desta, podendo traçar-se uma linha divisória entre a esfera privada e familiar que goza de reserva de intimidade e aquela que está mais aberta à publicidade e intromissão alheias; por último, há que apurar se o direito à vida privada condena apenas a divulgação de informações sobre a vida privada e familiar ou se abrange também o acesso de estranhos a informações sobre esta[1107].

Em relação à primeira questão defende-se, desde logo, na esteira de MENEZES CORDEIRO[1108], que, "tudo quanto, de acordo com o sentir comum, seja considerado «vida privada», goza de tutela legal"[1109], importando aferir o que se entende por vida privada. Pode defender-se que a vida privada é a vida que não é pública, sendo que a distinção entre estas não é clara pois varia consoante as convicções, os ordenamentos jurídicos, consoante as pessoas, o espaço e o tempo. Considera-se que faz parte da vida privada de uma pessoa a sua identidade, além de certos dados pessoais como a filiação, residência ou número de telefone. O estado de saúde de uma pessoa também a integra, assim como a vida conjugal, amorosa e afectiva dos indivíduos, ou seja, os projectos de casamento e de divórcio ou as relações amorosas, *inter alia*[1110]. A vida do lar, englobando a totali-

---

[1107] Socorremo-nos aqui das questões referidas por GUILHERME DRAY, última *op.* cit., pp. 47-48, assim como em *Direitos de personalidade...*, cit., p. 55.

[1108] "O respeito pela esfera privada...", cit., p. 35.

[1109] O bem *vida privada* não só está protegido a nível civil – nomeadamente através da responsabilidade civil por danos morais – mas também a nível penal, bastando pensar nos artigos do Código Penal do Capítulo VII, relativos aos crimes contra a reserva da vida privada. Cf. o próximo número a propósito da protecção da privacidade a nível penal, ainda que de forma breve.

[1110] R. CAPELO DE SOUSA, *op.* cit., p. 318, nota 808, refere que engloba os "flirts", namoros "ou esponsais não objecto de publicações no processo preliminar do casamento [...], as peripécias da vida conjugal e familiar; as causas e as circunstâncias de um divórcio; a vida amorosa fora e ao lado do casamento (sem prejuízo, neste último caso, dos direitos do cônjuge ofendido) [...] os comportamentos sexuais íntimos das pessoas".

dade dos factos que aí ocorrem, deve ter-se por privada, salvo prova em contrário[1111]. Não só nestes locais poderão suceder factos que digam respeito à vida privada das pessoas mas também em certos locais considerados *públicos*, como por exemplo num café ou numa cabine telefónica ou, com especial interesse para este estudo, no local de trabalho. Propendemos para considerar, tal como PAULO MOTA PINTO[1112] e R. CAPELO DE SOUSA[1113], que acontecimentos que se desenrolem nestes locais poderão fazer parte da vida privada se versarem sobre alguma das matérias anteriormente referidas. Também as comunicações por carta e por telecomunicações, estando protegidas pelo princípio da inviolabilidade, devem ser entendidas como fazendo parte do âmbito da vida privada, admitindo-se, contudo, prova em contrário[1114]. O passado de uma pessoa pode, também, integrar este conceito, englobado, ainda, por certos objectos seus, nomeadamente, os relacionados com as suas recordações pessoais. O património de uma pessoa deve ser incluído na vida privada do seu titular, assim como a sua situação financeira, havendo, todavia, que ter em atenção certas circunstâncias. Assim, tal como defende OLIVEIRA ASCENSÃO[1115], a devassa sobre a situação patrimonial do devedor inadimplente é permitida ao credor, embora nem todos os meios se tornem lícitos. O estado de saúde

---

[1111] PAULO MOTA PINTO, "O direito à reserva...", cit., pp. 525-534, e "A protecção da vida privada...", cit., pp. 166-169.

[1112] Últimas obras citadas.

[1113] *Op.* cit., pp. 319-320.

[1114] Neste sentido ficam englobados os *e-mails*, já protegidos constitucionalmente e, agora, não só pelo art. 80.º do Código Civil, mas também, pelo art. 75.º a propósito das cartas-missivas confidenciais pois, embora o Código civil não lhes faça alusão, até porque não podia, parece-nos que deverão enquadrar-se neste artigo, com as devidas adaptações. Neste sentido ver GUILHERME DRAY, *Direitos de personalidade...*, cit., pp. 46-47, assim como p. 52, ao referir que a reserva da intimidade da vida privada "marca e influencia o regime da confidencialidade das cartas missivas". Também PAULO MOTA PINTO "A protecção da vida privada na jurisprudência...", cit., p. 14, entende que a regulamentação específica das cartas-missivas é também, de certa forma, a emanação do segredo de correspondência e do direito à reserva sobre a intimidade da vida privada. Este regime protege este aspecto da vida privada entendida em sentido formal porque estes escritos podem, na realidade, não dizer respeito, pelo seu conteúdo, à vida privada da pessoa, continuando a ser confidenciais.

[1115] *Direito civil...*, cit., p. 111.

318 *A Privacidade dos Trabalhadores e as Novas Tecnologias...*

também fica abrangido pela vida privada[1116], assim como o seu património genético. O conceito de vida privada não pode, assim, ser reduzido a uma única fórmula onde estejam contemplados todos os aspectos merecedores da tutela do direito. Tem de entender-se que se trata de um conceito aberto, onde estão em causa aspectos que se prendem com as "experiências, lutas e paixões pessoais de cada um e que não devem, enquanto tal, ser objecto da curiosidade do público". Ficam abrangidos os factos da vida privada "cujo titular apenas pretende partilhar com aqueles que lhe estão mais próximos, como os seus familiares, amigos ou conhecidos"[1117] [1118].

Em relação à segunda questão tem de referir-se que alguma doutrina nacional, na esteira da doutrina alemã, tem tentado distinguir várias esfe-

---

[1116] O parecer da PGR n.º 26/95, *in Pareceres...*, cit., vol. VII, pp. 38-40, debruça--se sobre a admissibilidade da passagem de atestado de robustez a indivíduos portadores do vírus de imunodeficiência humana (HIV) para apresentação num concurso de acesso à função pública, tendo levantado as seguintes questões fundamentais: "saber se o atestado médico de robustez, legalmente exigido para o exercício de funções públicas, deve ou não conter expressa menção de que o candidato não sofre de doença infecto-contagiosa" e, em segundo lugar, "pode ou não ser emitido atestado de robustez para o exercício de funções públicas relativamente a indivíduos portadores do HIV". Debatem-se aqui questões relacionadas com o direito à intimidade da vida privada, especificamente no que concerne ao direito das pessoas manterem secreto o seu estado de saúde, sendo que se excluiu a licitude da discriminação dos cidadãos na admissão à função pública ou a quaisquer outras actividades profissionais, pelo mero facto de serem portadores do vírus HIV, sendo que faz parte do conceito de vida privada o estado de saúde das pessoas.

[1117] GUILHERME DRAY, "Justa causa...", cit., p. 48.

[1118] MOTA PINTO, *op. cit.*, p. 209, menciona que se reconhece neste direito a "natural aspiração da pessoa ao resguardo da sua vida privada. As renúncias e sacrifícios de uma família, os factos respeitantes à vida familiar (casamento, divórcio, etc.), ou aos afectos e sentimentos de uma pessoa, as pequenas acomodações da vida quotidiana podem não ter nada a ver com a honra e o decoro, e não ser apreciados desfavoravelmente no ambiente externo, mas há neles algo de íntimo e privado que basta para considerar lesiva qualquer forma de publicidade. Pretende defender-se contra quaisquer violações a paz, o resguardo, a tranquilidade duma esfera íntima de vida". Na doutrina francesa também FRANÇOIS RIGAUX, ANDRÉ ROUX e PIERRE KAYSER, *op. cits.*, pp. 303-310, 10-11, e pp. 274-276, respectivamente, consideram que fazem parte da vida privada as relações familiares, afectivas, sexuais, as convicções religiosas, políticas, o património, a saúde, a identidade de uma pessoa, as conversas realizadas, etc. JEAN SAVATIER, "La protection de la vie privée des salariés", *in DS*, n.º 4, 1992, pp. 329-330, defende que faz parte do conceito de vida privada o direito de ter em relação a terceiros um domínio próprio que estes são obrigados a respeitar, sendo como que um direito a uma esfera de intimidade, a "um jardim secreto".

ras que compreendem a vida de cada pessoa. Assim, ter-se-ia uma esfera íntima, ou secreta, que compreenderia todos os factos que devem, objectivamente, ser inacessíveis a terceiros e protegidos da curiosidade alheia, nomeadamente os que digam respeito a aspectos da vida familiar, a comportamentos sexuais, a práticas e convicções religiosas e ao estado de saúde das pessoas. Esta esfera é, em princípio, absolutamente protegida. Existiria também uma esfera privada, compreendendo todos os factos cujo conhecimento o respectivo titular tem, subjectivamente, o interesse em conservar para si, designadamente acontecimentos inerentes à sua vida profissional, ao seu domicílio ou aos seus hábitos de vida. Esta esfera é apenas relativamente protegida, podendo ceder em caso de conflito com outro direito ou interesse público. Haveria ainda uma esfera pública, abrangendo todos os factos e situações do conhecimento público, que se verificam e se desenvolvem perante toda a comunidade e que podem ser conhecidos e divulgados[1119].

O art. 80.°, n.° 1, não se refere à vida privada, mas sim, à "intimidade da vida privada". Conforme defende PAULO MOTA PINTO[1120], embora à partida se pudesse pensar que o interesse do legislador tenha sido o de proteger apenas a intimidade, deixando de lado a liberdade da vida privada, o significado desta referência parece ser o de excluir aspectos como a vida profissional ou o denominado "segredo dos negócios". Trata-se de aspectos que, mesmo quando fizessem parte da vida privada, dificilmente poderiam ser tratados como "íntimos". Não pode considerar-se que a utilização da palavra *intimidade* tenha por intuito excluir da tutela da lei factos que ocorram em público, pois apesar da ligação a um lugar privado ser reforçada quando se fala em aspectos da intimidade da vida privada, não parece de excluir a ideia de que podem ocorrer factos íntimos noutros lugares[1121].

[1119] Ver GUILHERME DRAY, "Justa causa...", cit., pp. 48-49, e *Direitos de personalidade...*, cit., pp. 56-57. ORLANDO DE CARVALHO, *apud* PAULO MOTA PINTO, "O direito à reserva...", cit., p. 525, nota 122, distingue no direito à reserva da intimidade da vida privada várias esferas: a esfera privada, a esfera pessoal e a esfera do segredo, sendo que a utilidade desta distinção ligar-se-ia especialmente à gravidade das ofensas.

[1120] "O direito à reserva da vida privada...", cit., pp. 530-532.

[1121] RAQUEL SERRANO OLIVARES, "El derecho a la intimidad...", cit., p. 100, refere que não se podem identificar as noções de intimidade e de vida privada já que a primeira faz referência ao que de mais íntimo existe na pessoa, situando-se ao nível mais profundo

320   *A Privacidade dos Trabalhadores e as Novas Tecnologias...*

Convém precisar o que deve entender-se por *reserva sobre a intimidade da vida privada*. Desde logo, a reserva estende-se a todos os factos, quer falsos, quer verdadeiros, sendo inadmissível o princípio da *exceptio veritatis*, na medida em que o que está em causa é a protecção da vida privada e não a protecção da honra ou da reputação. Tutela-se, mesmo, o segredo da desonra e não se admite a prova da verdade dos factos imputados. Porém, o círculo de reserva da intimidade da vida privada não é uniforme e não segue padrões absolutos já que o art. 80.°, n.° 2, determina que a reserva é definida consoante a *natureza do caso*, ou seja, dependendo de qual a parte da vida privada que esteja afectada, e a *condição das pessoas*[1122]. Assim, a reserva da intimidade da vida privada reduz-se perante certas pessoas, como por exemplo, o *homem político, as vedetas*. Mas, embora estes não possam invocar da mesma forma este direito, continuam a ter direito a ver incluídos no conceito da sua vida privada a vida afectiva, as férias, os tempos livres, o património. Secunda-se MOTA PINTO[1123] quando defende que "a celebridade não exclui a discrição e a própria complacência frequente com a publicidade não significa uma renúncia definitiva a uma esfera de intimidade, embora esta complacência não possa deixar de significar a renúncia a uma esfera de intimidade tão extensa como a dos outros cidadãos"[1124].

Para averiguar qual o círculo de reserva da intimidade da vida privada, deve partir-se do princípio de que toda e qualquer ingerência é inadmissível, sendo lícitas, apenas, algumas intromissões[1125], em especial quando justificáveis à luz de determinados interesses supe-

---

da vida psíquica, que permanece geralmente escondido por baixo das aparências, enquanto o conceito de *vida privada* seria mais amplo.

[1122] PIRES DE LIMA e ANTUNES VARELA, *op.* cit., p. 110, defendem que existem duas bases objectivas no art. 80.° do CC a que este deve atender. Uma assenta na *natureza do caso*, "dado que a divulgação dos factos da vida íntima da pessoa pode ofender em maior ou menor grau o seu decoro, respeitabilidade ou bom nome". A outra refere-se à *condição das pessoas*, na medida em que varia bastante, de acordo com ela "a reserva que as pessoas guardam ou exigem quanto à sua vida particular".

[1123] *Op.* cit., p. 209.

[1124] No mesmo sentido OLIVEIRA ASCENSÃO, *Direito civil...*, cit., p. 111, e, na doutrina francesa, PIERRE KAYSER, *op.* cit., pp. 286 e ss.. Também RITA AMARAL CABRAL, *op.* cit., pp. 26-27, se refere ao mesmo, assim como MÁRIO RAPOSO, *op.* cit., p. 12.

[1125] GUILHERME DRAY, "Justa causa...", cit., p. 50.

As Novas Tecnologias e a Privacidade

riores[1126]. Assim, esta reserva deve ser considerada a regra e não a excepção, visto este ser um direito de personalidade e ter consagração constitucional. O direito à reserva só deve cessar perante factos ou circunstâncias que fundem direitos de outras pessoas e quando um interesse superior o exija em termos tais que se torne inexigível a sua manutenção. Quando estiver em causa a denominada *esfera íntima*, terá de ser especialmente exigente e, menos, quando for a *esfera privada*. Conforme propugna R. CAPELO DE SOUSA[1127], há que ter em atenção a específica área atingida do "ser e da vida privada, a particular qualidade e grau de ofensa e o valor do interesse jurídico que no exercício de um direito ou no cumprimento de um dever aparece como justificativo da ofensa". Neste sentido, o interesse geral da informação pode justificar a ilicitude de ofensas à esfera privada, confinante à pública, ou na área profissional do visado, mas só um particular interesse ao conhecimento de circunstâncias da vida familiar ou doméstica poderá justificar a sua divulgação[1128], sendo que para a detecção dos interesses preponderantes terá de realizar-se uma ponderação casuística[1129].

[1126] Também PEDRO PAIS DE VASCONCELOS, *op.* cit., p. 250, propugna o mesmo ao defender que a reserva da privacidade deve ser considerada a regra e não a excepção.

[1127] *Op.* cit., pp. 346-349.

[1128] O parecer n.º 129/83 da PGR, já referido anteriormente, que se debruça sobre a consulta formulada pelos familiares das vítimas do acidente em Camarate, na qual se pretende saber se a publicação do livro que inclui relatórios de autópsias efectuadas nos cadáveres, na parte em que descrevem pormenores íntimos dos falecidos, constitui ofensa à reserva da intimidade da vida privada, após ter referido o que entende por *direito à intimidade* e após ter admitido limitações – "a notoriedade faz com que não possam opor-se à difusão da própria imagem e à divulgação dos acontecimentos da sua vida privada. O interesse público sobreleva, nesses casos, o interesse privado. No entanto, mesmo nesses casos, as exigências do público detêm-se perante a esfera íntima da vida privada e, para além disso, as mesmas exigências são satisfeitas pelo modo menos prejudicial para o interesse individual". O parecer conclui referindo que a divulgação dos aludidos relatórios não ofende o direito à intimidade da vida privada, na medida em que se trata, "manifestamente, de um caso em que o direito dos cidadãos à informação e o correspondente dever de a prestar, aliado ao interesse público legítimo de evidenciar o correcto funcionamento das instituições políticas, jurídicas e policiais envolvidas, justificaria o sacrifício do direito à intimidade da vida privada".

[1129] Assim, *v.g.*, a recolha de elementos probatórios em acção de divórcio poderá justificar a observação de documentação da vida amorosa extra-conjugal do outro cônjuge em locais de livre acesso ou em locais em relação aos quais o cônjuge autor da acção tenha direito de acesso, não podendo violar o domicílio de um terceiro.

322 *A Privacidade dos Trabalhadores e as Novas Tecnologias...*

O art. 80.°, n.° 1, do CC não pode ser entendido como proibindo apenas a divulgação de aspectos da vida privada. Há também que considerar-se interdito o acesso a estas informações e a intromissão abusiva na vida privada. A reserva sobre a intimidade da vida privada pode ser violada tanto pela entrada dos outros no seu domínio particular, invadindo-o, como pela divulgação de informações, ou seja, por "se arrancar a pessoa àquela área de intimidade e se expor, assim, na «praça pública», a ela e àquilo que é seu"[1130]. Especial relevância neste acesso tem a informática, de importância crescente na nossa sociedade, que possibilita, por vezes, uma invasão da privacidade das pessoas. O legislador português não foi alheio a esta nova realidade e legislou neste sentido, primeiro através da L. n.° 10/91, de 29 de Abril, de protecção dos dados pessoais face à informática, revogada e substituída pela L. n.° 67/98, de 26 de Outubro, Lei da Protecção de Dados Pessoais[1131], que transpôs para o nosso ordenamento jurídico a Directiva n.° 95/46/CE, do Parlamento Europeu e do Conselho, de 24 de Outubro, relativa à protecção das pessoas singulares no que diz respeito ao tratamento de dados pessoais e à sua livre circulação[1132].

Do conjunto de definições que consta do art. 3.° importa atender à noção de dados pessoais, pois embora tenha partido da noção que consta da alínea a) do art. 2.° da Directiva 95/46/CE, acrescentou a parte "de qualquer natureza e independentemente do respectivo suporte, incluindo som e imagem", o que reveste grande importância para este trabalho[1133]. Também é importante ter em atenção que, nos termos do art. 4.°, n.° 1, o âmbito de aplicação é muito abrangente porque se aplica ao tratamento de dados pessoais por meios total ou parcialmente automatizados, bem como ao tratamento por meios não automatizados contidos em ficheiros manuais ou a estes destinados.

Esta Lei, concretizando nalguns casos a norma constitucional que estabeleceu o direito à autodeterminação informativa[1134], estabeleceu um

---

[1130] PAULO MOTA PINTO, "O direito à reserva...", cit., pp. 533-534.

[1131] Esta Lei será analisada ao longo deste trabalho atendendo aos diferentes interesses em causa.

[1132] Este diploma está dividido em sete capítulos, sendo que releva sobretudo o Capítulo primeiro que contém as disposições gerais, definições e o âmbito de aplicação.

[1133] Ver capítulo III, n.° 2.1..

[1134] Cf. *supra* n.° 4.4.1.2.4..

conjunto de direitos de que é titular a pessoa a quem os dados digam respeito, assim como uma panóplia de deveres. Dentro destes direitos salienta-se a imposição ao responsável pela realização de tratamentos de dados pessoais[1135] de um conjunto de deveres cuja violação pode acarretar a aplicação de sanções administrativas pela CNPD, ou, até, de sanções penais.

Os principais direitos são o direito à curiosidade, ou seja, o direito que o titular dos dados tem de saber se o responsável por um tratamento tem dados que lhe respeitem; o direito de informação, significando que tem o direito de saber que informações sobre si tem o responsável pelo tratamento de dados pessoais, nos termos do art. 10.º; o direito de acesso, possibilitando ao titular de dados exigir que o responsável por um tratamento de dados que lhe comunique os dados pessoais que estão a ser objecto de tratamento para que possa conhecê-los, nos termos do art. 11.º; o direito ao esquecimento, devendo fixar-se um prazo de conservação dos dados, no sentido do art. 5.º, n.º 1, alínea e); o direito de rectificação e actualização dos dados pessoais, intrinsecamente ligado ao direito de os conhecer, possibilitando ao seu titular a rectificação dos dados inexactos ou incompletos – art. 5.º, n.º 1, alínea d); o direito que assiste ao titular dos dados de se opor ao tratamento de dados pessoais com base em razões ponderosas e legítimas – art. 12.º; o direito a não ser sujeito a uma decisão pessoal automatizada, isto é, a uma decisão tomada exclusivamente com base num tratamento automatizado de dados pessoais – art. 13.º; o direito ao não tratamento de dados sensíveis, tendo sempre em atenção que mais do que a natureza do dado em si, é especialmente o contexto da sua utilização que pode determinar a sua especial sensibilidade – art. 7.º, n.º 1; e o direito ao apagamento ou bloqueio de dados quando tenham sido tratados, *verbi gratia*, com violação dos princípios gerais de tratamento de dados, como o princípio da proporcionalidade, ou tenham sido conservados por um período superior ao previsto, nos termos do art. 11.º, n.º 1, alínea d).

Mas a Lei estabelece, ainda, alguns princípios fundamentais de tratamento de dados pessoais. Assim é o caso do princípio da finalidade que determina que cada tratamento de dados deve ocorrer para uma finalidade

---

[1135] Que pode ser um privado, ou uma pessoa pública, não existindo qualquer distinção entre elas.

324   *A Privacidade dos Trabalhadores e as Novas Tecnologias...*

determinada e explícita, não podendo, em princípio, ser tratados com outros fins, nos termos do art. 5.º, n.º 1, alínea b). Também é importante o princípio da transparência que obriga o responsável pelo tratamento de dados a comunicar ao seu titular as finalidades do mesmo, os dados tratados e o seu prazo de conservação, *inter alia*. Relevam, ainda, certos princípios relacionados com a qualidade dos dados, como o princípio da proporcionalidade, nos termos do art. 5.º, n.º 1, alínea c), assim como os princípios da licitude e da lealdade e o princípio da sua exactidão e actualização[1136] [1137].

Tendo em atenção a análise efectuada e a tutela do direito à privacidade defende-se que este direito prevalece sobre as necessidades de recolha e tratamento de dados pessoais[1138], pois atende-se a todas as características daquele direito, assim como à ideia de que a reserva da privacidade deve ser a regra e não a excepção. Assim, a Lei de Protecção de Dados Pessoais, não derroga nem limita os direitos de personalidade, principalmente o direito à privacidade[1139], dos titulares dos dados pessoais, pois estes direitos têm dignidade jurídica superior e tutela constitucional, chegando mesmo a possuir um carácter supra legal, de Direito natural. Assim, entende-se que esta Lei tem de ser interpretada, integrada e concretizada tendo em atenção o devido respeito pelos direitos de personalidade[1140].

[1136] Todos estes princípios são extremamente relevantes para o âmbito deste trabalho e serão analisados com mais pormenor no capítulo III, assim como referidos no capítulo IV.

[1137] *Vide* CATARINA SARMENTO E CASTRO, *Direito da Informática...*, cit., pp. 239 e ss., e "Privacidade e protecção...", cit., pp. 99-101, assim como GARCIA MARQUES e LOURENÇO MARTINS, *op.* cit., pp. 271 e ss.

[1138] Neste sentido PEDRO PAIS DE VASCONCELOS, *op.* cit., p. 249.

[1139] Direito que engloba o previsto no art. 80.º do Código Civil mas também a tutela geral de personalidade do art. 70.º. É um direito que abrange não apenas uma dimensão negativa de limitação de recolha de dados pessoais mas também uma dimensão positiva de controlo desses próprios dados pessoais, compreendendo todos os direitos analisados anteriormente a propósito da Lei 67/98.

[1140] Neste sentido PEDRO PAIS DE VASCONCELOS, *op.* cit., p. 253.

As Novas Tecnologias e a Privacidade

4.4.3. *A protecção penal da privacidade: breve referência*

Para além da protecção constitucional e da protecção civil, o direito à privacidade goza, ainda, de tutela penal[1141] [1142]. Os arts. 190.º a 198.º do CP[1143] estabelecem uma protecção abrangente deste direito que se aplica, também, à relação jurídico laboral[1144], embora não exista qualquer definição do que deva entender-se pelo direito à privacidade. São particularmente relevantes os arts. 192.º, 193.º, 194.º, 195.º e 196.º.

O primeiro refere-se à devassa da vida privada que criminaliza, desde que exista intenção de devassa[1145] – *verbi gratia*, a intimidade da vida familiar ou sexual[1146] –, designadamente a intercepção, a gravação, o registo, a utilização ou a divulgação de conversa ou comunicação telefónica, mensagens de correio electrónico ou facturação deta-

---

[1141] Como entende FARIA COSTA, "O direito penal...", cit., p. 65, "as culturas dos direitos de personalidade e dos direitos fundamentais, para além de radicalizarem o sentido global com que o homem tem, hoje, de ser compreendido, afirmaram-se, sobretudo, e nomeadamente, no campo do direito penal, como a consciência crítica que buscava protecção para zonas do nosso ser-com-os-outros até aqui insusceptíveis de beneficiarem da sombra do manto protector – quantas vezes tão-só simbolicamente protector – do direito penal".

[1142] Secundando ÉLISABETH FORTIS, "Vie personnelle, vie professionnellle et responsabilités penales", *in DS*, n.º 1, 2004, p. 40, no que diz respeito ao exercício dos direitos e liberdades, o direito penal reforça a noção de privacidade do trabalhador ao admitir a responsabilidade penal do empregador em caso deste se imiscuir na privacidade daquele.

[1143] Também é importante para o âmbito deste trabalho o art. 199.º relativo a gravações e fotografias ilícitas.

[1144] A título de exemplo pode citar-se o acórdão da *RL*, de 15 de Fevereiro de 1989, *in CJ*, XVI, 1, 1989, p. 154, em que se decidiu que "é enquadrável no crime de devassa da vida privada o acto de, contra o consentimento do visado e sem qualquer causa que possa ou deva ser considerada justa, fotografar alguém no seu local de trabalho com desinserção de qualquer enquadramento ou paisagem públicos, isolado de outras pessoas".

[1145] O crime previsto neste artigo exige um dolo específico, isto é, a intenção de devassar a privacidade das pessoas, aplicando-se as regras gerais no que concerne às causas que excluem a ilicitude e a culpa.

[1146] Protege-se a intimidade da vida privada no seu conjunto, tendo-se preferido elencar no n.º 1 três sectores em que a intimidade se sente com mais intensidade: a vida familiar, a sexual e as doenças graves, embora seja uma enumeração meramente exemplificativa. Neste sentido cf. MAIA GONÇALVES, *Código Penal Português – Anotado e Comentado – Legislação Complementar*, 18.ª edição, Almedina, Coimbra, 2007, p. 694.

lhada[1147], o que está de acordo com as novas tecnologias e com as novas formas de criminalidade organizada relacionadas com a *cibercriminalidade*. Actualmente a sociedade é dotada de meios tecnológicos que transformaram para melhor o nosso quotidiano, e que aumentaram o tempo de ócio, mas que, simultaneamente, se "afirmaram como veículos privilegiados para o ataque a direitos fundamentais"[1148], e, em especial, a privacidade.

Este artigo pune, ainda, a captação, realização de fotografia, filmagem, registo ou divulgação de imagem de pessoas, nos termos da alínea b), e a divulgação de factos relativos à vida privada ou a doença grave de outra pessoa, de acordo com a alínea d).

Também no Código Penal, o art. 193.º, n.º 1, considera crime a criação, manutenção, ou utilização de ficheiros de dados relativos a certas categorias, designadamente à filiação sindical e à vida privada. Isto significa que podem existir ficheiros automatizados com dados pessoais de outras pessoas na mais absoluta legalidade, desde que não incidam sobre alguns que se enquadram nos chamados dados sensíveis[1149] [1150].

O art. 194.º do CP também é relevante porque criminaliza a violação de correspondência ou de telecomunicações, estabelecendo os arts. 195.º e 196.º o regime da violação do segredo, incluindo o segredo profissional.

Em relação ao art. 194.º a questão que se coloca, e que já tinha sido posta por FARIA COSTA[1151], é a de saber se se aplicará ao *e-mail*. E a res-

---

[1147] Esta proibição não deixa de ser importante para o âmbito deste trabalho porque ao englobar o *e-mail* pode, em determinadas circunstâncias, ser aplicável ao empregador que queira conhecer o conteúdo dos *e-mails* dos seus trabalhadores.

[1148] FARIA COSTA, última *op.* cit., p. 65.

[1149] Neste sentido FARIA COSTA, "O direito penal...", cit., p. 73.

[1150] Assim foi decidido no acórdão do STJ, de 9 de Abril de 2003, *in* MAIA GONÇALVES, *op.* cit., p. 697, em que se entendeu que "não constituem dados pessoais para os efeitos do disposto no art. 193.º do CP quaisquer referências que se limitam a retratar aspectos da vida profissional de um cidadão e não atinentes às suas convicções políticas, religiosas ou filosóficas, à filiação partidária ou sindical, à vida privada ou à origem étnica, como exige o aludido preceito". No mesmo sentido, pode ver-se o ac. da RP, de 31 de Maio de 2006, *in* CJ, XXXI, 3, p. 210, que decidiu que "a vida privada que o dito art. 193.º protege abrange apenas o núcleo duro da vida privada e mais sensível de cada pessoa, como seja a intimidade, a sexualidade, a saúde, a vida particular e familiar mais restrita que se pretende reservada e fora do conhecimento de outras pessoas".

[1151] "As telecomunicações...", cit., p. 169.

As Novas Tecnologias e a Privacidade

posta parece-nos ser positiva[1152], porque, embora a interpretação analógica da norma incriminadora seja proibida, não o é a interpretação extensiva. Assim, se o artigo estabelece no n.º 2, o termo telecomunicação, parece ser defensável entender-se que quem perscrutar e aceder ao conteúdo informacional veiculado por *e-mail* comete o crime previsto e punido pelo n.º 2 do art.º 194.º. Note-se que o n.º 2 não se refere a escrito, ao contrário do que sucede no n.º 1[1153], e, por isso, nos parece existir mais um argumento para a aplicação ao *e-mail*[1154] [1155]. Por outro lado, parece-nos preferível entender a expressão "telecomunicações" como "comunicações electrónicas", atendendo às NTIC, sendo que devem reconduzir-se a comunicações entre pessoas determinadas, excluindo-se as que ocorrem em ciclos comunicacionais abertos ou de massa, como é o caso da televisão e da rádio, *inter alia*. É indiferente, contudo, o conteúdo destas comunicações[1156], sendo necessário, contudo, uma efectiva intromissão no sentido de atingir o conteúdo da comunicação pois trata-se de um crime de resultado, não bastando para a sua concretização a mera instalação de aparelhos de escuta que não registem qualquer conversação[1157].

O n.º 3 do art. 194.º também é importante porque condena quem divulgar o conteúdo, parecendo, até, que o âmbito de protecção da norma abrange, principalmente, a divulgação do conteúdo relativo ao fluxo infor-

---

[1152] Tal, aliás, como o autor citado na nota anterior.

[1153] Neste sentido FARIA COSTA, última *op.* cit., p. 169.

[1154] Este entendimento é de suma importância para o âmbito desta tese.

[1155] Com a qualificação do *e-mail* como uma "comunicação electrónica", em substituição da expressão "telecomunicação", com a entrada em vigor da Lei das Comunicações Electrónicas, Lei n.º 5/2004, de 10 de Fevereiro, há uma outra consequência ao nível do art. 194.º, tal como notam ARMANDO VEIGA e BENJAMIM SILVA RODRIGUES, *op.* cit., pp. 377-378, e que é a de não lhe ser aplicável a compreensão típica da correspondência, relativamente à qual se entende que "o destinatário pode consentir na abertura ou tomada de conhecimento por terceiro, mesmo contra a vontade do remetente do conteúdo da correspondência, ainda que na mesma tenha sido colocada a indicação de pessoal e confidencial".

[1156] Tal, aliás, como decidiu o ac. do STJ, de 7 de Fevereiro de 2001, onde se pode ler "I – O bem jurídico protegido pelo tipo legal de crime do art. 194.º, n.º 2, do CP, é a privacidade das telecomunicações [...], ou seja, a privacidade daquelas, independentemente do seu conteúdo, sendo de todo indiferente que seja secreto ou não secreto". Veja-se MAIA GONÇALVES, *op.* cit., p. 699.

[1157] Cf. ARMANDO VEIGA e BENJAMIM SILVA RODRIGUES, *op.* cit., pp. 378-379.

328 *A Privacidade dos Trabalhadores e as Novas Tecnologias...*

macional[1158], pois o que está em causa não é tanto a intromissão ou o conhecimento mas, tão só, a divulgação do conteúdo.

Relevante, ainda, é o disposto nos arts. 187.º a 190.º do CPP em relação às escutas telefónicas, determinando-se que a intercepção e a gravação de conversas ou comunicações telefónicas só podem ser ordenadas ou autorizadas por despacho do juiz e relativamente a certos crimes, sendo de fundamental importância para o âmbito deste trabalho o art. 189.º que estende o disposto nos artigos anteriores às formas de comunicação transmitidas por qualquer meio técnico diferente do telefone, designadamente o *e-mail*[1159 1160].

Assim, tal como preconiza FARIA COSTA[1161], o Direito penal consagra quatro níveis de protecção à privacidade contida no fluxo informacional através dos meios de telecomunicação e que são: a imposição de sigilo para todos os que pelas suas funções possam aceder ao conteúdo reservado da informação; a proibição da intromissão no próprio conteúdo informacional; a proibição de divulgação daquele preciso conteúdo informacional; e, a proibição, fora das condições legais, de qualquer contacto com instrumentos técnicos susceptíveis de realizar devassa informacional.

[1158] Neste sentido FARIA COSTA, "As telecomunicações...", cit., p. 170.

[1159] Mais uma vez esta extensão é bastante relevante porque só é permitido o conhecimento dos *e-mails* em determinadas circunstâncias, para determinados tipos de crimes e sempre com prévia autorização do juiz. Ver, *infra*, n.º 4.5.2.2.2.7..

[1160] Por outro lado, este artigo estende também a protecção para a "transmissão de dados por via telemática". Terá com isto querido estabelecer-se que os serviços de *Internet* também ficam sujeitos a este tipo de intercepção? Por outro lado, será que a expressão "por qualquer outro meio técnico diferente do telefone" já não englobaria a *Internet* e os seus serviços? Não pode esquecer-se que com a evolução dos telefones surgiram novas formas de comunicação, como os telemóveis, bem como os telefones *VoIP*, com a possibilidade de enviar mensagens escritas e mensagens de imagens – SMS e MMS –, colocando-se o problema de saber se pelo actual regime das escutas telefónicas também serão de abranger este tipo de mensagens. No mesmo sentido, e com as mesmas interrogações, cf. ARMANDO VEIGA e BENJAMIM SILVA RODRIGUES, *op*. cit., p. 380.

[1161] Última *op*. cit., p. 171.

4.4.4. *A protecção laboral da privacidade*[1162]

O direito à privacidade é um direito, tal como já referimos por várias vezes, que se encontra ligado à dignidade da pessoa humana e, por isso, justifica-se a sua consagração ao nível do Direito do trabalho. O contrato de trabalho pressupõe o reconhecimento da dignidade do trabalhador, sendo que a execução das obrigações que dele decorrem não pode traduzir-se num atentado à dignidade da pessoa do trabalhador, tendo o ordenamento jurídico que lhe garantir os direitos fundamentais que tem enquanto pessoa[1163]. O direito à privacidade penetra, assim na relação de trabalho, erigindo-se como um importante limite aos poderes do empregador e, ao mesmo tempo, como uma garantia do exercício de outros direitos fundamentais.

A consagração deste direito corresponde à superação de uma distinção entre um estatuto geral do cidadão e um estatuto do trabalhador que, por força do contrato de trabalho e da subordinação jurídica a ele inerente, se encontraria, à partida, diminuído na sua liberdade e direitos[1164], relacionando-se, assim, com uma certa constitucionalização[1165] e uma certa

---

[1162] Vários autores referem que este tema tem vindo a adquirir cada vez mais relevância em grande parte devido às NTIC que se têm vindo a desenvolver e a incorporar na relação de trabalho. Assim, ANN BRADLEY, *op.* cit., p. 260, entende que o tema da privacidade no local de trabalho" irá tornar-se um dos temas sociais mais importantes da década de 90". Também CYNTHIA GUFFEY e JUDY WEST, *op.* cit., p. 735, defendem o mesmo, referindo a grande importância deste tema para empregadores e trabalhadores. JAY KESAN, *op.* cit., p. 290, refere-se a este tema como "o gigante adormecido dos anos 90", e JOHN CRAIG, *op.* cit., p. 5, entende que este tema da privacidade laboral pode servir de poderoso instrumento na regulação da relação de trabalho. No mesmo sentido HAZEL OLIVER, *Why information privacy...*, cit., p. 30.

[1163] Como defende AGATHE LEPAGE, "La vie privée...", cit., p. 365, os direitos fundamentais que consagram a inviolabilidade e a dignidade da pessoa, mas também o respeito da vida privada, fazem parte dos direitos da pessoa que têm um impacto imediato na condição de trabalhador.

[1164] *Vd.* GOÑI SEIN, *El respeto a la...*, cit., p. 21, e MARTÍNEZ RANDULFE, "Derecho a la intimidad...", cit., p. 46.

[1165] Actualmente, a constitucionalização dos direitos sociais e económicos é uma realidade presente e generalizada nas constituições da maioria dos países ocidentais. Assim, a nossa Constituição prevê, especificamente, um conjunto de normas e princípios laborais, a maioria dos quais se encontra na parte respeitante aos direitos fundamentais – Capítulo III do Título II da Parte I – arts. 53.° a 57.° – e Capítulo I do Título III, também

330 *A Privacidade dos Trabalhadores e as Novas Tecnologias...*

democratização[1166] da relação de trabalho[1167], embora não possa deixar de ter-se em atenção que o trabalhador, ao celebrar o contrato de trabalho, está, explícita ou implicitamente, a limitar a sua privacidade[1168]. Mas só o poderá fazer dentro de apertados condicionalismos, ou seja, dentro dos limites previstos no art. 81.° do CC. Não pode esquecer-se que "o respeito pela esfera privada dos trabalhadores é, simplesmente, a reafirmação do

---

da Parte I – arts. 58.° e 59.°. Corresponde assim, a Constituição portuguesa, ao típico Estado social de direito, e nas palavras de GOMES CANOTILHO, *Direito Constitucional*, 6.ª edição, Almedina, Coimbra, 1993, p. 476, e *Direito Constitucional e Teoria da Constituição*, 5.ª edição, Almedina, Coimbra, 2002, pp. 344-345, "A Constituição erigiu o «trabalho», os «direitos dos trabalhadores» e a «intervenção democrática dos trabalhadores» em elemento constitutivo da própria ordem constitucional global e em instrumento privilegiado de realização do princípio da democracia económica e social". Para MARTINEZ ESTAY, *op. cit.*, p. 49, em teoria, a Constituição portuguesa constitui um dos paradigmas contemporâneos do constitucionalismo social, em particular no que concerne aos direitos sociais, na medida em que contém um extenso catálogo deste tipo de direitos, assim como a possibilidade do Estado intervir na economia. Também JOSÉ JOÃO ABRANTES, concorda com este autor em "O Direito do Trabalho e a Constituição", *in Estudos de Direito do Trabalho*, AAFDL, Lisboa, 1992, p. 63, quando defende que "a base antropológica da Constituição de 1976 é, sem sombra de dúvidas, o homem como pessoa, como cidadão e como trabalhador". No mesmo sentido PEDRO ROMANO MARTINEZ, *A Constituição de 1976 e o Direito do Trabalho*, AAFDL, Lisboa, 2001, p. 7, refere que a «Constituição Laboral» significa que desta consta um conjunto significativo de normas de Direito laboral – "Da Constituição constam direitos fundamentais dos trabalhadores, que visam assegurar condições de vida dignas, sendo, em grande parte, direitos sociais, apesar de também constarem direitos de participação e liberdades".

[1166] JOSÉ JOÃO ABRANTES, "Contrato de trabalho e...", cit., pp. 809-811, assim como JÚLIO GOMES, *Direito do...*, cit., p. 265.

[1167] Como defende RUI ASSIS, *op. cit.*, p. 209, a particular incidência que a relação de trabalho assume em relação à privacidade do trabalhador, quase não encontra paralelo em qualquer outra relação jurídica, tal como salienta GUILHERME DRAY, "Justa causa...", cit., p. 35, resulta da própria natureza da relação jurídica mas também, por outro lado, da forma heterodeterminada como a relação em causa se vai desenvolvendo, pois a actividade do trabalhador está sempre condicionada às ordens e instruções do empregador.

[1168] JEAN RIVERO, *op. cit.*, p. 422, também é da mesma opinião. Assim, defende que o contrato de trabalho "por natureza supõe da parte do trabalhador uma renúncia parcial à sua liberdade", entendida esta como liberdade pública segundo o conceito francês da mesma, "ele não dispõe mais da sua força de trabalho, ele coloca-a à disposição de uma vontade estranha à sua, à do empregador, que lhe atribui uma actividade e submete à sua autoridade". Contudo, as restrições à liberdade do trabalhador têm um limite, não podendo em caso algum trazer qualquer ameaça à dignidade da pessoa.

As Novas Tecnologias e a Privacidade

trabalhador como pessoa e do Direito do trabalho como Direito, desenvolvido e aplicado de acordo com os ditames da Ciência Jurídica"[1169].

Na Constituição da República Portuguesa estão previstos direitos dos trabalhadores que são especificamente laborais, como, *inter alia*, o direito à greve previsto no art. 57.º e o direito ao trabalho do art. 58.º e outros direitos que, embora não sendo especificamente laborais, podem ser exercidos pelos sujeitos das relações laborais, adquirindo um conteúdo ou dimensão laboral[1170]. É um dos aspectos da constitucionalização do Direito do trabalho e que se refere ao trabalhador como cidadão e aos direitos de cidadania como marco do contrato de trabalho[1171]. Se a primeira fase da constitucionalização do Direito do trabalho correspondeu, fundamentalmente, à consagração dos denominados direitos fundamentais

---

[1169] MENEZES CORDEIRO, "O respeito pela esfera privada...", cit., p. 37. Também ICHINO, *Il contratto di lavoro...*, cit., p. 222, entende que a intensidade da implicação da pessoa do trabalhador na prestação de trabalho determina, necessariamente, em sede de estipulação do contrato de trabalho uma parcial renúncia, da parte deste prestador, à tutela da sua privacidade.

[1170] Para ALONSO OLEA, *apud* MARIA DOLORES MOLINA, "La lesión del derecho a la libertad de información (comentario a la STC 197/1998, de 13 de Octubre", *in Documentación Laboral*, n.º 57, III, 1998, p. 219, há uma "vertente laboral de virtualmente todos os direitos fundamentais", o que demonstra a existência de um "Direito constitucional do trabalho". Veja-se, ainda, PALOMEQUE LÓPEZ, *Los derechos ...*, cit., p. 31.

[1171] Na opinião de PEDRAJAS MORENO, *Despido y derechos fundamentales – estudio especial de la presunción de inocencia*, Editorial Trotta, Madrid, 1992, p. 12, deve distinguir-se entre direitos fundamentais cuja finalidade típica se produz no seio de uma relação de trabalho – os direitos laborais – e os direitos que são inerentes a toda a pessoa e cujo reconhecimento e exercício se pode produzir tanto no desenvolvimento estritamente privado do indivíduo, como quando este se insere numa relação laboral. São direitos inseparáveis da pessoa, pelo que o "indivíduo-cidadão" leva-os sempre consigo, podendo exercitá-los ou reclamar o seu respeito em qualquer momento e ocasião, incluindo, desde logo, durante o desenvolvimento de uma relação de trabalho. Quanto a estes são os que o trabalhador detinha, pela sua condição de pessoa, antes de constituir-se a relação laboral, e que continuará a ter durante esta: o direito à vida, à integridade física e moral, à imagem, à liberdade religiosa e ideológica, à honra, à intimidade. Estes direitos constituem direitos inerentes à condição de pessoa, com independência de que seja ou não trabalhador. O grande problema, conforme o autor faz notar, é o de garantir a efectividade destes direitos "inespecíficos" dentro de uma relação laboral e em relação ao trabalhador. Ver também do mesmo autor, "Los derechos fundamentales de la persona del trabajador y los poderes empresariales: la Constitución como marco y como límite de su ejercicio", *in AL*, n.º 4, 2000, pp. 53-54.

332   *A Privacidade dos Trabalhadores e as Novas Tecnologias...*

"específicos" dos trabalhadores, actualmente assiste-se à chamada "cidadania na empresa", ou seja, à consagração dos direitos fundamentais não especificamente laborais[1172] [1173]. Nas palavras de PALOMEQUE LÓPEZ[1174] produz-se assim uma "impregnação laboral" de direitos de titularidade geral ou inespecífica pelo facto de serem utilizados por trabalhadores (ou empregadores, embora com menos frequência) no âmbito de um contrato de trabalho. "São direitos atribuídos com carácter geral aos cidadãos, que são exercitados no seio de uma relação jurídica laboral por cidadãos, que, ao mesmo tempo, são trabalhadores". Estes direitos convertem-se, assim, em verdadeiros direitos laborais. São direitos do "cidadão-trabalhador que os exercita enquanto trabalhador-cidadão"[1175]. O autor referido designa-os por *direitos laborais inespecíficos*, classificação que se subscreve porque o facto de uma pessoa ser trabalhador não implica, de modo algum, a privação dos direitos que a Constituição lhe confere como cidadão e como pessoa[1176] [1177]. No mesmo sentido JOSÉ

[1172] JOSÉ JOÃO ABRANTES, "Contrato de Trabalho e Direitos Fundamentais – Breves reflexões", *in II Congresso Nacional de Direito do Trabalho – Memórias*, (coord. ANTÓNIO MOREIRA), Almedina, Coimbra, 1999, p. 107. *Vd.* também do mesmo autor *Contrato de trabalho...*, cit., pp. 84-85. Também M.ª DO ROSÁRIO PALMA RAMALHO, "Contrato de Trabalho e...", cit., pp. 401-402, refere a relevância dos direitos fundamentais que se referem "ao trabalhador enquanto pessoa". Obviamente para os trabalhadores do séc. XIX a questão da "cidadania" na empresa não se colocava pois as jornadas de trabalho eram muito extensas e as condições de vida eram bastante precárias, o que conduzia a que não restasse tempo para a vida extra-profissional. Cf. neste sentido WAQUET, *L'entreprise...*, cit., p. 111, referindo que o trabalho subordinado é um actividade que se pode apelidar de "totalitária", e que esta característica no século XIX era praticamente uma evidência.

[1173] A consagração destes direitos é uma manifestação também, tal como salienta VICENTE PACHÉS, *El derecho de...*, cit., pp. 83-85, dos deveres de protecção do empregador, entendendo que a origem destes pode ser encontrada em várias circunstâncias. Desde logo, no histórico sentido protector do Direito do trabalho, e, em segundo lugar, o gérmen deste dever encontra-se no contrato de serviços do direito alemão.

[1174] Última *op.* cit., p. 31.

[1175] Como refere JOSÉ JOÃO ABRANTES, "Código do Trabalho e a...", cit., p. 136, "a Constituição laboral portuguesa aponta a necessidade de recolocar a pessoa humana no centro do ordenamento jurídico e coloca indiscutivelmente como questão central do Direito do Trabalho o respeito pelos direitos dos trabalhadores".

[1176] Questão diferente é a de uma eventual limitação ao exercício destes direitos pela celebração do contrato de trabalho, facto que normalmente ocorre e, com especial incidência em relação a alguns destes direitos. Secundando JÚLIO GOMES, *Direito do...*,

JOÃO ABRANTES[1178] quando defende que os trabalhadores, para além dos direitos que têm enquanto tais, gozam dos direitos pessoais e de participação política que a todos os outros cidadãos são reconhecidos[1179]. Sendo assim, a preocupação essencial do Direito do trabalho deve ser a da tutela dos direitos de cidadania no âmbito da relação de trabalho, assegurando

---

cit., p. 266, " a empresa não é nem o parlamento nem a praça pública, e que os direitos fundamentais do trabalhador encontrarão naturais limitações decorrentes do interesse da empresa e da coexistência e eventual confronto com os direitos fundamentais dos colegas e do próprio empregador entre os quais se contam os direitos constitucionalmente garantidos de propriedade privada e de liberdade de iniciativa económica". No mesmo sentido ver WAQUET, "La vie personnelle du salarié", *in DS*, n.º 1, 2004, pp. 23-24, assim como BENNETT e LOCKE, *op.* cit., p. 783. Também, como salienta JOHN CRAIG, *op.* cit., p. 6, a relação de trabalho incide na própria liberdade pessoal do trabalhador, uma vez que este envolve a sua pessoa na relação de trabalho e limita-a. Também JOSÉ JOÃO ABRANTES, "O novo *Código do Trabalho...*", cit., p. 141, entende que é o próprio objecto do contrato de trabalho, isto é, a disponibilidade da força de trabalho, que "torna inevitável" uma série de limitações à liberdade pessoal do trabalhador.

[1177] Elucidativa é a sentença do Tribunal Constitucional espanhol de 1985, sentença 88/1985, onde se defende que: "a celebração de um contrato de trabalho não implica de modo algum a privação para uma das partes, o trabalhador, dos direitos que a Constituição lhe reconhece como cidadão".

[1178] "O Direito do Trabalho...", cit., p. 64.

[1179] Conforme defende GLORIA ROJAS RIVERO, *La libertad de expresión del trabajador*, Editorial Trotta, Madrid, 1991, p. 13, os trabalhadores, enquanto cidadãos, não deixam de o ser quando entram na organização empresarial, tendo pleno direito a exercer os seus direitos fundamentais. Mas pelo facto de celebrarem um contrato de trabalho e estarem numa situação de subordinação jurídica, submetendo-se ao poder directivo do empregador, os trabalhadores podem ter alguns problemas quanto ao exercício de uma série de direitos que, por não serem especificamente laborais, correm o risco de serem ignorados na organização empresarial. Da mesma opinião é VALDÉS DAL-RÉ, "Poderes del empresario y derechos de la persona del trabajador", *in RL*, 1990, n.º 8, p. 11, pois refere que há direitos que têm a sua vertente laboral na medida em que podem emergir ou ocorrer em conexão com as relações individuais e colectivas de trabalho, sendo que são estes os mais expostos numa ordem jurídica democrática a acções empresariais lesivas, derivadas de maneira crescente do progresso tecnológico. Ver ainda MARIA DOLORES ROMÁN, *Poder de dirección y contrato de trabajo*, Ediciones Grapheus, Valladolid, 1992, p. 319, que menciona o facto de quando as partes celebram um contrato de trabalho já são titulares de outros direitos que são reconhecidos por normas alheias à relação laboral, sobretudo aqueles que como pessoas e como cidadãos ostentam por via constitucional. Estes direitos, inerentes às pessoas, não ficam do "lado de fora da empresa", sendo que podem ser exercidos no seio desta.

334   *A Privacidade dos Trabalhadores e as Novas Tecnologias...*

que os direitos do trabalhador não serão sujeitos, *inter alia*, a formas de controlo contrárias à sua dignidade, ou à sua privacidade, à defesa da sua liberdade de expressão ou à sua liberdade ideológica[1180].

O Novo Código do Trabalho incluiu, tal como o anterior, uma subsecção relativa à tutela dos direitos de personalidade[1181][1182], embora a não inclusão destes direitos nesta legislação não implicasse que estes não estivessem assegurados nas relações laborais, pois o contrato de trabalho "não é nem nunca foi uma licença para matar a dignidade humana"[1183].

Em termos sistemáticos, a matéria respeitante aos direitos de personalidade encontra-se logo no início do Código, no Título II, relativo ao contrato de trabalho, no Capítulo I, respeitante a disposições gerais, secção II – sujeitos, subsecção II – direitos de personalidade – arts. 14.° a 22.°[1184]. Esta subsecção trata de proteger, particularmente, a situação pessoal do trabalhador perante as novas realidades relacionadas com os desenvolvimentos tecnológicos[1185][1186], tais como o desenvolvimento da

---

[1180] Neste sentido veja-se JOSÉ JOÃO ABRANTES, "O novo *Código do Trabalho...*", cit., p. 150.

[1181] O que configurava uma novidade pois, até à data, não existia uma consagração desta matéria a nível laboral Cf. neste sentido PEDRO ROMANO MARTINEZ, "Considerações gerais sobre o Código do Trabalho", *in VI Congresso Nacional de Direito do Trabalho Memórias*, (coord. ANTÓNIO MOREIRA), Almedina, Coimbra, 2004, p. 51, "O Código do Trabalho – Directrizes de reforma; sistematização; algumas questões", *in Estudos de Direito do Trabalho em Homenagem ao Professor Manuel...*, cit., p. 573, e *Direito do...*, cit., p. 357.

[1182] Não se irão abordar com detalhe os vários artigos relativos a esta matéria pois não faz parte do âmbito deste trabalho. Irão apenas referir-se algumas características gerais destes artigos, sendo que os mais relevantes, arts. 20.° a 22.°, serão analisados, respectivamente, nos capítulos III e IV.

[1183] M.ª REGINA REDINHA, "Os direitos de personalidade...", cit., p. 162.

[1184] A subsecção do Código do Trabalho visa garantir a defesa dos direitos de personalidade dos sujeitos laborais, embora, a maior parte dos preceitos só faça sentido em relação ao trabalhador – vejam-se os artigos 17.°, 18.°, 19.°, 20.°, 21.° e 22.°.

[1185] GUILHERME DRAY, *Direitos de personalidade...*, cit., p. 36

[1186] Há uma enorme quantidade de programas que permitem controlar todos os passos dos trabalhadores, não só no local de trabalho, como também fora dele e se, no início do século passado, foi admitido, e até era prática corrente, que as empresas contratassem investigadores privados para visitar os trabalhadores em casa para se assegurar que não bebiam ou que não viviam em condições "imorais", como aconteceu na empresa Ford, que tinha até um departamento específico com esse objectivo, actualmente, com estas novas formas de controlo, o empregador pode controlar muito mais e até fazer com que o trabalhador deixe de realizar certas actividades, como por exemplo,

informática, a utilização e o manuseamento de tecnologias de informação e comunicação, o incremento e utilização de técnicas de captação e armazenamento de imagens e de dados pessoais[1187], bem como a utilização da ciência médica para efeitos de realização de testes ou exames para despistar doenças infecto-contagiosas, assim como testes de consumo de álcool e de drogas[1188] e testes genéticos[1189].

---

o trabalhador que tenha um telemóvel com GPS incluído ou um automóvel com GPS instalado pode deixar de se sentir à vontade para no final do trabalho dirigir-se a uma mesquita ou igreja para rezar ou para ir visitar a sua namorada(o), já que aspectos extremamente íntimos podem ser revelados incluindo as sua opiniões políticas, a sua saúde mental e física assim comoa sua vida sentimental. Vejam-se CYNTHIA GUFFEY e JUDY WEST, *op.* cit., p. 735, e National Workrights Institute, *On your tracks: GPS tracking in the workplace*, p. 19.

[1187] Como defendem ZIRKLE e STAPLES, "Negotiating Workplace Surveillance", *in Electronic Monitoring...*, cit., p. 80, o aumento do uso do computador e das tecnologias de controlo associadas às NTIC no local de trabalho expõem o trabalhador a elevados níveis de controlo e vigilância durante toda a jornada de trabalho e, inclusive, na sua vida privada, estando os empregadores a criarem diversas formas "esquizofrénicas" de controlo. Cf. DAVID CASACUBERTA, "Loaded Metaphors: Legal Explanations on Monitoring the Workplace in Spain", *in Electronic Monitoring...*, cit., p. 169. Sobre este poder de controlo electrónico do empregador ver próximo capítulo, n.º 6.

[1188] Ver para maiores desenvolvimentos CARLOS PERDIGÃO, "Testes de alcoolémia e direitos dos trabalhadores", *in Minerva, Revista de Estudos Laborais*, ano I, n.º 2, 2003, pp. 9 e ss., e TERESA COELHO MOREIRA, *Da esfera privada...*, cit., pp. 199 e ss., e 476 e ss..

[1189] Desde a descoberta do ADN aumentou a possibilidade e a realização de testes genéticos, permitindo ao empregador aceder aos aspectos mais íntimos acerca de uma pessoa e prever a susceptibilidade de vir a desenvolver determinados tipos de doenças. Deve ter-se em atenção a Lei n.º 12/2005, de 26 de Janeiro, sobre informação genética pessoal e informação de saúde. Realçam-se, deste diploma, os arts. 11.º e 13.º (sobretudo este último). O art. 13.º, com a epígrafe de testes genéticos no emprego, é de grande importância porque estabelece o princípio da proibição deste tipo de exames quer na fase de contratação, quer já na fase de execução do contrato de trabalho, mantendo-se esta proibição ainda que haja consentimento do candidato ou do próprio trabalhador, o que nos parece importante atendendo ao desequilíbrio pré-contratual e contratual entre as duas partes. Parece, ainda, não ser possível a realização de quaisquer exames de natureza preditiva, sendo apenas admissíveis testes genéticos de diagnóstico – arts. 9.º e 10.º. Ver BERNARDO DA GAMA LOBO XAVIER, "A Constituição, a Tutela da Dignidade e Personalidade do Trabalhador e a Defesa do Património Genético. Uma Reflexão", *in V Congresso...*, cit., pp. 261 e ss., assim como "O acesso à informação genética. O caso particular das entidades empregadoras", *in RDES*, ano XLIV, n.º 3 e 4, 2003, pp. 11 e ss.. Cf., ainda, FERNÁNDEZ

336 *A Privacidade dos Trabalhadores e as Novas Tecnologias...*

Claro que nalguns outros artigos do Código do Trabalho se encontram protegidos alguns direitos de personalidade, principalmente ligados ao direito à reserva sobre a intimidade da vida privada. Assim, logo na subsecção seguinte, relativa à igualdade e não discriminação, encontram-se os arts. 24.º e 25.º que se reportam, respectivamente, ao *direito à igualdade no acesso a emprego e no trabalho* e à *proibição de discriminação*, uma tutela da orientação sexual dos trabalhadores. Esta, sem dúvida, faz parte da esfera mais íntima e reservada do ser humano e, por isso, não pode originar qualquer tipo de discriminação por parte do empregador que nem sequer a poderá conhecer.

Trata-se, ainda, de um regime que pretende abarcar diversas situações, desde os preliminares da formação do contrato de trabalho, garantindo, assim, a protecção do candidato a emprego, bastando ver os arts. 17.º e 19.º, à execução do contrato, protegendo os trabalhadores em geral, arts. 14.º e 22.º, e algumas categorias de trabalhadores em especial, de que é exemplo o art. 170.º para o teletrabalhador.

Parece existir uma abordagem "personalista" das matérias laborais, mas esta preocupação é realizada em termos idênticos para ambos os sujeitos contratuais, o que não nos parece ter sido a melhor solução. Na verdade, não cremos que esta protecção deva ser conferida nos mesmos moldes[1190]. Não se pode esquecer que as relações de trabalho são um exemplo paradigmático da existência de relações privadas desiguais, não só no plano factual mas também no plano jurídico. Na verdade, no plano factual, os sujeitos contraentes – trabalhador e empregador – não dispõem da mesma liberdade no que concerne à celebração do contrato nem à estipulação de cláusulas contratuais, o que origina o aparecimento de um desequilíbrio contratual que se acentua em alturas de desemprego generalizado. No plano jurídico, a conclusão do contrato de trabalho coloca o trabalhador numa situação de subordinação face ao empre-

---

DOMÍNGUEZ, *Pruebas genéticas en el Derecho del Trabajo*, Estudios de Derecho Laboral, Civitas, Madrid, 1999, LEAL AMADO, "Breve apontamento sobre a incidência da revolução genética no domínio juslaboral e a Lei n.º 12/2005, de 26 de Janeiro", *in Temas Laborais*, Coimbra Editora, Coimbra, 2005, pp. 23 e ss., TERESA COELHO MOREIRA, *Da esfera privada...*, cit., pp. 204 e ss., e ZENHA MARTINS, *O Genoma Humano e a Contratação Laboral – Progresso ou Fatalismo?*, Celta Editora, Oeiras, 2002, pp. 25 e ss..

[1190] No mesmo sentido LEAL AMADO, *Contrato de ...*, cit., p. 220.

gador[1191]. Por outro lado, o envolvimento pessoal do trabalhador na relação de trabalho, atendendo à própria natureza da prestação que desempenha, é muito maior do que o do empregador[1192]. A actividade de trabalho é uma prestação de facto positiva para a qual concorrem as qualidades pessoais do trabalhador o que leva a designar o contrato de trabalho como um contrato *intuitu personae*[1193]. O Código do Trabalho parece defender a ideia de que o envolvimento pessoal do trabalhador no contrato de trabalho, por força da natureza da própria prestação, pode ser comparável ao envolvimento do empregador, como se "os direitos de personalidade em jogo fossem equiparáveis"[1194]. Contudo, não nos podemos esquecer, tal como refere M.ª DO ROSÁRIO PALMA RAMALHO, que o empregador não envolve a sua pessoa no contrato, ao contrário do trabalhador.

[1191] VALDÉS DAL-RÉ, *op.* cit., p. 277, a este propósito, defende que a empresa "enquanto organização económica e grupo social, erigida em suporte ideológico e em sustento material tanto do sistema económico fundado na propriedade privada dos meios de produção, quanto da estrutura social a ele associada, gera uma situação de poder, entendendo por tal, no sentido mais primário e naturalista, uma força que actua de modo causal e que expressa a submissão real de uns homens sobre outros, obrigados a adoptar uma determinada conduta".

[1192] M.ª DO ROSÁRIO PALMA RAMALHO, "O Novo Código do Trabalho – Reflexões sobre a Proposta de Lei Relativa ao Novo Código de Trabalho", *in Estudos de Direito do Trabalho*, vol. I, Almedina, Coimbra, 2003, p. 29. Também JOSÉ JOÃO ABRANTES, "O novo *Código do Trabalho*...", cit., p. 141, entende que o trabalhador empenha a sua própria personalidade na relação de trabalho.

[1193] Seguimos a opinião de M.ª DO ROSÁRIO PALMA RAMALHO, *Da Autonomia Dogmática*..., cit., pp. 490-492 e 752-753 e também em "Contrato de trabalho..., cit., pp. 396-397, para quem a tendência recente para o anonimato das relações de trabalho não diminui o envolvimento pessoal do trabalhador na relação de trabalho e indica duas razões para tal. Por um lado, este tipo de anonimato só sucede num certo tipo de relações de trabalho e, por outro, porque, independentemente de estarmos perante trabalhadores especializados ou trabalhadores "indiferenciados", na altura da contratação são escolhidos atendendo às suas capacidades pessoais para o tipo de trabalho em causa e são estas mesmas que poderão originar a anulabilidade do contrato de trabalho com base em erro sobre as qualidades pessoais se estas forem essenciais para o tipo de trabalho em causa – art. 251.º do CC. São ainda estas qualidades pessoais que permitem estabelecer o concreto grau do dever de diligência e de zelo do trabalhador. No mesmo sentido cf. MYRIAM DELAWARI e CHRISTOPHE LANDAT, *op.* cit., pp. 84-85.

[1194] M.ª DO ROSÁRIO PALMA RAMALHO, "O Novo Código do Trabalho...", cit., p. 29.

338 *A Privacidade dos Trabalhadores e as Novas Tecnologias...*

A regulação prevista no Código do Trabalho resulta também das necessidades sentidas actualmente, onde o grande desafio do Direito do trabalho é o de conseguir encontrar um modo de compatibilizar a competitividade das empresas com os direitos de cidadania e a dignidade dos trabalhadores, tendo em atenção que um certo grau de controlo e de tratamento de dados pessoais constitui uma normal e indispensável característica do contrato de trabalho. As empresas necessitam de ter acesso, regularmente, a determinadas informações para saber como se está a desenvolver a relação de trabalho e se está a ser realizada de acordo com as directrizes do empregador, para além de ser necessário por razões de segurança, higiene e saúde no trabalho. Mas, também não pode deixar de ter-se em atenção que os direitos de personalidade do trabalhador são fundados na dignidade da pessoa humana e representam um *continuum* lógico da sua implicação pessoal na relação de trabalho.

Assim, parece-nos de secundar o entendimento de JÚLIO GOMES[1195], quando entende que os direitos de personalidade previstos no Código do Trabalho se inserem numa visão destes não como meros limites externos dos poderes do empregador, mas verdadeiros limites internos que resultam de uma acertada compreensão de deveres como o de execução do contrato de trabalho de acordo com a boa fé. Assim, a aplicação deste princípio nas relações laborais implica o devido respeito pela personalidade do trabalhador nas suas várias vertentes.

Também nos parece, ainda, perfilhando mais uma vez a opinião deste autor, que estes artigos comprovam a consciencialização do legislador de que os riscos para o trabalhador não se resumem aos riscos para o seu corpo, mas prolongam-se para outras facetas da sua pessoa, como sejam a imagem, a protecção de dados pessoais, e a tutela das suas comunicações, assim como da sua própria dignidade. Desta forma, há um reconhecimento de que a tutela devida deve estender-se para além da reserva sobre a intimidade da vida privada, englobando outras facetas e, por isso, prefere-se o conceito de privacidade que engloba estas várias situações, principalmente relacionadas com as NTIC e o direito do trabalhador a ter um determinado *habeas data*[1196].

[1195] *Direito do...*, cit., pp. 267-268.

[1196] BELLAVISTA, "Controlli elettronici e art. 4 dello Statuto dei Lavoratori", *in RGLPS*, ano LVI, n.º 4, 2005, p. 774.

As Novas Tecnologias e a Privacidade

Somos de opinião que a tutela da privacidade do trabalhador na relação de trabalho ampara não só a protecção das questões pertencentes à vida não laboral do trabalhador, como também determinadas formas de ingerência na relação de trabalho, já que estas poderão ser invasoras, *per se*, do direito à privacidade do trabalhador. A privacidade deste não se limita, desta forma, a englobar os aspectos mais íntimos e pessoais, mas supera-os na medida em que assentam sobre o próprio marco da relação de trabalho, englobando diversos outros aspectos[1197]. Assim, pode entender--se por privacidade tudo o que foi referido anteriormente em relação a este direito, abarcando assim, *inter alia*, o direito a ter um âmbito de reserva inacessível no local de trabalho que, contudo, não se confina somente às casas de banho ou cacifos[1198], estendendo-se também à intimidade das relações com os seus companheiros de trabalho, à própria actividade sindical, às comunicações por qualquer meio, incluindo o *e-mail* e a *Internet*, à recolha e tratamento de dados, e não só os dados sensíveis, à captação de imagens e sons, fora de determinados requisitos, à realização de testes de saúde para despistagem de determinadas doenças e testes genéticos, assim como à realização de testes para controlo do consumo de substâncias estupefacientes ou álcool. Também o rendimento auferido deve fazer parte deste conceito, conforme defende MONTOYA MELGAR[1199]. Assim, o con-

---

[1197] Da mesma opinião CAMAS RODA, "La intimidad y la vida privada del trabajador ante las nuevas modalidades de control y vigilância de la actividad laboral", *in Nuevas tecnologias...*, cit., p. 164.

[1198] Sobre o problema das revistas ver, para maiores desenvolvimentos, TERESA COELHO MOREIRA, "Das revistas aos trabalhadores e aos seus bens em contexto laboral", *in Estudos em Comemoração do Décimo aniversário da Licenciatura em Direito da Universidade do Minho*, Almedina, Coimbra, 2004, pp. 839 e ss., e *Da esfera privada...*, cit., pp. 344 e ss..

[1199] "Derecho colectivo de información versus derecho individual a la intimidad", *in REDT*, n.° 66, 1994, p. 622.

340   *A Privacidade dos Trabalhadores e as Novas Tecnologias...*

ceito de privacidade tem sido sempre entendido como incluindo não só aspectos *espirituais*, como também *patrimoniais*, incluindo nestes o salário, do qual depende o nível de vida material e não material do trabalhador, como é o caso, *v.g.*, da educação e da cultura[1200] [1201].

[1200] No ordenamento jurídico francês, após uma evolução doutrinal e jurisprudencial, passou a utilizar-se o termo *vida pessoal – vie personnelle –* contrapondo-a à *vida profissional*. Aquela tem a vantagem de ter uma conotação positiva, podendo ser decomposta em três elementos: desde logo, compreende o conceito de vida privada – respeito dos comportamentos (como o domicílio e a aparência), o respeito do anonimato (segredos da pessoa, direito à imagem e protecção da voz), o respeito pelas relações sociais e familiares da pessoa (comunicações, cartas, telefone) – , abarca ainda as *liberdades civis* – casar--se, por exemplo – e o exercício da cidadania – o direito de votar e de ser eleito. Ver FRANÇOISE CHAMPAUX, "La protection du salarié dans sa sphere privée: l'exemple des moeurs", *in* AA.VV., (cord. C. MARRAUD, F. KESSLER e F. GÉA), *La rupture du contrat de travail en droit français et allemand*, Presses Universitaires de Strasbourg, Estrasburgo, 2000, p. 162, assim como WAQUET, *L'entreprise...*, cit., pp. 111 e ss..

[1201] A nossa análise centrar-se-á em dois aspectos fundamentais do conceito de privacidade e que são, no capítulo III, o controlo através de meios audiovisuais e o tratamento dos dados obtidos e, no capítulo IV, o controlo das comunicações electrónicas associado ao poder informático do empregador.

CAPÍTULO II

O PODER DE CONTROLO ELECTRÓNICO DO EMPREGADOR E AS NOVAS TECNOLOGIAS

1. OS PODERES DO EMPREGADOR

O empregador, como titular da organização produtiva, tem direito a conformar a sua organização. Para a consecução desse objectivo necessita de ter determinados poderes[1202]. Contudo, um dos problemas fundamentais, talvez até o essencial, da teoria geral do Direito do trabalho, é um problema de poder, *rectius*, uma questão de poderes e contrapoderes[1203], não esquecendo que, conforme escreve KAHN-FREUND[1204], "a nota característica da relação de trabalho é que o trabalhador se encontra subordinado ao poder do empregador".

O projecto do empregador consta de uma primeira fase de previsão, de estabelecimento do plano da empresa e só depois vem a fase de execução, embora estejam ambas relacionadas com o sistema de poder que é a organização da empresa[1205]. Nota-se, desta forma, que os poderes do empregador são, tendencialmente, inerentes à sua qualidade de empresário, podendo afirmar-se que se trata de uma realidade pré-jurídica, pois o direito, mais do que criá-los, reconhece e consagra poderes que são preexistentes à sua própria normatividade[1206]. No seguimento de

---

[1202] Como refere CÁSSIO MESQUITA BARROS, "Poder empresarial: fundamentos, conteúdo e limites (Relatório Geral), *in Temas de Direito do Trabalho*, cit., p. 305, a palavra poder deriva do radical latino *potestas* através do italiano *podere* e tem, pelo menos, três sentidos possíveis: *capacidade* natural de agir, *faculdade* moral ou legal e *autoridade* de pessoas ou órgãos.

[1203] VALDES DAL-RÉ, "Poder directivo, contrato de trabajo y ordenamiento laboral", *in RL*, n.° 5, 1993, p. 26. Ver, ainda, LEAL AMADO, *Contrato de...*, cit., p. 209, referindo que "é sabido que a relação laboral se analisa numa relação de poder".

[1204] *Apud* HAZEL OLIVER, *Why information privacy...*, cit., p. 120.

[1205] Cf. MONTOYA MELGAR, "Nuevas dimensiones jurídicas...", cit., p. 20.

[1206] Neste sentido, vejam-se MONTOYA MELGAR, última *op.* cit., p. 18, e RUI ASSIS, *op.* cit., p. 31.

ALONSO OLEA[1207], pode afirmar-se que "a empresa é um círculo natural de poder".

Com a celebração do contrato de trabalho o empregador passa a dispor do trabalho pessoal de outrem através de uma posição única que abarca a atribuição legal de determinados poderes, complexos e complementares entre si, cujo exercício lhe confere a possibilidade de adaptar o trabalho ao uso que entenda mais conveniente e que mais se adapte aos interesses da empresa que dirige e que ordena[1208]. Trabalho e empresa tornam-se, desta forma, na maior parte das vezes, realidades interdependentes pois se o contrato de trabalho dá origem à relação jurídico-laboral, a empresa é a condição e o suporte de concretização dessa relação. Assim, trabalhador e empregador assumem direitos e deveres mútuos ao celebrarem o contrato de trabalho[1209] sendo que, na base de todos, se encontra o respeito devido à dignidade da pessoa humana[1210].

Entende-se e defende-se que o sistema de poderes do empregador tem uma configuração e uma cobertura jurídicas pois a satisfação do direito de crédito do empregador exige que este, por imperativo da natureza da relação jurídico-laboral, ostente vários poderes[1211] [1212]. Estes são

---

[1207] *In* Prólogo à obra de MONTOYA MELGAR, *El poder de...*, cit., p. 15.

[1208] Veja-se JAVIER GÁRATE CASTRO, *Lecturas sobre el régimen jurídico del contrato de trabajo – concepto, partes y modalidades del contrato de trabajo, salário, poder disciplinario del empresário y extinción del contrato de trabajo*, Netbiblo, Corunha, 2007, p. 79. Também MENEZES LEITÃO, *Direito...*, cit., p. 363, perfilha a mesma ideia ao mencionar que a situação particular que resulta para o empregador da celebração de um contrato de trabalho permite-lhe ter uma série de poderes em relação ao trabalhador.

[1209] Como entendem HUECK e NIPPERDEY, *Compendio de Derecho del Trabajo*, Editorial Revista de Derecho Privado, Madrid, 1963, p. 111, enquanto contrato jurídico obrigacional, o contrato de trabalho origina uma série de direitos e deveres recíprocos, sendo que a soma de todos eles constitui o conteúdo da relação de trabalho.

[1210] *Vd.* LUZ PACHECO ZERGA, *op.* cit., pp. 36-37. Cf., ainda, ESTHER CARRIZOSA PRIETO, "El principio de proporcionalidade en el derecho del trabajo", *in REDT*, n.º 123, 2004, p. 477, defendendo que tanto o exercício da actividade do empregador, como "o direito/dever ao trabalho, com todos os princípios que derivam do preceito constitucional, constituem manifestações do livre desenvolvimento da personalidade e, em última instância, da dignidade da pessoa". No mesmo sentido, LASTRA LASTRA, *op.* cit., p. 168.

[1211] Neste sentido, MONTOYA MELGAR, *Derecho del...*, p. 361, e "Nuevas dimensiones jurídicas...", cit., p. 21.

[1212] Como observa ANTOINE LYON-CAEN, "Note sur le pouvoir de direction et son contrôle", *in Mélanges dédiés au President Michel Despax*, Presses de l'Université des

intrínsecos ao reconhecimento da liberdade de empresa[1213] e têm consagração constitucional, desde logo, no direito à iniciativa de constituição da própria empresa[1214] e, por outro, no direito de definir a finalidade que a empresa prossegue e a forma como é gerida[1215] [1216], nos termos dos arts. 61.º, n.º 1, e 80.º, alínea c) da CRP[1217]. A liberdade de iniciativa privada

---

Sciences Sociales de Toulouse, Toulouse, 2002, p. 96, o poder é uma presença frequente no Direito do trabalho. Também FRÉDÉRIC GUIOMARD, "Droits fondamentaux et controle des pouvoirs de l'employeur", *in Droits fondamentaux...*, cit., p. 61, entende que o direito do trabalho está inteiramente estruturado em torno das questões relativas aos poderes do empregador, sendo que estes designam todas as suas prerrogativas que lhe permitem exigir as actividades dos trabalhadores. No mesmo sentido, MAZZONI, *Manuale di Diritto del Lavoro*, Vol. I, 6.ª edição, cit., p. 108, ao escrever que o poder do empregador assume uma importância fulcral na empresa pois é através deste que ela se pode organizar e funcionar.

[1213] A mesma opinião é perfilhada por MONTOYA MELGAR, "Nuevas dimensiones...", cit., p. 21, assim como por VICENTE PACHÉS, *El derecho del...*, cit., p. 49. Também AMPARO ESTEVE SEGARRA e GEMMA FABREGAT MONFORT, "Aspectos relevantes de la libertad de expresión en el ordenamiento jurídico laboral", *in AL*, n.º 43, 2003, p. 739, entendem que é a liberdade de empresa que justifica os poderes atribuídos ao empregador. COUTINHO DE ALMEIDA, "Poder empresarial ...", cit., p. 311, defende o mesmo.

[1214] Que se traduz na liberdade de criação da empresa, na liberdade de investimento e na liberdade de estabelecimento.

[1215] Veja-se, neste sentido, COUTINHO DE ALMEIDA, "Limites constitucionais à iniciativa económica privada", *in Temas de Direito do Trabalho...*, cit., pp. 424-425. No mesmo sentido *vide* VALDÉS DAL-RÉ, "Poderes del empresario y derechos...", cit., p. 31, para quem o conteúdo da liberdade da empresa consta de dois elementos fundamentais: o direito a criar e manter em produção empresas e mostrar a sua titularidade, e no livre exercício de actividades empresariais, isto é, no direito do titular a tomar decisões económicas primárias, tais como a fixação dos investimentos e o desenho das estratégias.

[1216] DANIÈLE LOSCHAK, "Le pouvoir hiérarchique dans l'entreprise privée et dans l'administration", *in DS*, n.º 1, 1982, p. 25, entende que a lógica da empresa é, antes de tudo, uma lógica económica, e os poderes do empregador justificam-se, essencialmente, pela responsabilidade económica que assume, dispondo de dois tipos de prerrogativas: umas relacionadas com o capital, outras com as coisas económicas e as últimas com a estratégia da empresa.

[1217] A propósito do primeiro artigo, GOMES CANOTILHO e VITAL MOREIRA, *op.* cit., pp. 788 e ss. e 958-959, entendem que a iniciativa económica privada é um direito fundamental, não incluída directamente nos direitos, liberdades e garantias, embora beneficie da analogia substantiva entre eles, "enquanto direito determinável e de exequibilidade imediata". Por outro lado, este direito não está constitucionalmente ligado nem à liberdade de profissão, prevista no art. 47.º, nem ao direito à propriedade, do art. 62.º, não constituindo

reveste, assim, um duplo sentido, sendo que o primeiro é um direito pessoal, a exercer individual ou colectivamente, enquanto o segundo é um direito institucional, um direito da empresa em si mesma[1218]. Secunda-se MONTOYA MELGAR[1219], quando defende que o poder empresarial é "irrenunciável" no seu conteúdo essencial, e o empregador que rejeitasse estes poderes "deixaria verdadeiramente de o ser".

Desta forma, se o Direito tem hoje, em geral, uma função de eliminar as arbitrariedades de poder tanto de particulares como de entes públicos, o Direito do trabalho dedica muitas das suas normas a reconhecer direitos aos trabalhadores que constituem limites aos poderes dos empregadores, sendo apenas no respeito por estes limites que o seu exercício se faz regularmente, podendo defender-se que todo o Direito do trabalho é um sistema de progressiva contenção do poder do empregador[1220] [1221]. Assim, se o ordenamento jurídico-laboral reconhece a existência de poderes do empregador, simultaneamente fixa os seus limites, tanto directa como indirectamente, interna e externamente.

O empregador é o detentor dos meios de produção e está comprometido num determinado projecto de actividade económica, obtendo, em contrapartida, a disponibilidade da força de trabalho do trabalhador, o que gera, consequentemente, a pertença de uma certa autoridade sobre as pessoas e de certos poderes para melhor gerir e organizar a empresa, assim como para punir quem não cumpra com as regras estipuladas[1222] [1223].

---

uma imediata decorrência de qualquer deles, antes tendo autonomia própria. Também o art. 80.°, alínea c), ao consagrar a liberdade de iniciativa e de organização empresarial no quadro de uma economia mista secunda a garantia de liberdade de iniciativa económica estabelecida no art. 61.°, acrescida da liberdade de organização económica.

[1218] Neste sentido, cf. últimos autores e obra citada, p. 790.

[1219] Última op. cit., p. 22.

[1220] Vejam-se ALONSO OLEA, Introducción al..., cit., p. 62, MONTOYA MELGAR, "Nuevas dimensiones jurídicas...", cit., p. 23, e "Libertad de empresa y poder de dirección del empresário", in Libertad de empresa y relaciones laborales en España, (coord. PÉREZ DE LOS COBOS ORIHUEL), Instituto de Estudios Económicos, Madrid, 2005, p. 146, e RIVERO LAMAS, Limitación de los..., cit., pp. 15-17. Também EMMANUEL DOCKÉS, "Le pouvoir patronal au-dessus des lois? La liberté d'entreprendre dénaturée par la Cour de Cassation", in DO, n.° 678, 2005, p. 4, entende que o reconhecimento progressivo do poder do empregador origina o reconhecimento da necessidade de o limitar.

[1221] Sobre os limites ao poder de controlo do empregador cf., ainda neste capítulo, n.° 5.

[1222] Ver MONTEIRO FERNANDES, Direito do..., cit., p. 256. Cf., ainda, MARIE-

Desta forma, enquanto partes do contrato de trabalho, trabalhador e empregador não são iguais[1224]. E isto não só porque têm direitos e deveres distintos, como também, e principalmente, porque o empregador detém uma série de poderes que o colocam numa posição de supremacia, de proeminência ou de superioridade em relação ao trabalhador[1225], o que origina

---

FRANCE MIALON, *Les pouvoirs de l'employeur*, LGDJ, Paris, 1996, p. 67. Também da mesma opinião JEAN RIVERO e JEAN SAVATIER, *op.* cit., p. 171.

[1223] ENRICO MASTINU, "La procedimentalización sindical del ejercicio de los poderes y prerrogativas del empresario", *in El poder de dirección del...*, cit., p. 269, entende que no caso do contrato de trabalho, a necessidade fundamental que lhe está ligada é a da atribuição ao empregador da possibilidade de adquirir a disponibilidade do trabalhador para ser integrado na organização produtiva.

[1224] Aliás foi esta constatação que originou o surgimento do Direito do trabalho. Na génese da separação das águas entre o Direito do trabalho e o Direito civil está exactamente a ideia de que a igualdade formal não contribuía para um real equilíbrio negocial entre trabalhador e empregador. Este é o domínio onde é particularmente verdadeira a afirmação de LACORDAIRE de que "a liberdade oprime e a lei liberta". A lei libertadora é o Direito do trabalho. *Vide* sobre esta desigualdade, *inter alii*, JOSÉ JOÃO ABRANTES, "O *Código do Trabalho* e a Constituição", cit., p. 129, referindo-se a uma desigualdade de facto entre os diferentes sujeitos contratuais, assim como em "A autonomia do Direito do trabalho, a Constituição laboral e o art. 4.º do *Código do Trabalho*", *in Estudos de Direito do Trabalho em Homenagem ao Professor Manuel...*, cit., p. 413. Para a doutrina estrangeira cf., entre outros, DÄUBLER, *Derecho del...*, cit., pp. 87-88, sobre a evolução do Direito do trabalho, assim como RODRIGUÉZ-PIÑERO Y BRAVO FERRER, "Derecho del Trabajo y racionalidad", *in RL*, n.º 5, 2006, pp. 6-7, e "Poder de dirección y derecho contractual", *in El poder de dirección...*, cit., p. 6, e ROJO TORRECILLA, "Pasado, presente y futuro del Derecho del Trabajo", *in RL*, II, 1997, pp. 233-234. Também MARIAPAOLA AIMO, *Privacy...*, cit., p. 16, chama a atenção para esta *capitis diminutio* do trabalhador, assim como PASQUALE CHIECO, *Privacy e...*, cit., pp. 21-22, referindo que a especialidade do ordenamento laboral é fundada sobre o reequilíbrio da disparidade de forças das partes. No mesmo sentido SPIROS SIMITIS, "Diritto privato e diseguaglianza sociale: il caso del rapporto di lavoro", *in GDLRI*, n.º 89, 1, 2001, p. 53, assim como LORENZO GAETA, *op.* cit., p. 63, citando HUGO SINZHEIMAR, assinalando que o Direito do trabalho, a princípio, desinteressava-se de tudo o que sucedia no interior da empresa. Cf., ainda, REINHARD SINGER, "Direitos fundamentais no Direito do trabalho", *in Direitos fundamentais e...*, cit., p. 333, defendendo que "ante a multiplicidade e densidade das disposições de protecção no direito do trabalho, não se pode seriamente negar que impere entre empregadores e empregados um desequilíbrio estrutural", assim como INMACULADA MARÍN ALONSO, *El poder de control...*, cit., p. 67.

[1225] O empregador tem estes poderes para a necessária e correcta execução do contrato de trabalho. Cf. ORONZO MAZZOTTA, *op.* cit., p. 502.

que o trabalhador preste a sua actividade numa situação de dependência ou de subordinação. É característica inerente ao contrato de trabalho a prestação de uma actividade em regime de subordinação[1226] [1227], podendo aludir-se a dois tipos: a subordinação técnico-funcional, caracterizada pela implicação da pessoa do trabalhador na relação de trabalho; e a subordinação sócio-económica, expressa na alienação ou exclusão do trabalhador da propriedade dos meios de produção e na gestão geral dos processos produtivos[1228]. Entende-se, desta forma, que mesmo que os excessos da revolução industrial já não existam, o trabalhador encontra-se, ainda e globalmente, numa situação de dependência económica e jurídica na relação

---

[1226] Neste sentido UMBERTO CARABELLI, *op.* cit., pp. 22-23, assim como MASSIMO GALLO, "Subordinazione e potere direttivo e disciplinare del datore di lavoro", *in LNG,* n.º 11, 2004, pp. 1165-1166. Também CARLO ZOLI, "Subordinazione e poteri dell'imprenditore tra organizzazione, contratto e contrapotere", *in LD,* ano XI, n.º 2, 1997, p. 242, entende que a relação de trabalho nasce de um contrato de trabalho e tem um elemento que unifica tudo e que é a subordinação. Igualmente para MICHEL DESPAX, "L'évolution du rapport de subordination", *in DS,* n.º 1, 1982, p. 11, o Direito do trabalho "só existe porque é necessário proteger o trabalhador subordinado porque é subordinado", tendo em atenção os riscos de discricionariedade que podem ocorrer, entendendo, ainda, na p. 13, que a função do contrato de trabalho é a de colocar o trabalhador numa situação de dependência, residindo aqui a singularidade do contrato de trabalho perante os outros tipos de contrato, pois gera claramente uma situação de desigualdade, assim como PERULLI, *Il potere direttivo dell'imprenditore,* Giuffré Editore, Milão, 1992, pp. 261-262. Da mesma opinião VALDÉS DAL-RÉ, "'Contrato de trabajo, derechos fundamentales de la persona del trabajador y poderes empresariales: una difícil convivência (1)", *in RL,* n.º 22, 2003, p. 1, observa que a subordinação é o pressuposto constitutivo da existência do vínculo jurídico de trabalho.

[1227] Tradicionalmente, a obrigação que incide sobre determinadas pessoas de controlar outras está relacionada com um regime de autoridade ou de hierarquia que provoca na outra parte uma posição de subordinação. *Vd.* CHRISTOPHE JAMIN, no prefácio à obra de CÉDRIC COULON, *L'obligation de surveillance,* Economica, Paris, 2003, p. V. No mesmo sentido, ENRICO REDENTI, "Variazioni sul tema del verbo comandare", *in RTDPC,* ano XIII, 1959, p. 778, entende que o termo "comando" em sentido próprio exige, antes de tudo, uma dualidade de sujeitos antagónicos, fazendo surgir um estado de subordinação da contraparte, dando como exemplo, na p. 783, a relação de trabalho. Também CÁSSIO MESQUITA BARROS, *op.* cit., p. 306, entende que a subordinação justapõe-se ao conceito de poder de tal forma que "o poder e a subordinação constituem dois pólos da mesma realidade".

[1228] Segue-se de perto a divisão referida por EDOARDO GHERA, "La subordinazione fra tradizione e nuove proposte", *in GDLRI,* n.º 4, 1988, pp. 622-623.

O *Poder de Controlo Electrónico do Empregador...* 349

com o empregador, continuando a ser a subordinação a característica mais evidente da relação de trabalho[1229]. Porém, não deixamos de concordar também com MONTEIRO FERNANDES[1230], quando entende que a referência exclusiva à noção de subordinação jurídica, entendida como uma relação de autoridade e de direcção imediatas entre empregadores e trabalhadores, "padece, no mínimo, de anacronismo potencial", pois o "facto central" para o Direito do trabalho não é já o "trabalho obediente", mas sim, o "trabalho dependente", aquele que não é apenas prestado numa situação de dependência económica mas também, e talvez principalmente, sob a dependência organizacional e funcional, ou seja, no quadro de um processo produtivo, concebido e dirigido por outrem[1231] [1232] [1233].

Perante esta situação o Direito do trabalho cumpre uma dupla função, de garantia do seu papel consubstancial de instrumento de tutela do trabalho, impondo limites à autonomia privada individual para proteger o trabalhador contratante e débil[1234], e oferecendo ao empregador instrumentos jurídicos para a gestão da sua organização mas limitando, simultaneamente, o autoritarismo da empresa, racionalizando o factor trabalho e favorecendo a transparência, assim como o bom funcionamento do mercado de trabalho. O Direito do trabalho não pode alhear-se da realidade e desconhecer a sua lógica redistribuidora e reequilibradora. Assim, a sua função continua a ser a de corrigir os erros redistributivos do mercado e do

---

[1229] WAQUET, "La vie personnelle...", cit., p. 23

[1230] "Os novos horizontes do Direito...", cit., pp. 26-27.

[1231] Neste sentido, vejam-se LUCA TAMAJO, "Profili di rilevanza del potere diretivo del datore di lavoro", *in ADL*, n.º 2, 2005, p. 467, assim como CÉDRIC COULON, *op.* cit., pp. 100-101.

[1232] Sobre a subordinação pode ver-se, para maiores desenvolvimentos, M.ª DO ROSÁRIO PALMA RAMALHO, *Da Autonomia Dogmática...*, cit., pp. 85 e ss., com indicação de profusa bibliografia sobre o tema.

[1233] O art. 11.º do CT parece ter consagrado esta ideia ao apontar o elemento organizativo. Conforme refere LEAL AMADO, *Contrato de...*, cit., p. 52, "trata-se de uma *nuance* legislativa que acentua o *elemento organizativo*".

[1234] Não pode deixar de atender-se que há uma profunda implicação da pessoa do trabalhador na relação de trabalho, contrariamente ao empregador. *Vide* neste sentido, e com bastante desenvolvimento, SMURAGLIA, *La persona del prestatore nel rapporto di lavoro*, Giuffrè Editore, Milão, 1967, *passim*, e TOMMASO BUCALO, "Implicazione della persona e «privacy» nel rapporto di lavoro considerazioni sullo Statuto dei Diritti dei Lavoratori", *in RGLPS*, ano XXVII, n.ºs 4-5, 1976, p. 501.

350 A Privacidade dos Trabalhadores e as Novas Tecnologias...

sistema de livre empresa, controlando e condicionando as decisões organizativas empresariais, embora deva fazê-lo sem ignorar o interesse legítimo do empregador para a consecução dos seus objectivos económicos, protegidos constitucionalmente[1235]. Desta forma, a liberdade civil do trabalhador é parte integrante da conflitualidade inerente ao contrato de trabalho e, se o empregador e o trabalhador têm interesses e direitos autónomos, que estão muitas vezes contrapostos, deve respeitar-se, na sua maior amplitude possível, tanto a liberdade de empresa como os direitos do trabalhador[1236].

A introdução das NTIC na empresa não alterou na essência a natureza destes poderes, o mesmo não podendo dizer-se da sua relevância e do seu modo de manifestar-se. Concorda-se, no entanto, com MOLINA NAVARRETE e SOFÍA OLARTE ENCABO[1237], quando observam que as novas tecnologias informáticas e os novos modelos de organização da empresa, baseados em princípios eminentemente produtivos e mercantilizadores e no princípio da *coisificação* ou *reificação* do trabalho, como bem escasso e competitivo, ampliam extraordinariamente as diferentes prerrogativas empresariais de direcção e reintroduzem o princípio de *autoridade* no desenvolvimento das relações de trabalho, pelo que a tutela ou protecção dos direitos da pessoa do trabalhador, sobretudo os relacionados com os direitos de liberdade, privacidade e dignidade, adquirem uma renovada actualidade[1238].

[1235] Neste sentido RODRÍGUEZ-PIÑERO Y BRAVO-FERRER, última *op.* cit., pp. 7-8.

[1236] Veja-se THILO RAMM, "Diritto Fondamentali e Diritto del Lavoro", *in GDLRI*, n.º 50, 2, 1991, p. 363, assim como JOSÉ JOÃO ABRANTES, "Contrato de trabalho e meios de vigilância...", cit., p. 810.

[1237] *Op.* cit., p. 360.

[1238] Ver WAQUET, *L'entreprise...*, cit., pp. 111-112, a propósito do controlo totalitário que as novas tecnologias permitem, assim como APARICIO TOVAR e BAYLOS GRAU, "Autoridad y democracia en la empresa", *in Autoridad y...*, cit., p. 9, ao referirem o fenómeno de exaltação da empresa como organização geradora de riqueza. Cf., ainda, UMBERTO ROMAGNOLI, "Modernización e Involución del Derecho del Trabajo", *in RDS*, n.º 28, 2004, p. 15. Também FERNÁNDEZ DOMÍNGUEZ e SUSANA RODRÍGUEZ ESCANCIANO, *op.* cit., p. 115, escrevem que as relações de trabalho são um âmbito particularmente exposto a intromissões na privacidade através das inovações tecnológicas devido, em grande parte, à implicação pessoal do trabalhador na prestação de trabalho assim como aos amplos poderes do empregador, tanto no momento do acesso e formação do contrato de trabalho, como no exercício dos poderes durante a sua execução.

O *Poder de Controlo Electrónico do Empregador...*

O empregador, para o correcto e eficiente desenvolvimento da actividade profissional, dispõe de determinados poderes que lhe permitem promover as condições para a boa execução do trabalho e o desenvolvimento da actividade empresarial[1239]. Nota-se, assim, que a posição contratual que o empregador assume é dotada de grande complexidade[1240], envolvendo expressões e manifestações de diversa espécie, o que justifica o enorme esforço da doutrina juslaboralista em identificar os diferentes poderes e proceder à sua sistematização[1241]. Do art. 11.º do CT retira-se a posição de domínio que o empregador ocupa na relação jurídico-laboral e que lhe confere diversos poderes.

Numa primeira sistematização, seguindo a divisão de M.ª DO ROSÁRIO PALMA RAMALHO[1242], pode reconduzir-se o conjunto de direitos e deveres decorrentes da celebração de um contrato de trabalho a duas espécies. Numa primeira, englobando os dois deveres principais que correspondem às partes do contrato de trabalho, o dever de pagar a retribuição e o dever de trabalhar, inserem-se "os direitos e os deveres que se reconduzem ao binómio patrimonial de escambo integrativo do conteúdo essencial do contrato e que explicitam o seu carácter sinalagmático e de execução continuada". Numa segunda espécie, terá de inserir-se o dever de obediência e, correlativamente, o conjunto de poderes do empregador, isto é, o conjunto de deveres relacionados com "o binómio subordinação jurídica/domínio do empregador".

A divisão tripartida dos poderes do empregador tem uma grande tradição na doutrina, quer nacional, quer estrangeira, entendendo-se que existe um poder directivo, um poder disciplinar e um poder regulamentar. Esta visão pode entender-se como a mais elementar aproximação aos

---

[1239] Cf. ANTÓNIO MARTÍN VALVERDE, RODRÍGUEZ-SAÑUDO GUTIÉRREZ e JOAQUÍN GARCÍA MURCIA, *Derecho del Trabajo*, 11.ª edição, 2002, Tecnos, Madrid, 2002, p. 238, e UBALDO PROSPERETTI, *Il lavoro subordinato*, Casa Editrice Dr. Francesco Vallardi, Milão, 1966, p. 3.

[1240] RUI ASSIS, *op. cit.*, p. 78.

[1241] Mas, como nota o autor citado na nota anterior, este esforço é acompanhado de uma grande diversidade de pontos de vista, quer em relação à classificação de tais poderes, quer relativamente ao conteúdo de cada um.

[1242] *Do fundamento do poder disciplinar laboral*, Almedina, Coimbra, 1993, pp. 147-148. Ver, ainda, *Direito do Trabalho – Parte II...*, cit., pp. 583-584.

352   *A Privacidade dos Trabalhadores e as Novas Tecnologias...*

poderes do empregador[1243]. Mas há alguma diversidade quanto ao tipo de poderes que se integra nesta tríade. Assim, se para a maior parte da doutrina francesa esta será a divisão adoptada[1244], já na doutrina italiana, embora se encontrem algumas posições defensoras da divisão tripartida, existe alguma disparidade quanto aos poderes que devem ser englobados nesta divisão[1245]. Na doutrina espanhola existe para vários autores a divisão apenas em poder directivo e poder disciplinar[1246], e, para outros, uma divisão tripartida entre poder directivo, poder de controlo e poder disciplinar[1247].

Também na doutrina portuguesa a maior parte dos autores subscreve a divisão tripartida de poderes[1248], embora exista uma grande diversidade quanto à definição ou ao âmbito proposto para cada um deles[1249].

Existe, ainda, um sector da doutrina que entende que a posição de domínio do empregador lhe confere para além destes poderes um outro poder e que é o organizativo. Este poder é, eminentemente, um poder de

---

[1243] Neste sentido RUI ASSIS, *op.* cit., p. 79.

[1244] Cf. neste sentido cf. FRANCIS LEFEBVRE, *Contrat de travail*, Editions Francis Lefebvre, Paris, 1990, pp. 300 e ss., JEAN RIVERO e JEAN SAVATIER, *op.* cit., pp. 171 e ss., JEAN-CLAUDE JAVILLIER, *Droit du Travail*, 7.ª edição, LGDJ, Paris, 1999, pp. 203 e ss., JEAN-MAURICE VERDIER, ALAIN COUERET e MARIE-ARMELLE SOURIAC, *Droit du Travail*, 11.ª edição, Dalloz, Paris, 1999, pp. 97 e ss., e MARIE-FRANCE MIALON, *op.* cit., pp. 67 e ss..

[1245] Veja-se o caso de GIUSEPPE PERA, *Diritto del Lavoro*, 5.ª edição, CEDAM, Milão, 1996, pp. 427 e ss., que divide os poderes em directivo, de vigilância e disciplinar.

[1246] ALONSO OLEA e M.ª EMILIA CASAS BAAMONDE, *Derecho del Trabajo*, 16.ª edição, Civitas, Madrid, 1998, pp. 357 e ss., e MONTOYA MELGAR, *Derecho del...*, cit., pp. 361 e ss..

[1247] Veja-se JESUS MARTÍNEZ GIRÓN, ALBERTO ARUFE VARELA e XOSÉ CARRIL VÁZQUEZ, *Derecho del Trabajo*, Netbiblo, Corunha, 2004, pp. 236 e ss..

[1248] Veja-se BERNARDO DA GAMA LOBO XAVIER, *Curso de Direito do Trabalho*, 2.ª edição, cit., pp. 324 e ss., COUTINHO DE ALMEIDA, "Os poderes da entidade patronal no direito português", *in RDE*, n.º 3, 1977, p. 303, e "Poder empresarial: fundamento, conteúdo, limites", *in Temas de Direito do Trabalho...*, cit., p. 313, JORGE LEITE, *Direito do Trabalho, vol. II*, Serviços de Acção Social da Universidade de Coimbra, Coimbra, 1999, p. 154, M.ª DO ROSÁRIO PALMA RAMALHO, *Do fundamento do...*, cit., pp. 147 e ss., e SOUSA MACEDO, *Poder Disciplinar Patronal*, Almedina, Coimbra, 1990, p. 16.

[1249] Adverte para esta realidade RUI ASSIS, *op.* cit., p. 81.

O Poder de Controlo Electrónico do Empregador... 353

gestão que assiste ao empregador não enquanto tal mas, como observa M.ª DO ROSÁRIO PALMA RAMALHO[1250], na sua qualidade de empresário, permitindo dar um enquadramento às situações juslaborais que preexistem ao poder directivo, como a constituição da empresa, a organização dos seus serviços e a definição dos postos de trabalho, assim como outras decisões do empregador que dizem respeito à gestão da organização e que produzem efeitos nos contratos de trabalho, como a extinção ou a reconversão de postos de trabalho, o encerramento de uma secção ou a mudança de instalações[1251]. Assim, para alguns autores, seria através deste poder que se delimitariam os objectivos a desenvolver e se definiria toda a política a ser seguida, assim como a estruturação e a rentabilidade de todos os factores de produção. Também se inclui no âmbito deste poder a escolha do tipo de serviços e a arquitectura de telecomunicações a adoptar, assim como a forma de estruturação do sistema de informação, a definição da segurança física, nomeadamente através do recurso a dados biométricos ou a audio-vídeovigilância, assim como o estabelecimento de políticas de publicitação da actividade da empresa com o exterior, através da criação de páginas de *Internet*[1252].

Defendemos que a divisão que deve ser feita dos poderes do empregador abarca uma perspectiva quadripartida porque se entende que, para além dos poderes directivo, disciplinar e regulamentar, há ainda que atender ao poder de controlo, o qual, com o advento das inovações tecnológicas, tem um verdadeiro carácter autónomo do poder directivo, sem prejuízo do poder organizativo relevar, também, de um ponto de vista económico e não tanto da óptica laboral, sendo este o aspecto que a maior parte da crítica aponta[1253]. Parece-nos, assim, que este poder organizativo

---

[1250] *Direito do Trabalho – Parte II*, cit., p. 587.

[1251] Socorremo-nos dos exemplos apontados por esta autora.

[1252] Neste sentido ver AMADEU GUERRA *A Privacidade no local de trabalho...*, cit., pp. 25-26, e "A privacidade no local de trabalho", *in Direito da Sociedade da Informação, volume VII*, cit., p. 135. Ver, ainda, LUQUE PARRA, *Los límites jurídicos de los poderes empresariales en la relación laboral*, JMB, Barcelona, 1999, pp. 23 e ss., assim como ANTONIO PALERMO, *Manuale di Diritto del Lavoro e della Sicurezza Sociale, volume secondo Organizzazione Aziendale*, Giuffrè Editore, Milão, 1957, p. 23, e MONTOYA MELGAR, "El poder de dirección del empresário (en torno al artículo 20), *in REDT*, n.º 100, 2000, p. 584, e em "Libertad de empresa...", cit., p. 158.

[1253] Cf. MARÍA DOLORES ROMÁN, *Poder de dirección y contrato de trabajo*, Ediciones Grapheus, Valladolid, 1992, p. 98, MONTOYA MELGAR, *El poder...*, cit., p. 113,

354   *A Privacidade dos Trabalhadores e as Novas Tecnologias...*

não configura um verdadeiro poder autónomo do empregador, até porque não é específico deste[1254], ao contrário do poder de controlo que reveste autonomia em relação aos demais poderes[1255].

2. O PODER DIRECTIVO DO EMPREGADOR

2.1. Com a celebração do contrato de trabalho o trabalhador ingressa na organização da empresa, organização esta não igualitária mas hierárquica, cuja existência acrescenta ao estatuto de subordinação do trabalhador elementos muito importantes que não são explicáveis atendendo apenas à estrutura e à função do contrato[1256].

A organização laboral da empresa assenta, tradicionalmente, na existência de dois estratos pessoais situados em planos diferentes e desiguais: o empregador e o trabalhador. Assim, a sua característica fundamental

---

defendendo que "parece evidente que hoje em dia não existe nenhuma diferença substancial entre poder de direcção *stricto sensu* e poder de organização", e M.ª DO ROSÁRIO PALMA RAMALHO, *Do fundamento...*, cit., p. 152.

[1254] Neste sentido M.ª DO ROSÁRIO PALMA RAMALHO, *Direito do Trabalho Parte II...*, cit., p. 593. Concorda-se com a opinião de RUI ASSIS, *op.* cit., p. 85, ao defender que o poder organizativo não tem, em si mesmo, qualquer natureza especificamente laboral. Assim, quando está relacionado com o momento da estruturação inicial da empresa, ele é anterior à própria existência de contratos de trabalho, o que significa que ainda não incorpora elementos típicos da relação de domínio/subordinação que são os que caracterizam verdadeiramente a relação de trabalho. Por outro lado, nas projecções laborais que posteriormente assume, consubstanciar-se-ia no próprio exercício do poder directivo. Também APARÍCIO TOVAR e BAYLOS GRAU, *op.* cit., p. 10, entendem que o elemento organizativo é o que caracteriza a empresa, devendo precisar-se que se pretende tão só defender que é relevante que a organização tenha um titular, o empresário, que é quem dirige e ordena as prestações devidas pelo trabalhador nela integrado, traduzindo-se, assim, numa organização em que "um manda e outros obedecem".

[1255] Sobre o poder de controlo ver, ainda neste capítulo, o n.º 3, e especificamente em relação à reconfiguração deste poder e ao surgimento do controlo electrónico, veja-se o n.º 6.

[1256] ALONSO OLEA, no prólogo à obra de MONTOYA MELGAR, *El poder de...*, cit., p. XII, já entendia que "o contrato de trabalho não esgota nem explica na sua integridade o poder de direcção".

reside no facto de se tratar de uma organização hierárquica[1257] sendo que, do ponto de vista económico, pensa-se que a hierarquia é uma "resposta eficiente" à complexidade. Na óptica jurídica, reconhece-se com naturalidade a relação de poder/subordinação[1258] [1259]. Desde os tempos mais recônditos que a organização hierárquica da empresa é atributo do empregador, titular dos meios de produção e, *ipso facto*, responsável pela sua direcção e coordenação[1260]. Vislumbra-se, assim, o poder directivo do empregador.

O poder directivo pode definir-se, sem exageros, como uma figura "inquietante"[1261] pelo facto do empregador determinar com liberdade de actuação o conteúdo da prestação convencionada, poder que, longe de reduzir-se a um simples poder de pretender algo em função do interesse em receber, está relacionado com uma visão da empresa como um lugar de organização da produção[1262]. Assim, este poder do empregador configura-se como uma verdadeira "instituição de encruzilhada"[1263] na medida em que constitui o ponto de encontro da maior parte dos temas dominantes do Direito do trabalho[1264] [1265], o seu *"habitat* natural"[1266]. Na verdade, o

---

[1257] Segundo o entendimento de RIVERO LAMAS, "Poderes, libertades y derechos en el contrato de trabajo", *in REDT*, n.º 80, 1996, p. 974, o trabalhador obriga-se perante o empregador enquanto sujeito de uma obrigação recíproca, sendo esta capacidade de ser sujeito de obrigações que preserva a pessoa do trabalhador da "degradação de converter-se em objecto de direito".

[1258] Cf. MONTOYA MELGAR, "Nuevas dimensiones...", cit., p. 18. Também GIUSEPPE PERA, *Diritto del lavoro*, 5.ª edição, cit., p. 427, tem a mesma opinião. No mesmo sentido LUISA RIVA SANSEVERINO, *op.* cit., pp. 240-241. Igualmente CLAUDIA FALERI, "El Derecho...", cit., p. 241, e HUECK e NIPPERDEY, *op.* cit., p. 113, defendem ser uma consequência natural do contrato de trabalho a subordinação do trabalhador.

[1259] A existência deste poder directivo é algo consubstancial à ideia de empresa no Direito do trabalho, tal como apontam APARÍCIO TOVAR e BAYLOS GRAU, *op.* cit., p. 10.

[1260] Cf. JEAN SAVATIER, "Pouvoir patrimonial et...", cit., p. 3, assim como DANIÈLE LOSCHAK, *op.* cit., p. 25.

[1261] ADALBERTO PERULLI, *Il potere...*, cit., p. 2.

[1262] Neste sentido GIANNI LOY, *op.* cit., pp. 60-61. Também GILDA GENTILE, "I controlli occulti sui lavoratori", *in DL*, II, n.º 3, 1997, p. 27, entende que o poder directivo é uma "figura jurídica complexa".

[1263] VALDÉS DAL-RÉ, no prólogo à obra de MARÍA DOLORES ROMÁN, *op.* cit., p. 9, e em "Poder directivo...", cit., p. 28.

[1264] Neste sentido RUI ASSIS, *op.* cit., p. 13.

[1265] ADALBERTO PERULLI, *Il potere...*, cit., p. 2, defende ser um tema extremamente actual pois tem inúmeras conexões com diferentes temas de Direito do trabalho,

356 *A Privacidade dos Trabalhadores e as Novas Tecnologias...*

poder directivo exprime a racionalidade organizativa do empregador, traduzindo-se no poder de gestão aplicado ao factor trabalho[1267], sendo como que o "tecido vascular"[1268] que suporta, alimenta e interconexiona os vários sectores jurídico-laborais.

O poder directivo possui um "carácter poliédrico"[1269], o que significa que é susceptível de ser analisado sob múltiplas perspectivas. Desde logo, pode ser relacionado com o princípio de liberdade da empresa, previsto constitucionalmente, mas também pode surgir como sistema delimitador de "espaços recíprocos"[1270] de poder entre trabalhadores e empregadores. Pode, ainda, estar ligado com a estrutura contratual do contrato de trabalho[1271]. Mas, tal como adverte VALDÉS DAL-RÉ[1272], há que considerar que o poder directivo pode contemplar-se como um poliedro desde que se tenha em conta que se trata de um "poliedro irregular" no qual o prisma prevalecente é o da sua estrutura contratual. Assim, poder directivo e contrato de trabalho são dois conceitos de síntese que, conjugados, sintetizam, "de maneira exemplar", o verdadeiro lugar do poder directivo no ordenamento jurídico. A legitimação deste poder do empregador está relacionada com o contrato de trabalho[1273], mediante o qual o trabalhador aceita, *a priori*, a autoridade e direcção do empregador tendo como contrapartida uma retribuição. Por outro lado, se o contrato de trabalho é o título jurídico que atribui ao empregador a faculdade directiva também

---

já que representa o principal instrumento jurídico para a flexibilidade das relações laborais

[1266] Expressão de ADALBERTO PERULLI, "Il potere direttivo dell'imprenditore. Funzioni e limiti", *in LD*, ano XVI, n.° 3, 2002, p. 397.

[1267] Neste sentido último autor e obra citada.

[1268] VALDÉS DAL-RÉ, no prólogo à obra de MARÍA DOLORES ROMÁN, *op.* cit., p. 9.

[1269] VALDÉS DAL-RÉ, no prólogo à obra de MARÍA DOLORES ROMÁN, *op.* cit., p. 11, e em "Poder directivo...", cit., p. 29.

[1270] RUI ASSIS, *op.* cit., p. 14.

[1271] Neste sentido cf. MARÍA DOLORES ROMÁN, *op.* cit., p. 17, referindo-se a uma multiplicidade de perspectivas na análise do poder directivo.

[1272] VALDÉS DAL-RÉ, no prólogo à obra de MARÍA DOLORES ROMÁN, *op.* cit., p. 11, e em "Poder directivo...", cit., p. 30.

[1273] INMACULADA MARÍN ALONSO, *El poder de control...*, cit., p. 85, entende que a base e o fundamento último deste poder é o contrato de trabalho. MONTOYA MELGAR, *El poder de...*, cit., p. 38, vai mais longe e entende que é um pressuposto jurídico para o seu exercício.

O *Poder de Controlo Electrónico do Empregador...*

serve, por outro lado, para submetê-lo no seu exercício a limites assentes na própria dinâmica da relação laboral[1274]. Reconhece-se que a centralidade do poder directivo não é casual[1275], já que é o seu reconhecimento que consubstancia a principal[1276] *ratio* protectora da disciplina juslaboral. Na verdade, a sujeição de um homem ao poder directivo de um outro apresenta um potencial lesivo que origina a reactividade garantistica do Direito do trabalho[1277] [1278].

Parece, assim, que o contrato de trabalho é o fundamento primeiro e lógico deste poder e, se tivermos em consideração o previsto no art. 11.° do Código do Trabalho, deparamos com uma definição da qual é possível retirar a sua existência na esfera jurídica do sujeito activo da relação laboral[1279].

[1274] Segundo VALDÉS DAL-RÉ, no prólogo à obra de MARÍA DOLORES ROMÁN, *op.* cit., p. 12, e em "Poder directivo...", cit., p. 30, "o contrato permite a filtração contínua do poder directivo de todas as necessidades organizativas provenientes de outras liberdades económicas mais amplas"

[1275] LUCA TAMAJO, "Profili di rilevanza...", cit., p. 468.

[1276] Embora não única.

[1277] Como refere VALDÉS DAL-RÉ, "Contrato de trabajo...", cit., p. 1, a subordinação confere ao empregador poderes que, embora tenham um carácter instrumental enquanto garantia do cumprimento pelo trabalhador da prestação laboral devida, incidem sobre a esfera pessoal deste, comprometendo uma parte do seu *"agere"* livre. Também TOMMASO BUCALO, *op.* cit., p. 502, chama a atenção para a potencialidade lesiva deste momento "autoritário organizativo". No mesmo sentido, APARÍCIO TOVAR e BAYLOS GRAU, *op.* cit., p. 11. De igual modo, JOSÉ JOÃO ABRANTES, *Contrato de...*, cit., p. 44, entende que o poder directivo e o correlativo dever de obediência do trabalhador, "exercendo-se em relação a uma prestação que implica *directamente* a própria pessoa deste, as suas energias físicas e intelectuais, representam um perigo potencial para o livre desenvolvimento da personalidade e a dignidade de quem trabalha".

[1278] Este carácter lesivo origina, tal como menciona BERNARDO DA GAMA LOBO XAVIER, "Procedimentos na empresa (para uma visão procedimental do Direito do trabalho", *in Nos 20 anos do Código das Sociedades Comerciais – Homenagem aos Profs. Doutores A. Ferrer Correia, Orlando de Carvalho e Vasco da Gama Lobo Xavier, Volume II, Vária*, (coord. ANTÓNIO PINTO MONTEIRO), Coimbra Editora, Coimbra, 2007, pp. 409-410, que "certas posições activas do empregador empresário, ainda que de carácter unilateral, quando susceptíveis de atingir ou afectar a esfera do trabalhador ou trabalhadores ou até mesmo de apenas alterar o *statu quo*, devem exercer-se *por imperativo legal* em *procedimento* próprio, transparentemente, *i.e.*, com informação, fundamentação, com oportunidade de interlocução com o atingido ou com um terceiro".

[1279] Neste sentido *vd.* MENEZES CORDEIRO, *Manual de...*, cit., pp. 517-518, à luz do art. 1.° da LCT, quando refere que a legislação portuguesa, contrariamente ao que se

358 *A Privacidade dos Trabalhadores e as Novas Tecnologias...*

Desta forma, liberdade de empresa e faculdade de organizar o trabalho constituem "simples referências" externas para o poder directivo pois preexistem ao seu exercício e "canalizam-se" através dele[1280].

2.2. A especificidade da relação de trabalho determina que certas características expliquem a necessidade da existência de um poder directivo.

Em primeiro lugar, pode referir-se que a relação laboral é habitualmente caracterizada como uma relação contínua que perdura no tempo[1281]. Tradicionalmente caracteriza-se o contrato de trabalho como um contrato duradouro, de execução continuada, com uma "vocação para perdurar"[1282]. Esta tendência duradoura da relação de trabalho supõe a necessidade de "regular prolongadamente as posições e prestações de ambas as partes", tal como entende MONTOYA MELGAR[1283], defendendo que é exigida "uma ordenação interna duradoura da relação de trabalho".

Em segundo lugar, uma outra nota caracterizadora da prestação de trabalho é a sua condição de prestação de uma actividade, sendo que o trabalhador não se obriga a um *dare*, mas sim, a um *facere*, isto é, à presta-

---

verifica noutros ordenamentos, define de modo expresso o contrato de trabalho, dizendo que se "as definições legais não são vinculativas para o intérprete no que toca a fórmulas científicas", "elas devem, no entanto, ser consideradas, na medida em que se lhe abriguem elementos úteis, do ponto de vista da formação de comandos normativos, através da interpretação". E acrescenta que a definição tem sido, de um modo geral, acolhida pela doutrina que nela encontra "traços importantes do contrato em jogo". JEAN RIVERO e JEAN SAVATIER, *Droit du Travail*, 12.º edição, PUF, Paris, 1991, pp. 170 e ss., traduzindo a ideia de que os poderes patronais são uma decorrência do contrato de trabalho, escrevem: "De todo o modo, continua a ser verdade que, para cada trabalhador, é, regra geral, o contrato de trabalho que o coloca sob a autoridade do chefe da empresa; é, portanto, do contrato que deriva, para cada um deles, a obrigação de se submeter ao poder directivo [...] Se, no seu princípio, as prerrogativas patronais são inerentes à qualidade de chefe da empresa, é somente pelos contratos de trabalho que elas se individualizam: é do contrato que decorre, para o patrão, a possibilidade de as exercer em relação a cada assalariado".

[1280] VALDÉS DAL-RÉ, no prólogo à obra de MARÍA DOLORES ROMÁN, *op.* cit., p. 12, e em "Poder directivo...", cit., p. 30.

[1281] Ver MARÍA DOLORES ROMÁN, *op.* cit., p. 52.

[1282] Cf. PEDRO ROMANO MARTINEZ, *Direito do...*, cit., p. 485, e MONTEIRO FERNANDES, *Direito do...*, cit., pp. 178-179. Ver, ainda, a ideia no capítulo I, n.º 3, a propósito da relação de trabalho típica e a bibliografia aí citada.

[1283] *El poder...*, cit., p. 63.

ção de uma certa actividade. Perante esta obrigação o empregador fixa, através do exercício do poder directivo, qual há-de ser a maneira e a forma de realizar essa actividade, estabelecendo o "onde", o "como", o "quê" e "de que forma". Assim, a disponibilidade do trabalhador consubstancia-se numa disponibilidade para trabalhar mas também "para trabalhar de acordo com as instruções do empregador" [1284].

Em terceiro lugar, esta característica relaciona-se, com uma outra e que é, tal como aponta BERNARDO DA GAMA LOBO XAVIER[1285], a relativa generalidade e inconcretização da prestação de trabalho, isto é, a indeterminação do conteúdo da prestação já que o trabalhador não se obriga a desempenhar uma determinada actividade certa, concreta e "exaustivamente descrita", mas antes, um tipo genérico de actividades laborais[1286]. É, assim, indeterminado o conteúdo concreto da prestação de trabalho[1287]. Não é, pois, possível concretizar, *ab initio*, "a série, aberta e indeterminada"[1288], de obrigações concretas que o trabalhador se obriga a realizar ao longo da relação de trabalho. Devido a esta característica torna-se essencial a existência de um poder directivo, pois só assim se consegue gerir a relação de trabalho, resolvendo-se a indeterminação característica desta relação, adaptando-se a prestação, dentro dos limites fixados no contrato[1289]. Secundando BERNARDO DA GAMA LOBO XAVIER[1290], é com esta concretização, "com o exercício do poder determinativo que o empregador dá um destino concreto à força de trabalho que o trabalhador coloca à sua disposição". Assim, é uma prerrogativa do empregador determinar, concretizar, especificar, conformar e precisar o conteúdo concreto da pres-

---

[1284] Neste sentido MONTOYA MELGAR, *El poder...*, cit., p. 56.

[1285] *Curso de Direito do Trabalho*, 2.ª edição, cit., p. 286, e *Direito do Trabalho – Ensinar e investigar*, Universidade Católica Portuguesa, Lisboa, 2005, p. 53.

[1286] Cf. DAÜBLER, *Derecho del...*, cit., pp. 555-556.

[1287] Como defende M.ª DO ROSÁRIO PALMA RAMALHO, *Direito do Trabalho – Parte I – Dogmática Geral*, Almedina, Coimbra, 2005, p. 419, o poder directivo está relacionado com o "modo de prestação do trabalho" tendo a sua razão de ser no carácter "relativamente indeterminado ou genérico" da prestação laboral. Também MENEZES LEITÃO, *Direito do...*, cit., pp. 364-365, aponta para este carácter de indeterminação como causa justificativa do poder directivo.

[1288] MONTOYA MELGAR, "El poder de dirección...", p. 579.

[1289] Neste sentido PEDRO ROMANO MARTINEZ e outros, *op.* cit., p. 355.

[1290] *Curso de Direito do Trabalho*, 2.ª edição, cit., p. 289.

360 *A Privacidade dos Trabalhadores e as Novas Tecnologias...*

tação através da adopção de um processo complexo de decisões, ficando o trabalhador obrigado a cumprir essas mesmas ordens e directrizes[1291] [1292]. Na verdade, por força da celebração do contrato de trabalho, este fica obrigado a obedecer às ordens e instruções do empregador no que concerne à execução e disciplina do trabalho. Como menciona MARIA DOLORES ROMÁN[1293], este dever de obediência "não é uma simples instrução técnica, de forma que aquele dever adquire entidade própria ao ponto de quando se define ou se analisa a dependência laboral esta é uma das suas perspectivas mais relevantes".

Contudo, para que haja obediência é necessário que a ordem dada cumpra certos requisitos. Assim, para além de ter de emanar da autoridade competente, deverá ter em atenção as atribuições do trabalhador, sendo compatível com as cláusulas do contrato ou com a natureza do trabalho a prestar, e não ser ilícita, imoral ou vexatória, atentando contra a sua dignidade. Desta forma, o poder directivo, como qualquer outro, tem limites[1294], não devendo o trabalhador obediência sempre que as ordens ou instruções se mostrem contrárias aos seus direitos e garantias, nomeadamente quando contrariem alguma das previsões constantes do art. 127.° do CT, ou quando forem contrárias a regras gerais, como acontece em relação aos direitos de personalidade – arts. 14.° e ss. do Código do Trabalho e arts. 70.° e ss. do CC. O trabalhador poderá legitimamente desrespeitar a ordem recebida, desde que seja contrária às garantias que a lei lhe atribui, aos seus direitos de personalidade, ou na eventualidade do seu cumprimento envolver perigo para a sua saúde ou vida e ainda quando implicar a prática de um acto ilícito[1295].

[1291] Neste sentido ADALBERTO PERULLI, *Il potere...*, cit., p. 157, MONTOYA MELGAR, "Nuevas dimensiones...", cit., pp. 35-36, e RUI ASSIS, *op.* cit., p. 33.

[1292] O trabalhador não é assim, "um devedor que organiza o seu programa de prestação, mas sim um devedor cuja prestação é organizada pelo respectivo credor", tal como BERNARDO DA GAMA LOBO XAVIER, última *op.* cit., p. 290, só este podendo explicitar "o sentido e a intensidade da ocupação". Veja-se MENEZES CORDEIRO, última *op.* cit., p. 657.

[1293] *Op.* cit., p. 109.

[1294] Como refere MONTOYA MELGAR, *El Poder...*, cit., p. 246, "nem o poder do empresário é absoluto nem o dever de obediência é ilimitado".

[1295] *Vide* PEDRO ROMANO MARTINEZ, "Poder de direcção...", cit., p. 402. No mesmo sentido, ALICE MONTEIRO DE BARROS, "A revista como função de controle do poder directivo", *in http://www.genedit.com.br/2rdt/rdt66/estud-66/alice.htm*, p. 2, que

No âmbito da possibilidade da desobediência legítima, expressamente consagrada na legislação portuguesa, parece particularmente acertada a posição de MONTOYA MELGAR[1296]: "como princípio moderador dos perigos que, inevitavelmente, suporia a concessão de um direito absoluto à desobediência, o qual encerraria um grave risco de anarquia para a empresa, reiteramos a já anunciada ideia de que, como norma geral, a desobediência só estará justificada no caso da ordem impor uma conduta manifestamente ilícita ou danosa".

No ordenamento jurídico português, o art. 128.º, n.º 1, alínea e), do CT estabelece como dever do trabalhador a obediência ao empregador a ordens "respeitantes à execução ou disciplina do trabalho, bem como a segurança e saúde no trabalho, que não sejam contrárias aos seus direitos ou garantias". Este artigo reconhece ainda ao trabalhador um verdadeiro direito de desobediência e de resistência face a ordens ilegítimas ou ilegais. Quando o trabalhador é confrontado com uma ordem ilegal deverá chamar a atenção do empregador manifestando-lhe a intenção de a não cumprir, sob pena de se tornar co-responsável pelo cumprimento indevido e pelo seu resultado.

No mesmo inciso legal, está patente, ainda, o poder directivo do empregador que se consubstancia, conforme já referimos, em várias faculdades. Afigura-se-nos que, através desse artigo e do 97.º, também do CT[1297], se o

---

defende que o dever de obediência diz respeito às ordens lícitas e não contrárias à saúde, à vida ou dignidade do trabalhador. PALOMEQUE LÓPEZ e ÁLVAREZ DE LA ROSA, *op. cit.*, pp. 592-593, indicam os limites fundamentais que devem ser assinalados às ordens dos empregadores: respeito pela esfera privada dos trabalhadores, respeito pelos direitos irrenunciáveis; as ordens não podem implicar perigosidade ou prejuízos graves. Também M.ª DO ROSÁRIO PALMA RAMALHO, *Direito do Trabalho Parte II...*, cit., p. 597, defende a mesma ideia ao entender que o trabalhador pode desobedecer quando a ordem ou instrução desrespeite o contrato de trabalho ou viole os seus direitos e garantias. À obediência devida contrapõe-se o limite à capacidade de dar ordens. E a indisciplina deixa de o ser aparecendo o *ius resistentiae* quando o empregador não actua dentro dos limites impostos. Veja-se, ainda, JÚLIO GOMES, "Deve o trabalhador subordinado obediência a ordens ilegais?", *in Trabalho e Relações Industriais (Cadernos Sociedade e Trabalho)*, vol. I, 2001, pp. 179 e ss..

[1296] Última *op. cit.*, pp. 253-254.

[1297] Que estabelece que "compete ao empregador, estabelecer os termos em que trabalho deve ser prestado, dentro dos limites decorrentes do contrato e das normas que o regem".

362 *A Privacidade dos Trabalhadores e as Novas Tecnologias...*

empregador impuser medidas de vigilância que vão para além do controlo da prestação de trabalho, vulnerando claramente os direitos e garantias do trabalhador, estas medidas são ilegais ou abusivas, não estando este vinculado ao dever de obediência. É uma espécie de *ius resistentiae* que lhe assiste e que está configurado expressamente no art. 21.° da Constituição[1298]. Não pode, também, ser sancionado por ter desobedecido, nos termos do art. 331.°, n.°1 alínea b), preceito que considera abusivas as sanções disciplinares motivadas pelo facto de um trabalhador se ter recusado a cumprir ordens a que não devesse obediência nos termos da alínea e) do n.° 1 e do n.° 2 do art. 128.°[1299].

Se o empregador lhe aplicar uma sanção esta será abusiva, o que confere a possibilidade ao trabalhador de resolver o contrato de trabalho com justa causa, ao abrigo do art. 394.°, n.°1, alínea c), do CT[1300]. Poderá, ainda, resolver o contrato com justa causa com base na alínea f) que considera como justa causa de resolução as ofensas à honra ou dignidade do trabalhador, desde que puníveis por lei, praticadas pelo empregador ou seu representante legítimo. Neste caso, se as medidas adoptadas pelo empregador ou seu representante legítimo violarem a dignidade da pessoa humana e, conexa com esta, a intimidade dos trabalhadores, estes poderão invocar esta norma. Em ambos os casos, o art. 396.°, n.° 1, estipula que a resolução do contrato atribui ao trabalhador direito a uma indemnização "por todos os danos patrimoniais e não patrimoniais sofridos, devendo esta corresponder a uma indemnização a fixar entre 15 e 45 dias de retribuição base e diuturnidades por cada ano completo de antiguidade".

[1298] "Todos têm direito de resistir a qualquer ordem que ofenda os seus direitos, liberdades e garantias e de repelir pela força qualquer agressão, quando não seja possível recorrer à autoridade pública".

[1299] No acórdão do STJ, de 21 de Janeiro de 1998, *in ADSTA*, n.° 437, p. 696, decidiu-se que: "o trabalhador tem o dever de obedecer à sua entidade patronal em tudo o que respeita à execução e disciplina do trabalho, mas não tem que obedecer às ordens e instruções que se mostrem contrárias aos seus direitos e garantias, referidos no art. 21.° da LCT".

[1300] Na medida em que estabelece que constitui justa causa de resolução do contrato pelo trabalhador a aplicação de uma sanção abusiva por parte do empregador.

2.3. O poder directivo é, desta forma, irradiação essencial da liberdade de empresa[1301] e, como tal, deve constar das faculdades que permitem levar a cabo a iniciativa económica, sendo a subordinação jurídica, elemento caracterizador do contrato de trabalho, o seu reverso[1302].

Para JORGE LEITE[1303], o poder directivo do empregador consiste basicamente no poder de organizar e de gerir a mão-de-obra colocada à sua disposição, tendo em atenção os limites decorrentes da ordem jurídica e do contrato. Consubstancia-se não só em funções de direcção propriamente ditas, como é o caso de dar ordens e instruções, abrangendo, também, funções de controlo e vigilância. Este poder inclui várias facetas, desde a definição do organigrama da empresa, à classificação dos postos de trabalho, especificando as tarefas correspondentes a cada um e estabelecendo uma disciplina. O poder directivo configura-se, assim, como um poder claramente contratual que se identifica com a posição de "credor da prestação laboral" do empregador em relação aos trabalhadores

---

[1301] Como refere RUI ASSIS, *op.* cit., p. 16, "a primeira e mais geral aproximação ao poder de direcção pode fazer-se a partir da perspectiva constitucional, identificando como primeira referência o princípio da liberdade de empresa". No mesmo sentido GIL Y GIL, "Poder directivo y apariencia externa del trabajador", *in El poder de...,* cit., p. 105, ao referir que o empregador é detentor de um poder privado que se baseia na liberdade da empresa com consagração constitucional no art. 38.°. Também RIVERO LAMAS, *op.* cit., pp. 47 e ss., e VICENTE PACHÉS, "Las facultades empresariales de...", cit., p. 22, perfilham idênticas posições.

[1302] PEDRO ROMANO MARTINEZ, *Direito...,* cit., pp. 627-628, e "Poder de direcção: âmbito. Poder disciplinar: desrespeito de ordens. Comentário ao Acórdão do STJ de 20 de Outubro de 1999", *in RDES,* n.os 3 e 4, 2000, p. 400. No mesmo sentido, BERNARDO LOBO XAVIER, *Curso de Direito do Trabalho,* 2.ª edição, cit., p. 325. Também JOSÉ ANDRADE MESQUITA, *Direito do Trabalho,* 2.ª edição, AAFDL, Lisboa, 2004, pp. 324-325, compartilha esta ideia, assim como RUI ASSIS, *op.* cit., pp. 38 e ss. e MARIA DO ROSÁRIO PALMA RAMALHO, *Direito do Trabalho Parte II...,* cit., pp. 583 e ss.. MARIA DOLORES ROMÁN, *op.* cit., p. 105, defende que "o poder de direcção define a nota de dependência no seu âmbito mais característico, como é o contrato de trabalho", e JEAN-EMMANUEL RAY, "Nouvelles technologies et nouvelles formes...", cit., p. 531, considera que o controlo realizado pelo empregador não é algo de novo; ele é legítimo na medida em que o critério do contrato de trabalho é a subordinação. Ver, ainda, PIETRO ICHINO, *Lezioni di Diritto del Lavoro – un approcio di labour law and economics,* Milão, Giuffrè, 2004, pp. 193 e ss., e ADALBERTO PERULLI, *Il potere...,* cit., pp. 6 e ss..

[1303] *Direito do...,* II, cit., pp. 108-109.

364 *A Privacidade dos Trabalhadores e as Novas Tecnologias...*

que trabalham por sua conta e risco[1304] [1305]. Em palavras de MONTOYA MELGAR[1306], o poder directivo é "o conjunto de faculdades jurídicas atra-

---

[1304] Para AMADEU GUERRA, *A privacidade...*, cit., p. 27, o poder directivo é o que atribui ao empregador o direito de "emitir comandos adequados para responder à necessidade de estruturação e estabelecimento da hierarquia na empresa", critérios de admissão, determinação inicial das funções de cada trabalhador e das categorias profissionais, divisão de trabalho, formas de cumprimento da prestação laboral e, de forma mais geral, "as mais variadas formas de planificação da fase executiva da prestação". No mesmo sentido, COUTINHO DE ALMEIDA, "Poder empresarial...", cit., pp. 313-314, entende que o poder directivo é um poder geral de comando do empregador sobre o trabalhador, no tempo e no local de trabalho. Também como referem PALOMEQUE LÓPEZ e ÁLVAREZ DE LA ROSA, *op. cit.*, pp. 506-507, "o contrato de trabalho está imerso num âmbito onde uma das partes, o empresário, tem a faculdade de organizar o sistema de produção de bens e serviços que livremente decidiu instalar; esta capacidade organizativa concretiza-se na ordenação das singulares prestações laborais". No mesmo sentido, SANTORO-PASSARELLI, *Nozioni di Diritto del Lavoro*, 35.º edição, Casa Editrice Dott. Eugénio Jovene, Nápoles, 1991, p. 200, entende que o poder directivo do empregador constitui uma típica exigência da organização de trabalho, sobretudo na empresa, constituindo uma característica do contrato de trabalho. Para VICENTE PACHÉS, última *op. cit.*, p. 23, o poder directivo é constituído por uma série de faculdades que estão destinadas a garantir a satisfação do interesse do empregador, entendendo que entre as faculdades essenciais que compõem este poder estão a faculdade de ditar ordens e instruções gerais sobre a organização e o funcionamento da empresa e sobre a prestação laboral nesta; a faculdade de ditar ordens e instruções particulares a um trabalhador ou a um grupo de trabalhadores sobre o conteúdo e as circunstâncias do seu trabalho; a faculdade de vigilância e controlo para verificar o cumprimento pelo trabalhador das suas obrigações e deveres laborais; e as faculdades disciplinares, como consequência da comprovação de incumprimentos laborais do trabalhador. Também para ANTÓNIO MARTÍN VALVERDE, RODRÍGUEZ-SAÑUDO GUTIÉRREZ e JOAQUÍN GARCÍA MURCIA, *Derecho...*, cit., pp. 239-240, o poder directivo tem um conteúdo amplo, constituído por diferentes realidades interconectadas entre si, sendo que as essenciais são: a faculdade de ditar ordens e instruções, em que o complemento deste direito é o de controlar o seu efectivo cumprimento pelo trabalhador. Como consequência de incumprimentos contratuais do trabalhador há a atribuição ao empregador de faculdades disciplinares. Próximo deste poder disciplinar os autores identificam um poder de polícia na empresa. No mesmo sentido ALEXANDRE BELMONTE, *op. cit.*, p. 55. Para LUISA RIVA SANSEVERINO, *op. cit.*, pp. 247-248, constituem manifestações do poder directivo tanto as circulares como as ordens de serviço, quanto as instruções pessoais, *ad personam*, consistindo, assim, na faculdade do empregador determinar as regras, com características prevalentemente técnico-organizativas, que o trabalhador deve observar na empresa. Assim, com este poder, dá-se um destino concreto à energia de trabalho que o trabalhador oferece. No mesmo sentido, pode ver-se GIUSEPPE PERA, *Diritto...*, cit., p. 430. De igual modo, FERNÁNDEZ VILLAZÓN, *Las facultades...*, cit., pp. 19-20, refere que a concepção clássica do

vés de cujo exercício o empregador dispõe do trabalho realizado por sua conta e risco, ordenando as singulares prestações laborais e organizando o trabalho na empresa". Inclina-se, assim, para uma visão ampla do poder directivo que parece abranger, na opinião de CASTRO ARGÜELLES[1307], "a faculdade de decisão executiva, de ditar ordens e instruções, as de controlo e vigilância e as disciplinares. Para esta visão, o poder directivo e o disciplinar são "fases de uma mesma realidade", traduzindo-se na faculdade de impor sanções no último momento do poder directivo[1308].

poder directivo configura-o como um conjunto de faculdades jurídicas pelas quais o empregador dispõe do trabalho realizado, ordena as várias prestações laborais e organiza o trabalho na empresa.

[1305] M.ª DO ROSÁRIO PALMA RAMALHO, *Direito do Trabalho, Parte II...*, cit., pp. 594-595, apresenta uma divisão *sui generis* do poder directivo pois entende que do ponto de vista da essência, o poder directivo consiste na *"faculdade de emissão de ordens e instruções"*, não sendo necessária a sua efectivação, bastando a possibilidade de emissão destas mesmas ordens e directrizes. Do ponto de vista do conteúdo entende dever reconhecer-se três manifestações essenciais. Assim, desde logo, há uma manifestação inicial relacionada com a determinação da função a atribuir ao trabalhador. É nesta fase que se lhe atribui um conjunto de tarefas, nos termos do art. 118.º, n.º 1 do CT. De seguida, há uma conformação da actividade laboral em concreto, isto é, "com o direccionamento do trabalhador quanto ao modo, tempo e local de desempenho do trabalho", a que faz alusão directa o art. 97.º do CT. A última manifestação é constituída pelo poder de controlo e vigilância sobre o modo como se está a cumprir a prestação acordada.

[1306] *El Poder de Dirección del Empresario*, Madrid, 1965, p. 44, e *Derecho del...*, cit., p. 363. Para este autor, "Artículo 20 – Dirección y control de la actividad laboral", *in Comentarios a las leys laborales. El Estatuto de los Trabajadores, Tomo V artículos 19 a 25*, (coord. EFRÉN BORRAJO DACRUZ), Editorial Revista de Derecho Privado, Madrid, 1985, p. 132, devem distinguir-se dois grandes objectivos neste poder. O primeiro é o de conseguir que o trabalho realizado por conta do empregador se ajuste ao plano técnico--produtivo daquele. O segundo é o de conseguir que o regime e a disciplina do pessoal da empresa se adeque ao plano e ao interesse do empregador.

[1307] *El Regimen Disciplinario en la Empresa – infracciones y sanciones Laborales*, Editorial Aranzadi, Pamplona, 1993, p. 20.

[1308] JEAN RIVERO e JEAN SAVATIER, *op.* cit., p. 179, sustentam que o poder disciplinar é o corolário do poder directivo: "Se as ordens individuais ou o regulamento interior não forem respeitados, uma sanção pode intervir; doutro modo a regra não teria qualquer eficácia". Também ALONSO OLEA e M.ª EMÍLIA CASAS BAAMONDE, *op.* cit., p. 357, afirmam que o poder disciplinar é fundamental para o poder directivo já que este sem aquele "seria uma autoridade moral sem sanção jurídica eficaz". Em posição diametralmente oposta pode ver-se M.ª DO ROSÁRIO PALMA RAMALHO, *O fundamento...*, cit..

366 *A Privacidade dos Trabalhadores e as Novas Tecnologias...*

Há autores que defendem uma visão mais extensa e absorvente do poder directivo. Esta posição foi defendida por uma parte da doutrina italiana, tendo MAZZONI por *caput scholae*[1309], fazendo uma aproximação do poder organizativo ao poder regulamentar e integrando o poder determinativo, o poder conformativo, o poder de controlo e o poder disciplinar dentro do conceito de poder directivo. Esta posição foi adoptada por MONTEIRO FERNANDES[1310] que distingue entre um *poder determinativo da função* e um *poder conformativo da prestação*, sendo que, através do primeiro, é atribuído ao trabalhador um certo posto de trabalho na organização concreta da empresa, "definido por um conjunto de tarefas que se pauta pelas necessidades da mesma empresa e pelas aptidões (ou qualificação) do trabalhador" e, através do segundo, determina-se o "modo de agir do trabalhador, mas cujo exercício tem como limites os próprios contornos da função previamente determinada". Para este autor, o poder determinativo da função "não se afasta, essencialmente, quanto à intensidade da posição activa" em que coloca o empregador, do "*poder de escolha*" que, por vezes, é reconhecido ao credor nas obrigações genéricas. Diferente é o caso do poder conformativo da prestação já que encontra como correlativo, no lado do trabalhador, um dever de obediência nos termos do art. 128.°, n.° 1, alínea e) do Código do Trabalho.

O poder directivo, por outro lado, tem como característica fundamental, não o facto de através dele ser possível a conformação da prestação contratual segundo os planos e exigências organizativas do empregador, pois esta característica não o separa substancialmente de faculdades similares que podem exercer-se noutro tipo de contratos onde também existe um certo grau de direcção no desenvolvimento da obrigação assumida pelo devedor, mas sim o facto de que o poder directivo, que regula toda a fase de execução do contrato de trabalho, se exercer com carácter imperativo.

2.4. A natureza do poder directivo tende a ser qualificada pela doutrina como um poder de conteúdo egoísta no sentido, tal como observa

---

[1309] "Contenuto e limiti del potere disciplinare dell'imprenditore", *in MGL*, VI Série, 1965, pp. 152 e ss., e nas sucessivas edições do *Manuale di Diritto del Lavoro*.

[1310] MONTEIRO FERNANDES, *Direito...*, cit., pp. 256-259.

M.ª DO ROSÁRIO PALMA RAMALHO[1311], de uma faculdade de exercício que visa desenvolver os interesses próprios do seu titular, ou a entendê-lo como um direito subjectivo, isto é, enquanto uma situação jurídica de vantagem tutelada pelo Direito e com uma natureza compreensiva porque é passível de ser decomposto em várias situações jurídicas menores. Nesta segunda visão, alguns autores[1312] entendem que se trata de um verdadeiro poder potestativo, pois manifesta-se em diferentes ordens e directrizes individuais do empregador a que corresponde um estado de sujeição do trabalhador.

Tende-se para adoptar a opinião de M.ª DO ROSÁRIO PALMA RAMALHO[1313] entendendo que o poder directivo corresponde a um "*direito subjectivo em sentido estrito*", pois tem, tal como a autora aponta, uma estrutura compreensiva, desdobrando-se em vários interesses menores, e o seu conteúdo reconduz-se a "uma permissão normativa específica" admitida por lei e que visa o aproveitamento de um bem, que é a prestação de uma actividade laboral pelo trabalhador[1314]. Trata-se, assim, de um poder privado que tem a sua base e o seu fundamento último no contrato de trabalho[1315], embora este implique um reforço do poder directivo do empregador[1316]. Desta forma, o conflito existente entre os interesses

---

[1311] *Direito do Trabalho, Parte II...*, cit., pp. 600-601.

[1312] *Vd.* MENEZES CORDEIRO, *Manual de...*, cit., pp. 127, 535 e 662, assim como MENEZES LEITÃO, *Direito do...*, cit., p. 365, entendendo que se trata de um poder potestativo que, em contraposição aos outros que só podem ser exercidos uma vez, este não se esgota quando é exercido, "podendo o empregador a todo o tempo voltar a exercê-lo, inclusivamente em sentido contrário".

[1313] Última *op.* cit., p. 601, e *Direito do Trabalho Parte I...*, cit., p. 421.

[1314] RUI ASSIS, *op.* cit., pp. 64 e ss., entende que se trata de um direito subjectivo de crédito, defendendo, na p. 73, que a natureza jurídica do poder directivo "não é senão aquela que resulta do contrato de trabalho em si mesmo considerado", isto é, na posição que o empregador assume em tal contrato, bem como os direitos que lhe são inerentes. Assim, preconiza que este poder deve ser integrado, "de forma decisiva", no direito de crédito do empregador e interpretado no quadro contratual. Cf., ainda, DIÉGUEZ CUERVO, "Poder empresarial: Fundamento, contenido y limites", *in REDT*, n.º 27, 1986, pp. 325 e ss..

[1315] Cf. MARÍA DOLORES ROMÁN, *op.* cit., pp. 84 e ss, INMACULADA MARÍN ALONSO, *El poder de control...*, cit., p. 85, e VALDES DAL-RÉ, "Poderes del empresario y derechos...", cit., pp. 20 e ss.

[1316] O contrato implica este reforço do poder directivo porque o empregador é o proprietário e dirigente da organização em que o trabalhador decide voluntariamente ingressar e incorporar-se.

368 *A Privacidade dos Trabalhadores e as Novas Tecnologias...*

do empregador e os interesses do trabalhador resolve-se através do contrato de trabalho já que apenas com este se delimitam os direitos e as obrigações de cada uma das partes na relação jurídico-laboral.

3. O PODER DE CONTROLO DO EMPREGADOR

3.1. A faculdade de vigilância e controlo é necessária para a organização laboral da empresa, representando um instrumento fundamental para a valoração das formas de execução do contrato de trabalho[1317]. O empregador tem, desta forma, o poder de, na fase de execução do contrato de trabalho, controlar e vigiar a prestação de trabalho realizada pelo trabalhador. A doutrina é unânime em entender que este poder de controlo[1318] é inerente ao próprio contrato de trabalho já que não teria lógica que o empregador pudesse ditar ordens e instruções ao abrigo do seu poder directivo e, depois, não pudesse verificar se elas estariam a ser bem cumpridas[1319]. Não se pode, desta forma, duvidar da faculdade do empregador controlar o cumprimento por parte dos trabalhadores das suas obrigações,

---

[1317] Neste sentido MARTÍNEZ FONS, *El poder de control...*, cit., p. 27. Veja-se, ainda, GIUSEPPE PERA, *Diritto del Lavoro*, Giuffrè Editore, 1990, p. 189, mencionando que o empregador tem o direito de vigiar a execução da prestação e, em geral, o comportamento do trabalhador, Adverte, porém, que este poder tem no *Statuto dei Lavoratori* muitos limites com o fim de garantir a liberdade e a dignidade do trabalhador. Também JÚLIO GOMES, *Direito do...*, cit., p. 320, entende que o empregador "goza da faculdade de controlar a correcta execução da prestação de trabalho".

[1318] Como refere PISANI, "I controlli a distanza...", cit., p. 141, a elaboração mais profunda da figura do *controlo* deve-se à doutrina administrativa, sendo que da decomposição desta figura emergem alguns requisitos lógicos como sejam o fim, a estrutura e o objecto. O fim está relacionado com o assegurar a resposta a uma actividade precedente com determinados parâmetros. A estrutura está relacionada com este fim, sendo que o objecto está individualizado pela actividade precedente do outro sujeito.

[1319] No seguimento de MONTOYA MELGAR, "Nuevas dimensiones...", cit., p. 38, e em "Libertad de empresa...", cit., p. 172, a empresa constitui um sistema de supervisão e o empregador está legitimamente autorizado para realizar a "valoração da eficiência" dos seus trabalhadores. Para tal, pode determinar quais os pertinentes meios de controlo que entende necessários.

O Poder de Controlo Electrónico do Empregador... 369

já que o seu fundamento tem alicerces constitucionais na liberdade de empresa e, também, na própria definição de contrato de trabalho do art. 11.° do CT. Este poder de controlo é considerado uma faculdade permanente da organização produtiva enquanto instrumento indispensável para a coordenação e valoração da prestação de trabalho[1320] [1321].

[1320] Veja-se neste sentido AMADEU GUERRA, *A privacidade...*, cit., p. 29, para quem é inevitável, para que o poder directivo adquira um sentido "útil" e se revele eficaz, a possibilidade de controlo por parte do empregador, quer um controlo inicial, quer continuado, de forma a verificar e a valorar o correcto cumprimento da prestação laboral, assim como a ajustar determinados procedimentos organizativos ou a modificar a forma de prestação do contrato, embora sempre de acordo com os limites fixados por este. JÚLIO GOMES, *Direito do...*, cit., pp. 320-321, entende este poder como um corolário da subordinação jurídica e uma faceta ou aspecto instrumental do poder directivo, e M.ª DO ROSÁRIO PALMA RAMALHO, *Direito do Trabalho Parte II...*, cit., p. 588, considera este poder como o corolário do poder directivo. Também JEAN-EMMANUEL RAY, *Le droit du travail...*, cit., p. 83, defende "nada ser mais legítimo" para um empregador do que controlar os seus trabalhadores, assim como BERTIL COTTIER, "La protection des données", *in Internet au lieu de travail*, (coor. JULIEN PERRIN), CEDIDAC, Lausanne, 2004, p. 96, para quem o direito de controlar é o corolário do direito de dar ordens e instruções. Também FRANÇOISE FAVENNEC-HÉRY, "Vie professionnelle, vie personnelle du salarié et droit probatoire", *in DS*, n.° 1, 2004, p. 52, escreve que o empregador tem não só o direito como mesmo o dever de controlar e vigiar a actividade dos trabalhadores, embora esta actividade de controlo esteja subordinada a três condições: o dever de lealdade, o respeito pelos procedimentos e a ausência de atentados à vida privada dos trabalhadores. WAQUET, *L'entreprise...*, cit., p. 163, também entende que se trata não só de um direito como de um dever, já que a vigilância exercida pelo empregador é uma das componentes da segurança no trabalho. GILDA GENTILE, "I controlli occulti...", cit., p. 27, considera que o poder de controlo representa um instrumento fundamental de valoração da actividade laboral, e OLIVIER RIJCKAERT, *Surveillance des travailleus: Nouveaux procédés, multiples contraintes*, *in* www.droit-technologie.org, escreve que este poder de controlo é um "instrumento natural e legítimo" da relação de trabalho. Defende o mesmo ANNA ZILLI, *op.* cit., p. 1177, assim como BRUNO BRATTOLI e LUIGI PELAGGI, "L'interpretazione degli artt. 4 e 8 della L. 20 Maggio 1970, n. 300 e le esigenze produttive delle imprese italiane", *in MGL*, 1988, p. 598, observando que não pode duvidar-se que o empregador tem o direito de controlar a prestação devida pelo trabalhador, sendo isso um dos aspectos da subordinação jurídica. CATAUDELLA, "Acesso ai dati personali, riserbo e controllo sull'attività di lavoro", *in ADL*, n.° 1, 2000, p. 142, entende que o controlo da actividade laboral é um poder do empregador. Também CRISTINA TACCONE, *op.* cit., p. 303, considera que não se pode colocar em dúvida o poder de controlar a prestação de trabalho realizada pelo empregador, e EULALIA POLICELLA, "Il controllo dei dipendenti tra Codice privacy e Statuto del lavoratori", *in LNG*, n.° 10, 2004, p. 931, M.ª TERESA SALIMBENI, *op.* cit., p. 28, MARIAPAOLA AIMO, *Privacy...*, cit., p. 307, menciona que o poder de controlo é "característica imanente da

370 *A Privacidade dos Trabalhadores e as Novas Tecnologias...*

Este poder de controlo vem definido em directa relação com o dever de subordinação do trabalhador, sendo o acento tónico colocado não nas características do contrato de trabalho mas na modalidade de desenvolvimento da prestação de trabalho[1322]. O trabalhador, submetido à dependência de outrem, insere-se numa organização produtiva alheia onde o seu titular tem a possibilidade de ditar ordens, instruções e directrizes, e de verificar o seu correcto cumprimento[1323]. Por outro lado, o fundamento

---

relação de trabalho subordinada", e PIETRO ZANELLI, "Innovazione tecnológica...", cit., p. 295, defende o mesmo. Também ENRICO BARRACO, "Potere di controllo del datore di lavoro, privacy e nuovi strumenti informatici", *in LNG*, n.° 9, 2005, p. 837, entende que nos vários poderes do empregador surge o poder de controlar *"cotidie et singulis momentis"*, diferentemente do que acontece no trabalho não subordinado. No mesmo sentido, SCHEIBER, "Tests and questionaires in the Labor – Management Relationship", *in Labor Law Journal*, vol. 20, n.° 11, 1969, p. 695, observa que é geralmente reconhecido ao empregador a possibilidade de exercer algum tipo de controlo sobre a prestação de trabalho, assim como ARMIN HÖLAND, "Germany", cit., p. 116, HAZEL OLIVER, "E-mail and Internet...", cit., p. 326, notando que é expectável que um certo grau de controlo seja exercido na relação de trabalho. SEUMAS MILLER, "Guarding the Guards: The Right to Privacy, and Workplace Surveillance and Monitoring in Policing", *in Electronic Monitoring...*, p. 265, defende a mesma ideia, bem como no relatório do *Information Commissioner's Office – The Employment Practices Code*, p. 54. Ainda, ARIAS DOMÍNGUEZ e RUBIO SÁNCHEZ, *op.* cit., p. 23, entendem que o empregador tem "pleno direito" a conhecer de que forma e de que modo se está a realizar o conteúdo da actividade laboral, assim como NATALIA OVIEDO, *op.* cit., p. 65, e RODRIGUÉZ-PIÑERO, "Intimidad del trabajador...", cit., p. 94, para quem, o desenvolvimento do contrato de trabalho requer "algum grau" de controlo sobre a conduta do trabalhador. Também DÄUBLER, *Gläserne...*, cit., p. 149, defende o poder de o empregador controlar o local de trabalho, sendo livre de o realizar.

[1321] Como refere FABRICE FEVRIER, *Pouvoir de contrôle...*, cit., pp. 16-17, a justificação do poder de controlo do empregador encontra-se na propriedade dos meios de produção e na característica de subordinação essencial ao contrato de trabalho, sendo que este poder pode estar ligado a duas características do empregador: uma na sua qualidade de empreendedor e outra baseada na sua qualidade de empregador. Em relação à qualidade de proprietário, já JEAN SAVATIER, "Pouvoir patrimonial...", cit., p. 1, considerava que "onde está a propriedade está o poder", embora também entendesse que este poder do proprietário não se exerce sobre as pessoas, mas apenas sobre os bens, não podendo os trabalhadores ser objecto do contrato de trabalho.

[1322] TOFFOLETTO, *op.* cit., p. 2.

[1323] Como notam MONTOYA MELGAR, JESÚS GALIANO MORENO, SEMPERE NAVARRO e RÍOS SALMERON, *Comentarios al Estatuto de los Trabajadores*, 5.ª edição, Thomson Aranzadi, Navarra, 2003, p. 141, enquanto nas obrigações de resultado a correcção da prestação aprecia-se mediante o exame do trabalho realizado, nas obri-

contratual deste poder de controlo torna-se o elemento de "racionalização essencial" no seu conteúdo e objectivos já que a funcionalização desta faculdade ao estrito âmbito do contrato de trabalho conduz a uma noção rigorosa de subordinação[1324]. Assim, a questão do poder de controlo, legitimada constitucional, legal e contratualmente, coloca-se não tanto em relação à sua existência, mas, em relação aos seus limites[1325], já que o controlo sobre a prestação de trabalho constitui um elemento natural e indispensável próprio de qualquer relação sinalagmática.

O poder de controlo e vigilância do empregador configura-se, assim, tradicionalmente, como uma manifestação do poder directivo, pois por lógica, a atribuição de poderes para a organização produtiva da empresa deve ser acompanhada das faculdades tendentes à comprovação do grau de diligência empregue pelo trabalhador na execução do seu contrato de trabalho[1326] [1327]. Assim, esta visão do poder de controlo tem em atenção o vazio em que se insere o poder directivo sem a faculdade de controlar a

---

gações de actividade, como é o caso da prestação de trabalho, impõe-se o controlo da própria actividade para se verificar se se ajusta com os critérios devidos de aptidão e diligência.

[1324] Veja-se Martínez Fons, *El poder de control...*, cit., p. 29.

[1325] Quanto aos limites deste poder cf., *infra*, n.º 5.

[1326] Neste sentido Goñi Sein, *El respeto a la...*, cit., p. 109. Também Montoya Melgar, "Dirección de la actividad...", cit., p. 143, entende que este poder de controlo é um aspecto do poder directivo que se encontra na relación "da parte com o todo".

[1327] Mas o contrato de trabalho não é o único negócio jurídico onde o ordenamento jurídico reconhece um poder de controlo sobre o cumprimento da obrigação contratada, tal como notam Bellavista, *Il controllo...*, cit., p. 1, e Martínez Fons, *El poder de control...*, cit., p. 23, *Nuevas tecnologias...*, cit., p. 1, e "El poder de control empresarial ejercido a través de médios audiovisuales en la relación de trabajo – A propósito de las SSTC 98/2000, de 10 de Abril y 186/2000, de 10 de julio", *in RL*, n.º 4, 2002, p. 11. É o próprio ordenamento jurídico que reconhece, em via de princípio, o poder do credor de uma prestação continuada ou periódica de controlar a actividade desenvolvida pelo devedor. Um poder atribuído ao credor com certas condições e com certas consequências. Neste sentido Giorgio Ghezzi e Francesco Liso, "Computer e controllo dei lavoratori", *in GDLRI*, n.º 30, 1986, p. 358, e Fábio Mazziotti, *Diritto del Lavoro*, 4.ª edição, 2.ª reimpressão, Liguori Editore, Nápoles, 1995, p. 383. Contudo, também não pode deixar de ter-se em atenção que esta actividade de controlo é muito mais intensa na relação de trabalho já que o devedor da prestação não tem – ou tem muito reduzida – autonomia organizativa, sendo a contraparte que dirige, orienta e programa a actividade exercida pelo trabalhador. Este tem de sujeitar-se às disposições do empregador para atingir a finalidade por este definida. Veja-se neste sentido Smuraglia, *La persona...*, cit., p. 271.

372   *A Privacidade dos Trabalhadores e as Novas Tecnologias...*

actividade laboral, tentando evidenciar o nexo entre a faculdade de orde-nação e disposição do empregador e o poder disciplinar[1328].

Este tipo de vigilância e de controlo impregnaram o *código genético* da forma de organização do trabalho desde a aplicação da teoria de TAYLOR na versão fordista. Neste tipo de organização um papel muito importante é realizado pelo controlo e pela vigilância feita pelo pessoal de gestão, de forma a obter a realização de determinados objectivos produti-vos[1329]. Mas, se originalmente se poderia entender a análise desta facul-dade empresarial como uma mera faceta do poder directivo, actualmente, questões como o controlo do *e-mail* e da *Internet*, a utilização do compu-tador como instrumento de controlo dos trabalhadores[1330], e a vigilância através de meios audiovisuais[1331], converteram esta matéria num fenó-meno de dimensões complexas, que justificam, possivelmente, a con-sideração deste poder de controlo como uma faculdade autónoma ou própria[1332]. Assim, actualmente, as transformações na organização da

---

[1328] Neste sentido pode ver-se M.ª DO ROSÁRIO PALMA RAMALHO, última *op.* cit., pp. 588-589, defendendo que este poder de controlo não deve ser visto como um poder autónomo, mas, simultaneamente, entende que também não é suficiente a sua recondução ao poder directivo, porque este poder também pode ser exercido pela entidade com com-petência disciplinar. Assim, preconiza que este poder deve ser tratado como componente do poder de vigilância e do poder disciplinar já que é "corolário natural do primeiro e um pressuposto essencial do segundo". Também nos parece ser este o entendimento de RUI ASSIS, *op.* cit, p. 104, já que entende que este poder de controlo se inserirá no poder direc-tivo quando estiver em causa a prestação laboral em si mesma considerada. Quando se tratar de aspectos laborais ou conexos, então o poder de controlo já se inserirá no poder disciplinar.

[1329] Neste sentido BELLAVISTA, "Le prospettive della tutela dei...", cit., p. 55. Também DAVID LYON, *op.* cit., pp. 121-122, dá o exemplo da primeira industrialização como uma forma de controlo dos trabalhadores sem necessidade de recurso à força, pois a forma de controlo baseia-se nas novas formas de gestão industrializada, dando como exemplo MARX, como um autor que conseguiu demonstrar estas novas formas de controlo. Este autor defendeu que colocar os trabalhadores juntos era uma forma de os manter controlados e antecipou, também, como as novas tecnologias seriam o instrumento para manter esse controlo. No mesmo sentido pode ver-se MARK INHAT, *op.* cit., p. 38-39, que considera estas primeiras fábricas como o local onde se intensificou o controlo dos trabalhadores.

[1330] Ver a análise destas questões no capítulo IV.

[1331] Cf. próximo capítulo.

[1332] A questão da autonomia deste poder tem na doutrina espanhola especial inci-dência dado o teor do art. 20.º, n.º 3, do *ET*, pois o legislador estabeleceu a divisão entre

empresa e na estrutura produtiva e as mudanças na organização do trabalho, originadas pela introdução das novas tecnologias, estão a afectar o poder de controlo e a exigir novas formas de racionalização e de gestão dos recursos humanos, assim como a favorecer o aparecimento de novas formas de controlo e de vigilância. Se o controlo por parte do empregador não é novo nem proibido, a novidade provém do facto de surgirem novas tecnologias que têm maior efectividade de controlo e com uma capacidade de recolher dados que, por vezes, parecem não ter limites. Estas novas tecnologias, directamente conexas com os meios informáticos, poderão mesmo determinar uma mudança no poder de controlo do empregador na medida em que grande parte da direcção, controlo e vigilância será realizada à distância através do computador. Nesta medida, "trabalhar sobre informação implicará conhecer quem tratou, elaborou e fez circular a informação"[1333]. Esta realidade exige que se redobrem os esforços no sentido de assegurar a posição do trabalhador perante o exercício do controlo por parte do empregador[1334].

O controlo exercido pelo empregador é, essencialmente, uma actividade de verificação que traduz um controlo jurídico e que está relacionada com a presença de dois elementos essenciais de controlo[1335]: a existência de parâmetros previamente definidos pelo empregador e conhecidos dos trabalhadores, e, ainda, o juízo de adequação do objecto controlado aos parâmetros sobre os quais se verifica o controlo. Assim, a função de controlo é uma actividade de "verificação" teoricamente contínua, o que significa que para que exista não necessita de ser exercida de forma constante[1336].

A atribuição destas faculdades de controlo assenta na ideia de que a obrigação do trabalhador não é meramente uma obrigação de resultado, mas, pelo contrário, a própria actividade adquire relevância. Assim, o interesse do empregador, como nota MONTOYA MELGAR[1337], não se satisfaz

---

"Direcção e controlo da actividade laboral". Veja-se JESÚS MARTÍNEZ GIRON, ALBERTO ARUFE VARELA e XOSÉ CARRIL VÁZQUEZ, *op.* cit., p. 239, e MARTÍNEZ FONS, *El poder de control...*, cit., pp. 21 e ss.

[1333] Cf. MARTÍNEZ FONS, última *op.* cit., p. 33. No mesmo sentido JEAN-EMMANUEL RAY, *Le droit du travail...*, cit., pp. 83-84.

[1334] *Vd. infra* n.º 6, ainda neste capítulo.

[1335] MARTÍNEZ FONS, *El poder de control...*, cit., 21.

[1336] Neste sentido MONTOYA MELGAR, *El poder de...*, cit., p. 152.

[1337] "Nuevas dimensiones...", cit., p. 38.

374   *A Privacidade dos Trabalhadores e as Novas Tecnologias...*

apenas com a verificação do resultado da prestação mas necessita da vigilância e do controlo enquanto esta se desenvolve.

O objecto básico do poder de controlo do empregador é a prestação laboral em si mesma e as suas circunstâncias de lugar e de tempo mas, em determinadas situações também pode alcançar aspectos colaterais e conexos com a prestação laboral, embora dentro de estritos requisitos de respeito pelos direitos dos trabalhadores, em particular a privacidade e a dignidade[1338], exigindo-se uma redobrada atenção relativamente à posição do trabalhador. Desta forma, defende-se que os contornos da prestação laboral constituem o limite interno objectivo do controlo do empregador, impedindo a recolha de qualquer informação que não tenha por objecto o seu estrito cumprimento.

3.2. O poder de controlo do empregador surge na fase executiva da relação de trabalho, consubstanciando-se na vigilância contínua sobre a efectiva e regular actuação dos trabalhadores[1339]. Constituindo a de concretização do poder de ordenar e organizar do empregador[1340], este controlo, desde que respeitador da dignidade humana, constitui um dado inquestionável na organização da empresa. Mas, na esteira do defendido por alguns autores[1341], a faculdade de vigilância não se dirige unicamente a comprovar o cumprimento das ordens dadas, abrangendo, duma maneira

---

[1338] Neste sentido MARÍN INMACULADA ALONSO, *El poder de control...*, cit., pp. 179-180.

[1339] Cf. LUISA RIVA SANSEVERINO, *op.* cit., p. 250, e GIUSEPPE PERA, *Diritto...*, 5.ª edição, cit., p. 432.

[1340] Neste sentido PALOMEQUE LÓPEZ e ÁLVAREZ DE LA ROSA, *op.* cit., p. 507.

[1341] GARCÍA NINET, *apud* VICENTE PACHÉS, *El derecho del...*, cit., p. 299, nota n.° 11, defende que "este poder de controlo é mais amplo que o mero verificar se se executam ou não cada uma das ordens ou instruções emanadas. Trata-se de controlar o cumprimento total das obrigações, ou melhor, a prestação de trabalho de todos e de cada um dos trabalhadores em todas e cada uma das suas fases de execução". Também GOÑI SEIN, *El respeto...*, cit., pp. 110-111, embora defenda que este poder se dirige a comprovar o efectivo cumprimento por parte do trabalhador da prestação devida nos termos estabelecidos pelo empregador, refere que "a actividade de vigilância alimenta uma ideia diferente que se sustenta numa maior e mais constante atenção à execução da prestação, e no fornecimento dos elementos comuns de vigilância contrastáveis em qualquer relação contratual, o que faz sem dúvida do poder de controlo empresarial uma faculdade muito mais intensa, penetrante, contínua e «minuciosa»". No mesmo sentido, MARIA DOLORES ROMÁN, *op.* cit., p. 118, e VICENTE PACHÉS, *El derecho del...*, cit., p. 299.

constante e com especial intensidade, o conjunto da prestação. Porém, apesar de o controlo ter por objecto a execução da prestação de trabalho, há quem afirme que não é esta a única manifestação do controlo existente na relação de trabalho, distinguindo-se entre uma faculdade de controlo integrada no poder directivo do empregador e na fase de cumprimento da prestação de trabalho em sentido estrito, e um poder de controlo conceptualmente separado deste poder directivo, pertencente a uma dimensão para ou extracontratual que seria integrado por interesses organizativos diferentes à própria causa de atribuição do poder de controlo do empregador. É o caso de ICHINO[1342], para quem esta faculdade de vigilância teria uma outra dimensão, classificada de "extracontratual", e cujo objecto seriam os controlos que não recaíssem sobre a prestação de trabalho, não podendo considerar-se como manifestação do poder directivo e organizador do empregador, surgindo antes relacionada com os poderes organizativos gerais, "legitimando" que este pudesse imiscuir-se na esfera privada do trabalhador na parte que não concerne à prestação laboral. Estes controlos *paracontratuais* caracterizar-se-iam por integrar inicialmente um "controlo de actividade" sobre o trabalhador que superam o âmbito normal do controlo contratual. São controlos conhecidos na doutrina italiana como "defensivos", onde se pretende a tutela de certos interesses que escapam ao direito de crédito do empregador derivado do contrato de trabalho[1343]. A actividade de controlo está, assim, dirigida a prevenir ou a

---

[1342] *Diritto alla riservatezza...*, cit., pp. 77 e 118 e ss..

[1343] De notar que em Itália, com a entrada em vigor do *SL* de 1970, o poder de controlo do empregador foi reconstituído "sobre novas bases", tal como nota ICHINO, *Il contratto...*, cit., p. 224. Também BELLAVISTA, *Il controllo...*, cit., pp. 10-11, entende que o *Statuto* pontualiza e juridifica o poder de supremacia do empregador, circunscrevendo a área de sujeição e de subordinação do trabalhador. Assim, neste ordenamento jurídico, o legislador foi muito mais preciso no *SL*, estabelecendo uma série de prescrições bastante protectoras da liberdade do trabalhador, preservando-o de certas indiscrições e intromissões realizadas pelos empregadores. Com a entrada em vigor do *Statuto dei Lavoratori* há como que uma "inversão de rota" no respeitante à concepção do poder empresarial, defendendo que o valor da dignidade do trabalhador não pode ser diminuído pela relação de trabalho. Desta forma há maior tutela da intimidade, tentando proteger-se globalmente a condição humana no local de trabalho. Trata-se de uma aplicação do princípio previsto no art. 41.º, n.º 2, da Constituição, que limita a liberdade da empresa ao respeito pela segurança, liberdade e dignidade humanas. Como nota ICHINO, *Diritto alla riservatezza...*, cit., p. 62, o Estatuto, nos artigos 2.º e 3.º, procedeu a uma separação rígida entre os aparelhos e

376 *A Privacidade dos Trabalhadores e as Novas Tecnologias...*

descobrir condutas susceptíveis de lesar bens de raiz constitucional, como é o caso, *inter alia*, da propriedade e da saúde[1344]. Desta forma, a admissão ou a crítica do controlo do empregador encontra-se directamente numa sede alheia à relação de trabalho, adoptando uma dimensão pública[1345], sendo a lei que reconhece e integra o conflito entre os diferentes interesses em presença, sendo que em alguns casos é julgada excessiva a "servidão" que se impõe atendendo aos diversos bens em causa[1346]. Mas,

---

meios que o empregador pode dispor para a defesa passiva do património da empresa contra ilícitos extra-contratuais, e os aparelhos e meios de que ele pode dispor para o controlo activo sobre a prestação laboral do trabalhador. A grande importância do art. 2.º é a de, pela primeira vez, ter-se uma norma que defende o local de trabalho no interesse do trabalhador que aí labora contra o acesso de pessoas estranhas ao processo organizativo-produtivo. Assim, por força desta norma, há uma delimitação cuidadosa das competências do pessoal afecto à vigilância, reduzindo expressamente a competência destes à tutela do património empresarial. Pelo artigo 3.º o empregador tem de tornar públicos os nomes e tarefas do pessoal afecto à vigilância, com a intenção de proibir o controlo oculto. Se não respeitar este artigo, o trabalhador não terá o dever de obediência. A intenção do legislador através do art. 3.º não foi a de proibir o controlo da actividade laboral ou de a tornar mais difícil; o que se pretendeu foi impedir que este controlo fosse realizado por pessoas estranhas que criem uma atmosfera intimidatória e lesiva da dignidade dos trabalhadores, sendo que como a actividade de vigilância e controlo tem por objecto exclusivo a actividade laboral, não pode ser exercida quando o trabalho seja suspenso ou em locais frequentados pelo trabalhador com fim diverso da prestação laboral. Assim, o *Statuto* não pretendeu eliminar o poder de controlo do empregador que já lhe era atribuído no Código Civil – arts. 2086.º e 2104.º –, mas disciplinando as modalidades de exercício, privando-o dos aspectos tipicamente de polícia. Veja-se neste sentido, BRUNO VENEZIANI, "L'art. 4, legge 20 Maggio 1970 n. 300: una norma da riformare?", *in RGLPS*, n.os 1-2, 1991, p. 80, CATAUDELLA, "Dignità e riservatezza...", cit., p. 3, GARILLI, "Tutela della persona e tutela della sfera privata nel rapporto di lavoro", *in RCDP*, n.º 3, 1992, p. 326, LAURA CASTALVETRI, "Le indagini motivazionali nelle strategie aziendali e nello statuto dei lavoratori", *in Strategie di comunicazione e Statuto dei Lavoratori – I limiti del dialogo tra impresa e dipendenti*, (coord. ICHINO), Giuffrè Editore, Milão, 1992, pp. 69-70, PAOLO GUERRIERO, "Potere di controllo del datore di lavoro sui dipendenti", *in DL*, vol. 76, n.º 3, 2002, p. 166, e PIETRO ZANELLI, "Innovazione tecnologica...", cit., p. 752. Mas também há que lembrar, tal como LUCIA D'ARCANGELO, *op.* cit., pp. 77-78, nota n.º 19, que no que concerne à tutela do património mobiliário e imobiliário no interior da empresa, o Supremo Tribunal tem reconhecido ao empregador um largo poder de controlo.

[1344] Ver no próximo capítulo o problema do controlo oculto, n.º 3.4..

[1345] Neste sentido MARTÍNEZ FONS, *El poder de control...*, cit., p. 35.

[1346] Veja-se GOÑI SEIN, última *op.* cit., p. 183, a propósito do problema das revistas aos trabalhadores e aos seus bens, entendendo que a propriedade privada não pode ocupar um lugar superior ao da liberdade pessoal.

noutros casos, na medida em que não exista uma verdadeira intensificação da subordinação do trabalhador, será possível a limitação dos direitos do trabalhador em defesa de tais bens[1347].

Parece-nos que esta segunda dimensão é criticável por permitir uma intromissão na privacidade do trabalhador, potencialmente lesiva dos seus direitos, e, por isso, defendemos que esta faculdade deve ser reduzida, em princípio, à primeira dimensão, ou seja, deve circunscrever-se ao âmbito contratual, permitindo-se em situações manifestamente excepcionais uma certa dimensão "extracontratual" relacionada com o controlo "defensivo". Desta forma, defende-se, ainda, que a faculdade de controlo deve ser realizada exclusivamente tendo em conta a faceta produtiva e a prestação de trabalho, destinando-se a verificar o comportamento devido pelo trabalhador para a obtenção do resultado pretendido, recusando-se qualquer actividade de controlo discricionária que não tenha por base as exigências técnico-organizativas do trabalho[1348].

Preconiza-se que são dois os critérios interpretativos que servem para estabelecer o âmbito, a natureza e o alcance das faculdades de controlo[1349]. Por um lado, a finalidade do controlo não pode ser outra que não seja a de comprovar o correcto funcionamento da organização produtiva e o adequado cumprimento contratual do trabalhador, surgindo com esta ideia a figura da idoneidade do controlo exercido pelo empregador relacionada com a legítima relevância contratual do controlado. Desta forma, o controlo do empregador será lícito se visar o controlo de momentos, aspectos ou circunstâncias da actividade laboral com repercussão contratual. Em segundo lugar, o método utilizado pelo empregador terá de ser adequado à finalidade estabelecida, funcionando como um limite a actuações discricionárias do empregador. Desta maneira, o empregador é livre de decidir estabelecer as medidas de controlo da prestação laboral que entender mais convenientes, sendo também livre quanto à forma de controlo. Está limitado, contudo, pela sua finalidade e pela adequação do instrumento escolhido. Também os modos de controlo têm de ter uma relação directa e razoável com o que se quer e o que se pode controlar, restringindo-se a este fim.

[1347] Neste sentido BELLAVISTA, *Il controllo…*, cit., pp. 99 e ss..

[1348] O mesmo é defendido por GOÑI SEIN, *El respeto a la…*, cit., p. 112.

[1349] A mesma opinião pode ser vista em GONZÁLEZ ORTEGA, *op.* cit., p. 39.

3.3. O exercício das faculdades de controlo e de vigilância do empregador admite uma pluralidade de formas, de lugares, de momentos, de objectos e de sujeitos susceptíveis de controlo, podendo dividir-se esta faculdade em diferentes critérios. Assim, no momento do seu exercício, pode distinguir-se entre as faculdades de controlo colocadas em funcionamento na fase de acesso ao emprego e as realizadas durante o desenvolvimento da própria prestação de trabalho, ou, inclusive, as faculdades de controlo colocadas em prática na altura da extinção do contrato de trabalho. Também pelo local de exercício pode distinguir-se entre as medidas de vigilância e de controlo realizadas dentro do funcionamento do centro de trabalho ou no local de trabalho, que é o meio natural e em princípio exclusivo do controlo do empregador, das realizadas fora do mesmo, ou, anteriormente, na fase de acesso e formação do contrato de trabalho. Também pode caracterizar-se pelo sujeito, objecto que realiza o controlo, podendo realizar-se pelo empregador, ou pelas pessoas a quem este delegue a competência, ou por companheiros de trabalho, representantes dos trabalhadores ou pelas mesmas ferramentas ou instrumentos de trabalho utilizados pelos trabalhadores, como é o caso, *inter alia*, do computador e do telefone. Também o âmbito objectivo de actuação representa outra das divisões possíveis significando que pode falar-se de medidas de controlo sobre o centro de trabalho, sobre os utensílios ou ferramentas de trabalho ou outros bens da empresa, ou sobre os armários e bens particulares dos trabalhadores, sobre a doença ou acidente do trabalhador, sobre o aspecto exterior ou a imagem deste, ou ainda, e a título meramente exemplificativo, sobre os locais dos representantes dos trabalhadores. Finalmente, sobre o âmbito subjectivo de actuação, isto é, sobre quem pode converter--se em sujeito passivo sobre o qual se exerce o poder de controlo, distingue-se entre os meios de controlo sobre a integridade física e psíquica do trabalhador, isto é, os controlos médicos, e os registos pessoais e corporais sobre os trabalhadores e inclusive os clientes[1350] [1351].

[1350] Segue-se a divisão proposta por Vicente Pachés, "Las facultades empresariales...", cit., pp. 37-38.

[1351] Outra divisão que também é efectuada é a de controlo directo ou intencional do trabalhador, integrado por todas aquelas actividades de controlo que visam a recolha de informação laboral do trabalhador, quer na altura da celebração do contrato de trabalho, quer no decurso deste, e o controlo indirecto ou difuso, isto é, por exigência da actividade produtiva, constituído pelo controlo exercido através de sistemas, equipamentos infor-

O Poder de Controlo Electrónico do Empregador...

3.4. Entende-se, desta forma, que não se pode impedir os empregadores de supervisionarem os seus trabalhadores, mas este poder de vigilância e de controlo[1352] cinge-se a comprovar se os trabalhadores cumprem adequadamente as suas obrigações e deveres laborais, respeitando-se sempre a dignidade e a privacidade dos trabalhadores, evitando abusos ou excessos nestas formas de controlo, as quais têm de ser realizadas de modo proporcional na forma, no método, no lugar, e no momento, e respeitando sempre o conteúdo essencial do direito, para que a medida controladora ou de vigilância não seja considerada como atentatória da dignidade pessoal nem da privacidade do trabalhador[1353].

---

máticos, ou outro tipo de mecanismos, cuja finalidade seja a de satisfazer qualquer tipo de exigência técnico-organizativa ou de segurança da empresa, diferente do mero controlo do trabalhador. Neste sentido *vd.* GOÑI SEIN, "Los criterios básicos de enjuiciamiento constitucional de la actividad de control empresarial: debilidad y fissuras del principio de proporcionalidad", *in RDS*, n.° 32, 2005, p. 80. Cf., ainda, ROSSELLI, *op.* cit., pp. 460-461.

[1352] Coloca-se a questão de saber se deve realizar-se uma distinção entre o controlo e a vigilância, sendo que esta questão é bastante difícil de resolver pois ambas se confundem com a observação do comportamento do trabalhador durante a sua actividade laboral com o fim de satisfazer o interesse do empregador. Pode dizer-se, tal como INMACULADA MARÍN ALONSO, *El poder de control...*, cit., pp. 190-192, que a vigilância consiste basicamente numa acção de observação do comportamento do trabalhador destinada a obter o material informativo que permita a avaliação do mesmo. Assim, esta vigilância está relacionada com uma ideia de continuidade e intensidade na comprovação que não se coaduna com a expressão controlo já que a actividade de vigilância está relacionada com uma maior atenção à execução da prestação. *Vd.*, neste sentido, MARTÍNEZ ROCAMORA, *Decisiones Empresariales y Principio de Igualdad*, Cedecs Editorial, Barcelona, 1998, p. 44, e GOÑI SEIN, *El respeto a la...*, cit., p. 110. O controlo, por seu lado, parece estar ligado, principalmente, à direcção do trabalho que se realiza e não à forma ou modo de realização da actividade. Assim, parece que o termo vigilância tem um âmbito mais restrito do que o termo controlo já que enquanto o primeiro parece circunscrever-se à prestação laboral na medida em que se realiza no âmbito da organização e direcção do empregador, o segundo parece abarcar mais espaços e concentrar-se mais no procedimento ou nos meios utilizados pela vigilância. Desta forma, a ausência de vigilância não implica a falta de controlo, mas também tem de entender-se que em ambos os aspectos deste poder do empregador o fim visado é o mesmo e que consiste na obtenção de informação juridicamente relevante para satisfazer o interesse empresarial.

[1353] Neste sentido cf. TASCÓN LÓPEZ, *op.* cit., pp. 131-132.

4. AS CONDIÇÕES DE EXERCÍCIO DO PODER DE CONTROLO DO EMPREGADOR: A PROPORCIONALIDADE, A BOA FÉ E O CONHECIMENTO PRÉVIO POR PARTE DOS TRABALHADORES

4.1. O empregador tem o direito de verificar e controlar, enquanto titular do poder de controlo e de vigilância, a actividade laboral dos trabalhadores e de apurar as faltas passíveis de justificar procedimentos disciplinares susceptíveis de levar à aplicação de sanções disciplinares, incluindo o despedimento. Mas este poder de controlo tem de conciliar-se, necessariamente, tanto com exigências de legalidade, de lealdade, de proporcionalidade e de boa fé, como com a devida protecção da dignidade e da privacidade dos trabalhadores. Se o empregador tem o direito de controlar a prestação de trabalho realizada pelos trabalhadores, só o poderá fazer após assegurar a maior transparência possível no seu exercício[1354], assim como a proporcionalidade do método utilizado e a adequabililidade do local do controlo. Desta forma, se é legítimo o poder de controlo do empregador, este não pode ser exercido segundo o seu livre arbítrio, sem respeito pelos procedimentos, sob pena de se tornar um poder coercitivo de todos os momentos da vida dos trabalhadores no local de trabalho e, mesmo, fora dele[1355].

O poder de controlo exercido pelo empregador tem de cumprir vários requisitos para que os direitos fundamentais dos trabalhadores[1356] e as previsões legais sejam respeitados. Deste modo, há que analisar em cada caso concreto se a medida de controlo respeita as exigências de proporcionalidade, de transparência e de boa fé.

[1354] Ainda neste número abordar-se-á o dever de transparência no exercício do poder de controlo. Para maiores desenvolvimentos, cf. capítulo III, n.º 3.4..

[1355] *Vide* DANIELLE CORRIGNAN-CARSIN, "Surveillance du salarié sur le lieu de travail", *in JCP*, n.º 23, 2006, p. 1444, FRANÇOISE FAVENNEC-HÉRY, "Vie professionnelle...", cit., p. 52, e OLIVIER DE TISSOT, "Pour une analyse...", cit., p. 975.

[1356] Para FRÉDÉRIC GUIOMARD, *op.* cit., p. 69, quando o exercício dos poderes do empregador é susceptível de produzir uma violação nos direitos fundamentais dos trabalhadores, o empregador deve justificar as razões que o conduziram à adopção da medida, por respeito ao princípio da proporcionalidade da medida adoptada.

As Novas Tecnologias e a Privacidade 381

4.2. Das diversas manifestações dos poderes do empregador que derivam do princípio constitucional de liberdade da empresa e que são susceptíveis de limitar os direitos dos trabalhadores, o empregador tem de observar o princípio da proporcionalidade, especialmente no exercício dos que, como o de controlo, têm fortes similitudes com poderes públicos[1357].

Relativamente ao princípio da proporcionalidade[1358] [1359], também denominado de princípio da proibição do excesso, pode considerar-se a sua divisão em três subprincípios, na linha do preconizado por GOMES CANOTILHO e VITAL MOREIRA[1360] [1361]: o princípio da adequação, também conhecido por princípio da idoneidade, segundo o qual a medida de controlo do empregador tem de ser o meio adequado para a prossecução dos fins por ele pretendidos; o princípio da exigibilidade, ou princípio da necessidade ou da indispensabilidade, que significa que o meio de controlo tem de ser necessário; e o princípio da proporcionalidade em sentido restrito, que significa que as formas de controlo e os fins por elas visados devem constituir uma "justa medida", impedindo-se medidas desproporcionadas ou excessivas em relação ao fim pretendido[1362] [1363]. Este princí-

---

[1357] Neste sentido ESTHER CARRIZOSA PRIETO, *op.* cit., p. 478.

[1358] A utilização do princípio da proporcionalidade não é recente. Esta técnica de controlo surgiu na Prússia, nos finais do século XIX, e estendeu-se, progressivamente, aos países germânicos e, mais tarde, a toda a Europa, rapidamente irradiando a sua eficácia a todos os ramos de Direito. Veja-se FABRICE FEVRIER, *Pouvoir de controle...*, cit., p. 49. Também FERNÁNDEZ VILLAZÓN, *Las facultades...*, cit., pp. 43-44, defende que os antecedentes deste princípio são muito antigos e encontram-se no Direito penal referindo-se à necessidade das penas manterem uma proporcionalidade com a gravidade das faltas cometidas. Após a Revolução Francesa este princípio foi estendido à actuação dos poderes públicos, sendo por volta desta altura que começa a ser utilizado como grau de aferição da possível restrição ao exercício dos direitos fundamentais dos cidadãos. E embora o conceito seja identificável em toda a Europa, o mérito da sua elaboração como princípio constitucional de carácter geral corresponde à doutrina e à jurisprudência alemãs.

[1359] Em relação a este princípio, assim como a sua aplicação à áudio-vídeo-vigilância, ver mais desenvolvimentos no próximo capítulo, n.° 3.3..

[1360] *Op.* cit., pp. 392-393.

[1361] Também JORGE MIRANDA e RUI MEDEIROS, *op.* cit., pp. 162-163, entendem que o princípio da proporcionalidade se analisa em três vectores: necessidade, adequação e racionalidade.

[1362] Para KARL LARENZ, *op.* cit., p. 577, o princípio da proporcionalidade é inserido entre as proposições jurídicas fundamentais, servindo de critério de valorização dos interesses, principalmente diante de dúvidas, quando se indaga em que medida um inte-

382 *A Privacidade dos Trabalhadores e as Novas Tecnologias...*

pio é, assim, o *princípio dos princípios*, actuando como *ordenador do direito*, proporcionando uma solução de compromisso pela qual se dá prioridade a um dos princípios em conflito, mais ajustado ao caso concreto, sem, porém, anular o outro princípio que será afectado no mínimo possível, respeitando sempre o núcleo essencial do direito em causa porque esse é o limite que terá de ser observado já que se acolhe aí o princípio da dignidade da pessoa humana[1364]. Assim, o princípio da proporcionalidade

---

resse em si mesmo legítimo deve ceder perante outro de valor superior, isto é, quando surgir uma situação em que seja necessário o estabelecimento do "limite da satisfação lícita de um interesse à custa de outro interesse também digno de tutela". Este princípio tem de ser relacionado, tal como ELIMAR SZANIAWSKI, *op.* cit., pp. 285-286, adverte, com o princípio do meio menos lesivo, isto é, o princípio do menor sacrifício.

[1363] O princípio da proporcionalidade não se reduz ao terreno da aferição de razoabilidade das restrições estabelecidas por lei, conforme observa ARION SAYÃO ROMITA, *op.* cit., pp. 196-197, já que foi invocado inicialmente para justificar as restrições a determinados direitos. Neste caso indagava-se da adequação dos meios utilizados relativamente aos objectivos pretendidos, atendendo-se à razoabilidade das medidas que acarretavam limitações aos direitos interferindo com a esfera de liberdade das pessoas, sendo que as restrições só são admitidas quando apropriadas, exigíveis e aplicadas na justa medida.

[1364] Para M.ª EMILIA CASAS BAAMONDE, "La plena efectividad de los derechos fundamentales: juicio de ponderación (o de proporcionalidad?) y pincipio de buena fe", *in RL*, I, 2004, p. 142, o principio da proporcionalidade actua dividindo-se numa tripla condição de adequação da medida ao objectivo proposto, isto é, no juízo de idoneidade, da necessidade da medida para alcançar o seu objectivo, ou seja, sem que seja possível a sua obtenção através de outra medida mais moderada e que constitui o juízo de necessidade e a ponderação da medida por dela derivarem mais benefícios e vantagens para o interesse geral do que prejuízos sobre outros bens ou valores em conflito, e que constitui o juízo de proporcionalidade em sentido estrito. Também GARCÍA VIÑA, "Limitaciones en el uso del correo electrónico en las empresas por parte de las secciones sindicales – A propósito de la Sentencia del Tribunal Supremo de 28 de marzo de 2003 (RJ 2003, 7134)", *in REDT*, n.º 122, 2004, p.313, escreve que o Tribunal Constitucional na aplicação do princípio da proporcionalidade de uma medida de controlo do empregador atende a três requisitos ou condições: ser susceptível de atingir o objectivo proposto – juízo de idoneidade; ser necessária, no sentido de que não exista outra medida menos intrusiva para a obtenção do pretendido, qualificado como juízo de necessidade; e, finalmente, o juízo de proporcionalidade em sentido estrito e que compreende a ponderação da medida de controlo, por derivarem dela mais benefícios para o interesse geral do que prejuízos de outros bens em causa. Observando o mesmo, veja-se CARMEN AGUT GARCÍA, "Las facultades empresariales de vigilância y control sobre útiles y herramientas de trabajo y otros efectos de la empresa", *in El control...*, cit., p. 108, assim como INMACULADA MARÍN ALONSO, "La facultad fiscalizadora...", cit., pp.103-104, e ROSA MORATO GARCÍA, "El control sobre

constitui uma condição indispensável para a regularidade de qualquer medida de controlo que o empregador pretenda impor aos trabalhadores no local de trabalho[1365].

Secundando ANTOINE LYON-CAEN e ISABELLE VACARIE[1366], o princípio da proporcionalidade pode ter dois sentidos diferentes. Pode significar a adequação entre a medida adoptada e o fim pretendido, tornando-se um elemento de justificação da medida restritiva imposta aos trabalhadores, e aproximando-se de um controlo de racionalidade ou de necessidade. Mas este princípio pode tornar-se um fim em si mesmo quando intervém para sancionar uma restrição a um direito fundamental devido às consequências excessivas para o trabalhador[1367].

---

internet y correo electrónico en la negociación colectiva", *in RL*, n.° 24, 2005, p. 90. Também RIVERO LAMAS, "Derechos fundamentales y contrato de trabajo: eficácia horizontal y control constitucional", *in El Trabajo y la Constitución – Estudios en homenaje al Professor Alonso Olea*, (coord. MONTOYA MELGAR), Ministerio de Trabajo y Asuntos Sociales, Madrid, 2003, pp. 510-511, entende o mesmo, assim como SEMPERE NAVARRO e CAROLINA SAN MARTÍN MAZZUCCONI, *Nuevas tecnologias...*, cit., pp. 44-46, referindo-se que o princípio da proporcionalidade se divide em três subprincípios: idoneidade, necessidade e proporcionalidade em sentido estrito.

[1365] O mesmo é defendido por HUBERT BOUCHET, *La cybersurveillance des salariés dans l'entreprise*, in www.cnil.fr, p. 17.

[1366] "Droits fondamentaux et Droit du travail", *in Droit syndical et droits de l'homme à l'aube du XXI siècle- Mélanges en l'honneur de Jean-Maurice Verdier*, Dalloz, Paris, 2001, p. 431.

[1367] A título de exemplo, pode referir-se que no ordenamento jurídico espanhol configura-se como um princípio que, embora não consagrado explicitamente, está de forma implícita previsto através da conjunção de vários preceitos constitucionais, sendo o primeiro o art. 1.°, n.° 1 da Constituição. Este princípio estaria inserido na cláusula de Estado de Direito e, em última instância, derivaria do valor superior de justiça que o preceito propugna. Tendo isto em atenção e a sua conexão com o art. 9.°, n.° 3, este princípio tem carácter vinculante para todos os poderes, e também para o empregador em todos aqueles casos em que se encontre autorizado a limitar ou restringir o exercício dos direitos fundamentais dos trabalhadores. *Vide* ESTHER CARRIZOSA PRIETO, *op.* cit., pp. 475-477.

Também no ordenamento jurídico francês este princípio nasceu nos inícios do século passado no seio da jurisprudência administrativa. O *Conseil d'État* sustentou-o na sua decisão de 19 de Fevereiro de 1909, inserindo-se na necessidade de limitar o poder do Estado e na utilização de prerrogativas dos poderes públicos, tendo em atenção os interesses dos cidadãos. Mais tarde, ampliou-se esta visão com o acórdão *Benjamin*, de 19 de Maio de 1933, relativo à liberdade de reunião. A partir desta decisão o *Conseil d'État* aplicou este princípio a todos os tipos de conteúdo, inclusivé a alguns direitos sociais. A aparição deste princípio no Direito do trabalho fez-se através da sua inserção no art. L. 132-35

384   *A Privacidade dos Trabalhadores e as Novas Tecnologias...*

A proporcionalidade permite, desta forma, que se estabeleça um justo equilíbrio entre os vários interesses e direitos em conflito, tendo sido entendida como um elemento essencial de todo o sistema judicial, significando que as limitações ao direito à privacidade dos trabalhadores só se justificam na medida em que se trate de dar respostas proporcionais a um fim legítimo pretendido pelo empregador[1368]. Assim, as razões para limi-

---

do *Code du Travail*. Esta disposição, inspirada directamente na jurisprudência da decisão *Peintures Corona* de 1980 a propósito de testes de alcoolemia, introduz um princípio de intangibilidade das liberdades individuais e colectivas que deve ser protegido pelo mecanismo de conciliação que representa o princípio da proporcionalidade, através da realização da igualdade de direitos e do controlo das restrições às liberdades. Mas também releva o art. L.120-2 do *Code du Travail*, que constitui uma verdadeira norma superior de ordem pública de interdição de violação dos direitos das pessoas e das liberdades individuais e colectivas não necessárias para a tarefa a obter, nem proporcionais ao fim pretendido. Este artigo reproduz em grande escala o previsto no art. L. 122-35, mas aplica-se a todos os domínios, não só ao poder unilateral do empregador mas também ao contrato e à convenção colectiva. Neste sentido cf. FABRICE FEVRIER, última *op.* cit., pp. 49-50, FRANÇOISE FAVENNEC-HÉRY, "Vie privée dans...", cit., p. 941, HUBERT BOUCHET, "À l'épreuve des nouvelles...", cit., p. 81, JACQUES GRINSNIR, "Les dispositions nouvelles relatives "au recrutement individuel et aux libertés individuelles" (Loi du 31 décembre 1992)", *in DO*, Julho, 2003, p. 240, JEAN-EMMANUEL RAY e JACQUES ROJOT, *op.* cit., pp. 134-135, LAËTITIA BUSNEL, *op.* cit., pp. 28-29, MARIE-NOËLLE MORNET, *op.* cit., pp. 153-154, THÉRÈSE AUBERT-MONPEYSSEN, "Les libertés et droits fondamentaux dans l'entreprise: breves remarques sur quelques évolutions recentes", *in Mélanges dédiés...*, cit., pp. 273-274, e 280-281, e XAVIER LEMARTELEUR, *L'employeur: un fournisseur d'accès à l'Internet comme les autres? Implications juridiques de la fourniture d'accès à l'Internet par l'entreprise*, 2003, *in* www.juriscom.net, p. 55. Sobre a evolução deste preceito do *Code du Travail* pode ver-se WAQUET, *L'entreprise...*, cit., pp. 83 e ss..

Também no ordenamento jurídico inglês o princípio da proporcionalidade tem uma grande importância relativamente às medidas de controlo que o empregador pretenda adoptar, podendo atender-se ao documento *Employment Practices...*, cit., do *Information Comissioner's Office*, pp. 56-57, para se aferir da sua importância, assim como no ordenamento jurídico belga, como defende OLIVIER RIJCKAERT, *Surveillance des travailleus...*, cit., pp. 5-6.

Também no ordenamento jurídico alemão se respeita este princípio da proporcionalidade na sua tripla vertente. Veja-se MARTÍNEZ FONS, "El poder de control empresarial...", cit., p. 22.

[1368] Neste sentido cf. CHRISTOPHE VIGNEAU, "Técnicas reguladoras", *in Tecnología Informática...*, cit., pp. 331-332. Também FABRICE FEVRIER, última *op.* cit., pp. 54-55, defende que este princípio da proporcionalidade permite um reforço da apreciação soberana do juiz que vê a sua capacidade de exercício do poder reforçada.

tar o direito à privacidade dos trabalhadores através do exercício do poder de controlo têm de ter por base um direito ou necessidade do empregador em controlar a prestação do trabalhador e no direito ou necessidade de tratar os seus dados pessoais. Desta forma, toda a actuação do empregador deve estar relacionada com um fim lícito de natureza profissional[1369].

O princípio da proporcionalidade está estreitamente relacionado com a ideia de imprescindibilidade, supondo que as medidas de controlo e de vigilância do empregador só serão legítimas nos casos em que sejam indispensáveis e não exista qualquer outra possibilidade menos restritiva no que concerne aos direitos fundamentais do trabalhador para satisfazer o interesse legítimo do empregador, devendo ser apreciado casuisticamente, dependendo das funções exercidas pelos trabalhadores e da própria actividade da empresa[1370]. Desta forma, o critério adoptado de tripla condição de juízo de idoneidade, de necessidade e de proporcionalidade em sentido estrito, assume uma grande importância para a resolução de vários conflitos, pois tem vindo a ser utilizado para resolver o problema dos limites ao poder de controlo do empregador[1371]. Assim, os requisitos a que se condiciona o exercício regular do poder de controlo do empregador estão a servir para definir as recíprocas influências e a estabelecer o equilíbrio entre as obrigações contratuais do empregador e os direitos à dignidade e à privacidade dos trabalhadores, operando, simultaneamente, uma revisão

---

[1369] Por isso, e a título meramente exemplificativo, foi considerada ilícita pela *Cour de Cassation*, por uma decisão de 26 de Novembro de 2006, a prova apresentada pelo empregador obtida após o seguimento do trabalhador desde a sua residência, conforme se pode ver em AGNÈS MARTINEL, "Rôle du juge dans la détermination et le controle des obligations contractuelles", *in DO*, n.º 680, Março, 2005, pp. 107-108, assim como a anotação em *RJS*, n.º 2, 2003, pp. 111-112, a propósito de uma outra decisão também sobre o seguimento do trabalhador ordenada pelo empregador, assim como JEAN-MICHEL BRUGUIÈRE, "Filer ne peut prouver! La chambre Sociale condamne les employeurs Nestor Burma et montre la voie de la preuve loyale", *in Recueil le Dalloz*, n.º 28, 2003, pp. 1858 e ss., AGATHE LEPAGE, "Filature du salarié", *in Recueil le Dalloz*, n.º 23, 2003, p. 1536, e JACQUES RAVANAS, "Protection de la vie privée: la preuve illicite d'une relation «défectueuse» de travail", *in Recueil le Dalloz*, n.º 20, 2003, pp. 1305 e ss..

[1370] A mesma opinião pode ver-se em MICHEL BUY, "L'incidence d'Internet sur les relations employeur-salariés", *in Le droit de l'entreprise et Internet Actes du Colloque de Marseille (15 juin 2001)*, Presses Universitaires d'Aix-Marseille, Aix-en-Provence, 2002, p. 126.

[1371] Sobre estes limites cf. n.º 5.

386 *A Privacidade dos Trabalhadores e as Novas Tecnologias...*

no conceito deste poder de controlo que era muito amplo, estabelecendo "uma ordenação mais ampla e coerente com o valor dos direitos fundamentais na relação de trabalho" [1372]. Mas, este princípio não deixa de ter algumas dificuldades de interpretação relacionadas com a difícil delimitação dos seus três elementos já que, como adverte GOÑI SEIN[1373], tem uma certa debilidade para garantir posições subjectivas do trabalhador, sobretudo no contexto das NTIC e das possibilidades enormes de armazenamento de dados que os controlos informáticos realizados por razões de segurança oferecem[1374].

4.3. O princípio da boa fé está relacionado também com o princípio da transparência e com o princípio do conhecimento prévio dos trabalhadores, assim como dos seus representantes[1375].

O princípio da boa fé adquire no Direito do trabalho uma feição particular por se tratar de uma relação contratual de duração continuada e por nela ocorrer uma implicação da pessoa do trabalhador[1376]. Desta forma, este dever adquire no contrato de trabalho uma função essencial em ordem ao devido cumprimento das obrigações assumidas para celebrá-lo[1377].

O valor fundamental da boa fé, como princípio norteador do cumprimento dos contratos, começa a assumir uma presença qualificada no contrato de trabalho, tendo também grande relevância neste ramo do Direito.

[1372] GOÑI SEIN, "Los critérios básicos...", cit., p. 84.

[1373] Última *op.* cit., pp. 84-85.

[1374] Cf., sobre esta matéria, ainda neste capítulo, n.° 6, e o capítulo IV.

[1375] Como refere MÁRIO MENDES, "O princípio da boa fé no Direito do trabalho – breve nota introdutória", *in V Congresso...*, cit., p. 103, o princípio da boa fé determina que ambos os intervenientes contratuais tenham a todo o tempo presentes regras de lealdade, de informação e de cooperação que permitam uma "perfeita e correcta celebração e execução da relação contratual".

[1376] Neste sentido, RAQUEL AGUILLERA IZQUIERDO, *Las causas de despido disciplinario y su valoración por la jurisprudência*, Aranzadi, Pamplona, 1997, p. 38. Também CARMEN AGUT GARCÍA, *op.* cit., p. 112, entende o mesmo ao referir que o princípio da boa fé é consubstancial ao contrato de trabalho.

[1377] Como defende LUZ PACHECO ZERGA, *op.* cit., p. 52, a boa fé não é um simples dado de consenso social, tratando-se, antes, "da manifestação, e a mais importante, da responsabilidade objectiva pela conduta negocial". É, assim, um princípio ético-jurídico de actuação, expressão cabal do respeito devido pela dignidade da pessoa. Visa, desta forma, obter o materialmente justo nas relações jurídicas.

O *Poder de Controlo Electrónico do Empregador...* 387

Em primeiro lugar, há que defender que a boa fé laboral tem de ser referida exclusivamente ao contrato de trabalho e implica que lhe seja reconhecida uma natureza recíproca de forma a permitir o equilíbrio desejado entre os direitos do trabalhador e os poderes do empregador. Esta referência contratual exclui, de uma forma geral e salvo algumas excepções, todas as perspectivas que pretendam utilizar a boa fé como um mecanismo ampliador das obrigações do trabalhador[1378].

Não pode esquecer-se que no contrato de trabalho há uma implicação pessoal do trabalhador e a sua execução envolve uma situação de hetero-disponibilidade por parte dele, sendo que a organização da sua vida pessoal e familiar é realizada em função do trabalho, o que conduz a uma certa implicação pessoal na relação de trabalho, factor importante para uma certa *modalização* deste contrato e para a salvaguarda de certos valores como a dignidade e a privacidade. Assim, a boa fé assume uma especial relevância no contrato de trabalho pelo facto de que neste, para além do carácter patrimonial, existir grande relevância dos factores pessoais, especialmente do trabalhador enquanto pessoa física. Esta implicação da pessoa, do ser humano, e a indissociável unidade entre trabalhador e actividade laboral, são os factores que atribuem a especial relevância à boa fé, sendo que, actualmente, este envolvimento pessoal do trabalhador na relação laboral "não significa nem a sua lealdade absoluta ou a sua vassalagem", pelo que ele só está vinculado na estrita medida em que o programa contratual requer a colaboração da pessoa, existindo compartimentos como que estanques entre a vida privada e a vida laboral[1379].

[1378] Cf. MARIA DOLORES ROMÁN, *op.* cit., pp. 257-258. Também GIL Y GIL, *Principio de la Buena Fe y Poderes del Empresario*, Consejo Andaluz de Relaciones Laborales, Sevilha, 2003, pp. 195-196, refere que "embora em épocas passadas a noção de boa fé tenha sido utilizada quase exclusivamente para dilatar as obrigações do trabalhador, hoje em dia, tem-se convertido num instrumento eficaz de protecção dos interesses dos trabalhadores de forma que, na actualidade, a boa fé não é só um «instrumento de submissão» mas também um instrumento de informação, de cooperação, de adaptação", relacionado com as necessidades de transparência, diálogo, participação e gestão antecipada das competências e qualificações. Este autor considerou estar-se perante um "processo de moralização e razoabilidade da boa fé no contrato de trabalho, derivado de uma correcta aplicação e interpretação da boa fé ao mesmo".

[1379] Ver MONTOYA MELGAR, *La buena fe en el Derecho del Trabajo*, Tecnos, Madrid, 2001, pp. 24, 30 e 32.Cf., ainda, MONTEIRO FERNANDES, "Reflexões acerca da boa fé na execução do contrato de trabalho", *in V Congresso...*, cit., pp. 109 e ss..

388 *A Privacidade dos Trabalhadores e as Novas Tecnologias...*

Tendo em atenção esta situação, a boa fé no contrato de trabalho aparece como criadora de deveres e direitos recíprocos a ambas as partes[1380] [1381]. Esta boa fé no contrato de trabalho, para além de ser entendida como boa fé em sentido objectivo, pode também operar no seu sentido subjectivo ou de "crença", ou seja, como aquela valoração que induz uma parte a pensar erradamente que actua legitimamente[1382] [1383].

[1380] Para GARCÍA VIÑA, *La buena fe en el contrato de trabajo – especial referencia a la figura del trabajador*, CES, Madrid, 2001, pp. 27-32, a boa fé que actua de maneira principal no contrato de trabalho tem de ser qualificada necessariamente como ética e estes valores éticos devem ser tidos em conta por ambas as partes da relação laboral no que concerne ao exercício dos seus direitos e obrigações. O conceito de boa fé é, assim, um conceito indeterminado, estando em "constante irradiação jurídica ou ampliação".Também M.ª BELÉN CARDONA RUBERT, *Informática y...*, cit., pp. 50-52, entende que o princípio da boa fé tem de ser visto como bilateral, criticando um pouco alguma jurisprudência para quem este princípio parecia exclusivo do trabalhador, o que não pode ser aceite pois não respeita a Constituição. Assim, estar-se-ia a equiparar um interesse do empregador num interesse público o que não é possível. Entende, numa posição que se segue, que não se podem exigir sacrifícios constantes a uma das partes para obter a satisfação da outra. No mesmo sentido aponta MYRIAM PLET, "Bonne foi et contrat de travail", *in DO*, n.º 680, Março, 2005, p. 101. Também MONTEIRO FERNANDES, última *op. cit.*, p. 123, entende que a boa fé "constitui também critério de valoração da conduta do empregador na execução do contrato". CHRISTOPHE VIGNEAU, "L'imperatif de bonne foi dans l'exécution du contrat de travail", *in DS*, n.ºs 7/8, 2004, pp. 707 e 711, é da mesma opinião entendendo que a boa fé é um elemento de "pacificação" das relações de trabalho, implicando para cada um dos contratantes "respeitar os interesses essenciais do outro", impondo ao empregador exigências de comportamento de acordo com os direitos fundamentais dos trabalhadores. EFRÉN BORRAJO DACRUZ, "Derechos fundamentales y relación de trabajo: casos judiciales significativos", *in AL*, n.º 3, 2004, p. 285, enfatiza este carácter recíproco do princípio da boa fé.

[1381] Como chama a atenção RODRÍGUEZ-PIÑERO Y BRAVO-FERRER, "Buena fe y ejercicio de poderes empresariales", *in RL*, n.º 17, 2003, p. 5, "o carácter expansivo da boa fé exigível ao trabalhador e a desatenção dos seus efeitos do lado do empregador gerou um profundo desequilíbrio no jogo da boa fé no contrato de trabalho". Ora, a lógica de se exigir também a aplicação deste princípio ao empregador pode servir para evitar abusos por parte deste e a correcção de desequilíbrios entre as partes.

[1382] No ordenamento jurídico alemão o § 157 do *BGB* refere que "os contratos devem ser interpretados como exigem a fidelidade e a boa fé em atenção aos usos do tráfico", distinguindo entre "boa fé de comportamento" – *Treu und Glauben* e "boa fé de crenças" – assim no *Guten glauben sein* próprio do âmbito dos direitos reais. Neste ordenamento e no mesmo preceito jurídico faz-se referência ao termo fidelidade e boa fé, o que não deixa de ser diferente do que acontece nos outros ordenamentos jurídicos. Veja-se

A boa fé, na sua essência, visa encontrar o equilíbrio entre os direitos e interesses das partes no contrato de trabalho e pode ser vista como o princípio para dirigir o poder de controlo do empregador para uma justa medida, servindo como uma espécie de "unidade de medida do exercício desse poder"[1384].

A boa fé é uma das expressões das obrigações essenciais que decorrem da dignidade humana no âmbito contratual, impondo às partes um comportamento verdadeiro, respeitador, aberto ao diálogo, que responda devidamente à confiança que se coloca aquando da celebração do contrato e que cumpra com os compromissos ao longo da sua execução, proibindo todos os controlos vexatórios e humilhantes[1385].

Desta forma, a boa fé deve reger todo o comportamento do empregador enquanto contratante e titular de um poder privado, cumprindo uma tripla função: interpretativa, integradora e limitadora, pois deve servir como critério de interpretação de cláusulas ou ordens, permitindo integrar e completar lacunas e supondo um limite implícito no exercício regular do poder de controlo, evitando abusos de autoridade por parte do empregador[1386]. Constitui, desta forma, um princípio director da relação jurídico-

---

MONTOYA MELGAR, *La buena fe...*, cit., p. 23, nota n.° 10. Também MENEZES CORDEIRO, *Tratado de Direito Civil...*, cit., pp. 227-229, numa breve resenha histórica refere a evolução da boa fé ao nível do nosso ordenamento jurídico distinguindo entre a denominada boa fé subjectiva e a objectiva. Se a primeira estava consagrada no Código de Seabra já a segunda foi completamente "varrida" deste Código, só ressurgindo na viragem cultural para a pandectística. O Código Civil actual consagrou a boa fé subjectiva e objectiva, embora com características próprias. Assim, no ordenamento jurídico português, a boa fé concretiza-se num instituto objectivo e num instituto subjectivo. Enquanto o primeiro actua como uma regra imposta do exterior, e que as pessoas devem observar, no segundo está em causa um estado do sujeito.

[1383] ADALBERTO PERULLI, *Il potere...*, cit., pp. 3 e ss., divide em três fases a evolução da boa fé na relação de trabalho face ao ordenamento jurídico italiano. A primeira fase identifica-se com a origem do Direito do trabalho moderno. A segunda está relacionada com o período pós-corporativo, nas primeiras leis dos anos sessenta. Só com a terceira e última fase é que se relaciona este princípio com o poder de controlo do empregador, protegendo os direitos dos trabalhadores perante os poderes do empregador, servindo como critério de aferição da legitimidade desses poderes.

[1384] M.ª BELÉN CARDONA RUBERT, última *op.* cit., pp. 52-53.

[1385] Cf. LUZ PACHECO ZERGA, *op.* cit., p. 58.

[1386] Neste sentido RODRÍGUEZ-PIÑERO Y BRAVO-FERRER, última *op.* cit., p. 8.

390   *A Privacidade dos Trabalhadores e as Novas Tecnologias...*

-laboral, e um cânone interpretativo do exercício dos direitos fundamentais das partes num contrato de trabalho[1387].

No ordenamento jurídico português o princípio da boa fé no cumprimento das obrigações em geral está consagrado no art. 762.º, n.º 2, do CC que estipula que "no cumprimento das obrigações, assim como no exercício do direito correspondente, devem as partes proceder de boa fé". Esta adquiriu enorme projecção no CC de 1966, que não conhecia no Código de 1867 nem nas restantes legislações liberais da época, conexas com o brocardo latino *pacta sunt servanda*[1388]. A principal novidade do Código de 1966 está na consagração clara da boa fé no sentido ético-objectivo, não como fonte imediata de direito, nem sequer como um princípio geral de direito, mas como fonte mediata do direito, ou seja, como uma cláusula geral que se aplica a várias áreas do Direito, para além de, em certos casos, assumir uma feição subjectiva.

O art.762.º do CC é ainda importante pois refere-se não só ao devedor como também ao credor da prestação, como resulta da letra do artigo: "no cumprimento das obrigações, assim como no exercício do direito correspondente". Este dever de boa fé no cumprimento das obrigações não se circunscreve ao simples acto da prestação, abrangendo também a preparação e execução desta obrigação, ou seja, todos os actos destinados a salvaguardar o interesse do credor na prestação ou a prevenir prejuízos deste, perfeitamente evitáveis com o cuidado ou a diligência exigíveis ao obrigado, sendo que é nesta área que se encontram os denominados deveres acessórios de conduta como os deveres de protecção, esclarecimento e lealdade[1389]. Estes deveres, na opinião de MENEZES CORDEIRO[1390], não estão relacionados com a regulação contratual ou com a execução fiel pelas partes, visando obstar a que na "ocasião do efectivar das prestações

---

[1387] Veja-se ARIAS DOMÍNGUEZ e RUBIO SÁNCHEZ, *op.* cit., pp. 12-13.

[1388] Como referem PIRES DE LIMA e ANTUNES VARELA, *Código Civil Anotado*, vol. II, 3.ª edição, Coimbra Editora, Coimbra, 1986, p. 4, a boa fé no Código Civil de 1867 tinha geralmente o significado *"psicológico e subjectivo de crença errónea"*, ou seja, "de antinomia entre a realidade objectiva de um preceito jurídico e o juízo cognoscitivo ou valorativo emitido pelo agente".

[1389] Veja-se sobre esta matéria MENEZES CORDEIRO, *Da boa fé no Direito Civil*, 1.ª edição, reimp., Almedina, Coimbra, 1997, pp. 601-616.

[1390] Última *op.* cit., p. 615.

e dadas as possibilidades reais de agressão e ingerência provocados por essa conjuntura, as partes se venham a inflingir danos mútuos".

No Código do Trabalho encontra-se consagração expressa deste princípio da boa fé, quer no art. 102.°, ao nível da formação do contrato de trabalho[1391], sob pena de as partes incorrerem em responsabilidade derivada de *culpa in contrahendo*, assim como no art. 126.° a propósito do respeito deste princípio ao nível da execução do contrato de trabalho, tanto no cumprimento dos deveres como no exercício dos direitos[1392]. Este artigo trata de efectuar a transposição do regime do art. 762.°, assim como do art. 334.° do CC, tendo-se consagrado um dever recíproco de boa fé[1393] [1394].

4.4. O princípio da boa fé que deve presidir ao exercício dos poderes de controlo do empregador exige que a actividade de controlo seja conhecida pelos trabalhadores, podendo defender-se que o seu desconhecimento de que estão a ser controlados significa a violação do princípio da boa fé no exercício dos poderes do empregador. Este dever de transparência tem sido relacionado com o dever de informar os trabalhadores acerca das condições de trabalho, e entre estas devem incluir-se as técnicas e os métodos de controlo que o empregador adopta. Este conhecimento por parte do trabalhador deve abarcar para além da existência dos meios de

---

[1391] Que corresponde ao art. 227.° do CC.

[1392] Também em sede de negociação colectiva – art. 476.° e ss., e do dever de informação – art. 106.° e de conflitos colectivos – art. 522.°, há uma referência a este princípio. Veja-se Pedro Romano Martinez e outros, *op.* cit., p. 261.

[1393] Cf. Pedro Romano Martinez e outros, *op.* cit., pp. 297-298.

[1394] O entendimento da boa fé no contrato de trabalho como um certo modo de comportamento que deve servir de padrão para a conduta entre o trabalhador e o empregador carece de uma especificação concreta em vários ordenamentos jurídicos. No ordenamento jurídico alemão, o § 242 do *BGB* regula que o devedor está obrigado a efectuar a prestação de acordo com os requisitos de fidelidade e boa fé, tendo em consideração os usos do tráfico. No ordenamento jurídico italiano existem dois artigos no Código Civil que regulam esta matéria: o 1375.° e o 2105.°. O primeiro estabelece que "O contrato deve ser realizado segundo a boa fé" e o segundo prevê uma obrigação de fidelidade para o trabalhador como um dever, em geral, de comportamento leal face ao empregador e de abster-se daqueles actos que possam causar-lhe dano, ainda que de maneira potencial. No ordenamento jurídico espanhol, tanto o artigo 5.°, alínea a) como o 20.°, n.° 2 do *ET*, limitam-se a enunciar a obrigação das partes cumprirem as suas obrigações de acordo com a boa fé. *Vd.* García Viña, última *op.* cit., pp. 52-53.

392   *A Privacidade dos Trabalhadores e as Novas Tecnologias...*

controlo, *inter alia*, a natureza dos mesmos, o tipo de controlo e o uso da informação. Defende-se, desta forma, a proibição do controlo oculto sob pena de violação do princípio da boa fé[1395].

Entende-se que o princípio da informação prévia dos trabalhadores, consagração do princípio da transparência, é essencial porque o controlo dos trabalhadores, ainda que fazendo parte dos poderes do empregador, é fundamental para a aferição da correcta execução da prestação laboral, tendo de seguir um determinado procedimento que passa por este aviso prévio. Esta obrigação decorre do próprio princípio da lealdade, que deriva do princípio da boa fé[1396], e pode defender-se que constitui uma informa-

---

[1395] Sobre esta proibição, assim como sobre o princípio da transparência, ver no capítulo seguinte, n.° 3.4..

[1396] O princípio da lealdade tem consagração expressa para o trabalhador no art. 128.°, n.° 1, alínea f). Este princípio significa que no Direito do trabalho português o termo *lealdade* pode comportar duas acepções: lealdade em sentido amplo, que equivale ao conjunto de deveres acessórios que incumbem ao trabalhador, quer por exigência expressa da lei, quer na concretização de conceitos indeterminados, com relevo para a boa fé; e lealdade em sentido restrito, conexa com um dos deveres acessórios tipificados na alínea f) do n.° 1, do art. 128.°, do CT, e que teve inspiração no art. 2105.° do CC italiano. Em relação ao dever de lealdade em sentido restrito concorda-se com JORGE LEITE *Direito do...*, II, cit., pp. 99-101, quando defende que o trabalhador está obrigado a cumprir, com correcção e boa fé, o seu dever de trabalhar e não mais do que isso. Quando conclui o contrato de trabalho não fica obrigado a aderir aos fins definidos pelo empregador nem aos interesses por este prosseguidos pois não fazem parte do conteúdo do contrato de trabalho. O trabalhador, ao celebrá-lo, fica vinculado a executar a prestação devida e não a aderir aos fins e interesses do empregador, que pode até desconhecer. Do dever de lealdade previsto neste artigo só cabe deduzir, de uma maneira legítima, que o trabalhador não pode servir-se desta qualidade para de uma maneira desleal, praticar actos de que resultem, ou possam vir a resultar, independentemente da vontade, prejuízos para a empresa. Este dever de lealdade terá ainda de ser apreciado perante a situação concreta, tal como, aliás, foi sustentado pelo STJ em várias decisões. Assim, numa, de 9 de Fevereiro de 1992, *in* http://www.stj.pt, decidiu-se que "I – A violação do dever de lealdade é um conceito de direito que há-de ser revelado através de factos concretos atribuídos ao trabalhador. II – Tal violação constitui uma qualificação jurídica, de conhecimento oficioso pelo tribunal", e noutra, de 16 de Outubro de 1996, *CJ, Acórdãos do Supremo Tribunal de Justiça*, III, 1996, p. 243. entendeu-se que o dever de lealdade é uma "manifestação do princípio da boa fé", visando proteger o bom funcionamento da empresa e que tal dever, como é entendimento tradicional, traduz-se, basicamente, mas não se esgota, no dever de abstenção de concorrência e no dever de guardar sigilo profissional e que "a violação não exige a efectividade de prejuízos". Neste dever de lealdade a lei portuguesa inclui duas

ção directa dos trabalhadores, consagrada no art. 106.°, n.° 1, do Código do Trabalho, informação esta que não pode existir só na altura da celebração do contrato de trabalho mas também durante a própria execução deste já que, secundando PEDRO ROMANO MARTINEZ[1397], a boa fé no cumprimento das obrigações impõe às partes o dever de prestarem informação necessária para a correcta realização da actividade de trabalho, devendo o empregador, *inter alia*, informar os trabalhadores de qualquer alteração na política empresarial com repercussão nas relações laborais, como acontece com os meios de controlo.

Para além desta informação directa aos trabalhadores, pode falar-se, ainda, de uma informação indirecta, efectuada aos representantes dos trabalhadores, que servirá para tentar encontrar um equilíbrio entre o controlo pelo empregador da actividade dos seus trabalhadores e a protecção

---

situações a título exemplificativo: o dever de não negociar por conta própria ou alheia em concorrência com o empregador e o dever de "não divulgar informações referentes à sua organização, métodos de produção ou negócios". Em relação à primeira proibição significa-se que o objecto não é a prática de uma actividade concorrente com a do empregador mas a prática de uma actividade concorrente que cause, ou seja adequada a causar, prejuízos ao empregador, sobretudo quando pode concluir-se que o trabalhador se aproveita da sua posição para adquirir vantagem para si ou para outrem através da actividade concorrente com reflexos negativos para a empresa em que trabalha. Pode ver-se, a este propósito, a decisão do STJ, de 26 de Setembro de 2001, *in C.J.*, *Acórdãos do Supremo Tribunal de Justiça*, III, 2001, p. 260, onde foi considerada justa causa de despedimento por violação do dever de lealdade o comportamento do trabalhador que "faz encomendas de material em nome da sua entidade patronal para outra empresa; capta clientes para empresas concorrentes com a sua entidade patronal" por ele detidas ou controladas directa ou indirectamente, "e leva trabalhadores da entidade patronal para empresas por ele detidas". Neste dever de lealdade podem distinguir-se, conforme alguns o fazem, uma faceta objectiva e uma outra subjectiva. A primeira está ligada ao dever geral de boa fé no cumprimento das obrigações e, a segunda, ligada à ideia de durabilidade das relações laborais, e significa que existe um certo vínculo de confiança que une o trabalhador ao empregador. Trata-se de uma confiança no correcto cumprimento da obrigação a que as partes ficam adstritas (neste caso o trabalhador adstrito a cumprir a sua prestação). Por esta razão, factos da vida privada que não têm qualquer ligação com a vida profissional nem são susceptíveis de destruir esta confiança não podem ser atendidos para efeitos de valorização do correcto cumprimento da prestação. Os trabalhadores, na sua vida privada, são livres de adoptarem as opções que pretenderem sem que possam ser censurados pelo empregador. Cf. MARIA RAQUEL REI, *Esfera privada e cessação da situação jurídica laboral*, Universidade de Lisboa, Faculdade de Direito, Lisboa, 1994, pp. 19-20.

[1397] *Direito do...*, cit., p. 461.

dos seus direitos e liberdades[1398]. Este direito conferido aos representantes dos trabalhadores pode explicar-se pela vontade de tornar o controlo mais transparente, já que estes podem utilmente conhecer os meios e as técnicas utilizadas pelo empregador para o controlo dos trabalhadores e assegurar que eventuais restrições aos direitos e liberdades fundamentais destes são justificadas e proporcionais ao fim pretendido.

4.4.1. No ordenamento jurídico alemão, existe a obrigação de co-gestão[1399], desde que não exista norma legal ou convencional sobre o assunto, quando ocorra a "introdução ou aplicação de mecanismos técnicos que sejam determinados para vigiar a conduta ou a prestação do trabalhador", nos termos do § 87, I, 6 da BetrVG. Desta forma, o *Betriebsrat* tem direito de co-gestão quando se trate de registo electrónico de dados de trabalhadores individualizados ou do seu processamento por meio de recursos informáticos, perdendo com isso, como nota DÄUBLER[1400], os departamentos de recursos humanos o direito exclusivo de decidir sobre a conveniência do registo e processamento de dados, assim como da introdução e aplicação de instalações técnicas que sirvam de controlo e vigilância dos trabalhadores, podendo, inclusive, rejeitar certas formas de aplicação da tecnologia, existindo, desta forma, um acesso ao controlo da tecnologia através da co-gestão, embora só quando este mecanismo sirva objectiva e imediatamente para controlar os trabalhadores, independentemente da intenção do empregador usar ou não esse controlo aquando da sua instalação[1401] [1402].

[1398] Neste sentido BERNARD BOSSU, "Nouvelles tecnhnologies et surveillance du salarié", *in RJS*, n.os 8-9, 2001, p. 663.

[1399] Sobre a evolução desta figura da co-gestão no ordenamento jurídico alemão cf. DÄUBLER, *Derecho del...*, cit., pp. 463 e ss., assim como *Direito do Trabalho...*, cit., pp. 190-191, e 211-212.

[1400] *Direito do Trabalho...*, cit., p. 190.

[1401] Assim, por exemplo, um controlo dos telefonemas que registe as chamadas efectuadas e as recebidas, a sua duração e o custo é um instrumento técnico no sentido deste parágrafo 86, I, 6. Cf., FRANK HENDRICKX, *Protection of worker's personal...* cit., p. 100. Para maiores desenvolvimentos ver capítulo IV, n.º 4.5.2.2.2.2.. Também o BAG, numa sentença de 26 de Julho de 1996, *in JurPc*, vol. 11, 1995, pp. 41-47, entendeu que o estabelecimento de um controlo genérico sobre um grupo de trabalhadores destinado a obter informação sobre a actividade conjunta desse mesmo dia, em ocasiões distintas

4.4.2. No ordenamento jurídico espanhol, o art. 64.°, n.° 1, 4.°, alínea d) do *ET* confere aos representantes dos trabalhadores alguns direitos em relação às medidas empresariais de controlo e vigilância que podem actuar como garantia adicional dos direitos dos trabalhadores e constituir um limite procedimental à adopção das mesmas. Esta obrigação que incumbe ao empregador deve ser prévia à execução da medida, decorrendo esta anterioridade do princípio da boa fé, embora não exista qualquer necessidade de negociação com os representantes dos trabalhadores[1403]. Mas, conforme entende FERNÁNDEZ VILLAZÓN[1404], a norma refere-se à implantação ou revisão de sistemas[1405], o que parece limitar a exigência procedimental à adopção permanente de mecanismos de controlo com carácter geral, deixando de fora as medidas de controlo pontuais adoptadas com o objectivo concreto e temporal[1406].

Esta informação aos representantes dos trabalhadores, embora obrigatória, não é vinculativa, no sentido que deixa intacto o poder de decisão do empregador que poderá exercer-se mesmo contra o parecer dos representantes dos trabalhadores, estabelecendo a lei um prazo de 15 dias para a emissão do parecer, findo o qual o empregador pode decidir a adopção da sua decisão sem cumprir o requisito, nos termos do art. 64.°, n.° 2

---

poderia ser considerado como um verdadeiro controlo sobre os trabalhadores e, por isso, sujeito à co-gestão com os representantes dos trabalhadores.

[1402] Cf. sobre esta matéria ACHIM THANNHEISER, "Neue Computerprogramme und Personalratsbeteiligung", *in CF*, n.° 3, 2004, pp. 21 e ss., BELLAVISTA, *Il controllo...*, cit., pp. 67-68, BRUNO SCHIERBAUM, "Datenschutz durch...", cit., p. 22-24, com vários casos onde foi necessária esta co-gestão, DÄUBLER, últimas *op.* cit., KAI KUHLMANN, *op.* cit., pp. 15-16, e WEIβGERBER, *op.* cit., p. 96.

[1403] Em Itália, o art. 4.° do *SL*, exige o acordo com os representantes dos trabalhadores para a instalação de meios de controlo à distância. *Vd.* PIETRO ZANELLI, *Nuove tecnologie...*, cit., pp. 30-31. Ver esta questão, com mais desenvolvimentos, no próximo capítulo, n.° 3.2.1. e ss..

[1404] *Las facultades...*, cit., pp. 52-53.

[1405] Por sistema deve entender-se qualquer meio ou mecanismo de vigilância que permita, de forma sistemática, obter a informação idónea e suficiente para satisfazer a verificação do comportamento observado em relação com os *standards* estabelecidos inicialmente. Neste sentido MARTÍNEZ FONS, *El poder de control...*, cit., p. 162.

[1406] Neste sentido MARTÍNEZ FONS, última *op.* cit., p. 162, defendendo que não integra o conceito de sistema a adopção de medidas pontuais ou desconectadas entre si que limitem o conhecimento sobre a actividade observada.

do *ET*[1407]. Mas, apesar da escassa virtualidade desta informação prévia e do efeito do parecer, o seu pedido é obrigatório para o empregador e se ele não o fizer, a decisão será nula, violando ainda os direitos de consulta dos trabalhadores.

Relacionada com esta intervenção há que ter ainda em atenção o problema da sua efectividade no âmbito do controlo pois a aplicação intensiva das tecnologias de controlo exige conhecimentos especializados que permitam a compreensão sistemática sobre os seus efeitos nos direitos fundamentais dos trabalhadores, o que parece exigir para a correcta efectivação desta intervenção a possibilidade dos representantes dos trabalhadores serem acompanhados por peritos nesta área, ou com a formação dos representantes neste sector, para conseguirem compreender completamente as consequências que pode ter para os trabalhadores uma determinada forma de controlo[1408].

4.4.3. No ordenamento jurídico francês também se exige, no *Code du Travail*, art. L. 432-2, a informação e a consulta prévia do *comité d'entreprise* sempre que vá ser introduzida uma nova tecnologia[1409], desde que possa ter consequências sobre o emprego, a qualificação, a remuneração, a formação ou as condições de trabalho dos trabalhadores. Desta forma, a consulta deve ser realizada, tal como no ordenamento jurídico espanhol, previamente à introdução destas tecnologias, embora não tenha carácter vinculativo[1410].

[1407] Cf. FERNÁNDEZ VILLAZÓN, *Las facultades...*, cit., p. 53, MARGARITA MIÑARRO YANINI, "Las facultades empresariales de vigilancia y controle en las relaciones de trabajo: especial referencia a las condiciones de su ejercicio y a sus límites", *in El control...*, cit., pp. 56-57, MARTÍNEZ FONS, *El poder de control...*, cit., pp. 60-61, SEMPERE NAVARRO e CAROLINA SAN MARTÍN MAZZUCCONI, "Intimidad del trabajador...", cit., p. 54, e VICENTE PACHÉS, "Las facultades empresariales...", cit., p. 34.

[1408] MARTÍNEZ FONS, última *op*. cit., p. 60.

[1409] Nova tecnologia entendida como nova na empresa e não num sentido científico. Neste sentido MARC RICHEVAUX, *L'introduction d'Internet dans les entreprises*, *in* www.droit-technologie.org, p. 8.

[1410] Vejam-se CÉLINE BÉGUIN, *op*. cit., pp. 6-7, CHRISTIANE FÉRAL-SCHUHL, *Cyberdroit – Le droit à l'épreuve de l'Internet*, 3.ª edição, Dalloz Dunod, Paris, 2002, pp. 119-120, e MICHEL BUY, *op*. cit., pp. 123-124.

O *Poder de Controlo Electrónico do Empregador...* 397

4.4.4. No ordenamento jurídico português não parece que a intervenção da comissão de trabalhadores previamente à introdução de certas tecnologias que visem controlar os trabalhadores esteja regulada de forma muito clara. Assim, nos termos do anterior art. 357.°, n.° 1, alíneas a) e b) da LRCT, que tinha por epígrafe "obrigatoriedade de parecer prévio", a "regulação da utilização de equipamento tecnológico para vigilância à distância no local de trabalho" e para o "tratamento de dados biométricos" deveria estar sujeita a um parecer escrito prévio da comissão de trabalhadores, sendo que a sua falta originava, nos termos do art. 488.°, n.° 2, uma contra-ordenação grave. No Novo Código do Trabalho nada se estabelece quanto a esta obrigatoriedade de parecer prévio, a não ser que se considere abrangida pela referência do art. 425.°, com uma epígrafe que não se afigura tão clara, intitulada "obrigatoriedade de consulta da comissão de trabalhadores", e que o empregador deve solicitar o parecer desta comissão nos casos previstos neste artigo e nos restantes em que se escreve "sem prejuízo de outros previstos na lei". Será que com esta redacção o legislador pretendeu abarcar os casos previstos nos arts. 18.°, n.° 4, e 21.°, n.° 4, em que se estabelece, respectivamente, que a instalação de sistemas de tratamento de dados biométricos ou de controlo através de meios audiovisuais, deve ser precedido de parecer da comissão de trabalhadores, ou, não estando este disponível dez dias após a consulta, comprovativo do pedido de parecer? Embora nos pareça que o legislador não foi muito claro entende-se ser este o entendimento preferível como uma forma de reforçar a previsão dos arts. 18.°, n.° 4, e 21.°, n.° 4. Critica-se, ainda, a inexistência de qualquer contra-ordenação para o incumprimento desta formalidade nestes artigos por parte do empregador, contrariamente ao que acontecia no anterior CT.

Em relação a outras técnicas de controlo não existe esta obrigação de intervenção colectiva a não ser que se considere que a referência a "mudança substancial na organização do trabalho ou nos contratos de trabalho" do art. 466.°, n.° 1, alínea c), relativa ao direito a informação e consulta dos delegados sindicais, abrange também aspectos do poder de controlo que se repercutam a este nível.

Defende-se, desta forma, que, atendendo a esta interpretação dos artigos, o pedido de parecer é obrigatório mas não é vinculativo, tendo a comissão de trabalhadores de pronunciar-se no prazo de dez dias, findo o qual o empregador pode adoptar a decisão que entender juntando tão só pedido de parecer, nos termos dos arts. 18.°, n.° 4, e 21.°, n.° 4, do CT[1411]. Não há, assim, qualquer obrigação de negociação com as instâncias representativas dos trabalhadores, contrariamente ao que sucede no ordenamento jurídico alemão e no ordenamento jurídico italiano.

Somos de opinião, também, que estes pedidos de parecer exigem, tal como já se referiu para o ordenamento jurídico espanhol[1412], determinados conhecimentos técnicos que impõem, para a sua correcta efectivação, o auxílio de peritos nesta área ou a formação dos representantes neste sector em constante evolução e que requer uma permanente actualização e conhecimentos que, muitas vezes, estes representantes não possuem, não podendo aferir das reais restrições para a privacidade que estas tecnologias e formas de controlo envolvem.

5. LIMITES DO PODER DE CONTROLO DO EMPREGADOR: OS DIREITOS FUNDAMENTAIS DO TRABALHADOR

O trabalhador quando celebra um contrato de trabalho aceita que vai realizar a sua actividade laboral dentro do âmbito organizativo e directivo do empregador, adstrito a uma posição de sujeição e de subordinação, colocando em jogo a sua pessoa, a sua liberdade e a sua dignidade. O trabalhador, em virtude da celebração do contrato de trabalho, insere-se numa organização alheia onde se vê submetido a uma autoridade privada, a um "poder social com relevância jurídica"[1413] [1414]. O contrato de trabalho surge, desta forma, como elemento que legitima as faculdades de controlo e de vigilância do empregador, criando uma posição de desigualdade jurí-

---

[1411] Sobre este procedimento ver próximo capítulo, n.º 3.2.3..

[1412] Cf. *supra*, ainda neste capítulo, n.º 4.4.2..

[1413] RODRÍGUEZ-PIÑERO Y BRAVO-FERRER, "Derechos fundamentales del trabajador, poderes empresariales y contrato de trabajo", *in El trabajo y...*, cit., p. 537.

[1414] O contrato de trabalho tem duas tendências, até certo ponto contrapostas, tal como indicam ARIAS DOMÍNGUEZ e RUBIO SÁNCHEZ, *op.* cit., p. 11, pois, por um lado, há a contraposição de interesses entre as partes contratantes, o que gera uma tensão no desenvolvimento da relação, e, por outro, existe um aparente desejo contraditório ou, até, necessidade, de alcançar uma situação estável de compromisso entre os contratantes.

dica, na medida em que o empregador, titular da organização, é quem a dirige e orienta as prestações laborais dos trabalhadores[1415]. Está-se, desta forma, perante uma organização em que "um manda e outros obedecem"[1416], encontrando-se numa situação que, tal como ROMAGNOLI[1417] refere, é fixa, no sentido que "na empresa, governo e oposição permanecem sempre fixos", defendendo, ainda, que embora os limites e os controlos aos poderes dos empregadores se tenham multiplicado, não efectuaram o "milagre de eliminar os vínculos de vassalagem", embora tenham disciplinado o exercício do poder devolvendo-o às suas justas dimensões. Assim, a sujeição às ordens, directrizes e instruções do empregador, não lesa a dignidade do trabalhador pois trata-se de uma subordinação técnica e funcional, assim como também não lesa a dignidade a verificação da actividade do trabalhador através do poder de controlo do empregador. Mas já podem lesar esta dignidade certas formas de controlo[1418] [1419].

Na relação de trabalho está-se perante uma relação desequilibrada e desigual, onde o exercício do poder de controlo do empregador constitui uma ameaça real para a afirmação dos direitos fundamentais do trabalhador e, sobretudo, para aqueles que o trabalhador tem enquanto pessoa ou como cidadão, que são os mais expostos a actuações empresariais lesivas[1420].

[1415] Mas, simultaneamente, o contrato de trabalho também delimita o poder de controlo do empregador, pois, como afirma RODRÍGUEZ PIÑERO, "Poder de dirección...", cit., p. 11, o trabalho "devido" condiciona a obediência "devida". No mesmo sentido pode ver-se M.ª DOLORES SANTOS FERNÁNDEZ, *El contrato de trabajo como límite al poder del empresário*, Editorial Bomarzo, Albacete, 2005, pp. 65 e ss..

[1416] VICENTE PACHÉS, "Las facultades empresariales...", cit., p. 27.

[1417] "Weimar, y después?", *in Autoridad y...*, cit., pp. 22-23.

[1418] Neste sentido cf. MARTÍNEZ FONS, *El poder de control...*, cit., pp. 52-53.

[1419] Como refere GOÑI SEIN, *El respeto a la...*, cit., p. 30, certas formas de controlo exercidas pelo empregador constituem autênticos "actos de espionagem" dirigidos a amedrontar ou a intimidar os trabalhadores.

[1420] Secundando JOSÉ JOÃO ABRANTES, *Contrato de trabalho...*, cit., p. 45, a relação de trabalho, mais do que qualquer outra relação, origina um complexo de direitos e de obrigações que têm uma "aptidão especial" para condicionar o exercício dos direitos fundamentais dos trabalhadores. Na relação de trabalho, todos ou quase todos os direitos fundamentais se vêem ameaçados, ao menos potencialmente, perante os poderes do empregador. Também RUI ASSIS, *op. cit.*, p. 208, defende que ao celebrar um contrato de trabalho o trabalhador, em virtude da subordinação jurídica, envolve a sua personalidade no contrato e a sua própria autonomia, fazendo com que estas percam, em certa medida, a amplitude que têm fora deste contrato. Aponta para o mesmo MENEZES CORDEIRO, "O res-

400 *A Privacidade dos Trabalhadores e as Novas Tecnologias...*

Trata-se dos direitos laborais *inespecíficos*[1421] [1422], que, não tendo uma directa dimensão laboral, são inerentes a toda a pessoa e cujo reconhecimento e exercício se podem produzir tanto no desenvolvimento estritamente privado do indivíduo como no âmbito de uma relação laboral. Nesta, o trabalhador surge como cidadão e os direitos de cidadania como marco do contrato de trabalho[1423] [1424], devendo partir-se da premissa de

---

peito pela esfera...", cit., p. 19. Também M.ª DO ROSÁRIO PALMA RAMALHO, *Direito do Trabalho Parte II...*, cit., p. 363, entende que a relação de trabalho, dadas as suas peculiares características, torna particularmente vulneráveis os direitos de personalidade do trabalhador durante a execução do contrato de trabalho, assim como os direitos fundamentais que tem enquanto cidadão, justificando-se, desta forma, um regime específico de tutela. A mesma opinião tem ESTHER CARRIZOSA PRIETO, *op.* cit., p. 473, para quem a vigência dos direitos fundamentais na relação de trabalho, sobretudo os inespecíficos, encontra obstáculos "consideráveis". Pode ver-se igual entendimento em FERNÁNDEZ VILLAZÓN, *Las facultades ...*, cit., p. 33.

[1421] Terminologia utilizada por PALOMEQUE LÓPEZ, *in Los derechos laborales...*, cit..

[1422] Na opinião de PEDRAJAS MORENO, *Despido y ...*, cit., p. 12, tal como já se referiu na nota n.° 1171, deve distinguir-se entre direitos fundamentais cuja finalidade típica se produz no seio de uma relação de trabalho – os direitos laborais – e os direitos que são inerentes a toda a pessoa e cujo reconhecimento e exercício se pode produzir tanto no desenvolvimento estritamente privado do indivíduo, como quando este se insere numa relação laboral. São direitos inseparáveis da pessoa, pelo que o "indivíduo-cidadão" leva--os sempre consigo, podendo exercitá-los ou reclamar o seu respeito em qualquer momento e ocasião, incluindo, desde logo, durante o desenvolvimento de uma relação de trabalho. Quanto a estes são os que o trabalhador detinha, pela sua condição de pessoa, antes de constituir-se a relação laboral, e que continuará a ter durante esta: o direito à vida, à integridade física e moral, à imagem, à liberdade religiosa e ideológica, à honra, à intimidade. Estes direitos constituem direitos inerentes à condição de pessoa, com independência de que seja ou não trabalhador . O grande problema, conforme o autor faz notar, é o de garantir a efectividade destes direitos "inespecíficos" dentro de uma relação laboral e em relação ao trabalhador. Ver também do mesmo autor, "Los derechos fundamentales de la persona del trabajador y los poderes empresariales: la Constitución como marco y como límite de su ejercicio", *in AL*, n.° 4, 2000, pp. 53-54.

[1423] Sobre estes pode ver-se, *supra*, capítulo I, n.° 4.4.4..

[1424] Neste sentido ver SPIROS SIMITIS, "Il diritto del...", cit., p. 87. Ver, ainda, THÉRÈSE AUBERT-MONPEYSSEN, *op.* cit., p. 277, defendendo que a cidadania significa que os direitos e as liberdades não podem ser ocultadas pelo contrato de trabalho. Também no Relatório de GERARD LYON-CAEN, *apud* WAQUET, *L'entreprise...*, cit., pp. 87-88, se defende a ideia da manutenção dos direitos fundamentais dos trabalhadores na execução do contrato de trabalho.

que a celebração do contrato de trabalho não implica a privação para uma das partes, o trabalhador, dos direitos que a Constituição lhe reconhece como cidadão e como pessoa[1425].

Este reconhecimento de um poder privado que o empregador exerce sobre o trabalhador pressupõe a existência de limites e de restrições que não coloquem em causa os seus direitos fundamentais[1426]. Trata-se da necessidade de encontrar os "limites dos limites"[1427], a "esfera de intangibilidade"[1428] do trabalhador que significa aquele conjunto de direitos invioláveis que não podem ser comprimidos nem anulados pelo facto de o trabalhador trabalhar numa organização alheia, impedindo o empregador de "penetrar nesse círculo isento", e de ferir a dignidade dos trabalhadores[1429], tendo em atenção que a inserção numa relação de trabalho pode impedir o exercício de determinados direitos democráticos[1430].

Desta forma, a possível conflitualidade entre interesses do empregador e dos trabalhadores coloca novamente a atenção sobre os limites e

---

[1425] Os trabalhadores não deixam de ser cidadãos quando celebram um contrato de trabalho, defendendo-se que os direitos não podem ficar extra-muros da empresa. Neste sentido pode ver-se FRANK HENDRICKX, *Protection of worker's...*, cit., p. 94, GARCÍA VIÑA, "Limitaciones en el uso del...", cit., pp. 310-311, HAZEL DAWN OLIVER, *Why information privacy...*, cit., pp. 127-128, RODRÍGUEZ PIÑERO, "Poder de dirección...", cit., p. 23, ROIG BATALLA, *op.* cit., pp. 21-22, assim como *Documento de trabalho sobre a vigilância das comunicações electrónicas no local de trabalho*, do Grupo de Protecção de Dados, de 29 de Maio de 2002, p. 4.

[1426] Como refere JOSÉ JOÃO ABRANTES, *Contrato de trabalho...*, cit., p. 44, "o *poder de direcção* do empregador e o correlativo *dever de obediência* do trabalhador, exercendo-se em relação a uma prestação que implica *directamente* a própria pessoa deste, as suas energias físicas e intelectuais, representam um perigo potencial para o livre desenvolvimento da personalidade e a dignidade de quem trabalha".

[1427] SALVADOR DEL REY GUANTER, "Derechos fundamentales de la persona y contrato de trabajo: notas para una teoria general", *in RL*, I, 1995, p. 190, que traduz a expressão alemã *Schrankenschranken*.

[1428] GIL Y GIL, "La esfera de...", cit., p. 24.

[1429] A mesma opinião pode ver-se em DIANE ROMAN, "Le principe de dignité dans la doctrine de droit social", *in La dignité de la...*, cit., p. 74.

[1430] Como refere BAYLOS GRAU, *Derecho del Trabajo...*, cit., p. 98, "não há "continuidade" entre a cidadania externa na empresa e dentro dela; parece mais que ambas respondem a lógicas antitéticas, pois os direitos fundamentais reconhecidos "fora" da empresa são de difícil aplicação na relação de trabalho".

402 *A Privacidade dos Trabalhadores e as Novas Tecnologias...*

condições de exercício deste poder de controlo[1431] e, particularmente, qual o papel que é desempenhado pelos direitos fundamentais dos trabalhadores[1432] que contrastam com este poder do empregador, ainda que os mesmos possam sofrer algumas modalizações no seu exercício em virtude da inserção do trabalhador na empresa[1433] [1434].

5.1. Conforme já se referiu anteriormente[1435], os poderes do empregador têm fundamento constitucional na ideia de liberdade de empresa. Mas, não é pelo facto destes poderes terem este fundamento que se pode defender a ideia de que as faculdades de controlo do empregador sejam ilimitadas, atendendo à posição de subordinação jurídica do trabalhador, já que as empresas não constituem mundos separados e estanques do resto da sociedade. Este poder do empregador, por muito que tenha uma base constitucional, terá sempre por limite os direitos fundamentais dos trabalhadores[1436],

---

[1431] MERCADER UGUINA, *Derecho del Trabajo...*, cit., p. 95, entende que a íntima implicação entre os problemas dos limites ao poder de controlo do empregador está relacionada com a característica fundamental da relação de trabalho, onde radica a sua especialidade, e que é a implicação da pessoa do trabalhador na execução das obrigações contratuais. Neste ramo do Direito, contrariamente ao que acontece nos outros ramos onde se ocupam unicamente pelo "ter de quem os subscreve, no contrato de trabalho atende-se ao "ser" do trabalhador, ou seja, ao bem que é condição do ter e de todos os demais bens.

[1432] Defende-se, na esteira de RIVERO LAMAS, "Derechos fundamentales y contrato de trabajo...", cit., p. 491, que o Direito do trabalho tem sido o ramo de Direito que se mostrou mais sensível para possibilitar e potenciar a recepção dos direitos fundamentais e dar início a "um novo processo de personalização das relações laborais que está a supor, sem dúvida, uma verdadeira recomposição estrutural do contrato de trabalho".

[1433] Da mesma opinião VICENTE PACHÉS, última *op.* cit., p. 20, assim como M.ª EMILIA CASAS BAAMONDE, "La plena efectividad...", cit., p. 145, embora advirta que a prestação de trabalho "não absorve a personalidade do trabalhador, nem a sua vida".

[1434] No seguimento de JOSÉ JOÃO ABRANTES, última *op.* cit., p. 45, a subordinação jurídica, a "hetero-disponibilidade" do trabalhador implica restrições para a liberdade pessoal dos trabalhadores. Como indica, é o próprio *objecto* do contrato de trabalho, isto é, "a *disponibilidade da força de trabalho*, com a integração do trabalhador numa organização produtiva alheia e a inerente subordinação jurídica, que torna inevitável todo um conjunto de importantes limitações à liberdade pessoal" dos trabalhadores.

[1435] Cf., *supra*, n.º 2.

[1436] Como refere RODRÍGUEZ PIÑERO, última *op.* cit., p. 537, os direitos fundamentais dos trabalhadores como cidadão e como produtor têm de ser protegidos e tutelados perante os perigos provenientes dos poderes do empregador de forma a assegurar que

O Poder de Controlo Electrónico do Empregador...

não podendo existir "liberdade de empresa sem liberdade na empresa"[1437]. Assim, defende-se que o contrato de trabalho não pode, de forma alguma, incompatibilizar a manutenção e o exercício dos direitos fundamentais de que o trabalhador é titular quer enquanto trabalhador, quer enquanto cidadão[1438]. Assim, e atendendo a esta circunstância, a questão que deve colocar-se é a de saber em que condições e em benefício de que interesses pode o exercício dos direitos fundamentais ser condicionado, devendo ter em atenção que nenhum direito é absoluto[1439] e que nos parece, assim, que a mudança no poder de controlo do empregador está intimamente relacio-

---

esses poderes não encontram uma "barreira infraqueável" no âmbito das relações laborais. Também VALDÉS DAL-RÉ, "Poderes del empresario y...", cit., p. 12, entende que "o regime das liberdades, direitos e princípios constitucionais leva associado um sistema de limites aos poderes empresariais de entre os quais a primazia indiscutível é ocupada pelos direitos fundamentais", constituindo limites infranqueáveis aos poderes do empregador. No mesmo sentido aponta RIVERO LAMAS, *Limitaciones a los poderes...*, cit., p. 47. LUZ PACHECO ZERGA, *op.* cit., p. 29, chama a atenção para a centralidade do tema dos limites ao poder de controlo do empregador pelos direitos fundamentais. A mesma opinião tem INMACULADA MARÍN ALONSO, *El poder de control...*, cit., p. 82, defendendo que os direitos fundamentais do trabalhador devem fazer frente ao "uso ilimitado" dos poderes do empregador. Também ZÖLLNER e LORITZ, *Arbeitsrecht ein Studienbuch*, 4.ª edição, Beck, Munique, 1992, pp. 183-184, referem-se a este dever de respeitar os direitos dos trabalhadores, assim como DÄUBLER, *Derecho del...*, cit., pp. 556-558. A mesma opinião tem ALEXANDRE BELMONTE, *op.* cit., pp. 60-61, assim como CORREA CARRASCO, "La proyección de las nuevas...", cit., pp. 49-50, M.ª DOLORES RUBIO DE MEDINA, *op.* cit., p. 13, GORELLI HERNÁNDEZ, "Deber de obediência y despido por desobediencia", *in REDT*, n.º 87, 1998, p. 90, e SAGARDOY BENGOECHEA, *Los derechos fundamentales y el contrato de trabajo*, Thomson Civitas, Navarra, 2005, pp. 33 e ss.. Também referindo-se aos direitos fundamentais como limites ao poder de controlo ver ainda ORONZO MAZZOTTA, *op.* cit., pp. 506-507, PALÓMEQUE LÓPEZ e ÁLVAREZ DE LA ROSA, *op.* cit., p. 507, e RODRÍGUEZ MANCINI, *Derechos fundamentales y relaciones laborales*, ASTREA, Buenos Aires, 2004, pp. 93-94. Ver, ainda, LEAL AMADO, *Contrato de...*, cit., p. 219.

[1437] MICHEL ROCARD, *apud* JOSÉ JOÃO ABRANTES, "A autonomia do Direito...", cit., p. 420.

[1438] As condições de aparição dos direitos fundamentais no Direito do trabalho não são dissociáveis do "surgimento de uma nova concepção de Estado de direito", conforme observa ISABELLE MEYRAT, *op.* cit., p. 43. Também TOMMASO BUCALO, *op.* cit., p. 504 defende o mesmo e, citando LEISNER, entende que o significado originário da revolução burguesa tendia também ao reconhecimento dos direitos fundamentais também nas relações interprivadas.

[1439] Da mesma opinião GONZÁLEZ ORTEGA, *op.* cit., p. 41.

nada com uma modificação dos seus limites, já que o aparecimento da ideia do trabalhador-cidadão conferiu uma extensão dos direitos do indivíduo que lhe atribuíram uma parte irredutível da sua liberdade e dos seus direitos fundamentais, não abandonando os seus direitos quando celebra um contrato de trabalho[1440].

Os direitos fundamentais apresentam-se com uma dimensão objectiva e operam como componentes estruturais básicas que devem instruir todo o ordenamento jurídico para que seja real e efectiva a sua implantação e o seu exercício[1441] [1442]. Têm, também, uma dupla função porque, por um lado, desempenham uma função inovadora ou criadora do ordenamento, assumindo desta forma uma dimensão positiva, dinâmica. Têm, ainda, uma função unificadora, pois os direitos fundamentais são um conjunto de direitos que abrangem todos os sectores do Direito, tendo uma grande força expansiva com a defesa do princípio *in dubio pro libertate*[1443] [1444].

5.2. O contrato de trabalho tem por objecto uma prestação personalíssima por parte do trabalhador pois a sua pessoa está intrinsecamente

---

[1440] Como defende JOSÉ JOÃO ABRANTES, *Contrato de trabalho…*, cit., p. 203, "a relevância dos direitos fundamentais da pessoa humana no âmbito do contrato de trabalho representa a manifestação mais marcante de uma nova concepção da relação de trabalho, dominada primordialmente pelas ideias de qualidade de vida e de realização pessoal do trabalhador".

[1441] Veja-se RODRÍGUEZ PIÑERO, "Derechos fundamentales…", cit., p. 537.

[1442] Segundo LOEWENSTEIN, *apud* INMACULADA MARÍN ALONSO, *El poder de control…*, cit., p. 73, toda a Constituição, como norma jurídica positiva, "inventa-se com a finalidade de limitar o poder", sendo que MONTOYA MELGAR, "El trabajo en la Constitución (la experiencia española en el marco iberoamericano)", *in El trabajo y…*, cit., p. 464, observa que toda a Constituição, "enquanto norma de normas" tem a função de assegurar a unidade política e a ordem jurídica do Estado, fundamentando com isso a legitimidade do poder estatal, significando, ainda, um propósito ou vontade de estabelecer uma determinada ordem social, económica e política".

[1443] *Vide* MARTÍNEZ FONS, última *op.* cit., p. 31.

[1444] Veja-se, contudo, BERNARDO DA GAMA LOBO XAVIER, "O acesso à informação genética…", cit., p. 16, e "A Constituição Portuguesa…", cit., pp. 165-166, referindo que há que ter particulares cuidados não se deixando *embevecer* pelos direitos fundamentais, salientando a existência de um "perigoso fascínio", não se podendo esquecer que os direitos fundamentais são interactivos e "sujeitos à concordância prática e em geral à reserva do possível".

implicada na relação de trabalho. Este carácter tão pessoal origina que tenha de ocorrer uma integração completa do ser físico e psíquico do trabalhador[1445] no âmbito da organização do empregador, o que origina que o poder de controlo deste vai incidir sobre esta esfera pessoal do trabalhador e, consequentemente, sobre os direitos que este tem enquanto pessoa[1446].

Estes direitos fundamentais afectados pelo exercício do poder de controlo são plenamente vigentes e efectivos na relação laboral, estando o empregador vinculado ao seu respeito[1447], pois estes têm eficácia directa nestas relações[1448] [1449], sendo hoje uma exigência relacionada com a

---

[1445] Neste sentido VICENTE PACHÉS, "Las facultades empresariales...", cit., p. 28.

[1446] Ver MERCADER UGUINA, *Derecho del Trabajo...*, cit., p. 95.

[1447] *Vd.* CANARIS, *Direitos Fundamentais e Direito Privado*, Almedina, Coimbra, 2003, pp. 2 e ss..

[1448] Secunda-se GOMES CANOTILHO e VITAL MOREIRA, *op. cit.*, pp. 384-385, quando defendem que os preceitos sobre "direitos, liberdades e garantias" vinculam também as entidades privadas, adquirindo desta forma eficácia geral, ou *erga omnes*. Por isso estes autores consideram incorrecta a designação "eficácia externa" ou "eficácia em relação a terceiros", *Drittwirkung* pois estas designações ainda pressupõem o "paradigma liberal assente na ideia das relações indivíduo-Estado". Mas, perante a CRP os particulares não são "terceiros", não sendo uma parte "externa" da eficácia directa destes direitos, liberdades e garantias.

[1449] Não irá abordar-se a problemática da eficácia directa ou indirecta dos direitos fundamentais nas relações privadas remetendo-se, para maiores desenvolvimentos, para TERESA COELHO MOREIRA, *Da esfera privada...*, cit., pp. 46 e ss.. Mas poderá referir-se que, independentemente da adopção por uma ou outra teoria, todas elas concordam nalguns pontos essenciais. Desde logo, todas chegam à conclusão de que os sujeitos privados "poderosos" não podem ser tratados como quaisquer outros indivíduos e, por isso, devem ser tidas como ilícitas as relações privadas onde as diferenças de tratamento atinjam a dignidade das pessoas, sendo que esta consideração é de especial interesse para o âmbito deste estudo pois a relação de trabalho insere-se nas relações de poder onde o empregador detém uma posição de supremacia em relação ao trabalhador que se encontra não só numa situação de subordinação jurídica mas, na esmagadora maioria das vezes, também económica. Concorda-se com a opinião de VIEIRA DE ANDRADE, *op. cit.*, pp. 253-254, e, em especial, a nota 39, pois entende-se que só deverá aceitar-se a transposição directa dos direitos fundamentais, enquanto direitos subjectivos, para as relações entre particulares, quando se trate de situações em que as pessoas colectivas ou, em certos casos, pessoas individuais, disponham de um *poder especial* de carácter privado sobre outros indivíduos. Note-se que nestes casos se está perante relações de poder de facto e não já perante relações entre iguais. Nestas situações justifica-se a protecção da liberdade daquelas pessoas que se encontram numa posição de inferioridade perante as restantes. Na verdade, quando uma

406   *A Privacidade dos Trabalhadores e as Novas Tecnologias...*

dignidade da pessoa humana[1450]. É o reconhecimento da inferioridade substancial da situação dos trabalhadores em relação aos empregadores e da situação de desequilíbrio entre os poderes de uma e da outra parte que se encontra na base do relevo dado pela CRP aos direitos daqueles[1451]. A sua situação de inferioridade impõe que os empregadores fiquem vinculados às normas constitucionais que reconhecem estes direitos, isto é,

---

das partes está submetida ao poder contratual de outrem, não usufruindo de suficiente margem de defesa dos seus próprios interesses e de auto-afirmação, o seu consentimento em relação ao contrato e aos vários termos deste não confere qualquer garantia substancial de integrar uma manifestação verdadeira de autodeterminação. Nestes casos é *activada* a especial função de protecção dos direitos fundamentais. Fora das hipóteses equacionadas, ou seja, nas relações estabelecidas entre particulares que se encontram numa posição de igualdade, não só jurídica como de facto, não parece que estes devam ser sujeitos passivos de direitos fundamentais enquanto direitos subjectivos. Mas esta ideia não impede, tal como salienta VIEIRA DE ANDRADE, *op.* cit., p. 260, que os preceitos constitucionais relativos a esta matéria não se apliquem nas relações entre privados ou que os particulares possam, impunemente, infringir os direitos fundamentais das outras pessoas. Na verdade, há, desde logo, a protecção civil e a penal contra as violações dos direitos. Há, também, a teoria da colisão de direitos fundamentais que obriga a uma limitação recíproca e proporcional dos vários direitos em conflito. Cf., ainda, sobre esta matéria, e a título meramente exemplificativo, CRISTINA RODRÍGUEZ COARASA, *op.* cit., pp. 1-2, INMACULADA MARÍN ALONSO, "La facultad fiscalizadora...", cit., pp. 101-102, assim como *El poder de control...*, cit., pp. 84-85, MARIAPAOLA AIMO, *Privacy...*, cit., pp. 13-14, RIVERO LAMAS, última *op.* cit., pp. 491 e ss., e SEMPERE NAVARRO, "Contratación laboral y libertad de empresa", *in Libertad de empresa...*, cit., pp. 123-124. Também ROIG BATALLA, *op.* cit., pp. 33 e ss., defende o mesmo, observando que "quanto menor for a liberdade da parte "débil" da relação, maior será a necessidade de protecção", nunca podendo dispor-se da dignidade da pessoa humana.

[1450] Neste sentido RUI ASSIS, *op.* cit., p. 259, que entende que esta eficácia dos direitos fundamentais resulta não só da necessidade de assegurar um equilíbrio nas relações entre particulares como também da própria dimensão que actualmente se atribui aos direitos em causa.

[1451] No mesmo sentido JOSÉ JOÃO ABRANTES, "O Direito do Trabalho...", cit., p. 83, JOÃO CAUPERS, *Os direitos fundamentais dos trabalhadores e a Constituição*, Almedina, Coimbra, 1985, pp. 172-173, onde refere expressamente que, normalmente, não há igualdade material entre as duas partes de um contrato de trabalho, encontrando-se o trabalhador, pela dependência económica em relação ao empregador, em situação desvantajosa, e M.ª DO ROSÁRIO PALMA RAMALHO, "Contrato de trabalho e...", cit., p. 406, mencionando que um dos aspectos que justifica "uma tutela particularmente vigorosa dos direitos fundamentais no contrato de trabalho" é a "sua componente de poder ou dominial".

aos direitos, liberdades e garantias não só da pessoa enquanto trabalhador mas também do trabalhador enquanto pessoa, ou seja, aos direitos, liberdades e garantias atribuídos a todos os cidadãos[1452].

A relação estabelecida entre os trabalhadores e os empregadores é um dos exemplos mais claros de uma situação de poder real de um dos sujeitos contratuais sobre o outro e, por este facto, a vinculação das entidades privadas prevalece sobre a autonomia privada. Não pode admitir-se que os poderes atribuídos ao empregador não estejam sujeitos à relevância dos preceitos constitucionais.

5.3. Os direitos fundamentais que os trabalhadores têm enquanto pessoa e enquanto cidadão gozam de efectiva aplicação e vigência no interior da organização do empregador, embora o seu exercício, atendendo às especiais características da relação de trabalho, possa originar uma certa *modalização* ou compressão para os tornar compatíveis com as exigências vigentes na própria relação de trabalho[1453]. É o caso do exercício dos poderes do empregador relacionados com o direito à liberdade de empresa[1454], embora respeitando sempre o conteúdo destes direitos e tendo em atenção que todas as limitações têm de estar justificadas no princípio da necessidade de salvaguardar outro princípio de valor superior[1455],

---

[1452] Como observa JOSÉ JOÃO ABRANTES, *Contrato de trabalho...*, cit., pp. 213--214, a empresa é um espaço de exercício de poder do empregador e, por isso, torna-se tão necessário fazer intervir os direitos fundamentais dos trabalhadores e a dignidade da pessoa humana.

[1453] Secundando ROIG BATALLA, *op.* cit., p. 40, o contrato de trabalho gera um conjunto de direitos e obrigações recíprocas que condicionam o exercício dos direitos fundamentais.

[1454] Como escrevem SEMPERE NAVARRO e CAROLINA SAN MARTÍN MAZZUCCONI, *Nuevas tecnologías...*, cit., p. 43, embora a existência de um contrato de trabalho não exceptue o reconhecimento dos direitos fundamentais, pode *modalizar* de alguma forma o seu alcance.

[1455] Como defende GARCIA PEREIRA, "A grande e urgente tarefa da dogmática juslaboral: a constitucionalização das relações laborais", *in V Congresso Nacional...*, cit., pp. 284-285, o empregador não pode nesta matéria dos direitos fundamentais dos trabalhadores "fazer tudo aquilo que entender e lhe não seja especificamente proibido. Ao invés, apenas poderá determinar as limitações desses mesmos direitos que forem fundamentadas na prossecução de um interesse constitucionalmente garantido e sejam não apenas necessárias como proporcionais, nunca podendo inutilizar o "conteúdo essencial" dos referidos direitos".

408   *A Privacidade dos Trabalhadores e as Novas Tecnologias...*

e respeitar sempre o princípio da proporcionalidade[1456]. Assim, no seguimento de JOSÉ JOÃO ABRANTES[1457], estes direitos fundamentais têm plena eficácia a menos que se lhe oponham "interesses legítimos"[1458] do empregador ou de terceiros.

Não nos parece possível, assim, uma mera invocação da necessidade de compressão do exercício dos direitos fundamentais dos trabalhadores, sendo necessário que a própria natureza da relação de trabalho, postule essa compressão. Afigura-se, ainda, que, caso seja necessária, e dada a posição prevalente dos direitos fundamentais, a *modulação* só pode ser permitida para o correcto desenvolvimento da actividade produtiva, o que origina a necessidade de proceder a uma ponderação adequada que respeite a correcta definição do direito ou direitos fundamentais em causa e das obrigações laborais que podem condicionar o seu exercício. Desta forma, defende-se que estas *modulações* têm que ser indispensáveis e estritamente necessárias para satisfazer um interesse do empregador que seja merecedor de tutela e de protecção. Se existirem outras possibilidades de satisfação de tal interesse menos agressivas e que afectem menos os direitos em causa, terão que ser adoptadas em detrimento das primeiras, respeitando-se sempre o princípio da proporcionalidade na sua tripla vertente[1459], já que a constitucionalidade de qualquer medida restritiva de direitos fundamentais é determinada pela estrita observância deste princípio[1460].

Tal como preconiza DÄUBLER[1461], tem de se respeitar um princípio de equidade, exigindo-se que o empregador tenha em atenção, por exemplo, as capacidades do trabalhador, não se devendo guiar por motivos que

---

[1456] Como refere ANTÓNIO FONTANA, "Impianti audiovisivi: Quando è necessario l'accordo com le RSA?", *in DL*, II, 1984, p. 457, os limites do poder de controlo do empregador são directamente proporcionais à gravidade da lesão que do seu exercício pode derivar para os direitos fundamentais dos trabalhadores. No mesmo sentido pode ver-se MARTÍN-CASALLO LÓPEZ, "Despido disciplinario y las nuevas tecnologías", *in Actualidad Jurídica Aranzadi*, n.º 526, 2002, p. 2.

[1457] "Contrato de trabalho e...", cit., p. 812.

[1458] *Berechtigte Interessen.*

[1459] Cf., *supra*, n.º anterior.

[1460] Neste sentido pode ver-se a jurisprudência constitucional referida por TASCÓN LÓPEZ, *op.* cit., pp. 139-140.

[1461] Última *op.* cit., p. 557.

não sejam objectivos, e tendo de escolher as medidas menos gravosas para os trabalhadores, respeitando o princípio da proporcionalidade[1462].

Preconiza-se que perante um conflito ou colisão entre os interesses organizativos e produtivos do empregador e o respeito devido à dignidade e privacidade dos trabalhadores ou, eventualmente, a outros direitos fundamentais, deve dar-se primazia a estes últimos. A não ser assim, parece que se estaria a esvaziar de sentido os princípios e fins básicos que caracterizam o Direito do trabalho como disciplina compensadora e equilibradora de desigualdades reais entre empregadores e trabalhadores.

Defende-se que o poder de controlo e de vigilância do empregador não pode atingir uma dimensão tal que ofenda a dignidade da pessoa humana e o pleno gozo dos direitos fundamentais conferidos pela Constituição. A actividade de controlo deve ser exercida sob a ideia da "exclusiva óptica técnico-organizativa da produção"[1463], tendo em atenção que tal actividade tem de atender aos valores constitucionais de protecção da pessoa, devendo o possível conflito de direitos resolver-se a favor dos interesses dos trabalhadores[1464]. A este propósito pode falar-se de "limites internos", pois este poder de controlo tem de exercer-se racionalmente e justificado objectivamente de tal forma que quando não se cumprem estes requisitos o trabalhador não tem que acatar a ordem[1465]. A faculdade de controlo deve ser ordenada exclusivamente pela faculdade produtiva, devendo destinar-se a verificar o comportamento devido pelo trabalhador para a obtenção do resultado convencionado, recusando-se na esteira de GOÑI SEIN[1466], qualquer actividade discricionária que não se justifique

---

[1462] Este autor defende ainda, numa posição que se segue, *Derecho* del..., cit., p. 615, que a pessoa do trabalhador não está totalmente "entregue ao seu empregador". Continua a ser uma pessoa e um cidadão, embora tenha de estar sujeito a certas restrições que não podem ultrapassar o limite imposto pelas necessidades de trabalho.

[1463] GOÑI SEIN, *El respeto a la*..., cit., p. 114.

[1464] Neste sentido último autor e *op.* cit., p. 114.

[1465] O trabalhador pode legitimamente não obedecer à ordem recebida ou não se sujeitar a actividades de controlo desde que colidam com as garantias que a lei lhe atribui, ou que atentem contra os seus direitos e liberdades fundamentais e não estejam justificadas por razões técnico-organizativas, ou porque, embora fundadas nestas razões, sejam abusivas, excedendo o limite do respeito pelas normas jurídicas. Cf. GOÑI SEIN, *El respeto a la*..., cit., p. 113, e PEDRO ROMANO MARTINEZ, *Direito do*..., cit., p. 630. Ver, ainda, sobre a desobediência legítima, n.º 3 deste capítulo.

[1466] Última *op.* cit., p. 112.

410   *A Privacidade dos Trabalhadores e as Novas Tecnologias...*

pelas exigências de organização ou técnicas, embora tenha de se atender a uma certa graduação em relação à maior ou menor implicação da pessoa do trabalhador na relação de trabalho.

O contrato de trabalho configura-se, desta forma, como um limite ao poder de controlo do empregador, de tal forma que este não pode ir além dos aspectos que têm uma relação directa com o trabalho e qualquer extra-limitação deste poder torna-se ilícita, legitimando a desobediência[1467]. O poder de controlo do empregador não pode exercer-se sobre a conduta extra-laboral do trabalhador a não ser quando essa conduta possa repercutir-se negativamente sobre o correcto cumprimento da prestação laboral ou possa prejudicar os legítimos interesses da empresa e, ainda assim, só pode incidir sobre a repercussão e não sobre o comportamento em si mesmo. Propendemos para considerar que os comportamentos do trabalhador na sua vida privada, realizados extra-profissionalmente, não têm relevância para constituírem justa causa de despedimento, nem serem passíveis de controlo, considerando, porém, que mantém toda a pertinência, muito embora aplicado a um contexto legislativo diferente, o juízo realizado por RAÚL VENTURA[1468] que apontava para a necessidade de procurar um compromisso entre a liberdade do trabalhador fora do tempo de serviço e o interesse da empresa.

Na esteira de JORGE LEITE[1469], e reconhecendo que a questão não é simples, propende-se para defender que, atendendo à ideia do grau de diligência que é exigível ao trabalhador e que não abarca quaisquer actos ou comportamentos da vida privada, não tendo esta relevo autónomo na relação laboral, não podem considerar-se relevantes os comportamentos havidos na vida extra-profissional. Na medida em que a vida privada do trabalhador não afecte o correcto cumprimento da prestação de trabalho ela terá de ser indiferente para o Direito do trabalho. Mesmo quando o trabalhador tenha uma vida privada desregrada, cometendo excessos com reflexo prejudicial na relação de trabalho, ou causando uma perturbação no seio

---

[1467] MARTÍNEZ FONS, *El poder de control...*, cit., p. 34, entende que "os contornos da prestação" constituem o limite interno ao poder de controlo do empregador, impedindo a recolha de qualquer informação que não se confine ao estrito cumprimento da prestação laboral.

[1468] "Extinção das relações jurídicas de trabalho", *in ROA*, ano 10, n.os 1 e 2, 1950, pp. 311-312.

[1469] *Direito do...*, II, cit., p. 97.

da empresa, ou afectando de forma irremediável a confiança necessária para a subsistência da relação de trabalho, o que poderá e deverá ser apreciado e eventualmente sancionado é este reflexo produzido, esta perturbação característica e não a vida privada em si. Se o trabalhador eventualmente tem uma vida desregrada mas que em nada afecta a sua prestação laboral ou a confiança e que não cause qualquer perturbação no seio da empresa não poderá ser sancionado disciplinarmente, nem o poder de controlo alastrar a sua influência para tais horizontes. Tal como JORGE LEITE[1470], considera-se que deve defender-se o princípio da irrelevância disciplinar do comportamento extra-profissional do trabalhador, a não ser quando se concretize num facto ilícito, em obediência ao direito à privacidade e, em especial, ao direito a não ser controlado[1471].

Parece-nos ser bastante razoável o entendimento defendido na doutrina e na jurisprudência francesas de *trouble caracterisée*, já que os comportamentos extra-profissionais só poderão relevar se causarem uma *perturbação específica no seio da empresa*, devendo sempre, nos restantes casos, ser irrelevantes. O que tem de atender-se na eventual valoração é esta perturbação, ou seja, os eventuais reflexos na relação jurídico-laboral e não o comportamento em si. Esta ideia, defendida no ordenamento jurídico francês, parece-nos poder ser um bom critério para resolver a questão da eventual relevância ou irrelevância dos comportamentos extra-profissionais do trabalhador, não esquecendo que devem ter-se sempre em atenção critérios objectivos.

Assim, o poder de controlo poderá eventualmente estender-se a factos praticados fora do ambiente de trabalho desde que se venham a reper-

---

[1470] Última *op.* cit., p. 97, nota n.º 13.

[1471] LUÍS MORAIS, *Dois Estudos: Justa causa e motivo atendível de despedimento; o trabalho temporário*, Edições Cosmos, Livraria Arco-íris, Lisboa, 1991, pp. 28-29, embora defenda a existência de justa causa para os comportamentos extra-profissionais dos trabalhadores, parece-nos ter limitado bastante esta relevância pois defende que "face ao actual enquadramento legal, pensamos ser de admitir a relevância de condutas extra-laborais, mas só daquelas que estejam em relação indirecta, numa ligação instrumental, com a relação empresarial", acrescentando mais à frente, admitir "a relevância excepcional das condutas extra-laborais quando estas tenham, de alguma forma, reflexo no conteúdo e na actuação funcional da relação empresarial. Afora este campo limitado de condutas (condutas que ponham em questão aspectos instrumentalmente ligados à relação empresarial em termos funcionais), será sempre um exagero apelar, na formulação de juízos de *justa causa*, para o que a doutrina inglesa chama «medida média do comportamento social correcto»".

412 *A Privacidade dos Trabalhadores e as Novas Tecnologias...*

cutir neste, conseguindo quebrar o bom funcionamento da empresa, afectando o seu prestígio, ou causando-lhe perturbações[1472] [1473]. Desta forma, o empregador não representa nenhuma instância fiscalizadora da filosofia de vida dos seus trabalhadores, sendo estes livres de se orientarem nas suas vidas privadas como pretenderem sem que as suas opções possam por ele ser censuradas. Este pode tão só controlar a execução da prestação laboral e aplicar sanções disciplinares face a condutas ocorridas no local e tempo de trabalho.

5.4. Afigura-se que, tendo em atenção estas limitações, deverá adoptar-se uma nova visão, no sentido de não subscrever uma mera posição negativa de protecção dos direitos fundamentais, mas da sua promoção no âmbito da empresa. Promoção que implica dotar de maior poder estes direitos, não sendo suficiente, tal como observa VICENTE PACHÉS[1474], que estes direitos se garantam mas não se actualizem, ou seja, que funcionem como um "escudo" mas que não se traduzam numa posição activa do ordenamento jurídico de forma a facilitar o livre desenvolvimento da personalidade do trabalhador no âmbito da empresa. Defende-se, desta forma, que o desenvolvimento da pessoa humana constitui um fim a realizar e não um "mero dado a manter ou garantir"[1475]. Não deve entender-se, pois, a empresa apenas como uma fonte de possíveis limitações aos direitos fundamentais do trabalhador mas, ao invés, deve considerar-se como um âmbito potencial da sua plena realização, pois o desenvolvimento da relação jurídica pode contribuir para a integral realização da personalidade humana[1476].

[1472] Concorda-se com EUGENIO BLANCO, "El delito extralaboral como causa justa de despido", *in Revista de Trabajo*, n.os 7-8, 1957, p. 555, quando refere, a propósito da relevância do delito extra-laboral que este só existe quando " a índole do delito tem relação com o trabalho ou gestão confiadas", ou seja, que há aqui como que uma "*contraditio in termini* pois a conclusão equivale quase a dizer: o delito extra-laboral poderá constituir justa causa de despedimento quando não seja delito extra-laboral". Esta *contraditio in termini* parece ser também aplicável aos comportamentos da vida privada que abrangem, aliás, os delitos extra-laborais.

[1473] Veja-se, para maiores desenvolvimentos, TERESA COELHO MOREIRA, *Da esfera privada...*, cit., pp. 407 e ss..

[1474] Última *op.* cit., p. 31.

[1475] Último autor e *op.* cit., p. 31.

[1476] Neste sentido veja-se VICENTE PACHÉS, "Las facultades empresariales...", cit., pp. 31-32.

O Poder de Controlo Electrónico do Empregador... 413

6. O IMPACTO DAS NOVAS TECNOLOGIAS NO ÂMBITO DO PODER DE CONTROLO DO EMPREGADOR: O CONTROLO ELECTRÓNICO DO EMPREGADOR

A evolução científica e tecnológica influencia todos os sectores da vida, transformando a sociedade, a mentalidade das pessoas, e repercutindo-se nas relações laborais, despertando o interesse do Direito do trabalho[1477].

Atendendo à evolução histórica, a evolução tecnológica sempre teve uma influência decisiva nas relações de trabalho, bastando mencionar a revolução industrial para verificar a grande mudança que se operou em finais do séc. XVIII, inícios do séc. XIX. Surgiu uma nova sociedade, a sociedade industrial, baseada num sistema produtivo em constante evolução que se adapta a uma nova realidade[1478]. Pode dizer-se assim que, desde a primeira revolução industrial, o mundo tem vivido em constante inovação tecnológica[1479].

Os próprios poderes do empregador, e entre eles, o poder de controlo, não constituem conceitos isolados e estanques em relação às mutações ocorridas na sociedade a nível político, social, económico e tecnológico, mas sim, o contrário, integrando uma "instituição absolutamente receptiva"[1480].

Actualmente, estas inovações revestem uma enorme importância para o Direito do Trabalho[1481] [1482] e o tradicional modelo fordista está a

---

[1477] Pode ver-se neste sentido JAY KESAN, *op.* cit., pp. 304-305.

[1478] Neste sentido vejam-se HIRUMA RAMOS LUJÁN, *op.* cit., p. 42, e TERESA COELHO MOREIRA, "Intimidade do trabalhador e tecnologia informática", *in VII Congresso...*, cit., pp. 177-178.

[1479] VICENTE PACHÉS, *El derecho del...*, cit., p. 319.

[1480] M.ª BELÉN CARDONA RUBERT, *Informática y...*, cit., p. 40.

[1481] Como defende JEAN-EMMANUEL RAY, "Nouvelles Technologies...", p. 519, a entrada da empresa e do mundo do trabalho na era da informática e da *Internet* originou a necessidade de repensar o Direito do trabalho perante novas formas de organização e de relações de trabalho. "Novas tecnologias, novo Direito do trabalho?". Também para SARA RUANO ALBERTOS, *op.* cit., p. 129, a evolução tecnológica, sobretudo a informática, reflecte-se no Direito do trabalho, e conduz ao surgimento de vários problemas jurídicos, conforme se escreveu anteriormente, tal como o de saber da possível validade da assinatura electrónica para celebrar um contrato de trabalho, da aplicação de sanções discipli-

414   *A Privacidade dos Trabalhadores e as Novas Tecnologias...*

ser substituído por um sistema heterogéneo de modelos de organização do trabalho onde a circulação de uma informação transversal e rápida suplanta a organização hierárquica vertical típica daquele modelo[1483] [1484].

Com as inovações tecnológicas o problema do controlo dos trabalhadores conheceu uma nova realidade e uma nova actualidade[1485] [1486]. O controlo do empregador, tal como se referiu anteriormente, não é novo[1487], nem

---

nares, inclusive o despedimento, mediante o correio electrónico, ou da possível resolução do contrato de trabalho por parte do trabalhador através do correio electrónico. Cf., ainda, M.ª DO ROSÁRIO PALMA RAMALHO, "O telemóvel e o trabalho: algumas questões jurídicas", *in Estudos em Honra do Professor Doutor José de Oliveira Ascensão, volume II*, (coord. MENEZES CORDEIRO, PEDRO PAIS DE VASCONCELOS e PAULA COSTA E SILVA), Almedina, Coimbra, 2008, pp. 1581-1582.

[1482] Cf., *supra*, capítulo I, n.º 3.

[1483] Como é referido em *Transformações do Trabalho e futuro do Direito do Trabalho na Europa*, SUPIOT (coord.), Coimbra Editora, Coimbra, 2003, pp. 17-18 e 40-41, o modelo fordista dominou durante muito tempo na Europa mas, actualmente, "está a perder terreno" face a novos modelos.

[1484] *Vd. supra*, capítulo I, n.º 3.

[1485] Tal como evidencia BERNARD BOSSU, "Nouvelles Technologies...", cit., p. 663.

[1486] Como observa HANS-JOACHIM REINHARD, "Vías de aplicación", *in Tecnología informática...*, cit., p. 349, o uso destas NTIC, salientou a tensão existente entre dois princípios distintos que aparentemente parecem contraditórios: por um lado o princípio da inviolabilidade da vida privada dos trabalhadores, assim como das suas comunicações pessoais e, por outro lado, o princípio do livre exercício por parte do empregador do seu direito à propriedade privada e do seu poder de controlo.

[1487] LARRY O. NATT GANTT, II, *op.* cit., p. 345, observa que, desde sempre os empregadores controlaram os trabalhadores, assim como ANN BRADLEY, *op.* cit., p. 260, escrevendo acerca da antiguidade do controlo exercido pelos empregadores, e RITA MANNING, "Liberal and Communitarian Defenses of Workplace Privacy", *in Journal of Business Ethics*, n.º 16, 1997, p. 817, preconizando que os trabalhadores sempre estiveram sob "o olhar do supervisor". Também MISHRA e CRAMPTON, "Employee monitoring: privacy in the workplace?", *in S.A.M. Advanced Management Journal*, vol. 63, n.º 3, 1998, p. 7, observam que os sistemas de controlo e de vigilância sempre estiveram presentes nas empresas, bastando citar a utilização de contadores mecânicos – *cyclometers* – anteriores a 1913, destinados a medir o desempenho de dactilógrafos, ou os sistemas de registo e controlo das chamadas telefónicas, existentes desde os anos vinte do século XX. A mesma opinião pode ser encontrada em CARLOS CARDOSO, *A organização panóptica e a polícia do amor: o argumento da produtividade e a reserva da vida privada em contexto de trabalho – Lição síntese*, Universidade do Minho, Braga, 2004, p. 17. Mas, também não pode deixar de atender-se, tal como DAVID LYON, *op.* cit., pp. 24 e 36, que a ideia de controlo, tal como hoje é entendida, só recentemente é que surgiu.

proibido[1488] [1489], pois não teria sentido o empregador poder dar ordens e instruções se não pudesse verificar como estariam a ser cumpridas essas mesmas directrizes. A questão que se coloca não é a legitimidade do controlo mas a dos seus limites, tendo em consideração que com estas tecnologias ressurgiu o clássico debate relativo ao equilíbrio entre o direito fundamental à privacidade dos trabalhadores e os legítimos direitos dos empregadores de dirigir os trabalhadores e controlar as suas tarefas[1490]. O grande perigo advém das tecnologias que são utilizadas, já que com elas foram criadas formas mais sofisticadas e efectivas de controlar os trabalhadores[1491]. Assim, se estas e a introdução de novos meios de comunicação electrónicos têm inúmeras vantagens para o funcionamento interno das empresas, é inquestionável que suscitam importantes questões jurídicas em diversas áreas, com especial incidência no campo laboral. É o caso das relativas à privacidade e à dignidade dos trabalhadores aquando da sua utilização[1492], que não podem ser descuradas, bem como a capacidade de conservação de toda a sua movimentação[1493].

[1488] Conforme se defendeu, *supra*, n.° 3, este poder faz parte dos poderes do empregador.

[1489] Como defende DÄUBLER, *Internet und...*, cit., p. 122, ninguém duvida da legitimidade do empregador para controlar a actividade laboral do trabalhador. No mesmo sentido, chamando a atenção para este direito do trabalhador ANDREA RAFFLER e PETER HELLICHE, "Unter welchen Voraussetzungen ist die Überwachung von Arbeitnehmer-e--mails zulässig?", *in NZA*, n.° 16, 1997, p. 862, assim como JEAN-EMMANUEL RAY, *Le droit du travail...*, cit., p. 83, entendendo que nada é mais legítimo que controlar e vigiar a actividade dos trabalhadores.

[1490] Como refere BELLAVISTA, "I poteri dell' imprenditore e la *privacy* del lavoratore", *in DL*, vol. 76, n.° 3, 2002, p. 149, a evolução tecnológica e as mudanças nas formas organizativas da empresa contribuíram para criar novos movimentos de tensão na relação entre o legítimo exercício do poder de controlo do empregador e os direitos do trabalhador subordinado.

[1491] Ver LARRY O. NATT GANTT, II, *op.* cit., p. 345, e "Adressing the new hazards of the high technology workplace", *in Harvard L. Rev.*, vol. 104, 1991, p. 1898. Também FREDERICK S. LANE III, *op.* cit., pp. 3-4, entende que, embora existam várias razões legítimas para o empregador controlar os trabalhadores, com a tecnologia torna--se possível recolher informação acerca dos trabalhadores que vai muito mais além do necessário para satisfazer as necessidades lícitas de controlo, associado ao facto de as novas tecnologias serem cada vez mais baratas, rápidas e pequenas, o que facilita o seu uso.

[1492] Neste sentido ADALBERTO PERULLI, *Il potere...*, cit., p. 281, entende que as

416   *A Privacidade dos Trabalhadores e as Novas Tecnologias...*

Se o poder de controlo do empregador configura um aspecto essencial da subordinação dos trabalhadores e da própria relação de trabalho, reconduzível ao interesse próprio do credor de trabalho, a difusão dos sistemas informáticos inevitavelmente associados às novas tecnologias, aumentou e muito as potencialidades deste poder.

A introdução da informática nas empresas não é um instrumento neutro, mas, ao invés, é complexo e capaz de redimensionar o poder de controlo e vigilância do empregador, incidindo directamente sobre o "sistema nervoso da organização e de toda a sociedade"[1494], sistema onde o trabalho representa uma parte fundamental. Através da inserção das NTIC opera-se um novo equilíbrio entre os diferentes poderes do empregador, centrando-se estes poderes no controlo da actividade, sendo que o uso destas tecnologias se torna um "observatório privilegiado"[1495] da evolução do seu exercício[1496].

Esta introdução dos avanços tecnológicos visa incrementar a eficiência técnica da actividade laboral, estando a utilizar-se simultaneamente como uma nova forma de controlo e vigilância da força de trabalho com o objectivo de aumentar a produtividade empresarial[1497].

---

novas tecnologias originam a necessidade de proteger os trabalhadores principalmente na sua dignidade e *riservatezza*.

[1493] Como refere JEAN-EMMANUEL RAY, última *op.* cit., p. 83, "controlar a actividade é correcto, mas toda a actividade?", sendo que as novas tecnologias aumentaram o nível de preocupação pela protecção da privacidade, assim como por outros direitos fundamentais, podendo originar uma "transparência total" dos trabalhadores, tal como adverte DÄUBLER, última *op.* cit., p. 122. No mesmo sentido pode ver-se MAXIMILIEN AMEGEE, *Le contrat de travail à l'épreuve des NTIC: Le temps effectif du travail et le lien de subordination sont-ils remis en cause?*, in www.droit-technologie.org, p. 10, assim como ISABELLE DE BENALCÁZAR, *op.* cit., p. 83.

[1494] GILDRE GENTILE, *op.* cit., pp. 490 e 495.

[1495] FABRICE FEVRIER, *Pouvoir de controle...*, cit., p. 13.

[1496] Veja-se neste sentido ALARCÓN CARACUEL, "La informatización...", cit., p. 14, observando que o uso das NTIC pode originar o aperfeiçoamento e a ampliação do exercício do poder de controlo do empregador.

[1497] Embora não existam estudos que consigam provar uma relação directa entre o aumento de controlo e um aumento simultâneo de produtividade. Porém, a situação inversa já é verdadeira no sentido de que, conforme alerta DÄUBLER, *Direito do trabalho...*, cit., p. 209, vários empregadores deixaram de efectuar um controlo tão intenso da actividade laboral dos trabalhadores ao notarem que um "controlo total" destes originava uma espécie de "demissão interior", provocando efeitos contraproducentes. Com estas

As Novas Tecnologias e a Privacidade 417

6.1. Entende-se que um dos aspectos mais inquietantes da introdução da tecnologia informática está relacionado com as novas formas em que pode exercer-se o poder de controlo do empregador, pois as novas tecnologias aumentam o controlo do empregador de uma forma inusitada, sem precedentes[1498]. É verdade que este poder existiu desde sempre, mas perante a vigilância tradicional, limitada, a monitorização informática pressupõe um salto qualitativo[1499] já que se está perante um "controlo à

---

novas formas de controlo tão intrusivas muitos trabalhadores tenderão, tal como aponta o relatório do National Workrights Institute, *Privacy Under Siege: Electronic Monitoring in the Workplace*, p. 5, a preferir a quantidade à qualidade nas suas actividades, simplesmente porque a quantidade é mais fácil de mensurar electronicamente.

[1498] Surgem cada vez mais novos instrumentos de vigilância que facilitam o controlo dos trabalhadores, associados sempre a um enorme decréscimo no custo e no tamanho. Vejam-se os inúmeros exemplos citados em ANDERS PERSSON e SVEN HANSSON, "Privacy at work – Ethical Criteria", *in Journal of Business Ethics*, n.º 42, 2003, p. 60, assim como ANITA BERNSTEIN, *op.* cit., p. 3, CARLO SARZANA, *op.* cit., pp. 400-401, nota n.º 7, FREDERICK S. LANE III, *op.* cit., pp. 127 e ss., GARY MARX, "The Case of the Omniscient Organization", *in Harvard Bus. Rev.*, Março, Abril, 1990, pp. 12 e ss., JON BIBLE e DARIEN MCWHIRTER, *op.* cit., p. 174, e PETER DANIELSON, "Ethics of Workplace Surveillance Games", *in Electronic Monitoring...*, cit., p. 31. Ver, ainda, *Privacy and Human Rights...*, cit., pp. 86-87.

[1499] Vários autores referem-se a este enorme aumento do poder de controlo através da introdução das NTIC. Vejam-se, a título meramente exemplificativo, ALARCÓN CARACUEL, "La informatización...", cit., p. 14, referindo que com estas tecnologias há como que a possibilidade de um "hiper-controlo" do empregador que pode entrar em colisão com numerosos direitos fundamentais dos trabalhadores, assim como LUZ PACHECO ZERGA, *op.* cit., pp. 222, que menciona que as novas tecnologias potenciaram a capacidade de controlo do empregador, mas não se pode deixar de atender que apesar de contar com maiores recursos de controlo, não pode originar o desaparecimento do espaço de privacidade que todos os trabalhadores têm direito no local de trabalho. Também ARION SAYÃO ROMITA, *op.* cit., pp. 203-204, observa que estas novas tecnologias permitem ao empregador meios de exercer um minucioso e eficaz controlo de toda a actividade laboral do trabalhador e, inclusive, de actividades privadas, embora faça parte dos deveres do empregador respeitar a privacidade dos seus trabalhadores, assim como BUTERA, *op.* cit., pp. 739-740, entendendo que a actividade de trabalho é cada vez mais composta por novas formas de controlo. No mesmo sentido aponta GOÑI SEIN, "Los critérios básicos...", cit., p. 79, para quem existe uma proporção directa entre o aumento do poder de controlo do empregador e a redução da esfera de liberdade e de dignidade dos trabalhadores, BURTON KAINEN e SHEL D. MEYERS, "Turning off the power on employees: using surreptitious tape-recordings and e-mail intrusions by employees in pursuit of employer rights", *in Labor Law Journal*, n.º 4, 1997, pp. 199-200, assim como CONLON, *op.* cit., p. 444. Também RICHARD ROSENBERG, "The Workplace on the Verge of the 21st Century", *in*

Journal of Business Ethics, n.° 22, 1999, p. 4, escreve que as inovações informáticas tornaram possível um controlo muito mais intenso. MONTOYA MELGAR, "El poder de dirección...", cit., pp. 595-596, e "Libertad de empresa y...", cit., p. 134, nota também como as técnicas de controlo do empregador se tornam muito mais "refinadas" na medida em que assentam cada vez mais nas novas tecnologias, principalmente nas derivadas da microelectrónica, assim como M.ª BELÉN CARDONA RUBERT, *Informática y...*, cit., p. 39, e em "Relaciones laborales y...", cit., p. 4, preconizando que ocorreu um enorme aumento do poder de controlo com a introdução destas novas tecnologias nas empresas. INMACULADA MARÍN ALONSO, "La facultad fiscalizadora...", cit., pp. 104-105, e *El poder de control...*, cit., pp. 38-39, refere-se ao enorme aumento do poder de controlo, "reintroduzindo o princípio da autoridade no desenvolvimento das relações de trabalho" e dando lugar a que a tutela dos direitos fundamentais da pessoa do trabalhador adquiram renovada actualidade e se convertam, nos mais "dinâmicos e evolutivos" do Direito do trabalho. Também para THIBAULT ARANDA, "El derecho español", *in Tecnología Informática...*, cit., p. 59, para quem provavelmente a mudança mais significativa que a introdução da informática provocou nas empresas foi o enorme aumento do poder de controlo do empregador, e GARCÍA NINET e VICENTE PACHÉS, "Prólogo", *in El control...*, cit., p. 5, entende que com o aumento de poder de controlo ele torna-se muito mais detalhado, "exaustivo e implacável". Perfilha o mesmo entendimento TASCÓN LÓPEZ, *op.* cit., p. 132, escrevendo que as novas tecnologias estão a criar cada vez mais meios "sofisticados" capazes de intensificar de forma decisiva e, em muitos casos, para além do lícito, as possibilidades de controlo do empregador, assim como FERNÁNDEZ VILLAZON, *Las facultades empresariales...*, cit., pp. 40-41, observando que as novas tecnologias aumentaram muito a capacidade de controlo do empregador, que pode chegar a afectar os redutos invioláveis de liberdade dos trabalhadores, sendo necessário respeitar o direito do trabalhador a um grau razoável de liberdade na hora de determinar as suas actuações, sem ser constantemente vigiado. Preconiza o mesmo WEIβGERBER, *op.* cit., p. 102, para quem o aumento dos perigos de lesão aos direitos fundamentais aumenta muito com a introdução da utilização do computador. Também LAURA CASTELVETRI, "Le indagini motivazionali...", cit., pp. 131-132, chama a atenção para o mesmo, assim como JULIE FLANAGAN, "Restricting electronic monitoring in the private workplace", *in Duke L. J.*, vol. 43, 1994, pp. 1256-1257. No mesmo sentido ANNA ZILLI, *op.* cit., p. 1177, EULALIA POLICELLA, *op.* cit., p. 935, FABRIZIA DOUGLAS SCOTTI, "Alcune osservazioni...", cit., p. 232, chamando a atenção que com este enorme aumento do poder de controlo do empregador suscita-se um novo interesse pela temática do "controlo sobre o controlo". Para ANNE UTECK, *op.* cit., p. 7, o que até há poucos anos seria entendido como produto fértil da imaginação humana tornou-se possível graças às inovações tecnológicas, assim como HAZEL OLIVER, "E-mail and Internet...", cit., p. 322, e MICHAEL FORD, *op.* cit., p. 153. Também CHRISTOPHE VIGNEAU, "El Derecho...", cit., p. 187, entende que as novas tecnologias permitem uma maior vigilância dos trabalhadores e um maior uso dos seus dados pessoais, o que pode originar na prática uma redução

O *Poder de Controlo Electrónico do Empregador...*

distância, frio, incisivo, sub-reptício e aparentemente infalível"[1500], tornando possível um controlo total, ou quase total, de todos os movimentos da vida dos trabalhadores, o que origina que o trabalhador se torne *transparente* para os empregadores e deixe de se sentir livre[1501] [1502]. Na ver-

---

do direito à privacidade a "praticamente nada". Pode ver-se ainda ZIRKLE e STAPLES, *op.* cit., p. 80, o aumento do uso do computador e das tecnologias de controlo associadas às NTIC no local de trabalho expõem o trabalhador a elevados níveis de controlo e vigilância durante toda a jornada de trabalho e inclusive na sua vida privada, estando os empregadores a criarem diversas formas *esquizofrénicas* de controlo.

[1500] JAVIER THIBAULT ARANDA, última *op.* cit., p. 59.

[1501] A mesma opinião é partilhada por BELLAVISTA, "Le prospettive...", cit., p. 56, e *Il controllo...*, cit., p. 59, assim como DÄUBLER, "Nuove Tecnologie...", cit., p. 79, *Direito do trabalho...*, cit., pp. 209-210 e 217, *Derecho del...*, cit., pp. 635-636, e *Arbeitsrecht...*, cit., pp. 214-216, e MARIAPAOLA AIMO, "I «lavoratori»...", cit., pp. 50-51, referindo-se à omnisciência deste poder do empregador que pode tornar o trabalhador num "trabalhador sob vigilância".

[1502] Muitos autores tendem a associar ao local de trabalho a ideia da prisão panóptica de JEREMY BENTHAM que, já em 1791, tinha criado uma obra sobre uma prisão onde existia a ilusão de uma vigilância permanente, mesmo que não estivesse ninguém a controlar. As instalações prisionais consistiriam num edifício circular (ou poligonal), com celas em cada piso dispostas ao longo da circunferência, tendo no centro uma estrutura de observação ocularcêntrica. Esta disposição visava garantir que os reclusos, localizados nas suas celas, pudessem ser vistos a todo o instante pelos guardas. Mas as condições desta vigilância são tais que os reclusos não se apercebiam se, e quando, estavam a ser observados. O panóptico seria, como observa DAVID LYON, *op.* cit., p. 63, uma prisão modelo, uma "nova partida", um novo modelo de "disciplina social", sendo passível de ser transposta para o local de trabalho. Seria uma forma de controlar a partir da incerteza, de não ver o controlador que está oculto sendo que o mero receio de poder estar a ser controlado funcionava como fenómeno dissuasor. Este novo modelo de prisão seria um novo instrumento de poder, exercido através da "visão absoluta e da observação perfeita", conforme refere CARLOS CARDOSO, *op.* cit., p. 18. Este poder de controlo panóptico representa uma nova forma de poder, o poder dos controladores sobre os controlados, exercido através da possibilidade de observar sem ser observado e de vigiar os comportamentos não-conformes, ou desviantes e de obter uma conformação antecipada, e auto-infligida nos comportamentos dos trabalhadores controlados. Mas não pode deixar de atender-se que se trata da ilusão de uma vigilância permanente, onde os controlados não estão realmente perante um controlo constante embora pensem que isso acontece. Como refere FOUCALT, *apud* MERCADER UGUINA, *Derecho del trabajo...*, cit., p. 100, a ideia de BENTHAM consistia numa "tecnologia política" que induz o sujeito a um "estado de consciência e visibilidade permanente que asseguram o funcionamento automático do poder". Esta ideia da empresa panóptica, onde o controlo e a vigilância fazem parte essencial da actividade de trabalho, quase que acompanhando o trabalhador, tem sido uma constante nos teóricos da organi-

420 *A Privacidade dos Trabalhadores e as Novas Tecnologias...*

dade, com a absorção das novas tecnologias, o poder de controlo do empregador sobre a prestação de trabalho e sobre o próprio trabalhador aumentou exponencialmente porque está muito mais presente na medida em que é da sua própria essência[1503]. A utilização de auto-comutadores telefónicos, de *badges* e do controlo do acesso dos trabalhadores a certos locais de trabalho, constituem um tipo de controlo que incide basicamente sobre a presença ou a localização física do indivíduo, ficando ainda na "periferia do processo de trabalho"[1504]. Porém, com o aparecimento das novas tecnologias de comunicação e, particularmente, com a introdução da *Internet* na empresa, operou-se como que uma "verdadeira migração das tecnologias de controlo da periferia até ao coração do processo de trabalho propriamente dito"[1505]. JEAN-EMMANUEL RAY[1506], ao referir-se às novas tecnologias da informação e comunicação, defende que ao trabalho subordinado, modelo Taylor, de inícios do séc. XX, sucede um novo tipo de relações sociais suportadas numa base contraposta: a autonomia e "se o trabalho intelectual permite a realização de um velho sonho poderá, graças às novas tecnologias, transformar-se num pesadelo: a ubiquidade", considerando ainda que uma das principais dificuldades das NTIC é o facto de serem "fundamentalmente ambivalentes: são uma fonte evidente de liberdade e autonomia mas podem inversamente reenviar o *Big Brother* para a idade da pedra, e fazer passar Taylor por um aprendiz" pois após o seu

---

zação da empresa, dando como exemplo FORD e TAYLOR. O primeiro tinha um departamento específico – departamento sociológico – para verificar, através do controlo por investigadores que visitavam os trabalhadores em casa, que não bebiam ou que não viviam em condições "imorais". O segundo descobriu através da sua gestão científica do trabalho um funcionamento operativo e quotidiano da organização empresarial através de uma maior capacidade de vigilância. Cf. CYNTHIA GUFFEY e JUDY WEST, *op.* cit., p. 735, e MERCADER UGUINA, última *op.* cit., p. 100. *Vide*, ainda, sobre a aplicação da utopia de BENTHAM à nova realidade operada pelas novas tecnologias, e a título meramente exemplificativo, ANNE UTECK, *op.* cit., pp.36 e ss., BRUNO VENEZIANI, "Nuove tecnologie...", cit., pp. 32-33, DANIEL IHNAT, *op.* cit., pp. 32-33, MARIE-NOËLLE MORNET, *op.* cit., p. 18, e PETER DANIELSON, *op.* cit., pp. 22-24.

[1503] Neste sentido ANTONMATTEI, "NTIC et vie personnelle au travail", *in DS*, n.º 1, 2002, p. 38.

[1504] Estes meios são denominados por MERLINI, *apud* M.ª BELÉN CARDONA RUBERT, *Informática y...*, cit., p. 57, como "passado artesanal".

[1505] HUBERT BOUCHET, *Rapport d'étude et de consultation publique – La cyber-surveillance des salariés dans l'entreprise, in* www.cnil.fr, p. 3.

[1506] *Le droit du travail...*, cit., pp. 9 e 88.

O Poder de Controlo Electrónico do Empregador...

aparecimento é permitido um acumular de informações incomparável, tendo junto uma memória de um computador[1507].

Com as NTIC entrou-se numa nova etapa na vigilância e controlo do homem-trabalhador, já que o computador permite actualmente um conhecimento do modo de pensar do trabalhador[1508] através do controlo das técnicas de trabalho mas igualmente pela atenção centrada nos seus interesses pessoais registados nas diversas conexões à *Internet*[1509]. O instrumento informático pode recriar um perfil do trabalhador, assim como a própria evolução deste. Pode defender-se, assim, que o controlo passou de uma vertente física para atender a um nível qualitativo inegável. Para o empregador torna-se fácil de apreender a maneira de pensar e de reagir dos seus trabalhadores, tornando-se difícil disfarçar uma parte da vida privada.

6.2. Existe uma outra característica das NTIC que aumenta, e muito, a possibilidade de controlo e que é o seu carácter ambivalente na medida em que estas tecnologias se empregam, simultaneamente, como instrumento para desempenhar a actividade produtiva e como mecanismo de controlo da prestação de trabalho executada pelo trabalhador. Produz-se, desta forma, uma perfeita concentração numa mesma máquina da actividade produtiva e de controlo[1510], de tal forma que enquanto o computador é utilizado para fins produtivos pelo trabalhador, está ao mesmo tempo a proporcionar uma enorme quantidade de dados aos empregadores, contribuindo para aumentar a esfera de exercício do seu poder, e originando também uma participação directa do trabalhador na actividade de con-

---

[1507] Também em "Avant-propos de la sub/ordination à la sub/organisation", *in DS*, n.º 1, 2002, p. 7, o autor volta a chamar a atenção para esta ubiquidade das novas tecnologias, que permitem a existência de um "supervisor virtual" muitas vezes com o desconhecimento dos trabalhadores, assim como para o facto das possibilidades de controlo serem hoje praticamente infinitas.

[1508] HUBERT BOUCHET, "À l'épreuve des nouvelles..., cit., p. 78.

[1509] Sobre o controlo do uso da *world wide Web*, ver, *infra*, capítulo IV, n.º 4.4.2..

[1510] Como refere PÉREZ DE LOS COBOS ORIHUEL, *Nuevas tecnologías...*, cit., p. 73, "são os mesmos instrumentos que o trabalhador utiliza para realizar a prestação laboral que a controlam. Em muitos casos, o controlo deixou de ser uma actividade alheia e anexa à prestação de trabalho para tornar-se um elemento integrante da própria prestação". No mesmo sentido GILDRE GENTILE, *op.* cit., pp. 491-492, referindo-se ao "diálogo interactivo" entre o homem e a máquina, tornando coexistencial e contemporâneo ao desenvolvimento da actividade laboral o controlo do trabalhador.

422   *A Privacidade dos Trabalhadores e as Novas Tecnologias...*

trolo[1511]. O trabalhador torna-se, simultaneamente sujeito activo e passivo de uma máquina de tal forma que se torna possível realizar um controlo bidireccional[1512].

O uso do computador produz uma enorme dilatação no plano quantitativo mas também no plano qualitativo do poder de controlo do empregador, já que permite a obtenção por parte deste de elementos de conhecimento sobre a organização produtiva e sobre a actividade desenvolvida por cada um dos trabalhadores, marcando um "notável salto" [1513] de qualidade na capacidade de controlo do empregador.

Associando-se a tudo isto a imperceptibilidade desta forma de controlo nota-se como a capacidade de controlo parece não ter limites. Anteriormente à introdução da informática, a vigilância laboral implicava sempre uma certa intromissão física: um superior hierárquico ou, ainda, revistas aos trabalhadores e aos seus bens. Por outro lado, para interceptar as comunicações dos trabalhadores era também necessária a sua realização física e, por vezes, tornava-se fácil detectar quando um correio tinha sido aberto. Actualmente, porém, com o auxílio das novas tecnologias informáticas, os empregadores podem aceder a todos os dados armazenados num computador ou num sistema distribuído em rede sem que os trabalhadores estejam conscientes disso e "quando o trabalhador se senta em frente ao computador e observa o monitor, este, por seu lado, pode estar a observar o trabalhador"[1514]. Os empregadores podem, inclusive, se o sistema estiver em rede, ordenar que se reproduza no seu computador uma cópia exacta dos conteúdos que um determinado trabalhador está a visua-

---

[1511] Neste sentido MARTÍNEZ FONS, "Uso y control de las...", cit., pp. 1315-1316, e *Nuevas tecnologias...*, cit., p. 25.

[1512] Neste sentido FABRIZIA SANTINI, "La corrispondenza elettronica aziendale tra diritto alla riservatezza e potere di controlo del datore di lavoro", *in ADL*, n.º 3, 2007, p. 759, referindo-se à perfeita concentração da actividade de produção com a de controlo tornando-se o computador por tal motivo mais do que um instrumento de trabalho, num "instrumento de controlo", estando o sistema de controlo incorporado na máquina através de um controlo à distância, em tempo real ou histórico.

[1513] GIORGIO GHEZZI e FRANCESCO LISO, *op. cit.*, p. 379.

[1514] MATTHEW W. FINKIN, "El Derecho de los EE UU", *in Tecnologia Informática...*, cit., p. 300. Cf., ainda, FABRICE FEVRIER, *Pouvoir de contrôle...*, cit., p. 11. Ver, ainda, as estatísticas referidas por SONNY ARISS, "Computer monitoring: benefits and pitfalls facing management", *in Information and Management*, n.º 39, 2002, p. 554.

O *Poder de Controlo Electrónico do Empregador...*   423

lizar e seguir todos os movimentos por ele realizados sem que este note ou saiba do facto, o que dificulta bastante a protecção dos seus direitos e a sua própria defesa.

Desta forma, as NTIC têm uma capacidade inquisitória que parece não ter limites e que afecta o próprio contrato de trabalho, chamando a atenção para um verdadeiro "risco de corrupção"[1515] deste que origina uma profunda mudança no próprio poder de controlo porque grande parte do exercício deste poder, dado o carácter ambivalente destas novas tecnologias, será feito à distância através do computador, passando este poder de elemento eventual da actividade para uma parte própria da actividade laboral. Há assim, uma extensão do poder de controlo tanto do ponto de vista qualitativo como quantitativo, assim como, uma descentralização da subordinação e uma dificuldade em distinguir entre a estrutura de controlo, o seu objecto e a sua finalidade, na medida em que todas estas vertentes parecem estar integradas numa mesma função e momento temporal com a própria actividade laboral do trabalhador[1516]. Há, assim, um enorme aumento do poder de controlo do empregador sem que exista, simultaneamente, uma articulação de formas de contrapeso a tal controlo[1517].

6.3. Através das NTIC há um esbatimento das fronteiras espácio-temporais, alterando-se profundamente a relação de proximidade que existia entre empregador e trabalhador e que havia caracterizado o poder de controlo no passado. As novas tecnologias permitem que se transcenda a própria noção de tempo, bastando lembrar a enorme capacidade de armazenamento dos computadores e a possibilidade de deixar sempre rasto e de ser invisível[1518], o que origina que os computadores possam constituir uma grande ajuda para os empregadores ao permitir-lhes carrear elementos de prova para eventuais litígios. Os computadores como que se tornaram "nos novos supervisores" dos trabalhadores[1519].

[1515] MARTÍNEZ FONS, *El poder de control...*, cit., pp. 32-33.

[1516] MARTÍNEZ FONS, "Uso y control...", cit., p. 1316.

[1517] Veja-se, a mesma opinião, em FERNÁNDEZ DOMÍNGUEZ e SUSANA RODRÍGUEZ ESCANCIANO, *op.* cit., p. 107.

[1518] Veja-se neste sentido DÄUBLER, *Internet und...*, cit., p. 120, assim como ARMIN HOELAND, "A comparative study...", cit., p. 162, FABRICE FEVRIER, *Pouvoir de controle...*, cit., p. 11, e TASCÓN LÓPEZ, *op.* cit., p. 133.

[1519] *Vd.* CHRISTOPHE VIGNEAU, "El Derecho...", cit., pp. 187-188.

Por outro lado, é cada vez mais visível uma menor separação entre as fronteiras da vida pessoal e da profissional na medida em que os trabalhadores poderão usufruir, através destas tecnologias, de tempo pessoal, inclusive de carácter muito privado, durante o trabalho. Porém, elas poderão, simultaneamente, invadir o domicílio e a vida privada do trabalhador e, assim, "as horas de trabalho oficiais não significam nada quando o trabalho pode levar-se para casa e continuar aí a ser realizado, sem qualquer limite temporal"[1520]. Como esclarece ALAIN SUPIOT[1521], as novas tecnologias estão a "criar novas formas de subordinação"[1522], defendendo-se que o trabalhador tem um *direito à desconexão*[1523], entendido como o direito à vida privada do século XXI. O trabalhador tem direito a não ser incomodado permanentemente na sua vida privada e no seu tempo privado, criando-se um direito ao "isolamento", à *desconexão*, a um repouso "efectivo". Trata-se de uma desconexão técnica que, segundo JEAN--EMMANUEL RAY[1524] é favorável para a empresa pois os trabalhadores que não têm um tempo livre não se tornam mais produtivos, nem mais *fiéis* à empresa.

Assim, em relação à distinção entre vida privada e vida profissional a fronteira ficou muito mais esbatida, já que, como se refere no Relatório da CNIL[1525], "o fenómeno da convergência não permite mais distinguir claramente o que relevará da vida profissional e o que releva da intimidade da vida privada: o disco duro do computador é igualmente usado num domínio como noutro; a mensagem electrónica enviada ou recebida é feita através das mesmas condições técnicas, quer seja de ordem profissional ou

---

[1520] Como entende ALAIN SUPIOT, "Travail, droit...", cit., p. 21, os "fantasmas da ubiquidade" começam a aparecer, já que se pretende ter um ser humano disponível em todo o local e a toda a hora para trabalhar. No mesmo sentido cf. ARMIN HOELAND, "A comparative study...", cit., pp. 162-163.

[1521] "Les nouveaux visages... ", cit., p. 132. No mesmo sentido veja-se MYRIAM DELAWARI e CHRISTOPHE LANDAT, *op.* cit., pp. 43 e ss..

[1522] Ver, também, CRISTOPHE RADÉ, "Nouvelles Technologies...", cit., p. 26, referindo que estas novas formas de subordinação são acompanhadas de novos riscos, de novas formas de insegurança no emprego e de novas ameaças para os direitos dos trabalhadores. Cf., ainda, OLIVIER PUJOLAR, *op.* cit., p. 141, referindo que existem com as inovações tecnológicas "novos hábitos de subordinação".

[1523] Veja-se neste sentido JEAN-EMMANUEL RAY, "Avant-propos...", cit., pp. 6-7.

[1524] Última *op.* cit., p. 7.

[1525] *La Cybersurveillance sur les Lieux de Travail, in* www.cnil.fr.

O Poder de Controlo Electrónico do Empregador...   425

pessoal, e a consulta de *sites* da *Internet* opera-se do mesmo modo qualquer que seja a natureza do *site* ou o motivo da sua conexão". Também para VICENTE PACHÉS[1526], as novas formas de organização do trabalho permitem uma maior flexibilidade e autonomia dos trabalhadores, o que originou maior esbatimento das fronteiras entre a vida profissional e a vida privada, assim como aumento do poder de controlo do empregador. Como refere "a tendência actual é exigir uma implicação cada vez maior dos trabalhadores na vida da empresa; e que os trabalhadores estejam cada vez mais disponíveis mesmo fora do horário de trabalho, o que origina uma maior dificuldade na altura de delinear a diferença entre a jornada laboral e a vida privada e familiar do trabalhador". Este autor defende, ainda, que as novas tecnologias transformaram os instrumentos de trabalho em manifestação e desenvolvimento da personalidade do trabalhador, tornando cada vez mais visível a existência de uma vida privada e social dentro do âmbito das relações laborais. No mesmo sentido, ISABELLE DE BENALCÁZAR[1527] considera que as novas tecnologias, graças à facilidade e à rapidez das comunicações, permitiram que as pessoas estejam permanentemente acessíveis, o que causou um grande impacto ao nível das relações de trabalho, nomeadamente quanto aos tempos de trabalho, na medida em que a fronteira entre o tempo consagrado ao trabalho e o tempo reservado para outras actividades tende a desaparecer, passando os trabalhadores a uma situação de quase disponibilidade permanente[1528].

6.4. As novas possibilidades de controlo relacionadas com as novas tecnologias parecem conduzir a uma transformação das modalidades de exercício do poder de controlo do empregador pois, seguindo o entendimento de PÉREZ DE LOS COBOS ORIHUEL[1529], numa organização de trabalho onde dominam as NTIC, a coordenação espácio-temporal dá lugar à

[1526] "Las facultades empresariales...", cit., p. 19.

[1527] *Op.* cit., p. 17.

[1528] Também no *Documento de trabalho sobre a vigilância das comunicações electrónicas no local de trabalho*, do Grupo de Protecção de Dados do art. 29.º, p. 6, se alude a este facto ao referir-se que "as condições de trabalho evoluíram de tal forma que, hoje em dia, se torna mais difícil separar claramente o tempo de trabalho da vida privada. Em particular, à medida que se está a desenvolver o "escritório em casa", muitos trabalhadores continuam aí o seu trabalho, usando as infra-estruturas informáticas fornecidas pelo empregador, para esse fim ou não".

[1529] *Nuevas tecnologías....*, cit., p. 74.

426 *A Privacidade dos Trabalhadores e as Novas Tecnologias...*

coordenação telemática e informática como modalidade de exercício do poder de controlo do empregador, tornando-se o controlo à distância através do computador a prática usual da maior parte das empresas[1530] [1531].

Perscruta-se, desta forma, um novo tipo de controlo, o controlo electrónico do trabalhador, controlo este *des-verticalizado*, objectivo, incorporado na máquina e sistema com o qual interage, tornando-se um controlo à distância, em tempo real, com uma enorme capacidade de armazenamento, capaz de memorizar, cruzar e reelaborar detalhadamente muitos dos comportamentos dos trabalhadores[1532].

Considera-se, assim, que as características das novas tecnologias aplicadas à relação laboral estão a permitir a substituição de um controlo periférico, descontínuo e parcial, realizado pela hierarquia humana, por um controlo centralizado e objectivo, incorporado na máquina, que se verifica em tempo real, originando o aparecimento de um novo e sofisticado tipo de controlo que consiste na reconstrução do perfil do trabalhador, através do armazenamento e reelaboração de uma série de dados aparentemente inócuos[1533].

No controlo realizado através de meios informáticos, diferentemente dos meios tradicionais, pode não existir uma simultaneidade entre a actividade de controlo e o resultado que se obtém, querendo com isto dizer-se que, embora o controlo seja directo sobre a actividade ou comportamento do trabalhador, não pode defender-se que permita um conhecimento directo e imediato do mesmo. O controlo realiza-se através da recolha sistemática e exaustiva de dados do comportamento dos trabalhadores que, devidamente recolhidos, armazenados, tratados e reelaborados, permitem

---

[1530] Para LAËTITIA BUSNEL, *op.* cit., pp. 6-7, há uma passagem de uma vigilância de produtividade quantitativa, para uma vigilância de produtividade qualitativa.

[1531] Tal como aponta PISANI, "I controlli a distanza...", cit., pp. 132-133, grande parte das funções de controlo serão realizadas à distância, e as coordenadas espácio-temporais serão substituídas pelas coordenadas informáticas e telemáticas, prescindindo da continuidade espácio-temporal. Também o próprio poder de controlo sobre a execução da prestação laboral tende a transformar-se, de uma modalidade organizativa meramente eventual, numa componente essencial do objecto próprio desta actividade.

[1532] Neste sentido CARINCI, "Rivoluzione tecnológica...", cit., pp. 222-223, assim como GIOVANNI ROSSELLI, *op.* cit., p. 454.

[1533] Neste sentido veja-se PÉREZ DE LOS COBOS ORIHUEL, última *op.* cit., p. 72, e M.ª TERESA SALIMBENI, *op.* cit., pp. 30-31.

uma projecção deste comportamento e a criação de perfis de trabalhadores. Esta nova forma de controlo origina uma alteração da estrutura do poder de controlo, incidindo esta fundamentalmente na possibilidade de recolher dados, que podem ser tratados e reelaborados para fins distintos. Assim, o controlo não se baseia somente na eventual possibilidade de recolher informação sobre o trabalhador mas também na virtualidade de tal informação ser devidamente tratada até obter resultados adequados ao fim do controlo[1534].

As novas formas de controlo tornaram-se também automáticas, não estando os supervisores limitados pelo que podem ver mas sim pela quantidade de dados e de aspectos que conseguem recolher através do controlo exercido pelas máquinas. O controlo torna toda a realidade transparente, provocando a visibilidade do que até aí era ignorado ou invisível. O "olho electrónico"[1535] torna-se omnipresente e mecânico, conduzindo a sensações de controlo total que podem alterar os sentimentos dos trabalhadores e provocar o seu medo pelo facto de não estar confinado espacialmente ao local de trabalho, podendo estender-se para outros locais, inclusive sítios muito íntimos, e por não ter barreiras temporais.

6.5. Por tudo o que se acaba de referir pode constatar-se o grande paradoxo que consiste no facto de as novas tecnologias favorecerem a maior autonomia dos trabalhadores mas, ao mesmo tempo, ampliarem a dependência perante o empregador. Assim, embora estes meios tragam inúmeras vantagens para a relação de trabalho, há que ter algumas cautelas na sua aplicação pois poderão conduzir, se não forem devidamente aplicadas e reguladas, ao parcial desaparecimento de alguns direitos fundamentais no âmbito da empresa, como o da privacidade, liberdade e dignidade dos trabalhadores[1536]. A vigilância "impessoal e sub-reptícia"[1537] e constante, que os novos meios de controlo proporcionam, converte-se num "substituto perfeito"[1538] dos tradicionais meios de controlo, directos

---

[1534] Neste sentido MARTÍNEZ FONS, "El control empresarial del uso de las nuevas tecnologias en la empresa", *in Relaciones Laborales...*, cit., p. 200

[1535] Alusão à obra de DAVID LYON, *op.* cit..

[1536] Neste sentido INMACULADA MARÍN ALONSO, *El poder de control...*, cit., pp. 52-53.

[1537] GOÑI SEIN, *El respeto a la...*, cit., p. 140.

[1538] INMACULADA MARÍN ALONSO, última *op.* cit., p. 54.

428   *A Privacidade dos Trabalhadores e as Novas Tecnologias...*

e pessoais, contribuindo para um aumento da dimensão *desumana* do poder de controlo[1539] e que pode originar o quase total desaparecimento da privacidade dos trabalhadores. O enorme aumento do poder de controlo pode levar ao adormecimento e, mesmo, ao esquecimento de que a liberdade pessoal dos trabalhadores e os seus direitos fundamentais são limites infranqueáveis a este poder do empregador[1540]. Esta dimensão *desumana* do poder ao permitir um controlo potencialmente vexatório, contínuo e total, pode, inclusivamente, trazer riscos para a saúde dos trabalhadores, tanto físicos, como psíquicos, nomeadamente por saber ou sentir-se constantemente vigiado, o que pode provocar uma grande pressão psicológica que poderá conduzir, *inter alia*, a casos de assédio moral[1541] e doenças como depressões e *stress*[1542].

[1539] Neste sentido veja-se SYLVAIN LEFÈBVRE, *op.* cit., p. 28, referindo-se a esta dimensão *desumana* do poder de controlo.

[1540] Como, aliás, se viu no número anterior.

[1541] IMACULADA MARÍN ALONSO, *op.* cit.,pp. 52-53.

[1542] A introdução das novas tecnologias também se repercute na saúde dos trabalhadores, quer positivamente, tornando mais seguras certas actividades, como negativamente. Veja-se o caso do trabalho em vídeo-terminais, referido *infra*, capítulo IV, n.° 4. 3., ou doenças associadas a um controlo total, humilhante, vexatório, que afecta a moral e a satisfação dos trabalhadores, originando depressões, fadiga, ansiedade, e síndrome de *burn out*, que pode originar situações de assédio moral. Sobre o problemas das novas doenças surgidas com as NTIC veja-se LOÏC LEROUGE, *La reconnaissance d'un droit à la protection de la santé mentale au travail*, LGDJ, Paris, 2005, pp. 162 e ss., referindo-se, detalhadamente às inúmeras novas doenças que surgem e aos problemas psicológicos associados às novas tecnologias. Cf., ainda, a título meramente exemplificativo, ALARCÓN CARACUEL, "La informatización...", cit., p. 14, CHRISTOPHER FAZEKAS, "*1984* is still fiction: electronic monitoring in the workplace and US privacy law", *in Duke Law & Technology Review*, n.° 15, 2004, p. 14, DANIEL SOLOVE, *op.* cit., pp. 493-495, FERNÁNDEZ VILLAZON, *Las facultades Empresariales...*, cit., p. 87, FLÁVIO MATTIUZZO, "Il diritto alla felicita sul posto di lavoro", *in LNG*, n.° 8, 2003, p. 731, a propósito de situações de *stress*, FREDERICK S. LANE III, *op.* cit., p. 129, HIRUMA RAMOS LUJÁN, *op.* cit., p. 44, JOE MEIER, "E-Thrombose: Gefahr am PC-Arbeitsplatz", *in CF*, n.° 3, 2003, pp. 10 e ss., M.ª JOSÉ ROMERO RODENAS, *Protección frente al acoso en el trabajo*, Editorial Bomarzo, Albacete, 2004, pp. 15 e ss., MERCADER UGUINA, *Derecho del Trabajo...*, cit., pp. 133 e ss., e WILLIAM BROWN, "Ontological Security, Existential Anxiety and Workplace Privacy", *in Journal of Business Ethics*, n.° 23, 2000, pp. 61 e ss.. Também há estudos que referem impactos consideráveis, tanto a nível físico como psicológico, por utilização de sistemas de controlo electrónico extremamente intrusivos da privacidade dos trabalhadores. Segundo estes estudos, os trabalhadores estabelecem relações de trabalho mais "agitadas"

O Poder de Controlo Electrónico do Empregador... 429

6.6. Na esteira de G. LYON-CAEN[1543], há que ter em atenção que "o direito, principalmente o relativo às liberdades individuais, não pode inclinar-se perante o estado da tecnologia; esta é que deve adaptar-se, e tem virtualidades para isso, às exigências fundamentais do direito"[1544]. Desta forma, as medidas de controlo, sejam informáticas ou não, têm de ser avaliadas de acordo com o facto de se considerar o trabalhador um sujeito ou um objecto[1545], e se na imposição da medida o empregador actua com veracidade e lealdade, isto é, sem destruir o clima de confiança mútua que há-de impregnar a relação laboral[1546].

Pensa-se que, apesar das NTIC constituírem um desenvolvimento muito positivo dos recursos colocados à disposição dos trabalhadores e dos empregadores, os instrumentos de vigilância electrónica podem ser usados de forma a lesar certos direitos fundamentais dos trabalhadores, sobretudo a dignidade e a privacidade. Mas não pode esquecer-se que, com o advento destas inovações tecnológicas, é fundamental que os trabalhadores possam usufruir dos mesmos direitos que tinham anteriormente. A dignidade do homem impõe-se sobre quaisquer outras considerações.

Parece-nos que, nesta matéria, se deveria reflectir na frase do filósofo alemão H. JONAS[1547], que defende que "nem tudo o que é tecnicamente

---

e apresentam níveis de satisfação inferiores, sobretudo quando sujeitos a um controlo electrónico de forma permanente, sendo que o maior impacto destes sistemas de controlo incide nos níveis de *stress* e de ansiedade, reportando os trabalhadores sujeitos a este tipo de controlo, com maior frequência do que os outros, dores de cabeça, dores musculares, depressão, perturbações no sono, fadiga e angústia, sintomas que se agravam se o sistema de controlo for feito ocultamente. Neste caso, esta forma de controlo e vigilância, gera ainda medos, ansiedades e desconfianças que afectam o clima de confiança e a moral dos trabalhadores, reduzindo o seu empenho e envolvimento. Também a utilização de sistemas de controlo do tempo dispendido nas deslocações às casas-de-banho, apresentam apreciáveis impactos sobre o bem-estar físico e psicológico, contribuindo para criar um ambiente de trabalho caracterizado por "intrusão, *stress* e medo". Veja-se, neste sentido, MISHRA e CRAMPTON, *op.* cit., pp. 10-11, e WOOD, "Omniscient organizations and bodily observations: electronic surveillance in the workplace", *in International Journal of Sociology and Social Policy*, vol. 18, n.os 5/6, 1998, pp. 150 e ss..

[1543] *Apud* ANTONMATTEI, *op.* cit., p. 38.

[1544] Deve existir desta forma uma adaptação do trabalho ao homem e não o oposto.

[1545] O que é claramente interdito.

[1546] Neste sentido LUZ PACHECO ZERGA, *op.* cit., p. 260.

[1547] Citado por JEAN-EMMANUEL RAY, "Avant-propos…", cit., p. 9.

possível é forçosamente sustentável". No mundo do Direito, poderíamos sustentar que nem tudo o que é tecnicamente possível é juridicamente admissível. Assim, os direitos à privacidade e à dignidade dos trabalhadores nunca podem ceder perante argumentos de maior produtividade ou maior eficácia. Com estas novas formas de controlo do empregador pode surgir uma nova forma de *taylorização*, agora de carácter informático[1548]. Permitir que o empregador aceda ao conteúdo de todos os *e-mails*, aos *sites* visitados pelos trabalhadores, assim como a todos os seus gestos e conversas, cria cada vez mais um local de trabalho mecanizado, onde o trabalhador é visto como qualquer outro instrumento de trabalho, não muito diferente do computador que usa. E se é inquestionável que as empresas devem ser eficientes, dinâmicas e actualizadas, não é menos certo que esses objectivos não podem ser conseguidos à custa da dignidade dos trabalhadores[1549].

7. A RESPONSABILIDADE DO EMPREGADOR POR ACTOS DOS SEUS TRABALHADORES: REFERÊNCIA

As posições de poder do empregador, por um lado, a que se contrapõe a posição de subordinação do trabalhador, por outro, são de extrema relevância do ponto de vista social e jurídico transcendendo o marco estrito da relação *interna* entre ambos[1550], para passar a actuar também no âmbito das relações *externas* que o trabalhador, enquanto tal, estabelece com terceiros alheios à empresa. A relevância externa concretiza-se no facto de que os terceiros, embora não estejam contratualmente vinculados ao empregador, podem responsabilizá-lo juridicamente pelos danos que os trabalhadores lhes tenham causado na sequência da realização da activi-

---

[1548] Para PÉREZ DE LOS COBOS ORIHUEL, *Nuevas tecnologías...*, cit., p. 35, pode surgir agora um *taylorismo* de novo tipo, que pode tornar o controlo do empregador em "omnipotente, anónimo e invisível", tal como referem BELLAVISTA, *Il controllo...*, cit., p. 67, e FERNÁNDEZ DOMÍNGUEZ e SUSANA RODRÍGUEZ ESCANCIANO, *op.* cit., p. 93.

[1549] Neste sentido ver DAVID CASACUBERTA, *op.* cit., p. 169.

[1550] Formalizada num contrato de trabalho.

dade laboral normal, atendendo aos poderes directivo e de controlo do empregador[1551] [1552].

O empregador responde civilmente por força do art. 500.° do CC, nos termos da relação comitente-comissário, tendo direito de regresso, inexistindo culpa sua[1553], nos termos do art. 500.°, n.° 3. Assim, tal como refere ANTUNES VARELA[1554], o comitente empregador responde em determinados termos, mas independentemente da culpa[1555], pelos danos que o comissário causar a terceiro, desde que este tenha agido com culpa[1556] [1557].

[1551] Veja-se neste sentido ALONSO OLEA, *La responsabilidad del empresário frente a terceros por actos del trabajador a su servicio*, Civitas, Madrid, 1990, pp. 11 e ss., e JESUS MARTÍNEZ GIRÓN, ALBERTO ARUFE VARELA e XOSÉ CARRIL VÁZQUEZ, *op.* cit., pp. 243-245.

[1552] Há que notar que é esta responsabilidade que os empregadores maioritariamente invocam para justificar as diversas limitações ao exercício dos direitos fundamentais dos trabalhadores na empresa. Cf., FRÉDÉRIC GUIOMARD, *op.* cit., p. 78.

[1553] Concorda-se com HEINRICH HÖRSTER, "Esboço esquemático sobre a responsabilidade civil de acordo com as regras do Código Civil", *in Estudos em Comemoração do Décimo…*, cit., p. 334, ao defender que esta solução "está perfeitamente correcta" pois não corresponderia "às suas decisões valorativas" se o autor da lesão, causada culposamente, não respondesse através da sua responsabilidade apenas pelo facto de ter havido um terceiro que se viu obrigado, por lei, a indemnizar o lesado. No mesmo sentido, ALMEIDA COSTA, *Direito das Obrigações*, 12.ª edição, Almedina, Coimbra, 2009, pp. 617--618. Sobre este direito de regresso veja-se CARVALHO FERNANDES, *op.* cit., pp. 616-617 e, para mais desenvolvimentos, MARIA DA GRAÇA TRIGO, *Responsabilidade civil delitual por facto de terceiro*, Coimbra Editora, Coimbra, 2009, pp. 364 e ss., assim como, ainda que para o ordenamento jurídico espanhol, CARMEN MORENO DE TORO, *La responsabilidad civil del empresario por actos de sus empleados*, CES, Madrid, 1999, pp. 237 e ss..

[1554] *Das obrigações em geral, vol. I*, 10.ª edição, Almedina, Coimbra, 2000, p. 638.

[1555] Tem a responsabilidade, desta forma, carácter objectivo. Veja-se, sobre a evolução desta responsabilidade, último autor e obra citada, pp. 629 e ss., assim como ALAIN SUPIOT, "Travail…", cit., pp. 24-25, ALMEIDA COSTA, *op.* cit., pp. 528-530 e 611-614, CARMEN MORENO DE TORO, *op.* cit., pp. 107 e ss., MARIA DA GRAÇA TRIGO, *op.* cit., pp. 103 e ss., e MARIANO YZQUIERDO TOLSADA, "La responsabilidad civil en el ámbito empresarial (danos causados por empleados e terceros), *in 2.° Congresso da Asociación Española de Abogados Especializados en Responsabilidad Civil y Seguro, in* www.asociacionabogadosrcs.org, pp. 3 e ss..

[1556] Como observa HEINRICH HÖRSTER, última *op.* cit., p. 334, o artigo 500.° representa um caso de responsabilidade pelo risco no que concerne ao comitente, empregador, já que assume, independentemente de culpa sua, o risco do seu comissário trabalhador

432   *A Privacidade dos Trabalhadores e as Novas Tecnologias...*

Nos termos deste artigo existem vários pressupostos para o empregador responder pelos actos dos seus trabalhadores. O primeiro requisito é o de existir uma comissão, que na relação de trabalho ocorre através da celebração do contrato de trabalho, com a atribuição do correspondente poder directivo ao empregador e do dever de obediência ao trabalhador. O segundo requisito, a prática do facto ilícito no exercício da função, não importando se intencionalmente ou contra as instruções do comitente[1558], parece-nos ser o essencial para aferir da responsabilidade ou da sua inexistência por parte do empregador, principalmente no contexto das NTIC[1559].

---

causar danos ao incorrer em responsabilidade civil, quer seja por factos ilícitos, ou pelo risco, ou por factos lícitos, e ao ficar forçado a indemnizar, por causa disso, o lesado. Também ALMEIDA COSTA, *op. cit.*, p. 618, entende que a responsabilidade será objectiva apenas em relação ao comitente.

[1557] A fundamentação deste tipo de responsabilidade pode ser encontrada numa dupla observação. Por um lado, quando uma pessoa se serve de outra para sob a sua direcção e através das ordens e directrizes realizar determinada tarefa, está, implícita ou tacitamente, tal como salienta ANTUNES VARELA, *op. cit.*, p. 646, a afirmar que se responsabilizará pela actuação dela. Mas a justificação não pode ficar-se por aí, tal como notam, *Código Civil Anotado*, volume I, cit., p. 510, pois é mais justo, tal como salienta ANTUNES VARELA, *op. cit.*, p. 646, que "os efeitos da frequente insuficiência económica do património recaiam sobre o comitente, que o escolheu e orientou na sua actuação, do que sobre o lesado, que apenas sofreu as consequências desta". No mesmo sentido pode ver-se DÄUBLER, *Derecho del...*, cit., p. 567, ao notar que do ponto de vista económico, o empregador encontra-se numa situação, em regra, melhor do que o trabalhador para responder a este tipo de situações, assim como JEAN SAVATIER, *apud* ANTUNES VARELA, *op. cit.*, p. 646, nota n.º 2, ao preconizar que quem emprega e dirige, sob as suas ordens, assim como segundo o seu controlo, e no seu interesse, outrem assume os riscos dos danos que a culpa destes pode causar a um terceiro, além de se apresentar como uma garantia de solvabilidade do responsável para com a vítima, pois os comissários não têm, normalmente, os meios suficientes para a indemnizar, e FREDERICK S. LANE III, *op. cit.*, p.187, a propósito da doutrina de *respondeat superior*, ao observar que o empregador tem mais recursos que o trabalhador. Também NICOLAS SAMARCQ e LUC MASSON, "Les agissements en ligne des salariés: un risque majeur pour les entreprises", *in* www.juriscom.net, p. 1, defende o mesmo ao afirmar que o empregador apresenta, na maior parte das vezes, maior solvabilidade que o trabalhador.

[1558] Pretenderam-se abranger todos os actos compreendidos no "quadro geral da competência ou dos poderes conferidos ao dito comissário" trabalhador.

[1559] *Vide* ALMEIDA COSTA, *op. cit.*, p. 619, CARVALHO FERNANDES, *op. cit.*, pp. 611-612, e MARIA DA GRAÇA TRIGO, *op. cit.*, pp. 103 e ss, e 231 e ss.. Veja-se, ainda, ABÍLIO NETO, *Código Civil Anotado*, 11.ª edição, Ediforum, Lisboa, 1997, pp. 430 e ss., com numerosa jurisprudência acerca destes pressupostos.

O empregador só responderá se o facto do trabalhador for praticado no exercício da função que a este foi confiada, sendo que a questão que se coloca, como observam PIRES DE LIMA e ANTUNES VARELA[1560], é a de saber qual será o grau de conexão exigível. Perfilhando-se o entendimento destes autores[1561], o comitente deve ser responsabilizado pelos factos ilícitos do comissário que tenham com as sua funções uma "conexão adequada", significando que se entende que um facto ilícito foi praticado no exercício das funções do comissário quando, quer pela natureza dos actos de que foi incumbido, quer pela dos instrumentos ou objectos que lhe foram confiados, "ele se encontre numa posição especialmente adequada à prática de tal facto".

A fórmula adoptada pelo nosso legislador abarca apenas os casos em que o facto danoso foi praticado pelo trabalhador no exercício das suas funções e não por ocasião das mesmas, significando que o empregador pode afastar a sua responsabilidade se provar que o trabalhador agiu fora das suas funções[1562]. Assim, secundando ANTUNES VARELA[1563], a lei adoptou uma fórmula restritiva, afastando da responsabilidade do empregador os actos que apenas tenham um "nexo temporal ou local" com a comissão[1564] [1565].

[1560] Última *op.* cit., p. 508.

[1561] *Código Civil Anotado*, volume I, cit., p. 509.

[1562] Prova que nem sempre será fácil de efectuar, o que aumenta o risco de vir a ser responsabilizado, tal como assinala JÚLIO GOMES, *Direito do...*, cit., p. 368, nota n.º 984.

[1563] *Op.* cit., p. 642.

[1564] É o caso do facto ter sido praticado no local ou no tempo de trabalho, mas nada ter a ver com o desempenho das funções do trabalhador a não ser a circunstância deste aproveitar as facilidades que o empregador lhe oferece para consumar o facto. Cf., para mais desenvolvimentos, MARIA DA GRAÇA TRIGO, *op.* cit., pp. 314 e ss..

É o caso, também, de crimes praticados pelo trabalhador no local e no tempo de trabalho através das NTIC mas relacionados com a sua vida privada, podendo colocar-se a questão de saber se o empregador pode actuar disciplinarmente contra o trabalhador pela sua prática. Veja-se sobre esta questão, TERESA COELHO MOREIRA, "O respeito pela esfera privada do trabalhador: natureza jurídica das faltas cometidas por motivo de prisão baseada em crimes praticados fora do trabalho", *in QL*, n.º 18, 2001, pp. 155 e ss., e *Da esfera privada...*, cit., pp. 495 e ss..

[1565] A diferença entre actos praticados no exercício das funções ou por ocasião destas não se mostra tão nítida noutros ordenamentos jurídicos.

Assim, no ordenamento jurídico norte-americano, a definição mais adoptada na doutrina de *respondeat superior* pode ser encontrada no *Restatement (second) of Agency*

434   *A Privacidade dos Trabalhadores e as Novas Tecnologias...*

Este entendimento afigura-se-nos de extrema importância no âmbito deste trabalho já que o empregador poderá eximir-se da sua responsabilidade por mau uso das NTIC, nomeadamente para difamação através

---

que estabelece vários pressupostos para que o empregador seja responsabilizado por actos dos seus trabalhadores e um deles, previsto no n.° 1, é o de que a conduta tem de ocorrer no tempo e no local de trabalho e ser autorizada pelo empregador, não sendo este responsável quando o trabalhador actua fora do âmbito do seu trabalho. Mas esta noção tem sido entendida em termos muito amplos, cabendo ao empregador o ónus da prova, e existem vários casos de responsabilidade dos empregadores relacionada com as novas tecnologias, sendo até um dos principais argumentos para justificar a enorme amplitude do controlo destas inovações tecnológicas, principalmente o *e-mail* e a *Internet*. *Vide* CHRISTOPHER BRIEN, "Establishing Boundaries: Employees, Employers and Workplace Monitoring", *in Electronic Monitoring...*, cit., pp. 147-148, CHRISTOPHER FAZEKAS, *op.* cit., pp. 9-10, FREDERICK S. LANE III, *op.* cit., p. 187, JAY KESAN, *op.* cit., pp. 311-312, MARK ISHMAN, "Computer Crimes and the Respondeat Superior Doctrine: *Employers Beware*", *in Boston University Law Review*, vol. 6, 2000, pp. 3 e ss., e MICAH ECHOLS, "Striking a Balance Between Employer Business Interests and Employee Privacy: Using *Respondeat Superior* to Justify the Monitoring of Web-Based Personal Electronic Mail Accounts of Employees in the Workplace", *in Computer Law Review and Technology Journal*, vol. VII, 2003, pp. 294 e ss..

Também no ordenamento jurídico espanhol o art. 1903.°, n.° 4 do CC, refere-se à responsabilidade do empregador por danos causados pelos seus trabalhadores ao realizar o seu trabalho. Trata-se de uma responsabilidade directa do empregador, objectiva, sem exigência de culpa ou negligência, na medida em que aquele que cria um risco está obrigado a responder pelas suas consequências, em regime de solidariedade com a responsabilidade do trabalhador, embora sem prejuízo do direito de regresso, nos termos do art. 1904.° do CC. Para que se dê a responsabilidade é necessário que exista uma relação de dependência e que a actuação do comissário tenha ocorrido no desempenho das suas obrigações, embora seja difícil para o empregador provar que o acto não ocorreu dentro deste segundo pressuposto, pois não é critério seguro de avaliar esta relação de causalidade o horário e o local de trabalho na medida em que há danos que ocorrem fora destes parâmetros mas que ainda assim têm ligação com o trabalho. Também não parece critério seguro a desobediência do trabalhador, parecendo muito mais relevante, seguindo MARIANO YZQUIERDO TOLSADA, *op.* cit., pp. 21-22, averiguar se a actividade que causou o dano ocorreu no seio de uma actuação empresarial realizada em exclusivo interesse particular do agente ou se, pelo contrário, se tratava de actos situados, ainda que tendencialmente, na "esfera de serviço" do empregador. Mas, mesmo assim, os autores reconhecem que é muito difícil proporcionar uma fórmula universalmente válida para as diferentes situações, imperando a casuística. Vejam-se ANTÓNIO MARTÍN VALVERDE, RODRÍGUEZ--SAÑUDO GUTIÉRREZ e JOAQUÍN GARCÍA MURCIA, *op.* cit., pp. 244-245, CARMEN MORENO DE TORO, *op.* cit., pp. 107 e ss., e JESUS MARTÍNEZ GIRÓN, ALBERTO ARUFE VARELA e

As Novas Tecnologias e a Privacidade

de *e-mails* ou de assédio sexual[1566], *inter alia*, atendendo a este princípio e, principalmente, se tiver adoptado um regulamento interno que

---

Xosé Carril Vázquez, *op.* cit., pp. 243-245, e Mariano Yzquierdo Tolsada, *op.* cit., pp. 10 e ss..

No ordenamento jurídico francês, pelo art. 1384, n.° 5 do *Code civil*, o empregador será solidariamente responsável com o trabalhador se este agiu dentro das funções que lhe foram atribuídas. O empregador comitente só não será responsabilizado se o trabalhador comissário agiu fora das funções que lhe foram atribuídas, sem autorização e para fins estranhos às suas "atribuições", consoante o acórdão da *Cour de Cassation*, de 19 de Maio de 1988. O empregador que não queira ser responsabilizado terá de provar a origem estranha às funções atribuídas do dano causado pelo trabalhador, isto é, tem de provar que o trabalhador "é autor de um abuso de funções". Este abuso é difícil de provar, já que a jurisprudência francesa tem entendido que o trabalhador actua dentro do quadro das suas funções desde que o ilícito tenha sido realizado durante o tempo de trabalho e com os meios colocados à sua disposição, consoante a decisão da *Cour de Cassation*, de 24 de Junho de 1998. Foi com base neste fundamento que a *Cour d'Appel* de Aix-en-Provence, na decisão *Lucente Technologies c/Escota, Lycos France, Nicolas B.*, de 3 de Março de 2006, decidiu que o empregador era responsável por ter fornecido ao trabalhador os meios técnicos necessários para criar um *site* satírico que denegria a imagem de uma outra sociedade, já que a sociedade empregadora lhes permitia um uso privado da Internet. Porém, temos muitas dúvidas quanto à razoabilidade desta decisão. Veja-se com mais desenvolvimentos, capítulo IV, n.° 4.4.2.3., e Alain Supiot, "Travail...", cit., pp. 24-25, Fabrice Fevrier, *Pouvoir de controle...*, cit., pp. 27 e ss., Laëtitia Busnel, *op.* cit., pp. 8-9, e 17, Myriam Delawari e Christophe Landat, *op.* cit., pp. 108 e ss., Nicolas Molfessis, "Vie professionnelle, vie personnelle et responsabilité des commettants du fait de leur préposés", *in DS*, n.° 1, 2004, pp. 32 e ss., Nicolas Samarcq e Luc Masson, *op.* cit., pp. 1-3, Valérie Sédallian, "La responsabilité de l'employeur du fait des activités personnelles de ses salariés sur Internet", *in* www.juriscom.net, pp. 1-3, e Xavier Lemarteleur, *op.* cit., pp. 47-49.

Também no ordenamento jurídico italiano, se reconhece uma responsabilidade por facto ilícito alheio, preceituando que a pessoa fique responsável não só por factos próprios como também pelos danos causados por pessoas de quem tenha a direcção. Esta responsabilidade "indirecta" é prevista nos arts. 1153 e ss. do CC italiano. Cf. Carmen Moreno de Toro, *op.* cit., p. 108, nota n.° 3, e Eulalia Policella, *op.* cit., p. 932.

Esta responsabilidade também é consagrada na Finlândia, sendo a questão fulcral a de saber o que deve entender-se por "funções" do trabalhador. *Vide* Antti Suviranta, *op.* cit., p. 110.

[1566] No ordenamento jurídico dos EUA, entendeu-se, no caso *Doe v. United States*, de 1995, que um hospital seria responsável juntamente com o trabalhador no caso em

436 *A Privacidade dos Trabalhadores e as Novas Tecnologias...*

defina as situações em que estas novas tecnologias podem ser usadas e como[1567]. Não pode deixar de ter-se em atenção que há comportamentos que, sendo embora praticados no local de trabalho, devem considerar-se fora do âmbito da empresa, como acontece com os ilícitos criminais, sem qualquer relação material com aquela. Ao abrigo do art. 7.º do Código Penal, que concretiza uma solução plurilateral ou de ubiquidade[1568], o acto considera-se praticado na empresa mas, materialmente, extravasa o âmbito desta, devendo seguir o regime dos actos extra-laborais[1569].

Reconhecemos, no entanto, que a situação, por vezes, é de aferição bastante difícil, principalmente se o acto praticado pelo trabalhador, ainda que aparentemente fora do exercício das funções, trouxer vantagens para o empregador[1570] [1571]. Por outro lado, há uma outra questão que não faci-

---

que este, um médico do hospital, assediou sexualmente uma paciente durante o tempo de trabalho. Não se concorda com esta decisão pois parece-nos ser o caso em que o facto não foi praticado no exercício das suas funções mas apenas por ocasião destas. Veja-se CHRISTOPHER FAZEKAS, *op.* cit., p. 9, nota n.º 43,

[1567] Sobre esta matéria e a existência de regras escritas sobre o uso do *e-mail* e *Internet*, veja-se capítulo IV, n.os 4.2. e 4.4.2.3..

[1568] Como nota MAIA GONÇALVES, *op.* cit., p. 85, a aceitação desta teoria plurilateral ou da ubiquidade, está relacionada com a vida moderna e a facilidade e frequência da prática de crimes à distância.

[1569] No mesmo sentido cf. JOSÉ ANDRADE MESQUITA, "Tipificações legais da justa causa. A "lesão de interesses patrimoniais sérios da empresa" e a "prática intencional, no âmbito da empresa, de actos lesivos da economia nacional", *in Estudos do Instituto de Direito do Trabalho...*, cit., p. 152. SOFIA LEITE BORGES, "A justa causa de despedimento por lesão de interesses patrimoniais sérios da empresa e pela prática de actos lesivos da economia nacional", *in Estudos do Instituto de Direito do Trabalho...*, cit., pp. 174-175, a propósito da noção de âmbito da empresa e de justa causa de despedimento defende, embora com algumas dúvidas, que a mera utilização de meios da empresa para o efeito de, por exemplo, uma espionagem industrial, através do correio electrónico da empresa para transmitir a informação obtida, será o *quantum satis* para integrar o conceito de "âmbito da empresa".

[1570] Veja-se o caso referido por JÚLIO GOMES, *Direito do...*, cit., p. 368, nota n.º 984, de um trabalhador que invade o sistema de uma empresa concorrente para piratear informação, utilizando o material informático da sua empresa, principalmente, acrescentamos nós, se este acto beneficiar o empregador.

[1571] Sobretudo se se atender que haverá responsabilidade do empregador pelos actos praticados pelo trabalhador com abuso de funções, isto é, quanto os actos formalmente compreendidos no âmbito da comissão, mas praticados com um fim a ela estranho. *Vide* ANTUNES VARELA, *op.* cit., p. 643, e MARIA DA GRAÇA TRIGO, *op.* cit., pp. 342 e ss..

O *Poder de Controlo Electrónico do Empregador...* 437

lita a desresponsabilização do empregador e que é o facto de com as novas tecnologias, principalmente o *e-mail*, se enviado da empresa e com o endereço desta, poder criar a ilusão de que é emanado desta[1572], o que, segundo o entendimento tradicional, pode originar responsabilidade do comitente já que este é responsável sempre que a vítima ignorar que o comissário agiu fora das suas funções. Contudo, também nos parece de atender que se o conteúdo do *e-mail* é de foro pessoal e houver, desta forma, uma utilização estritamente pessoal, o facto ilícito não tem atinência imediata com o desempenho das funções do trabalhador, sendo apenas cometido por ocasião do seu exercício[1573]. Por outro lado, dada a protecção jurídica constitucional assegurada ao *e-mail*[1574], e a impossibilidade do empregador visualizar o seu conteúdo, justifica-se a isenção da sua responsabilidade, já que este não pode ser responsabilizado por algo de que não pode, *ex vi legis*, tomar conhecimento[1575].

[1572] Referindo este caso veja-se JÚLIO GOMES, *Direito do...*, cit., p. 368, nota n.º 984.

[1573] Neste sentido MARIA REGINA REDINHA e MARIA RAQUEL GUIMARÃES, *op.* cit., pp. 669-670.

[1574] Ver esta protecção mais detalhadamente, *infra*, capítulo IV, n.º 4.5.2.2.2..

[1575] Veja-se igual opinião em ARIANE MOLE, "Mails personnels et responsabilités: quelles frontières?", *in DS*, n.º 1, 2002, p. 85, e em MARIA REGINA REDINHA e MARIA RAQUEL GUIMARÃES, *op.* cit., p. 670.

CAPÍTULO III

O CONTROLO ATRAVÉS DE MEIOS AUDIOVISUAIS

1. INTRODUÇÃO

1.1. A áudio e a videovigilância têm-se tornado, nos tempos que correm, num fenómeno omnipresente, embora também não se possa deixar de ter em atenção que é uma das formas mais antigas de controlo electrónico do empregador, inicialmente efectuada por razões de segurança dos trabalhadores[1576], e uma das primeiras novas tecnologias a serem utilizadas.

O tipo de utilização não pode circunscrever-se a razões de segurança das pessoas e de bens. Relaciona-se, ainda, com outro tipo de interesses, pois é um excelente meio de controlo da actividade laboral dos trabalhadores e uma nova forma de governar as relações laborais, especialmente baseada no conhecimento e no fluxo de informação que proporciona. Desde logo, a vigilância através destes meios aumenta a capacidade de controlo do empregador, superando a capacidade de vigilância humana, já que este controlo é total. Por outro lado, este tipo de vigilância permite uma grande poupança ao empregador já que é mais económico do que o controlo humano na medida em que o seu preço não é elevado e os custos de manutenção são

---

[1576] Veja-se TAUFAN HOMAN, "The Netherlands", *in Employment Privacy...*, cit., p. 187. Também PAULA KNOPF, *op.* cit., p. 76, salienta este aspecto de segurança como uma das principais razões para a aceitação cada vez mais generalizada deste tipo de controlo em muitos locais, como bancos, estabelecimentos comerciais e meios de transporte, *inter alia*. No mesmo sentido pode ver-se BRUNO SCHIERBAUM, "Recht am eigenen...", cit., p. 492, salientando a frequência cada vez maior deste tipo de aparelhos em bancos, caixas automáticas, parques de estacionamento, centros comerciais, táxis, auto-estradas, gasolineiras, entre outros locais, assim como ARIAS DOMÍNGUEZ e RUBIO SÁNCHEZ, *op.* cit., p. 145. No mesmo sentido MARIE-NOËLLE MORNET, *op.* cit., p. 20, observa que a videovigilância pode ser instalada por razões de prevenção de delitos, de agressões, de acidentes, isto é, por razões de segurança. Veja-se, ainda, DÄUBLER, *Gläserne...*, cit., p. 30, interrogando-se sobre a necessidade de instalação destes aparelhos.

442   *A Privacidade dos Trabalhadores e as Novas Tecnologias...*

muito menores que os associados à contratação de trabalhadores ou de empresas de segurança privada. Acresce, ainda, que a informação obtida através destes meios é muito mais efectiva, sobretudo para a identificação e a constituição de prova em relação à prática de ilícitos laborais, na medida em que oferecem a possibilidade de recolha, manutenção e recuperação das imagens e dos sons obtidos, a qualquer momento, para além da hipótese de realizar o seu tratamento, o que possibilita a reconstituição de factos e a elaboração de perfis dos trabalhadores[1577].

Desta forma, este tipo de aparelhos tornou-se um meio extremamente presente, sendo cada vez mais difícil escapar-lhes, quer em locais públicos, quer em locais privados[1578]. De facto, este *olho electrónico* permanente, colocado estrategicamente, aponta e vê em todas as direcções[1579].

[1577] Neste sentido ver GOÑI SEIN, *La Videovigilancia Empresarial y la Protección de Datos Personales*, Thomson Civitas, Navarra, 2007, pp. 16-18. No mesmo sentido pode ver-se DANIEL IHNAT, *op. cit.*, pp. 80-81, que refere que a utilização dos sistemas de video-vigilância como uma forma de resolver problemas de segurança é apenas um dos motivos que os empregadores têm. A avaliação da prestação é outra, já que estes instrumentos visam proteger as empresas de potenciais perdas financeiras associadas à incompetência dos trabalhadores, roubos internos e ineficiência. Porém, conforme veremos ainda neste capítulo, n.º 3.2.2., não é possível a instalação destas tecnologias para controlar a prestação do trabalhador. Veja-se, ainda, LIONEL BOCHURBERG e SÉBASTIEN CORNUAUD, *Internet et la vie privée au bureau*, Delmas, Paris, 2001, pp. 24-25, que observam que o grande problema da videovigilância não é tanto a instalação mas antes a possibilidade da utilização das imagens *a posteriori*.

[1578] Esta forma de vigilância tem sido largamente utilizada no Reino Unido onde se estima que se dispendam cerca de 150 a 300 milhões de libras por ano na indústria de vigilância e que existam cerca de 2.5 milhões de câmaras para finalidades de segurança, sendo a imagem de um britânico captada cerca de 300 vezes por dia. Muitas zonas de negócios neste país têm câmaras espalhadas por todos os locais, que incluem *zoom* e visão nocturna para um maior controlo e vigilância. Também em Nova Iorque, só na zona de *Manhattan*, foram identificadas 2397 câmaras para esta finalidade, estando vários governos a pensar usar este tipo de vigilância como um auxílio na luta contra o terrorismo. Veja-se CATARINA SARMENTO E CASTRO, *Direito da Informática...*, cit., p. 123, Parliamentary Office of Science and Technology, *Postnote CCTV*, n.º 175, 2002, p. 1, e *Privacy and Human...*, cit., pp. 53-54.

[1579] Cf. GOÑI SEIN, última *op. cit.*, p. 15, assim como DANIEL IHNAT, *op. cit.*, p. 44, que entendem que se está a viver numa sociedade constantemente vigiada, e RICHARD ROSENBERG, *op. cit.*, p. 8. Ver, ainda, DAVID LYON, *op. cit.*, e a ideia do "olho electrónico" potenciado por estas formas de controlo electrónico das pessoas em geral e dos trabalhadores em especial.

O Controlo através de Meios Audiovisuais

Assiste-se, assim, a uma enorme proliferação de sistemas de circuito fechado, câmaras e outros instrumentos mais sofisticados, que são utilizados nos mais diversos sectores[1580]. E, embora não tenhamos chegado ao nível de controlo total e de transparência, previsto por JEREMY BENTHAM[1581] com a sua realidade panóptica, estamos a aproximar-nos dele na medida em que a metáfora que representa o cidadão cada vez mais preso porque sabe que está a ser vigiado a todo o momento, sem saber quem o vigia e sem poder conhecer o vigilante, está quase a tornar-se uma realidade com a proliferação destas tecnologias[1582]. Com elas, o *olho electrónico* tornou-se penetrante, dominante e ubíquo, na medida em que a câmara regista tudo, armazena todas as informações recolhidas sem esquecimento, sendo muito mais intrusiva do que o controlo realizado por uma pessoa[1583] [1584].

[1580] Neste sentido *vide Parecer n.° 4/2004 sobre Tratamento de Dados Pessoais por meio de Videovigilância*, do Grupo de Protecção de Dados, de 11 de Fevereiro de 2004, p. 2, assim como ACED FÉLEZ, "La protección de datos personales y la vídeovigilancia", *in datospersonales.org*, n.° 5, 2003, p. 1, que chama a atenção para a omnipresença destes diferentes dispositivos de controlo.

[1581] Cf. capítulo anterior, n.° 6, nota n.° 1502.

[1582] *Vd.* GOÑI SEIN, última *op.* cit., p. 15, e LÓPEZ PARADA, "Las nuevas condiciones de trabajo y el lugar de prestación de servicios", *in Derecho Social...*, cit., p. 106, referindo que a instalação de câmaras e sistemas de vigilância no centro de trabalho constitui uma novidade dos últimos tempos e que com esta tecnologia se conseguiu desenvolver o controlo do empregador até ao estabelecimento de um sistema panóptico, que controla todos os espaços do centro de trabalho. Também MERCADER UGUINA, "Derechos fundamentales de los trabajadores y nuevas tecnologias: Hacia una empresa panóptica?", *in RL*, n.° 10, 2001, p. 14, e *Derecho del Trabajo...*, cit., p. 101, defendendo que a introdução destas novas tecnologias no mundo do trabalho ajudou a reforçar a visão panóptica da relação de trabalho. No mesmo sentido ZIRKLE e STAPLES, *op.* cit., p. 90, referindo-se a esta ideia da empresa panóptica.

[1583] Secunda-se SYLVAIN LEFÈBVRE, *op.* cit., p. 81, quando defende que a videovigilância é "a revista silenciosa" dos tempos modernos. No mesmo sentido aponta MARIE-NOËLLE MORNET, *op.* cit., p. 15, ao defender que a videovigilância pode consistir num instrumento muito útil, como num meio bastante perigoso, tendo assim um carácter extremamente ambivalente. Também BELLAVISTA, "Elaboratori elettronici, controlli a distanza e tecniche di tutela", *in DL*, I, 1989, p. 57, aponta no mesmo sentido, através da observação da constante presença destes meios em quase todos os locais.

[1584] Como refere ANITA BERNSTEIN, *op.* cit., p. 3, este tipo de controlo é muito "pior" que o controlo humano já que as imagens podem ser editadas, alteradas, vistas inúmeras vezes e ampliadas, contrariamente ao que acontece com o olhar humano.

444 *A Privacidade dos Trabalhadores e as Novas Tecnologias...*

Assiste-se, desta forma, à "vitrificação"[1585] de vários aspectos da vida das pessoas, sendo cada vez mais frequente o uso destes meios em todo o mundo[1586], muito pela ideia de que são imprescindíveis para lutar contra a ameaça de grandes atentados, como foi o caso do 11 de Setembro de 2001, em Nova Iorque, de 11 de Março de 2004, em Madrid, ou de 7 de Julho de 2005, em Londres. Os estados e os cidadãos recorrem a este tipo de controlo e vigilância porque a consideram uma excelente fonte de informação, e porque procuram uma maior segurança, na medida em que são as próprias pessoas que se sentem mais protegidas[1587].

Entende-se, assim, que este tipo de vigilância é desumanizante, pelo carácter impessoal do meio de controlo[1588], e muito mais penetrante e incisivo que os tradicionais meios de controlo, não electrónicos, por permitir exercer uma vigilância total e completa da actividade do trabalhador[1589]. Este tipo de controlo tem uma potencialidade investigadora enorme, que desconhece fronteiras, registando todos os actos dos trabalhadores, incluindo aqueles que fazem parte dos aspectos mais íntimos da sua vida[1590] [1591], tendo um enorme efeito psicológico nas pessoas contro-

---

[1585] ARMANDO VEIGA e BENJAMIM RODRIGUES, *op.* cit., p. 415.

[1586] Veja-se a referência a vários países, em todos os continentes, em *Privacy and Human...*, cit., pp. 55-56.

[1587] Embora a ideia de instalação destes meios como uma forma de diminuir a criminalidade ainda não esteja claramente provada já que, conforme é referido em *Privacy and Human...*, cit., p. 54, um estudo feito no Reino Unido em 2002 referiu que várias zonas onde se tinham instalado sistemas de videovigilância não tinham originado uma diminuição da criminalidade.

[1588] No mesmo sentido, GOÑI SEIN, *El respeto a la...*, cit., p. 147.

[1589] No mesmo sentido pode ver-se DAVID DE OLIVEIRA FESTAS, *op.* cit., p. 42, nota n.º 113, referindo que a novidade deste tipo de vigilância reside na sua despersonalização, isto é, na sua "robotização", de tal forma que a vigilância surge de uma maneira mais impessoal e desumanizada do que a forma tradicional de vigilância.

[1590] Tal como refere FRANK HENDRICKX, *Protection of worker's...*, cit., p. 110, as câmaras identificam e providenciam informação relativamente a todas as actividades das pessoas, permitindo conhecer todos os seus passos e actividades, sendo frequentemente identificado o uso destes aparelhos no local de trabalho com a ideia do *Big Brother*. No mesmo sentido BELLAVISTA, *Il controllo...*, cit., p. 72.

[1591] GOMES CANOTILHO e VITAL MOREIRA, *op.* cit., pp. 468-469, defendem que dentro dos direitos de personalidade, principalmente dentro do "direito ao segredo do ser", se enquadra o "direito a praticar actividades da esfera íntima sem videovigilância".

O Controlo através de Meios Audiovisuais

ladas. Na verdade, a utilização destes meios de vigilância, tem um grande efeito dissuasor da prática de ilícitos, assim como um importante efeito conformador, o que pode originar situações de stress e doenças associadas[1592] [1593]. Desta forma, este tipo de controlo, com o elemento panóptico que traz associado, assim como a ilusão de que se trate de um controlador que está sempre presente, configura um elemento de disciplina, que traz vários problemas para os trabalhadores associados a esta forma de controlo quase total[1594].

Assim, a utilização destes meios de captação da imagem e o controlo das actividades desenvolvidas pelos trabalhadores têm vindo a representar o "paradigma da discussão sobre os novos instrumentos de controlo e vigilância"[1595]. Tem-se associado esta forma de controlo a um atentado possível às liberdades e aos direitos fundamentais dos trabalhadores no seio da empresa[1596] já que, sob a pretensão de se verificarem as condições em que se presta o trabalho, o cumprimento das obrigações dos trabalhadores e a segurança, poderão concretizar-se atropelos aos direitos de personalidade do trabalhador e, especialmente, ao direito à dignidade[1597], e

---

[1592] Veja-se sobre esta matéria o capítulo anterior, n.º 6, nota n.º 1542, acerca das doenças associadas às novas formas de controlo electrónico, assim como, JULIE FLANAGAN, *op.* cit., p. 1263, e MANUELA GRÉVY, "Vidéosurveillance dans l'entreprise: un mode normal de controle des salariés?", *in DS*, n.º 4, 1995, p. 329.

[1593] Como defende MARTINEZ-HERRERA, *op.* cit., p. 3, este tipo de controlo pode "destruir a paz de espírito de uma pessoa", inibindo-a de adoptar certos comportamentos.

[1594] Veja-se DANIEL INHAT, *op.* cit., p. 84, e ZIRKLE e STAPLES, *op.* cit., p. 90.

[1595] MARTÍNEZ FONS, *El poder de control...*, cit., p. 67, e "El poder de control empresarial ejercido a través de medios audiovisuales en la relación de trabajo – A propósito de las SSTC 98/2000, de 10 de abril y 186/2000, de 10 de julio", *in RL*, n.º 4, 2002, p. 18.

[1596] MENEZES LEITÃO, "A protecção de dados...", cit., p. 133, defende que a proibição estabelecida no art. 20.º do CT "é plenamente justificada, já que este tipo de vigilância afecta profundamente a personalidade do trabalhador, constituindo uma ofensa vexatória à sua dignidade".

[1597] Veja-se neste sentido CATAUDELLA, "La «dignità» del...", cit., pp. 3-4, a propósito da razão de ser do art. 4.º do *SL*, e GIUSEPPE PERA, "Libertà e Dignità dei Lavoratori", *in DL*, 1980, p. 183, acerca do fundamento do art. 4.º do *SL* ser o de evitar formas de controlo que atentem contra a dignidade da pessoa humana. No mesmo sentido *vd.* GIOVANNI ROSSELLI, *op.* cit., p. 453, assim como ROBERTO ROMEI, "Il dibattito dottrinale sull'art. 4 dello Statuto dei Lavoratori", *in Nuove Tecnologie...*, cit., p. 122.

446 *A Privacidade dos Trabalhadores e as Novas Tecnologias...*

ao direito à privacidade, que engloba o direito à autodeterminação informativa[1598] [1599].

Desta forma, a introdução deste tipo de aparelhos no âmbito laboral não é neutra nem asséptica[1600], já que a privacidade dos trabalhadores fica muito fragilizada com uma quase total transparência de tudo o que fazem, levando a que o local de trabalho se torne num "enorme espaço público onde tudo é visível"[1601]. Através destas formas de controlo há um aumento do desequilíbrio entre as partes, já que há uma acentuação da subordinação do trabalhador na medida em que se está perante um controlo contínuo[1602] que permite ao empregador uma maior concentração de poder pois obtém uma série de informações pessoais, a que acresce uma ausência de mecanismos de compensação suficientes para enfrentar esta

---

[1598] Neste sentido cf. BERNARD MAGREZ e HÉLÈNE VANOVERSCHELDE, *Souriez, vous êtes filmés... La videosurveillace en Belgique*, in www.droit-technologie.org, p. 2. Também JORGE MIRANDA e RUI MEDEIROS, *op. cit.*, pp. 289-290, entendem que "os direitos à imagem e à palavra devem ser lidos em simultâneo com o direito à identidade pessoal. Daí se retira um direito a não ver as expressões da sua personalidade distorcidas, o que inclui o direito a que, sem consentimento, a imagem não seja alterada em montagens fotográficas ou as palavras adulteradas ou descontextualizadas em textos ou gravações", impondo-se, desta forma, que as imagens e as palavras sejam divulgadas com rigor e autenticidade.

[1599] Quando analisam esta matéria vários autores tendeim a associá-la ao estabelecimento de uma nova ordem coincidente com algumas obras literárias, como é o caso de *1984*, de GEORGE ORWELL. Esta obra, com um certo carácter premonitório, mostra a redução do indivíduo a um ser totalmente alienado, simbolizado pela videovigilância permanente, através de câmaras, quer nas actividades profissionais, quer na vida privada, à qual cada pessoa se encontrava submetida pelo *Big Brother*, o *Grande-Irmão*, ou seja, o Estado. Esta metáfora influenciou bastante os juslaboralistas, referindo-se muitas vezes à proibição da criação de um ambiente "orwelliano" por parte do empregador que tenta saber tudo o que se passa no interior da empresa em detrimento dos direitos fundamentais dos trabalhadores. STÉPHANE DESROCHERS e ALEXIA ROUSSOS, "The jurisprudence of surveillance: a critical look at the laws of intimacy", *in http://www.lex-electronica.org/articles/v6-2/desroussos.htm*, p. 2, referem que o "Grande-Irmão" está presente nas novas tecnologias, onde através de meios sofisticados de vigilância quase todos os nossos dados são conhecidos.

[1600] Secunda-se aqui o entendimento de GOÑI SEIN, *La videovigilância...*, cit., p. 18.

[1601] GOÑI SEIN, última *op.* cit., p. 18.

[1602] Neste sentido veja-se MARTÍNEZ FONS, últimas *op.* cit..

nova dimensão do poder de controlo do empregador[1603]. E se associarmos a tudo isto o facto de que, com o desenvolvimento tecnológico, estas câmaras cada vez se tornaram mais pequenas[1604], sendo perfeitamente possível adquirir este tipo de equipamento com ligações a um computador ligado em rede, vê-se como a potencialidade de controlo aumenta exponencialmente, assim como a possibilidade de intrusão na privacidade dos trabalhadores, ao que acresce o facto de alguns *sites* da *Internet* permitirem comprar lâmpadas, relógios, aparelhos de ar condicionado ou detector de incêndios com câmaras incorporadas, possibilitando desta forma a realização de um controlo oculto[1605] [1606].

Não pode deixar de ter-se em atenção que a tecnologia está relacionada com este aumento de controlo, já que não só se recorre aos tradicionais circuitos fechados de televisão[1607], como a outros sistemas mais avançados que oferecem um muito maior número de funcionalidades. Na verdade, estes sistemas anteriores de CCTV estão a ser substituídos por soluções de videovigilância baseadas em IP que trazem, para além de

---

[1603] Veja-se FRAYSSINET, "Nouvelles technologies et protection del libertés dans l'entreprise", *in DS*, n.° 6, 1992, p. 599, assim como LORENZO GAETA, *op.* cit., p. 67.

[1604] Como refere MARTÍN MORALES, *op.* cit., p. 26, com esta diminuição do tamanho destes aparelhos, ocorre um atentado à "esfera afectiva", pois há uma possibilidade quase indetectável de controlar, reprimindo, consequentemente, toda a espontaneidade nos comportamentos, abstendo-se de qualquer comentário heterodoxo, realizando, ainda, um possível atentado "ao papel social", perdendo o indivíduo, com este tipo de controlo, a "máscara" com a qual se apresenta ao público, podendo o "choque emotivo ser intenso".

[1605] FREDERICK S. LANE III, *op.* cit., pp. 118-119, observa que se anteriormente um dos principais impedimentos para a realização deste tipo de controlo era o custo associado, este impedimento tem vindo a desvanecer-se com o custo irrisório que estes aparelhos têm, podendo dizer-se que o seu tamanho é agora inversamente proporcional à sua capacidade de gravação e de controlo, principalmente se estiverem ligados em rede. Cf., no mesmo sentido BRUNO SCHIERBAUM, última *op.* cit., p. 492. Também o Documento do Grupo de Protecção de Dados do art. 29.°, *Parecer 4/2004...*, cit., p. 2, se refere a esta minitaturização e digitalização, assim como JÜRGEN HELLE, "Die hiemliche Videoüberwachung – zivilrechtliche betrachtet", *in JZ*, n.° 7, 2004, p. 341.

[1606] Também não pode deixar de ter-se em atenção que com estas novas tecnologias a possibilidade de alteração de imagens também aumenta. *Vd.* o caso decidido em França, pela *Cour d'Appel* de Aix-en-Provence, de 4 de Janeiro de 1994, que não aceitou como prova uma gravação vídeo dada a enorme possibilidade de alteração de imagem. *Vide* MARC RICHEVAUX, *L'introduction...*, cit., p. 15.

[1607] CCTV.

448 *A Privacidade dos Trabalhadores e as Novas Tecnologias...*

várias vantagens, um aumento da possibilidade de controlo de todo o sistema através de qualquer ponto da rede, independentemente do local onde o controlador esteja, e com uma enorme possibilidade de armazenamento, assim como, de recuperação de todas as imagens[1608] [1609].

Por outro lado, estes sistemas de videovigilância implicam, também, uma nova debilidade para o trabalhador, na medida em que contribuem para que este perca o controlo das informações que lhe dizem respeito, assim como dos seus dados pessoais. As gravações servem para retirar o trabalhador do seu anonimato e, juntamente com as informações já conhecidas, permitem a constituição de perfis de trabalhadores e a tomada de decisões com base nelas, aumentadas pela intemporalidade dos registos efectuados[1610].

Deve realçar-se que, independentemente dos efeitos negativos, estas tecnologias *vieram para ficar* e podem servir fins muito diversos, alguns deles fundamentais à vida colectiva[1611].

Este tipo de controlo realiza-se à distância através de operações de tratamento de imagens captadas por câmaras e, neste sentido, diferencia-se de outras formas de vigilância que, embora também à distância, não efectuam tratamento de imagens, como é o caso da vigilância electrónica através do uso da radiofrequência[1612], utilizada nas vulgarmente

---

[1608] Neste sentido GOÑI SEIN, *La videovigilância...*, cit., pp. 15-16. Veja-se, ainda, ANNE UTECK, *op.* cit., p. 30.

[1609] Já WESTIN, *Privacy...*, cit., pp. 25 e ss., se referia a estas novas tecnologias que permitiam um controlo quase total das pessoas, aludindo a câmaras que permaneciam ocultas mas que gravavam todos os seus movimentos e conversas, incluindo aquelas que possuíam visão nocturna.

[1610] Neste sentido GOÑI SEIN, *La videovigilância...*, cit., p. 19.

[1611] Tal como aponta CATARINA SARMENTO E CASTRO, *Direito da Informática...*, cit., p. 19, como o controlo dos fluxos de trânsito, a vigilância do acesso de veículos a zonas de circulação limitada (v.g., centros históricos das cidades) e das infracções às regras de circulação de veículos automóveis, a protecção do ambiente e do património cultural, a protecção de pessoas e bens, ou a garantia de condições de segurança em meio laboral. No mesmo sentido veja-se Grupo de Protecção de Dados do art. 29.º no *Parecer n.º 4/2004...*, cit., pp. 2-3, e nota n.º 3. Neste parecer entende-se que as finalidades da videovigilância podem ser agrupadas em determinados domínios. Assim podem visar a protecção dos indivíduos; a protecção da propriedade; o interesse público; a detecção, prevenção e controlo de infracções; a apresentação de provas; e outros interesses legítimos.

[1612] IDRF, isto é, identificação por radiofrequência.

O Controlo através de Meios Audiovisuais 449

denominadas pulseiras electrónicas para vigilância e controlo dos arguidos[1613].

O carácter remoto ou à distância pode ser entendido em dois sentidos: um físico, pois este tipo de controlo exige que a actividade dos trabalhadores seja controlada por uma pessoa que não se encontra, em princípio, no mesmo local onde se desenvolve a actividade vigiada, podendo estar noutro edifício, piso ou, até, noutra localidade ou país; e um temporal, na medida em que esta forma de controlo não tem que se concretizar imediatamente com a prestação laboral já que estes sistemas de gravação de imagens e de som permitem a sua visualização passado algum tempo[1614]. De facto, com a capacidade de armazenamento cada vez maior deste tipo de aparelhos, permite-se a visualização decorrido muito tempo desde o momento da gravação[1615].

Consideramos[1616] que perante este tipo de vigilância é necessário equacionar três factores, colocando cada um deles problemas específicos. Estes derivam da instalação em si mesma destes mecanismos, da possibilidade de conservação e arquivo das imagens e dos sons assim obtidos e, finalmente, da possibilidade dos mesmos serem utilizados para outras finalidades[1617].

Assim, a controvérsia jurídica coloca em jogo vários direitos contrapostos, o direito à privacidade do trabalhador, assim como à dignidade, e o poder de organização e controlo do empregador, este aliado ao princípio da liberdade empresarial, sendo que a solução para esta questão parece residir no estabelecimento de limites a esta forma de controlo dos trabalhadores.

[1613] Cf. CATARINA SARMENTO E CASTRO, última *op.* cit., p. 122.

[1614] Neste sentido FERNANDEZ VILLAZON, *Las Facultades Empresariales...*, cit., pp. 71-72.

[1615] No mesmo sentido DANIEL IHNAT, *op.* cit., p. 83, que observa que o uso destes meios de controlo envolve uma manipulação do tempo e do espaço. Na verdade, um sistema deste tipo pode ser colocado em qualquer local, podendo o controlador estar separado geograficamente do local de controlo. As imagens podem ser gravadas, revistas várias vezes e, uma vez gravadas, podem ser desmontadas em *pixels*, manipuladas e alteradas, estando sempre presente e com a potencialidade de gravar tudo.

[1616] Seguindo a divisão de FERNÁNDEZ VILLAZÓN, última *op.* cit., p. 72.

[1617] Aspectos que iremos analisar ao longo deste capítulo.

450   *A Privacidade dos Trabalhadores e as Novas Tecnologias...*

1.2. Actualmente, os sistemas de áudio e videovigilância, com a constante evolução tecnológica, caracterizam-se pela utilização de tecnologias numéricas, e pelo recurso à miniaturização, assim como à facilidade da sua utilização e à possibilidade de visualização de imagens em diversos suportes nómadas. Os novos sistemas permitem digitalizar as imagens guardadas, o que facilita o arquivamento, assim como a sua utilização e a troca de informação. Estes meios de controlo incluem visão nocturna, assistência por um computador e detectores de movimento que auxiliam o controlador porque só são accionadas as câmaras se sentirem algum movimento suspeito. Acresce a tudo isto que a qualidade das imagens é cada vez melhor e muitos sistemas conseguem ler um jornal a centenas de metros e, consequentemente, reconhecer um trabalhador. A tecnologia também tem desenvolvido sistemas que permitem o reconhecimento de determinadas faces inseridas num programa, assim como a análise do comportamento de multidões, realizando, simultaneamente, o controlo das roupas utilizadas e dos bens nelas guardados, de forma quase milimétrica, para procurar contrabando ou armas[1618]. Se aplicarmos estes sistemas ao local de trabalho nota-se a enorme capacidade de controlo que os empregadores obtêm, sendo possível[1619] converter o computador e a sua câmara Web num sistema avançado de controlo electrónico, sendo preciso tão só um programa que seja capaz de detectar movimentos entre duas imagens consecutivas tiradas pela câmara. Se tal for conseguido, o computador pode reproduzir o som e a imagem captada[1620].

Nota-se, desta forma, como os sistemas de videovigilância são cada vez mais complexos e potenciadores de possíveis atentados à privacidade das pessoas em geral, e dos trabalhadores em especial, estando constantemente a sofrer actualizações tecnológicas que lhes permitem um maior controlo e vigilância. Se, inicialmente, o processo mais corrente associado a este tipo de controlo era analógico, actualmente está associado a um

---

[1618] Veja-se Parliamentary Office of Science and Technology, *op.* cit., p. 1, e *Privacy and Human...*, cit., p. 56.

[1619] Conforme salientam FRANCISCO MARTÍNEZ LÓPEZ, PAULA LUNA HUERTAS, INFANTE MORO e MARTÍNEZ LÓPEZ, *op.* cit., pp. 103-104.

[1620] Se desejarmos saber desde qualquer parte do mundo o que sucede num determinado local só é necessária uma página *web*, uma câmara para a *web* e um programa que fornecerá todas as ferramentas necessárias.

O Controlo através de Meios Audiovisuais 451

computador e trata-se de uma linguagem numérica, ou digital, com uma enorme capacidade de recolha de informação, bem como de manutenção. Esta digitalização da informação fornecida sob forma de imagem e/ou som, consiste em decompor a imagem num certo número de pontos denominados de *pixels*[1621], que depois são digitalizados e representados sob a forma de *bits*, sendo esta a linguagem tratada pelos computadores[1622]. Desta forma, com o procedimento digital, é possível seleccionar a imagem com base em determinados critérios objectivos, como a câmara que se pretende visualizar, a data, a hora, apenas retendo as imagens úteis[1623]. E se acrescentarmos a possibilidade de alguns sistemas associarem um *software* de detecção de movimento que seja accionado quando se detectem movimentos anormais dentro de uma determinada imagem tipo, vemos como é possível um controlo enorme de determinadas áreas.

Acresce a esta possibilidade a utilização de *webcams* que permitem a difusão das imagens na *Internet* o que aumenta exponencialmente as possibilidades de controlo e vigilância, e que raramente se funda em necessidades de segurança, mas antes num acréscimo dos serviços apresentados aos clientes. A utilização deste tipo de aparelhos pode trazer alguns problemas para a protecção da privacidade dos trabalhadores porque, desde logo, podem ser captadas imagens ocultamente, isto é, sem o conhecimento e consentimento dos trabalhadores, tornando-se, desta forma, um instrumento de controlo "por destino", pois inicialmente não era esta a sua função[1624], assim como as imagens podem ser difundidas sem a possibilidade de um verdadeiro controlo. Na verdade, as imagens captadas são-no sob forma numérica ou digital, sendo passíveis de duplicação e acessíveis a grande número de pessoas[1625] [1626].

[1621] Contracção das palavras inglesas *picture elements*.

[1622] Veja-se, para mais desenvolvimentos, SYLVAIN LEFÉBVRE, *op.* cit., pp. 110 e ss..

[1623] Este procedimento é muito útil para o empregador que não necessita de filmar permanentemente determinados locais, pois o mecanismo de gravação só é accionado se existir movimento.

[1624] Neste sentido vejam-se LIONEL BOCHURBERG e SÉBASTIEN CORNUAUD, *op.* cit., p. 28, e CLEMENS THIELE, "Verwendung von Mitarbeiterfotos auf Firmenwebsites", *in* www.eurolawyer.at, pp. 3-4.

[1625] Cf. DÄUBLER, *Gläserne...*, cit., p. 156, EULALIA POLICELLA, *op.* cit., p. 935,

452 *A Privacidade dos Trabalhadores e as Novas Tecnologias...*

Existe ainda a possibilidade de se associar a gravação do som[1627] à gravação de imagem o que aumenta ainda mais a intrusão na privacidade dos trabalhadores porque se associam à imagem as palavras proferidas, o que permite um maior controlo e vigilância[1628], sendo que a associação destes dois tipos de dados exige uma maior justificação para a sua adopção por parte do empregador, só podendo ser admitida quando se apresente uma necessária conexão entre estes dois elementos com a finalidade de controlo e vigilância pretendidos[1629] [1630]. Defende-se, assim, que a sujeição dos trabalhadores a este tipo de vigilância audiovisual supõe uma enorme agressão e uma ingerência muitas vezes ilícita na sua privacidade, porque não vem acompanhada, a maior parte das vezes, de uma verdadeira exigência técnica, sendo que a sua finalidade não é outra que a compressão da liberdade do trabalhador[1631].

Desta forma, a mera instalação de câmaras de vigilância nada nos elucida acerca de quem vai ter acesso às imagens e som e se estas vão ser

---

JOSEPH KIZZA e JACKLINE SSANYU, "Workplace Surveillance", *in Electronic Monitoring...*, p. 9, e LIONEL BOCHURBERG e SÉBASTIEN CORNUAUD, *op.* cit., pp. 28-29.

[1626] Em Espanha, a Audiência Nacional, secção do Contencioso Administrativo, decidiu, em 24 de Janeiro de 2003, um caso de instalação na redacção do jornal diário *Marca*, de uma câmara, tipo *webcam*, que recolhia uma imagem dos trabalhadores em cada quinze segundos e que as depositava no servidor de *Internet*, de forma tal que cada nova imagem apagava a anterior. A sucessão de imagens através de *Internet* mediante sucessão de fotos fixas produzia-se durante as 24 horas de todos os dias, tendo como única finalidade mostrar o movimento e a actividade da redacção. A estas fotografias podia aceder-se através de uma página *web* acessível para todos. Veja-se GOÑI SEIN, *La Videovigilancia...*, cit., pp. 87-88.

[1627] Como refere AGATHE LEPAGE, LAURE MARINO e CHRISTOPHE BIGOT, "Droits de la personnalité: panorama 2004-2005", *in Recueil Dalloz*, n.º 38, 2005, p. 2644, o som constitui a "imagem sonora" de uma pessoa.

[1628] Como diz MERCADER UGUINA, *Derecho del Trabajo...*, cit., pp. 104-105, as "paredes ouvem" e a vigilância microfónica é outra das ferramentas do panóptico, na medida em que, embora ninguém seja capaz de ler a mente de outra pessoa, pode obter-se uma boa quantidade de informação sobre os motivos e as intenções dos seres humanos através da intercepção das suas palavras.

[1629] Neste sentido MARTÍNEZ FONS, "El poder de control empresarial...", cit., pp. 25-26.

[1630] Ver n.ºs 3.2.1. e ss., ainda neste capítulo.

[1631] *Vide* GOÑI SEIN, *El respeto a la...*, cit., p. 153. Cf., ainda, MARIE-NOËLLE MORNET, *op.* cit., p. 19, referindo o aumento do poder de controlo quando se associa a imagem e o som.

O Controlo através de Meios Audiovisuais 453

conservadas e, inclusive, se poderão vir a ser objecto de tratamento de dados, sendo certo que com as constantes actualizações tecnológicas, as possibilidades oferecidas aumentaram e muito[1632].

Assim, todas estas várias técnicas e instrumentos de controlo audiovisual substituem um controlo periférico e descontínuo, por um controlo centralizado, em tempo real, objectivo, associado a uma máquina, o que aumenta profundamente o poder de controlo do empregador.

Entende-se, desta forma, que podendo considerar-se lícita a vigilância através de sistemas audiovisuais, por razões de segurança de pessoas e bens[1633], os problemas poderão surgir quando a actividade de controlo aplicada com determinadas finalidades lícitas possa conduzir à anulação de toda a privacidade dos trabalhadores.

2. O CONTROLO DO EMPREGADOR E A PROTECÇÃO DE DADOS

2.1. A instalação e o uso de sistemas audiovisuais pode conduzir à intromissão em vários direitos de personalidade dos trabalhadores. Tem-se entendido, desta forma, que a utilização de instrumentos de captação de imagem e de som compromete a personalidade do trabalhador na relação de trabalho[1634], e vários direitos fundamentais com especial relevo nessa relação, como é o caso, *inter alia*, da liberdade de expressão, e do direito à imagem[1635], ou, em geral, do direito à autodeterminação informa-

---

[1632] Neste sentido cf. LÓPEZ PARADA, "Las nuevas condiciones...", cit., pp. 107--108, referindo inúmeras possibilidades de controlo oferecidas pelas novas tecnologias.

[1633] Cf., ainda, neste capítulo, n.º 3.2.3.1..

[1634] *Vide* GOÑI SEIN, *El respeto a la...*, cit., p. 142, e MARTÍNEZ FONS, *El poder de control...*, cit., p. 96, e "El poder de control empresarial...", cit., p. 32.

[1635] Vários são os autores que aludem a esta possível violação do direito à imagem. Assim, DAVID DE OLIVEIRA FESTAS, *op*. cit., p. 42, nota n.º 114, refere que por vezes, a utilização deste tipo de controlo possibilita a violação deste direito. MARTÍNEZ FONS, *El poder de control...*, cit., pp. 81-82, entende, até, que o primeiro direito que pode sofrer uma violação é o direito à imagem, compreendendo uma dupla vertente: uma tutela negativa, isto é, uma esfera de exclusão, e uma tutela positiva, ou seja, um âmbito de protecção, começando o domínio da pessoa sobre a sua imagem, como manifestação de liber-

454 *A Privacidade dos Trabalhadores e as Novas Tecnologias...*

tiva[1636], no sentido de poder cercear determinadas liberdades e opções no seio da empresa[1637]. Na verdade, não se pode deixar de ter em atenção a defesa da dignidade e da própria liberdade dos trabalhadores, na medida em que, através deste tipo de controlo e de vigilância, os trabalhadores não se sentem livres, ainda que sejam conscientes da sua existência, sabendo que os dados recolhidos poderão ser utilizados, e memorizados com o auxílio de computadores, mesmo com uma grande distância temporal. Distância esta que altera a realidade contextual e pode dar lugar, inclusive, a descontextualizações, através de uma perpétua disposição de dados nas mãos do empregador que poderá fazer o uso deles que muito bem entender[1638] [1639].

A vídeo e a áudio-vigilância representam, assim, por excelência, um instrumento que atenta contra a privacidade das pessoas, em geral, e dos trabalhadores, em especial, já que permitem observar globalmente a aparência e as conversas dos indivíduos uma vez que a sua fisionomia e todos os elementos visíveis da sua personalidade ficam disponíveis para o *olho*

---

dade, desde o momento em que se capta a imagem ou o som. Opinião igual tem FERNÁNDEZ VILLAZÓN, *Las facultades...*, cit., p. 72, que se refere, ainda, à importância do direito à autodeterminação informativa. No mesmo sentido apontam BRUNO SCHIERBAUM, "Recht am...", cit., p. 493, e MATTHIAS WILKE, "Videoüberwachung – Zwei Entscheidungen des Bundesarbeitsgerichts sorgen für Verwirrung", *in AiB*, n.º 4, 2005, p. 226, embora chamando também a atenção para a importância do direito à autodeterminação informativa.

[1636] Que, conforme já referimos no capítulo I, entendemos fazer parte do conceito de privacidade.

[1637] Ver SALVADOR DEL REY GUANTER, *Libertad de expresión e información y contrato de trabajo: un análisis jurisprudencial*, Civitas, Madrid, 1994, pp. 133 e ss., referindo-se ao papel reivindicativo e de pressão que tem o direito à liberdade de expressão no seio da relação jurídico-laboral. Também ARMANDO VEIGA e BENJAMIM SILVA RODRIGUES, *op.* cit., pp. 415-416, entendem que são vários os direitos fundamentais que podem ser afectados por esta forma de controlo, referindo-se, *inter alia*, ao direito à imagem, direito à palavra, à voz, ao anonimato, "direito à perenidade informativo-comunicacional", direito à honra, ao bom nome e à reputação, à própria liberdade deambulatória e direito à reserva sobre a intimidade da vida privada.

[1638] Como se verá ao longo deste capítulo, embora este uso possa ser possível, não é lícito, já que há inúmeros princípios que o impedem.

[1639] Vejam-se BELLAVISTA, *Il controllo...*, cit., p. 79, GIORGIO GHEZZI e FRANCESCO LISO, *op.* cit., pp. 362-363, e SONIA FERNÁNDEZ SÁNCHEZ, "Variaciones sobre el poder de control a distancia: el espejo de la madrasta", *in El poder de dirección...*, cit., pp. 88-89.

electrónico. Assim, os menores gestos, e, por vezes, as próprias palavras são filmadas e gravadas, podendo ser usadas mais tarde contra os seus autores. Acresce a tudo isto a possibilidade deste tipo de vigilância tornar também viável a recolha de uma multiplicidade de dados pessoais desde que inclua um sistema de gravação.

Por outro lado, o tratamento de tal tipo de informação poderá conduzir a situações de discriminação, já que há o conhecimento de diferentes tipos de dados que poderão motivar a adopção de medidas discriminatórias[1640]. Desta forma, privacidade e igualdade têm de seguir caminhos paralelos[1641], na medida em que as discriminações que ocorrem só acontecem devido a certos dados que são conhecidos através de actividades que vulneram este direito à privacidade bem como a utilização indevida de ficheiros informáticos que, associados à enorme capacidade de recolha dos computadores, originam a criação de perfis dos trabalhadores.

Preconiza-se, desta forma, que o controlo através da vídeo e da áudio-vigilância, enquanto capaz de recolher e armazenar a imagem e o som, sendo um meio eficaz de recolha de dados pessoais, só o poderá ser desde que respeite os princípios relativos a esta recolha e tratamento.

2.2. Entende-se, desta forma, que o juízo de legitimidade para a instalação e emprego deste tipo de meios de controlo por parte do empregador não pode fundar-se somente na ideia de possíveis intromissões ilegítimas na intimidade ou na vida privada das pessoas dos trabalhadores. Não pode basear-se, apenas, na ideia de que os trabalhadores têm um espaço de liberdade e de vida privada nos centros de trabalho, que pode ser violado pela simples instalação deste tipo de instrumentos de controlo, na medida em que o trabalhador vai sentir-se compelido a adoptar certos comportamentos e a abster-se de praticar outros, com receio de poderem ser vistos e gravados pelo empregador, embora se reconheça que é esta a visão que prevalece, quer na doutrina, quer na jurisprudência, ao apontar sempre que este tipo de controlo configura uma restrição ao direito à reserva da vida privada, parecendo esquecer-se da dimensão positiva do direito à privacidade[1642].

[1640] Veja-se neste sentido FERNÁNDEZ VILLAZÓN, "Tratamiento automatizado de datos personales en los procesos de selección de trabajadores", *in RL*, I, 1994, p. 510.

[1641] Neste sentido HIRUMA RAMOS LUJÁN, *op.* cit., p. 70.

[1642] Veja-se, a título de exemplo, as decisões do Tribunal da Relação de Lisboa, de 18 de Maio de 2005, disponível em www.dgsi.pt, onde o tribunal apenas se referiu ao

456 *A Privacidade dos Trabalhadores e as Novas Tecnologias...*

Na verdade, conforme já se referiu anteriormente[1643], não pode deixar de se ter em atenção que, a um *status* negativo, garantido pelo direito à intimidade, há que acrescentar um *status* positivo, que visa permitir às pessoas controlar o fluxo de informação relativa à sua própria pessoa, isto é, a um direito de controlo activo sobre as informações que sobre ela recaem e a não ser instrumentalizado através do conhecimento adquirido sobre aspectos da sua personalidade[1644], isto é, o direito à autodeterminação informativa, consagrado constitucionalmente no art. 35.º[1645].

Defende-se, assim, que para a apreciação jurídica e a valoração da aceitação das medidas de controlo deste tipo, não pode aceitar-se somente uma dimensão negativa, de *ius excludendi*, do direito à intimidade na medida em que há outros direitos em causa, principalmente o direito à autodeterminação informativa[1646], que se encontram compreendidos no âmbito do direito à privacidade[1647], não podendo deixar de atender-se que, quer as imagens, quer os sons gravados, são dados pessoais[1648] [1649].

---

direito à imagem e ao direito à intimidade da vida privada como possíveis direitos que poderiam ser violados pela videovigilância, assim como o acórdão do Supremo Tribunal de Justiça, de 8 de Fevereiro de 2006, disponível em www.dgsi.pt que revogou esta decisão e onde se lê, no ponto I do sumário, que "a instalação de sistemas de videovigilância nos locais de trabalho envolve a restrição do direito de reserva da vida privada". Porém, deve referir-se, o acórdão da Relação de Lisboa, de 3 de Maio de 2006, que parece ter em consideração o direito por nós aflorado ao decidir que "a licitude da videovigilância afere-se pela sua conformidade ao fim que a autorizou".

[1643] Cf. capítulo I, n.º 4.4..

[1644] Neste sentido *vide* GOÑI SEIN, *La Videovigilancia...*, cit., pp. 59-60, M.ª DEL CARMEN PICÓ, *op.* cit., pp. 202-203, e TASCÓN LÓPEZ, *op.* cit., p. 32.

[1645] Sobre este direito ver capítulo I, n.º 4.4.1.2.4..

[1646] No mesmo sentido, GOÑI SEIN, última *op.* cit., p. 61.

[1647] Cf., neste sentido, DÄUBLER, KLEBE, WEDDE e WEICHERT, *op.* cit., p. 213. Ver, ainda, a Deliberação n.º 61/2004, da CNPD, relativa aos *Princípios sobre Tratamento de Videovigilância*, disponível em www.cnpd.pt, pp. 1-2, onde se entende que os sistemas de videovigilância envolvem a restrição de inúmeros direitos, liberdades e garantias, como o direito à imagem, à liberdade de movimentos, direito à reserva da vida privada, e direito à autodeterminação informativa, cabendo à Lei, nos termos do art. 18.º, n.º 2, da CRP, estabelecer em que medida estes aparelhos e sistemas poderão ser utilizados e, especialmente, assegurar que numa situação de conflito entre direitos fundamentais, as restrições se limitem "ao necessário para salvaguardar outros direitos ou interesses fundamentais".

[1648] Ver, ainda neste capítulo, n.º 2.1..

[1649] Na lei de autorização legislativa do DL n.º 35/2004, de 21 de Fevereiro, que se reporta às empresas que exercem actividade no âmbito da segurança privada, pode

O Controlo através de Meios Audiovisuais

Por outro lado, o computador que armazena a informação deste tipo de aparelhos é um sistema de memorização de informação e, como tal, é entendido como um banco de dados, sujeito às suas regras de protecção[1650].

2.3. Preconiza-se, desta forma, que a instalação de meios de videovigilância afecta também este poder de controlo e disposição de dados pessoais, intrínseco à noção de privacidade, pois os sistemas utilizados permitem não só a captação de imagens e som, como a sua gravação, possibilitando a sua conservação e tratamento para diferentes fins[1651]. Assim, parece-nos que no juízo que deve ser feito na altura da aceitação ou não da instalação deste tipo de aparelhos deve atender-se, não só a aspectos relacionados com a vertente negativa da privacidade, mas também aos princípios relativos à protecção de dados, isto é, com as possibilidades, condições e alcance do tratamento de imagens que este tipo de vigilância comporta. Torna-se necessário realizar um juízo prévio acerca da legitimidade do interesse do empregador e também um controlo *a posteriori* sobre o conteúdo do filmado e sua conservação, assim como o tratamento e a identificação dos seus responsáveis, sendo, ainda, necessário ter em atenção todos os direitos que assistem aos trabalhadores enquanto titulares dos dados pessoais objecto de tratamento, nomeadamente o direito de acesso e de rectificação, assim como o de cancelamento de dados inexactos ou incorrectos.

Entende-se, assim, que deve atender-se ao direito à autodeterminação informativa e à noção de privacidade[1652], na medida em que apontam claramente no sentido de unificação de todos os possíveis riscos que este tipo de tratamento traz, assim como de todos os vários direitos que estão em causa. Os trabalhadores têm, desta forma, o direito de saber se estão a

---

ler-se que a Assembleia da República delegou no Governo a tarefa de "definir, <u>no respeito pelo regime geral em matéria de protecção de dados</u>, as regras respeitantes à utilização dos equipamentos electrónicos de vigilância", estabelecendo que "o <u>tratamento dos dados visa exclusivamente a protecção de pessoas e bens</u>, delimitando temporalmente a conservação dos dados recolhidos, garantindo o conhecimento pelas pessoas da utilização daqueles meios, bem como restringindo a utilização de dados recolhidos nos termos previstos na legislação processual penal", nos termos do art. 2.°, alínea h) – sublinhado nosso.

[1650] Cf. M.ª Teresa Salimbeni, *op. cit.*, p. 33, e Massimo Dogljotti, *op.* cit. p. 36.

[1651] Veja-se neste sentido Goñi Sein, *La Videovigilancia...*, cit., p. 61, e Fernández Villazón, *Las facultades...*, cit., p. 83.

[1652] Goñi Sein, última *op.* cit., p. 63, e "Los critérios básicos...", cit., pp. 81-82.

458   *A Privacidade dos Trabalhadores e as Novas Tecnologias...*

ser gravadas imagens ou conversas suas e qual o uso que lhes é dado, podendo, em determinados casos, opor-se ao seu uso.

2.4. O entendimento que vem sendo adoptado quer a nível internacional, quer a nível comunitário, como em contexto mais alargado, é exactamente o de situar o poder de controlo audiovisual do empregador dentro do terreno do tratamento de dados pessoais e do correspondente direito à autodeterminação informativa.

2.4.1. A OIT, já no *Repertório de recomendações práticas sobre protecção de dados pessoais dos trabalhadores*, de 1997[1653], que não reveste carácter obrigatório, teve um papel importante no estabelecimento de recomendações, orientações e directrizes para a legislação dos diferentes Estados membros, reconhecendo a importância da utilização das novas tecnologias como meio de vigilância dos trabalhadores. Nesse sentido adopta um conceito de vigilância e de controlo extremamente amplo, na medida em que engloba a utilização de dispositivos como computadores, máquinas fotográficas, aparelhos auviovisuais, telefones ou outro material de comunicação, assim como diferentes métodos de identificação e de localização e quaisquer outros sistemas de vigilância[1654], não esquecendo que todos eles implicam o tratamento de dados pessoais dos trabalhadores. Nos termos do n.º 3.2. deve entender-se por tratamento toda a recolha, "conservação, combinação, comunicação ou qualquer outra forma de utilização de dados pessoais", tratando-se de noção bastante ampla embora nos pareça compreensível porque se pretende evitar, desta forma, a inaplicabilidade deste regime perante novas formas de controlo[1655] [1656].

[1653] Este repertório foi adoptado numa reunião de peritos sobre protecção da vida privada dos trabalhadores, tendo a reunião ocorrido em Genebra entre 1 e 7 de Outubro de 1996, no cumprimento de uma decisão tomada pelo Conselho de Administração da OIT na sua 264.º sessão, ocorrida em Novembro de 1995. Ver *Repertório de Recomendações...*, cit., p. V.

[1654] Neste sentido vejam-se BELLAVISTA, "I poteri dell'imprenditore...", cit., pp. 160-161, e "Le prospettive della...", cit., p. 66, assim como LAËTITIA BUSNEL, *op.* cit., pp. 39-40, e SPIROS SIMITIS, "Quatre hypothèses...", cit., p. 89.

[1655] Imagine-se, *inter alia*, o caso dos dados biométricos associados à tecnologia audiovisual.

[1656] Esta formulação adoptada pela OIT, como nota BELLAVISTA, "I poteri dell'...", cit., p. 161, apresenta semelhanças com a redacção do art. 4.º do *SL*, onde se

No que respeita à própria recolha de dados pessoais do trabalhador, e sob o ponto de vista substancial, afirma-se que tem de respeitar-se o princípio da idoneidade dos dados pessoais que são recolhidos e, por obediência a um princípio de transparência, que os trabalhadores saibam qual a respectiva finalidade[1657]. Desta forma, estabelece-se no n.º 6.14 que quando os trabalhadores são objecto de medidas de controlo e de vigilância, devem ser informados previamente das razões que as motivam, das horas em que o controlo vai ser efectuado e das diversas técnicas utilizadas para a sua concretização, assim como dos dados que vão ser recolhidos. Estabelece-se, ainda, que o empregador deve reduzir ao mínimo a intrusão na privacidade dos trabalhadores, sendo que esta última parte parece assumir uma importância fundamental uma vez que o empregador não é livre de escolher os métodos e os meios de controlo que considera mais adequados pela sua própria vontade, devendo, pelo contrário, ser escolhidos os meios que produzam menos intrusão na privacidade dos trabalhadores, dando prevalência às formas de controlo menos intrusivas[1658].

O *Repertório* prevê, ainda, formas de controlo contínuas ou ocultas, perfilhando um entendimento extremamente restritivo, estabelecendo um regime ainda mais severo, na medida em que este tipo de controlo permanente[1659] está associado a uma ansiedade constante que pode originar doenças físicas ou perturbações psicológicas[1660]. Entende, desta forma, nos termos do n.º 6.14.3., que a vigilância contínua só deverá ser aceite por motivos de segurança, saúde e protecção de bens.

Também com um entendimento extremamente restritivo aceita-se o controlo secreto. Tal como está estabelecido no n.º 6.14.2., este tipo de controlo só é aceite se estiver previsto em legislação nacional ou se existirem suspeitas fundadas de actividades criminosas ou de outras infracções graves. Nota-se, assim, que não basta qualquer suspeita por parte do

---

encontra a expressão "outros aparelhos" que, conforme se verá no próximo capítulo, n.º 1, tem sido entendido pela maior parte da doutrina e da jurisprudência com a virtualidade de aplicação também às novas formas de controlo electrónico e ao controlo dos *e-mails* e da *Internet*.

[1657] Neste sentido veja-se GOÑI SEIN, *La Videovigilancia…*, cit., p. 64, e BELLAVISTA, última *op*. cit., p. 161.

[1658] Defende esta opinião também BELLAVISTA, "I poteri dell'imprenditore…", cit., p. 161.

[1659] GOÑI SEIN, última *op*. cit., p. 65.

[1660] Ver capítulo anterior, n.º 6, nota n.º 1542.

empregador já que só será aceite quando existirem indícios razoáveis da sua prática para uma pessoa normal. Dá-se o exemplo do assédio sexual que pode não ser considerado como um comportamento penalmente relevante[1661] [1662].

No que tange ao princípio da finalidade da recolha de dados pessoais, defende-se o seu uso plurifuncional, tal como é enunciado no n.º 5.2., estabelecendo que qualquer outra forma de utilização de dados está sujeita a duas condições, previstas no n.º 5.3.: a nova forma de utilização tem se ser compatível com a finalidade inicial; e o empregador deve adoptar todas as medidas necessárias para evitar que a informação seja descontextualizada. Contudo, nos termos do n.º 5.4., parece existir uma situação em que se proíbe toda a mudança de finalidade e que se consubstancia na utilização dos dados obtidos para finalidades de segurança e do bom funcionamento dos sistemas automatizados de informação não poderem ser utilizados para controlar o comportamento e a produtividade dos trabalhadores. Parece, desta forma, que o *Repertório* recusa o exercício de um controlo permanente do trabalhador através de métodos que visam proteger a segurança, embora também entenda que não estaria submetida a esta restrição a descoberta acidental de infracções não relacionadas com o objectivo das medidas[1663] [1664].

Nota-se, desta forma, como o conceito de controlo e de vigilância está relacionado claramente com a protecção de dados e, no que diz respeito ao controlo audiovisual, há uma série de princípios que têm de ser estabelecidos.

2.4.2. Na União Europeia, existe, desde logo, a Directiva 95/46/CE, de 24 de Outubro de 1995, onde se estabelece a protecção da privacidade em relação ao tratamento de dados pessoais. Ao abrigo desta Directiva, e do seu art. 29.º, foi criado o Grupo de Protecção de Dados[1665] que tem vindo a

---

[1661] Neste sentido veja-se BELLAVISTA, última *op.* cit., p. 162.

[1662] Este entendimento é de grande importância para a compreensão do princípio da transparência no n.º 3.4..

[1663] No mesmo sentido GOÑI SEIN, *La Videovigilancia...*, cit., p. 66.

[1664] Este princípio é importante para o entendimento do princípio da compatibilidade com a finalidade declarada, objecto de análise mais desenvolvida no n.º 4.3..

[1665] GPD. Este é composto por um grupo de representantes das autoridades de protecção de dados, com funções consultivas, e que actua de forma independente. É,

enquadrar a utilização de sistemas de controlo audiovisual dentro do âmbito do direito à autodeterminação informativa e do direito à privacidade.

O GPD, no *Parecer n.° 4/2004 sobre o Tratamento de Dados Pessoais por meio de Videovigilância*, de 11 de Fevereiro de 2004[1666], entende que o direito à autodeterminação informativa proporciona a base e a protecção aos limites contratuais do poder de controlo do empregador por forma a evitar formas de controlo directo ou injustificadas e despro- porcionadas da actividade dos trabalhadores[1667]. Assim, chama a atenção que a própria Directiva garante a protecção da privacidade a todo o tipo de informação, incluindo a que é constituída por imagem e som[1668], não podendo deixar de atender-se que através da captação deste tipo de dados pessoais se recolhe um conjunto de informação que diz respeito a pessoas identificadas ou identificáveis, e se um indivíduo em trânsito pode esperar um menor nível de privacidade, não espera, porém, ser total ou parcial- mente privado dos seus direitos e liberdades, inclusive no que concerne à sua própria esfera e imagem privadas[1669]. Desta forma, estabelece que as pessoas têm o direito de exercer a sua liberdade de circulação sem se sujei- tarem a condicionamentos psicológicos excessivos quanto à sua circulação e conduta e sem que sejam objecto de monitorização permanente.

Há que notar que, mesmo nos domínios aos quais não se aplica a Directiva 95/46/CE, o Grupo chama a atenção para a necessidade de observância dos requisitos previstos no art. 8.° da CEDH, para os casos

---

desta forma, um órgão que se ocupa, entre outros assuntos, de examinar questões relativas à aplicação de medidas nacionais adoptadas no seio da Directiva sobre protecção de dados, com o fim de contribuir para a uniformidade da sua aplicação. Os documentos deste Grupo podem ser encontrados em http://ec.europa.eu/justice_home/fsj/privacy/working-group/index_en.htm.

[1666] Já anteriormente, no *Opinion 8/2001 on the processing of personal data in the employment context*, de 13 de Setembro de 2001, o GPD tinha defendido que o processa- mento do som e da imagem teria que obedecer aos princípios previstos na Directiva e que a videovigilância dos trabalhadores estava abrangida pelas disposições desta Directiva.

[1667] GOÑI SEIN, última *op.* cit., p. 67.

[1668] Veja-se neste sentido o Considerando n.° 14 que estabelece: "tendo em conta a importância do desenvolvimento que, no âmbito da sociedade de informação, sofrem actualmente as técnicas de captação, transmissão, manipulação, gravação, conservação ou comunicação de dados de som e de imagem relativos às pessoas singulares, há que aplicar a presente directiva ao tratamento desses dados".

[1669] Cf. *Parecer n.° 4/2004...*, cit., p. 6.

462 *A Privacidade dos Trabalhadores e as Novas Tecnologias...*

de videovigilância efectuada com base em exigências reais de segurança pública ou para detecção, prevenção e controlo de crimes, devendo estar prevista em disposições específicas de que o público tenha conhecimento, e estar relacionada e ser proporcional à prevenção de riscos concretos e de infracções específicas[1670]. Acresce, ainda, que os efeitos produzidos pelos sistemas de videovigilância devem ser considerados e o responsável pelo seu tratamento deve estar claramente identificado de forma a que as pessoas em causa possam exercer os seus direitos de acesso e de rectificação, o que está relacionado com o facto de ser cada vez mais frequente que o controlo e a vigilância sejam feitos conjuntamente pela polícia ou por entidades privadas[1671], o que conduz a um aumento do risco de confusão em relação ao papel e à responsabilidade individuais.

O campo de aplicação da Directiva é bastante amplo pois, como se refere no Parecer[1672], tanto se aplica ao tratamento de dados, incluindo o som e a imagem, por meio de circuitos fechados de televisão e outros sistemas de videovigilância, como ao tratamento não automatizado de dados pessoais contidos ou destinados a ser incluídos num ficheiro. Acresce que em relação às imagens e aos sons que podem ser considerados como dados pessoais, refere-se que são entendidos como tais as imagens que se utilizem no âmbito de um circuito fechado de televisão, ainda que não associadas a características específicas de uma pessoa, assim como as que não se referem a pessoas cujos rostos foram filmados mas que contêm outras informações, como os números de matrículas de automóveis, ou números de identificação pessoal[1673] obtidos durante o contexto de vigilância de caixas automáticas, e as conseguidas independentemente do método utilizado para o tratamento[1674], da técnica adoptada[1675], do tipo de equipamento[1676], das características de captação de imagens[1677]e das ferramentas de comunicação utilizadas[1678].

[1670] Sublinhados nossos.

[1671] *Inter alia*, bancos, empresas e associações privadas.

[1672] *Parecer n.° 4/2004...*, cit., pp. 14-15.

[1673] PIN.

[1674] Como sistemas de vídeo fixos ou móveis, como receptores de vídeo portáteis, imagens a cores e/ou preto e branco.

[1675] Aparelhos com cabo ou fibra óptica.

[1676] Fixo, rotativo ou móvel.

[1677] Contínua ou descontínua.

[1678] A ligação a uma "central" e/ou transmissão de imagens para terminais remotos.

Desta forma, uma das primeiras preocupações que o responsável pelo tratamento deve adoptar é verificar se a videovigilância implica o tratamento de dados pessoais na medida em que diga respeito a pessoas identificadas ou identificáveis, como por exemplo, o equipamento situado à entrada de um banco ou no seu interior, quando esse equipamento permita identificar os clientes.

No que diz respeito aos princípios de protecção que a Directiva estabelece e que são aplicáveis à captação de imagens ou som por meio de circuitos fechados ou outros sistemas de videovigilância, o Parecer estabelece várias obrigações que têm de ser respeitadas pelo responsável pelo tratamento, isto é, pelo empregador[1679].

Em primeiro lugar, há o princípio da legalidade do tratamento, o que cria a obrigação de verificar se o controlo exercido cumpre todas as disposições gerais e específicas.

De seguida, aponta-se o princípio da especificidade, que significa que os fins devem ser claros e inequívocos, obedecendo ao princípio da legalidade, com o objectivo de oferecer um critério preciso na hora de avaliar a compatibilidade, impedindo desta forma que as imagens captadas sejam utilizadas para outros fins.

Também a legitimidade do tratamento é outro dos princípios a seguir, assim como a própria proporcionalidade do recurso a esta forma de controlo, que conduz que o sistema só possa ser utilizado quando outras medidas de prevenção, de protecção e de segurança, de natureza física ou lógica, que não requeiram a captação de imagens[1680] ou de som, se apresentem como claramente insuficientes ou inaplicáveis em relação ao fim legítimo. Por outro lado, o princípio da proporcionalidade aplica-se à selecção da tecnologia adequada, aos critérios de utilização do equipamento em concreto e à especificação das disposições para o tratamento de dados bem como no que concerne às regras de acesso e ao período de conservação.

Defende-se, desta forma, que é necessário aplicar, casuisticamente, o princípio da adequação aos fins pretendidos, o que implica uma espécie de

---

[1679] Segue-se, de perto, a divisão apresentada por GOÑI SEIN, *La Videovigilancia...*, cit., pp. 70-71, e *Parecer n.º 4/2004...*, cit., pp. 16 e ss..

[1680] Como, por exemplo, o uso de portas blindadas para combater o vandalismo, a instalação de portas automáticas e dispositivos de acreditação, sistemas conjuntos de alarme e iluminação melhor e mais forte das ruas à noite.

464   *A Privacidade dos Trabalhadores e as Novas Tecnologias...*

dever de minimização dos dados por parte do responsável pelo tratamento[1681]. Por outro lado, há que atender ao princípio da proporcionalidade na realização das actividades de videovigilância, o que implica a avaliação minuciosa da proporcionalidade das medidas relativas ao tratamento de dados e que obriga a ter em conta uma série de circunstâncias como, *inter alia*, o ângulo visual em relação à finalidade prevista[1682], o tipo de equipamento usado para filmar, as disposições efectivas de instalação, a possibilidade de ampliar ou aproximar as imagens que são filmadas, as funções de bloqueio da imagem, a ligação a uma "central" para enviar alertas sonoros e/ou visuais, e as medidas tomadas decorrentes da videovigilância[1683].

Para além disto, é necessário considerar a decisão a tomar quanto à manutenção das imagens e ao período de conservação, devendo este ser o mais curto possível e adequado às características específicas do caso considerado.

Por último, de acordo com os artigos 10.° e 11.° da Directiva, é necessária a informação aos interessados. Devem, desta forma, ter conhecimento de que está a ser implementado um sistema de videovigilância,

---

[1681] Neste sentido, o Grupo entende que embora um sistema de videovigilância e um sistema de alerta possam ser considerados como legítimos se ocorrerem vários episódios de violência numa área próxima de um estádio ou se forem cometidos ataques repetidos em autocarros, em áreas periféricas ou perto de paragens de autocarro, o mesmo não acontece com um sistema destinado a impedir insultos aos motoristas de autocarro e a evitar que se sujem os veículos, ou a identificar cidadãos responsáveis por pequenas infracções administrativas, como o facto de abandonar sacos de lixo fora dos respectivos contentores, ou, ainda, a detecção das pessoas responsáveis por furtos ocasionais em piscinas públicas. Ver mais desenvolvimentos sobre o princípio da proporcionalidade, ainda neste capítulo, n.° 3.3..

[1682] Como se refere no *Parecer n.° 4/2004...*, cit., p. 20, nota n.° 21, em duas decisões emitidas pela autoridade italiana para a protecção de dados podem encontrar-se exemplos de precauções específicas a ter no que respeita ao ângulo visual. Assim, um organismo de saúde pública que pretendia introduzir um serviço permitindo às famílias observar continuamente, à distância, os pacientes em coma, em quarentena, ou gravemente doentes, numa unidade de cuidados de urgência, foi informado da necessidade de tomar as medidas adequadas para impedir a visualização simultânea de outros pacientes. Noutro caso, a autoridade indicou aos órgãos administrativos da polícia que, para um sistema de detecção de violações dos limites de velocidade, bastava apenas filmar as respectivas chapas de matrícula e não, também, o interior dos veículos.

[1683] Cf., sobre esta matéria, ainda neste capítulo, n.° 3.3..

O Controlo através de Meios Audiovisuais

com conhecimento dos locais onde as câmaras se encontram, sendo a informação colocada a uma distância razoável dos locais vigiados. Tem, ainda, que especificar-se quais são os fins da vigilância e quem é o responsável pelo seu tratamento.

Entende-se, ainda, que para garantir a segurança e o uso adequado dos sistemas de videovigilância, o Grupo considera que devem ser adoptadas uma série de medidas de organização. Estas compreendem a restrição do acesso às imagens a um número limitado de pessoas físicas. Sempre que a videovigilância se destine apenas a evitar, detectar e controlar infracções, a solução preferível será a do uso de duas chaves de acesso, podendo uma delas estar na posse do responsável pelo tratamento e outra na polícia, sem prejuízo do exercício legítimo da pessoa em causa do seu direito de acesso, através de um pedido feito durante o curto período de conservação das imagens. Torna-se, ainda, necessária a adopção de medidas de segurança para evitar, entre outras eventualidades, a difusão de informação, assim como para preservar a qualidade das imagens gravadas.

No entanto, há que referir que a possibilidade de aplicação dos direitos dos titulares dos dados é um pouco limitada já que há um período muito curto de retenção dos dados pessoais[1684].

Em último lugar, o Grupo analisa o caso específico da videovigilância no âmbito do emprego, defendendo que os sistemas destinados directamente a controlar, a partir de um local remoto, a qualidade e a quantidade da actividade de trabalho, implicando, desta forma, o tratamento de dados pessoais, não devem, por regra, ser permitidos. Porém, inversamente, admite os sistemas de videovigilância utilizados, com finalidades de segurança de produção e/ou ocupacional e que também implicam a monitorização à distância, embora só indirectamente, indicando que devem ser aplicados todos os princípios anteriormente referidos e quaisquer outros estabelecidos por legislação nacional ou convenção colectiva.

Acresce, ainda, que a videovigilância não deve ser colocada em instalações reservadas ao uso privado dos trabalhadores ou que não se destinem ao cumprimento de tarefas relacionadas com o emprego[1685].

Entendem, ainda, que as imagens recolhidas exclusivamente com a finalidade de salvaguarda da propriedade e ou detecção, prevenção ou

---

[1684] Neste sentido GOÑI SEIN, *La Videovigilancia...*, cit., p. 72.
[1685] Como os lavabos, as salas de duche, cacifos e espaços de recreio.

466   *A Privacidade dos Trabalhadores e as Novas Tecnologias...*

controlo de infracções graves, não devem ser utilizadas para acusar os trabalhadores da prática de pequenas infracções disciplinares.

Fundamental, também, é a informação dos trabalhadores, que tem de incluir a identidade do responsável pelo tratamento, a finalidade da vigilância, assim como outras informações necessárias para garantir o tratamento justo no que concerne ao trabalhador[1686].

2.5. A aplicação destes princípios de protecção de dados à videovigilância, encontrando a sua base em instrumentos normativos de Direito internacional relevantes em matéria de protecção de dados, e com consagração constitucional no art. 35.º, tem no nosso ordenamento jurídico ordinário alguma consagração normativa, principalmente nos arts. 20.º e 21.º do CT, assim como na Lei 67/98, de 26 de Outubro[1687] [1688], que transpôs a Directiva 95/46/CE, e dos diferentes diplomas que regulam a actividade de videovigilância para determinados sectores[1689].

No nosso ordenamento jurídico entende-se que as imagens e os sons recolhidos no local de trabalho são dados pessoais quando permitam a

---

[1686] *Inter alia*, em que caso as gravações vão ser examinadas pela direcção da empresa, o período de gravação e quando poderá ser revelada às autoridades judiciais.

[1687] Lei de Protecção de Dados Pessoais.

[1688] Esta Lei tem uma disposição específica relativa à videovigilância – art. 4.º, n.º 4. Aí pode ler-se que "a presente lei aplica-se à videovigilância e a outras formas de captação, tratamento e difusão de sons e imagens que permitam identificar pessoas sempre que o responsável pelo tratamento esteja domiciliado ou sediado em Portugal ou utilize um fornecedor de acesso a redes informáticas e telemáticas estabelecido em território português".

[1689] É o caso do DL n.º 35/2004, de 21 de Fevereiro, que regula a utilização destes meios por parte de empresas que exercem actividade de segurança privada. Também a Lei n.º 16/2004, de 11 de Maio, que aprova medidas preventivas e punitivas a adoptar em caso de manifestações de violência associadas ao desporto, particularmente nos arts. 7.º e 11.º, onde se diz que "o promotor do espectáculo desportivo no qual se realizem competições profissionais ou não profissionais consideradas de risco elevado, sejam nacionais ou internacionais, deve instalar um sistema de videovigilância que permita o controlo visual de todo o recinto". A vigilância por sistema de vídeo está expressamente prevista para as salas de jogo e casinos, nos termos da Lei n.º 28/2004, de 16 de Julho. Há, ainda, a Lei n.º 1/2005, de 10 de Janeiro, que procedeu à regulamentação da utilização de câmaras de vídeo, fixas ou portáteis, ou qualquer outro meio técnico análogo, ou qualquer sistema que permita a realização de gravações, pelas forças e serviços de segurança em locais públicos de utilização comum, para captação e gravação de imagem e o seu posterior tratamento.

identificação das pessoas que nelas aparecem[1690]. O entendimento perfilhado leva a que este tipo de tratamento de dados tenha de se reger pelos princípios estabelecidos na Lei 67/98, de 26 de Outubro, e pelos arts. 20.º e 21.º do CT.

Sendo assim, é possível a instalação deste tipo de sistemas de controlo e vigilância sempre que seja justificado, atendendo ao tipo de actividade em causa, nos termos do art. 20.º, n.º 2, do CT[1691], e deve ser sempre objecto de autorização prévia da CNPD, nos termos do art. 21.º, n.º 1, do CT. Esta autorização só pode ser concedida se o tratamento visado pelo empregador respeitar os princípios previstos na Directiva 95/46/CE e na Lei 67/98, de 26 de Outubro, isto é, se a utilização destes meios for necessária, adequada e proporcional à finalidade pretendida.

Defende-se, desta forma, tal como na Deliberação n.º 61/2004 da CNPD[1692], que o tratamento a ser feito e os meios utilizados devem ser os necessários, adequados e proporcionais às finalidades pretendidas, isto é, à protecção de pessoas e bens.

Exige-se, ainda, nos termos do n.º 3 do art. 21.º do CT, que os dados pessoais recolhidos através destes meios só podem ser conservados durante o período necessário para a prossecução das finalidades estabelecidas.

Impõe-se, por último, nos termos do estabelecido no art. 20.º, n.º 3, do CT, a informação aos trabalhadores, assim como, nos termos do art. 21.º, n.º 4, do CT, um parecer da comissão de trabalhadores ou, dez dias após a consulta, um pedido de parecer.

Nota-se, desta forma, como no nosso ordenamento jurídico começa a entender-se que o controlo do empregador através destes meios está rela-

---

[1690] A recolha de imagens e sons de pessoas não constitui, sempre, um tratamento de dados pessoais. É o caso dos tratamentos de imagens efectuados por pessoas singulares no exercício de actividades exclusivamente pessoais ou domésticas, nos termos do art. 4.º, n.º 2, da Lei 67/98, de 26 de Outubro. Aplica-se esta excepção à vigilância à distância do interior da casa de cada um de nós, mas desde que a recolha de imagens ou sons não se destine a controlar trabalhadores. Pode, ainda, ser utilizado este sistema para gestão da e-família, ou para detecção de intrusos. Cf. neste sentido CATARINA SARMENTO E CASTRO, *Direito da Informática...*, cit., pp. 126-127, e Deliberação n.º 205/2002 da CNPD, disponível em www.cnpd.pt.

[1691] Cf., sobre esta matéria n.º 3.2. 3., ainda deste capítulo.

[1692] Disponível no *site* www.cnpd.pt.

468   *A Privacidade dos Trabalhadores e as Novas Tecnologias...*

cionado com a protecção de dados pessoais dos trabalhadores e com o direito à autodeterminação informativa[1693], devendo respeitar-se os princípios de protecção de dados e, principalmente, o princípio da proporcionalidade.

Estes princípios e direitos têm uma enorme relevância no âmbito laboral[1694], não só pelo necessário fluxo de informação entre trabalhadores e empregadores[1695], mas também pelo carácter personalíssimo da prestação laboral do trabalhador, onde se colocam em jogo valores essenciais da sua pessoa, e que converte o âmbito laboral num local particularmente propício para o surgimento de violações dos direitos fundamentais causados pelo uso e tratamento da informação[1696].

2.1. A consideração da imagem e do som do trabalhador como dados pessoais e o seu tratamento

2.1.1. Os dados pessoais constituem uma parte muito importante, por vezes essencial, do capital informacional e do património imaterial de uma empresa. Se explorados dentro de uma óptica exclusivamente económica e financeira, estes dados podem servir directa ou indirectamente para atentar contra os direitos e liberdades dos trabalhadores, principalmente contra o direito à autodeterminação informativa. Convém, desta forma,

---

[1693] Por isso, embora se concorde com a decisão final do acórdão do STJ, de 8 de Fevereiro de 2006, já citada anteriormente a propósito da colocação por parte do empregador de câmaras de videovigilância dirigidas para os postos de trabalho que registavam de forma permanente as tarefas realizadas pelos trabalhadores sem o seu consentimento e contra a sua vontade, igual concordância já não ocorre com a respectiva fundamentação. Decidiu-se no aresto que "a colocação de câmaras de vídeo em todo o espaço em que os trabalhadores desempenham as suas tarefas, de forma a que estes se encontrem no exercício da sua actividade sob permanente vigilância e observação, constitui, nestes termos, uma intolerável intromissão na reserva de vida privada, na sua vertente de direito à imagem". Embora se entenda, também, que este direito foi violado, afigura-se-nos que o direito à autodeterminação informativa também foi colocado em causa e, quanto a este, não há qualquer menção. Esta ausência não parece ter sido a melhor opção.

[1694] Veja-se, neste sentido, GOÑI SEIN, "Vulneración de derechos...", cit., pp. 56-57.

[1695] Os dados pessoais obrigatórios que têm de ser comunicados aquando da celebração e da execução de um contrato de trabalho.

[1696] Neste sentido MARTÍNEZ FONS, *El poder de control...*, cit., p. 203.

conciliar os diferentes interesse e direitos em causa, tentando encontrar um certo ponto de equilíbrio[1697].

Com esse objectivo, e para assegurar uma adequada delimitação da protecção de dados e do controlo do empregador sobre eles, é imperioso delimitar o conceito de dados pessoais e saber em que medida a imagem e o som recolhidos através da videovigilância poderão ser considerados como tais. É necessário, desta forma, determinar que dados se protegem, sobre que dados se estende o poder de controlo do empregador e da possível disponibilidade dos dados pessoais por parte do seu titular[1698].

O art. 35.º, n.º 2, da CRP atribui à lei a definição do conceito de dados pessoais, mas, tal como defendem GOMES CANOTILHO e VITAL MOREIRA[1699], a liberdade de conformação legislativa é limitada. Em primeiro lugar, não há liberdade de conformação em relação à qualificação dos dados referidos no n.º 3, os quais nem sequer podem ser objecto de registo informático a não ser que se respeitem os pressupostos previstos nesse artigo. Em segundo lugar, não podem deixar de ser considerados dados pessoais os respeitantes à esfera de direitos pessoais previstos no art. 26.º. Assim, a existir alguma liberdade de conformação do legislador ordinário, ela só poderá incidir em domínios como, *v.g.*, a situação económica e profissional.

A noção que a Lei de Protecção de Dados Pessoais dá no art. 3.º, alínea a), é extremamente ampla[1700], abrangendo "qualquer informação, de qualquer natureza e independentemente do respectivo suporte, incluindo som e imagem[1701], relativa a uma pessoa singular identificada ou identificável". A lei não se aplica, desta forma, aos dados constituídos por imagem ou sons que careçam de identificação das pessoas, isto é, aos denominados dados despersonalizados, onde a imagem

---

[1697] Veja-se FRAYSSINET, "La protection des données personnelles et l'entreprise en ligne", *in Le droit de l'entreprise…*, cit., pp. 90-91.

[1698] Neste sentido GOÑI SEIN, última *op.* cit., p. 57.

[1699] *Op.* cit., p. 553.

[1700] Como nota TASCÓN LÓPEZ, *op.* cit., p. 105, nota n.º 81, a Lei de Protecção de Dados Pessoais seguiu o costume dos sistemas de origem anglo-saxónica de proporcionar, numa das primeiras disposições da norma, o acervo conceptual de termos que a Lei vai tratar, sendo, pois, os *conceitos operatórios* prévios.

[1701] Sublinhado nosso.

470 *A Privacidade dos Trabalhadores e as Novas Tecnologias...*

ou o som não podem associar-se a uma pessoa determinada ou determinável.

Esta definição seguiu de perto a da Directiva 95/46/CE, acrescentando-se o segmento relativo "a qualquer natureza e independentemente do respectivo suporte, incluindo som e imagem"[1702] [1703].

A questão fundamental está em precisar a noção de *identificação*, sendo que a imagem é um dado que fornece inúmera informação acerca

---

[1702] Esta noção, quando comparada com a da Lei n.º 10/91, traduz, tal como notam GARCIA MARQUES e LOURENÇO MARTINS, *op.* cit., p. 275, uma melhoria técnica da definição de "pessoa identificável". Entendem estes autores que a noção anterior não era "feliz" ao considerar identificável "a pessoa cuja identificação não envolva custos ou prazos desproporcionados". Parece-nos, contudo, que esta noção estava relacionada com a prevista na Convenção do Conselho da Europa sobre protecção de dados pessoais, segundo a qual, nos termos do art. 2.º, constituiriam dados pessoais quaisquer informações relativas a uma pessoa física identificada ou identificável, não sendo uma pessoa física considerada identificável se a sua identificação requeresse tempo, custos ou actividades exageradas.

Também no ordenamento jurídico francês, através da Lei de 6 de Agosto de 2004, substituiu-se a noção de "dados de carácter pessoal" por "informações nominativas", compreendendo agora uma noção mais ampla, inspirada pela redacção do art. 2.º da Directiva. Neste sentido cf. SOPHIE VULLIET-TAVERNIER, "Aprés da loi du 6 août 2004: nouvelle loi «informatique et libertés», nouvelle CNIL?", *in DS*, n.º 12, 2004, pp. 1055-1056.

[1703] O TJCE, na decisão de 6 de Novembro de 2003, caso *Lindqvist*, processo C-101-01, entendeu que faz parte do conceito de dados pessoais "seguramente o nome de uma pessoa a par do seu contacto telefónico ou de informações relativas às suas condições de trabalho ou aos seus passatempos". Também o TEDH considera que tanto as imagens como os sons se "contêm informação relativa a um indivíduo identificado ou identificável" são dados pessoais. Desta forma, este Tribunal decidiu que a gravação permanente de imagens e a sua inclusão numa montagem para seu uso posterior deve ser considerado um registo ou uma recolha de dados pessoais, pois o uso destas imagens seria semelhante ao uso de fotografias em álbuns de identificação. De igual modo, a gravação e a análise das vozes já foi considerada parte do processamento de dados pessoais, assim como um registo permanente de dados de voz e som, sujeito a um processo de análise que permita a identificação do seu titular, é considerado tratamento de dados pessoais. Cf., para mais desenvolvimentos, MÓNICA ARENAS RAMIRO, *El derecho fundamental...*, cit., pp. 81-82. Também no ordenamento jurídico espanhol, através da decisão STC 14/2003, atendeu-se à dimensão informacional da imagem em relação com o seu tratamento informático e decidiu-se considerá-la como um dado pessoal. *Vd.* MARTÍNEZ MARTÍNEZ, *op.* cit., p. 282.

A própria OIT, no *Repertório...*, cit., p. 11, estabelece no n.º 3.1. que são considerados dados pessoais "toda a informação relativa a um trabalhador identificado ou identificável", sendo que um trabalhador é considerado identificável se "através da reunião de diferentes dados contidos num ou em vários ficheiros ou documentos, se pode determinar a identidade desse trabalhador".

das pessoas. De facto, permite não só a identificação da pessoa mas também revela a sua própria personalidade ao mostrar, *inter alia*, certas expressões, a sua origem racial, os seus gestos, a sua forma de vestir, o meio em que se desloca, as suas relações sociais e as suas convicções. Trata-se de informação de natureza sensível, sujeita a todo o tipo de interpretação, e não permite realizar uma selecção da informação que seja útil, podendo originar certas reacções de rejeição sobre outrem sem qualquer outra fundamentação que não seja a visualização destas imagens. A imagem ou as características da voz constituem, assim, dados pessoais no sentido de que são imediatamente identificáveis[1704].

2.1.2. A noção extremamente ampla tem por intuito diferenciar os diversos sujeitos, sendo que parece que a identificação da pessoa tem de ser entendida de forma directa, isto é, serão considerados como dados pessoais toda a informação, seja ela numérica, alfabética, gráfica, fotográfica, acústica ou de qualquer outro tipo, que diga respeito a uma pessoa física identificada ou identificável[1705]. Consequentemente, não deve considerar--se "identificável" se tal resultado requer tempo, custos ou actividades irracionais, ou irrazoáveis, impondo-se, por isso, uma ponderação. Este entendimento deve ser feito à luz do Considerando 26 da Directiva que faz intervir um critério de razoabilidade na utilização dos meios que permitem a identificação de uma pessoa, visando a exclusão daqueles dados que, dizendo respeito a pessoas identificáveis, apenas lhe poderão ser atribuídos com recurso a meios de tal forma irrazoáveis que devam ser excluídos da categoria deste tipo de dados[1706] [1707].

[1704] Cf. neste sentido ACED FÉLEZ, *op.* cit., p. 2, e MARIE-NOËLLE MORNET, *op.* cit., pp. 19-20.

[1705] Como referem ARÍAS DOMÍNGUEZ e RUBIO SANCHÉZ, *op.* cit., p. 113, os dados a proteger são pessoais mas não têm de ser íntimos.

[1706] *Vide* CATARINA SARMENTO E CASTRO, *Direito da...*, cit., p. 72, e MARTÍNEZ FONS, *El poder de control...*, cit., pp. 201-202, *Nuevas tecnologías...*, cit., pp. 31-32, e "Tratamiento y...", cit., pp. 35-36. Também ENRICO GRAGNOLI, "La prima applicazione della lege «sul trattamento dei dati personali» ed il rapporto di lavoro privato", *in RCDP*, n.º 4, 1997, p. 675, defende o mesmo, assim como MARIAPAOLA AIMO, "I «lavoratori di vetro»...", cit., p. 53, que chama ainda a atenção para a heterogeneidade de dados pessoais, não podendo incluir-se todos no mesmo tipo.

[1707] Para VERBIEST e WÉRY, *apud* CATARINA SARMENTO E CASTRO, última *op.* cit., p. 73, comentando as leis francesa e belga, "uma interpretação razoável da Directiva e das

472 *A Privacidade dos Trabalhadores e as Novas Tecnologias...*

Defende-se, ainda, que deve fazer-se uma interpretação razoável da Lei e aferir se naquela situação concreta o responsável pelo tratamento de dados poderá dispor de meios razoáveis, ou pode encontrá-los junto de terceiros, que permitam a identificação da pessoa titular dos dados[1708]. Só se nessa situação se aferir que é razoável esperar que tais meios, na posse do responsável pelo tratamento, ou de terceiros, possam ser utilizados para a identificação do titular dos dados, é que estes devem ser entendidos como pessoais.

Por outro lado, esta noção tão ampla de dados pessoais, quando aplicada à relação de trabalho, pode trazer alguns problemas para o empregador já que este se encontra numa posição de vir a efectuar muitos tratamentos de dados pessoais de trabalhadores ao longo da relação de trabalho[1709].

Entende-se, ainda, que dentro desta noção de dados pessoais deve incluir-se qualquer tipo de informação, de forma que abarque as avaliações e apreciações sobre o interessado, ou mesmo opiniões sobre o mesmo, escolhendo-se um critério subjectivo de dados, entendido como aquele que pode afectar direitos fundamentais da pessoa[1710].

No seio da relação laboral incluem-se entre os dados pessoais, qualquer informação pessoal que possa ser obtida na execução do contrato ou na gestão do mesmo, dentro do qual deverão ser incluídas as obrigações derivadas da Lei ou das convenções colectivas, e, por fim, na planificação e na organização do trabalho, incluindo os dados obtidos através da videovigilância, isto é, as imagens e os sons quer por circuito fechado de televisão, quer na *Internet*[1711] [1712]. Por outro lado, a noção

---

leis de transposição permite considerar como anónimos os dados relativamente aos quais o responsável pelo tratamento não disponha de meios técnicos suficientes para realizar a identificação, e oferece garantias específicas quanto à inexistência de iniciativas para proceder à identificação, ainda que essa possibilidade exista tecnicamente em abstracto, seja em seu poder, seja em poder de terceiro". Desta forma, um dado deve ser considerado identificável, não apenas considerando-se o dado em si, mas atendendo igualmente ao responsável daquele tratamento colocado naquela situação concreta.

[1708] Veja-se Catarina Sarmento e Castro, *Direito da...*, cit., p. 73.

[1709] Pietro Lambertucci, *op.*cit., p. 103.

[1710] Neste sentido Martínez Fons, últimas obras citadas.

[1711] Secunda-se, assim, o defendido por Goñi Sein, *La Videovigilancia...*, cit., p. 89, e Martínez Fons, *El poder de control...*, cit., pp. 201-202, *Nuevas tecnologías...*, cit., pp. 31-32, e "Tratamiento y...", cit., pp. 35-36.

[1712] Um acórdão do TGI de Privas, em França, de 3 de Setembro de 1997, considerou que procedia a um tratamento ilícito de dados pessoais o cidadão que divulgara

O Controlo através de Meios Audiovisuais

deste tipo de dados estende-se a todo o tipo de dados pessoais ou profissionais do trabalhador, obtidos antes da contratação ou durante a execução do contrato, incluindo, *inter alia*, os relativos à sua vida privada, à saúde, à sua ideologia e às suas opções sindicais[1713].

2.1.3. Resulta desta forma inquestionável que o conceito de dado pessoal abarca a imagem e o som das pessoas, não sendo preciso que concorram os dois para que estejamos perante um dado pessoal. Basta, assim, que exista uma mera gravação da imagem para que se possa defender que estamos perante um tratamento de dados pessoais, e mesmo que, tal é como defendido pelo Grupo do art. 29.º no *Parecer n.º 4/2004*, não estejam associados a dados pessoais do interessado, inclusive mesmo que não se refiram a pessoas cujos rostos tenham sido filmados, acrescentando-se que o carácter identificável também pode resultar da combinação dos dados com a informação procedente de terceiros, ou, até, da aplicação, ao caso individual, de técnicas ou dispositivos específicos.

Preconiza-se, desta forma, que os sistemas instalados de captação de imagens ou sons de pessoas físicas identificáveis ou determináveis, enquanto puderem ser claramente identificadas ou individualizáveis quer pelo responsável pelo tratamento[1714], como por outras pessoas, serão considerados tratamento de dados pessoais e a Lei 67/98, de 26 de Outubro, assim como os dispositivos específicos do CT, terão plena aplicação.

2.1.4. Contudo, para que as imagens dos trabalhadores captadas por estes sistemas de videovigilância se subsumam dentro do âmbito de aplicação da Directiva 95/46/CE e da Lei de Protecção de Dados, é necessário que ocorra um outro requisito e que é o de existir um "tratamento de dados" na noção destes dispositivos legais.

A Directiva estabelece no art. 3.º, n.º 1, que se aplica "ao tratamento de dados pessoais por meios total ou parcialmente automatizados, bem

---

numa página da *Internet* imagens pornográficas onde aparecia com a sua antiga companheira, sem o seu consentimento.

[1713] Para CATAUDELLA, "Acesso ai dati...", cit., p. 141, a natureza do interesse tutelado oferece uma outra perspectiva para se aferir da noção de dados pessoais no contexto da relação de trabalho.

[1714] Isto é, o empregador.

474   *A Privacidade dos Trabalhadores e as Novas Tecnologias...*

como ao tratamento por meios não automatizados de dados pessoais contidos num ficheiro ou a ele destinados"[1715]. A Lei de Protecção de Dados, refere no art. 3.º, alínea b), no seguimento do estipulado no art. 2.º, alínea b), da Directiva, que este tratamento compreende "qualquer operação ou conjunto de operações sobre dados pessoais, efectuadas com ou sem meios automatizados, tais como a recolha, o registo, a organização, a conservação, a adaptação, ou alteração, a recuperação, a consulta, a utilização, a comunicação por transmissão, por difusão ou por qualquer outra forma de colocação à disposição, com comparação ou interconexão, bem como o bloqueio, apagamento ou destruição", aplicando-se, nos termos do art. 4.º, n.º 1, ao "tratamento de dados pessoais por meios total ou parcialmente automatizados, bem como ao tratamento por meios não automatizados de dados pessoais contidos em ficheiros manuais a ele destinados".

Nota-se, desta forma, que a Lei não limita o entendimento de tratamento aos casos automatizados, o que não seria aplicável aos casos de videovigilância simples sem conservação de imagens, pois a sua previsão também inclui o tratamento manual e não informatizado englobando várias formas de videovigilância.

Defende-se, desta forma, que quando a obtenção de imagens ou de sons se realize mediante sistemas de gravação digital, através do controlo de um computador, estar-se-á perante um tratamento totalmente automatizado[1716].

O problema coloca-se no caso das câmaras em circuito fechado de televisão[1717], colocando-se a questão de saber se é necessário que os dados pessoais constituídos por imagens ou sons estejam armazenados num ficheiro.

Atendendo à letra da Lei parece que este tipo de controlo não caberia dentro do âmbito de aplicação atendendo à parte final do art. 3.º, n.º 1, da Directiva, e do art. 4.º, n.º 1, da Lei de Protecção de Dados Pessoais, na parte em que estabelecem que se aplicará ao "tratamento por meios não automatizados de dados pessoais contidos em ficheiros manuais a ele destinados"[1718].

[1715] Seguindo o Considerando n.º 15.

[1716] No mesmo sentido GOÑI SEIN, última *op.* cit., p. 92.

[1717] CCTV.

[1718] Corrobora esta posição o considerando 15 da Directiva.

O Controlo através de Meios Audiovisuais

Contudo, parece-nos preferível[1719] [1720], ainda que sem grandes certezas, um entendimento diferente no sentido de entender que a mera captação de imagens, seja ou não com finalidade de controlo e de vigilância dos trabalhadores, ainda que não se armazene ou conserve as imagens, e independentemente dos arquivos estarem organizados, constitui um caso de tratamento de dados[1721].

Esta posição afigura-se-nos preferível, ainda que pareça não ter base legal, pois a liberdade e o direito à autodeterminação informativa sofrem com o simples conhecimento intrusivo da imagem de que pode ser objecto uma pessoa, através dos sistemas de videovigilância que simplesmente reproduzam a sua imagem[1722]. Não deixa de atender-se, porém, que a intrusão é muito maior quando se acede aos ficheiros para extrair dados concretos das pessoas observadas e elaborar os seus perfis.

Entende-se desta forma, secundando GOÑI SEIN[1723], que incidir na existência de tratamento de dados pessoais no elemento de armazenamento ou de conservação das imagens, provoca uma redução do âmbito protegido pelo art. 35.° da CRP.

[1719] Tal como GOÑI SEIN, *La Videovigilancia…*, cit., pp. 94-95.

[1720] O Grupo do art. 29.°, *Parecer n.° 4/2004…*, cit., p. 14, entendeu ser considerado tratamento de dados pessoais "mesmo que as imagens sejam usadas no âmbito de um sistema de circuito fechado, ainda que não associadas a características específicas da pessoa".

[1721] A Agência de Protecção de Dados espanhola decidiu em 28 de Fevereiro de 2006, que "de acordo com aquela definição de tratamento de dados pessoais, a mera captação de imagens das pessoas que transitam na via pública pode considerar-se um tratamento de dados pessoais". Decidiu o mesmo em 27 de Fevereiro de 2006, sem atender a que o sistema instalado completava-se com um dispositivo de gravação de vídeo em formato VHS. A própria Audiência Nacional, no caso já referido anteriormente, de imagens captadas no jornal *A Marca*, o Tribunal decidiu, a 24 de Janeiro de 2003, que "não cabe excluir que ocorreu um tratamento de dados pelo facto das imagens mudarem cada quinze segundos sem ficarem armazenadas ou registadas em qualquer arquivo".

[1722] Também SPIROS SIMITIS, *apud* JÚLIO GOMES, *Direito do…*, cit., p. 360, nota n.° 967, entende que esta restrição da Directiva não faz sentido quando aplicada ao Direito do trabalho: "se o processamento da informação pelo empregador deve ser transparente, acessível e controlável, é irrelevante o facto de a informação estar contida em fichas, sistemas de qualificação, *files*, *dossiers* ou documentos".

[1723] Última *op.* cit., p. 95.

476   *A Privacidade dos Trabalhadores e as Novas Tecnologias...*

2.2. O consentimento do trabalhador afectado[1724]

2.2.1. O consentimento do titular dos dados, livre e individualmente concedido, é considerado como um dos elementos centrais do direito à auto-determinação informativa[1725], tal como estabelece o art. 6.° da Lei de Protecção de Dados Pessoais. A recolha de dados pessoais sem o consentimento do seu titular pode provocar graves prejuízos à sua privacidade. O consentimento adquire, desta forma, uma importância capital[1726], e torna-se uma

---

[1724] A figura do consentimento informado como conceito jurídico surgiu a partir da prática médico-sanitária e foi sendo elaborada inicialmente pela doutrina anglo-saxónica, tendo-se tornado um instituto capital a nível de procedimentos hospitalares. As suas raízes são ancestrais e é relacionada muitas vezes, conforme refere STEVE CLARKE, "Informed Consent and Electronic Monitoring in the Workplace", *in Electronic Monitoring...*, cit., p. 229, com o Código de Nuremberga, que foi criado como uma reacção às práticas não consensuais ocorridas nos campos de concentração alemães durante a II Guerra Mundial. Neste Código pode ler-se que "o consentimento voluntário do homem é absolutamente essencial", o que significa que a pessoa envolvida tem de ter a necessária capacidade legal de dar esse consentimento. Ver, para mais desenvolvimentos, RODOTÀ, *Tecnologie...*, cit., pp. 80-82, STEVE CLARKE, *op.* cit., pp. 229-230, e TASCÓN LÓPEZ, *op.* cit., pp. 102-103.

[1725] Deve notar-se, tal como escreve MARTÍNEZ FONS, *El poder de control...*, cit., p. 87, que pode falar-se de dois tipos de consentimento. Um, considerado como aval de certas medidas adoptadas legitimamente pelo empregador, e outro como expediente que habilita a adopção de sistemas inicialmente excluídos, desde o ponto de vista do exercício das faculdades do empregador, tendo como exemplo a adopção de sistemas de controlo e vigilância audiovisuais.

[1726] Neste sentido podem ver-se vários autores, todos chamando a atenção para o carácter essencial do consentimento do titular dos dados, isto é, e no caso da relação laboral, do trabalhador. *Vide* DÄUBLER, KLEBE, WEDDE e WEICHERT, *op.* cit., pp. 135 e ss., referindo-se ao § 4 a) do BDSG., que trata da figura do consentimento no tratamento de dados e que estabelece que este só é efectivo se se basear na livre decisão do titular dos dados. Também BRUNO SCHIERBAUM, "Recht am...", cit., p. 496, se refere a este consentimento, escrevendo que se trata de um requisito essencial do direito à autodeterminação informativa, e KAI KUHLMANN, *op.* cit., p. 28. No ordenamento jurídico austríaco pode ver-se a alusão à figura do consentimento nos § 7 e 8 da DSG, que estabelecem a figura do consentimento com especial incidência no tratamento de dados sensíveis. *Vide* THOMAS STREITBERGER, *Privacy am Rechnerarbeitsplatz – Datenschutzrechtliche Probleme durch die Protokollierung von Log-Files und e-Mails am Arbeitsplatz*, Universidade de Viena, 2003, p. 17.

Também no ordenamento jurídico espanhol cf. GOÑI SEIN, *La Videovigilancia...*, cit., p. 95, referindo-se ao art. 6.°, n.° 1 da LOPD, que estabelece, como regra geral, o consentimento inequívoco do afectado para ocorrer a um tratamento de dados pes-

O Controlo através de Meios Audiovisuais

condição de licitude da utilização de dados pessoais[1727] [1728], assim como se erige num momento fundamental de coesão de todos os critérios seleccionados do legislador com o intuito de garantir a tutela do titular dos dados[1729].

O consentimento constitui, ainda, uma concretização de um dos princípios constitutivos dos sistemas jurídicos modernos[1730] segundo o qual ninguém pode invadir a esfera de uma pessoa sem estar autorizado para tal pelo interessado ou expressamente por lei.

O consentimento representa, desta forma, o elemento fundamental, o princípio "vertebrador"[1731] e um paradigma de todo o direito à autodeterminação informativa[1732].

Por outro lado, sendo o direito à autodeterminação informativa um poder de disposição e de controlo sobre os próprios dados, o consentimento converte-se num "princípio cardinal"[1733], na medida em que não existe outra faculdade de exercer esses poderes a não ser através do con-

---

soais. No mesmo sentido, vejam-se FERNÁNDEZ LÓPEZ, "El consentimiento del interessado para el tratamiento de sus datos personales", *in datospersonales.org*, n.º 3, 2003, pp. 2-3, MARTÍNEZ FONS, "Tratamiento y protección...", cit., pp. 38-39, referindo-se a que este artigo consagrou a doutrina do consentimento informado, isto é, um consen-timento plenamente consciente sobre o qual se constrói a relação jurídico-privada entre o responsável pelo ficheiro e o titular dos dados pessoais. Também ANA URRUTIA, HÉCTOR GORSKI e MÓNICA MICHEL, *op. cit.*, pp. 49-50, e TASCÓN LÓPEZ, *op. cit.*, p. 103, defendem o mesmo.

Também no ordenamento jurídico italiano vários são os autores que chamam a atenção para a importância do consentimento no tratamento de dados pessoais. Assim, MARIA-PAOLA AIMO, "I «lavoratori di vetro»...", cit., pp. 100-102, e em *Privacy...*, cit., pp. 136 e ss., refere-se à importância desta figura na Lei n.º 675 (entretanto alterada), assim como PIETRO LAMBERTUCCI, "Trattamento dei dati...", cit., p. 104, e SILVANO PICCININO, *op. cit.*, p. 186.

A própria OIT, no *Repertório...*, cit., p. 12, chama a atenção para a importância de um consentimento informado para um correcto tratamento de dados pessoais.

[1727] Ainda que com numerosas excepções que praticamente esvaziam a sua importância, conforme se irá analisar ainda neste número.

[1728] Cf. EULALIA POLICELLA, *op. cit.*, p. 939.

[1729] Ver LUCA FAILLA e CARLO QUARANTA, *op. cit.*, p. 100.

[1730] Tal como escrevem ANA URRUTIA, HÉCTOR GORSKI e MÓNICA MICHEL, *op. cit.*, p. 49.

[1731] FERNÁNDEZ LÓPEZ, *op. cit.*, p. 3.

[1732] SPIROS SIMITIS, "In contesto giuridico...", cit., p. 566, refere ser o consentimento a componente central de todas as normas sobre protecção de dados pessoais, embora não deixe de chamar a atenção para as numerosas excepções a este princípio.

[1733] TASCÓN LÓPEZ, *op. cit.*, p. 104.

478   *A Privacidade dos Trabalhadores e as Novas Tecnologias...*

sentimento. Este é a regra geral, significando que, em princípio, não pode ocorrer licitamente um tratamento de dados pessoais sem o titular ter anuído a esse tratamento.

O art. 6.° da Lei de Protecção de Dados Pessoais incorpora um verdadeiro conceito de consentimento informado, entendendo como tal que este só pode ser prestado se o seu titular o tiver dado de forma inequívoca[1734]. Acresce a esta disposição que o art. 3.°, alínea h), a propósito de definições, entende que o consentimento do titular de dados se traduz em "qualquer manifestação de vontade, livre, específica e informada, nos termos da qual o titular aceita que os seus dados pessoais sejam objecto de tratamento".

Exige-se, através deste preceito, uma informação completa, verdadeira e não reticente, capaz de oferecer ao titular dos dados, isto é, ao trabalhador, a possibilidade de compreender todo o tipo de tratamento e a potencialidade que este tem de poder atentar contra alguns dos seus direitos[1735].

Por outro lado, este consentimento tem de ser específico, isto é, tem de incidir sobre um objecto ou objectos determinados, não sendo suficiente que esta manifestação tenha um carácter genérico ou indeterminado, o que tem enorme relevância no contexto das relações jurídico-laborais, principalmente na fase de acesso e formação do contrato de trabalho.

Este consentimento deve ser, ainda, manifesto, isto é, evidente e inegável, colocando-se a questão do consentimento tácito. Não cremos que seja de aceitar esta possibilidade de consentimento atendendo, principalmente, às especificidades de uma relação laboral. Assim, opinamos negativamente quanto à inclusão na letra do preceito 3.° da Lei de Protecção de Dados Pessoais pois, embora a lei não refira como condição a necessidade do consentimento ser expresso, parece-nos que da conjugação do art. 3.°, alínea h), com o art. 6.°, que se refere a um consentimento inequívoco, não ser possível outra conclusão, sob pena de aumentar, ainda mais, a disparidade de posições entre os sujeitos contratuais de uma relação jurídico-laboral.

[1734] Sublinhado nosso.

[1735] *Vd*. CLAUDIA FALERI, "Autonomia individuale e diritto alla riservatezza", *in RIDL*, n.° 3, 2000, p. 310.

O Controlo através de Meios Audiovisuais   479

Defende-se, assim, que o mero conhecimento por parte dos trabalhadores que estão a ser objecto de sistemas de controlo audiovisual não representa a aceitação deste tipo de controlo, pois o trabalhador não é verdadeiramente livre de outorgar ou não este consentimento[1736].

Por outro lado, o consentimento prestado deve ser esclarecido, no sentido de ter sido fornecida previamente uma informação precisa e articulada, devendo fazer referência aos dados que vão ser alvo de tratamento e quais os fins deste[1737] [1738], sendo dado em função de um período temporal restrito, e para circunstâncias conhecidas antecipadamente.

O consentimento deve ser prestado livremente, sendo este outro dos requisitos, que significa, tal como foi defendido pelo *Garante* italiano[1739], que não é prestado sob qualquer pressão e não está condicionado à aceitação de cláusulas que determinam um significativo desequilíbrio dos direitos e das obrigações derivadas do contrato[1740]. Desta forma, o con-

---

[1736] No mesmo sentido MARTÍNEZ FONS, "El poder de control empresarial...", cit., p. 31, e SEMPERE NAVARRO e CAROLINA SAN MARTÍN MAZZUCCONI, *Nuevas tecnologias...*, cit., p. 133, e "Intimidad del...", cit., p. 51. Cf., ainda, CYNTHIA CHASSIGNEUX, *op. cit.*, pp. 147-149, assim como MARIE-NOËLLE MORNET, *op. cit.*, pp. 116-117, referindo-se a uma decisão do Tribunal belga de Liège, que decidiu, contudo, no sentido da aceitação da existência de um consentimento tácito por parte de uma trabalhadora, por ausência de reclamação perante o conhecimento de que estava a ser filmada. Porém, colocam-se muitas dúvidas perante a razoabilidade da decisão já que não nos parece que na relação de trabalho exista liberdade para que os trabalhadores possam contestar perante a instalação já existente deste tipo de sistemas.

[1737] Para mais desenvolvimentos cf. n.º 3.4.1., ainda neste capítulo, e DÄUBLER, KLEBE, WEDDE e WEICHERT, *op.* cit., pp. 136-137, e CRISTINA TACCONE, *op.* cit., pp. 322-323.

[1738] O TEDH teve já oportunidade de se debruçar sobre esta questão, no caso *P. G. e J.H. vs. Reino Unido*, de 25 de Setembro de 2001, onde se tratava de recolha de dados pessoais que não tinha sido precedido do consentimento do titular para um uso posterior com uma finalidade diferente daquela para a qual tinham sido recolhidos. Neste caso, e segundo o tribunal, é necessário o consentimento do titular, independentemente da forma como foram adquiridos os dados, sob pena de existir uma violação do direito à privacidade. Cf. MÓNICA ARENAS RAMIRO, *El derecho fundamental...*, cit., pp. 102-104.

[1739] Correspondente à nossa CNPD.

[1740] Deliberação do *Garante* de 28 de Maio de 1997 e referida por MARIAPAOLA AIMO, *Privacy...*, cit., p. 142.

480   *A Privacidade dos Trabalhadores e as Novas Tecnologias...*

sentimento só será livre quando possa ser retirado sem restrições, sem consequências ou oposição[1741].

Parece-nos claro, desta forma, que o legislador nacional, seguindo totalmente o legislador comunitário, pretendeu que o consentimento dado pelo titular de dados seja um consentimento pleno, embora com numerosas excepções que limitam bastante esta figura[1742].

2.2.2. No Direito do trabalho não pode dar-se por adquirida, bem ao contrário, a ideia de que tudo funciona nos termos anteriormente expostos quanto ao consentimento do titular dos dados, isto é, ao trabalhador. É que, na génese da separação das águas entre o Direito do trabalho e o Direito civil, está exactamente a ideia de que a igualdade formal não contribuía para um real equilíbrio negocial entre trabalhador e empregador.

Na realidade, parece-nos que, no âmbito laboral, o requisito do consentimento fica relegado para um segundo plano já que o trabalhador interessado se encontra numa posição de desigualdade em relação ao responsável pelo tratamento, isto é, o empregador, desigualdade na sua necessidade de obtenção de um posto de trabalho, no caso dos candidatos a emprego, ou de manutenção do mesmo, no caso de trabalhadores[1743].

Não parece que neste tipo de relação se possa falar de um consentimento prestado livremente, principalmente quando o consentimento é requisito para a obtenção de um serviço essencial ou, no caso que aqui nos interessa, para a manutenção de um posto de trabalho, não podendo falar-se aqui de uma verdadeira liberdade de escolha[1744].

[1741] Cf. CATARINA SARMENTO E CASTRO, "A protecção dos dados pessoais...", cit., p. 59.

[1742] Considera-se que poderíamos ter seguido, tal como o legislador espanhol, um regime de excepções mais restrito, sendo a Lei de protecção de dados pessoais deste ordenamento jurídico mais limitativa e exigente. Neste sentido FERNÁNDEZ LÓPEZ, *op.* cit., p. 3.

[1743] Como refere ENRICO GRAGNOLI, *op.* cit., p. 698, o consentimento perde muito relevo na relação de trabalho pelo "complexo clima de conformismo difuso no local de trabalho" e pela dificuldade de assumir posições contrárias às solicitadas implicações de tal forma de tratamento.

[1744] Apontam neste sentido vários autores chamando a atenção para a desigualdade real entre as partes. Cf. ALLEGRA STRACUZZI, "L'uso della posta elettronica e di internet sul luogo di lavoro: conflitti tra norme e necessita di una regolamentazione ad hoc", *in Dir.*

Inf., vol. 18, n.º 6, 2002, p. 1071, ALVIN GOLDMAN, "Overview and U.S. perspective", *in* *Com. Labor Law & Pol'y Journal*, vol. 24, n.º 1, 2002, p. 11, e BELLAVISTA, "Tutela delle persone e di altri soggetti rispetto al trattamento dati personali", *in LNG*, n.º 5, 1996, p. 375, e "La direttiva sulla...", cit., pp. 119-120, escrevendo que não há liberdade na prestação do consentimento quando este representa a contrapartida para a obtenção de um serviço essencial. Também DÄUBLER, *Derecho del...*, cit., p. 629, entende que o consentimento não é prestado livremente quando é dado perante o receio das consequências de não fazer, assim como em *Direito do Trabalho...*, cit., p. 190, e *Arbeitsrecht...*, cit., pp. 212-213, e DIRK BARTON, "Betribliche übung und private Nutzung des Internetarbeitsplatzes – "Arbeitsrechtliche Alternativen" zur Wiereinfhrung der aleinigen dienstlichen Verwendung", *in NZA*, n.º 9, 2006, p. 462, FRANK HENDRICKX, *Protection of worker's...*, cit., pp. 79-80, refere que o tema da liberdade de consentimento na relação de trabalho "é altamente discutida". No mesmo sentido , *op.* cit., p. 17, HAZEL OLIVER, "E-mail and Internet...", cit., p. 347, e *Why information privacy...*, cit., pp. 61-62, que escreve acerca da desigualdade entre os contraentes da relação laboral que não torna o consentimento livre, KAREN ELTIS, *op.* cit., pp. 494-495, MARK INHAT, *op.* cit., p. 99, e MICHAEL FORD, *op.* cit., p. 152. MARTÍNEZ FONS, "Tratamiento y protección...", cit., pp. 39-40, também se reporta a limites que existem após a consideração realista da inevitável presença de fortes desníveis de poder na relação de trabalho que excluem a liberdade de escolha. Também REINHARD RICHARDI, "Videoüberwachung am Arbeitsplatz – allgemeines Persönlichkeitsrecht – Grundsatz der Verhältnismäßigkeit", *in RdA*, n.º 6, 2005, p. 384, ROBERTO FRAGALE FILHO e MARK JEFFERY, "Información y consentimiento", *in* *Tecnología Informática...*, cit., pp. 393-394, RODOTÀ, *Elaboratori elettronici...*, cit., pp. 50-51, notando como o conceito do consentimento se mostra inadequado perante este sector que se caracteriza por uma clara desigualdade. Observam o mesmo VICENTE PACHÉS, "El derecho a la...", cit., p. 301, e VINCENZO FERRANTE, "Il licenziamento del lavoratore che "naviga" su Internet", *in Iuslabor*, n.º 3, 2006, p. 3, referindo-se que o consentimento não pode constituir o elemento base de construção da legitimidade nas relações de trabalho dada a disparidade existente entre os sujeitos contratuais.

Na doutrina portuguesa pode ver-se, *inter alii*, PAULO MOTA PINTO, "A limitação voluntária do direito à reserva sobre a intimidade da vida privada", *in Estudos em Homenagem a Cunha Rodrigues*, vol. 2, Coimbra Editora, Coimbra, 2001, pp. 539-540, que entende ser necessário ter em atenção a verificação da "*integridade do consentimento*", dado que em determinadas situações de necessidade "as pessoas podem ser levadas a limitar a reserva sobre a sua vida privada por temerem as consequências de uma eventual recusa", dando como exemplo a relação entre o trabalhador e o empregador para o exercício de certas formas de controlo ou para a realização de determinados testes. Torna-se assim necessário existir uma "prevenção da liberdade e do esclarecimento do titular". Também M.ª DO ROSÁRIO PALMA RAMALHO, "Contrato de Trabalho e...", cit.,

Neste tipo de relações caracterizadas por uma disparidade de poderes, o consentimento corre o risco de se tornar, tal como observa PASQUALE CHIECO[1745], um mero "simulacro" da liberdade de autodeterminação informativa do trabalhador.

Não pode deixar de se ter em atenção, porém, que na relação laboral torna-se necessária a recolha de numerosas informações dos trabalhadores para a correcta execução do contrato de trabalho, sendo, assim, este tratamento uma consequência quase *natural* deste tipo de relações. Atendendo a tudo isto, defende-se, assim, uma inevitável evolução no sentido de colocar o pressuposto legitimador do tratamento de dados pessoais não apenas no consentimento individual do trabalhador mas na ampliação do número de pressupostos alternativos a este consentimento. Entende-se que deve assumir importância a técnica de tipo objectivo, isto é, que assente a legitimidade do tratamento no respeito pelo princípio da finalidade e no prosseguimento de fins específicos e não de outros, colocando o acento tónico neste princípio[1746] e na ideia do tratamento ser pertinente e necessário, respeitando sempre o princípio da proporcionalidade[1747].

---

p. 414, analisa esta questão defendendo que os problemas que possam surgir aquando destas limitações aos direitos fundamentais dos trabalhadores poderão ser solucionados através da aplicação conjugada do art. 18.º da CRP, relativo à tutela dos direitos, liberdades e garantias, e do art. 81.º do CC, respeitante ao regime da protecção dos direitos de personalidade. A mesma opinião tem CATARINA SARMENTO E CASTRO, "A protecção dos dados pessoais…", cit., p. 58, na medida em que relembra que a relação subordinada de trabalho pode não conceder ao trabalhador liberdade suficiente para tomar uma decisão sobre os tratamentos de dados que o afectem, assim como RUI ASSIS, *op.* cit., p. 229, que chama a atenção para a dificuldade em assegurar um consentimento inteiramente livre do trabalhador na relação de trabalho. No mesmo sentido JÚLIO GOMES, *Direito do…*, cit., pp. 361, nota n.º 969, questionando se a mera exigência de consentimento será uma "boa opção, sobretudo caso se considere livre o consentimento do titular dos dados obtidos pela exigência da sua contraparte contratual já que, por exemplo, se recusa a celebrar um contrato ou a prosseguir uma relação contratual já existente sem o referido consentimento".

[1745] *Privacy…*, cit., p. 19.

[1746] Neste sentido cf. BELLAVISTA, "Le prospettive…", cit., p. 59, e *Il controllo…*, cit., p. 141, SPIROS SIMITIS, "Il contesto giuridico…", cit., pp. 563 e ss., e RODOTÀ, *Tecnologie…*, cit., pp. 95 e ss., e 112 e ss., e "Privacy e costruzione…", cit., pp. 525 e ss..

[1747] Neste sentido CATARINA SARMENTO E CASTRO, "A protecção dos dados pessoais…", cit., p. 59. Também ROBERTO FRAGALE FILHO e MARK JEFFERY, *op.* cit., p. 394, defendem que o consentimento deveria ser usado pelos empregadores apenas como *ultima ratio*, pois o consentimento prestado pelos trabalhadores não é "genuíno".

Esta construção parece-nos trazer uma maior dose de garantia do ponto de vista laboral, já que, ainda que o consentimento do trabalhador tenha sido prestado[1748], se o tratamento não respeitar estes princípios, isto é, se não for pertinente, nem necessário, ou não tiver uma finalidade lícita, será sempre ilícito[1749]. O carácter irrenunciável dos direitos de personalidade a isso obsta.

2.2.3. Da letra do art. 6.° da Lei de Protecção de Dados Pessoais retira-se um princípio de voluntariedade segundo o qual o tratamento de dados pessoais deve ser feito com o consentimento dos titulares. Mas a letra da lei admite, com uma enorme abertura[1750], excepções a este princípio, sendo que a execução do contrato de trabalho se insere logo na primeira previsão da alínea a). Assim, para a execução do contrato de trabalho e a correspondente gestão empresarial dos trabalhadores, independentemente do consentimento destes, é lícita a realização de tratamento de dados[1751].

Assim, tal como a Directiva no art. 7.°, alínea a), a nossa Lei esvazia praticamente o princípio do consentimento prévio do titular dos dados pessoais ao admitir a possibilidade de consentimento implícito, na medida em que seja necessário para a execução de um contrato no qual a pessoa em causa é parte ou para diligências prévias à formação do contrato[1752], e as excepções praticamente abrangem a totalidade dos casos de tratamento de dados pessoais na relação de trabalho[1753].

[1748] Sem a verdadeira liberdade que é essencial.

[1749] Veja-se FERNÁNDEZ VILLAZÓN, "Los derechos de los trabajadores frente al tratamiento de datos personales- Comentario a la Directiva 95/46/CE, relativa a la protección de las personas físicas en lo que respecta al tratamiento de datos personales y a la libre circulación de esos datos", *in RL*, II, 1996, p. 1188, e *Las* facultades…, cit., p. 55, e Grupo do art. 29.°, *Opinion 8/2001, on the processing of personal data…*, cit., p.18.

[1750] Que nos parece, tal como refere PAIS DE VASCONCELOS, *op.* cit., p. 246, excessiva.

[1751] Neste sentido MENEZES LEITÃO, "A protecção de dados…", cit., p. 129, e PEDRO ROMANO MARTINEZ, "Relações empregador…", cit., p. 198.

[1752] Cf., neste sentido, BELLAVISTA, "La direttiva sulla…", cit., p. 119, e M.ª EDUARDA GONÇALVES, *op.* cit., p. 99.

[1753] Tal como defende MARIAPAOLA AIMO, "Il tratamento dei dati…", cit., p. 434, referindo-se ao art. 12.° da lei italiana (actual art. 24.°), assim como BELLAVISTA, "La tutela dei dati…", cit., p. 408, ICHINO, *Il contratto di lavoro…*, cit., pp. 248-249, e VINCENZO FRANCESCHELLI, "Introduzione", *in La tutela della…*, cit., p. 25.

484   *A Privacidade dos Trabalhadores e as Novas Tecnologias...*

Entende-se, assim, que este princípio, apesar da enorme importância que tem ao nível de tratamento de dados pessoais[1754], reveste escasso interesse prático pelo enorme número de excepções que comporta[1755].

Defende-se, assim, na esteira de JÚLIO GOMES[1756], que o consentimento do titular dos dados é apenas uma das causas de justificação de tratamento de dados ao lado de outras previstas na Directiva, no art. 7.º, alíneas b) e seguintes, e no art. 6.º, alíneas a) e seguintes da Lei de Protecção de Dados Pessoais.

Por outro lado, atendendo a todas as especificidades da relação de trabalho, defende-se que teria sido preferível uma regulação sectorial a nível comunitário, isto é, uma Directiva que regulasse especificamente para a relação de trabalho a matéria de protecção de dados, estipulando os casos de tratamento lícito.

Atendendo ao âmbito da videovigilância, convém aferir da recolha de dados através de sistemas deste tipo.

Com carácter geral, parece óbvio que sendo o consentimento o requisito essencial para o tratamento de dados pessoais, este seja exigido nos casos de captação de imagens que constituam em si mesmas tratamento de dados e não se refiram a partes que tenham entre si qualquer relação contratual[1757].

Mas no caso da instalação destes sistemas no seio da empresa e no âmbito da relação de trabalho já não se passa tudo da mesma forma já que esta possibilidade inserir-se-á nas excepções previstas à necessidade de consentimento.

Assim, vista a possibilidade legal do empregador dirigir a sua organização emitindo ordens, directrizes e instruções, e o correspondente poder de controlo que tem, assim como a possibilidade de adoptar as formas de controlo que entenda mais adequadas, segue-se a desnecessidade de consentimento, embora não possa deixar de referir-se que a instalação deste tipo de sistemas carece de autorização prévia da CNPD, e parecer prévio da Comissão de Trabalhadores[1758], só sendo lícitos se respeitarem

---

[1754] Embora não deva constituir a regra ao nível das relações laborais.

[1755] Ver ARIAS DOMÍNGUEZ e RUBIO SÁNCHEZ, *op.* cit., p. 105.

[1756] *Direito do...*, cit., p. 362.

[1757] GOÑI SEIN, *La Videovigilancia...*, cit., p. 97.

[1758] Ainda que este não tenha carácter vinculativo.

O Controlo através de Meios Audiovisuais 485

o princípio da proporcionalidade na sua tripla vertente, e o princípio da transparência[1759]. Esta opção do legislador parece-nos positiva, porque não cabe deduzir da mera informação prévia aos trabalhadores uma espécie de legitimidade para o empregador instalar quando e como quiser este tipo de aparelhos. A própria Directiva 95/46/CE, embora autorize, de certa forma, um consentimento implícito, só o faz se existir um interesse legítimo para a realização do tratamento.

Desta forma, preconiza-se que quando o art. 6.º da Lei de Protecção de Dados Pessoais excepciona o princípio do consentimento nos casos de autorização legal, só pode ser compreendida através da relação entre esta excepção e o interesse legítimo, de forma que a captação de imagens pode ser inválida se não existir um interesse legítimo capaz de prevalecer sobre os direitos dos trabalhadores[1760]. Mas não se trata de qualquer interesse do empregador, na medida em que a captação de imagens e de sons dos trabalhadores só pode ocorrer se o interesse pretendido pelo empregador tiver alguma conexão com a actividade laboral e a prestação dos trabalhadores[1761] [1762].

Preconiza-se, desta forma, que o consentimento do trabalhador não representa nunca o único pressuposto de legitimidade do tratamento de dados pessoais constituídos por imagem e som, tendo de ser acompanhado por outras condições e procedimentos que consigam obter uma concordância entre as concretas tipologias de dados pessoais recolhidos e a objectiva finalidade de gestão da relação laboral[1763].

[1759] Nos termos dos arts. 20.º e 21.º do CT.

[1760] Secunda-se o defendido por GOÑI SEIN, última *op.* cit., p. 101.

[1761] Cf., n.º 3.2.1., ainda neste capítulo.

[1762] Isto é, o defendido no *Repertório...*, cit., estabelecendo-se como *conditio sine qua non* para o tratamento de dados pessoais a existência de uma relação directa entre cada dado pessoal e a específica relação de trabalho, tendo sempre de se cumprir as disposições da legislação nacional.

[1763] No mesmo sentido BELLAVISTA, "Poteri dell'...", cit., p. 50. Ver, ainda, GOÑI SEIN, *La Videovigilancia...*, cit., p. 103.

486 *A Privacidade dos Trabalhadores e as Novas Tecnologias...*

3. A ADOPÇÃO DE INSTRUMENTOS AUDIOVISUAIS DE CONTROLO NA RELAÇÃO DE TRABALHO

3.1. Introdução

3.1.1. Para a análise dos limites ao poder de controlo electrónico do empregador através de meios audiovisuais deve adoptar-se, como ponto de partida, a distinção entre a decisão de instalar os dispositivos de controlo e a sua aplicação pelo empregador, na medida em que se defende que a protecção efectiva de dados pessoais reveste dois âmbitos temporais de projecção[1764]. Assim, existe o momento prévio à adopção de dispositivos de controlo, altura em que o trabalhador tem direito a saber em que medida os seus direitos fundamentais vão ser afectados pelas medidas de controlo adoptadas pelo empregador e, desta forma, tomar a decisão que entender mais conveniente aos seus interesses. E outro momento, posterior à instalação destes sistemas, em que, partindo-se da premissa da informação necessária ao trabalhador e da licitude e da legitimidade destes sistemas, se trata de preservar o direito a controlar o uso e o fluxo de informação obtida.

Como já se defendeu anteriormente[1765], a faculdade de controlo electrónico do empregador é enquadrada no direito à autodeterminação informativa. Por isso, preconiza-se que vão ser os seus princípios que devem adquirir relevância na altura de estabelecer as regras e os limites jurídicos à instalação e utilização destes sistemas de controlo audiovisuais. Assim, quer a possibilidade de adopção de sistemas deste tipo[1766], quer a licitude da sua utilização, dependem da valoração que se faça dos requisitos exigidos para o tratamento de dados pessoais e também do respeito destes sistemas pelo direito à dignidade da pessoa humana[1767].

[1764] No mesmo sentido GOÑI SEIN, *La Videovigilancia...*, cit., pp. 105-106.

[1765] Ver este capítulo, números anteriores.

[1766] GOÑI SEIN, última *op.* cit., p. 105. No mesmo sentido, *vd.* MARIE-NOËLLE MORNET, *op.* cit., pp. 90-91. Também DÄUBLER, KLEBE, WEDDE e WEICHERT, *op.* cit., pp. 212-213, entendem o mesmo a propósito do β 6 b) da BDSG, embora não possa deixar de referir-se, tal como assinala JÜRGEN HELLE, *op.* cit., p. 340, que inicialmente o problema da videovigilância era tratado pelo Direito civil como um caso relacionado com o direito geral de personalidade.

[1767] Vejam-se, neste sentido, vários autores, referindo que o primeiro princípio que tem de ser respeitado por estes sistemas de videovigilância é a dignidade da pessoa

O Controlo através de Meios Audiovisuais 487

Preconiza-se, ainda, que quando se está perante a adopção deste tipo de sistemas de controlo electrónico tem de exigir-se uma especial avaliação das situações que a justificam a nível de tratamento de dados. Assim, a adopção, a medida de recolha, o armazenamento e o tratamento de dados dependerão, em boa medida, da importância da finalidade pretendida e da possibilidade de utilização de outros meios menos gravosos para a consecução do mesmo fim, sendo que a dificuldade está na própria delimitação do controlo na medida em que o tratamento de dados pessoais na relação de trabalho, directa ou indirectamente, pode conduzir ao controlo da actividade do trabalhador[1768].

3.1.2. No que concerne à fase de eleição do sistema audiovisual há vários princípios que assumem particular relevância[1769]. Em primeiro lugar, há que considerar o princípio da finalidade legítima que exige a adopção de um fim legítimo que justifique a instalação destes sistemas de controlo[1770]. Em segundo lugar, refere-se o princípio da proporcionalidade, que implica a possibilidade de recurso a estes sistemas apenas em casos de *ultima ratio*[1771]. Em terceiro lugar, o princípio da licitude que

humana. Cf. MARTÍNEZ FONS, *El poder de control...*, cit., pp. 77-78, e "El poder de control...", cit., p. 37, escrevendo acerca do carácter extremamente genérico do art. 20.° do ET, que só impõe limites relacionados com a dignidade dos trabalhadores, e como esta situação mudou a nível jurisprudencial com as sentenças 98/2000, de 10 de Fevereiro, e 186/2000, de 10 de Julho, do TCE. Também em Itália, a propósito do regime do art. 4.° do *SL*, inspirador do nosso art. 20.° do CT, os autores são unânimes em defender que se visou proscrever formas de controlo vexatórias dos trabalhadores por serem contrárias à dignidade destes. *Vide* GILDRE GENTILE, *op.* cit., p. 477, LUCA TAMAJO, "Presentazione della ricerca", *in Nuove Tecnologie...*, cit., p. 12, e PISANI, "I controlli a distanza...", cit., p. 123, e "Il computer e l'art. 4 dello Statuto dei Lavoratori", *in Nuove Tecnologie...*, cit., p. 45.

[1768] Neste sentido MARTÍNEZ FONS, *Nuevas tecnologias...*, cit., p. 35.

[1769] JAVIER GÁRATE CASTRO, "Derechos Fundamentales del Trabajador y Control de la Prestación de Trabajo por Medio de Sistemas Proporcionados por las Nuevas Tecnologías", *in Minerva – Revista de Estudos Laborais*, ano V, n.° 8, 2006, p. 158, fala de "índices" que devem ser tidos em atenção aquando da decisão de instalação destes sistemas de videovigilância.

[1770] Claramente será uma finalidade ilegítima a utilização de cartões magnéticos para controlar as idas dos trabalhadores às casas-de-banho ou a outros locais da empresa, tal como é referido por GARCIA PEREIRA, "A grande e urgente...", cit., p. 278, que menciona um acórdão do STA, de 15 de Abril de 1999 sobre esta matéria.

[1771] Ver neste sentido o β 6 b) da BDSG, que estabelece que a observação de áreas de acesso público por meio de dispositivos ópticos e electrónicos é permitida se, entre

488   *A Privacidade dos Trabalhadores e as Novas Tecnologias...*

impede a recolha de dados de forma desleal, fraudulenta ou ilícita. E, por último, o princípio da transparência informativa que visa garantir ao trabalhador o poder de disposição dos seus próprios dados pessoais de imagem e de som[1772][1773].

Esta exigência condiciona o tratamento de dados pessoais e a utilização destes sistemas de controlo. Estabelece, ainda, um limite material às faculdades de controlo electrónico do empregador[1774], sendo necessário submeter-se a decisão de instalação deste tipo de aparelhos à verificação da relevância do interesse do empregador e da relevância da informação que pode ser obtida com a adopção deste tipo de sistemas em contraste com o interesse do empregador, e, em último lugar, a efectividade de outros meios para alcançar resultados similares[1775].

Entende-se que o empregador, aquando da instalação deste tipo de meios, não pode adoptar uma atitude meramente passiva de não atentar

---

outras condições, não existirem motivos para crer que prevaleçam interesses das pessoas em causa que devam ser protegidos. Cf., DÄUBLER, KLEBE, WEDDE e WEICHERT, *op. cit.*, pp. 212 e ss., e SASCHA GROSJEAN, "Überwachung von Arbeitnehmern – Befugnisse des Arbeitgebers und mögliche Beweisverwertungsverbote", *in Der Betrieb*, n.º 49, 2003, pp. 2650-2651.

[1772] Segue-se, de perto, a divisão operada por GOÑI SEIN, *La Videovigilancia...*, cit., p. 106. Também o *Garante* italiano defende esta divisão, tal como refere AMELIA TORRICE, "Il diritto alla riservatezza del lavoratore e la disciplina contenuta nel códice sulla protezione dei dati personali", *in D & L – Rivista Critica di Diritto del Lavoro*, n.ºs 2/3, 2005, p. 352, e LUCA FAILLA e CARLO QUARANTA, *op. cit.*, p.95. Também a CNPD, no Parecer n.º 11/2004, p. 1, disponível em www.cnpd.pt, estabeleceu a necessidade de serem respeitados certos princípios na adopção de sistemas de videovigilância, criticando a redacção demasiado genérica do art. 20.º, n.º 2, do CT. No mesmo sentido, o *Préposé federal à la protection des données*, da Suiça, no Documento *Explications sur la vidéo-surveillance sur le lieu de travail*, p. 1, defendeu ser necessário o respeito por várias condições e princípios relacionados com o tratamento de dados pessoais.

[1773] Como referem GOMES CANOTILHO e VITAL MOREIRA, *op. cit.*, p. 552, em comentário ao art. 35.º da CRP, trata-se da "limitação da recolha, que deve ser feita por meios lícitos – conhecimento da pessoa a que respeitam ou autorização legal – restringir-se aos dados necessários para as finalidades especificadas (princípios da *necessidade, da adequação* e *da proporcionalidade*). Cf., também, BENJAMIM SILVA RODRIGUES, *op. cit.*, pp. 254-255.

[1774] Veja-se VALVERDE ASENCIO, *op. cit.*, p. 389.

[1775] Neste sentido MARTÍNEZ FONS, *El poder de control...*, cit., p. 84, e "El poder de control...", cit., p. 28. Cf., ainda, TASCÓN LÓPEZ, *El Tratamiento...*, cit., p. 142.

O princípio da finalidade previsto no art. 6.º, n.º 1, alínea b) da Directiva 95/46/CE, e no art. 5.º, n.º 1, alínea b), da Lei de Protecção de

contra os direitos fundamentais dos trabalhadores, e, especialmente, do direito à autodeterminação informativa. Pelo contrário, deve reger-se por uma atitude positiva, assumindo determinadas obrigações tendentes a facilitar ao trabalhador o exercício dos seus direitos relacionados com o tratamento de dados pessoais[1776].

3.2. O princípio da finalidade legítima

O princípio da finalidade previsto no art. 6.º, n.º 1, alínea b) da Directiva 95/46/CE, e no art. 5.º, n.º 1, alínea b), da Lei de Protecção de Dados Pessoais, significa que os dados de carácter pessoal apenas podem ser recolhidos quando existam motivos determinados, explícitos e legítimos[1777] [1778], indicando que os dados pessoais dos trabalhadores só podem ser tratados se respeitarem estes pressupostos[1779], sendo essencial a definição precisa destas finalidades.

Este princípio constitui o princípio verdadeiramente cardinal da protecção de dados[1780], sendo os demais princípios função deste na medida em que os dados devem ser adequados, pertinentes e não excessivos em relação à finalidade pretendida; devem ser exactos, completos e actualizados em função da finalidade; e só devem ser conservados pelo tempo que a finalidade exige. Por outro lado, a finalidade assume também relevância no momento em que é assegurado o direito à informação nos termos do

---

[1776] *Vide*, em idêntico sentido, FERNÁNDEZ DOMÍNGUEZ e SUSANA RODRÍGUEZ ESCANCIANO, *op.* cit., pp. 90-91. Ver, ainda, RENATO BIGNAMI, *op.* cit., p. 223.

[1777] Logo nos termos do art. 35.º da CRP, tem de existir a especificação das finalidades, tal como escrevem GOMES CANOTILHO e VITAL MOREIRA, *op.* cit., p. 552, significando que a finalidade da recolha e o processamento devem ser especificados logo no momento da recolha.

[1778] *Vide* DÄUBLER, *Derecho del...*, cit., p. 637, e *Arbeitsrecht...*, cit., p. 216. Ver, ainda, CYNTHIA CHASSIGNEUX, *op.* cit., pp. 155-156.

[1779] Cf. JEAN-EMMANUEL RAY, "Avant-propos...", cit., p. 9.

[1780] Em idêntico sentido pode ver-se BELLAVISTA, "I poteri dell'...", cit., p. 152, ENRICO GRAGNOLI, *op.* cit., p. 703, MARIAPAOLA AIMO, "I «lavoratori di vetro»...", cit., pp. 106-107, assim como RODOTÀ, *Tecnologie e...*, cit., p. 62. Também JORGE MIRANDA e RUI MEDEIROS, *op.* cit., p. 382, entendem que o princípio da finalidade "é o elemento essencial da legitimidade do tratamento dos dados". Cf., ainda, perfilhando a mesma opinião acerca da relevância deste princípio, LAËTITIA BUSNEL, *op.* cit., p. 26, e AGATHE LEPAGE, *Libertés et...*, cit., p. 28.

490   *A Privacidade dos Trabalhadores e as Novas Tecnologias...*

art. 10.º, n.º 1, da Lei de Protecção de Dados Pessoais, assim como no momento em que a autoridade de controlo vai apreciar os pedidos de autorização ou de notificação dos tratamentos de dados pessoais[1781].

O princípio da finalidade move-se, desta forma, numa área que serve de exercício das liberdades fundamentais[1782] e ao nível das relações laborais significa que as restrições à privacidade dos trabalhadores devem respeitar este princípio, o que equivale a dizer que mesmo que as restrições, sejam admissíveis em abstracto e consentidas em concreto pelos trabalhadores, deverão ser sempre justificadas pela natureza da actividade e proporcionais face à finalidade pretendida[1783].

Considerando tudo isto, a finalidade deve ser definida da forma mais precisa possível pois só a sua especificação pormenorizada poderá comprovar a proporcionalidade dos dados registados e permitir aferir da legitimidade de outras operações efectuadas com os mesmos.

Assim, a finalidade pretendida pelo empregador tem de ser legítima, isto é, deve estar em conformidade com o ordenamento jurídico e ser especialmente respeitadora dos valores fundamentais[1784].

O defendido assume maior relevância quando esta relação se funda numa relação de trabalho, representando um importante limite ao tratamento, circulação interna ou externa, e conservação de dados pessoais sob forma de restrição de elaboração de perfis automáticos que com base nestes tenham sido obtidos[1785]. Este relevo surge, sobretudo do facto de nenhuma informação assumir um valor imutável e único quando se trata

---

[1781] Neste sentido cf. AMADEU GUERRA, *op.* cit., pp. 66-67. Ver, ainda, CATARINA SARMENTO E CASTRO, "A protecção de dados pessoais...", cit., p. 53, e *Direito da informática...*, cit., p. 151.

[1782] Tal como menciona PASQUALE CHIECO, *Privacy...*, cit., p. 91. No mesmo sentido MARCO MAGLIO, *Penelope, Narciso e il mito della privacy: la cultura della riservatezza tra antichi e nuove virtu*, in www.privacy.it, p. 3, entende que o respeito pelo princípio da finalidade representa o "fundamento sobre o qual o edifício da cultura da riservatezza deve edificar-se". Também GIOVANNI NICOLINI, "Tutela della riservatezza del lavoratore", *in La tutela della...*, cit., pp. 106-107, defende o mesmo, assim como LUCA FAILLA e CARLO QUARANTA, *op.* cit., p. 123, referindo-se a este princípio como estabelecendo um princípio de "coerência".

[1783] Neste sentido cf. JEAN SAVATIER, "La liberté dans le travail", *in DS*, n.º 1, 1990, p. 55, e RUI ASSIS, *op.* cit., p. 243.

[1784] Neste sentido THIBAULT ARANDA, "El derecho...", cit., p. 78.

[1785] Neste sentido *vd.* FRANK HENDRICKX, *Protection of worker's...*, cit., pp. 23-24.

O Controlo através de Meios Audiovisuais 491

do tratamento de dados, sendo que a sua importância varia consoante o contexto em que se insere, as finalidades para as quais vão ser recolhidas e outras informações que possam ser tratadas[1786].

O princípio da finalidade visa, desta forma, evitar a pretensão do empregador de converter o contrato de trabalho numa unidade de recolha de informação pessoal sobre os trabalhadores, que permita o estabelecimento de perfis[1787]. Pretende-se evitar, desta forma, uma espécie de "abdicação do homem em favor da propriedade cognitiva e decisória do computador"[1788].

3.2.1. *A necessária concorrência de um interesse do empregador constitucionalmente relevante*

A possibilidade de instalação de sistemas audiovisuais no local de trabalho implica o tratamento de dados pessoais dos trabalhadores[1789] e, por isso, tem de respeitar a necessidade de cumprimento do princípio da finalidade legítima. Assim, tem de existir um fim determinado, explícito e legítimo que justifique a restrição que sofrem os trabalhadores nos seus direitos fundamentais. Entende-se, desta forma, tal como GOÑI SEIN[1790], que só poderão adoptar-se sistemas de controlo audiovisuais quando existirem razões objectivas que justifiquem o recurso a tais sistemas, impondo-se, assim, um critério restritivo no que concerne às possibilidades de disposição dos aparelhos de registo das imagens e dos sons.

Tem de existir, desta forma, um interesse objectivo e justificado, sendo que a *Fragerecht* é a de saber quais os interesses objectivos relacionados com a própria dinâmica da relação laboral que justificam tal restrição aos direitos fundamentais dos trabalhadores, principalmente ao seu direito à privacidade onde se inclui o direito à autodeterminação informativa.

[1786] BELLAVISTA, *Il controllo...*, cit., p. 139.

[1787] Neste sentido MARTÍNEZ FONS, *El poder de control...*, cit., p. 231, e "Tratamiento y protección de datos...", cit., pp. 49-50. Cf., ainda, ENRICO GRAGNOLI, *op.* cit., p. 703.

[1788] BUTARELLI, *op.* cit., p. 343.

[1789] No mesmo sentido veja-se ALBERTINA PEREIRA, "A vida privada do trabalhador", *in Minerva – Revista de Estudos Laborais*, ano I, n.º 1, 2002, p. 46.

[1790] *La Videovigilancia...*, cit., p. 107.

492 *A Privacidade dos Trabalhadores e as Novas Tecnologias...*

Em primeiro lugar parece[1791] que este critério de necessidade de instalação tem de ser avaliado conjuntamente com um requisito de indispensabilidade, no sentido de só admitir este tipo de controlo como *extrema ratio*[1792], atendendo a interesses que não ultrapassem os limites da "subordinação técnica"[1793], sob pena do controlo passar a incidir sobre o "homem que trabalha" e poder extinguir a margem de privacidade a que todos os trabalhadores têm direito na relação de trabalho[1794].

Por outro lado, o interesse objectivo a que se deve atender tem de considerar-se legítimo, recusando-se qualquer motivação ilegítima, rejeitando-se a pretensão de estabelecer um domínio sobre a própria pessoa do trabalhador partindo da sua informação pessoal[1795]. Assim, o fim tem de ser lícito e não contrário a normas imperativas[1796]. Contudo, a dificuldade não está tanto, parece-nos, em encontrar um fim lícito para a vigilância através destes sistemas mas em determinar o carácter legítimo deste mesmo fim concreto[1797]. Na verdade, há fins que em si mesmos são lícitos, mas que, colocados em determinadas situações e relacionados com

---

[1791] Tal como BELLAVISTA, "I poteri dell'...", cit., p. 159.

[1792] Cf., ainda neste capítulo, n.º 3.3. a propósito do princípio da proporcionalidade.

[1793] Veja-se neste sentido GOÑI SEIN, *El respeto a la...*, cit., p. 27, e ICHINO, *Diritto alla riservatezza...*, cit., p. 53.

[1794] *Vide* LUCA TAMAJO, "Presentazione...", cit., p. 13.

[1795] No mesmo sentido MARTÍNEZ FONS, *El poder de control...*, cit., p. 207. Cf., ainda, SALVADOR DEL REY GUANTER, "Tratamiento automatizado...", cit., p. 145.

[1796] Um exemplo de uma motivação claramente ilegal é referido por GOÑI SEIN, última *op.* cit., p. 107, julgado pelo STJ das Astúrias, de 30 de Abril de 2004, em que um director de uma empresa instalou uma série de câmaras ocultas por baixo das mesas de trabalho e no interior das casas-de-banho utilizadas pelas trabalhadoras, para ver e obter imagens de zonas corporais e actos relacionados com o seu sexo ou com aspectos reservados das pessoas, que constitui uma conduta absolutamente reprovável, criminosa mesmo, por atentar contra a dignidade e a privacidade das trabalhadoras em causa.

[1797] No ordenamento jurídico alemão admite-se, excepcionalmente, a adopção de meios de captação de imagens se ocorrer, no caso concreto, um interesse empresarial suficientemente relevante que justifique a sua adopção. Admite-se a instalação deste tipo de sistemas se concorrer um interesse superior do empregador e não se puder alcançar a finalidade pretendida através de outras medidas menos "agressivas" dos direitos fundamentais. Cf. DÄUBLER, *Derecho del...*, cit., pp. 629-630, *Gläserne...*, cit., pp. 151 e ss., e *Arbeitsrecht...*, cit., pp. 212-213. Ver, ainda, no mesmo sentido, apontando para a necessidade de ocorrência de um interesse suficientemente relevante, FRANK BAYREUTHER, "Videoüberwachung am Arbeitsplatz", *in NZA*, n.º 18, 2005, pp. 1039 e 1043.

as limitações impostas aos direitos pela vigilância audiovisual, podem tornar-se ilícitos[1798].

Na instalação de sistemas de controlo audiovisual no local de trabalho não basta qualquer interesse lícito do empregador, isto é, qualquer finalidade por ele pretendida e relacionada com interesses laborais. Exige--se que o interesse seja forte, isto é, que a finalidade pretendida esteja no mesmo patamar dos direitos dos trabalhadores que são sacrificados pela adopção deste tipo de sistemas, atendendo ao equilíbrio que tem de existir entre os interesses do empregador e os direitos fundamentais dos trabalhadores. Não pode esquecer-se que o tratamento de dados pessoais só pode ser efectivado se for necessário para a satisfação de um interesse do empregador, responsável pelo seu tratamento, mas apenas quando não prevaleçam os direitos do titular dos dados, isto é, do trabalhador. Assume desta forma uma enorme importância a avaliação dos diferentes interesses em causa[1799].

A licitude da adopção deste tipo de sistemas de controlo dependerá sempre, desta forma, da existência de um interesse jurídico relevante. Consequentemente, a noção de relevância adquire uma função cardeal, convertendo-se no ponto de partida para determinar se a adopção de sistemas de controlo audiovisuais cumpre o requisito da finalidade legítima. A questão que reveste capital importância é, assim, a de saber quais os interesses do empregador que assumem o requisito de relevantes no local

---

[1798] Servindo-nos dos exemplos referidos por GOÑI SEIN, *La Videovigilancia...*, cit., p. 107, justifica-se que o empregador pretenda controlar a regularidade do cumprimento pelo trabalhador das suas obrigações laborais, vigiar se foram cometidas faltas graves nos lugares de trabalho, velar pela segurança dos bens e das pessoas, ou detectar utilizações abusivas dos instrumentos de trabalho. Todos estes motivos são de natureza profissional e razoáveis, que se encontram abrangidos pelo poder directivo e pelo poder de controlo. Mas, situação totalmente diferente, é que o empregador pretenda invocar todas estas justificações para instalar um sistema deste tipo.

[1799] Como nota MARTÍNEZ FONS, "El poder de control...", cit., p. 23, a jurisprudência espanhola tinha vindo a aceitar acriticamente a instalação deste tipo de sistemas, relegando a apreciação judicial da legitimidade das faculdades do empregador até ao momento concreto da sua aplicação. Ocorreu uma mudança com as sentenças 98/2000 e 186/2000 do TC. Nestas sentenças o Tribunal recusou a discricionariedade na escolha da medida de controlo, sujeitando-se à efectiva existência de um interesse empresarial que justifique de forma suficiente a sua escolha. Assim, não pode limitar-se aprioristicamente o alcance dos direitos fundamentais nos locais de trabalho. Este é o entendimento que nos parece de seguir.

494 *A Privacidade dos Trabalhadores e as Novas Tecnologias...*

de trabalho. E a resposta a dar não pode deixar de ser a de são muito poucos os interesses que cumprem este requisito[1800].

No *Repertório*[1801] adoptado pela OIT só têm relevância interesses relacionados com a saúde, a segurança ou a protecção de bens da empresa, na medida em que limita o controlo permanente dos trabalhadores aos casos em que seja necessário resolver problemas relacionados com estas três circunstâncias.

Também no *Parecer n.° 4/2004*[1802] do Grupo de Protecção de Dados do art. 29.°, parece defender-se o mesmo pois excluem-se da regra geral de proibição deste tipo de sistemas apenas os casos em que seja necessário para "cumprir requisitos de segurança da produção e/ou ocupacional e que também implicam a monitorização à distância – se bem que indirectamente".

Por último, também a legislação nacional, no art. 20.° do CT, estipula que só é possível o controlo através destes meios quando tiver por finalidade a protecção e segurança de pessoas e bens, ou quando "particulares exigências inerentes à natureza da actividade o justifiquem". Parece-nos, contudo, que este último requisito está formulado em termos talvez demasiado amplos[1803].

Preconiza-se que a instalação de sistemas audiovisuais que permitam a captação de imagem e som dos trabalhadores só poderá ser válida quando se visem proteger interesses fundamentais e vitais do empregador, isto é, quando se esteja na presença de alguns interesses específicos como a saúde, isto é, a prevenção de riscos laborais, parecendo-nos ser esta a melhor interpretação para a referência às "particulares exigências inerentes à natureza da actividade", incluindo, ainda, certas exigências do processo produtivo e a segurança de pessoas e bens no local de trabalho[1804] [1805].

[1800] Perfilha o mesmo entendimento GOÑI SEIN, última *op.* cit., pp. 108-109.

[1801] *Op.* cit., pp. 14-15.

[1802] *Op.* cit., pp. 16-17, e 25.

[1803] Proceder-se-á à análise deste requisito no n.° 3.2.3.2. deste capítulo.

[1804] Cf. GOÑI SEIN, "Los criterios básicos...", cit., p. 90. *Vide*, ainda, JÚLIO GOMES, *Direito do...*, cit., p. 329, que se refere a razões de segurança e protecção da propriedade do empregador, mas, mesmo nestes casos, este tipo de controlo só pode ocorrer se os outros meios, menos intrusivos, não forem suficientes.

[1805] No art. 8.°, n.° 2, da CEDH, as finalidades legítimas que podem justificar uma intromissão na privacidade das pessoas são: a segurança nacional, a segurança pública, o bem-estar económico do país, a defesa da ordem e a prevenção do delito, a protecção da

O Controlo através de Meios Audiovisuais 495

Parece-nos, ainda, que o juízo sobre a validade destes princípios não conduz a que qualquer instalação neles suportada seja legítima[1806]. A intromissão que origina a adopção destes sistemas nos direitos fundamentais dos trabalhadores exige uma análise bastante rigorosa dos motivos que estão na base da decisão do empregador de tal forma que não serve qualquer valoração superficial ou extensão infundada dos perigos reais existentes[1807].

3.2.2. *A proibição, como regra geral, do controlo directo da actividade do trabalhador*

3.2.2.1. O controlo exercido pelo empregador através de sistemas audiovisuais coloca a questão da legitimidade da averiguação da actividade do trabalhador. Esta capacidade parece imediatamente afastada porque não constitui um interesse jurídico relevante[1808].

Pretende-se, desta forma, evitar não o controlo exercido pelo empregador, porque este é lícito, mas o controlo de tipo *orwelliano*, constante, insidioso e vexatório. Tenta-se, desta forma, racionalizar a modalidade de exercício deste poder de controlo electrónico, harmonizando-o com as exigências de tutela da liberdade, da dignidade e da privacidade dos trabalhadores. Intenta-se, ainda, evitar um controlo da "máquina sobre

---

saúde ou da moral, e a protecção dos direitos e das liberdades dos demais. Veja-se MÓNICA ARENAS RAMIRO, *El derecho fundamental a la...*, cit., pp. 117-118, e RUÍZ MIGUEL, *El derecho a la protección...*, cit., pp. 97-104.

[1806] GOÑI SEIN, *La Videovigilancia...*, cit., p. 109.

[1807] Ver DÄUBLER, *Gläserne...*, cit., p. 153. Pode ver-se, ainda, neste sentido a decisão do STJ, de 8 de Fevereiro de 2006, onde se defendeu que mesmo que o controlo se baseie no fundamento do potencial risco para a saúde pública que pode advir do desvio de medicamentos do interior das instalações, não pode deixar de respeitar os princípios gerais relativos à legitimidade da instalação deste tipo de sistemas. Veja-se o comentário a esta decisão em LUÍS MIGUEL MONTEIRO, e outros, *Código do Trabalho Três Anos de Jurisprudência Comentada*, Livraria Petrony, Lisboa, 2007, pp. 38-39, e VIRIATO REIS, "Ilicitude da Videovigilância no local de trabalho. Segurança de pessoas e bens. Direito à reserva da intimidade da vida privada e direito à imagem dos trabalhadores", *in RMP*, n.º 106, 2006, pp. 180 e ss..

[1808] GIORGIO GHEZZI e FRANCESCO LISO, *op.* cit., p. 367, referem-se a "formas possíveis de controlo que o simples bom senso afasta da possibilidade da norma", referindo-se ao art. 4.º, n.º 1 do *SL*.

o homem"[1809], visando tudo e a todo o momento, inclusive nas pausas, inibindo o trabalhador de adoptar certos comportamentos, numa clamorosa violação da dignidade humana, estabelecendo uma situação de *stress* e de tensão que se repercute na saúde dos trabalhadores, gerando uma quase *escravidão* psicológica[1810] [1811] [1812]. A utilização destes meios

---

[1809] PISANI, "I controlli a distanza...", cit., p. 127.

[1810] Vários autores referem-se a esta proibição de um controlo da actividade laboral por originar um controlo total lesivo da dignidade do trabalhador.

Na doutrina alemã pode ver-se, a título meramente exemplificativo, DÄUBLER, *Derecho del...*, pp. 628-629, assim como em *Arbeitsrecht...*, pp. 212-213, referindo-se que a existência de um "Grande-irmão invisível que toma nota de cada movimento não se concilia com a dignidade do ser humano". Também em *Gläserne...*, cit., pp. 152-153, refere-se à proibição, como regra geral, de um controlo contínuo sobre os trabalhadores. No mesmo sentido JÜRGEN HELLE, *op.* cit., p. 342, defende que um controlo contínuo sobre os trabalhadores afecta o seu direito geral de personalidade, sendo que este tipo de controlo gera uma enorme pressão sobre os trabalhadores. WEIβGERBER, *op.* cit., p. 137, refere-se a um caso do BAG, de 7 de Outubro de 1987, que decidiu que viola os direitos de personalidade do trabalhador um controlo contínuo dos trabalhadores sem qualquer motivo objectivo que o justifique. Ao nível da jurisprudência o *BAG* entendeu, em sentença de 26 de Julho de 1994, que o estabelecimento de um controlo genérico sobre um grupo de trabalhadores destinado a obter informação sobre a sua actividade conjunta podia, em certas ocasiões, ser considerado como um verdadeiro controlo sobre os trabalhadores e, por isso, deveria ser sujeito à participação dos seus representantes.

No ordenamento jurídico espanhol, o controlo através deste tipo de instrumentos que tenha por finalidade directa o controlo do comportamento dos trabalhadores é ilegítimo embora através deste tipo de aparelhos possa, ainda que indirectamente, verificar-se essa realidade. Ver neste sentido GOÑI SEIN, *El respeto a la...*, cit., p. 147, referindo que "os aparelhos audiovisuais oferecem uma potencialidade investigadora que desconhece fronteiras: registam todos os actos do trabalhador, inclusive os pertencentes à sua intimidade. Por conseguinte, não cabe aqui apelar ao uso correcto, à finalidade do aparelho e ao seu uso racional conforme as exigências de dignidade ou intimidade, porque o acto em si de instalar uma câmara para o controlo do comportamento dos trabalhadores ultrapassa manifestamente os limites normais do exercício do direito (de controlo empresarial) com dano para terceiros, dano ético, neste caso, previsto no art. 7.2. do CC". Ver ainda o acórdão do TSJ da Galiza, de 21 de Abril de 1995: "não há norma que proíba a instalação de qualquer aparelho televisivo de controlo no local onde se presta o trabalho, mas isto não significa que [...] se aprove e justifique qualquer utilização de um aparelho com possibilidade de controlo dos trabalhadores". Também na decisão do Tribunal Superior de Madrid, de 26 de Abril de 2001, considerou-se que, atendendo à necessidade de justificação da medida de vigilância, a monitorização dum posto de trabalho sem qualquer suspeita de conduta irregular, onde se pretende tão só controlar a conduta do trabalhador, vulnera o direito à liberdade sindical, já que se tratava dum representante sindical, ao supor um sacri-

O Controlo através de Meios Audiovisuais

fício totalmente desproporcionado desse direito em relação à finalidade prosseguida, submetendo-o a uma investigação excepcional sem outra razão que não seja a sua filiação e actividade sindical. Também na decisão 98/2000, do Tribunal Constitucional, julgou-se de forma igualmente restritiva o recurso a sistemas de videovigilância, excluindo a possibilidade de exercer, através desta forma, um controlo contínuo e indiscriminado do cumprimento dos trabalhadores das suas obrigações laborais. Cf., ainda, Sala Franco, "El derecho a la intimidad y a la propia imagen y las nuevas tecnologías de control laboral", *in Trabajo e Libertades Publicas*, (coord. Éfren Borrajo Dacruz), La Ley, Madrid, 1999, pp. 201 e ss..

Também no ordenamento jurídico francês defende-se que a subordinação do trabalhador no local de trabalho legitima a sua vigilância mas não pode justificar medidas desproporcionadas de controlo. Há uma parte residual, mas inegável, de liberdade e de vida privada na empresa. Em 1992, com a introdução da denominada lei "Aubry", de 31 de Dezembro, largamente inspirada no relatório de G. Lyon-Caen, passa a existir uma maior protecção das liberdades dentro da empresa, estatuindo não só sobre o regulamento interno mas também sobre o próprio contrato de trabalho e os documentos a ele anexos e impondo vários limites ao poder directivo. Existem vozes na doutrina que consideram que a vigilância permanente dos trabalhadores através de câmaras de vídeo deve ser condenada *a priori* pelo facto de constituir um atentado à identidade do indivíduo e por ser um meio excessivamente desproporcionado ao fim procurado pelo empregador. *Vide*, neste sentido, Manuela Grévy, "Vidéosurveillance dans l'entreprise: un mode normal de contrôle des salariés", *in DS*, n.° 4, 1995, p. 330. Esta autora faz uma referência ao direito comparado onde o Direito suíço é emblemático. Assim, a instalação de uma câmara de vídeo foi considerada legítima mas somente para controlar o funcionamento de máquinas automáticas não operadas por trabalhadores, embora ocasionalmente pudesse permitir a sua vigilância. Porém, salientou-se que quando a câmara focasse com permanência o local de trabalho de um trabalhador, esta instalação vulneraria o direito à sua intimidade, não relevando se a câmara só funcionasse periodicamente ou se não tivesse por escopo a vigilância dos trabalhadores. A mera possibilidade de que se produza, de facto, essa vigilância, viola a sua intimidade. Veja-se, também, Alice Monteiro de Barros, *Proteção à intimidade do empregado*, Editora São Paulo, São Paulo, 1997, p. 79, assim como Bernard Bossu, "Nouvelles technologies...", cit., p. 666, Martínez Fons, "El poder de control...", cit., p. 20, Marie-Pierre Fenoll-Trousseau e Gérard Haas, *op.* cit., pp. 25-26, e *Explications sur la...*, cit., p. 2.

No ordenamento jurídico italiano, a doutrina é abundante sobre a análise desta matéria também porque este ordenamento jurídico constitui um caso exemplar já que a solução mais avançada em relação ao tratamento dos sistemas audiovisuais na empresa surgiu aí há mais de trinta anos, tendo influenciado outras ordens jurídicas de que a Espanha, com o *Estatuto de los Trabajadores* de 1980, é exemplo. A principal contribuição foi a de dispor de critérios de resolução do conflito de interesses entre empregador e trabalhador. Neste sentido, o art. 4.º do *Statuto dei Lavoratori*, que regula o controlo das actividades do trabalhador através de meios audiovisuais ou de outro tipo que permitam o controlo à distância, estabelece uma proibição absoluta quando os aparelhos são utilizados objectivamente para realizar controlos ininterruptos e indiscriminados, assim como sobre comportamentos alheios à actividade laborativa e durante a sua execução. Assim, o n.º 1 deste artigo estipula que "Fica proibido o uso de instrumentos audiovisuais ou de outros aparelhos com finalidades de controlo à distância da actividade dos trabalhadores.". Assim, não faz parte da previsão do art. 4.º a utilização de aparelhos com finalidades diversas do controlo da actividade laboral e, por isso, é claramente ilegal a instalação de um aparelho audiovisual com circuito interno de televisão se não cumprir qualquer exigência da empresa. Entre vários autores que analisam a proibição estabelecida no n.º 1, podem ver-se, entre outros, AMELIA TORRICE, *op.* cit., p. 350, ALESSANDRO USSAI, "Osservazioni in tema di controllo dell'attività dei lavoratori attuato mediante sistemi informatici", *in Dir. Inf.*, 1991, pp. 250-251, ANTÓNIO FONTANA, "Impianti audiovisivi...", cit., p. 457, e "In tema di «controllo a distanza»", *in DL*, II, 1985, p. 202, BELLAVISTA, "Elaboratori elettronici...", cit., p. 61, *Il controllo...*, cit., p. 69, BRUNO BRATTOLI e LUIGI PELAGGI, *op.* cit., p. 600, DAVIDE PETRINI, "L'articolo 4 dello Satatuto dei Lavoraroti e il controllo dell'attivita'lavorativa attuato com mezzi informatici", *in RGLPS*, n.º 10, 1985, pp. 378-379, FRANCO TOFFOLETTO, *Internet e posta, nuove regole al lavoro*, *in* www.privacy.it, p. 2, GIUSEPPE PERA, "Libertà e...", cit., p. 186, referindo-se à violação da dignidade da pessoa humana através de uma vigilância contínua, LUCIA D'ARCANGELO, *op.* cit., p. 81, mencionando o carácter particularmente intrusivo deste tipo de aparelhos, MARCO BIAGI e TIZIANO TREU, "A comparative study of the impact of electronic technology on workplace disputes: national report on Italy", *in Comp. Labor Law & Pol'y Journal*, vol. 24, 2002, p. 188, MARIO MEUCCI, "Sui controlli a distanza dell'attività dei lavoratori", *in Lavoro e Previdenza Oggi*, ano XV, Julho 1988, pp. 2247-2248, PAOLA BORGHI, *op.* cit., p. 281, PAOLO GUERRIERO, *op.* cit., p. 168, ONOFRIO FANELLI, *op.* cit., p. 31, PASQUALE CHIECO, *Privacy...*, cit., p. 333, PIETRO ZANELLI, "Innovazione tecnologica, cit., p. 296, *Impresa, lavoro...*, cit., p. 86, e *Nuove tecnologie...*, cit., pp. 12-13, ROSSELLI, *op.* cit., p.458, referindo-se ao carácter vexatório deste tipo de controlo, e ROSSI, "«Software» e controllo a distanza sul lavoro", *in FI*, 1985, p. 287. Em relação à jurisprudência tem-se entendido que é proibida a utilização deste tipo de aparelhos, sendo as gravações meio de prova inválido. Foi o caso da decisão da *Cassazione*, de 17 de Junho de 2000, que decidiu que o uso de uma câmara num circuito fechado, com a finalidade de controlar à distância o trabalhador, é ilegítimo no sentido do art. 4.º do *Statuto dei Lavoratori*, sendo que sob o plano processual não se pode atribuir-lhe qualquer valor probatório, sendo a sua violação penalmente sancionada pelo art. 38.º. Sentença citada em http://www.di-elle.it/novita/novita23gen01.htm, p. 4. Por outro lado, a jurisprudência tem ainda propugnado que a violação do art. 4.º deve ainda subsistir nos casos onde os aparelhos já tenham sido instalados mas não tenham ainda entrado em funcionamento e o controlo seja realizado de uma

O *Controlo através de Meios Audiovisuais*

maneira descontínua porque exercido num local onde o trabalhador só ocasionalmente se encontre – acórdãos da *Cassazione* italiana 1490/86 e 9211/97; ou quando o trabalhador tenha sido advertido do controlo, como aconteceu nas decisões 1236/83, 1490/86 e 9211/97. Decisões referidas por ANDREA STANCHI, "Privacy, rapporto di lavoro, monitoraggio degli acessi ad Internet, monitoraggio delle email e normative di tutela contro il controllo a distanza. Alcuni spunti per una riflessione interpretativa", *in www.di-elle.it*, p. 6.

No ordenamento jurídico inglês também se entende que um controlo contínuo através destes sistemas é particularmente intrusivo. Cf. MICHAEL FORD, *op.* cit., p. 150.

No ordenamento jurídico americano nenhuma lei, federal ou estadual, regula o uso de meios audiovisuais para monitorizar as actividades dos trabalhadores, aceitando-se de uma forma generalizada que possam instalar-se nas empresas sistemas de vídeo, de tal maneira que a verificação da sua legitimidade ocorre ao nível da respectiva utilização, através do respeito que é devido ao direito à esfera privada dos trabalhadores, equacionando questões como a do propósito da monitorização (se serve para verificar o desempenho profissional, se funciona como um auxiliar na prevenção dos riscos laborais, etc.), se é feita sem o conhecimento dos trabalhadores e a natureza da actividade vigiada. Cf. POTEET, *op.* cit., p. 7. PLÁ RODRÍGUEZ, "La protección de la intimidad del trabajador", *in Congreso Americano de Derecho del Trabajo y de la Seguridad Social*, Les Éditions Yvon Blais Inc., Québec, 1995, p. 46, refere que, de uma maneira generalizada, consideram-se lícitos os controlos visuais e o único limite é a dignidade e a intimidade do trabalhador que deve ser preservada, ou a sua aplicação discriminatória. Proíbe-se, no entanto, a sua aplicação nos lavabos e nos vestiários.

Também tanto o *Repertório...*, cit., da OIT, como o *Parecer n. 4/2004...*, cit.., do Grupo de Protecção de Dados, excluem por completo a possibilidade de adopção de sistemas de videovigilância que visem directamente controlar a qualidade e a quantidade da actividade de trabalho.

[1811] Também no ordenamento jurídico nacional vários são os autores que se referem à proibição deste controlo da actividade dos trabalhadores, por força do art. 20.º, n.º 1, do CT. Podem ver-se, a título meramente exemplificativo, GUILHERME DRAY, *Direitos de personalidade...*, cit., p. 85, analisando este artigo e referindo a proibição de controlo do desempenho profissional do trabalhador, sendo que os registos provenientes deste tipo de controlo não podem ser utilizados como meio de prova, em sede de procedimento disciplinar. Ver, ainda, o mesmo autor, na anotação a este artigo em *Código do Trabalho...*, cit., pp. 130-131. No mesmo sentido ALBERTINA PEREIRA, *op.* cit., p. 47, MARIA REGINA REDINHA, "Utilização de novas tecnologias no local de trabalho – algumas questões", *in IV Congresso Nacional...*, cit., p. 118, entendendo que pode tratar-se de um controlo excessivo e desproporcionado, e RUI ASSIS, *op.* cit., pp. 235-236. Para M.ª DO ROSÁRIO PALMA RAMALHO, *Direito do trabalho – Parte II...*, cit., p. 364, o direito à reserva sobre a intimidade da vida privada "determina a proibição de certas formas de controlo da actividade do trabalhador na empresa, que a evolução tecnológica moderna veio, aliás, faci-

500 *A Privacidade dos Trabalhadores e as Novas Tecnologias...*

litar, como o controlo à distância". Também Paula Quintas e Hélder Quintas, *Código do Trabalho Anotado e Comentado*, Almedina, Coimbra, 2009, p. 125, escrevem que "os meios de vigilância à distância não podem ser convertidos em meios de controlo à distância, do desempenho do trabalhador". Para Menezes Leitão, "a Protecção dos...", cit., p. 133, e *Direito do...*, cit., pp. 173-174, a proibição estabelecida no n.º 1 do art. 20.º abrange quaisquer meios de vigilância à distância destinados a controlar o desempenho profissional do trabalhador. Também para Amadeu Guerra, *A privacidade...*, cit., p. 363, e "A privacidade...", cit., p. 169, os sistemas de videovigilância nunca podem ser usados para controlar o desempenho profissional dos trabalhadores, já que "uma recolha sistemática de som e imagem e um controlo permanente com finalidade de verificação do desempenho da actividade e conduta do trabalhador configura-se, agora, *ope legis*, como sendo excessivo e desproporcionado, violador dos direitos e da confiança mútua que o contrato pressupõe".

[1812] Quanto à aceitação destes meios como prova em sede de procedimento disciplinar, a jurisprudência tem oscilado um pouco. A melhor posição parece-nos ser a de não aceitar quando se utilizou para controlo do desempenho profissional dos trabalhadores. Veja-se neste sentido o acórdão da RL, de 3 de Maio de 2006, *in* www.dgsi.pt, que decidiu ser meio de prova ilícito para efeitos de despedimento do trabalhador uma cassete de videovigilância colocada numa farmácia. Porém, em sentido contrário, o acórdão do STJ, de 9 de Novembro de 1994, *in* http://www.stj.pt., o Tribunal decidiu serem "válidas as gravações vídeo feitas pela dona de casino, na sua propriedade em que explora a indústria de jogo de fortuna e azar, com a finalidade de detecção de eventuais anomalias no acesso a máquinas ou fichas de jogo", acrescentando que "nestes casos, a utilização das gravações como meio de prova contra a actuação dos seus trabalhadores não se pode considerar intromissão ou devassamento da vida privada de outrem". O mesmo ocorreu na decisão da Relação do Porto, de 20 de Setembro de 1999, *in* www.dgsi.pt, onde se sustentou que "A lei do jogo não proíbe que as imagens gravadas nas salas de jogo sejam usadas como meio de prova em acção emergente de contrato de trabalho, quando nela se discutam comportamentos imputados ao trabalhador que exercia funções no Bar de uma sala de jogo". Neste caso, o recorrente invocou que a cassete de vídeo não poderia ser admitida como prova atendendo ao disposto no art. 52.º, n.º 4, da Lei do Jogo, e argumentando que o equipamento de vigilância e controlo "apenas pode ser utilizado para a fiscalização dos intervenientes do jogo e da actividade relacionada com o jogo". Contudo, o Tribunal entendeu que as salas de jogo sendo dotadas obrigatoriamente de equipamento electrónico de vigilância e controlo, como medida de protecção e segurança das pessoas e bens e as "gravações de imagem e som feitas através do equipamento de vigilância e controlo previsto neste artigo destinam-se exclusivamente à fiscalização das salas de jogos, sendo proibida a sua utilização para fins diferentes e obrigatória a sua destruição pela concessionária no prazo de 30 dias, salvo quando, por conterem matéria de investigação ou susceptível de o ser, se devem manter por mais tempo, circunstância em que serão imediatamente entregues ao serviço de inspecção que se [...]", obrigam a fiscalizar tudo o que se passa nas salas de jogos e não apenas o que se passa nas mesas de jogos.

O Controlo através de Meios Audiovisuais

para controlar o desempenho profissional dos trabalhadores não pode deixar de ser considerada contraproducente para o bem-estar sócio-laboral da empresa[1813]. A OIT reconheceu, mesmo, que o uso das tecnologias de vigilância electrónica constitui uma violação da dignidade humana e de direitos básicos, sendo muitas vezes realizada sem a devida ponderação dos interesses em causa. Por outro lado, não pode omitir-se o facto de que uma constante vigilância dos trabalhadores gera um clima de desconfiança permanente e um sentimento nos trabalhadores de que não são confiáveis, pois até a pessoa mais confiante sentir-se-á posta em causa se for constantemente vigiada[1814].

Os bens jurídicos tutelados, principalmente a dignidade e a privacidade dos trabalhadores, fazem com que seja proibido o controlo à distância da sua actividade, referindo-se com esta expressão, todos os momentos desta actividade[1815], incluindo as pausas[1816], consistindo na visualização, no registo ou qualquer outro meio que pretenda aferir da produtividade dos trabalhadores[1817], independentemente do local em que o trabalhador se encontre[1818].

3.2.2.2. Entende-se, assim, que o interesse primordial do art. 20.º, n.º 1, do CT[1819] é o de conferir uma protecção especial àquela zona de privacidade a que toda a pessoa tem direito mesmo fora do próprio domicílio e da qual o trabalhador pode gozar mesmo no local de tra-

---

[1813] No mesmo sentido DAMASCENO CORREIA, *op.* cit. p. 92.

[1814] Cf. MARIA REGINA REDINHA, "Utilização de novas…, cit., p. 117.

[1815] BELLAVISTA, *Il controllo…*, cit., pp. 65-66. Cf., ainda, GILDRE GENTILE, *op.* cit., pp. 476-477, e PIETRO ICHINO, *Il contratto…*, cit., p. 230. Também EULALIA POLICELLA, *op.* cit., p. 932, se refere a esta proibição de controlo do trabalhador.

[1816] No mesmo sentido BRUNO VENEZIANI, "L'art. 4, legge…", cit., p. 84.

[1817] Neste sentido cf. MATTEO DELL'OLIO, "Art. 4 St. Lav. ed elaboratori elettronici", *in DL*, I, 1986, p. 487.

[1818] Veja-se, neste sentido, o caso decidido pelo *garante* italiano onde se decidiu que as câmaras instaladas nos autocarros e nos comboios não podiam captar imagens de forma constante dos motoristas sob pena de violação da proibição estabelecida no n.º 1 do art. 4.º do *SL*. Cf., neste sentido, AMELIA TORRICE, *op.* cit., p. 351, e ZUCCHETTI, *op.* cit., p. 529.

[1819] PEDRO ROMANO MARTINEZ, "Considerações gerais sobre…", cit., p. 51, "O Código do Trabalho – directrizes de reforma; sistematização; algumas questões", *in Estudos de Direito do Trabalho…*, cit., p. 572, e "O projecto de Código do Trabalho

502   *A Privacidade dos Trabalhadores e as Novas Tecnologias...*

balho[1820]. Por outro lado, visa também impedir que possa existir um controlo à distância que submeta o "homem à máquina, concretizando uma situação de subordinação moderna"[1821], tentando evitar que através das inovações tecnológicas exista um *assault on privacy*[1822]. Este artigo tutela de forma directa o direito à privacidade e à dignidade mas não de maneira a torná-lo num direito subjectivo já que o n.º 2 do artigo consente, em certos casos e mediante algumas condições, a utilização de aparelhos audiovisuais[1823].

Perante este artigo, o trabalhador pode sempre agir contra o empregador para a tutela dos seus interesses, requerendo a remoção dos aparelhos audiovisuais para o controlo à distância quando estes tenham sido instalados sem o respeito pelas condições previstas nos arts. 20.º e 21.º do CT.

Preconiza-se, desta forma, a ideia de que a instalação de câmaras de vídeo destinadas a controlar à distância a actividade dos trabalhadores, de uma forma impessoal e ininterrupta e que tenha por único escopo o con-

---

português", *in O Direito do Trabalho nos Grandes Espaços – entre a codificação e a flexibilidade*, (coord. BERNARDO DA GAMA LOBO XAVIER e JOANA VASCONCELOS), Universidade Católica Editora, Lisboa, 2005, p. 95, refere que o CT, no art. 20.º, estabeleceu limites à possibilidade do empregador fiscalizar a actividade de trabalho com câmaras de vídeo. Entende-se, porém, que não se cinge a estas mas também a *webcams*, ou câmaras ligadas a um computador e identificadas com um IP.

[1820] No ordenamento jurídico italiano, em relação à *ratio* do art. 4.º que serviu de inspiração ao nosso legislador, vários autores referem-se a esta ideia. Assim, ICHINO, *Diritto alla riservatezza...*, cit., p. 67. No mesmo sentido, CHIARA LAZZARI, "Diritto alla riservatezza e tutela del lavoratore", *in RGLPS*, n.º 4, 1998, p. 546, defendendo que a *ratio* do art. 4.º é a de impedir um controlo considerado lesivo da dignidade e da intimidade do trabalhador. Também STEFANIA VERALDI, "I limiti ai poteri di vigilanza del datore di lavoro: il divieto del controllo a distanza dei lavoratori", *in RGLPS*, n.º 1, 1998, p. 61, refere que o art. 4.º pretende evitar que seja eliminada qualquer forma de protecção da intimidade e autonomia na execução do trabalho, e EMIDIA VITALI, "Utilizzazione dei «dati sensibili» e tutela del lavoratore", *in La tutela della privacy...*, cit., p. 117, para quem a finalidade da norma é a de evitar a sujeição do trabalhador a um "olho" omnipresente que comporta uma violação da sua intimidade e dignidade.

[1821] PASQUALE CHIECO, "Il diritto alla riservatezza...", cit., p. 8.

[1822] Cf. TOMMASO BUCALO, *op. cit.*, p. 509.

[1823] Ver no próximo número os casos excepcionados. Quanto a outros requisitos que têm de estar presentes para se aferir da licitude da videovigilância, cf., próximos números.

O *Controlo através de Meios Audiovisuais*

trolo da execução da prestação laboral por parte dos trabalhadores, deve ser considerada ilícita. Assim, a observação do trabalhador no seu local de trabalho através de câmaras de televisão deve ser considerada, em princípio, proibida[1824]. Este parece ter sido o entendimento seguido pelo legislador no art. 20.°, n.° 1, do anterior Código do Trabalho, com texto equivalente ao actual.

Parece-nos, ainda, importante o que deve entender-se por controlo à distância previsto neste artigo.

Já se referiu[1825] que o termo distância deve ser entendido quer em termos espaciais, quer em termos temporais, sendo que o controlo *histórico* pode ser, inclusive, mais vexatório e muito mais insidioso do que o controlo imediato, tornando-se os dados, uma vez memorizados, permanentemente disponíveis para o empregador, que pode tentar dar-lhes o uso que entender[1826] [1827]. Para aferir a existência de um controlo à distância não deve aferir-se somente o elemento topográfico mas também o tempo não sincrónico[1828] [1829].

Desta forma, o tipo de conduta proibida abrange não só o caso concreto das câmaras de CCTV, e que só captam imagens, mas também, e especialmente, os sistemas de gravação que comportam algum tipo de armazenamento de imagens que resultam potencialmente muito mais

---

[1824] Neste sentido veja-se PAULO MOTA PINTO, "A protecção da vida privada...", cit., p. 183, e R. CAPELO DE SOUSA, *op.* cit., p. 450, propugnando pela proscrição de sistemas de fiscalização opressores ou humilhantes como é o caso dos sistemas de vídeo permanente ou orifícios de vigia dissimulados, salvo casos de força maior, fundadas suspeitas ou se as especiais características da empresa justificarem algumas destas medidas, referindo um acórdão da Relação de Lisboa, de 16 de Dezembro de 1987, que decidiu que o "não cumprimento por parte da entidade patronal dos deveres que a lei lhe impõe é fonte de responsabilidade civil, com a obrigação de indemnizar danos não patrimoniais por efeito do n.° 1 do art. 496.° CC".

[1825] Cf. *supra*, neste capítulo, n.° 1, 1.1..

[1826] Como se verá no n.° 4.3., ainda neste capítulo, as coisas não se podem passar exactamente assim.

[1827] Cf., neste sentido, ANTÓNIO FONTANA, "In tema di...", cit., p. 204, BELLAVISTA, *Il controllo...*, cit., p. 73, GIORGIO GHEZZI e FRANCESCO LISO, *op.* cit., p. 364, e ZANELLI, "Inovazione tecnologica...", cit., p. 296.

[1828] Veja-se MARIO MEUCCI, *op.* cit., p. 2248.

[1829] Sobre a evolução deste entendimento na jurisprudência italiana *vd.* BRUNO BRATTOLI e LUIGI PELAGGI, *op.* cit., pp. 600-601.

504   *A Privacidade dos Trabalhadores e as Novas Tecnologias...*

intrusivas na medida em que são susceptíveis de dilatar no tempo o poder de controlo do empregador[1830].

Por outro lado, o controlo interdito tanto pode ser contínuo como descontínuo, desde que incida sobre a vigilância do desempenho profissional do trabalhador e que possibilite, ainda, um controlo posterior dos dados pessoais captados[1831] [1832].

Por outro lado, parece-nos, na esteira da doutrina italiana[1833], que para que se concretize a *fattispecie* proibida não é necessário que o controlo seja actual, ou real, bastando que seja potencial, isto é, que ocorra a possibilidade de vir a controlar o desempenho profissional do trabalhador[1834].

Defende-se, ainda, que a circunstância de o trabalhador saber que está a ser filmado não pode relevar para efeitos de integrar a proibição, porque quem sabe que está a ser alvo deste tipo de controlo não é livre e nem pode agir livremente. O controlo que incida sobre o desempenho profissional do trabalhador não deixa de ser contrário à sua dignidade e à privacidade pelo facto de ter sido dado conhecimento da sua existência[1835].

[1830] *Vide* GOÑI SEIN, *La Videovigilancia...*, cit., p. 110.

[1831] Neste sentido BRUNO VENEZIANI, "L'art. 4, legge...", cit., p. 84, CRISTINA TACCONE, *op.* cit., p. 305, EULALIA POLICELLA, *op.* cit., p. 933, GIOVANNI ROSSELLI, *op.* cit., p. 464, ICHINO, *Il contratto...*, cit., p. 230, MATTEO DELL'OLIO, *op.* cit., pp. 487-488.

[1832] Como refere ALBERTO LEVI, "Internet e contrato de trabalho no ordenamento italiano", *in RDT*, ano 34, n.º 130, 2008, p. 382, a continuidade do controlo não é interpretada somente com base num critério temporal, mas é integrada à luz de um critério lógico, dando como exemplo de proibição uma câmara apontada sobre uma linha de produção, ainda que de forma descontínua e de funcionamento intermitente, porque violadora do art. 4.º, n.º 1, do *SL*.

[1833] Neste sentido vejam-se, *inter alii*, CRISTINA TACCONE, *op.* cit., p. 305, GILDRE GENTILE, *op.* cit., p. 480, GIORGIO GHEZZI e FRANCESCO LISO, *op.* cit., p. 358, referindo que a violação do art. 4.º ocorre se se realiza objectivamente a possibilidade de efectuar um controlo à distância sobre a actividade do trabalhador, não se aferindo pela intenção do empregador, mas sim, pela "mera possibilidade de controlo". No mesmo sentido PAOLO GUERRIERO, *op.* cit., p. 168, ROSSI, *op.* cit., p. 286, e ZANELLI, "Innovazione tecnologica...", cit., p. 296.

[1834] Imagine-se uma câmara ligada a um computador e que foca todos os trabalhadores mas que está temporariamente desligada, podendo a qualquer momento ser accionada pelo empregador. Neste sentido, *vide* ROBERTO ROMEI, "Il dibattito dottrinale...", cit., p. 133.

[1835] Em sentido idêntico pode ver-se GOÑI SEIN, última *op.* cit., p. 111, assim como DOMENICO PULITANÒ, "Problemi di imputazione soggettiva e art. 4 dello Statuto dei lavo-

O Controlo através de Meios Audiovisuais   505

Também nos parece que o consentimento do trabalhador não pode constituir um pressuposto de legitimidade para originar este tipo de controlo directo já que, tal como foi referido anteriormente[1836], o consentimento não é, a maior parte das vezes, prestado livremente, não podendo o empregador recorrer a ele como meio de legitimação da restrição de direitos fundamentais do trabalhador se não ocorrer um motivo legítimo para proceder à instalação e consequente captação e gravação de imagens e de sons através de sistemas de videovigilância[1837].

Preconiza-se, desta forma, que a medida de controlo do empregador que tenha a finalidade de controlar o desempenho profissional dos trabalhadores, que supõe um tratamento de dados pessoais, não pode ser considerada uma finalidade legítima à luz do art. 7.º da Directiva 95/46/CE, e do art. 5.º da Lei de Protecção de Dados Pessoais, porque não constitui uma medida necessária para a execução do contrato[1838] e porque supõe um controlo e uma vigilância totalizadora que limita a liberdade da pessoa e anula o seu âmbito de privacidade no local de trabalho.

---

ratori", in FI, 1985, p. 297, GIORGIO GHEZZI e FRANCESCO LISO, op. cit., p. 358, e VALLEBONA, "Art. 4 dello Statuto dei lavoratori ed elaboratori elettronici", in Nuove tecnologie..., cit., p. 199. Também EULALIA POLICELLA, op. cit., p. 933, defende o mesmo. GILDRE GENTILE, op. cit., p. 495, refere que "quem é consciente de estar a ser observado não é livre: o controlo efectuado é sempre desumano e vexatório, violando a dignidade e a liberdade do vigiado".

[1836] Cf., supra, neste capítulo, n.º 2.2..

[1837] Vide em idêntico sentido BELLAVISTA, Il controllo..., cit., p. 73, CRISTINA TACCONE, op. cit., p. 306, e GOÑI SEIN, La Videovigilancia..., cit., p. 111. Assim, não pode concordar-se com MATTEO DELL'OLIO, op. cit., p. 488, quando refere que o que releva no art. 4.º do SL, não é tanto a lesão de uma esfera de riservatezza, mas a falta de consentimento, por parte do trabalhador, de estar a ser controlado. Também não se concorda com ALBERTINA PEREIRA, op. cit., p. 47, quando defende que se o trabalhador der o seu consentimento ao controlo do desempenho profissional este passa a ser possível, ainda que escreva que o consentimento é revogável a todo o tempo, nos termos do art. 81.º, n.º 2 do CC. Não parece ser a melhor opção devido à falta de liberdade de consentimento por parte do trabalhador que pode sentir-se compelido a dar a sua anuência para uma situação de controlo que pode não ser considerado um motivo legítimo face ao defendido no n.º anterior.

[1838] Na medida em que, conforme refere GOÑI SEIN, La Videovigilancia..., cit., p. 110, o empregador tem quase sempre a possibilidade de utilizar métodos tradicionais de supervisão. No mesmo sentido, cf. DAMASCENO CORREIA, op. cit. p. 92.

506   *A Privacidade dos Trabalhadores e as Novas Tecnologias...*

3.2.3. *Os possíveis fins legítimos da vídeo e da audiovigilância*

3.2.3.1. O empregador não pode submeter o trabalhador a um controlo permanente ou mesmo pontual, pelo que só circunstâncias excepcionais o poderão justificar[1839] [1840]. O problema surge quando a adopção deste tipo de sistemas audiovisuais se opõe ao interesse dos trabalhadores em não serem controlados[1841], devendo prevalecer o seu direito à dignidade e à privacidade em caso de conflito. Contudo, não pode defender-se esta posição perante determinados interesses considerados fundamentais dos empregadores[1842], respeitadores do art. 20.°, n.° 2, do CT, sendo que será somente o seu uso indevido e a modalidade do seu exercício que poderá violar os direitos fundamentais dos trabalhadores. Por este facto, não é o controlo que lesa a dignidade do trabalhador mas o seu *modus operandi*[1843] na medida em que a identificação de uma violação dos direitos inerentes à sua pessoa resulta da finalidade da utilização do aparelho, quer na fase de adopção, quer na própria execução[1844].

O legislador entendeu, desta forma, que perante um conflito de interesses dos trabalhadores a não serem sujeitos a controlo à distância e as exigências organizativas e produtivas concretas do empregador, nomeadamente para garantir a integridade física daqueles, deveria operar-se uma ponderação de interesses, sacrificando, na medida menos intrusiva possível e com garantias precisas, o primeiro[1845].

A utilização destes sistemas de controlo pode ser objectivamente indispensável por motivos de segurança de pessoas e bens ou por razões de organização da produção, relacionadas com a natureza da actividade em

---

[1839] Cf. OLIVIER DE TISSOT, "La protection de la...", cit., p. 226.

[1840] Neste sentido cf. acórdão da Relação do Porto, de 26 de Junho de 2008, disponível em www.dgsi.pt, e onde se lê no ponto I do sumário que: "O empregador não pode utilizar meios de vigilância à distância no local de trabalho, mediante o emprego de equipamento tecnológico, com a finalidade de controlar o desempenho do trabalhador [...]". É, no entanto, lícita a utilização do referido equipamento "sempre que tenha por finalidade a protecção e segurança de pessoas e bens ou quando particulares exigências inerentes à natureza da actividade o justifiquem".

[1841] Tal como GOÑI SEIN, *El respeto a la...*, cit., pp. 142-143.

[1842] Cf. o defendido *supra*, n.° 3.2.1. neste capítulo.

[1843] No mesmo sentido CATAUDELLA, "Dignità e riservatezza...", cit., p. 4.

[1844] Cf. MARTÍNEZ FONS, *El poder de control...*, cit., p. 76.

[1845] Cf. CRISTINA TACCONE, *op.* cit., p. 307.

O *Controlo através de Meios Audiovisuais* 507

causa, tanto mais que da sua não implantação poderiam derivar mais perigos e graves transtornos para a empresa e, mesmo, para os trabalhadores. Assim, o facto de comportar, por vezes, um determinado controlo dos trabalhadores que prestam serviço nessas empresas é um dado impossível de eliminar[1846] e que deve ser tolerado na medida em que na análise dos diferentes direitos em causa, os interesses do empregador e, por vezes, dos próprios trabalhadores, sobrelevem. É o denominado, pela doutrina e jurisprudência italianas, a propósito do art. 4.°, n.° 2, do *SL*, controlo *preterintencional*, não sendo considerado ofensivo da dignidade do trabalhador e não lesando a sua liberdade porque não opera na sua esfera qualquer limitação física ou psíquica[1847]. Trata-se de um controlo não intencional, meramente acidental, que, embora não desejado, é possível quando o controlo através destes meios audiovisuais é considerado lícito[1848]. Trata-se

---

[1846] Como refere AMADEU GUERRA, "A privacidade...", cit., p. 170, "colocar sistemas de videovigilância sem captar trabalhadores, os seus movimentos ou, mesmo, os seus postos de trabalho é uma utopia".

[1847] CATAUDELLA, última *op*. cit., p. 4.

[1848] Vários são os autores que se referem a esta forma de controlo não querida pelo empregador mas ainda assim possível. Assim, podem ver-se BELLAVISTA, *Il controllo...*, cit., p. 76, analisando o comportamento proibido pelo art. 4.°, distinguindo o controlo intencional do *preterintencional*. Enquanto o primeiro é ilícito, o segundo, isto é, um controlo que é "um subproduto não desejado", uma consequência meramente acidental da utilização de aparelhos deste tipo instalados por razões objectivas e aceites pela lei. No mesmo sentido em "I poteri dell'...", cit., pp. 162-163. Também LUCA FAILLA e CARLO QUARANTA, *op*. cit., p. 46, referem-se ao facto de se aceitar um controlo "preterintencional", que, ainda que não desejado, permanece sempre possível. *Vide*, ainda, ALESSANDRO DE BONIS, "Controlli a distanza e accordo sindicale", *in DL*, vol. 72, n.° 3, 1998, p. 143. CRISTINA TACCONE, *op*. cit., p. 307, refere que a norma distingue claramente os casos em que os sistemas são exclusivamente destinados ao controlo à distância, controlo que é absolutamente vedado, e o controlo relacionado com exigências organizativas e produtivas, ou de segurança no trabalho, não destinado directamente ao controlo dos trabalhadores mas tornando-o possível, como um "evento meramente acidental". No mesmo sentido FRANCO TOFFOLETTO, *Internet...*, cit., p. 2, e TOMMASO BUCALO, *op*. cit., p. 510. Também GIUSEPPE PERA, "Libertà e...", cit., p. 186, se refere a esta possibilidade de controlo *preterintencional*, assim como GIOVANNI ROSSELLI, *op*. cit., p. 459, que se refere à possibilidade indirecta de controlo que estes mecanismos permitem, dando o exemplo de câmaras instaladas num banco com finalidade de operarem em caso de roubo e que permitem o controlo dos trabalhadores da caixa. No mesmo sentido AMELIA TORRICE, *op*. cit., p. 351, BRUNO BRATTOLI e LUIGI PELAGGI, *op*. cit., pp. 299 e 601. GIORGIO GHEZZI e FRANCESCO LISO, *op*. cit., p. 363, reportam-se ao carácter acidental e *preterintencional* desta forma de

508 *A Privacidade dos Trabalhadores e as Novas Tecnologias...*

de um factor acessório relacionado com as razões objectivas de instalação deste tipo de sistemas e previstas no art. 20.°, n.° 2, do CT.[1849].

O que o legislador pretendeu evitar, parece-nos, foi a possível utilização destes sistemas de videovigilância para uma finalidade diversa da "protecção de pessoas e bens", isto é, para controlar o desempenho dos trabalhadores.

Torna-se, assim, essencial aferir do real carácter *preterintencional*, analisando os instrumentos em concreto, assim como as finalidades desejadas[1850], respeitando sempre os casos taxativamente previstos no art. 20.°, n.° 2[1851].

---

controlo. ICHINO, *Il contratto di lavoro...*, cit., pp. 230-231, escreve também sobre esta forma de controlo, observando que é necessário ainda um outro requisito e que é o do acordo com os representantes dos trabalhadores ou, na sua falta, a autorização da Inspecção de Trabalho. Também MARIO MEUCCI, *op. cit.*, pp. 2248-2250, alerta para esta potencialidade de controlo e para a necessária procedimentalização da instalação deste tipo de aparelhos de controlo, assim como ALESSANDRO USAI, *op.* cit., p. 251, EULALIA POLICELLA, *op.* cit., pp. 933-934, e PIETRO ZANELLI, "Innovazione tecnológica...", cit., p. 299. LUCA TAMAJO, "Presentazione...", cit., p. 13, também se refere a esta *preterintencionalidade* do controlo previsto no art. 4.°, n.° 2, do *SL*.

[1849] No ordenamento jurídico espanhol não existe a diferença entre controlo legítimo e ilegítimo relativamente ao carácter acessório que tem sobre o trabalhador, permitindo-se a fiscalização do seu comportamento desde que relacionado com o cumprimento dos seus deveres laborais. Mas isto não significa que seja possível todo e qualquer tipo de comportamento. Este é limitado pelo próprio conceito e extensão de controlo. Deve realizar-se, assim, tal como refere MARTÍNEZ FONS, *El poder de control...*, cit., p. 78, a distinção entre a adopção de instrumentos de captação da imagem em geral e a sua aplicação concreta, colocando-se a sua legitimidade na conformidade com o respeito pela dignidade pessoal dos trabalhadores.

[1850] Que devem ser as reais finalidades pois este controlo não pode constituir uma delas, ainda que concomitante com as finalidades legítimas do art. 20.°, n.° 2. Neste sentido veja-se PISANI, "I controlli a distanza...", cit., p. 158, referindo que esta proibição de controlo à distância se mantém mesmo que a instalação destes sistemas de controlo audiovisual tenham por objectivo, simultaneamente, algumas das causas previstas no art. 4.°, n.° 2, do *SL*, podendo esta justificação aplicar-se ao art. 20.°, n.° 2, do CT na medida em que este se inspirou naquele.

[1851] Servindo-nos do exemplo referido por JÚLIO GOMES, *op.* cit., p. 331, nota n.° 894, "resta saber se será genuinamente acidental ou preterintencional o controlo da câmara de TV que, por exemplo, num banco parece abranger no seu campo de visão mais o trabalhador que está ao balcão do que propriamente o espaço ocupado por clientes (e potenciais assaltantes...)".

O Controlo através de Meios Audiovisuais

Isto significa que subsiste no trabalhador um verdadeiro e próprio direito a não ser controlado à distância[1852], mesmo que este ocorra *acidentalmente* por força da aplicação da possibilidade prevista no art. 20.º, n.º 2, do CT, sendo que só casuisticamente é que se poderá aferir, atendendo às diversas funções que os sistemas de controlo têm e dos critérios objectivos que estiverem na base da sua adopção[1853].

Entende-se, desta forma, que a eventual justificação da instalação de sistemas que possibilitam, ainda que acidentalmente, certas formas de controlo dos trabalhadores não pode significar a aceitação de qualquer utilização do captado nem de qualquer modalidade de exercício capaz de lesar a dignidade e a privacidade dos trabalhadores.

Terá de analisar-se, assim, se não concorrem para a decisão de instalação, para além dos interesses referidos no art. 20.º, n.º 2, do CT, outros interesses que visam a recolha de dados e de informações sobre o comportamento dos trabalhadores ou o exercício de uma maior pressão sobre a sua actividade laboral através desta forma de controlo tão intensivo e impessoal[1854].

Tal como defende SMURAGLIA[1855], este é precisamente um dos maiores problemas que coloca a instalação deste tipo de aparelhos. Quem pode garantir aos trabalhadores que o empregador não vai valorar para vários efeitos, nomeadamente disciplinares[1856], as imagens e os sons captados? Parece que o melhor entendimento consiste no respeito que o poder de controlo deve aos direitos fundamentais dos trabalhadores, especificamente aos direitos à dignidade e à privacidade, que funcionam como limites à adopção de medidas de controlo por parte do empregador[1857], assim como no carácter recíproco da boa fé que obriga o empregador a não defraudar a boa fé dos trabalhadores[1858].

[1852] BELLAVISTA, última *op.* cit., p. 77, e ICHINO, *Diritto alla riservatezza...*, cit., p. 74, entendendo que "a utilização, ainda que casual, destes aparelhos, com a finalidade de controlo do trabalhador, deve considerar-se sempre ilegítima".

[1853] Em idêntico sentido DAVIDE PETRINI, *op.* cit., p. 384.

[1854] Neste sentido *vide* BRUNO BRATTOLI e LUIGI PELAGGI, *op.* cit., p. 601, BRUNO VENEZIANI, "L'art. 4, legge...", cit., p. 85, e GIOVANNI ROSSELLI, *op.* cit., pp. 467-468.

[1855] *Apud* GOÑI SEIN, *El respeto a la...*, cit., p. 143.

[1856] Como se verá, *infra*, no n.º 4.3., deste capítulo.

[1857] Cf., *supra*, capítulo anterior, n.º 5.

[1858] Como se viu no capítulo anterior, n.º 4, o empregador tem de respeitar determinados princípios na execução do poder de controlo e um deles é o da boa fé.

510 *A Privacidade dos Trabalhadores e as Novas Tecnologias...*

Defende-se que tem de impor-se sempre um uso correcto e adequado destes sistemas, um uso que seja coerente com a finalidade da sua instalação, o que só se torna possível se se realizar um controlo *ex ante* e *ex post* da sua instalação com a participação dos representantes dos trabalhadores[1859].

No ordenamento jurídico italiano o legislador deixa na competência da representação sindical dos trabalhadores ou, na sua falta, na Inspecção do Trabalho, a autorização para a instalação de sistemas de gravação de imagens desde que seja respeitado o princípio da dignidade, nos termos do art. 4.°, n.° 2, do *SL*.

Em relação à utilização destes aparelhos parece que o nosso legislador se baseou no art. 4.° do *Statuto dei Lavoratori*. Mas, no que respeita à participação dos representantes dos trabalhadores, se compararmos o previsto nesse artigo com o regulado no art. 20.° do Código do Trabalho deparamos, contudo, com uma diferença. De facto, enquanto no primeiro a instalação de aparelhos de controlo requeridos por exigências organizativas e produtivas ou para segurança no trabalho das quais derive a possibilidade de controlo à distância da actividade dos trabalhadores só pode ser realizada com o prévio acordo dos representantes sindicais dos trabalhadores ou, na falta destes, com a comissão interna, sendo que, na omissão de qualquer acordo e a requerimento do empregador, intervém a Inspecção do Trabalho, no segundo, de acordo com o art. 20.° do Código do Trabalho, quando a utilização do equipamento tenha por finalidade a protecção e segurança de pessoas e bens ou quando particulares exigências inerentes à natureza da actividade o justifiquem, exige-se apenas a informação por parte do empregador aos trabalhadores da existência e da finalidade dos meios de vigilância utilizados. Nada estipula quanto à necessidade de acordo com os representantes dos trabalhadores, embora nos termos do art. 21.°, n.° 1, do CT se exija autorização prévia da CNPD e, nos termos do n.° 4, parecer da comissão de trabalhadores ou, 10 dias após a consulta, comprovativo do pedido de parecer, embora a sua omissão não constitua qualquer infracção.

Talvez tivesse sido preferível, à semelhança do que sucede noutros ordenamentos jurídicos[1860], optar-se por este acordo, embora já nos pareça

---

[1859] GOÑI SEIN, última *op.* cit., p. 144.

[1860] Esta participação acontece no ordenamento jurídico alemão onde se parte do princípio da proibição do controlo através de meios audiovisuais só se permitindo em situações excepcionais e sempre com o acordo do *Betriebsrat*, através da co-gestão. Cf.

muito positiva a consulta aos representantes dos trabalhadores. Por outro lado, é preciso atentar à modalidade concreta de exercício do poder de controlo, entendendo que ocorre uma violação da dignidade do trabalhador quando a actividade de controlo, aplicada com fins técnicos ou de segurança, consegue anular toda a zona de privacidade do trabalhador na empresa, isto é, quando o trabalhador for observado constantemente, inclusive nos seus momentos de pausa e de descanso. Nestes casos, parece-nos que estes sistemas de controlo que controlam tudo, mantendo os trabalhadores sob uma enorme pressão, são contrários à dignidade da pessoa humana[1861].

A vigilância, incluindo aquela que ocorre por motivos justificados, não pode tornar-se "numa exasperante e incómoda pressão para os trabalhadores, nem convertê-los numa espécie de prisioneiros"[1862].

3.2.3.2. É altura de considerar o chamado "controlo defensivo", por estar estreitamente relacionado com este tipo de controlo[1863] A noção deste está estreitamente relacionada com as NTIC. Nestas hipóteses, o objecto directo do controlo é o cometimento por parte do trabalhador de ilícitos e/ou a verificação de situações de perigo. Tem-se vindo a aceitar este tipo de controlo com base na ideia de que o legislador não pretendeu favorecer o cometimento por parte dos trabalhadores de actos ilícitos, nem tornar impossível a prevenção de certas situações de perigo.

DÄUBLER, *Derecho del...*, cit., pp. 628-629, e *Arbeitsrecht...*, cit., pp. 212-213. Todavia, tendo em atenção algumas situações excepcionais, também foi considerado numa decisão do Tribunal administrativo regional de *Mannheim*, de 7 de Dezembro de 1993, que se a adopção dos sistemas audiovisuais de vigilância tinha por finalidade responder a uma investigação criminal, não assiste à representação colectiva o direito de participar. MARTÍNEZ FONS, *El poder de control...*, cit., pp. 73 e 104, nota n.º 99, e "El poder de control empresarial...", cit., p. 22.

Também no ordenamento jurídico austríaco se exige a aprovação dos representantes dos trabalhadores quando se pretendam instituir estas medidas. Veja-se NORA MELZER--AZODANLOO, "Austria", *in Employment Privacy...*, cit., p. 21.

[1861] No mesmo sentido GOÑI SEIN, *El respeto a la...*, cit., p. 145.

[1862] GOÑI SEIN, última *op.* cit., p. 145. No mesmo sentido vejam-se MARTÍNEZ FONS, *El poder de control...*, cit., pp. 90-91, e MARTÍNEZ RANDULFE, *op.* cit., p. 59.

[1863] Termo muito utilizado na doutrina e na jurisprudência italianas. Veja-se, a título meramente exemplificativo, BELLAVISTA, *Il controllo...*, cit., pp. 99 e ss., e LUCA FAILLA e CARLO QUARANTA, *op.* cit., pp. 48 e ss..

512 *A Privacidade dos Trabalhadores e as Novas Tecnologias...*

Segundo nos parece, o controlo defensivo também se insere no art. 20.° do CT, não sendo a instalação lícita se o sistema de controlo pretendido permitir também o controlo de outros aspectos do comportamento dos trabalhadores, aplicando-se, então, a proibição do art. 20.°, n.° 1. Não sendo esse o caso, e se a pretensão se destinar a aferir quem cometeu o ilícito ou a prevenir situações de perigo, excluindo-se a violação do n.° 1, aplica-se o n.° 2, tendo que se inserir a finalidade pretendida numa das excepções previstas e seguir todo o procedimento dos arts. 20.°, n.° 3, e 21.° do CT. Estar-se-ia, assim, perante instrumentos que, estando directamente a controlar o comportamento dos trabalhadores, são exigidos por razões organizativas, produtivas ou de segurança no trabalho.

No ordenamento jurídico espanhol, o Tribunal Constitucional, na sentença 186/2000, de 10 de Julho, entendeu ser lícita a instalação por tempo limitado de câmaras de vídeo no local de trabalho com o objectivo de vigiar o comportamento de certos trabalhadores e de obter provas da comissão de graves irregularidades perante suspeitas concretas da empresa, mesmo que com total clandestinidade, sem que a comissão de trabalhadores, nem os trabalhadores tivessem sido previamente informados da existência ou da instalação.

Na senda desta decisão várias outras se lhe seguiram entendendo ser lícita a instalação por parte da empresa de câmaras de vídeo com a finalidade de fazer um trabalho de seguimento e observação de trabalhadores suspeitos da prática de determinadas irregularidades[1864]. Porém, não podem esquecer-se as limitações ou condições restritivas que permitem a adopção destes sistemas neste ordenamento jurídico. Em primeiro lugar, a decisão de instalação tem de estar directamente relacionada com suspeitas graves. Em segundo lugar, há uma avaliação criteriosa do princípio da proporcionalidade. No entanto, isto implica que o recurso à videovigilância deve circunscrever-se a casos em que haja uma atenta valoração da intrínseca qualidade das infracções suspeitas, das possíveis medidas alternativas de prevenção e protecção de natureza física que não determinam a captação de imagens e de sons para proteger os interesses legítimos do empregador, e da proporcionalidade das medidas adoptadas, tendo sempre como

---

[1864] Veja-se GOÑI SEIN, *La Videovigilancia...*, com referência a profusa jurisprudência.

O Controlo através de Meios Audiovisuais 513

excepção a proibição de instalação em lugares onde se desenvolve a vida privada dos trabalhadores[1865].

Mesmo com o respeito de todas estes requisitos e condições, temos sérias dúvidas quanto à possibilidade deste tipo de controlo[1866] pois facilmente poderá ocorrer um controlo total da pessoa do trabalhador, criando um ambiente de *stress*. Assim, ainda que com dúvidas, só parece de admitir como última *ratio*, em casos verdadeiramente excepcionais.

3.2.3.1. *Por exigências de segurança de pessoas e bens*

Um dos primeiros motivos que poderá originar o controlo lícito do empregador será o do respeito pela segurança de pessoas e bens. Torna-se inquestionável que o empregador deve ter a possibilidade de salvaguardar o seu património e o de terceiros, assim como o dos seus trabalhadores, perante eventuais agressões ou atentados provenientes de próprios trabalhadores ou de terceiros, impedindo ou verificando a sua realização com os instrumentos que a técnica coloca à sua disposição, e, no caso concreto, através da videovigilância[1867] [1868].

[1865] GOÑI SEIN, última *op.* cit., p. 118.

[1866] Quanto ao problema do controlo oculto ver, *infra*, ainda neste capítulo, n.º 3.4..

[1867] Vários são os autores que referem como possível justificação para a instalação de sistemas de videovigilância a segurança de pessoas e de bens.

No ordenamento jurídico alemão pode ver-se como DÄUBLER, *Derecho del...*, cit., pp. 629-630, e em *Arbeitsrecht...*, cit., pp. 212-213, se refere a este motivo. Também em *Gläserne...*, cit., p. 152, reporta-se a determinados locais como possíveis alvos de instalação deste tipo: *inter* alia, bancos, museus e centros comerciais. Também em DÄUBLER, KLEBE, WEDDE e WEICHERT, *op.* cit., pp. 214-215, se toca no mesmo. Contudo, não podem ser esquecidos certos requisitos, nomeadamente nos locais abertos ao público, nos termos do β 6 b), do BDSG, só ser possível a instalação se estiver preenchido algum dos três requisitos e se os interesses do titular do tratamento (no caso o trabalhador) não deverem prevalecer. Por outro lado, também se devem tornar anónimos os dados obtidos, através de técnicas instaladas no sistema, aplicando-se as regras quer aos sistemas digitais, como aos sistemas analógicos. Vejam-se as obras anteriores e, ainda, FRANK BAYREUTHER, *op.* cit., p. 1039, JÜRGEN HELLE, *op.* cit., p. 343, e MATTHIAS WILKE, "Videoüberwachung...", cit., p. 227.

No ordenamento jurídico espanhol, pode ver-se, a título meramente exemplificativo, ARIAS DOMÍNGUEZ e RUBIO SÁNCHEZ, *op.* cit., p. 147, CRISTINA RODRÍGUEZ COARASA, *op.* cit., p. 4, referindo que por razões de segurança a instalação destes mecanismos é preceptiva, dando como exemplo os bancos, as caixas de aforro e demais enti-

514   *A Privacidade dos Trabalhadores e as Novas Tecnologias...*

Na verdade, a prevenção de riscos para a segurança dos trabalhadores constitui um interesse do empregador constitucionalmente relevante, não podendo deixar de se defender a possibilidade de adoptar

---

dades de crédito, GOÑI SEIN, *La Videovigilancia...*, cit., pp. 111 e ss., JAVIER GÁRATE CASTRO, "Derechos Fundamentales...", cit., p. 155, MARTÍNEZ FONS, "El poder de control...", cit., p. 28, e *El poder de control...*, cit., pp. 93-94, RUBIO SÁNCHEZ, "Validez procesal de la grabación de una conversación telefónica privada", *in AS*, n.º 6, Julho 2006, p. 1, e VICENTE PACHÉS, *El derecho del...*, cit., p. 324, entendem que em determinadas empresas a instalação destes aparelhos para finalidades de segurança está plenamente justificada.

No ordenamento jurídico francês podem ver-se MARIE-NOËLLE MORNET, *op. cit.*, p. 116, MARIE-PIERRE FENOLL-TROUSSEAU e GÉRARD HAAS, *op. cit.*, p. 25, e SYLVAIN LEFÈBVRE, *op. cit.*, p. 91.

No ordenamento jurídico italiano também vários autores referem-se a esta legitimidade por motivos de segurança. Vejam-se, a título de exemplo, BELLAVISTA, "La tutela dei dati...", cit., pp. 430-431, BRUNO BRATTOLI e LUIGI PELAGGI, *op. cit.*, p. 599, GIUSEPPE PERA, "Libertà e...", cit., p. 187, MARIO MEUCCI, *op. cit.*, pp. 2248-2249, PAOLO GUERRIERO, *op. cit.*, p. 168, e TOMMASO BUCALO, *op. cit.*, p. 510.

No ordenamento jurídico inglês pode ver-se o Documento do Information Commissioner's Office, *The Employment Practices Code – Supplementary Guidance*, p. 52, reconhecendo que a videovigilância contínua é particularmente intrusiva para os trabalhadores, apenas se justificando por razões de segurança ou de particulares características da actividade em causa. Defendem, ainda, que antes da instalação deste tipo de meios tem de se responder a uma série de questões, principalmente relacionadas com o princípio da proporcionalidade. Também RICHARD ROSENBERG, *op. cit.*, p. 9, se refere a necessidades de segurança como critério para a possível instalação destes meios.

Também no ordenamento jurídico holandês razões de segurança podem estar na base da instalação deste tipo de sistemas, conforme refere SJAAK NOUWT, BEREND DE VRIES e DORUS VAN DER BURGT, *op. cit.*, p. 18.

No ordenamento jurídico suiço, no Documento *Explications sur...*, cit., p. 2, entende-se que se a videovigilância tiver por finalidade a segurança de pessoas e bens, será admitida.

[1868] No ordenamento jurídico português vários são os autores que se referem à necessidade de manter a segurança de pessoas e bens como critério para legitimar a instalação deste tipo de sistemas. Vejam-se AMADEU GUERRA, *A privacidade...*, cit., p. 363, e "A privacidade...", cit., p. 170, CATARINA SARMENTO E CASTRO, "A protecção dos dados...", cit., p. 52, referindo que a instalação deste tipo de meios pode ser necessária para proteger interesses vitais do trabalhador, como é o caso da manutenção da segurança do trabalhador quando opere com materiais perigosos, ainda que este exemplo também possa ser enquadrado no próximo número, a propósito da "especial natureza da actividade". Também defende o mesmo JOSÉ JOÃO ABRANTES, "Contrato de trabalho...", cit., p. 814, e "Os direitos de personalidade do trabalhador e a regulamentação do Código do Trabalho", *in PDT*, n.º 71, 2005, p. 64, criticando a redacção demasiado genérica do

O *Controlo através de Meios Audiovisuais* 515

medidas de vigilância através de câmaras com essa finalidade no local de trabalho[1869].

Por outro lado, secunda-se o defendido por Júlio Gomes[1870], no sentido de serem adoptadas várias medidas aquando da análise destas finalidades de segurança das pessoas e bens já que, mesmo que a finalidade original seja esta, algumas medidas, em concreto, podem revelar-se intimidatórias e desproporcionadas, como será o caso da instalação de câmaras de filmar à porta das casas-de-banho ou de um gabinete em particular[1871]. Não pode deixar de atender-se a que a possibilidade de recurso a estes sistemas de videovigilância tem de ser valorada de acordo com a perspectiva da alínea f) do art. 7.º da Directiva 95/46/CE, no sentido que o tratamento só poderá ser efectuado "sempre que não prevaleçam os interesses ou os direitos e liberdades fundamentais da pessoa em causa". Desta forma, pode acontecer que mesmo que a medida pareça, em princípio, estar justificada, não seja admissível por anular o exercício de outro direito fundamental[1872].

---

legislador, c Paulo Mota Pinto, "A protecção da vida privada…", cit., p. 153, referindo que a observação do trabalhador no local de trabalho deve ser proibida salvo quando seja concretamente necessária por razões de segurança do trabalhador. Também Menezes Leitão, "A protecção de…", cit., p. 133, e *Direito do…*, cit., p. 174, refere-se a esta possibilidade de segurança como uma finalidade legítima de instalação deste tipo de sistemas, dando o exemplo dos aeroportos, bancos e discotecas. No mesmo sentido podem ver-se David Oliveira Festas, *op.* cit., p. 13, e Rui Assis, *op.* cit., p. 236. Cf., ainda, Guilherme Dray, *Direitos de personalidade…*, cit., pp. 85-86, e em Pedro Romano Martinez e outros, *Código do Trabalho…*, cit., p. 131, dando como exemplo a instalação destes aparelhos em bancos, aeroportos ou postos de gasolina. No mesmo sentido aponta Júlio Gomes, *Direito do…*, cit., p. 330.

[1869] Pense-se no caso de joalharias, em bancos, ou em bombas de gasolina, para evitar possíveis furtos ou roubos.

[1870] *Direito do…*, cit., p. 330, nota n.º 892.

[1871] No mesmo sentido Fernández Villazón, *Las facultades…*, cit., p. 80, dando numerosos exemplos.

[1872] Tal foi o caso referido por Goñi Sein, *La Videovigilancia…*, cit., pp. 114-115, da sentença do TCE, 37/1998, onde este tribunal decidiu ser ilegal a filmagem através de câmaras de vídeo da acção de piquetes informativos, cujo motivo era prevenir alterações da segurança dos cidadãos e a protecção do livre exercício dos seus direitos. O tribunal, embora tenha concordado que existia um interesse constitucionalmente relevante, negou tal possibilidade de vigilância por entender que se tratava de uma medida que restringia o exercício do direito à greve dos trabalhadores. Pelo contrário, na decisão do TSJ de Murcia, de 11 de Maio de 1999, decidiu-se que, quando fica provado que a instalação do

516   *A Privacidade dos Trabalhadores e as Novas Tecnologias...*

Concorda-se, desta forma, com o decidido pelo STJ, num acórdão de 8 de Fevereiro de 2006. Neste caso, o Tribunal, após ter salientado que a finalidade para a qual foi autorizada, pela CNPD, a captação da imagem e do som, era a da protecção dos bens do empregador, procedeu a uma análise sobre o conceito de "segurança de pessoas e bens", entendendo que não se provaram factos suficientes para se concluir com clareza suficiente que a situação em apreço podia ser integrada naquele conceito e considerou que se verificava uma "incidência directa e necessariamente constrangedora sobre o campo de acção dos trabalhadores", entendendo que neste caso esta medida configurava uma "típica medida de polícia", que apenas poderia ser aplicada pelas autoridades policiais". Decidiu, ainda, que a utilização destes sistemas de videovigilância extravasava o quadro de actuação legítima do empregador[1873].

Defende-se, desta forma, na esteira de GOÑI SEIN[1874], que a legitimidade do tratamento de dados pessoais tem de ser avaliada em função dos instrumentos de trabalho ou das matérias ou produtos e do risco razoável para a segurança ou do perigo certo e real de alteração dessa segurança. Os sistemas de vigilância através destes meios, tal como as operações de videovigilância em locais públicos, terão de cumprir os requisitos estabelecidos no art. 8.º da CEDH, e estar relacionados com a existência de riscos concretos e delitos específicos, sempre respeitando o princípio da proporcionalidade[1875].

A videovigilância por razões de segurança ou protecção de pessoas e bens, na medida em que implica o tratamento de dados pessoais através da imagem e do som captados, supondo uma restrição aos direitos fundamentais, principalmente à autodeterminação informativa dos trabalhadores, tem de ser entendida num sentido bastante restrito e limitado aos casos em que exista uma necessidade real de segurança, atendendo à qualidade intrínseca dos bens que hão-de ser protegidos e das tarefas em concreto.

---

sistema é anterior ao conflito e justificada por razões legítimas alheias ao mesmo, a possível gravação dos trabalhadores foi considerada um efeito acidental que não vulnera o direito à greve. Cf., FERNÁNDEZ VILLAZÓN, última *op.* cit., pp. 80-81, e RIVERO LAMAS, "Principio de proporcionalidad y derechos fundamentales (sobre la inconstitucionalidad de la filmación de los piquetes en una huelga)", *in REDT*, n.º 98, 1999, pp. 925 e ss..

[1873] Cf. VIRIATO REIS, *op.* cit., pp. 181-182.

[1874] Última *op.* cit., pp. 111-112.

[1875] Neste sentido veja-se o *Parecer n.º 4/2004...*, cit, p. 13.

O Controlo através de Meios Audiovisuais   517

Do exposto, resultam sérias dúvidas acerca da legitimidade da instalação de dispositivos de controlo através destes sistemas nos locais de trabalho, não abertos ao público, somente com base numa genérica finalidade preventiva de segurança de pessoas e de bens. Entende-se, pois, que deverá existir um risco razoável para a segurança das pessoas e dos bens, valorando-se não só a existência de um risco mais ou menos geral e genérico, mas também a possibilidade da sua concretização. Por outro lado, defende-se que o recurso a este tipo de sistemas fique circunscrito a situações particularmente graves, insistindo o Grupo de Protecção de Dados do art. 29.º que deve evitar-se a instalação deste tipo de sistemas para detecção de infracções menores. Assim, só poderão instalar-se estes sistemas de captação de imagem e de som por motivos de segurança de pessoas e de bens quando, para além de existir um perigo real e certo de alteração dessa segurança, se trate de prevenir infracções graves[1876].

Defende-se, ainda, que deverá considerar-se inadmissível a instalação destes sistemas no local de trabalho com carácter continuado com a finalidade de prevenir, evitar ou controlar pequenas infracções ou furtos, ou para desincentivar subtracções de mercadorias e para favorecer, desta forma, uma conduta diligente e fiel dos trabalhadores. Não pode admitir--se essa finalidade de protecção da propriedade de forma geral e indiscriminada, com respeito pelos próprios trabalhadores, porque isso equivaleria a admitir também entre as finalidades da adopção, o controlo dos trabalhadores. Desta forma, o seu controlo deixaria de ser uma consequência meramente acidental, um facto acessório, para converter-se numa forma de controlo directo e proibido pela Lei de Protecção de Dados Pessoais e pelo art. 20.º, n.º 1, do CT[1877].

Não pode, assim, concordar-se com a sentença do TSJ de Andaluzia, de 9 de Março de 2001, que num caso de despedimento de um trabalhador do Corte Inglês, pelo facto de ter bebido sumo de uma garrafa sem autorização da empresa aceitou como prova incriminadora da falta cometida as imagens gravadas por uma câmara de segurança permanentemente activada. Entendeu que se tratava de uma medida justificada por razões de segurança, idónea para a finalidade pretendida pela empresa já que o tra-

---

[1876] No mesmo sentido GOÑI SEIN, *La Videovigilancia...*, cit., p. 113.

[1877] Neste sentido GOÑI SEIN, "Los critérios básicos...", cit., p. 91, e *La Videovigilancia...*, cit., p. 113.

518   *A Privacidade dos Trabalhadores e as Novas Tecnologias...*

balhador cometeu efectivamente as irregularidades, e equilibrada para comprovar o sucedido[1878].

Não parece ter sido a melhor solução já que, ainda que se admitisse que a instalação de câmaras de videovigilância era uma medida justificada para a prevenção ou verificação de pequenos furtos que podiam ocorrer em centros comerciais, tendo em conta as pessoas que os visitam, não se poderia reconhecer a legitimidade desta forma de controlo dirigida aos trabalhadores pois, conforme o defendido pelo Grupo de Protecção de Dados do art. 29.º no seu *Parecer n.º 4/2004*[1879], as imagens recolhidas exclusivamente para proteger a propriedade ou detectar, evitar e controlar infracções graves, não deverão ser utilizadas para acusar os trabalhadores de faltas disciplinares menores[1880].

Pelo contrário, já nos parece ter sido uma boa decisão, constituindo um exercício legítimo de instalação de um sistema de gravação, o caso decidido pelo TSJ da Galiza, de 28 de Setembro de 1999[1881]. Tratava-se de um caso em que um centro sanitário, após as múltiplas subtracções de material e bens pertencentes aos trabalhadores e aos pacientes, decidiu instalar uma série de câmaras de vídeo nos acessos ao hospital e nos passeios gerais, não sendo colocado nenhum dentro dos gabinetes nem em locais de trabalho ou em locais onde se desenvolve a vida privada dos trabalhadores e dos pacientes, sendo as imagens em todo o momento controladas pelos vigilantes de segurança, que unicamente podem ver os monitores instalados num gabinete a que só eles têm acesso.

[1878] No mesmo sentido também não parece ter sido a melhor a decisão do TSJ das Canárias, de 25 de Outubro de 2003, que considerou legítima a instalação por parte de uma empresa de produção de bananas, com pleno conhecimento dos trabalhadores, da instalação de um sistema de filmagem como meio de controlo da actividade laboral dos trabalhadores, através do qual se detectou que um dos trabalhadores subtraiu diversas peças de fruta da melhor qualidade enquanto prestava serviço. Parece, secundando GOÑI SEIN, última *op. cit.*, pp. 113-114, que se está a proceder a uma extensão ilegítima das razões de protecção da propriedade, porque se está a aplicar uma medida de segurança, justificável perante possíveis actos de grave perigo para a segurança das pessoas e de bens, e que supõe uma forte incidência no direito à privacidade das pessoas, em relação a subtracções de menor importância, gerando-se uma desproporção, parece-nos, entre a tutela do interesse legítimo do empregador e o sacrifício imposto aos direitos dos trabalhadores.

[1879] *Op.* cit., p. 25.

[1880] Irá analisar-se melhor esta situação, ainda neste capítulo, em 4.3..

[1881] Analisado por GOÑI SEIN, *La Videovigilancia...*, cit., p. 114.

Neste caso, parece-nos, tal como foi decidido, que a medida é adequada já que existe um interesse legítimo relevante para a sua adopção que se baseia na necessidade de dotar o centro das medidas de segurança, oportunas e suficientes, que até à data carecia e, ainda, porque a medida está em concordância com o objecto de protecção, que é o de evitar toda uma série de actos ilícitos que estavam a ser praticados, sem um controlo directo sobre a actividade laboral dos trabalhadores.

3.2.3.2. *Por particulares exigências inerentes à natureza da actividade*

A instalação deste tipo de sistemas também pode estar justificada por várias exigências relacionadas com a natureza da própria actividade, com o processo produtivo ou com o próprio funcionamento dos materiais de trabalho.

A existência de um ambiente seguro e saudável é um direito constitucionalmente consagrado no art. 59.º, podendo determinar a instalação de sistemas de captação de imagem e de som que permitam uma vigilância da obediência a regras de segurança, bem como o controlo das condições de segurança e qualidade de certos espaços onde se lida com materiais ou mecanismos perigosos[1882]. A própria legislação sobre higiene, segurança e saúde no local de trabalho exige ao empregador que vele pela segurança e higiene, de modo a proteger a saúde do trabalhador, impondo o dever de se conformar com estas regras[1883].

As câmaras de vídeo são necessárias porque permitem, muitas vezes, realizar à distância e com uma grande poupança de custos, operações de controlo da actividade produtiva e aceder a campos de visão onde não convém que aceda o olhar humano.

Também em certos locais onde o trabalhador se encontra bastante isolado pode justificar-se, com base neste requisito, a instalação deste tipo de sistemas.

Dir-se-ia, pois, que se estes sistemas são essenciais e imprescindíveis para a consecução de uma finalidade legítima do empregador, a sua adop-

---

[1882] Idêntica opinião tem CATARINA SARMENTO E CASTRO, "A protecção de dados...", cit., p. 145.

[1883] No mesmo sentido vejam-se RUI ASSIS, *op.* cit., p. 236, e TÉLLEZ AGUILERA, *op.* cit., p. 118.

520 *A Privacidade dos Trabalhadores e as Novas Tecnologias...*

ção será lícita, não podendo impedir-se o tratamento de dados pessoais constituídos por imagem e sons do trabalhador, se se prosseguem interesses legítimos com relevância constitucional, ainda que permitam, acidentalmente, controlar o seu comportamento.

3.3. O princípio da proporcionalidade

3.3.1. O princípio da proporcionalidade ou da proibição do excesso[1884] é considerado um princípio fundamental, sendo actualmente entendido como um princípio de controlo[1885] [1886] e um mecanismo de equilíbrio entre os diferentes direitos em causa[1887].

Este princípio tende a realizar a procura do equilíbrio entre as obrigações do trabalhador, que emanam do seu contrato de trabalho, e o âmbito de liberdade constitucional da sua privacidade, garantindo que a modulação deste direito fundamental vai ser realizada na medida estritamente imprescindível ao seu correcto respeito, isto é, com as restrições na quantidade, na qualidade e no procedimento[1888].

[1884] Esta terminologia é referida por GOMES CANOTILHO, *Direito Constitucional e ...*, cit., p. 268.

[1885] Neste sentido GOMES CANOTILHO, última *op.* cit., p. 268.

[1886] Tal como já se referiu anteriormente, capítulo II, n.º 4, 4.2., a noção deste princípio não é nova. Já nos séculos XVIII e XIX, ela estava presente na ideia britânica de *reasonableness*, no conceito prussiano de *Verhältnismäßigkeit*, na figura do *détournement du pouvoir* no ordenamento jurídico francês, e na categoria italiana de *ecesso di potere*. Mas, como observa GOMES CANOTILHO, *Direito Constitucional e ...*, cit., p. 268, o alcance do princípio era menor porque "era mais o de revelação de sintomas de patologias administrativas – arbitrariedade, exorbitância de actos discricionários da administração – do que o de um *princípio material de controlo* das actividades dos poderes públicos". A situação altera-se após as Guerras Mundiais, onde a tentativa de encontrar um direito materialmente justo implica a que este instituto se expanda para outros campos.

[1887] Cf. ROIG BATALLA, *op.* cit., p. 48. Este autor entende que o princípio da proporcionalidade pode ser entendido como uma espécie de princípio da boa fé de aplicação multilateral e não já unilateral como no passado. Também WILLIS GUERRA FILHO, "Notas em torno ao princípio da proporcionalidade", *in Perspectivas Constitucionais...*, cit., p. 259, escreve que este princípio é entendido como um "mandamento de otimização do respeito máximo a todo o direito fundamental, em situação de conflito com outro(s)".

[1888] Ver MARGARITA APILLUELO MARTÍN, "Contornos de control empresarial de la intimidad del trabajador ante las nuevas tecnologías y a la luz de la doctrina judicial", *in AS*, I, 2003, p. 774.

O princípio da proporcionalidade subdivide-se em três sub-princípios de capital importância.

Em primeiro lugar, deve considerar-se o princípio da conformidade ou adequação de meios[1889] que estabelece que a medida adoptada para a realização de um determinado interesse tem de ser apropriada à prossecução do fim ou fins a ele subjacentes. Secundando GOMES CANOTILHO[1890], esta exigência de conformidade pressupõe a investigação e a prova de que o acto está em conformidade com os fins justificativos da sua adopção. Tem, desta forma, que se controlar a *relação de adequação medida-fim*. Trata-se, assim, de realizar a correcta adequação entre o objectivo a alcançar com a limitação dos direitos em causa e o nível daquela[1891].

Em segundo lugar, deve referir-se o princípio da exigibilidade ou da necessidade[1892], também conhecido como "princípio da menor ingerência possível"[1893], que tem como base a ideia de que o cidadão deve ter direito à menor desvantagem possível. Isto significa a exigência de prova de que, para a obtenção de determinados fins, não era possível a adopção de outro meio menos oneroso ou menos intrusivo. Todavia, como escreve GOMES CANOTILHO[1894], atendendo, à natural relatividade deste subprincípio, a doutrina tem vindo a acrescentar alguns outros elementos como o da exigibilidade material, na medida em que o meio utilizado deve ser o "mais poupado" possível em relação à limitação dos direitos fundamentais; o da exigibilidade espacial, no sentido da necessidade de limitar o âmbito de intervenção; o da exigibilidade temporal, estabelecendo uma limitação rigorosa em termos temporais da medida de intervenção; e, por último, a exigibilidade pessoal, que significa que a medida deve ser limitada à pessoa ou pessoas cujos interesses devam ser sacrificados.

Este princípio da necessidade não coloca em causa, a maior parte das vezes, a adopção da medida no sentido de necessidade absoluta, mas sim, a necessidade relativa, isto é, a questão de saber se poderia e deveria

---

[1889] *Geeignetheit.*

[1890] Última *op.* cit., p. 269.

[1891] Neste sentido JOSÉ JOÃO ABRANTES, "O Novo *Código*...", cit., p. 147.

[1892] *Erforderlichkeit.*

[1893] GOMES CANOTILHO, *Direito Constitucional e* ..., cit., p. 270.

[1894] Última *op.* cit., p. 270.

ter sido adoptado outro meio igualmente eficaz e menos intrusivo para as pessoas[1895].

Defende-se, desta forma, que o princípio da necessidade ou da exigibilidade está relacionado, quando aplicada ao Direito do trabalho, com a necessidade de salvaguardar a correcta execução do contrato[1896].

Estes dois subprincípios determinam que o meio escolhido deve ser apto a atingir o fim estabelecido, mostrando-se, desta forma, adequado, devendo, ainda revelar-se exigível, não existindo outro igualmente eficaz e menos danoso em relação aos direitos fundamentais em causa.

O terceiro e último subprincípio é o da proporcionalidade em sentido restrito[1897], entendido como um princípio de "justa medida". Significa que mesmo que se entenda que a medida é necessária e adequada para alcançar um determinado fim, ainda assim tem de aferir-se se o resultado obtido é proporcional à restrição ocorrida. Secundando, mais uma vez, GOMES CANOTILHO[1898], os meios e o fim são colocados numa equação através de um juízo de ponderação com o objectivo de se avaliar se o meio utilizado é ou não desproporcionado em relação ao fim pretendido. Trata-se de uma questão de "medida ou desmedida" com vista a alcançar um determinado fim que é o de pesar as desvantagens dos meios em relação às vantagens dos fins pretendidos.

Entende-se, desta forma, que o princípio da proporcionalidade, entendido como um mecanismo de controlo para verificar se uma medida restritiva de um direito fundamental supera este juízo compreende três fases ou condições: se a medida é susceptível de conseguir o objectivo proposto, nos termos de ser idónea para o fim pretendido – juízo de idoneidade –; se é necessária ou imprescindível por não existir outra medida mais moderada para conseguir o objectivo proposto com igual eficácia – juízo de necessidade –; e, por último, se a medida é ponderada ou equilibrada por dela derivarem mais benefícios ou vantagens para o interesse geral que prejuízos sobre outros bens, valores ou direitos em causa – juízo de proporcionalidade em sentido restrito[1899].

[1895] Segue-se a opinião de GOMES CANOTILHO, *Direito Constitucional e ...*, cit., p. 270.

[1896] Veja-se JOSÉ JOÃO ABRANTES, última *op.* cit., p. 147.

[1897] *Verhältnismäßigkeit.*

[1888] Última *op.* cit., p. 270.

[1899] *Vide* JUAN RIVERO LAMAS, "Principio da proporcionalidad...", cit., pp. 933--934. Também MARGARITA APILLUELO MARTÍN, *op.* cit., p. 774, defende o mesmo, assim

O Controlo através de Meios Audiovisuais 523

Entende-se, ainda que o princípio da proporcionalidade, quando aplicado ao âmbito laboral, pressupõe um juízo prévio sobre a necessidade ou indispensabilidade da medida e um outro posterior sobre a proporcionalidade dos sacrifícios que comporta para os direitos fundamentais dos trabalhadores.

3.3.2. Este princípio está previsto no art. 6.º, n.º 1, alínea c) da Directiva 95/46/CE, e no art. 5.º, n.º 1, alínea c), da Lei de Protecção de Dados Pessoais, e significa que o tratamento de dados pessoais deve respeitar este princípio, devendo ser adequado, pertinente e não excessivo relativamente às finalidades para que os dados são recolhidos. Também está consagrado no art. 21.º, n.º 2, do CT, impondo que a autorização da CNPD para a instalação de meios de vigilância à distância, só pode ser dada se a "utilização dos meios for necessária, adequada e proporcional aos objectivos a atingir"[1900] [1901].

---

como CYNTHIA CHASSIGNEUX, *op.* cit., p. 159, PRADAS MONTILLA, "Empresas y protección de datos de carácter personal", *in AL*, n.º 34, 2000, p. 71, e SEMPERE NAVARRO e CAROLINA SAN MARTÍN MAZZUCCONI, *Nuevas Tecnologías...*, cit., p. 141. Também RUI ASSIS, *op.* cit., pp. 243-244, refere que tem de atender-se a este princípio da proporcionalidade significando que a medida utilizada pelo empregador não pode exceder aquilo que é estritamente necessário para atender ao objectivo pretendido, daí também resultando o elemento necessidade como critério a ser atendido. Cf., ainda, RAQUEL SERRANO OLIVARES, "El derecho a la intimidad...", cit., pp. 122 e 124. Cf., também, BRUNO SCHIERBAUM, "Recht am...", cit., p. 495, DÄUBLER, KLEBE, WEDDE e WEICHERT, *op.* cit., p. 215, MATHIAS WILKE, "Videoüberwachung...", cit., p. 227, e "Monitoring – Abhören und Aufzeichnen im Call-Center", *in CF*, n.º 6, 2006, p. 6, referindo uma série de questões que têm de ser colocadas previamente à instalação de sistemas de controlo auditivo, questões relacionadas com o princípio da proporcionalidade, e WEIβGERBER, *op.* cit., pp. 107-108, referindo-se à enorme importância do princípio da proporcionalidade para aferir as medidas de controlo do empregador, em geral, e do tratamento de dados pessoais dos trabalhadores, em especial.

[1900] Também se refere a este princípio o Documento do Grupo de Protecção de Dados do art. 29.º, relativo ao tratamento de dados pessoais no âmbito do emprego – *Opinion 8/2001...*, cit., p. 3, e também o art. L.120-2 do *CT* francês exige este respeito. *Vd.*, ainda JÚLIO GOMES, *Direito do...*, cit., p. 331.

[1901] O STJ, no acórdão de 8 de Fevereiro de 2006, já várias vezes referido, decidiu que a instalação destes sistemas, por envolver a restrição de vários direitos fundamentais, "apenas poderá mostrar-se justificada quando for necessária à prossecução de interesses legítimos e dentro dos limites definidos pelo princípio da proporcionalidade".

524 *A Privacidade dos Trabalhadores e as Novas Tecnologias...*

Este princípio da proporcionalidade está associado à qualidade dos dados pessoais, constituindo um factor fundamental para a legalidade do seu tratamento[1902].

Impõe-se, desta forma, o tratamento exclusivo dos dados pertinentes e não excedentários em relação à finalidade para a qual são recolhidos, sendo a *ratio* da norma a do emprego dos dados pessoais aos casos em que seja indispensável para a consecução dos objectivos pretendidos, funcionando como *ultima ratio, in extremis*[1903].

O princípio da proporcionalidade, comportando, conforme já se referiu, um triplo juízo prévio significa que, quando aplicado à videovigilância, o empregador deve aferir da adequação do recurso à finalidade por si pretendida; deve analisar, ainda, a necessidade ou a indispensabilidade do recurso à videovigilância; e em terceiro e último lugar, deve aferir da proporcionalidade dos sacrifícios que supõe.

Em relação ao primeiro requisito, de acordo com a Directiva e com a legislação nacional, não basta analisar a simples adequação entre a medida de videovigilância e o interesse pretendido[1904]. Tem, ainda, que se colocar em relação com fins que realmente justificam o recurso à videovigilância, não deixando de ter em atenção que a natureza extremamente sensível das operações de tratamento de imagem e de som impõem uma valoração rigorosa e minuciosa da existência de um interesse legítimo do empregador que justifique a instalação destes sistemas. Assim, não se pode ficar apenas por um juízo exclusivo sobre a idoneidade, tendo que se ir mais longe e conjugar os três princípios em causa[1905].

[1902] Cf. CATARINA SARMENTO E CASTRO, *Direito da Informática...*, cit., p. 150. No mesmo sentido veja-se a *Deliberação n.º 61/2004...*, cit., da CNPD, p. 6, onde se refere que "o princípio da proporcionalidade exige uma apreciação sobre a «qualidade dos dados»". Ver, ainda, CAMAS RODA, "La influencia del correo...", cit., p. 146.

[1903] Veja-se EULALIA POLICELLA, *op.* cit., p. 938. No mesmo sentido BELLAVISTA, "I poteri dell'...", cit., p. 159, entendendo que o controlo electrónico só pode ser realizado em "*extrema ratio*", relacionado com um princípio de indispensabilidade, reduzindo ao mínimo a lesão dos direitos dos trabalhadores.

[1904] GOÑI SEIN, *La Videovigilancia...*, cit., p. 119.

[1905] De acordo com esta ideia pode ver-se a deliberação n.º 61/2004, da CNPD, que explicita os critérios gerais a adoptar na autorização de instalação de sistemas de videovigilância. Assim, defendeu que "o tratamento a realizar e os meios utilizados devem ser considerados os necessários, adequados e proporcionados com as finalidades estabelecidas: a protecção de pessoas e bens. Ou seja, para se poder verificar se uma medida

3.3.1. *O carácter indispensável da vigilância*

Uma vez determinada preliminarmente a presença de um interesse relevante, deve comprovar-se se a medida de recolha ou obtenção de informação do trabalhador através destes meios se torna necessária no sentido de não existir uma outra alternativa menos restritiva e menos intrusiva da privacidade dos trabalhadores para conseguir satisfazer o interesse do empregador. Deve realizar-se, assim, um juízo acerca da selecção da medida de vigilância aplicável, adoptando-se o método de controlo que implique uma menor intromissão na privacidade dos trabalhadores ou um menor tratamento de dados pessoais. Defende-se, desta forma, que juntamente com a relevância do interesse do empregador deve ter-se em atenção a indispensabilidade e a minimização do tratamento de dados pessoais por parte do empregador[1906].

Entende-se que nos casos de controlo e vigilância exercidos pelo empregador, a exigência da necessidade de recurso a este controlo exige, para se considerar cumprida, alguma prova acerca do carácter de real indispensabilidade de recurso a esta forma de vigilância, no sentido de não existir qualquer outra forma de controlo que satisfaça a mesma finalidade e que seja menos intrusiva para a pessoa em causa no sentido de não captar imagens ou sons[1907].

---

restritiva de um direito fundamental supera o juízo de proporcionalidade imporá verificar se foram cumpridas três condições: se a medida adoptada é idónea para conseguir o objectivo proposto (princípio da idoneidade); se é necessária, no sentido de que não existia outra medida capaz de assegurar o objectivo com igual grau de eficácia (princípio da necessidade); se a medida adoptada foi ponderada e é equilibrada ao ponto de através dela, serem atingidos substanciais e superiores benefícios ou vantagens para o interesse geral quando confrontados com outros bens ou valores em conflito (juízo de proporcionalidade em sentido estrito). Na linha do que referimos, será admissível aceitar que – quando haja razões justificativas da utilização destes meios – a gravação de imagens se apresente, em primeiro lugar, como medida preventiva ou dissuasora tendente à protecção de pessoas e bens e, ao mesmo tempo, como meio idóneo para captar a prática de factos passíveis de serem considerados como ilícitos penais e, nos termos da lei processual penal, servir de meio de prova. Estamos perante a aplicação do princípio da proporcionalidade".

[1906] Segue-se o defendido por GOÑI SEIN, "Los criterios básicos…", cit., p. 93, e *La Videovigilancia…*, cit., p. 120.

[1907] Neste sentido veja-se REINHARD RICHARDI, *op.* cit., pp. 383-384, e WEIβGERBER, *op.* cit., pp. 107-108.

526 *A Privacidade dos Trabalhadores e as Novas Tecnologias...*

A videovigilância será excessiva quando outros mecanismos menos onerosos e intrusivos para a privacidade dos trabalhadores permitam a obtenção dos mesmos objectivos e de forma eficiente. Assim, para além de adequado à finalidade, o uso da videovigilância tem de ser necessário, isto é, terá de ser o meio que, para a eficácia da finalidade em causa, se revele o menos intrusivo para a privacidade[1908] [1909].

Parece-nos, ainda, que a existência de meios menos gravosos e intrusivos não pode ser reconduzida exclusivamente à rentabilidade em termos económicos que se obtém dos meios adoptados, já que é difícil que se encontrem instrumentos que permitam obter mais informação com menor custo económico, tanto na instalação, como na manutenção[1910]. Não podemos guiar-nos por um mero critério de racionalidade económica mas, fundamentalmente, por uma análise da efectividade de outros meios na consecução da informação pretendida. Assim, a impossibilidade de aplicar outros meios menos intrusivos sobre os direitos fundamentais em causa deve estar relacionada com o interesse e a relevância da informação que pode ser obtida.

Há, desta forma, necessidade de superar um verdadeiro teste de imprescindibilidade e não um de mera justificação ou razoabilidade. Segundo aquele juízo, a utilização de meios de controlo através da videovigilância só seria legítimo e proporcional se fosse estritamente necessário, respeitando a dignidade do trabalhador, o que supõe uma admissão deste tipo de vigilância apenas em situações excepcionais[1911] [1912].

[1908] Neste sentido CATARINA SARMENTO E CASTRO, *Direito da Informática...*, cit., p. 150, dando como exemplo que, quando para a protecção da floresta em caso de incêndio possa realizar-se a monitorização, sem que sejam identificadas pessoas, deverá ser utilizado apenas este tipo de tratamento de imagens.

[1909] Neste sentido veja-se SALVADOR DEL REY GUANTER, "New Technologies and labor relations in Spain: some general issues", *in Comp. Labor Law & Pol'y Journal*, vol. 24, 2002, p. 246, referindo que a utilização destes sistemas de controlo deve ser o menos intrusivo possível da privacidade dos trabalhadores. No mesmo sentido MENEZES LEITÃO, "A protecção...", cit., p. 130, escrevendo ser necessário realizar uma ponderação entre o interesse do empregador e o respeito pela esfera privada dos trabalhadores, levando a que se permita apenas a recolha de dados pessoais quando o interesse do empregador possa ser tutelado sem envolver lesão da privacidade dos trabalhadores, dando como exemplo o registo de dados genérico e não individualizado.

[1910] No mesmo sentido MARTÍNEZ FONS, El poder de control...", cit., p. 29.

[1911] *Vide* MOLINA NAVARRETE e SOFÍA OLARTE ENCABO, *op.* cit., p. 374. Ver, ainda, BELLAVISTA, "La tutela dei dati...", cit., p. 400, referindo-se à real necessidade do

O Controlo através de Meios Audiovisuais

Os juízos de aferição da legitimidade e da proporcionalidade da instalação destes mecanismos não podem basear-se apenas na razoabilidade para alcançar o fim pretendido, mas, também e principalmente, na sua indispensabilidade. A própria norma da Directiva sobre protecção de dados, na referência ao princípio da proporcionalidade, não se baseia num simples requisito de idoneidade em relação ao fim pretendido. Contrariamente, e tal como salientou o Grupo de Protecção de Dados[1913], estes sistemas de controlo só podem ser utilizados quando outras medidas de prevenção, de protecção e de segurança, de natureza física ou lógica, que não permitam a captação de imagens, sejam claramente insuficientes ou inaplicáveis quando relacionadas com os fins legalmente estabelecidos.

Por outro lado, mesmo quando se considere que a videovigilância é, em si mesma, um meio adequado e necessário para a finalidade pretendida, terá, ainda, que ser realizada tendo em atenção o uso de mecanismos que não possam ser considerados excessivos, isto é, terá de reger-se pelo princípio da proporcionalidade na sua utilização[1914].

---

tratamento de dados, EFRÉN BORRAJO DACRUZ, "Protección de los derechos fundamentales y casuísmo", *in AL*, n.° 29, 2000, p. 2886, JAVIER GÁRATE CASTRO, "Derechos Fundamentales...", cit., pp. 159-160, OLIVIER RIJCKAERT, *Surveillance des travailleus...*, cit., p. 30, e ZUCCHETTI, *op.* cit., p. 523, dizendo que a obrigatoriedade deste tipo de controlo deverá ser a *ultima ratio*, referindo-se ao devido respeito pelo art. 11, n.° 1, alínea c) do *Codice per la privacy*.

[1912] Tendo em atenção estes pressupostos não pode concordar-se com o decidido pelo TSJ de Rioja, de 5 de Dezembro de 2000, que aceitou a instalação secreta de um sistema de gravação para detectar os abandonos do posto de trabalho e das máquinas cujo controlo era responsabilidade do trabalhador. O tribunal entendeu que a medida não era arbitrária "nem caprichosa, nem se pretendia com a mesma divulgar a sua conduta, mas sim que se tratava de obter o conhecimento de qual era o seu comportamento laboral, pretensão justificada pela circunstância de se terem detectado irregularidades na actuação profissional do trabalhador constitutivas de transgressão à boa fé contratual. Tratava-se de verificar as suspeitas fundadas da empresa sobre a conduta do trabalhador, suspeitas que resultavam corroboradas pelas gravações videográficas e de ter uma prova concludente do cometimento de tais factos para o caso do trabalhador impugnar, como fez, a sanção de despedimento disciplinar que a empresa lhe impôs". Não parece que nesta sentença se tenha ponderado devidamente o princípio da proporcionalidade na sua tripla vertente, atendendo-se mais do que na indispensabilidade da medida, na sua razoabilidade, o que não parece ser suficiente.

[1913] *Parecer n.° 4/2004...*, cit., p. 25.

[1914] Cf. CATARINA SARMENTO E CASTRO, última *op.* cit., p. 150, e GOÑI SEIN, "Los criterios básicos...", cit., p. 94. Ver, ainda, n.° 4.2.1., ainda neste capítulo.

528 *A Privacidade dos Trabalhadores e as Novas Tecnologias...*

Esta exigência da indispensabilidade significa, ainda, que na adopção destes sistemas de controlo se exclua o controlo generalizado, contínuo e indiscriminado, a não ser por razões de segurança de pessoas e de bens ou pelas características especiais da actividade. Mas, mesmo nestes casos, implica que se adopte a solução menos intrusiva possível na privacidade do trabalhador e que só se recorra a eles quando forem estritamente necessários.

3.3.2. *O princípio da intromissão mínima: valoração do campo de visão e do tempo de gravação*

3.3.2.1. O segundo requisito de proporcionalidade que deve ser atendido está relacionado com o princípio da intromissão mínima[1915], o que significa que o empregador, na decisão de instalação de sistemas audiovisuais, deve escolher o sistema de gravação que implique a menor captação possível em relação ao fim legítimo que justificou a sua adopção. O art. 6.º, n.º 1, alínea c) da Directiva 95/46/CE, o art. 5.º, n.º 1, alínea c), e o art. 28.º, n.º 2, da Lei de Protecção de Dados Pessoais, embora o último de forma não tão clara, impõem essa conduta, ao estabelecerem que os dados pessoais recolhidos não podem ser excessivos em relação à finalidade para os quais foram tratados, pelo que se torna essencial aferir da valoração dos sacrifícios e das consequências que a medida comporta.

Torna-se, assim, necessário aferir dos "efeitos potenciais sobre a liberdade e o comportamento dos cidadãos"[1916], realizando-se uma reflexão sobre o grau de intromissão na privacidade que a medida em concreto implica.

Acresce, ainda, que os sistemas de gravação da imagem e do som têm de ter em atenção uma série de aspectos.

Em primeiro lugar, para cumprir a finalidade legítima, tem de atender-se ao tipo de sistema adoptado, sendo que em alguns casos será sufi-

---

[1915] Este princípio significa a necessidade de que a limitação dos direitos fundamentais do trabalhador por parte do empregador seja feita no mínimo possível, isto é, que as actuações limitadoras sejam as menos lesivas para estes direitos dos trabalhadores e que sejam as estritamente necessárias.

[1916] Deliberação n.º 61/2004 da CNPD.

O *Controlo através de Meios Audiovisuais* 529

ciente um sistema que permita só a visualização, sem necessidade de gravação das imagens[1917]. Por outro lado, não será necessário recorrer à gravação de som se a simples gravação de imagens é suficiente para satisfazer as necessidades do empregador[1918].

Em segundo lugar, deve atender-se à minimização dos efeitos para a privacidade dos trabalhadores. Isto passa pela preferência pela instalação de câmaras de vídeo fixas que oferecem maiores garantias de adequação do emprego que as câmaras de vídeo móveis, assim como a preferência pelos circuitos fechados de televisão em detrimento dos sistemas baseados num IP ou sistemas de gravação digitais ligados em rede que aumentam exponencialmente a possibilidade de tratamento de dados pessoais. Deve atender-se, ainda, à localização das câmaras e às modalidades de registo[1919].

Por último, tem ainda da atender-se ao tipo de actividade em causa. Assim, o controlo através destes meios tem de ser indispensável, o que origina a exclusão da instalação geral e indiscriminada em toda a empresa e em qualquer lugar, como a gravação sem quaisquer limites temporais[1920]. Desta forma, a vigilância contínua só será possível onde as exigências do processo produtivo ou da segurança das pessoas e bens assim o exijam[1921]. Tem, assim, de se reduzir o campo visual em função da finalidade desejada ou das zonas em que este tipo de controlo é efectivamente necessário,

---

[1917] Neste sentido Goñi Sein, *La Videovigilancia...*, cit., p. 123.

[1918] Neste sentido veja-se decisão do TC espanhol 98/2000, e Hiruma Ramos Luján, *op.* cit., pp. 63-64.

[1919] Como refere a CNPD na deliberação n.º 61/2004, p. 5, deve aferir-se do registo e conservação das imagens, dos ângulos utilizados, escolha de grandes planos e *scanner* de imagens. Também Catarina Sarmento e Castro, *Direito da Informática...*, cit., p. 150, em relação às câmaras colocadas em locais públicos, o princípio da proporcionalidade determina que as câmaras das fachadas não devem estar colocadas de forma a captar a imagem de quem circula na rua ou no passeio, mas apenas de quem atravessa a entrada do edifício sob vigilância, focando, por isso, apenas as portas e outros acessos ao espaço físico em causa ou os espaços físicos adjacentes. No mesmo sentido aponta Ichino, *Il contratto di lavoro...*, cit., p. 232, dando como exemplo o caso de câmaras colocadas num circuito fechado num banco para prevenir roubos e identificar culpados, devendo a câmara estar deslocada e orientada para o espaço reservado ao público e não para os trabalhadores. O mesmo é defendido pelo Grupo de Protecção de Dados do art. 29.º, na *Opinion 8/2001...*, cit., p. 21.

[1920] Goñi Sein, última *op.* cit., p. 123.

[1921] Neste sentido cf. Fernández Villazón, *Las facultades...*, cit., p. 78.

530 A Privacidade dos Trabalhadores e as Novas Tecnologias...

procedendo à recolha das imagens na esfera estritamente necessária à finalidade prosseguida, dispensando grandes planos ou detalhes não relevantes em função dos objectivos que o empregador pretende atingir.

3.3.2.2. Propugna-se, ainda, que o controlo do empregador seja limitado a determinados espaços geográficos e, por isso, não se poderão colocar câmaras de filmar em certos locais reservados dos trabalhadores como acontece, *inter alia*, com os lavabos, os vestiários, os armários e salas de descanso[1922][1923]. Nestes locais, por excelência, desenrola-se a vida íntima

---

[1922] No mesmo sentido, M.ª DO ROSÁRIO PALMA RAMALHO, "Contrato de Trabalho e..., cit., pp. 408-409, defende que o direito à reserva sobre a intimidade da vida privada origina a proibição de certas formas de controlo dos trabalhadores, exemplificando com a instalação de câmaras de filmar em locais de repouso ou nos sanitários. No mesmo sentido pode ver-se GUILHERME DRAY, *Direitos de Personalidade...*, cit., p. 86, escrevendo que a utilização destes sistemas de vigilância destinados a controlar a utilização pelos trabalhadores das casas-de-banho, "é claramente abusiva e ilícita". Também ARMANDO VEIGA e BENJAMIM SILVA RODRIGUES, *op.* cit., p. 360, defendem o mesmo.

[1923] Em vários ordenamentos jurídicos propugna-se pela proibição de instalação destes aparelhos em locais reservados aos trabalhadores e onde estes têm uma legítima expectativa de tutela da sua privacidade.

No ordenamento jurídico alemão podem ver-se DÄUBLER, *Gläserne...*, cit., p. 152, DÄUBLER, KLEBE, WEDDE e WEICHERT, *op.* cit., pp. 214-215, e WEIβGERBER, *op.* cit., pp. 107-108.

No ordenamento jurídico canadiano pode ver-se SILVAIN LEFÈBVRE, *op.* cit., pp. 94-95, referindo-se à ilicitude de várias decisões sobre instalação destes mecanismos em locais de descanso dos trabalhadores.

No ordenamento jurídico espanhol podem ver-se ARÍAS DOMÍNGUEZ e RUBIO SANCHÉZ, *op.* cit., pp. 147-148, proscrevendo a instalação destes mecanismos nos locais da empresa não destinados a serem "lugares de trabalho" como é o caso dos locais reservados para o ócio dos trabalhadores ou locais privados dos mesmos, e CRISTINA RODRÍGUEZ COARASA, *op.* cit., p. 5, que defende o mesmo. Também GOÑI SEIN, *La Videovigilancia...*, cit., pp. 123-124, refere-se à existência de uma proibição espacial de captação de imagens nos lugares reservados ao uso privado dos trabalhadores ou não destinados ao cumprimento das suas tarefas profissionais. Também defendem o mesmo MARGARITA APILLUELO MARTÍN, *op.* cit., p. 774, e MARTÍNEZ FONS, *El poder de control...*, cit., pp. 105 e ss., e "El poder de control...", cit., pp. 29-30, embora criticando um pouco esta doutrina do estabelecimento de limites locativos quando entendida em sentido restrito, satisfazendo somente em parte as exigências que impõem a dignidade pessoal. Concorda-se com o autor quando defende ser necessário estender a tutela ao local de trabalho e à actividade de trabalho, entendimento que já foi defendido nas páginas anteriores. Também RUBIO SÁNCHEZ, *op.* cit., entende que sempre haverá locais onde é especialmente vedado o controlo ou a

O Controlo através de Meios Audiovisuais

ou colectiva dos trabalhadores, resultando claramente que concorre uma dupla situação: por um lado são locais onde não se executa a prestação de trabalho – "não são zonas de trabalho da empresa" – e, consequentemente

---

vigilância dos trabalhadores, dando como exemplo o caso dos lavabos, dos vestiários, das cantinas, ou dos locais destinados a serem utilizados pelos representantes dos trabalhadores. Defendem o mesmo SEMPERE NAVARRO e CAROLINA SAN MARTÍN MAZZUCCONI, *Nuevas tecnologias...*, cit., pp. 138-139, e "Intimidad del trabajador...", cit., p. 67, assim como VICENTE PACHÉS, *El derecho del...*, cit., pp. 325-326, ao preconizar a proibição de captação de imagens ou de sons em determinados locais, escrevendo que o trabalhador, como qualquer cidadão, tem direito a um espaço reservado ou de intimidade no local de trabalho. Também JAVIER GÁRATE CASTRO, "Derechos Fundamentales del Trabalhador...", cit., p. 158, e SAMPEDRO GUILLAMÓN, "Facultades empresariales de vigilância y controle en el centro de trabajo", *in El control empresarial...*, cit., p. 97, navegam nas mesmas águas. Também a jurisprudência alinha nas mesmas posições devendo-se confrontar, *inter alia*, a decisão do TSJ de Andaluzia/Sevilha, de 17 de Janeiro de 1994, onde se defendeu que "A instalação de câmaras de vídeo não supõe nenhum atentado aos direitos fundamentais de intimidade pessoal e da própria imagem já que se entende compreendida nas faculdades do art. 20.3 do ET que confere ao empresário, sempre que respeite na sua adopção e aplicação a consideração devida à integridade da pessoa e à sua intimidade, garantida pelo art. 4.2. e) do ET; distinto seria se as empresas levassem a cabo tal sistema de controlo nos espaços ou elementos pessoais dos trabalhadores, tais como serviços higiénicos, armários, etc." No mesmo sentido, o acórdão do Tribunal Constitucional 98/2000, de 1 de Abril, onde se mencionou que "a instalação de tais meios" – aparelhos audiovisuais – "em lugares de descanso, vestuários, lavabos ou refeitórios e locais análogos resulta, *a fortiori*, lesiva em todo o caso do direito à intimidade dos trabalhadores".

No ordenamento jurídico francês também se defende o mesmo, conforme pode ver-se em BERNARD MAGREZ e HÉLÈNE VANOVERSCHELDE, *op.* cit., p. 7, CNIL, *Guide pratique...*, cit., p. 16, e MARIE-NOËLLE MORNET, *op.* cit., p. 84.

No ordenamento jurídico inglês também se proscreve a instalação destes aparelhos nestes locais. Veja-se, apontando nesta direcção, *The Employment practices... – Supplementary...*, cit., p. 53.

No ordenamento jurídico italiano vários são os autores que se referem a esta proibição. Podem ver-se, *inter alii*, ICHINO, *Il contratto di lavoro...*, cit., p. 243, PISANI, "I controlli a distanza...", cit., p. 125, e ZUCCHETTI, *op.* cit., p. 529.

No ordenamento jurídico norte-americano podem ver-se JULIE FLANAGAN, *op.* cit., p. 1268, que refere esta proibição, escrevendo sobre o caso *Doe v. B.P.S. Guard Services, Inc.*, de 1991, onde o tribunal decidiu que existia uma violação do direito à privacidade quando ocorria uma gravação através de câmaras de vídeo dos vestiários dos trabalhadores, assim como BENNETT e LOCKE, *op.* cit., p. 785, escrevendo também sobre esta decisão e a proibição de instalação destes sistemas em locais de descanso ou de troca de roupas dos trabalhadores. No mesmo sentido cf. CONLON, *op.* cit., p. 447, defendendo que não deve existir qualquer controlo em zonas onde a tutela da privacidade é total, e

532 *A Privacidade dos Trabalhadores e as Novas Tecnologias...*

não estão relacionadas directamente com o cumprimento do objecto do contrato de trabalho; por outro lado, trata-se de espaços em que há uma clara manifestação da intimidade dos trabalhadores.

Estes limites geográficos correspondem à necessidade de estabelecer um *"standard* objectivo para as expectativas de intimidade dos trabalhadores nos locais de trabalho. Pretende-se, assim, de acordo com um conceito clássico de intimidade, criar áreas físicas em que os trabalhadores estejam a salvo da capacidade de controlo empresarial" [1924]. Por isso estabelece-se a proibição de instalação de câmaras nas áreas físicas onde não se presta trabalho e que são de uso exclusivo dos trabalhadores. Porém, não parece que devamos ficar apenas pela limitação à instalação de câmaras de televisão. Temos algumas dúvidas sobre a legitimidade da instalação de sistemas de infravermelhos dotados de sensores colocados estrategicamente nos sabonetes ou nas toalhas, *inter alia*, e que estão ligados a uma central que regista os dados de cada trabalhador que estão dotados de *Active Badges*, de forma que se estes saírem da casa de banho sem ter lavado as mãos, por exemplo, é anotado no seu registo e podem ser passíveis de sanções disciplinares. Inclusive, estes sistemas permitem que se acontecer esta situação, um alarme seja activado e os seus cartões comecem a emitir luzes e sons. Outra variante deste sistema, já adoptada por vários restaurantes e hospitais dos EUA, é o da existência de uma central que estabelece um calendário de higiene para cada trabalhador e, de acordo com este, o *Active Badge* do trabalhador começa a emitir sons e luzes sempre que o trabalhador deva lavar as suas mãos ou, quando este se dirige à casa de banho, com sensores nos sabonetes e nas toalhas, *inter alia*, ficando o empregador a saber se os utilizou ou não[1925].

Tendo em consideração o exposto, colocam-se muitas dúvidas à instalação destes mecanismos, não dentro dos espaços reservados aos trabalhadores mas à sua porta, de tal forma que, embora não captando o que se passa no interior destes locais, se fique a saber quem se deslocou aos mesmos e quanto tempo lá ficou. Não se visualizam razões legítimas aprio-

---

RICHARD ROSENBERG, *op.* cit., p. 9. Cf., ainda, JON BIBLE e DARIEN MCWHIRTER, *op.* cit., p. 179. Também *Privacy and Human...*, cit., pp. 90-91, refere-se a esta situação, assim como *Privacy Under Siege....*, cit., p. 10, referindo numerosos casos de instalação secreta destes mecanismos em locais de descanso e casas-de-banho dos trabalhadores.

[1924] Como considera MARTÍNEZ FONS, *El poder de control...*, cit., p. 105.

[1925] FREDERICK S. LANE, *op.* cit., pp. 114-115.

O Controlo através de Meios Audiovisuais 533

rísticas para a sua adopção nestes locais. Por isso não pode concordar-se, imediatamente, com o defendido por Semperre Navarro e Carolina San Martín Mazzucconi[1926], quando entendem não existirem problemas na sua instalação, referindo-se a alguma doutrina dos tribunais superiores espanhóis que não vêem qualquer problema na adopção destes mecanismos nas portas de acesso a estes locais[1927], como aconteceu na decisão do TSJ da Galiza de 21 de Abril de 1995, ou na decisão deste mesmo Tribunal de 28 de Setembro de 1999[1928].

3.3.2.3. Parece, ainda, que outra característica que este tipo de vigilância tem de revestir é a da objectividade do seu exercício por parte do empregador. É necessário defender-se a ideia da proibição da utilização dos meios de controlo para a discriminação de trabalhadores e a questão não é meramente retórica já que estudos realizados nos EUA demonstraram que o controlo electrónico afecta com maior intensidade as mulheres e as minorias étnicas. Também a OIT, num estudo realizado sobre as novas tecnologias de controlo, indicou que eram os trabalhadores com salários mais baixos e os seus representantes os mais afectados pela utilização destes meios[1929]. Assim, a sujeição dos trabalhadores que executam as mesmas tarefas aos meios audiovisuais deve ser a mesma, salvo se existir alguma razão objectiva relacionada com o desenvolvimento das funções, ou se o empregador tiver alguma suspeita que algum dos trabalhadores incorreu na prática de actuações contrárias aos interesses empresariais constitucionalmente relevantes, e mesmo neste caso com bastantes dúvidas.

De tudo o que foi referido anteriormente facilmente se depreende a ideia de que a utilização destes meios deve relacionar-se com as causas objectivas da instalação. Isso significa que o sistema adoptado e a sua localização devem ser definidos tendo em atenção a finalidade objectiva que justifica a sua adopção, ou seja, a obtenção da informação requerida pelo empregador. Consequentemente, a tecnologia utilizada, atendendo às

---

[1926] Últimas obras e locais citados.

[1927] Mercader Uguina, "Derechos fundamentales de los trabajadores...", cit., p. 16, denuncia uma "certa imprecisão sobre a topografia do controlo".

[1928] Referida em Arias Domínguez e Rubio Sánchez, *op.* cit., p. 147, nota n.º 421.

[1929] Veja-se Martínez Fons, *El poder de control...*, cit., p. 108.

534 *A Privacidade dos Trabalhadores e as Novas Tecnologias...*

circunstâncias específicas, deve ser estritamente necessária para a satisfação das necessidades justificadas pela empresa. Por isso mesmo, a sua colocação deve visar unicamente satisfazer estas necessidades, excluindo-se, assim, a captação de imagens em espaços onde não exista um interesse justificado.

3.3.2.4. O requisito da intervenção mínima obriga, ainda, a prestar atenção à intensidade temporal da instalação, na medida em que a adopção deste tipo de sistemas deve limitar-se ao tempo estritamente necessário para satisfazer o legítimo interesse do empregador, não submetendo o trabalhador a um tempo de controlo superior ao estritamente necessário.

Por outro lado, não pode deixar de atender-se que os trabalhadores só podem estar sujeitos a um controlo permanente e contínuo por razões de segurança de pessoas e de bens ou da especial natureza da actividade em causa e, mesmo assim, só em situações excepcionais, dado o seu carácter extremamente intrusivo e que provoca, ou pode provocar, uma ansiedade constante que pode chegar a provocar problemas de saúde, quer físicos, quer psicológicos[1930].

3.4. O princípio da transparência

O princípio da transparência, consistindo no conhecimento da vigilância e do controlo exercido pelo empregador, é essencial para o correcto tratamento de dados pessoais das pessoas, em geral, e dos trabalhadores, em especial. Desta forma, o direito do titular dos dados a receber toda a informação relativa a si mesmo, constitui um dos princípios geralmente aceites como parte essencial e integrante do direito à autodeterminação informativa[1931].

O princípio da transparência constitui um requisito prévio para poderem ser exercidas as faculdades reconhecidas legalmente ao titular dos dados pessoais, na medida em que ninguém pode actuar ou defender um

---

[1930] Neste sentido GOÑI SEIN, última *op.* cit., pp. 124-125.

[1931] Perfilha a mesma opinião MARTÍNEZ FONS, "Tratamiento y protección...", cit., p. 64.

direito se não sabe que ele existe na sua esfera jurídica[1932]. Na verdade, este direito é capital para o correcto funcionamento do sistema de protecção de dados, pois muito dificilmente poderão ser exercidos, *v.g.*, os direitos de acesso ou de oposição ao tratamento se a pessoa não obteve prévia informação sobre este tratamento[1933].

Esta obrigação de informação tem por finalidade a comunicação das condições e o alcance dos compromissos que podem ser realizados relativamente ao tratamento de dados pessoais que vai ser feito[1934].

Por outro lado, não pode deixar de centrar-se a atenção neste princípio dada a desnecessidade de consentimento como regra geral na relação de trabalho, tal como já foi referido anteriormente[1935]. Ponto essencial passa a ser o da informação que tem de ser dada ao trabalhador, titular dos dados pessoais[1936].

Preconiza-se, ainda, que o controlo exercido pelo empregador tem de respeitar sempre a pessoa humana e, especificamente, o seu direito à dignidade e à privacidade, na vertente de direito à autodeterminação informativa, o que impõe o conhecimento do tipo, do tempo e por quem o controlo está a ser realizado[1937].

[1932] Neste sentido Tascon López, *op.* cit., p. 115.

[1933] É a conclusão a que chega, também, M.ª Del Carmen Guerrero Picó, *op.* cit., p. 76. Também Luca Failla e Carlo Quaranta, *op.* cit., p. 96, referem o mesmo, escrevendo que compete ao titular dos dados conhecer o tratamento a que vai ser sujeito, garantindo a prestação de um consentimento informado e permitindo ao interessado o exercício de outros direitos consagrados pela lei. No mesmo sentido Bellavista, "La direttiva sulla...", cit., p. 124, escrevendo que o pressuposto da possibilidade do titular dos dados fazer valer efectivamente os seus direitos é constituído pelo conhecimento não só do facto de existir uma recolha e do tratamento de dados pessoais mas também da finalidade dos mesmo, do tipo de dados que vão ser utilizados, da pessoa à qual os dados podem ser comunicados e da finalidade da comunicação em si mesma.

[1934] Também Roberto Fragale Filho e Mark Jeffery, *op.* cit., pp. 379-380, defendem que qualquer controlo dos trabalhadores deve fazer-se de modo transparente, tendo como justificação, desde logo, a própria relação de trabalho já que se é o empregador quem fixa as regras e o trabalhador vai decidir se as aceita ou não tem de estar plenamente informado para poder tomar uma decisão.

[1935] Cf., *supra*, n.º 2.2., ainda neste capítulo.

[1936] Igual opinião tem Frank Hendrickx, *Protection of worker's...*, cit., p. 28.

[1937] Ver Waquet, *L'entreprise et...*, cit., p. 163, referindo-se ao respeito pela dignidade humana que tem de ser realizado aquando do controlo exercido pelo empregador. No mesmo sentido Pisani, "I controlli a distanza...", cit., p. 128, escrevendo que

536 *A Privacidade dos Trabalhadores e as Novas Tecnologias...*

Este conhecimento da vigilância pode ser, ainda, essencial para determinar a legitimidade ou a ilegitimidade da intromissão[1938], por vários motivos.

Em primeiro lugar, a exigência constitucional de conhecimento das restrições aos direitos fundamentais do trabalhador é sempre necessária, pois é através deste conhecimento que se determina se esta, na sua adopção e aplicação, se adequa à finalidade pretendida, sendo proporcional aos sacrifícios que implica[1939].

Em segundo lugar, o desconhecimento por parte dos trabalhadores das medidas de controlo adoptadas configura uma violação do princípio da boa fé no exercício dos poderes do empregador[1940].

A garantia do direito à informação está consagrada, desde logo, no art. 35.º da CRP pois, tal como referem GOMES CANOTILHO e VITAL MOREIRA[1941], há a considerar o princípio da publicidade que consiste no conhecimento da criação e da manutenção de registos informáticos acerca da sua pessoa, assim como o princípio da transparência, que impõe a clareza dos registos realizados quanto às espécies ou categorias de dados recolhidos e sujeitos a tratamento, quanto à existência ou não de fluxos de informação, quanto ao tempo de tratamento e, ainda, quanto à identificação do responsável pelo ficheiro.

Este direito à informação, consagrado no art. 10.º da Lei de Protecção de Dados Pessoais, assume especiais contornos no caso da videovigilância e, especialmente, no caso da videovigilância na relação laboral. Assim, desde logo, a Lei de segurança privada, estabelece no n.º 3 do art. 13.º a obrigação de informação acerca da videovigilância impondo o estabelecimento de um de dois avisos: "para sua protecção este local encontra-se sob vigilância de um circuito fechado de televisão", ou "para

---

um controlo que não respeite este princípio da transparência é de carácter "subdoloso", e contra a dignidade da pessoa humana.

[1938] Veja-se MARTÍNEZ RANDULFE, *op.* cit., p. 59.

[1939] No mesmo sentido MARTÍNEZ FONS, *El poder de control...*, cit., p. 101, e "El poder de control...", cit., pp. 32-33.

[1940] Cf., neste sentido, BELLAVISTA, *Il controllo...*, cit., p. 54, BERNARD BOSSU, "Le salarié, le délégué du personnel et la video surveillance", *in DS*, n.º 12, p. 982, e WAQUET, "Un employeur peut-il filmer à leur insu ses salariés? – Cour de Cassation, Chambre Sociale, 20 novembre 1991", *in DS*, n.º 1, 1992, p. 30.

[1941] *Op.* cit., p. 552.

O Controlo através de Meios Audiovisuais   537

sua protecção este local encontra-se sob vigilância de um circuito fechado de televisão, procedendo-se à gravação de imagens e som", devendo seguir-se um símbolo identificativo.

A própria CNPD, na Deliberação n.° 205/2002, escreveu que o responsável pelo tratamento é obrigado a colocar um aviso, em local bem visível, "que informe acerca da recolha de imagens, do seu responsável, dos locais onde se encontram as câmaras (não necessariamente do local de cada equipamento, mas pelo menos da área abrangida), de forma a que seja possível às pessoas, antes de acederem à área vigiada, tomarem conhecimento da realização de actividades de vigilância. Isto acontecerá em espaços públicos como ruas e praças, ou em espaços comerciais como, entre outros, condomínios, estádios e bancos. A informação pode ser transmitida de forma sumária, através da utilização de sinais, desde que se mostre eficaz"[1942].

Este direito à transparência justifica-se pelo facto do legislador ter entendido que os dados estão destinados desde o início a ter uma determinada finalidade no mercado das informações[1943]. Não existem, desta forma, dados neutrais e objectivos que prescindam da finalidade daqueles que os recolhem e tratam. O conhecimento da finalidade dos dados pessoais torna-se, assim, um dos elementos fundamentais da tutela dos dados pessoais e concretiza um limite à sua utilização.

3.4.1. *A informação prévia aos trabalhadores e aos seus representantes*

3.4.1.1. A legitimidade das actividades de controlo por videovigilância está relacionada com a informação prévia que deve ser dada aos

---

[1942] O TJCE tem mantido que a autoridade competente para efectuar o tratamento de dados pessoais deve estabelecer um procedimento eficaz para que os cidadãos possam saber que dados estão a ser tratados e deve colaborar activamente facilitando a informação desde o primeiro momento. A obrigação de informar corresponde ao responsável pelo tratamento com o fim de que o titular dos dados possa conhecer a existência dos tratamentos e as circunstâncias pelas quais se obtiveram os seus dados. Veja-se para mais desenvolvimentos, MÓNICA ARENAS RAMIRO, *El derecho fundamental...*, cit., pp. 260, e 311-312.

[1943] No mesmo sentido ANA URRUTIA, HÉCTOR GORSKI e MÓNICA MICHEL, *op.* cit., p. 48.

538 A Privacidade dos Trabalhadores e as Novas Tecnologias...

trabalhadores e também aos seus representantes, e que configura o princípio da transparência, consagrado nos arts. 10.° e 11.° da Directiva 95/46/CE e 10.° da Lei de Protecção de Dados Pessoais. Estes artigos estabelecem a conexão entre a actividade de controlo do empregador e o princípio da informação prévia, consagrando, como princípio geral, a obrigação dos responsáveis do tratamento ou dos seus representantes de comunicar à pessoa titular dos dados que se pretende recolher, pelos menos a informação atinente aos fins da recolha, os destinatários da informação, o carácter obrigatório ou facultativo da resposta, as consequências da recusa e a possibilidade de exercer o acesso à rectificação, cancelamento e oposição, para além da identificação do responsável, sendo de plena aplicação aos empregadores, tanto quando obtêm dados directamente dos trabalhadores, como quando recorrem a meios indirectos para realizar essa recolha[1944].

O Grupo de Protecção de Dados do art. 29.° estabeleceu no *Parecer n.° 4/2004*[1945] que a abertura e a adequação do uso de equipamentos de videovigilância envolvem o fornecimento de informações adequadas aos interessados. Isto significa que as pessoas deverão ter conhecimento da existência do sistema de videovigilância, não sendo necessária a especificação da localização exacta destes sistemas embora o contexto da videovigilância deva ser inequivocamente esclarecido, devendo a informação ser colocada a uma distância razoável dos locais objecto de controlo[1946].

No contexto laboral preconiza-se que devem ser dadas informações a todos os trabalhadores e a outras pessoas que eventualmente se encontrem nas instalações, incluindo a identidade do responsável pelo tratamento e a finalidade da vigilância, assim como quaisquer outras informações necessárias para garantir o tratamento leal relativamente à pessoa

---

[1944] *Vide* GOÑI SEIN, "Los criterios básicos...", cit., p. 95. No mesmo sentido THIBAULT ARANDA, "El derecho...", cit., p. 80, referindo que um elemento indispensável para o tratamento de dados é a obrigação por parte do empregador de informar o trabalhador de modo expresso, "preciso e inequívoco" da existência de um ficheiro, da sua finalidade e dos destinatários da informação, assim como de outras informações. De igual modo ROBERTO FRAGALE FILHO e MARK JEFFERY, *op.* cit., p. 379, defendendo que qualquer controlo dos trabalhadores deve fazer-se de modo transparente e, assim, os empregadores deveriam informar os trabalhadores sobre tais práticas.

[1945] Cit., p. 22.

[1946] No mesmo sentido aponta o documento deste grupo *Opinion 8/2001...*, cit., p. 3.

em causa[1947], sendo que, secundando o defendido pelo Grupo de Protecção de Dados, o fornecimento de informação através de um símbolo não pode considerar-se suficiente no âmbito do emprego, tendo sempre que ser acompanhado por um texto que indique que o local está a ser objecto deste tipo de controlo[1948].

A obrigação de informação prévia dos trabalhadores deriva da sua própria configuração como uma garantia instrumental que protege o controlo e a vigilância e a própria disposição dos dados pessoais do trabalhador, salvaguardando-se a liberdade e a autodeterminação do trabalhador[1949]. Evita-se, desta maneira, o tratamento, recolha e uso ilegítimos dos dados pessoais dos trabalhadores. Somente quando ao trabalhador sejam facultadas todas as informações sobre o tratamento de dados pessoais, ou somente quando se lhes dê a informação sobre os dados pessoais recolhidos pelo empregador, quando não tenham sido recolhidos directamente pelo interessado, poderão analisar-se as repercussões do exercício da actividade de vigilância no que concerne ao devido respeito pela privacidade dos trabalhadores. Só desta forma, após um processo transparente, é que o trabalhador está apto para exercer um controlo sobre os seus próprios dados, de acordo com o previsto na Lei de Protecção de Dados Pessoais e, também, nos arts. 20.°, n.° 3, e 21.° do CT.

O trabalhador tem direito a ser informado sobre o tratamento de dados pessoais não só em virtude da Directiva 95/46/CE e da Lei de Protecção de Dados Pessoais, mas também dos artigos referidos do CT, como ainda, parece-nos, do próprio dever previsto no art. 106.°, n.° 1, do CT de prestação de informação ao trabalhador acerca de aspectos relevantes do contrato, o que envolve claramente os instrumentos de controlo audiovisual utilizados. Não se concorda, desta forma, com o defendido por GUILHERME DRAY[1950], no sentido da não prestação de informação aos trabalhadores individualizados

---

[1947] No caso das gravações serem examinadas pela administração da empresa, o período de gravação e a altura em que a gravação será transmitida às autoridades legais.

[1948] A OIT no seu *Repertório...*, cit., p. 4, no ponto 6.14, 1) estabelece o mesmo podendo ler-se que "quando os trabalhadores forem objecto de medidas de vigilância devem ser informados previamente das razões que as justificam, das horas em que se aplicam, dos métodos e técnicas utilizados e dos dados que vão ser tratados, devendo o empregador reduzir ao máximo a intromissão na privacidade daqueles".

[1949] GOÑI SEIN, *La Videovigilancia...*, cit., pp. 127-128.

[1950] *Direitos de...*, cit., p. 86, e em PEDRO ROMANO MARTINEZ e outros, *op.* cit., p. 131.

540   *A Privacidade dos Trabalhadores e as Novas Tecnologias...*

se se tiver prestado informação à comissão de trabalhadores. Este autor parece defender que o cumprimento do dever de informação pode ser feito apenas perante a comissão de trabalhadores "sendo inexigível em tal caso a prestação de informação individualizada a todos os trabalhadores". Secunda-se JÚLIO GOMES[1951] quando defende que se com esta ideia GUILHERME DRAY pretende declarar que não é preciso avisar individualmente os trabalhadores, ou seja, através de comunicações individuais e nominativas, concorda-se, pois não nos parece que isto seja preciso[1952]. Porém, a comunicação à comissão de trabalhadores não supre a necessidade de afixar um aviso no local de trabalho. Não nos parece, na esteira de JÚLIO GOMES[1953], que a distribuição de um mero comunicado ou de uma circular, carta ou missiva sejam suficientes, na medida em que se torna necessária a afixação permanente do aviso, prevista nos termos do art. 20.º, n.º 3, do CT, para que os trabalhadores relembrem que estão a ser sujeitos a esta forma de controlo.

Entende-se, ainda, que tem de ser feita uma interpretação extensiva do art. 20.º, n.º 3, do CT pois não parece que a intenção do legislador tenha sido a de cingir a obrigatoriedade de informação aos trabalhadores apenas aos sistemas audiovisuais de tipo circuito fechado de televisão, embora a letra do artigo só faça alusão a este tipo de aparelhos. Parece-nos que terão de abranger-se os outros mecanismos associados a um computador, ligado muitas vezes em rede e associado a um IP, assim como as *webcams*, sob pena de grande número de situações não ter de se sujeitar ao princípio da transparência. E se tivermos em atenção que este tipo de situações ainda é mais intrusivo do direito à privacidade dos trabalhadores pois permite gravações contínuas, quase *ad eternum*, maiores razões se vislumbram para abranger também dentro deste preceito este tipo de sistemas[1954].

[1951] *Direito do...*, cit., p. 331.

[1952] Embora exista doutrina que, no ordenamento jurídico francês, defende a necessidade, por uma questão de segurança do trabalhador e de licitude de prova, do envio através de carta ou outro meio escrito individualmente a todos os trabalhadores. Cf., DANIELLE CORRIGNAN-CARSIN, "Vidéosurveillance – Mise en place d'un dispositif de vidéosurveillance et obligation d'information et de consultation du comité d'entreprise", *in JCP*, n.º 30, 2006, p. 24.

[1953] Última *op.* cit., p. 331, nota n.º 895.

[1954] Criticando a redacção da lei pode ver-se PEDRO ORTINS DE BETTENCOURT, "A internet no local de trabalho", *in VIII Congresso Nacional...*, cit., p. 37.

O Controlo através de Meios Audiovisuais

Pensa-se que esta obrigação de informação visa garantir ao trabalhador a decisão sobre os limites que afectam a sua privacidade e que possa controlar as informações que lhe digam respeito. O requisito da transparência torna-se, desta forma, um requisito indispensável para a legitimidade de qualquer sistema de vigilância ou controlo do trabalhador através destes meios[1955] [1956].

[1955] *Vide* neste sentido AMADEU GUERRA, *A privacidade...*, cit., p. 358, escrevendo que é fundamental que o trabalhador tenha sido avisado acerca da existência destes meios, não sendo admissível a recolha de imagens sem o conhecimento das pessoas. Também PEDRO ROMANO MARTINEZ, "Relações empregador...", cit., p. 200, entende que "sempre que se encontre uma justificação relacionada com a gestão empresarial, mormente por motivos de segurança (por exemplo, uma entidade bancária) não parece que haja qualquer impedimento à introdução de tais meios técnicos nas empresas, desde que a situação seja previamente conhecida dos trabalhadores". No mesmo sentido MENEZES LEITÃO, "A protecção de dados...", cit., p. 133, referindo que a imposição destes sistemas origina a necessidade da vigilância, assim como da sua fundamentação, serem comunicadas ao trabalhador, "em ordem a permitir que ele tome conhecimento da vigilância que esses meios permitem ao empregador alcançar sobre a sua actuação".

[1956] Defende-se o mesmo em vários ordenamentos jurídicos.

No ordenamento jurídico alemão, após a entrada em vigor do § 6, II da BDSG, é obrigatória a informação do controlo através de mecanismos óptico-electrónicos, nos locais abertos ao público, sendo obrigatório, nos termos do n.º 2, a informação sob vários dados, de forma visível, e em várias línguas se forem locais como estações de comboio ou aeroportos. O problema coloca-se em saber quais são esses locais, e se esta obrigação se estenderá para locais não abertos ao público. Ver sobre isto DÄUBLER, KLEBE, WEDDE e WEICHERT, *op.* cit., pp. 222-223. FRANK BAYREUTHER, *op.* cit., pp. 1038 e ss., entende que o controlo através destes meios de zonas abertas ou não ao público, deveria reger-se por princípios uniformes, embora, *de iure condendo*, levante algumas dúvidas acerca da solução adoptada pela lei, já que, embora o controlo conhecido pelos trabalhadores possa desempenhar uma função preventiva, não deixa de ser difícil para recolher provas contra alguém, podendo sujeitar-se, desta forma, os trabalhadores a um controlo mais incisivo, do que o que resultaria de um controlo que, embora oculto, era temporário. JÜRGEN HELLE, *op.* cit., p. 346, refere que a grande novidade deste artigo é a de ter proibido o controlo secreto. No mesmo sentido pode ver-se BRUNO SCHIERBAUM, "Recht am...", cit., p. 494. Também PETER WEDDE, "Heimliche Video-Uberwachung von Arbeitnehmern – zülassig?", *in CF*, n.º 1, 2004, p. 25, entendendo que seria preferível uma aplicação análoga deste § 6, I às situações de locais não abertos ao público.

Também no ordenamento jurídico austríaco existe esta obrigatoriedade de informação prévia tal como refere THOMAS STREITBERGER, *op.* cit., p. 24.

No ordenamento jurídico dinamarquês entende-se ser obrigatório o conhecimento

542   *A Privacidade dos Trabalhadores e as Novas Tecnologias...*

3.4.1.2. Exige-se, ainda, para dar pleno cumprimento ao princípio da transparência, a comunicação aos representantes dos trabalhadores nos termos do art. 21.°, n.° 4, do CT. Segundo este artigo exige-se um requisito

---

dos trabalhadores. Pode ver-se FRANK HENDRICKX, *Protection of worker's...*, cit., p. 110, e JENS KRISTIANSEN, "Denmark", *in Employment Privacy...*, cit., pp. 67-68.

No ordenamento jurídico espanhol também se defende esta obrigatoriedade de informação prévia, embora não exista norma legal a nível laboral que a consagre. Como refere GOÑI SEIN, *La Videovigilancia...*, cit., p. 126, o silêncio legal não é um argumento válido porque deve entender-se suplantado pela Lei de Protecção de Dados Pessoais. Assim, a obrigação de informação prévia aos trabalhadores é algo que se infere de forma clara do art. 5.° desta Lei. Do mesmo modo, a Agência Espanhola de Protecção de Dados exige que em qualquer caso de captação de imagens no local de trabalho que constitua tratamento de dados pessoais, é necessário informar previamente os trabalhadores. Cf., ainda, TASCÓN LÓPEZ, *op. cit.*, pp. 116 e ss., e TÉLLEZ AGUILERA, *op. cit.*, p. 118, referindo que nos casos em que é permitida a utilização destes meios audiovisuais o trabalhador deve ter conhecimento disso. No mesmo sentido ARIAS DOMÍNGUEZ e RUBIO SÁNCHEZ, *op. cit.*, p. 153, e HIRUMA RAMOS LUJÁN, *op. cit.*, p. 64, escrevendo que será necessário o conhecimento dos trabalhadores da colocação das câmaras e/ou microfones.

No ordenamento jurídico francês defende-se o mesmo. Existe, desde logo, o princípio da transparência, previsto no art. L. 121-8 do *Code du Travail*, ao estatuir que "nenhuma informação que esteja ligada pessoalmente com o trabalhador [...] pode ser obtida por um dispositivo que não seja do seu conhecimento prévio". A transparência, entendida como a informação prévia e a lealdade, é uma condição necessária para a realização da vigilância e do controlo. *Vide* neste sentido MARIE-NOËLLE MORNET, *op. cit.*, pp. 111-112, referindo que este artigo obriga todos os empregadores a informar os seus trabalhadores da existência de todos os meios de vigilância. No mesmo sentido CHRISTOPHE VIGNEAU, "El Derecho...", cit., p. 188, e PHILIPPE AUVERGNON, *op. cit.*, p. 45. No mesmo sentido AGATHE LEPAGE, *Libertés et...*, cit., p. 45, ISABELLE DE BÉNALCAZAR, *op. cit.*, p. 91, e LAËTITIA BUSNEL, *op. cit.*, p. 27. Todas as provas que sejam recolhidas sem o conhecimento prévio dos trabalhadores serão ilícitas. Veja-se NATHALIE MÉTTALINOS, "Maîtriser le risque Informatique et Libertés – la mise en place du correspondant à la protection des données personnelles", *in DS*, n.° 4, 2006, p. 379.

No ordenamento jurídico holandês também se defende esta obrigatoriedade de informação aos trabalhadores. Vejam-se, neste sentido, SJAAK NOUWT, BEREND DE VRIES e DORUS VAN DER BURGT, *op. cit.*, p. 4.

No ordenamento jurídico inglês pode ver-se em *The Employment Practices Code...*, cit., p. 61, a obrigatoriedade, como regra geral, da informação aos trabalhadores sobre a natureza, a extensão e as razões para o tratamento de dados pessoais e o correspondente controlo. Ver, ainda, no mesmo sentido, HAZEL OLIVER, *Why information privacy...*, cit., p. 66.

Também no ordenamento jurídico italiano se propugna o mesmo. Pode ver-se, a título de exemplo, ZUCCHETTI, *op. cit.*, pp. 524-525, estabelecendo esta obrigação de dar

procedimental para a correcta instalação deste tipo de controlo através de meios audiovisuais, na medida em que o pedido de autorização à CNPD deve ser acompanhado de um parecer da comissão de trabalhadores ou, dez dias após a consulta, comprovativo do pedido de parecer. Este, no entanto, não tem carácter vinculativo e não há qualquer necessidade de concordância com os representantes dos trabalhadores, contrariamente ao que sucede em Itália, conforme já referimos anteriormente[1957], podendo o empregador decidir contra este parecer, ainda que tenha de ter autorização prévia da CNPD. Esta autorização funcionará, então, como uma limitação à instalação destes sistemas pois só pode ser concedida se existir uma finalidade legítima, proporcional e transparente, embora não exista qualquer contra-ordenação para a sua falta no CT, contrariamente ao que sucedia no Código do Trabalho anterior.

O pedido de parecer parece ser uma componente muito importante deste princípio de transparência pois a intervenção dos representantes dos trabalhadores nesta matéria tem uma conexão relevante com a tutela dos seus direitos fundamentais e com a sua garantia.

No caso da instalação destes sistemas, perante a indeterminação que rodeia a possibilidade da sua adopção, a intervenção da comissão de trabalhadores constitui uma garantia que acresce ao pedido de autorização prévia, pelo que nos parecia ter ido bem o legislador quando estipulou no art. 488.º, n.º 2, da LRCT constituir contra-ordenação grave a violação por parte do empregador do disposto no art. 357.º, n.º 1, alínea a), que

---

conhecimento aos trabalhadores nos termos do art. 11 do *Codice*. Também VALLEBONA, "Nuova tutela della riservatezza e rapporto di lavoro", *in DL*, I, 1997, p. 522, referindo-se ao anterior diploma que regia esta situação, refere o dever de informar os trabalhadores acerca do tratamento de dados pessoais. No mesmo sentido podem ver-se ALESSANDRO DE BONIS, *op. cit.*, p. 142, BELLAVISTA, "I poteri dell'…", cit., p. 161, e LUCA FAILLA e CARLO QUARANTA, *op. cit.*, pp. 81 e 96. Também EULALIA POLICELLA, *op. cit.*, pp. 938--939, refere o mesmo a propósito do *Codice*, observando que uma das obrigações que o empregador tem é a que respeita a informação aos trabalhadores sobre o tratamento de dados pessoais que sobre estes é realizado, assim como CRISTINA TACCONE, *op. cit.*, pp. 305-306. Idêntica opinião tem VINCENZO FRANCESCHELLI, "La tutela dei dati personali…", cit., p. 26.

No ordenamento jurídico norte-americano defende-se o mesmo embora com uma maior aceitação do controlo oculto. Vejam-se, *inter alii*, CONLON, *op.* cit., p. 447, estabelecendo a proibição do controlo oculto dos trabalhadores.

[1957] Cf., *supra*, ainda neste capítulo, n.º 3.2.3..

544   *A Privacidade dos Trabalhadores e as Novas Tecnologias...*

estabelecia a obrigatoriedade de parecer da comissão de trabalhadores aquando da regulamentação da utilização de equipamento tecnológico para vigilância à distância no local de trabalho.

Pena é que no novo Código do Trabalho não se tenha mantido um preceito equivalente pois o art 21.º, n.º 4, não estabelece qualquer contra--ordenação para a sua inobservância e o art. 425.º, a propósito da obrigatoriedade de consulta à comissão de trabalhadores, nada estabelece quanto a esta necessidade de parecer, a não ser que o entendamos compreendido na parte na parte em que estabelece "sem prejuízo de outros previsto em lei". Assim, se a comissão de trabalhadores não for ouvida ou não emitir parecer não há a previsão de qualquer ilícito contra-ordenacional nestes artigos, o que não se afigura ser a melhor solução.

Através do art. 21.º, n.º 4, do CT, os sujeitos colectivos podem desempenhar um papel importante na delimitação da actividade de controlo do empregador através destes meios audiovisuais, comprovando, antes de proceder à adopção do sistema de videovigilância, se é absolutamente necessário para um objectivo específico, e determinar as medidas adequadas para garantir o uso correcto destes meios, assim como o âmbito físico susceptível de ser gravado, o tempo de conservação das imagens e as possibilidades de uso, de acordo com as finalidades pretendidas[1958] [1959].

[1958] Segue-se o defendido por GOÑI SEIN, *La Videovigilancia...*, cit., pp. 134-135.

[1959] No ordenamento jurídico alemão, a nível procedimental é exigido pelo § 87.º, I, 6, da *Betriebsverfassungesetz*, o poder de participação dos representantes dos trabalhadores – *Betriebsrat* através da cogestão- nas decisões que se referem à introdução de aparelhos apropriados para o controlo e vigilância da conduta ou da prestação laboral, com independência da finalidade pretendida. Por este facto, o *BAG* entendeu, em sentença de 26 de Julho de 1994, que o estabelecimento de um controlo genérico sobre um grupo de trabalhadores destinado a obter informação sobre a sua actividade conjunta podia, em certas ocasiões, ser considerado como um verdadeiro controlo sobre os trabalhadores e, por isso, deveria ser sujeito à participação dos seus representantes. Todavia, tendo em atenção algumas situações excepcionais, também considerou, numa decisão do Tribunal administrativo regional de Mannheim, de 7 de Dezembro de 1993, que se a adopção dos sistemas audiovisuais de vigilância tinha por finalidade responder a uma investigação criminal, não assiste à representação colectiva o direito de participar. *Vide* MARTÍNEZ FONS, *El poder de control...*, cit., p. 73 e p. 104, nota n.º 99, e "El poder de control empresarial a través de medios audiovisuales...", cit., p. 22.

No ordenamento jurídico espanhol é exigido o controlo dos representantes dos trabalhadores sobre a implantação deste tipo de aparelhos de controlo, já que a sua insta-

O Controlo através de Meios Audiovisuais   545

lação deverá ser do conhecimento dos trabalhadores e/ou dos seus representantes por força do art. 64.º, n.º 1 – 4.º alínea d), do *ET*, que exige uma informação prévia ao *Comité de empresa* ou *delegados de pessoal* em relação à implantação ou revisão dos sistemas de controlo do trabalho. Mas, referindo que poderá ser questionável a própria existência do direito dos representantes a serem consultados sobre a adopção de medidas de vigilância, ver SANCHÉS-RODAS NAVARRO, "Videocámaras y poder de vigilancia", *in AS*, vol. V, tomo IX, 1999, p. 1130, referindo a diferença subtil entre a redacção do art. 20.º, n.º 3 e 64.º, n.º 1 – 4.º, alínea d). Cf., ainda GOÑI SEIN, última *op.* cit., pp. 132 e ss., criticando, juntamente com FERNÁNDEZ VIILLAZÓN, *Las facultades...*, cit., p. 134, a decisão do TC 186/2000, quando decidiu que o incumprimento do empregador da obrigação de solicitar este parecer seria uma mera questão de legalidade ordinária, sem possibilidade de produzir efeitos invalidantes na decisão tomada. Cf., ainda, ARIAS DOMÍNGUEZ e RUBIO SÁNCHEZ, *op.* cit., pp. 153 e ss., e SEMPERE NAVARRO e CAROLINA SAN MARTÍN MAZZUCCONI, *Nuevas tecnologias...*, cit., p. 135.

No ordenamento jurídico francês exige-se a informação ao *Comité d'entreprise* nos termos dos arts. L122-33, 122-34, e 122-36, assim como 432-2-1, do *Code du travail*. Esta discussão colectiva prevista no art. L. 432-2-1significa que: "O *Comité da empresa* é informado e consultado, previamente à decisão de instalação na empresa, sobre os meios ou as técnicas que permitem um controlo da actividade dos trabalhadores". Esta forma de proceder assenta na obrigação de informação prévia, submetendo-se a legitimidade da aplicação dos meios de controlo, à prévia informação dos sujeitos afectados, assim como a consulta prévia, que não mera informação, do *Comité da empresa*, incluindo-se nos elementos do conhecimento necessários à concretização da localização e do campo de gravação das câmaras. Vários autores se referem a esta obrigatoriedade, enumerando vária jurisprudência sobre o mesmo. Ver DANIELLE CORRIGNAN-CARSIN, "Vidéosurveillance...", cit., pp. 23-24, referindo-se a uma decisão da *Cour de Cassation*, de 7 de Junho de 2006, que entendeu não ser lícito um sistema de videovigilância pois não tinha sido dada previamente a informação aos representantes dos trabalhadores e as informações recolhidas não podem ser usadas como meio de prova. No mesmo sentido MARIE-NOËLLE MORNET, *op.* cit., pp. 108-110, referindo esta obrigatoriedade de dar informação prévia aos representantes dos trabalhadores. Cf., ainda, AGATHE LEPAGE, *Libertés et droits...*, cit., p. 45, HUBERT BOUCHET, *Rapport d'étude ...*, cit., pp. 16-18, e PAULIN, "Conséquences de l'utilisation d'un système de vidéosurveillance au sein de l'entreprise", *in Recueil Le Dalloz*, n.º 27, 2001, p. 2169. O mesmo é defendido pela CNIL, no *Guide pratique...*, cit., p. 17.

Também no ordenamento jurídico norte-americano, em determinadas circunstâncias, o empregador pode ver-se obrigado a negociar colectivamente sobre o uso de câmaras de videovigilância ocultas para investigar possíveis condutas ilícitas dos trabalhadores. Cf., neste sentido, JEFFREY MELLO, "Salts, Lies and Videotape: Union Organizing Efforts and Management's Response", *in Labor Law Journal*, 2004, p. 46.

546   *A Privacidade dos Trabalhadores e as Novas Tecnologias...*

Porém, não parece que se possa tornar muito relevante esta intervenção da comissão de trabalhadores pois o papel fundamental para aferir do cumprimento dos princípios da finalidade, da proporcionalidade e da transparência parece caber à CNPD, nos termos do art. 21.°, n.os 1 e 2 do CT.

3.4.2. *A proibição do controlo oculto: excepções*

Tendo em atenção a obrigatoriedade do princípio da transparência e da informação quer aos trabalhadores, quer aos seus representantes, depreende-se não ser admissível o controlo oculto ou secreto sobre os trabalhadores através de meios audiovisuais.

O poder de controlo electrónico do empregador pressupõe a existência de uma relação de legitimidade entre as partes, devendo este poder exercer-se de forma legítima, proporcional e transparente. E nenhuma medida adoptada pode contrariar o princípio da dignidade da pessoa humana e os comportamentos do empregador a ele contrários e que suscitam uma maior repulsa moral são os procedimentos de controlo e vigilância clandestinos, ocultos, sem conhecimento dos trabalhadores[1960].

A proibição de controlos ocultos através destes meios deriva da própria noção de boa fé, que tem de ser entendida bilateralmente e em relação aos dois sujeitos da relação contratual[1961], e do direito à privacidade que os trabalhadores têm mesmo nos locais de trabalho e durante o tempo de trabalho. No desempenho da sua actividade os trabalhadores executam uma série de actos, seguros de que não estão a ser constantemente observados, actos relacionados com a sua privacidade[1962]. Acresce que não os realizariam se soubessem que estavam sob o olhar permanente de um *olho electrónico*.

[1960] No mesmo sentido GOÑI SEIN, *El respeto a la...*, cit., p. 26.

[1961] Neste sentido cf. FERNÁNDEZ VILLAZON, *Las facultades...*, cit., pp. 81-82, e "A vueltas com el control empresarial sobre la actividad laboral: «test de honestidad», telemarketing, registro de terminales y uso – o abuso – de Internet", *in TS*, n.° 168, 2004, p. 36, proscrevendo o controlo oculto por contrário ao princípio da boa fé. Também LUZ PACHECO ZERGA, *op.* cit., p. 262 entende o mesmo. Para PISANI, "I controlli a distanza...", cit., p. 128, este controlo é "subdoloso". A mesma opinião tem M. D'ANTONA, "Art. 4 dello statuto ...", cit., pp. 206-207.

[1962] Neste sentido GOÑI SEIN, última *op.* cit., p. 149.

Desta forma, todo o conhecimento sub-reptício, oculto, que não cumpra o princípio da transparência, obtido por sistemas audiovisuais com o fim de surpreender os trabalhadores, deve considerar-se proibido por constituir uma violação clara da sua dignidade e da sua privacidade, devendo ainda todas as provas obtidas ser consideradas nulas de acordo com o art. 32.º, n.º 8, da CRP, e, em sede penal, com o art. 167.º, n.º 1 do respectivo Código[1963].

Parece, assim, poder defender-se, em princípio, a interdição do controlo oculto por violar o princípio da boa fé empresarial que tem consagração expressa no CT nos arts. 102.º e 126.º. Veja-se, a este propósito o Acórdão da Relação de Lisboa, de 3 de Maio de 2006[1964], onde se decidiu, em sede penal, que "são provas nulas as imagens obtidas sem o consentimento ou conhecimento do arguido, através de câmara oculta colocada pelo assistente no seu estabelecimento de geladaria, e que é o local de trabalho do arguido, e sem que estivesse afixada informação sobre a existência de meios de vigilância e qual a sua finalidade".

A instalação de um sistema deste tipo por parte do empregador, de forma oculta, constitui, ainda, uma violação ilegítima do direito à autodeterminação informativa, concretizando, talvez, o atentado mais grave nesta matéria de protecção de dados na medida em que tem consequências extremamente intrusivas[1965].

É importante não esquecer, tal como salienta MARTÍNEZ FONS[1966], que "nem o conhecimento se assimila ao tácito consentimento, nem tão pouco reduz as expectativas de intimidade do trabalhador no local de trabalho, de modo que o conhecimento não se erige em elemento legitimador de condutas empresariais intromissivas na intimidade pessoal dos trabalhadores".

Esta proibição do controlo oculta é defendida em vários ordenamentos jurídicos mas a questão que se coloca é a de saber se em determinadas circunstâncias, será possível o recurso a esta possibilidade. Tratam-se

---

[1963] Este artigo estabelece que "As reproduções fotográficas, cinematográficas, fonográficas ou por meio de processo electrónico e, de um modo geral, quaisquer reproduções mecânicas só valem como prova dos factos ou coisas reproduzidas se não forem ilícitas, nos termos da lei". No ordenamento jurídico espanhol pode ver-se sobre esta sanção penal M.ª BELÉN CARDONA RUBERT, *Informática y...*, cit., pp. 396-397.

[1964] *In* www.dgsi.pt.

[1965] Secunda-se a opinião de GOÑI SEIN, *La Videovigilancia...*, cit., p. 129.

[1966] *El poder de control...*, cit., p. 102.

548   *A Privacidade dos Trabalhadores e as Novas Tecnologias...*

daquelas situações em que o recurso a este tipo de sistemas só se torna eficaz se se recorrer secretamente, de forma oculta, significando que se se impusesse a informação aos trabalhadores, o controlo tornar-se-ia inútil[1967]. Tratar-se-iam daquelas situações em que se pretenderiam detectar actividades fraudulentas ou ilícitas do trabalhador.

Nestes casos o *Repertório*[1968] estabeleceu no ponto 6.14.2. que em determinadas circunstâncias muito excepcionais o controlo secreto poderia ser possível, só sendo aceitável se estiver previsto em legislação nacional ou se existirem fundadas suspeitas da prática de uma actividade ilícita ou de outras infracções graves, dando como exemplo o caso do assédio sexual, o que significa que o empregador só em situações muito restritas poderá recorrer a este tipo de controlo.

3.4.2.1. No ordenamento jurídico alemão, após a entrada em vigor da Lei de Protecção de Dados Pessoais[1969], e, especificamente, do § 6 II, há uma proibição do controlo oculto nos locais de acesso público[1970], não hesitando alguma doutrina em considerar que esta proibição poderia estender-se a locais não acessíveis a este[1971]. Mas, alguns autores defendem a existência da possibilidade de controlo secreto argumentando que este tipo de controlo é o único meio para controlar os trabalhadores e descobrir o autor de ilícitos contratuais, assim como o único meio de descobrir o autor de furtos ocorridos na empresa ou em pontos nevrálgicos desta, como é o caso das caixas[1972]. Para que o controlo oculto seja lícito é necessário

---

[1967] Cf., neste sentido BELLAVISTA, "Poteri dell'...", cit., p. 69, e GOÑI SEIN, última *op.* cit., p. 129.

[1968] Cit., p. 4.

[1969] BDSG.

[1970] *Vide* DÄUBLER, *Gläserne...*, cit., p. 155, escrevendo que o controlo oculto viola a dignidade da pessoa humana e é, regra geral, proibido, mesmo nas zonas não acessíveis ao público. Também DÄUBLER, KLEBE, WEDDE e WEICHERT, *op.* cit., pp. 222-223, defendem o mesmo. FRANK BAYREUTHER, *op.* cit., pp. 1038 e ss., e JÜRGEN HELLE, *op.* cit., p. 346, referem que a grande novidade deste artigo é o de ter proibido o controlo secreto. No mesmo sentido pode ver-se BRUNO SCHIERBAUM, "Recht am...", cit., p. 494, assim como MATTHIAS WILKE, "Videoüberwachung...", cit., p. 225, observando como o controlo oculto viola os direitos de personalidade dos trabalhadores e é proibido.

[1971] Neste sentido FRANK BAYREUTHER, *op.* cit., p. 1041, e PETER WEDDE, "Heimliche Video-Uberwachung...", cit., p. 25.

[1972] A este propósito pode citar-se a sentença do BAG, de 27 de Março de 2003, bastante comentada por alguns autores – vejam-se FRANK BAYREUTHER, *op.* cit., pp. 1038

O Controlo através de Meios Audiovisuais 549

estarem preenchidos alguns requisitos: em primeiro lugar, é necessário que exista uma suspeita concreta sobre a prática de um facto ilícito; em segundo lugar, tem de se tratar de uma espécie de estado de necessidade onde não seja possível recorrer a outro meio menos gravoso para provar a prática das suspeitas e onde o controlo através de meios audiovisuais visível não seja suficiente; em terceiro lugar, a própria medida adoptada tem de ser proporcional ao fim pretendido, entendido no sentido do princípio da proporcionalidade em *stricto sensu*, sob pena de existir uma violação dos direitos de personalidade dos trabalhadores[1973].

Contudo, mais uma vez há que lembrar o teor do § 6 II da BDSG, não parecendo ser possível, em qualquer circunstância, o controlo oculto nos locais abertos ao público, dado o carácter restritivo da letra da lei.

3.4.2.2. No ordenamento jurídico espanhol, levanta-se a questão de saber se em certas situações o controlo audiovisual será possível sem o conhecimento dos trabalhadores. Considera-se que é absolutamente proibido este tipo de controlo quando o trabalhador o ignora, proibição que emana do próprio direito subjectivo à sua intimidade[1974].

---

e ss., MATTHIAS WILKE, "Videoüberwachung...", cit., pp. 225 e ss., PETER WEDDE, "Heimliche Video-Uberwachung...", cit., pp. 23 e ss., e SASCHA GROSJEAN, *op.* cit., pp. 2650-2651. Tratou-se de um caso de instalação secreta de câmaras de vídeo no caixa duma loja de bebidas e onde havia uma suspeita concreta de subtracção de dinheiro, através de diferenças no inventário. Estas câmaras gravaram durante duas semanas e permitiram detectar, efectivamente, este desvio de dinheiro. O tribunal entendeu que, em princípio, este tipo de controlo é proibido a não ser que estejam previstos alguns requisitos. Desde logo, que exista uma suspeita concreta de uma acção punível; que não exista um meio menos intrusivo para a constatação do ilícito; e que a medida adoptada não seja desproporcional tendo em atenção o fim pretendido. No caso concreto, o BAG entendeu que estavam previstas estas três condições e que, por isso, o controlo secreto era válido, mesmo que o *Betriesbsrat* não tivesse tido conhecimento. Mas, como refere PETER WEDDE, "Heimliche Video-Überwachung...", cit., p. 26, esta decisão também levanta algumas questões para este órgão pois o Tribunal decidiu não ser necessária a co-gestão – *Mitbestimmung* – neste caso, o que retira muitos poderes a este órgão de representação dos trabalhadores.

[1973] Podem referir-se os casos citados por JÚLIO GOMES, *Direito do...*, cit., p. 328, onde se aceitou o controlo secreto de uma ama que foi apanhada a furtar roupas de bebé durante o tempo de trabalho. Também se considerou lícita a gravação de um trabalhador de finanças filmado no casino a furtar dinheiro. Em ambos os casos os trabalhadores foram despedidos e considerou-se justificado o despedimento.

[1974] Ver, no mesmo sentido, GOÑI SEIN, *El respeto a la...*, cit., p. 148.

550 *A Privacidade dos Trabalhadores e as Novas Tecnologias...*

Contudo, há certas situações excepcionais que permitem não informar previamente os representantes dos trabalhadores. Assim, propugna-se que não se pode aceitar que o princípio da boa fé obrigue o empregador a comunicar ao trabalhador que vai ser submetido a vigilância quando se adopta esta medida precisamente com uma finalidade preventiva perante o temor de possíveis violações das obrigações contratuais[1975]. Parece, porém, que atendendo a que estas formas de controlo oculto são potencialmente lesivas dos direitos fundamentais dos trabalhadores só poderá aceitar-se a sua possibilidade no caso em que a vigilância ocorra em relação a um processo de investigação de actividades fraudulentas verificadas na empresa e em situações de *extrema ratio*, quase que *in articulo mortis*, só podendo considerar-se legítimo se existirem suspeitas fundadas de incumprimentos contratuais que afectem bens de relevância constitucional e que tenham lugar durante o desenvolvimento da prestação de trabalho[1976].

A própria jurisprudência constitucional chegou a aceitar o controlo secreto em determinadas circunstâncias, na decisão 186/2000. Nesta decisão do Tribunal Constitucional, de 10 de Julho de 2000, aceitou-se como lícita a instalação de uma câmara de vídeo, sem que tivesse sido dado conhecimento do facto aos trabalhadores, para tentar descobrir a causa de numa determinada secção existir um rendimento bastante inferior em relação às demais. O circuito interno de televisão filmava as três caixas registadoras existentes na secção e como consequência da instalação três trabalhadores das caixas foram surpreendidos a cometer pequenos furtos. O Tribunal considerou que neste caso estava preenchido o princípio da proporcionalidade através dos seus três requisitos: tal medida era susceptível de conseguir o objectivo proposto – juízo de idoneidade; não existia nenhuma outra medida mais moderada que evitasse a utilização desta,

---

[1975] Tal como SANCHÉS-RODAS NAVARRO, *op.* cit., pp. 1132-1133.

[1976] Neste sentido MARTÍNEZ FONS, *El poder de control...*, cit., pp. 102-104, e "El poder de control...", cit., pp. 33-34.. Pode ver-se, ainda, GOÑI SEIN, *La Videovigilancia...*, cit., pp. 129-130. Também FERNÁNDEZ VILLAZON, últimas obras citadas, refere que o controlo oculto pode ser possível mas em situações muito excepcionais, só podendo ocorrer em situações de faltas laborais graves, sob pena de se converter um controlo defensivo num controlo repressivo, mais preocupado em obter razões para impor sanções do que em evitar eficazmente as simples indisciplinas laborais. Da mesma opinião, LUZ PACHECO ZERGA, *op.* cit., p. 262, escrevendo que será possível o controlo oculto quando seja o único meio para confirmar a culpabilidade do trabalhador.

O *Controlo através de Meios Audiovisuais* 551

mais lesiva do direito à intimidade – juízo de necessidade; e que da mesma derivavam mais benefícios ou vantagens para o interesse geral que prejuízos sobre outros bens ou valores em conflito – juízo de proporcionalidade em sentido estrito[1977].

Contudo a jurisprudência ordinária tem vindo a aceitar com demasiada facilidade a possibilidade de controlo oculto, acolhendo como justificação para a instalação clandestina deste tipo de meios, a finalidade de a obtenção de provas incriminadoras de possíveis irregularidades sem que cuide de saber se a satisfação dos interesses não poderiam ser defendidos de outra maneira, e sem estar relacionada com a prática de ilícitos penais ou de outras infracções graves.

Pode citar-se a sentença do TSJ da Comunidade de Valência, de 14 de Janeiro de 2004, que considerou legítima a instalação secreta de uma câmara de vídeo para comprovar se um encarregado dormia durante o tempo de trabalho, ou a decisão do TSJ da Estremadura, de 14 de Abril de 2004, que aceitou como prova uma gravação secreta utilizada pela empresa para justificar o despedimento de um trabalhador, representante sindical, por determinados incumprimentos contratuais[1978], apesar de não parecer estar preenchido o princípio da proporcionalidade. Também a sentença do TSJ da Comunidade de Valência, de 27 de Abril de 2004, aceitou a legalidade do controlo clandestino numa consulta de odontologia para comprovar o horário laboral da trabalhadora e o tempo efectivo de trabalho[1979].

Nota-se que em todas estas sentenças o carácter de última *ratio* do controlo oculto não se verifica, nem os requisitos essenciais para a eventual aceitação deste tipo de vigilância tão intrusivo da privacidade e mesmo da dignidade dos trabalhadores.

3.4.2.3. No ordenamento jurídico francês, embora se aceite normalmente, a este nível, a instalação dos sistemas de controlo audiovisuais, recusa-se a sua admissão se for realizada de forma oculta, sem prévia

---

[1977] Não concordou com esta decisão do Tribunal Constitucional Escribano Gutiérrez, "El derecho a la intimidad del trabajador. A propósito de la STC 186/2000, de 10 de Julio", *in RL*, n.° 1, 2001, pp. 88-92, este autor refere que a medida adoptada não era desde logo necessária podendo imaginar-se medidas muito menos intrusivas.

[1978] Entre outros, por não utilizar a máscara de protecção.

[1979] Sentenças referidas em Goñi Sein, *La Videovigilancia...*, cit., pp. 131-132.

552   *A Privacidade dos Trabalhadores e as Novas Tecnologias...*

comunicação aos trabalhadores, ou violando a norma que impõe a comunicação aos seus representantes[1980].

A maior parte das decisões jurisprudenciais debruça-se sobre a legitimidade da prova utilizada sem se inteirar sobre o fundo da questão: o que resta da privacidade dos trabalhadores no local de trabalho.

Uma das decisões mais relevantes foi o acórdão da *Cour de Cassation*, de 20 de Novembro de 1991, o caso *Neócel*[1981] [1982]. Nesta sentença, uma câmara de videovigilância tinha permitido verificar que o caixa de uma sapataria desviava dinheiro. O trabalhador foi despedido, tendo contestado em tribunal o meio de prova utilizado. A *Cour de Cassation* decidiu que "se o empregador tem o direito de controlar e vigiar a actividade dos trabalhadores durante a execução da prestação laboral, todo o registo, qualquer que seja o motivo, de imagens ou palavras realizado sem o seu conhecimento, constitui um modo de prova ilícito". No caso em apreço, a câmara de vídeo estava oculta e tinha sido instalada sem uma informação prévia aos trabalhadores. Para alguns autores esta decisão não diz respeito à vida privada no local de trabalho mas exclusivamente ao prin-

---

[1980] Vários são os autores que se referem a esta proibição, como regra geral, relacionada com a protecção da dignidade do trabalhador. Assim, podem ver-se MARIE--NOËLLE MORNET, *op.* cit., pp.111-112, referindo que este artigo obriga todos os empregadores a informar os seus trabalhadores da existência de todos os meios de vigilância. No mesmo sentido CHRISTOPHE VIGNEAU, "El Derecho...", cit., p. 188, e PHILIPPE AUVERGNON, *op.* cit., p. 45. Também defende o mesmo AGATHE LEPAGE, *Libertés et...*, cit., p. 45, ISABELLE DE BÉNALCAZAR, *op.* cit., p. 91, e LAËTITIA BUSNEL, *op.* cit., p. 27. A mesma opinião tem AGNÉS VIOTTOLO-LUDMANN, *op.* cit., p. 169, FABRICE FEVRIER, *Pouvoir de contrôle...*, cit., pp. 66 e ss., e J. DUPLAT, "Surveillance des salariés et vie privée", *in RJS*, n.° 2, 2003, p. 104.

[1981] O tribunal de Paris pronunciou-se pela primeira vez no sentido de proibir gravações sem a informação prévia das pessoas, em 31 de Dezembro de 1967, tendo considerado que "a gravação secreta sobre o trabalhador no seu local de trabalho realizada pelo empregador pode ser efectuada com parcialidade e não apresenta nenhuma garantia de fidelidade". Cf. KAYSER, *op.* cit., p. 268, e OLIVIER DE TISSOT, "Pour une analyse...", cit., p. 975.

[1982] Esta decisão é profusamente citada por vários autores. Vejam-se, a título meramente exemplificativo, CÉLINE BÉGUIN, *op.* cit., p. 7, CHRISTIANE FÉRAL-SCHUHL, *op.* cit., pp. 121-122, FABRICE FEVRIER, *Pouvoir de contrôle...*, cit., pp. 68-69, MARIE-PIERRE FENOLL-TROUSSEAU e GÉRARD HAAS, *op.* cit., pp. 24-25, MICHEL BUY, *op.* cit., p. 130, OLIVIER DE TISSOT, "Pour une analyse...", cit., p. 975, e WAQUET, *L'entreprise et...*, cit., p.163.

cípio da lealdade, quer no trabalho ou nos meios de prova utilizados pelo empregador[1983].

Contudo, o mesmo Tribunal considerou, numa decisão de 31 de Janeiro de 2001, que era legítimo um despedimento por falta grave onde a prova fora obtida por uma câmara de vídeo que tinha sido instalada sem o conhecimento prévio dos trabalhadores na medida em que foi aplicada em locais onde estes não poderiam entrar. "O empregador é livre de instalar meios de vigilância nos entrepostos onde os trabalhadores não trabalham"[1984].

Mas uma outra decisão deste Tribunal, de 15 de Maio de 2001, veio aumentar a incerteza ao entender como meio de prova ilícito a utilização por uma empresa externa de vigilância, sem o conhecimento dos trabalhadores, de filmagens para controlar a utilização dos dispensadores de sanduíches e de bebidas colocados numa sala de repouso dos trabalhadores[1985] [1986].

[1983] Conforme PHILIPPE WAQUET, "Un employeur peut-il filmer... ", cit., p. 28, referiu em relação a este caso, não poder sustentar-se que o trabalhador tenha sido espiado na sua vida privada. BERNARD BOSSU, "Le salarié..., cit., p. 30, defende que a lealdade contratual exige que haja uma lealdade na obtenção de provas o que conduz a que a captação de imagens sem o conhecimento do trabalhador deva ser banida.

[1984] HUBERT BOUCHET, *Rapport d'étude* ..., cit., p. 25. Sobre esta decisão pode ver-se o comentário em RJS, n.º 4, 2001, p. 303. Esta decisão é criticada por MARIE--NOËLLE MORNET, *op.* cit., p. 110, referindo que o Tribunal não decidiu em conformidade com o espírito da Lei de 31 de Dezembro de 1992 que tende à protecção dos trabalhadores. Refere, ainda, que o entendimento da actividade dos trabalhadores é feito em termos muitos restritivos. Deveria ter atendido, principalmente à existência de uma subordinação, sendo que o trabalhador não está sempre no mesmo local de trabalho. No caso específico, um entreposto é frequentado por trabalhadores na medida em que dispõe de mercadorias, entendendo como "hipócrita" a exclusão dos entrepostos de mercadorias da proibição de controlo oculto, na medida em que o controlo visa surpreender o trabalhador a cometer faltas. Entende, desta forma, que excluir os locais de armazenamento do aviso prévio aos representantes dos trabalhadores não é sustentável, e tendemos para esta opinião, embora também nos pareça, ainda que sem certezas, ser possível a instalação em locais a que os trabalhadores não devem deslocar-se ou só se desloquem muito esporadicamente.

[1985] Esta decisão é comentada em RJS, n.º 7, 2001, p. 579, mostrando-se alguma dificuldade em conseguir distinguir entre as situações em que o procedimento de controlo incide sobre a actividade dos trabalhadores e, por isso, não pode ser oculto, e o sistema de controlo que não incide sobre esta e que, por isso, pode ser utilizado secretamente e usado como prova contra estes.

[1986] Também em 19 de Abril de 2005, este Tribunal entendeu ser possível imputar certos factos ao trabalhador através de provas obtidas por um sistema de controlo instalado

554 *A Privacidade dos Trabalhadores e as Novas Tecnologias...*

A jurisprudência também tem exigido uma certa "qualidade da prova". Num acórdão de 4 de Janeiro de 1994, a *Cour d'Appel* de Aix-en--Provence considerou que uma gravação de vídeo que mostrava a má conduta de um trabalhador de um armazém não poderia ser considerada como justificadora de uma causa real e séria de despedimento. Este tribunal sublinhou que "tendo em atenção as possibilidades de montagem que oferece a evolução da técnica, o documento não apresenta as garantias suficientes de autenticidade, de imparcialidade e de sinceridade relativos tanto à sua data como ao seu conteúdo. Contudo, esta decisão foi isolada.

Numa outra decisão, sobre tema diferente, a *Cour d'Appel* de Paris, em 12 de Maio de 1999, decidiu igualmente que uma gravação de vídeo não podia servir de base para uma acusação de furto. No caso em apreço o empregador acusava uma trabalhadora de ter furtado um saco de compras, facto que esta última contestava. O tribunal parisiense, após ter constatado que houve um período de 10 minutos que não tinha sido gravado, considerou que ninguém poderia saber o que é que se teria passado nesse lapso de tempo e absolveu a trabalhadora[1987].

Contudo, em certos casos e ao nível dos tribunais criminais, tem-se considerado lícita a instalação de meios de vídeo-vigilância de forma oculta aceitando-se como meio de prova gravações deste tipo. Assim, segundo uma decisão de 22 de Julho de 1992, a *Chambre criminelle* da *Cour de Cassation* considerou perfeitamente lícita a instalação clandestina de uma câmara com o fim de vigiar os trabalhadores, após a empresa ter constatado uma queda significativa nos rendimentos ao nível das caixas registadoras. Os elementos de prova foram considerados lícitos e serviram para provar o abuso de confiança por parte dos trabalhadores. Este Tribunal justificou a decisão no direito que é conferido às pessoas de conseguirem provas de infracções quando sejam vítimas delas. Nestes casos a solução pode ser defensável, admitindo-se assim uma excepção à ilicitude das provas quando a vigilância tenha por fim provar uma

---

em locais em que eles não tinham acesso, não tendo de divulgar a existência de procedimentos instalados por clientes da empresa. Pode ver-se o comentário a esta decisão em JEAN-FRANÇOIS CESARO, "Surveillance des salariés – l'employeur peut opposer à ses salariés les preuves recueillies par un système de surveillance des locaux sans les avoir informés de l'existence de cês procédés", *in JCP*, n.° 2, 2005, pp. 22-23.

[1987] Veja-se HUBERT BOUCHET, última *op*. cit., pp. 26-27, e MANUELA GRÉVY, *op*. cit., p. 331.

O Controlo através de Meios Audiovisuais 555

infracção cometida[1988]. Contudo, a jurisprudência deste Tribunal tem sido alvo de algumas críticas por ser demasiado permissiva para o empregador[1989].

3.4.2.4. No ordenamento jurídico inglês a regra geral é a da proibição do controlo oculto, embora certas circunstâncias possam fundamentar a sua concretização, nomeadamente quando existam suspeitas fundadas relacionadas com a prática de crimes ou com a prática de infracções graves, sempre respeitando o princípio da proporcionalidade[1990].

3.4.2.5. No ordenamento jurídico italiano a utilização destes meios para controlar o trabalhador, ainda que casualmente, deve considerar-se ilegítima[1991], com excepção de certos casos extremos[1992], como quando o controlo oculto constitua a única forma de individualizar o responsável por um acto ilícito, não sendo possível recorrer a qualquer outra forma de vigilância, ou quando esta se tenha mostrado insuficiente. Assim, a possibilidade de controlo oculto só pode ocorrer em situações de *extrema ratio* e com respeito do princípio da boa fé, o que conduz a que tenham de concorrer dois requisitos: o princípio da adequação ou proporcionalidade do

---

[1988] KAYSER, *op.* cit., p. 269. *Vide*, ainda, MARIE-PIERRE FENOLL-TROUSSEAU e GÉRARD HAAS, *op.* cit., pp. 29-30, referindo-se à possibilidade da secção criminal da *Cour de Cassation* de aceitação de provas obtidas ocultamente, mencionando uma outra decisão de 6 de Abril de 1994, em que se defendeu o mesmo.

[1989] Cf. PAULIN, *op.* cit., p. 2170.

[1990] Cf. *The Employment Practices code...*, cit., p. 69, e *The Employment Practices Code Supplementary Guidance*, cit., pp. 53-54.

[1991] Vejam-se FULVIO DI NUNZIO, "Sul controllo occulto nel lavoro subordinato", *in GI*, ano 143, 1991, pp. 952-954, e ICHINO, *Il contratto di lavoro...*, cit., p. 234.

[1992] Defendidos por BELLAVISTA, "Investigatori privati e controlli occulti sui lavoratori", *in RIDL*, II, 1996, p. 550 e ss.. O autor comenta uma sentença de 25 de Maio de 1995, do Pretor de Monza, segundo a qual foi considerado legítimo o controlo exercido por um investigador privado sobre o caixa de um supermercado, defendendo que não pode considerar-se esta forma de controlo como uma violação dos artigos 2.º e 3.º do *S.L.* porque o investigador se limitou a operar como um cliente normal, apresentando-se na caixa para pagar o preço do bem e constatando qual a soma colocada na caixa. Demonstrou-se neste caso que o controlo oculto através de um investigador privado disfarçado de cliente constituiu o único meio para uma verificação eficaz da apropriação indevida da soma de dinheiro pelo caixa de supermercado organizado segundo a forma de *self-service*. Também em "I poteri dell'...", cit., p. 168, o autor refere-se a esta possibilidade excepcional de controlo oculto.

556   *A Privacidade dos Trabalhadores e as Novas Tecnologias...*

meio adoptado relacionado com o fim da vigilância; e o meio terá de ser o menos danoso, relacionando a modalidade de vigilância com o objectivo pretendido. Estes dois requisitos significam que o controlo oculto tem de ser directo e idóneo para se aferir do ilícito e não comprometer a liberdade e a dignidade do trabalhador, não podendo ser utilizados meios exorbitantes. Actualmente, defende-se que estes aparelhos de vigilância poderão ser utilizados pelas empresas para se defenderem de eventuais actos ilícitos cometidos pelos trabalhadores.

Consideramos, no entanto, que se a *ratio* da norma e da ideologia do título I do *Statuto dei Lavoratori* é a de defender que o exercício do poder directivo do empregador e, dentro deste, da faculdade de controlo, seja realizado de uma maneira correcta e segundo a boa fé, de forma a evitar a instalação de um ambiente opressivo, a colocação de uma câmara destinada a prevenir eventuais furtos dos trabalhadores, ainda que com a concordância da organização sindical ou do inspector do trabalho, concretizará, enquanto directa e exclusivamente destinada ao controlo sobre a actividade laboral, o fim que a norma pretendeu evitar, violando a *ratio* do preceito.

Defendemos, contudo que em situações extremas é possível a instalação de câmaras ocultas sem o prévio conhecimento dos trabalhadores quando existirem fundadas suspeitas da prática de actos ilícitos graves e seja respeitado o princípio da proporcionalidade. Aliás, a própria jurisprudência, nos últimos tempos, tem vindo a consagrar a inaplicabilidade do art. 3.º do Estatuto, que contempla a obrigação de identificar o pessoal empresarial que está incumbido do controlo, se existirem fundadas suspeitas de que o trabalhador incorreu na prática de condutas ilícitas.

A jurisprudência tem entendido que é proibida a utilização deste tipo de aparelhos, sendo as gravações meio de prova inválido. Foi o caso da sentença da *Cassazione*, de 17 de Junho de 2000, que decidiu que o uso de uma câmara num circuito fechado, com a finalidade de controlar à distância o trabalhador, é ilegítimo no sentido do art. 4.º do *Statuto dei Lavoratori*, sendo que sob o plano processual não se pode atribuir-lhe qualquer valor probatório, sendo a sua violação penalmente sancionada pelo art. 38.º[1993]. Por outro lado, a jurisprudência tem ainda propugnado que a

---

[1993] Sentença citada em http://www.di-elle.it/novita/novita23gen01.htm, p.4.

violação do art. 4.º deve ainda subsistir nos casos onde os aparelhos já tenham sido instalados mas não tenham ainda entrado em funcionamento e o controlo seja realizado de uma maneira descontínua, porque exercido num local onde o trabalhador só ocasionalmente se encontre – acórdãos da *Cassazione* italiana 1490/86 e 9211/97; ou quando o trabalhador tenha sido advertido do controlo, como aconteceu nas decisões 1236/83, 1490/86 e 9211/97[1994].

3.4.2.6. No ordenamento jurídico norte-americano não se estabelecem tantas restrições ao controlo oculto embora, como regra geral, este não possa ocorrer. Mas há vários casos de instalação destes mecanismos de forma oculta, inclusive em locais de descanso e de higiene dos trabalhadores[1995]. Neste ordenamento jurídico se se instalarem câmaras ocultas em locais onde o trabalhador não tenha "uma expectativa razoável de privacidade", o meio de prova é considerado lícito[1996].

3.4.2.7. No ordenamento jurídico português podia defender-se, eventualmente, antes da existência de legislação específica sobre a matéria no CT, a realização deste tipo de controlo em circunstâncias muito excepcionais, quando constituísse a única forma de individualizar o responsável por um acto ilícito grave, não sendo possível recorrer a qualquer outro meio de vigilância ou quando estes se tenham mostrado insuficientes. Seria uma espécie de verificação do estado de necessidade por impossibilidade de recurso a outro meio. Mesmo assim, não parece poder colocar-se em locais abertos ou acessíveis ao público, seguindo aqui o estabelecido no § 6, II, do BDSG, que estabeleceu o regime do controlo de áreas públicas através de dispositivos electrónicos e que consagrou a necessidade de "conhecimento da área estar a ser controlada e da

---

[1994] Decisões referidas por ANDREA STANCHI, *op.* cit., p. 6.

[1995] Cf. *Privacy under…*, cit., pp. 10 e ss., elencando numerosos casos de controlo oculto mesmo em casas-de-banho e vestiários.

[1996] No caso *Acosta v. Scott Labor LLC*, de 2005, o tribunal entendeu que a utilização de videovigilância num escritório através de uma câmara secreta era legal e em *Branen v. Kings Local Sch. Bd. Of. Educ.*, de 2001, a instalação de uma câmara oculta numa sala de repouso dos trabalhadores também foi considerada legal. Cf. MARTINEZ-HERRERA, *op.*cit., p. 3. Ver, ainda, BURTON KAINEN e SHEL D. MEYERS, *op.* cit., p. 201, e CYNTHIA GUFFEY e JUDY WEST, *op.* cit., p. 743.

558 *A Privacidade dos Trabalhadores e as Novas Tecnologias...*

identidade do controlador", proibindo, assim, o controlo oculto nessas áreas.

Assim, esta forma de controlo, a ser aceite, só o poderia ser em situações de *ultima ratio* e interligada sempre com o princípio da boa fé na execução dos contratos. A ser admissível teriam de estar presentes dois requisitos: o princípio da adequação ou proporcionalidade do meio adoptado relacionado com o fim da vigilância; e o meio deveria ser o menos danoso, relacionando a modalidade de vigilância com o objectivo pretendido. Estes dois requisitos significariam que o controlo oculto teria de ser directo e idóneo para se aferir da sua licitude e não poderia comprometer a liberdade e a dignidade do trabalhador, sendo vedada a utilização de meios exorbitantes no que concerne à obtenção de meios de prova lícitos. Considera-se, também, que a utilização de vidros que só permitem a visão unidireccional, sem o conhecimento dos trabalhadores, é interdita com base nas mesmas razões da proibição do controlo oculto.

Por outro lado, a adopção do controlo oculto por meios audiovisuais pressupunha, a existência de graves irregularidades no local de trabalho, não podendo nunca basear-se na mera existência de um risco ou de um perigo para a segurança das pessoas ou dos bens, nem em pequenas infracções cometidas pelos trabalhadores. Teriam de existir incumprimentos graves que lesem bens tutelados constitucionalmente.

Acresce que seria necessário que subsistisse uma razoável suspeita de tais actividades ilícitas ou de tais infracções graves, sendo o controlo oculto o único meio para descobrir a conduta ilícita do trabalhador, não sendo possível recorrer a qualquer outro meio menos intrusivo.

Uma vez legitimada esta possibilidade de controlo, e tendo em atenção a minimização da ingerência na privacidade dos trabalhadores, deveria limitar-se o tempo de exposição do trabalhador ao estritamente imprescindível para a consecução da finalidade, não podendo esquecer-se que se trata de uma medida que só pode funcionar como *ultima ratio*.

Contudo, apesar de se concordar que em certas situações poderia ocorrer o controlo oculto, face à redacção extremamente restritiva do art. 20.º do CT temos sérias dúvidas acerca da sua possibilidade, parecendo-nos que este artigo afasta completamente a possibilidade deste tipo de controlo. Concorda-se com JÚLIO GOMES[1997], quando escreve que

---

[1997] *Direito do...*, cit., p. 329, e nota 887.

"a nossa lei adoptou uma posição marcadamente restritiva", de tal forma que não entende lícita a possibilidade deste tipo de controlo[1998], aceitando porém, ainda que sem certezas, a possibilidade de instalação em locais onde não exista qualquer posto de trabalho e onde os trabalhadores só se deslocam esporadicamente.

4. A APLICAÇÃO DOS MEIOS AUDIOVISUAIS DE CONTROLO NA RELAÇÃO DE TRABALHO

4.1. Introdução

Após a adopção do sistema audiovisual ser considerado válido por cumprir com os princípios da finalidade, da proporcionalidade e da transparência, devem ser tidos em atenção vários outros princípios relacionados com a aplicação destes meios, isto é, com o alcance que há-de ter o seu tratamento autorizado. Tem de se aferir, desta forma, quais os princípios necessários para a correcta realização das actividades de videovigilância.

Estes princípios são extremamente relevantes atendendo à enorme capacidade de armazenamento e de valoração, assim como à inevitável perda do contexto em que são recolhidos[1999] que oferecem as novas tecnologias e a sua utilização num terreno totalmente distinto que não tem qualquer relação com o objecto originário de referência. Na verdade, a tecnologia informática e o tratamento de dados pessoais a ela associado permite a reconstrução minuciosa dos comportamentos de uma pessoa e fornece ao responsável pelo tratamento muita informação que, por vezes, não corresponde exactamente à realidade[2000]. A inexactidão desta infor-

---

[1998] Neste sentido ver AMADEU GUERRA, *A privacidade…*, cit., p. 358, defendendo a proscrição total do controlo oculto, só sendo possível no âmbito do processo-crime e nos termos previstos na lei penal e legislação complementar e sempre com base em despacho judicial. No mesmo sentido RUI ASSIS, *op.* cit., p. 253, referindo ser vedado qualquer controlo oculto.

[1999] Neste sentido MARTÍNEZ FONS, "Tratamiento y protección de datos…", cit., p. 49, referindo-se, ainda, a outros perigos para o tratamento de dados.

[2000] No mesmo sentido BELLAVISTA, "Controlli elettronici…", cit., p. 773.

560 *A Privacidade dos Trabalhadores e as Novas Tecnologias...*

mação pode depender não somente da circunstância errónea da mesma, mas também do facto do dado estar incompleto porque descontextualizado do seu contexto originário[2001].

Não pode deixar de atender-se que com as NTIC os sistemas informáticos não esquecem, sendo capazes de acumular informação quase de modo ilimitado. Como refere DÄUBLER[2002], os computadores não esquecem e não perdem a sua memória, deixando uma série de "pistas digitais" que permitem a comparação à entrada de determinados locais de uma cópia digitalizada e a imagem da pessoa em causa. O trabalhador encontra-se, desta maneira, amplamente "radiografado"[2003].

Estes princípios estão relacionados com a adequação e a pertinência das imagens recolhidas e armazenadas com a finalidade do tratamento e com as limitações do uso correcto dos dados recolhidos e tratados através de sistemas de controlo audiovisuais adoptados pelo empregador, decorrendo do art. 5.º, n.º 1, da Lei de Protecção de Dados Pessoais[2004].

4.2. **O princípio da adequação da visualização das imagens ao fim pretendido**

4.2.1. A realização e o controlo através de sistemas audiovisuais tem de respeitar o previsto no art. 5.º, n.º 1, alínea c), da Lei de Protecção de Dados Pessoais que estabelece que os dados pessoais têm de ser "adequados, pertinentes e não excessivos relativamente às finalidades para que são recolhidos"[2005].

[2001] *Vide* MARTÍNEZ FONS, *Nuevas tecnologias...*, cit., p. 30

[2002] *El derecho del...*, cit., p. 634.

[2003] Neste sentido cf. FABRIZIA DOUGLAS SCOTTI, "Alcune osservazioni...", cit., p. 233. Também MARIAPAOLA AIMO, "I «lavoratori di vetro»...", cit., p. 96, e *Privacy...*, cit., p. 114, aborda a mesma questão escrevendo que as NTIC trabalhando a uma velocidade muito superior ao pensamento humano permitem a acumulação de uma memória "infinita", a que se associa um espaço físico de dimensões reduzidas, o que facilita o tratamento de dados pessoais e a possibilidade de criação de dados de 2.º grau, utilizáveis para as finalidades mais díspares, algumas das quais discriminatórias.

[2004] Secunda-se a divisão adoptada por GOÑI SEIN, *La Videovigilancia...*, cit., p. 167.

[2005] *Vide* AMADEU GUERRA, *A privacidade...*, cit., p. 68.

Isto significa que, embora possa realizar-se o tratamento de dados pessoais, os mesmos não podem incluir dados que sejam estranhos à finalidade que foi permitida.

Em primeiro lugar, tem de existir uma certa qualidade dos dados que se identificam com a adequação e a pertinência, entendendo como tal um certo nível de recolha e de armazenamento de dados, não excessivo no que concerne à finalidade pretendida[2006]. O termo adequação está mais relacionado com certos aspectos teleológicos de correspondência entre os dados e a finalidade do tratamento, enquanto a pertinência impõe que os dados recolhidos não sejam excessivos tendo em atenção a finalidade que justificou o seu tratamento e que sejam idóneos para satisfazer tal finalidade.

Estes princípios, relacionados com o princípio da pertinência, significam que se devem delimitar as circunstâncias pessoais em que se pode recolher a informação, pois ocorrem casos em que, embora se saiba qual é a finalidade para a qual se recolhem os dados e se permite o seu tratamento, solicitam-se informações que pouco ou nada têm a ver com a finalidade pretendida, produzindo-se, desta forma, desvios injustificados no tratamento de dados[2007]. Para impedir este resultado tem de existir uma clara conexão entre o dado recolhido e a utilização que dele é feita, só sendo pertinentes aqueles dados que sejam necessários para conseguir os fins pretendidos[2008].

O tratamento de dados efectuado pelo empregador só será lícito se existir uma correspondência entre a actividade de videovigilância e a finalidade para a qual foi adoptado o sistema de gravação, não se autorizando o empregador a captar mais imagens do que aquelas que sejam idóneas para satisfazer a finalidade que foi autorizada na altura da instalação[2009].

Os princípios de adequação e pertinência significam que os dados tratados não podem ser excessivos no que concerne à sua finalidade, o que impõe uma obrigação de minimização dos dados por parte do responsável

---

[2006] Neste sentido FERNÁNDEZ DOMÍNGUEZ e SUSANA RODRÍGUEZ ESCANCIANO, *op.* cit., p. 211, e MARTÍNEZ FONS, "Tratamiento y protección de datos…", cit., p. 49, p. 51.

[2007] Cf. VICENTE PACHÉS, *El derecho a la…*, cit., p. 146.

[2008] Veja-se no mesmo sentido ANA URRUTIA, HÉCTOR GORSKI e MÓNICA MICHEL, *op.* cit., p. 47.

[2009] No mesmo sentido GOÑI SEIN, última *op.* cit., p. 168.

562 *A Privacidade dos Trabalhadores e as Novas Tecnologias...*

pelo seu tratamento[2010]. Consequentemente não se autoriza o empregador a recolher mais imagens ou sons dos trabalhadores do que os necessários, nem a visualizar detalhes ou traços físicos se forem irrelevantes para os fins pretendidos[2011]. Assim, o número de câmaras tem de ser o estrita-

---

[2010] Como se refere em *Parecer n.º 4/2004...*, cit., p. 20, embora nalguns casos possa ser suficiente um sistema que possibilite apenas a visualização de imagens em circuito fechado, sem as gravar – por exemplo, no caso das caixas num supermercado –, noutros casos, poderá ser justificado o registo de imagens durante algum tempo e com a sua eliminação automática decorrido um certo lapso de tempo.

[2011] Parece-nos que no caso já referido, decidido pelo STJ em 8 de Fevereiro de 2006, existia uma desadequação a este nível pois, como se refere neste aresto, no ponto V do sumário, "é ilícita, por violação do direito de reserva da vida privada, a captação de imagens através de câmaras de vídeo instaladas no local de trabalho e direccionadas para os trabalhadores, de tal modo que a actividade laboral se encontre sujeita a uma contínua e permanente observação" (sublinhado nosso). Tratava-se do caso, já referido, em que o empregador, uma empresa dedicada à actividade de armazenista de produtos farmacêuticos, após um parecer favorável da CNPD, instalou, com a finalidade de prevenir furtos de medicamentos e, consequentemente, para proteger a segurança dos seus bens, e sem o consentimento dos trabalhadores, 82 câmaras de filmar/vídeo num ângulo que abrangia todo o espaço onde os trabalhadores exerciam as suas funções, incidindo sobre os mesmos, existindo monitores que visualizavam todos os locais de trabalho, sendo que os trabalhadores estavam permanentemente sob vigia e observação das câmaras. Neste caso o Tribunal entendeu que a "protecção da segurança das pessoas e bens, enquanto finalidade específica da recolha e tratamento de dados pessoais, tem em vista a prevenção da prática de crimes, o que pressupõe, pela natureza das coisas, que a utilização de videovigilância com esse objectivo deva reportar-se a locais onde exista um razoável risco de ocorrência de delitos contra as pessoas ou contra o património. E isso tanto é válido para a utilização de câmaras de vídeo pelas forças policiais relativamente a espaços públicos [...] como para a vigilância em instalações ou estabelecimentos privados", sendo o "risco potenciado essencialmente pela circunstância de se tratar de locais abertos ao público, e decorre da eventualidade de esses locais serem frequentados por pessoas anónimas sem possibilidade de qualquer prévio controlo de identificação". Porém, da decisão em causa, como bem realçou o STJ, este não era o caso na medida em que "a vigilância incidia sobre os trabalhadores e, portanto, sobre as pessoas que têm acesso autorizado às instalações da empresa e que poderão ser facilmente identificadas pelos seus colegas de trabalho, superiores hierárquicos ou gerentes". Como destaca o Tribunal, não se trata de uma vigilância genérica de natureza essencialmente preventiva mas de uma "vigilância individualmente dirigida que elege todos e cada um dos trabalhadores como potenciais suspeitos de prática de infracções criminais". O STJ entendeu, assim, que o princípio da proporcionalidade não estava cumprido já que a instalação deste tipo de aparelhos "não é uma medida adequada e necessária ao efeito pretendido pela entidade patronal, além de que gera um sacrifício dos direitos de personalidade que é inteiramente desproporcionado relativamente às vantagens de

O Controlo através de Meios Audiovisuais 563

mente necessário, o seu campo de visão tem de ser reduzido ao essencial, devendo o poder de controlo do empregador ser realizado com moderação[2012]. Por outro lado, os suportes magnéticos ou digitais onde se conservam as imagens devem situar-se em locais separados onde só alguns tenham acesso[2013] [2014].

Relacionado com este princípio, deve atender-se ao tipo de equipamento pretendido, isto é, com a opção entre câmaras de vídeo fixas ou móveis, devendo dar-se preferência às primeiras pois em relação às segundas, o uso que o responsável pelo tratamento pode fazer delas é muito mais ilimitado e discricionário.

Entende-se, desta forma, que o princípio estabelecido neste artigo 5.º, n.º 1, alínea c), e no art. 21.º, n.º 2, do CT, significa que o empregador tem de realizar uma ponderação adequada em cada caso concreto das exigências de adequação e pertinência, tendo de analisar se a filmagem está adequada à finalidade pretendida e se está relacionada com a intervenção mínima.

Parece-nos, ainda, que este princípio tem de estar relacionado com a exactidão e a veracidade dos dados pessoais. Isto significa que a

---

mero cariz económico que visa obter". Pena é que no acórdão não se faça alusão a este princípio da desadequação referindo apenas a violação do princípio da proporcionalidade.

[2012] *Vd.* neste sentido MARIE-NOËLLE MORNET, *op.* cit., pp. 160-161. No mesmo sentido pode ver-se *Guide pratique...*, cit., p. 17., e *Parecer n.º 4/2004...*, cit., p. 20, dando como exemplo o caso de um sistema destinado a detectar o acesso não autorizado de veículos ao centro de cidades e a áreas de tráfego restrito em que o registo de imagens só é lícito se forem cometidas infracções. Refira-se, ainda, a diferença clara que existe entre a conservação das imagens de videovigilância obtidas por meio de um equipamento situado à entrada de um banco e a elaboração mais invasiva de bancos de dados que incluem fotografias e impressões digitais fornecidas por clientes do banco, com o seu consentimento.

[2013] Veja-se MARTÍNEZ FONS, *El poder de control...*, cit., pp. 112-113, e CATARINA SARMENTO E CASTRO, *Direito da Informática...*, cit., p. 146.

[2014] No ordenamento jurídico espanhol pode citar-se um caso onde não se atendeu a esta moderação nos meios audiovisuais utilizados. Sirva de exemplo o caso referido por GOÑI SEIN, *La Videovigilancia...*, cit., p. 168. Tratava-se de um caso do TSJ de Galiza, de 20 de Março de 2002, de vigilância por uma câmara oculta realizada aos vigilantes do Museu do Lugo por motivos de controlo da sua actividade e onde se captaram, reproduziram e trataram imagens dos trabalhadores "realizando práticas sexuais". Não parece que o armazenamento e o subsequente tratamento destas imagens tão relacionadas com a dignidade e mesmo a intimidade dos trabalhadores fossem realmente necessárias relativamente à finalidade pretendida pela empresa, não pondo em causa sequer o controlo oculto.

564   *A Privacidade dos Trabalhadores e as Novas Tecnologias...*

recolha, a circulação e a transmissão de dados tem de cumprir estes dois requisitos, pois dados inexactos ou incompletos sobre o trabalhador constituem um risco de lesão para a sua posição jurídica, na medida em que o empregador com base nelas pode adoptar decisões em prejuízo do trabalhador[2015].

4.2.2. Dentro deste princípio da adequação deve ter-se ainda em atenção o problema da conservação dos dados pessoais, isto é, das imagens gravadas e da sua manutenção no tempo[2016], tendo em consideração que nos termos do art. 35.º da CRP há a consagração do princípio de limitação no tempo dos dados pessoais, o que significa que estes devem ser cancelados uma vez obtidas as finalidades tidas em causa[2017].

Desta forma, seja qual for a tecnologia utilizada ou a forma de articulação na instalação destes meios audiovisuais, torna-se patente a necessidade de limitar temporalmente a manutenção do controlo deste tipo, isto é, o tempo em que se podem conservar as imagens obtidas[2018].

Este princípio está relacionado com o direito ao esquecimento que assiste ao titular de dados, no sentido destes apenas poderem ser conservados de forma a permitir a identificação durante o período necessário para a prossecução das finalidades da recolha ou do tratamento posterior, nos termos do art. 5.º, n.º 1, alínea e) da Lei de Protecção de Dados Pessoais e do art. 21.º, n.º 3, do CT[2019].

[2015] Idêntica opinião tem MARTÍNEZ FONS, "Tratamiento y protección...", cit., p. 51.

[2016] Cf. FRANK HENDRICKX, *Protection of worker's...*, cit., p. 33. Também MARIA-PAOLA AIMO, *Privacy,...*, cit., p. 152, assim como PASQUALE CHIECO, *Privacy e...*, cit., p. 124, referem-se à importância deste princípio.

[2017] Neste sentido GOMES CANOTILHO e VITAL MOREIRA, *op.* cit., pp. 552-553.

[2018] *Vide* MARTÍNEZ FONS, "El poder de control...", cit., p. 42. Em idêntico sentido veja-se FERNÁNDEZ VILLAZÓN, *Las facultades...*, cit., p. 121 referindo que o maior problema relacionado com a conservação da informação assenta no tempo durante o qual devem ser conservados.

[2019] A este direito ao esquecimento referem-se vários autores. Assim, BELLAVISTA, "I poteri dell'...", cit., p. 173, escreve que o princípio da finalidade se concretiza neste "direito ao esquecimento". Também MICHELE MISCIONE, "Il diritto allla riservatezza nel lavoro fra individuale e collettivo", *in LNG*, n.º 8, 2000, p. 720, entende que este direito se concretiza na transformação em anónimos dos dados ou na sua destruição uma vez decorrido o tempo durante o qual são necessários. Cf., ainda CATARINA SARMENTO E CASTRO, "A protecção de dados pessoais...", cit., pp. 54-55, referindo que do princípio da

É necessário, pois, atender à decisão a tomar quanto à conservação das imagens e ao período em que tal ocorre, devendo este último ser o mais curto possível e de acordo com as características específicas de cada caso concreto[2020][2021].

O princípio da pertinência e da adequação implica, assim, que se avalie, após se ter instalado licitamente um sistema de videovigilância, se a conservação de imagens é necessária, elimindo-as se for esse o caso. Se a sua conservação não constituir uma medida imprescindível para alcançar a finalidade pretendida, o empregador não deve conservar as imagens dos trabalhadores[2022].

A justificação para esta regra de cancelamento das imagens está relacionada com a possibilidade de violação de direitos dos trabalhadores pela sua manutenção *ad eternum*, na medida em que podem ser adoptadas decisões em prejuízo dos trabalhadores com base nas mesmas[2023].

Perante este princípio coloca-se a questão de determinar o período de tempo durante o qual se considera necessário o armazenamento dos dados pessoais.

---

limitação do período de conservação dos dados decorre para o titular destes um direito ao esquecimento.

[2020] Cf. neste sentido M.ª DEL CARMEN GUERRERO PICÓ, *op.* cit., p. 72.

[2021] O TEDH decidiu que a conservação de dados num ficheiro durante um período longo de tempo não supõe uma ingerência no direito à privacidade se a única finalidade da conservação é o arquivo desses dados sempre que não se afecte a vida privada do seu titular. Isto aconteceu no caso *Martin*, onde o Tribunal decidiu que o demandante não tinha visto afectada a sua privacidade pelo facto dos dados sobre o seu internamento psiquiátrico terem sido mantidos durante um longo período de tempo num arquivo onde não se permitia o acesso a outras pessoas. Porém, noutras ocasiões, o Tribunal entendeu que os dados pessoais recolhidos durante uma investigação deveriam ser destruídos num prazo razoável de tempo para evitar um uso deles que afectasse a privacidade das pessoas. Cf., para mais desenvolvimentos, MÓNICA ARENAS RAMIRO, *El derecho fundamental…*, cit., p. 100.

[2022] Segue-se o defendido por GOÑI SEIN, *La Videovigilancia…*, cit., p. 170. Ver, ainda, o *Repertório…*, cit., pp. 22-23. Uma vez alcançada a finalidade concreta desse tratamento devem ser destruídos. Também FRANCO TOFFOLETTO, *Nuove tecnologie…*, cit., p. 47, defende o mesmo.

[2023] O *Repertório…*, cit., p. 22, entende dever prestar-se especial atenção ao armazenamento computorizado dos dados pessoais pelos perigos que comporta: o ficheiro informático, *inter alia*, pode ser incompleto, a utilização de palavras-chave para caracterizar os dados pessoais pode induzir em erro e existe a possibilidade de transferir certos dados de um ficheiro para outro.

Entende-se que não se pode dar uma resposta unívoca em relação ao tempo de conservação, apenas podendo conservar-se as imagens gravadas consideradas imprescindíveis e pelo tempo estritamente necessário para cumprir a finalidade pretendida com a adopção de tais instrumentos[2024]. Nos sistemas através de câmaras fixas, instaladas por motivos de segurança, o prazo deveria ser bastante curto, isto é, apenas o tempo suficiente para cumprir a finalidade, devendo as gravações efectuadas por motivos de segurança ser destruídas automaticamente num prazo curto de tempo se durante as filmagens não se produziu qualquer incidente relacionado com essa finalidade.

Esta regra tem algumas excepções como quando as imagens são captadas com a finalidade de protecção e de segurança dos bens ou pela especial natureza da actividade em causa e se captam imagens dos trabalhadores a praticar ilícitos penais que consubstanciem infracções disciplinares graves[2025]. Nestes casos, as imagens gravadas poderão conservar-se pelo menos até ao momento em que ocorre a prescrição das faltas disciplinares e, no caso em que seja necessário utilizá-las como prova, durante o tempo em que for juridicamente útil[2026].

A extinção do contrato origina, em princípio, o cancelamento dos dados pessoais dos trabalhadores[2027]. De facto, quando o trabalhador cessa o contrato de trabalho o empregador está obrigado a cancelar os dados que obteve ao longo da relação de trabalho. Mas mesmo antes desse momento o empregador tem o dever de cancelar os dados que armazenou se desapareceu a finalidade que justificou a sua recolha. Este é o princípio consagrado no art. 21.º, n.º 3, do CT, devendo os dados ser conservados

---

[2024] Idêntica opinião tem EULALIA POLICELLA, *op. cit.*, p. 936, e *Guide pratique...*, cit., p. 18, referindo que a conservação deve durar apenas alguns dias, não podendo exceder um mês. No mesmo sentido podem ver-se as indicações da CNPD que defende não deverem ser conservados por um prazo superior a 30 dias, assim como a lei de segurança privada, nos termos do art. 13.º, n.º 2. Outros diplomas estabelecem prazos diferentes, tal como refere CATARINA SARMENTO E CASTRO, última *op.* cit., pp. 148-149. Entendemos, contudo, que este é um prazo meramente orientador porque o preferível é que sejam destruídas desde que deixem de ser necessárias para cumprir a finalidade declarada.

[2025] Esta situação relaciona-se, também, com o princípio da compatibilidade que será analisado no próximo número.

[2026] No mesmo sentido, GOÑI SEIN, *La Videovigilancia...*, cit., p. 172.

[2027] Veja-se neste sentido HIRUMA RAMOS LUJÁN, *op.* cit., p. 71.

O Controlo através de Meios Audiovisuais

durante o período necessário para a prossecução das finalidades de utilização a que se destinam, devendo ser destruídos no momento da transferência para outro local de trabalho ou da cessação do contrato de trabalho. Secunda-se em relação a este artigo a crítica feita por JÚLIO GOMES[2028], no sentido da redacção ter sido "infeliz" pois, para além da referência "dúbia" ao momento da transferência para outro local de trabalho só parecer abranger uma transferência definitiva. Entende-se, ainda, que a obrigação de destruir sempre os dados com a cessação do contrato de trabalho não parece ser a melhor opção, adoptando o exemplo sugerido pelo autor do despedimento do trabalhador ter por base a recolha de dados licitamente obtidos[2029]. Neste caso o empregador tem todo o interesse em manter esses dados enquanto não tiver corrido o prazo para impugnação do despedimento ou durante todo o processo judicial se o despedimento tiver sido impugnado. Não se pode deixar de atender que a conservação de dados pode ter sido consentida pelo trabalhador ou trazer-lhe benefícios, tal como este autor acrescenta, dando como exemplo o caso de um contrato de trabalho a termo que caduca, mas onde o empregador pretende conservar os dados para uma eventual contratação futura ou, tão-somente, para poder efectuar uma carta de recomendação do trabalhador, neste caso com as cautelas do art. 341.º do CT.

4.3. A compatibilidade com a finalidade declarada

4.3.1. O tratamento posterior pelo empregador das imagens obtidas através de sistemas audiovisuais fica sujeito, ainda, ao princípio da compatibilidade com a finalidade prevista inicialmente. É o que decorre do art. 6.º, n.º 1, alínea b), da Directiva 95/46/CE e do art. 5.º, n.º 1, alínea b), da Lei 67/98, de 26 de Outubro, que transpôs esta Directiva, que estabelece que "os dados pessoais devem ser recolhidos para finalidades determinadas, explícitas e legítimas, não podendo ser posteriormente tratados de forma incompatível com essas finalidades". Este princípio estabelece a proibição de o empregador aproveitar-se deste tipo de dados para um uso

---

[2028] *Direito do...*, cit., p. 332.

[2029] Neste sentido o *Repertório...*, cit., pp. 22-23, entende ser possível a conservação de dados quando estes sejam necessários como meio de prova em conexão com uma relação de trabalho passada ou em curso. Cf., ainda, o defendido na página anterior.

568   *A Privacidade dos Trabalhadores e as Novas Tecnologias...*

diferente da finalidade originária para a qual foram aceites e impõe uma grande limitação ao poder de controlo electrónico do empregador na medida em que ele não pode fazer um uso livre da informação recolhida[2030].

[2030] Este princípio é consagrado em diversos ordenamentos jurídicos.

No ordenamento jurídico alemão pode ver-se Däubler, "Nuove tecnologie...", cit., p. 80 referindo que os dados pessoais recolhidos com uma determinada finalidade não poderão ser utilizados para outra diferente. Também em *Derecho del...*, cit., p. 634, chama a atenção para o facto de com os computadores facilitar-se um uso diferente do original que não pode, contudo, ser realizado. Em *Gläserne...*, cit., p. 154, o autor chama a atenção para a redacção do § 6, n.° 3, que proíbe o tratamento posterior dos dados a não ser em determinadas circunstâncias relacionadas com a segurança pública ou para a descoberta de crimes, embora também refira que este parágrafo tem de ser relacionado com § 28, n.os 3 e 4, que se reportam à possibilidade de utilização para outros fins dos dados pessoais e que alarga um pouco as situações do § 6, n.° 3. O mesmo é abordado por Däubler, Klebe, Wedde e Weichert, *op.* cit., pp. 223-224. Cf., ainda, chamando a atenção para o mesmo, Bruno Scheirbaum, "Recht am...", cit., p. 495, e Weißgerber, *op.* cit., pp. 107-108.

No ordenamento jurídico belga defende-se, também, esta proibição de utilização para finalidades incompatíveis. Cf., Bernard Magrez e Hélène Vanoverschelde, *op.* cit., p. 16.

No ordenamento jurídico espanhol o art. 4.°, n.° 2, da LOPD, estabelece este princípio equivalente ao nosso e vários são os autores que se referem a esta proibição de tratamento incompatível. Pode ver-se, a título meramente exemplificativo, Goñi Sein, *La Videovigilancia...*, cit., pp. 173-174, Fernández Villazón, *Las facultades...*, cit., p. 120, referindo que com a consagração deste fim pretende evitar-se que as informações sejam transferidas livremente e utilizadas para qualquer fim independentemente da finalidade que lhes deu origem. No mesmo sentido M.ª Del Carmen Guerrero Picó, *op.* cit., p. 72, escreve que o objectivo desta prevenção é conseguir que a determinação dos fins do tratamento, antes da recolha de dados, seja o mais precisa possível. Também Thibault Aranda, "El derecho...", cit., pp. 85-86, e Martínez Fons, *El poder de control...*, cit., p. 122, e "Tratamiento y protección...", cit., p. 53, defendem idêntica posição.

No ordenamento jurídico francês estabelece-se também este princípio, tal como referem Cynthia Chassigneux, *op.* cit., pp.160-161, Isabelle de Bénalcazar, *op.* cit., p. 92, Laëtitia Busnel, *op.* cit., p. 26, e Nathalie Méttalinos, p. 379.

No ordenamento jurídico inglês defende-se o mesmo, podendo ver-se neste sentido Hazel Oliver, "E-mail and Internet...", cit., p. 348.

No ordenamento jurídico italiano defende-se este princípio como uma forma de evitar a descontextualização dos dados. Cf., neste sentido, Bellavista, "I poteri dell'...", cit., p. 174, e "La direttiva sulla...", cit., p. 121, Bruno Veneziani, "Nuove tecnologie...", cit., pp. 31-32, Butarelli, *op.* cit., p. 57, Cristina Taccone, *op.* cit., p. 324, Enrico Barraco, *op.* cit., p. 839, Enrico Gragnoli, *op.* cit., p. 701, Laura Castelvetri,

O *Controlo através de Meios Audiovisuais*

Assim, como uma forma de garantir o direito à autodeterminação informativa[2031] dos trabalhadores e a possibilidade de controlarem a informação que sobre eles é obtida tem de limitar-se a recolha e o tratamento aos fins para os quais foi aceite e que são conhecidos dos trabalhadores[2032].

Este princípio ocorre porque o uso multifuncional de dados aumenta não só o risco da multiplicação ilimitada dos efeitos prejudiciais causados pelos dados inexactos ou incompletos, mas também a sua descontextualização e, portanto, a possibilidade de distorção da informação[2033]. Esta descontextualização pode ser evitada através da fixação de limites à elaboração de dados pessoais e impondo que estes dados, de acordo com o respeito pelo princípio da finalidade sejam utilizados em estrita conformidade com o contexto originário de referência.

Desta forma, defende-se que a única hipótese de excluir o perigo de descontextualização reside na inibição do uso de dados pessoais para fins diversos e incompatíveis em relação aos fins originários.

O problema que se coloca é o de saber o que deve entender-se por finalidades incompatíveis, sendo que em Direito do trabalho a tarefa ainda se torna mais difícil dado o carácter tendencialmente prolongado da relação jurídico-laboral e a existência de processos contínuos de decisão sobre

---

op. cit., p. 172, MARIAPAOLA AIMO, "I «lavoratori di vetro»...", cit., p. 96, e "Il trattamento dei...", cit., p. 429, e PASQUALE CHIECO, *Privacy...*, cit., pp. 104-105.

No ordenamento jurídico suíço pode ver-se BERTIL COTTIER, *op.* cit., p. 105, e *Explications sur...*, cit., p. 3, defendendo esta proibição de tratamento para finalidades incompatíveis.

Também no *Repertório...*, cit., p. 2, pontos n.°s 5.2. e 5.3. defende-se esta proibição de tratamento com finalidades incompatíveis.

[2031] Segue-se o defendido por GOMES CANOTILHO e VITAL MOREIRA, *op.* cit., p. 553, quando referem que em rigor trata-se de um "direito à autodeterminação sobre informações referentes a dados pessoais" que impõe uma protecção manifesta quanto ao "desvio dos fins" a que se destinam com essas informações. Por isso existem as exigências jurídico-constitucionais relacionadas com as finalidades das informações: "legitimidade; determinabilidade; explicitação; adequação e proporcionalidade; exactidão e actualidade; limitação temporal". Todos estes princípios permitem o controlo dos fins, obstando que haja tratamento de dados relativos a finalidades não legítimas ou excessivas em relação à finalidade originária.

[2032] Neste sentido cf. GOÑI SEIN, "Los criterios básicos...", cit., p. 99.

[2033] No mesmo sentido BELLAVISTA, "Poteri dell imprenditore...", cit., pp. 173-174, e "La direttiva sulla...", cit., p. 121.

570   *A Privacidade dos Trabalhadores e as Novas Tecnologias...*

informações previamente obtidas. Pode servir de referência o defendido na Recomendação R (89) n.° 2 do Conselho da Europa que entende não existir incompatibilidade quando a finalidade distinta da original traz um benefício para os trabalhadores, embora mesmo neste caso seja um pouco discutível. Diferentemente recusa-se esta compatibilidade, em princípio, se da utilização dos dados resultar o exercício do poder disciplinar, com a potencialidade de aplicação de uma sanção disciplinar quando esta não foi a sua intenção original.

Contudo, para evitar uma noção muito ampla deste princípio de incompatibilidade, não nos parece que pelo facto de a lei se referir a finalidades incompatíveis se deva interpretar a expressão de forma extensiva sob pena de se desvirtuar o princípio da adequação e o próprio consentimento do titular dos dados. Defende-se que o conteúdo deste conceito deve ser entendido tendo em atenção o resultado final pretendido e definido à partida e pelas operações de tratamento que lhe forem posteriores, não se podendo efectuar uma alteração substancial da finalidade inicial sob pena de se desvirtuar o princípio da adequação e da finalidade[2034]. Desta forma, só podem ser tratados os dados que sejam adequados e pertinentes de acordo com uma finalidade legítima, não se aprovando o tratamento de tais dados com finalidades incompatíveis das que justificam o tratamento declarado no momento inicial da obtenção do consentimento[2035] [2036].

[2034] Neste sentido BELLAVISTA, "I poteri dell'...", cit., p. 175. No mesmo sentido GOÑI SEIN, *La Videovigilancia...*, cit., p. 174.

[2035] Veja-se neste sentido THIBAULT ARANDA, "El derecho...", cit., p. 86, e VALVERDE ASENCIO, *op.* cit., pp. 390-391.

[2036] Pode ver-se neste sentido o Acórdão da Relação de Lisboa de 3 de Maio de 2006, *in* www.dgsi.pt, onde se defende que "I – A licitude da videovigilância afere-se pela conformidade ao fim que a autorizou" e, como o fim visado era o de, exclusivamente, (sublinhado nosso) prevenir ou reagir a casos de furto, vandalismo ou outros referentes à segurança do estabelecimento relacionados com o público – e, ainda assim, com aviso aos que se encontram no estabelecimento ou a ele se deslocam de que estão a ser filmados, a cassete vídeo apresentada pelo empregador como prova de factos imputados ao trabalhador, não pode ser aceite já que "não foi licitamente obtida, para o fim a que foi junta aos autos". Também no já citado acórdão do STJ, de 8 de Fevereiro de 2006, o Tribunal referiu-se a este princípio, esclarecendo que "o eventual risco para a saúde pública resultante do desvio de medicamentos do interior das instalações da Ré não constituíram o pressuposto da decisão autorizativa e não poderá, como tal, servir de fundamento à defesa, no âmbito da presente acção, na medida em que a utilização de sistemas de videovigilância com base nesse tipo de considerações extravasa o quadro de actuação legítima do empregador, que está apenas autorizado a usar o equipamento com a expressa finalidade de proteger a segurança dos bens. É, aliás esse o princípio que está ínsito no art. 5.º, n.º 1, alínea b), da Lei de Protecção de Dados.

A CNPD já entendeu, na Autorização n.º 15/2000, que dados recolhidos para fins de processamento de pensões devidas por aposentação poderiam ser transmitidos a um terceiro e utilizados para um fim relacionado com o pagamento de um complemento de pensão, não tendo sido considerada uma finalidade incompatível. Também nos termos da Deliberação n.º 6/2000, foi autorizado o tratamento de dados dos trabalhadores relativos a acidentes de trabalho para um fim diferente do fim da recolha inicial, na medida em que entendeu ser possível que os dados fossem comunicados por um hospital a uma companhia de seguros para garantir a continuidade dos tratamentos, o diagnóstico médico e a prestação de cuidados ou tratamentos médicos. Veja-se, para mais desenvolvimentos, Catarina Sarmento e Castro, "A protecção de dados pessoais...", cit., p. 54.

No ordenamento jurídico espanhol foi entendido como tratamento para uma finalidade incompatível a utilização pela RENFE de dados informáticos relativos a informação sindical dos trabalhadores para proceder à retenção da retribuição aos trabalhadores filiados nos sindicatos que tinham convocado uma greve, independentemente de terem ou não aderido a esta. O Tribunal Constitucional, na sentença 11/1998, de 13 de Janeiro, entendeu que se tinha procedido à utilização de um dado sensível – filiação sindical – que tinha sido dado para uma finalidade – facilitar o exercício da liberdade sindical e o pagamento das respectivas quotas – para uma outra totalmente diferente – reter a parte proporcional da retribuição pelo período de greve –, com violação do direito de protecção de dados e do legítimo exercício do direito à liberdade sindical. Sobre esta sentença e outras que se seguiram podem ver-se Carmen Ortiz Lallana, "El derecho del trabajador a la intimidad informática y el respeto de su libertad sindical", in Trabajo e..., pp. 281 e ss., Correa Carrasco, "Libertad sindical y...", cit., pp. 117 e ss., Goñi Sein, última op. cit., pp. 174-175, Hiruma Ramos Luján, op. cit., p. 72, Mariapaola Aimo, Privacy,..., cit., pp. 150-151, Martínez Fons, "Tratamiento y protección...", cit., pp. 53-54, e Molero Manglano, op. cit., pp. 502 e ss..

A este propósito podemos referir, no nosso ordenamento jurídico, o Parecer n.º 167/82 da PGR, in Pareceres..., vol. VII, cit., pp. 194-197, bastante anterior à actual lei sobre dados pessoais, e que se debruçou sobre a conformidade jurídica do desconto automático da quotização sindical mediante a utilização do processamento informático dos vencimentos, com o disposto no art. 35.º, n.º 3 da CRP, e chegou à conclusão de que este artigo não consentia o registo informático de determinados dados quando permitissem a identificação dos visados, sendo o caso dos dados referentes à filiação sindical. Por este facto entendeu-se que a "pretensão da Federação Nacional dos Sindicatos da Função Pública colide, manifestamente com aquele preceito constitucional, como bem opina a

572   *A Privacidade dos Trabalhadores e as Novas Tecnologias...*

direcção do Instituto de Informática, já que o processamento do desconto automático visado implicaria o registo individual da filiação sindical dos cidadãos abrangidos, para além de, contrariamente ao preceituado, não visar fins estatísticos". Assim, "nos termos do art. 35.°, n.° 3, da Constituição da República Portuguesa, não é permitido o registo informático dos dados referentes à filiação sindical, salvo quando se trate do processamento de dados estatísticos que não possibilite a identificação dos cidadãos a que respeitem. Consequentemente, não será possível o desconto automático da quotização sindical utilizando o processamento automático dos vencimentos". Mas há a referir a autorização de isenção n.° 69/99, da Comissão Nacional de Protecção de Dados, publicada em www.cnpd.pt, que decidiu estarem "isentos de notificação à CNPD, desde que autorizados pelo titular, os tratamentos automatizados destinados exclusivamente à cobrança de quotizações e contactos com os associados no âmbito da actividade estatutária da Associação, independentemente da sua natureza, designadamente os efectuados por fundação, associação ou organismo sem fins lucrativos de carácter político, filosófico, religioso ou sindical". Contudo, estabeleceu que "os dados tratados deverão ser os estritamente necessários à realização das finalidades referidas" anteriormente e só podendo limitar-se a alguns tipos de dados: "dados de identificação – nome, morada, idade, número de bilhete de identidade, número de contribuinte, número de sócio, telefone, fax, correio electrónico, filiação, profissão, habilitações literárias; situação familiar – estado civil, nome do cônjuge, nome dos dependentes e nome e contactos dos encarregados de educação em caso de menores; outros dados – valor da quota, N.I.B., instituição bancária, situação perante a associação e cargo exercido". A isenção autorizada pela Comissão não prejudica, no entanto, a obrigação do responsável do ficheiro quanto ao direito de informação, prevista no art. 10.° da L. n.° 67/98, de 26 de Outubro. Ver, também, art. 458.°, n.° 3, do Código do Trabalho, que permite ao empregador proceder ao tratamento automatizado de dados pessoais dos trabalhadores relativos à filiação sindical, desde que sejam exclusivamente utilizados no processamento do sistema de cobrança e entrega de quotas (sublinhado nosso).

Também numa outra decisão do Tribunal Constitucional Espanhol 202/1999, de 8 de Novembro, acerca da gravação de dados de saúde dos trabalhadores num ficheiro informático, decidiu-se que "o tratamento e conservação em suporte informático dos dados atinentes à saúde do trabalhador [...], prescindindo do consentimento expresso do afectado tem de ser qualificado como uma medida inadequada e desproporcionada que contende com o direito à intimidade e a liberdade informática do titular da informação". Ver ALBIOL MONTESINOS, ALFONSO MELLADO, BLASCO PELLICER e GOERLICH PESET, *op.* cit., p. 211. Neste caso tinha-se ordenado a destruição de determinados dados de um ficheiro do banco Hispanoamericano. No caso em apreço este banco tinha uma base de dados que se denominava de "absentismo devido a baixa médica", onde constavam as faltas por doença dos trabalhadores, com indicação da data de início e fim das faltas por motivo de doença ou acidente de trabalho. Este ficheiro continha dados muito antigos (alguns dos quais datavam de 1988), sendo que para os armazenar nunca foi requerido o consentimento dos

O Controlo através de Meios Audiovisuais

Assim, esta proibição, significa, na esteira do preconizado por GOÑI SEIN[2037], que as imagens obtidas devem ser tratadas e utilizadas apenas de acordo com o legítimo interesse invocado para a sua instalação, ou seja, não é lícito utilizá-las para fins distintos dos que justificaram a sua recolha, registo e tratamento.

Depreende-se esta proibição logo em relação à possibilidade de utilização da gravação das imagens, recolhidas licitamente por razões previstas no n.º 2 do art. 20.º do CT, com o objectivo de controlar o comportamento dos trabalhadores[2038].

Neste sentido aponta o *Repertório*[2039] referindo que os dados pessoais reunidos em função de dispositivos técnicos ou de organização que

---

trabalhadores, nem a nível individual, nem colectivamente. A Agência de Protecção de Dados não tinha conhecimento da existência deste ficheiro e a ele podiam aceder quatro médicos e um trabalhador da empresa. O Tribunal Constitucional considerou que a manutenção de um ficheiro deste tipo não pretendia preservar a saúde dos trabalhadores, mas sim, controlar o absentismo laboral. Consequentemente, a criação e actualização do ficheiro não podiam ter por base a ideia da existência de um interesse geral, na medida em que este ficheiro não visava a vigilância periódica e consentida da saúde dos trabalhadores em função dos riscos inerentes à sua actividade laboral, mas tão só a relação entre os períodos de suspensão da relação jurídico-laboral provenientes da situação de incapacidade do trabalhador. Esta base de dados não estava actualizada nem devidamente garantida. Por estas razões, o Tribunal Constitucional declarou que "a existência de diagnósticos médicos da base de dados «Absentismo por baixa médica», cuja titularidade pertencia ao Banco Central Hispano, vulnera o direito à intimidade", previsto no artigo 18.º, n.º 1 e 4 da CE. Desta sentença deve deduzir-se, tal como PRADAS MONTILLA, *op.* cit., p. 75, que o Tribunal Constitucional não considera proibido o controlo das ausências por doença. O que é ilícito é incorporar num ficheiro os diagnósticos de que foram objecto os trabalhadores, quando não se descortina nenhuma finalidade legal para proceder a tal armazenamento de dados. Neste caso, "a restrição ao direito à intimidade não se justifica, já não porque seja uma restrição inadequada e não necessária, mas sim porque com ela se pode chegar a causar prejuízos antijurídicos aos cidadãos".

[2037] *La Videovigilancia...*, cit., p. 175.

[2038] Neste sentido cf. CATARINA SARMENTO E CASTRO, *Direito da Informática...*, cit., p. 151, referindo o caso da Deliberação n.º 205/2002, da CNPD, onde se estipulou que um sistema de videovigilância instalado num estabelecimento comercial para efeitos de segurança das pessoas e bens não pode ser utilizado para controlar os trabalhadores, seja a nível de produtividade, seja a nível de responsabilidade disciplinar. O mesmo defende em "A protecção dos dados pessoais...", cit., p. 145. Quanto a esta última parte, ou seja, quanto à responsabilidade disciplinar, não defendemos tão claramente a impossibilidade de utilização, conforme se verá no próximo número.

[2039] Cit., pp. 2 e 15.

574 *A Privacidade dos Trabalhadores e as Novas Tecnologias...*

tenham por objectivo garantir a segurança e o bom funcionamento dos sistemas automatizados de informação não deverão servir para controlar o comportamento dos trabalhadores e, mais expressivamente, pode ver-se o *Parecer n.° 4/2004*[2040] do Grupo de Protecção de Dados do art. 29.°, defendendo "que as imagens recolhidas exclusivamente para proteger a propriedade ou detectar, evitar ou controlar infracções graves não deverão ser utilizadas para acusar um trabalhador de uma falta disciplinar menor".

Porém, este princípio não exclui, nalguns casos, legítimas derrogações, como acontece, socorrendo-nos dos exemplos referidos por GOÑI SEIN[2041], quando o resultado se apresenta em estreita conexão com a actividade do trabalhador como acontece com os trabalhadores informáticos, onde o instrumento informático de trabalho constitui, por vezes, a única ferramenta de trabalho. Contudo, parece ser mais difícil de aplicar aos sistemas audiovisuais.

Fora destes casos, só é permitida a utilização dos dados pessoais para as finalidades para que foram recolhidos[2042]. Qualquer operação de tratamento de imagens e/ ou sons, que se realize com finalidades diferentes das que justificaram a adopção dos mecanismos de audiovigilância no local de trabalho deve considerar-se ilícita e pode dar lugar a diferentes tipos de responsabilidade, nomeadamente as económicas previstas na Lei 67/98[2043].

4.3.2. Surgem algumas dúvidas em relação à possível utilização, no exercício do poder disciplinar do empregador, dos dados relativos a incumprimentos contratuais conhecidos de forma acidental, através do controlo destinado a satisfazer as necessidades previstas no art. 20.°, n.° 2, do CT[2044].

[2040] Cit., p. 25.

[2041] Última *op.* cit., pp. 176-177.

[2042] Cf. PEDRO ROMANO MARTINEZ, "Relações empregador...", cit., p. 200.

[2043] MARIA REGINA REDINHA, "Utilização de novas tecnologias...", cit., p. 117, defende que o empregador que divulgue as imagens ou os sons gravados, mesmo com o conhecimento do trabalhador, incorre em responsabilidade civil por factos ilícitos pois existe uma desvirtuação da finalidade do registo o que constitui, por si só, um facto ilícito.

[2044] Entendendo ser questionável esta situação cf. MENEZES LEITÃO, "A protecção de dados...", cit., p. 134.

O Controlo através de Meios Audiovisuais   575

Para GOÑI SEIN[2045], o empregador não pode utilizar as informações obtidas para fins disciplinares pois considera que esta prática constitui abuso do direito e incute nos trabalhadores um "temor reverencial" até ao ponto de colidir com a sua liberdade e dignidade.

Para VICENTE PACHÉS[2046], contrariamente, é possível a sua utilização para fins disciplinares desde que se respeitem algumas condições. Assim, tem de limitar-se a constatar o cumprimento da prestação de trabalho; a existência destes aparelhos, com possibilidade de gravação e posterior reprodução, deve ser do conhecimento dos trabalhadores; e a sua utilização não deve realizar-se em certos locais de trabalho que formam parte do seu espaço privado ou mais reservado.

No mesmo sentido caminha MARTINEZ FONS[2047], entendendo que as gravações efectuadas podem servir para provar infracções disciplinares pois a captação de imagens está justificada com uma finalidade legítima, existindo, desta forma, uma restrição legítima ao exercício dos direitos fundamentais conhecida pelos trabalhadores. Porém, o autor defende que, por ser extremamente restritivo dos direitos fundamentais, tem de ocorrer somente em situações de *ultima ratio* e se estiverem preenchidos alguns requisitos: desde que o conhecimento acidental seja o único meio de acesso a tal conduta e que esta comprometa bens de relevância constitucional, tendo de existir uma conexão directa entre a conduta controlada e a descoberta acidental realizada através desta forma de controlo[2048] [2049].

[2045] *El respeto...*, cit., p. 145 e 149.

[2046] *El derecho del...*, cit., pp. 326-327.

[2047] *El poder de control...*, cit., pp. 122-124.

[2048] Neste sentido veja-se FERNÁNDEZ VILLAZÓN, *Las facultades...*, cit., p. 121, e ICHINO, *Il contratto di lavoro...*, cit., p. 232.

[2049] Existe vária jurisprudência aceitando esta possibilidade no ordenamento jurídico espanhol, como é o caso da decisão do TSJ da Catalunha, de 13 de Fevereiro de 1996, que aceitou como prova uma gravação de vídeo que mostrava que as trabalhadoras estavam a dormir quando deveriam estar a vigiar e cuidar de doentes de foro psiquiátrico. Nesta decisão o Tribunal entendeu que não existia qualquer violação da intimidade, não só porque a vigilância era conhecida das trabalhadoras, mas também porque obedecia à finalidade de assegurar o resultado dessa actividade na medida em que se tratava do cuidado nocturno de doentes com especiais características de risco. O facto de terem sido observadas a dormir não significa uma intromissão na sua intimidade já que não estavam a cumprir as suas obrigações laborais. Inclusive, existe alguma jurisprudência que considerou perfeitamente lícito para fins disciplinares e de prova informações obtidas através do

576   *A Privacidade dos Trabalhadores e as Novas Tecnologias...*

O *Repertório* da OIT aborda de forma sumária e incidental esta matéria com algumas indicações contraditórias. Por um lado, não aceita que exista compatibilidade com a finalidade inicial relativa a dados tratados para a facturação dos clientes no caso específico do tratamento com fins disciplinares relacionados com o rendimento dos trabalhadores; por outro lado, porém, admite que, no caso concreto de um trabalhador informático, "o descobrimento acidental de infracções não relacionadas com o objectivo das medidas tomadas não estaria, em geral, submetido a esta restrição"[2050], parecendo admitir, desta forma, a possibilidade de utilização de dados para uma finalidade diferente da inicial.

---

controlo oculto, como foi o caso do acórdão do Supremo Tribunal de Madrid, de 4 de Junho de 1990, que aceitou como meio de prova, depois da empresa ter detectado irregularidades, a gravação de uma câmara de vídeo instalada, obviamente, sem o conhecimento do despedido, que foi surpreendido a cometer manipulações nos computadores o que lhes provocava avarias. O mesmo foi apreciado no aresto do Tribunal Superior de Múrcia, em 20 de Outubro de 1998, cuja factualidade é a seguinte: a direcção de um hipermercado, perante o facto de desaparecer comida de pratos preparados para venda, resolve instalar uma câmara oculta. Graças a esta vigilância apurou-se que uma trabalhadora consumia produtos que estavam para venda e que não pagava, situação reiterada em várias ocasiões durante seis dias, durante os quais ninguém foi sancionado pela empresa antes do despedimento. O Tribunal entendeu ajustada a medida mas referiu, ainda, que existiu por parte do empregador uma certa vontade de deixar que a trabalhadora levasse esta infracção até ao máximo de gravidade possível para justificar o despedimento. Também na decisão do Tribunal Constitucional 186/2000, de 10 de Julho, aceitou-se como lícita a instalação de uma câmara de vídeo, sem que tivesse sido dado conhecimento aos trabalhadores do facto, para tentar descobrir a causa de numa determinada secção existir um rendimento bastante inferior em relação às outras. O circuito interno de televisão filmava as três caixas registadoras existentes na secção e como consequência da instalação três trabalhadores das caixas foram surpreendidos a cometer pequenos furtos. O Tribunal considerou que neste caso estava preenchido o princípio da proporcionalidade através dos seus três requisitos: tal medida era susceptível de conseguir o objectivo proposto – juízo de idoneidade; não existia nenhuma outra medida mais moderada que evitasse a utilização desta, mais lesiva do direito à intimidade – juízo de necessidade; e que da mesma derivavam mais benefícios ou vantagens para o interesse geral que prejuízos sobre outros bens ou valores em conflito – juízo de proporcionalidade em sentido estrito. Também na decisão do TSJ da Andaluzia, de 9 de Janeiro de 2003, aceitou-se a instalação de uma câmara de vídeo decidida por uma empresa dedicada à actividade de jogo (bingo) com a finalidade de controlar o decorrer deste e que através das imagens gravadas vê o consumo de estupefacientes por parte de dois trabalhadores. Cf. JAVIER GÁRATE CASTRO, "Derechos Fundamentales...", cit., p. 167.

[2050] Cit., p. 15.

O Controlo através de Meios Audiovisuais

Em princípio, como defendemos anteriormente, a aceitação de imagens e sons, ainda que captados ocasionalmente para finalidades diferentes das que justificaram a medida inicial, violam o princípio da finalidade, sendo que a lei não se refere à intencionalidade do sujeito e, por isso, é independente do resultado o facto de ter existido intenção ou não de descontextualizar a informação.

Não parece que possamos retirar da nossa Lei de Protecção de Dados Pessoais e do CT a existência de uma excepção ao princípio da finalidade em relação às informações obtidas ocasionalmente que revelem incumprimentos contratuais ou ilícitos sancionados laboralmente. Acresce, ainda, que nos parece que atribuir relevância disciplinar a comportamentos irregulares conhecidos de forma acidental, quando a finalidade da vigilância é outra, equivaleria a assumir também entre os fins da adopção, o controlo do comportamento do trabalhador, o que é claramente interdito pelo art. 20.º, n.º 1, do CT.

Defende-se, assim, por regra, que o princípio da compatibilidade gera a impossibilidade de aplicar aos trabalhadores sanções disciplinares com base em incumprimentos contratuais ocasionalmente captados mediante sistemas de videovigilância instalados para cumprir alguma das finalidades previstas no art. 20.º, n.º 2, do CT. Porém, é nosso entendimento que, em determinadas circunstâncias, pode ser lícita a utilização de dados com fins disciplinares quando o que se descobre acidentalmente são factos particularmente gravosos, e que podem constituir ilícitos penais[2051]. Parece, assim, que o princípio da finalidade, tal como defende Goñi Sein[2052], "não deve amparar a impunidade dos que nele se refugiam para cometer ilícitos, nem lesar o direito do empregador a proteger-se do prejuízo ou da responsabilidade que poderá derivar das acções ilícitas dos seus trabalhadores" como seria o caso, *inter alia*, de assédio moral, sexual, agressões e furtos[2053].

Contudo, tendo em atenção que este processamento de dados com fins disciplinares constitui uma quebra do princípio da finalidade só pode ocorrer em situações excepcionais.

[2051] Como refere Martínez Fons, *Nuevas tecnologias...*, cit., p. 22, uma das mais "espinhosas" tarefas do poder de controlo do empregador está relacionada com o conhecimento acidental de incumprimentos contratuais praticados por trabalhadores.

[2052] *La Videovigilancia...*, cit., p. 179.

[2053] Parece-nos ser este o entendimento referido por Mark Jeffery, "El derecho...", cit., p. 170.

578 *A Privacidade dos Trabalhadores e as Novas Tecnologias...*

Como suporte legal podemos notar a diferença de redacção, desde logo, no diploma legal que regula a actividade de segurança privada – o DL 35/2004, de 21 de Fevereiro, e que veio substituir o DL 231/98, de 22 de Julho, considerado organicamente inconstitucional. Enquanto o art. 12.° deste último diploma legal, na parte respeitante à vigilância electrónica, estipulava no n.° 2 que "as gravações de imagem e de som feitas por sociedades de segurança privada ou serviços de autoprotecção, no exercício da sua actividade, através de equipamentos electrónicos de vigilância, visam <u>exclusivamente</u>[2054] a protecção de pessoas e bens, devendo ser destruídas no prazo de 30 dias, só podendo ser utilizadas nos termos da lei penal", o actual art. 13.°, n.os 1 e 2, estipula que "as entidades titulares de alvará ou de licença para o exercício dos serviços estabelecidos [...] podem utilizar equipamentos electrónicos de vigilância com o objectivo de proteger pessoas e bens desde que sejam ressalvados os direitos constitucionalmente protegidos" e num número diferente estabelece que as gravações de imagens e sons devem ser destruídas no prazo de 30 dias, "só podendo ser utilizada nos termos da legislação processual penal"[2055].

Parece, contudo, que o facto de já não se utilizar o termo *exclusivamente* pode permitir, em casos excepcionais e quando estejam em causa infracções penais de relevo, o afastamento do princípio da finalidade[2056].

E este argumento parece válido para o art. 20.°, n.° 2, do CT, que também não usa o termo exclusivamente. Mas, mais uma vez, reiteramos o carácter excepcional desta medida até porque quando a Lei exige a compatibilidade com a finalidade declarada não só está a impor um critério restritivo[2057] que visa alcançar o objectivo de controlo pretendido, como também está a criar uma "razoável expectativa" de privacidade nos trabalhadores no sentido de que a intromissão consentida no seu âmbito reser-

---

[2054] Sublinhado nosso.

[2055] Questionando-se sobre a possibilidade de utilização destas gravações, veja-se ARMANDO VEIGA e BENJAMIM SILVA RODRIGUES, *op.* cit., p. 413.

[2056] O entendimento de AMADEU GUERRA, *A privacidade...*, cit., p. 359, parece ser também de seguir. O autor entende que, uma vez o tratamento sendo lícito e proporcionado em relação à finalidade, não há razões objectivas para entender que as imagens captadas não possam ser utilizadas, no âmbito da finalidade declarada. Mas em relação a outra finalidade a resposta já não é tão clara.

[2057] Neste sentido GOÑI SEIN, *La videovigilância...*, cit., p. 179.

vado através de imagens e de sons vai limitar-se à estrita satisfação dos interesses invocados e de que tudo o que não estiver orientado para esse fim está protegido por essa reserva. Se fosse possível essa utilização para fins diferentes fora dos casos excepcionais estaria a ocorrer uma compressão deste direito e uma instrumentalização da informação adquirida que consubstanciaria, em última instância, um acto lesivo da dignidade do trabalhador.

A nível jurisprudencial tem-se vindo a aceitar a prova em processo disciplinar das gravações realizadas por um sistema de controlo audiovisual, como aconteceu no acórdão do STJ, de 9 de Novembro de 1994[2058], onde o Tribunal decidiu serem "válidas as gravações vídeo feitas pela dona de casino, na sua propriedade em que explora a indústria de jogo de fortuna e azar, com a finalidade de detecção de eventuais anomalias no acesso a máquinas ou fichas de jogo", acrescentando que "nestes casos, a utilização das gravações como meio de prova contra a actuação dos seus trabalhadores não se pode considerar intromissão ou devassamento da vida privada de outrem"[2059].

Como pode notar-se, a nossa jurisprudência tem vindo a aceitar que as provas obtidas através do controlo audiovisual poderão ser utilizadas em processo disciplinar. Porém, consideramos que, embora sendo admissível a utilização deste tipo de meios para fins disciplinares, é necessário

---

[2058] http://www.stj.pt.

[2059] O mesmo ocorreu na decisão da Relação do Porto, de 20 de Setembro de 1999, onde se sustentou que "A lei do jogo não proíbe que as imagens gravadas nas salas de jogo sejam usadas como meio de prova em acção emergente de contrato de trabalho, quando nela se discutam comportamentos imputados ao trabalhador que exercia funções no Bar de uma sala de jogo". Neste caso o recorrente invocou que a *cassete* de vídeo não poderia ser admitida como prova atendendo ao disposto no art. 52.º, n.º 4, da Lei do Jogo, e argumentando que o equipamento de vigilância e controlo "apenas pode ser utilizado para a fiscalização dos intervenientes do jogo e da actividade relacionada com o jogo". Contudo, o Tribunal entendeu que as salas de jogo sendo dotadas obrigatoriamente de equipamento electrónico de vigilância e controlo, como medida de protecção e segurança das pessoas e bens e as "gravações de imagem e som feitas através do equipamento de vigilância e controlo previsto neste artigo destinam-se exclusivamente à fiscalização das salas de jogos, sendo proibida a sua utilização para fins diferentes e obrigatória a sua destruição pela concessionária no prazo de 30 dias, salvo quando, por conterem matéria de investigação ou susceptível de o ser, se devem manter por mais tempo, circunstância em que serão imediatamente entregues ao serviço de inspecção [...]", obrigam a fiscalizar tudo o que se passa nas salas de jogos e não apenas o que se passa nas mesas de jogos.

580   *A Privacidade dos Trabalhadores e as Novas Tecnologias...*

que estejam preenchidas algumas condições, e só será de aceitar como *ultima ratio* e face a casos que constituam ilícitos penais. Acresce, ainda, ter de atender-se sempre ao princípio da proporcionalidade entre a sanção disciplinar aplicada e a culpabilidade do trabalhador[2060] devendo, também, atender-se à licitude ou ilicitude das provas obtidas. Quando estas são conseguidas ilicitamente, ou seja, com violação de algum direito de personalidade dos trabalhadores, a sanção disciplinar aplicada não pode ser considerada lícita. Por esta razão não nos parece que tenha sido a melhor decisão defender a licitude do despedimento do trabalhador no acórdão referido em nota. Neste caso ficou provado que o trabalhador que exercia funções no Bar de uma sala de jogo de um Casino, contrariando instruções expressas do empregador, omitiu o registo de parte das vendas efectuadas. Ainda que não se tivesse conseguido provar em concreto a apropriação de qualquer importância, entendeu-se que a omissão dos registos de vendas era suficiente para quebrar a relação de confiança que constitui a base de qualquer contrato de trabalho e, em especial, naqueles em que o manuseamento de valores monetários faz parte das tarefas do trabalhador, o que justifica por si só o despedimento. À partida, não há nada a objectar a esta decisão. Contudo, como já se disse, o empregador apercebeu-se desta conduta através de um controlo à distância por um sistema de vídeo que foi especialmente desviado para captar os movimentos do autor, após algumas suspeitas iniciais da sua conduta. Este meio de prova deve ser considerado ilícito, uma vez que, nos termos do n.º 1 do art. 52.º da anterior Lei do Jogo as salas de jogos são dotadas obrigatoriamente de equipamento electrónico de vigilância e controlo como medida de protecção e segurança de pessoas e bens e as gravações "destinam-se <u>exclusivamente</u>[2061] à fiscalização das salas de jogos, sendo proibida a sua utilização para fins diferentes". O Tribunal sustentou, conforme já referimos, que o n.º 4 do art. 52.º, deveria ser interpretado no sentido de legitimar a fiscalização de tudo o que se passa nas salas de jogos, incluindo as actividades de todos os trabalhadores que nelas prestam serviço, independentemente da sua natureza.

Porém, consideramos[2062] que este fundamento não pode ser atendido já que não se pode "reconduzir o problema a um simples problema de

---

[2060] O que resulta, de resto, do art. 330.º, n.º 1 do CT.

[2061] Sublinhado nosso.

[2062] Como GUILHERME DRAY, "Justa causa...", cit., p. 83.

interpretação da lei". Na verdade, o essencial da questão não reside neste ponto mas na circunstância de o controlo e vigilância dos trabalhadores ter sido realizado sem a sua autorização prévia e concretizar uma violação de um direito de personalidade previsto no art. 70.º do CC. O meio de prova foi ilícito e, consequentemente, o despedimento também o foi. Sempre que o meio de prova utilizado no âmbito de um processo disciplinar for ilícito, sendo obtido com violação de um direito de personalidade, o despedimento também o será. Por outro lado, também nos parece que mesmo que tivesse sito dado conhecimento aos trabalhadores, existiria aqui uma desvirtuação da finalidade originária que não parece, ainda que sem certezas, ser admissível ao abrigo deste princípio e do da compatibilidade com a finalidade inicial[2063].

Mais recentemente parece que o entendimento jurisprudencial tem vindo a mudar[2064], podendo ver-se os acórdãos da Relação de Lisboa de 18 de Maio de 2005 e de 3 de Maio de 2006[2065], onde se defendeu que a "licitude da videovigilância afere-se pela sua conformidade ao fim que a autorizou". Nesta última decisão entendeu-se que o fim visado pela videovigilância instalada numa farmácia era a de <u>exclusivamente</u>[2066] prevenir ou reagir a casos de furto, vandalismo ou outros referentes à segurança do estabelecimento, relacionados com o público e, ainda assim, com o necessário aviso a todos os que se encontravam no estabelecimento, só assim se tornando legítima. Mas não era esta a situação em apreço já que se pretendia que a cassete de vídeo entregue e que continha imagens de um trabalhador ao balcão da farmácia, pudesse servir como prova dos factos imputados a esse trabalhador que conduziram ao seu despedimento. O tri-

---

[2063] Assume posição contrária DAVID DE OLIVEIRA FESTAS, *op.* cit., p. 44, quando entende que a videovigilância poderia servir como meio de prova no processo de despedimento. Sustenta este autor que não se trata de um meio de prova ilícito e que não há qualquer desvio do princípio da finalidade pois a finalidade de protecção de segurança de pessoas e bens continua a existir, "simplesmente, a punição disciplinar ou mesmo o despedimento do trabalhador poderão configurar uma forma de garantir a protecção e segurança de pessoas e bens". Contudo, parece-nos que a aceitar este argumento, teriam de aceitar-se todos os casos de desvio de câmaras para filmar trabalhadores, sem atender aos princípios que estão na base, principalmente o princípio da finalidade que não nos parece poder ser entendido em termos tão amplos.

[2064] E quanto a nós bem.

[2065] Ambos disponíveis em <u>www.dgsi.pt</u>.

[2066] Sublinhado nosso.

bunal entendeu que a mesma não tinha sido licitamente obtida, para o fim a que foi junto aos autos, entendendo que "constitui, de resto, entendimento pacífico que a videovigilância não só não pode ser utilizada como forma de controlar o exercício da actividade profissional do trabalhador, como não pode, por maioria de razão, ser utilizada como meio de prova em procedimento disciplinar".

Se se concorda com a decisão final de não aceitar esta cassete como meio de prova, há que referir que não estamos totalmente de acordo com o entendimento de que estas gravações nunca podem servir de meio de prova em procedimento disciplinar, atendendo ao que se referiu anteriormente, embora se sublinhe mais uma vez que só podem ser aceites em casos verdadeiramente excepcionais, funcionando apenas como *ultima ratio* e na estrita medida em que estejam em causa infracções particularmente graves que constituam ilícitos penais.

CAPÍTULO IV

O CONTROLO
DAS COMUNICAÇÕES ELECTRÓNICAS
E O PODER INFORMÁTICO DO EMPREGADOR

1. INTRODUÇÃO

1.1. Nos últimos tempos tem-se assistido a um enorme aumento e desenvolvimento das NTIC no local de trabalho o que tem originado grandes mudanças a nível laboral. Se têm existido inúmeros benefícios para os trabalhadores e também para os empregadores, estas novas tecnologias, nomeadamente a *Internet*, têm originado novos desafios para os sujeitos laborais e novas questões, assim como o repensar de *velhas* questões[2067]. Desta forma, o tema das comunicações electrónicas[2068] e do controlo à distância proporcionado pelas novas tecnologias tem-se tornado numa

---

[2067] Os novos sistemas de comunicação, sobretudo a *Internet* e o *e-mail*, têm gerado conflitos que, até ao momento, eram considerados excepcionais, ou, noutros casos, manifestações particulares que requerem uma aproximação diferente da abordagem clássica. Neste sentido veja-se MARTÍNEZ FONS, *El poder de control...*, cit., p. 131, referindo-se ao problema do aumento de um tipo de assédio sexual – assédio sexual ambiental – através destes meios. Também ROGER BLANPAIN, "Some Belgian and European Aspects", *in Comp. Labor Law & Pol'y Journal*, vol. 24, 2002, pp. 57-58, refere-se a vários problemas novos que este tipo de comunicações traz para a relação laboral.

[2068] A comunicação pode ser definida, secundando BENJAMIM SILVA RODRIGUES, *op.* cit., p. 246, como um processo com um objectivo concreto que é o da recepção pelo destinatário de uma informação sem necessidade de dar uma resposta imediata, ou será o estabelecimento de uma transferência recíproca de comunicações, uma conversação, seja ela simultânea, como é o caso de uma conversa telefónica, de uma videoconferência ou transmissão via *VOIP*, quer seja diferida por insignificantes espaços de tempo, como acontece no caso dos *chats*. Contudo, com a evolução das comunicações electrónicas, assiste-se ao surgimento de comunicações automáticas que podem ser definidas, segundo NICOLA LUGARESI, *op.* cit., pp. 177-178, como as que ocorrem entre dois ou mais sujeitos através de meios que utilizam o computador. Podem citar-se, como exemplo, as conexões através da *Internet*. A informação que circula pela rede atravessa uma série de diferentes sistemas antes de chegar ao destino desejado. Estes sistemas são geridos por diversos *system operators*, sendo capazes de ler e de recolher a informação em trânsito.

586 *A Privacidade dos Trabalhadores e as Novas Tecnologias...*

questão de considerável interesse e rodeada de grande controvérsia nos últimos anos[2069], principalmente porque os avanços tecnológicos permitem a captação e gravação de conversas a uma grande distância. Neste sentido, a natureza pública ou privada de uma conversação dependerá mais da natureza da informação nela contida do que do âmbito em que se desenrola.

Existem diversas formas de controlo à distância que o empregador pode utilizar, sendo que o controlo e vigilância das comunicações electrónicas surge como particularmente invasivo[2070] e predominante na sociedade informatizada dos dias de hoje na medida em que a facilidade e eficiência das comunicações oferecida com a sociedade em "rede" origina, também, como contrapartida, uma maior facilidade no acesso a estas comunicações por parte de sujeitos a ela estranhos[2071] e implica, por isso, a necessidade de proteger de modo adequado a segurança e o segredo destas novas formas de comunicação, difundidas amplamente no local de trabalho como um importante instrumento de trabalho.

Na verdade, o progressivo desenvolvimento das tecnologias quer analógicas, quer digitais[2072], a difusão cada vez maior de instrumentos

---

[2069] Cf., neste sentido, JENNIFER FISHER, *op. cit.*, p. 1, e JOSEPH KIZZA e JACKLINE SSANYU, *op. cit.*, pp. 3-4. Estes últimos autores citam várias estatísticas que atestam a enorme importância do aumento do uso das comunicações electrónicas no local de trabalho. Podem ver-se, ainda, os sucessivos relatórios da UCLA Center for Communication Policy, *The UCLA Internet Report – Surveying the Digital Future*, disponíveis em www.ccp.ucla.edu, dos anos 2000, 2001, e 2002, para verificar o enorme aumento do uso das novas formas de comunicação no local de trabalho, especialmente na parte relativa à *Internet*.

[2070] Neste sentido veja-se FRANK HENDRICKX, *Protection of worker's personal data...*, cit., p. 102, e MARIAPAOLA AIMO, *Privacy...*, cit., p. 119.

[2071] Como se refere em *Privacy Under Siege...*, cit., p. 3, a intromissão nestas novas formas de comunicação electrónicas tem produzido "resultados devastadores" para os trabalhadores pois, virtualmente, tudo o que se faz e se diz no local de trabalho pode ser controlado pelo empregador.

[2072] Digitalizar significa, secundando M.ª LUISA FERNÁNDEZ ESTEBAN, *Nuevas tecnologias,...*, cit., p. 4, converter em números o que se pretende transmitir. A informação circula através de códigos, permitindo que diferentes tipos de dados e de informação como o som, o texto alfanumérico e a animação criada por um computador, possam combinar-se ou apresentar-se de forma separada. Assim, se os textos, as imagens e mesmo a voz podem ser convertidos em números, poderão ser tratados da mesma forma e trans-

O Controlo das Comunicações Electrónicas... 587

informáticos, e o surgimento de múltiplos mecanismos de interferência e de controlo nas comunicações privadas, com uma margem de erro cada vez menor, e com um registo cada vez mais detalhado de diferentes tipos de dados[2073], tornaram evidente a possibilidade para o detentor do poder informático e telemático de actuar com uma forte ingerência na privacidade das pessoas com as finalidades mais diversas e com meios cada vez mais simples e baratos[2074].

Por outro lado, as novas tecnologias trouxeram novas possibilidades não previstas até há alguns anos atrás em relação às formas de comunicação, podendo dizer-se que, actualmente, se está perante "a era das comunicações sem fronteiras"[2075], sendo que uma das concretizações mais prometedora em relação à aplicação da informática às comunicações se liga à telemática e aos sistemas de *e-mail*[2076].

Contudo, nem todas as perspectivas que a informática e a telemática oferecem são positivas pois, simultaneamente, constituem poderosos meios de controlo e de vigilância de memorização, de análise e de intromissão na privacidade das pessoas[2077], sendo que um dos maiores

---

mitidos através dos mesmos meios, sendo que o fenómeno multimédia é, tão-somente, o resultado da digitalização de todo o tipo de sinais. Por outro lado, a digitalização esteve na base da informática e dos modernos sistemas de telecomunicações.

[2073] *Inter alia* através do *e-mail*, dos *cookies* e de um uso abusivo do *spam*.

[2074] *Vide* ELENA PODDIGHE, "La tutela della riservatezza dei dati personali nelle comunicazioni elettroniche e il diritto di autodeterminazione dell'interessato", *in Il codice dei dati*..., cit., pp. 454-455.

[2075] M.ª BELÉN CARDONA RUBERT, *Informática y*..., cit., p. 83.

[2076] Pode ver-se em relação a esta mudança nas formas de comunicação STEFAN KRAMER, "Formerfordernisse im Arbeitsverhältnis als Grenzen für den Einsatz elektronischer Kommunikationsmittel", *in Der Betrieb*, n.º 9, 2006, pp. 502 e ss.. Também ARMANDO VEIGA e BENJAMIM SILVA RODRIGUES, *op.* cit., pp. 25-26, referem-se às novas formas de comunicação onde ocorre um "apelo para um fusionamento informacional e comunicacional", significando que "se verifica a perda do dentro e do fora, do sujeito e do objecto, do emissor e do receptor, da realidade a da ficção", diluindo-se, consequentemente, as noções de tempo e de espaço. No mesmo sentido MARTÍNEZ FONS, *El poder de control*..., cit., pp. 125, referindo que o principal meio destes sistemas de comunicação foi o telefone mas que, actualmente, estendeu-se a outras formas, sobretudo o *e-mail*.

[2077] Como refere o juiz BRENNAN, *apud* MARTÍNEZ MARTÍNEZ, *op.* cit., p. 123, nota n.º 174, "o controlo electrónico confere uma nova dimensão à observação e escuta clandestina. Ele torna-a mais penetrante, mais indiscriminada, mais nociva a uma sociedade democrática".

desafios colocado ao jurista do moderno Direito do trabalho é o da regulação do emprego dos meios de comunicação electrónicos na empresa[2078].

Assim, se tradicionalmente se considerava que o controlo das comunicações realizadas pelo trabalhador na empresa e com os instrumentos colocados à sua disposição pelo empregador era uma medida "defensiva"[2079] deste para salvaguarda do património da empresa, actualmente, com as novas formas de comunicação electrónica, a questão não pode ser colocada nestes termos na medida em que, em muitos sectores, estes sistemas de comunicação deixaram de ser meras ferramentas de trabalho para se converterem no meio através do qual se oferecem os serviços e os produtos da empresa ao mercado. Desta forma, a prestação da actividade dos trabalhadores consubstancia-se, essencialmente, naqueles instrumentos técnicos, existindo o problema da concentração do controlo do empregador e o desenvolvimento da prestação de trabalho na medida em que os instrumentos de trabalho deixam vestígios que são imediatamente perceptíveis pelo empregador[2080].

Entende-se, assim, que a circulação da informação através das redes telemáticas se converteu num veículo eficiente e útil de comunicação interpessoal, de criação, difusão e acesso à informação. Porém, em paralelo, estas novas formas de comunicação criam uma nova geração de formas de vulnerabilidade da privacidade das pessoas em geral, e dos trabalhadores em especial, relacionadas com o anonimato e, principalmente, com a confidencialidade relativamente a terceiros alheios a estas comunicações[2081].

As comunicações electrónicas implicam, desta forma, uma acentuada responsabilização dos sujeitos na sua utilização[2082] devido à maior

---

[2078] FERNÁNDEZ HERNÁNDEZ "Una propuesta de regulación del uso de los medios electrónicos de comunicación en la empresa", *in RL*, n.º 24, 2001, p. 26.

[2079] Termo utilizado por MARTÍNEZ FONS, última *op. cit.*, p. 130.

[2080] Ver, em idêntico sentido, ELEONORA STENICO, "L'esercicio del potere di controlli «informático» del datore di lavoro sugli strumenti tecnologici di «ultima generazione»", *in RGLPS*, I, 2003, p. 130.

[2081] Ver em idêntico sentido ROMEO CASABONA, "La proteccíon penal de los mensagens de correo electrónico y de otras comunicaciones de carácter personal a través de Internet", *in Derecho y conocimiento*, vol. 2, p. 124.

[2082] Neste sentido CRISTINA MÁXIMO DOS SANTOS, *op. cit.*, p. 115.

O Controlo das Comunicações Electrónicas... 589

vulnerabilidade destes meios, à inevitável redução das margens de reserva exigíveis e a maiores riscos de exclusão social pela desigualdade de conhecimentos técnicos.

Contudo, não pode concluir-se que os trabalhadores abandonam o direito à privacidade e à protecção de dados quando celebram um contrato de trabalho. De facto, eles têm uma fundada e legítima expectativa de um certo grau de privacidade no local de trabalho, na medida em que desenvolvem uma parte significativa das suas relações com outros seres humanos neste local[2083] e, por isso, há que tutelar esta expectativa e tê-la em atenção aquando do controlo das comunicações electrónicas[2084].

Os trabalhadores são dotados, assim, de "direitos *on-line*"[2085], direitos relacionados com a utilização das novas tecnologias na empresa, em particular as que se baseiam no uso da *Internet*, abarcando vários direitos que têm como denominador comum o facto de vincular o seu exercício ou os seus efeitos às NTIC[2086].

1.2. À medida que foram surgindo estas novas tecnologias vários ordenamentos jurídicos tentaram adaptar as leis vigentes em matéria de

---

[2083] *Vd.* neste sentido GAIL LASPROGATA, NANCY KING e SUKANYA PILLAY, *op. cit.*, p.13, e GIAMPIERO GOLISANO, "Posta elettronica e rete internet nel rapporto di lavoro. USA, Unione Europea e Italia", *in ADL*, n.° 6, 2007, pp. 1310-1311. Cf., ainda Grupo de Protecção de Dados, *Documento de trabalho sobre a vigilância das comunicações electrónicas no local de trabalho*, de 29 de Maio de 2002, p. 4.

[2084] No ordenamento jurídico norte-americano os empregadores do séc. XIX proibiam que em certas ocasiões os trabalhadores conversassem entre eles sob pena de serem despedidos. Actualmente, impede-se que os empregadores proíbam conversas entre os trabalhadores mas tão só em relação a manifestações realizadas fora das horas de trabalho, ou no caso de conversas em relação à retribuição, tempo de trabalho ou condições laborais. Assim, tal como refere FINKIN, "Menschbild: La noción del trabajador...", cit., pp. 406-407, neste ordenamento jurídico, salvo algumas excepções, o empregador pode recusar que o local de trabalho se converta num local para a interacção humana, podendo estabelecer regras que imponham tal proibição.

[2085] Expressão utilizada por RODRIGUÉZ-PIÑERO ROYO e LÁZARO SÁNCHEZ, "Hacia un tratamiento integrado de la comunicación electrónica no professional", *in Relaciones Laborales y...*, cit., p. 12. Também BARBA RAMOS e RODRIGUÉZ-PIÑERO ROYO, *op. cit.*, abordam estes direitos.

[2086] Estes direitos e os limites ao poder de controlo electrónico do empregador serão analisados nos números seguintes, sobretudo, no n.° 4.

590   *A Privacidade dos Trabalhadores e as Novas Tecnologias...*

vigilância e controlo das comunicações às novas formas de comunicação electrónica, havendo que ter em atenção que estes novos meios de comunicação originam diferentes fluxos de dados pessoais e problemas acrescidos para a privacidade das pessoas em geral e dos trabalhadores em especial, colocando-se a questão de saber como se podem controlar as comunicações electrónicas efectuadas pelos trabalhadores[2087].

1.2.1. No ordenamento jurídico alemão não existe uma regulamentação expressa da aplicação de determinados meios de controlo informático por parte dos empregadores[2088]. Contudo, não pode esquecer-se que neste ordenamento jurídico existe uma tradição de forte intervenção colectiva, como é o caso do processo de participação dos representantes dos trabalhadores no âmbito do controlo empresarial, a co-gestão – a *Mitbestimmung*. Assim, tem vindo a entender-se que a introdução da informática para controlo dos trabalhadores está sujeita ao processo de participação destes, ou seja, ao *Betriebsrat*[2089]. A doutrina admite a possibilidade de se utilizarem as inovações tecnológicas para satisfazer necessidades e interesses legítimos do empregador, embora a sua introdução apareça limitada pela necessária negociação colectiva e pelo acordo com os organismos de representação dos trabalhadores[2090].

1.2.2. No ordenamento jurídico espanhol não existem normas expressas que regulem a utilização destes mecanismos de controlo e, mais especificamente, quanto ao uso da *Internet* e do *correio electrónico* no local de trabalho, o que despoleta vários argumentos contra e a favor deste tipo de controlo[2091].

[2087] Analisaremos, mais detalhadamente, este tratamento jurídico no n.º 4, em relação à *Internet* e ao *e-mail*. Por agora far-se-á, apenas, uma breve referência.

[2088] Ver, para mais desenvolvimentos, ainda neste capítulo, n.º 4.5.2.2.2.2., acerca das diversas leis aplicáveis.

[2089] FRANÇOIS RIGAUX, "La liberté...", p. 557, refere que o legislador alemão submeteu a possibilidade de utilização de meios informáticos na empresa ao conselho de empresa.

[2090] Cf. DÄUBLER, KLEBE, WEDDE e WEICHERT, *op.* cit., pp. 412-413, e MATHHIAS WILKE, "Monitoring – Abhören und...", cit., pp. 4-5.

[2091] FERNÁNDEZ HERNÁNDEZ, *op.* cit., p. 23, refere que o Senado espanhol aprovou, por unanimidade, em 28 de Novembro de 2000, uma moção que instava o Governo

Em relação ao possível acesso do empregador ao conteúdo das mensagens electrónicas do trabalhador são vários os argumentos possíveis e a questão que está na base da polémica é a de saber até que ponto um instrumento técnico, como o correio electrónico, instalado no local de trabalho, dependente da empresa, e utilizável, em princípio, para fins estritamente relacionados com objectivos laborais, pode ser usado com finalidades extra-laborais pelo trabalhador, ou por terceiros que com ele pretendam comunicar, e em paralelo, quais as atribuições do empregador no controlo desta matéria[2092], não esquecendo que existem direitos fundamentais dos trabalhadores que são irrenunciáveis. E a conclusão é a de que é necessário preservar o direito ao segredo das comunicações na parte em que postula não ser possível a interferência de um terceiro na comunicação entre duas pessoas[2093].

1.2.3. No ordenamento jurídico francês também não existe legislação específica que reja a utilização do *correio electrónico* nem a *Internet*. Contudo, conforme já referimos, existem inúmeros dispositivos legais que permitem sancionar os atentados à vida privada, garantindo a protecção de dados de carácter pessoal, sendo que o art. L. 121-8 do *CT*, dispõe que nenhuma informação pode ser recolhida através de aparelhos que não tenham sido previamente referidos aos trabalhadores, e o art. L.432-2-1 que impõe a informação e a consulta do *comité d'entreprise* previamente à introdução na empresa de meios ou técnicas que permitam um controlo da actividade dos trabalhadores. O mesmo se diga em relação à combinação dos arts. 9.º, 1382.º e 1383.º do *Code Civil* que protegem as pessoas contra a violação da sua vida privada e sancionam quem ofender este

---

a que no mais breve prazo possível estudasse uma forma de pôr em marcha as medidas necessárias para considerar o correio electrónico e a *Internet* como instrumentos de comunicação e informação dos trabalhadores com os seus representantes sindicais e vice-versa, sempre que a actividade e as características da empresa o permitisse, facilitando o acesso dos trabalhadores e dos seus representantes sindicais ao correio electrónico e à *Internet* na empresa, com a garantia da inviolabilidade das comunicações de acordo com a norma legal vigente.

[2092] Questão colocada por FALGUERA I BARÓ, "Uso por el trabajador del correo electronico de la empresa para fines extraprodutivos y competências de control del empleador", *in RL*, n.º 22, 2000, p. 20.

[2093] Ver para mais desenvolvimentos n.º 4.5.2.2.2.3..

direito. O empregador deve reger-se, assim, pelo princípio da lealdade, previsto no art. L. 121-8 do *CT*, o que torna ilícitos todos os meios de prova obtidos sem a consulta prévia aí referida, sendo que não se visam somente os instrumentos internos de produtividade ou, explicitamente, de controlo das ligações à *Internet*. Todas as técnicas que permitam um controlo da actividade dos trabalhadores são atingidas. Deve-se ainda ter em atenção o princípio da proporcionalidade, previsto no art. L. 121-7, que prescreve que "os métodos e as técnicas de avaliação dos trabalhadores devem ser pertinentes ao fim pretendido".

Também o art. 226-15 do *Code Penal* considera como crime a violação do segredo da correspondência. Contudo, esta protecção não é absoluta na medida em que a ingerência de uma autoridade pública é admitida desde que constitua uma medida necessária à protecção dos direitos e liberdades de outrem[2094].

1.2.4. No ordenamento jurídico italiano existiu uma grande polémica relativa à adequação ou inadequação do art. 4.º do *Statuto dei Lavoratori* tendo presente a tutela devida à *riservatezza* do trabalhador no que concerne à introdução de novos mecanismos tecnológicos na empresa para satisfazer exigências produtivas e o controlo da actividade laboral[2095]. Perante a possibilidade de aumento dos poderes empresariais com a introdução destas novas formas de controlo da prestação laboral, a doutrina questionou-se sobre a efectividade prática do artigo.

O art. 4.º proíbe, com carácter geral, a aplicação do poder de controlo do empregador através dos meios de controlo à distância, a não ser que a sua instalação obedeça a razões de organização da empresa devidamente justificadas, em que é necessário o acordo prévio com os representantes sindicais ou, na sua ausência, a autorização da Inspecção do Trabalho[2096]. A norma surgiu num determinado contexto histórico em que os riscos

---

[2094] Cf. JEAN-EMMANUEL RAY, *Le droit du travail...*, cit., pp. 104-107, MARTINE BOURRIÉ-QUENILLET e FLORENCE RODHAIN, "L'utilisation de la messagerie électronique dans l'entreprise. Aspects juridiques et managériaux en France et aux États-Unis", *in JCP*, n.º 2, 2002, pp. 64-65, e STÉPHANE DARMAISIN, "L'ordinateur, l'employeur et le salarié", *in DS*, n.º 6, 2000, p. 586.

[2095] Ver CHIARA LAZZARI, "Diritto alla riservatezza...", cit., pp. 550-552.

[2096] Veja-se, capítulo anterior, n.os 3.2.2. e 3.2.3..

O *Controlo das Comunicações Electrónicas...* 593

apresentados para os direitos fundamentais dos trabalhadores só existiam em relação a circuitos fechados de televisão. A partir da década de oitenta e, principalmente, da de noventa do século XX, a norma teve de dar resposta a uma nova realidade face à introdução das novas tecnologias informáticas[2097]. Assim, as dúvidas colocaram-se, desde logo, porque a direcção automatizada dos trabalhadores requer a utilização de equipamentos cada vez mais sofisticados e reduz a importância do conceito tradicional de local de trabalho. Por outro lado, levantaram-se dúvidas em saber se este artigo proporcionava uma protecção adequada à privacidade dos trabalhadores quando o trabalho se realiza conectado em rede na medida em que estes sistemas não só são capazes de registar todas as acções realizadas no computador e o tempo exacto em que os trabalhadores estiveram diante das suas máquinas, mas permitem, ainda, gravar todos os *e-mails* por eles enviados e recebidos[2098].

A aparente inadequação da norma às novas formas de controlo produziu um vivo debate na doutrina sobre os limites da informática no exercício do poder de controlo e sobre se o conceito de *software* poderia adequar-se ou não ao termo "outros equipamentos" previsto no artigo. Surgiram inúmeras teses sobre a relação entre a informática e o controlo empresarial da prestação de trabalho, pretendendo expandir-se o âmbito de proibição da norma através de diversos meios[2099].

Assim, embora para alguns a informática não estivesse abrangida pelo âmbito objectivo do artigo[2100], a doutrina maioritária manifestou-se

---

[2097] A doutrina italiana questionou-se se a "arquitectura" da norma formulada em 1970 resistia actualmente "às altas temperaturas tecnológicas a que se viu submetida pela "revolução industrial dos anos 70 e 80", onde a ameaça sobre o trabalhador se tornou mais ampla, sofisticada e subtil. *Vide* BRUNO VENEZIANI, "L'art. 4, legge...", cit., p. 79, e SALA-CHIRI, *op.* cit., p. 608.

[2098] Neste sentido CLAUDIA FALERI, *op.* cit., pp. 250-251.

[2099] Cf. sobre o debate BRUNO BRATTOLI e LUIGI PELAGGI, *op.* cit., pp. 597 e ss., PIETRO ZANELLI, *Nuove tecnologie...*, cit., pp. 14 e ss., e "Innovazione tecnológica, controlli,...", cit., p. 756, referindo-se a vários dos argumentos mencionados, e ROSSI, *op.* cit., pp. 291-292. Também SONIA FERNÁNDEZ SÁNCHEZ, *op.* cit., pp. 90-92, se refere a este debate.

[2100] Caso de PISANI, "I controlli a distanza...", cit., pp. 130-131, defendendo que a proibição do art. 4.° se refere aos instrumentos de controlo à distância que podem ser eliminados ou suprimidos sem que resulte prejudicada a prestação de trabalho. Admitindo-se tal tese, este artigo seria inaplicável ao controlo através do *software*. No mesmo

594   *A Privacidade dos Trabalhadores e as Novas Tecnologias...*

a favor da aplicação da norma, embora limitando o seu alcance tendo em atenção a razão e a forma de controlo, entendendo que a *Internet* e o *e-mail* são, antes de tudo, instrumentos de controlo à distância, permitindo ao empregador controlar e reconstruir toda a actividade dos trabalhadores. Assim, *ex vi legis*, este tipo de controlo tem de estar sujeito a acordo com os representantes dos trabalhadores ou, na falta deste, com a Inspecção de Trabalho. Por outro lado, defende-se que quando a norma faz referência a controlos à distância refere-se tanto a uma distância espacial como temporal na medida em que o controlo realizado pelos computadores tanto pode operar em *tempo real* como manifestar-se sob a forma de *controlo histórico* que incide sobre a base dos inúmeros dados memorizados à disposição do empregador[2101].

---

sentido ICHINO, *Il contratto di lavoro...*, cit., p. 234. Entendem estes autores que o art. 4.º se aplica a sistemas de controlo extrínsecos com eventual respeito pela prestação de trabalho, o que torná-lo-ia inaplicável às NTIC, pois estas últimas são, antes de tudo, sistemas de controlo da prestação e um instrumento essencial da produção, sendo, por isso, intrínsecas à própria prestação laboral.

[2101] Ver ANDREA STANCHI, *op.* cit., p. 4, que menciona serem os instrumentos que consentem a monitorização do *e-mail* assim como o acesso à *Internet*, em primeiro lugar instrumentos de controlo à distância, devido às suas características técnicas, que permitem ao empregador, durante a prestação de trabalho, controlar e reconstruir a actividade desenvolvida pelo trabalhador. Cf., ainda, BELLAVISTA, "Elaboratori elettronici...", cit., pp. 55-56, "Le prospettive della tutela...", cit., p. 74, e "Controlli elettronici...", cit., p. 774, ELEONORA STENICO, "L'esercicio del potere...", p. 130, e ENRICO BARRACO, *op.* cit., p. 839, referindo este que a aplicabilidade do art. 4.º ao novo contexto tecnológico tem uma enorme importância ao nível prático-operativo e processual civil. Também LUCIA D'ARCANGELO, *op.* cit., p. 73 entende o mesmo, assim como BRUNO BRATTOLI e LUIGI PELAGGI, *op.* cit., pp. 606-607, GIORGIO GHEZZI e FRANCESCO LISO, *op.* cit., p. 364, e LUCA FAILLA e CARLO QUARANTA, *op.* cit., pp. 35-36. No mesmo sentido, ainda, ANNA ZILLI, "Licenziamento...", cit., p. 1177, MARIO MEUCCI, cit., p. 2253, PAOLO GUERRIERO, *op.* cit., p. 168, PASQUALE CHIECO, *Privacy...*, cit., p. 12, e PIETRO ZANELLI, "Innovazione tecnologica...", cit., p. 296, entendendo que a norma do art. 4.º, embora seja obsoleta, apresenta uma expressão "outros aparelhos", capaz de poder adaptar-se à nova realidade tecnológica. Também CRISTINA TACCONE, *op.* cit., p. 303, se refere à problemática sobre esta abrangência do artigo entendendo que ele é aplicável às novas tecnologias embora note que o art. 4.º foi concebido numa altura em que era possível distinguir temporalmente a execução da prestação do controlo sucessivo, realizando uma distinção espacial entre o homem e a máquina. No mesmo sentido ROSSELLI, *op.* cit., pp. 473-474, referindo este diferente contexto tecnológico que, embora antigo, não deixa de poder aplicar-se às novas tecnologias. Em idêntico sentido veja-se GILDRE GENTILE, *op.* cit., p. 497.

Após a entrada em vigor do *Codice sulla privacy* a questão ficou resolvida, tal como nota BELLAVISTA[2102], pois o art. 114.° estabeleceu a total aplicação do art. 4.° do *SL* a todo o uso da tecnologia informática que torna possível o controlo sobre o trabalhador[2103]. Contudo, como salienta MARTÍNEZ FONS[2104], "a adaptação de novas tecnologias na aplicação do controlo do empregador conduz à necessidade de revisitar as categorias e fundamentos sobre os quais opera a norma estatutária, obrigando o intérprete a procurar um delicado equilíbrio – nem sempre bem resolvido – entre noções aparentemente contraditórias: a forma como se exerce o poder de controlo empresarial perante o bem jurídico tutelado pela disposição legal".

1.2.5. Desde há alguns anos que no ordenamento jurídico norte--americano existem numerosos conflitos sobre o uso apropriado do correio electrónico e a utilização da *Internet* pelos trabalhadores[2105]. A prática do *monitoring* é considerada lícita na maioria dos casos, sendo que o direito parece pender mais para o empregador que para o trabalhador[2106] [2107], o que faz com que mais de um terço das empresas (e demais instituições) norte-americanas declarem que praticam o *monitoring*. Segundo um estudo efectuado pela *AMA*, 14,9% dos trabalhadores são sujeitos à vigilância do correio electrónico, defendendo-se que sendo o empregador quem concede ao trabalhador um computador, paga pela ligação à *Internet* e lhe dá um endereço electrónico para uso profissional, tem um interesse legítimo em verificar se os trabalhadores são produtivos, se não divulgam

---

[2102] "La tutela dei dati personali...", cit., p. 435.

[2103] Ao nível jurisprudencial pode ver-se a sentença da *Cassazione* de 17 de Julho de 2007, em BELLAVISTA, "Controlli a distanza e necessita del rispetto della procedura di cui al comma 2 dell'art. 4 Stat. Lav.", *in RGLPS*, ano LIX, n.° 2, 2008, pp. 358 e ss.., em que se entendeu aplicável o art. 4.° do *SL* ao controlo informático.

[2104] *El poder de control...*, cit., p. 191.

[2105] Segundo um estudo realizado pela *Ferris Research*, cada trabalhador perde cerca de 115 horas por ano pelo facto de usar o *correio electrónico* para fins pessoais, o que perfaz uma perda de 4000 dólares por pessoa e por ano. Dados referidos por BELLEIL, *op. cit.*, p. 136.

[2106] Neste sentido, cf. MARTINE BOURRIÉ-QUENILLET e FLORENCE RODHAIN, *op. cit.*, p. 67.

[2107] Ver os numerosos casos referidos e a legislação aplicável em 4.5.2.2.2.1..

596   *A Privacidade dos Trabalhadores e as Novas Tecnologias...*

segredos da empresa e se não transmitem material inapropriado, pelo qual aqueles podem ser eventualmente responsáveis, evitando que o servidor da empresa fique super-lotado[2108] [2109].

A regulação jurídica destes novos meios, dada a sua recente implantação nos locais de trabalho, é cada vez menos clara. Por um lado, está-se perante sistemas de comunicação electrónica, pelo que, nesta perspectiva, poderá existir uma possível intromissão do empregador na privacidade do trabalhador pela intercepção de mensagens, à semelhança do que acontece em relação às escutas telefónicas; por outro lado, está-se perante informação armazenada, pelo que o caso assemelha-se a uma escuta de mensagens por meio de gravador.

1.2.6. No ordenamento jurídico português existe regulação específica no art. 22.º do CT sobre a utilização e controlo destas NTIC, nomeadamente a *Internet* e o *e-mail* no local de trabalho. Mas não pode deixar de ter-se em atenção toda a tutela constitucional em relação ao direito ao segredo das comunicações e, ainda, a tutela penal[2110] [2111]. Na verdade,

---

[2108] Cf. CYNTHIA GUFFEY e JUDY WEST, *op.* cit., p. 742, e PAUL LANSING e JOHN BAILEY, "Monitoring employee telephone conversations under the amended Illinois eavesdropping act", *in Labor Law Journal*, 1996, p. 418.

[2109] No caso *Blakey v. Continental Airlines*, citado por ANDREA STANCHI, *op.* cit., p. 9, o Supremo Tribunal de New Jersey, decidiu, por unanimidade, que o envio de *correio electrónico* durante a prestação de trabalho pode comportar responsabilidade para o empregador pela criação de um ambiente de trabalho hostil. Neste caso o tribunal estabeleceu o princípio de que o empregador deve impedir o envio de mensagens difamatórias ou que molestem os trabalhadores. O princípio que se defende é o de que o proprietário de um sistema de *correio electrónico*, ou quem consente o acesso à *Internet*, é responsável por todos os *mails* expedidos do sistema, tenham carácter laboral ou carácter pessoal.

[2110] Ir-se-á proceder a uma análise mais detalhada desta tutela ao longo deste capítulo.

[2111] Ao nível desta tutela pode desde já referir-se, e sem querermos alongar-nos em considerações de foro penal, que vários autores consideram que, perante o rápido desenvolvimento de diferentes formas de comunicação, o nosso legislador não soube responder, criticando, também, o regime da regulação jurídica em matéria de ingerência e controlo das comunicações, isto é, em matéria de "escutas telefónicas". Em termos simplificados pode referir-se que escuta telefónica significa a "captação, por meio técnico, das comunicações estabelecidas entre uma pessoa (o escutado) e todos os demais, por princípio sem conhecimento de qualquer um dos interlocutores". Neste sentido veja-se NUNO MAURÍCIO e CATARINA IRIA, "As escutas telefónicas como meio de obtenção de prova – necessidade

O Controlo das Comunicações Electrónicas...

perpassa por toda a matéria do controlo das comunicações a tutela constitucional e legal referente à inviolabilidade do sigilo das comunicações privadas transmitidas por uma rede de comunicação electrónica, ficando abrangidas quer as comunicações levadas a cabo por telefone de rede fixa ou de rede móvel, quer de satélite, assim como as que derivam de protocolo ligado à *Internet*[2112].

Desta forma, mais do que abordar-se o problema do controlo e das escutas telefónicas a nível laboral, trata-se de analisar as técnicas de controlo associadas a escutas electromagnéticas, de analisar os dispositivos de controlo capazes de vigiar, seguir e avaliar os movimentos dos trabalhadores e de todas ou quase todas as suas atitudes e comportamentos, através do controlo do computador, da *Internet* e do *e-mail*.

2. O CONTROLO DAS COMUNICAÇÕES ELECTRÓNICAS NA JURISPRUDÊNCIA DO TEDH: BREVE REFERÊNCIA

2.1. O TEDH veio permitir o surgimento de uma jurisprudência europeia precisa em matéria de inviolabilidade das comunicações.

É a partir da análise do art. 8.° da CEDH[2113] que se tem entendido que as intervenções nas comunicações contendem directamente com o direito à privacidade das pessoas e da sua correspondência, violando, ainda, o direito ao livre desenvolvimento da personalidade.

O termo correspondência tem sido alvo de uma interpretação extensiva pela jurisprudência deste tribunal. Num primeiro momento, o TEDH entendeu por correspondência todas as comunicações escritas, privadas ou

---

de uma reforma legislativa ou suficiência de uma interpretação conforme? Ponto de situação numa já *vaexata quaestio!*", *in Polícia e Justiça*, III série, n.° 7, 2006, p. 92

Como referem Armando Veiga e Benjamim Silva Rodrigues, *op.* cit., p. 57, "as escutas telefónicas, enquanto meio de obtenção de prova, continuam a viver no mundo "jurássico", como se as comunicações se restringissem somente às emitidas por meio de telefone".

[2112] Será apenas sobre estas comunicações que irá incidir o nosso estudo, analisando o controlo da *internet* e do *e-mail*.

[2113] Sobre este artigo ver, *supra*, capítulo I, n.° 4.3.2.2..

598   *A Privacidade dos Trabalhadores e as Novas Tecnologias...*

não, como aconteceu nos casos *W. vs. Reino Unido*, de 8 de Julho de 1987, e *Niemietz*, de 16 de Dezembro de 1992[2114].

Posteriormente, incluiu-se dentro do conceito de correspondência as conversas telefónicas[2115], assim como qualquer outra forma de comunica-

---

[2114] Esta decisão é importante para o Direito do trabalho porque nela o Tribunal defendeu que o art. 8.° da CEDH é susceptível de aplicação ao campo laboral. Cf. sobre esta decisão BERNARD BOSSU, "Nouvelles tecnhnologies...", cit., p. 666, e do Grupo de Protecção de Dados do art. 29.°, *Documento de trabalho sobre a vigilância das comunicações...*, cit., p. 8.

[2115] Deve ter-se em atenção que as conversas telefónicas também se encontram incluídas na noção de vida privada. Veja-se a decisão da Comissão de 28 de Novembro de 1995, caso *LCB*, que reconheceu que a comunicação por telefone faz parte da noção de correspondência. Cf., ainda, a decisão de 6 de Setembro de 1978, no caso *Klass*. Tratava-se de um recurso interposto por GERHARD KLASS e outros juristas alemães contra a Lei de 13 de Agosto de 1968, limitadora do segredo da correspondência e das comunicações telefónicas e telegráficas – *Gesetz zur Beschränkung des Brief, Post uns Fernmeldegheimnisses* – interposto perante o Tribunal Constitucional alemão, que embora não dando provimento ao recurso, mandou alterar alguns aspectos da Lei. O TEDH, ao analisar a legislação que instituía um sistema de vigilância na República Federal da Alemanha e que expunha todas as pessoas a um controlo da sua correspondência, dos seus envios postais e das suas telecomunicações, sem que de tal tivessem conhecimento, a menos que fosse realizada alguma indiscrição ou notificação posterior nas circunstâncias previstas no acórdão do Tribunal Constitucional, entendeu que a referida legislação lesava desse modo directamente qualquer utilizador ou utilizador virtual dos serviços de correios e telecomunicações da República Federal da Alemanha, assim se constrangendo a "liberdade de comunicar por meio desses serviços e constituindo, então, para cada utilizador ou utilizador virtual uma lesão directa do direito garantido pelo art. 8.°. Por outro lado, o Tribunal decidiu que, ainda que o n.° 1 do art. 8.° não mencione as conversações telefónicas, elas devem entender-se compreendidas nas noções de "vida privada" e de "correspondência", visadas pelo texto. Veja-se ARMANDO VEIGA e BENJAMIM SILVA RODRIGUES, *op.* cit., pp. 124 e 128, MARIE-NOËLLE MORNET, *op.* cit., p. 79, e PÉREZ LUÑO, *Nuevas tecnologias...*, cit., p. 129.

Posteriormente, no caso *Malone v. Reino Unido*, de 2 de Agosto de 1984, o Tribunal reafirmou a inclusão das comunicações telefónicas no âmbito de protecção do art. 8.° da CEDH, quer quando se refere à vida privada, quer na alusão à correspondência. Pode considerar-se esta decisão como "emblemática", secundando o entendimento de CRISTINA MÁXIMO DOS SANTOS, *op.* cit., p. 110, porque o Tribunal, embora tenha considerado que as escutas telefónicas são um meio de obtenção de prova necessário numa sociedade democrática como forma de combater um certo tipo de criminalidade, entendeu, contudo, que no caso *sub iudice*, as escutas violavam a vida privada e o segredo das comunicações previstas no art. 8.° da CEDH.

Nos anos 90, nos casos *Huvig* e *Kruslin*, o Tribunal viria a reafirmar, de uma vez por todas, a inserção da matéria das escutas telefónicas no âmbito da protecção do art. 8.°.

ção, escrita ou não, que maioritariamente tenha sido qualificada, regulada e garantida como correspondência pelos Estados signatários da CEDH e sempre que a finalidade da garantia seja a defesa da liberdade de correspondência frente a ingerências externas.

Desta forma, o termo correspondência engloba quer a correspondência em sentido próprio, como é o caso das comunicações postais e telegráficas, quer as restantes formas de comunicação privadas por meio das redes de telecomunicações, *v.g.*, as comunicações telefónicas ou as electrónicas, como é o caso das baseadas em suportes *Internet* e *e-mail*[2116].

A apreensão e a abertura de correspondência são as formas mais gravosas de atentado do direito ao respeito da correspondência, conforme se depreende, *inter alia*, dos casos *Golder*, *Silver*, *Campbell*, *MacCallum* e *Boyle e Rice*[2117].

Assim, tendo em atenção a tutela das comunicações, o Tribunal tem entendido, como forma de prevenir eventuais arbítrios, que qualquer regulamentação das intercepções telefónicas deverá ser rigorosa e terá que possuir um conjunto de exigências mínimas[2118], nomeadamente: a definição com exactidão de quais as entidades competentes para ordenar ou autorizar as escutas telefónicas; a definição das infracções que podem permitir o recurso às escutas; a delimitação normativa do universo de pessoas susceptíveis de serem colocadas sob intercepção telefónica; a fixação de um limite de duração da intercepção telefónica; a definição das condições de estabelecimento dos autos das conversações interceptadas; a definição das precauções a tomar para comunicar as gravações efectuadas, intactas e completas, de modo a permitir um possível controlo pelo juiz e pela defesa; e a enumeração das situações em que se pode e deve proceder ao apagamento e destruição dos suportes informáticos.

2.2. Algumas decisões do TEDH revestem-se de grande importância para o Direito do trabalho e para a noção de correspondência.

[2116] *Vide* ARMANDO VEIGA e BENJAMIM SILVA RODRIGUES, *op.* cit., pp. 125 e 129, BENJAMIM SILVA RODRIGUES, *op.* cit., p. 124, e BLANCA RODRÍGUEZ RUIZ, *op.* cit., p. 65.

[2117] Vejam-se mais desenvolvimentos desta matéria em ARMANDO VEIGA e BENJAMIM SILVA RODRIGUES, *op.* cit., pp. 125 e ss..

[2118] Segue-se a enumeração realizada por NUNO MAURÍCIO e CATARINA IRIA, *op.* cit., p. 125.

600   *A Privacidade dos Trabalhadores e as Novas Tecnologias...*

O Tribunal tem defendido a ideia que a protecção da privacidade consagrada no art. 8.° da CEDH não exclui a vida profissional e não está limitada à vida dentro de casa, englobando os diversos tipos de correspondência que os trabalhadores emitam.

A primeira decisão que pode ser referida é o caso *Niemitz v. Alemanha*[2119]. Neste caso tratava-se de uma busca realizada por uma entidade estatal no escritório do queixoso, um advogado. O Estado tentou argumentar que o art. 8.° não dava protecção contra a busca do escritório de alguém uma vez que a Convenção estabeleceu uma separação clara entre vida privada e doméstica, por um lado, e vida e instalações profissionais por outro. Porém, o Tribunal rejeitou este argumento e decidiu que "o respeito pela vida privada deve também incluir, em certa medida, o direito de estabelecer e desenvolver relações com outros seres humanos. Além do mais parece não haver uma razão de princípio para que esta forma de entender a noção de vida privada seja tomada como excluindo as actividades de natureza profissional ou comercial, dado que, afinal, é no decurso da sua vida profissional que a maioria das pessoas tem uma oportunidade significativa, se não mesmo a mais importante, de desenvolver laços com o mundo exterior. Este ponto de vista é apoiado pelo facto de, conforme foi justamente indicado pela Comissão, nem sempre ser possível distinguir com clareza as actividades de um indivíduo que fazem parte da sua vida profissional ou comercial das que não fazem"[2120].

No processo *Halford v. Reino Unido*, o Tribunal entendeu que a intercepção de chamadas telefónicas do trabalhador num local de trabalho constituía uma violação do art. 8.° da CEDH, não deixando de ser interessante que a demandante, *Alison Halford*, tivesse recebido dois telefones, um dos quais se destinava a uso privado, não tendo sido impostas restrições ao seu uso e não lhe tendo sido fornecida qualquer orientação quanto à sua utilização.

No caso tratava-se de uma polícia[2121] de Merseyside que tinha no seu escritório dois telefones. Ela tinha interposto uma acção de discriminação

---

[2119] Já referida anteriormente no capítulo I, n.° 4.3.2.2..

[2120] Cf. Grupo de Protecção de Dados do art. 29.°, *Documento de trabalho sobre a vigilância das comunicações...*, cit., p. 8. Ver, ainda, MICHAEL FORD, *op.* cit., p. 143, que refere que na tensão entre o direito à privacidade no local de trabalho e as prerrogativas do empregador, tem de ser o primeiro a ser defendido.

[2121] *Assistent Chief.*

com base no sexo por não ter obtido uma promoção tendo-lhe sido assegurado que poderia utilizar os telefones para apresentar a sua queixa. *Alison Halford* alegou que os seus telefonemas tinham sido interceptados, defendendo que essa conduta constituía uma violação do art. 8.º da Convenção. O Estado contra-alegou que as chamadas telefónicas feitas pela demandante a partir do seu local de trabalho estavam fora do âmbito de protecção deste artigo dado que ela não podia ter qualquer expectativa razoável de privacidade em relação às mesmas. Na audiência judicial, os advogados do Estado exprimiram a opinião de que, em princípio, um empregador pode monitorizar as chamadas feitas pelos seus trabalhadores nos telefones por si fornecidos sem o conhecimento prévio do trabalhador[2122].

Porém, o Tribunal decidiu que "de acordo com a sua jurisprudência, é evidente que as chamadas telefónicas feitas a partir de instalações profissionais, tal como as que são feitas a partir de casa, poderão ser abrangidas pelas noções de "vida privada" e de "correspondência", na acepção do n.º 1 do art. 8.º"". O tribunal entendeu, ainda, que "nada prova que *A. Halford*, na qualidade de utilizadora do sistema de telecomunicações interno, tivesse sido avisada de que as chamadas efectuadas nesse sistema eram susceptíveis de intercepção. O tribunal considera que ela poderia, razoavelmente, esperar que essas chamadas tivessem um carácter privado".

Critica-se a decisão neste ponto, isto é, no sentido de considerar que um aviso à trabalhadora de que as suas chamadas poderiam ser monitorizadas comportaria, consideravelmente, a possibilidade de diminuição das suas legítimas expectativas de privacidade, até porque nos parece que o argumento da trabalhadora não ter sido avisada é o aspecto crucial para a decisão. Parece-nos, assim, que, desta forma, se esvazia bastante a protecção conferida às comunicações dos trabalhadores pois bastará avisá-los, sem saber sequer através de que meio, para já não terem direito à privacidade nas suas comunicações, o que não se afigura de todo aceitável. Não cremos que a limitação a direitos fundamentais dos trabalhadores possa actuar desta forma[2123], quase se nos afigurando, na esteira de MICHAEL

[2122] Como refere GILLIAN MORRIS, "Fundamental Rights: Exclusion by Agreement?", *in ILJ*, vol. 30, n.º 1, 2001, pp. 61-62, o Tribunal não respondeu a esta questão, embora indirectamente pareça rejeitá-la.

[2123] No mesmo sentido veja-se HAZEL OLIVER, "E-mail and Internet...", cit., p. 336, e JOHN CRAIG e HAZEL OLIVER, "The Right to Privacy in the Public Work-

602   *A Privacidade dos Trabalhadores e as Novas Tecnologias...*

FORD[2124], que existe aqui uma espécie de "lógica perversa" pois quanto maior for o número de trabalhadores sujeito a controlo electrónico mais difícil parece poder ser invocada a "razoável expectativa de privacidade".

Outros casos parecem configurar uma maior abertura na protecção da privacidade das comunicações como é o caso *Niemitz*. Porém, o caso *Halford* é mais recente.

Há menos tempo, ainda, isto é, em 3 de Abril de 2007, o Tribunal decidiu, no caso *Copland v. Reino Unido*, que o telefone, o *e-mail* e a informação proveniente da *Internet* se inserem na noção de privacidade e de correspondência tutelada pelo art. 8.° da CEDH.

A recorrente, *Lynette Copland*, assistente da presidência do *Carmathenshire College*, foi submetida a um controlo oculto do uso do telefone e da *Internet*, tendo o controlo compreendido a análise dos números dos telefones marcados, da data e da duração da conversa, assim como dos custos e da conexão à *Internet*.

O Tribunal decidiu que a noção de tratamento em conformidade com a lei[2125] exclui a interferência arbitrária, como é o que acontece com todas as actividades conduzidas na ausência de uma expressa regulamentação sobre esta matéria[2126], principalmente associada à potencialidade tecnológica de manipulação dos dados respeitantes à privacidade dos trabalhadores.

Numa importante consideração[2127], o Tribunal chamou a atenção para a necessidade de adequação substancial aos princípios garantidos pela Convenção no art. 8.°, sendo que a noção de "conformidade com a lei" não se reduz à existência de uma lei nacional, mas exige uma qualidade na

---

place: Should the Private Sector be Concerned?", *in ILJ*, vol. 27, 1998, p. 51. Também o Grupo de Protecção de Dados do art. 29.°, no *Documento de trabalho sobre a vigilância das comunicações...*, cit., p. 9, refere que o Grupo "não tem opinião de que o aviso antecipado do trabalhador seja suficiente para justificar qualquer violação dos direitos à protecção dos seus dados".

[2124] *Op.* cit., p. 144.

[2125] *In accordance with the law.*

[2126] À data dos factos – entre 1999 e 2000 – o Reino Unido não tinha qualquer regulamentação sobre a tutela da privacidade das comunicações na relação de trabalho.

[2127] N.° 46.°.

O Controlo das Comunicações Electrónicas... 603

regulamentação[2128] que torne compatível a intervenção legislativa com os princípios jurídicos fundamentais[2129] de tutela da privacidade.

Contudo, o Tribunal não deixou de referir que há casos em que é legítimo o controlo destes meios no local de trabalho, mas apenas em determinadas circunstâncias e se visar o prosseguimento de um objectivo lícito e legítimo[2130]. Estas condições de legitimidade ficam subordinadas à pré-existência de uma legislação protectora contra a interferência injustificada na privacidade, à informação prévia aos trabalhadores acerca da possibilidade de controlo e à publicidade das sanções em caso de violação da política interna sobre o uso do *e-mail* e da *Internet* no local de trabalho.

A noção de correspondência inclui, desta forma, não só as cartas em suporte de papel, mas também outras formas de comunicação electrónicas, tais como os telefonemas e, no caso que mais nos interessa, a *Internet* e o *e-mail*, recebidas no local de trabalho ou enviadas deste.

Os trabalhadores têm, assim, uma expectativa legítima de privacidade no local de trabalho, a qual não pode ser subestimada pelo facto de usarem material de comunicações ou quaisquer outras infra-estruturas do empregador. Contudo, para o Tribunal, num entendimento que não se perfilha, a prestação de informações adequadas pelo empregador ao trabalhador poderá reduzir a sua legítima expectativa de privacidade. Por outro lado, a confidencialidade da correspondência abrange as comunicações no local de trabalho, englobando os *e-mails* e os ficheiros relacionados, assim como os anexos associados[2131].

[2128] *Quality of that law.*

[2129] *Rule of law.*

[2130] *In certain situations in pursuit of a legitimate aim.*

[2131] Segue-se o defendido pelo Grupo de Protecção de Dados do art. 29.º, última *op.* cit., p. 9.

604 *A Privacidade dos Trabalhadores e as Novas Tecnologias...*

3. BREVE REFERÊNCIA ÀS TENDÊNCIAS DE REGULAMEN-TAÇÃO DA MONITORIZAÇÃO DAS COMUNICAÇÕES ELECTRÓNICAS NA UNIÃO EUROPEIA

3.1. No seio da União Europeia procedeu-se ao enquadramento jurídico da temática das comunicações electrónicas e ao problema das intercepções das telecomunicações assim como dos demais sistemas relacionados com aquelas comunicações. Desta forma a UE, pretendendo proteger e preservar o direito ao respeito pela privacidade das pessoas singulares, procurou instituir uma série de requisitos tendentes a colmatar as dificuldades específicas, de ordem jurídica e técnica, que as inovações tecnológicas colocavam aos diferentes Estados membros.

É neste contexto que surge a Directiva 2002/58/CE, de 12 de Julho, relativa ao tratamento de dados pessoais e à protecção da privacidade no sector das comunicações electrónicas, conhecida como a Directiva relativa à privacidade e às comunicações electrónicas[2132] [2133].

[2132] Transposta pela Lei n.° 41/2004, de 18 de Agosto.

[2133] Esta Directiva veio substituir a Directiva 97/66/CE, de 15 de Dezembro, relativa ao tratamento de dados pessoais e à protecção da privacidade no sector das telecomunicações, que necessitava, conforme refere a Directiva de 2002, no considerando 4, "de ser adaptada ao desenvolvimento dos mercados e das tecnologias dos serviços de comunicações electrónicas de modo a proporcionar um nível idêntico de protecção dos dados pessoais e da privacidade aos utilizadores de serviços de comunicações publicamente disponíveis, independentemente das tecnologias utilizadas. Contudo, a Directiva 97/66/CE representou a primeira tentativa de conciliar a utilização de sistemas de comunicação com o direito ao segredo das comunicações. Constituiu, desta forma, o primeiro passo harmonizador no seio da UE perante as necessidades específicas em matéria de protecção de dados e de privacidade que geram os novos serviços interactivos que existem através da Rede Digital de Serviços Integrados e dos telemóveis, sendo que o maior risco apresentado estava relacionado com o armazenamento e o tratamento informáticos dos dados relativos aos utilizadores. Esta Directiva era complementar da Directiva de Protecção de Dados Pessoais, atribuindo-se-lhe carácter supletivo, tendo o Grupo de Protecção de Dados, por várias vezes, declarado que ambas as Directivas se aplicavam à *Internet*.

A directiva pretendia responder aos desafios colocados pelas novas redes digitais e os serviços que prestam, incluindo a televisão interactiva e o vídeo digital – *on demand* – protegendo os direitos dos cidadãos. Tendo isto em atenção estabeleceu no considerando n.° 3 que "na actualidade estão a surgir novas redes digitais avançadas de telecomunicações na União Europeia, que criam necessidades específicas em matéria de protecção de dados e de privacidade dos utilizadores; que o desenvolvimento da sociedade de infor-

O Controlo das Comunicações Electrónicas...

Relacionada com as necessidades de adequação às particularidades surgidas da convergência das telecomunicações com a informática e do rápido desenvolvimento dos serviços de comunicação *on-line*, a Directiva relativa à privacidade e às comunicações electrónicas toma como referência a Carta dos Direitos Fundamentais da União Europeia, com a finalidade de contribuir para a sua garantia no âmbito das NTIC, e sobretudo, no que afecta o direito à privacidade e à protecção de dados pessoais, tal como está estabelecido no Considerando n.º 22[2134].

Na nova realidade tecnológica existem dois fenómenos que a Directiva pretende abraçar: a *Internet* e os novos serviços associados aos tele-

---

mação se caracteriza pela introdução de novos serviços de telecomunicações; que o desenvolvimento transfronteiriço deste serviço, como o vídeo por pedido ou a televisão interactiva, dependem em grande parte da confiança dos utilizadores, não se podendo colocar em perigo a sua privacidade".

A Directiva continha disposições relativas a vários temas: segurança da informação transmitida através das redes públicas de comunicação; confidencialidade das comunicações; limitações à capacidade de processo de dados de tráfego e os recibos dos provedores dos serviços; opções do utilizador sobre a identificação da chamada realizada, assim como da linha estabelecida; protecção dos consumidores perante chamadas automáticas ou chamadas não solicitadas; e direito dos assinantes de não aparecerem nas listas públicas. Esta Directiva estabelecia que os provedores dos serviços deveriam tomar as medidas necessárias para salvaguardar a segurança dos serviços de informação dos assinantes e informá-los de todos os riscos concretos de violação da segurança na rede. Desta forma, o art. 5.º, n.º 2, estabelece uma excepção do direito ao segredo previsto no n.º 1, quando a comunicação apresente uma natureza legal. Nos seus termos, legitimam-se certas gravações quando sejam legalmente autorizadas "no âmbito de práticas comerciais lícitas para o efeito de constituir prova de uma transacção comercial ou de outra comunicação de negócios". Nas outras situações aplicar-se-á o n.º 1 que estabelece o seguinte: "Os Estados membros devem garantir nas suas regulamentações internas a confidencialidade das comunicações através da rede pública de telecomunicações e dos serviços de telecomunicações acessíveis ao público. Designadamente, devem proibir a escuta, a colocação de dispositivos de escuta, o armazenamento ou outros meios de intercepção ou vigilância de comunicações por terceiros, sem o consentimento dos utilizadores, excepto quando legalmente autorizados, em conformidade com o n.º 1 do art. 14.º " que trata do alargamento do âmbito de aplicação da Directiva n.º 95/46/CE. Cf. sobre esta Directiva, M.ª Luisa Fernández Esteban, *Nuevas tecnologias,...*, cit., pp. 139-141, Martínez Fons, "Uso y control de las...", cit., p. 1336, nota n.º 61, e Martínez Martínez, *op.* cit., p. 226.

[2134] "A presente directiva visa assegurar o respeito dos direitos fundamentais e a observância dos princípios reconhecidos, em especial, pela Carta dos Direitos Fundamentais da União Europeia. Visa, em especial, assegurar o pleno respeito pelos direitos consignados nos arts. 7.º e 8.º da citada carta".

606   *A Privacidade dos Trabalhadores e as Novas Tecnologias...*

fones digitais. E esta adaptação supõe ter em atenção a nova realidade tecnológica e as transformações sociais e económicas que implicam[2135], assim como atender ao novo tipo de dados pessoais associados à mobilidade individual e à localização através dos dispositivos móveis, como acontece com os dados de localização[2136].

Como corolário desta evolução tecnológica emerge, também, um conceito amplo e evolutivo de comunicação, tal como se depreende do considerando n.º 15, que refere que "uma comunicação pode incluir qualquer informação relativa a nomes, números ou endereços fornecida pelo remetente de uma comunicação ou pelo utilizador de uma ligação para efectuar uma comunicação. Os dados de tráfego podem incluir qualquer tradução desta informação através da qual a comunicação é transmitida, para efeitos de execução da transmissão. Os dados de tráfego podem ser, nomeadamente, relativos ao encaminhamento, à duração, ao tempo ou ao volume de uma comunicação, ao protocolo utilizado, à localização do equipamento terminal do expedidor ou do destinatário, à rede de onde provém ou onde termina a comunicação, ao início, fim ou duração de uma ligação. Podem igualmente consistir no formato em que a comunicação é enviada pela rede"[2137].

Esta Directiva contém, ainda, uma definição de comunicação electrónica entendendo que abrange "qualquer informação trocada ou enviada entre um número finito de partes, através de um serviço de comunicações electrónicas publicamente disponível", não incluindo nesta noção as informações "enviadas no âmbito de um serviço de difusão ao público em geral, através de uma rede de comunicações electrónicas, excepto na medida em que a informação possa ser relacionada com o assinante ou utilizador identificável que recebe a informação"[2138].

[2135] Veja-se, neste sentido, os considerandos n.os 5 e 6 da Directiva.

[2136] O art. 2.º, alínea c) considera que estes "são quaisquer dados tratados numa rede de comunicações electrónicas que indiquem a posição geográfica do equipamento terminal de um utilizador de um serviço de comunicações electrónicas publicamente disponível". É importante atender, ainda, ao considerando n.º 14.

[2137] Estas considerações são de suma importância para o eventual controlo dos *e-mails* dos trabalhadores conforme veremos, *infra*, n.º 4.5.2.2.2. e ss., pois, em determinadas situações, o empregador poderá controlar estes dados de tráfego, mas não os dados de conteúdo.

[2138] Note-se que, na transposição da Directiva, a Lei n.º 41/2004 não estabeleceu uma definição em termos similares só se referindo à primeira parte da definição. Assim,

O Controlo das Comunicações Electrónicas...   607

Por outro lado, não deixa de ser relevante que, no considerando n.º 24, se defina o computador como fazendo parte integrante da esfera privada dos utilizadores que deve ser protegido perante intromissões não desejadas[2139] [2140], entendendo-se que a necessidade de empregar instruções informáticas como os *cookies*, embora justificada, pode ser potencialmente lesivo e requer o consentimento do utilizador do terminal informático[2141].

Parece, ainda, bastante importante a ideia de que os dados de tráfego nas comunicações, incluindo os relativos ao seu estabelecimento, integram a privacidade dos utilizadores e estão protegidos pelo direito ao segredo das comunicações de modo que só poderão ser utilizados com fins técnicos e de facturação, requerendo-se o consentimento do utilizador para qualquer outro tipo de uso, especialmente quando se trate de dados de localização[2142].

Por outro lado, o art. 6.º estipula que, em princípio, os dados de tráfego relativos a assinantes ou utilizadores devem ser eliminados ou tornados anónimos quando deixem de ser necessários para efeitos de transmissão da comunicação.

Esta Directiva, seguindo a linha defendida pelo Conselho da Europa, estabelece no art. 4.º as regras sobre segurança impondo ao prestador de

---

entendeu por comunicação electrónica, "qualquer informação trocada ou enviada entre um número finito de partes mediante a utilização de um serviço de comunicações electrónicas acessível ao público".

[2139] Este princípio tem grande importância para o âmbito deste trabalho. Ver, *infra*, n.º 4.3.2..

[2140] Pode ler-se neste considerando que "o equipamento terminal dos utilizadores de redes de comunicações electrónicas e todas as informações armazenadas nesse equipamento constituem parte integrante da esfera privada dos utilizadores e devem ser protegidos ao abrigo da Convenção Europeia para a Protecção dos Direitos Humanos e das Liberdades Fundamentais. Os denominados «Gráficos espiões», «programas-espiões», («*spyware*»), «gráficos-espiões» («*web bugs*») e «identificadores ocultos» «*hidden identifiers*» e outros dispositivos análogos podem entrar nos terminais dos utilizadores sem o sem conhecimento a fim de obter acesso a informações, armazenar informações escondidas ou permitir a rastreabilidade das actividades do utilizador e podem constituir uma grave intrusão na privacidade desses utilizadores. A utilização desses dispositivos deverá ser autorizada unicamente para fins legítimos, com o conhecimento dos utilizadores em causa".

[2141] Cf., neste sentido, o considerando n.º 25.

[2142] Ver, neste sentido, o considerando n.º 35.

608 *A Privacidade dos Trabalhadores e as Novas Tecnologias...*

serviços a adopção das medidas técnicas e organizativas adequadas para garantir a segurança dos seus serviços, informando os assinantes de algum risco especial de violação da segurança na rede, incluindo os que se situem fora do âmbito das medidas que está obrigado a adoptar. Estabelece, ainda, no art. 5.° um princípio muito importante e que é o da confidencialidade das comunicações[2143]. Significa este artigo que são proibidas a escuta, a gravação, o armazenamento e outros tipos de ingerências nas comunicações electrónicas, quer ao nível de dados de conteúdo, quer ao nível de dados de tráfego e demais elementos conexos com as comunicações electrónicas, os designados elementos externos, pelo que as intervenções nas comunicações apenas são possíveis no contexto do art. 15.°, isto é, desde que tal restrição constitua "uma medida necessária, adequada e proporcionada numa sociedade democrática para salvaguardar a segurança nacional, a defesa, a segurança pública, e a prevenção, a investigação, a detecção e a repressão de infracções penais ou a utilização não autorizada do sistema de comunicações electrónicas".

A UE reconhece, desta forma, que as intercepções de telecomunicações são necessárias para pôr termo e levar a juízo os autores de infracções graves e, por isso, adoptou um quadro legal para melhorar a cooperação entre as autoridades nacionais incumbidas das investigações penais e para que os serviços de informação possam operar intercepções nos novos sistemas de telecomunicações[2144].

Parece, desta forma, que esta Directiva se adapta às novas realidades tecnológicas, prevendo a possibilidade de prestar o consentimento num meio *Web*, aludindo às listas de assinantes *on-line* e à possibilidade de recusar *spam*, onde se inclui os *SMS*[2145], hoje em dia tão omnipresentes. Entende-se, ainda, que apresenta vários princípios de controlo das comunicações electrónicas dos trabalhadores que os empregadores terão de respeitar, ainda que, *mutatis mutandis*, devam atender às especificidades da relação laboral em causa.

3.2. Relacionada com esta Directiva, não pode deixar de referir-se a Directiva 2006/24/CE, de 15 de Março, relativa à conservação de dados

---

[2143] Esta matéria é transposta no art. 4.°.

[2144] Secunda-se o defendido por ARMANDO VEIGA e BENJAMIM SILVA RODRIGUES, *op.* cit., pp. 144-145.

[2145] *Short Message Service.*

O Controlo das Comunicações Electrónicas... 609

gerados ou tratados no contexto da oferta de serviços de comunicações electrónicas publicamente disponíveis ou de redes públicas de comunicações, e que altera a Directiva 2002/58/CE[2146]. A Directiva comporta uma profunda mudança nos princípios básicos de protecção de dados pessoais na medida em que, em determinadas circunstâncias, os prestadores de serviços de comunicações electrónicas devem manter os dados que permitam identificar a origem, o destino, a data, a hora e a duração de uma comunicação electrónica, o tipo de comunicação realizada, o tipo de equipamento utilizado e a sua localização. Pretende-se, assim, que estes dados estejam disponíveis para finalidades de investigação e de detecção de crimes graves. Concederam-se, desta forma, aos Estados, amplas faculdades de controlo que foram muito criticadas pelas instâncias que velam pela protecção adequada dos dados pessoais[2147].

Esta Directiva é um instrumento que, visando atingir a segurança[2148], sacrifica a privacidade dos cidadãos[2149] e, não pode ser enten-

---

[2146] Esta Directiva foi transposta pela Lei n.° 32/2008, de 17 de Julho.

[2147] Veja-se o *parecer 3/20006 sobre a Directiva 2006/24/CE do Parlamento Europeu e do Conselho relativa à conservação de dados gerados ou tratados no contexto da oferta de serviços de comunicações electrónicas publicamente disponíveis ou de redes públicas de comunicações, e que altera a Directiva 2002/58/CE*, do Grupo de Protecção de Dados do art. 29.°, adoptado em 25 de Março de 2006, que sublinha que a Directiva não prevê garantias suficientes e específicas em matéria de tratamento de dados de comunicações e que se presta a interpretações divergentes pelos vários Estados membros, sugerindo uma implementação uniforme da Directiva. Também no nosso ordenamento jurídico a CNPD, no *parecer n.° 38/2007*, a propósito do anteprojecto de proposta de lei que transpunha esta Directiva, formulou severas críticas à redacção, algumas das quais foram acatadas na versão final, nomeadamente quanto à duração da conservação dos dados. Desde logo, defendera que a restrição ao direito fundamental à protecção de dados tem de ser baseada numa necessidade urgente, só devendo ser permitida em casos excepcionais, estando sujeita às salvaguardas adequadas.

[2148] Não se pode deixar de atender que na origem da presente Directiva estiveram duas ideias fundamentais: a finalidade de lutar contra o terrorismo e o crime organizado, na medida em que a conservação de dados pessoais seria um elemento insubstituível para atingir tal desiderato; e a necessidade de adoptar disposições que possibilitassem a harmonização, ao nível da União Europeia, da matéria de retenção de dados.

[2149] A adopção de uma medida sobre retenção de dados pessoais originou a valoração de diferentes interesses em causa. Perante o interesse das autoridades na retenção para lutar de forma mais eficaz contra o terrorismo e outras formas de crime graves, existe o direito fundamental dos cidadãos à protecção da autodeterminação informacional que se insere no direito à privacidade. Porém, o primeiro interesse prevaleceu.

610 *A Privacidade dos Trabalhadores e as Novas Tecnologias...*

dida apenas como uma excepção para casos específicos e particulares das regras gerais da directiva 2002/58, podendo converter-se, antes, numa antecipação do futuro, a primeira etapa para uma mudança profunda dos princípios básicos da protecção de dados pessoais[2150]. Na verdade, esta Directiva muda princípios básicos de protecção das informações pessoais, havendo uma lógica completamente distinta em relação às directivas anteriores, uma mudança na forma de entender e regular a relação entre o cidadão e o Estado e na própria concepção dos direitos fundamentais da pessoa. De facto, pode dizer-se que se está a potenciar a erosão de alguns princípios sobre os quais se tem vindo a construir o sistema de protecção de dados pessoais e, desde logo, o relativo ao princípio da finalidade, visando impor-se o critério da multifuncionalidade, significando que dados recolhidos para um determinado fim podem ser utilizados para as finalidades mais diversas, consideradas igualmente importantes no que concerne à finalidade originária[2151].

Prevalecem, por razões de segurança, as lógicas da reutilização e da interconexão de ficheiros, quase sempre assentes em argumentos de eficiência e de economicidade. Contudo, adoptando estes princípios, não só se estão a contradizer princípios fundamentais da protecção de dados pessoais, como se rompe o acordo com os cidadãos nesta matéria, com a quebra da promessa de que os dados seriam tratados pelos sujeitos públicos para finalidades específicas e individualizadas por lei e pelos sujeitos privados apenas quando os titulares tivessem dado o seu consentimento, a não ser nas circunstância excepcionais previstas legalmente.

A nova Directiva é um dos exemplos mais claros da mudança da lógica que esteve na base da protecção dos dados pessoais e que corre o risco de se tornar a regra no futuro[2152]. Não se trata apenas de uma invasão da privacidade das pessoas em geral e dos trabalhadores em especial, mas de uma reestruturação do espaço "interior " e "exterior" do cidadão. Passa-se de uma recolha de dados fundada no princípio da finalidade e com determinados objectivos, para uma recolha generalizada, ampliando-

---

[2150] RODOTÀ, "La conservación de los datos de tráfico en las comunicaciones electrónicas", *in Revista de Internet, Derecho y Política*, n.º 3, 2006, *in* www.uoc.edu/idp, p. 53.

[2151] A erosão deste princípio implica vários problemas para a relação jurídico--laboral.

[2152] Secunda-se RODOTÀ, última *op.* cit., p. 55.

-se a área das pessoas submetidas ao controlo. Já não se trata de certas pessoas ou de certos grupos considerados perigosos parecendo, antes, que toda a população é "uma potencial classe perigosa"[2153].

A Directiva propõe harmonizar as disposições dos vários Estados membros em relação às obrigações dos fornecedores de serviços de comunicações electrónicas, aplicando-se, nos termos do art. 1.º, n.º 2, aos dados de tráfego e aos dados de localização, bem como aos dados conexos necessários para identificar o assinante ou o utilizador registado, ficando excluídos os dados de conteúdo. Esta obrigação de conservação dos dados supõe logo uma excepção aos arts. 5.º, 6.º e 9.º da Directiva 2002/58/CE.

Desde logo, parece ser de colocar uma objecção à finalidade desta Directiva na medida em que as medidas adoptadas são extremamente vulneradoras dos direitos fundamentais dos cidadãos, sendo que existem outros mecanismos menos invasores. Um deles é o do *quick freeze*, onde se leva a cabo um armazenamento geral dos dados mas apenas nos casos justificados pelas autoridades policiais que pedem aos fornecedores de serviços que armazenem dados e, posteriormente, podem obter um mandado judicial que lhes permita aceder aos mesmos[2154].

Por outro lado, e contrariamente à proposta de Directiva, não se faz qualquer concretização do que sejam os crimes "graves" que permitem a retenção de dados o que não deixa de ser perigoso, defendendo-se que teria sido preferível uma definição clara e rigorosa[2155] deste conceito não permitindo interpretações extensivas. Acresce, ainda, que os sujeitos obriga-

---

[2153] RODOTÀ, "La conservación de los datos...", cit., p. 56. No mesmo sentido veja-se MÒNICA VILASAU, "La Directiva 2006/24/CE sobre conservación de datos del tráfico en las comunicaciones electrónicas: seguridad v. privacidad", *in Revista de Internet, Derecho y Política*, n.º 3, 2006, *in* www.uoc.edu/idp, p. 1. Cf., ainda, ARMANDO VEIGA e BENJAMIM SILVA RODRIGUES, *op.* cit., pp. 468-469, e BENJAMIM SILVA RODRIGUES, *op.* cit., p. 378.

[2154] Neste sentido veja-se MÒNICA VILASAU, *op.* cit., p. 6, e Grupo de Protecção de Dados Pessoais do art. 29.º, *Parecer 3/2006...*, cit., p. 3.

[2155] A proposta de Directiva especificava "terrorismo e outras formas de crime organizado" mas, na versão final, não se lhes fez qualquer alusão, o que pode significar que se abrangem estes e outros especialmente graves. Também a Lei n.º 32/2008, no art. 3.º não especificou o que deve entender-se por crimes graves, tendo a CNPD, no *Parecer 38/2007*, defendido que "a limitação aos direitos fundamentais que deste tratamento resulta impõe que se defina esse conceito".

612 *A Privacidade dos Trabalhadores e as Novas Tecnologias...*

dos a reter os dados são só fornecedores de serviços de comunicações electrónicas, conforme dispõe o art. 1.º, n.º 1, o que pode abranger vários empregadores que retêm os dados dos seus trabalhadores enquanto utilizadores, nos termos do art. 2.º, n.º 2, alínea b).

Outro problema que este diploma levanta está relacionado com o prazo de conservação dos dados pessoais. A Directiva não estabeleceu um prazo único mas variável entre seis meses e dois anos, prazo que nos parece excessivo, potenciando riscos em matéria de protecção de dados pessoais, designadamente acessos indevidos, riscos que devem ser minimizados dada a natureza dos direitos em causa – direitos fundamentais – e o facto das restrições a estes direitos terem de estar sujeitas ao princípio da proporcionalidade[2156]. Por outro lado, pode levantar problemas quanto ao próprio objectivo da Directiva e que é o da harmonização, na medida em que podem existir prazos de conservação de seis meses nalguns Estados membros e noutros de vinte e quatro meses.

Entende-se que a conservação de dados pessoais de tráfego interfere com o direito fundamental à autodeterminação informativa, previsto no art. 35.º da CRP, não se podendo deixar de atender, ainda, que a ingerência prevista na Directiva nestes diversos tipos de fluxos implica ou pode implicar a lesão também do direito à inviolabilidade ou sigilo de correspondência, previsto no art. 34.º da CRP.

As medidas adoptadas nesta Directiva ultrapassam totalmente os benefícios que com ela se podem obter já que se está a instaurar uma filosofia de suspeita e de vigilância de todos os cidadãos sem um mínimo indício.

Não se pode deixar de ter em atenção que a protecção de dados pessoais continua a ser uma "utopia necessária"[2157], uma utopia que convém ser salvaguardada, sendo que a protecção de dados pessoais e o direito à autodeterminação informativa são actualmente uma "dimensão da liberdade dos contemporâneos"[2158].

[2156] Em Portugal, no anteprojecto de proposta de lei tinha-se estabelecido o prazo máximo que tinha sido criticado pela CNPD por excessivo. Na versão final, no art. 6.º, reduziu-se para um ano.

[2157] SPIROS SIMITIS, *apud* RODOTÀ, última *op.* cit., p. 59.

[2158] RODOTÀ, "La conservación de los datos...", cit., p. 59.

O Controlo das Comunicações Electrónicas... 613

4. A INFORMÁTICA, AS NOVAS TECNOLOGIAS DE INFORMA-ÇÃO E COMUNICAÇÃO E O CONTROLO ELECTRÓNICO DOS TRABALHADORES

4.1. Considerações introdutórias

4.1.1. A tecnologia informática teve uma enorme repercussão no desenvolvimento do Direito do trabalho originando, até, um novo tipo de controlo, o controlo electrónico do empregador[2159]. Na verdade, a emergência das tecnologias da informação e da comunicação serviu de motor para o desenvolvimento da sociedade pós-industrial, tal como foi referido anteriormente[2160], não sendo o sector laboral alheio às transformações ocorridas na sociedade, quer quanto às vantagens a elas associadas, quer quanto aos riscos a elas inerentes[2161].

O uso das NTIC, principalmente a utilização da *Internet* e do *e-mail*, tornou o controlo do empregador cada vez mais presente e incisivo, afectando em crescendo a privacidade dos trabalhadores[2162]. Os empregadores podem, através destas novas tecnologias, reunir informação acerca dos trabalhadores mediante a observação do que fazem durante o tempo de trabalho, descobrir os seus interesses e preferências através da análise dos *sites* mais visitados, permitindo a criação de perfis sobre os trabalhadores e de uma selecção neles baseada[2163]. É a revolução tecnológica que permite ao empregador dispor destes novos *utensílios*.

[2159] Cf. sobre esta influência e sobre o controlo electrónico, capítulo II, n.º 6.

[2160] Ver capítulo I, n.º 3.

[2161] Ver SYLVAIN LEFÈBVRE, *op.* cit., pp. 127-128, referindo-se ao enorme crescimento da informática e às repercussões desta no Direito do trabalho.

[2162] O controlo abarca cada vez maiores áreas. *Inter alia*, o controlo do resultado e da actividade dos trabalhadores em vídeoterminais e as centrais telefónicas associadas a um computador permitem saber todos os dados de uma chamada, o controlo das deslocações internas na empresa e fora dela e o controlo do uso do computador, da *internet* e do *e-mail*.

[2163] Veja-se RITA GARCIA PEREIRA, *op.* cit., pp. 150-151, e ROSSELLI, *op.* cit., p. 465. Também SEMPERE NAVARRO e CAROLINA SAN MARTÍN MAZZUCCONI, *Nuevas tecnologias...*, cit., pp. 117-118, referem que a informática não resulta somente num mecanismo extraordinariamente eficaz para conservar e transmitir informação, como também para processá-la de modo tal que permita construir perfis sociais dos cidadãos, abrindo as

614 *A Privacidade dos Trabalhadores e as Novas Tecnologias...*

A tecnologia informática permite, graças às suas capacidades praticamente ilimitadas de captar, armazenar, relacionar e transmitir todo o tipo de dados, reunir de forma personalizada, a partir de diferentes tipos de informação, múltiplas facetas da vida dos cidadãos/trabalhadores. Pode dizer-se assim, secundando FERNÁNDEZ DOMÍNGUEZ e SUSANA RODRÍGUEZ ESCANCIANO[2164], que a "agressividade" torna-se a nota característica da informática e das NTIC, não só perante o direito à privacidade, mas, eventualmente, perante outros direitos fundamentais, tendo em atenção a proliferação incontrolada destas tecnologias.

O crescimento da *Internet* permitiu ao empregador um aumento na recolha de informação pessoal acerca dos trabalhadores[2165]. O crescente aumento do controlo electrónico da *Internet* e do *e-mail* como uma técnica de gestão cada vez mais aproveitada pelos empregadores, alterou as formas utilizadas pelos empregadores para monitorizar a produtividade e o desempenho dos trabalhadores, e se associarmos a possibilidade de utilização de ligações *VPN*, que permitem o acesso remoto de qualquer local desde que com uma ligação adequada ao ambiente de trabalho, nota-se como este poder de controlo se torna ainda maior pois permite controlar inclusive os dados dos computadores que se localizam na casa dos trabalhadores[2166].

---

portas, no campo do Direito do trabalho, à criação de autênticos perfis de trabalhadores, baseando-se em informação não só profissional como também de índole moral e pessoal. Ver, no mesmo sentido, PÉREZ DE LOS COBOS ORIHUEL, *Nuevas tecnologias...*, cit., p. 74. Navega nas mesmas águas M.ª BELÉN CARDONA RUBERT, *Informática...*, cit., pp. 62-63, referindo que esta tecnologia permite reelaborar uma grande quantidade de dados simples ou fragmentários, aparentemente inócuos, que combinados entre si oferecem um quadro completo da personalidade do trabalhador.

[2164] *Op.* cit., pp. 102-103.

[2165] DÄUBLER, *Internet und...*, cit., p. 5, refere que a *Internet* mudou a própria ciência do Direito. Também THOMAS STREITBERGER, *op.* cit., p. III defende o mesmo. No mesmo sentido, M.ª TERESA SALIMBENI, *op.* cit., p. 29, refere que o sistema de empresa dos anos 50 que perdurou durante vários anos e o Direito do trabalho em que assentou entrou em crise com o advento das novas tecnologias. Para JÚLIO GOMES, *Direito do...*, cit., p. 367, citando FALGUERA I BARÓ, a *Internet* instalou-se "como um coronavírus mutante no próprio metabolismo do sistema produtivo e da organização de trabalho, modificando-os profundamente".

[2166] Como referem MARIE-PIERRE FENOLL-TROUSSEAU e GÉRARD HAAS, *op.* cit., pp. 30-31, o desenvolvimento da *Internet* aumentou os riscos de recolhas selvagens ou "piratas" e de tratamento de dados organizados pelos empregador, sendo os riscos ainda

Contudo, estas novas formas de controlo electrónico associadas à tecnologia informática podem ser bastante problemáticas se comparadas com as formas tradicionais de controlo associadas à supervisão humana[2167], porque actualmente o controlo pode ser realizado secretamente, de forma oculta[2168], podendo ser contínuo e muito mais intrusivo. A tecnologia torna as formas de intrusão na privacidade dos trabalhadores mais fáceis para o empregador e mais difíceis para os trabalhadores as detectarem.

Neste contexto, torna-se muito mais fácil para o empregador o controlo das comunicações electrónicas dos trabalhadores e se, anteriormente, os empregadores tinham a possibilidade de controlar as cartas e os telefonemas recebidos ou enviados pelos trabalhadores, a tarefa era difícil e bastante custosa. Contudo, com a *Internet*, uma nova geração de tipos de informação e de comunicação surgiu, que aumentou a facilidade de acesso e de frequência a estas novas formas, originando, consequentemente, maiores perigos para a privacidade dos trabalhadores já que pode captar-se tudo e isto comporta um crescimento dos registos e da criação de perfis, assim como da classificação e da normalização das condutas. Esta actividade pode gerar discriminação e permite manipular as comunidades fixando diferenças entre as pessoas[2169].

O problema encontra-se no facto de com estas novas tecnologias permitir-se um tipo de controlo muito mais intrusivo, com programas capazes de gravar a actuação do trabalhador de tal maneira que o empregador pode observar todos os detalhes em que se realiza a prestação,

---

maiores porque podem ser feitos sem o conhecimento dos internautas, isto é, dos trabalhadores.

[2167] Defendendo que estas novas formas não podem ser equiparadas ao controlo tradicional veja-se FABRIZIA DOUGLAS SCOTTI, "Sistema informático aziendale di comunicazione e condotta antisindicale", *in LNG*, n.º 2, 1996, p. 142.

[2168] Embora já se tenha referido no capítulo II, n.º 4 que tal não é, em princípio, permitido. Ver, ainda, o problema do controlo oculto em relação à videovigilância, *supra*, capítulo III, n.º 3.4..

[2169] Neste sentido veja-se HAZEL OLIVER, *Why information privacy...*, cit., pp. 16-17, e HAZEL OLIVER, "E-mail and Internet...", cit., pp. 327-328. Também JOHN WECKERT, "Preface", *in Electronic Monitoring...*, cit., p. VI, defende o mesmo. NICOLA LUGARESI, *op.* cit., p. 24, refere que o maior medo que se coloca é de que com o desenvolvimento destas tecnologias, possam ser criados *dossiers* completos e fundados sobre os indivíduos, compreendendo dados pessoais, informação financeira, dados médicos, e outros elementos extremamente íntimos.

616 *A Privacidade dos Trabalhadores e as Novas Tecnologias...*

vendo os erros cometidos, as palavras digitadas, o tempo utilizado e vários outros detalhes que, de outra forma, escapariam ao seu conhecimento.

Na realidade, a utilização destes novos meios informáticos, propriedade do empregador, por parte dos trabalhadores, faz com que aquele pretenda exercer sobre estes o seu poder de controlo electrónico. Desta forma, com as novas possibilidades apresentadas pelas NTIC, o empregador pode valer-se do próprio instrumento de trabalho empregue pelo trabalhador na sua prestação laboral para controlar a sua actividade profissional, já que existe uma concentração nestas novas tecnologias do instrumento de trabalho e do instrumento de controlo[2170].

Afigura-se que os maiores perigos para os direitos dos trabalhadores que apresenta este controlo electrónico do empregador associado ao seu poder informático[2171] derivam, sobretudo, da sua capacidade de recolha e transmissão de dados sobre a pessoa do trabalhador, assim como da capacidade de tratamento ou de elaboração da informação. Com o poder informático do empregador, o controlo electrónico permite um tratamento dos dados pessoais dos trabalhadores ilimitado e indiscriminado, facilitando que os dados que se encontram disseminados em várias fontes de informação, surjam instantaneamente reunidos numa base de dados sem terem sido submetidos a uma elaboração prévia acerca da sua relevância relativamente aos requisitos de aptidão ou com as obrigações derivadas do conteúdo da prestação laboral[2172].

[2170] Para M.ª BELÉN CARDONA RUBERT, *Informática...*, cit., p. 63, a introdução destas novas tecnologias originou uma "perfeita concentração" numa mesma máquina da actividade produtiva e de controlo o que origina uma enorme quantidade de dados.

[2171] Como refere M.ª BELÉN CARDONA RUBERT, *Informática...*, cit., p. 22, o contrato de trabalho, caracterizado por implicar a pessoa do trabalhador na execução das obrigações laborais, "oferece o cenário perfeito para o desenvolvimento do que se tem vindo a chamar poder informático". Entende, ainda, pp. 63-64, que este poder pode ser entendido como "a capacidade própria do responsável de acrescentar dados e de estabelecer as comparações mais diversas entre eles, até ao ponto de transformar informações dispersas numa informação organizada e conseguir passar dos actos mais banais do indivíduo aos mais íntimos e secretos, e a possibilidade de encontrar imediatamente e de comunicar as informações assim obtidas a quem o requeira".

[2172] Segue-se o defendido por GOÑI SEIN, "Vulneración de derechos...", cit., pp. 51-52. Cf., ainda, DANIEL IHNAT, *op.* cit., pp.1-2. Ver, também, PÉREZ DE LOS COBOS

O Controlo das Comunicações Electrónicas... 617

Por outro lado, não pode negar-se, actualmente, a necessidade das organizações empresariais se dotarem destas tecnologias informáticas para enfrentarem os desafios apresentados e tornarem-se mais rentáveis e produtivas, optimizando a sua gestão e administração[2173]. Secunda-se, neste aspecto, JÚLIO GOMES[2174], pois com a introdução destas NTIC, ocorrem, simultaneamente, avanços e oportunidades, assim como fontes de riscos[2175].

O problema reside no facto de juntamente com esta utilização lógica e necessária das NTIC, o empregador servir-se delas para outras utilizações, não tão legítimas nem lícitas, disfarçando-as sob a forma de interesses produtivos ou comerciais, quando na realidade supõem verdadeiros compor-tamentos de *pseudo-espionagem* e controlo do cidadão/trabalhador[2176].

A extrema flexibilidade da tecnologia informática permite uma multiplicidade de diferentes utilizações em relação à sua aplicação nas empresas, quer sob o ponto de vista do controlo, quer do da recolha de informação, o que aumenta muito a dificuldade de proteger a privacidade e de estabelecer limites[2177].

ORIHUEL e THIBAULT ARANDA, "El uso laboral del ordenador y la buena fe (A propósito de la STS de 26 de septiembre de 2007, rec. 966/2006), *in RL*, n.º 6, 2008, p. 52, referindo--se à enorme capacidade de armazenamento dos computadores.

[2173] Neste sentido cf. CONLON, *op.* cit., p. 444, e MICHAEL FORD, *op.* cit., p. 237. Também STEPHAN ALTENBURG, WOLFGANG REINERSDORFF e THOMAS LEISTER, "Tele-kommunikation am Arbeitsplatz", *in MMR*, n.º 3, 2005, p. 135, referem que não é mais pensável um ambiente de trabalho moderno sem estas novas formas de comunicação associdas às NTIC.

[2174] *Direito do...*, cit., p. 367.

[2175] Para HUBERT BOUCHET, "À l'épreuve des nouvelles..., cit., p. 79, ocorreu uma metamorfose no Direito do trabalho que ocasiona novas vantagens mas com riscos acrescidos. Também CHRISTOPHE RADÉ, "Nouvelles technologies...", cit., p. 32 se refere a este problema e ao "cavalo de Tróia Informático". Também o documento do Prépose federal à la protection des données da Suiça, *Guide relatif à la surveillance de l'utilisation d'Internet et du courrier électronique au lieu de travail*, p. 6, se refere a este enorme aumento da produtividade que pode acompanhar as novas tecnologias mas também os efeitos menos positivos para os trabalhadores que lhes podem estar associados.

[2176] MICHAEL FORD, *op.* cit., p. 237. A este propósito vejam-se as estatísticas citadas por MARTINEZ-HERRERA, *op.* cit., p. 2, nota n.º 12, acerca do enorme número de trabalhadores alvo de controlo electrónico no ordenamento jurídico norte-americano.

[2177] Como refere BELLAVISTA, *Il controllo...*, cit., pp. 129-130, o advento das novas tecnologias na empresa apresenta outros e maiores riscos de violação dos direitos dos trabalhadores.

618   *A Privacidade dos Trabalhadores e as Novas Tecnologias...*

Como se referiu anteriormente[2178], a introdução da informática permitiu a passagem de um controlo descontínuo, limitado pelos condicionalismos físicos inerentes à sua feitura humana, para um controlo contínuo, muito mais penetrante, intrusivo, sub-reptício, frio e aparentemente infalível, porque feito por máquinas[2179], operando-se uma verdadeira migração do controlo da periferia do processo de trabalho para o coração deste[2180].

Acresce a este enorme aumento de controlo a possibilidade de utilização dos perfis realizados para uma potencial discriminação dos trabalhadores ou, até, para a sua descontextualização, trazendo inúmeros prejuízos para os trabalhadores, pois o seu comportamento pode ser valorizado tendo por base dados que não correspondem à realidade das situações. Porém, como refere DÄUBLER[2181], o maior perigo advém de um uso ordinário dos dados pessoais feito em prejuízo do trabalhador e esta possibilidade é aumentada com as NTIC. Também não pode deixar de atender-se ao facto de o empregador poder ter legítimos interesses em pretender controlar o uso destes novos meios por parte dos trabalhadores, desde logo porque a existência de *Internet* numa empresa coloca sérios riscos para o empregador, começando com os relacionados com a espionagem industrial, a transmissão de informações confidenciais, bem como o aumento da vulnerabilidade da empresa que fica exposta a uma série de possíveis ataques externos[2182]. As empresas podem ainda alegar razões de funcionamento para fazerem uso destas novas possibilidades de controlo, na medida em que o correcto e eficiente funcionamento do sistema informático pode ver-se alterado como consequência de determinadas actividades dos trabalhadores, sendo que o uso destes meios informáticos para fins privados ainda pode aumentar mais esta possibilidade, pois pode originar problemas no funcionamento da rede, ou uma redução da velocidade do sistema, assim como da sua capacidade[2183].

[2178] *Vide, supra*, capitulo II, n.º 6.

[2179] Veja-se ONOFRIO FANELLI, *op.* cit., p. 31.

[2180] Tal como refere HUBERT BOUCHET, *Rapport d'étude...*, cit., p. 3.

[2181] "Nuove tecnologie...", cit., pp. 65-66.

[2182] Cf. JÚLIO GOMES, *Direito do...*, cit., p. 367. Veja-se, ainda, JAY KESAN, *op.* cit., pp. 311-312, referindo-se a inúmeros argumentos que servem para justificar o possível controlo do empregador, assim como JOHN WECKERT, *op.* cit., p. VII.

[2183] Como refere LÓPEZ MOSTEIRO, "Despido por uso de correo electrónico e internet", *in AL*, n.º 41, 2001, p. 767, "os infinitos campos que estas tecnologias oferecem para

O Controlo das Comunicações Electrónicas...

Por outro lado, outro motivo de preocupação está relacionado com determinadas atitudes que podem colocar em causa a "imagem pública" da empresa, na medida em que as circunstâncias em que se definem estes novos sistemas fazem com que se tornem canais especialmente aptos para certas condutas que fazem quase desaparecer certos bens considerados fundamentais, quer seja por difamação ou discriminação ou, simplesmente, porque se trata de comunicações que podem ofender certas pessoas por razões, *v.g.*, de raça, sexo, orientação sexual, idade, deficiência e religião. E se o *e-mail* é o da empresa, este uso pode afectar a sua imagem, principalmente se o trabalhador utiliza este *e-mail* para enviar mensagens com certo conteúdo, ou se inscreve em fóruns de opinião, *chats* ou *newsgroups*. Nestes casos o nome da empresa vê-se directamente relacionado com as opiniões difundidas que, em função do seu conteúdo, podem prejudicá-lo comercialmente e causar danos à sua imagem externa, podendo, igualmente, criar um ambiente de trabalho desagradável ou repercutir-se negativamente na normal convivência de quem presta serviços na empresa[2184].

4.1.2. Entende-se, desta forma, que a eficácia empresarial se vê multiplicada através da utilização de redes de comunicação desde a própria sede da organização até outros locais. Por outro lado, a implementação deste novo tipo de comunicações coloca problemas relacionados com a protecção de certos direitos fundamentais, *maxime*, da privacidade e do segredo das comunicações tutelados constitucionalmente. O poder informático do empregador e o controlo electrónico mostram, desta forma, a sua dupla virtualidade, quer como ferramenta para a consecução de melhorias a nível da empresa, com diminuição dos custos e do tempo necessário para a consecução de certas actividades, quer, simultaneamente, como um instrumento de limitação ou, até, de supressão ou eliminação de certas garantias individuais dos trabalhadores[2185].

---

o trabalho, são também uma tentação para o operário que com um simples botão acede a um mundo novo e misterioso".

[2184] Seguem-se os argumentos referidos por THIBAULT ARANDA, "El derecho...", cit., pp. 63-64. Cf., ainda, MARTÍNEZ FONS, "Uso y control...", cit., p. 1312, com mais argumentos para justificar um eventual controlo por parte do empregador.

[2185] No mesmo sentido, MORALES GARCÍA, "La tutela penal de las comunicaciones laborales", *in Tecnología Informática...*, cit., pp. 457-458.

620   *A Privacidade dos Trabalhadores e as Novas Tecnologias...*

Defende-se que o facto do desenvolvimento tecnológico permitir certo tipo de controlo não significa que o seu uso seja lícito tendo em atenção os princípios fundamentais do sistema jurídico[2186].

4.2. O princípio da boa fé, da transparência e do uso pessoal como questões prévias no uso dos instrumentos informáticos da empresa e no exercício do poder de controlo electrónico do empregador

O computador e as novas formas de comunicação electrónica tornaram-se instrumentos de trabalho privilegiados, principalmente nas empresas do sector terciário e quaternário, conforme já se referiu anteriormente[2187], e embora sendo um vector essencial do aumento qualitativo e quantitativo da produtividade das empresas, o recurso generalizado a estas tecnologias pode, igualmente, gerar, em caso de abuso, efeitos menos favoráveis para os empregadores mas, também, para os próprios trabalhadores. Para evitar estes riscos as empresas tendem, muitas vezes, a reduzir e mesmo suprimir completamente o uso destes meios para fins não profissionais, o que não nos parece configurar a melhor solução, porque pode levar à desmotivação dos trabalhadores e até à quebra da sua produtividade, não nos parecendo ser possível na sociedade actual, podendo ser solução drástica e até contraproducente[2188].

4.2.1. A introdução das NTIC nas relações laborais suscita inúmeras questões, sendo que a fundamental está relacionada com o eventual direito do empregador a controlar o uso destes meios na empresa com fins pessoais. A questão relaciona-se, desta forma, com a existência ou não do direito do trabalhador usar as NTIC na empresa para fins pessoais e, consequentemente, a possibilidade do empregador sancionar disciplinarmente as condutas contrárias às regras estabelecidas[2189].

[2186] *Vide* RODOTÀ, *Tecnologie...*, cit., p. 114. Cf., ainda, CAMAS RODA, "La influencia del correo electrónico...", cit., p. 151.

[2187] Cf., *supra*, capítulo I, n.º 3.

[2188] Conforme se irá analisar ao longo deste número.

[2189] Ver neste sentido MANUEL KIPER, "Betriebs – und Dienstverenbarungen zu E-mail und Internet (1)", *in CF*, n.º 9, 2004, p. 15.

O *Controlo das Comunicações Electrónicas...* 621

Parece que esta é uma questão prévia fundamental a toda a análise posterior, relacionada, ainda, com o princípio da boa fé e da transparência que todas as medidas de controlo realizadas pelo empregador têm de seguir[2190].

Vários autores defendem que, sendo o empregador o detentor da propriedade destas novas tecnologias e o titular do poder directivo e de controlo pode, perfeitamente, estabelecer regras de utilização destes meios e restringi-los, quando assim o entender, ao mero uso profissional[2191].

[2190] A que se junta, ainda, o princípio da proporcionalidade, conforme se analisou, *supra*, capítulo II, n.º 4.

[2191] Pode ver-se na doutrina alemã que vários autores entendem ser uma prerrogativa do empregador a possibilidade de decidir quem e quando pode aceder a estas novas tecnologias para fins pessoais e proibir o seu uso para fins não profissionais. Veja-se, *inter alii*, ANDREA RAFFLER e PETER HELLICH, *op.* cit., p. 862, CLEMENS THIELE, "Internet am Arbeitsplatz", *in ecolex*, n.º 8, 2001, p. 613, DÄUBLER, *Internet und...*, cit., p. 103, KAI KUHLMANN, *op.* cit., pp. 26-27, referindo que o trabalhador não tem qualquer direito de realizar um uso pessoal a não ser que seja autorizado para tal pelo empregador, STEFAN ERNST, "Der Arbeitgeber, die E-mail und das Internet", *in NZA*, n.º 11, 2002, p. 585, STEFAN KRAMER, "Internetnutzung als Kündigungsgrund", *in NZA*, n.º 9, 2004, p. 458, "Kündigung wegen privater Internetnutzung", *in NZA*, n.º 4, 2006, p. 195, referindo-se à decisão do BAG de 7 de Julho de 2005, onde não se defendeu um uso social destas novas tecnologias no local de trabalho, podendo o empregador estabelecer regras de proibição acerca da sua utilização, STEPHAN ALTENBURG, WOLFGANG REINERSDORFF e THOMAS LEISTER, *op.* cit., p. 135, STEPHAN BUSCHINA, "Neue Medien im Lichte des Arbeitsrechts", *in* www.it-law.at, p. 2, e WEIßGERBER, *op.* cit., p. 96.

No ordenamento jurídico brasileiro podem ver-se ALEXANDRE BELMONTE, *op.* cit., pp. 85-86, e ARION SAYÃO ROMITA, *op.* cit., p. 304.

Na doutrina espanhola também há autores que defendem a possibilidade do empregador proibir a utilização para fins privados. Assim, podem ver-se, a título meramente exemplificativo, FERNÁNDEZ VILLAZÓN, *Las facultades...*, cit., p. 133, GOÑI SEIN, última *op.* cit., p. 80, embora não considere ser a melhor posição, M.ª DOLORES RUBIO DE MEDINA, *op.* cit., p. 20, MARÍA NATALIA OVIEDO, *op.* cit., p.79, REMEDIOS ROQUETA BUJ, *Uso y control...*, cit., p. 13, ROIG BATALLA, *op.* cit., pp. 117-118, embora não entenda ser a política mais recomendável porque a única opção do empregador perante um uso para fins privados, independentemente da razão, é a de sancionar disciplinarmente o trabalhador, e THIBAULT ARANDA, "El derecho...", cit., p. 61.

Também na doutrina francesa se encontram alguns autores que defendem ser possível esta proibição para fins privados. Assim, ARIANE MOLE, "Mails personnels...", cit., p. 84, ANTONMATTEI, *op.* cit., p. 39, e XAVIER LEMARTELEUR, *op.* cit., p. 46.

Na doutrina italiana podem ver-se CRISTINA TACCONE, *op.* cit., p. 315, e GIAMPIERO GOLISANO, *op.* cit., pp. 1322-1323.

Na doutrina portuguesa pode ver-se JÚLIO GOMES, *Direito do...*, cit., p. 369, e PEDRO ORTINS DE BETTENCOURT, "A internet...", cit., p. 40.

622   *A Privacidade dos Trabalhadores e as Novas Tecnologias...*

Entendem ser exagerada a opinião de que o desenvolvimento da personalidade do trabalhador e do seu direito à privacidade pode fundamentar uma tal limitação às faculdades do empregador. Consideram, desta forma, que o trabalhador celebra um contrato de trabalho em que se obriga a prestar uma actividade e, durante o tempo de trabalho, o trabalhador tem a obrigação de a exercer de acordo com os interesses do empregador e não para si próprio ou para um terceiro. Por isso, quando utiliza estes meios para fins recreativos está a violar os seus deveres profissionais previstos legal e contratualmente.

Assim, defendem que o empregador pode perfeitamente proibir esta utilização para fins privados, estabelecendo regras de conduta, e controlar a actuação dos trabalhadores para aferir se realmente estão a efectuar uma utilização adequada.

Esta política proibitiva é perfeitamente defensável porque é baseada não só na necessidade de evitar os tempos de inactividade do trabalhador como, ainda, problemas de segurança do sistema e de responsabilidade, imputáveis ao empregador, e ainda em razões estritamente laborais, como as de garantir a possibilidade de que as comunicações possam ser controladas.

Porém, também defendem que este controlo tem de respeitar os princípios da proporcionalidade e da boa fé e, por isso, como este comportamento limita os direitos fundamentais dos trabalhadores, exige-se, sempre, uma justificação objectiva para o exercício deste controlo electrónico. Assim, não podem ser concretizados controlos arbitrários e injustificados destas formas de comunicação, porque se estaria perante formas de controlo ilícito contrárias à tutela da privacidade e da própria dignidade dos trabalhadores. Proibem-se, assim, os controlos que negam um certo espaço de liberdade no local de trabalho ou onde não seja possível a livre manifestação da pessoa[2192].

Por outro lado, muitos destes autores entendem que, mesmo existindo esta proibição para um uso pessoal, tem de haver alguma tolerância quando se trate de certas situações urgentes e, muitas vezes, de foro familiar, sendo preferível aceitar esta utilização, a sancionar disciplinarmente

---

[2192] Esta é a opinião de GOÑI SEIN, "Vulneración de derechos...", cit., pp. 80-81, entendendo que o empregador pode perfeitamente restringir o uso do *e-mail* a fins profissionais, embora também considere não ser a melhor solução, nem a mais recomendável.

O Controlo das Comunicações Electrónicas... 623

os trabalhadores[2193], sendo que, por vezes, é uma solução benéfica para o empregador porque a alternativa seria fomentar faltas[2194] ao trabalho para os trabalhadores poderem realizar essas actividades de foro pessoal.

Contudo, não parece preferível esta visão, defendendo-se que o trabalhador tem o direito de utilizar estes instrumentos para fins pessoais, nem parecendo que constitua um impedimento a redacção do art. 22.º do CT ao permitir que o empregador estabeleça regras de utilização destes meios de comunicação. Parece que através deste artigo o legislador visou permitir ao empregador a elaboração de regras, *inter alia*, quanto ao tempo, à duração da conexão, ao tipo de *sites* visitados, mas não o estabelecimento de uma proibição absoluta da utilização destes meios. Há que conciliar o n.º 1 com o n.º 2 do art. 22.º e, por isso, se o trabalhador goza do direito de reserva e de confidencialidade relativamente ao conteúdo das mensagens de natureza pessoal e do acesso a informação de natureza não profissional, o n.º 2, ao estipular a possibilidade do empregador estabelecer regras de utilização dos meios de comunicação na empresa, nomeadamente do *e-mail*, significa tão só que pode emanar regras quanto ao tempo que pode estar a consultar os *e-mails* ou a navegar na *Internet*.

[2193] JÚLIO GOMES tem esta opinião, *Direito do...*, cit., pp. 369-370, nota n.º 987, porque embora defenda que o empregador pode, em princípio, proibir o uso do *e-mail* para fins pessoais, admite que em certas situações de urgência ou outras socialmente justificadas, o trabalhador pode utilizar este meio para fins pessoais, apesar da proibição. Neste sentido há quem considere irrazoável uma proibição total, nomeadamente naqueles casos em que os trabalhadores têm necessidade urgente de contactarem com os seus familiares, tendo mesmo chegado a sugerir-se na doutrina norte-americana que poderia constituir uma forma de discriminação sexual. Tendo em atenção que são as mulheres, na maior parte dos casos, que assumem as responsabilidades familiares, uma proibição do uso privado do equipamento informático e das comunicações – a qual dificultaria conciliar o trabalho com as responsabilidades familiares – poderia afectar a capacidade das mulheres para acederem a determinados postos numa proporção muito superior à dos homens. MARK JEFFERY, "Introducción", *in Tecnología Informática...*, cit., p. 43, em especial nota n.º 26.

[2194] LEAL AMADO, *Contrato de...*, cit., pp. 289-290, defende que no regime jurídico das faltas concorrem dois interesses aparentemente antagónicos: o interesse do empregador, economicista, que pretende a todo o custo a presença do trabalhador, e os interesses deste que relevam da ideia de alguma disponibilidade atendendo a bens humanistas ou morais, como os ligados às faltas por motivo de luto ou de nascimento de filhos. E a disciplina jurídica consagrada no CT revela essa instabilidade e os interesses prevalecentes.

624   *A Privacidade dos Trabalhadores e as Novas Tecnologias...*

Parece que uma proibição total do uso pessoal da *Internet* é pouco prática, irrealista e contraproducente[2195], não atendendo aos inúmeros benefícios que a sua utilização pode trazer para os trabalhadores no seu quotidiano[2196]. Por outro lado, não pode deixar de ter-se em conta que as formas de comunicação entre os trabalhadores e/ou terceiros estão a mudar, e se o empregador não pode proibir conversas entre os trabalhadores, também não parece razoável proibir o envio ou a recepção de *e-mails*, já que estes têm vindo a substituir os tradicionais meios de comunicação[2197].

Afigura-se, ainda, que a invocação por parte do empregador de problemas de segurança e transmissão de vírus devido aos *e-mails* recebidos não é a melhor opção pois, muitas vezes, as empresas são praticamente *inundadas* com *e-mails* não desejados, isto é, *spam*, sem que o trabalhador possa fazer o que quer que seja, devendo antes o empregador utilizar filtros capazes de salvaguardar a segurança do sistema.

Propendemos para considerar que, embora estes meios devam ser entendidos como primordialmente dedicados à prestação de trabalho, há que ter em atenção que, por vezes, a utilização da *Internet* para fins privados e por pouco tempo pode facultar ao trabalhador mais aprendizagem do que vários cursos de formação que o empregador pretenda ministrar-

---

[2195] Para JEAN-EMMANUEL RAY, "Actualités des TIC – I. – Relations individuelles de travail", *in DS*, n.º 11, 2008, p. 1079, "actualmente é dificilmente concebível que o empregador no regulamento interno proíba toda a conexão não profissional", o que não significa que não possa, através de determinados mecanismos técnicos, limitar a utilização de certos *sites*.

[2196] Neste sentido AMADEU GUERRA, *A privacidade...*, cit., p. 309. Também a CNPD, no seu Parecer sobre *Princípios sobre a privacidade no local de trabalho*, de 29 de Outubro de 2002, p. 2, entendeu "ilógico, irrealista e contraproducente que, no contexto da relação de trabalho se proíba – de forma absoluta – a utilização do correio electrónico e o acesso à Internet para fins que não sejam estritamente profissionais". No mesmo sentido, pode ver-se o *Documento de trabalho sobre a vigilância das comunicações...*, cit., p. 5, referindo que "uma proibição geral da utilização pessoal da Internet pelos empregados não parece razoável e não reflecte o grau em que a Internet pode ajudar os empregados no seu dia-a-dia". Ver, ainda, ROBERTO FRAGALE FILHO e JOAQUIM REZENDE ALVIM, "El derecho brasileño", *in Tecnología Informática...*, cit., p. 111.

[2197] Veja-se DÄUBLER, *Derecho del...*, cit., p. 622. Cf., ainda, RENATO BIGNAMI, *op.* cit., p. 220, e PETER GOLA, "Neuer Tele-Datenschutz für Arbeitnehmer? Die Anwendung von TKG und TDDSG im Arbeitsverhältnis", *in MMR*, n.º 6, 1999, p. 326.

-lhe, por exemplo, sobre a utilização da informática. Há como que uma "alfabetização" e uma "auto-formação" tendo em atenção que tudo é uma questão de medida e de proporção[2198]. Numa economia cada vez mais informatizada e cada vez mais interdependente, são as ideias, as inovações e a inteligência que se tornam factores-chave para o sucesso das empresas e, por isso, parece preferível permitir uma utilização comedida destes meios a uma proibição total que pode levar à desmotivação dos trabalhadores e até à quebra da sua produtividade.

Não se pode esquecer, ainda, que por vezes são os próprios empregadores a incentivarem o uso não profissional destes meios como uma forma de formação externa e de implantação destas NTIC nas empresas e para uma melhor organização e produtividade das mesmas, chegando inclusive alguns empregadores a comparticiparem monetariamente na compra de computadores por parte dos trabalhadores. Nestes casos não parece de todo razoável que o empregador possa tentar invocar uma proibição pessoal sob forma de poder incorrer numa espécie de *abuso de direito* na medida em que foi ele próprio a incentivar este uso[2199].

Há que ter em atenção, ainda, que o *e-mail* se tornou o principal instrumento de comunicação na maior parte das empresas e com um notável uso social que merece algum tipo de protecção[2200]. Na verdade, o *e-mail* tem características que o distinguem das outras formas de comunicação e que o tornam atraente para comunicar, substituindo as clássicas formas de comunicação, e que são: a facilidade de uso, a permanência das mensagens e a facilidade e rapidez com que é possível enviar *e-mails* para mais do que uma pessoa, em relação às outras formas de comunicação. Mais, o uso do *e-mail* no local de trabalho torna-se tão atraente devido também ao facto de, *inter alia*, possibilitar escrever uma mensagem de forma

---

[2198] Neste sentido ver JAY KESAN, *op.* cit., p. 315.Cf., ainda, TERESA COELHO MOREIRA, *Da esfera privada...*, cit., pp. 317-318.

[2199] Referindo-se a esta situação veja-se JEAN-EMMANUEL RAY, *Le Droit du Travail...*, cit., p. 37, JÚLIO GOMES, *Direito do...*, cit., p. 370, e MARIAPAOLA AIMO, *Privacy,...*, cit., p. 121.

[2200] Veja-se EFRÉN BORRAJO DACRUZ, "Derechos fundamentales...", cit., p. 276, referindo-se a este uso social que merece ser protegido. Também para CORREA CARRASCO, "La proyección...", cit., p. 44, estes novos meios de comunicação têm um notável uso social merecedor de protecção, assim como SALVADOR DEL REY GUANTER, "Relaciones laborales...", cit., p. 8.

controlada e revê-la antes de a enviar, assim como possibilita ao receptor de uma mensagem lê-la na altura que a achar mais conveniente, assim como, faculta o armazenamento por parte do emissor e do ou dos receptores, facilitando a sua visualização no futuro. Por outro lado, o *e-mail* é uma tecnologia que não se assemelha a nenhuma outra forma de enviar mensagens ou de comunicar, porque enquanto é uma forma de enviar mensagens, constitui também uma forma de digitalizar, de coligir, organizar e manipular informação. O *e-mail* é mais permanente do que um documento em papel, mas mais acessível do que uma chamada telefónica ou do que uma secretária.

Também em relação à *Internet* se levantam várias questões pelo facto de esta se ter transformado num instrumento comummente utilizado pela maior parte das pessoas, nomeadamente os trabalhadores, já que é um meio extremamente fácil de usar, a que acresce o seu carácter anónimo, permitindo que as pessoas procurem informação sobre determinados assuntos que não o fariam com os meios tradicionais. Mas, nem toda a navegação na *Internet* para fins particulares deve ser considerada uma conduta sancionável[2201]. Há que ter em atenção a realidade e a difusão que a *Internet* tem na sociedade. Desta forma, a *Internet*, interpretada restritamente e cingida à *world wide web*, permite informação sobre assuntos de uma forma extremamente rápida e anónima. E o empregador que aceda aos *sites* visitados por cada trabalhador e às pesquisas que estes fazem, assim como às opções que preferem dentro de cada *site*, fica a poder constituir os seus perfis, podendo inclusive, *inter alia*, conhecer as suas opções políticas, religiosas, sexuais e a sua vida familiar, o que não pode ser permitido por violar o direito à autodeterminação informativa.

A flexibilidade das relações laborais tem de ser aceite como uma *via de dois sentidos*: se o empregador pretende ter trabalhadores flexíveis, com horários também flexíveis, deverá aceitar a possibilidade de existir uma maior flexibilidade entre as fronteiras do pessoal e do profissional, ao que acresce a possibilidade que lhes é conferida de acederem ao seu correio electrónico no domicílio, diminuindo consequentemente as fronteiras entre uma utilização pessoal e profissional[2202].

[2201] Neste sentido SARA RUANO ALBERTOS, *op. cit.*, pp. 146-147.

[2202] Ver SEMPERE NAVARRO e CAROLINA SAN MARTÍN MAZZUCCONI, *Nuevas tecnologias...*, cit., p. 75. Cf., ainda, LIONEL BOCHURBERG e SÉBASTIEN CORNUAUD, *op. cit.*,

Não pode deixar de ter-se em atenção que os trabalhadores investem muito do seu tempo na relação de trabalho e que, com as novas tecnologias, as fronteiras espácio-temporais entre a vida profissional e a vida pessoal esbateram-se. Nestes casos torna-se ainda mais impensável imaginar que os trabalhadores coloquem a sua vida pessoal completamente à parte quando estão a trabalhar, sendo que a linha de separação entre tempo de trabalho e tempo pessoal está cada vez mais esbatida.

Defende-se, assim, que os trabalhadores têm um legítimo interesse numa razoável qualidade de vida profissional e a privacidade constitui um seu elemento essencial[2203].

Desta forma, prefere-se a adopção de um uso pessoal razoável, não susceptível de reduzir as condições de acesso a nível profissional, e que não comprometa a produtividade, do que uma proibição total[2204].

Pode ver-se neste sentido o Código de Conduta elaborado pela UNI, cujos princípios estabelecidos consideramos de seguir, porque nos parecem bastante razoáveis.

Este Código estabeleceu um direito de acesso dos trabalhadores a estes novos meios de comunicação, não se compadecendo com a proibi-

---

pp. 68-69, e 72-73, referindo-se a um certo uso social destas novas tecnologias. É interessante, ainda, notar o decidido pelo TSJ da Catalunha, no processo n.º 122/2006, referido por MARTÍNEZ FONS, "Trabajador despedido por intercambiar archivos de contenido humorístico y pornográfico con los compañeros de trabajo. Comentario a la STSJ Cataluña (procedimiento n.º 122/2006)", in IusLabor n.º 3, 2006, p. 4, em que o Tribunal, embora não defenda a existência de um direito dos trabalhadores a utilizarem estes meios para fins privados, reconhece a necessidade de reinterpretar a relação entre meios de produção e trabalhador com as novas tecnologias. Neste sentido escreve-se que "na sociedade de informação não pode defender-se – seria uma contradição nos seus próprios termos –que a comunicação laboral tenha um horário de trabalho específico e a pessoal outro diferenciado. Para não dizer que, em muitos casos, é o empregador o principal beneficiado de um uso pessoal no horário de trabalho dos meios informáticos da empresa, e vice-versa, o empregador pode ser o beneficiário do uso das novas tecnologias desde o domicílio do trabalhador e fora do tempo de trabalho".

2203 Veja-se neste sentido HAZEL OLIVER, Why information privacy…, cit., p. 14.

2204 Neste sentido cf. HUBERT BOUCHET, La cybersurveillance…, cit., pp. 10 e ss., assim como CNIL, Guide pratique…, cit., p. 11. Cf., ainda, JERRY HUNTER, "The NLRA at 70 : employer E-mail and Commmunication Policies and the National Labor Relations Act", in Labor Law Journal, 2005, p. 201. Também o Dossier Relations du Travail et Internet…, cit., p. 3, entende ser vã a tentativa de proibir o uso pessoal destes meios, sendo preferível o estabelecimento de limites. Navega nas mesmas águas ROMEO CASABONA, op. cit., p. 147.

ção de uma utilização somente profissional, mas não deixou de estabelecer alguns requisitos. Desde logo, é necessário que não interfira com as responsabilidades profissionais, acrescentando-se que os trabalhadores só poderão utilizar estes instrumentos se a comunicação for legal e não contiver declarações ofensivas ou difamatórias, não devendo utilizar-se estas novas tecnologias para assediar sexualmente[2205] outros trabalhadores, nem ter fins ofensivos relacionados com a sexualidade, a idade, a etnia e a aparência física de uma pessoa[2206]. O empregador pode pedir, ainda, que se inclua uma cláusula de não responsabilidade quando os trabalhadores comunicam de maneira interna e externa, especificando que os pontos de vista utilizados são do autor e não os da empresa. Este ponto parece-nos muito importante porque pode salvaguardar o empregador contra possíveis acções de responsabilidade de terceiros ou, até, de outros trabalhadores.

Parece que este deve ser o caminho a seguir, na medida em que o computador, a *Internet* e o *e-mail* não deixam de ser ferramentas de trabalho, embora não se circunscrevam a essa qualidade. Neste sentido, afigura-se que se compadece mal com a sociedade de informação e comunicação actual, propiciada por estes instrumentos, a compartimentação entre comunicação laboral e comunicação pessoal, não deixando de ter em atenção que muitas vezes é o próprio empregador que é o principal beneficiário de um uso pessoal feito no decorrer do horário de trabalho e com os meios informáticos do empregador.

Por outro lado, torna-se frequente invocar o argumento do prejuízo económico para impedir a utilização da *Internet* e do *e-mail* para fins extra-laborais. Porém, a maioria das empresas celebra contratos especiais que lhes permite o seu uso permanente de tal forma que o uso indevido que o trabalhador faça dele será irrisório, quando não inexistente. Assim, o uso privado destes instrumentos tem um custo económico inferior ao uso dos telefones ou dos carros da empresa, por exemplo. Maior sentido fará invocar-se a ideia de lucro cessante, na medida em que pode existir uma falta de prestação efectiva da actividade laboral mas, mesmo assim, não pode

---

[2205] Ou moralmente.

[2206] Veja-se a sentença do Tribunal Constitucional Espanhol n.º 281/2005, a propósito do uso do *e-mail* para finalidades sindicais, em que aceitou o uso extra-profissional destes meios informáticos desde que estivessem preenchidos dois requisitos: a não afectação da actividade normal da empresa; e a inexistência de um custo económico.

O Controlo das Comunicações Electrónicas...   629

deixar de atender-se que com as NTIC se esbatem as fronteiras espácio-
-temporais, tornando o trabalho do trabalhador muitas vezes *nómada*,
podendo a actividade laboral continuar em casa ou em local fora das
instalações da empresa sem qualquer limite temporal[2207].

As novas tecnologias favorecem uma nova organização do trabalho
onde a actividade laboral é avaliada menos pelo tempo efectivo que pelo
resultado fornecido. Tendo isto em atenção, a obrigação do trabalhador
consagrar todo o seu tempo de trabalho à execução das tarefas designadas
pelo empregador e não às actividades privadas está, nestes casos, cada
vez mais relativizada[2208].

4.2.2. Por outro lado, o poder de controlo electrónico do empregador
em relação a estas NTIC tem de cumprir os requisitos de transparência, no
sentido de os trabalhadores terem de ser informados de como, quando e de
que forma, este controlo é realizado[2209]. Os empregadores têm de advertir
com clareza os trabalhadores sobre os limites ao uso destas novas tecnologias, limites que devem ser razoáveis e não excessivos em relação à finalidade pretendida[2210]. Torna-se, assim, absolutamente imprescindível que
os trabalhadores conheçam as limitações na utilização destes novos meios
de comunicação, não esquecendo que a informação sobre a aplicação do
controlo constitui um princípio de legitimidade da actividade, sendo que a
boa fé no exercício dos poderes do empregador, em geral, e no do controlo,
em especial, origina a proibição do controlo oculto[2211].

Assim, o empregador, de acordo com este princípio de transparência
e de boa fé, tem de facultar aos seus trabalhadores uma explicação de

---

[2207] Idêntica opinião tem ROIG BATALLA, *op.* cit., pp. 79-80.

[2208] Neste sentido JEAN-PHILIPPE DUNAND, "L'usage de l'Internet sur le lieu de
travail au vu de la jurisprudence recente du tribunal federal", *in Internet au...*, cit., p. 9.

[2209] Veja-se MAURIZIO DE ARCANGELIS, *op.* cit., pp. 82-83. Também ver GARCÍA
NINET, "Sobre el uso y abuso del teléfono, del fax, del ordenador y del correo electrónico
de la empresa para fines particulares en lugar y tiempo de trabajo. Datos para una reflexión en torno a las nuevas tecnologías", *in TS*, n.º 127, 2001, p. 13, referindo-se ao princípio da transparência no controlo electrónico. No mesmo sentido ALLEGRA STRACUZZI,
op. cit., p. 1078, e FRANCO TOFFOLETTO, *Nuove tecnologie...*, cit., p. 23.

[2210] Ver idêntica opinião em CARDENAL CARRO, "El abuso de internet en el trabajo,
vamos bien?", *in AS*, n.º 12, 2004, p. 188.

[2211] Veja-se GOÑI SEIN, "Vulneración de derechos...", cit., pp. 80-81. Cf., ainda,
MARTÍNEZ FONS, *El poder de control...*, cit., p. 145.

630 *A Privacidade dos Trabalhadores e as Novas Tecnologias...*

acesso imediato, clara e rigorosa da sua política relativamente à utilização e eventual controlo do correio electrónico e da *Internet*. O empregador deverá fornecer aos trabalhadores as indicações sobre a utilização do correio electrónico e da *Internet* dentro da empresa, descrevendo, pormenorizadamente, em que medida os meios de comunicação da empresa poderão ser usados para comunicações pessoais pelos trabalhadores, nomeadamente a limitação das horas e a duração do uso, parecendo também, no seguimento do adoptado no *Documento de trabalho sobre a vigilância das comunicações electrónicas*[2212], de referir, ainda, em relação ao correio electrónico, *inter alia*, se um trabalhador tem direito a uma caixa de correio electrónico para uso meramente pessoal, se o uso de caixas de correio de *webmail* é permitido no trabalho e se o empregador recomenda a utilização, pelos trabalhadores, de uma caixa de correio de *webmail* para uso meramente pessoal do correio electrónico; deve informar, também, sobre as disposições em vigor para os trabalhadores terem acesso ao teor de uma mensagem, ou seja, quando o trabalhador está inesperadamente ausente, e os fins específicos desse acesso, o período de armazenamento de uma possível cópia de segurança e informação sobre quando as mensagens são definitivamente apagadas do servidor.

Torna-se ainda essencial que o empregador informe o trabalhador da presença, utilização e finalidade de qualquer equipamento e/ou aparelho de detecção activado relativamente ao seu local de trabalho e de qualquer utilização incorrecta das comunicações electrónicas que tenha sido detectada, podendo ser facilmente prestadas informações imediatas através de software próprio, como janelas de aviso que surgem e alertando o trabalhador para o facto de o sistema ter detectado e/ou ter tomado medidas para evitar o uso não autorizado da rede[2213]. Não pode esquecer-se que o empregador não poderá utilizar as possibilidades de controlo que as novas tecnologias lhe oferecem sem respeitar os princípios da lealdade, transparência, pertinência, proporcionalidade e boa fé.

Entende-se que a forma mais apropriada para realizar este dever de transparência é a elaboração de "cartas de boa conduta"[2214] sobre a utili-

---

[2212] Cit., pp. 5 e 23.

[2213] Neste sentido, ver *Documento de trabalho sobre a vigilância das comunicações electrónicas...*, cit., p. 5.

[2214] *Vide*, defendendo esta ideia, *inter alii*, AALBERTS, TOWNSEND, WHITMAN e SEIDMAN, "A proposed model policy for managing telecommunications-related sexual

O Controlo das Comunicações Electrónicas...

zação deste tipo de instrumentos de comunicação, integrando, eventualmente, o regulamento interno e sujeito, assim, a todas as formalidades legais necessárias[2215]. Parece ser a melhor forma de informação aos trabalhadores sobre os possíveis usos correctos e incorrectos, mas também uma maneira do empregador tentar eximir-se de alguma responsabilidade que lhe venha a ser atribuída por actos dos seus trabalhadores[2216] na medida em que, nesta "carta", os empregadores estipulam quais os comportamentos que são proibidos aos trabalhadores não parecendo, contudo, a melhor política o estabelecimento de uma proibição absoluta para fins pessoais, mas podendo, perfeitamente, interditar a utilização pessoal para certos fins, mesmo que não tenham carácter ilegal, nomeadamente o acesso a fóruns de discussão, a *chats*, para evitar a transmissão de segredos de fabrico, a *sites* de origem pornográfica ou erótica, assim como de jogos, a criação de páginas pessoais e o envio de *spam*.

O empregador pode, ainda, restringir o acesso da consulta da *internet* para fins pessoais a uma definição de lista de *sites* preestabelecida, que seja constantemente actualizada, embora não pareça ser a melhor solução.

---

harassment in the workplace", *in Labor Law Journal*, 1997, p. 617, ELEONORA STENICO, "L'esercicio del potere...", cit., pp. 131-132, EULALIA POLICELLA, *op.* cit., pp. 941-942, GARY ANTON e JOSEPH WARD, *op.* cit., p. 906, JAY KESAN, *op.* cit., pp. 299-300, JENNIFER FISHER, *op.* cit., p. 3, MARIE-PIERRE FENOLL-TROUSSEAU e GÉRARD HAAS, *op.* cit., pp. 155-156, ROGER BLANPAIN, "Some Belgian...", cit., p. 58, e WILLIAM BROWN, *Workplace Privacy and Technological Control*, Universidade de Pittsburgh, 2003, *in* www.proquest.com, p. 14. Cf., ainda, *The Employment Practices...*, cit., p. 48, referindo a obrigatoriedade de transparência no controlo electrónico dos trabalhadores, sendo a melhor forma o estabelecimento de regras através destas "cartas de conduta".

[2215] Neste sentido veja-se AMADEU GUERRA, *A privacidade...*, cit., pp. 332 e 366-368. Também JÚLIO GOMES, *Direito do...*, cit., p. 382, defende o mesmo, ao escrever que considera aconselhável a elaboração do que apelida de "carta das tecnologias da informação", que deveria constituir uma componente do regulamento interno e, por isso, sujeita às mesmas condições procedimentais e de publicidade.

Na doutrina germânica alguns autores defendem a criação de acordos com os representantes dos trabalhadores. Veja-se, neste sentido, KONRAD-KLEIN, "Sinn und Unsinn von IKT-Sicherheitsrichtlinien", *in CF*, n.º 9, 2006, p. 14, e MARTIN BECKSCHULZE, "Internet –, Intranet – und E-Mail-Einsatz am Arbeitsplatz", *in Der Betrieb*, n.os 51/52, 2003, p. 2777.

Na doutrina francesa pode ver-se ISABELLE DE BENALCÁZAR, *op.*cit., p. 99, a defender o mesmo.

[2216] Cf., *supra*, capítulo II, n.º 7.

632 *A Privacidade dos Trabalhadores e as Novas Tecnologias...*

Prefere-se a filtragem de determinados *sites* à criação de listas positivas de *sites* autorizados.

Estas "cartas" deverão ter por objectivo assegurar uma perfeita informação aos seus utilizadores dos comportamentos permitidos, de sensibilizar os trabalhadores para finalidades de segurança do sistema e de chamar-lhes a atenção para determinados comportamentos que poderão implicar perigos para o seu interesse colectivo e da empresa[2217].

Parece-nos, assim, que o meio necessário para a diminuição da utilização do *e-mail* e da *Internet* para fins ilícitos deve traduzir-se numa política clara e desprovida de ambiguidades sobre o uso correcto e incorrecto da utilização destes novos meios de comunicação electrónica.

4.3. O computador

4.3.1. *Introdução*

A informática está omnipresente na vida quotidiana de todos e, nas últimas décadas, tem-se assistido ao aparecimento no local de trabalho de um novo instrumento de trabalho, o computador, que, de forma cada vez mais visível e vertiginosa, está a alterar a estrutura e a organização das relações de trabalho[2218]. Esta alteração e influência não deixa de afectar o

---

[2217] *Vd.* HUBERT BOUCHET, *La cybersurveillance...*, cit., p. 4, criticando várias artas em que não se respeitaram estes princípios. Também JEAN-PHILIPPE DUNAND, *op.* cit., p. 16, se refere ao conteúdo que deve constar destas "cartas", podendo o empregador estipular que o uso pessoal não pode sobrecarregar o sistema informático da empresa, que não pode constituir a participação num acto ilícito, que deve respeitar as regras sobre a protecção de dados pessoais e a segurança desses mesmos dados e os direitos relacionados com a propriedade industrial. Podem ver-se, ainda, vários exemplos deste tipo de "cartas" e o seu conteúdo em OLIVIER RIJCKAERT, "Exemple de directives à l'utilisation du courrier électronique et d'internet au sein de l'entreprise", 2000, *in* www.droit-tecnologie.org, pp. 2 e ss., e "Exemple de directives à l'utilisation du courrier électronique et d'internet au sein de l'entreprise", 2002, *in* www.droit-tecnologie.org, pp. 1 e ss., assim como em FERNÁNDEZ HERNÁNDEZ, *op.* cit., pp. 33-36. Cf., ainda, MARÍA NATALIA OVIEDO, *op.* cit., pp. 79-81, e MERCADER UGUINA, *Derecho del Trabajo...*, cit., pp. 116-117.

[2218] O computador tornou-se um novo companheiro de trabalho do trabalhador, independentemente, *inter alia*, da qualificação, da idade e da posição na empresa.

O Controlo das Comunicações Electrónicas... 633

poder de controlo do empregador[2219], cuja estrutura e limites são substancialmente modificados quando os trabalhadores actuam através deste meio[2220]. Pode dizer-se, assim, que o computador foi o instrumento que provocou uma verdadeira revolução na prestação de trabalho.

4.3.1.1. Os computadores têm uma história recente[2221], assistindo-se a uma massificação e a uma evolução não comparável a mais nenhuma outra revolução técnica, já que, em poucos anos, a hegemonia do computador afirmou-se, servindo para as mais variadas finalidades. Pode dizer-se, assim, como XAVIER LEMARTELEUR[2222], que a *pré-história informática* remonta apenas há alguns anos.

O primeiro computador electrónico – ABC – foi construído entre 1939-1942 por JOHN ATANASOFF e CLIFFORD BERRY. Este computador baseava-se na álgebra boleana, que defendia que qualquer equação matemática poderia ser reduzida à alternativa de verdadeira ou falsa. Por volta de 1940, aplicando tal conceito aos circuitos electrónicos, na forma de *on* ou *off*, conseguiu-se desenvolver o primeiro computador electrónico. Embora seja comum atribuir a génese ao ENIAC[2223], construído em 1946 por JOHN MAUCHLY e JOHN ECKERT, o Tribunal veio a considerar JOHN ATANASOFF o inventor legal do primeiro computador electrónico digital[2224].

Porém, o ENIAC não permitia o armazenamento de informação na memória de modo definitivo, e para fazer face a esta impossibilidade, criou-se em meados da década de 40 o EDVAC[2225], que tinha

---

[2219] Conforme se verá no próximo número.

[2220] Os computadores penetraram no local de trabalho e em toda a sociedade, alterando a forma como se vive e como se trabalha, tal como refere IRFAN DEMIR, *op.* cit., p. 34. Também ARTHUR MILLER, *op.* cit., pp. 24 e ss. analisa a enorme mudança que os computadores trouxeram.

[2221] O ábaco, que surgiu na Ásia Menor, há cerca de 5000 anos, é considerado o antecedente mais remoto do computador. Sobre a evolução desta tecnologia até ao surgimento do primeiro computador no século XX, pode ver-se GARCIA MARQUES e LOURENÇO MARTINS, *op.* cit., pp. 11 e ss..

[2222] *Op.* cit., p. 4.

[2223] *Electronic Numerical Integrator and Calculator.*

[2224] Veja-se ARMANDO VEIGA e BENJAMIM SILVA RODRIGUES, *op.* cit., p. 29, e GARCIA MARQUES e LOURENÇO MARTINS, *op.* cit., pp. 14-15.

[2225] *Electronic Discrete Variable Automatic Computer.*

634 *A Privacidade dos Trabalhadores e as Novas Tecnologias...*

como elemento essencial uma unidade central de processamento[2226] que permitia o controlo de todas as funções do computador a partir de uma única fonte.

No início dos anos 50 algumas empresas começaram a fabricar computadores para o mercado, os UNIVAC[2227], embora os custos fossem muito elevados e, por isso, só grandes empresas os poderiam adquirir. Com o advento do transístor, os computadores entram numa nova era, sendo o outro marco a invenção do circuito integrado em 1959, que tornou possível o desempenho do computador.

Torna-se, assim, possível estabelecer quatro gerações de computadores.

A primeira geração, de 1946 a 1956, corresponde aos computadores que utilizam válvulas electrónicas, tambores magnéticos para registo de dados, têm grandes dimensões e elevados consumos de energia, assim como baixa velocidade e uma programação difícil.

A mudança de válvulas para os transístores constitui o marco que diferencia os computadores de segunda geração, de 1956 a 1964, a que se associa uma menor dimensão e um mais baixo custo, menores necessidades de arrefecimento, um menor consumo de energia e uma maior segurança.

A terceira geração, de 1964 a 1971, está associada aos circuitos integrados e à consequente diminuição dos equipamentos.

A 4.º geração, a partir de 1971, fica a dever-se à integração em grande número de centenas de milhões de transístores num único circuito. Surgem, desta forma, os microprocessadores, aparecendo nesta altura os primeiros computadores pessoais, os PC[2228], os denominados micro--computadores[2229].

Associada a esta evolução esteve o aumento da capacidade de armazenamento, o que permitiu uma maior multiplicidade de usos devido à incorporação de sistemas multimédia, como o áudio, o vídeo e o texto, e a comunicação entre computadores.

[2226] CPU.

[2227] *Universal Automatic Computer.*

[2228] *Personal Computer.*

[2229] Segue-se, de perto, GARCIA MARQUES e LOURENÇO MARTINS, *op.* cit., pp. 17-19.

O Controlo das Comunicações Electrónicas... 635

4.3.2. Os computadores têm uma enorme potencialidade de controlo porque, diferentemente de outras máquinas, possuem memória e podem *interagir* com outros meios de comunicação. Eles podem registar e tratar na memória tudo o que se passa e, a nível laboral, podem tratar todo o tipo de informação, incluindo a de carácter mais sensível, podendo realizar um verdadeiro *assault on privacy*[2230].

Nota-se, assim, que o computador tem um carácter poliédrico na empresa, sendo que esta é a principal característica da riqueza da problemática acerca da utilização deste instrumento de trabalho na relação laboral[2231]. Em primeiro lugar, o computador é, antes de tudo, um instrumento de trabalho colocado à disposição dos trabalhadores para o cumprimento das suas obrigações laborais. Mas, a sua realidade não se cinge a este aspecto. Para além deste instrumento de trabalho poder converter-se, simultaneamente, num verdadeiro instrumento de controlo ao serviço do empregador, o computador é, também, um espaço onde se desenvolve parte da vida privada das pessoas, convertendo-se, através da *Internet*, num verdadeiro instrumento de comunicação.

4.3.2. *O computador como instrumento de controlo do empregador*

4.3.2.1. O computador é, primordialmente, um instrumento de trabalho, pelo que o empregador tem um legítimo interesse na sua correcta e adequada utilização e de acordo com as suas instruções.

Contudo, também não pode deixar de atender-se à sua enorme potencialidade de controlo, sendo que o electrónico se tornou numa prática frequente em numerosas empresas. Assim, sempre que um computador é utilizado, a vigilância e o controlo electrónico podem ocorrer através da instalação de *software* específico que permite recolher, tratar e arquivar todos os dados e adquirir perfis dos trabalhadores[2232] [2233].

[2230] Cf. ALESSANDRO DE BONIS, *op.* cit., p. 147, e RODOTÀ, *Elaboratori elettronici...*, cit., pp. 1-10. Ver, ainda, DAVID LYON, *op.* cit., pp. 46 e ss..

[2231] FERNÁNDEZ VILLAZÓN, *Las facultades...*, cit., p. 108.

[2232] Ver o próximo número a propósito da instalação de programas para controlar o desempenho dos trabalhadores.

[2233] Ver a referência a vários programas deste tipo em ANNE UTECK, *op.* cit., pp. 31-32.

636 *A Privacidade dos Trabalhadores e as Novas Tecnologias...*

Os computadores como que se tornaram verdadeiras "caixas negras"[2234] das actividades dos trabalhadores, podendo registar todos os dados associados a uma enorme capacidade de armazenamento o que aumenta, de forma sem precedentes, a capacidade de controlo dos empregadores. Assim, através de um exame da informação contida nos computadores dos trabalhadores é possível a reconstrução de toda a actividade realizada, quer a nível profissional, quer a nível pessoal. Tudo depende do tipo de *software* instalado[2235], existindo inclusive alguns programas que permitem a reconstrução de todas as passagens, fases, operações, número de erros cometidos, tempo utilizado nas diversas actividades e nas pausas realizadas, onde os trabalhadores não deveriam ser alvo de controlo[2236]. Desta forma, entende-se que a potencialidade do controlo está associada ao tipo de programas instalado e às instruções concretamente nele realizadas[2237], devendo afastar-se a visão do computador como um instrumento complexo, e dirigir a atenção para o tipo de programa concreto inserido, só assim se podendo distinguir os programas que permitem uma recolha de dados por exigências produtivas, dos que pretendem um verdadeiro controlo sobre os trabalhadores.

Torna-se, desta forma, evidente que, com o computador, emerge uma concentração total entre instrumento de trabalho e a potencialidade de

---

[2234] Tal como refere HUBERT BOUCHET, *La cybersurveillance...*, cit., p. 8.

[2235] Secundando PIETRO ZANELLI, *Impresa, lavoro...*, cit., p. 89, a questão não está tanto no tipo de *hardware* utilizado mas mais no *software* empregue, ou seja, no tipo de programas instalados no computador e nas finalidades pretendidas com tais programas, que podem realizar um enorme controlo à distância da actividade dos trabalhadores. Veja-se, também, BELLAVISTA, *Il controllo...*, cit., p. 118.

[2236] Veja-se LUCA FAILLA e CARLO QUARANTA, *op.* cit., p. 39, e MARIO MEUCCI, *op.* cit., p. 2254. Cf., ainda, DAVIDE PETRINI, *op.* cit., p. 380, referindo a como esta forma de controlo pode ser extremamente intrusiva da privacidade do trabalhador, assim como ONOFRIO FANELLI, *op.* cit., p. 31, escrevendo que, embora o computador possa ser neutro, comporta uma enorme potencialidade de controlo.

[2237] Neste sentido BRUNO BRATTOLI e LUIGI PELAGGI, *op.* cit., p. 601. Pode referir-se a este propósito uma sentença do *pretor* de Milão que entendeu que a elaboração de dados históricos por parte de um computador deve ser considerada um controlo à distância, proibido pelo art. 4.°, n.° 1, do SL, enquanto permite um controlo sobre a actividade do trabalhador. Veja-se RENATO SCORCELLI, "Uso del sistema informático aziendale e controlli del datore di lavoro", *in D&L*, n.° 1, 2002, p. 40.

O Controlo das Comunicações Electrónicas...

controlo da actividade do trabalhador, principalmente quando esta é realizada, exclusivamente, através deste tipo de instrumento[2238].

Assim, com a difusão do computador nas empresas coloca-se o problema da utilização de instrumentos susceptíveis de serem utilizados para finalidades de controlo à distância da actividade dos trabalhadores através dos seus terminais informáticos ou de programas instalados para controlar o desempenho e produtividade destes.

4.3.2.2. O empregador pode, ao abrigo do seu poder de controlo electrónico, controlar a utilização do computador dentro de determinados condicionalismos. Uma possibilidade é realizada através do controlo directo do posto de trabalho do trabalhador e dos programas e ficheiros inseridos neste, o que pode contender com alguns dos seus direitos[2239]. Uma outra possibilidade será a instalação de aplicações informáticas que, de forma subtil e muitas vezes oculta, registam os diferentes programas que são utilizados e as teclas pulsadas no computador. Esta variedade de controlo supõe, já, a utilização do computador, não só como mero instrumento de trabalho, mas também como instrumento de controlo[2240].

Na análise desta matéria tem de ter-se em atenção que o trabalhador, actualmente, com a enorme difusão das NTIC na empresa, passa a maior parte do seu tempo de trabalho num computador pelo que se torna relativamente frequente que utilize este instrumento de trabalho para alguns fins pessoais que deverão ser aceites, sempre que exercidos dentro dos princípios da boa fé e da proporcionalidade, e não afectando a actividade

---

[2238] Veja-se o caso dos trabalhadores que trabalham com visores, ou vídeo-terminais. Veja-se, também, a Directiva 90/270/CEE, de 29 de Maio de 1990, sobre esta matéria e que foi transposta pelo DL n.º 349/93, de 1 de Outubro. Esta Directiva estabelece várias prescrições em matéria de segurança e saúde e que obriga ao estabelecimento de pausas pelo trabalhador, nos termos do art. 7.º. Veja-se, a título exemplificativo, FRANCO FOCARETA, "Lavoro al videoterminale e responsabilita'penale del dirigente", in LNG, n.º 11, 1996, pp. 912 e ss., a propósito da protecção da saúde e da segurança deste tipo de trabalhadores, assim como BRUNO VENEZIANI, "Nuove tecnologie...", cit., pp. 38 e ss., sobre problemas de saúde destes trabalhadores, e DÄUBLER, "Nuove tecnologie...", cit., p. 79, referindo-se à enorme pressão psicológica para concluírem a sua actividade a que estão sujeitos este tipo de trabalhadores.

[2239] Conforme se analisará, infra, n.º 4.3.2.2..

[2240] Matéria a ser analisada no número seguinte.

638 *A Privacidade dos Trabalhadores e as Novas Tecnologias...*

dos trabalhadores, atendendo ao uso social destas novas tecnologias e ao esbatimento entre as fronteiras espácio-temporais da relação de trabalho[2241] [2242]. Parece-nos que tem de aceitar-se um certo grau de flexibilidade na altura de aferir da eventual violação de algum dever por parte do trabalhador, sempre que este tenha actuado dentro dos parâmetros da transparência, boa fé e proporcionalidade. Afigura-se-nos que o trabalhador que passa todo o seu tempo de trabalho a trabalhar com o computador pode perfeitamente conservar no mesmo alguns documentos de carácter pessoal, fotografias pessoais[2243], e imprimir alguns documentos, desde que não utilize todo o seu tempo de trabalho ou os meios empresariais para tal[2244]. Socorrendo-nos do exemplo dado por SEMPERE NAVARRO e CAROLINA SAN MARTÍN MAZZUCCONI[2245], o trabalhador que abusivamente utilize estes meios de tal forma que o número de documentos pessoais impeça o normal funcionamento do computador, ou o número de impressões é tal que esgota o tinteiro da impressora, então

---

[2241] Neste sentido LUZ PACHECO ZERGA, *op.* cit., p. 265, e SEMPERE NAVARRO e CAROLINA SAN MARTÍN MAZZUCCONI, *Nuevas tecnologias...*, cit., pp. 25-26 e 103-104.

[2242] Pode ver-se a sentença de 27 de Setembro de 1995, *in* www.stj.pt, que decidiu não constituir justa causa de despedimento o facto de o trabalhador ter utilizado para fins pessoais bens do empregador e, ainda mais, quando se deu como provado que era prática corrente na empresa e do conhecimento do empregador a utilização dos computadores para trabalhos pessoais dos trabalhadores. Nesta sentença pode ler-se que: "provado que o autorimprimira, uma ou duas vezes, nas instalações da empresa Ré, textos em «QMS», que usou um computador da Ré para o trabalho de paginação, para proceder a algumas emendas ou alterações e nele memorizou o conjunto de textos dos documentos juntos aos autos, a conduta do Autor, integrada por aqueles factos, traduz algum desrespeito do dever de lealdade para com a Ré, ainda que a lesão patrimonial causada, se afigure mínima", referindo ainda que "A inexistência de justa causa resulta ainda de se ter provado que a conduta do Autor se desenrolou quando era prática corrente na empresa Ré, e do seu conhecimento, a utilização dos seus computadores para trabalhos pessoais dos trabalhadores".

[2243] Da mesma forma que ninguém recrimina ter uma moldura com fotografias pessoais.

[2244] Neste sentido pode ver-se HANS-JOACHIM REINHARD, *op.* cit., pp. 224 e ss., referindo que mesmo que esteja permitido um uso privado, uma extralimitação do mesmo pode comportar um incumprimento do contrato de trabalho, devendo atender-se a vários factores, sendo um deles o tempo empregue nestas mesmas actividades, devendo, ainda, ter-se em atenção o tipo de actividade realizada pelo trabalhador.

[2245] *Nuevas tecnologías...*, cit., p. 103.

O Controlo das Comunicações Electrónicas... 639

podemos estar perante um abuso por parte do trabalhador e uma violação dos seus deveres laborais, susceptível de ser sancionado disciplinarmente.

Mas estes são casos extremos, sendo que a questão se complica na altura de aferir a forma como é realizado o controlo por parte do empregador desta utilização extra-laboral, sendo por vezes difícil traçar a delimitação entre um uso extralaboral tolerado e um abuso na utilização destes mesmos meios.

Parece que a questão se reconduz a saber se pode falar-se de um eventual direito à privacidade do trabalhador sobre o "espaço virtual"[2246] na memória do computador ou servidor da empresa.

Deve ter-se em atenção, ainda, que quando se aborda o possível controlo do empregador dos programas e ficheiros inseridos no computador, está-se a excluir os arquivos de mensagens electrónicas e os chamados arquivos *log* onde fica registada a correspondência electrónica. A informação contida nestes arquivos está protegida, segundo parece, pelo direito fundamental ao sigilo de correspondência previsto no art. 34.º da CRP, e a possibilidade de controlo deste tipo de correspondência estará ligada à possível aplicação deste direito na relação laboral[2247], compreendendo-se, facilmente, que a actividade de controlo dos arquivos relacionados com a correspondência electrónica tem determinadas características, diferentes das que apresenta o simples controlo dos restantes ficheiros e pastas contidas nos computadores ou nos servidores da empresa.

Entende-se, também, que os trabalhadores devem utilizar todos os equipamentos de trabalho de forma correcta e devem actuar da melhor maneira de forma a prevenir qualquer dano sobre os mesmos, podendo significar uma obrigação de introdução de programas "anti-vírus", quando assim seja requerido, e não utilizar documentos que possam danificá-los. Acresce que, quando utiliza esses meios para fins privados, impõe-se-lhe que não afecte negativamente o sistema informático causando-lhe sobrecargas, exigindo-se-lhe que não altere o correcto e eficiente funcionamento do computador.

Por outro lado, quando se tratar de informação confidencial, os trabalhadores têm que ter cautelas acrescidas quando utilizam o com-

---

[2246] Expressão empregue por MARTÍNEZ FONS, "El control empresarial...", cit., p. 201.

[2247] E será analisada quando se abordar o controlo do *e-mail*, no n.º 4.5..

640 *A Privacidade dos Trabalhadores e as Novas Tecnologias...*

putador para outros fins, respeitando sempre o sistema de *passwords* e não as divulgando a terceiros[2248], mas possibilitando o acesso aos superiores hierárquicos, a não ser em casos extremos como aconteceu em França, na decisão da *Cour d'Appel* de Douen, de 18 de Dezembro de 1997. Tratava-se de um caso em que o superior hierárquico tentou introduzir-se no computador da sua subordinada para cometer erros com vista à justificação de um despedimento futuro. A trabalhadora, quando se apercebeu, instalou códigos de acesso de que só ela tinha conhecimento e recusou-se a fornecê-los ao seu superior, não tendo os juízes entendido que existisse uma "causa real e séria" para o despedimento. Nota-se que, neste caso, quem agiu erradamente foi o superior hierárquico, podendo considerar-se a atitude da trabalhadora como uma espécie de comportamento defensivo[2249].

4.3.2.1. *A instalação de programas para controlar a actividade do trabalhador*

4.3.2.1.1. O computador utilizado pelo trabalhador não é apenas um mero instrumento de trabalho podendo converter-se, conforme já foi referido, num verdadeiro instrumento de controlo por parte do empregador atendendo às enormes potencialidades intrusivas que oferece. Desta forma, o computador permite um uso polifuncional já que possibilita, simultaneamente, o desenvolvimento de actividades produtivas e de funções de controlo, tornando-se possível um controlo penetrante sobre a actividade do trabalhador[2250], dotando o computador de programas que, através da prévia identificação do trabalhador, regista uma enorme panóplia de dados da mais diversa índole[2251].

Assim, se o trabalhador tiver atribuído um determinado código pessoal para aceder a um programa informático, isso permite a obtenção de

---

[2248] Neste sentido HANS-JOACHIM REINHARD, *op.* cit., p. 227.

[2249] Cf. MARC RICHEVAUX, *L'introduction d'Internet...*, cit., p. 11.

[2250] Aquilo que BRUNO VENEZIANI, "L'art. 4, legge...", cit., p. 83, refere como "um diálogo interactivo entre o homem e a máquina".

[2251] Veja-se ROSSI, *op.* cit., p. 288, referindo que, com estes programas, o controlo torna-se muito mais intenso, permitindo a sua incorporação no próprio instrumento de trabalho.

O Controlo das Comunicações Electrónicas... 641

um quadro detalhado da sua prestação de trabalho, constatando-se no computador, *v.g.*, o registo dos tempos de trabalho efectivo, as pausas, os erros, os números de operações interrompidas, o número de trabalhos finalizados com êxito, e o tempo empregue em cada operação[2252]. Os elementos obtidos através deste meio são mais numerosos, detalhados e precisos, sendo os mesmos computadores que servem ao trabalhador para desempenhar a sua actividade, os que registam de modo contínuo e minucioso todas as particularidades das operações que com ele se realizam.

O trabalhador converte-se, desta forma, num sujeito passivo, passível de um controlo constante, quase como um *trabalhador transparente ou de vidro*, sendo o poder de controlo do empregador incorporado na máquina[2253].

4.3.2.1.2. Pode entender-se que esta nova dimensão dos computadores, ou este uso poliédrico, pode manifestar-se de duas formas distintas[2254]: uma interna, em que é o próprio computador utilizado na prestação laboral que efectua o controlo; outra externa, onde o computador não se utiliza na prestação mas em que se exercita como mecanismo de controlo externo da mesma. A primeira está relacionada com a deslocação do controlo do empregador da periferia para o "coração" do processo produtivo propriamente dito na medida em que o controlo se insere completamente na prestação da actividade[2255]. A segunda faceta está relacionada com a utilização dos computadores como ferramentas de gestão empresarial, através do tratamento de dados pessoais dos trabalhadores, devendo

---

[2252] Vejam-se GIORGIO GHEZZI e FRANCESCO LISO, *op.* cit., p. 355, e VICENTE PACHÉS, "El derecho a la...", cit., p. 285. Também M.ª BELÉN CARDONA RUBERT, *Informática y...*, cit., p. 69, refere o mesmo.

[2253] Como refere LORENZO GAETA, *op.* cit., p. 68, "o computador comporta por si o registo dos dados relativos à eficiência e assiduidade do trabalho. A interacção das operações laborais informatizadas rompe toda essa unidade aristotélica de tempo, lugar e acção sobre a qual se tinha baseado até agora o clássico trabalho industrial; para além disso, implica uma transparência quase completa da actividade de trabalho; toda a inovação moderna comportará um controlo minuto a minuto, que parece implicar que a vida – e desta forma o resto do tempo existencial – se desenvolva de forma transparente".

[2254] No mesmo sentido FERNÁNDEZ VILLAZÓN, *Las facultades...*, cit., p. 114.

[2255] Ver, *supra*, capítulo II, n.º 6, LORENZO GAETA, *op.* cit., p. 68, e PÉREZ DE LOS COBOS ORIHUEL, *Nuevas tecnologias...*, cit., p. 73.

642 *A Privacidade dos Trabalhadores e as Novas Tecnologias...*

obedecer a vários princípios como os da finalidade legítima, proporcionalidade, licitude, pertinência, transparência e veracidade[2256].

Cingindo a nossa análise à primeira situação, a conversão do instrumento de trabalho, que é o computador, em instrumento de controlo pode ser obtida através de diferentes formas técnicas. A maior parte das vezes é o próprio programa em que se trabalha que permite um registo de toda a actividade realizada e que pode ser visualizado mais tarde para efeitos de análise da produtividade do trabalhador[2257]. Noutras ocasiões, sobretudo se os computadores estão ligados em rede, existem programas especiais que, sem necessidade de entrar fisicamente no terminal informático, e, muitas vezes de forma oculta, sem que o utilizador se aperceba, registam todas as acções realizadas remetendo o resultado deste tipo de controlo para os trabalhadores dele incumbidos[2258].

Os dados obtidos desta forma sobre a prestação de trabalho do trabalhador relacionados com o de outros trabalhadores, permitem construir determinados *standards* de produtividade ou de eficiência exigíveis a cada trabalhador, vendo-se, desta forma, o perigo que pode surgir na medida em que pode tentar construir-se, através dos dados obtidos, um quadro extremamente analítico e detalhado da prestação laboral nos mais diversos momentos.

Estes sistemas incidem directamente sobre o ambiente de trabalho mas, indirectamente, sobre a própria pessoa do trabalhador[2259], a qual, sabendo que o seu comportamento está a ser constantemente controlado por uma máquina, que é o seu instrumento de trabalho, fica sujeita a uma especial tensão que pode originar situações de *stress*, doenças, inclu-

---

[2256] *Vide* capítulo anterior, Directiva 95/46/CE, e a Lei de Protecção de Dados Pessoais.

[2257] Cf. sobre este tipo de programas MARIO MEUCCI, *op.* cit., p. 2255. Também BELLAVISTA, "Controlli elettronici...", cit., p. 772, entende não ser possível a instalação de *software* que permita o controlo da actividade e produtividade do trabalhador. Veja-se, ainda, FREDERICK S. LANE III, *op.* cit., pp. 131-133, assim como BELLAVISTA, *Il controllo...*, cit., p. 118, e SÁNCHÉZ BLANCO, *op.* cit., p. 37.

[2258] Veja-se a referência do considerando n.º 24 da Directiva 2002/58/CE, que alude à existência deste tipo de programas "espia", que podem introduzir-se ocultamente nos computadores das pessoas, podendo aceder a toda a informação armazenada e registar todas as actividades realizadas.

[2259] M.ª BELÉN CARDONA RUBERT, última *op.* cit., p. 71.

O Controlo das Comunicações Electrónicas...   643

sive a depressão[2260], já que não é possível a realização de pausas no controlo[2261]. Na verdade, perante o computador é tão importante o tempo efectivamente trabalhado, como o tempo das pausas, na medida em que os computadores permitem realizar uma leitura negativa do tempo de descanso entre as operações efectuadas pelo trabalhador o que facilita conclusões sobre a sua produtividade e aumenta a sua subordinação perante o empregador.

Entende-se que com esta forma de controlo pode chegar-se a uma vigilância quase total e exaustiva, minuto a minuto, de toda a actividade realizada pelo trabalhador, dotando-se a empresa de uma memória quase sem limites. A questão nestas situações não pode ser posta em causa com a finalidade do tipo de controlo já que o poder de controlo do empregador tem uma finalidade lícita. Os problemas colocam-se[2262] do ponto de vista da proporcionalidade.

Parece-nos que em diversas situações o princípio da proporcionalidade não está cumprido porque a actividade de controlo realizada pelo empregador, para além de constituir uma ingerência desproporcionada na privacidade do trabalhador, não responde a nenhum interesse extraordinário daquele merecedor de restrições tão graves dos direitos fundamentais dos trabalhadores. Parece que, por vezes, os incumprimentos contratuais justificam a ingerência do empregador sem necessidade de realizar um juízo de valor sobre a imprescindibilidade ou a proporcionalidade em sentido estrito da medida adoptada, nem sobre as legítimas expectativas de privacidade geradas no local de trabalho[2263]. Afigura-se que é dificilmente

---

[2260] Ver, *supra*, capítulo II, n.º 6, a referência às novas doenças associadas às NTIC.

[2261] Neste sentido PIETRO ZANELLI, "Innovazione tecnologica...", cit., p. 295.

[2262] Como observa FERNÁNDEZ VILLAZÓN, última *op.* cit., p. 115.

[2263] Neste sentido veja-se GOÑI SEIN, "Los criterios básicos...", cit., p. 85, citando uma sentença que não respeitou este princípio da proporcionalidade. Tratava-se da decisão do TSJ da Catalunha, de 23 de Outubro de 2000, que aceitou a monitorização e o controlo absoluto do computador mediante a instalação clandestina de programas que permitiam registar tudo quanto o trabalhador realizava para simplesmente verificar se o trabalhador se dedicava, no tempo de trabalho, a jogar às cartas no computador. A aplicação informática realizou-se sem entrar no computador do trabalhador, sem violar, desta forma, a sua *password*, tendo sido programado de forma a que se activava automaticamente cada vez que se ligava o computador, não podendo ser detectado pelo utilizador. Este programa permitia identificar todas as teclas digitadas e todos os programas e

644   *A Privacidade dos Trabalhadores e as Novas Tecnologias...*

sustentável que um adequado funcionamento da relação de trabalho ou do processo produtivo justifique um controlo tão detalhado e minucioso da prestação, capaz de não deixar escapar-lhe o mais ínfimo comportamento do trabalhador. Parece que a tutela da dignidade e da privacidade do trabalhador a isso conduz, isto é, parece-nos que técnicas tão intrusivas não fazem parte dos objectivos que legitimam o poder de controlo electrónico do empregador.

Por outro lado, os requisitos a que se condiciona a legitimidade de determinadas medidas de controlo nem sempre são apreciadas com o devido rigor, sucedendo, muitas vezes, a aceitação de um controlo oculto, que pelas suas especiais características atentatórias da dignidade e da liberdade humana, deveriam ter um tratamento mais restritivo, tal como é enunciado no *Repertório* da OIT[2264].

---

janelas utilizados. O Tribunal decidiu que a obtenção de dados através deste programa não constituía qualquer violação do direito à intimidade por ser uma medida justificada, idónea, necessária e equilibrada, segundo o juízo de proporcionalidade, aceitando a validade da prova. Outra sentença idêntica é a deste Tribunal, de 29 de Junho de 2001, relativa a um trabalhador que emprega parte do seu tempo a jogar ao solitário no computador, utilizando o programa instalado. O Tribunal declarou lícita a instalação de um programa que permitia verificar a prática do jogo sem entrar no computador. Parece-nos que, secundando GOÑI SEIN, ambas as decisões constituem um claro exemplo de um juízo arbitrário do princípio da proporcionalidade, porque para impedir o uso extra-profissional do computador bastaria eliminar esse programa informático do computador, pelo que deveria entender-se como ilegítima a medida de controlo adoptada. Sobre estas decisões pode ver-se, ainda, HIRUMA RAMOS LUJÁN, *op.* cit., p. 67, MARTÍN-CASALLO LÓPEZ, *op.* cit., p. 2, e SARA RUANO ALBERTOS, *op.* cit., p. 132, nota n.° 15. Também FERNÁNDEZ VILLAZÓN, *Las facultades...*, cit., pp. 116-117, a refere mas não encontra nenhum motivo de crítica, considerando que utilizou correctamente o juízo de proporcionalidade. Também entendendo como "exemplar" a sentença de 29 de Junho de 2001, veja-se MARTÍNEZ FONS, "El uso y control del...", cit., p. 214. *Vd.*, ainda, SEMPERE NAVARRO e CAROLINA SAN MARTÍN MAZZUCCONI, *Nuevas tecnologias...*, cit., pp. 108-109.

2264 Veja-se, neste sentido, a sentença do STJ da Comunidade de Valência, de 19 de Julho de 2005, que, a propósito da instalação oculta de um programa "espião", decidiu que "as medidas empresariais tendentes a realizar uma actuação inspectiva ou controladora da actividade laboral dos seus trabalhadores, devem ser precedidas, em todo o caso, da necessária informação aos destinatários dos sistemas de controlo estabelecidos. Assim, tem-se vindo a considerar contrário à boa fé, que deve presidir às relações laborais na empresa, o estabelecimento sub-reptício de mecanismos de supervisão do uso que fazem os trabalhadores dos meios informáticos colocados à sua disposição pela empresa para o exercício da sua actividade laboral, sobretudo se a implantação de tais mecanismos não

O Controlo das Comunicações Electrónicas... 645

Por outro lado, defende-se, ainda, que poderia seguir-se o caminho adoptado na doutrina italiana que aplica a proibição estabelecida no art. 4.º do *SL* a este tipo de controlo, entendendo que se trata de um controlo à distância.

Assim, entende-se que é proibido de forma absoluta, por contender com o n.º 1 daquele artigo, a instalação de programas *in accouting*, que permitem a recolha de dados sobre a quantidade e a qualidade de trabalho, o tempo, as pausas e tudo o que se relaciona com a produtividade do trabalhador, já que está, implicitamente, a realizar-se uma espécie de controlo à distância do trabalhador proibida por este artigo[2265].

Por outro lado, já não será proibida uma espécie de controlo *preterintencional*, em que, por algum dos motivos previstos no n.º 2, deste artigo é permitido um controlo lícito, não intencional da actividade. Trata-se de um efeito meramente acidental da utilização de programas directamente conexos com objectivos de segurança ou da especial actividade em causa. Neste caso seria possível a instalação deste tipo de programas, mas sempre sujeita aos princípios procedimentais previstos legalmente[2266].

Parece que este pode ser um caminho a seguir, entendendo que também o art. 20.º se aplica a este tipo de situações pois não há qualquer concretização do que sejam, devendo, claramente, incluir-se na expressão "equipamento tecnológico" do art. 20.º, n.º 1, também o computador, que

---

obedecer a uma suspeita prévia de actuação fraudulenta por parte do trabalhador investigado". Veja-se, ainda, GOÑI SEIN, "Los criterios básicos...", cit., pp. 85-86, e MARTÍNEZ FONS, última *op.* cit., p. 215.

[2265] Neste sentido pode ver-se CRISTINA TACCONE, *op.* cit., p. 310, PIETRO ZANELLI, *Impresa, lavoro...*, cit., pp. 89-90, e RENATO SCORCELLI, *op.* cit., p. 40, referindo um caso de instalação de programa para aferir a produtividade de uma trabalhadora e que foi considerado proibido pelo art. 4.º, n.º 1. Também ALESSANDRO USAI, *op.* cit., p. 254, refere uma decisão do *Pretor* de Milão, de 5 de Dezembro de 1984, que entendeu ser ilícita a instalação de um programa no computador do trabalhador que reportava semanalmente uma série de dados que permitiam um controlo analítico sobre a actividade por ele exercida. No mesmo sentido pode ver-se GIANLUIGI GIRARDI, "L'art. 4 Statuto lavoratori e le nuove tecnologie", *in MGL*, 1985, p. 107, assim como BELLAVISTA, "Elaboratori elettronici...", cit., pp. 63-64, referindo-se ao controlo intencional da actividade do trabalhador.

[2266] Cf. BELLAVISTA, última *op.* cit., pp. 63-64, e PIETRO ZANELLI, *Impresa, lavoro...*, cit., pp. 89-92.

646   *A Privacidade dos Trabalhadores e as Novas Tecnologias...*

permite este tipo de controlo à distância, entendida quer em sentido espacial, quer temporal[2267].

Tendo em atenção esta divisão entre dois tipos de controlo e analisando os diferentes programas em causa, podem dividir-se as situações entre aquelas em que o controlo do trabalhador é um efeito deliberadamente pretendido pelo empregador e que é claramente proibido, e aquelas em que, pelo contrário, traduzem um efeito secundário da utilização de programas dirigidos unicamente a fins exigidos por razões de segurança ou de organização e gestão empresarial, onde o controlo surge como um subproduto inevitável e legítimo.

Uma vez individualizado este tipo de programas que, embora incluindo funções de controlo, é legítimo, devem tentar conseguir-se os efeitos negativos da recolha e tratamento de dados, procurando encontrar garantias da privacidade dos trabalhadores, sem prejudicar os legítimos interesses dos empregadores.

Uma das formas referidas é a de substituir os códigos de acesso individual ao computador, que permitem a identificação do trabalhador, por códigos de grupo que, unicamente, permitam o reconhecimento do grupo de trabalhadores que têm as mesmas possibilidades de acesso mas que não individualizem o concreto trabalhador em causa[2268]. Com esta medida ficava salvaguardado o interesse do empregador em limitar os acessos dos trabalhadores a determinadas áreas da memória do sistema informático e, simultaneamente, garantia-se a privacidade dos trabalhadores. Reconhecemos, contudo, que nem sempre será viável esta medida porque há determinadas áreas extremamente sensíveis que exigem a existência de códigos individuais.

A adopção de algumas técnicas deste tipo parece-nos imprescindível para tutelar a privacidade dos trabalhadores, não se pretendendo esvaziar de conteúdo o poder de controlo electrónico do empregador, querendo

---

[2267] Embora não se analise o controlo dos trabalhadores através de telemóvel, pode referir-se que para M.ª DO ROSÁRIO PALMA RAMALHO, "O telemóvel e o trabalho...", cit., p. 1588, a tentativa de controlar o trabalhador através do telemóvel corresponde a um comportamento interdito pelo art. 20.º, n.º 1 do CT. Refere que, embora este preceito seja associado mais facilmente às câmaras de filmar, também pode ser associado ao telemóvel, a que acresce, na nossa perspectiva, o controlo através do computador.

[2268] M.ª BELÉN CARDONA RUBERT, última *op.* cit., p. 79.

O Controlo das Comunicações Electrónicas... 647

antes racionalizar este poder para não lesar, mais do que o estritamente necessário, os direitos dos trabalhadores[2269].

4.3.2.2. *O controlo da memória do computador*

4.3.2.2.1. O empregador tem um legítimo interesse em controlar se o computador, uma ferramenta de trabalho, está a ser utilizado pelo trabalhador de forma adequada e conforme às suas directrizes. Esta consideração de legitimidade é suficiente para aceitar a possibilidade da existência de um certo controlo ou vigilância da sua utilização e este controlo pode ser realizado, desde logo, de forma directa através do controlo dos arquivos e pastas utilizadas, isto é, da memória do computador.

Mas o controlo do empregador pode ser realizado através doutras formas, como será o caso em que o controlo não se realiza directamente sobre o terminal do computador, mas de forma indirecta através do registo ou da análise do servidor da empresa que revelem comportamentos irregulares realizados através do computador do trabalhador, como seriam os casos da auditoria do servidor que permite revelar a introdução de um programa incompatível com a configuração do sistema e que provoca anomalias nos ficheiros[2270]; ou o da instalação de programas para aceder ao correio de outros trabalhadores[2271]; ou a exploração do servidor que permite advertir do acesso não autorizado a certos ficheiros da empresa[2272]; e o caso da modificação de arquivos do servidor da empresa[2273]. Também será o caso, ainda, da instalação de programas alheios ao funcionamento da empresa mas desde que esta alegue o facto e não a natureza do programa em si[2274].

[2269] Segue-se o defendido por M.ª BELÉN CARDONA RUBERT, *Informática y...*, cit., pp. 73-74.

[2270] Caso do TSJ de Madrid, de 21 de Novembro de 2000.

[2271] Caso do TSJ de Cantábria, de 26 de Agosto de 2004.

[2272] Caso do TSJ de Madrid, de 12 de Junho de 2001.

[2273] Caso do TSJ de Madrid, de 28 de Novembro de 2000.

[2274] Pode citar-se o acórdão da Relação de Lisboa, de 13 de Outubro de 1993, que se pronunciou pela licitude do despedimento de um trabalhador, programador informático, ao serviço de uma empresa distribuidora de jornais e revistas, que introduziu num computador "um programa pornográfico exterior à empresa que, posto em funcionamento, fazia surgir no ecrã do monitor e a toda a dimensão deste, a imagem em movimento de um homem e de uma mulher a praticarem relações sexuais, sendo visíveis os órgãos sexuais

648 *A Privacidade dos Trabalhadores e as Novas Tecnologias...*

de ambos". Este facto foi acidentalmente visualizado por um seu superior hierárquico quando o trabalhador se encontrava em gozo de férias, o qual terá tentado sem êxito ocultar dos demais presentes o referido programa "colocando as mãos sobre o ecrã". Por ordem do gerente da empresa, o programa foi mantido na memória do computador até ao regresso do trabalhador, tendo sido informados todos os potenciais utilizadores do computador da existência daquele programa para se conseguir evitar que, inadvertidamente, o "chamassem" ao ecrã. O trabalhador em causa foi despedido, tendo interposto uma acção judicial de impugnação do despedimento, considerado ilícito em 1.ª instância. A empresa em causa apelou e o tribunal da Relação de Lisboa considerou existir um comportamento culposo do trabalhador suficientemente grave que justificava o despedimento "com consequências nefastas para a entidade empregadora, tanto pelo panorama que terá gerado ou poderia gerar dentro da empresa, como pela má nota ou descrédito desta no exterior". Assim, considerou que o trabalhador "utilizou um instrumento de trabalho, no local de trabalho e para fins reprováveis", o que constitui um comportamento "que, pela sua gravidade e consequências, tornou imediata e praticamente impossível a subsistência da relação de trabalho", constituindo fundamento de justa causa de despedimento. Este acórdão foi comentado por LEAL AMADO, "Pornografia, informática e despedimento (a propósito de um acórdão da Relação de Lisboa)", *in QL*, n.º 2, 1994, p. 109 e ss..

Perante esta decisão da Relação de Lisboa propendemos para defender, tal como LEAL AMADO, última *op.* cit., p. 110, que a qualificação jurisprudencial efectuada pelo tribunal coloca algumas reservas na medida em que não parece ter em atenção que na aferição da gravidade do comportamento e das suas consequências há que ter em conta, como defende JORGE LEITE, *Direito do...*, II, cit., , pp. 225-226, que se trata de um conceito "objectivo-normativo" e não "subjectivo-normativo", o que significa que a "valoração do comportamento não deve ser feita segundo os critérios subjectivos do empregador ou do juiz, mas segundo o critério do empregador razoável tendo em conta a natureza deste tipo de relações, caracterizadas por uma certa conflitualidade, as circunstâncias do caso concreto e os interesses em presença". Tendo em atenção a sociedade actual não parece que constitua um comportamento com carácter grave o facto de um trabalhador ter introduzido um programa com conteúdo pornográfico no computador da empresa e no seu local de trabalho. A posição não seria a mesma se se tratasse de um programa com conteúdo pedófilo ou algo que consubstanciasse um crime. Mas não é esta a situação concreta. Como precisa LEAL AMADO, "a justa causa de despedimento não pode flutuar ao sabor das particulares concepções valorativas do(s) julgador(es), por muito respeitáveis que estas sejam: ao preencher o conceito de justa causa, ao valorar as condutas dos trabalhadores, o julgador não pode guiar-se pela bússola das suas concepções individuais, antes tem de fazer apelo aos padrões comunitários contemporâneos". Assim, tendo em atenção o contexto actual onde o "erotismo campeia e a pornografia se situa no domínio do *agere licitum*", a sanção de despedimento parece um tanto desproporcionada e excessiva. O empregador não alegou o facto de ter existido uma utilização indevida de um instrumento de trabalho por parte do trabalhador mas sim a natureza do programa contido no computador.

Em primeiro lugar, parece-nos que devemos partir do pressuposto que o trabalhador não é um "braço a mais do empregador"[2275]. É um cidadão que tem direitos fundamentais que não perde por celebrar um contrato de trabalho. Isto significa que o empregador, embora possa controlar o cumprimento pelos trabalhadores das suas obrigações laborais, terá sempre os limites impostos pelo respeito devido aos direitos fundamentais daqueles. Neste sentido, não pode deixar de defender-se que o trabalhador tem uma certa privacidade que resulta intransponível para o empregador, sendo que a questão que se coloca é a de saber se a privacidade também existe no uso que o trabalhador dá ao computador do empregador e que constitui o seu instrumento de trabalho. Fala-se, assim, de um certo "espaço virtual" de privacidade do trabalhador.

Na resposta a esta questão parece que poderíamos ter em atenção o debate ocorrido no ordenamento jurídico espanhol a propósito da possível aplicação analógica do art. 18.º do *ET* que se refere às revistas aos trabalhadores e aos seus bens[2276] [2277], visto não termos no nosso ordenamento jurídico um preceito equivalente.

[2275] Sempere Navarro e Carolina San Martín Mazzucconi, "Intimidad del trabajador...", cit., p. 55.

[2276] Segundo esta disposição legal, as revistas tanto podem abranger o trabalhador, armários e seus bens, devendo entender-se por estes todos os seus pertences, como carteiras e bolsos, *inter alia*, bem como os veículos que ele tenha introduzido no recinto empresarial, estando completamente proibida a entrada no domicílio particular. Engloba também, para além dos veículos, as cartas e encomendas que o trabalhador tenha recebido na medida em que são bens que passam a estar na posse do trabalhador na empresa, com independência de terem sido introduzidos nesta pelo próprio ou por um terceiro. A este propósito pode referir-se a sentença do Supremo Tribunal espanhol de 11 de Junho de 1990, *in Estatuto de los trabajadores...*, cit., p. 207, segundo a qual se decidiu que "as próprias características do veículo a motor e a sua susceptibilidade para a ocultação de bens derivados de uma actuação fraudulenta obriga a adoptar a exigência legal estabelecida no art. 18.º do *Estatuto de los Trabajadores*, no que concerne às revistas nos seus bens dentro do próprio centro de trabalho, às necessidades impostas por aquelas características".

A realização de revistas aos trabalhadores e seus bens representa, em princípio, um atentado ao direito à privacidade pois consiste numa perscrutação sobre o mais íntimo de uma pessoa – a sua própria pessoa física, os espaços físicos a si reservados e os seus bens –, e poderá, em certos casos, configurar verdadeiras situações de abuso por parte do empregador. Para as evitar, o art. 18.º do *E.T.* exige certos condicionalismos para que sejam legítimas. Assim, o poder de actuação do empregador vem limitado pelo requisito da necessidade para a protecção do património, tendo em atenção o elevado valor econó-

650   *A Privacidade dos Trabalhadores e as Novas Tecnologias...*

mico das coisas susceptíveis de apropriação indevida e a relevância para a segurança das pessoas e instalações da empresa, e sempre com base em critérios objectivos. A revista deverá ser a *ultima ratio*, dando-se sempre prevalência a outras formas de defesa do património empresarial.

A possibilidade de actuação empresarial está também limitada pela subordinação ao princípio constitucional de respeito pelos direitos invioláveis da pessoa e, por isso, na realização de revistas terá que tomar-se em consideração o respeito pela dignidade e intimidade do trabalhador. Assim, tem-se defendido que a revista deve ser realizada, sempre que possível, através de sistemas automáticos de controlo, adoptando-se um *sistema automático de selecção dos trabalhadores* quando não sejam todos objecto do controlo, defendendo-se que os critérios de selecção não podem ser discriminatórios. Quando se realize a revista esta tem de ser motivada em suspeitas graves e razões suficientes e justificadas. Se não for o caso, o trabalhador pode legitimamente recusar-se a submeter-se--lhe. Este tipo de revistas deverá ser efectuado da forma mais discreta possível evitando-se a maior publicidade do facto, devendo realizar-se numa área não acessível ao conjunto de trabalhadores.

O último pressuposto ou garantia que é conferido pelo art. 18.º é o da necessidade de estar presente um representante legal do trabalhador para a apreciação efectiva e objectiva dos anteriores pressupostos. A sua presença tem uma dupla finalidade: por um lado, servem de testemunha do resultado da revista que se efectua e, por outro, contribuem para certificar o respeito pelo trabalhador no momento da sua concretização. Contudo, tendo em atenção o princípio do respeito pela livre vontade da pessoa, o trabalhador que vai ser alvo da revista pode recusar a presença do representante ou de outro companheiro de trabalho.

Além destes pressupostos, o ordenamento jurídico espanhol exige também algumas condições temporais e espaciais, na medida em que as revistas só poderão ser realizadas dentro do centro de trabalho e em horas de trabalho.

Em relação ao âmbito espacial significa que qualquer registo fora das actividades da empresa e do centro de trabalho carece de legitimidade, devendo somente admitir-se a possibilidade de revistas aos trabalhadores e aos seus bens fora do âmbito empresarial se resultar de intervenção policial. Deverá pugnar-se pela possibilidade da realização de revistas no local de trabalho sempre que respeite os restantes pressupostos, em particular o elemento temporal e a intimidade e dignidade do trabalhador.

Em relação ao elemento temporal significa que a revista deverá ser efectuada durante o tempo compreendido entre a entrada e a saída do trabalho e não depois da jornada de trabalho ter terminado. Veja-se sobre esta matéria GOÑI SEIN, *El respeto a la...*, cit., pp. 185-200, MARTÍNEZ FONS, *El poder de control...*, cit., pp. 315-340, e VICENTE PACHÉS, *El derecho del...*, cit., pp. 249-259.

[2277] Neste ordenamento jurídico há uma divisão doutrinária entre a possível aplicação analógica deste artigo e o da sua não aplicação. Assim, para LUZ PACHECO ZERGA,

As revistas podem ser realizadas quer aos trabalhadores quer aos seus bens, compreendendo a observação cuidadosa, o exame fiscalizador e minucioso da pessoa na parte física que permanece oculta, ou de certos espaços físicos reservados à sua própria intimidade e onde os trabalhadores conservam os seus haveres[2278]. As revistas representam sempre uma intromissão na esfera privada das pessoas e partem de uma presunção de suspeita perante o revistado. A noção de revistas e buscas do Direito processual penal, previstas nos arts. 174.º a 177.º do CPP, prevê, como requisito para a sua realização a existência de indícios de que alguém oculte quaisquer objectos relacionados com a prática de um crime, ou que possam servir de prova, e indícios de que estes se encontrem em lugares reservados ou não livremente acessíveis ao público[2279]. O n.º 2 do art. 175.º dispõe que a "revista deve respeitar a dignidade pessoal e, na medida do possível, o pudor do visado". Assim, são aplicáveis às revistas aos traba-

---

op. cit., p. 266, para o controlo do computador, um bem de que a empresa é proprietária, não se requer a presença dos representantes dos trabalhadores, exigida pelo art. 18.º do *ET*, embora possa ser aconselhável por razões práticas. Para Arias Domínguez e Rubio Sánchez, *op.* cit., pp. 162-163, a possibilidade de efectuar controlos à memória do computador vem delimitada pelos princípios enunciados no art. 18.º do *ET*, assim como para Mercader Uguina, *Derecho del Trabajo...*, cit., pp. 115-116, que exige o preenchimentodos vários requisitos previstos neste artigo, nomeadamente o respeito pelo princípio da proporcionalidade. No mesmo sentido veja-se Hiruma Ramos Luján, *op.* cit., p. 68, e Correa Carrasco, "La proyección...", cit., p. 53, referindo-se a alguma jurisprudência que procede à aplicação analógica do art. 18.º. Este autor entende que esta operação hermenêutica tem "uma enorme coerência interna", facilmente perceptível do ponto de vista teleológico, pois, embora se esteja perante situações muito díspares, no fundo, trata-se de fenómenos homólogos tendo em atenção os interesses que pretendem ser tutelados. Em ambos os casos, as medidas de controlo do empregador encontram justificação na defesa do interesse do empregador relativo à preservação dos seus bens e em evitar a realização de casos abusivos ou desleais. Do outro lado, há a susceptibilidade de afectação dos mesmos direitos – privacidade e dignidade do trabalhador. Idêntica opinião tem Fernández Villazón, *Las facultades...*, cit., pp. 112-114, e "A vueltas com el control...", cit., pp. 39-40.

[2278] Como menciona Goñi Sein, última *op.* cit., p. 167.

[2279] Os n.os 1 e 2 do art. 174.º, relativos aos pressupostos para que possam efectuar-se as revistas e as buscas, determinam que: "1. Quando houver indícios de que alguém oculta na sua pessoa quaisquer objectos relacionados com um crime ou que possam servir de prova, é ordenada revista. 2. Quando houver indícios de que os objectos referidos no número anterior, ou o arguido ou outra pessoa que deva ser detida, se encontram em lugar reservado ou não livremente acessível ao público, é ordenada busca".

652 *A Privacidade dos Trabalhadores e as Novas Tecnologias...*

lhadores e aos seus bens, *mutatis mutandis*, a noção e o conceito de revistas do Direito processual penal, salvas as devidas diferenças, pois em vez de se ter em atenção a protecção do interesse público e a necessidade de um despacho prévio realizado pela autoridade judiciária, nos termos do art. 174.°, n.° 3, realizam-se em benefício do interesse patrimonial do empregador contra o risco de diminuição de bens por actos dos trabalhadores, e sem necessidade da existência de um despacho prévio judicial a autorizá-las[2280].

4.3.2.2.2. No art. 18.° do *ET* pode considerar-se que a tutela deste artigo abrange, três espaços de privacidade distintos[2281] e que convém atender para aferir da possível aplicação analógica deste preceito ao problema do controlo da memória dos computadores dos trabalhadores. Em primeiro lugar, tem-se o espaço de privacidade delimitada pela esfera corporal do trabalhador; em segundo lugar, a privacidade da relação existente entre o trabalhador e o objecto (bens ou efeitos pessoais); e por último, tem-se a privacidade derivada do destino atribuído a certos espaços ou lugares de titularidade empresarial (os cacifos). Atendendo a esta divisão, a memória do computador, pode inserir-se quer no segundo, quer no terceiro.

Parece-nos de entender que, em relação à terceira acepção, no sentido de cacifos, deve entender-se em sentido amplo, para englobar o lugar cedido pelo empregador ao trabalhador para o seu uso exclusivo, guardando aí as suas roupas e os seus demais bens pessoais[2282].

Há a notar que nesta definição, a limitação desta área de privacidade é diferente dos outros locais da empresa que estão igualmente excluídos do conhecimento do empregador e que estão ligados a uma esfera de intimidade irredutível[2283]. Aqueles locais encontram-se protegidos em razão da atribuição de um uso pessoal e exclusivo ao trabalhador.

[2280] Veja-se, para mais desenvolvimentos, TERESA COELHO MOREIRA, *Da esfera privada...*, cit., pp. 338 e ss., nomeadamente a questão da eventual inconstitucionalidade deste preceito e da "má tradução" em relação ao artigo que inspirou a sua redacção, o art. 6.° do *SL*.

[2281] Secundando MARTÍNEZ FONS, "Uso y control de las...", cit., p. 1327, e "El control empresarial...", cit., p. 205.

[2282] Segue-se o defendido por MARTÍNEZ FONS, últimas obras citadas, e GOÑI SEIN, *El respeto a la...*, cit., p. 171.

[2283] Caso, *v.g.*, dos vestiários e das casas-de-banho.

Neste sentido, a noção de cacifos, na esteira do preconizado por MARTÍNEZ FONS[2284], faz referência aos locais da empresa que estão reservados aos trabalhadores para seu uso exclusivo e que eles utilizam para depósito dos seus objectos, tendo, desta forma, um direito subjectivo sobre aquele espaço. Ora, no caso da memória do computador, não parece poder entender-se nesta noção, já que não só o seu uso não é exclusivo do trabalhador, como também faz parte dos instrumentos colocados ao seu dispor pelo empregador para prosseguir a sua actividade laboral.

Em relação à segunda acepção, isto é, à noção de *efeitos pessoais*, já há uma maior possibilidade de aplicação à memória do computador mas, ainda assim, sujeita a alguns condicionalismos.

A noção destes *efeitos pessoais* está relacionada com aqueles que pela sua relação especial com a privacidade do sujeito em causa não podem ser alvo de intromissão de terceiros. Assim, a sua caracterização não está tanto relacionada com a natureza própria dos mesmos, mas com a sua especial relação com o âmbito tutelado pela norma. Esta limita as revistas no caso de se estar perante um interesse superior do trabalhador que, nestes casos, é o do direito à privacidade.

Desta forma, os *efeitos pessoais* serão constituídos por aqueles bens onde há uma projecção própria da privacidade das pessoas, independentemente da titularidade dos mesmos[2285].

Assim, não releva tanto a propriedade destes bens, pois o que é realmente relevante é a sua conexão com a privacidade do trabalhador, isto é, a expectativa de privacidade do trabalhador sobre os mesmos.

Tendo em consideração esta noção já nos parece poder englobar a memória do computador nesta concepção, pois a tutela deste artigo engloba não só os objectos propriedade do trabalhador, como aqueles cuja propriedade pertence ao empregador mas em que o trabalhador tem uma razoável expectativa de privacidade sobre os mesmos.

Porém, há que notar que só é possível a tutela se existir esta protecção sobre o "espaço virtual" de privacidade do trabalhador, ou seja, se se criou, inicialmente, uma expectativa de privacidade sobre aquele âmbito. Assim, se o empregador disponibilizou um computador apenas para o trabalhador concreto e se lhe permitiu a instalação de *passwords* que não são

---

[2284] "Uso y control de las...", cit., p. 1328, e "El control empresarial...", cit., p. 204.

[2285] MARTÍNEZ FONS, últimas obras e locais citadas.

654   *A Privacidade dos Trabalhadores e as Novas Tecnologias...*

conhecidas dos outros trabalhadores, assim como a existência de uma política clara de tolerância sobre a utilização destes meios para fins pessoais, sem dúvida indicia esta expectativa de privacidade que tem de ser tutelada e, por isso, para aceder à memória do computador, o empregador terá de respeitar os procedimentos previstos no art. 18.° do ET[2286] [2287].

Mas, mesmo nos casos em que não exista esta expectativa razoável de privacidade, o empregador não pode controlar como quiser e quando quiser, porque terá sempre de estar sujeito aos princípios vigentes em matéria de controlo, principalmente ao princípio da proporcionalidade na sua tripla vertente, mas também ao princípio da transparência, impondo-se a proibição de formas de controlo oculto.

Acresce, ainda, que a actividade de controlo realizada pelo empregador fica limitada pela sua própria finalidade. Assim, na medida em que o objecto da actividade de controlo não é mais do que conhecer o uso que se faz do computador, a satisfação do interesse do empregador produz-se desde o momento em que se pode constatar o uso ilícito dos instrumentos de trabalho[2288].

Defende-se, ainda, que atendendo ao princípio da finalidade e da proporcionalidade, o acesso a todos os arquivos e pastas que, através do título que detêm, quer pela sua inserção em determinadas pastas ou directórios que pelo nome suponham ser pessoais e alheias à actividade laboral, fica interdita ao empregador. E isto porque não pode entender-se que, com carácter geral, exista um interesse que justifique tal conhecimento dos arquivos assinalados como pessoais pelo trabalhador, pois este tem direito a um "espaço virtual" de privacidade a que o empregador não pode ter acesso, pois trata-se de assuntos não relacionados com a prestação laboral.

[2286] Neste sentido pode ver-se FERNÁNDEZ VILLAZÓN, *Las facultades...*, cit., pp. 112-113.

[2287] Uma decisão interessante sobre esta matéria pode ser vista no ordenamento jurídico canadiano, a decisão *Tremblay*, onde o trabalhador era polícia e foi descoberto pelos colegas material de pornografia infantil na memória do seu computador. O Tribunal entendeu que a revista efectuada no computador tinha sido perfeitamente legal porque o computador não tinha qualquer *password* de acesso, podendo vários trabalhadores ter acesso ao computador, não tendo, desta forma, o trabalhador direito a qualquer expectativa de privacidade. Veja-se FRANÇOIS BLANCHETTE, *op.* cit., pp.77-79.

[2288] Vejam-se FERNÁNDEZ VILLAZÓN, *Las facultades...*, cit., p. 113, e MARTÍNEZ FONS, "Uso y control...", cit., p. 1330.

Contudo, este não fica sem possibilidade de efectuar um certo tipo de controlo e de, eventualmente, sancionar o trabalhador. Poderá, sem analisar o conteúdo, efectuar uma discriminação do tipo de ficheiros contidos em determinadas pastas, e, atendendo ao tipo em causa, eventualmente aplicar alguma sanção disciplinar aos trabalhadores, até como uma forma de evitar possíveis responsabilidades. Imagine-se o caso da instalação de ficheiros "piratas", de tipo MP3, ou MP4, de MPEGS e de ficheiros executáveis. Nestes casos, parece possível este tipo de controlo sem analisar o conteúdo, mas, atendendo ao seu carácter pessoal, só analisando o tipo de ficheiros introduzido na medida em que está em causa a privacidade dos trabalhadores.

Pode ver-se neste sentido o acórdão da *Cour de Cassation* francesa, de 17 de Maio de 2005, a propósito da abertura de ficheiros pessoais contidos no computador e intitulados como tal. A regra geral estabelecida foi a da proibição de controlo deste tipo de ficheiros, na medida em que nos parece que os ficheiros pessoais são, no século XXI, o que os armários eram no século XX[2289].

Porém, não se retira a possibilidade de os empregadores os controlarem, em determinadas circunstâncias, como será o caso de "riscos ou acontecimentos particulares", mantendo-se, contudo, a dúvida sobre quais as situações que serão passíveis de se inserirem nestas circunstâncias[2290], ou na presença dos trabalhadores[2291].

Parece que este deve ser o caminho a seguir, dividindo as situações e permitindo um controlo do empregador limitado pela expectativa razoá-

---

[2289] Neste sentido FRANÇOISE FAVENNEC-HÉRY, "Conditions d'ouverture par l'employeur des fichiers identifiés comme personnels par le salarié", *in JCP*, n.º 2, 2005, p. 1031.

[2290] Ver FRANÇOISE FAVENNEC-HÉRY, última *op. cit.*, pp. 1031-1032.

[2291] Há uma certa dúvida na leitura do acórdão, isto é, se os dois requisitos serão cumulativos ou não, tendendo a maior parte para a não exigência dos dois, bastando que esteja cumprido o princípio da transparência. Contudo, não nos parece a melhor opção, até atendendo à diferença de posição contratual existente entre empregador e trabalhador. Veja-se FRANÇOISE FAVENNEC-HÉRY, "Conditions d'ouverture...", pp. 1031-1032, AGATHE LEPAGE, LAURE MARINO e CHRISTOPHE BIGOT, *op.* cit., pp. 2649-2650, assim como RENÉ DE QUENAUDON, "Jurisprudence *Nikon*: la suite mais non la fin", *in Recueil Dalloz*, n.º 28, 2005, p. 1873. Também JEAN-EMMANUEL RAY, "L'ouverture par l'employeur des dossiers personnels du salarié cass. Soc. 17 mai 2005: le retour de L. 120-2", *in DS*, n.ºs 7/8, 2005, pp. 789 e ss..

vel de privacidade que se tenha criado ao trabalhador, ou, pelo menos, pelo princípio da proporcionalidade. E no caso dos ficheiros ou pastas intitulados de pessoais não parece existir qualquer interesse legítimo do empregador em controlar, tutelando-se um "espaço virtual" de privacidade do trabalhador. Porém, também não se deixa de proteger o interesse legítimo do empregador proceder ao controlo em determinadas circunstâncias nomeadamente para evitar possíveis responsabilidades, no sentido de *culpa in vigilando*[2292].

Assim, entende-se que a possibilidade de controlo do empregador sobre arquivos ou ficheiros identificados como alheios à actividade laboral do trabalhador estarão relacionados com a eventual responsabilidade daquele que provenha dos ilícitos cometidos pelo trabalhador através dos instrumentos informáticos da empresa, devendo sempre respeitar-se o princípio da proporcionalidade, e só se existirem fundadas suspeitas da prática de ilícitos sancionados penalmente, tendo sempre em atenção que não se trata dos arquivos de mensagens electrónicas e dos chamados arquivos *log* onde fica registada a correspondência electrónica.

4.4. A Internet

4.4.1. *Introdução*

A informática tem-se vindo a tornar cada vez mais popular em todos os sectores da sociedade, sendo que as NTIC têm contribuido largamente para este aumento, principalmente a *Internet*. Intimamente relacionada com a globalização e com a Sociedade da Informação[2293], a *Internet* tem provocado inúmeras mudanças sociais, políticas e legais[2294].

[2292] Neste sentido MARTÍNEZ FONS, "Uso y control de las...", cit., p. 1332.

[2293] Estimativas datadas de 2005 referiam que havia mais de mil milhões de utilizadores em todo o mundo e, tendo em atenção o aumento exponencial que ocorre diariamente, este número, actualmente, deve ser consideravelmente superior. Ver M.ª DEL CARMEN GUERRERO PICÓ, *op. cit.*, p. 329. Veja-se, ainda, YVES POULLET, "Internet et vie privée: entre risques et espoirs", *in La tutela del...*, cit., p. 145, assim como KIRBY, *op. cit.*, p. 13, referindo o enorme crescimento da *Internet* no mundo.

[2294] Como refere EVELYN HAUSER, "The future of cyberwork", *in Employment Relations Today*, Inverno, 2000, p. 61, a *Internet* está a alterar a forma como as pessoas vivem, trabalham e conduzem os seus negócios.

O Controlo das Comunicações Electrónicas... 657

Tem-se assistido a um desenvolvimento de uma infra-estrutura tecnológica que inclui uma rede de telecomunicações bastante avançada, composta por sistemas interactivos de informação e por poderosos computadores, capazes de processar dados a grande velocidade. E o desenvolvimento da *Internet* tem permitido à tecnologia digital a transmissão automática de todo o tipo de mensagens, criando, desta forma, uma linguagem digital universal e as condições tecnológicas para uma comunicação cada vez mais global.

A *Internet* penetrou em todos os sectores da sociedade e em todos os domínios de actividade, em qualquer contexto e localização, desde que haja uma ligação electrónica[2295].

Assim, pode considerar-se que a *Internet* está a ser o fenómeno central das NTIC, apresentando-se como um passo decisivo no avanço dos novos sistemas de informação e comunicação à escala planetária[2296] e representando a novidade que mais tem transformado, nos últimos anos, o universo da comunicação[2297], na medida em que, no actual estado da evolução informática, o carácter multiforme da *Internet*, dada a enorme potencialidade e rapidez dos computadores no tratamento de dados e informações, permite que ocorra uma transformação da sociedade contemporânea, configurando-se não só como um modelo de organização mas também como uma nova forma de expressão do indivíduo e da colectividade.

Assiste-se, desta forma, a uma verdadeira revolução digital que se refere às novas modalidades de comunicação e de distribuição de informação obtidas através da *Internet*. Está-se perante uma nova realidade, a realidade virtual[2298], e a consagração da *Internet* como um meio de comunicação incontornável[2299].

[2295] Cf., neste sentido, CONSUELO CHACARTEGUI JÁVEGA, "El correo electrónico...", cit., p. 1255, referindo que se a primeira revolução industrial tem origem no Reino Unido, a primeira revolução da tecnologia da informação tem origem nos EUA, mais especificamente em Sillicon Valley, onde se desenvolveu o circuito integrado, o microprocessador e o microcomputador. Ver, ainda, FRANÇOIS BLANCHETTE, *op.* cit., p. 6.

[2296] No mesmo sentido PÉREZ LUÑO, "Internet y...", cit., p. 103.

[2297] Ver GIUSEPPE CASSANO, "Introduzione", *in Internet...*, cit., p. 1.

[2298] *Vide* GUIDO ALPA, *op.* cit., pp. 1-2.

[2299] Neste sentido FABRICE FEVRIER, "Site internet syndical – la primauté est donnée à la liberté d'expression", *in RDTIC*, n.° 55, 2006, p. 13.

658   *A Privacidade dos Trabalhadores e as Novas Tecnologias...*

Detendo estas características, a *Internet* está a mudar a prática do Direito, constituindo um meio de comunicação muito frequente e cada vez mais utilizado nas relações entre empregadores e trabalhadores, e entre estes e clientes ou terceiros, na medida em que facilita as comunicações ao poupar tempo e custos[2300]. Por outro lado, a *Internet* faculta um acesso cada vez mais rápido e fiável a uma quantidade cada vez maior de informação. No domínio económico ela apresenta-se como um óptimo utensílio de informação e de gestão, oferecendo às empresas um enorme número de serviços interactivos. Por isso, ela pode constituir um "formidável utensílio"[2301] para aumentar a produtividade das empresas e melhorar a sua gestão. Por todas estas razões, muitas empresas dotaram-se de ligações cada vez mais rápidas à *Internet*.

Há que pensar, no entanto, no reverso da medalha, isto é, em todas as desvantagens que a utilização da *Internet* pode trazer, nomeadamente, por filtrar informação a terceiros relativas a segredo empresarial ou informação sobre clientes da empresa, assediar um companheiro de trabalho e realizar acções que podem comprometer a imagem da empresa[2302 2303]. Desta forma, o uso destas NTIC pelas empresas não só está a modificar substancialmente a sua estrutura, mas também a determinar processos de reestruturação, originando uma modificação significativa do comportamento

---

[2300] RAQUEL SERRANO OLIVARES, "Comunicaciones a través de Internet y seguridad jurídica", *in RL*, n.º I, 2005, p. 1287. No mesmo sentido pode ver-se PETER WEDDE, "Wenn der Arbeitgeber...", cit., p. 28, referindo-se ao custo reduzido da utilização da *Internet*. Também THIBAULT ARANDA, "El derecho...", cit., p. 60, refere que a *Internet* se converteu numa das vias de comunicação mais aptas para ser utilizadas pelo trabalhador nas suas relações com a empresa, com os clientes, com os companheiros de trabalho e, inclusive, com os seus representantes sindicais. Na mesma linha veja-se GIUSEPPE D'ELCI, "Licenziamento per abuso di collegamento a Internet e tutela del lavoratore dai controlli a distanza", *in D&L*, n.º 4, 2001, p. 1068, assim como SONIA FERNÁNDEZ SÁNCHEZ, *op.* cit., p. 92.

[2301] MARC RICHEVAUX, *L'introduction...*, cit., p. 4.

[2302] Podem ver-se vários perigos reais que este meio pode trazer para as empresas em JAVIER RIBAS, "Actos desleales de trabajadores usando sistemas informáticos e internet", *in RL*, n.º II, 2004, pp. 1317 e ss..

[2303] Referindo-se a vários perigos da *Internet* em geral veja-se PÉREZ LUÑO, última *op.* cit., pp. 104-105, assim como GIUSEPPE CASSANO, "Internet e...", cit., pp. 10-11, principalmente sob a forma de perigos para a privacidade dos utilizadores sem que, muitas vezes, eles tenham consciência desse facto.

O *Controlo das Comunicações Electrónicas...* 659

quotidiano dos trabalhadores no próprio local de trabalho[2304], sendo bastante difícil imaginar actualmente as empresas sem esta ligação à *Internet*[2305] na medida em que ela se tornou um instrumento estratégico para a esmagadora maioria.

A *Internet* pressupôs, desta forma, um verdadeiro "salto qualitativo"[2306] em relação às questões colocadas pelas NTIC, já que até à generalização do seu uso no domínio do trabalho, o uso da informática ficava reduzido maioritariamente a aspectos técnicos e produtivos. Por isso, atendendo ao poder de controlo do empregador, poderia sustentar-se que este poder, permitido pela informática, apesar de ter uma grande potencialidade e extensão, não abrangia a pessoa do trabalhador, ficando circunscrito ao desempenho da actividade laboral[2307]. Actualmente, porém, atendendo às características da *Internet*, não pode defender-se essa posição, suscitando-se problemas densos ao Direito do trabalho.

As NTIC transformaram o computador num meio de comunicação cada vez mais utilizado e multiplicaram as possibilidades do seu uso extra-profissional. Assim, parece-nos mais um motivo para defender a ideia de que os computadores têm de ser vistos sob um duplo prisma, isto é, já não podem ser aceites somente como um mero instrumento de trabalho, mas também devem ser considerados com uma nova dimensão, cada vez mais presente, e que é o da máquina capaz de potenciar o desenvolvimento e a expansão da personalidade do trabalhador, comportando um certo uso "social" que merece ser salvaguardado.

Tendo em atenção esta nova realidade e o uso privado que se faz destas novas tecnologias, sem atender agora ao seu carácter legítimo ou não, tem de reconhecer-se que o controlo exercido sobre estas novas tecnologias já não vai ficar limitado à prestação de trabalho, sendo capaz de alcançar facetas relacionadas com a privacidade dos trabalhadores[2308]. Na rea-

---

[2304] Veja-se THIBAULT ARANDA, última *op.* cit., p. 60. Também SONIA FERNÁNDEZ SÁNCHEZ, *op.* cit., p. 92, chama a atenção para esta questão, assim como RAQUEL SERRANO OLIVARES, última *op.* cit., p. 1288. No mesmo sentido veja-se *Relations de travail...*, cit., p. 3.

[2305] Referindo-se ao facto da *Internet* estar presente na maior parte das empresas veja-se THOMAS STREITBERGER, *op.* cit., p. 1.

[2306] FERNÁNDEZ VILLAZÓN, *Las facultades...*, cit., p. 124.

[2307] FERNÁNDEZ VILLAZÓN, última *op.* cit., p. 124, e PÉREZ DE LOS COBOS ORIHUEL, *Nuevas tecnologías...*, cit., p. 83.

[2308] Neste sentido FERNÁNDEZ VILLAZÓN, *Las facultades...*, cit., pp. 124-125.

660   *A Privacidade dos Trabalhadores e as Novas Tecnologias...*

lidade, o controlo electrónico da *Internet* pode ser extremamente intrusivo, na medida em que as pessoas utilizam hoje este meio como uma forma de obter informação, por vezes muito pessoal, podendo o empregador ficar a conhecer muitas características pessoais dos trabalhadores através do controlo da utilização deste meio, aproveitando-se das próprias características da *Internet* pois, conforme refere SPIROS SIMITIS[2309], quem navega na *Internet* não está mais sozinho. Querendo ou não, todos os seus passos deixam vestígios. A comunicação libertou-se das barreiras espácio--temporais e oferece actualmente, de forma contínua e em tempo real, serviços tradicionais e uma nova série de outros, com o indivíduo a constituir uma enorme fonte de informações pessoais, com riscos acrescidos para a tutela da sua privacidade[2310].

4.4.1.1. *A concepção e a evolução da Internet*

A origem da *Internet* condiciona a sua estrutura, caracterizada por uma paradoxal exclusão de princípios ou de critérios hierárquicos[2311]. Surgida no contexto da investigação tecnológica militar, no denominado programa ARPANET[2312] [2313], implementado em 1969, tende a promover

---

[2309] "Il contesto giuridico...", cit., pp. 573-574.

[2310] Veja-se, neste sentido, KIRBY, *op.* cit., p. 15, escrevendo sobre o enorme número de dados que os utilizadores deixam, sem terem consciência, quando visitam *sites*. Esta informação pode, chegar, inclusive, a permitir a criação de perfis psicológicos sobre a sua pessoa. Também NICOLA LUGARESI, *op.* cit., pp. 9 e 13, alude ao mesmo fenómeno, observando como a *Internet* originou uma perda de privacidade em numerosas situações. No mesmo sentido, M.ª LUISA FERNÁNDEZ ESTEBAN, "Internet y los Derechos fundamentales", *in Anuario Jurídico de la Rioja*, n.os 6/7, 2000, p. 346.

[2311] SÁNCHÉZ BLANCO, *op.* cit., p. 1.

[2312] *Advanced Research Projects Agency Network*.

[2313] Como referem ARMANDO VEIGA e BENJAMIM SILVA RODRIGUES, *op.* cit., p. 30, a *Internet*, encontra os seus antecedentes remotos no lançamento do primeiro satélite artificial pela ex-URSS. Numa tentativa de recuperar o terreno perdido para os soviéticos, os norte-americanos realizaram uma série de iniciativas com a criação da NASA – *National Aeronautics and Space Admnistration* – e a ARPANET. A criação da *Internet* está relacionada com a tentativa de criar um "mundo à parte", tal como escreve AGATHE LEPAGE, *Libertés...*, cit., p. 4, relacionado com a *Guerra-fria*. A própria II Guerra Mundial está na origem da maior parte das descobertas que conduziram à revolução das tecnologias da informação.

O Controlo das Comunicações Electrónicas... 661

uma rede de comunicações segura para organizações ligadas à investigação científica na área da defesa. Surge, desta forma, de uma parceria entre o departamento de defesa dos EUA e universidades americanas, com o objectivo de criar técnicas de conexão entre computadores, com o intuito de trocar conjuntos de informações de forma segura. O objectivo do projecto era criar uma rede ampla de computadores onde a informação pudesse circular entre eles através de vias distintas, de forma que se uma área fosse atacada numa acção bélica, a informação pudesse chegar de forma segura por outro caminho. A chave deste sistema era a inexistência de um centro nevrálgico que controlasse a rede na medida em que este seria um ponto vulnerável do sistema. Dentro desta filosofia nasce a ARPANET, que constitui o antecessor da *Internet*. Durante os anos setenta, a ARPANET cresce significativamente, incorporando novos serviços como o *e-mail* e a conexão remota. Nos inícios dos anos oitenta surge uma série de redes que finalmente acabam por ligar-se entre si[2314].

Pode dizer-se que, actualmente, a *Internet*[2315] é uma rede de redes, uma rede de computadores que comunicam entre si com base numa linguagem própria assente num protocolo denominado no *Transport Control Protocol/Internet Protocol*[2316]. É uma rede internacional de computadores interligados que permite que milhões de pessoas comuniquem entre si no chamado "ciberespaço"[2317], acedendo a grandes quantidades de informação proveniente de todo o mundo. Assim, este ciberespaço tornou-se o novo meio de comunicação, para não dizer o principal, que emerge da

---

[2314] Pode ver-se esta evolução em numerosas obras. Assim, a título meramente exemplificativo, indicam-se ARMANDO VEIGA e BENJAMIM SILVA RODRIGUES, *op.* cit., pp. 30 e ss., referindo-se à evolução nos EUA e na Europa, CATARINA SARMENTO E CASTRO, *Direito da Informática...*, cit., pp. 153-154, GARCIA MARQUES e LOURENÇO MARTINS, *op.* cit., pp. 50 e ss., M.ª LUISA FERNÁNDEZ ESTEBAN, *op.* cit., pp. 23-24, MARTÍNEZ MARTÍNEZ, *op.* cit., pp. 25-26, e RICHARD ROSENBERG, *op.* cit., p. 7. Pode ver-se, ainda, VALENTINA GRIPPO, *op.* cit., p. 643, nota n.º 7, XAVIER LEMARTELEUR, *op.* cit., p. 5, e a decisão *Reno v. ACLU*, do Supremo Tribunal Americano, referido em FRANÇOIS BLANCHETTE, *op.* cit., p. 50.

[2315] A *Internet* é um acrónimo de *International Network of Computers*.

[2316] TCP/IP.

[2317] Quanto à origem desta expresão veja-se SHIRLEY GOZA, "Cyber employees: letting employees navigate their own labor course", *in Labor Law Journal*, n.º 7, 1996, p. 437.

662   *A Privacidade dos Trabalhadores e as Novas Tecnologias...*

interconexão mundial de computadores, isto é, da *Internet*[2318]. Abrange-se, desta forma, não só a infra-estrutura material da comunicação numérica, como também todo o universo da informação que nela se encontra, podendo dizer-se que é o espaço artificial que resulta da *Internet*[2319]. A *Internet* é, assim, uma rede de redes heterogéneas ligadas entre si por linhas de comunicação extremamente rápidas[2320].

Entende-se, assim, que, do ponto de vista técnico, a *Internet* pode ser considerada uma rede de telecomunicações que detém especiais características técnicas[2321] por forma a optimizar, seja ao nível de eficácia, seja ao nível económico, a transmissão de dados, de informação em todo o mundo e em tempo real[2322]. A sua particular utilidade e versatilidade, associada à economia de custos e ao enorme ganho de eficiência, fez com que a sua gestão de informação e a sua forma de difusão fosse adoptada para as outras redes de telecomunicações, originando uma *estandardização* "de facto" no sector da telemática.

De um ponto de vista social, a *Internet* pode ser considerada como um novo meio de comunicação que, provavelmente, integra os outros meios. A *Internet* representa uma nova forma de comunicação e mesmo

---

[2318] M.ª EDUARDA GONÇALVES, *op.* cit., p. 137.

[2319] Para maiores desenvolvimentos veja-se Grupo de Protecção de Dados, *Privacidade na Internet – Uma abordagem integrada da UE no domínio da protecção de dados em linha*, de 21 de Novembro de 2000, pp. 8 e ss.. Veja-se, ainda, NICOLA LUGARESI, *op.* cit., pp. 5-6, sobre a noção de ciberespaço, assim como FRANCESCO DI CIOMMO, *o p.* cit., pp. 122-123.

[2320] EUGENIO DÍAZ, *op.* cit., p. 149. Como refere M.ª LUISA FERNÁNDEZ ESTEBAN, *op.* cit., p. 23, uma rede de computadores não é mais do que um conjunto de computadores e periféricos que estão unidos entre si por qualquer meio físico que lhes permita trocar informação. Quando vários computadores se unem entre si através de uma rede e estão no mesmo edifício, diz-se que se está perante uma rede de área local – LAN *Local Area Network*. Se para ligar entre si os computadores é necessário usar telecomunicações, diz-se que se está perante uma rede de área ampla – WAN *Wide Area Network*. Várias redes podem conectar-se entre si para formar uma rede maior. Tem-se, desta forma, uma intrarede. A intrarede que liga a maioria das redes é a *Internet*. Ver, ainda, FRANÇOIS BLANCHETTE, *op.* cit., pp. 56-57, referindo-se à possibilidade de existência de redes MAN – *Metropolitan Area Network*, CAN – *Campus Area Network*, e TAN – *Tiny Area Network*, assim como GONZÁLEZ-TABLAS SASTRE, "El derecho y las nuevas tecnologías", *in Anuário Jurídico de la Rioja*, n.ºs 6/7, 2000, p. 272.

[2321] GIANLUIGI CIACCI, *op.* cit., p. 235.

[2322] Veja-se ROBERTA GERHARDT, *op.* cit., pp. 95-96.

de viver, uma nova tecnologia que está a revolucionar a nossa própria forma de viver[2323].

Entende-se, desta forma, que a *Internet* não é idónea para ser enquadrada em definições tradicionais, sendo antes uma realidade multifacetada[2324] na medida em que as comunicações que atravessam a *Internet* pertencem a diversas tipologias, *inter alia*, mensagem *one to one*, grupos de informação ou *newsgroup, mailing list* e *world wide web*[2325].

A *Internet* apresenta-se como uma espécie de *anarquia organizada* que cresceu de forma impressionante e à medida que se foi afastando da sua vertente militar tornando-se uma área mais idónea para o intercâmbio científico e cultural.

A descentralização da sua estrutura e a ausência de autoridades de controlo, que visavam dar resposta a necessidades de segurança nacional, favorecem hoje a criação de espaços de liberdade. Esta visão corresponde a uma primeira etapa ou época da *Internet* em que há como que uma "hipervalorização"[2326] das bondades deste sistema, sendo que, a "inocência do idílico estado de natureza tecnológico"[2327] se perde quando se percepcionam os perigos para a segurança das instituições e inclusive para a soberania estatal. Constata-se que a ausência de regulamentação não foi aproveitada só para efectuar uma aposta na liberdade e na promoção da cultura. A *Internet* serviu outros interesses, não tão louváveis. Pode tornar-se num veículo especialmente poderoso para a consecução de certo tipo de crimes contra direitos fundamentais e, por isso, há que ter alguma espécie de regulação[2328].

[2323] Neste sentido veja-se DÄUBLER, *Internet...*, cit., p. 41, referindo-se ao carácter "multimédia" deste novo meio, assim como GERHARD SCHNEIDER, "Die Wirksamkeit des Sperrung von Internet-Zugriffen", *in MMR*, n.º 10, 1999, p. 571.

[2324] M.ª LUISA FERNÁNDEZ ESTEBAN, *Nuevas tecnologias,...*, cit., p. 25, refere-se ao seu carácter "polifacetado" e GIOVANNA LUCENTE, "Internet e libertà di manifestazione del pensiero", *in Dir. Inf.*, vol. 16, n.os 4/5, 2000, p. 597, escreve que a *Internet* caracteriza-se pelo seu "polimorfismo".

[2325] Sobre os diversos serviços que a *Internet* oferece veja-se o próximo número.

[2326] Segue-se o defendido por M.ª DEL CARMEN GUERRERO PICÓ, *op.* cit., pp. 332 e ss..

[2327] M.ª DEL CARMEN GUERRERO PICÓ, *op.* cit., pp. 332.

[2328] Embora não se possa deixar de atender que o papel extremamente eficaz da *Internet* em relação aos fluxos de informação, caracterizada pelo seu carácter interactivo,

664   *A Privacidade dos Trabalhadores e as Novas Tecnologias...*

O problema não está, tanto, em tratar-se de um meio global com acesso imediato e em tempo real à informação, podendo criar-se maiores problemas de controlo, mas, nas diferenças que apresenta com outros meios de comunicação tradicionais e no seu carácter multifacetado[2329]. A *Internet* desenvolve diferentes métodos e formas de comunicação, de modo que em qualquer momento um receptor de informação pode converter-se num servidor de informação, por si mesmo ou através do reenvio de informação realizado por um terceiro, quebrando-se a clássica relação emissor-receptor que constituía a essência da comunicação tradicional.

Acresce, ainda, a dificuldade de se tratar de um meio independente em infra-estruturas e tecnicamente complexo, dotado de um protago-nismo especial atribuído aos servidores de informação, o que exige uma maior especificação jurídica relativamente à imputação de responsabi-lidades[2330] [2331].

Por outro lado, como se trata de um meio descentralizado e aberto, aumentam as dificuldades técnicas e frustra-se grande parte das tentativas de efectivar as sanções. Os limites temporais e espaciais são alterados com este meio de comunicação, sendo uma das suas características o facto de não conhecer fronteiras[2332].

Acresce a tudo isto que, como regra geral, as redes electrónicas per-mitem o anonimato, isto é, não facultam a identificação do utilizador ou do emissor de determinada informação. Contudo, apesar destas caracterís-

---

contribui para que a Sociedade de Informação possa efectivamente transformar-se numa Sociedade do Conhecimento.

[2329] Veja-se neste sentido, ESTHER SÁNCHEZ TORRES, *op.* cit., p. 120, e MAURIZIO DE ARCANGELIS, *op.* cit., pp. 14-16.

[2330] ESTHER SÁNCHEZ TORRES, *op.* cit., p. 120.

[2331] Esta distinção reveste-se de grande importância para este trabalho já que o empregador é um mero fornecedor do serviço à *Internet*, ou do acesso à mesma, não podendo vir a ser responsabilizado pelos conteúdos que o trabalhador nela coloca. É necessário proceder à distinção entre edição e distribuição e entre disponibilizar um serviço ou colocar conteúdos no mesmo.

[2332] Como refere CRISTINA MÁXIMO DOS SANTOS, *op.* cit., pp. 89-90, a "Internet rapidamente se tornou numa "entidade" intangível, incontrolável por apenas uma orga-nização ou entidade, abrindo sempre novas possibilidades de utilização por virtude da criatividade e imaginação dos seus navegantes que exploram todas as potencialidades desta rede aberta de comunicações".

ticas, não podemos deixar de ter em atenção que a virtualidade da *Internet* reside no facto de ser um meio que permite de forma fácil e com baixo custo, o acesso a numerosa informação, sendo uma plataforma essencial de informação e de expressão[2333]. Por outro lado, não se defende que a *Internet* seja uma zona de "vazio jurídico", ou de "não direito". Parece-nos ser antes, secundando PIERRE-ALAIN GOURION e MARIA RUANO-PHILIP-PEAU[2334] um local de "ebulição ou agitação jurídica", um campo desloca-lizado que cria regras jurídicas próprias ou que adapta as regras tradicio-nais a estas novas tecnologias, tendo que ter cada vez mais em conta um contexto internacional na medida em que a *Internet* se tornou numa enorme plataforma de comunicação entre diferentes pessoas.

4.4.1.2. *Serviços da Internet*

A *Internet* é um meio de comunicação que, conforme já se referiu, é multifacetado, isto é, contém várias configurações de comunicação, sendo que esta variedade aponta para a convergência que se tem vindo a produzir entre comunicações interpessoais e meios de comunicação de massas[2335].

Podem agrupar-se os diferentes serviços oferecidos pela *Internet* em dois grupos, secundando a divisão realizada por MARTÍNEZ FONS[2336]. Assim, de um lado, existem os serviços de comunicação e, do outro, os serviços de utilização conjunta de informação[2337].

[2333] Segue-se o defendido por ESTHER SÁNCHEZ TORRES, *op.* cit., p. 121.

[2334] *Le droit de l'Internet dans l'entreprise*, LGDJ, Paris, 2003, p. 5.

[2335] Neste sentido M.ª LUISA FERNÁNDEZ ESTEBAN, *Nuevas tecnologias,...*, cit., p. 26.

[2336] "Uso y control de las...", cit., pp. 1332-1333.

[2337] Há autores que fazem uma divisão um pouco diferente. Assim, para GIANLUIGI CIACCI, *op.* cit., p. 236, pode efectuar-se uma divisão entre serviços informativos e servi-ços telemáticos. Neste sentido veja-se FRANCESCO DI CIOMMO, *op.* cit., p. 124. Para M.ª LUISA FERNÁNDEZ ESTEBAN, *Nuevas tecnologias,...*, cit., p. 26, as formas de comuni-cação na *Internet* podem agrupar-se em quatro categorias: o *e-mail*, os boletins, os fóruns de discussão e a informação presente na *World Wide Web*. Para o *Prépose Federal à la Protection des données* suíço, no *Guide relatif...*, cit., p. 7, a divisão que deve ser feita em relação ao enorme número de serviços oferecidos pela *Internet* é entre aplicações que não deixam gravação do conteúdo e aplicações que o fazem.

666 *A Privacidade dos Trabalhadores e as Novas Tecnologias...*

No primeiro grupo insere-se o *e-mail*[2338], os *newsgroups*[2339], e a comunicação em tempo real entre os diferentes utilizadores, como é o caso dos *chats*[2340].

No segundo grupo pode inserir-se o emprego de computadores remotos – caso da *telnet*[2341] –, e a transferência e obtenção de informação através da *world wide web* – *www*[2342] –.

[2338] Embora se refira com mais pormenor a origem e desenvolvimento do *e-mail* no n.º 4.5.1., pode desde já dizer-se que o *e-mail* – *electronic mail* – é uma caixa de correio electrónico que utiliza dois tipos de protocolo, o POP3 e o SMTP, para o envio do cliente ao servidor quando aquele solicita visualização do seu correio e entre servidores quando a mensagem é enviada de um cliente para outro. Assim, o *e-mail,* permite que uma pessoa envie uma mensagem electrónica para outra pessoa ou para um conjunto de endereços electrónicos. A mensagem é, geralmente, armazenada por meios electrónicos num servidor, à espera que o destinatário vá verificar a sua caixa de correio electrónico. Esta mensagem pode ser composta quer por texto, imagem e, por vezes, áudio. O *e-mail* é uma das possibilidades mais atractivas da *Internet*, pois, para além de instantâneo, é consideravelmente mais barato quando comparado com os serviços postais ou telefónicos. Veja-se, para maiores desenvolvimentos, ARMANDO VEIGA e BENJAMIM SILVA RODRIGUES, *op.* cit., p. 46, e Grupo de Protecção de Dados, *Privacidade na Internet...,* cit., p. 13. Cf., ainda, ROSA MORATO GARCÍA, *op.* cit., p. 102, referindo-se ao facto do *e-mail* ser o serviço de *Internet* mais utilizado actualmente, embora nos pareça que em igualdade de circunstâncias se encontra a *www.*

[2339] Este serviço é constituído por meios de comunicação colectiva especializados. É um serviço potenciado pelo *e-mail* e que consiste na participação do utilizador, em fóruns de debate, criando grupos que exprimem as suas opiniões sobre determinados assuntos previamente escolhidos. Deve notar-se que estes *newsgroups* encontram-se alojados no servidor e não no computador do cliente, não podendo este alterar o seu conteúdo. Assim, este serviço é utilizado para partilhar informação ou expressar opiniões sobre questões específicas, destinando-se a participantes habituais mas podendo outros ler também os textos lá afixados. Veja-se, para maiores desenvolvimentos, ARMANDO VEIGA e BENJAMIM SILVA RODRIGUES, *op.* cit., p. 46, e Grupo de Protecção de Dados, *Privacidade na Internet...,* cit., p. 13.

[2340] Nestes *chats* duas ou mais pessoas que desejem comunicar directamente podem entrar num grupo de conversação e iniciar um diálogo em tempo real, digitando mensagens que aparecem quase de imediato nos ecrãs dos computadores das outras pessoas. Cf. Grupo de Protecção de Dados, *Privacidade na Internet...,* cit., p. 13.

[2341] A *telnet* – um terminal virtual –, surge como o protocolo que permite a interconexão a uma máquina remota, convertendo o computador do cliente numa máquina de reprodução dos conteúdos situados no *host.* O programa inicia-se no computador do utilizador e conecta-o ao servidor na rede. A partir daí podem dar-se instruções ou comandos, sendo os mesmos executados como se estivesse a aceder directamente no servidor base,

O Controlo das Comunicações Electrónicas... 667

permitindo o controlo do servidor e a comunicação com outros servidores na rede. Para iniciar a sessão, torna-se necessário efectuar o *log in* a um servidor, através da inserção de um *username* e de uma *password* válidos. Trata-se, desta forma, de um meio comum de controlo remoto dos servidores *Web*. O acesso remoto ao servidor central é uma prática frequente em várias empresas que permite aos trabalhadores continuar a trabalhar independentemente do local em que se encontram o que esbate muito as fronteiras espácio-temporais da prestação de trabalho. Estão verdadeiramente a criar-se novas formas de prestar o trabalho e novos tipos de subordinação. Veja-se, ARMANDO VEIGA e BENJAMIM SILVA RODRIGUES, *op.* cit., pp. 45-46.

2342 A *www* ou "teia de aranha mundial" é conhecida como a área onde são colocadas páginas com informação, texto, imagens, gráficos, som e vídeo. Uma das ferramentas indispensáveis para a navegação neste serviço é o *browser* que é constituído por um programa informático que permite a troca de informação num contexto gráfico ficando oculta a linguagem numérica do computador. As diferentes páginas encontram-se ligadas entre si por *hiperlynks*, o que permite a possibilidade de *navegação* pelo conteúdo das mesmas.

O projecto *WWW* foi desenvolvido primeiro pelo CERN – *Centre Européen pour la Recherche Nucleaire* – e consiste numa multiplicidade de servidores distribuídos na *Internet* que oferecem informação sob a forma de hipertexto e que podem conter todo o tipo de elementos desde imagens, sons, filmes, ou ligações para outras páginas da rede. O protocolo pelo qual se transmitem os documentos do hipertexto denomina-se HTTP, *Hypertext Transfer Protocol*, escritos numa linguagem HTML, *Hypertext Markup Language*. Cf. INMACULADA MARIN ALONSO, *El poder de* control..., cit., p. 29, e BRUNO SCHIERBAUM, "Datenschutz bei Internet – und E-Mail-Nutzung – Handlungsmöglichkeiten von Personalräten", *in Der Personalrat*, n.º 12/2000, pp. 501-502.

Desta forma, a *www* ao permitir esta simples e intuitiva navegação pelos *sites* da *Internet*, através de uma *interface* amigável, expandiu-se muito na década de noventa do século passado, tornando-se no tipo de comunicação mais conhecido da *Internet*, assim como de transmissão de informação sem que a localização geográfica tenha qualquer influência. Esta permite então que os utilizadores pesquisem e recuperem informação armazenada em computadores remotos. Vejam-se, para mais desenvolvimentos, ARMANDO VEIGA e BENJAMIM SILVA RODRIGUES, *op.* cit., pp. 42-44, e Grupo de Protecção de Dados, *Privacidade na Internet...*, cit., pp. 13-14, assim como GARCIA MARQUES e LOURENÇO MARTINS, *op.* cit., pp. 52-53. Cf., ainda, ALAIN STROWEL e NICOLAS IDE, *Responsabilité des intermédiaires: actualités législatives et jurisprudentielles, in* www.droit-technologie.org, pp. 7-9, FRANÇOIS BLANCHETTE, *op.* cit., pp. 89-90, citando a decisão do Supremo Tribunal Americano, *Reno v. ACLU.*, e PIERRE-ALAIN GOURION e MARIA RUANO-PHILIPPEAU, *op.* cit., p. 11.

A *www* é policêntrica e global, sendo também participativa, na medida em que o internauta não se limita à posição de espectador-estático, mas pesquisa, coloca conteúdos seus na Internet, tendo um papel muito mais activo. Todos podem participar, exprimir-se

668   *A Privacidade dos Trabalhadores e as Novas Tecnologias...*

Nota-se, desta forma, como não se pode confundir *Internet* com a *www*, sendo que muitas vezes quando se faz alusão à primeira, na verdade, está a referir-se a segunda[2343].

Parece que, sem prejuízo do que irá ser referido mais à frente, que deve realizar-se uma distinção entre os serviços de comunicação e os serviços de informação.

Não parece poder duvidar-se que o emprego dos serviços de comunicação que a *Internet* oferece é tutelado pelo direito fundamental ao sigilo de correspondência, já que as mensagens do *e-mail* se integram dentro do conceito de comunicação[2344].

Mas não parece que se possa defender o mesmo para os serviços de informação que a *Internet* oferece, e, em particular, a busca e a transferência de informação através da *www*, pois não se afigura que possa considerar-se como um meio de comunicação[2345].

Parece, desta forma, que tendo em consideração que a *Internet* admite a convergência de diferentes formas de comunicação, deve distinguir-se o conceito constitucional do direito a comunicar e o de receber informação[2346].

4.4.2. *Uso e controlo da internet na empresa*[2347]

A *world wide web* é uma grande *teia de aranha* que se assemelha a uma janela aberta sobre o mundo, permitindo aceder à quase totalidade de informação com que uma pessoa pode sonhar[2348].

---

livremente, expressar as suas opiniões, para o melhor mas, também, para o pior. Veja-se WULF, *Les abus en matière de libertés d'expression sur Internet: Aspects de droit comparé franco-américain*, in www.droit-tic.com, p. 4.

[2343] Neste número irá proceder-se à análise do controlo electrónico do empregador em relação a este serviço da *Internet*, isto é, proceder-se-á à análise do uso e controlo da *world wide web*.

[2344] Irá proceder-se a uma análise mais detalhada deste conceito no n.º 4.5.2.2.2..

[2345] Veja-se, *infra*, n.º 4.4.2.1..

[2346] MARTÍNEZ FONS, "Uso y control de la...", cit., p. 1338.

[2347] A *Internet* e a *world wide web* serão referidas em termos similares, embora, conforme já se referiu no número anterior, a *www* constitua, apenas, um serviço da *Internet*. Pode entender-se que *internet* com letra minúscula corresponde a *www*, enquanto *Internet* referir-se-á ao meio de comunicação multifacetado e com uma enorme variedade de serviços que foram sinteticamente analisados no número anterior.

[2348] Neste sentido MARC RICHEVAUX, *L'introduction d'Internet...*, cit., p. 5.

No mundo do trabalho pode dizer-se que, em geral, a utilização da *Internet* se tornou num meio de comunicação incontornável, com um uso mais ou menos generalizado, estando o seu acesso disponível na maioria das empresas. Pode dizer-se, pois, que existe uma clara relação entre a *Internet* e as relações de trabalho[2349]. Contudo, o uso da *internet* não deixa de colocar alguns problemas às empresas, sendo que a questão que se coloca de imediato é a de determinar se é juridicamente viável um acesso geral e incondicionado do empregador aos resultados da navegação na *internet* realizada a partir do computador da empresa e com acesso através desta[2350].

Desde logo, conforme já foi defendido anteriormente[2351], não parece realista nem sequer desejável uma proibição geral e absoluta da utilização da *internet* para fins pessoais, defendendo-se antes a criação de *Códigos de Boa Conduta, v.g.* através do regulamento interno, para a utilização deste meio e onde se faculte um acesso razoável para fins extra-laborais, desde que não se coloque em causa a segurança do sistema, a actividade laboral, bem como o nome e a imagem da empresa[2352]. Porém, esta nave-gação extra-profissional não deixa de colocar alguns problemas. Na ver-dade, toda a actividade que não está directamente ligada à concretização da actividade laboral pode suscitar questões relacionadas, desde logo, com o dever de lealdade dos trabalhadores. Assim, o uso e a implementação da *Internet* provocaram profundas mudanças na organização empresarial que, na maioria dos casos, foram positivas[2353]. Porém, a infra-estrutura cres-cente de rede de computadores ligados entre si tem originado um número cada vez maior de preocupações aos empregadores relacionadas com o uso que os trabalhadores fazem deste serviço no seu horário laboral.

[2349] *Vide* GARCIA VIÑA, "Limitaciones en el uso del...", cit., p. 308, referindo que o tribunal constitucional entendeu que os avanços tecnológicos dos últimos anos nas telecomunicações, especialmente no caso da informática, tornaram necessário um novo conceito de comunicação e do próprio objecto de protecção do direito fundamental que alargue a protecção deste direito a estes novos âmbitos.

[2350] MARTÍNEZ FONS, "El control empresarial...", cit., p. 217.

[2351] Cf. *supra*, neste capítulo, n.º 4.2..

[2352] Não se concorda, assim, com MICAH ECHOLS, *op.* cit., p. 298, quando defende que a melhor solução será não instalar *browsers* de acesso à *Internet* como uma forma de evitar problemas relacionados com esta matéria.

[2353] Neste sentido veja-se TAUFAN HOMAN, *op.* cit., p. 190.

670   *A Privacidade dos Trabalhadores e as Novas Tecnologias...*

Desde logo, a navegação na *internet* pode originar a perda de horas de trabalho e, portanto, trazer custos para a empresa, com o surgimento de um novo tipo de absentismo, que poderia ser denominado de absentismo virtual[2354]. Outros casos estão relacionados com o surgimento de problemas de segurança no sistema da empresa devido à entrada de vírus, *bugs* de programas ou acesso a *sites* que trazem problemas de segurança das máquinas que se ligam aos servidores. Por outro lado, também podem suscitar a responsabilidade da empresa se forem utilizados recursos para descarregar ficheiros ilegais, como será o caso de *software* de intercâmbio de ficheiros musicais e de filmes[2355]. A *internet* permite a transmissão de conteúdos lícitos e ilícitos[2356] o que levanta questões, *v.g.*, ao nível das consequências penais que podem estar ligadas a este uso[2357].

Parece claro, assim, que perante a implantação destas novas tecnologias na empresa, o empregador que pretenda com elas aumentar a produtividade e a competitividade, pode ter de adoptar certas medidas técnicas

---

[2354] O trabalhador só aparentemente está a trabalhar já que, na verdade, está a afectar o tempo de trabalho a uma actividade extra-laboral. Veja-se, referindo este caso, DÄUBLER, *Internet und...*, cit., p. 99, e LUCA FAILLA e CARLO QUARANTA, *op.* cit., p. 42. Também WEIβGERBER, *op.* cit., p. 135, chama a atenção para o mesmo facto.

[2355] Como refere AMADEU GUERRA, *A privacidade...*, cit., p. 394, as razões que têm sido invocadas para tentar estabelecer limitações à utilização da *internet* estão relacionadas com "o excessivo tempo despendido pelos empregados e do qual decorrem perdas na produtividade, a utilização de equipamento informático da empresa em operações morosas [...] ou consideradas eticamente reprováveis por alguns empregadores [...] e cujo resultado envolve a ocupação de significativo espaço no disco ou a afectação de meios técnicos pertencentes à empresa e que podem ter reflexos visíveis na performance do sistema quer ao nível da capacidade do disco [...] quer na largura da banda disponível", a que se juntam razões de segurança.

[2356] Veja-se, referindo o acesso a *sites* de natureza ilícita, PETER WEDDE, "Internet und E-Mail am Arbeitsplatz", *in Der Personalrat*, n.º 3, 2007, p. 107, e THOMAS STREITBERGER, *op.* cit., p. 17, assim como KAI KUHLMANN, *op.* cit., p. 36. Também LIONEL BOCHURBERG e SÉBASTIEN CORNUAUD, *op.* cit., pp. 87-88, se referem a esta possibilidade de navegação em determinados *sites* cuja consulta pode ser repreensível. No mesmo sentido, GLÓRIA REBELO, *Teletrabalho e...*, p. 47, refere ser incontroverso que a *Internet* coloca problemas novos ao Direito, porque, se por um lado, pode ser utilizada de forma lícita, por outro lado, pode "esconder práticas ilícitas e ofensivas".

[2357] No n.º 4.4.2.3. irá proceder-se a uma análise crítica destes vários argumentos invocados pelo empregador para pretender um controlo do uso da *internet* pelos trabalhadores.

O Controlo das Comunicações Electrónicas... 671

como forma de limitar o uso destes serviços[2358]. A questão que se coloca é a dos limites a estas formas de controlo[2359], sendo que com a *internet*, e a possibilidade de deixar sempre rasto, o controlo do empregador aumentou de uma forma sem precedentes[2360]. Actualmente, praticamente todos os programas utilizados deixam vestígios que permitem a resposta a três questões fundamentais: quem fez, quando o fez e o que fez[2361], o que facilita, ainda, a possibilidade de criação de perfis sobre as pessoas.

É imperioso, assim, a conciliação de interesses que, por vezes, são antagónicos. De um lado, há as questões relativas à propriedade, à segurança[2362], à rentabilidade, à produtividade da empresa e à possibilidade de responsabilização do empregador por factos cometidos pelos seus trabalhadores, o que implica o controlo e a vigilância; e, do outro, existe o direito dos trabalhadores de preservarem os seus direitos fundamentais, nomeadamente o direito à privacidade no próprio local de trabalho, na medida em que a *Internet*, sendo espaço de comunicação no seu sentido amplo, englobando a informação, também pode ser um espaço de trabalho[2363].

[2358] Veja-se no mesmo sentido FRANCISCO MARTÍNEZ LÓPEZ, PAULA LUNA HUERTAS, INFANTE MORO e MARTÍNEZ LÓPEZ, *op.* cit., pp. 99-100.

[2359] Sobre as técnicas utilizadas pode ver-se, *infra*, n.º 4.4.2.2..

[2360] Como refere WOOD, *op.* cit., p. 156, com este novo tipo de controlo os supervisores já não estão limitados ao que podem observar directamente, como acontecia com os guardas da prisão panóptica de BENTHAM, mantendo-se a incerteza dos trabalhadores sobre se e quando estão a ser controlados.

[2361] Veja-se da CNIL, *Guide relatif à la surveillance...*, cit., p. 15, referindo-se que é sempre possível responder a estas questões pois as máquinas modernas deixam sempre um rasto. Também NICOLA LUGARESI, *op.* cit., p. 202, refere esta possibilidade de deixar vestígios, quer de forma consciente, quer, na maior parte das vezes, de forma inconsciente. No mesmo sentido ALLEGRA STRACUZZI, *op.* cit., p. 1074.

[2362] Sobre estas pode ver-se FABRICE FEVRIER, *Pouvoir de contrôle...*, cit., pp. 20 e ss., referindo que a preocupação omnipresente das empresas é a segurança, e constitui o argumento recorrente aquando da instalação de um sistema de vigilância e controlo na empresa.

[2363] Vários são os autores que referem algumas destas situações como possíveis justificações para um controlo do empregador da navegação na *internet* dos seus trabalhadores, adoptando diferentes graus de defesa dos direitos destes. Para FREDERICK S. LANE III, *op.* cit., pp. 142-143, a enorme popularidade da navegação na *Web* coloca duas grandes questões ao empregador: produtividade e responsabilidade; e a disseminação de material ilícito ou "inapropriado". Também JAVIER RIBAS, *op.* cit., pp. 1317 e ss., se refere a determinados actos que podem ser praticados pelos trabalhadores e que entende seram

672   *A Privacidade dos Trabalhadores e as Novas Tecnologias...*

4.4.2.1. *Análise dos direitos em causa: breve referência*

4.4.2.1.1. A utilização da informática na empresa não se caracteriza somente pela enorme capacidade de armazenamento e transmissão de dados através do computador[2364]. Na verdade, também se caracteriza pela capacidade de transformação de informações, na medida em que estas estão dispersas por diversos arquivos, em dados organizados que, através da agregação à informação base obtida, processada e tratada no computador, permite a obtenção de outra informação. Desta forma, pode-se não só reconstruir a actividade de uma pessoa, como também ter conhecimento,

---

causadores de uma justificação do controlo. STEPHAN ALTENBURG, WOLFGANG REINERS-DORFF e THOMAS LEISTER, *op.* cit., p. 135, também se referem a estes diferentes interesses no controlo da navegação na *internet*. No mesmo sentido, MATTHEW W. FINKIN, "El Derecho...", cit., p. 296, referindo-se à possibilidade de criação de páginas *web* acessíveis ao público, ou à participação em *chats* de forma anónima e com transmissão de informação confidencial ou realizando acusações à empresa onde trabalham, como motivos para justificar um eventual controlo por parte do empregador, assim como CRISTINA TACCONE, *op.* cit., p. 312, invocando vários argumentos que podem servir de justificação para um eventual controlo do empregador, embora devendo ter-se sempre em atenção os direitos dos trabalhadores. Referindo-se a vários problemas que podem surgir com a navegação dos trabalhadores na *internet* pode ver-se, ainda, MYRIAM DELAWARI e CHRISTOPHE LANDAT, *op.* cit., pp. 61-63, escrevendo sobre o problema da violação do princípio da discrição através da divulgação da informação e dos segredos de fabrico, assim como da possível espionagem empresarial. Apontando para o problema da responsabilização da empresa perante o exterior na medida em que o IP utilizado é o da empresa, o que pode tentar justificar um possível controlo do empregador, pode ver-se XAVIER LEMARTELEUR, *op.* cit., p. 41. Para CAMAS RODA, "La intimidad y la...", cit., p. 172, a adopção de sistemas de controlo das novas tecnologias por parte dos empregadores tem-se baseado em razões de propriedade e de segurança, assim como de aumento de produtividade. Também para RONALD MCCALLUM e ANDREW STEWART, "The impact of electronic technology on workplace disputes in Australia", *in Comp. Labor Law & Pol'y Journal*, vol. 24, n.º 19, 2002, p. 40, o assédio electrónico a colegas de trabalho, assim como a utilização destes meios para efectuar operações punidas penalmente, são razões que justificam este controlo electrónico por parte do empregador. No mesmo sentido, PAULA KNOPF, *op.* cit., p. 68, assim como JAY KESAN, *op.* cit., pp. 312-313, referindo como a *internet* pode ampliar muito as possibilidades de dano, e RICHARD ROSENBERG, *op.* cit., p. 7. Navegando nas mesmas águas, SONIA FERNÁNDEZ SÁNCHEZ, *op.* cit., pp. 92-93, e MARK DICHTER e MICHAEL BURKHARDT, *op.* cit., p. 17.

[2364] VICENTE PACHÉS, "Vigilancia de la salud y derecho a la intimidad del trabajador", *in TS*, n.º 86, 1998, p. 34.

inter alia, das suas crenças, opiniões políticas, orientação sexual e opinião partidária, a partir tão só de registos simples por conexão a outros dados, obtendo-se nova informação, designada de segundo grau[2365].

A navegação na *internet* permite, desta forma, a criação de *perfis sociais*[2366] úteis para detectar determinados tipos de comportamento, pois a identificação de lugares visitados revela, na maior parte das vezes, aspectos próprios da personalidade em sentido amplo do trabalhador[2367], e por isso têm que se delimitar qual ou quais os direitos que têm de ser salvaguardados pelo empregador aquando do exercício do seu legítimo poder de controlo electrónico.

A verificação do uso da *internet* por parte do empregador pode entrar, desta forma, em conflito com o direito à privacidade dos trabalhadores que engloba o direito à autodeterminação informática e à protecção de dados pessoais. Na verdade, o controlo electrónico do empregador através das novas tecnologias, para além de permitir um controlo em tempo real, permite a recolha na memória de um computador central de todos os dados relativos ao controlo efectuado, sistematizando-os de acordo com critérios previamente definidos, o que origina claramente um tratamento de dados sujeito ao direito constitucional de autodeterminação informativa. O conjunto de informações obtido integra a esfera dos dados pessoais dos trabalhadores, nos termos do art. 2.º, alínea a) da Directiva de Protecção de Dados Pessoais, e do art. 3.º, alínea a) da Lei de Protecção de Dados Pessoais. Consequentemente, o seu

---

[2365] Por isso Spiros Simitis, *apud* Thomas Streitberger, *op.* cit., p. 7, refere que nenhum dado é "inocente" na medida em que pode ser utilizado para obter informação de segundo grau.

[2366] Como refere Vicente Pachés, última *op.* cit., pp. 34-35, nota n.º 54, o emprego destes perfis tem sido utilizado no terreno militar para determinar o grau de adaptação das pessoas à disciplina militar. Encontra, também, campo de aplicação no âmbito laboral com o desenvolvimento do poder informático do empregador.

[2367] Neste sentido Däubler, *Gläserne...*, cit., p. 170, referindo como a consulta dos *sites* visitados pelos trabalhadores dá origem a uma série de conhecimento de dados dos trabalhadores. Também Thomas Streitberger, *op.* cit., p. 14, refere o mesmo. Partilham a mesma ideia Salvatore Vigliar, "*Privacy* e comunicazioni elettroniche: la direttiva 2002/58/CE", *in Dir. Inf.*, vol. 19, n.º 2, 2003, p. 410, escrevendo como a consulta dos *sites* visitados pode conferir informação acerca das convicções religiosas, das opiniões políticas, da saúde e, até, dos hábitos sexuais, assim como Marco Biagi e Tiziano Treu, *op.* cit., p. 190, dando o exemplo de como uma consulta destes *sites*, pode constituir uma violação do art. 8.º do *SL*.

674 *A Privacidade dos Trabalhadores e as Novas Tecnologias...*

tratamento tem de ficar sujeito a todos os princípios e regras estabelecidos nestes diplomas[2368].

Poderia, ainda, suscitar-se a questão de saber se este controlo da navegação na *internet* poderia colocar em causa o direito ao sigilo das comunicações, previsto constitucionalmente no art. 34.°, embora não nos pareça que assim seja.

Inicialmente poderia pensar-se que a tutela jurídica deveria ser a mesma para todos os serviços da *Internet* na medida em que todos utilizam redes de comunicação[2369], analisando-se os serviços de informação e comunicação de forma unitária[2370]. Todavia não nos parece que este seja o melhor caminho[2371] na medida em que a escolha de um meio para se efectuar a comunicação entre o receptor e o emissor constitui o elemento central na configuração do direito fundamental ao segredo das comunicações[2372]. Na *internet*, o meio de comunicação emprega-se para obter a publicação do objecto da comunicação. Nesta, diferentemente dos outros meios de informação, o monopólio da sua distribuição não está nos emissores mas nos próprios receptores passivos que podem converter-se também em emissores de informação. Trata-se, assim, de um sistema de informação descentralizado, não existindo monopólios de informação, na medida em que qualquer pessoa ligada à *internet* pode emitir conteúdos e, portanto, ser editor de informação[2373]. Não pode entender-se que na *internet* ocorre o processo tradicional de comunicação na medida em que, na navegação na *internet* e na extracção de informação, o receptor desta

---

[2368] Ver a referência a estes princípios, capítulo I, n.° 4.4.2., e capítulo III, n.os 3 e 4.

[2369] No mesmo sentido MARTÍNEZ FONS, "Uso y control de las...", cit., pp. 1336--1337, e "El control empresarial...", cit., pp. 196-198.

[2370] Pode ver-se neste sentido a Directiva 2000/31/CE, de 8 de Junho de 2000, relativa a certos aspectos legais dos serviços da sociedade de informação, em especial do comércio electrónico («Directiva sobre comércio electrónico»), transposta pelo DL n.° 7/2004, de 7 de Janeiro, que se refere aos serviços da sociedade de informação para integrar todas as actividades económicas que se desenvolvem em linha.

[2371] No mesmo sentido MARTÍNEZ FONS, "Uso y control de las...", cit., pp. 1336--1337, e "El control empresarial...", cit., pp. 196-198.

[2372] Sobre a análise deste direito ver, *infra*, n.° 4.5.2.2.2..

[2373] Como refere M.ª LUISA FERNÁNDEZ ESTEBAN, *Nuevas tecnologias,...*, cit., p. 93, é inadequada a aplicação à *internet* dos modelos reguladores de outros meios de comunicação.

O *Controlo das Comunicações Electrónicas...* 675

participa na sua escolha e tem a possibilidade de converter-se num emissor de informação. Assim, a distinção entre emissor e receptor em que se baseia a diferenciação entre as comunicações e os meios de comunicação social, tende a diluir-se. O principal efeito da *internet* é, assim, o de conseguir efectuar uma convergência entre os meios de comunicação interpessoais e os meios de comunicação de massas.

Contudo, não pode equiparar-se a navegação na *internet* a um processo de comunicação, pois enquanto na primeira existe um receptor previamente identificado e seleccionado pelo emissor de informação, a difusão e acesso desta através da *internet*, integra-se, na esteira do preconizado por MARTÍNEZ FONS[2374], na aquisição de conhecimentos colocada por terceiros e seleccionada pelo receptor de informação[2375].

4.4.2.1.2. A navegação na *internet* suscita novas questões ao direito já que, por um lado, existe a tutela do direito à privacidade, englobando o direito à autodeterminação informativa[2376] e, por outro, há o poder de controlo electrónico do empregador, poder este que é essencial para o correcto desenvolvimento do contrato de trabalho[2377].

Pode dizer-se, assim, que estamos perante um conflito de direitos que tem de ser resolvido pelo princípio da proporcionalidade na sua tripla vertente. Assim, na esteira do defendido por JOSÉ JOÃO ABRANTES[2378],

---

[2374] "Uso y control de las...", cit., p. 1338, e "El control empresarial...", cit., p. 217.

[2375] Entendendo que não se trata de uma comunicação, podem ver-se FERNÁNDEZ VILLAZÓN, *Las facultades...*, cit., p. 145, escrevendo que o controlo sobre a navegação dos trabalhadores na *internet* não constitui em nenhum caso uma violação do direito ao segredo das comunicações, na medida em que esta navegação é uma forma de obter informação e não de comunicar, MARTÍN-CASALLO LÓPEZ, *op.* cit., p. 2, e SARA RUANO ALBERTOS, *op.* cit., p. 146.

[2376] Veja-se AMADEU GUERRA, *A privacidade...*, cit., p. 37, referindo que quando a relação laboral se vê confrontada com as novas tecnologias, os contornos da subordinação jurídica têm que ser moldados com as exigências legais relacionadas com o direito à protecção de dados pessoais.

[2377] Neste sentido MYRIAM DELAWARI e CHRISTOPHE LANDAT, *op.* cit., p. 67, OLIVIER DE TISSOT, "Internet et...", cit., p. 150, e SONIA FERNÁNDEZ SÁNCHEZ, *op.* cit., p. 93. Também CLAUDIA FALERI, "El Derecho...", cit., p. 258, defende o mesmo.

[2378] "Contrato de trabalho e...", cit., pp. 814-816, e *Contrato de trabalho...*, cit., pp. 199-201.

676 *A Privacidade dos Trabalhadores e as Novas Tecnologias...*

estando perante conflito de direitos, tem de se recorrer às normas de conflitos, isto é, atendendo à ponderação dos vários direitos em causa, tendo em atenção o art. 18.º, n.os 2 e 3 da CRP, *mutatis mutandis*. Desta forma, os poderes do empregador estão sujeitos aos direitos fundamentais só assim não sendo quando daí resulte um "prejuízo *desrazoável injustificado* da área de autonomia que lhe é constitucional e legalmente reconhecida".

Só através da aplicação destes princípios é que se consegue a concordância prática entre todos eles.

Isto significa, secundando este autor, que a regra é a de que o empregador só poderá limitar a liberdade do trabalhador "*quando tal lhe seja especificamente permitido*", quer por via legal, convencional ou contratualmente, "*e/ou se houver subjacentes à sua actuação interesses que, no caso concreto, se mostrem merecedores de uma tutela superior à daquela liberdade*"[2379].

Desta forma, o princípio da concordância prática deverá reger-se pela conjugação entre "a máxima liberdade possível do trabalhador" e a "mais vasta autonomia contratual possível". Esta conjugação deve ser realizada tendo em atenção cada contrato de trabalho em concreto e a respectiva finalidade, devendo ter-se ainda em consideração o princípio da proporcionalidade e da intervenção mínima[2380].

Defende-se, assim, que só casuisticamente é que poderá aferir-se se o controlo da navegação na *internet* efectuado pelo empregador viola o direito à privacidade dos trabalhadores através das diferentes técnicas possíveis colocadas à sua disposição[2381].

[2379] Neste sentido veja-se, ainda, AMADEU GUERRA, *A privacidade...*, cit., p. 38, assim como GARCIA PEREIRA, *O poder disciplinar da entidade patronal – seu fundamento –*, Editora Danúbio, Lisboa, 1983, pp. 103-104, e M.ª DO ROSÁRIO PALMA RAMALHO, *Direito do Trabalho, Parte II,...*, cit., p. 367, referindo-se aos limites extrínsecos aos direitos fundamentais e que estão relacionados com o relevo de outros interesses ou direitos que entram em colisão com aqueles.

[2380] *Vide* LUZ PACHECO ZERGA, *op.* cit., p. 145, e ROSA MORATO GARCÍA, *op.* cit., p. 93.

[2381] Técnicas que serão analisadas a seguir.

O Controlo das Comunicações Electrónicas...

4.4.2.2. Breve análise das técnicas empresariais de controlo da utilização da internet por parte dos trabalhadores

4.4.2.2.1. A navegação na *internet* por parte do trabalhador para fins privados se não respeitar o princípio da boa fé e da proporcionalidade pode trazer inegáveis prejuízos para o empregador[2382]. Para além dos custos directos que pode provocar à empresa com a sua menor produtividade, esta utilização privada também levanta problemas relacionados com o possível congestionamento da rede, na medida em que os trabalhadores podem não se limitar a visitar páginas *Web* de conteúdo extra-profissional, atendendo às suas próprias preferências, como podem utilizar a melhor infra-estrutura informática da empresa para efectuar o *download* de arquivos que podem violar direitos de propriedade industrial, com potencialidade suficiente para congestionar todo o tráfego informático, reduzir a velocidade de informação e obrigar dessa forma a empresa a ampliar a capacidade da *internet*[2383].

Perante comportamentos deste tipo reconhece-se ao empregador a possibilidade de controlar o uso que os trabalhadores fazem da *internet*, com a finalidade de defender os seus interesses empresariais e descobrir as utilizações abusivas que são feitas da e na *internet*[2384]. O empregador tem necessidade de instalar uma verdadeira política de segurança que controle não só os fluxos que entram, para evitar, *v.g.* a intrusão de vírus, mas também os que saem, de forma a evitar, *v.g.*, a transferência de informação, tendo que ter em atenção, contudo, que a segurança técnica absoluta não existe. As medidas técnicas podem reduzir os riscos relacionados com a navegação na *internet* mas não garantem totalmente a segurança do sistema.

A necessidade de medidas de segurança surge devido a duas necessidades fundamentais[2385]. Por um lado, assenta no interesse das próprias

---

[2382] Cf., ainda neste capítulo, *supra*, n.º 4.4.2..

[2383] Ver neste sentido M.ª BELÉN CARDONA RUBERT, "Relaciones laborales y...", cit., p. 6.

[2384] Para ISABELLE DE BENALCÁZAR, *op.* cit., p. 95, o poder de controlo do empregador conduz à possibilidade de um controlo sobre a navegação na *internet*, principalmente para evitar atentados aos empregadores que aumentaram consideravelmente.

[2385] Neste sentido AMADEU GUERRA, *A privacidade...*, cit., p. 107.

empresas em não verem os seus sistemas devassados por terceiros e, em segundo lugar, pode resultar de uma imposição legal, principalmente a partir da Lei de Protecção de Dados Pessoais.

A questão que se coloca é, mais uma vez, a de saber em que termos e dentro de que limites este poder de controlo electrónico pode ser exercido de forma a não violar o direito à privacidade dos trabalhadores.

Na concretização deste possível controlo o empregador dispõe de várias técnicas que estão intimamente relacionadas com as características específicas destas NTIC[2386]. Não pode deixar de referir-se, novamente, que estas novas tecnologias deixam sempre rasto e vestígios sem que os utilizadores tenham muitas vezes consciência do facto[2387].

O uso de *browsers* permite às empresas conhecer, através dos seus ficheiros históricos, todas as conexões e páginas descarregadas pelos seus trabalhadores, o que possibilita que se transforme num verdadeiro instrumento de controlo do empregador.

Cada *site* da *internet* tem uma morada própria e única[2388] e todos os *browsers* da *internet* têm uma função, que é o "histórico", que permite consultar todos os *sites* visitados pelo utilizador durante a sua navegação, podendo visualizar-se, *v.g.*, o número de visitas em cada página, a data e a hora de cada uma destas visitas, a duração das mesmas e quando se realizou a primeira e a última visita. Esta técnica talvez seja uma das funcionalidades mais potentes dos programas *browsers*, juntamente com a pasta "favoritos" no momento de controlar a navegação na *internet* dos trabalhadores[2389].

O utilizador da *internet*, para além dos dados pessoais que pode ceder voluntariamente perante requerimentos que lhe sejam feitos nos *sites* que visita, ou a que pretende aceder, revela de maneira inconsciente, *inter*

[2386] Pode ver-se a referência a uma série de técnicas em JOSEF HAVERKAMP, "Spione am Arbeitsplatz", *in CF*, n.º 1, 2003, pp. 14 e ss..

[2387] DÄUBLER, *Internet und...*, cit., p. 121, assim como KAI KUHLMANN, *op.* cit., pp. 9-10. Também WEIßGERBER, *op.* cit., p. 139, se refere à enorme quantidade de dados que o empregador fica a conhecer através do controlo da navegação na *internet*.

[2388] A URL.

[2389] Neste sentido FRANCISCO MARTÍNEZ LÓPEZ, PAULA LUNA HUERTAS, INFANTE MORO e MARTÍNEZ LÓPEZ, *op.* cit., p. 107. Cf., ainda, FRANÇOIS BLANCHETTE, *op.* cit., pp. 95-96, referindo-se a como esta é uma forma bastante simples de controlo.

O Controlo das Comunicações Electrónicas... 679

alia, os seus hábitos, gostos, preferências, ideologia política, religiosa e orientação sexual, dados estes que permitem realizar a reconstrução de perfis fiéis dos utilizadores da *internet*.

Cada máquina da *internet* tem conferido um determinado endereço IP que permite ao responsável pela rede e ao fornecedor de acesso relacionar o utilizador com determinada direcção, assim como com todas as informações relativas ao tipo de comunicação, à hora e à data da conexão, assim como certas informações técnicas que caracterizam o tipo de acesso e a tentativa de aceder a determinados *sites*. Todos estes dados são compilados automaticamente pelos fornecedores de acesso e inseridos em ficheiros denominados de *log* que permitem conhecer os gostos, hábitos e centros de interesse dos internautas. Estes ficheiros actuam por razões de segurança, visando garantir uma utilização normal dos recursos do sistema informático. Eles permitem que o proprietário ou administrador do sistema detectem actividades ilícitas e identifiquem, através da direcção IP respectiva, o utilizador em causa, sendo que, contudo, qualquer outra utilização que não esteja ligada ao bom funcionamento e à segurança dos programas informáticos não pode ser realizada[2390].

Estes ficheiros podem constituir uma mais-valia para o empregador que pode utilizá-los para controlar as actividades dos trabalhadores, principalmente se associados a outras formas de tratamento invisíveis e que são os *cookies*.

Estes são registos de informação por parte do servidor num arquivo de texto situado no computador do utilizador e contém numerosa informação sobre este. Os *cookies* são, assim, pequenos ficheiros de texto onde se guarda informação sobre o que se realizou ao visitar um determinado *site*, contendo um identificador permanente. Guardam-se, desta forma, no disco duro do utilizador, sendo recuperados sempre que se pretenda aceder a uma página do servidor que os originou. Acedendo de novo à informação que se guardou, identificar-se-á o visitante e enviar-se-á publicidade relacionada com os seus interesses, enviando primeiro as informações

---

[2390] Veja-se CAMAS RODA, "La influencia del correo electrónico...", cit., p. 145, ISABELLE DE BENALCÁZAR, *op.* cit., p. 97, e THOMAS STREITBERGER, *op.* cit., p. 7. Também a CNIL, *Guide pratique...*, cit., p. 15, se refere a estes sistemas, assim como CYNTHIA CHASSIGNEUX, *op.* cit., pp. 27 e ss., FRANÇOIS BLANCHETTE, *op.* cit., p. 98, e MARIE--PIERRE FENOLL-TROUSSEAU e GÉRARD HAAS, *op.* cit., pp. 41-42.

680   *A Privacidade dos Trabalhadores e as Novas Tecnologias...*

relacionadas com estes[2391]. Os *cookies* representam, assim, óptimos identificadores dos utilizadores, sendo que a possibilidade da sua utilização nem sempre traz prejuízos pois, conforme se refere no considerando n.° 25 da Directiva 2002/58/CE, sempre que estes *cookies* ou testemunhos de conexão, se destinarem a um fim legítimo, como será o caso de visarem facilitar a prestação de serviços de informação, a sua utilização deve ser autorizada mas na condição de serem fornecidas informações claras e precisas aos utilizadores, de acordo com a Directiva 95/46/CE, acerca da finalidade destes, de forma a assegurar que os utilizadores tenham conhecimento das informações colocadas no equipamento terminal que utilizam. Isso revela-se particularmente importante, no campo laboral, principalmente no caso em que outros utilizadores, para além do próprio, têm acesso ao computador e, por isso, a quaisquer dados que contenham informações sensíveis sobre a privacidade armazenada.

Através destes meios o empregador pode conhecer com exactidão qual é o perfil do trabalhador, através do rasto que deixa na sua navegação.

Parece, ainda, que tem de se ter em atenção que quer os ficheiros *log*, quer os *cookies*, podem ser dados pessoais, na medida em que permitem a identificação de uma pessoa individual. Desde logo, em relação aos primeiros não parece haver dúvidas, que constituem dados pessoais[2392] na medida em que facilitam de forma nítida a identificação do utilizador já

[2391] A função básica do *cookie* é muito simples: permitir a um servidor armazenar e mais à frente recuperar uma pequena quantidade de informação na máquina cliente. Estes dados estão sempre associados a um *site Web* e a um programa navegador em particular, o qual implica que o *cookie* criado por um servidor num determinado momento só será acessível no futuro se o visitante regressar ao mesmo *site*, usando o mesmo computador e o mesmo navegador. Cf., sobre estes, CHRISTIANE FÉRAL-SCHUHL, *op. cit.*, pp. 71-72, CYNTHIA CHASSIGNEUX, *op. cit.*, pp. 31 e ss., DARREN CHARTERS, *op. cit.*, p. 245, EUGENIO DÍAZ, *op. cit.*, pp. 161-162, FRANÇOIS BLANCHETTE, *op. cit.*, pp. 96-97, M.ª DEL CARMEN GUERRERO PICÓ, *op. cit.*, pp. 414-415, MARIA PÉREZ-UGENA, *op. cit.*, p. 13, MARIE-PIERRE FENOLL-TROUSSEAU e GÉRARD HAAS, *op. cit.*, pp. 42-44, SALVATORE VIGLIAR, *op. cit.*, p. 411, e TÉLLEZ AGUILERA, *op. cit.*, pp. 80-83. Veja-se, ainda, Grupo de Protecção de Dados do art. 29.°, *Privacidade na Internet...*, cit., pp. 16-17, escrevendo que os *cookies* podem conter qualquer informação que o *site* nele queira incluir: *inter alia*, páginas visualizadas, anúncios clicados e número de identificação do utilizador.

[2392] No mesmo sentido MARTÍNEZ FONS, "El control de la...", cit., pp. 45-46, e "El control empresarial...", cit., pp. 226-227.

O Controlo das Comunicações Electrónicas... 681

que o fornecedor de acesso, assim como os gestores de redes locais, podem obter informação de forma invisível sobre o utilizador através do processo de o associar à direcção de IP atribuída. São, assim, dados pessoais na medida em que identificam uma pessoa – o utilizador, de forma individualizada do resto, através da direcção IP[2393]. Por isso, e secundando o defendido pela CNIL[2394], os utilizadores devem ter conhecimento da instalação de sistemas deste tipo e a duração durante a qual os dados de conexão permitem identificar o posto ou o utilizador em causa, entendendo que o período máximo de conservação não poderá exceder seis meses.

Mais complexa parece ser a resposta para os *cookies*. Neste caso pode considerar-se que se trata de dados pessoais na medida em que sejam facilmente identificáveis com a pessoa que tem atribuído o IP com que se identifica o computador e donde se realizou a ligação. Contudo, para o fornecedor de conteúdos parece difícil considerarem-se dados pessoais, na medida em que a informação em causa não é relativa a um utilizador identificado ou identificável, mas tão só a um computador identificado com um número IP. Contrariamente no caso da informação contida na memória do computador que realizou a ligação.

Desta forma, a Lei de Protecção de Dados Pessoais é perfeitamente aplicável no que respeita ao tratamento de dados dos ficheiros *log* quer aos empregadores quer aos terceiros que sejam os fornecedores de acesso às redes de comunicação.

4.4.2.2.2. O empregador pode, ainda, instalar programas específicos para tentar controlar as navegações na *internet*, ou, também, proceder à instalação de outros por razões de segurança mas que servem igualmente para controlar tudo o que ocorre na *internet*.

[2393] No mesmo sentido veja-se Grupo de Protecção de Dados do art. 29.°, última *op.* cit., p. 22, referindo que os fornecedores de acesso à *Internet* e os gestores de redes locais, podem, com bastante facilidade, identificar utilizadores da *Internet* a quem atribuíram endereços IP, dado que costumam "registar" sistematicamente num ficheiro a data, hora, duração e endereço do IP dinâmico atribuído ao utilizador, o mesmo podendo dizer-se relativamente aos fornecedores de serviços *Internet*. Neste caso não há dúvidas quanto ao facto de se tratar de dados pessoais.

[2394] *Guide pratique...*, cit., p. 15.

682 *A Privacidade dos Trabalhadores e as Novas Tecnologias...*

Assim, existe, desde logo a possibilidade de instalar *hardware* e *software* que pode ser utilizado para inspeccionar o tráfego na *internet*. É o denominado *snifing*. Este *software* consegue ler todos os pacotes de dados de uma rede e, assim, apresentar em texto limpo qualquer comunicação que não tenha sido encriptada, para além de localizar informação com certas características armazenada no disco duro dos computadores ligados em rede[2395].

Também adquirem grande importância os programas denominados de *firewall* que são programas de protecção que impedem os utilizadores não autorizados de aceder aos computadores da empresa, protegendo contra a propagação de vírus, de *cookies* e de conteúdos da *internet* indesejáveis, permitindo filtrar as URL, segundo o princípio da lista negra. Esta *firewall* surge da necessidade das empresas se protegerem dos ataques externos, e recolhe e analisa um número enorme de dados sobre a utilização da *internet*. A *firewall* é, pela sua natureza, a melhor guardiã da empresa, pois consegue protegê-la eficazmente de agressões externas e evita conexões consideradas inapropriadas pelo empregador. Mas, exactamente por estas características e por nada poder ser feito sem que a *firewall* tenha conhecimento, pode chegar a converter-se numa magnífica espia da actividade dos trabalhadores, já que consegue reter todas as pistas que estes vão deixando quando navegam na *Internet*, tal como as páginas visitadas, as horas de visita e os detalhes das diferentes mensagens enviadas e recebidas[2396].

Como pode ver-se, estes exemplos de programas e de técnicas podem ser utilizados pela empresa com fins absolutamente legítimos e podem tornar-se, se forem utilizados para fins para os quais não foram criados, em instrumentos de vigilância da actividade dos trabalhadores.

Chega-se, desta forma, à conclusão de que as NTIC não estão desenhadas para o controlo do trabalhador mas permitem uma vigilância que

---

[2395] Veja-se EUGENIO DÍAZ, *op.* cit., p. 162, FREDERICK S. LANE III, *op.* cit., pp. 143-144, e Grupo de Protecção de Dados do art. 29.°, *Privacidade na Internet...*, cit., p. 35.

[2396] Cf. CAMAS RODA, "La influencia del correo electrónico...", cit., p. 145, e HUBERT BOUCHET, *Rapport d'étude* ..., cit., p. 10. Também HAZEL OLIVER, *Why information privacy...*, cit., pp.18-19, se refere a esta possibilidade de controlo, assim como MYRIAM DELAWARI e CHRISTOPHE LANDAT, *op.* cit., p. 63.

O Controlo das Comunicações Electrónicas...   683

pode ser temível na medida em que as informações susceptíveis de serem exploradas são numerosas e precisas. Estes programas não são instrumentos de vigilância e controlo por natureza, mas podem chegar a converter-se em instrumentos de vigilância e controlo por destino[2397].

4.4.2.2.3. Há ainda que tomar em consideração um outro lado desta situação e que é o papel importante que tem o administrador do sistema. A função deste é a de garantir a segurança dos locais e de todo o sistema, tendo acesso a dados sobre os utilizadores, nomeadamente sobre os *e-mails*, os *sites* visitados e os ficheiros *log*, na medida em que possui a *password* geral que lhe permite aceder aos servidores de ficheiros, aos servidores *web* e aos servidores das mensagens[2398]. Assim, potencialmente, pode tomar conhecimento do conjunto de dados recebidos, emitidos ou elaborados pelos trabalhadores[2399]. O administrador tem, regra geral, uma grande autonomia na vigilância e controlo dos trabalhadores, dispondo mesmo de certas delegações de poder, tornando-se, desta forma, o interlocutor privilegiado para efectuar uma concertação na empresa[2400], podendo ser o centro de todo o processo de controlo[2401].

É ele que organiza as medidas de protecção do sistema contra eventuais ataques do exterior, quem programa as gravações automáticas e quem concebe certos programas de conservação de dados. Assim, torna-se a *pessoa-chave* em matéria de controlo e vigilância justamente na medida em que nenhum processo de filtragem, de conservação de dados ou de controlo, pode ser instalado ou activado sem a sua autorização ou, pelo menos, o seu conhecimento[2402].

Parece-nos que esta posição pode levantar alguns problemas relacionados com a privacidade dos trabalhadores e, por isso, devem ser tomadas certas precauções ao nível de informação dos trabalhadores e tida em causa a sua segurança. Assim, o acesso aos dados registados pelos traba-

---

[2397] No mesmo sentido, HUBERT BOUCHET, última *op.* cit., p. 3.

[2398] Veja-se GIANLUIGI CIACCI, *op.* cit., p. 240-241.

[2399] Ver MANUEL KIPER, "Betriebs – und Dienstvenbarungen zu E-mail und Internet (2)", *in CF*, n.° 10, 2004, p. 7.

[2400] Segue-se o defendido por FABRICE FEVRIER, *Pouvoir de contrôle...*, cit., p. 106.

[2401] *Vide* LIONEL BOCHURBERG e SÉBASTIEN CORNUAUD, *op.* cit., p. 15.

[2402] Neste sentido MURIELLE-ISABELLE CAHEN, "Le rôle de l'administrateur réseau dans la cybersurveillance", *in* www.droit-ntic.org.

684 *A Privacidade dos Trabalhadores e as Novas Tecnologias...*

lhadores nos seus meios informáticos, que muitas vezes são de natureza pessoal, não pode ser justificado a não ser para assegurar o bom funcionamento dos sistemas informáticos e desde que esta finalidade não possa ser garantida por outras medidas menos intrusivas[2403].

A própria *Cour d'Appel* de Paris, numa decisão de 17 de Dezembro de 2001, decidiu que "faz parte das funções dos administradores do sistema assegurar o seu funcionamento normal, assim como a sua segurança", o que implica que eles tenham acesso a um conjunto de dados para conseguir resolver os problemas técnicos ou de segurança informática que surjam. Mas, estes administradores não poderão utilizar o conteúdo desta informação quando a sua divulgação possa violar o sigilo da correspondência, o que pode impor que eles requalifiquem uma mensagem em mensagem pessoal se se aperceberem que tal é o caso"[2404]. Este tribunal, pronunciando-se sobre a leitura das mensagens de *e-mail* pelos administradores do sistema, leitura que visava resolver problemas técnicos ou de segurança informática, decidiu que não poderia ser qualificada como uma intervenção ilícita, desde que não necessitasse de qualquer derivação e fosse efectuada sem artifício ou estratagema[2405].

Por outro lado, qualquer exploração para outros fins que não os ligados ao bom funcionamento do sistema ou à segurança das aplicações informáticas não parece poder ser realizada.

Convém ter ainda em atenção que existem vários equipamentos concebidos para auxiliar os administradores a executarem as suas funções podendo, nomeadamente, permitir o acesso à distância ao conjunto de dados de qualquer posto de trabalho dos trabalhadores. Mas esta última possibilidade não pode ser utilizada pelos empregadores para controlar a actividade dos seus trabalhadores e deve ser entendida, segundo parece, como uma actuação não conforme ao princípio da proporcionalidade nem respeitadora dos direitos dos trabalhadores[2406]. Assim, na hipótese da uti-

---

[2403] No mesmo sentido *Guide pratique pour les employeurs*, cit., p. 13.

[2404] Foi o defendido no *Dossier Relations du Travail et Internet...*, cit., p. 24.

[2405] *Vide* FABRICE FEVRIER, última *op.* cit., p. 26, e JÚLIO GOMES, *Direito do...*, cit., pp. 380-381.

[2406] Veja-se o caso julgado no ordenamento jurídico alemão do despedimento de um administrador de sistema, em MARTIN PRÖPER, "Fristlose kündigung eines System-administrators", *in CF*, n.° 3, 2006, pp. 32-33, e "Anmerkung zu ArbG Aachen, Urteil vom 16.08.2005, 7 Ca 5514/04, zur fristlosen kündigung eines System-administrators", *in JurPC*, n.° 85, 2006, pp. 1 e ss.

O Controlo das Comunicações Electrónicas...

lização destes meios pelo administrador informático, devem adoptar-se algumas precauções para garantir a transparência no seu emprego e a confidencialidade dos dados obtidos por este meio, respeitando sempre o princípio da proporcionalidade. De facto, deve ser dado o consentimento prévio por parte dos trabalhadores visados antes da intervenção do administrador no seu posto de trabalho, e mesmo assim, rodeado de certas cautelas e respeitando sempre os direitos fundamentais em causa.

Também parece de entender que o administrador do sistema deveria estar sujeito a um segredo profissional[2407] ou, no mínimo, a uma obrigação de discrição profissional, não podendo divulgar qualquer informação de que teve conhecimento no exercício das suas funções e, em particular, as que estão protegidas pelo sigilo de comunicações e correspondência ou que façam parte do conceito de vida privada, e que não coloquem em causa nem o bom funcionamento do sistema, nem a sua segurança[2408]. Entende-se, assim, secundando JÚLIO GOMES[2409], que estes trabalhadores, sujeitos como estão a uma obrigação de confidencialidade, não podem divulgar seja a quem for[2410], as informações pessoais que tenham obtido sobre um colega.

Defende-se, também, que esta obrigação de confidencialidade do administrador informático poderia estar prevista de uma forma clara nos contratos de trabalho celebrados, assim como nas cartas de conduta que muitas empresas elaboram e que servem de base para utilização dos meios informáticos.

[2407] Veja-se o art. 17.º, n.º 1, da Lei de Protecção de Dados Pessoais que delimita, com uma grande amplitude e abrangência, o universo das pessoas obrigadas ao segredo profissional, que nos parece abranger os administradores do sistema. Como referem GOMES CANOTILHO e VITAL MOREIRA, *op.* cit., p. 554, o pessoal informático que a lei ou os códigos deontológicos considerem responsável pelo ficheiro, deveriam estar sujeitos a um dever de sigilo profissional. No mesmo sentido cf. DÄUBLER, KLEBE, WEDDE e WEICHERT, *op.* cit., pp. 201-202, assim como MARTÍNEZ FONS, *El poder de control...*, cit., pp. 242-243.

[2408] Cf. HUBERT BOUCHET, *La cybersurveillance...*, cit., p. 14. O mesmo é defendido no ordenamento jurídico alemão, podendo ver-se o Documento – *Surfen am Arbeitsplatz – Datenschutz-Wegweiser*, *in* www.bfd.bund.de, considerando-se que o acesso aos dados obtidos fica cincunscrito ao administrador do sistema que tem um dever de confidencialidade sobre as informações obtidas.

[2409] *Direito do...*, cit., p. 381.

[2410] O que inclui os seus superiores hierárquicos.

4.4.2.3. *Análise crítica dos motivos que justificam o controlo electrónico da internet*

A utilização da *internet* para fins extra-laborais, se não respeitar o princípio da proporcionalidade e da boa fé, pode trazer algumas consequências negativas para o empregador, colocando-se a questão da possibilidade de controlar este uso, ao abrigo do poder de controlo electrónico do empregador. A questão está em saber como se há-de proceder a este controlo e quais os argumentos invocados pelo empregador para o tentar realizar.

4.4.2.3.1. Um dos argumentos mais invocados pelos empregadores é o da propriedade do sistema. O sistema informático através do qual o trabalhador acede à *internet*[2411] é propriedade do empregador, que os cede ao trabalhador para, primordialmente, o utilizar para fins laborais. Com base nesta ideia funda-se a defesa da possibilidade de livre intervenção nos computadores para conhecer as páginas *web* visitadas, sem se considerar que existe qualquer violação do direito à privacidade do trabalhador[2412].

Contudo, não pode concordar-se com este argumento para tentar justificar um controlo *ad nutum* por parte do empregador. Assim, embora a propriedade empresarial dos instrumentos informáticos seja um argumento digno de consideração, não pode constituir razão suficiente para o estabelecimento de restrições de carácter absoluto pois isso equivaleria a colocar o problema do controlo electrónico apenas de forma unilateral, produzindo-se uma certa distorção da visão do problema que consiste em não se distinguir entre a propriedade do instrumento informático e a utilização que os trabalhadores possam dele fazer[2413]. Assim, apesar de a propriedade pertencer ao empregador, a utilização que o trabalhador faça, relacionada com uma certa tolerância no uso extra-laboral associado a um certo uso social[2414], como meio de comunicação e de

---

[2411] Como o computador, o *modem*, o acesso à rede, o *browser* e o servidor.

[2412] Veja-se neste sentido Luz Pacheco Zerga, *op.* cit., p. 271, referindo não ser necessário o consentimento do trabalhador para o empregador conhecer as direcções de *internet* que os trabalhadores acederam durante o tempo de trabalho e com um computador propriedade do empregador.

[2413] Veja-se Correa Carrasco, "La proyección...", cit., p. 51.

[2414] Sobre este cf., *supra*, n.º 4.2., ainda neste capítulo.

O *Controlo das Comunicações Electrónicas...* 687

informação, confere uma especial relevância jurídica à utilização dada pelos trabalhadores na medida em que supõe uma manifestação específica do exercício de um direito fundamental merecedor em si mesmo de uma tutela jurídica.

Assim, na sua utilização, o trabalhador pode ter reservado um espaço de privacidade a que ninguém pode aceder sem o seu consentimento[2415].

Entende-se, desta forma, que a propriedade do sistema, embora possibilite ao empregador a regulamentação sobre a utilização destes instrumentos, interditando um uso extra-laboral abusivo e contrário aos princípios da boa fé e da razoabilidade[2416] [2417], não confere *carta branca* para o empregador realizar o controlo que deseje[2418], até porque tem de

---

[2415] Sempere Navarro e Carolina San Martín Mazzucconi, *Nuevas tecnologias...*, cit., p. 98.

[2416] Mas não proibindo uma utilização pessoal, atendendo ao elevado grau de uso social que tem e que merece algum tipo de tolerância e tutela.

[2417] *Vide* Marco Frediani, "Abuso di acesso ad Internet e potere di controllo datoriale", *in LNG*, n.º 10, 2002, p. 947.

[2418] Secunda-se a posição de Fernández Villazón, "A vueltas com el...", cit., p. 39, e que refere a este propósito o caso da decisão do Tribunal de Justiça da Catalunha, de 11 de Março de 2004. Tratava-se de um caso de despedimento de uma auxiliar administrativa por utilizar excessivamente a *internet* para fins pessoais. A navegação, realmente excessiva, tinha sido detectada desde o computador central da empresa, graças à instalação de um programa específico. A empresa não proibia os seus trabalhadores de utilizarem a *internet* para fins privados mas exigia que fosse realizada da forma mais restrita possível. Para além disso, a trabalhadora tinha assinado um anexo ao seu contrato de trabalho em que "autorizava a empresa a controlar periodicamente as listas de chamadas efectuadas, as páginas *web* visitadas por cada utilizador, assim como os *e-mails* enviados e recebidos". O tribunal entendeu que este acordo era suficiente para legitimar o controlo efectuado pela empresa, acrescentando, ainda, que "o sistema informático é um instrumento de trabalho que a empresa proporciona ao trabalhador para desenvolver as suas tarefas e, portanto, pode justificadamente ser submetido a controlo". Não pode deixar de criticar-se esta decisão, não tanto pela solução alcançada, como pelos argumentos utilizados. Secundando este autor, não pode deixar de entender-se que a propriedade dos instrumentos informáticos não permite ao empregador controlar tudo e quando quiser. Também parece que a valoração que foi feita do anexo ao contrato de trabalho não foi a melhor. Desde logo, a ideia do consentimento do trabalhador não é suficiente para legitimar a medida de controlo, até porque este consentimento não é, muitas vezes, prestado de forma livre. Assim, obtido o consentimento, o empregador não fica isento de cumprir com o requisito de proporcionalidade, sendo que nos parece que é exactamente neste ponto que a sentença não foi muito clara porque parece que não fundamentou a sua decisão neste princípio. Aplicando-o ao caso concreto, a decisão não seria diferente pois o programa utilizado pelo empregador só proporcionava as informações relativamente à morada, à data, à hora e ao tempo de utilização, isto é, aos dados externos, não permitindo visualizar "a conversa ou o conteúdo do programa que se investigava".

Para além deste caso, vários outros se baseiam, neste ordenamento jurídico, na propriedade do sistema, embora juntamente com outras razões, para entenderem que há a transgressão da boa fé por parte do trabalhador. Assim, veja-se a decisão do TSJ de Madrid, de 16 de Outubro de 1998, assim como a decisão do TSJ de Múrcia, de 15 de Junho de 1999, assim como a sentença do TSJ da Catalunha, de 29 de Janeiro de 2001, onde para além da propriedade do sistema, estava em causa a violação do dever de lealdade na medida em que o tipo de páginas visitadas era incompatível com os interesses comerciais da empresa. Contudo, parece que há que ter em atenção como foi realizado o controlo e julga-se que em nenhuma destas decisões esse aspecto foi considerado. Parece que, mais uma vez, o princípio da proporcionalidade não foi devidamente atendido, por muito que a decisão final pudesse vir a ser a mesma – entender como justa causa de despedimento os comportamentos imputados aos trabalhadores. Cf. sobre estas decisões, LÓPEZ MOSTEIRO, *op.* cit., p. 769.

O argumento da propriedade dos instrumentos também não pode servir para justificar um controlo que encobre motivos discriminatórios como aconteceu na decisão de 26 de Janeiro de 2001, citada por CAMAS RODA, "La influencia del correo electrónico...", cit., p. 157, entendendo que o controlo das visitas à *internet* foram realizadas com vulneração do direito à liberdade sindical e do direito à intimidade do trabalhador na medida em que não se demonstrou que existisse causa que justificasse o controlo. E entendeu ainda que, mesmo que existisse uma causa, a decisão de controlar o computador resultaria num sacrifício desproporcionado dos direitos do trabalhador, tendo em atenção a finalidade pretendida.

Pode ver-se, ainda, no ordenamento jurídico alemão, a decisão do BAG, de 7 de Julho de 2005, que se tornou bastante importante pois este Tribunal tomou uma posição acerca da utilização da *internet* para fins privados, entendendo que o empregador pode regular a utilização desta e proibir todo o uso não profissional, decidindo que o trabalhador pode ser despedido se utiliza estes meios para fins privados quando há uma proibição. Ver STEFAN KRAMER, "Kündigung wegen...", cit., pp. 194-195, e a decisão em *Der Betrieb*, n.º 7, 2006, pp. 397-399, assim como em AuR, n.ºs 8/9, 2005, p. 331, e MMR, n.º 2, 2006, pp. 94 e ss..

Ver, também, no ordenamento jurídico italiano, o caso do Tribunal de Milão, de 14 de Junho de 2001, do despedimento de uma trabalhadora por utilização abusiva do seu computador para fins pessoais e navegação excessiva na *internet*. O problema que se colocava era o de o tribunal não ter tido em consideração a natureza extremamente intrusiva do tipo de controlo exercido que poderia ser qualificado de controlo à distância nos termos do art. 4.º do *SL*, tal como refere GIUSEPPE D'ELCI, *op.* cit., p. 1068, e GEORGIA BASCHE-RINI, Utilizzo abusivo di internet e licenziamento", *in LNG*, n.º 2, 2004, pp. 138-139.

O Controlo das Comunicações Electrónicas...

atender-se ao estatuído no art. 22.º, n.º 1, do CT, e a todos os direitos aí tutelados[2419], devendo ter-se sempre em atenção as características das NTIC e o esbatimento das fronteiras espácio-temporais da prestação de trabalho[2420].

Por vezes, associa-se a este argumento da propriedade o facto de se usar a *internet* como meio para realizar condutas que podem considerar-se infracções disciplinares graves. Assim, pode acontecer que os trabalhadores utilizem estes meios, propriedade do empregador, para realizar prestações a favor de terceiros ou até deles próprios[2421].

Contudo, nestes casos, é preciso garantir a realidade da prova do incumprimento atribuído ao trabalhador e, por isso, não basta a presença de arquivos pessoais que podem ser lícitos ao abrigo do uso social destes meios, tendo que se conseguir provar que se realiza uma prestação a favor

---

[2419] *Vide* entendimento semelhante em STEPHEN COLEMAN, *op.* cit., p. 290.

[2420] Elucidativa a este propósito é a decisão da *Cour d'Appel* de Versailles, de 28 de Março de 2003. Um trabalhador tinha sido despedido por utilizar o computador profissional para fins pessoais e a *internet* para visitar *sites* de natureza extra-laboral, contrariando, assim, segundo a empresa, as regras de probidade, de segurança e de gestão da empresa. Mas o Tribunal entendeu que alguns dos dias e das horas que tinham sido imputados ao trabalhador coincidiam com fins-de-semana ou horas pós-laborais. Assim, os juízes notaram que os "dias 8 e 9 de Outubro de 1999 tinham sido uma sexta-feira e um sábado, tendo o trabalhador estabelecido a utilização da *internet* desde o seu domicílio, fora do tempo de trabalho e do local de trabalho, durante o tempo de vida privada e familiar". Entendeu, ainda, que "ao autorizar o trabalhador a levar o computador para casa, o empregador reconheceu necessariamente o seu uso privado". Esta decisão parece-nos bastante positiva pois tem de entender-se que as fronteiras entre tempo profissional e tempo pessoal parecem actualmente evanescentes. Veja-se neste sentido CÉLINE BÉGUIN, *op.* cit., p. 12, e JEAN-EMMANUEL RAY, "Temps professionnel...", cit., p. 59, e "Actualités des TIC I...", cit., p. 1081.

[2421] Veja-se, a título de exemplo, o caso já referido anteriormente do TSJ da Catalunha, de 29 de Janeiro de 2001, assim como no ordenamento jurídico francês, a decisão do Tribunal de Bordéus, de 10 de Junho de de 2002, onde um trabalhador, utilizando o equipamento propriedade do empregador, se dedicava a uma actividade paralela de decoração que só foi descoberta pelo envio de uma factura para a morada oficial da empresa onde trabalhava. O trabalhador foi despedido após se ter constatado que tinha 233 ficheiros, que ocuparam 6 disquetes realizadas durante o tempo de trabalho e que respeitava à sua actividade privada. O tribunal aceitou como prova estes ficheiros na medida em que estavam intitulados de profissionais, e o trabalhador tinha já reconhecido o facto. Mas esta decisão continua a ser a excepção tal como observa JEAN-EMMANUEL RAY, "Temps professionnel...", cit., p. 63.

690   *A Privacidade dos Trabalhadores e as Novas Tecnologias...*

de terceiros[2422], não podendo o trabalhador argumentar que não existiam regras escritas sobre a utilização destes meios para fins pessoais, já que elas decorrem do dever de lealdade do trabalhador, previsto no art. 128, n.º 1, alínea f) do CT[2423].

Acresce, ainda, que, por vezes, esta utilização extra-laboral dos meios, propriedade do empregador, é mais severamente punida atendendo ao uso concreto que deles se faça. Parece que, por vezes, o empregador está menos interessado numa utilização extra-laboral abusiva e mais interessado no seu carácter pouco sério ou *imoral*[2424], considerando-se este facto como uma agravante da conduta do trabalhador, dando a impressão que os empregadores e, por vezes, mesmo os Tribunais nas suas decisões, se arvoram em censores morais.

Parece que, excluindo as situações penalmente reprováveis de visita a *sites* de natureza ilícita, não se deve confundir moral com actividade extra-profissional. O empregador que vise aplicar sanções disciplinares aos trabalhadores por um uso abusivo das suas ferramentas informáticas tem de ter uma coerência interna e não pode aplicar uma sanção disciplinar aos trabalhadores que visitam *sites* de natureza erótica e não aplique sanções a trabalhadores que visitam, de forma abusiva, *sites* de outra natureza[2425]. Parece abusivo este interesse pelo conteúdo de páginas de conteúdo erótico ou pornográfico, pois o empregador não pode arrogar-se em defensor da moral e dos bons costumes, pois o que lhe interessa é a possível utilização abusiva dos seus meios informáticos[2426].

[2422] Neste sentido MARTÍNEZ FONS, "El uso y control del...", cit., p. 197.

[2423] Neste sentido veja-se a decisão da *Cour d'Appel* de Besançon, de 9 de Setembro de 2003, em que um trabalhador que se dedicava a realizar actividades profissionais pessoais com os instrumentos de trabalho do empregador, invocou a inexistência de regras escritas sobre a utilização das novas tecnologias para legitimar a sua conduta. O tribunal decidiu, e quanto a nós bem, que decorria do dever de lealdade não fazer uso dos meios para fins pessoais ligados a actividades profissionais alheias à sua. Veja-se *Relations du travail et internet...*, cit., p. 27.

[2424] Geralmente erótico ou pornográfico. Questão diferente é quando se trata de um crime, como será o caso de visita a *sites* de natureza pedófila. *Vide, infra*, n.º 4.4.2.3.3..

[2425] Veja-se, neste sentido, ROSA MORATO GARCÍA, *op.* cit., p. 93.

[2426] Acresce o facto de, tal como nota MARK JEFFERY, "Introducción", cit., p. 50, não se colocarem dificuldades para que material pornográfico pudesse circular no interior de certos locais de trabalho sob a forma de revistas, *posters* e calendários.

Entende-se, assim, que há que ter em atenção os padrões de normalidade social num dado contexto espácio-temporal e aferir os comportamentos, validando-os ou não *hic et nunc*.

Consideramos que o empregador tem o dever de proporcionar ao trabalhador "boas condições de trabalho, do ponto de vista físico e moral", de acordo com o art. 127.º, n.º 1, alínea c) do CT, e de assegurar que o trabalho deve ser organizado e executado em condições de disciplina, segurança, higiene e saúde[2427].

Na aferição da possível legitimidade deste controlo electrónico realizado pelo empregador parece-nos ser necessário atender a diferentes circunstâncias e, no caso de ser aplicada alguma sanção, há que aferir se o trabalhador foi punido por ter utilizado indevida, abusiva e até ilicitamente instrumentos de trabalho, ou se está a ser sancionado pela utilização do conteúdo neles inserido sem que lhe possa ser imputada qualquer utilização indevida desse instrumento. São situações radicalmente diferentes, a merecerem tratamentos diferenciados[2428].

Este também parece ser o entendimento que a jurisprudência deve seguir, embora na prática isso nem sempre aconteça, afigurando-se que há uma excessiva importância do tipo de conteúdo visitado na *internet*[2429].

[2427] Na LCT, o art. 40.º, n.º 2, suscitava sérias dúvidas quanto à sua vigência e até à forma como estava redigido, principalmente quando se referia ao sexo feminino, numa acepção pouco compatível com o actual estatuto da mulher na medida em que estatuía que se deveriam "aplicar sanções disciplinares, nomeadamente o despedimento, aos trabalhadores de ambos os sexos que pela sua conduta provoquem ou criem o risco de provocar a desmoralização dos companheiros, especialmente das mulheres e menores" – sublinhado nosso. Compreendia-se a preocupação quanto aos menores. Quanto às mulheres há que ter em conta que o preceito datava de 1969.

[2428] *Vd.* neste sentido, GARCÍA NINET, "Sobre el uso y abuso...", cit., p. 14, MICHEL BUY, *op.* cit., pp. 128-129, e SEMPERE NAVARRO e CAROLINA SAN MARTÍN MAZZUCCONI, *Nuevas tecnologias...*, cit., pp. 54-55.

[2429] Apenas a título meramente exemplificativo, veja-se a sentença do TSJ de Madrid, de 11 de Fevereiro de 2003, referindo-se que o trabalhador ligou-se à *internet* entre as 7.25 e as 9.00 horas a visitar, apenas, *sites* de natureza erótica ou pornográfica. Mas, em primeiro lugar, o Tribunal deveria ter atendido à validade do meio pelo qual foi feito o controlo. Este foi realizado através da instalação oculta de um programa de controlo de todos os computadores. Por outro lado, há que atender às horas em que as visitas foram realizadas, não parecendo que se trate de tempo de trabalho. Assim, em vez de valorar o tipo de *sites* parece-nos que a questão fundamental estaria na valoração do programa instalado ocultamente pela empresa. Neste sentido EFRÉN BORRAJO DACRUZ, "Derechos

692   *A Privacidade dos Trabalhadores e as Novas Tecnologias...*

Defende-se que não será com base no conteúdo visitado, ou na *moralidade* do *site* visitado que o trabalhador pode ser sancionado, mas com base numa violação dos seus deveres laborais[2430].

Contudo, não pode deixar de considerar-se que com a difusão deste tipo de material na empresa através destes meios podem ocorrer formas de assédio que devem ser punidas, até porque o art. 29.º do CT proíbe qualquer tipo de assédio, quer moral, quer sexual, podendo entender-se que nestes casos, pode ocorrer uma violação da dignidade das pessoas.

Mas, e mais uma vez se refere, trata-se de situações diferentes em que através da utilização destas pesquisas se difundem estas imagens que se utilizam para enviar de forma maciça e persistente missivas de conteúdo sexual, que podem criar um ambiente de trabalho hostil, intimidativo, que pode gerar casos de assédio sexual ambiental.

Entende-se que a defesa da erradicação do assédio sexual laboral impõe que não se pactue com a difusão[2431] da pornografia no âmbito laboral, até porque, como espaço de interacção social que é, atenta contra os direitos de outros trabalhadores[2432].

4.4.2.3.2. Outro dos argumentos que pode ser invocado pelo empregador é o dos custos que para ele representa o uso extra-laboral das ferramentas informáticas, propriedade da empresa, com a existência de eventuais danos patrimoniais ou afectação da prestação de trabalho.

Porém, a maioria das empresas celebra contratos especiais que lhes permitem um uso permanente de tal forma que o uso indevido que o trabalhador possa fazer dos meios informáticos será irrisório, quando não

---

fundamentales...", cit., p. 274. Também na decisão do TSJ da Catalunha, de 14 de Novembro de 2000, assenta-se praticamente a decisão no facto de o conteúdo ser de natureza obscena e humorística, assim como no acórdão deste mesmo tribunal de 5 de Julho de 2000. Cf. SEMPERE NAVARRO e CAROLINA SAN MARTÍN MAZZUCCONI, *Nuevas tecnologias...*, cit., pp. 54-55.

[2430] No mesmo sentido JEAN-EMMANUEL RAY, "Temps professionnel...", cit., p. 63, e LIONEL BOCHURBERG e SÉBASTIEN CORNUAUD, *op.* cit., p. 94.

[2431] Sublinhado nosso, que pretende acentuar, mais uma vez, que se trata de um comportamento diferente do que a simples visita a *sites* de natureza erótica ou pornográfica. Aqui trata-se da difusão deste tipo de informação, de forma indiferenciada, e que pode atentar contra direitos dos outros trabalhadores.

[2432] Neste sentido LUZ PACHECO ZERGA, *op.* cit., pp. 272 e ss..

O *Controlo das Comunicações Electrónicas...* 693

inexistente. Assim, o uso privado destes instrumentos tem um custo económico inferior ao uso dos telefones ou dos carros da empresa, por exemplo. Maior sentido fará invocar-se a ideia de lucro cessante, na medida em que pode existir uma falta de prestação efectiva da actividade laboral.

Porém, não se consegue encontrar um critério claro na altura de determinar este tempo perdido, desde logo porque é muito difícil de estimar na medida em que varia consoante o tipo de conexão electrónica utilizada pela empresa. Em relação à navegação na *internet* parece claro que a navegação pontual ou de escassa duração temporal não pode ser considerada como causa suficiente para ser sancionada disciplinarmente[2433].

Noutros casos, a gravidade da conduta do trabalhador pode estar relacionada com a afectação negativa do meio electrónico de produção que deriva da navegação indevida através da *internet*. Imagine-se o caso de conexões abusivas para descarregar filmes da *internet*, provocando o engarrafamento do servidor[2434] e ou os danos provocados por um vírus informático derivado da conexão da *internet*[2435].

Parece, ainda, mais uma vez, que para a qualificação da gravidade da infracção disciplinar, é indiferente a natureza ou a valoração moral que mereça a página *web* visitada, salvo quando essa navegação possa ser qualificada de ilícito penal.

Entende-se, ainda, que para o apuramento da prática de uma infracção disciplinar tem de exigir-se uma diminuição efectiva de rendimento ou um dano patrimonial da empresa, factualidade que nem sempre é devidamente analisada e tida na devida consideração, quer pelos empregadores, quer mesmo pela jurisprudência[2436].

[2433] Cf., neste sentido, MARTÍNEZ FONS, "El uso y control del...", cit., pp. 187-188, REMEDIOS ROQUETA BUJ, *Uso y control...*, cit., p. 95, e SEMPERE NAVARRO e CAROLINA SAN MARTÍN MAZZUCCONI, última *op.* cit., p. 98. A nível jurisprudencial pode ver-se a decisão do TSJ, de 30 de Janeiro de 2006, que decidiu que "É certo que se provou que o trabalhador tinha acedido a páginas *web* em determinadas datas, mas é igualmente certo que não consta que permanecesse dentro dessas páginas durante um tempo excessivo ou significativo, pelo que tal comportamento não tem dignidade suficiente para ser considerada desobediência grave, transcendente e injustificada".

[2434] Para já não falar na prática de actos ilícitos. Veja-se o próximo número.

[2435] Relacionado com problemas de segurança. Veja-se o n.º 4.4.2.3.4..

[2436] Segue-se o defendido por MARTÍNEZ FONS, última *op.* cit., pp. 191-192.

694   *A Privacidade dos Trabalhadores e as Novas Tecnologias...*

4.4.2.3.3. A utilização da *internet* pode originar, ainda, a concretização de múltiplos e variados ilícitos penais, de que são exemplo, o homicídio, as ameaças, passando pelo assédio sexual, difusão de pornografia infantil, o descobrimento e a revelação de segredos, tanto pessoais como da empresa, os danos informáticos, pirataria informática, crimes contra a propriedade intelectual, falsificações, terrorismo, apologia do racismo e da xenofobia, e crimes contra a segurança nacional[2437] [2438].

Assim, do seu local de trabalho, o trabalhador pode cometer uma infinidade de crimes, previstos e punidos no CP, desde os que se podem considerar "crimes informáticos próprios", isto é, aqueles em que o computador ou o sistema informático representa o objecto ou o sujeito do crime, como os "crimes informáticos impróprios", ou seja, aqueles que se identificam com os crimes comuns que podem ser realizados através da utilização de um computador ligado à *Internet*[2439].

Podem ser distinguidos, desta forma, os crimes cometidos "com" a *Internet* e aqueles cometidos "sobre" a *Internet*[2440].

Afigura-se, contudo, que nenhum destes crimes afecta, em princípio, o empregador[2441], na medida em que nenhum deles vincula necessariamente o trabalhador ao empregador, não sendo os crimes praticados em nome e em representação dos empregadores. A única vinculação que existe assenta no facto de se utilizarem as ferramentas informáticas e as NTIC por ele colocadas à disposição do trabalhador[2442] [2443].

4.4.2.3.4. Um outro argumento frequentemente invocado para a instalação de um sistema de controlo está relacionado com a segurança dos sistemas informáticos. Esta é uma preocupação "omnipresente"[2444]

[2437] MUÑOZ LORENTE, *op.* cit., pp. 134-135.

[2438] Para mais desenvolvimentos, ver REBOLLO DELGADO, *Derechos Fundamentales...*, cit., pp. 185 e ss., assim como DÄUBLER, *Internet...*, cit., pp. 118-119, referindo dois casos sobre pedofilia.

[2439] FLORINDI, *apud* MUÑOZ LORENTE, *op.* cit., p. 135.

[2440] Veja-se SONIA FERNÁNDEZ SÁNCHEZ, *op.* cit., p. 93.

[2441] A não ser a eventual responsabilidade civil. Ver, *infra*, n.° 4.4.2.3.5..

[2442] Segue-se o defendido por MUÑOZ LORENTE, *op.* cit., pp. 135-136.

[2443] Questão diferente é a possibilidade de o empregador poder sancionar disciplinarmente o trabalhador pela prática destes crimes. Veja-se, sobre isto, capítulo II, n.° 7, especialmente nota n.° 1564.

[2444] FABRICE FEVRIER, "Pouvoir de contrôle...", cit., p. 20.

de todas as empresas, sendo um dos argumentos mais correntemente alegados[2445].

Porém, parece que este argumento não pode ser colocado nestes termos porque estes riscos já existem, de forma potencial, quando os trabalhadores acedem à *internet* por razões profissionais[2446]. Assim, a questão da segurança do sistema para tentar permitir um controlo do uso extra--laboral, apresenta-se de facto como um falso problema, uma vez que o empregador deve adoptar os mecanismos de segurança que protejam o sistema da empresa, não se percebendo como é que o acesso a *sites* de natureza privada possa trazer mais problemas que o acesso a *sites* de natureza profissional.

Assim, a vulnerabilidade alegada pelos empregadores não está relacionada com a forma como os trabalhadores utilizam os computadores, mas com a insuficiência de medidas ou de políticas de segurança que tornam as empresas alvos mais fáceis a "ataques" externos. A empresa deve, desta forma, ter os programas anti-vírus actualizados, realizando cópias de segurança regularmente de forma a evitar a perda de informação. Deve, ainda, definir políticas de "gestão de quotas de disco", sistemas de alarme e registo de tentativas de intrusão no sistema da empresa ou, até, mecanismos "anti-*cookies*", sendo no entanto as *firewalls* os mecanismos mais adequados para prevenir intrusões externas[2447].

4.4.2.3.5. A possível responsabilidade do empregador por actos cometidos pelos seus trabalhadores ao abrigo da responsabilidade comitente--comissário, prevista no art. 500.° do CC, é outro dos argumentos frequentemente referidos pelos empregadores para justificar um controlo da utilização da *internet*[2448]. Sendo o sistema informático propriedade do empregador, sobre ele recai a responsabilidade pela utilização que os trabalhadores façam da *internet* através da conexão propiciada pelo primeiro[2449].

[2445] Veja-se neste sentido a decisão do BAG, de 12 de Janeiro de 2006, comentada por JAN STRUNK, "Anonymes Surfen als Kündigungsgrund", *in CF*, n.° 11, 2006, pp. 28-29. Cf., ainda, KAI KUHLMANN, *op.* cit., p. 23.

[2446] Idêntica posição tem AMADEU GUERRA, *A privacidade*..., cit., p. 395.

[2447] Segue-se o preconizado por AMADEU GUERRA, última *op.* cit., p. 395.

[2448] Remete-se, para maiores desenvolvimentos, para o referido no capítulo II, n.° 7.

[2449] *Vide*, neste sentido, JEAN-EMMANUEL RAY e JACQUES ROJOT, *op.* cit., pp. 168--169, SALVADOR DEL REY GUANTER, "New Technologies...", cit., pp. 132-133, SEMPERE

696

A Privacidade dos Trabalhadores e as Novas Tecnologias...

Entende-se que a utilização da *Internet* altera os quadros de referência clássicos em relação aos mecanismos de responsabilidade na medida em que a procura da imputabilidade pode tornar-se uma verdadeira dificuldade num sistema de comunicação onde o indivíduo se dilui. Esta dificuldade de aplicação do sistema de responsabilidade criada pelo desenvolvimento das NTIC tende a responsabilizar o empregador por força da responsabilidade entre o comitente e o comissário[2450].

Porém, não parece que este argumento possa ter um valor tão preponderante para justificar o controlo por parte do empregador.

Na verdade, conforme já foi defendido anteriormente[2451], o empregador só poderá ser responsabilizado se o facto for praticado no exercício da função que lhe foi confiada. O comitente deve ser responsabilizado pelos factos ilícitos do comissário que tenham com as suas funções uma "conexão adequada", significando que se entende que um facto ilícito foi praticado no exercício das funções do comissário quando, quer pela natureza dos actos de que foi incumbido, quer pela dos instrumentos ou objectos que lhe foram confiados, "ele se encontre numa posição especialmente adequada à prática de tal facto"[2452].

A fórmula adoptada pelo nosso legislador pretendeu apenas abranger os casos em que o facto danoso foi praticado pelo trabalhador no exercício das suas funções e não por ocasião das mesmas, significando que o empregador pode afastar a sua responsabilidade se provar que o trabalhador agiu fora das suas funções.

Esta ideia é de suma importância para o contexto das NTIC na medida em que muitas vezes os trabalhadores aproveitam-se dos bens colocados à sua disposição para realizar certas actividades que estão completamente fora da actividade contratada. Parece que nestas ocasiões o

---

NAVARRO e CAROLINA SAN MARTÍN MAZZUCCONI, *Nuevas tecnologias...*, cit., pp. 98-99, e STEPHAN ALTENBURG, WOLFGANG REINERSDORFF e THOMAS LEISTER, *op.* cit., p. 139. Cf., ainda, ROD DIXON, "With Nowhere to Hide: Workers are Scrambling for Privacy in the Digital Age", *in Journal of Technology Law & Policy*, vol. 4, n.° 1, 1999, pp. 6-8, referindo vários casos de responsabilidade dos empregadores. Também JULINE MILLS, BO HU, SRIKANTH BELDONA e JOAN CLAY, "Cyberslacking! A Liability Issue for Wired Workplaces", *in Cornell Hotel and Restaurant Administration Quarterly*, Outubro-Novembro, 2001, pp. 34 e ss., analisa esta situação.

[2450] Ver, neste sentido, FABRICE FEVRIER, *Pouvoir de controle...*, cit., p. 31.

[2451] Ver, *supra*, capítulo II, n.° 7.

[2452] PIRES DE LIMA e ANTUNES VARELA, *op.* cit., p. 509.

O *Controlo das Comunicações Electrónicas...*   697

empregador não pode ser responsabilizado exactamente com a ideia de que a responsabilidade prevista no art. 500.° do CC não engloba a responsabilidade dos factos realizados por ocasião das funções[2453].

Acresce, ainda, que se o empregador tiver estabelecido regras claras quanto à utilização destes meios, proibindo a utilização deles para fins ilícitos, ou para denegrir a imagem de outras empresas, não parece que, à partida, possa ser responsabilizado pois não se trata de actividades exercidas dentro das suas funções embora se considere, também, que, em alguns casos, a questão não se afigura de resolução fácil.

Entende-se que se poderia ter em atenção, na resolução da questão da responsabilidade do empregador, o disposto no art. 12.° da Directiva sobre comércio electrónico na medida em que isenta de responsabilidade os

---

[2453] Não se pode, assim, concordar, com o decidido nos acórdãos *Nicolas B. v. Lucent Technologies*, de 17 de Janeiro de 2005, e *SA Escota v. Société Lycos*, de 11 de Junho de 2003. Na primeira, um trabalhador tinha criado um *site* denominado "*Escroca*", no sentido de denegrir a sociedade *Escota*. A sociedade em causa interpôs uma acção não só contra o autor do *site* mas também contra o seu empregador. O tribunal entendeu que o empregador era responsável pois era ele o autor do *site* difamatório. Baseou a sua decisão numa nota do director de recursos humanos da empresa, de 13 de Junho de 1999, que precisava que os trabalhadores poderiam utilizar o equipamento informático colocado à sua disposição e ao acesso ao servidor informático para consultar *sites* de natureza privada, desde que a sua utilização seja responsável e fora das horas de trabalho, respeitando as disposições legais que regem este tipo de comunicação e as regras internas da sociedade. O Tribunal entendeu que a livre consulta de *sites* da *internet* tinha sido autorizada e nenhuma interdição específica tinha sido formulada quanto à eventual realização de *sites* da *internet* ou o fornecimento de informações sobre as páginas pessoais. Não parece que tenha sido a melhor solução porque numa empresa onde a utilização do computador e da *internet* é prática quotidiana, parece que as informações do empregador tinham sido claras e compreendia-se que não permitissem uma utilização para denegrir outras sociedades. Por outro lado, quase que parece que o Tribunal responsabiliza a empresa por permitir uma utilização pessoal, mas uma interdição para fins pessoais, não parece realista nem eficaz numa sociedade de informação e comunicação como a nossa. Por outro lado, e contrariamente ao decidido, não parece que o empregador possa ser responsabilizado pois funcionou apenas como mero fornecedor intermediário do acesso à *internet*, na medida em que o trabalhador agiu por ocasião das funções mas não nas suas funções. Cf., neste sentido, VALÉRIE SÉDALLIAN, *op. cit.*, pp. 1-2, e *Relations du travail et internet...*, cit., pp. 11-12. Ver, ainda, NICOLAS SAMARCQ e LUC MASSON, *op. cit.*, p. 2, assim como JEAN-EMMANUEL RAY, "Droit du travail et TIC (I)", cit., p. 145, referindo-se à decisão da *Cour d'Appel* de Aix-en-Provence, de 13 de Março de 2006, escrevendo que a cibervigilância não é somente um direito como também um dever para a empresa não responder pela sua responsabilidade na relação comitente-comissário.

698 *A Privacidade dos Trabalhadores e as Novas Tecnologias...*

prestadores intermediários de serviços, estipulando-se que abrange quem permitir o acesso a redes de comunicações. Reforçando a conclusão, o art. 14.° da lei que transpôs esta Directiva[2454] estabelece que "o prestador intermediário de serviços que prossiga apenas a actividade de transmissão de informações em rede, ou de facultar o acesso a uma rede de comunicações, sem estar na origem da transmissão nem ter intervenção no conteúdo das mensagens transmitidas nem na selecção destas ou dos destinatários, é isento de toda a responsabilidade pelas informações transmitidas".

Embora estes preceitos visem os prestadores intermediários de serviços profissionais, parece que também poderia reportar-se à aferição da possível responsabilidade dos empregadores por actos dos seus trabalhadores quando utilizam as NTIC[2455].

Por outro lado, sob pena de existir uma *contraditio in termini*, não pode defender-se que o empregador deve permitir uma utilização pessoal, desde que moderada e, depois, pretender responsabilizá-lo por toda a utilização que o trabalhador faça, mesmo que por mera ocasião das funções, por não ter proibido, *a priori*, a sua utilização. O empregador que permite esta utilização e que estabelece regras claras quanto a ela não parece que possa vir a ser responsabilizado.

Reconhece-se que, por vezes, é difícil o estabelecimento da diferença entre as plúrimas situações, principalmente se, externamente, a morada electrónica e o *site* em causa pertencem à empresa, ou se o IP externo apresentado é o desta.

Mas, sabendo que é possível a individualização do IP interno e tendo o trabalhador agido fora das suas funções, parece ser possível a individualização e a identificação do trabalhador em causa que poderá ser responsabilizado, e só ele.

4.4.2.3.6. Reconhecendo a importância da matéria abordada parece-nos, em primeiro lugar, que o empregador pode regulamentar o uso destes meios estabelecendo quanto tempo os trabalhadores poderão

---

[2454] DL n.° 7/2004, de 7 de Janeiro.

[2455] Neste sentido podem ver-se MARY PIVEC e SUSAN BRINKERHOFF, "E-Mail in the Workplace: Limitations on Privacy", *in Human Rights*, Inverno, 1999, p. 22, e XAVIER LEMARTELEUR, *op.* cit., p. 39, entendendo que esta noção também se poderia aplicar aos sistemas das empresas. Também para M.ª LUISA FERNÁNDEZ ESTEBAN, *Nuevas tecnologias,...,* cit., pp. 74-75, esta isenção de responsabilidade poderá aplicar-se.

O Controlo das Comunicações Electrónicas...

utilizá-los e sancionar disciplinarmente quem exceda esses limites[2456]. Mas não fica legitimado para controlar as páginas visitadas, pois cai dentro da protecção do direito à privacidade em sentido amplo que engloba o direito previsto constitucionalmente no art. 35.º da CRP. Se é certo que não se pode considerar a *internet* como um meio de comunicação tutelado pelo direito ao abrigo do sigilo das comunicações, a verdade é que pode facultar uma série de dados acerca da pessoa e originar a constituição de perfis, devendo invocar-se a protecção do direito à autodeterminação informativa.

Entende-se que nada impede que o empregador, ao abrigo do poder de controlo electrónico, proíba o acesso a determinados *sites* da *internet*, filtrando a possibilidade de acesso, por exemplo, a determinados *sites* de natureza ilícita, impedindo o acesso a outros *sites* de jogo ou a *chats*, inibindo assim conversas em linha e participações em fóruns e, consequentemente, a proibição da difusão de informações relativas à empresa[2457], sendo sempre preferível a prevenção à repressão[2458]. Parece-nos que este

---

[2456] Ver o defendido por STEPHAN ALTENBURG, WOLFGANG REINERSDORFF e THOMAS LEISTER, *op. cit.*, p. 136, referindo-se à possibilidade de controlo dos dados externos dos *sites* visitados, nomeadamente a data, o início da ligação, assim como o final, dados que nos parecem ser suficientes para a imputação de factos aos trabalhadores e, eventualmente, a sua utilização abusiva. Cf., ainda, referindo-se à possibilidade de controlo dos dados externos, ACHIM LINDEMANN e OLIVER SIMON, "Betriebsvereinbarungen zur E-Mail, Internet- und Intranet-Nutzung", *in BB*, n.º 38, 2001, pp. 1952-1953, assim como PETER GOLA, *op. cit.*, pp. 326-327. No mesmo sentido, HAZEL OLIVER, "E-mail and Internet...", cit., p. 328.

[2457] A maioria deste tipo de bloqueio pode dividir-se em quatro grandes categorias: a lista branca, que é constituída por um programa de filtragem que permite o acesso somente a determinadas direcções estabelecidas de acordo com a vontade do empregador; a lista negra, que consiste num *software* que consulta uma série de direcções que são vedadas pelo empregador; *software* que detecta determinadas palavras-chave que são consideradas suspeitas, impedindo o acesso a essas direcções; e o bloqueio, por parte dos fornecedores de acesso à *Internet* de partes desta. O primeiro sistema, embora altamente seguro, é demasiado restritivo. Veja-se, para maiores desenvolvimentos, M.ª LUISA FERNÁNDEZ ESTEBAN, *Nuevas tecnologias,...*, cit., p. 108.

[2458] Referindo-se a esta possibilidade de prevenir, em vez de realizar controlos intrusivos da privacidade dos trabalhadores, *vide* AMELIA TORRICE, *op.* cit., p. 353, LUCA FAILLA e CARLO QUARANTA, *op.* cit., p. 43, que refere a possibilidade de instalação de *software* que iniba o acesso a determinados *sites*. No mesmo sentido, cf. BELLAVISTA, "Controlli elettronici...", cit., p. 776, e em "Poteri dell'imprenditore...", cit., p. 164,

700 *A Privacidade dos Trabalhadores e as Novas Tecnologias...*

impedimento não difere muito do efectuado por várias empresas em matéria de restrição de chamadas para telemóveis ou internacionais.

O empregador pode, assim, determinar a filtragem de determinados *sites* não autorizados, associados a uma *firewall*, como medidas de prevenção que devem também ser objecto de informação aos trabalhadores[2459]. Porém, nem toda a navegação na *internet* para fins particulares deve ser considerada uma conduta sancionável[2460]. Há que ter em atenção a realidade e a difusão que a *internet* tem na sociedade, bem como a aceitação de certa tolerância do seu uso para fins pessoais, parecendo mesmo que tecnicamente é impossível a proibição absoluta da utilização da *internet* para fins privados.

De resto, na maior parte dos casos, a utilização incorrecta da *internet* pode ser detectada sem necessidade de analisar o conteúdo dos *sites* visitados. Por exemplo, uma verificação do tempo gasto ou um controlo dos *sites* mais visitados por um departamento pode ser suficiente para o empregador se certificar de que os seus meios não estão a ser mal utilizados[2461].

Parece, ainda, que há outro aspecto a atender em relação ao controlo do uso da *internet* e que é o de que os empregadores devem ser cautelosos em retirar conclusões, atendendo à facilidade com que os *sites* podem ser visitados inadvertidamente, quer por reacções involuntárias dos motores de busca, quer por ligações de hipertexto pouco claras, quer por anúncios enganadores em *banners* ou erros de introdução de texto, sendo que os factos deverão ser apresentados aos trabalhadores dando-se-lhes a possibilidade de contestar a utilização incorrecta alegada pelo empregador.

Parece, ainda, que se deve ter em consideração um outro aspecto muito importante e que é o da possibilidade de imputação de uma infracção disciplinar deste tipo a um trabalhador ter de estar dependente da faculdade de se lhe atribuir a autoria dos factos. Esta situação pode ser

---

Enrico Barraco, *op.* cit., p. 838, evidenciando como a moderna tecnologia permite o bloqueio de determinados *sites*, e Eulalia Policella, *op.* cit., p. 937. Também Damasceno Correia, *op.* cit. p. 96, se refere à mesma temática.

[2459] Pode ver-se este argumento em Hubert Bouchet, *La cybersurveillance...*, cit., p. 10. Cf., ainda, Pedro Ortins de Bettencourt, "A internet no local...", cit., p. 38.

[2460] No mesmo sentido Sara Ruano Albertos, *op.* cit., pp. 146-147.

[2461] Neste sentido Frank Hendrickx, "Belgium", *in Employment Privacy...*, cit., p. 51.

difícil de concretizar quando o computador onde o trabalhador executa as suas funções e onde navega na *internet* ou onde acede ao seu *e-mail* tem uma chave de acesso comum a todos os trabalhadores, significando que qualquer um pode aceder a esse computador[2462].

Defende-se, assim, que o tipo de controlos a realizar deve ser indirecto, na medida em que na maior parte das vezes será suficiente para defender o interesse do empregador, optando-se por controlos estatísticos relativos à generalidade dos trabalhadores em relação ao tempo de conexão e aos *sites* mais visitados. Por outro lado, a instalação de programas que proporcionam ao empregador uma série de informações personalizadas sobre cada um dos seus trabalhadores, com toda a informação sobre a navegação realizada, não pode ser permitida, por implicar violação dos direitos à privacidade e à dignidade da pessoa humana e por ultrapassar manifestamente os limites normais do exercício do direito ao controlo do empregador. O respeito pelos direitos fundamentais e, especificamente, do direito à privacidade e à dignidade, assim o exige.

Este ilícito ainda se torna mais grave quando estes programas são instalados de forma oculta e o trabalhador ignora que toda a sua actividade na *internet* está a ser registada e controlada. Assim, o conhecimento subreptício do empregador através da utilização de programas indetectáveis, clandestinamente colocados no computador com o objectivo de surpreender o trabalhador, para além de constituir um abuso incompatível com o respeito pela dignidade humana, deve ser considerada uma intromissão ilegítima na privacidade dos trabalhadores[2463].

Excepcionalmente, contudo, e perante um interesse do empregador constitucionalmente relevante poderá efectuar-se um controlo individual

---

[2462] Cf., no mesmo sentido, PEDRO ORTINS DE BETTENCOURT, "A internet no local...", cit., p. 39. Veja-se o caso decidido pelo Tribunal de Metz, de 14 de Dezembro de 2004, referido por JEAN-EMMANUEL RAY, "Droit du travail et TIC (I)", cit., p. 146, que decidiu que os factos não poderiam ser imputados ao trabalhador na medida em que o computador tinha ficado ligado e o seu colega de trabalho, com quem tinha conflitos profissionais, poderia ter acedido a ele em qualquer altura. O mesmo foi decidido em 3 de Maio de 2005, pelo tribunal de Rouen, na medida em que o acesso ao computador não era protegido por nenhuma *password*, podendo qualquer trabalhador ter acesso livre.

[2463] Segue-se o defendido por GOÑI SEIN, "Vulneración de derechos...", cit., p. 86. Cf., ainda, WEIβGERBER, *op.* cit., p. 139, assim como CNIL, *Guide relatif à la surveillance...*, cit., p. 21, referindo que a instalação destes programas deve ser vedada porque viola o princípio da boa fé.

702   *A Privacidade dos Trabalhadores e as Novas Tecnologias...*

quando não for possível o controlo através doutra forma menos ofensiva e respeitando sempre o princípio da proporcionalidade[2464] [2465].

Na medida em que a fiscalização sobre a actividade realizada pelo trabalhador limita o direito fundamental à privacidade, deve pautar-se pelo princípio da intervenção mínima, devendo a medida de controlo sobre a navegação na *internet* ter uma repercussão mínima nos direitos do trabalhador. Quer isto dizer que o empregador só pode efectuar um controlo individualizado quando tiver detectado alguma irregularidade no uso da *internet* por parte do trabalhador e não seja possível satisfazer o seu interesse através de outros meios de controlo[2466]. Acresce, para além do carácter indispensável do controlo, que este tem que ser o menos intrusivo possível, limitando o conhecimento da informação do trabalhador assim como o período temporal de sujeição ao estritamente necessário para o fim que esteve na base do controlo electrónico. Assim, por exemplo, se a finalidade era a de verificar a utilização abusiva dos tempos de conexão à *internet*, bastará registar o tempo de conexão do trabalhador e compará-lo com outros trabalhadores que desempenhem idênticas funções.

Entende-se, desta forma, que um controlo arbitrário e injustificado sobre a *internet*, ou que não preencha os requisitos da proporcionalidade, é interdito por constituir uma violação do direito à privacidade do trabalhador[2467].

Tem que atender-se, ainda, que nos casos em que se produza o registo e o tratamento desta informação de maneira individual, tem de aplicar-se a Lei de Protecção de Dados Pessoais na medida em que a informação

---

[2464] Vejam-se OLIVIER RIJCKAERT, *Surveillance des travailleurs...*, cit., p. 12, e SEMPERE NAVARRO e CAROLINA SAN MARTÍN MAZZUCCONI, "Intimidad del trabajador...", cit., p. 58.

[2465] Ver FERNÁNDEZ VILLAZÓN, *Las facultades...*, cit., pp. 146-147.

[2466] No mesmo sentido GOÑI SEIN, última *op.* cit., p. 87.

[2467] No mesmo sentido *vide* MARTÍNEZ FONS, "Uso y control de las...", cit., pp. 1340-1341, e "El control empresarial...", cit., pp. 218-219, escrevendo que os controlos individuais só podem ser realizados se cumprirem vários requisitos: deverá ter por base um interesse do empregador suficientemente relevante que justifique a restrição do direito do trabalhador, a medida só poderá ter a extensão temporal que se infere do fim que justificou a sua adopção; e, por último, a natureza do controlo fica limitada pela sua finalidade, devendo a informação que fica registada ser a estritamente necessária para satisfazer o interesse do empregador.

O *Controlo das Comunicações Electrónicas...* 703

individual relativa à navegação na *internet*[2468] integra o conceito de dados pessoais, devendo aplicar-se os princípios fundamentais estabelecidos nesta Lei, nomeadamente o princípio da finalidade, da transparência, da proporcionalidade e da compatibilidade com a finalidade declarada, o que supõe a obrigação de informar o trabalhador acerca do tratamento, e o princípio de que a informação recolhida não pode destinar-se a finalidades incompatíveis com a finalidade originária. Atendendo ao princípio da finalidade, e independentemente do conteúdo do significado do termo "incompatível", parece claro que se impede o uso da informação relativa à navegação na *internet* em prejuízo do trabalhador num contexto distinto do que inicialmente justificou o seu registo[2469].

Parecem ser estes os princípios que decorrem do art. 22.º do CT considerando que este estipula a protecção da *internet* na parte em que tutela o acesso a informação de natureza não profissional que o trabalhador envie, receba ou consulte[2470].

Entende-se, assim, que o legislador pretendeu atribuir ao trabalhador o direito à reserva em relação ao tipo de informação a que aceda, via *internet*, e que tenha um carácter não profissional na medida em que se tutelam aspectos relacionados com a privacidade[2471].

Defende-se, ainda, tal como foi referido anteriormente[2472], que o empregador deveria estabelecer regras claras acerca da utilização da *internet*, clarificando quais as acções de navegação que entende serem interditas e qual a utilização razoável que permite, reiterando, mais uma vez, que uma proibição total para um uso privado, extra-laboral, não parece ser a melhor solução e não corresponde aos padrões da sociedade de informação e comunicação em que se vive. Atendendo às características que apresentam as NTIC, associadas à diluição das fronteiras entre tempo profissional e tempo pessoal, defende-se que o trabalhador deve ter a possibilidade de uma utilização pessoal da *internet*, regrada e de acordo com os

---

[2468] Duração e *sites* visitados.

[2469] Secunda-se o defendido por MARTÍNEZ FONS, últimas obras citadas.

[2470] Sublinhado nosso.

[2471] Neste sentido AMADEU GUERRA, *A privacidade...*, cit., pp. 399-400, e GUILHERME DRAY, *Direitos de personalidade...*, cit., p. 88, e em PEDRO ROMANO MARTINEZ e outros, *Código do Trabalho...*, cit., p. 134, referindo que "em regra, o controlo dos acessos à *internet* deve ser feito de forma não individualizada e global e não persecutória".

[2472] Ver, *supra*, neste capítulo, n.º 4.2..

704 — A Privacidade dos Trabalhadores e as Novas Tecnologias...

princípios da boa fé e da proporcionalidade, que não coloque em causa a sua prestação de trabalho nem a segurança do sistema e não atente contra a responsabilidade do empregador.

4.5. O *e-mail*

4.5.1. *Introdução*

O *e-mail*[2473] é uma forma de comunicação[2474] que adquiriu nos últimos anos uma grande importância a nível laboral, podendo referir-se

---

[2473] O criador do correio electrónico foi o engenheiro Ray Tomlinson que não patenteou em 1971 a sua criação. A versão original era composta por um programa designado SNDMSG que enviava mensagens a outro programa denominado READMAIL que os recebia. Este técnico, para diferenciar o nome do utilizador serviu-se de um símbolo com pouco uso e que não se confundia com outras instruções – o arroba@ – que em inglês tem o significado de *at*, e enviou uma mensagem do seu computador para um outro situado no mesmo campus, em Cambridge, Massachussets. Os números, símbolos ou letras à esquerda significam a identificação do utilizador, enquanto o que está à direita, separado pelo @, é denominado de domínio. Vd. ALEXANDRE BELMONTE, *op.* cit., p. 63, INMACULADA MARIN ALONSO, *El poder de control...*, cit., p. 28, e SÁNCHÉZ BLANCO, *op.* cit., p. 16. Ver, ainda, GERLING, "Betriebsvereinbarung E-Mail und Internet – Ein kommentierter Entwurf für die Praxis", *in DuD*, n.º 12, 1997, pp. 704-705, e WALENSKY--SCHWEPPE, "Öffentlichkeitsarbeit mit E-Mail", *in CF*, n.º 3, 2005, p. 19.

[2474] Por ocasião da aprovação do ECPA, o Congresso norte-americano definiu o *e-mail* como um serviço onde as partes transmitem uma mensagem digital entre os computadores através de um servidor, que se mantém registado electronicamente até ao momento em que o receptor a ele aceda. Também o Supremo Tribunal, na decisão *Reno v. ACLU*, definiu este serviço nos mesmos termos.

Da mesma forma, a Directiva relativa à privacidade e às comunicações electrónicas, define, no art. 2.º, alínea h), o correio electrónico como "qualquer mensagem textual, vocal, sonora ou gráfica enviada através de uma rede pública de comunicações que pode ser armazenada na rede ou no equipamento terminal do destinatário até o destinatário a recolher". Pena é que o nosso legislador, ao transpor esta Directiva, não tivesse dado uma noção de *e-mail*, já que, no art. 2.º da Lei 41/2004, em nenhuma das alíneas se encontra uma definição do que seja o *e-mail*. A noção que a Directiva dá é de uma forma de transmissão de comunicações mediatizada, no sentido em que nem o emissor nem o receptor da mensagem de *e-mail* entram em intercomunicação em tempo real. *Vide*, para maiores desenvolvimentos, BENJAMIM SILVA RODRIGUES, *op.* cit., pp. 115--116, MARTÍNEZ FONS, *Nuevas tecnologías...*, cit., p. 48, ROMEO CASABONA, *op.* cit., p. 129, VALENTINA GRIPPO, *op.* cit., pp. 651-652, XAVIER LEMARTELEUR, *op.* cit., p. 5,

O Controlo das Comunicações Electrónicas... 705

que se tornou num dos principais instrumentos de comunicação das empresas, se não o principal[2475], até porque o *e-mail* transformou-se como que na "pedra angular"[2476] das comunicações electrónicas na medida em que a partir dele se estrutura toda uma série de serviços da sociedade de informação.

A evolução da tecnologia informática alterou os modos de comunicação e o *e-mail* tornou-se no instrumento informático e telemático que

---

e a decisão *Reno v. ACLU*, do Supremo Tribunal Americano, referido em FRANÇOIS BLANCHETTE, *op.* cit., p. 103.

Não pode deixar de atender-se que são vários os agentes envolvidos no processo de tratamento de uma mensagem de *e-mail*, devendo os agentes de cada fase do processo ter em atenção as questões relativas à protecção de dados. Os agentes são o remetente da mensagem, o destinatário da mensagem que é o detentor de um endereço de correio electrónico, o fornecedor do serviço de correio electrónico e que é o servidor de correio que armazena o *e-mail* enviado para um utilizador até o utilizador o ir buscar, o fornecedor de *software* do programa cliente de *e-mail* para o remetente, assim como o fornecedor de *software* do programa cliente de *e-mail* para o destinatário, e o fornecedor de *software* do programa do servidor de correio. As mensagens circulam em conjuntos de dados, sendo que os *routers* da *Internet* examinam a direcção pretendida e determinam o *melhor caminho* a seguir, podendo ou não adoptar diferentes caminhos, viajando através de vários computadores e de redes. Ver, para maiores desenvolvimentos, Grupo de Protecção de Dados do art. 29.º, *Privacidade na Internet...*, cit., p. 31, RAQUEL SERRANO OLIVARES, "Comunicaciones a través de...", cit., p. 1302, e THOMAS STREITBERGER, *op.* cit., pp. 2-3. Cf., ainda, SYLVAIN LEFÈBVRE, *op.* cit., p. 45.

[2475] Vários autores referem-se à mudança nas relações laborais provocada pela introdução maciça do *e-mail* nas empresas. Assim, pode ver-se MARÍA NATALIA OVIEDO, *op.* cit., pp. 38-39, entendendo que nos começos deste século, se assiste ao surgimento de um novo cenário que começou a formar-se no último quartel do século XX, e que está relacionado com a era da informação, sendo que a empresa não se mostrou alheia a este fenómeno, tendo-se generalizado a utilização do *e-mail* como ferramenta de comunicação interna e externa, tendo-se convertido na principal via para a transmissão da informação laboral. Também SONIA FERNÁNDEZ SÁNCHEZ, *op.* cit., pp. 94-95, escreveu sobre a mudança operada nas relações pessoais com a entrada em "força" do *e-mail* nas relações laborais. No mesmo sentido AGATHE LEPAGE, *Libertés...*, cit., p. 35, ROSA MORATO GARCÍA, *op.* cit., p. 102. *Vide*, também, GARY ANTON e JOSEPH WARD, *op.* cit., p. 903, assim como CHRISTINE NEYLON O'BRIEN, "The impact of employer e-mail policies on employee rights to engage in concerted activities protected by the National Labor Relations Act", *in Labor Law Journal*, 2002, p. 70, e MICAH ECHOLS, *op.* cit., p. 273. A mesma ideia é referida por MARY PIVEC e SUSAN BRINKERHOFF, *op.* cit., p. 22

[2476] BENJAMIM SILVA RODRIGUES, *op.* cit., p. 115.

706 *A Privacidade dos Trabalhadores e as Novas Tecnologias...*

mais está a revolucionar a estrutura das empresas e as relações laborais[2477]. A sua difusão deve-se a vários factores, sobretudo económicos, na medida em que o *e-mail* permite o envio de diferentes mensagens, com conteúdo diverso, com custos consideravelmente inferiores aos do telefone na medida em que apenas uma comunicação local é facturada ou, por vezes, nem isso, já que a maior parte das empresas celebra contratos de quantia fixa independentemente do volume de tráfego. O *e-mail* permite, ainda, uma enorme versatilidade com a possibilidade de transferência de ficheiros, ao mesmo tempo que fomenta as relações interpessoais entre quem compartilha interesses comuns embora separados geograficamente.

O *e-mail* apresenta-se, assim, actualmente, como um instrumento indispensável de trabalho[2478], tendo inúmeras vantagens para as empresas, com ganhos de eficiência, rapidez e economia relativamente aos meios tradicionais orais e escritos[2479]. No entanto, a sua maior vantagem talvez

---

[2477] Ver neste sentido FRANCISCO MARTÍNEZ LÓPEZ, PAULA LUNA HUERTAS, INFANTE MORO e MARTÍNEZ LÓPEZ, *op. cit.*, p. 106.

[2478] BELLAVISTA, "I poteri dell'...", cit., p. 165.

[2479] Há que referir que não é possível equiparar a natureza do *e-mail* a qualquer uma das formas de comunicação clássicas, tendo em atenção o seu carácter assíncrono. Desde logo não pode ser equiparado ao telefone por duas características, tal como observa FERNÁNDEZ VILLAZÓN, *Las facultades...*, cit., p.143. Em primeiro lugar, existe a possibilidade de poder introduzir filtros automáticos para evitar o uso ilegítimo das NTIC. Tais filtros permitem o bloqueio de comunicações dirigidas especificamente a certos utilizadores, assim como aquelas que podem conter vírus ou anexos potencialmente perigosos para a segurança das empresas. Em segundo lugar, uma outra diferença, relativamente ao telefone, é a da cronologia e imediação do acto comunicativo. Enquanto no telefone a comunicação é imediata e o contacto entre o emissor e o receptor é simultâneo, produzindo-se uma autêntica conversação directa à distância, no *e-mail* existe uma separação cronológica entre a emissão e a recepção, embora por vezes possa ser quase instantânea, assemelhando-se mais ao correio tradicional. Cf., neste sentido, DÄUBLER, *Gläserne...*, cit., p. 168, e WEIβGERBER, *op. cit.*, p. 141.

Porém discorda-se dos autores que entendem que este meio de comunicação se assemelha mais a um postal do que a uma carta tradicional devido à facilidade da sua intercepção, na medida em que circula, segundo eles, segundo um canal aberto. Não parece que seja a melhor solução pois entende-se que o *e-mail* circula por um circuito fechado de comunicação e pressupõe uma expectativa de segredo sobre a mesma. Acresce que é sempre necessário a *abertura* do *e-mail* para a sua leitura. Vejam-se FABRIZIA SANTINI, *op. cit.*, p. 751, e GIUSEPPE PELLACANI, "Il diritto alla riservatezza del lavoratore nell'ordinamento giuridico statunitense", *in DL*, vol. 74, n.º 6, 2000, p. 525. Também ARION SAYÃO

esteja associada à simplicidade da utilização e à possibilidade de combinação das vantagens dos meios tradicionais, já que, ao mesmo tempo que permite comunicar quase instantaneamente, como sucede com o telefone, é susceptível de conservação, tal como a escrita, tornando-se, desta forma, num meio particularmente apropriado para as necessidades de rapidez e informalidade nas comunicações da empresa[2480].

O *e-mail* possui, desta forma, uma clara natureza dupla[2481] pois, para além de ser uma ferramenta de trabalho muito utilizada e caracterizada pela sua rapidez e baixo custo, é, também, um meio de comunicação protegido, segundo o nosso entendimento, pelo direito fundamental do sigilo das comunicações previsto no art. 34.° da CRP, independentemente do mesmo se utilizar para comunicações internas ou externas, com carácter habitual ou residual na empresa[2482].

Os conflitos que podem surgir devido à utilização e controlo do empregador das mensagens do *e-mail* dos trabalhadores colocam questões novas ao Direito do trabalho. Assim, as características deste instrumento de comunicação, dum ponto de vista de gestão, originam para o empregador um aumento da produtividade e da competitividade da empresa, assim como um menor custo. No entanto, não pode deixar de atender-se ao

---

ROMITA, *op.* cit., pp. 305-306, entende que a melhor equiparação da natureza do *e-mail* é ao postal. No sentido da nossa opinião pode ver-se INMACULADA MARÍN ALONSO, *El poder de control...*, cit., pp. 133-134.

[2480] Neste sentido M.ª REGINA REDINHA e M.ª RAQUEL GUIMARÃES, *op.* cit., p. 661. Ver, ainda, SYLVAIN LEFÈBVRE, *op.* cit., p. 46, assim como LARRY O. NATT GANTT, II, *op.* cit., p. 348, referindo como o *e-mail* se tornou num instrumento chave de sucesso das empresas. Também FREDERICK S. LANE III, *op.* cit., p. 138, se refere a esta enorme "popularidade" do *e-mail*, atendendo a inúmeras vantagens que apresenta como, *inter alia*, a velocidade, o baixo custo e a facilidade da sua utilização. No mesmo sentido COREY CIOCCHETTI, "Monitoring employee e-mail: efficient workplaces vs. employee privacy", *in Duke L. & Tech. Rev.*, n.° 26, 2001, p. 1, DANIEL IHNAT, *op.* cit., p. 68, e "New Hazards of the High Technology Workplace", *in Harv. L. Rev.*, vol. 104, 1991, pp. 1910. Veja-se, ainda, PETER SCHNAITMAN, "Building a community through workplace e-mail: the new privacy frontier", *in MTTLR*, vol. 5, 1998-1999, p. 179, referindo-se a várias vantagens que o *e-mail* apresenta.

[2481] Neste sentido INMACULADA MARÍN ALONSO, *El poder de control...*, cit., pp. 21-22.

[2482] Veja-se BONILLA BLASCO, "Los effectos jurídicos del correo electrónico en el ámbito laboral", *in RL*, n.° 13, 2001, pp. 105 e ss.. Cf., ainda, SARA RUANO ALBERTOS, *op.* cit., p. 132.

708 *A Privacidade dos Trabalhadores e as Novas Tecnologias...*

reverso da medalha pois a utilização do *e-mail* pode provocar perda de tempo de trabalho[2483], assim como uma possível responsabilidade do empregador[2484]. Assim, o empregador devido à titularidade dos meios e dos custos que eles supõem, pode, ao abrigo do seu poder de controlo electrónico, controlar a utilização deste instrumento de trabalho, nomeadamente do tempo que o trabalhador o utiliza.

Entende-se, desta forma, que o *e-mail* está a alterar a estrutura das empresas, tornando-as mais "planas"[2485], afectando a forma e o lugar em que os trabalhadores poderão desempenhar a sua actividade. Esta modificação leva que este instrumento de trabalho se torne, ou possa tornar, por excelência, num método de controlo do empregador[2486], podendo passar--se, secundando a expressão de JEAN-EMMANUEL RAY[2487], do "sonho ao pesadelo".

Defende-se, ainda, que o *e-mail*, embora constitua primordialmente um instrumento de trabalho, permite, também, um notável uso social[2488] que merece algum tipo de protecção e de reconhecimento de determinados efeitos jurídicos[2489], embora também se entenda que deve exigir-se um

---

[2483] Não pode deixar de referir-se que, por vezes, os trabalhadores perdem muito mais tempo de trabalho a eliminar as mensagens de publicidade indesejadas, o *spam*, que recebem na sua caixa de correio, do que a consultar os *e-mails* pessoais. Assim, cabe ao empregador instalar filtros adequados que efectuem a filtragem das mensagens indesejadas, dentro do seu dever de manter a segurança do sistema como responsável pelo tratamento de dados pessoais que é, na medida em que o endereço do *e-mail* é considerado um dado pessoal.

[2484] Vejam-se MARIE-PIERRE FENOLL-TROUSSEAU e GÉRARD HAAS, *op. cit.*, pp. 115-117, com a identificação dos vários problemas que poderão surgir com a utilização deste instrumento de trabalho. Cf., ainda, DANIEL BOATRIGHT e JEFFREY PLACE, "Employers beware: three new pitfalls in the digital workplace", *in Employment Relations Today*, Verão, 2001, pp. 134-135, assim como DOUGLAS TOWNS e MARK JOHNSON, "Sexual Harrassment in the 21st Century – E-Harrassment in the Workplace", *in Employee Relations Law Journal*, vol. 29, Verão, 2003, pp. 7 e ss, sobre a eventual responsabilidade do empregador por assédio sexual ambiental.

[2485] Termo utilizado por FRANCISCO MARTÍNEZ LÓPEZ, PAULA LUNA HUERTAS, INFANTE MORO e MARTÍNEZ LÓPEZ, *op. cit.*, p. 107.

[2486] Neste sentido SYLVAIN LEFÈBVRE, *op. cit.*, pp. 46-47.

[2487] *Le droit du travail...*, cit., p. 85.

[2488] Segue-se o defendido por INMACULADA MARÍN ALONSO, última *op. cit.*, p. 23.

mínimo de autodisciplina associado a um controlo técnico interno que evite o fenómeno do *spam*[2490].

4.5.2. *O controlo dos e-mails dos trabalhadores*

O *e-mail* constitui actualmente, conforme se referiu, um utilíssimo instrumento de trabalho que traz inúmeras vantagens do ponto de vista organizativo e produtivo, traduzindo-se numa mais-valia para a maior parte das empresas. Porém, também se apresenta como um autêntico método de fiscalização na medida em que facilita o controlo da execução da actividade do trabalhador e o uso incorrecto do mesmo.

Não pode deixar de defender-se, por outro lado, que o empregador tem um interesse legítimo em controlar a utilização do *e-mail* dos seus trabalhadores, detendo um poder de controlo directo e intencional sobre a sua actividade[2491]. Porém, este interesse em controlar electronicamente os trabalhadores colide com uma não menos legítima expectativa de privacidade que eles têm e que se baseia na confidencialidade e na inviolabilidade das comunicações por eles realizadas a partir do seu computador. Assim, os trabalhadores têm o direito de proteger as suas mensagens e os seus arquivos, pelo menos aqueles que pertençam ao seu âmbito privado[2492].

Atendendo a este conflito de direitos em causa a questão central que se coloca é a de saber como se deve efectuar o controlo do empregador e como se obtém o conhecimento dos eventuais ilícitos contratuais perpetrados pelos trabalhadores, tendo em consideração que o direito destes que está em causa aquando da utilização do *e-mail* é de natureza constitucional na medida em que nos parece que a sua utilização pessoal fica amparada pelo direito ao sigilo das comunicações, previsto no art. 34.° da CRP e no art. 22.° do CT[2493]. Assim, a primeira questão que se coloca é a de saber como é que o empregador pode controlar as instruções dadas e quais

---

[2489] No mesmo sentido BONILLA BLASCO, *op.* cit., p. 109.

[2490] Ver, para mais desenvolvimentos, *infra*, n.° 4.5.2.2.2..

[2491] Cf. GOÑI SEIN, "Los criterios básicos...", cit., p. 91. Ver, ainda, DÄUBLER, *Internet und...*, cit., p. 122.

[2492] Em idêntico sentido GOÑI SEIN, "Vulneración de derechos...", cit., p. 76.

[2493] Veja-se, *infra*, n.° 4.5.2.2.2.7..

710 A Privacidade dos Trabalhadores e as Novas Tecnologias...

os meios que pode utilizar para verificar se os instrumentos de trabalho estão a ser utilizados de acordo com as suas directrizes.

Em primeiro lugar, defende-se, mais uma vez, que o trabalhador deve poder utilizar esta ferramenta de trabalho para fins pessoais, ainda que, de acordo com o princípio da boa fé, a sua utilização deva ser limitada no tempo e não possa prejudicar o normal funcionamento da empresa. Assim, uma utilização moderada, razoável e proporcional, tem de ser aceite, principalmente se se atender que o *e-mail* se tornou no principal instrumento de comunicação das empresas. Da mesma forma que se permite o uso do telefone da empresa, também há que aceitar a utilização do *e-mail*, na medida em que esta corresponde a uma prática geral e socialmente admitida[2494]. Entende-se, ainda, que se deve ir mais longe e consagrar não apenas uma mera tolerância desta utilização, mas uma proibição de estabelecer impedimentos à utilização pessoal[2495] atendendo às características das NTIC e ao esbatimento das fronteiras espácio-temporais da prestação de trabalho[2496].

Em segundo lugar, e por vários motivos, o empregador tem um legítimo interesse em controlar a utilização dos *e-mails* dos trabalhadores.

Podem ser invocadas, desde logo, razões económicas, relacionadas com a propriedade deste instrumento de trabalho na medida em que, sendo o empregador o seu proprietário e quem suporta os custos inerentes à sua utilização, deve ser-lhe reconhecida a faculdade de controlar em termos quantitativos as diferentes mensagens que o trabalhador envie e receba.

[2494] Vejam-se neste sentido FABRIZIA SANTINI, *op.* cit., p. 757, abordando o Documento do Garante italiano que defende a tolerância de uma utilização extra-profissional, assim como ICHINO, *Il contratto...*, cit., p. 244. Este autor defende, contudo, que o empregador pode proibir um uso *promíscuo* do *e-mail*, embora não entenda ser a posição mais razoável, na medida em que certos casos urgentes podem originar a necessidade de envio de *e-mails* pessoais que têm de ser permitidos. Também ENRICO BARRACO, *op.* cit., p. 838, e ANNA ZILLI, "Licenziamento...", cit., p. 1181, defendem este uso "tolerante" do *e-mail*, que tenha em atenção as particularidades e as necessidades do trabalhador como pessoa, antes de ser um subordinado. A mesma opinião tem NICOLA LUGARESI, *op.* cit., p. 192. RENATO SCORCELLI, *op.* cit., p. 39, refere ser possível ao empregador, ao abrigo do art. 2104.° do CC italiano, interditar a utilização pessoal ou estabelecer regras quanto ao seu uso.

[2495] Desde que respeite certos pressupostos.

[2496] *Vide, infra*, n.° 4.5.2.2.2.7..

O Controlo das Comunicações Electrónicas... 711

Porém, tal como se referiu anteriormente para a *internet*[2497], a maioria das empresas celebra contratos especiais com as companhias fornecedoras do serviço de acesso, de tal forma que a utilização para fins privados do serviço de correio electrónico representa um custo praticamente inexistente. Maior sentido poderá ter a ideia de lucro-cessante[2498], embora pareça que tem que ser contextualizada esta perda de tempo, não esquecendo que bastam uns meros trinta segundos para enviar várias mensagens electrónicas, pelo que a invocação do prejuízo económico directo perde força, embora também não deixemos de referir que só uma análise casuística é que solucionará a questão na medida em que tudo depende do número de mensagens e da dimensão dos anexos incluídos que poderão originar, até, uma sobrecarga do sistema e graves diminuições de rendimento[2499].

Também razões técnicas e de segurança podem ser alegadas pelos empregadores, podendo estes adoptar as medidas técnicas que acharem mais adequadas para a manutenção da segurança do sistema, o que pode incluir medidas de controlo, para evitar entradas de vírus e outros *produtos perigosos* que possam comprometer a integridade do sistema[2500].

Uma outra razão invocada para justificar o controlo do empregador é o da preservação da empresa contra riscos que coloquem em causa o bom-nome da empresa ou que possam originar a sua responsabilidade. Assim, a difusão através deste instrumento, pertencente à empresa, de mensagens que perturbem, difamem, injuriem, hostilizem ou discriminem

---

[2497] Cf., *supra*, 4.4.2.3.2..

[2498] Ver, *supra*, para maiores desenvolvimentos n.º 4.4.2.3.2..

[2499] Cf. REMEDIOS ROQUETA BUJ, "El despido por la utilización de los medios tecnológicos de información y comunicación de la empresa", *in AL*, n.º 19, 2005, pp. 2251--2252, FALGUERA I BARÓ, "Uso por el trabajador...", cit., p. 40, e SEMPERE NAVARRO e CAROLINA SAN MARTÍN MAZZUCCONI, *Nuevas tecnologias...*, cit., pp. 77-78. Ver, ainda, M.ª BELÉN CARDONA RUBERT, "Relaciones laborales y...", cit., p. 5.

[2500] Vários são os autores que se referem a este argumento como um dos mais recorrentes para justificar o controlo. Vejam-se, a título exemplificativo, AMADEU GUERRA, *A privacidade...*, cit., p. 376, COREY CIOCCHETTI, *op.* cit., p. 2, DIRK BARTON, *op.* cit., p. 460, GAIL LASPROGATA, NANCY KING e SUKANYA PILLAY, *op.* cit., p. 2, M.ª DOLORES RUBIO DE MEDINA, *op.* cit., p. 7, MICAH ECHOLS, *op.* cit., p. 278, e MYRIAM DELAWARI e CHRISTOPHE LANDAT, *op.* cit., p. 96.

712   *A Privacidade dos Trabalhadores e as Novas Tecnologias...*

alguém[2501], pode originar, em determinadas circunstâncias, a responsabilidade daquela[2502] [2503].

Também, por último, razões de eficácia e de continuidade da actividade da empresa poderão originar a necessidade de aceder ao *e-mail* do trabalhador principalmente quando este, por diversos motivos, se encontra ausente[2504].

Assim, são vários os argumentos que os empregadores poderão invocar para tentar controlar os *e-mails* dos trabalhadores. Mais uma vez há que ter em atenção que se trata de uma colisão de direitos: de um lado, os direitos de propriedade do empregador, que tem um legítimo poder de controlo electrónico e, do outro, e não menos importante, o direito ao sigilo das comunicações dos trabalhadores. Assim, a questão central está em determinar a extensão das faculdades de controlo e de vigilância do empregador em relação ao *e-mail* dos seus trabalhadores, fazendo a ponderação adequada dos direitos em confronto.

4.5.2.1. *Formas de controlo utilizadas por parte do empregador: breve referência*

Os empregadores têm ao seu dispor vários meios técnicos que os auxiliam no controlo dos *e-mails* dos trabalhadores, quer mecanismos

---

[2501] No mesmo sentido AMADEU GUERRA, última *op.* cit., pp. 376-377.

[2502] Ver, contudo, o defendido, quer no capítulo II, n.º 7, quer, neste capítulo, n.º 4.4.2.3.5., em relação à *internet*, que deve ser aplicada, *mutatis mutandis*, à situação do *e-mail*.

[2503] Este é um argumento sobretudo invocado na doutrina norte-americana, onde são numerosos os casos de responsabilidade do empregador por *e-mails* enviados pelos seus trabalhadores. Vejam-se, a mero título de exemplo, CHRISTINE NEYLON O'BRIEN, *op.* cit., p. 70, COREY CIOCCHETTI, *op.* cit., p. 2, DIRK BARTON, *op.* cit., p. 460, GAIL LASPROGATA, NANCY KING e SUKANYA PILLAY, *op.* cit., p. 2, MARK DICHTER e MICHAEL BURKHARDT, *op.* cit., pp. 36-37, MICAH ECHOLS, *op.* cit., p. 278, e PETER SCHNAITMAN, *op.* cit., pp. 204-205. Também em França, numa decisão de Fevereiro de 2001, o acórdão *Ikea*, a empresa foi considerada responsável juntamente com os trabalhadores por discriminação racial, na medida em que um *e-mail* enviado na *intranet* da empresa referia que não deveriam ser contratadas pessoas de cor. Veja-se MAXIMILIEN AMEGEE, *op.* cit., p. 15.

[2504] Veja-se AMADEU GUERRA, *A privacidade...*, cit., p. 377, e PETER WEDDE, "Das Telekommunikations-gesetz...", cit., p. 10.

que permitem analisar o conteúdo[2505], quer apenas o contexto das mensagens, isto é, os dados de tráfego.

Desta forma, deve diferenciar-se se se tratam de contas de correio *pop*, *Web*, ou em servidores de correio da empresa.

As contas de correio *pop* podem ser analisadas em qualquer momento pelos administradores do sistema que têm acesso ao servidor *pop*, podendo a informação ser reenviada para outra conta.

As contas de correio *Web* controlam-se através de *sniffers*, enquanto nas contas de correio instalados em servidores da empresa, é possível o acesso directo dos administradores do sistema, podendo, inclusive, *inter alia*, instalar filtros de determinadas palavras e anexos[2506].

Outro dos métodos mais frequentemente utilizados para controlar a utilização do *e-mail* é através da instalação de sistemas informáticos.

Estes instrumentos de controlo podem ser constituídos, desde logo, por arquivos e ficheiros *log* do servidor, que permitem tanto a identificação do emissor como do receptor de cada mensagem, do assunto, dos anexos, assim como da hora da comunicação. Trata-se de uma técnica análoga à realização de uma lista das chamadas efectuadas pelo trabalhador desde o telefone da empresa e respectiva duração, o que permitiria saber quais os números marcados, e se se tratava de chamadas de índole pessoal ou profissional, e qual a duração das mesmas[2507].

O empregador tem, desta forma, a possibilidade de através da simples instalação de programas de gestão de *e-mails*, conhecer o número de mensagens enviadas e recebidas, a sua extensão e o seu emissor, assim como o seu destinatário[2508]. Estes programas que permitem conhecer os elementos básicos dos *e-mails* recebidos, assim como dos enviados, não diferem muito dos meios de comunicação tradicionais, dado que também nestes se pode conhecer o remetente das cartas enviadas ou recebidas, ou o tempo gasto e o número de telefone que vem na factura telefónica. Assim, *prima facie*, o conhecimento deste primeiro nível de informação

---

[2505] Conteúdo que está protegido quanto aos *e-mails* pessoais pelo direito ao segredo das comunicações, tal como analisaremos, *infra*, n.º 4.5.2.2.2..

[2506] Para mais desenvolvimentos ver María Natalia Oviedo, *op.* cit., pp. 49-50.

[2507] Sempere Navarro e Carolina San Martín Mazzucconi, *Nuevas tecnologías...*, cit., p. 90.

[2508] Cf. Falguera i Baró, "Criterios doctrinales...", cit., p. 310.

714   *A Privacidade dos Trabalhadores e as Novas Tecnologias...*

formal não parece que deva ser considerado ilegítimo, dado que os elementos de que tem conhecimento são, mais ou menos, públicos[2509].

Existem, igualmente, programas de *software* que detectam palavras consideradas obscenas dos *e-mails* recebidos ou enviados, podendo rever, em geral, o conteúdo para determinar se as mensagens estão relacionadas com a actividade profissional ou se podem constituir crime de fraude ou espionagem[2510]. Podem, ainda, instalar-se mecanismos de filtragem de segurança nos servidores das redes informáticas das empresas para conseguir, ou tentar conseguir, bloquear certas palavras de carácter considerado ofensivo por serem racistas, xenófobos ou sexistas, ou que impeçam o envio de mensagens com determinado tipo de anexos ou com certa extensão[2511].

Há programas que permitem ao empregador ir ainda mais longe e tentar controlar o conteúdo de todos os *e-mails* enviados e recebidos, sendo que é um comportamento que não pode ser permitido[2512] [2513]. Estes programas vão para além da procura de determinadas palavras-chave, pretendendo analisar o conteúdo da mensagem, realizando uma verdadeira análise contextual, tentando encontrar o próprio sentido da mensagem[2514].

Existem vários programas informáticos que são colocados sem que o trabalhador tenha deles conhecimento, violando, desta forma, o princípio da transparência. Para além de gravarem todas as teclas que foram utilizadas pelos trabalhadores, mantém registos de todas as caixas de diálogo utilizadas, abarcando assim as situações de mensagem instantânea, como ainda, ciclicamente, fotografam o que está a ser visualizado no computador. A grande vantagem destes programas para os empregadores é a de que, ao gravarem todas as teclas utilizadas, podem gravar todos *e-mails*

[2509] Neste sentido, MARTÍNEZ FONS, "Trabajador despedido...", cit., p. 3. Ver, para mais desenvolvimentos, n.º 4.5.2.2.2..

[2510] Cf. os diversos mecanismos referidos por THIBAULT ARANDA, *El uso de el-mail por los trabajadores y las facultades de control del empleador*, in www.uoc.edu/web/esp/art/uoc/0109040/thibault.html, p. 3.

[2511] Ver ELEONORA STENICO, "L'esercicio del potere...", cit., p. 121.

[2512] Não analisaremos agora a ilicitude deste comportamento. Ver, *infra*, n.º 4.5.2.2.2..

[2513] Vejam-se os diversos programas analisados por LIONEL BOCHURBERG e SÉBASTIEN CORNUAUD, *op. cit.*, pp. 126-127.

[2514] Neste sentido LAËTITIA BUSNEL, *op. cit.*, pp. 23-24.

O Controlo das Comunicações Electrónicas... 715

enviados e não apagados, as conversas tidas em *sites* de *chat*, ou mensagens instantâneas enviadas pelo computador, o que se afigura como um controlo quase total do trabalhador[2515].

O próprio *e-mail* quando está no servidor central deixa vestígios e rastos quer sobre o servidor central, quer sobre a *firewall*, podendo o administrador do sistema tecnicamente ler o conteúdo da mensagem se esta não for encriptada[2516] [2517].

Conclui-se que o carácter intrusivo destes mecanismos depende do tipo de programas em causa, podendo desde já referir-se que os que analisam apenas os dados externos da mensagem, tal como o remetente, o assunto e o tipo de anexo, são permitidos, constituindo uma forma lícita de o empregador exercer o seu poder de controlo electrónico[2518].

4.5.2.2. *O controlo das mensagens dos trabalhadores*

De uma forma imparável o *e-mail* tornou-se o meio de comunicação habitual para um grande número de trabalhadores, o que suscitou o surgimento de inúmeras questões, entre empregadores e trabalhadores, acerca do possível controlo electrónico que o empregador pode realizar em relação às mensagens enviadas e recebidas pelos trabalhadores.

[2515] Ver a numerosa referência a vários destes programas em LARRY O. NATT GANTT, II, *op.* cit., p. 349, MICAH ECHOLS, *op.* cit., p. 289, assim como RICHARD ROSENBERG, *op.* cit., pp. 11-12. Veja-se, ainda, *Privacy and Human...*, cit., p. 92.

[2516] Referindo-se a esta possibilidade *vide* HUBERT BOUCHET, *Rapport d'étude...*, cit., pp. 11-12.

[2517] Uma das formas mais seguras de tentar enviar uma mensagem é através da encriptação. Esta configura uma forma de envio entre duas pessoas sem que terceiros tenham conhecimento do conteúdo, embora não seja uma invenção recente. O computador simplesmente tornou mais acessível esta forma de envio ao permitir a encriptação não só de textos mas também, *inter alia*, de imagens, gráficos e vídeos. A criptografia consiste na aplicação de um determinado algoritmo a um texto ou a um documento, de forma tal que o torna ilegível a quem não conheça o processo de encriptação, isto é, que possua a chave de descodificação. Mas, actualmente, já há programas informáticos que permitem a desincreptação de mensagens. *Vide*, para mais desenvolvimentos, NICOLA LUGARESI, *op.* cit., pp. 134 e ss., PIERRE-ALAIN GOURION e MARIA RUANO-PHILIPPEAU, *op.* cit., p. 9, e SIMSON GARFINKEL, *PGP: Pretty Good Privacy*, O'Reilly Associates, Inc., EUA, 1995, pp. 3 e ss..

[2518] Vejam-se mais desenvolvimentos, *infra*, n.º 4.5.2.2.2..

716 *A Privacidade dos Trabalhadores e as Novas Tecnologias...*

Os problemas surgem, principalmente, em relação ao controlo do conteúdo das mensagens pela dupla natureza que o *e-mail* tem, na medida em que é cada vez mais frequente a sua utilização como ferramenta de trabalho e, simultaneamente, como um instrumento de comunicação amparado pelo direito ao sigilo das comunicações[2519]. Neste caso, a liberdade de comunicação constitui a regra, devendo estar protegida pelo direito ao segredo das comunicações, independentemente de o empregador ter ao seu dispor meios técnicos que lhe permitam o controlo do seu conteúdo. A existência de facilidades técnicas de controlo não pode fazer esquecer toda a protecção constitucional dada a este tipo de comunicações[2520]. Assim, consistindo os *e-mails* numa forma de comunicação privada estão dotados de toda a protecção jurídica a esta dispensada[2521], quer a nível constitucional, civil, e, mesmo, penal.

Pode referir-se, ainda, que é a propósito deste direito que têm surgido alguns dos problemas mais delicados em matéria de privacidade, agravados pelo enorme crescimento tecnológico que potencia o surgimento de mais formas de atentar contra este direito.

Desde logo, deve advertir-se que, em relação a esta questão do controlo das mensagens electrónicas por parte do empregador, torna-se difícil estabelecer regras gerais válidas para todos os casos, perante a diversidade de situações que podem ocorrer. Assim, desde já, pode referir-se não ser a mesma situação se na empresa existe uma separação de contas de *e-mail* – laboral e pessoal – assim como não podem ser equiparadas as situações em que existe uma fiscalização meramente acidental dos controlos sistemáticos e contínuos através de programas especializados.

Contudo, em relação ao controlo electrónico das mensagens dos trabalhadores, pode desde já referir-se, sem prejuízo do que se dirá mais à frente, que são interditas ao empregador intrusões no conteúdo das mensagens de natureza não profissional que o trabalhador envie, receba ou consulte[2522], independentemente da forma que as mesmas revistam, e independentemente de existir ou não uma proibição geral quanto à sua

---

[2519] *Vide* WEIβGERBER, *op.* cit., p. 140.

[2520] Conforme analisaremos mais à frente, n.º 4.5.2.2.2..

[2521] Neste sentido cf. SYLVAIN LEFÈBVRE, *op.* cit., p. 47, e ROMEO CASABONA, *op.* cit., p. 126.

[2522] Terminologia do art. 22.º do CT.

O Controlo das Comunicações Electrónicas...

utilização[2523]. Significa, assim, que tanto deve proteger-se o correio tradicional, como as novas formas de comunicações electrónicas, através do *e-mail*[2524].

4.5.2.2.1. *Questão prévia: natureza do e-mail*

A primeira questão que necessita de ser analisada em relação ao controlo electrónico que o empregador pode, eventualmente, efectuar, é a de delimitar se as mensagens telemáticas podem ser consideradas dentro da noção de correspondência. Torna-se, assim necessário, como questão prévia, saber se o acesso aos *e-mails* dos trabalhadores tem alguma relevância constitucional[2525].

O *e-mail* é considerado como um serviço de comunicação onde os comunicantes transmitem uma mensagem digital entre os computadores através de um servidor e que se mantém registado electronicamente até ao momento em que o destinatário a ele acede. Assim, enquanto processo de comunicação, o *e-mail* é perfeitamente assimilável aos outros tipos de comunicação clássicos, com a única diferença de que é algo mais vulnerável na medida em que são mais facilmente interceptados, tanto pelo *postmaster*, como por aqueles que, através da tecnologia adequada, interceptem a mensagem de *e-mail*, a não ser ser que sejam encriptadas[2526].

Em razão da facilidade da sua intercepção há quem considere que o *e-mail* deveria ser equiparado a um postal, pois ao transmitir-se por um canal aberto ou inseguro não goza, pela sua própria natureza, de nenhum

---

[2523] Proibição que não parece possível atendendo, conforme já referimos diversas vezes, à especial natureza ambivalente destas NTIC, e ao esbatimento das fronteiras espácio-temporais. Por outro lado, o *e-mail* tornou-se num verdadeiro instrumento de comunicação entre os trabalhadores que merece uma certa protecção social, assistindo aos trabalhadores alguma possibilidade de utilização privada, desde que respeitadora dos princípios da proporcionalidade e da boa fé.

[2524] Neste mesmo sentido GUILHERME DRAY, *Direitos de...*, cit., p. 87.

[2525] Questão colocada por GOÑI SEIN, "Vulneración de derechos...", cit., p. 78, e SONIA FERNÁNDEZ SÁNCHEZ, *op.* cit., p. 95.

[2526] Segue-se GOÑI SEIN, última *op.* cit., p. 78. Ver ainda ROGÉRIO BRAVO, "Da não equiparação do correio-electrónico ao conceito tradicional de correspondência por carta", *in Polícia e Justiça*, III Série, n.º 7, 2006, pp. 207-208, assim como PEDRO VERDELHO, "Apreensão de correio electrónico em Processo Penal", *in RMP*, Ano 25, n.º 100, 2004, p. 154.

718   *A Privacidade dos Trabalhadores e as Novas Tecnologias...*

elemento protegido pelo segredo das comunicações[2527]. Contudo, não nos parece que este entendimento possa ser defendido. Na esteira de INMACULADA MARÍN ALONSO[2528], não parece que esta seja a natureza do *e-mail*. Atendendo às características técnicas apontadas, parece que as mensagens electrónicas transmitem-se por um canal fechado de comunicação, pressupondo por parte dos intervenientes, uma expectativa razoável de segredo.

Assim, o *e-mail* deve estar protegido pelo sigilo das comunicações[2529]. Como o próprio TCE especificou, a facilidade técnica que determinados meios de comunicação permitem para a sua intercepção não extingue o direito ao segredo dos mesmos pois a garantia jurídica do segredo das comunicações é independente da garantia técnica de segredo. Assim, é precisamente esta existência técnica do segredo que justifica o reconhecimento de um direito específico, o direito ao sigilo das comunicações, que visa proteger não só meras expectativas de segredo, mas o próprio segredo, enquanto elemento característico de um sistema de comunicação[2530].

Desta forma, o *e-mail*, enquanto equiparado à correspondência tradicional, é objecto de uma dupla tutela. Secundando M.ª REGINA REDINHA e M.ª RAQUEL GUIMARÃES[2531], a correspondência é objecto de uma dupla tutela: por um lado, goza da tutela geral da privacidade e, por outro lado, usufrui da protecção particular conferida à esfera de segredo.

Parece, ainda, que, atendendo que o *e-mail* deve ser entendido como circulando num canal fechado de comunicação, a sua utilização para fins pessoais não pode ser equiparada, sem mais, a uma mera utilização dos meios informáticos da empresa, na medida em que integra um elemento de comunicação entre o trabalhador e outro trabalhador ou um terceiro.

Assim, a questão que se deve analisar agora é a de saber como se concretiza a aplicação do art. 34.° da CRP e do art. 22.° do CT aos *e-mails*

[2527] Vejam-se FABRIZIA SANTINI, *op.* cit., p. 751, e GIUSEPPE PELLACANI, *op.* cit., p. 525. Também partilha esta opinião FRANCO TOFFOLETTO, *Nuove tecnologie...*, cit., pp. 17-18.

[2528] *El poder de control...*, cit., pp. 133-135.

[2529] Veja-se Grupo de Protecção de Dados Pessoais, do art. 29.°, *Privacidade na Internet...*, cit., p. 40, referindo que o *e-mail* apresenta as mesmas possibilidades de comunicação que o correio tradicional e, por isso, aplicam-se as mesmas regras no que se refere à confidencialidade da correspondência.

[2530] Neste sentido BLANCA RODRÍGUEZ RUIZ, *op.* cit., p. 66.

[2531] *Op.* cit., pp. 656-657.

enviados ou recebidos pelos trabalhadores através de sistemas informáticos da empresa e com a utilização dos seus meios. E esta questão deve ser vista segundo um duplo ponto de vista : por um lado, o que deve entender-se por comunicação constitucionalmente relevante, e, por outro, sobre que elementos se estende o sigilo das comunicações[2532].

4.5.2.2.2. *A aplicação do direito ao sigilo da correspondência e de outras comunicações privadas ao e-mail dos trabalhadores: análise dos elementos caracterizadores deste direito e a sua aplicação na relação de trabalho*

De importância fundamental é a análise da aplicação do direito ao sigilo das comunicações aos *e-mails* enviados ou recebidos pelos trabalhadores, tendo que se aferir quais os elementos que fazem parte deste direito e quais os dados dos *e-mails* que, eventualmente, poderão ser controlados pelo empregador. Para o efeito ir-se-á fazer uma análise de Direito comparado.

4.5.2.2.2.1. Análise do ordenamento jurídico norte-americano

4.5.2.2.1.1. Este ordenamento jurídico teve um papel primordial na delimitação da noção de privacidade com a formulação adoptada por WARREN e BRANDEIS no seu célebre estudo sobre a privacidade[2533]. Porém, a aplicação da protecção da privacidade ao sector privado laboral tem tido escassa concretização legislativa, preponderando neste ordenamento jurídico o poder de controlo electrónico do empregador sobre os direitos dos trabalhadores[2534], principalmente em relação ao controlo dos *e-mails*. Como refere MATTHEW W. FINKIN[2535], não existem *standards* legais ou de outro tipo, que limitem de modo efectivo a recolha e a utilização de dados pessoais através das NTIC, avançando a realidade a um ritmo muito mais rápido que o Direito.

[2532] No mesmo sentido MARTÍNEZ FONS, "El control de la correspondência...", cit., p. 40.

[2533] Cf., *supra*, capítulo I, n.º 4.3.1.1..

[2534] JÚLIO GOMES, *Direito do...*, cit., p. 371, entende que neste ordenamento jurídico se consagra, na prática, "um poder generalizado de controlo".

[2535] "El Derecho...", cit., p. 277.

720 *A Privacidade dos Trabalhadores e as Novas Tecnologias...*

4.5.2.2.1.2. A regulação jurídica destes novos meios, dada a sua recente implantação nos locais de trabalho, é cada vez menos clara. Por um lado, está-se perante sistemas de comunicação electrónica, pelo que, nesta perspectiva, poderá existir uma possível intromissão do empregador na privacidade do trabalhador pela intercepção de mensagens, à semelhança do que acontece em relação às escutas telefónicas; por outro lado, lida-se com informação armazenada, pelo que o caso se assemelha a uma escuta de mensagens por meio de gravador.

Na análise do eventual controlo do *e-mail* dos trabalhadores o direito aplicável é constituído por um *amontoado* de normas[2536] federais e estatais, que actua juntamente com a *common law*, sendo que visam proteger apenas o conteúdo das comunicações electrónicas e não outros dados pessoais, como os dados transnacionais que lhes respeitam[2537].

Ao nível constitucional, a extensão da protecção da privacidade no controlo electrónico depende do facto de os trabalhadores pertencerem ao sector público ou ao sector privado. Como a maior parte dos americanos trabalha no sector privado, a Constituição dos Estados Unidos, e em especial a IV Emenda, confere pouca protecção em relação à protecção da privacidade dos trabalhadores no que concerne ao controlo electrónico dos seus *e-mails*[2538]. Porém, não pode deixar da atender-se à legislação de cada Estado, onde a respectiva Constituição pode ir mais longe. Sirva de exemplo a Constituição do Estado da Califórnia, que tem protecção específica para a privacidade dos trabalhadores, a não ser que o empregador possa invocar um interesse prevalecente[2539], o que, sem dúvida, exige uma prova superior do empregador à prevista pelo Supremo Tribunal Americano face à interpretação da IV Emenda. Porém, mesmo nestes casos, o trabalhador tem ainda de provar a "expectativa razoável de privacidade", que em alguns casos, como é o do *e-mail*, pode ser difícil de estabelecer,

---

[2536] MATTHEW W. FINKIN, última *op.* cit., p. 278, utiliza a expressão "amálgama de direitos".

[2537] Ver os inúmeros exemplos referidos por GAIL LASPROGATA, NANCY KING e SUKANYA PILLAY, *op.* cit., pp. 26-27.

[2538] Ver neste sentido COREY CIOCCHETTI, *op.* cit., p. 3. Cf., ainda, JULIE FLANAGAN, *op.* cit., pp. 1264-1265, quanto à análise da protecção constitucional aos trabalhadores do sector público. Ver, também, GAIL LASPROGATA, NANCY KING e SUKANYA PILLAY, *op.* cit., pp. 24-25.

[2539] *Compelling interest.*

principalmente quando a prioridade é dada, muitas vezes, à propriedade do sistema.

A nível federal, a disciplina sobre o *e-mail*, antes do surgimento da *Electronic Communications Privacy Act*[2540], encontrava-se regulada no *Mail Privacy Statute*, que proibia a abertura de cartas sem um mandado ou sem o conhecimento do destinatário, no *federal Wiretap Statute*, que proibia o uso de técnicas de intercepção de comunicações via rádio, transmissão de dados e chamadas telefónicas sem o conhecimento e consentimento das partes, e no *Communications Act*, que obrigava os sujeitos gestores de serviços de telecomunicações a proteger o carácter confidencial dos dados, como o número e o destinatário das chamadas, a não ser que exisitisse consentimento do interesado.

O *Electronic Communications Privacy Act* surgiu em 1986, através de uma modificação ao *Omnibus Crime Control and Safe Streets* de 1968, que tinha estabelecido regras gerais sobre a intercepção realizada por agentes federais, em cumprimento do mandato estabelecido pela IV Emenda, exigindo que o governo obtivesse uma ordem do tribunal antes de interceptar uma *wire communication*[2541]. Porém, esta legislação mostrou-se desadequada perante as formas de intercepção apresentadas pelas novas tecnologias, sobretudo o *e-mail*. Assim, o Congresso entendeu que era necessária uma nova legislação que protegesse as pessoas perante as novas possibilidades de controlo electrónico, surgindo o ECPA em 1986[2542]. Actualmente, o irónico da situação é que este instrumento legislativo está a ser objecto das mesmas críticas que o anterior[2543].

O ECPA visou incluir as comunicações electrónicas que são constituídas por "qualquer transferência de sinais, signos, imagens, texto, som, dados, de qualquer natureza transmitida no todo ou em parte via sistemas de electrónica, rádio, electromagnético ou fotoelectrónica,

---

[2540] ECPA.

[2541] Veja-se FREDERICK S. LANE III, *op.* cit., pp. 250-251, e NICOLA LUGARESI, *op.* cit., p. 182.

[2542] Como refere ANNE UTECK, *op.* cit., pp. 126-127, esta legislação não teve a intenção de se aplicar ao controlo electrónico dos trabalhadores, embora em teoria pudesse sê-lo.

[2543] PETER SCHNAITMAN *op.* cit., p. 211, considera que o melhor seria criar uma nova legislação laboral sobre esta matéria.

que afecte o comércio interestadual ou estrangeiro". Assim, a identificação em tempo real das partes de um *e-mail* poderia ser considerada como uma comunicação electrónica. Porém, em segundo lugar, a intercepção define-se "como a aquisição dos conteúdos de uma comunicação electrónica", sendo que estes podem ser definidos como "qualquer informação relativa à essência, ao sentido ou ao significado de tal comunicação". Assim, como refere MATTHEW W. FINKIN[2544], ainda não se chegou à conclusão se a identificação das partes de um *e-mail* deve ser considerada uma intercepção para efeitos desta Lei. Pelo contrário, os programas informáticos que procuram nos conteúdos dos *e-mails* determinadas palavras-chave, pré-selecionadas, parecem estar muito mais próximas de proporcionar "uma informação relativa à essência", ou ao "sentido" das comunicações.

Esta Lei criou para o mundo da electrónica duas protecções importantes: o título I proíbe a intercepção não autorizada de comunicações electrónicas, enquanto o título II proíbe o acesso não autorizado às mensagens e dados que estejam na memória de um computador[2545]. Contudo, apresenta algumas lacunas já que só visa as comunicações que "afectam" o comércio inter-estados ou internacional, o que coloca a questão de saber se é aplicável também aos computadores que estão ligados entre si a nível nacional. Outra dificuldade é a de que o operador do sistema de comunicações está isento da exigência de mandado se suspeitar de uma utilização inapropriada ou se os utilizadores, explícita ou implicitamente, consentirem na vigilância. Assim, de acordo com esta lei, parece que a única verdadeira protecção de que os cidadãos beneficiam é a da interdição generalizada de vigilância do seu *e-mail* e, mesmo assim, com numerosas excepções[2546].

Em primeiro lugar, as comunicações electrónicas são limitadas às que afectam o comércio interestadual, o que coloca a questão de saber se será aplicável às mensagens comunicadas através de um sistema

---

[2544] "El Derecho...", cit., p. 287.

[2545] Como referem MARK DICHTER e MICHAEL BURKHARDT, *op.* cit., p. 24, como uma forma de enfrentar os desafios colocados pelas novas comunicações electrónicas, o ECPA estendeu a proibição de interceptar comunicações não autorizadas.

[2546] Ver RENÉ PÉPIN, *op.* cit., p. 7. Cf., também, LARRY O. NATT GANTT, II, *op.* cit., pp. 351 e ss..

interno pertencente ao empregador, sendo que existem diferentes opiniões[2547].

Em segundo lugar, o próprio ECPA estabelece duas excepções que permitem ao empregador controlar de forma lícita o *e-mail* dos trabalhadores, o que limita bastante o alcance desta Lei como forma de proteger os trabalhadores perante o controlo dos empregadores. Assim, as excepções ocorrem, desde logo, quando a intercepção seja consentida pelos trabalhadores, e, depois, no decurso ordinário de um negócio do empregador. Para além destas excepções, pode referir-se, ainda, uma terceira, que isenta da proibição de intercepção o fornecedor que proporciona os serviços de armazenamento. Este pode interceptar os *e-mails* para executar um serviço ou para proteger os seus direitos de propriedade.

A primeira excepção que releva é a do consentimento prévio de uma das partes para a intercepção que não será aplicável se a comunicação for interceptada, segundo o ECPA, para "cometer algum crime ou um acto que viole a Constituição ou as leis dos Estados Unidos ou de qualquer outro Estado".

Por outro lado, este não tem de ser expresso, podendo relevar de forma implícita, desde que exista um conhecimento generalizado de que a comunicação está a ser monitorizada ou interceptada, ou quando a intercepção seja uma política generalizada na empresa e conhecida do trabalhador.

O *leading case* deste tipo de excepção é o *Watkins v. L.M. Berry & Co..* Neste caso o empregador tinha uma política estabelecida para o controlo das chamadas telefónicas como parte do seu programa de formação em *telemarketing*, tendo informado os trabalhadores do facto. Também tinham sido informados que chamadas pessoais seriam alvo de controlo mas apenas para se aferir da sua natureza privada ou pessoal. O problema colocou-se quando o empregador interceptou uma chamada telefónica do trabalhador que acordara uma entrevista para obtenção de outro emprego, tendo procedido ao seu despedimento por esse facto. O tribunal sustentou que nesta situação uma chamada pessoal poderia ser interceptada com base na ideia de que o trabalhador tinha dado o seu consentimento para o controlo das chamadas profissionais mas já não das

---

[2547] Veja-se, para mais desenvolvimentos, MARK DICHTER e MICHAEL BURKHARDT, *op.* cit., pp. 25 e ss.

724 *A Privacidade dos Trabalhadores e as Novas Tecnologias...*

pessoais. O Tribunal decidiu que a excepção do consentimento só pode ser defendida quando "o trabalhador sabia ou deveria saber da política de controlo das chamadas telefónicas, ou quando o trabalhador tem uma conversa privada numa linha que é exclusivamente reservada para finalidades profissionais[2548].

Um outro caso relevante é a *Deal v. Spears*, de 1992, onde o Tribunal decidiu que não é possível um consentimento implícito quando o trabalhador está consciente de que pode vir a ser controlado. Neste caso, o empregador tinha informado a trabalhadora de que as suas chamadas poderiam vir a ser controladas devido a furtos ocorridos na loja e ao seu excessivo número de chamadas pessoais. Contudo, apesar deste aviso geral, o tribunal entendeu que o trabalhador não tinha dado o seu consentimento implícito.

O consentimento não tem de ser actual. Sempre que tenham sido dados aos trabalhadores esclarecimentos suficientes sobre a política ou as práticas de controlo electrónico, estar-se-á perante a excepção do consentimento e o empregador não poderá ser responsabilizado pela intercepção. Se existir uma política clara sobre o uso do *e-mail* que seja conhecida dos trabalhadores, a utilização contínua deste instrumento de comunicação significará que o trabalhador está a consentir no controlo das mensagens profissionais e pessoais mas, quanto a estas, apenas para determinar a sua natureza pessoal ou profissional e não o seu conteúdo[2549]. Porém, mesmo com esta limitação, a privacidade dos trabalhadores fica afectada na medida em que os trabalhadores nunca sabem qual a extensão do controlo efectuado pelos empregadores, podendo estes aceder, imprimir e gravar comunicações pessoais[2550].

Contudo, o mero conhecimento de que os sistemas do empregador são susceptíveis de ser controlados ou de que poderá ocorrer um controlo não é considerado consentimento.

A segunda excepção é a de que a intercepção ocorra no decorrer ordinário de um negócio do empregador. Esta excepção, embora não definida legalmente, significa que se exige que se tratem de práticas rotineiras e

---

[2548] Cf. YOLANDA CANO GALÁN, *El despido libre y sus límites en el derecho norteamericano*, CES, Madrid, 2000, pp. 125-126. Ver, ainda, LARRY O. NATT GANTT, II, *op.* cit., p. 356, e MARK DICHTER e MICHAEL BURKHARDT, *op.* cit., pp. 30-31.

[2549] Opinião idêntica pode ver-se em MARY PIVEC e SUSAN BRINKERHOFF, *op.* cit., p. 23.

[2550] Neste sentido veja-se LARRY O. NATT GANTT, II, *op.* cit., pp. 357-358.

O *Controlo das Comunicações Electrónicas...* 725

notificadas para um objectivo legítimo do negócio, exigindo-se, ainda, que o demandante demonstre que o alegado violador usou "um aparelho electrónico, mecânico ou de outro género" para interceptar a comunicação em causa. Porém, a definição de aparelho electrónico exclui qualquer telefone, ou outro instrumento telemático que seja usado por um fornecedor de um serviço de comunicação no decurso ordinário do seu negócio.

Mais uma vez, na falta de certezas da intenção do Congresso quanto à natureza desta excepção, o *case law* torna-se bastante útil na sua interpretação.

Ao analisar esta disposição, os tribunais normalmente adoptam duas aproximações para verificar se a intercepção e o controlo realizados pelos empregadores são lícitos. A aproximação contextual enfatiza a perspectiva do empregador, através do exame das circunstâncias concomitantes do controlo electrónico. Diferentemente, a perspectiva baseada no conteúdo coloca a questão de saber se o empregador tem um interesse profissional através da análise e se a comunicação em causa era profissional ou pessoal.

Os tribunais quando analisam a aproximação contextual centram a sua decisão em dois factores essenciais: se o empregador tinha fornecido informação ao trabalhador acerca do controlo; e se o nível de controlo era justificado.

Tem sido entendido que o empregador não pode realizar um controlo ilimitado. Assim, no caso *Sanders v. Robert Bosch Corp.*, de 1994, a conduta de um empregador que tinha gravado as conversas telefónicas dos seus trabalhadores permanentemente, com base numa ameaça de bomba, foi considerada desproporcionada, principalmente porque o empregador não tinha dado prévio conhecimento aos trabalhadores.

Outro caso bastante relevante é o *United States v. Harpel*, de 1974. Neste caso, o Tribunal, ao considerar a intercepção telefónica ilegal, estabeleceu um *standard* mínimo, que inclui, pelo menos, que os trabalhadores sejam informados da intercepção. Este facto foi o que ocorreu na decisão *James v. Newspaper Agency Corp.*, de 1979, em que o Tribunal decidiu que a intercepção tinha sido legítima porque o empregador tinha dado prévio conhecimento aos trabalhadores e a instalação estava relacionada com o decurso normal do negócio[2551].

[2551] Para mais desenvolvimentos cf. LARRY O. NATT GANTT, II, *op.* cit., pp. 365-367, e MARK DICHTER e MICHAEL BURKHARDT, *op.* cit., pp. 32-33.

726 *A Privacidade dos Trabalhadores e as Novas Tecnologias...*

Diferentemente, a aproximação ao conteúdo coloca nele o acento tónico quanto à comunicação interceptada e nas razões que os empregadores poderão ter para interceptar as comunicações profissionais mas não as pessoais.

No caso *Watkins v. L.M. Berry & Co.*, o tribunal sustentou que nesta situação uma chamada pessoal poderia ser interceptada com base "no normal funcionamento do negócio mas só para determinar a sua natureza, nunca o seu conteúdo". Desta forma, o empregador tem que demonstrar um "interesse legal" na intercepção da comunicação.

Numa outra decisão, *Briggs v. American Air Filter Co.*, de 1980, o tribunal decidiu que o empregador não poderia ser responsabilizado pela intercepção, quando esta era limitada no tempo e apenas tinha como finalidade interceptar a parte da chamada em que o trabalhador discutia o negócio do seu empregador com um concorrente. Porém, o tribunal não deixou de referir que poderia ter decidido diferentemente se o empregador tivesse controlado uma parte pessoal da conversação ou tivesse frequentemente gravado ocultamente as chamadas[2552].

Deve ainda referir-se a excepção do fornecedor dos serviços de comunicação que também será de aplicar na relação laboral e que limita, de igual modo, a possibilidade do ECPA ser utilizado para proteger os trabalhadores.

[2552] Ver autores e obras citadas na nota anterior. Cf., ainda, KENNETH JENERO e LYNNE MAPES-RIORDAN, "Electronic Monitoring of Employees and the Elusive "Right to Privacy"", *in Employee Relations Law Journal*, vol. 18, n.º 1, Verão, 1992, pp. 86 e ss., PETER SUSSER, "Electronic Monitoring in the Private Sector: How Closely Should Employers Supervise Their Workers?", *in Employee Relations Law Journal*, vol. 13, Primavera, 1998, pp. 583 e ss., e SAMANTHA LEE e BRIAN KLEINER, "Electronic Surveillance in the Workplace", *in Management Research News*, vol. 26, n.os 2,3,4, 2003, p. 76. Ver, também, *Privacy Rights of Employees Using Workplace Computers in California*, in www.privacyrights.org, assim como CHARLES RICE e TAMILA LEE, "Fighting Workplace E-mail Abuse: State Law Issues", *in Employment Relations Today*, Primavera, 2002, , pp. 86 e ss., AMY ROGERS, "You got Mail but your Employer does too: Electronic Communication and Privacy in the 21st Century Workplace", *in Journal of Tehnology Law & Policy*, vol. 5, n.º 1, 2000, pp. 4 e ss., DON COZZETTO, "Privacy and the workplace: Technology and public employment", *in Public Personnel Management*, Inverno, 1997, pp. 4 e ss., e RAYMOND PANKO e HAZEL BEH, "Monitoring for pornography and sexual harassment", *in Communications of the ACM*, vol. 45, n.º 1, 2002, pp. 85-87.

O Controlo das Comunicações Electrónicas...   727

A interpretação que tem sido feita desta excepção é bastante ampla incluindo os empregadores, podendo, assim, interceptar as comunicações dos seus trabalhadores que sejam realizadas através do sistema electrónico por si fornecido. Esta interpretação tão ampla confere aos empregadores um controlo quase total para ler e interceptar os *e-mails* dos seus trabalhadores.

Pode ver-se a este propósito o caso *Flanagan v. Epson America, Inc.*, onde se discutiu da aplicabilidade da excepção ao fornecedor de serviços presente no ECPA para o controlo dos *e-mails* realizado por um empregador, tendo-se entendido que seria de aplicar[2553].

Como facilmente se conclui a aplicabilidade do ECPA para tentar impedir o controlo electrónico dos *e-mails* dos trabalhadores fica muito limitada, dado o enorme número de excepções que lhe são aplicáveis, e que tem perfeito cabimento na relação laboral. Uma vez aplicada a excepção, esta lei não coloca quaisquer restrições na forma e na extensão do controlo, nem exige que o empregador notifique os trabalhadores deste controlo[2554], o que diminui muito a sua protecção.

4.5.2.2.1.3. Embora a lei federal não impeça que o empregador controle electronicamente as comunicações dos seus trabalhadores quando utilizam os respectivos sistemas de armazenamento, coloca-se a questão de saber se esse controlo pode ser considerado uma intromissão na privacidade com base na *common law* e nos *torts*. Vários Estados entendem que uma intromissão ilegítima pode originar uma causa judicial, baseada no *Restatement of Torts*[2555], principalmente no *tort* da intrusão na solidão ou retiro da pessoa, ou nos assuntos privados, que estabelece que "quem intencionalmente se intrometa, fisicamente ou através de outros meios, na solidão ou reclusão de outro ou nos seus assuntos privados, fica sujeito à responsabilidade perante o outro por

---

[2553] *Vide* LARRY O. NATT GANTT, II, *op.* cit., pp. 359-360.

[2554] Apontando neste sentido JAY KESAN, *op.* cit., p. 299, escrevendo que o ECPA "é ineficaz na regulação da relação empregador/trabalhador".

[2555] São quatro os *Torts* que são estabelecidos, com base na teoria de PROSSER. Cf., *supra*, capítulo I, n.º 4.3.1.1., e dentro deste, 4.3.1.1.2.. Os *torts* são: a intrusão na solidão ou retiro da pessoa, ou nos assuntos privados, a difusão pública de factos privados, a informação que dá uma imagem falsa da vítima perante os olhos do público – *false light* –, e a apropriação em benefício próprio da imagem ou nome alheios.

728   *A Privacidade dos Trabalhadores e as Novas Tecnologias...*

invasão da privacidade, sempre que a intromissão seja altamente ofensiva para uma pessoa razoável"[2556].

É necessário, desta forma, que estejam preenchidos dois requisitos para que possamos estar perante esta acção civil. Em primeiro lugar, tem de existir uma razoável expectativa de privacidade por parte do demandante. Em segundo lugar, e reportada à natureza da intromissão, não basta que se efectue uma intromissão na medida em que esta deve ser "altamente ofensiva" para uma pessoa razoável.

Aplicando estas ideias ao controlo do *e-mail*, as particulares circunstâncias deste tornam a aplicabilidade deste *tort* muito duvidosa. Normalmente, um trabalhador cria uma *password* para aceder ao *e-mail*. Esta encoraja indubitavelmente os trabalhadores a considerar as suas mensagens como privadas, acrescendo o facto de muitas vezes os trabalhadores não saberem que são alvo de controlo. Assim, a maior parte dos casos sobre o controlo dos *e-mails*, cinge-se a saber se a expectativa dos trabalhadores é razoável, na medida em que conseguirão facilmente demonstrar que têm expectativa de privacidade. Mas, por outro lado, os tribunais têm decidido que os interesses dos negócios podem justificar inclusive práticas bastante intrusivas[2557], tendo os trabalhadores poucos interesses de privacidade que não possam ser afastados com base nos interesses dos empregadores. Estes quase que criam um "porto seguro"[2558] para poderem controlar as mensagens electrónicas dos seus trabalhadores .

[2556] Veja-se neste sentido COREY CIOCCHETTI, *op. cit.*, p. 6

[2557] Veja-se o caso *Saldana v. Kelsey Hayes Co.*, de 1989, em que se decidiu que o interesse do empregador em investigar uma queixa de um acidente de trabalho prevalece sobre o interesse do trabalhador em não ser controlado na sua própria casa. Veja-se LARRY O. NATT GANTT, II, *op. cit.*, p. 377, nota n.º 215.

[2558] LARRY O. NATT GANTT, II, *op. cit.*, p. 377.

[2559] Em Julho de 2000, o Governo elaborou uma proposta para regular expressamente esta temática, intitulada *Electronic Monitoring Act* que, a ser adoptada, obrigaria os empregadores a revelar aos trabalhadores que iriam ser objecto de uma monitorização, tendo de fundamentar a vigilância. Porém, esta não é proibida nem exige que os trabalhadores sejam avisados do momento em que a mesma se efectua, podendo o empregador concretizá-la secretamente se tiver fundadas razões de que o trabalhador está a prejudicar outros trabalhadores ou a empresa. Veja-se STÉPHANE DESROCHERS e ALEXIA ROUSSOS, *op. cit.*, p. 8.

O Controlo das Comunicações Electrónicas... 729

4.5.2.2.1.4. Não existindo lei expressa a proibir este tipo de vigilância, também não há nenhuma que a legitime[2559] e, assim, é perante os tribunais que se tem vindo a desenhar os contornos da situação, com a tendência para a considerar lícita, baseando-se na *common law*. De facto, na altura de estabelecer uma possível responsabilidade do empregador ou do trabalhador pela vigilância exercida pelo uso do correio electrónico, os tribunais têm vindo a ter em conta alguns factores, como o de saber se a acção de intercepção ou leitura das mensagens estava justificada pela "boa-marcha" do negócio, se tal intercepção ou leitura foi efectuada durante o decorrer normal da execução da prestação laboral e sem o trabalhador dela ter conhecimento, se é efectuada pela própria empresa que proporcionou o computador e o acesso à *Internet*, assim como no correio electrónico, se o trabalhador consente, ainda que de forma tácita, na vigilância das mensagens, se existe uma prática do empregador de, contínua e reiteradamente, efectuar controlos sobre a informação comunicada através destes sistemas e, finalmente, quanto à forma, ao tempo e ao local de controlo[2560].

Assim, no caso *Bourke v. Nissan*, de 1993[2561], dois trabalhadores da empresa Nissan foram despedidos por terem utilizado o seu *correio electrónico* para trocar mensagens onde apareciam propostas sugestivas de natureza sexual. Estes trabalhadores interpuseram uma acção no tribunal, argumentando que as mensagens relevavam da sua vida privada e que o empregador a invadiu, controlando o conteúdo das mensagens enviadas e recebidas a partir dos seus computadores. Contudo, o empregador ganhou a causa pois conseguiu convencer os juízes de que a partir do momento em que o sistema informático lhe pertence, assiste-lhe o direito de leitura de tudo o que nele se encontre. O tribunal entendeu que os trabalhadores não tinham qualquer expectativa razoável de privacidade na medida em que tinham assinado um documento em que se estipulava que o *hardware* e o *software* da empresa ficavam restringidos a uma utilização profissional, sabendo, ainda, que os seus *e-mails* eram frequentemente controlados pelo empregador[2562].

[2560] *Vide* Yolanda Cano Galán, *op.* cit., pp. 127-128.

[2561] Analisando com mais desenvolvimento este caso, assim como outros, pode ver-se Peter Schnaitman, *op.* cit., pp. 197 e ss..

[2562] Veja-se Larry O. Natt Gantt, II, *op.* cit., p. 378.

730 *A Privacidade dos Trabalhadores e as Novas Tecnologias...*

Um outro caso ocorreu em 1996 – *Smyth v. Pillsbury*. Neste caso, o empregador, *Pillsbury*, tinha adoptado uma política de utilização do *correio electrónico* para facilitar a comunicação dentro da empresa, para "promover a comunicação interna entre os trabalhadores". A empresa asseverou várias vezes que os seus *e-mails* não seriam vigiados nem controlados, defendendo mesmo que "os *e-mails* não seriam interceptados nem usados contra os trabalhadores para fins disciplinares". Contudo, as mensagens enviadas por um trabalhador para o seu superior hierárquico foram lidas pela Direcção-Geral e foram usadas para sustentar o seu despedimento com o fundamento de envio de mensagens contendo "comentários inapropriados e pouco profissionais". O trabalhador intentou uma acção judicial cuja sentença lhe foi desfavorável, tendo o juiz argumentado que após o trabalhador ter enviado o seu comentário através do correio electrónico da empresa, utilizado por todas as pessoas que aí trabalhavam, não lhe assistia qualquer "expectativa razoável de privacidade", sendo que o interesse do empregador em "prevenir comentários inapropriados e pouco profissionais ou actividades ilegais sobrelevam sobre os interesses da protecção da privacidade do trabalhador"[2563].

Um caso similar a este é o *Restuccia v. Burk Technology*, também de 1996. Neste caso, o empregador tinha despedido os trabalhadores após ter lido os seus *e-mails* que continham referências nada abonatórias em relação ao presidente da empresa. Os trabalhadores recorreram da decisão para os tribunais com base em intrusão na sua privacidade e por terem sido lidos os seus *e-mails* sem ter sido dado qualquer aviso prévio. Na verdade, para utilizar o sistema de *e-mail* da empresa, os trabalhadores tinham de aceder com uma *password* própria, sendo que aquela não tinha qualquer política acerca do uso do *e-mail*, a não ser que "conversas excessivas não

---

[2563] Neste caso o trabalhador fundou a sua pretensão de "expectativa razoável de privacidade" num outro caso, *Borse v. Pice Goods Shop*, de 1992, onde a pretensão do empregador de fazer cessar o contrato com base na recusa do trabalhador em fazer um teste à urina, era uma invasão na privacidade. O tribunal, porém, entendeu que neste caso não existia qualquer expectativa de privacidade e, mesmo que se entendesse o contrário, esta expectativa era perdida quando se enviavam as mensagens pelo sistema do empregador. Por outro lado, o outro argumento do *tort* também foi recusado, no sentido de que uma pessoa razoável não entenderia a intrusão realizada como "altamente ofensiva". Ver PETER SCHNAITMAN *op. cit.*, p. 197, assim como MATTHEW CAMARDELLA, "Electronic Monitoring in the Workplace", *in Employment Relations Today*, Outono, 2003, pp. 94-95.

O Controlo das Comunicações Electrónicas...

731

poderiam ter lugar", não tendo sido os trabalhadores avisados de que os seus supervisores poderiam aceder às suas mensagens de *e-mails*. O tribunal, com base nestes factos, decidiu que existia uma questão de facto acerca do controlo dos *e-mails* pelo empregador pretendendo saber se constitui ou não uma invasão de privacidade, tendo a acção, ao contrário da anterior, sobrevivido a uma *pre-trial motion*.

Na decisão *McLaren v. Microsoft*, de 1999, o trabalhador acusava o empregador de ter invadido a sua privacidade por ter acedido e distribuído o seu *correio electrónico* guardado numa pasta pessoal no seu computador. Aquele tinha sido suspenso durante uma investigação após acusações de assédio sexual, tendo informado o empregador que queria ter acesso à sua pasta porque continha mensagens pessoais relativas às acusações que impendiam sobre ele. No seguimento deste facto, o empregador leu os seus *mails* e despediu-o com base no seu conteúdo. Os juízes decidiram que o trabalhador não tinha uma "razoável expectativa de privacidade" porque o correio electrónico era transmitido pela empresa e era acessível em algum ponto por uma terceira parte. Mesmo considerando o facto de ele ter uma *password* para acesso às mensagens e de as guardar na sua pasta pessoal, tudo isso não as transformava em propriedade sua, sendo apenas uma parte inerente do ambiente de trabalho.

Em *Garrity v. John Hancock Mutual Life Ins. Co.*, de 2002, os arquivos de *e-mails* de dois trabalhadores foram recuperados e lidos depois de um companheiro de trabalho se ter queixado de receber material sexualmente explícito. Os trabalhadores foram despedidos e apresentaram uma acção por invasão da privacidade. Os mesmos alegavam que existia uma expectativa razoável de privacidade na medida em que a empresa lhes tinha dado uma série de instruções em ordem à criação de *passwords* e ficheiros pessoais dos *e-mails*. Porém, o tribunal, seguindo a decisão do caso *Smith v. Pillsbury*, não teve o mesmo entendimento. Assim, decidiu que: "Segundo o demandante, as suas práticas consistiam no armazenamento de mensagens de *e-mail* em ficheiros pessoais. Ainda assim, qualquer *e-mail* armazenado nos ficheiros pessoais foi primeiro transmitido através da rede e em algum momento acessível a terceiras pessoas. Dadas estas circunstâncias, não se pode concluir que o demandante, mesmo que tivesse uma *password* pessoal, tivesse uma expectativa razoável de privacidade"[2564].

[2564] Cf. em relação às sentenças referidas MARTINE BOURRIÉ-QUENILLET e FLORENCE RODHAIN, *op.* cit., pp. 67-68, e STÉPHANE DESROCHERS e ALEXIA ROUSSOS,

732 *A Privacidade dos Trabalhadores e as Novas Tecnologias...*

A possibilidade de controlo electrónica dos *e-mails* dos trabalhadores, quando se trata de sistemas pertencentes ao empregador, corresponde, assim, à tendência dominante, baseando-se, principalmente, em dois argumentos: no facto de os trabalhadores não terem qualquer legítima expectativa de privacidade quando usam o *e-mail* da empresa; e no argumento da propriedade do sistema, que legitima o controlo electrónico do empregador[2565].

Contudo, entende-se que a jurisprudência tem ido longe demais, bastando referir o caso *Smith v. Pillsbury*, na medida em que tinha sido o próprio empregador a assegurar a privacidade das comunicações, parecendo um entendimento razoável, a ideia de que o empregador não poderia, nestes casos, interceptar as comunicações[2566].

As empresas norte-americanas estão cada dia mais preocupadas com as possíveis consequências negativas que a correspondência electrónica lhes pode trazer, sendo que um número cada vez maior delas refere que controla regularmente o conteúdo dos *e-mails* dos seus trabalhadores. Esta tendência aumentou exponencialmente com os atentados de 11 de Setembro de 2001, com acréscimo desmesurado do controlo dos *e-mails*, principalmente de certas minorias étnicas, conforme refere WILLIAM BROWN[2567] [2568].

---

op. cit., p. 7. Ver, ainda, PETER SCHNAITMAN *op.* cit., pp. 194 e ss., assim como MARY PIVEC e SUSAN BRINKERHOFF, *op.* cit., pp. 23-24. No mesmo sentido, vejam-se FREDERICK S. LANE III, *op.* cit., pp. 140-141, MATTHEW W. FINKIN, última *op.* cit., pp. 291-293, e RICHARD ROSENBERG, *op.* cit., p. 6. Podem ver-se numerosos casos, para além destes, em FILIZ TABAK e WILLIAM SMITH, "Privacy and Electronic Monitoring in the Workplace: a Model of Managerial Cognition and Relational Trust Development", *in Employee Responsabilities and Rigths Journal*, vol. 17, n.° 3, 2005, pp. 174-175, e SYLVIA KIERKGAARD, "Privacy in electronic communication Watch your e-mail: your boss is snooping!", *in Computer Law & Security Report*, vol. 21, 2005, pp. 233 e ss..

[2565] KAREN ELTIS, *op.* cit., pp. 497-498. Também NICOLA LUGARESI, *op.* cit., p. 187, refere o mesmo.

[2566] Este é o entendimento defendido por NICOLA LUGARESI, *op.* cit., p. 188.

[2567] *Workplace Privacy...*, cit., pp. 86 e ss..

[2568] NANCY KING, "Electronic Monitoring to Promote National Security Impacts Workplace Privacy", *in Employee Responsabilities and Rigths Journal*, vol. 15, n.° 3, 2003, pp. 131 e ss., analisa com bastante desenvolvimento as várias disposições sobre o *USA Patriot Act* que alteram as disposições aplicáveis ao controlo dos trabalhadores e que permite um enorme aumento do controlo destes com base na ideia do combate ao terrorismo.

Porém, não pode deixar de referir-se que as intrusões e o controlo dos empregadores nos *e-mails* pessoais dos trabalhadores não estão justificados na ideia de um local de trabalho eficiente. Assim, os empregadores só deveriam poder interceptar deliberadamente os *e-mails* dos trabalhadores se existissem suspeitas razoáveis de que estas comunicações iriam revelar envolvimento em actividades que lesassem os interesses dos empregadores. Mais, parece que um empregador excederá a sua possibilidade de controlo se examinar os *e-mails* e os ficheiros neles contidos que estão claramente marcados como pessoais numa tentativa de localizar certos ficheiros profissionais, especialmente se nenhuma política acerca da utilização destes meios tiver sido estabelecida[2569].

Por outro lado, o controlo dos *e-mails* pode ser, também, limitado porque muitas das razões que existem para controlar os telefonemas não se colocam para o *e-mail*. Assim, a título de exemplo, os empregadores controlam várias vezes os telefonemas dos seus trabalhadores para efectuar uma avaliação do desempenho em determinadas actividades, como *telemarketing* e outros serviços de apoio ao cliente. Os empregadores utilizam esta forma de controlo porque o seu "produto é constituído pelos telefonemas" e este tipo de controlo é a única forma de avaliar os seus trabalhadores. Pelo contrário, o serviço de *e-mail* raramente é utilizado para conversar com clientes. Tendo em atenção esta distinção, a intercepção do *e-mail* raramente visa directamente assegurar a qualidade de um serviço prestado pelo empregador aos seus clientes.

Contudo, estes argumentos que visam limitar a intercepção ampla feita pelos empregadores não têm grande aplicação prática dada a interpretação extremamente aberta que é feita dos interesses profissionais dos trabalhadores. Não pode deixar de ter-se em atenção que os trabalhadores nunca podem estar seguros de terem a sua privacidade protegida na medida em que ela só o estará se o empregador não conseguir provar que tem uma razão profissional legítima para a intercepção. E mesmo se essa razão for ilegítima, a protecção conferida pela *common law* é inadequada porque os empregadores podem alterar as expectativas dos trabalhadores através das alterações dos procedimentos no local de trabalho, como será o caso de publicarem orientações sobre a utilização e o controlo destes novos meios tecnológicos. Acresce o facto de o empregador, que é o dono

---

[2569] LARRY O. NATT GANTT, II, *op.* cit., pp. 386-387.

734 *A Privacidade dos Trabalhadores e as Novas Tecnologias...*

e o fornecedor do serviço de *e-mail*, poder apresentar argumentos fortes para os trabalhadores não terem expectativas de privacidade. E sem esta expectativa, os tribunais nem sequer analisam a excepção baseada na justificação profissional do empregador.

Nota-se, desta forma, como a protecção da privacidade dos trabalhadores e do segredo das suas comunicações privadas é muito pouco assegurado no ordenamento jurídico dos EUA.

4.5.2.2.2.2. *Análise do ordenamento jurídico alemão*

4.5.2.2.2.2.1. No ordenamento jurídico alemão não existe uma regulamentação expressa que regule a aplicação de determinados meios de controlo informático por parte dos empregadores. Contudo, não pode esquecer-se que neste ordenamento jurídico existe uma tradição de forte intervenção colectiva, como é o caso do processo de participação dos representantes dos trabalhadores no âmbito do controlo empresarial. Assim, tem vindo a entender-se que a introdução da informática para controlo dos trabalhadores está sujeita ao processo de participação destes, ou seja, aos *Betriebsräte*[2570]. A doutrina admite a possibilidade de se utilizarem as inovações tecnológicas para satisfazer necessidades e interesses legítimos do empregador, embora a sua introdução apareça limitada pela negociação colectiva.

Na análise do eventual controlo electrónico dos empregadores sobre os *e-mails* enviados e recebidos pelos trabalhadores tem de atender-se a várias disposições legais. Em primeiro lugar, ao art. 10.º da GG, que trata do direito ao segredo das comunicações[2571]. Este direito, conforme refere Weiβgerber[2572], consagra o livre desenvolvimento da personalidade através da subtracção ao conhecimento do público de notícias, pensamentos e opiniões, mantendo a dignidade da pessoa, compreendendo o conteúdo da comunicação, como os dados externos[2573], o que coloca logo a

---

[2570] François Rigaux, "La liberté...", p. 557, refere que o legislador alemão submeteu a possibilidade de utilização de meios informáticos na empresa ao conselho de empresa.

[2571] Däubler, *Internet und...*, cit., p. 125, e *Gläserne...*, cit., p. 162, entende que actualmente, face às NTIC, é preferível o termo segredo das telecomunicações.

[2572] *Op.* cit., pp. 109-110.

[2573] Este autor utiliza a expressão "circunstâncias próximas".

O Controlo das Comunicações Electrónicas... 735

questão de saber se o empregador poderá controlar certos dados externos das mensagens electrónicas dos trabalhadores. Pode desde já adiantar-se, sem prejuízo do que se referirá mais à frente, que é lícito o controlo de certas circunstâncias externas quando o empregador não consegue determinar se a comunicação é de índole privada ou profissional.

Em segundo lugar, há que atender aos §§ 88 e seguintes da TKG, assim como, a certos preceitos da *Telemediengesetz*[2574], para a áera dos tele-serviços, da BDSG, e ao § 201 do *Strafgesetzbuch*[2575] [2576].

4.5.2.2.2.2.2. Na análise do eventual controlo dos *e-mails* dos trabalhadores tem que ser efectuada uma distinção consoante o empregador tenha consentido na utilização privada destes meios, ou tenha determinado a sua proibição expressa, uma vez que a legislação aplicável e o seu controlo por parte dos empregadores varia. Porém, não pode deixar de salientar-se que, por vezes, é difícil efectuar uma distinção entre *e-mails* que são privados e *e-mails* que são profissionais, existindo alguns que podem ser considerados privados mas que decorrem de um uso profissional[2577].

Se o empregador permitir uma utilização privada deve estabelecer regras para o seu uso, nomeadamente quanto ao tempo em que os trabalhadores poderão estar a utilizar estes meios de comunicação, sendo certo que o trabalhador não poderá permanecer constantemente *on-line*[2578].

[2574] TMG.

[2575] StGB.

[2576] Pode referir-se que, desde meados da década de 90 do século XX, a legislação alemã estabelece três níveis de regulação das telecomunicações. Em primeiro lugar, existe a TKG, de 22 de Junho de 2004, e que substituiu a anterior Lei de 25 de Julho de 1996. Em segundo lugar, há a TMG, de 26 de Fevereiro de 2007, que substituiu a *Teledienstegesetz*, de 22 de Julho de 1997. Acresce, ainda, a TKÜV, de 3 de Novembro de 2005. Todos estes três níveis de legislação têm preceitos próprios acerca da protecção de dados. Ver, ainda que com referência à legislação anterior, DÄUBLER, *Gläserne...*, cit., p. 159, e *Internet und...*, cit., p. 124.

[2577] Veja-se o exemplo dado por DÄUBLER, *Internet und...*, cit., p. 178, do trabalhador que vai realizar uma viagem de serviço e que dá nota dela aos seus amigos. Cf., também WEIβGERBER, *op. cit.*, pp. 154-155.

[2578] Ver neste sentido, criticando a possibilidade de um uso excessivo que poderá motivar a aplicação de sanções disciplinares, GERARD KRONISCH, "Privates Internet--Surfen am Arbeitsplatz", *in AuA*, n.° 12, 1999, p. 550. Também DÄUBLER, *Internet und...*, cit., pp. 108-109, se lhe refere dando vários exemplos. Convém notar como este autor não atende ao conteúdo para sancionar o trabalhador, mas sim ao tempo dispendido

No caso de ter permitido uma utilização privada, a Lei trata o empregador como um terceiro à comunicação, no sentido de se enquadrar na categoria de provedor de serviços para os seus trabalhadores. Tendo esta qualidade, o empregador está obrigado pelo § 88, 2 da TKG ao segredo das telecomunicações[2579]. O empregador deve respeitar o segredo do conteúdo como das circunstâncias concomitantes à comunicação, assim como a identidade das partes e as circunstâncias de comunicações tentadas mas não realizadas[2580]. Esta Lei determina ainda a proibição de qualquer pessoa tentar obter por si ou através de outras qualquer informação relativamente ao conteúdo ou às circunstâncias das comunicações, para além do que será necessário para respeitar os preceitos desta lei. Este princípio significa que para os telefonemas apenas devem ser registados os dados que sejam necessários para assegurar a facturação. Considera-se que estes princípios são válidos para o *e-mail*, não podendo o empregador conhecer o conteúdo, nem os dados externos, a não ser nos termos previstos no § 88, 3. Ora, como os custos da utilização do *e-mail* são mínimos, as razões para controlar os dados externos deixam praticamente de existir[2581].

Contudo, ao abrigo do § 100 desta Lei parece que em determinadas circunstâncias é possível a gravação destes dados externos, desde que se respeitem os pressupostos nele previstos.

---

na utilização destes meios, a não ser quando esse conteúdo configurar um ilícito penal, como será o caso de enviar ou receber *e-mails* de natureza pedófila.

[2579] São numerosos os autores que se referem ao enquadramento neste artigo. Assim, veja-se a título meramente exemplificativo, em relação ao § 85 da lei anterior, DÄUBLER, *Gläserne...*, cit., pp. 163-164, e *Internet und...*, cit., pp. 127-128, assim como ACHIM LINDEMANN e OLIVER SIMON, *op.* cit., p. 1951, LUDWIG GRAMLICH, "Internetnutzung zu privaten Zwecken in Behörden und Unternehmen", *in RDV*, n.º 3, 2001, p. 123, KARIN POST-ORTMANN, "Der Arbeitgeber als Anbieter von Telekommunikations – und Telediensten", *in RDV*, n.º 3, 1999, p. 103, MARK HILBER e ROMAN FRIK, "Rechtliche Aspekte der Nutzung von Netzwerken durch Arbeitnehmer und den Betriebsrat", *in RdA*, n.º 2, 2002, pp. 91 e ss., MARTIN BECKSCHULZE, *op.* cit., p. 2780, PETER GOLA, *op.* cit., p. 324, e SASCHA GROSJEAN, *op.* cit., p. 2651. *Vide*, ainda, com a análise da actual lei, DIRK BARTON, *op.* cit., pp. 461-462, PETER WEDDE, "Das Telekommunikations-gesetz...", cit., pp. 11-12, e STEPHAN ALTENBURG, WOLFGANG REINERSDORFF e THOMAS LEISTER, *op.* cit., pp. 136-137.

[2580] Cf. § 88, 1.

[2581] Ver DÄUBLER, últimas obras e páginas citadas.

Por outro lado, embora não seja possível, em princípio, o controlo do conteúdo, quando estiverem em causa infracções penais particularmente graves, como será o caso, *inter alia*, do assédio sexual, da transmissão de segredos da empresa, ou da intenção de realizar crimes contra a vida, poderá ser possível esse controlo,[2582]. Nestes casos existe um interesse do empregador que, com base no princípio da proporcionalidade, deve prevalecer, mesmo sobre os interesses dos terceiros destinatários da comunicação, embora só quando não exista outro meio menos intrusivo, devendo ser entendido como a última *ratio*.

Será também possível o controlo do conteúdo quando as partes tiverem dele conhecimento muito embora seja necessário tomar muitas cautelas quanto a este conhecimento, atendendo, desde logo, à natureza desigual da relação de trabalho[2583] e, por outro lado, à dificuldade que um terceiro pode ter em relação à política da empresa. Este não tem de saber se a empresa permite ou proíbe uma utilização privada dos *e-mails*.

Para além da TKG aplica-se também a TMG a esta utilização privada, sendo que a protecção dos dados pessoais ainda é maior quando o empregador que fornece os serviços de tele-serviço constitui um "fornecedor" no sentido da TMG. Nestes casos, o empregador deve restringir a recolha de dados pessoais e o controlo ao mínimo possível, nos termos do § 11, 1, devendo tornar anónimos os dados recolhidos, nos termos do § 13, 6.

A protecção conferida é, pois, muito ampla, devendo o empregador estipular nas regras sobre a utilização destes meios, que os trabalhadores distingam bem os *e-mails* pessoais dos *e-mails* profissionais, pois de outro modo este segredo de comunicações, quer para dados de conteúdo, quer para dados externos[2584], abrangê-los-á a todos[2585] [2586].

[2582] Veja-se neste sentido, STEPHAN ALTENBURG, WOLFGANG REINERSDORFF e THOMAS LEISTER, *op.* cit., p. 137. Também DÄUBLER, *Gläserne...*, cit., p. 173, e WEIβGERBER, *op.* cit., pp. 155-156 defendem a mesma ideia.

[2583] Cf., *supra*, III capítulo, n.° 2.2..

[2584] Em princípio.

[2585] Neste sentido *vide* DÄUBLER, *Gläserne...*, cit., p. 164.

[2586] Na utilização privada ainda poderá aplicar-se a BDSG, mas apenas com carácter supletivo, principalmente para efeitos de recolha e processamento de dados. Veja-se o caso referido por PETER WEDDE, "Private E-Mail-Nutzung am Arbeitsplatz", *in CF*, n.° 6, 2004, pp. 25-26.

No caso de o empregador ter permitido apenas uma utilização profissional[2587], a questão do controlo dos *e-mails* já não pode ser colocada da mesma forma[2588].

Em primeiro lugar, se há uma proibição expressa e o trabalhador utiliza estes meios para fins pessoais estará a violar os seus deveres profissionais, embora não possa motivar um despedimento imediato. Há que defender que pode ter que ser aplicada a sanção disciplinar de advertência se a política de utilização destes meios não for clara[2589]. Por outro lado, mesmo que o seja, há que respeitar sempre o princípio da proporcionalidade, só podendo ocorrer um despedimento imediato como última *ratio*[2590].

Nestes casos não há qualquer relação de fornecedor-terceiro entre empregador e trabalhador e, por isso, a legislação anterior não será aplicável, com a excepção do § 11, 1, da TMG. Porém, o empregador tem de sujeitar-se, da mesma forma a certos preceitos que decorrem, desde logo, da BDSG. Assim, não pode deixar de ter-se em atenção que as comunicações efectuadas deixam sempre vestígios que permitem a identificação do seu utilizador, isto é, constituindo dados pessoais. Desta forma, a recolha e o tratamento de dados relativos aos *e-mails* dos trabalhadores constitui um tratamento de dados pessoais que fica sujeito às regras da Lei de

---

[2587] Neste ordenamento a ideia que vigora é a de que o empregador pode perfeitamente proibir a utilização destes meios para fins privados.

[2588] Há, ainda, o problema dos *e-mails* pessoais relacionados com circunstâncias profissionais, parecendo-nos, na esteira de WEIβGERBER, *op. cit.*, p. 154, que se deve seguir o regime referido anteriormente, isto é, proibição de controlo do conteúdo.

[2589] Não pode ser entendido como consentimento dos trabalhadores, tal como refere WEIβGERBER, *op.* cit., p.166, um aviso contínuo de que os *e-mails* dos trabalhadores podem ser controlados e, menos ainda, como um consentimento geral do trabalhador para que todas as suas comunicações privadas sejam gravadas e controladas.

[2590] Sirva de exemplo o caso referido por DÄUBLER, *Internet und...*, cit., pp. 111--112, de uma trabalhadora que enviou um *e-mail* em cadeia para outros trabalhadores sobre protecção de animais. A trabalhadora foi despedida mas o tribunal entendeu que a sanção tinha sido desproporcionada atendendo a que se tratava de um caso isolado e que a política da empresa sobre a utilização destes meios não era muito clara. Porém, como também adverte este autor, infracções que à partida são insignificantes podem adquirir relevância se acontecerem frequentemente. Há que fazer um juízo de prognose sobre a viabilidade futura da relação de trabalho e se ocorrer um grave desprestígio para a empresa, então o despedimento imediato é possível.

Protecção de Dados Pessoais, que só permite o tratamento dentro dos preceitos previstos nesta lei ou se a pessoa em causa tiver dado o seu consentimento[2591] [2592].

No caso de uma utilização profissional relevam os §§ 4, 27 e 28 da BDSG. O empregador pode, desta forma, realizar um tratamento de certos dados pessoais desde que respeite o previsto nestes artigos. Assim, tendo em atenção os interesses do empregador, ele pode controlar os dados externos destas comunicações electrónicas quando os seus interesses prevalecerem.

Mas, mesmo nestes casos de permissão apenas para fins profissionais, o empregador não fica legitimado para controlar o conteúdo dos *e-mails*, na medida em que se compara este comportamento a uma intercepção oculta dos telefonemas[2593]. Assim, a recolha de dados pessoais fica sujeita ao § 28 da BDSG. Vale dizer que esta recolha e tratamento dos *e-mails* dos trabalhadores só é permitida se respeitar as situações previstas, sobretudo, no § 28, 1, n.º 2, na medida em que este tratamento seja necessário para salvaguardar interesses justificados do empregador e não existam razões para assumir que os trabalhadores têm um interesse superior que deva prevalecer[2594].

Assim, será possível o controlo de dados externos, como o remetente e o assunto, mas já não o destinatário, na medida em que se irão conhecer dados pessoais de um terceiro. Contudo, já não será permitido o conhecimento de dados de conteúdo, porque estes estão protegidos pelo direito à liberdade de expressão, pelo direito à autodeterminação informativa e pelo direito ao segredo das comunicações[2595]. Porém, em certas circunstâncias,

---

[2591] Convém notar, contudo, que na relação de trabalho o consentimento não é livre. Veja-se DÄUBLER, KLEBE, WEDDE e WEICHERT, *op.* cit., p. 413.

[2592] Ver neste sentido ARMIN HÖLAND, "A comparative study of...", cit., p. 165.

[2593] Veja-se neste sentido DÄUBLER, *Gläserne...*, cit., p. 168, e *Internet und...*, cit., p. 133. Cf., ainda, MANUEL KIPER, "Betriebs – und Dienstverenbarungen zu E-mail und Internet (1)", cit., p. 17, e PETER WEDDE, "Schutz vor vedeckten Kontrollen im Arbeitsverhältnis", *in DuD*, n.º 1, 2004, pp. 21-22.

[2594] Releva, ainda, o § 28, 1, n.º 1, para efeitos de um possível controlo dos dados externos, na medida em que o tratamento será possível quando vise servir as finalidades de um contrato, tendo o BAG interpretado esta disposição como legitimando o controlo das chamadas telefónicas. Veja-se ARMIN HÖLAND, "Germany", cit., p. 124.

[2595] STEPHAN ALTENBURG, WOLFGANG REINERSDORFF e THOMAS LEISTER, *op.* cit., p. 136.

740   *A Privacidade dos Trabalhadores e as Novas Tecnologias...*

este controlo do conteúdo já será possível quando os interesses do empregador prevalecerem, como será o caso de ilícitos penais contra a empresa ou de interesses relacionados com esta[2596]. Pode ainda ser possível o controlo do conteúdo por razões de formação de trabalhadores, principalmente quando o instrumento de trabalho que tem é o *e-mail*. Nestes casos, embora seja possível o controlo do conteúdo, não será possível um controlo oculto nem contínuo, devendo os trabalhadores ter dele conhecimento[2597].

4.5.2.2.2.2.3. Neste ordenamento jurídico entende-se que o empregador pode limitar as telecomunicações a finalidades exclusivamente profissionais, impedindo a utilização para fins privados. Contudo, o poder de controlo electrónico do empregador tem de estar em conformidade com o princípio da proporcionalidade. Desta forma, o controlo das comunicações electrónicas fica limitado, em princípio, às circunstâncias externas às mensagens, tal como a sua duração, o endereço e a dimensão dos anexos, e só em circunstâncias muito excepcionais, relacionadas com a prática de infracções penais graves ou que atentem contra a empresa, é que se poderá conhecer o conteúdo. Assim, poderão depreender-se alguns princípios pelos quais o controlo electrónico do empregador deve reger-se[2598].

Em primeiro lugar, o empregador, respeitando o princípio da transparência deve informar os trabalhadores sobre como deve fazer-se a utilização destes meios, assim como informar sobre as consequências que os trabalhadores incorrem se violarem as regras estabelecidas sobre o controlo electrónico.

Em segundo lugar, de acordo com o princípio da compatibilidade com a finalidade declarada, os dados pessoais recolhidos não podem ser utilizados para finalidades diferentes das referidas pelos empregadores.

[2596] Vejam-se os exemplos referidos por DÄUBLER, *Gläserne...*, cit., pp. 168-169, e *Internet und*, cit., pp. 133-134.

[2597] Neste sentido veja-se WEIβGERBER, *op.* cit., pp. 161-162. Ver, também, PETER WEDDE, "Internet und E-Mail...", cit., p. 109.

[2598] Segue-se de perto a enumeração referida por ARMIN HÖLAND, "A comparative study of...", cit., p. 167.

Em terceiro lugar, o controlo efectuado está limitado aos princípios enunciados e tem de reger-se pelo princípio da proporcionalidade. Em relação ao controlo do *e-mail* significa que o controlo deve ficar limitado à verificação do remetente e do destinatário para determinar se se trata de uso pessoal ou profissional. Só em casos onde existam suspeitas fundadas de uso ilegal destes meios ou da prática de infracções penais é que o controlo do conteúdo é admitido. Nestes casos, o interesse do empregador em efectuar o controlo prevalece sobre o interesse dos trabalhadores e mesmo sobre o interesse de terceiros.

Em quarto lugar, todos os dados pessoais recolhidos e tratados devem ser eliminados desde que já não sejam necessários para efeitos de controlo electrónico.

Por último, é ainda necessário ter em atenção que devem ser mantidos em segredo os dados pessoais que se obtenham de trabalhadores que estão obrigados a um particular segredo profissional. Nestes casos, o controlo das suas comunicações não é permitido porque prevalece o direito ao segredo profissional[2599].

4.5.2.2.2.3. *Análise do ordenamento jurídico espanhol*

4.5.2.2.2.3.1. Neste ordenamento jurídico o problema do controlo electrónico dos *e-mails* tem sido entendido como uma questão que está relacionada com o poder de controlo do empregador, por um lado, e pelo direito à intimidade e, principalmente, pelo direito ao segredo das comunicações, por outro. Assim, como o *e-mail* é, fundamentalmente, um meio de comunicação, exercitável perante terceiros alheios à comunicação e independentemente de o comunicado ter ou não carácter privado, o direito que está fundamentalmente em causa é o direito ao segredo das comunicações[2600].

[2599] Neste sentido WEIβGERBER, *op.* cit., pp. 167-168. Cf., ainda, HANS-JOACHIM REINHARD, *op.* cit., pp. 230-231, referindo que o empregador é considerado um terceiro, não podendo controlar as mensagens electrónicas armazenadas que digam respeito aos clientes desses trabalhadores, sendo que para algumas profissões, como é o caso dos juízes, a lei é bastante rigorosa. De forma a salvaguardar a independência destes trabalhadores, não se devem controlar ou recolher dados que possam auxiliar a identificação das suas comunicações.

[2600] Vejam-se neste sentido, e apenas a título meramente exemplificativo, ROIG BATALLA, *op.* cit., p. 66, escrevendo que o direito mais afectado pela navegação na

742   *A Privacidade dos Trabalhadores e as Novas Tecnologias...*

Assim, em relação ao possível acesso do empregador ao conteúdo das mensagens electrónicas do trabalhador são vários os argumentos possíveis e a questão que está na base da polémica é a de saber até que ponto um instrumento técnico como o correio electrónico, localizado no centro de trabalho, dependente da empresa, e utilizável, em princípio, para fins estritamente relacionados com objectivos empresariais, pode ser usado com finalidades extra-laborais pelo trabalhador, ou por terceiros para se colocarem em comunicação com este, e em paralelo, as atribuições do empregador no controlo desta matéria[2601], não esquecendo que existem direitos fundamentais dos trabalhadores que são irrenunciáveis. É necessário preservar o direito ao segredo das comunicações na parte em que postula não ser possível a interferência de um terceiro na comunicação entre duas partes.

Por outro lado, na consideração destes instrumentos não pode deixar de atender-se a outro factor e que é a possibilidade ou a impossibilidade do empregador controlar o uso dos *e-mails* expedidos e recebidos pelo trabalhador. O *e-mail* é, sobretudo, um meio de produção ou prestação de serviços vinculado aos interesses específicos da empresa, sendo, também, um sistema de comunicação. Esta duplicidade origina alguns problemas já que se, por um lado, legitima a possibilidade de controlo do empregador para verificar o correcto cumprimento da prestação laboral – art. 20.°, n.° 3, do *ET* –, por outro, ao constituir um sistema de comunicação, é susceptível de

---

internet é o direito à intimidade, enquanto na utilização do *e-mail* é o direito ao segredo das comunicações, ROSA MORATO GARCÍA, *op.* cit., p. 106. Também INMACULADA MARÍN ALONSO, *El poder de control...*, cit., p. 108, perfilha a mesma ideia, assim como ALONSO ALBELLA, "El uso del correo electrónico en el lugar de trabajo", *in dados personales.org*, n.° 11, 2004, p. 1, ARIAS DOMÍNGUEZ e RUBIO SÁNCHEZ, *op.* cit., p. 157, FALGUERA I BARÓ, "Criterios doctrinales...", cit., pp. 307-308, FERNÁNDEZ VILLAZÓN, *Las facultades...*, cit., pp. 138-139, GOÑI SEIN, "Vulneración de derechos...", cit., p. 78, M.ª DOLORES RUBIO DE MEDINA, *op.* cit., pp. 16-17, MARTÍNEZ FONS, "Uso y control de las...", cit., pp. 1334-1335, "El control de la correspondencia...", cit., pp. 40-41, *El poder de control...*, cit., p. 129, "El control empresarial...", cit., pp. 222-223, e "Trabajador despedido...", cit., p. 3, MERCADER UGUINA, *Derecho del Trabajo...*, cit., pp. 109-110, REMEDIOS ROQUETA BUJ, *Uso y control...*, cit., pp. 20-21, SARA RUANO ALBERTOS, *op.* cit., p. 132, e SEMPERE NAVARRO e CAROLINA SAN MARTÍN MAZZUCCONI, *Nuevas tecnologias...*, cit., p. 79. Veja-se, ainda, a nível jurisprudencial, a sentença do TCE, de 3 de Abril de 2002, segundo a qual "o art. 18.°, n.° 3, contém uma especial protecção das comunicações, qualquer que seja o sistema utilizado para realizá-las".

[2601] Questão colocada por FALGUERA I BARÓ, "Uso por el trabajador...", cit., p. 20.

receber e emanar comunicações de natureza extra-profissional que ficam subtraídas ao conhecimento do empregador. O art. 20.º, n.º 3, do *ET* ao regular as competências de controlo do empregador, atende a um limite específico e indeterminado qual seja a reserva pela consideração devida à dignidade humana do trabalhador[2602].

4.5.2.2.2.3.2. As comunicações electrónicas realizadas através do *e-mail* encontram-se protegidas pelo direito ao segredo das comunicações, sendo este um direito autónomo e distinto do direito à intimidade[2603], embora tradicionalmente se tenham confundido[2604]. Através da intimidade protege-se uma esfera pessoal frente ao conhecimento dos demais. Contrariamente, no caso do segredo das comunicações, a protecção que é oferecida é independente do aspecto íntimo ou pessoal do *e-mail*, pois o que é sempre protegido é o seu conteúdo[2605]. Protege-se, desta forma, o segredo da comunicação, que fica afectado pelo conhecimento adquirido por terceiros.

O direito fundamental previsto no art. 18.º, n.º 3, da CE pode ser invocado perante qualquer sujeito público ou privado, devendo respeitar-se este direito no seio da relação laboral. Porém, esta pode originar a compressão do exercício deste direito na medida em que nenhum direito é absoluto ou ilimitado e, por isso, o seu exercício tem de ser concretizado e conciliado de acordo com o exercício legítimo do empregador do seu poder de controlo electrónico.

[2602] Veja-se, neste sentido, MORALES GARCÍA, *op.* cit., pp. 464-465.

[2603] Veja-se, neste sentido, INMACULADA MARÍN ALONSO, última *op.* cit., p. 115, e "La facultad fiscalizadora...", cit., pp. 97-98, assim como BLANCA RODRÍGUEZ RUIZ, *op.* cit., p. 1, escrevendo que "o segredo das comunicações é um aspecto da intimidade que tem fronteiras conceptuais próprias e pode, portanto, ser reconhecido autonomamente como direito", e MARTÍN MORALES, *op.* cit., p. 12. Em termos jurisprudenciais pode ver-se a sentença do TCE, de 3 de Abril de 2002, que distinguiu o direito ao segredo das comunicações previsto no art. 18.º, n.º 3, da CE, do direito à intimidade previsto no art. 18.º, n.º 1, do mesmo diploma legal.

[2604] Ver sobre a evolução deste direito REBOLLO DELGADO, *Derechos Fundamentales...*, cit., pp. 101-103.

[2605] Para INMACULADA MARÍN ALONSO, *El poder de control...*, cit., pp. 118-119, através deste direito obtém-se uma enorme segurança jurídica, tendo como objecto do direito o processo comunicativo realizado através de suporte técnico, não se orientando por uma consecução de justiça material.

744   *A Privacidade dos Trabalhadores e as Novas Tecnologias...*

Desta forma, na medida em que o empregador é o titular do *hardware* e do *software* necessário para a empresa, que tem os seus custos, e reconhecendo, ainda, que o uso para fins privados destes meios pode ter repercussões negativas sobre a prestação laboral, incidindo de forma directa ou indirecta na produção ou prestação de serviços, o empregador tem um campo de decisão inserido dentro das suas capacidades de direcção e organização do trabalho[2606]. Contudo, não pode defender-se uma posição onde o poder de controlo electrónico do empregador possa legitimar uma caracterização *feudal* da relação laboral já que este poder se encontra limitado por direitos e bens constitucionalmente protegidos. Por esta razão, o exercício do direito de comunicação pelos trabalhadores e as possíveis limitações do empregador ficam submetidas ao princípio da boa fé[2607]. A possibilidade do empregador limitar o uso do correio electrónico, de forma activa ou passiva, para fins extra-laborais não pode ser absoluta, tendo de ser conciliada com o possível exercício, em cada caso concreto, dos direitos fundamentais do trabalhador no seio da relação laboral, e tendo sempre em atenção as limitações impostas pelo direito ao segredo das comunicações, nomeadamente quanto à proibição da leitura do conteúdo dos *e-mails*[2608].

[2606] Neste sentido, FALGUERA I BARÓ, "Uso por el trabajador...", cit., pp. 20-21.

[2607] Referindo-se a esta presença da boa fé na relação de trabalho, essencial para uma boa realização da prestação laboral, pode ver-se GARCÍA VIÑA, *La buena fe...*, cit., pp. 210-211, que considera como violador da boa fé em certas ocasiões a utilização de bens do empregador para fins particulares e, também, MONTOYA MELGAR, *La buena fe...*, cit., p. 90, referindo-se expressamente ao correio electrónico, com a sentença do Tribunal Superior da Catalunha, de 14 de Novembro de 2000, onde um empregado de um banco foi despedido por ter enviado um pouco mais de 140 mensagens de "natureza obscena, sexista e humorística" através do correio electrónico que lhe tinha sido dado pela empresa, a 298 destinatários, trabalhadores do próprio banco, em horário laboral e sem autorização do empregador. Considerou-se que o trabalhador faltou ao seu dever de boa fé, facto com o qual o autor concorda na medida em que a "boa fé é a atmosfera em que se deve desenvolver o tráfico jurídico na sua totalidade". "A boa fé não pode considerar-se negativamente, somente como um factor de redução ou restrição [...] dos direitos fundamentais (e dos direitos em geral), mas positivamente, como um factor de moralização do Direito com maiúscula e do exercício dos direitos subjectivos, que propugna a justiça de um e outros". Pena é que não se tenham referido ao direito ao segredo das comunicações como direito que limita o poder de controlo do empregador, na medida em que o conteúdo das mensagens não poderia ter sido visualizado.

[2608] Existem várias decisões judiciais que chegam a admitir como prova válida em processos de despedimento, normalmente por violação da boa fé, o conteúdo das men-

O objeto de protecção do direito ao segredo das comunicações é a mensagem entre emissor e receptor da comunicação, a que acresce todo o processo comunicativo iniciado entre os mesmos, isto é, a comunicação em si mesma realizada através de qualquer suporte técnico, desde que seja à distância[2609].

Na noção jurídica deste direito coexistem dois requisitos básicos que servem para os distinguir de outros direitos fundamentais e que são a comunicação e o segredo.

Quanto à noção de comunicação entende-se que abrange todo o processo de transmissão de mensagens entre pessoas determinadas através de qualquer meio técnico e qualquer que seja o sistema utilizado para as realizar[2610]. Nesta definição incluem-se as comunicações electrónicas realizadas através da rede informática que engloba os *e-mails*, tendo em atenção o carácter aberto que é atribuído ao art. 18.º, n.º 3, da CE[2611].

Há que acrescentar que as comunicações a que se refere este artigo são realizadas através de canais fechados de comunicação, sendo que o *e-mail* se transmite por este tipo de canais requerendo acções conscientes de abertura pelo seu destinatário ou para a sua intercepção por um terceiro.

Neste ordenamento jurídico também se entende, e diferentemente do que sucede no ordenamento jurídico norte-americano[2612], que viola o direito ao segredo das comunicações não só a intercepção da mensagem, como também a apreensão desta quando está guardada no disco duro do computador do trabalhador. Assim, este direito não se esgota no processo de transmissão estendendo-se às mensagens recebidas e guardadas pelo

---

sagens do *e-mail*, obtido em numerosos casos com violação do direito ao segredo das comunicações. Veja-se, para maiores desenvolvimentos, INMACULADA MARÍN ALONSO, *El poder de control...*, cit., pp. 139-140.

[2609] Veja-se sobre esta protecção, BLANCA RODRÍGUEZ RUIZ, *op.* cit., pp. 20-21, CRISTINA RODRÍGUEZ COARASA, *op.* cit., p. 14, MARIA PÉREZ-UGENA, *op.* cit., p. 9, ROMEO CASABONA, *op.* cit., p. 126, e RUBIO SANCHÉZ, "Validez procesal de la grabación de una conversación telefónica privada", *in AS*, n.º 6, 2006, p. 3.

[2610] *Vide* INMACULADA MARÍN ALONSO, última *op.* cit., pp. 144 e ss., MARTÍN MORALES, *op.* cit., pp. 40-42, e ROIG BATALLA, *op.* cit., pp. 72-74.

[2611] Neste sentido vejam-se BLANCA RODRÍGUEZ RUIZ, *op.* cit., pp. 64-65, e MARTÍN MORALES, *op.* cit., p. 45.

[2612] Cf., *supra*, n.º 4.5.2.2.2.1..

746   *A Privacidade dos Trabalhadores e as Novas Tecnologias...*

destinatário[2613]. E esta protecção deve ser estendida aos anexos dos *e-mails*, pois formam parte da mensagem, integrando-a pelo que também devem considerar-se como parte essencial do processo comunicativo, gozando da expectativa de segredo que tem o resto da comunicação, impedindo que qualquer terceiro, isto é, todos aqueles que não fazem parte da mesma, se introduzam no processo[2614].

O segundo elemento a que deve atender-se é o *segredo*, sendo que se tem entendido que a noção deste tem carácter formal no sentido de que se considera que tudo o que seja comunicado deve revestir natureza secreta, independentemente do seu carácter íntimo ou não. Isto implica, no entender do TCE, a existência de uma presunção *iuris et de iure* de que a comunicação é secreta, pretendendo-se proteger uma parte da vida das pessoas perante ingerências de terceiros, sem distinguir que conteúdo desse âmbito pode ser afectado[2615].

Tendo esta característica em consideração, INMACULADA MARÍN ALONSO[2616] entende que para efeitos de protecção é indiferente o facto de se tratar de comunicações pessoais ou profissionais dos trabalhadores na medida em que para o TCE tão protegidas estão as mensagens pessoais como as de qualquer outra natureza[2617].

Porém, discorda-se desta posição por nos parecer excessivo abranger dentro da protecção do segredo das comunicações os *e-mails* profissionais, no caso de existir uma política clara sobre a sua utilização e com contas separadas de *e-mails*. Entende-se que, no caso dos *e-mails* profissionais, há uma relação comitente-comissário[2618] em que o empregador pode efectuar o controlo, respeitando todos os requisitos para o seu exercício correcto[2619], principalmente com obediência ao princípio da proporcionalidade. Não nos parece que o empregador seja um terceiro

---

[2613] Neste sentido cf. INMACULADA MARÍN ALONSO, *El poder de control...*, cit., pp. 149-150, e ROIG BATALLA, *op.* cit., pp. 73-74.

[2614] Esta é a opinião de INMACULADA MARÍN ALONSO, última *op.* cit., p. 152, assim como de ROIG BATALLA, *op.* cit., p. 75.

[2615] Cf. INMACULADA MARÍN ALONSO, *El poder de control...*, cit., pp. 152-153, e MARTÍN MORALES, *op.* cit., p. 34.

[2616] Última *op.* cit., p. 153.

[2617] No mesmo sentido veja-se REMEDIOS ROQUETA BUJ, *Uso y control...*, cit., p. 23.

[2618] Neste sentido GOÑI SEIN, última *op.* cit., p. 81.

[2619] Veja-se, *supra*, capítulo III, n.º 4.

O Controlo das Comunicações Electrónicas...   747

para efeitos de ser considerada necessária uma autorização judicial prévia para aceder ao conteúdo destas mensagens profissionais. Nestes casos, a comunicação transmite-se por canais "fechados" de transmissão mas estas comunicações contêm meras execuções da prestação de trabalho e não ideias dos comunicantes. Não pode deixar de sublinhar-se, porém, que o controlo exercido tem de ser o menos intrusivo possível, entendendo-se que existe um consentimento do trabalhador neste sentido, até porque ele envia e recebe mensagens de acordo com as ordens que recebe do empregador. Assim, o conteúdo das mensagens electrónicas não pode considerar-se património exclusivo do trabalhador mas, também, da empresa[2620].

Como se trata de uma limitação a um direito fundamental é exigível sempre uma justificação objectiva do exercício do controlo por parte do empregador. Desta forma, o empregador não pode realizar controlos arbitrários, indiscriminados ou injustificados dos *e-mails* dos trabalhadores. Se o fizer, estará a realizar um controlo ilícito, violador da dignidade humana e contrário à tutela prevista no art. 18.º, n.º 3, da CE. Por outro lado, o controlo dos *e-mails* profissionais deve adequar-se ao imprescindível, não tentando controlar mais do que o necessário e devendo adoptar as técnicas de controlo menos intrusivas[2621].

Recai, ainda, sobre o empregador a obrigação de preservar o exercício do direito fundamental do segredo das comunicações na empresa, inserindo no seu sistema informático os mecanismos técnicos necessários e suficientes para acautelar este direito[2622].

Tem, ainda, de atender-se que o *segredo* não vincula as partes de uma mensagem, sendo possível a divulgação pelos mesmos do seu conteúdo a um terceiro.

Este direito ao segredo das comunicações abrange, não só, o conteúdo das comunicações, como também, a identidade subjectiva dos interlocutores.

[2620] Ver, neste sentido, GOÑI SEIN, "Vulneración de derechos...", cit., p. 81, MARTÍNEZ FONS, "El control de la...", cit., p. 40, e ROSA MORATO GARCÍA, *op.* cit., pp. 104-105.

[2621] No mesmo sentido GOÑI SEIN, última *op.* cit., p. 81.

[2622] Como refere INMACULADA MARÍN ALONSO, *El poder de control...*, cit., pp. 153-154, deve instalar no seu serviço de correio uma chave ou *password* para poder ler as mensagens de *e-mail*.

748   *A Privacidade dos Trabalhadores e as Novas Tecnologias...*

4.5.2.2.2.3.3. Tendo em atenção estes pressupostos, e face à actual concepção de privacidade e ao seu exercício no seio do contrato de trabalho, não parece que possa propugnar-se pela total "impermeabilização" das comunicações dos trabalhadores no que concerne ao uso do correio electrónico perante as capacidades de controlo empresarial. Questão distinta desta é a dos possíveis actos de indagação empresarial efectuados através destes instrumentos informáticos acerca dos aspectos próprios da vida íntima do trabalhador que são, em princípio, claramente ilícitos. Porém, também não pode defender-se que o empregador pode invocar os seus legítimos direitos de organização, direcção e controlo para limitar o exercício do direito constitucional previsto no art. 18.°, n.° 3, da CE que protege o segredo das comunicações. Este artigo parece tutelar quer o segredo das comunicações quer a própria liberdade de exercício, proibindo a sua gravação. Assim, ao empregador ficam inacessíveis as mensagens pessoais do trabalhador, não só no momento da sua emissão, mas também no seu registo em arquivo no computador.

Desta forma, a primeira conclusão que se pode tirar é a da que a titularidade do meio utilizado não justifica, por si mesma, o acesso efectuado pelas empresas às comunicações electrónicas. O contrato de trabalho não transforma o empregador num interlocutor da mensagem ou num terceiro qualificado para transgredir o segredo das comunicações[2623]. O empregador é um terceiro e o acesso deste ao conteúdo dos *e-mails* enviados ou recebidos pelo trabalhador pode vulnerar o segredo das comunicações[2624]. O único que possui a capacidade de excluir o segredo das comunicações é o trabalhador ou a outra parte da comunicação, sendo

---

[2623] Neste sentido veja-se INMACULADA MARÍN ALONSO, *El poder de control...*, cit., pp. 159-160, e ROIG BATALLA, *op.* cit., p. 73.

[2624] Uma opinião um pouco diferente tem LUZ PACHECO ZERGA, *op.* cit., p. 269. A autora entende, numa opinião que não se segue, que se a empresa proporciona aos trabalhadores o *e-mail* unicamente para finalidades laborais e os adverte do possível controlo sobre o seu conteúdo, o trabalhador que o utilize para fins pessoais estará a renunciar ao segredo das comunicações em relação ao empregador mas não em relação a terceiros. Não se concorda porque, mesmo no caso de proibir uma utilização pessoal, não parece poder dar-se valor a este tipo de consentimento tácito atendendo à desigualdade contratual entre as partes. Cf., ainda, MERCADER UGUINA, "Derechos fundamentales de los trabajadores...", cit., pp. 20-21.

O Controlo das Comunicações Electrónicas... 749

que a revelação do conteúdo por uma das partes não vulnera este direito[2625].

Por outro lado, convém atender a alguns requisitos. Em primeiro lugar, tem de realizar-se uma ponderação casuística de cada pressuposto específico em função dos elementos fácticos concorrentes com ele, devendo realizar-se uma valoração *ad hoc* em cada caso em função, *inter alia*, das características produtivas da empresa e da contraparte da comunicação.

Em segundo lugar, devem analisar-se os possíveis custos dessas comunicações extra-empresariais para o empregador. Se este é quem suporta os gastos inerentes ao uso do correio electrónico, não pode exigir--se-lhe de imediato que custeie a utilização do mesmo para fins pessoais do trabalhador.

Em terceiro lugar, há uma necessidade de que, em princípio, o exercício dos direitos fundamentais por parte do trabalhador no local de trabalho não interfira com o próprio desenvolvimento do processo produtivo ou da prestação laborativa.

Em quarto e último lugar, deve atender-se à possível existência de um quadro normativo regulador do exercício dos direitos de informação e ou de comunicação[2626].

FALGUERA I BARÓ considera ser necessário dividir as situações, havendo que aferir, desde logo, se existiu uma utilização activa do correio electrónico pelo trabalhador, isto é, se a utilização foi por ele realizada.

[2625] Tendo em atenção esta característica, INMACULADA MARÍN ALONSO, *El poder de control...*, cit., pp. 169-170, entende que o argumento invocado por alguns autores para sustentarem a possibilidade de controlar o conteúdo dos *e-mails* com base no cometimento de actos que originariam a responsabilidade do empregador como, *inter alia*, o assédio sexual, decai. Na medida em o trabalhador assediado sexualmente comunica ao empregador esta atitude, o direito que está em causa não é o direito ao segredo das comunicações mas o direito à intimidade.

[2626] FALGUERA I BARÓ, "Uso por el trabajador...", cit., pp. 22-26. Também FERNÁNDEZ HERNÁNDEZ, *op. cit.*, p. 25, crê ser necessário responder a certas questões para se poder resolver o problema. Assim, "pode o trabalhador utilizar os meios de comunicação que a empresa pôs à sua disposição para a realização do trabalho para uso particular? Em caso afirmativo sob que condições? E quem as pode estabelecer? Como pode o empregador controlar este uso? Quais podem ser as consequências derivadas de um uso inadequado por parte do trabalhador? Em particular, quais seriam as garantias aplicáveis em matéria sancionatória?".

750   *A Privacidade dos Trabalhadores e as Novas Tecnologias...*

Nestes casos, dever-se-á partir de um pressuposto que é o de que os efeitos do uso deste instrumento de comunicação em nada diferem do de outros similares, até esta altura mais ou menos generalizados, como acontece com o correio normal, o telefone e o fax. Estes meios de comunicação mais antigos são também propriedade do empregador, comportando custos, quer directos quer indirectos, e com possíveis efeitos no que diz respeito ao processo produtivo[2627]. Na medida em que estes meios são mais que meras ferramentas de trabalho, constituindo sistemas de relação oral ou escrita entre as pessoas, não pode defender-se a ideia de que o seu uso pelo trabalhador é por si só ilegítimo. Sempre que o mesmo se exerça com respeito pela boa fé contratual, sem excessivos custos para a empresa e sem uma manifesta afectação do processo produtivo, é admissível, embora com limitações, a não ser que o empregador tenha permitido o seu uso de forma expressa ou tácita.

Diferente desta situação é o caso do trabalhador ser o receptor da mensagem. Nestas condições existem, na maior parte dos casos, menores custos para o empregador e menor afectação do processo produtivo. Nesta situação coloca-se outra questão: será que a direcção electrónica do trabalhador no seu local de trabalho está abrangida pelo direito à privacidade? A morada electrónica não parece estar coberta pelo direito à privacidade[2628] no sentido de propugnar a ideia de que a caixa postal electrónica do trabalhador pode receber qualquer tipo de comunicação, salvo algum pressuposto de ilicitude ou abuso de direito.

Entende-se, ainda, que o empregador fica limitado no seu poder de controlo electrónico, não podendo aceder ao conteúdo dos *e-mails*, devendo efectuar-se uma distinção entre situações diferenciadas.

Assim, quando o empregador tem uma política clara sobre a utilização destes meios através de regulamentos internos ou de Cartas de Conduta, ou, até, de instrumentos de regulamentação colectiva de trabalho, há que distinguir logo os *e-mails* que são profissionais, dos *e-mails* que são pessoais, sendo uma boa política do empregador ordenar que os trabalhadores façam esta divisão quando tolera uma utilização pessoal.

[2627] No mesmo sentido FERNÁNDEZ HERNÁNDEZ, *op.* cit., p. 26.
[2628] FALGUERA I BARÓ, última o*p.* cit., pp. 30-31.

O Controlo das Comunicações Electrónicas...

Nota-se, desta forma, que neste ordenamento jurídico se entende que o empregador pode proibir uma utilização pessoal destes meios[2629]. Nestes casos, e conforme se referiu anteriormente, o empregador pode controlar, nalgumas circunstâncias especiais, o conteúdo dos *e-mails* profissionais, principalmente quando o trabalhador se encontra ausente. Mas não fica legitimado para controlar o conteúdo dos *e-mails* pessoais, porque mesmo que tenha proibido o seu uso não pode entender-se que exista um consentimento tácito do trabalhador para a intromissão nos seus *e-mails*. Assim, a previsão de regras internas não exclui a aplicação dos direitos fundamentais[2630].

No caso de a empresa permitir uma utilização para fins pessoais dos *e-mails*, tendo uma conta de correio separada, a situação é diferente[2631]. Esta parece ser a melhor solução e a que está em conformidade com a presença contínua das NTIC nas empresas que alteraram profundamente a forma como se trabalha.

Nestes casos tem de partir-se do pressuposto que os *e-mails* gozam de toda a protecção constitucional que é conferida ao direito ao segredo das comunicações sendo, assim, invioláveis, não podendo o empregador controlá-las. Todo o acto de controlo das mensagens deste tipo violará o art. 18.º, n.º 3 da CE, independentemente do conteúdo das mesmas ser íntimo ou não.

O empregador só pode controlar o que seja estritamente necessário para comprovar a correcta utilização deste serviço mas sem possibilidade de aceder ao conteúdo dos *e-mails* enviados ou recebidos.

Nestes casos, todo o controlo do conteúdo dos *e-mails* fica dependente de autorização judicial, não só pelo teor do art. 18. n.º 3, da CE, como também do art. 197.º do CP, mesmo que a intenção não seja a de

---

[2629] Neste sentido GOÑI SEIN, "Vulneración de derechos...", cit., p. 80, embora entenda não ser a política mais adequada, assim como ROSA MORATO GARCÍA, *op.* cit., pp. 104-106.

[2630] Neste sentido ROIG BATALLA, *op.* cit., p. 75

[2631] Embora não seja uma situação muito frequente, há empresas que permitem esta utilização desde que respeite os princípios da boa fé e seja feita fora do horário de trabalho. Vejam-se as Convenções Colectivas referidas por ROSA MORATO GARCÍA, *op.* cit., pp. 106-107, assim como por GOÑI SEIN, última *op.* cit., p. 82.

752 *A Privacidade dos Trabalhadores e as Novas Tecnologias...*

descobrir segredos ou a intimidade do trabalhador, mas tão só a de comprovar uma utilização indevida do *e-mail*[2632] [2633].

Uma terceira possibilidade, que é a forma mais frequente de utilização dos *e-mails* nas empresas, é a chamada utilização indiscriminada, isto é, a situação em que o trabalhador dispõe de uma única conta de *e-mail* e que faz um uso indistinto da mesma, quer seja para fins profissionais, quer para fins pessoais. Esta situação ocorre com maior frequência nas empresas que não estabeleceram regras sobre essa utilização mas também ocorre naquelas em que se permite de forma expressa a utilização indiferenciada do *e-mail*[2634].

A solução a aplicar nestas situações é mais complicada porque o *e-mail* aparece neste campo na sua dupla vertente técnica[2635]: por um lado, como instrumento de trabalho cuja supervisão cabe ao empregador dentro do seu poder de controlo electrónico e, por outro lado, como sistema de comunicação, onde se recebem e emitem não só mensagens de carácter profissional, como também de carácter pessoal, devendo o direito ao segredo das comunicações prevalecer[2636].

Neste caso, parece de defender que o *e-mail* que tanto é empregue para uma utilização pessoal como para uma utilização profissional está protegido pelo direito ao segredo das comunicações e goza, desta forma, do princípio da inviolabilidade, só podendo ser controlado o conteúdo através de autorização judicial prévia. O empregador não pode aceder a ele nem aos ficheiros do trabalhador de forma indiscriminada mesmo com finalidades preventivas para controlar ou assegurar exclusivamente o seu bom uso. Qualquer tentativa do empregador de aceder à pasta dos *e-mails*

[2632] Note-se que esta teoria também é válida para os casos em que há uma proibição expressa de utilização para fins pessoais e o trabalhador não se conforma com ela.

[2633] Neste sentido MORALES GARCÍA, *op*. cit., p. 163, referindo que "o empregador no seu poder de controlo e vigilância nunca pode entrar no conteúdo das mensagens de correio electrónico; poderá utilizar outros instrumentos para provar o seu uso indevido mas nunca invadindo o direito ao segredo das comunicações que é um direito puramente formal e de que não se pode privar o trabalhador".

[2634] Como refere ROSA MORATO GARCÍA, *op*. cit., p. 107, existem algumas convenções colectivas que estabelecem regras acerca desta utilização mais indiscriminada, referindo que são as empresas pertencentes ao sector editorial que com maior precisão estabeleceram regras para a utilização dos *e-mails* e da *internet*.

[2635] Neste mesmo sentido GOÑI SEIN, última *op*. cit., p. 83.

[2636] Neste sentido FALGUERA I BARÓ, última *op*. cit., p. 38.

dos trabalhadores deve considerar-se como uma violação do direito previsto constitucionalmente no art. 18.°, n.° 3. O empregador não pode, desta forma, intervir nas comunicações dos seus trabalhadores já que a utilização destes meios para fins extra-produtivos não constitui um delito, mas sim, quando muito, uma infracção disciplinar do trabalhador, enquanto o controlo do conteúdo por parte do empregador viola o direito ao segredo das comunicações, direito este fundamental.

Assim, uma vez admitido o carácter de meios de comunicação, não é permitido ao empregador controlar o seu conteúdo e esta proibição abrange tanto as mensagens em trânsito pelo servidor da rede como as que tenham sido recebidas pelo seu destinatário e arquivadas no correspondente terminal[2637].

Contudo, apesar do empregador não poder aceder ao conteúdo dos *e-mails* dos trabalhadores, não pode dizer-se que fique sem poder controlar a utilização que o trabalhador deles faça na medida em que tem um legítimo poder de controlo electrónico e pode aceder, desta forma, a alguns dados dos *e-mails*. O empregador tem assim, ao seu dispor, sem chegar a violar um direito fundamental como é o do segredo das comunicações, meios jurídicos suficientes para controlar e sancionar disciplinarmente o comportamento indevido do trabalhador, utilizando para isso outros meios que não vulnerem os seus direitos fundamentais.

Desta forma podem controlar-se, dentro do seu legítimo poder de controlo, questões adjacentes a este tipo de comunicação como, *inter alia*, o custo das ferramentas de trabalho, o tempo empregue pelos trabalhadores na utilização da mesma e o acesso à rede informática[2638]. Pode chegar, inclusive, a controlar certos dados externos, que, embora estejam protegidos, em princípio, pelo direito ao segredo das comunicações, se tornam muitas vezes patentes e descobertos, como será o caso do controlo dos remetentes das mensagens, do tema destas, do tipo de anexos e do seu tamanho, assim como o número de mensagens enviadas ou recebidas na direcção de *e-mail* e o tempo de permanência na rede. O controlo destas circunstâncias, sendo possível, permite ao empregador, em função da aplicação do princípio da boa fé, ou melhor, da sua não transgressão, fazer

---

[2637] Ver FERNÁNDEZ VILLAZÓN, *Las facultades...*, cit., p. 141.
[2638] Neste sentido INMACULADA MARÍN ALONSO, *El poder de control...*, cit., p. 208.

754   *A Privacidade dos Trabalhadores e as Novas Tecnologias...*

cessar ou não a relação de trabalho com base numa utilização inadequada ou abusiva das ferramentas de trabalho da empresa[2639], concretizando, assim, o respectivo poder disciplinar.

Embora considerando que o acesso a estes dados e ao seu registo constitui uma forma de violação do direito constitucional ao segredo das comunicações, o próprio TCE, na sentença n.° 123/2002, de 20 de Maio, reconheceu que "não se pode desconhecer a menor intensidade da ingerência no citado direito fundamental que esta forma de afectação representa em relação à que materializam as "escutas telefónicas", sendo este dado particularmente significativo em ordem à ponderação da sua proporcionalidade"[2640].

4.5.2.2.2.3.5. A jurisprudência nesta matéria é um pouco contraditória, tendo conteúdos diversos e âmbitos diferentes. Em relação ao uso extra-profissional do *e-mail*, a jurisprudência costuma tomar em consideração quer o número de mensagens electrónicas enviadas e, nalguns casos as recebidas, assim como a natureza do conteúdo das mensagens remetidas pelo trabalhador. No que concerne ao número de *e-mails*, a jurisprudência tende a relacioná-los quer com o volume total de todos os *e-mails*, quer com o tempo dispendido pelo trabalhador aquando da sua redacção e envio, não se podendo equiparar o tempo utilizado e a vontade expressa do trabalhador nos correios enviados e nos recebidos[2641].

Os efeitos jurídicos do correio electrónico foram reconhecidos pelo Tribunal Superior da Catalunha, na sentença de 14 de Novembro de 2000[2642], tendo por base o despedimento de um trabalhador que, num

---

[2639] Neste sentido veja-se, a título meramente exemplificativo, GOÑI SEIN, "Vulneración de derechos...", cit., p. 84, e INMACULADA MARÍN ALONSO, última *op.* cit., pp. 208 e ss..

[2640] Neste mesmo sentido FERNÁNDEZ VILLAZÓN, última *op.* cit., p. 142, referindo que o conhecimento por parte do empregador deste tipo de dados pode supor um sacrifício aceitável do ponto de vista do princípio da proporcionalidade.

[2641] No mesmo sentido MARTÍNEZ FONS, "El uso y control del...", cit., p. 192.

[2642] Conhecido como caso *Deutsche Bank*. Sobre este vejam-se, a título meramente exemplificativo, CAMAS RODA, "La influencia del correo electrónico...", cit., pp. 155-156, DAVID CASACUBERTA, *op.* cit., pp. 162-164, MORALES GARCÍA, *op.* cit., pp. 159 e ss., e RODRIGUÉZ-PIÑERO ROYO e LÁZARO SÁNCHEZ, "Los derechos on-line en el ordenamiento laboral español: estado de la cuestión", *in Derecho y conocimiento*, vol. 2, pp. 168-169.

O Controlo das Comunicações Electrónicas...   755

período de cinco semanas, enviou cento e quarenta mensagens pelo correio electrónico, caracterizadas pelo próprio tribunal como "humorísticas, sexistas e, inclusive, algumas obscenas". Com base em tal pressuposto, o exercício do poder disciplinar da empresa fundamentou-se no envio de correios electrónicos para fins alheios aos estritamente laborais, quando constava expressamente que a empresa só permitia utilizar o *e-mail* para fins profissionais. Independentemente da questão que se suscita à volta da possibilidade do empregador aceder e controlar o correio que proporciona aos seus trabalhadores, o Tribunal considerou que a utilização dos meios informáticos com que conta a empresa, em grande número de ocasiões, para fins alheios aos laborais, supõe uma clara infracção do dever de lealdade laboral, que justifica a decisão empresarial de extinguir o contrato de trabalho com base no art. 54.°, n.° 2, alínea d), do ET.

Esta decisão pode referir-se como paradigmática e como exemplo de uma violação do direito ao segredo das comunicações, na medida em que o empregador baseou a sua decisão de despedimento no conteúdo dos *e-mails* e não apenas na sua quantidade excessiva.

Nesta decisão, o trabalhador apresentou por via penal uma denúncia de violação do segredo das comunicações pelo facto da empresa ter visualizado o conteúdo dos seus *e-mails*, não tendo o empregador sido condenado porque entretanto se chegou a acordo económico entre o trabalhador e o empregador[2643].

Este Tribunal, em sentença de 5 de Julho de 2000, pronunciou-se sobre o caso em que um trabalhador enviara através do correio electrónico mensagens consideradas obscenas e depreciativas para os seus subordinados, fazendo referência a vários outros trabalhadores da empresa, sendo que esta tinha advertido para uma utilização exclusivamente profissional do *correio electrónico*. O Tribunal decidiu que a empresa pode realizar um controlo quanto à utilização destes meios considerando que "não nos encontramos em presença de uma correspondência privada entre parti-

---

[2643] Mas da leitura do processo parece que a conclusão iria ser a de ter existido uma violação deste direito, o que não deixa de ser paradoxal na medida em que existe uma decisão a entender que o despedimento era lícito e, eventualmente, uma outra que iria considerar que tinha sido violado o direito ao segredo das comunicações por parte da empresa. Neste sentido DAVID CASACUBERTA, *op.* cit., pp. 162-164, e MORALES GARCÍA, pp. 161-162.

culares cujo segredo deva ser preservado, mas perante uma utilização indevida de meios e instrumentos da empresa para fins alheios aos estritamente laborais, podendo o empregador exercer o controlo sobre a forma de utilizar tais meios, que são de sua propriedade, assim como sobre a própria actividade laboral do trabalhador"[2644].

Neste mesmo sentido, concluindo-se que a propriedade dos instrumentos de trabalho implica, *per se*, que não se possa falar de comunicação tutelada pelo art. 18.°, n.° 3, da CE, por carecer do carácter privado ou pessoal, existe a decisão do TSJ da Catalunha, de 4 de Novembro de 2004, indicando que "no presente caso não se vulnerou o direito fundamental ao segredo das comunicações, já que não nos encontramos em presença de uma correspondência privada entre particulares cujo segredo deva ser preservado, mas face a uma utilização indevida dos meios e instrumentos da empresa para fins alheios aos estritamente laborais, podendo o empregador exercer um controlo sobre a forma de utilizar tais meios, que são da sua propriedade, assim como sobre a própria actividade laboral"[2645].

Outras decisões judiciais fundamentam a ausência de relevância constitucional das comunicações emitidas desde o local de trabalho e uti-

---

[2644] Decisões mencionadas por BONILLA BLASCO, *op.* cit., pp. 108-109. Este autor refere-se a dois problemas relacionados com a utilização do correio electrónico e que são o da sua autoria e o da autenticidade das mensagens enviadas. Quanto à autoria há o problema de, em muitas empresas, não só o trabalhador, mas também outros, terem acesso ao seu *correio electrónico*. Poder-se-ia tentar resolver através da assinatura electrónica. Quanto à autenticidade, está intimamente relacionada com a segurança informática. Existem algumas ferramentas possíveis para tentar garantir a autenticidade, como o envio de mensagens criptadas. Contudo, este autor defende que se o empregador confere uma palavra-chave ao trabalhador para ele aceder ao correio electrónico este será presumivelmente o seu autor e se questionar essa qualidade terá que provar podendo utilizar todo o tipo de meios de prova legalmente admissíveis – pp. 110-112. Também o Comité de Ministros do Conselho da Europa, na Recomendação n.° R (99) 5, relativa à protecção da intimidade na *Internet*, adoptada em 23 de Fevereiro de 1999, sugere a todos os utilizadores uma série de regras de conduta destinadas a salvaguardar a sua intimidade na rede, tal como utilizar todos os meios disponíveis para proteger os seus dados e comunicações, nomeadamente a utilização de mensagens encriptadas. *Vd.* SEMPERE NAVARRO e MARTÍN MAZZUCCONI, *Nuevas tecnologías...*, cit., p. 32.

[2645] Veja-se, ainda, no mesmo sentido, a decisão do TSJ da Catalunha, de 5 de Junho de 2002 e o comentário de RODRIGUÉZ-PIÑERO ROYO e LÁZARO SÁNCHEZ, "Hacia un tratamiento...", cit., pp. 35-36.

lizando o equipamento informático da empresa no facto do empregador não ser considerado um terceiro alheio à comunicação. Neste sentido pode ver-se a decisão do TSJ de Andaluzia, de 9 de Maio de 2003, onde se decidiu que "se se refere a meios ou sistemas de comunicação da empresa, o processo através dele não permite considerar o empregador como terceiro, ou como alheio, de maneira que não existe a penetração desde o exterior que a norma constitucional exige"[2646].

Qualquer uma destas interpretações do art. 18.°, n.° 3, da CE, não está de acordo com a jurisprudência constitucional sobre o direito ao segredo das comunicações. Por um lado, porque, conforme já se referiu, a propriedade do meio em nada afecta a tutela conferida pelo artigo. Por outro lado, o acesso ao *e-mail* tem um âmbito objectivo que protege a intangibilidade do processo comunicativo, independentemente do seu conteúdo.

Na sentença de 14 de Janeiro de 2002[2647], decidiu-se ser de aceitar um uso moderado do correio electrónico para fins pessoais na ausência de regras ou limitações em sentido contrário. No caso em apreço o Tribunal entendeu não existirem garantias de que teria sido o trabalhador a utilizar o correio electrónico pois ficou provado que outros trabalhadores também o utilizavam e que o uso da *Internet* era muito frequente e habitual na empresa, não sendo possível uma imputação directa sobre o conteúdo e a obra do autor.

Em relação ao consentimento do trabalhador como legitimador de intromissões empresariais tem-se vindo a aceitar ao nível jurisdicional a validade do consentimento tácito. Assim, é usual que os tribunais considerem lícito o controlo do correio electrónico do trabalhador se a empresa informa previamente da sua realização, ou se ele tem consciência de que as mensagens são controladas. Na decisão do Tribunal Superior da Catalunha, de 5 de Julho de 2000, considerou-se improcedente o argumento de violação da intimidade do trabalhador porque "todos os trabalhadores da empresa conheciam que os correios electrónicos são gravados". Noutra decisão, de 4 de Dezembro de 2001, o Tribunal Superior de Justiça de Madrid entendeu que a advertência no ecrã do computador da possibilidade de controlo do seu conteúdo "supõe uma autori-

---

[2646] Casos referidos por MARTÍNEZ FONS, última *op.* cit., pp. 222-223.
[2647] Cf. *AL*, n.° 15, 2002, pp. 1307-1311.

758 *A Privacidade dos Trabalhadores e as Novas Tecnologias...*

zação para a mesma" dado que o trabalhador em nenhum momento reclamou do aviso[2648].

Mais recentemente, começa a surgir jurisprudência que atende ao direito ao segredo das comunicações, oferecendo uma resposta mais adequada de acordo com a Constituição, resolvendo o conflito entre o poder de controlo electrónico do empregador e a tutela do direito constitucional.

Esta jurisprudência tem vindo a distinguir entre os elementos externos da correspondência electrónica e o seu conteúdo. No que concerne ao controlo dos elementos formais dos *e-mails*, como o número de *e-mails* enviados ou recebidos, a extensão, os destinatários e a duração, elementos que têm uma elevada publicidade, não entendem que seja afectado o direito ao segredo das comunicações[2649].

Por outro lado, não se admite o controlo do conteúdo da comunicação electrónica desde o local de trabalho a não ser em casos excepcionais, sendo que estes estão relacionadas com a aplicação da doutrina fixada nas decisões do TCE 98/2000 e 186/2000. Isto significa que poderá aceder-se ao *e-mail* de natureza laboral se este tem uma vinculação directa com a actividade do trabalhador, seja imprescindível para avaliar a correcção da prestação e, atendendo às circunstâncias em causa, não exista outra forma menos intrusiva de avaliação da prestação.

Assim, tem-se defendido que quando se trate de um controlo proporcionado à finalidade que com o mesmo se pretende, atendendo ao juízo de necessidade, idóneo para o fim[2650], e atendendo que desse controlo possam resultar mais benefícios para o serviço que presta a empresa e que não ocorram prejuízos para o direito fundamental dos trabalhadores, é possível esse controlo[2651].

[2648] Decisões referidas em SEMPERE NAVARRO e MARTÍN MAZZUCCONI, última *op.* cit., p. 71.

[2649] Vejam-se neste sentido as sentenças do TSJ da Catalunha de 11 de Março de 2004 e de 12 de Maio de 2006.

[2650] Juízo de idoneidade.

[2651] Veja-se a crítica feita por MARTÍNEZ FONS, "El uso y control del...", cit., pp. 225-226, a alguma jurisprudência que não aplica correctamente este princípio. Assim, a decisão do TSJ da Galiza, de 4 de Novembro de 2001. O tribunal, nesta decisão, após ter referido que "é necessário que se dê uma tripla característica de idoneidade, necessidade e proporcionalidade em sentido estrito", conclui que "a empresa tem um direito a vigiar os seus instrumentos de trabalho para que não se realize um uso abusivo e para fins pessoais

O *Controlo das Comunicações Electrónicas...* 759

Tem-se vindo a decidir, mais recentemente, que o acesso às mensagens electrónicas identificadas como pessoais fica interdito ao empregador, sendo que, para além de todas as consequências penais deste comportamento, há, ainda, a nulidade da prova assim obtida. Não se admite, assim, como regra geral, o controlo do computador com a finalidade de conhecer as mensagens pessoais recebidas ou enviadas[2652].

Contudo, excepcionalmente, tem-se vindo a aceitar que se possa aceder ao conteúdo das mensagens quando se identifique a necessidade de um propósito específico, explícito e legítimo, de acordo com o princípio da causalidade; que esteja presente o princípio da indispensabilidade quando o controlo seja uma resposta proporcionada a um certo padrão de risco; que seja garantida a mínima repercussão sobre a privacidade do trabalhador afectado, respeitando o princípio da proporcionalidade; e que se proceda à abertura dos *e-mails* na presença do trabalhador e seus representantes.

Porém, entende-se que, para a visualização dos conteúdos no caso dos *e-mails* privados é necessária sempre a prévia autorização judicial, não se concordando com as situações excepcionais referidas.

4.5.2.2.2.4. *Análise do ordenamento jurídico francês*

4.5.2.2.2.4.1. No ordenamento jurídico francês também não existe legislação específica que reja a utilização do *correio electrónico*. Contudo, conforme já referimos, existem inúmeros dispositivos legais que permitem sancionar os atentados à vida privada, garantindo a protecção de dados de carácter pessoal, sendo que o art. L. 121-8 do *CT*, dispõe que nenhuma informação pode ser recolhida através de aparelhos que não tenham sido previamente referidos aos trabalhadores, e o art. L.432-2-1 que impõe a informação e a consulta do *comité d'entreprise* previamente à introdução na empresa de meios ou técnicas que permitam um controlo da actividade

---

do mesmo e, consequentemente, aceder aos conteúdos de direcções da *internet* que o trabalhador utilizou é um meio idóneo, e dado o número de horas de trabalho nela gasto e o custo económico que teve completam os requisitos de necessidade e de proporcionalidade da medida". Não se pode concordar com esta decisão.

[2652] *Vide* Martínez Fons, última *op.* cit., p. 226, e "Trabajador despedido...", cit., pp. 3-4, assim como as sentenças do TSJ da Catalunha de 11 de Junho de 2003, de 22 de Julho de 2004 e de 12 de Maio de 2006.

760 *A Privacidade dos Trabalhadores e as Novas Tecnologias...*

dos trabalhadores. O mesmo se diga em relação à combinação dos arts. 9.°, 1382.° e 1383.° do *Code Civil* que dispensam a protecção às pessoas contra a violação da sua vida privada e sancionam quem ofender este direito. O empregador deve reger-se, assim, pelo princípio da lealdade, previsto no art. L. 121-8 do *CT*, o que torna ilícitos todos os meios de prova obtidos sem a consulta prévia aí referida, sendo que não visa somente os instrumentos internos de produtividade ou, explicitamente, de controlo das ligações à *Internet*. Todas as técnicas que permitam um controlo da actividade dos trabalhadores são visadas. Deve ter-se ainda em atenção o princípio da proporcionalidade, previsto no art. L. 121-7 que prescreve que "os métodos e as técnicas de avaliação dos trabalhadores devem ser pertinentes ao fim pretendido".

De importância fundamental na análise desta questão é o direito ao segredo da correspondência[2653]. Este princípio não está protegido pelo Direito civil mas pelo Direito penal no art. 226-15 do *Code Penal* que considera como crime a violação do segredo da correspondência. Contudo, esta protecção não é absoluta na medida em que a ingerência de uma autoridade pública é admitida desde que constitua uma medida necessária à protecção dos direitos e liberdades de outrem[2654].

O princípio do segredo de correspondência implica uma protecção eficaz porque constitui um dos aspectos da vida privada das pessoas. Sendo um princípio bastante antigo, ele abrange, desde logo, a correspondência postal e a correspondência emitida por via das telecomunicações, através da Lei n.° 91-646, de 10 de Julho de 1991, incluindo as comunicações realizadas através de telefone, telecópia, *minitel* ou telex.

Este direito constitui um prolongamento do respeito pela vida privada, sendo o segredo necessário pelo carácter privado da correspondência.

Pode dizer-se que há correspondência privada desde que a mensagem seja exclusivamente destinada a uma (ou mais) pessoas físicas ou colectivas, determinadas e individualizadas, e que se baseie numa carta fechada.

[2653] Os primeiros textos que consagram o princípio da inviolabilidade da correspondência remontam à Revolução Francesa, podendo encontrar-se alguns princípios no art. 11.° da Declaração dos Direitos do Homem e do Cidadão. Veja-se a evolução da legislação em MAURIZIO DE ARCANGELIS, *op. cit.*, pp. 79-80.

[2654] Cf. JEAN-EMMANUEL RAY, *Le droit du travail...*, cit., pp. 104-107, MARTINE BOURRIÉ-QUENILLET e FLORENCE RODHAIN, *op. cit.*, pp. 64-65, e STÉPHANE DARMAISIN, *op. cit.*, p. 586.

Assim, é interdito tomar conhecimento de uma carta que não nos seja dirigida, sendo que a prova produzida com violação destes princípios não será aceite[2655]. Nota-se, desta forma, que a correspondência é qualificada de privada não com referência à vida privada mas por oposição à comunicação pública no sentido de que a correspondência privada não é acessível a um público indeterminado mas, pelo contrário, é destinada a uma ou mais pessoas determinadas.

No art. 226-15 do *Code Penal* sanciona-se quem abrir, suprimir ou retardar as correspondências chegadas ou não ao seu destino e destinadas a um terceiro. Mas há dois requisitos que têm de ser atendidos para que se aplique este artigo: a correspondência deve ser endereçada pessoalmente a alguém; e tem de se agir de má fé. Esta implica que quem intercepta a mensagem deve saber que não é o seu destinatário e que não dispõe do poder de controlo[2656].

A questão que se colocou, quer na doutrina, quer na jurisprudência, foi a da aplicação deste direito ao *e-mail*[2657], sendo que o Tribunal *Correctionnel* de Paris, em 2 de Novembro de 2000, entendeu que sim[2658]. Nesta decisão entendeu-se que "o envio de mensagens electrónicas entre pessoas constitui correspondência privada. Convém, desta forma, considerar que as mensagens electrónicas da parte que só podia aceder através de *password*, estão protegidas pelo segredo de correspondência emitido por via das telecomunicações, sendo que a violação constituirá uma infracção

---

[2655] Vejam-se neste sentido, e a título meramente exemplificativo, AGATHE LEPAGE, *Libertés...*, cit., p. 36, e "La vie privée...", cit., p. 366, ÉLISABETH FORTIS, *op.* cit., pp. 41-42, FRANÇOISE FAVENNEC-HÉRY, "Vie privée...", cit., pp. 941-942, ISABELLE DE BENALCÁZAR, *op.* cit., p. 88, JEAN-EMMANUEL RAY e JACQUES ROJOT, *op.* cit., p. 137, MARIE-PIERRE FENOLL-TROUSSEAU e GÉRARD HAAS, *op.* cit., pp. 104-105, e MICHEL BUY, *op.* cit., pp. 126-127.

[2656] Atendendo a este requisito ARIANE MOLE, "Mails personnels...", cit., p. 84, entende que a abertura da correspondência ligada a um controlo pontual e circunstanciado, sendo as modalidades conhecidas pelos trabalhadores e proporcionais ao fim pretendido, não pode considerar-se como feita de má fé.

[2657] Desde logo, não seria possível a aplicação do art. 226-1, do *Code Penal*, pois este não comporta palavras, sendo sobre o plano do segredo da correspondência que deve colocar-se a questão. Neste sentido veja-se OLIVIER DE TISSOT, "Internet et...", cit., p. 154, assim como BERNARD BOSSU, "Nouvelles Technologies...", cit., p. 667.

[2658] Já antes a doutrina tinha defendido o mesmo. Veja-se MAURIZIO DE ARCANGELIS, *op.* cit., pp. 80-81, assim como ISABELLE DE BENALCÁZAR, *op.* cit., p. 89.

762   *A Privacidade dos Trabalhadores e as Novas Tecnologias...*

penal"[2659]. Esta decisão originou um vivo interesse na medida em que, pela primeira vez, se considerou que os *e-mails* beneficiavam da protecção do direito ao segredo da correspondência, referindo que "as mensagens electrónicas permitem transmitir uma mensagem escrita de uma pessoa a outra, de forma análoga ao correio"[2660] [2661].

4.5.2.2.2.4.2. Na introdução da utilização da *Internet* numerosas empresas criaram códigos de boa conduta mas como estes raramente eram negociados com os sindicatos ou com os representantes dos trabalhadores, traduziam um manifesto desequilíbrio entre as prerrogativas do empregador e os direitos destes[2662]. Assim, a CNIL, a quem se devem previamente declarar todos os ficheiros informatizados, decidiu realizar um relatório onde referia as regras gerais necessárias para se elaborar um Código de Conduta. Desde logo, estipulou que todo o documento que vise regular esta situação deve ser redigido de uma maneira clara e compreensível, referindo as regras de uso dos recursos colocados à disposição dos trabalhadores, e ser negociado com os seus representantes, tendo de ser periodicamente actualizado para manter a evolução face às inovações tecnológicas.

Defendeu-se neste documento, ainda, que uma utilização para fins privados do *e-mail* deveria ser permitida dentro do razoável desde que não afectasse a eficiência do sistema informático, devendo o controlo dos

---

[2659] A matéria de facto desta decisão não deixa de ser interessante. Tratava-se de um caso de responsáveis de um laboratório, dependente de uma escola pública que controlaram os *e-mails* de uma estudante que estava a efectuar pesquisa para a sua tese de doutoramento. Para este fim ela dispunha de meios informáticos colocados à sua disposição pelo laboratório, tendo um computador protegido por uma *password*. Ao controlarem os seus *e-mails*, os responsáveis tomaram conhecimento de mensagens que lhe tinham sido envidas a título pessoal. O tribunal aplicou o art. 432, n.º 9, alínea 2, do *Code Penal* e condenou os responsáveis da Universidade.

[2660] *Vide* ISABELLE DE BENALCÁZAR, *op.* cit., p. 89, e MAURIZIO DE ARCANGELIS, *op.* cit., pp. 81-82. Cf., ainda, BERNARD BOSSU, última *op.* cit., p. 667, FRANÇOISE FAVENNEC-HÉRY, última *op.* cit., p. 942.

[2661] Veja-se, ainda, neste sentido, a decisão do TGI de Paris, de 27 de Janeiro de 2003, referida por ÉLISABETH FORTIS, *op.* cit., p. 42.

[2662] Como exemplo poderá mencionar-se uma cláusula prevista num "Código de Boa Conduta" que referia que "toda a mensagem electrónica enviada por um trabalhador é objecto de uma gravação permanente, escrita, podendo a todo o momento ser consultada e inspeccionada". *Vide* JEAN-EMMANUEL RAY, *Le droit du travail...*, cit., p. 119.

empregadores ficar circunscrito ao número, tamanho e destinatário, sendo desproporcionado um controlo sistemático dos conteúdos.

Desta forma, nota-se como a utilização para fins pessoais do *e-mail* da empresa tem originado uma acesa polémica, confrontando-se inúmeros argumentos contra e a favor. A sua interdição total parece um pouco "desproporcionada e irrealista"[2663]. Sem dúvida que em determinadas empresas, por razões de segurança, pode ter de operar-se um controlo *a posteriori* do seu uso, mas este só pode ser realizado numa perspectiva genérica e não sobre o conteúdo concreto das mensagens. Tratando-se de mensagens "recebidas", se houver a indicação de serem privadas, o empregador fica interdito de tomar conhecimento do seu conteúdo pois aquelas merecem a protecção conferida pela jurisprudência à correspondência postal. Surge um problema, no entanto, com os indispensáveis *firewall* instalados em todas ou quase todas as empresas e que se destinam a evitar intrusões ilegais, como vírus e outros engenhos capazes de produzir danos por vezes irreparáveis nas empresas, ou a impedir o ataque dos *hackers*, controlando o fluxo de mensagens, as moradas e os anexos. Este controlo realizado de forma automática, sendo vital para todos, pode indirectamente ser utilizado pelo empregador para tomar conhecimento das mensagens recebidas através de, por exemplo, palavras-chave ou dirigindo este instrumento para um posto de trabalho específico.

Neste ordenamento jurídico defende-se que o empregador não pode utilizar as possibilidades de controlo que as novas tecnologias lhe oferecem sem respeitar os princípios da lealdade, transparência, pertinência e proporcionalidade. Tem de declarar à CNIL os controlos susceptíveis de serem postos em prática, de informar os trabalhadores e de consultar previamente o *comité d'entreprise*, respeitando a zona irredutível de vida privada daqueles, sob pena de ilegalidade[2664].

Para tentar regulamentar esta situação dentro das empresas e para responder às questões colocadas pelos trabalhadores sobre os seus direitos e obrigações, numerosas empresas têm elaborado *Cartas de boa conduta* sobre o bom uso dos recursos informáticos e electrónicos. Debruçam-se sobre questões como a utilização para fins pessoais, sobre o controlo do empregador e sobre a questão da prova. Em relação a esta última as

---

[2663] HUBERT BOUCHET, *La cybersurveillance...*, cit., p. 44.
[2664] Ver neste sentido ARIANE MOLE, "Mails personnels...", cit., p. 87.

764 A Privacidade dos Trabalhadores e as Novas Tecnologias...

Cartas têm de ter em atenção que os computadores não são utilizados por um só trabalhador e, por isso, a responsabilidade pessoal em relação ao cometimento de uma falta terá de ser bem provada, exigindo-se uma palavra-chave e por vezes feitura de mensagens encriptadas[2665].

4.5.2.2.2.4.3. A jurisprudência tem decidido alguns casos sobre a utilização destas tecnologias. Em relação à utilização do correio electrónico, e após algumas hesitações, a jurisprudência parece que é mais favorável ao trabalhador[2666]. As primeiras decisões foram tomadas pelos

---

[2665] Pode consultar-se, a título meramente exemplificativo, a *Carta* criada pelo Grupo *Renault* em JEAN-CHRISTOPHE SCIBERRAS, "L'irrigation de l'entreprise par les nouvelles technologies de l'information et de la communication: le point de vue d'un praticien", *in DS*, n.° 1, 2002, pp. 98-102.

[2666] *Vd.* para o ordenamento jurídico belga, a referência a inúmera jurisprudência em BERTRAND GERADIN, *La convention collective de travail relative à la protection de la vie privée des travailleurs a l'égard du controle des données des communications électroniques en réseau du 26 de avril 2002*, *in* www.droit-technologie.org, pp. 8 e ss, e PATRICE BONBLED, "La consultation des sites pornographiques sur le lieu de travail: motif grave?", *in* www.droit-technologie.org, pp. 2-3, referindo uma decisão que nos parece indicar o caminho a seguir no controlo dos *e-mails*. Tratava-se de uma decisão do Tribunal de Trabalho de Bruxelas, de 22 de Novembro de 2005 que sentenciou que o conteúdo das mensagens trocadas entre trabalhadores mesmo no local de trabalho pertence à sua vida privada, reconhecendo que o empregador tem o direito de controlo, desde que respeite as regras da necessidade e da proporcionalidade previstas na CEDH, o tempo gasto pelos trabalhadores com estas mensagens, as datas e as horas de envio, assim como o nome dos destinatários. Mas não pode visualizar o conteúdo dessas mensagens. Os trabalhadores foram sancionados e o Tribunal decidiu que praticaram uma falta grave mas baseado somente no número elevado de mensagens trocadas – 627 mensagens enviadas ou recebidas em 9 dias, isto é, cerca de 70 por dia (sendo que os trabalhadores sabiam da existência de uma regra interna de proibição do correio electrónico para fins pessoais), e não com base no conteúdo das mensagens (em causa estavam mensagens de teor sexual). O Tribunal decidiu que "a leitura do conteúdo das mensagens não é útil para a manifestação da verdade e a produção do conteúdo de cada mensagem não é necessária, nem indispensável ou proporcional.

Também para o ordenamento jurídico suíço se sustenta o mesmo. Este direito ao segredo das comunicações está protegido expressamente no art. 13, n.° 1, *in fine*, da Constituição, sendo que a protecção se estende a todas as formas de comunicação, compreendendo os diversos serviços oferecidos pela *Internet*. O segredo protege também, para além do conteúdo das mensagens, certos dados anexos como, *inter alia*, a identidade do destinatário, a duração da comunicação e o volume das informações transmitidas. Cf., para mais desenvolvimentos, BERTIL COTTIER, *op.* cit., pp. 92 e ss..

Conseils de prud'hommes. O *Conseil de prud'hommes* de Montbeliard, numa decisão de 19 de Setembro de 2000, considerou como regular o despedimento de uma trabalhadora a quem tinha sido imputada a utilização para fins pessoais e durante o seu tempo de trabalho de "material da empresa – correio electrónico – para manter uma correspondência com um ex-trabalhador, tendo comunicado informações sobre a reorganização em curso na empresa". A trabalhadora em causa não contestou a realidade dos factos mas referiu que o empregador não tinha informado os trabalhadores nem consultado o *comité d'entreprise* sobre a utilização de tal dispositivo de controlo. Contudo, a decisão considerou que a trabalhadora não negou os factos que lhe foram atribuídos e referiu a existência de uma nota da direcção que informava que o correio electrónico só poderia ser utilizado para fins profissionais[2667].

Merece especial referência o acórdão *Nikon*, da *Cour de Cassation*, de 2 de Outubro de 2001, onde pela primeira vez um tribunal superior se debruçou sobre a problemática da utilização do correio electrónico, tendo-o feito num sentido bastante favorável ao trabalhador, limitando consideravelmente o poder de controlo e vigilância do empregador sobre a actividade dos trabalhadores durante o tempo de trabalho. Os factos da sentença remontam a 1995. Um trabalhador da sociedade *Nikon France*, filial do gigante nipónico de fotografia, foi despedido por falta grave, baseado na utilização durante o tempo de trabalho dos recursos colocados à sua disposição pelo empregador para "fins pessoais". O trabalhador recorreu para o *conseil de prud'hommes* por despedimento abusivo, tendo a *Nikon* produzido como prova um ficheiro intitulado "pessoal", recuperado do correio electrónico do trabalhador, que o empregador obteve do seu computador. Aquele obteve ganho de causa nesta instância, assim como no Tribunal de apelação. Já o mesmo não ocorreu na *Cour de Cassation* que decidiu que "o trabalhador tem direito, mesmo durante o seu tempo e local de trabalho, ao respeito pela vida privada; esta implica, em particular, o segredo de correspondência, não podendo o empregador violar esta liberdade fundamental, tomar conhecimento das mensagens pessoais emitidas pelo trabalhador e por ele recebidas graças a um utensílio informático colocado à disposição para o seu trabalho, mesmo que aquele tenha interdito uma utilização não profissional do computador".

[2667] Esta decisão foi muito comentada. Cf. HUBERT BOUCHET, *op.* cit., p. 33.

766 *A Privacidade dos Trabalhadores e as Novas Tecnologias...*

Esta decisão foi profusamente comentada e criticada por alguns[2668] e marca uma reviravolta, desde logo, ao nível do poder de controlo do empregador na medida em que não lhe foi imputado não ter satisfeito a obrigação de informar previamente os representantes dos trabalhadores do controlo das mensagens electrónicas. A lógica da decisão é outra: mesmo se a obrigação de transparência for satisfeita, o empregador não pode verificar o conteúdo das mensagens pessoais. Assim, enquanto a jurisprudência *Neócel*[2669] admitia o controlo desde que fosse público, esta decisão, aplicada àquele, implicaria que a instalação de aparelhos de vídeo-vigilância seria interdita[2670]. O empregador mantém, contudo, a possibilidade de regulamentar a utilização dos meios informáticos da empresa e de adoptar as sanções em relação a um trabalhador que as utilize abusivamente para fins pessoais desde que tal sanção seja proporcional à falta cometida, não podendo aquele abrir documentos quando o carácter pessoal esteja claramente indicado. Toda a menção no correio electrónico que indique que este é pessoal interdita, em princípio, o empregador de tomar dele conhecimento, assim como dos ficheiros que poderão estar anexados.

Conclui-se nesta decisão, desde logo, que o empregador fica vinculado ao respeito devido à vida privada do trabalhador no local de trabalho, pois esta subsiste nesta relação[2671].

Em segundo lugar, decidiu-se que o empregador deve respeitar o segredo da correspondência do trabalhador e o princípio da proporcionalidade previsto no art. L. 120-2 do *CT*. Assim, decidiu-se que, apesar do poder de controlo do empregador, a abertura dos *e-mails* pessoais era con-

---

[2668] Para além das obras referidas mais à frente em notas veja-se, a título de exemplo, AGATHE LEPAGE, "La vie privée...", cit., p. 366, ARNAUD DE SENGA, "Libertés fondamentales", *in DO*, 2002, pp. 77-78, CÉLINE BÉGUIN, *op.* cit., pp. 8 e ss., CHRISTIANE FÉRAL-SCHUHL, *op.* cit., pp. 121-122, FRANÇOISE FAVENNEC-HÉRY, "Vie professionnelle,...", cit., p. 53, ISABELLE DE BENALCÁZAR, *op.* cit., pp. 89-90, JEAN-EMMANUEL RAY e JACQUES ROJOT, *op.* cit., p. 139, MICHEL BUY, *op.* cit., p. 131, PIERRE-ALAIN GOURION e MARIA RUANO-PHILIPPEAU, *op.* cit., pp. 100-101, e WAQUET, *L'entreprise...*, cit., p. 144. Ver, ainda, o comentário em *RJS*, n.º 12, 2001, pp. 948-949.

[2669] Decisão já citada no capítulo anterior, n.º 3.4.1..

[2670] Ideia defendida por JEAN-CHRISTOPHE SCIBERRAS, *op.* cit., p. 95.

[2671] A *Cour de Cassation* seguiu, desta forma, as sentenças do TEDH *Halford* e *Niemitz*.

O Controlo das Comunicações Electrónicas... 767

siderada desproporcionada face ao segredo de correspondência dos trabalhadores[2672].

A questão principal nesta decisão é a da licitude da prova, sendo que o modo de obtenção da prova é ilícito por violar o direito ao segredo de correspondência privada, que é um princípio fundamental. A deslealdade do empregador que produz como prova, sem conhecimento dos trabalhadores, um ficheiro intitulado de "pessoal" deve ser sancionado com a não aceitação como prova de tal ficheiro. *A contrario sensu* o empregador pode tomar conhecimento das mensagens que não são pessoais e que estão marcadas como tal, podendo estas produzir efeitos em juízo[2673].

O problema que se levanta é o da distinção delicada entre mensagens intituladas de "pessoais" e mensagens "profissionais", podendo o empregador tomar conhecimento dos *e-mails* enviados ou recebidos pelos trabalhadores desde que nenhum carácter pessoal lhes seja atribuído[2674].

Assim, deve notar-se que nesta decisão o tribunal só estabeleceu a regra da inviolabilidade das comunicações para os *e-mails* pessoais.

[2672] Contudo, tem de referir-se que não foi considerado como uma violação deste direito quando o empregador é informado por um trabalhador, destinatário de um *e-mail*, do conteúdo racista e anti-semita deste. Neste caso, como não há violação já que foi uma das partes da comunicação que transmitiu o conteúdo ao empregador, pode este sancionar o trabalhador que enviou a mensagem. Ver a decisão da *Cour de Cassation* de 2 de Junho de 2004, sobre o caso do envio de correio com conteúdo anti-semita que podia mesmo colocar em causa a responsabilidade do empregador. Vejam-se os comentários a esta decisão em AGNÈS MARTINEL, *op.* cit., p. 108, ALAIN CURTET, "La cour de cassation confirme qu'un courriel antisémite envoyé du bureau justifie la faute grave", *in* www.droit-technologie.org, pp. 1 e ss, assim como os comentários referidos em *RJS*, n.os 8/9, de 2004, pp. 606-607, e em *DO*, n.º 680, 2005, pp. 125-126.

[2673] A *Chambre Criminelle* da *Cour de Cassation* decidiu em 18 de Julho de 1973, que a abertura voluntária do correio pessoal endereçado a um trabalhador para o seu local de trabalho constituía um ilícito penal. Mas, diferentemente, em 16 de Janeiro de 1992, decidiu que na ausência de má fé, a atitude do empregador não poderia ser condenada. No caso tratava-se de um empregador que tinha aberto três cartas endereçadas ao local de trabalho com o nome do trabalhador mas sem indicação de serem privados, e porque as menções patentes nestes correios permitiam pensar que se tratariam de profissionais.

[2674] O grande problema que se levanta é o de que, na maior parte dos casos, os *e-mails* não estão marcados como tal ou, por vezes, tornam-se pessoais embora derivados de factos profissionais. Sobre o problema desta distinção vejam-se LIONEL BOCHURBERG e SÉBASTIEN CORNUAUD, *op.* cit., pp. 112-114. Vejam-se estas decisões em CÉLINE BÉGUIN, *op.* cit., p. 8.

768 *A Privacidade dos Trabalhadores e as Novas Tecnologias...*

Não estabeleceu que todos os *e-mails* dos trabalhadores estão protegidos pelo segredo das comunicações, o que significa que o empregador pode tomar conhecimento das mensagens que não são consideradas como pessoais.

Tem ainda de notar-se que nesta decisão o Tribunal sustentou que mesmo que exista uma interdição pessoal da utilização do *e-mail*, o empregador não pode controlar os *e-mails* pessoais dos trabalhadores.

A impossibilidade do empregador controlar o conteúdo dos *mails* foi também discutida no caso destes conterem dados que são penalmente ilícitos ou quando têm vírus, na medida em que, como menciona MOLE[2675], "um empregador que não proceda aos controlos necessários pode ser acusado de negligência: parece que a circunstância da indicação do carácter pessoal da correspondência e a impossibilidade subsequente de ler o seu conteúdo poderão não ser suficientes para exonerá-lo da sua responsabilidade desde que os actos sejam cometidos – ou tenham a aparência de o serem – pelo trabalhador durante o exercício das suas funções", o que não deixa de ser um paradoxo, e tenha sido indicado pela doutrina como um ponto a ter em atenção[2676 2677].

Desde esta decisão a *Chambre Sociale* da *Cour de Cassation* tem estado extremamente atenta ao respeito pela vida privada e pelo direito ao

---

[2675] "Mails personnels...", cit., p. 87.

[2676] PIERRE-YVES GAUTIER, "Contrat de travail. La preuve hors la loi ou comment, grâce aux nouvelles technologies, progresse la «vie privée» des salariés", *in Recueil Le Dalloz*, n.º 39, 2001, p. 3150, defende ser necessário apelar ao princípio da proporcionalidade na actuação empresarial, tendo em atenção que há uma série de questões a ter em conta. Desde logo, com a nova noção dada pelo tribunal – que considera provavelmente ser demasiado absoluta – o simples facto dos dados contidos nos ficheiros ou nos *mails* não relevarem da actividade da empresa, insere-os na cobertura da vida privada, o que este autor considera ser um paradoxo.

[2677] ANTONMATTEI, "NTIC et..." cit., p. 41, considera que não pode entender-se que a interdição referida pela decisão seja absoluta. O facto do art. L. 120-2 do *CT* estar presente nesta sentença permite visualizar algumas excepções à proibição. Assim, pode conceber-se que, em certos casos, estejam previstas situações que permitam o conhecimento das mensagens pessoais no respeito pelas condições colocadas pelo art. L. 120-2. O autor refere algumas situações: certas faltas do trabalhador prejudiciais ao funcionamento do serviço, ou situações onde existam indícios graves e concorrentes de uma utilização abusiva e até ilegal do correio electrónico, entre outras, podendo mesmo prever-se a possibilidade de visualizar estas mensagens na presença de um representante dos trabalhadores.

segredo da correspondência[2678], assim como aos procedimentos de informação individual e colectiva e à Lei "Informática e Liberdades". Esta atenção tem sido levada a tal ponto que um trabalhador que pratica uma infracção disciplinar pode não sofrer qualquer sanção pelo facto de os juízes não aceitarem a prova por ter sido obtida contra as regras de Direito substantivo e, também adjectivo[2679].

Mais recentemente a jurisprudência tem vindo a clarificar alguns pontos menos claros da decisão *Nikon*, nomeadamente pela decisão *Philippe X. v. Societé Cathnet Science*, de 17 de Maio de 2005[2680], que considerou que uma interdição de utilização pessoal não permitirá, contudo, ao empregador, tomar conhecimento em condições regulares do conteúdo dessa correspondência que relevará da vida privada das pessoas. Mas tem de notar-se que neste caso tratava-se de um ficheiro pessoal e não de *e-mails*.

Pode dizer-se, desta forma, atendendo a estas duas decisões, que a *Cour de Cassation* optou por um regime a duas velocidades nesta matéria:

[2678] Pode referir-se, a título de exemplo, a decisão de 12 de Outubro de 2004, que confirma a decisão *Nikon* e visa explicitamente o *e-mail*. Veja-se o comentário a esta decisão em *DO*, n.° 678, 2005, pp. 28-29. Pode referir-se, ainda, embora não se trate de uma decisão da *Cour de Cassation*, a decisão da *Cour d'Appel* de Douai, de 30 de Setembro de 2003. Tratava-se de um despedimento de um trabalhador tendo como prova *e-mails* pessoais do mesmo. O Tribunal entendeu que a prova do carácter injustificado da ausência do trabalhador, tinha sido obtida de forma ilícita na medida em que tinha ocorrido uma violação da vida privada do trabalhador.

[2679] Veja-se a decisão da *Cour de Cassation*, de 10 de Abril de 2008, referida por JEAN-EMMANUEL RAY, "Actualités des TIC...", cit., p. 1077.

[2680] Nesta decisão um trabalhador tinha sido despedido por falta grave após terem sido descobertas fotografias eróticas numa gaveta e o empregador ter aberto no disco duro do computador do trabalhador vários dossiers intitulados pessoais e com material totalmente alheio às suas funções. Este despedimento foi considerado regular pela *Cour d'Appel*, em 6 de Novembro de 2002, mas não na *Cour de Cassation*, onde se decidiu que a não ser em casos de "risco ou acontecimentos particulares", o empregador não pode abrir os ficheiros identificados pelo trabalhador como pessoais, a não ser na sua presença. O problema que se poderá colocar é o de saber o que deverá entender-se por "risco ou acontecimentos particulares", parecendo que só casuísticamente se poderá aferir. Esta decisão segue também uma outra, de 11 de Dezembro de 2001, onde a *Cour de Cassation* defendeu que o despedimento de um trabalhador após uma busca efectuada pelo empregador ao seu armário, sem a sua presença, onde se descobriram bebidas alcoólicas não era lícito, a não ser que fosse um caso onde estivesse em causa um "risco ou acontecimento particular", embora entendido sempre em termos restritos. Ver sobre esta decisão, *supra*, ainda neste capítulo, n.° 4.3.2.2..

os *e-mails* de carácter pessoal são protegidos pelo segredo das comunicações, sendo necessária uma prévia autorização judicial para os consultar, sendo que os ficheiros contidos num computador beneficiam de um regime de controlo mais simples, ainda que exigindo-se certos requisitos, proibindo-se a revista e a busca clandestina pelo empregador dos *dossiers* pessoais dos trabalhadores[2681] [2682].

Pode dizer-se que com esta decisão de 17 de Maio de 2005 a *Cour de Cassation* confirmou a posição restritiva de se aplicar o segredo de correspondência apenas a *e-mails* e não a *dossiers* ou ficheiros intitulados de privados. Esta decisão pode ser considerada como um *prolongamento* do acórdão *Nikon*, suportando-se nos mesmos textos fundamentais, contribuindo para definir os contornos da noção de "respeito pela vida privada do trabalhador no local e tempo de trabalho". Através desta decisão a *Cour de Cassation* tenta reequilibrar as relações entre a protecção da vida privada do trabalhador e o poder de controlo do empregador, assim como a noção de "risco ou acontecimento particular".

Em 2008, através da decisão de 10 de Junho, a *Chambre Sociale* da *Cour de Cassation*[2683], procedeu à delimitação de um regime jurídico de utilização das NTIC na empresa[2684]. Nesta decisão o tribunal referiu que "O respeito pela vida pessoal do trabalhador não constitui um obstáculo à aplicação do art. 145.º do Código de Processo Civil, desde que o juiz constate que as medidas que ele ordenou procedem de um motivo legítimo e são necessárias à protecção dos direitos da parte que as solicitou".

No caso concreto, o empregador, suspeitando que um dos seus responsáveis estava a fazer-lhe concorrência, obteve do tribunal do comércio uma autorização para que um funcionário da justiça acedesse aos ficheiros

---

[2681] Veja-se neste sentido AGATHE LEPAGE, LAURE MARINO e CHRISTOPHE BIGOT, *op.* cit., pp. 2649-2650, DAVID TATÉ, "Les tempéraments à l'interdiction de consulter les fichiers personnels des salariés", *in* www.net-iris.com, pp. 2-3, e JEAN-EMMANUEL RAY, "L'ouverture par l'employeur...", cit., pp. 789 e ss..

[2682] Também não é protegido pelo direito ao segredo de correspondência a morada electrónica de um *site* da *internet* destinado a consulta pública. Neste sentido, CHRISTOPHE CARON, AGATHE LEPAGE, e LAURE MARINO, "Droits de la personnalité", *in Recueil le Dalloz*, n.º 23, 2003, pp. 1538-1539.

[2683] Este caso seguiu o de 23 de Maio de 2007, que entendeu ser aplicável o art. 145.º do CPC.

[2684] Ver a decisão da *Cour d'Appel* de Anvers, de 2 de Setembro de 2008, referida e criticada por JEAN-EMMANUEL RAY, "Actualités des TIC...", cit., p. 1077, nota n.º 38.

O Controlo das Comunicações Electrónicas...

não expressamente referidos como pessoais pelo trabalhador[2685]. Assim, tratando-se de ficheiros não intitulados de pessoais, o empregador de boa fé pode aceder livremente[2686].

Tendo em consideração esta decisão será possível defender-se o controlo do conteúdo desde que exista uma autorização judicial prévia, embora não possa ser realizada sem o conhecimento do trabalhador. Contudo, isto não significa que ele deva estar sempre presente. Tendo sido "suficientemente informado" e tendo-se se recusado a participar, o empregador pode, da mesma forma, proceder à abertura dos ficheiros em causa, com a ajuda de um especialista de informática.

Convém notar, tal como JEAN-EMMANUEL RAY[2687] o faz, a enorme prudência nesta matéria pois refere-se sempre a ficheiros intitulados de pessoais e não a correspondência. Claro que sob o ponto de vista jurídico trata-se de questões diferentes em razão do delito específico de violação do segredo de correspondência do art. 226-15 do *Code Penal*, mesmo que na prática possa suceder que os *e-mails* estejam contidos em ficheiros.

Nota-se, assim, neste ordenamento jurídico, uma protecção bastante grande dos *e-mails* pessoais, ainda que mais recentemente a jurisprudência pareça ter tentado reequilibrar o poder de controlo do empregador com a protecção dos direitos dos trabalhadores.

4.5.2.2.2.5. *Análise do ordenamento jurídico inglês*

4.5.2.2.2.5.1. No ordenamento jurídico inglês há vários diplomas legais que regulam a matéria do controlo electrónico dos *e-mails* dos trabalhadores, sendo que, actualmente, pode dizer-se que as leis aplicáveis potenciam e criam algumas contradições e ambiguidades.

[2685] Sendo que uma tal identificação só pode resultar da aposição de uma menção específica de criação de um ficheiro pessoal pelo trabalhador e não do título "meus documentos" pois este faz parte da maior parte dos programas. Veja-se JEAN-EMMANUEL RAY, última *op.* cit., p. 1079.

[2686] De notar que a *Cour de Cassation*, através da decisão de 18 de Outubro de 2006, decidiu que: "os ficheiros e os *dossiers* criados pelo trabalhador graças a utensílios informáticos colocados à sua disposição pelo empregador para a execução do seu trabalho presumem-se, a não ser que o trabalhador os identifique como sendo pessoais, como tendo um carácter profissional, podendo o empregador a eles aceder".

[2687] "Actualités des TIC...", cit., p. 1079.

772   *A Privacidade dos Trabalhadores e as Novas Tecnologias...*

Em primeiro lugar, existe o *Regulation of Investigatory Powers Act*, de 2000, que estabelece um princípio geral para toda a intercepção de comunicações, tanto nos sistemas de comunicações privadas como públicas, e fixa a regra geral da ilegalidade dessas intercepções. Esta legislação reporta-se directamente ao controlo do *e-mail*, assim como da *internet*, por parte do empregador e surgiu neste ordenamento jurídico por várias razões: para actualizar a lei de forma que a protecção conferida possa abarcar situações privadas para dar cumprimento ao caso *Halford* do TEDH, e com o objectivo de transpor a Directiva 97/66/CE, relativamente à privacidade nas telecomunicações[2688].

Esta legislação é, em si mesma, bastante restritiva para os empregadores que pretendam controlar os *e-mails* dos seus trabalhadores, na medida em que considera como uma ofensa criminal o acto de interceptar uma comunicação durante a sua transmissão, num sistema privado ou público. Em relação a uma intercepção de um sistema privado, uma intromissão é possível dentro de algumas excepções. A maior parte delas não releva para o empregador a não ser em dois casos: se as duas partes tiverem consentido, por exemplo, para controlo da qualidade do serviço telefónico; se se tratar de uma prática profissional legítima tendo por fim o controlo ou a prova de trocas profissionais, ou seja, se for uma comunicação de trabalho.

Em relação ao consentimento não se percebe se ele é específico para aquela comunicação em concreto ou se pode ser dado de forma mais geral. No caso da relação de trabalho pode o empregador invocar que os trabalhadores deram o seu consentimento ao acordarem com a política de controlo realizada pelo empregador[2689]. O problema que se coloca é, mais uma vez, o de saber se o consentimento dos trabalhadores é dado livremente quando a alternativa para a sua recusa seja o despedimento ou a recusa de contratação.

Em relação ao consentimento existe ainda o problema do prestado por um terceiro, devendo os empregadores realizar todos os esforços razoáveis para informar todos os utilizadores do sistema de que as suas comunicações podem ser interceptadas.

[2688] Directiva entretanto revogada pela nova directiva sobre privacidade nas comunicações, a Directiva 2002/58/CE.
[2689] Neste sentido HAZEL OLIVER, *Why information privacy...*, cit., pp. 49-50.

O Controlo das Comunicações Electrónicas...   773

Quanto à segunda excepção, o único propósito da intercepção deve ser a vigilância das comunicações que sejam relevantes para o negócio do controlador. A própria lei define como comunicação relevante aquela que implique transacções empresariais ou que fiquem de qualquer modo relacionadas com o negócio ou que tenham lugar durante a actividade empresarial.

Porém, apesar do carácter restritivo desta lei, os empregadores podem controlar de forma bastante ampla os *e-mails* dos trabalhadores após a entrada em vigor, em 24 de Outubro de 2000, da *Lawful Business Practice Regulations*, autorizando o controlo pelos empregadores dos *correios electrónicos* trocados no local de trabalho entre os trabalhadores e, mais amplamente, o controlo das comunicações electrónicas pelo Governo. Esta constitui uma justaposição de textos legais que foram criados para conferir um novo quadro jurídico à intercepção de comunicações.

Este diploma legal confere grande margem de manobra aos empregadores para poderem controlar os *e-mails* dos trabalhadores, estabelecendo algumas situações em que a intercepção das comunicações sem o seu consentimento será legítima[2690]. Em primeiro lugar, para constatar factos, estando a fazer-se alusão à necessidade do empregador de conservar registos das comunicações relativas a questões tais como pedidos e entregas. Uma outra excepção está relacionada com a necessidade de comprovar o cumprimento de exigências externas. Nestas inclui-se qualquer legislação, código ou *standard*, de cumprimento obrigatório ou voluntário, adoptado por qualquer país do Espaço Económico Europeu. Em terceiro lugar, para comprovar os *standards* que devem ser alcançados pelos trabalhadores durante o decurso das suas obrigações laborais, tais como os fixados pelo empregador em relação aos controlos de quali-

---

[2690] Sobre estes dois diplomas podem ver-se GEOFF WATSON, "E-mail surveillance in the UK workplace – a management consulting case study", *in Aslib Proceedings*, vol. 54, n.º 1, 2002, pp. 23 e ss., GILLIAN MORRIS, "Fundamental Rights...", cit., pp. 62--63, HAZEL OLIVER, "Email and Internet...", cit., pp. 342-343, e PATRICIA FINDLAY e ALAN MCKINLAY, "Surveillance, electronic communications technologies and regulation", *in Industrial Relations Journal*, vol. 34, n.º 4, pp. 309-310. Também MARK JEFFERY, "El derecho...", cit., pp. 172 e ss., e "Carta blanca para espiar a los trabajadores? Persepctivas inglesas sobre poder informático e intimidad", *in* www.uoc.edu/web/esp/art/uoc/0109040/jeffery.html analisa o mesmo.

774   *A Privacidade dos Trabalhadores e as Novas Tecnologias...*

dade ou de formação do trabalhador. Em quarto lugar, para evitar ou prevenir delitos e para evitar certos problemas de segurança. Relacionado com este coloca-se a excepção de intromissão nas comunicações para investigar ou detectar a utilização não autorizada dos sistemas de telecomunicações. Com isto permite-se que os empregadores interceptem as comunicações para comprovar que os trabalhadores não violaram as regras empresariais relativas à utilização dos instrumentos de trabalho, tal como o *e-mail*. Acresce a necessidade de, para garantir o efectivo funcionamento do sistema, abranger as intercepções para procedimentos relacionados com a detecção de vírus e a manutenção do sistema[2691]. Por último, a intercepção, ainda que não o registo, é importante para determinar quando se está perante uma comunicação que pode ser interceptada e registada para algum dos casos anteriormente referidos. Esta última excepção existe para permitir aos empregadores o controlo das comunicações dos seus trabalhadores que se encontrem ausentes temporariamente para aferir se as mesmas estão relacionadas com assuntos da empresa ou se são pessoais[2692].

As excepções previstas nesta lei parecem dar clara prioridade aos interesses do empregador à custa da privacidade dos trabalhadores. E embora a possibilidade de controlar e gravar as comunicações sem consentimento esteja limitada a circunstâncias específicas, estas são extremamente amplas. Acresce que o problema ainda aumenta quando se atende que a legislação não inclui um princípio de proporcionalidade, requerendo que essas intercepções sem consentimento só se façam se respeitarem este princípio na sua tripla vertente. Se um empregador conseguir provar que a intercepção está abrangida por alguma das excepções prevista nesta Lei, não releva se essa intromissão é extremamente intrusiva da privacidade dos trabalhadores.

Mas esta falta de respeito pelo princípio de proporcionalidade não está em conformidade com a *Data Protection Act* que inclui este princípio relativamente ao tratamento de dados pessoais. Por outro lado, é questionável se estas leis transpuseram correctamente a Directiva comunitária na medida em que a excepção do consentimento parece ser mais restrita nesta

---

[2691] Estas intervenções já seriam lícitas à luz do *Regulation of Investigatory Powers Act*.

[2692] Veja-se a análise destas excepções em HAZEL OLIVER, *Why information privacy...*, cit., pp. 53-55, e MARK JEFFERY, "El derecho...", cit., pp. 173-174

do que naquelas[2693]. Contudo, não pode deixar de atender-se que são várias as limitações legais que têm de ser impostas a estas excepções. Em primeiro lugar, e talvez seja a limitação mais importante na prática[2694], sempre que o controlo electrónico implicar um tratamento de dados pessoais terá de aplicar-se a *Data Protection Act*. Assim, visto que esta Lei transpôs Direito comunitário e considerando que a *Lawful Bussiness Practice Regulations* apresenta uma série de excepções a estas disposições, qualquer discrepância entre as duas deve resolver-se a favor da primeira. Para além disso, atendendo à hierarquia de fontes legais, a *Data Protection Act* como fonte de natureza legal, tem prioridade em relação à segunda, que é tão só uma fonte de natureza regulamentar. Assim, em todos os casos em que estejam em causa dados pessoais devem respeitar-se os princípios da *Data Protection Act*, isto é, todos aqueles princípios que estabelecem como deve realizar-se um tratamento de dados de forma lícita.

A segunda limitação está relacionada com o *Human Rights Act*, no sentido de que toda a legislação deve ser interpretada, na medida do possível, em conformidade com o direito de toda a pessoa à sua privacidade.

4.5.2.2.2.5.2. Tendo em consideração o carácter extremamente amplo da *Lawful Bussiness Practice Regulations*, a reacção dos sindicatos não se fez esperar, exigindo: que fosse facultada uma informação prévia aos trabalhadores em causa, muito embora esta parecesse decorrer da lei; que fosse autorizado um uso pessoal de uma maneira razoável; que houvesse uma informação particular sobre a utilização do seu trabalho por um colega em caso de ausência; que fosse salvaguardada a confidencialidade do correio electrónico entre os trabalhadores e os sindicatos.

4.5.2.2.2.5.3. A Comissão Inglesa de Protecção de Dados elaborou uma Recomendação[2695] onde indicava, a este propósito, a necessidade imperiosa de informar previamente as pessoas sobre a instalação de aparelhos de vigilância, sugerindo a necessidade do seu consentimento.

[2693] Neste sentido HAZEL OLIVER, última *op.* cit., p. 59.
[2694] MARK JEFFERY, útlima *op.* cit., p. 174.
[2695] *The Employment Practices Code*, várias vezes aqui referido.

776 *A Privacidade dos Trabalhadores e as Novas Tecnologias...*

Esta Recomendação preconiza o estabelecimento de uma política clara da empresa sobre as modalidades de utilização dos *sites* e o respeito do princípio da proporcionalidade[2696]. Este princípio implica que: o controlo não pode ser contínuo mas sim ocasional; se o mesmo resultado puder ser alcançado por outro método, este será o utilizado; os sindicatos deverão ser consultados; as pessoas em causa deverão ser informadas do fim pretendido, a não ser em casos excepcionais, por exemplo em caso de infracções; a informação recolhida através deste controlo não pode ser utilizada para outros motivos, a não ser que revele uma actividade criminal ou uma falta relevante das obrigações do trabalhador; este terá o direito de ser ouvido sobre os factos que lhes são imputados; a espionagem só poderá ocorrer nos casos em que uma actividade criminal tenha sido identificada e se considere que as únicas provas possíveis só se conseguem através deste meio; neste contexto deve avaliar-se o risco de informar os trabalhadores e a duração do controlo. Por estas razões, a Comissão propôs: que o empregador difunda um regulamento que indique claramente as condições de utilização de todos os meios de comunicação; que se avalie o carácter proporcional do controlo por ele realizado, assegurando que os trabalhadores têm um conhecimento efectivo das modalidades de controlo; que se analise o impacto deste sobre a autonomia dos trabalhadores na sua vida profissional.

A comissão defendeu que, atendendo ao princípio da proporcionalidade deve controlar-se, em primeiro lugar, os dados externos, de tráfego, e só em casos extremos é que será possível o controlo do conteúdo. Este controlo é extremamente intrusivo da privacidade dos trabalhadores, devendo ser evitado ao máximo, principalmente nos casos em que o trabalhador tem uma legítima expectativa de privacidade. Assim, esta existe nos *e-mails* que estão considerados como pessoais. Se o conteúdo destes tiver de ser controlado, o empregador tem de ter uma razão empresarial imperiosa para o fazer, tal como suspeitas razoáveis de que o trabalhador está a praticar ilícitos penais. Este argumento é considerado suficiente para justificar o controlo nestes casos, desde que não haja outro meio menos intrusivo para controlar o trabalhador.

[2696] Em relação a este controlo, a Comissão defendeu que é relativamente fácil para um empregador vigiar os *correios electrónicos* dos trabalhadores, o que não deixa de acentuar a necessidade de existir um princípio de proporcionalidade entre o impacto da vigilância e os benefícios conseguidos.

O empregador deve, desta forma, respeitar sempre o princípio da proporcionalidade. Isto significa que deve existir o estabelecimento de uma política clara da empresa que refira as circunstâncias nas quais pode ou não usar-se o *e-mail* para comunicações privadas, reconhecer que se a política da empresa não se aplica porque, por exemplo, se tolera um número limitado de comunicações pessoais, é a prática realizada pela empresa que deve ser atendida para avaliar se o controlo é proporcionado; deve assegurar-se que os trabalhadores conhecem as diferentes formas de controlo e não estão confundidos com falsas expectativas de que as suas comunicações são privadas; deve ter-se em atenção que a privacidade não concerne somente às chamadas pessoais mas também às profissionais, mostrando-se realista em relação à apreciação das vantagens em retirar esse controlo electrónico[2697].

4.5.2.2.2.6. *Análise do ordenamento jurídico italiano*

4.5.2.2.2.6.1. O art. 15.° da Constituição italiana estabelece que os direitos ao segredo da correspondência e de qualquer outra forma de comunicação são invioláveis[2698]. Este preceito é aplicável quer nas relações com entes públicos, quer nas relações *inter* privados[2699].

Através deste artigo é considerada uma intromissão muito grave na *riservatezza* das pessoas a intercepção das comunicações, estabelecendo-se uma dupla reserva: jurisdicional e legal.

Por correspondência pode entender-se a troca de informação e de mensagens entre pessoas determinadas. "Ocorre então a vontade do agente de enviar uma comunicação *ad personam*/s e não a qualquer um, através de uma modalidade de transmissão que, qualquer que seja a técnica adoptada, deve respeitar tal vontade, e não tornar-se imediatamente conhecida e apreensível"[2700].

[2697] Veja-se *The Employment Practices Code*, cit., pp. 49 e ss., e CAMAS RODA, "La influencia del correo electrónico...", cit., pp. 149-150.

[2698] Segundo a lei "a liberdade e o segredo da correspondência e de outras formas de comunicação são invioláveis. A sua limitação só pode resultar de autoridade judicial com as garantias estabelecidas por lei".

[2699] Veja-se VALLEBONA, "Il controllo delle comunicazione telefoniche del lavoratore", *in DL*, n.° 75, 2001, p. 357.

[2700] FRANCO TOFFOLETTO, *Nuove tecnologie...*, cit., p. 16.

778 *A Privacidade dos Trabalhadores e as Novas Tecnologias...*

Nos anos noventa do século XX, o Tribunal Constitucional interveio em duas sentenças sobre a questão da legitimidade constitucional dos art. 266.º e 267.º do CPP em relação ao art. 15.º da CI, na parte em que tais artigos limitavam apenas à operação de intercepção do conteúdo as garantias estabelecidas nos arts. 266.º a 271.º deste Código. O Tribunal entendeu que faz parte do âmbito de aplicação do art. 15.º não só o segredo do conteúdo da comunicação como também o relacionado com dados externos das comunicações, tal como a identidade do sujeito e a referência ao tempo e ao local das comunicações.

A questão que se coloca é a da aplicação deste artigo ao *e-mail*, tendo a resposta sido positiva no sentido de esta também estar abrangida pelo direito ao segredo de correspondência previsto legalmente.

Assim, logo em 16 de Junho de 1999, o *Provedor* italiano para a protecção de dados emitiu um parecer, onde sustentou que "a utilização da *Internet*, ainda que com o uso de um *mailing list* ou *newsgroup*, está abrangido pela protecção do art. 15.º da Constituição relativa à reserva sobre a correspondência", sendo que "o correio electrónico deve ser considerado para todos os efeitos como correspondência epistolar ou telefónica, merecendo a mesma protecção normativa"[2701].

Para além da protecção constitucional, o *e-mail* deve estar protegido pelos artigos 616.º e 617.º do Código Penal. O primeiro estabelece que constitui crime tomar conhecimento do conteúdo de uma correspondência fechada endereçada a terceiros, entendendo que por correspondência também se abarca a informática ou telemática, enquanto o segundo artigo sanciona penalmente quem "fraudulentamente interceptar comunicações relativas a um sistema informático". Este último artigo exige o dolo para o preenchimento do tipo legal (*tatbestand*) do crime, existindo quando o controlo ocorre de forma oculta e sem o conhecimento do trabalhador.

Estes preceitos aplicam-se ao empregador, como já foi decidido em matéria de escutas telefónicas, devendo o empregador respeitar aquela

---

[2701] Vários autores se referem a esta possibilidade de aplicação. Assim, a título meramente exemplificativo, para além do autor referido na nota anterior, BELLAVISTA, "I poteri dell'...", cit., p. 166, FABRIZIA SANTINI, *op.* cit., pp. 751-752, LUCA FAILLA e CARLO QUARANTA, *op.* cit., pp. 43-44, LUCIA D'ARCANGELO, *op.* cit., p. 76, MARCO BIAGI e TIZIANO TREU, *op.* cit., p. 190, SONIA FERNÁNDEZ SÁNCHEZ, *op.* cit., p. 95, e VALENTINA GRIPPO, *op.* cit., p. 652.

esfera extremamente pessoal do trabalhador que não é eliminada pela celebração do contrato de trabalho[2702]. Contudo, tem de precisar-se que o artigo impõe sanções a quem tomar conhecimento de correspondência fechada que não lhe seja dirigida, não podendo deixar de atender-se que há autores que entendem que o *e-mail* não circula por canais fechados, mas sim, abertos[2703]. Contudo, não se concorda com esta posição pelas razões já expostas e, por isso entende-se que estes artigos são aplicáveis ao *e-mail*[2704], o que não significa que em determinadas ocasiões não possa afastar-se esta protecção.

Não pode concordar-se desta forma com a decisão do Tribunal de Milão, de 10 de Maio de 2002, que exclui a punibilidade do empregador sob a ideia da propriedade do sistema lhe pertencer e com base no facto de que, embora no *e-mail* figurasse o nome do trabalhador como destinatário desta correspondência, também teria como destinatária a própria empresa na medida em que era a única titular do *e-mail*. Legitimou, desta forma, a possibilidade de conhecer o conteúdo, excluindo a possibilidade de um direito autónomo à utilização do *e-mail*. Pode ler-se nesta decisão que "a conduta do empregador que, sem conhecimento do trabalhador, controla o seu *e-mail* não integra o crime de violação de correspondência previsto no art. 616.° do Código Penal, na medida em que o trabalhador não é titular de um direito à utilização exclusiva do correio electrónico da empresa, expondo-se ao risco de que outros trabalhadores ou o empregador possam ler legitimamente as suas mensagens electrónicas".

Esta argumentação do tribunal não convence[2705] e por várias razões. Desde logo, pelo facto de que, tal como a correspondência postal não perde o seu carácter de segredo mesmo que seja enviada para o trabalhador na empresa, também a correspondência informática terá o mesmo tratamento. Em segundo lugar, existem várias práticas em empresas de permitir um uso tolerado e razoável destes novos meios de comunicação para assegurar um ambiente de trabalho sereno e colabo-

---

[2702] MATTEO DELL'OLIO, *op.* cit., p. 488.

[2703] Veja-se, *supra*, neste capítulo, n.° 4.5.2.2.1..

[2704] No mesmo sentido veja-se AMELIA TORRICE, *op.* cit., p. 353, BELLAVISTA, "La tutela dei dati...", cit., p. 435, e ELEONORA STENICO, "L'esercicio del potere..., p. 125. Veja-se, ainda, a posição do *Garante* que já em 1999, tinha defendido esta protecção.

[2705] Veja-se ELEONORA STENICO, última *op.* cit., p. 126.

780   *A Privacidade dos Trabalhadores e as Novas Tecnologias...*

rante, garantindo a inviolabilidade das comunicações electrónicas. Em terceiro e último lugar, parecendo ser o argumento mais importante, o tribunal, ao permitir ao empregador tomar conhecimento, sem qualquer obstáculo, do conteúdo das mensagens electrónicas do trabalhador, acaba por tornar irrelevante qualquer defesa da privacidade no local de trabalho, o que é completamente contrário aos valores que estiveram na base da redacção do *Statuto dei Lavoratori* em 1970. O trabalhador não deixa de usufruir dos seus direitos enquanto pessoa e cidadão quando celebra um contrato de trabalho[2706].

4.5.2.2.2.6.2. O empregador pode contudo controlar os *e-mails* dentro de determinados condicionalismos. Desde logo, tem-se defendido que os *e-mails* profissionais podem ser visualizados pelo empregador sem restrições e sem que se possa falar de violação do direito ao segredo de correspondência[2707]. Esta possibilidade pertence somente ao empregador mas apenas quando o trabalhador tenha sido o remetente porque o seu exame por parte de um terceiro significaria uma violação deste direito.

Assim, só os *e-mails* de conteúdo pessoal é que estão protegidos contra o controlo do conteúdo por parte do empregador. Por força desta distinção entende-se não ser a melhor opção a divisão operada por SONIA FERNÁNDEZ SÁNCHEZ[2708] entre o tipo de *e-mail* utilizado pelo empregador. Esta autora divide entre o correio enviado via *Intranet* e o que é enviado via *Internet*, sendo que este é privado e pessoal dos trabalhadores

---

[2706] Mais recentemente, em 15 de Setembro de 2006, o Tribunal de Turim, estabeleceu o mesmo, decidindo que "a pessoalidade de um endereço de *e-mail* atribuído a um trabalhador não comporta o segredo da mensagem do enviado e não configura o crime de violação de correspondência no sentido do art. 616.º do CP". Entendeu-se que o empregador que lê o conteúdo dos *e-mails* quando o trabalhador se encontra ausente e descobre que este está a transmitir informação estratégica da empresa a terceiros e o despede, não pratica qualquer ilícito penal, na medida em que existia uma proibição para utilização pessoal e o *e-mail* é propriedade do empregador. Porém, quer-nos parecer que, mais uma vez, há uma confusão entre propriedade do sistema e confidencialidade do *e-mail*. Não está explícito se se tratava de *e-mails* privados ou marcados como profissionais, mas a argumentação da propriedade do sistema para permitir o controlo dos *e-mails* não parece que possa proceder.

[2707] Esta é a opinião de SONIA FERNÁNDEZ SÁNCHEZ, *op.* cit., p. 95.

[2708] *Op.* cit., pp. 97-98.

que decidem criar uma direcção pessoal, sendo somente o servidor propriedade da empresa.

Entende a autora que no caso do *e-mail* via *Internet* somente o servidor de conexão é propriedade do empregador, sendo o endereço electrónico livremente criado e configurado pelo trabalhador. Nestes casos o empregador não pode controlar o conteúdo das mensagens na medida em que se trata de correspondência pessoal inviolável em conformidade com o previsto no art. 15.º da CI. O empregador só poderá controlar certos dados externos.

Diferentemente, no caso das mensagens electrónicas via *Intranet*, não só o servidor é propriedade da empresa como também a direcção electrónica. Normalmente este instrumento é considerado de trabalho e, como não se trata de correspondência pessoal, ao constituir propriedade da empresa o empregador pode controlar livremente o conteúdo, seguindo aqui a autora a sentença do Tribunal de Milão de 2002. A autora questiona ainda o caso de o *e-mail* ser utilizado para fins pessoais, considerando que entra aqui em causa a atitude do empregador. Se este tolera esta utilização não poderá controlar o conteúdo das suas mensagens, a não ser as laborais, na medida em que se cria uma relação de confiança entre as partes e legítimas expectativas de privacidade. Nestes casos o empregador só poderá controlar certos dados externos.

Se o empregador expressamente proibir os seus trabalhadores de utilizar a direcção de *e-mail* para fins pessoais confia que estes só fazem dele um uso laboral. Neste caso a autora entende ser perfeitamente possível a visualização do conteúdo das mensagens sem que se trate de um controlo à distância, na medida em que o trabalhador está a renunciar à sua intimidade ao utilizar para fins privados um instrumento, propriedade da empresa, disposto para um uso exclusivamente laboral, sem que possa considerar-se a actuação do empregador como uma violação dos preceitos constitucionais.

Não se concorda com a argumentação utilizada. Mais uma vez parece-nos existir uma confusão entre a propriedade do sistema e o direito ao segredo das comunicações. Não é pelo facto do empregador ser o proprietário do sistema que lhe assiste a faculdade de poder controlar tudo. Os trabalhadores têm direito a verem salvaguardados os seus direitos fundamentais.

Por outro lado, não parece poder entender-se que quando há uma proibição para uso pessoal e o trabalhador utiliza estes meios para fins privados haja qualquer renúncia tácita dos seus direitos constitucionais. Mais

782   *A Privacidade dos Trabalhadores e as Novas Tecnologias...*

uma vez não se pode confundir propriedade do sistema com a titularidade do direito.

O empregador pode controlar os *e-mails* enviados ou recebidos, embora nos pareça que deve respeitar o princípio da proporcionalidade, não podendo controlar os *e-mails* que estão marcados como pessoais mas apenas os dados externos, muito embora também se reconheça que não é este o entendimento dominante neste ordenamento jurídico, o que não parece, pelas razões expostas, que seja a melhor solução[2709].

4.5.2.2.2.7. *Análise do ordenamento jurídico português*

4.5.2.2.2.7.1. O direito ao sigilo da correspondência e dos outros meios de comunicação privada está previsto no art. 34.° da CRP[2710], tratando-se de um direito inviolável, o que significa que existe uma proibição de ingerência das autoridades públicas nos meios de comunicação, a não ser nos casos previstos na lei em matéria de processo penal e através de decisão judicial. Assim, existe uma excepcionalidade das restrições constitucionalmente autorizadas implicando que estas têm de estar sujeitas aos princípios jurídico-constitucionais das leis restritivas previstos no art. 18.°, isto é, têm de respeitar os princípios da necessidade, da adequação, da proporcionalidade e da determinabilidade[2711]. Deve exigir-se, assim, uma ponderação rigorosa de todas as circunstâncias, devendo a restrição limitar-se ao estritamente necessário à protecção de direitos e bens constitucionais e à prossecução do interesse que está na base da acção penal.

Apesar deste preceito só referir expressamente no n.° 4 as autoridades públicas, a proibição de ingerência é válida, também, para as entidades privadas[2712], e não só para a relação Estado-cidadão, abrangendo,

---

[2709] Embora alguns autores defendam que não deve ser imposta uma proibição total para fins privados destes meios, o que é certo é que ela é possível e, nestes casos, entende-se que o trabalhador não pode ter qualquer legítima expectativa de privacidade, assim como terceiros. Consequentemente, o controlo do conteúdo por parte do empregador é perfeitamente lícito.

[2710] Veja-se capítulo I, n.° 4.4.1.2.3.

[2711] Tal como referem GOMES CANOTILHO e VITAL MOREIRA, *op.* cit., p. 543. Estes autores observam ainda que a lei restritiva não pode legitimar *escutas telefónicas* para a investigação de quaisquer crimes, devendo tratar-se de crimes particularmente graves.

[2712] Neste sentido CRISTINA MÁXIMO DOS SANTOS, *op.* cit., p. 95, e GOMES CANOTILHO e VITAL MOREIRA, *op.* cit., p. 545.

O Controlo das Comunicações Electrónicas...

desta forma, os empregadores. Estes também se encontram subordinados ao respeito deste direito em relação aos seus trabalhadores. Significa, assim, seguindo o ensinamento de GOMES CANOTILHO e VITAL MOREIRA[2713], que a garantia prevista legalmente é mais ampla do que o mero sigilo porque se proíbe toda a ingerência, o que abrange a liberdade de envio e de recepção de correspondência, a proibição de retenção ou de apreensão, bem como de interferência telefónica ou através de outra forma.

Este direito ao sigilo das comunicações não é absoluto na medida em que, nos termos do n.º 4 deste artigo, se admitem excepções previstas em processo criminal e que estão sob reserva de lei, só podendo ser decididas por um juiz.

O conteúdo deste direito abrange toda a espécie de correspondência, englobando o *e-mail*, na medida em que o segredo da correspondência abarca as comunicações enviadas através da via telemática, sendo que o envio deste tipo de mensagens preenche os pressupostos da correspondência privada. Afigura-se particularmente feliz a redacção do artigo porque tem uma fórmula abrangente, permitindo uma actualização deste perante as novas formas de comunicação, não se colocando o problema da sua adequação ou adaptação às NTIC.

O direito ao sigilo das comunicações abrange um tipo de comunicação fechada, isto é, uma comunicação individual que se destina a um receptor individualizado ou a um círculo de destinatários previamente determinado. Assim, deve entender-se que abrange uma relação comunicacional que existe dentro de um "certo, preciso e determinado número de intervenientes"[2714].

Por outro lado, a protecção que é dada por lei a este direito é formal na medida em que o sigilo impende sobre a comunicação independentemente do seu conteúdo ser privado ou não, isto é, independentemente de estar ligado à reserva sobre a intimidade da vida privada[2715].

[2713] *Op.* cit., p. 545.

[2714] FARIA COSTA, "Os meios de comunicação...", cit., pp. 87-88, referindo que as partes querem, "sem excepções, que o fluxo informacional que entre eles corre fique imorredoiramente ligado a esse restrito, auto-restrito, número de pessoas participantes do diálogo".

[2715] Pode referir-se o acórdão do STJ, de 7 de Fevereiro de 2001, em MAIA GONÇALVES, *op.* cit., p. 699, que estabelece no n.º I do sumário, que "o bem jurídico protegido pelo tipo legal de crime do art. 194.º, n.º 2, do CP, é a privacidade das telecomu-

784 *A Privacidade dos Trabalhadores e as Novas Tecnologias...*

Este direito implica, desde logo, que ninguém as viole ou as devasse, no sentido de que a tomada de conhecimento não autorizada do conteúdo da correspondência é, em si própria, ilícita.

Mas, para além desta proibição, a lei também interdita a sua divulgação, isto é, estabelece o direito de que terceiros que a elas tenham acesso não as divulguem[2716]. É, assim, ilícita a divulgação da correspondência perpetrada por alguém que tenha legitimamente acedido ao conhecimento do seu conteúdo, nomeadamente o destinatário, assim como o será a divulgação ou a publicação abusiva por um terceiro, como será o empregador nas comunicações privadas dos trabalhadores[2717]. É o que sucede, desde logo, com o destinatário de cartas-missivas confidenciais, nos termos do art. 75.º do CC.

Porém, no caso dos controlos do *e-mail* por parte do empregador está em causa, sobretudo, a proibição do acesso de terceiros a comunicações privadas de outrem. Neste caso, o comportamento do empregador violador deste direito não surge ligado a uma utilização abusiva da informação conhecida legitimamente pelos sujeitos com acesso a essa comunicação, mas o simples acesso ao conteúdo da comunicação por um terceiro, que não o destinatário nem o receptor da mensagem. Este comportamento será por si só ilícito, na medida em que o que se pune é o próprio conhecimento do conteúdo. Se este direito for violado existem não só sanções civis relacionadas com a responsabilidade civil[2718], como penais, nos termos do art. 194.º do CP[2719].

---

nicações [...] independentemente do seu conteúdo, sendo de todo indiferente que seja secreto ou não".

[2716] O legislador constituinte estabeleceu que a correspondência e meios de comunicação privada, além de sigilosos, são ainda invioláveis. Esta inviolabilidade surge, tal como ARMANDO VEIGA e BENJAMIM SILVA RODRIGUES, *op.* cit., p. 73, referem, como uma extensão da própria pessoa e abrange toda a espécie de correspondência de pessoa a pessoa.

[2717] No mesmo sentido, GOMES CANOTILHO e VITAL MOREIRA, *op.* cit., pp. 544--545, e M.ª REGINA REDINHA e M.ª RAQUEL GUIMARÃES, *op.* cit., p. 657.

[2718] Embora não só esta porque o art. 70.º, n.º 2, do CC, estabelece que independentemente da responsabilidade civil a que há lugar, poderão adoptar-se "as providências adequadas às circunstâncias do caso, com o fim de evitar a consumação da ameaça ou atenuar os efeitos da ofensa já cometida". Chamando a atenção também para esta situação M.ª REGINA REDINHA e M.ª RAQUEL GUIMARÃES, *op.* cit., p. 658.

[2719] Quanto à aplicabilidade do n.º 2 do art. 194.º ao *e-mail* veja-se, *supra*, capítulo I, n.º 4.4.3..

O Controlo das Comunicações Electrónicas... 785

A protecção prevista neste artigo abrange não só o conteúdo da comunicação como o seu *tráfego*, tal como a espécie, a hora, a duração, os nomes dos intervenientes, e a intensidade da utilização, isto é, determinados elementos externos[2720].

Deve notar-se, ainda, que se existir consentimento das partes o terceiro pode conhecer o conteúdo. Mas ao nível da relação de trabalho defende-se que devem ser adoptadas muitas cautelas em relação ao consentimento do trabalhador pois este, encontrando-se numa particular relação de subordinação jurídica e, muitas vezes, económica, não é verdadeiramente livre para prestar esse consentimento[2721]. Assim, o controlo do empregador sem uma autorização prévia e voluntária do trabalhador é ilícito. E, mesmo no caso de existir uma autorização voluntária, terá de reger-se pelo art. 81.º, n.º 2, do CC, sendo revogável a todo o tempo, sendo certo que se expressam as maiores reservas quanto à liberdade deste consentimento.

Ao nível jurisprudencial reveste particular interesse o acórdão do TC n.º 241/02, de 29 de Maio[2722]. Neste caso o tribunal foi chamado a pronunciar-se sobre um processo de despedimento em que o empregador solicitou – ainda que por intermédio de despacho judicial que deferiu tal pretensão, aplicando uma norma do CPC sobre dispensa de confidencialidade de dados pessoais – às operadoras de telecomunicações informações sobre a identificação de um utilizador, sobre dados de tráfego de uma comunicação via *Internet* e sobre facturação detalhada do utilizador, fornecendo para o efeito determinados elementos técnicos relativos à comunicação estabelecida. Nesta decisão o Tribunal decidiu ser inconstitucional "a norma ínsita no art. 519.º, n.º 3, alínea b) do Código do Processo Civil quando interpretada no sentido de que, em processo laboral, podem ser pedidas, por despacho judicial, aos operadores de telecomunicações informações relativas aos dados de tráfego e à facturação detalhada de linha telefónica instalada na morada de uma parte, sem que enferme de nulidade a prova obtida com a utilização dos documentos que veiculam aquelas

---

[2720] Veja-se o parecer n.º 16/1994, de 2 de Maio da PGR, que refere também esta abrangência, considerando ainda que este direito ao sigilo das comunicações é tendencialmente absoluto, no sentido de que a sua restrição só pode ocorrer no âmbito de um processo criminal e por imperativos constitucionais.

[2721] Veja-se, *supra*, capítulo I, n.º 4.4.4., e sobretudo, capítulo III, n.º 2.2..

[2722] Disponível em www.tribunalconstitucional.pt.

786   *A Privacidade dos Trabalhadores e as Novas Tecnologias...*

informações por infracção ao disposto nos artigos 26.°, n.° 1, e 34.°, n.os 1 e 4 da Constituição".

De fundamental importância para a decisão de inconstitucionalidade foram os seguintes factores: o sigilo das telecomunicações previsto no art. 34.° da CRP protege não só o conteúdo das comunicações como os dados de tráfego; as operadoras de telecomunicações ao informarem o tribunal sobre os dados de tráfego da comunicação estabelecida, identificação da linha telefónica utilizada e o nome do respectivo assinante, forneceram informações respeitantes a dados de tráfego que estão abrangidos pelo direito previsto constitucionalmente: não pode, mesmo sob a invocação da dispensa de confidencialidade de dados técnicos da comunicação, violar--se o direito ao sigilo das comunicações.

4.5.2.2.2.7.2. Para a análise desta questão é importante referir, ainda que a título sumário, a protecção penal que o *e-mail* tem no art. 194.°, n.° 2 do CP[2723]. Embora não seja totalmente pacífica esta aplicação, parece[2724] que uma interpretação extensiva deste preceito permite abranger este meio de comunicação na medida em que o tipo legal de crime não se refere a escrito.

Desta forma, pode dizer-se, no seguimento de FARIA COSTA[2725], que o ordenamento penal português consagra quatro níveis de protecção da privacidade e que são: "imposição do sigilo para todos os que pelas suas funções possam aceder ao conteúdo reservado da informação[2726]; proibição da intromissão no próprio conteúdo informacional; proibição da divulgação daquele preciso conteúdo informacional; e, [...] proibição, fora das condições legais, de qualquer contacto com instrumentos técnicos susceptíveis de realizar devassa informacional".

4.5.2.2.2.7.3. Estes princípios, quer constitucionais, quer penais, têm de ser atendidos quando se pretende regular o controlo dos *e-mails* dos trabalhadores por parte dos empregadores, tendo ainda em atenção o

---

[2723] Remete-se para maiores desenvolvimentos, para capítulo I, n.° 4.4.3..

[2724] Tal como FARIA COSTA, "As telecomunicações...", cit., p. 169.

[2725] Última *op.* cit., p. 171.

[2726] Parece ser o caso dos administradores de sistema que têm de estar obrigados a um sigilo profissional que pode ser, se violado, punido penalmente.

art. 22.° do CT. Este, no n.° 1, estabelece o direito à confidencialidade das mensagens de natureza pessoal dos trabalhadores através de vários meios de comunicação, nomeadamente o *e-mail*. Este artigo estabelece assim, para além da reserva, a própria confidencialidade no sentido de que o trabalhador tem não apenas o direito de controlar ou impedir o acesso às suas mensagens, como também o direito de controlar ou impedir a sua divulgação[2727].

Em primeiro lugar, defende-se que o empregador não pode invocar os seus legítimos poderes de organização, direcção e controlo para limitar o exercício do direito constitucional previsto no art. 34.° e, também, no art. 22.° do CT. Estes artigos tutelam, quer o sigilo das comunicações, quer a própria liberdade de exercício, proibindo a sua gravação. Assim, ao empregador ficam inacessíveis as mensagens pessoais do trabalhador não só no momento da sua emissão, como, também, no seu registo em arquivo no computador.

Entende-se, assim, que a titularidade do meio utilizado não justifica, por si mesma, o acesso às comunicações electrónicas realizadas através da empresa. O contrato de trabalho não transforma o empregador num interlocutor da mensagem ou num terceiro qualificado para transgredir o sigilo das comunicações[2728]. O empregador é um terceiro e o acesso deste ao conteúdo dos *e-mails* enviados ou recebidos pelo trabalhador pode vulnerar o sigilo das comunicações[2729]. O único que possui a capacidade de

---

[2727] Neste sentido DAVID DE OLIVEIRA FESTAS, *op.* cit., p. 15.

[2728] Neste sentido veja-se INMACULADA MARÍN ALONSO, *El poder de control...*, cit., pp. 159-160, e ROIG BATALLA, *op.* cit., p. 73. No mesmo sentido GARCIA PEREIRA, "A grande e urgente...", cit., pp. 287-288, referindo que estes direitos não podem ceder perante exigências organizativas do direito de propriedade do empregador e, por isso, os trabalhadores só podem ter as suas comunicações pessoais "devassadas" por ordem judicial. Conclui, assim, que "nenhum fundamento constitucional permite que um empregador privado se arrogue fazer aquilo que afinal, mesmo em caso de responsabilidade criminal, nem os polícias estatais podem, sem autorização de um Juiz de instrução levar a cabo...".

[2729] Defende-se, assim, a ideia de que a titularidade dos meios de comunicação não elimina o direito ao segredo e às garantias constitucionais. Aliás, isto foi referido pelo acórdão do STJ, de 5 de Julho de 2007, disponível em www.dgsi.pt, e quanto a nós muito bem, no ponto IV do sumário – "não é pelo facto de os meios informáticos pertencerem ao empregador que afasta a natureza privada da mensagem e legitima este a aceder ao seu conteúdo". Esta decisão do Supremo parece-nos muito positiva pois colocou nos devidos termos a questão do controlo electrónico do empregador na medida em que se baseou na tutela do direito ao sigilo da correspondência.

excluir o segredo das comunicações é o trabalhador ou a outra parte da comunicação, sendo que a revelação do conteúdo só por uma das partes não vulnera este direito.

Não se pode esquecer, ainda, que o controlo exercido pelo empregador tem de respeitar sempre a dignidade da pessoa humana e, por isso, não é pelo facto de colocar à disposição do trabalhador uma conta de correio electrónico que pode automaticamente defender-se o poder de controlar arbitrariamente as comunicações realizadas através da mesma.

Entende-se, assim, que o empregador fica limitado no seu poder de controlo electrónico, não podendo controlar o conteúdo dos *e-mails* pessoais[2730], devendo proceder-se a uma distinção entre diferentes situações.

Seguindo o que se defendeu anteriormente para o ordenamento jurídico espanhol, considera-se que deve fazer-se a distinção entre os *e-mails* profissionais e os *e-mails* pessoais, não deixando de considerar, contudo, que, por vezes, a distinção é difícil.

Em primeiro lugar, entende-se que as empresas devem estabelecer políticas claras sobre a utilização destes meios de comunicação, embora nos pareça que não podem proibir a sua utilização para fins pessoais atendendo à enorme difusão destes meios e ao consequente esbatimento entre as fronteiras espácio-temporais[2731]. Se o trabalhador pode através do *e-mail* estar muitas vezes disponível para além do seu período normal de trabalho e fora do horário de trabalho, também é legítimo que possa utilizar, dentro destes, as possibilidades oferecidas por estes novos meios para fins pessoais. A flexibilidade das relações laborais tem de ser entendida como uma via de dois sentidos, abrangendo quer o trabalhador, quer o empregador.

[2730] Neste sentido, referindo a impossibilidade de visualização de conteúdos, vejam-se, a título exemplificativo, AMADEU GUERRA, *A privacidade...*, cit., pp. 388-389, M.ª REGINA REDINHA e M.ª RAQUEL GUIMARÃES, *op.* cit., p. 666, referindo que "as mensagens pessoais destinadas ao trabalhador podem pressupor a sua inviolabilidade por terceiros", MENEZES LEITÃO, "A protecção dos dados...", cit., p. 135, referindo-se a esta inviolabilidade, PEDRO ORTINS DE BETTENCOURT, "A internet...", cit., p. 41, RITA GARCIA PEREIRA, *op.* cit., pp. 198-199, e RUI ASSIS, *op.* cit., p. 254.

[2731] Aliás, o estabelecimento de políticas claras é o que se deduz do art. 22.º, n.º 1 do CT. Porém, não se percebe do seu conteúdo se o empregador pode proibir a utilização destes meios para fins pessoais. Entende-se que, sob pena de existir uma contradição entre o n.º 1 e o n.º 2, existe a impossibilidade de proibir a utilização para fins pessoais. No mesmo sentido, ainda que sem grandes certezas, RITA GARCIA PEREIRA, *op.* cit., p. 197.

Parece preferível esta posição à dos autores[2732] [2733] que entendem ser possível a existência de uma proibição geral para fins pessoais a não ser em casos excepcionais relacionados com razões ponderosas. Pensa-se que este entendimento, embora sustentável, não parece indiciar o melhor caminho na medida em que gera uma certa indeterminação em saber quais serão essas circunstâncias excepcionais[2734].

Prefere-se a possibilidade de permitir um uso pessoal de acordo com as regras da boa fé e da proporcionalidade, que não interfira com o normal funcionamento da empresa. O empregador pode instalar programas de gestores de quotas evitando a sobrecarga do sistema, na medida em que se limita o espaço no disco que um utilizador pode ocupar com os seus ficheiros ou mensagens pessoais. Prefere-se este meio à limitação da dimensão dos anexos dos *e-mails* na medida em que o trabalhador pode repartir um ficheiro por vários *e-mails*, o que torna esta medida ineficaz.

Entende-se, ainda, que o estabelecimento de regras claras através de *Cartas de Boa Conduta* sobre a utilização destes meios, deve respeitar a forma de regulamentos internos. Nestas *Cartas* deve estabelecer-se o direito de cada trabalhador a uma caixa de correio pessoal de *e-mail*, na medida em que se acha preferível a separação entre caixas de correio pessoais e caixas de correio profissionais, ou, pelo menos, à possibilidade de se ter uma pasta pessoal dentro da caixa de correio normal; deve ainda permitir-se a encriptação voluntária das comunicações pessoais; dentro do respeito pela boa fé contratual que tem de reger as relações laborais, o trabalhador poderá usar o *e-mail* para as suas comunicações com os sindicatos e com a administração pública para questões pessoais e profissionais, assim como com terceiros perante necessidades pessoais; deve estabelecer-se, ainda, que os *e-mails* pessoais enviados devem ser legais e não

---

[2732] Como JÚLIO GOMES, *Direito do...*, cit., p. 384.

[2733] Também não pode concordar-se com a posição daqueles autores que entendem ser possível um controlo total do empregador, independentemente da cláusula de invasão da privacidade, como é o caso, para o ordenamento jurídico brasileiro, de ALEXANDRE BELMONTE, *op.* cit., p. 127, e ARION SAYÃO ROMITA, *op.* cit., p.307, que cita vários casos jurisprudenciais.

[2734] Por exemplo, o trabalhador que envia um *e-mail* para casa a avisar que vai chegar mais tarde e que não poderá ir buscar os filhos à escola é possível? E se enviar um *e-mail* a reservar um bilhete de comboio para uma viagem de fim-de-semana em família? Ou se o fizer para reservar as próximas férias em família, evitando ter de se deslocar à agência de viagens?

790 *A Privacidade dos Trabalhadores e as Novas Tecnologias...*

incluírem afirmações difamatórias, não podendo ser usado como meio para assediar sexualmente outros trabalhadores, nem para enviar comentários ofensivos baseados no género, idade, sexualidade, raça, incapacidade ou aparência das pessoas; devem os *e-mails* pessoais enviados para o exterior conter uma cláusula de responsabilidade para o efeito de que o conteúdo da mensagem é da responsabilidade exclusiva do seu autor, não reflectindo necessariamente o ponto de vista do empregador[2735].

Coloca-se aqui o problema do controlo do respeito por estas cláusulas, principalmente no caso de comentários ofensivos. Se existir a transmissão do conteúdo dos *e-mails* por alguma das partes ao empregador, não se coloca o problema de sigilo de correspondência. Estar-se-á, talvez, perante um problema de desrespeito do art. 75.º do CC, relativo às cartas-missivas confidenciais.

Defende-se, ainda, que o empregador, nas *Cartas de Boa Conduta* sobre a utilização dos meios de comunicação, pode estabelecer limites quanto ao tempo que os trabalhadores poderão estar a utilizá-los, assim como ao tipo de anexos que podem ser enviados, limitando determinados tipos que podem indiciar a prática de crimes, como, *inter alia*, ficheiros *exe.*, *jpeg*, *mpeg* e *mp3*.

Entende-se, ainda, que devem estabelecer-se regras claras sobre a política de acesso aos *e-mails* quando os trabalhadores estão temporariamente ausentes, altura em que os empregadores poderão ter que aceder à caixa de correio electrónico dos trabalhadores. Nestes casos convém que os trabalhadores sejam previamente informados sobre esta situação, preferencialmente através deste meio e tenham dado o seu consentimento prévio[2736], embora mais uma vez reafirmemos que tal não legitima a possibilidade de o empregador abrir ou ler correspondência privada do trabalhador, sob pena de violação do art. 34.º da CRP e do art. 22.º do CT[2737].

Por outro lado, deve ainda constar a obrigação dos trabalhadores distinguirem correctamente os *e-mails* de natureza profissional dos *e-mails* de natureza pessoal, obrigando-se o trabalhador a não classificar *e-mails* profissionais como pessoais e vice-versa, devendo a empresa poder

---

[2735] No mesmo sentido, veja-se RODRIGUÉZ-PIÑERO ROYO e LÁZARO SÁNCHEZ, "Hacia un tratamiento...", cit., pp. 39-40.

[2736] JÚLIO GOMES, *Direito do...*, cit., p. 383.

[2737] Veja-se PEDRO ORTINS DE BETTENCOURT, última *op.* cit., p. 41.

presumir[2738] como profissional todo o correio que não é qualificado como pessoal[2739].

Para além do estabelecimento de regras claras sobre a utilização destes meios, parece que o melhor caminho será o de distinguir entre diferentes situações, tal como foi referido a propósito do ordenamento jurídico espanhol[2740], não deixando de ter em atenção também a possibilidade de aplicação da Lei de Protecção de Dados Pessoais, tal como se referiu para o ordenamento jurídico alemão[2741].

Deve, em primeiro lugar, distinguir-se consoante se trate de *e-mails* recebidos ou enviados, devendo o empregador assegurar ao trabalhador os meios mais eficazes para eliminar automaticamente os *e-mails* recebidos cuja entrada na sua caixa postal ele não pode controlar[2742].

Devem distinguir-se os *e-mails* profissionais dos *e-mails* pessoais para efeitos de um diferente controlo do empregador. Em relação aos *e-mails* profissionais, não se concorda com INMACULADA MARÍN ALONSO[2743] quando entende ser indiferente para efeitos de protecção do direito ao sigilo das comunicações o facto de se tratar de comunicações pessoais ou profissionais dos trabalhadores[2744].

Parece-nos excessivo, conforme já se referiu anteriormente[2745], abranger dentro da protecção do sigilo das comunicações os *e-mails* profissionais, no caso de existir uma política clara acerca da utilização destes e contas separadas de *e-mails*. Entende-se que, no caso dos *e-mails* profissionais há uma relação comitente-comissário[2746] em que o empregador pode controlar o conteúdo destas mensagens, respeitando todos os requisitos para o exercício correcto do seu poder de controlo[2747], principalmente o requisito da proporcionalidade, na medida em que não nos parece que o empregador seja um terceiro para efeitos de obtenção de

---

[2738] Presunção *iuris tantum*.

[2739] Neste sentido JÚLIO GOMES, última *op.* cit., p. 383.

[2740] Cf., *supra*, n.º 4.5.2.2.2.3..

[2741] Ver, *supra*, n.º 4.5.2.2.2.2..

[2742] AMADEU GUERRA, última *op.* cit., p. 388.

[2743] *El poder de control...*, cit., p. 153.

[2744] No mesmo sentido veja-se REMEDIOS ROQUETA BUJ, *Uso y control...*, cit., p. 23.

[2745] Ver, *supra*, n.º 4.5.2.2.2.3..

[2746] Neste sentido GOÑI SEIN, "Vulneración de derechos...", cit., p. 81.

[2747] Veja-se, *supra*, capítulo III, n.º 4.

uma prévia autorização judicial. Nestes casos, a comunicação transmite--se por canais "fechados" de transmissão, embora estas comunicações contenham meras execuções da prestação de trabalho e não ideias dos comunicantes. Não pode deixar de sublinhar-se, no entanto, que o controlo exercido tem de ser o menos intrusivo possível, entendendo-se que existe um consentimento do trabalhador neste sentido, até porque envia e recebe mensagens de acordo com as ordens que recebe do empregador. Assim, o conteúdo das mensagens electrónicas profissionais não pode considerar-se património exclusivo do trabalhador, sendo também da empresa[2748].

Contudo, o empregador não pode controlar tudo e a todo o momento porque há que ter em atenção a Lei de Protecção de Dados Pessoais, nomeadamente o princípio da finalidade e da compatibilidade com a finalidade declarada, e todos os princípios que devem ser seguidos em relação ao poder de controlo electrónico do empregador, principalmente o princípio da proporcionalidade.

Assim, quando existe uma política clara acerca da utilização destes meios com o estabelecimento de limites proporcionais e de acordo com o princípio da boa fé que os trabalhadores conhecem, respeitando-se assim os princípios da informação e da publicidade, deve considerar-se lícita a possibilidade de acesso do empregador ao *e-mail* profissional do trabalhador sem necessitar de autorização judicial.

No entanto, este tipo de controlo não pode ser permanente, devendo respeitar o princípio da proporcionalidade. Assim, em princípio, a abertura destes *e-mails* deve ser excepcional, devendo ocorrer na presença do trabalhador, a não ser que este se encontre ausente por algum motivo e seja exactamente este a causa da sua visualização.

É, assim, necessária a presença de uma razão objectiva para o exercício do poder de controlo do empregador, não podendo realizar-se controlos arbitrários, indiscriminados ou exaustivos dos *e-mails* dos trabalhadores. Se tal ocorre, este controlo é ilícito porque viola os princípios que têm de estar presentes aquando da adopção de medidas de controlo: princípio da proporcionalidade, da transparência e da boa fé.

[2748] Ver, neste sentido, GOÑI SEIN, última *op.* cit., p. 81, MARTÍNEZ FONS, "El control de la...", cit., p. 40, e ROSA MORATO GARCÍA, *op.* cit., pp. 104-105.

Por outro lado, o empregador tem de respeitar o princípio da adequação não tomando conhecimento superior ao necessário e recorrendo às técnicas menos intrusivas, de acordo com o princípio da proporcionalidade. Só se não for possível através destes meios menos intrusivos obter a satisfação do interesse do empregador é que se legitima o recurso ao controlo do conteúdo[2749].

No caso de se tratar de mensagens marcadas como pessoais ou de mensagens que não estão qualificadas como tais mas que pelo teor dos dados externos se deduz que o sejam a situação é totalmente diferente[2750]. Nestes casos as mensagens estão protegidas pelo direito ao sigilo das comunicações nos termos constitucionais e também pelo art. 22.° do CT, sendo, assim, invioláveis. O empregador não pode controlar o conteúdo destas mensagens nem mesmo em situações excepcionais em que há suspeitas de abuso. Qualquer acto de intercepção da comunicação contida nesta parte da caixa postal constituirá uma violação dos preceitos referidos anteriormente, sendo que a prova obtida será considerada nula nos termos do art. 32.°, n.° 8, da CRP[2751]. E isto independentemente do conteúdo revestir carácter privado ou não já que a tutela constitucional é realizada em termos objectivos, independentemente do conteúdo.

[2749] Veja-se GOÑI SEIN, "La vulneración...", cit., p. 81.

[2750] Mas não só. Mesmo que aparentemente pareçam profissionais, se o empregador as visualizar e notar que são pessoais, tem a obrigação de não as divulgar a terceiros e parar a leitura quando se aperceber desse teor pessoal. Isto foi também o defendido pelo acórdão do STJ, de 5 de Julho de 2007, já citado anteriormente, que estabeleceu no ponto VIII do sumário que "a falta de referência prévia, expressa e formal da "pessoalidade" da mensagem não afasta a tutela prevista no art. 21.°, n.° 1 do CT." E, mais à frente, estabeleceu que "IX – Tendo o Director da Divisão de após Venda acedido à pasta de correio electrónico, ainda que de boa fé por estar de férias a destinatária da mensagem em causa, e tendo lido esta, a natureza pessoal do seu conteúdo e a inerente confidencialidade impunham-lhe que desistisse da leitura da mensagem logo que se apercebesse dessa natureza e, em qualquer caso, que não divulgasse esse conteúdo a terceiros".

[2751] Veja-se no mesmo sentido o decidido pelo acórdão do STJ, de 5 de Julho de 2007, já citado anteriormente, ao estipular em relação aos *e-mails*, que "X – A tutela legal e constitucional da confidencialidade da mensagem pessoal (arts. 34.°, n.° 1, 32.°, n.° 8 e 18.° da CRP, 194.°, n.os 2 e 3 do CP e 21.° do CT) e a consequente nulidade da prova obtida com base na mesma, impede que o envio da mensagem com aquele conteúdo possa constituir o objecto de processo disciplinar instaurado com vista ao despedimento da trabalhadora, acarretando a ilicitude do despedimento nos termos do art. 429.°, n.° 3 do CT".

794 *A Privacidade dos Trabalhadores e as Novas Tecnologias...*

Entende-se, desta forma, que perante suspeitas razoáveis de incumprimentos contratuais por parte do trabalhador, o empregador não poderá controlar o conteúdo sem uma prévia autorização judicial, nos termos do art. 34.° da CRP, mesmo que aquele tenha violado as regras estabelecidas pelo empregador, na medida em que a propriedade dos meios não retira a titularidade do direito e a infracção cometida pelo trabalhador é, quanto muito, uma infracção disciplinar[2752].

No caso de não existir uma política clara sobre a utilização destes meios ou mesmo que exista, se se permitir um uso indiscriminado, a questão não se afigura de fácil resolução. Assim, nos casos em que o trabalhador tem uma só conta de *e-mail* e a usa indistintamente para fins pessoais ou profissionais. Nestes casos parece-nos que o *e-mail* estará protegido pelo direito ao sigilo das comunicações gozando, em princípio, da inviolabilidade. O empregador não pode aceder ao mesmo, nem aos ficheiros dos trabalhadores de forma indiscriminada nem com fins preventivos para controlar ou assegurar o seu bom uso[2753]. Se o fizer estará a violar os arts. 34.° da CRP e 22.° do CT.

Defende-se que o controlo destes *e-mails* reveste particular acuidade e parece que nestes casos, o acesso aos *e-mails* deve ser a última instância a ser utilizada pelo empregador, sendo que este acesso deve ser realizado na presença do trabalhador e de um seu representante (a não ser que aquele o dispense). O acesso deve limitar-se à visualização do assunto, à data e à hora do envio, podendo o trabalhador qualificar certos *e-mails* como pessoais[2754], ficando o empregador inibido de os ler[2755].

Assim, a intervenção nos *e-mails* dos trabalhadores só poderá ser legítima quando for necessária e proporcionada no sentido de que não cause mais prejuízos que benefícios, notando-se que nem sempre é neces-

---

[2752] Veja-se, neste sentido, GUILHERME DRAY, *Direitos de personalidade...*, cit., pp. 88-89, escrevendo que "o incumprimento das regras de utilização fixadas nos termos do n.° 2 consubstancia uma infracção disciplinar, mas não legitima a violação, pelo empregador, do direito à confidencialidade a que se refere o n.° 1", assim como MENEZES LEITÃO, "A protecção dos dados...", cit., p. 135. Também M.ª DO ROSÁRIO PALMA RAMALHO, "O telemóvel e o trabalho...", cit., pp. 1588-1589, ainda que em relação ao telemóvel, defende o mesmo.

[2753] Ressalta, desta forma, a importância de se adoptarem políticas claras de utilização destes meios, dividindo entre *e-mails* profissionais e *e-mails* pessoais.

[2754] Se já não estiverem qualificados previamente como tal pelo trabalhador.

[2755] AMADEU GUERRA, *A privacidade...*, cit., p. 389.

O Controlo das Comunicações Electrónicas... 795

sário aceder ao conteúdo dos *e-mails* para satisfazer o legítimo interesse do empregador. Se existirem medidas menos intrusivas, o empregador deve recorrer às mesmas, sendo que a medida deve ser ponderada no sentido de que a intercepção se limite ao menor número de mensagens possível e se circunscreva temporalmente[2756].

4.5.2.2.2.7.4. O empregador, apesar de não poder controlar o conteúdo das mensagens no caso dos *e-mails* pessoais ou no caso de um uso indiscriminado, poderá, contudo, controlar alguns dados externos para tentar visualizar se os trabalhadores estão a utilizar correctamente ou não os seus meios de comunicação.

Não se duvida de que o direito ao sigilo das comunicações também abrange estes dados, conforme foi referido anteriormente[2757], e que o próprio TEDH, no caso *Malone* entendeu que o simples registo dos números telefónicos realizados constitui uma ingerência ilegítima na privacidade das pessoas, sobretudo do destinatário da chamada, na medida em que o direito ao segredo das comunicações abrange estes dados. Contudo, realizando uma interpretação menos restrita do sigilo das comunicações e comparando-as com as de outro tipo também cobertas pelo segredo, como é o caso do correio tradicional, pode ver-se que neste conhece-se quem é o destinatário de uma carta e quem é o remetente e nem o serviço de correios, nem o carteiro, ao conhecer esses dados estão a incorrer na violação do direito ao sigilo das comunicações[2758].

Nota-se que, atendendo ao princípio da proporcionalidade, o conhecimento de certos dados externos configura uma menor intensidade da ingerência neste direito fundamental. Por outro lado, parece que há que tutelar de certa forma os interesses do empregador e, por isso, se não se permitisse o controlo destes dados ele ficaria sem qualquer possibilidade de controlo. Não se afigura contrária a esta possibilidade o acórdão do TC n.º 241/02, de 29 de Maio[2759], pois o que estava em causa era o pedido através de autorização judicial de registos efectuados no domicílio do trabalhador. Nesta situação não é isso que acontece porque é o empregador,

---

[2756] No mesmo sentido GOÑI SEIN, última *op.* cit., p. 84.
[2757] *Supra*, n.º 4.5.2.2.2.7.1., ainda neste capítulo.
[2758] Em idêntico sentido MUÑOZ LORENTE, *op.* cit., p. 170.
[2759] Já referido anteriormente n.º 4.5.2.2.2.7.1., ainda neste capítulo.

796   *A Privacidade dos Trabalhadores e as Novas Tecnologias...*

no local de trabalho, que poderá controlar alguns dados externos, de trá-fego, das mensagens electrónicas.

Parece, ainda, que na defesa desta opinião pode acrescer outro argumento tendo em conta o teor da Directiva 2002/58/CE. Desde logo, deve ter-se em consideração o art. 6.°, n.° 2, que refere: "podem ser tratados dados de tráfego necessários para efeitos de facturação dos assinantes e de pagamento de interligações", assim como o art. 6.°, n.° 2, alínea b), da Lei n.° 41/2004, de 18 de Agosto que transpôs esta Directiva. Podem ver-se ainda os considerandos n.ºs 26, 27 e 29 desta Directiva, a defenderem, em certas circunstâncias, a possibilidade de tratamento de determinados dados de tráfego.

A questão que se coloca é a de saber que tipo de dados externos e de tráfego o empregador poderá conhecer.

É essencial fazer uma distinção entre o conteúdo de uma mensagem de *e-mail* e os dados de tráfego. Estes são os dados que os *protocolos* necessitam para realizar a transmissão adequada do remetente ao destinatário. Os dados de tráfego consistem, em parte, em informações fornecidas pelo remetente[2760] e, em parte, em informações geradas automaticamente durante o tratamento do *e-mail*[2761]. Estes dados estão colocados, no todo ou em parte, no cabeçalho, que é transmitido a quem recebe o *e-mail*, juntamente com a própria mensagem. As partes transmitidas dos dados de tráfego são utilizadas pelo servidor de correio e pelo "cliente de correio" do destinatário, para tratar correctamente os *e-mails* recebidos.

Tendo em atenção este tipo de dados, defende-se que o empregador pode controlar alguns. Assim, o empregador tem ao seu dispor, sem chegar a vulnerar um direito fundamental como é o do sigilo das comunicações, meios jurídicos suficientes para controlar e sancionar o comportamento indevido do trabalhador, utilizando para isso meios que não vulnerem os seus direitos fundamentais.

Desta forma podem controlar-se, dentro do seu legítimo poder de controlo, questões adjacentes a este tipo de comunicação como, *inter alia*, o custo da ferramenta de trabalho, o tempo gasto pelos trabalhadores na utilização da mesma e o acesso à rede informática[2762]. Pode chegar, inclu-

---

[2760] O endereço do *e-mail* do destinatário.
[2761] Por exemplo, data e hora de envio.
[2762] Neste sentido INMACULADA MARÍN ALONSO, *El poder de control...*, cit., p. 208.

sive, a controlar certos dados de tráfego, que, embora em princípio estejam protegidos pelo direito ao segredo das comunicações, através das novas características destes meios tornam-se muitas vezes patentes e descobertos, como será o caso do controlo dos remetentes das mensagens, do assunto desta, do tipo de anexos e do seu tamanho, assim como o número de mensagens enviadas ou recebidas na direcção de *e-mail* e o tempo de permanência na rede. O controlo destas circunstâncias, sendo possível, permite ao empregador, em função da aplicação do princípio da boa fé, ou melhor, da sua não transgressão, fazer cessar ou não a relação de trabalho com base numa utilização inadequada ou abusiva das ferramentas de trabalho da empresa[2763].

Sustenta-se, contudo, que não deve ser possível, à semelhança do defendido para o ordenamento jurídico alemão, o controlo do destinatário dos *e-mails* na medida em que se trata de um terceiro e de dados pessoais deste, além de que este pode até desconhecer qual a política de *e-mail* da empresa[2764]. Assim, entende-se que o conhecimento dos dados de tráfego deve ficar limitado ao remetente, ao assunto, à hora do envio, ao tamanho deste assim como ao tipo de anexo, mas não ao seu conteúdo porque este também está abrangido pelo direito ao sigilo das comunicações. Parece-nos que o conhecimento deste tipo de dados é suficiente para o empregador poder controlar correctamente a utilização destes meios e estabelecer sanções para quem viole as instruções dadas, podendo visualizar-se se estão a ser utilizados para acções ilícitas, bastando ver o tipo de anexos.

Entende-se, assim, que o empregador não fica, desta forma, legitimado para controlar o conteúdo dos *e-mails* pessoais enviados ou recebidos pois estes caiem dentro da protecção do direito ao sigilo da correspondência previsto no art. 34.º da CRP e no art. 22.º do CT, só podendo o controlo cingir-se a este tipo de dados.

4.5.2.2.2.7.5. Por último, deve referir-se a advertência que algumas empresas fazem previamente aos trabalhadores de que os seus *e-mails* podem ser controlados. É evidente que não produzem qualquer efeito em

---

[2763] Neste sentido veja-se, a título meramente exemplificativo, Goñi Sein, "Vulneración de derechos…", cit., p. 84, e Inmaculada Marín Alonso, última *op.* cit., pp. 208 e ss..

[2764] No mesmo sentido Rita Garcia Pereira, *op.* cit., p. 199.

798   *A Privacidade dos Trabalhadores e as Novas Tecnologias...*

termos de legitimar o controlo dos empregadores[2765]. Não é admissível este tipo de comportamento porque a advertência e o consentimento presumido referem-se também à utilização do *e-mail* com fins pessoais, incluindo um acesso irrestrito ao direito fundamental de sigilo das comunicações num âmbito onde não é admitida qualquer intervenção sem o recurso à autorização expressa dos interessados[2766] ou de um juiz. Defende-se, desta forma, que não é suficiente esta comunicação para se tentar proceder ao controlo do conteúdo dos *e-mails* dos trabalhadores, enviados, recebidos e arquivados.

[2765] Neste sentido GOÑI SEIN, "Vulneración de derechos...", cit., pp. 84-85.
[2766] E no caso dos trabalhadores há sérias dúvidas quanto à liberdade de consentimento, conforme já se referiu por diversas vezes.

CONCLUSÕES

§ 1

As NTIC alteraram radicalmente a sociedade em inúmeros sectores, podendo falar-se de uma autêntica revolução na medida em que provocam uma ruptura no sistema anterior através de uma série de transformações económicas e sociais. Surgem incontáveis mutações que originam sociedades tecnologicamente avançadas que apresentam e lançam novos desafios às sociedades democráticas através do confronto entre os direitos fundamentais, principalmente com o direito à privacidade, e com as inerentes características das inovações tecnológicas, associadas à libertação de quaisquer barreiras espaciais e temporais.

Por outro lado, as NTIC representam uma ameaça para a privacidade das pessoas, em geral, e para a dos trabalhadores, em especial, já que têm vindo a criar e difundir instrumentos bastante intrusivos, ocorrendo um autêntico *assault on privacy*. Esta situação configura um verdadeiro desafio para a privacidade na medida em que, com estas tecnologias, existe a possibilidade quase ilimitada de recolha de informações pessoais e uma grande possibilidade do seu tratamento, assim como a criação de perfis, o que pode implicar um enorme controlo das pessoas.

Desta forma, o tratamento de dados e a sua posterior divulgação não pode circunscrever-se a certos parâmetros tradicionais na medida em que a *Internet*, o *e-mail* e outras inovações tecnológicas aumentam exponencialmente a capacidade de deslocação de dados, o que se traduz num acréscimo muito significativo de várias e diferentes formas de intrusão na privacidade.

A sociedade actual caracteriza-se, cada vez mais, como uma *sociedade de identificação*, de controlo, com um espaço cada vez mais reduzido para a privacidade, tendo este tema adquirido uma importância capital, podendo dizer-se que estas novas formas de ameaça à privacidade apontam para uma *sociedade de controlo ou vigilância*, já que grandes quantidades de dados sobre a privacidade das pessoas são recolhidas, tratadas e processadas diariamente para um número infindável de finalidades.

802 A Privacidade dos Trabalhadores e as Novas Tecnologias...

Entende-se, pois, que a evolução tecnológica e o novo contexto económico e social restituem à privacidade um inegável carácter de novidade devido aos novos problemas que comportam e às novas formas de agressão que ameaçam um direito que faz parte, inegavelmente, do património específico do homem, constituindo um dos valores fundamentais de uma sociedade livre dada a sua íntima ligação à dignidade da pessoa humana. Quando o avanço tecnológico colidir com a privacidade das pessoas torna--se essencial encontrar soluções para que a tecnologia não dite qual a extensão da protecção da privacidade. Pelo contrário, as pessoas devem definir qual a parte da sua privacidade que pretendem *ceder* e quais os factos que pretendem ver conhecidos por terceiros. Deve partir-se, assim, de um máximo de opacidade e de um máximo de protecção deste direito à privacidade.

§ 2

Actualmente, assiste-se à explosão de uma verdadeira revolução tecnológica associada ao surgimento das NTIC e que alterou, praticamente sem qualquer paralelo, toda a estrutura da sociedade mundial, da nossa *Aldeia Global*. Emerge a sociedade *pós-industrial*, onde se estabelece um novo tipo de relacionamento entre a economia, a sociedade e o Estado. Surgem novos desafios para o homem, associados a uma crescente digitalização, a uma maior privatização e à génese das redes globais de informação. Assiste-se ao surgimento da *Sociedade da Informação*, que se caracteriza por uma verdadeira revolução sem precedentes no mundo das telecomunicações e da informação, correspondendo a uma sociedade cujo funcionamento recorre e depende, crescentemente, de redes digitais da informação.

§ 3

Por NTIC deve entender-se o conjunto de inovações baseadas na microelectrónica, na informática – *hardware e software* – e nas telecomunicações e que têm como finalidade melhorar os mecanismos de armazenamento, recuperação, transmissão e tratamento da informação, sendo que a *Internet*, fazendo parte destas inovações tecnológicas, pode considerar--se o instrumento verdadeiramente fundamental que provocou uma genuína revolução no mundo das comunicações.

§ 4

Desde a primeira revolução industrial, e por exigências de pressão do mercado, ávido no aumento da produtividade e dos benefícios económicos a ela associados, assim como por razões ligadas à competitividade, a empresa converteu-se e transformou-se num local fundamental para a inovação nos métodos de vigilância, controlo, disciplina e tecnologia.

A utilização crescente destas NTIC, principalmente do computador associado à *Internet* e ao *e-mail*, altera profundamente as características tradicionais em que se fundou a relação de trabalho clássica, particularmente os critérios do local, do tempo de trabalho e da subordinação jurídica. Surgem, com estas alterações, empresas com um perfil muito diferente das tradicionais, associadas ao sector terciário e, mais tarde, com a massificação das NTIC nas empresas, emergem as do sector quaternário. Desenvolve-se uma nova era caracterizada, principalmente, pela implicação directa do trabalhador na actividade da empresa.

Assim, com o desenvolvimento das NTIC, todos os sectores da sociedade sofreram alterações e o Direito do trabalho não poderia constituir excepção, até porque é um dos ramos do Direito mais permeável às mudanças e que *sofre* mais a *invasão* das novas tecnologias. Está-se, pois, perante uma *Inforevolução*, caracterizada por uma enorme utilização das NTIC, e cujas características fundamentais são o imenso dinamismo e rapidez, assim como uma profunda difusão do conhecimento que originam o desenvolvimento da economia mundial. Ocorre uma mudança radical do modelo antropológico em que se baseou o Direito do trabalho e, até, de um novo Direito do trabalho, na medida em que se está face a alterações profundas, estruturais e, principalmente, funcionais, no sentido em que se modificou profundamente a forma de efectuar a prestação laboral. Esta situação implica mudanças radicais, redimensionamento das empresas e, para alguns, possível reformatação do Direito do trabalho.

E a informática representa o ponto comum destas várias mudanças ocorridas, com uma enorme potencialidade de invasão e de intrusão em certos direitos fundamentais dos trabalhadores, principalmente na privacidade.

O Direito do trabalho carece de adaptar-se a estas constantes mutações, e se a introdução da tecnologia nos processos de produção não constitui novidade para este ramo do Direito, já as NTIC proporcionam

804 *A Privacidade dos Trabalhadores e as Novas Tecnologias...*

perspectivas únicas capazes de alterar o quadro clássico em que se inseriu o Direito do trabalho.

Estas inovações tecnológicas são relevantes para o mundo do trabalho porque permitem a sua introdução no processo produtivo e na forma de organização de trabalho, permitindo melhorar a obtenção e o tratamento da informação, sendo este um factor-chave para o desenvolvimento das empresas. Estas NTIC têm uma presença *poliédrica* nas empresas na medida em que produzem inovações, quer do ponto de vista tecnológico, quer ao nível produtivo, organizativo e de controlo. Estas novas formas de organização do trabalho potenciam a flexibilidade e o aumento da autonomia, assim como uma maior responsabilização do trabalhador no desenvolvimento da sua prestação laboral. As NTIC traduzem-se, também, numa maior flexibilidade que não pode ser unidireccional, tendo de inserir-se no marco dos direitos dos trabalhadores.

§ 5

A introdução das NTIC na relação laboral permite um tratamento ilimitado e indiscriminado de dados pessoais do trabalhador, facilitando que dados que se encontrem disseminados apareçam reunidos instantaneamente numa única base de dados sem se submeterem a uma selecção prévia sobre a sua relevância face aos requisitos de aptidão ou perante as obrigações derivadas do conteúdo da prestação laboral.

A inovação tecnológica permite, através de instrumentos como aparelhos audiovisuais, a monitorização de computadores, o controlo da *internet* e dos *e-mails*, ou seja, o controlo da actividade dos trabalhadores de forma continuada e centralizada.

Assim, a incorporação das NTIC constitui um desafio de primeira grandeza para o Direito do trabalho do futuro, muito embora já se tenha transformado num *companheiro de jornada – incómodo –* deste ramo do Direito, tendo assim um bom *historial* para conseguir ultrapassar os problemas decorrentes da aplicação maciça destas inovações tecnológicas. Entende-se que este ramo do Direito tem uma sólida e provada experiência de maleabilidade perante a emergência de novas tecnologias, sendo com elas que se solidificou, manifestando-se pois a convicção de que se irá adaptar e acompanhar o desenvolvimento destas NTIC nas empresas.

§ 6

O direito à privacidade que decorre da dignidade da pessoa humana e que se interliga com outros direitos, tornou-se, nos dias de hoje, um direito fundamental.

Trata-se de um direito extremamente difícil de definir devido às suas características e ao facto de, muitas vezes, o seu significado ser diferente consoante as pessoas em causa e a situação em concreto, tratando-se de um direito de enorme relevância numa sociedade pluralista e democrática. De facto, a privacidade permite às pessoas desenvolverem as suas ideias antes de as tornarem públicas e é essencial para qualquer regime democrático na medida em que incentiva a autonomia.

Em relação ao percurso histórico da privacidade podem ser referidas diferentes fases: numa primeira, o fenómeno da propensão do ser humano para procurar um espaço próprio longe dos demais e sem o *olhar indiscreto* dos restantes cidadãos; numa segunda fase, relaciona-se com a gestação da ideia e sua reivindicação teórica; a terceira e última fase, está intimamente ligada à formulação técnico-jurídica do direito à privacidade, primeiro com base no direito de propriedade e, depois, como um direito fundamental autónomo com legislação própria, constituindo a passagem da *privacy property* para a *privacy personality*.

A tecnologia contribuiu para o surgimento de um novo conceito de privacidade e de uma nova esfera privada que, embora mais rica, também se apresenta mais frágil, por estar mais exposta a terceiros, o que origina a necessidade de um reforço da protecção jurídica e de um alargamento das fronteiras do conceito de privacidade. Assim, a partir dos anos sessenta do século XX, assiste-se a uma alteração radical do conceito do direito à privacidade assim como da sensibilidade social a este associada devido ao surgimento da era dos computadores e à mudança na própria organização da sociedade, intimamente relacionada com as NTIC. Estas abarcam territórios cada vez mais vastos através de uma rede cada vez mais apurada que permite uma maior e mais rápida transmissão de dados. A velocidade de recolha, elaboração, tratamento e interconexão de dados pessoais, assim como a facilidade da sua descontextualização é enorme. Cabe, desta forma, ao Direito encontrar o equilíbrio entre o desenvolvimento tecnológico e os direitos e liberdades das pessoas, sobretudo o seu direito à privacidade.

Torna-se assim essencial alterar o conceito de privacidade já que a sua concepção inicial, no sentido de que ninguém pode sofrer intrusões ou investigações na sua vida privada e, menos ainda, divulgar os elementos recolhidos, não corresponde mais à realidade. Embora se trate de uma definição correcta ela é incompleta porque tendo sido construída numa base *pré-informática*, não consegue responder aos novos e importantes desafios e às questões colocadas pelas NTIC. Este conceito opera só negativamente. Impõe-se, pois, proteger as pessoas perante os perigos das NTIC e o tratamento de dados pessoais que não respeitam certos princípios. Deve atender-se a uma visão positiva e ligar o termo privacidade à capacidade e ao direito dos indivíduos controlarem a informação que lhes diz respeito. É essencial proceder ao relacionamento com o controlo do fluxo de informações, tratando-se de abranger dentro deste conceito de privacidade o direito à autodeterminação informativa relacionado com uma função dinâmica da privacidade. Do direito a ser deixado só transita-se para um direito a manter o controlo sobre a própria informação; e de um direito à privacidade visto numa acepção negativa caminha-se para uma função dinâmica, com um âmbito suficientemente amplo para poder adaptar-se aos novos desafios apresentados pelas novas realidades.

Actualmente, o termo que nos parece ser preferível, quando relacionado com as NTIC, é o de privacidade na medida em que está relacionado com as ideias de confidencialidade, controlo e reserva, sendo mais incisivo que o direito à reserva sobre a intimidade da vida privada.

§ 7

No plano internacional, o reconhecimento da importância da privacidade é de consagração recente.

Afigura-se essencial o tratamento da evolução da privacidade ao nível do Direito comparado por vários motivos. Em primeiro lugar, porque a génese da tutela jurídica deste direito se encontra no âmbito do Direito dos EUA. Em segundo lugar, porque o nosso ordenamento jurídico se insere territorialmente numa área geográfica que tem dado grande relevo, historicamente, ao respeito pelo direito à privacidade e à defesa de outros direitos fundamentais. O terceiro argumento está relacionado com as características das NTIC, na medida em que estas se caracterizam pela queda das barreiras espácio-temporais e pelas inúmeras dificuldades em regular esta matéria.

A privacidade é considerada um direito fundamental na maior parte

Conclusões

dos ordenamentos jurídicos, embora a forma como é vista divirja de sociedade para sociedade.

No contexto jurídico europeu, o direito à privacidade apresenta uma configuração bastante diferente, a vários níveis, relativamente aos ordenamentos jurídicos norte-americanos. Quanto à interpretação deste direito há uma posição muito mais protectora na Europa continental através do respectivo desenvolvimento normativo e jurisprudencial, não visando apenas uma dimensão meramente negativa, como um direito de reacção perante o Estado, englobando uma perspectiva positiva enquanto direito que abarca prestações e actuações tanto por parte do Estado como de instituições privadas.

O direito à autodeterminação informativa, fazendo parte do conceito de privacidade na sua vertente positiva, no sentido de o indivíduo ter controlo sobre a informação que lhe diz respeito, foi reconhecido nos diferentes ordenamentos jurídicos europeus como consequência do desenvolvimento tecnológico ocorrido.

§ 8

A protecção do direito à privacidade no ordenamento jurídico nacional pode qualificar-se como inovadora. Se já desde o CC se consagrava expressamente um catálogo de direitos de personalidade, com a CRP estabeleceu-se expressamente o direito à reserva sobre a vida privada e familiar, assim como a tutela do direito à autodeterminação informativa, o que nos coloca, enquanto ordenamento jurídico reconhecedor deste direito, ao mais alto nível, num lugar pioneiro na Europa.

O direito à privacidade assenta na ideia da dignidade da pessoa, na medida em que, sendo universal, implica que a cada pessoa sejam atribuídos direitos que representam um mínimo, criando uma esfera onde cada um possa ter espaço para desenvolver a sua personalidade. É um direito inerente à pessoa, defendendo-se que a sua consagração deve sempre ser entendida como a regra e nunca como a excepção.

A protecção da privacidade não se restringe ao Direito constitucional, alargando-se ao Direito civil, penal e laboral, não sendo positivo nem aconselhável dissociar estas várias vertentes e frentes de protecção.

O conceito adoptado de privacidade não se define somente por referência à faceta da inviolabilidade da esfera privada das pessoas, ou seja, numa vertente negativa, englobando, principalmente, o conjunto de facul-

808 · *A Privacidade dos Trabalhadores e as Novas Tecnologias...*

dades que lhe permitem controlar os dados pessoais que circulam, ou seja, o direito à autodeterminação informativa ou liberdade informática, onde se confere um papel transcendental ao controlo composto por dois elementos: vontade e reversibilidade. Este direito, que faz parte dos direitos fundamentais de *terceira geração*, apresenta-se como resposta ao fenómeno da *contaminação das liberdades*. Trata-se de um direito que é uma das manifestações concretas do âmbito individual da privacidade, direito mais amplo e abrangente que o conceito de intimidade, não se circunscrevendo ao lado mais *sagrado* e irredutível da pessoa, mas uma sua dimensão mais genérica, que se traduz no direito de todas as pessoas poderem controlar e conhecer os dados pessoais que sobre si circulam. Assim, o conceito de privacidade contém o próprio direito à intimidade e à autodeterminação informativa.

§ 9

O direito à privacidade, sendo um direito intimamente relacionado com o direito à dignidade da pessoa humana, tem consagração ao nível do Direito do trabalho. O próprio contrato de trabalho pressupõe o reconhecimento da dignidade do trabalhador. O direito à privacidade insere-se, desta forma, na relação de trabalho, erigindo-se como um limite importante aos poderes do empregador e, simultaneamente, como uma garantia do exercício de outros direitos fundamentais, não podendo estar sujeito a exclusão por acordo. A consagração deste direito corresponde, assim, à superação da distinção entre um estatuto geral do cidadão e um estatuto do trabalhador em que este, por força da celebração de um contrato de trabalho e da subordinação jurídica a ele associada, se encontraria, à partida, diminuído na sua liberdade e direitos, numa situação de *capitis diminutio*.

O CT consagrou expressamente os direitos de personalidade, parecendo que a sua visão não deve ser entendida, numa perspectiva redutora, como mero limite externo dos poderes do empregador, devendo antes ser considerada como seu verdadeiro limite interno relacionado com o princípio da proporcionalidade e da boa fé, sendo que a aplicação destes limites implica o devido respeito pela personalidade do trabalhador nas suas múltiplas vertentes.

A tutela da privacidade do trabalhador na relação de trabalho engloba não apenas a protecção das questões pertencentes à vida extra-laboral do trabalhador como também determinadas formas de controlo na própria

Conclusões 809

relação de trabalho, já que estas poderão ser invasoras, *per se*, do direito à privacidade do trabalhador. Entende-se que a sua privacidade não se limita a englobar os aspectos mais íntimos e pessoais e antes os supera na medida em que se baseiam no próprio contrato de trabalho, englobando diversas outras facetas, como, *inter alia*, as comunicações pessoais realizadas por qualquer meio, incluindo o *e-mail*, a própria navegação extra-profissional na *internet*, a utilização do computador e a captação de imagens e de sons fora de determinado contexto.

§ 10

O empregador tem determinados poderes que resultam do facto de ser titular da organização produtiva e de ter direito a conformar a sua organização. Mas, se o ordenamento jurídico-laboral reconhece a existência de poderes do empregador, fixa, simultaneamente, os respectivos limites, tanto directa como indirectamente, externa e internamente.

Enquanto partes de um contrato de trabalho, trabalhador e empregador não são verdadeiramente iguais e isto não só porque têm direitos e deveres distintos como também, e esta é a principal razão, porque o empregador detém uma série de poderes que o colocam numa posição de supremacia em relação à contraparte, o que origina que o trabalhador preste a sua actividade numa situação de sujeição, dita de subordinação jurídica e, muitas vezes, económica.

Perante esta situação o Direito do trabalho cumpre uma dupla função: a de garante do seu papel estrutural de instrumento normativo de tutela do trabalho, impondo limites à autonomia privada individual e, ao mesmo tempo, atribuindo ao empregador instrumentos para a gestão da sua organização.

Entende-se, também, que a divisão que deve ser feita dos poderes do empregador se insere numa perspectiva quadripartida porque se defende que, para além dos poderes directivo, disciplinar e regulamentar, há ainda que ter em atenção o poder de controlo que, com o surgimento das NTIC, tem um verdadeiro e real carácter autónomo do poder directivo.

§ 11

Um dos poderes essenciais do empregador é o poder directivo, que se traduz, basicamente, na possibilidade do empregador, titular da organização, poder ditar ordens e instruções que conformam a prestação de trabalho. O poder directivo é irradiação essencial da liberdade de empresa, sendo a subordinação jurídica, elemento caracterizador do contrato de trabalho, o seu reverso. Este poder possui um carácter *polivalente*, o que significa que pode ser analisado sob várias perspectivas, justificando a especificidade da relação de trabalho que certas características expliquem a necessidade da sua existência. Assim, a relação laboral é habitualmente caracterizada como uma relação contínua ao longo do tempo, tornando-se necessário estabelecer ordens e instruções. Acresce que, não estando o trabalhador vinculado a uma obrigação de *dare* mas de *facere*, o empregador tem de estabelecer a forma de realizar essa actividade, determinando o *onde*, o *como*, o *quando*, o *quê* e *o de que forma* da prestação. Por outro lado, entende-se que o poder directivo corresponde a um direito subjectivo em sentido estrito.

§ 12

O poder de controlo é considerado como uma faculdade permanente da organização empresarial enquanto instrumento indispensável para a coordenação e valoração da prestação de trabalho, sendo definido em directa relação com o dever de subordinação do trabalhador. Tradicionalmente este poder de controlo configura-se como uma manifestação do poder directivo.

O objecto básico deste poder do empregador é a prestação laboral em si mesma, assim como as suas circunstâncias de lugar e de tempo. Todavia, em certas situações, também pode abarcar aspectos colaterais e relacionados com a prestação laboral, mas sempre tendo em consideração o necessário respeito pelos direitos dos trabalhadores, principalmente pela sua privacidade e dignidade. Os contornos da prestação laboral constituem, desta forma, um limite interno objectivo do controlo do empregador impedindo a recolha de qualquer informação que não tenha por objecto o estrito cumprimento da prestação de trabalho.

Entende-se que são dois os critérios interpretativos que servem para delimitar o âmbito, a natureza e o alcance do poder de controlo. Por um lado, a finalidade de controlo só pode ser a de comprovar o correcto funcionamento da organização produtiva, assim como o adequado cumprimento contratual pelo trabalhador. Por outro lado, o método usado pelo empregador terá de ser adequado à finalidade estabelecida, funcionando como um limite a eventuais actuações discricionárias.

Conclusões 811

O poder de controlo tem de cumprir vários requisitos para que os direitos fundamentais dos trabalhadores e as normas onde se ancoram sejam respeitadas. Em cada caso concreto tem de proceder-se à respectiva análise e verificar se a medida de controlo respeita as exigências de proporcionalidade, de transparência e de boa fé.

§ 13

O reconhecimento de um poder privado que o empregador exerce sobre o trabalhador torna necessária a existência de limites e de restrições que não coloquem em causa os seus direitos fundamentais. Trata-se, assim, de estabelecer limites ao poder de controlo do empregador. Deste modo, a tarefa é a de encontrar aquele conjunto de direitos invioláveis que não podem ser anulados nem comprimidos pelo facto do trabalhador se inserir numa organização alheia, impedindo o empregador de atentar contra a sua dignidade. Assim, se os poderes do empregador têm fundamento constitucional na ideia de liberdade de empresa, não se pode defender que estas faculdades são ilimitadas, na medida em que as empresas não constituem um mundo à parte do resto da sociedade. Assim, este poder terá sempre por limites os direitos fundamentais dos trabalhadores. Os direitos fundamentais que os trabalhadores têm enquanto pessoas gozam de efectiva aplicação no seio da relação de trabalho, não parecendo possível uma mera invocação da necessidade de compressão do seu exercício, sendo necessário que a própria natureza da relação de trabalho a imponha. Assim, as eventuais compressões, para serem admitidas, terão que ser indispensáveis e estritamente necessárias para satisfazer um interesse do empregador que seja merecedor de tutela e de protecção. Acresce, ainda, que se existirem outras possibilidades menos agressivas de satisfação desse interesse deverão ser essas as adoptadas, sempre com o respeito escrupuloso pelo princípio da proporcionalidade na sua tripla vertente.

O poder de controlo do empregador não pode atingir uma dimensão que ofenda a dignidade da pessoa humana e o pleno gozo dos direitos fundamentais previstos constitucionalmente.

O contrato de trabalho apresenta-se como um limite ao referido poder na medida em que este não pode ir além dos aspectos que têm uma directa relação com o trabalho. Defende-se, assim, que deve adoptar-se uma nova visão, no sentido de não estabelecer apenas uma mera posição

812   *A Privacidade dos Trabalhadores e as Novas Tecnologias...*

negativa de protecção dos direitos fundamentais, mas principalmente, a sua promoção no âmbito da empresa. O desenvolvimento da pessoa humana constitui um fim a realizar. Não deve ver-se a empresa apenas como uma fonte de possíveis limitações aos direitos fundamentais do trabalhador mas, pelo contrário, como um espaço com um âmbito potencial para a sua plena realização.

§ 14

Com as NTIC o problema do poder de controlo do empregador conheceu uma nova realidade e uma nova actualidade, dado que a introdução da informática nas empresas não é um instrumento neutro. Pelo contrário, é um fenómeno complexo, capaz de redimensionar aquele poder. Através das inovações tecnológicas opera-se um novo equilíbrio entre os diferentes poderes do empregador, centrando-se agora estes no controlo da actividade.

Com as NTIC entra-se numa nova etapa do poder de controlo do empregador já que o computador permite, nos dias que correm, um conhecimento do modo de pensar do trabalhador através do controlo das várias técnicas de trabalho e, ainda, pelo interesse central colocado na análise dos mais variados aspectos do trabalhador, podendo criar perfis do trabalhador. O controlo passou de uma vertente física para um outro nível, agora qualitativo, muito mais intrusivo na medida em que permite conhecer quase todos os aspectos da vida dos trabalhadores.

Existe uma outra característica das NTIC que aumenta de forma exponencial a sua capacidade de controlo e que é o seu carácter ambivalente, na medida em que estas tecnologias se empregam, simultaneamente, como instrumento para potenciar a actividade produtiva e como mecanismo de controlo da prestação de trabalho. Verifica-se, assim, uma perfeita concentração na mesma máquina da actividade produtiva e da actividade de controlo, aumentada esta ainda mais se os vários computadores estiverem ligados em rede.

Ocorre desta forma uma verdadeira mudança no próprio poder de controlo já que, grande parte do seu exercício, dado o carácter ambivalente destas novas tecnologias, será feito à distância através do computador, passando este poder de elemento eventual da actividade para uma parte específica da actividade de trabalho, existindo uma extensão do poder de controlo tanto do ponto de vista qualitativo como quantitativo.

Através destas NTIC há um esbatimento das fronteiras espácio-temporais, alterando-se em profundidade a relação de proximidade que existia entre empregador e trabalhador e que havia caracterizado o poder de controlo tradicional. Estas novas tecnologias permitem que se transcenda a própria noção de tempo e de espaço.

É, ainda, cada vez mais visível uma menor separação, como que um esbatimento, entre as fronteiras da vida pessoal e da vida profissional do trabalhador, defendendo-se que este tem um *direito à desconexão*, entendido como o direito à privacidade do século XXI.

Defende-se, também, a existência de um novo tipo de controlo, agora de natureza electrónica, controlo *des-verticalizado*, objectivo, incorporado na máquina e no sistema com o qual interage, tornando-se um controlo à distância, em tempo real, com uma enorme capacidade de armazenamento, capaz de memorizar, cruzar e reelaborar detalhadamente todos os comportamentos dos trabalhadores. O controlo periférico, descontínuo e parcial, realizado pelo homem, está a ser substituído por um controlo centralizado, objectivo, incorporado na máquina, que se verifica em tempo real, originando o surgimento de um novo tipo de controlo que consiste na reconstrução do perfil do trabalhador.

Existe, assim, um grande paradoxo que se consubstancia no facto de as NTIC favorecerem a maior autonomia dos trabalhadores mas, simultaneamente, ampliarem a sua dependência perante o empregador. Embora estas inovações tecnológicas tragam inúmeras vantagens para a relação de trabalho, há que ter múltiplas cautelas na sua aplicação pois poderão conduzir, se não forem devidamente reguladas e aplicadas, ao parcial desaparecimento de alguns direitos fundamentais no âmbito da empresa, como o da privacidade, liberdade e, até, da própria dignidade dos trabalhadores.

Defende-se que os direitos à privacidade e à dignidade dos trabalhadores nunca podem ceder perante argumentos de maior produtividade ou eficácia, devendo o seu respeito ser entendido como critério hermenêutico indispensável para identificar o correcto exercício do poder de controlo electrónico do empregador.

§ 15

O empregador poderá eximir-se da sua responsabilidade por mau uso das NTIC atendendo à possibilidade de isenção da responsabilidade quando o facto praticado tiver lugar por ocasião das funções e não no exer-

814 *A Privacidade dos Trabalhadores e as Novas Tecnologias...*

cício destas, principalmente se tiver adoptado um regulamento interno que defina as situações em que podem ser usadas estas novas tecnologias para fins pessoais e quais os comportamentos que são interditos. Há, desta forma, comportamentos que, sendo embora praticados no local de trabalho, devem considerar-se como realizados fora do âmbito da empresa. Em relação aos *e-mails*, se o seu conteúdo é de foro pessoal e existir uma utilização estritamente pessoal, o facto ilícito não tem ligação imediata com o desempenho das funções do trabalhador, sendo apenas cometido por ocasião das mesmas. Por outro lado, dada a cobertura jurídica constitucional que lhe é atribuída e a consequente impossibilidade do empregador visualizar o seu conteúdo, justifica-se a isenção da responsabilidade do empregador já que este não pode, *ex vi legis*, tomar dele conhecimento.

§ 16

A áudio e a videovigilância têm-se tornado, nos nossos dias, num fenómeno omnipresente, sendo que este tipo de controlo se apresenta como muito mais penetrante, dominante e até ubíquo, comparativamente aos métodos de controlo tradicionais. Perante a utilização crescente destes meios a controvérsia jurídica surge e coloca em confronto vários direitos contrapostos. Por um lado, o direito à privacidade e à dignidade do trabalhador, e, por outro, o poder de organização e de controlo do empregador, aliado ao princípio da liberdade empresarial, sendo que a solução para este conflito de direitos passa pelo estabelecimento de limites a esta forma de controlo electrónica do empregador.

Existindo a possibilidade de se associar o som à imagem, o poder de controlo electrónico aumenta, e muito, a sua capacidade de intrusão na privacidade dos trabalhadores, devendo a associação destes dois tipos de dados exigir uma maior justificação para a sua adopção, só podendo ser admitida quando se apresente uma conexão necessária entre estes dois elementos com a finalidade de controlo e de vigilância pretendidos.

O juízo de legitimidade para a instalação deste tipo de meios de controlo não pode basear-se somente na ideia de possíveis intromissões ilegítimas na vida privada dos trabalhadores, ou apenas na ideia de que têm um espaço de liberdade e de vida privada nos centros de trabalho. Há que ter ainda em atenção uma dimensão positiva que visa permitir às pessoas controlar os dados pessoais relativos à sua própria pessoa, ou seja, um direito de controlo activo sobre as informações que sobre ela recaem. A instalação de meios de videovigilância afecta também este poder de controlo e disposição de dados pessoais que faz parte da noção de privacidade, parecendo-nos que no juízo que deve ser feito na altura da aceitação ou não da instalação deste tipo de aparelhos deve atender-se não só a aspectos relacionados com a vertente negativa da privacidade mas também a princípios concernentes à protecção de dados, relacionado com as possibilidades, condições e alcance do tratamento de imagens. Adquire importância fundamental a realização de um juízo prévio acerca da legitimidade do interesse do empregador, assim como um controlo *a posteriori* sobre o conteúdo do filmado e da sua conservação.

O direito que deve ser atendido é, desta forma, o direito à privacidade, que engloba o direito à autodeterminação informativa na medida em que permite a unificação de todos os riscos possíveis que este tipo de tratamento comporta.

§ 17

A noção de dados pessoais é fundamental para se aferir da legitimidade da instalação deste tipo de meios de controlo audiovisual. Essencial é a noção de identificação, sendo que a imagem é um dado pessoal que fornece imensa informação acerca das pessoas, na medida em que permite não só a sua identificação como também revela inúmeros aspectos da sua personalidade. Desta forma, a imagem ou o som são dados pessoais pois são imediatamente identificáveis.

Na noção de dados pessoais deve incluir-se todo o tipo de informação de forma que abarque as avaliações e apreciações sobre o interessado, ou mesmo opiniões sobre este, optando-se, desta forma, por um critério subjectivo, compreendendo aqueles que podem afectar direitos fundamentais da pessoa.

Na relação de trabalho podem ser incluídos na noção de dados pessoais quaisquer informações pessoais que possam ser obtidas na execução do contrato ou na gestão do mesmo, dentro do qual deverão ser abrangidas as obrigações derivadas da lei ou das convenções colectivas e, por fim, na planificação e na organização do trabalho, incluindo os dados obtidos através da videovigilância.

Para que às imagens e aos sons captados se aplique a norma legal, é ainda necessário que ocorra um outro requisito e que é o de existir um tratamento de dados pessoais. A este nível entende-se que a mera captação de

816 *A Privacidade dos Trabalhadores e as Novas Tecnologias...*

imagens, seja ou não com a finalidade de controlo e de vigilância dos trabalhadores, ainda que não sejam armazenadas ou conservadas, e independentemente dos arquivos estarem organizados, constitui um tratamento de dados.

§ 18

Sendo o direito à autodeterminação informativa um poder de disposição e de controlo sobre os próprios dados, o consentimento converte-se num princípio estrutural. Este tem de ser dado de forma inequívoca, específica e manifesta, no sentido de evidente e inegável, devendo ainda ser esclarecido e prestado livremente. Significa esta característica que o consentimento não é prestado sob qualquer pressão e não está condicionado à aceitação de cláusulas que determinam um desequilíbrio significativo dos direitos e das obrigações derivadas do contrato, só sendo livre se poder ser retirado sem restrições e sem consequências.

No Direito do trabalho este consentimento fica relegado para um segundo plano na medida em que o trabalhador interessado, titular dos dados pessoais, se encontra numa posição de desigualdade em relação ao responsável pelo tratamento, ou seja, o empregador. Neste tipo de relações não se pode falar de um consentimento livremente prestado, não existindo uma verdadeira liberdade de escolha.

O pressuposto legitimador do tratamento de dados pessoais deve ser colocado não no consentimento individual do trabalhador mas na ampliação do número de pressupostos alternativos a este consentimento. Deve assumir maior relevância a técnica de tipo objectivo que baseie a legitimidade do tratamento no respeito pelo princípio da finalidade e no prosseguimento de fins específicos, assim como na ideia do tratamento de dados pessoais ter de ser pertinente e transparente, respeitando sempre o princípio da proporcionalidade.

O consentimento do titular dos dados pessoais é apenas uma das causas de justificação do seu tratamento e, atendendo a todas as especificidades da relação de trabalho, teria sido preferível uma regulação sectorial a nível comunitário, ou seja, uma Directiva que regulasse especificamente para a relação de trabalho a matéria de protecção de dados pessoais, estipulando os casos de tratamento ilícito.

O consentimento do trabalhador nunca representa o único pressuposto de legitimidade do tratamento de dados pessoais constituído por

Conclusões

imagens e por sons, tendo de ser acompanhado por outras condições e procedimentos que consigam obter uma concordância entre as concretas tipologias de dados pessoais recolhidos e a finalidade objectiva de gestão da relação laboral.

§ 19

Na adopção destes sistemas de controlo electrónico tem de exigir-se uma avaliação especial das situações que a justificam a nível do tratamento de dados pessoais. Assim, a sua adopção, a medida da recolha, o armazenamento e o seu tratamento dependem, em grande parte, da importância da finalidade pretendida e da possibilidade de utilização de outros meios menos gravosos e intrusivos para a consecução da mesma finalidade, sendo que a dificuldade está na própria delimitação do controlo.

No que diz respeito à fase da eleição do sistema de videovigilância existem vários princípios que assumem particular relevo. Em primeiro lugar, tem uma importância crucial o princípio da finalidade legítima, que exige para a instalação deste tipo de meios o reconhecimento de um fim legítimo que justifique a sua instalação. Em segundo lugar, existe o princípio da proporcionalidade que implica que o recurso a estes sistemas seja feito apenas como *ultima ratio*. Em terceiro lugar, há que considerar o princípio da licitude que impede a recolha de dados pessoais de forma desleal, fraudulenta ou ilícita. E, por último, releva o princípio da transparência informativa que visa garantir ao trabalhador o poder de disposição dos seus próprios dados pessoais de imagem e de som.

O empregador, aquando da adopção deste tipo de meios de controlo, não pode adoptar uma atitude meramente passiva de não atentar contra os direitos fundamentais dos trabalhadores e, especialmente, do seu direito à privacidade que engloba o direito à autodeterminação informativa. Pelo contrário, deve reger-se por uma atitude positiva, assumindo determinadas obrigações tendentes a facilitar ao trabalhador o exercício dos seus direitos relacionados com o tratamento de dados pessoais.

§ 20

O princípio da finalidade legítima implica que os dados pessoais apenas podem ser recolhidos quando existam motivos determinados, explícitos e legítimos, significando que estes dados dos trabalhadores só

818   *A Privacidade dos Trabalhadores e as Novas Tecnologias...*

podem ser tratados se respeitarem estes pressupostos, sendo essencial a sua definição precisa.

Este princípio é fundamental em matéria de protecção de dados pessoais, sendo que os demais princípios são função deste na medida em que os dados devem ser adequados, pertinentes e não excessivos em relação à finalidade pretendida; devem ser exactos, completos e actualizados em função da finalidade; e só devem ser conservados pelo tempo que a finalidade exige. Significa que as restrições à privacidade dos trabalhadores, mesmo que admissíveis em abstracto e consentidas em concreto pelos trabalhadores, deverão ser sempre justificadas, pela natureza da actividade, e proporcionais, face à finalidade pretendida. Visa-se, desta forma, evitar a pretensão do empregador de converter o contrato de trabalho numa unidade de recolha de informação pessoal capaz de constituir perfis de trabalhadores. Só poderão adoptar-se sistemas deste tipo quando existirem razões objectivas que justifiquem o recurso a eles, impondo-se um critério restritivo no que diz respeito às possibilidades de disposição dos aparelhos de registo das imagens e dos sons. Tem de existir um interesse objectivo e determinado, que será avaliado conjuntamente com um critério de indispensabilidade.

Na instalação destes sistemas de controlo audiovisual não basta qualquer interesse lícito do empregador, exigindo-se que o interesse seja forte no sentido de que a finalidade pretendida esteja no mesmo patamar dos direitos dos trabalhadores que são sacrificados pela sua adopção e apenas quando não prevalecerem os direitos do titular dos dados, assumindo importância fundamental a avaliação dos diferentes interesses em causa.

A adopção deste tipo de meios de controlo electrónico só pode ser válida quando vise proteger interesses fundamentais e vitais do empregador, ou seja, quando se esteja na presença de alguns interesses específicos dos empregadores. Pretende-se, desta forma, evitar o controlo constante, insidioso e vexatório. Tenta-se, assim, racionalizar a modalidade de exercício deste poder de controlo electrónico, harmonizando-o com as exigências de tutela da liberdade, da dignidade e da privacidade dos trabalhadores.

A adopção deste tipo de meios para controlar à distância a actividade dos trabalhadores, de forma impessoal e ininterrupta e que tenha como único escopo o controlo da execução da actividade laboral dos trabalhadores, deve ser considerada ilícita.

O tipo de conduta interdita abarca não só o caso concreto das câmaras de circuitos fechados de televisão, e que só captam imagens, mas, também, e especialmente, os sistemas de gravação que comportam algum tipo de armazenamento de imagens e que resultam potencialmente muito mais intrusivas na medida em que são susceptíveis de dilatar no tempo o poder de controlo electrónico do empregador.

A medida do empregador que tenha a finalidade de controlar o desempenho profissional dos trabalhadores, e que supõe um tratamento de dados pessoais, não pode ser considerada uma finalidade legítima na medida em que não constitui uma medida necessária para a execução do contrato e porque supõe um controlo e uma vigilância totalizadora que limita a liberdade da pessoa e anula o seu âmbito de privacidade no local de trabalho.

Há situações, contudo, em que a utilização deste tipo de sistemas de controlo pode ser objectivamente indispensável por motivos de segurança de pessoas e de bens ou quando razões de organização de produção, relacionadas com a natureza da actividade em causa, o exijam, tanto mais que da sua não implantação poderão derivar mais perigos e transtornos graves para a empresa e, mesmo, para os trabalhadores. O facto de comportarem, por vezes, um determinado controlo dos trabalhadores que prestam serviço nessas empresas é um dado impossível de eliminar e que deve ser tolerado na medida em que na análise dos diferentes direitos em causa, os interesses do empregador e, por vezes, dos próprios trabalhadores sobrelevam. Trata-se de um controlo não intencional, meramente acidental, e que, embora não desejado, é possível quando o controlo através destes meios audiovisuais é considerado lícito.

A legitimidade do tratamento de dados pessoais tem de ser avaliada em função dos instrumentos de trabalho ou das matérias ou produtos e do risco razoável para a segurança, ou do perigo certo e real da sua alteração.

§ 21

Um outro princípio de grande importância é o da proporcionalidade, que pressupõe um juízo prévio sobre a necessidade ou a indispensabilidade da medida e um outro posterior sobre a proporcionalidade dos sacrifícios que comporta para os direitos fundamentais dos trabalhadores. O tratamento de dados pessoais deve respeitar este princípio, devendo ser adequado, pertinente e não excessivo em relação às finalidades para que os dados são recolhidos. Não basta analisar a simples adequação entre a medida de videovigilância e o interesse pretendido, tendo ainda que ser articulado com os fins que realmente a justificam. Assim, uma vez determinada preliminarmente a existência de um interesse relevante, deve comprovar-se se a medida de recolha ou obtenção de informação do trabalhador através destes meios se torna realmente necessária no sentido de não existir uma outra alternativa menos restritiva e menos intrusiva da privacidade dos trabalhadores, para conseguir satisfazer o interesse do empregador, devendo realizar-se um juízo prévio acerca da selecção da medida de vigilância aplicável, adoptando-se o método de controlo que implique uma menor intromissão na privacidade dos trabalhadores ou um menor tratamento de dados pessoais. Deve atender-se, ainda, à indispensabilidade e à minimização do tratamento de dados pessoais por parte do empregador. Torna-se necessário superar um autêntico teste de imprescindibilidade e não um de mera justificação ou razoabilidade.

Há, ainda, que se atender ao princípio da intromissão mínima, devendo o controlo do empregador estar limitado a determinados espaços geográficos, não se podendo instalar este tipo de meios de controlo em espaços reservados dos trabalhadores. Este requisito exige, ainda, que se preste a máxima atenção à intensidade temporal da instalação na medida em que a adopção deste tipo de sistemas deve limitar-se ao tempo estritamente necessário para satisfazer um interesse legítimo do empregador, não submetendo o trabalhador a um tempo de controlo superior.

§ 22

O controlo electrónico exercido pelo empregador tem de respeitar sempre a pessoa humana e, especificamente, o seu direito à dignidade e à privacidade, na vertente de direito à autodeterminação informativa, o que impõe o conhecimento do tipo, do tempo e por quem o controlo está a ser realizado.

No contexto laboral defende-se que devem ser dadas informações a todos os trabalhadores e a outras pessoas que eventualmente se encontrem nas instalações. Entende-se que tem de realizar-se uma interpretação extensiva do art. 20.º, n.º 3, do CT pois não parece que a intenção do legislador tenha sido a de limitar a obrigatoriedade de informação aos trabalhadores apenas aos sistemas audiovisuais de tipo circuito fechado de televisão. Deverão ser abrangidos outros mecanismos associados a um computador, ligado muitas vezes em rede e associado a um IP, assim como as *webcams*, sob pena de grande número de situações não ter de se sujeitar a este princípio de transparência.

Os sujeitos colectivos podem desempenhar um importante papel na delimitação da actividade de controlo do empregador através destes meios audiovisuais comprovando, antes de proceder à instalação do sistema de videovigilância, se é absolutamente necessário para um objectivo específico, e determinando as medidas adequadas para garantir um uso correcto destes meios, assim como o âmbito físico susceptível de ser gravado, o tempo de conservação das imagens e as possibilidades de uso, de acordo com as finalidades pretendidas.

Apesar de se concordar que em certas situações poderia ocorrer o controlo oculto dentro de determinados condicionalismos, a redacção extremamente restritiva do art. 20.º, n.º 2, do CT leva-nos a pensar que não é possível a realização deste tipo de controlo.

§ 23

São relevantes ainda outros princípios, relacionados com a aplicação destes meios de controlo audiovisual, ou seja, com o alcance que há-de ter o seu tratamento autorizado. Estes princípios estão relacionados com a adequação e a pertinência das imagens captados com a finalidade do tratamento e com as limitações do uso correcto dos dados recolhidos e tratados através de sistemas de controlo audiovisuais adoptados pelo empregador. Estes princípios, relacionados com o princípio da pertinência, significam que se devem delimitar as circunstâncias pessoais em que se pode recolher a informação, tendo de existir uma clara conexão entre o dado recolhido e a utilização que dele é feita, só sendo pertinentes aqueles dados que sejam necessários para conseguir os fins pretendidos. Desta forma, o tratamento de dados pessoais só será lícito se existir uma correspondência entre a actividade de videovigilância e a finalidade para a qual foi adoptado o sistema. Isto significa, ainda, que os dados tratados não podem ser excessivos no que diz respeito à sua finalidade, o que impõe uma obrigação de minimização dos dados fornecidos ao empregador.

Por outro lado, é necessário atender à decisão a tomar quanto à conservação das imagens e ao período em que tal pode ocorrer, devendo este último ser o mais curto possível e de acordo com as características específicas de cada caso concreto, não podendo dar-se uma resposta unívoca em relação ao tempo de conservação, apenas podendo conservar-se as ima-

822 *A Privacidade dos Trabalhadores e as Novas Tecnologias...*

gens gravadas consideradas imprescindíveis e pelo tempo estritamente necessário para cumprir a finalidade pretendida.

A obrigação de destruição dos dados sempre com a extinção do contrato de trabalho não parece ser a melhor solução já que podem existir situações em que a sua manutenção pode ser necessária ou até benéfica para o trabalhador.

§ 24

O princípio da compatibilidade com a finalidade declarada estabelece a proibição do empregador se aproveitar deste tipo de dados para uma utilização diferente da finalidade originária para a qual foram aceites, e impõe uma grande limitação ao poder de controlo electrónico do empregador na medida em que ele não pode fazer um uso livre da informação recolhida. Este princípio ocorre porque o uso multifuncional de dados aumenta o risco de multiplicação, praticamente ilimitada, de efeitos prejudiciais causados por dados inexactos como também pela sua descontextualização.

O conteúdo deste conceito de finalidades incompatíveis deve ser entendido tendo em atenção o resultado final pretendido pela finalidade originária e pelas operações de tratamento que lhe forem posteriores.

Por regra, este princípio origina a impossibilidade de aplicar aos trabalhadores sanções disciplinares com base em incumprimentos contratuais ocasionalmente captados mediante estes sistemas de controlo. Mas, em determinadas circunstâncias, pode permitir-se a utilização destes dados com fins disciplinares quando o que se descobre acidentalmente são factos particularmente gravosos e que podem constituir ilícitos penais. Contudo, há que atender que esta relevância só pode acontecer em situações verdadeiramente excepcionais, funcionando como *ultima ratio*, e na estrita medida em que estejam em causa infracções particularmente graves com relevância penal.

§ 25

Os trabalhadores não abandonam o seu direito à privacidade e à protecção de dados quando celebram um contrato de trabalho. Eles têm uma expectativa legítima de um certo grau de privacidade no local de trabalho

Conclusões

na medida em que desenvolvem aí uma parte significativa das suas relações sociais e, por isso, há que tutelar esta expectativa e tê-la em atenção aquando do controlo das comunicações electrónicas. Os trabalhadores têm, assim, *direitos on-line*, tratando-se de direitos relacionados com a utilização das NTIC na empresa, principalmente aqueles que estão relacionadas com a *Internet*.

§ 26

De importância fundamental é a noção de correspondência que inclui não só as cartas em papel mas também outras formas de comunicação electrónicas, tais como os telefonemas, a *Internet* e o *e-mail*, recebidos ou enviados no local de trabalho.

§ 27

Os maiores perigos que o controlo electrónico do empregador associado ao poder informático comporta para os direitos dos trabalhadores derivam, principalmente, da enorme capacidade de recolha e transmissão de dados sobre a pessoa do trabalhador, assim como da capacidade de tratamento ou de elaboração da informação. Com o poder informático do empregador, o controlo electrónico permite o tratamento ilimitado e indiscriminado de dados pessoais dos trabalhadores, facilitando que os dados que se encontram disseminados em várias fontes de informação surjam instantaneamente reunidos numa base de dados e sem terem sido submetidos a uma elaboração prévia acerca da sua relevância relativamente aos requisitos de aptidão ou com as obrigações derivadas do conteúdo da prestação laboral. Este poder informático e o controlo electrónico mostram a sua dupla virtualidade, quer como ferramenta para a obtenção de melhorias a nível da empresa, com diminuição dos custos e do tempo necessário para a consecução de certas actividades, quer como, instrumento de limitação ou, até, de supressão ou eliminação de certas garantias individuais dos trabalhadores.

§ 28

Entende-se que o trabalhador tem o direito de utilizar os instrumentos relacionados com as comunicações electrónicas para fins pessoais, não nos parecendo impedimento a redacção do art. 22.° do CT ao estabelecer o direito do empregador emitir regras de utilização destes meios de comunicação. Uma proibição total do uso pessoal da *Internet* é pouco prática, irrealista e contraproducente, não atendendo aos inúmeros benefícios que a sua utilização pode comportar para os trabalhadores. O *e-mail* tornou-se o principal instrumento de comunicação na maior parte das empresas e com um notável *uso social* que merece algum tipo de protecção, tendo que a flexibilidade das relações laborais ser aceite como uma *via de dois sentidos*. Prefere-se, assim, a adopção de um uso pessoal, razoável e não susceptível de reduzir as condições de acesso a nível profissional, que não comprometa a produtividade, a uma proibição total praticamente impossível.

O computador, a *Internet* e o *e-mail* não deixam de ser ferramentas de trabalho, embora não se circunscrevam a essa vertente. Compadece-se mal com a actual Sociedade da Informação e da Comunicação, dominadas pelas NTIC, a compartimentação entre comunicação laboral e comunicação pessoal. Estas novas tecnologias favorecem uma nova organização do trabalho onde a actividade laboral é menos avaliada segundo o tempo efectivo do que segundo o resultado obtido.

O poder de controlo electrónico do empregador tem de respeitar os princípios da transparência, o que significa que este deve facultar aos seus trabalhadores uma explicação de acesso imediato, clara e rigorosa, sobre a sua política relativamente à utilização e controlo electrónico da *Internet*, do *e-mail* e do computador. A forma mais adequada é através da fixação de regras em *Cartas de boa conduta* sobre a utilização destes tipo de instrumentos de comunicação, que podem ser adoptadas em regulamentos internos, e sujeitos a todas as formalidades legais necessárias. O meio necessário para o empregador ver a diminuição da utilização do *e-mail* e da *internet* para fins ilícitos deve ser concretizado através de uma política clara e desprovida de ambiguidades sobre o uso correcto ou incorrecto destes novos meios de comunicação electrónica.

§ 29

Através do computador ocorre uma total concentração entre instrumento de trabalho e o de potencial controlo da actividade do trabalhador, principalmente quando esta é realizada, exclusivamente, através desta ferramenta. O trabalhador, nos tempos que correm, passa a maior parte do tempo a trabalhar no computador, pelo que se torna relativamente fre-quente uma utilização pessoal deste instrumento de trabalho. Esta, desde que seja exercida dentro dos princípios da boa fé, da proporcionalidade e que não afecte a actividade profissional do trabalhador, deve ser aceite atendendo ao uso social destas novas tecnologias e ao esbatimento das fronteiras espácio-temporais. Tem de aceitar-se um certo grau de flexibili-dade na altura de aferir da eventual violação de algum dever por parte do trabalhador sempre que este tenha agido dentro dos parâmetros da trans-parência, boa fé e proporcionalidade. Os trabalhadores têm um direito à privacidade sobre o *espaço virtual* na memória do computador ou servidor da empresa.

Os computadores têm um uso *poliédrico* sob duas formas distintas: uma interna, em que é o próprio computador que se utiliza para a presta-ção laboral o que efectua o controlo; e outra externa, onde o computador não se usa na prestação de trabalho mas em que se exercita como meca-nismo de controlo externo da mesma. Em diferentes situações o princípio da proporcionalidade não está cumprido porque a actividade de controlo realizada pelo empregador, para além de constituir uma intromissão desproporcionada na privacidade dos trabalhadores, não está relacio-nada com qualquer interesse extraordinário do empregador que mereça a concretização de restrições tão graves nos direitos fundamentais dos trabalhadores.

Entende-se que devem ser divididas as situações entre aquelas em que o controlo do trabalhador é um efeito deliberadamente pretendido pelo empregador, e que é claramente interdito, e aquelas outras em que este controlo é meramente um efeito secundário da utilização de programas dirigidos unicamente a fins exigidos por razões de segurança ou de orga-nização e de gestão empresarial, onde o controlo surge como um sub-produto inevitável e legítimo.

Em relação ao controlo da memória do computador, o que releva não é a propriedade dos bens mas a conexão com a privacidade do trabalhador, ou seja, com a legítima expectativa de privacidade sobre os mesmos. Con-tudo, só é possível a tutela se existir esta protecção sobre o *espaço virtual* de privacidade do trabalhador no sentido de que, inicialmente, se criou uma expectativa de privacidade sobre aquele âmbito. Mas, mesmo que não tenha sido criado, o empregador não pode controlar como e quando quiser porque terá de estar sempre vinculado aos princípios aplicáveis em maté-ria de controlo, principalmente ao princípio da proporcionalidade na sua tripla vertente, assim como ao princípio da transparência, impondo-se a proibição de formas de controlo oculto.

A actividade de controlo por parte do empregador fica limitada à sua própria finalidade. Na medida em que o objecto da actividade de controlo não é mais do que conhecer o uso que se faz do computador, a satisfação do interesse do empregador concretiza-se desde o momento em que se pode constatar o uso ilícito dos instrumentos de trabalho. Assim, atendendo aos princípios da finalidade e da proporcionalidade, o acesso a todos os arquivos e pastas quer através do título que detêm, quer pela sua inserção em determinadas pastas ou directórios que pelo nome se presumam ser pessoais e alheias à actividade laboral, fica proibido ao empregador, embora este não fique impossibilitado de efectuar um certo tipo de controlo e de, eventualmente, sancionar o trabalhador. Poderá mesmo, sem analisar o conteúdo, efectuar uma discriminação do tipo de ficheiros contidos em determinadas pastas e, atendendo ao tipo em causa, eventualmente aplicar alguma sanção disciplinar aos trabalhadores.

§ 30

A navegação na *internet* cria novas questões ao direito pois, por um lado, existe a tutela do direito à privacidade, englobando o direito à auto-determinação informativa, e, por outro, há o poder de controlo electrónico do empregador, essencial para o correcto desenvolvimento da relação jurídico-laboral. Está-se perante um conflito de direitos que tem de ser resolvido pelo princípio da proporcionalidade na sua tripla vertente.

As NTIC não estão desenhadas para o controlo do trabalhador mas permitem uma vigilância que pode ser temida na medida em que as informações susceptíveis de ser exploradas são numerosas e precisas. Estes programas não são instrumentos de vigilância e de controlo *por natureza* mas podem tornar-se instrumentos de vigilância e controlo *por destino*.

Em relação ao administrador do sistema defende-se que deveria estar sujeito a um segredo profissional ou, pelo menos, a um dever de obrigação de discrição profissional, não podendo divulgar qualquer informação de que teve conhecimento no exercício das suas funções e, em particular, aquelas que estão protegidos pelo direito ao sigilo das comunicações.

§ 31

São vários os argumentos que os empregadores utilizam para a realização do controlo electrónico da *internet*, havendo que ter várias cautelas na sua aceitação.

Embora a propriedade do sistema seja um argumento digno de consideração, não pode constituir razão suficiente para o estabelecimento de restrições absolutas na medida em que isso equivaleria a ver o controlo electrónico apenas de forma unilateral. A propriedade do sistema, embora possibilite ao empregador a regulamentação sobre a utilização destes instrumentos, interditando um uso extra-laboral abusivo e contrário aos princípios da boa fé e da razoabilidade, não confere *carta branca* para o empregador realizar o controlo que deseje, devendo ter-se sempre em atenção as características das NTIC e o esbatimento das fronteiras espácio-temporais.

Em relação aos custos tem de existir uma diminuição efectiva de rendimento ou um dano patrimonial da empresa, facto que nem sempre é correctamente analisado.

Quanto à possibilidade de serem cometidos crimes há que ter em atenção que muitos dos que são possíveis não afectam, em princípio, o empregador, na medida em que os que são imputáveis ao trabalhador não serão praticados em nome e em representação dos empregadores.

O argumento da segurança do sistema para tentar permitir um controlo electrónico de uma utilização extra-laboral apresenta-se, de facto, como um falso problema, dado que o empregador deve adoptar os mecanismos de segurança que protejam o sistema da empresa, não se percebendo como é que o acesso a *sites* de natureza pessoal possa trazer mais problemas de segurança do que os *sites* de natureza profissional.

No que concerne à possível responsabilidade do empregador parece que há que ter várias cautelas e, sob pena de existir uma *contraditio in termini*, não pode defender-se que o empregador deve permitir uma utilização pessoal, desde que moderada e, depois, pretender-se responsabilizar os empregadores por toda a utilização que o trabalhador faça, mesmo que por mera ocasião das funções e não no exercício destas, por não ter proibido, *a priori*, a sua utilização. O empregador que permite a utilização e que estabelece regras claras, em regulamento interno, sobre ela não pode vir a ser responsabilizado.

828   *A Privacidade dos Trabalhadores e as Novas Tecnologias...*

O empregador pode regulamentar a utilização destes meios estabelecendo limites temporais ao seu uso, sancionando disciplinarmente quem exceda estes limites. Mas não fica legitimado para controlar as páginas visitadas na medida em que se insere dentro da protecção do direito à privacidade que engloba o direito à autodeterminação informativa. Se não pode considerar-se a *internet* como um meio de comunicação, tutelado pelo direito ao sigilo das comunicações, pode, contudo, conferir uma série de dados acerca das pessoas e originar a constituição de perfis.

A instalação de programas que proporcionam ao empregador uma panóplia de informações personalizadas sobre cada um dos seus trabalhadores, com toda a informação acerca da navegação realizada, não pode ser permitida na medida em que supõe uma violação dos direitos à privacidade e à dignidade do trabalhador, ultrapassando manifestamente os limites do controlo electrónico do empregador. Torna-se ainda mais grave quando estes programas são instalados secretamente. Esta atitude do empregador, para além de constituir um abuso incompatível com o respeito pela dignidade da pessoa humana, deve ser entendido como uma intromissão ilegítima na privacidade dos trabalhadores.

§ 32

O *e-mail* é, actualmente, um instrumento de trabalho indispensável, trazendo inúmeras vantagens para as empresas. Mas este meio de comunicação, embora constitua, primordialmente, uma ferramenta de trabalho, permite, ainda, um notável uso social, que merece algum tipo de protecção e de reconhecimento de determinados efeitos jurídicos.

Entende-se que não se deve apenas consagrar uma política de tolerância em relação a uma utilização extra-profissional, devendo-se ir mais longe e estabelecer uma proibição de determinar impedimentos à utilização pessoal, atendendo às características das NTIC. Os trabalhadores, em certas empresas, têm um direito a utilizar esta forma de comunicação para fins pessoais atendendo ao esbatimento das fronteiras espácio-temporais e à flexibilidade das relações laborais como uma *estrada* de dupla via.

O *e-mail*, enquanto processo de comunicação, é perfeitamente assimilável aos outros tipos de comunicação clássicos, com a única diferença que é um pouco mais vulnerável. As mensagens electrónicas transmitem-se por um canal fechado de comunicação, pressupondo por parte dos intervenientes uma razoável expectativa de segredo. Deve, desta forma, estar protegido pelo direito ao sigilo das comunicações e a facilidade técnica para a sua intercepção não o extingue pois a garantia jurídica deste sigilo é independente da garantia técnica do segredo.

A vulneração das comunicações, para além de supor a lesão de um direito fundamental, gera um clima de insegurança, que tem uma repercussão directa tanto na dignidade da pessoa como no livre desenvolvimento da sua personalidade.

O artigo 34.º da CRP aplica-se ao *e-mail*, sendo que se trata de um direito inviolável, existindo uma proibição de ingerência nos meios de comunicação. A garantia prevista legalmente é bastante ampla porque se proíbe toda a intromissão, abrangendo quer a liberdade de envio e de recepção de correspondência, assim como a proibição de retenção ou de apreensão, e, ainda, a interferência telefónica ou através de outra forma. Tudo isto implica o direito que ninguém as viole ou as devasse, no sentido de que a tomada de conhecimento não autorizada do conteúdo da correspondência é, em si própria, ilícita. A lei vai mais além e proíbe a sua divulgação, estabelecendo o direito de que terceiros que a elas tenham acesso as não divulguem. A protecção que é dada por lei a este direito é formal na medida em que o sigilo impende sobre a comunicação, independentemente do seu conteúdo ser privado ou não.

A protecção prevista neste artigo abrange não só o conteúdo da comunicação como o seu *tráfego*, e engloba também os anexos dos *e-mails*.

O empregador não pode invocar os seus legítimos poderes de organização, direcção e de controlo para limitar o exercício deste direito, previsto constitucionalmente e a nível laboral. Ao empregador ficam inacessíveis as mensagens pessoais do trabalhador, não só no momento da sua emissão como, também, no seu registo em arquivo no computador.

Entende-se ser excessivo abranger dentro da protecção do sigilo das comunicações os *e-mails* profissionais, no caso de existir uma política clara acerca da utilização destes e contas separadas de *e-mails* ou, pelo menos, pastas devidamente diferenciadas. No caso dos *e-mails* profissionais há uma relação comitente-comissário em que o empregador pode controlar o conteúdo das mensagens profissionais, respeitando todos os requisitos para o correcto exercício do seu poder de controlo electrónico, principalmente o princípio da proporcionalidade. O empregador, nestes casos, não é equiparado a um terceiro para efeitos de necessitar da correspondente autorização judicial. Mas o controlo tem de ser o menos intrusivo possível, entendendo-se que existe um consentimento do trabalhador nesse sentido na medida em que envia e recebe mensagens de acordo com as ordens emanadas do empregador. O conteúdo das mensagens electrónicas não pode considerar-se património exclusivo do trabalhador mas também da empresa. Contudo, este tipo de controlo não pode ser permanente, devendo respeitar o princípio da proporcionalidade. Assim, em princípio, a abertura destes *e-mails* deve ser excepcional, devendo ocorrer na presença do trabalhador, a não ser que este se encontre ausente e seja exactamente esta a causa da sua visualização. Tem de se estar perante uma razão objectiva para o exercício deste tipo de controlo, devendo o empregador respeitar o princípio da adequação, não tomando mais conhecimento do que o necessário, e recorrendo aos meios menos intrusivos possíveis.

A titularidade do meio utilizado não justifica o acesso às comunicações electrónicas privadas efectuadas através da empresa. O contrato de trabalho não coloca o empregador numa posição privilegiada de interlocutor da mensagem ou num terceiro especialmente qualificado para transgredir o segredo das comunicações.

As empresas devem estabelecer políticas claras sobre a utilização destes meios de comunicação mas não podem proibir o seu uso para fins pessoais. Defende-se um uso moderado, de acordo com as regras da boa fé e da proporcionalidade, e que não interfira com o normal funcionamento da empresa. Entende-se que a redacção bem feita de *Cartas de boa conduta*, inseridas em regulamento interno, pode constituir um meio adequado para satisfazer os interesses das várias partes.

Deve constar das políticas realizadas pelas empresas, nomeadamente através de regulamento interno, a obrigação dos trabalhadores distinguirem correctamente os *e-mails* de natureza profissional dos *e-mails* de natureza pessoal, obrigando-se a não classificar erradamente qualquer um destes dois tipos.

No caso de se tratar de mensagens electrónicas marcadas como pessoais ou de mensagens que, embora não marcadas como tais, se deduz que o são, há uma protecção ao abrigo do art. 34.º da CRP e do art. 22.º do CT, sendo invioláveis. O empregador não pode controlar o conteúdo destas mensagens, nem em situações excepcionais em que há suspeitas de abuso, e a prova obtida com violação destes preceitos será considerada nula. Perante suspeitas razoáveis de incumprimentos contratuais por parte do trabalhador, o empregador não poderá controlar o conteúdo sem uma

Conclusões

prévia autorização judicial, mesmo que aquele tenha violado as regras estabelecidas pelo empregador.

Nos casos em que não há uma política clara sobre a utilização destes meios ou em que se permite um uso indiscriminado dos *e-mails*, parece que estes estarão protegidos pelo direito ao sigilo das comunicações, não podendo o empregador aceder aos mesmos. Nestes casos há que ter várias cautelas e o acesso aos *e-mails* deve ser a última instância a ser utilizada pelo empregador, sendo que o acesso deve ser feito na presença do trabalhador, devendo limitar-se a certos dados externos.

Porém, o empregador, mesmo que não possa visualizar o conteúdo dos *e-mails* pessoais, pode exercer algum controlo electrónico sobre estes. Pode, desta forma, controlar alguns dados externos. Atendendo-se ao princípio da proporcionalidade, o conhecimento de certos dados de tráfego configura uma ingerência de menor intensidade no direito fundamental ao sigilo das comunicações.

Por último, a advertência que algumas empresas fazem previamente aos trabalhadores de que os seus *e-mails* podem ser controlados não produz qualquer efeito em termos de legitimar o controlo dos empregadores.

§ 33

Está-se perante uma temática em contínua evolução, sendo que o equilíbrio entre os direitos dos trabalhadores, principalmente a sua privacidade, e o poder de controlo electrónico do empregador não constitui uma tarefa fácil, estando hoje o Direito do trabalho a ser alvo de uma verdadeira *metamorfose*.

Os valores reconhecidos e promovidos pela privacidade estão directamente em causa na relação de trabalho. A autonomia, a dignidade, a confiança, o respeito e a diversidade adquirem importância fundamental nesta relação, principalmente quando existe a consciencialização de que os trabalhadores estão a gastar cada vez mais tempo em assuntos profissionais. Estes devem ser protegidos bem como a sua privacidade, principalmente quando é a sua dignidade que está muitas vezes em causa.

A regulamentação laboral desta matéria parece uma mais-valia, pois se não é com mais leis que se terá um melhor Direito, também é certo que a falta de regulação desta matéria poderia conduzir a mais abusos, embora se entenda que, ao nível do Código do Trabalho, o legislador poderia ter previsto mais situações e clarificado algumas questões.

As NTIC exigem, cada vez mais rapidamente, respostas do legislador na medida em que *a realidade corre mais depressa do que o Direito*, e que não podem basear-se em esquemas antigos que não conseguem ser eficazes perante os inúmeros e novos problemas colocados.

O legislador tem de ser capaz de criar soluções que tenham em atenção esta nova realidade que se reflecte sobre todos os sectores sociais, originando uma verdadeira *revolução* na sociedade, impedindo toda a tentativa de visualização dos trabalhadores como autómatos, isto é, a sua instrumentalização, coisificação ou reificação.

O exame do impacto nas relações laborais destas inovações tecnológicas permite defender a existência de maiores riscos que pesam sobre a pessoa do trabalhador e que são susceptíveis de ameaçar a sua saúde, a sua presença na empresa e os seus direitos fundamentais. Existem algumas respostas jurídicas, não sendo certo que correspondam às melhores soluções e que estejam perfeitamente adaptadas às necessidades dos novos tempos.

O legislador deve, desta forma, tentar encontrar os equilíbrios mais avançados entre a tutela dos direitos fundamentais dos trabalhadores e as exigências da empresa, tendo em consideração que aqueles constituem um instrumento de progresso social.

BIBLIOGRAFIA

AALBERTS, Robert J.; TOWNSEND, Anthony M.; WHITMAN, Michael E.; SEIDMAN, Lorne H. – "A proposed model policy for managing telecommunications--related sexual harassment in the workplace", *in Labor Law Journal*, 1997, pp. 616-625

ABRANTES, José João Nunes – *A vinculação das entidades privadas aos direitos fundamentais*, AAFDL, Lisboa, 1990

———— "O Direito do Trabalho e a Constituição", *in Estudos de Direito do Trabalho*, AAFDL Lisboa, 1992, pp. 59-87

———— "Contrato de Trabalho e Direitos Fundamentais – breves reflexões", *in II Congresso Nacional de Direito do Trabalho – Memórias*, (coord. ANTÓNIO MOREIRA), Almedina, Coimbra, 1999, pp. 105-114

———— "O Direito Laboral face aos novos modelos de prestação do trabalho", *in IV Congresso Nacional de Direito do Trabalho – Memórias*, (coord. ANTÓNIO MOREIRA), Almedina, Coimbra, 2002, pp. 83-94

———— "Contrato de trabalho e meios de vigilância da actividade do trabalhador (breves considerações)", *in Estudos em Homenagem ao Prof. Doutor Raúl Ventura*, vol. II, (coord. OLIVEIRA ASCENSÃO), Coimbra Editora, Coimbra, 2003, pp. 809-818

———— "O Código do Trabalho e a Constituição", *in QL*, ano X, n.º 22, 2003, pp. 123-154

———— "A autonomia do Direito do trabalho, a Constituição laboral e o art. 4.º do *Código do Trabalho*", *in Estudos de Direito do Trabalho em Homenagem ao Professor Manuel Alonso Olea*, Almedina, Coimbra, 2004, pp. 409-431

———— "O novo *Código do Trabalho* e os direitos de personalidade do trabalhador", *in A reforma do Código do Trabalho*, Coimbra Editora, Coimbra, 2004, pp. 139-160

———— "Os direitos de personalidade do trabalhador e a regulamentação do Código do Trabalho", *in PDT*, n.º 71, 2005, pp. 63-65

———— *Contrato de Trabalho e Direitos Fundamentais*, Coimbra Editora, Coimbra, 2005

ABREU, F. Jorge Coutinho de – "Limites constitucionais à iniciativa económica privada", *in Temas de Direito do Trabalho – Direito do Trabalho na crise Poder empresarial Greves atípicas – IV Jornadas Luso-Hispano-Brasileiras de Direito do Trabalho*, Coimbra Editora, Coimbra, 1990, pp. 423-434

ACED FÉLEZ, Emilio – "La protección de datos personales y la vídeovigilancia", *in datospersonales.org*, n.º 5, 2003, pp. 1-5

836   *A Privacidade dos Trabalhadores e as Novas Tecnologias...*

ADDISON, John T.; TEIXEIRA, Paulino – "Technology employment and wages", *in Labour*, vol. 15, n.º 2, 2001, pp. 191-219

AGUILLERA IZQUIERDO, Raquel – *Las causas de despido disciplinario y su valoración por la jurisprudencia*, Aranzadi, Pamplona, 1997

AGUT GARCÍA, Carmen – "Las facultades empresariales de vigilância y control sobre útiles y herramientas de trabajo y otros efectos de la empresa", *in El Control Empresarial*, (coord. GARCÍA NINET e VICENTE PACHÉS), CISS, Valência, 2005, pp. 103-126

AIMO, Mariapaola – "Il trattamento dei dati personali del lavoratore: la lege sulla *privacy* e lo Statuto dei lavoratori", *in Contrato e Impresa – Europa –*, Ano 3, 1998, pp. 426-446

————— "I «lavoratori di vetro»: regole di trattamento e meccanismi di tutela dei dati personali", *in RGLPS*, n.º 1, 2002, pp. 45-134

————— *Privacy, libertà di espressione e rapporto di lavoro*, Casa Editrice Jovene, Nápoles, 2003

ALARCÓN CARACUEL, Manuel Ramón – "La informatización y las nuevas formas de trabajo", *in Nuevas tecnologias de la información y la comunicación y Derecho del Trabajo*, (coord. ALARCÓN CARACUEL e ESTEBAN LEGARRETA), Editorial Bomarzo, Alicante, 2004, pp. 9-18

————— "Aspectos generales de la influencia de las nuevas tecnologias sobre las relaciones laborales", *in Cuestiones Actuales de Derecho y Tecnologías de la Información y la Comunicación (TICS)*, Thomson Aranzadi, Navarra, 2006, pp. 321-332

ALBIOL MONTESINOS, Ignacio; ALFONSO MELLADO, Carlos; BLASCO PELLICER, Ángel; GOERLICH PESET, José – *Estatuto de los Trabajadores – concordato con la Jurisprudencia de los Tribunales Constitucional y Supremo*, 2.ª edição, Tirant lo Blanch, Valencia, 2001

ALCARAZ, Hubert; BERTILE, Véronique; CARPENTIER, Élise; LĀNISSON, Valérie – "Compte rendu des discussions et debats", *in Annuaire International de Justice Constitutionnelle*, Economica, Paris, 2001, pp. 369-400

ALEXANDRE, Isabel – *Provas ilícitas em processo civil*, Almedina, Coimbra, 1998

ALMEIDA, F.J. Coutinho de – "Os poderes da entidade patronal no direito português", *in RDE*, n.º 3, 1977, pp. 301-333

————— "Poder empresarial: fundamento, conteúdo, limites", *in Temas de Direito do Trabalho – Direito do Trabalho na crise Poder empresarial Greves atípicas – IV Jornadas Luso-Hispano-Brasileiras de Direito do Trabalho*, Coimbra Editora, Coimbra, 1990, pp. 311-331

ALONSO ALBELLA, Rodolfo – "El uso del correo electrónico en el lugar de trabajo", *in dados personales.org*, n.º 11, 2004, pp. 1-3

ALONSO OLEA, Manuel – *Introducción al Derecho del Trabajo*, 4.ª edição, Editoriales de Derecho Reunidas, Madrid, 1981

————— *La responsabilidad del empresário frente a terceros por actos del trabajador a su servicio*, Civitas, Madrid, 1990

ALONSO OLEA, Manuel; CASAS BAAMONDE, M.ª Emília – *Derecho del Trabajo*, 16.ª edição, Civitas, Madrid, 1998

ALPA, Guido – "Introduzione. New Economy e Diritto nell'Era della rivoluzione Digitale", *in La Tutela del Navigatore in Internet*, (coord. ANTONIO PALAZZO e UGO RUFFOLO), Giuffrè Editore, Milão, 2002, pp. 1-34

ALTENBURG, Stephan; REINERSDORFF, Wolfgang; LEISTER, Thomas – "Telekommunikation am Arbeitsplatz", *in MMR*, n.º 3, 2005, pp. 135-139

AMADO, João Leal – "Pornografia, informática e despedimento (a propósito de um acórdão da R.L.)", *in QL*, Ano I, n.º 2, 1994, pp. 109-116

––––– "Breve apontamento sobre a incidência da revolução genética no domínio juslaboral e a Lei n.º 12/2005, de 26 de Janeiro", *in Temas Laborais*, Coimbra Editora, Coimbra, 2005, pp.23-33

––––– *Contrato de Trabalho*, Coimbra Editora, Coimbra, 2009

AMEGEE, Maximilien – *Le contrat de travail à l'épreuve des NTIC: Le temps effectif du travail et le lien de subordination sont-ils remis en cause?*, in www.droit-technologie.org

ANDRADE, José Carlos Vieira de – *Os Direitos Fundamentais na Constituição Portuguesa de 1976*, 2.ª edição, Almedina, Coimbra, 2001

ANTON, Gary; WARD, JOSEPH J. – "Every breath you take: employee privacy rights in the workplace – an Orwellian prophecy come true?", *in Labor Law Journal*, n.º 3, 1998, pp. 897-911

ANTONMATTEI, Paul-Henri – "NTIC et vie personnelle au travail", *in DS*, n.º 1, 2002, pp. 37-41

APARICIO TOVAR, Joaquin; BAYLOS GRAU, Antonio – "Autoridad y democracia en la empresa", *in Autoridad y Democracia en la Empresa*, (coord. JOAQUIN APARICIO TOVAR e ANTONIO BAYLOS GRAU), Editorial Trotta, Madrid, 1992, pp. 9-15

APILLUELO MARTÍN, Margarita – "Contornos de control empresarial de la intimidad del trabajador ante las nuevas tecnologías y a la luz de la doctrina judicial", *in AS*, I, 2003, pp. 767-779

ARAGÓN, JORGE; DURÁN, Alicia; ROCHA, Fernando; CRUCES, Jesús – *Las relaciones laborales y la innovación tecnológica en España*, Catarata, Madrid, 2005

ARAUJO CABRERA, Yasmina – "La dirección en la empresa del siglo XXI", *in RTSS – CEF*, n.º 231, 2002, pp. 165-176

ARCANGELIS, Maurizio – *L'Internet et la vie privée*, Editions "Les Fils d'Arianne", Aix-en-Provence, 2004

ARENAS RAMIRO, Mónica – "El derecho a la protección de datos personales en la jurisprudencia del TJCE", *in Cuestiones Actuales de Derecho y Tecnologías de la Información y la Comunicación (TICS)*, Thomson Aranzadi, Navarra, 2006, pp. 95-119

––––– *El derecho fundamental a la protección de datos personales en Europa*, Tirant monografias, n.º 447, Valencia, 2006

ARIAS DOMÍNGUEZ, Ángel; RUBIO SÁNCHEZ, Fancisco – *El Derecho de los Trabajadores a la Intimidad*, Thomson Aranzadi, Navarra, 2006

838   *A Privacidade dos Trabalhadores e as Novas Tecnologias...*

ARISS, Sonny – "Computer monitoring: benefits and pitfalls facing management", *in Information and Management*, n.º 39, 2002, pp. 553-558

ASCENSÃO, José de Oliveira – *Direito Civil, Teoria Geral, Vol. I – Introdução, as Pessoas, os Bens*, Coimbra Editora, Coimbra, 1997

—— "A sociedade da Informação", *in Direito da Sociedade da Informação, Volume I*, Coimbra Editora, Coimbra, 1999, pp. 163-184

ASSIS, Rui – *O poder de direcção do empregador – Configuração geral e problemas actuais*, Coimbra Editora, Coimbra, 2005

AUBERT-MONPEYSSEN, Thérèse – "Les libertés et droits fondamentaux dans l'entreprise: breves remarques sur quelques évolutions recentes", *in Mélanges dédiés au President Michel Despax*, Presses de l'Université des Sciences Sociales de Toulouse, Toulouse, 2002, pp. 261-284

AULETTA, Tommaso – *Riservatezza e tutela della personalità*, Giuffrè Editore, Milão, 1978

AUVERGNON, Philippe – "Poder de dirección y respeto a la persona asalariada", *in El poder de dirección del empresário: nuevas perspectivas*, (coord. ESCUDERO RODRÍGUEZ), La Ley, Madrid, 2005, pp. 33-58

BARBA RAMOS, Francisco; RODRIGUÉZ-PIÑERO ROYO, Miguel – "Alternativas de regulación de los derechos on-line en el ordenamiento laboral español", *in Derecho y conocimiento*, n.º 1, pp. 13-33

BARNARD, Catherine; DEAKIN, Simon – "Costituzionalizzare il diritto del lavoro. L'esperienzia britannica", *in LD*, ano XIV, n.º 4, 2000, pp. 575-605

BARRACO, Enrico – "Potere di controllo del datore di lavoro, privacy e nuovi strumenti informatici", *in LNG*, n.º 9, 2005, pp. 837-841

BARROS, Alice Monteiro – *A revista como função de controle do poder directivo, in http://www.genedit.com.br/2rdt/rdt66/estud-66/alice.htm*

—— *Proteção à Intimidade do Empregado*, Editora São Paulo, São Paulo, 1997

BARROS, Cássio Mesquita – "Poder empresarial: fundamentos, conteúdo e limites (Relatório Geral), *in Temas de Direito do Trabalho – Direito do Trabalho na crise Poder empresarial Greves atípicas – IV Jornadas Luso-Hispano-Brasileiras de Direito do Trabalho*, Coimbra Editora, Coimbra, 1990, pp. 305-309

BARTON, Dirk – "Betribliche übung und private Nutzung des Internetarbeitsplatzes – "Arbeitsrechtliche Alternativen" zur Wiereinfhrung der aleinigen dienstlichen Verwendung", *in NZA*, n.º 9, 2006, pp. 460-466

BASCHERINI, Georgia – Utilizzo abusivo di internet e licenziamento", *in LNG*, n.º 2, 2004, pp. 135-140

BAYLOS GRAU, Antonio – *Derecho del Trabajo: modelo para armar*, Editorial Trotta, Madrid, 1991

BAYLOS GRAU, Antonio; VALDÉS DE LA VEJA, Berta – "El efecto de las nuevas tecnologías en las relaciones colectivas de trabajo", *in Nuevas tecnologias de la información y la comunicación y Derecho del Trabajo*, (coord. ALARCÓN CARACUEL e ESTEBAN LEGARRETA), Editorial Bomarzo, Alicante, 2004, pp. 121-159

BAYREUTHER, Frank – "Videoüberwachung am Arbeitsplatz", *in NZA*, n.º 18, 2005, pp. 1038-1044

BECKSCHULZE, Martin – "Internet –, Intranet – und E-Mail-Einsatz am Arbeitsplatz", *in Der Betrieb*, n.ºs 51/52, 2003, pp. 2777-2786

BÉGUIN, Céline – "La liceité de la preuve en Droit du Travail: l'employeur peut-il produire en justice les éléments recueillis grâce à la cybersurveillance?", *in Petites affiches*, n.º 115, 2004, pp. 3-15

BEIGNIER, Bernard – "La protection de la vie privée", *in libertés et droits fondamentaux*, 11.ª edição, Dalloz, Paris, 2005, pp. 175-200

BELLAVISTA, Alessandro – "Elaboratori elettronici, controlli a distanza e tecniche di tutela", *in DL*, I, 1989, pp. 54-70

—— *Il controllo sui lavoratori*, Giappichelli Editore, Turim, 1995

—— "Tutela delle persone e di altri soggetti rispetto al trattamento dati personali", *in LNG*, n.º 5, 1996, pp. 375-380

—— "Investigatori privati e controlli occulti sui lavoratori", *in RIDL,* 1996, II, pp. 541-560

—— "La direttiva sulla protezione dei dati personali: profili giuslavoristici", *in DRI*, n.º 1, 1997, pp. 115-130

—— "I poteri dell' imprenditore e la *privacy* del lavoratore", *in DL*, vol. 76, n.º 3, 2002, pp. 149-183

—— "Le prospettive della tutela dei dati personali nel rapporto di lavoro", *in RGLPS*, I, 2003, pp. 55-76

—— La tutela dei dati personali nel rapporto di lavoro", *in Il codice dei dati personali – temi e problemi*, (coord. FRANCESCO CARDARELLI, SALVATORE SICA e VINCENZO ZENO-ZENCOVICH), Giuffrè editore, Milão, 2004, pp. 397-443

—— "Controlli elettronici e art. 4 dello Statuto dei Lavoratori", *in RGLPS*, ano LVI, n.º 4, 2005, pp. 763-781

—— "Controlli a distanza e necessita del rispetto della procedura di cui al comma 2 dell'art. 4 Stat. Lav.", *in RGLPS*, ano LIX, n.º 2, 2008, pp. 358-365

BELLEIL, Arnaud – *E-privacy – le marché des données personnelles: protection de la vie privée à l'âge d'Internet*, Dunod, Paris, 2001

BELLOTTI, Victoria – "Design for Privacy in Multimedia Computing and Communications Environments", *in Technology and Privacy: The New Landscape*, (coord. PHILIP AGRE e MARC ROTENBERG), The MIT Press, Massachusetts, 2001, pp. 63-98

BELMONTE, Alexandre Agra – *O Monitoramento da Correspondência Electrónica nas Relações de Trabalho*, Editora LTR, São Paulo, 2004

BENALCÁZAR, Isabelle – *Droit du Travail et nouvelles technologies, – collecte des données Internet cybersurveillance télétravail*, Gualiano éditeur, Paris, 2003

BENNETT, Steven C.; LOCKE, Scott D. – "Privacy in the workplace: a pratical premier", *in Labor Law Journal*, vol. 49, n.º 1, 1998, pp. 781-787

BENRAISS, Laïlla; BOUJENA, Othman; TAHSSAIN, Loubna – "TIC et performance des salariés: quel role pour la responsabilité sociale de l'entreprise", *in RITS*, Outubro, 2005, pp. 915-925

BERNSTEIN, Anita – "Foreword: *What We Talk About When We Talk About Workplace Privacy", in La.L. Rev.*, vol. 66, 2006, pp. 1-21

BESSONE, Mario – "Segreto della vita privata e garanzie della persona – Materiali per lo studio dell'esperienza francese", *in RTDPC*, ano XXVII, 1973, pp. 1130-1152

BETTENCOURT, Pedro – "Controle patronal e limitação dos direitos de personalidade", *in Minerva – Revista de Estudos Laborais*, Ano I, n.º 1, 2002, pp. 127-136

——— "A internet no local de trabalho", *in VIII Congresso Nacional de Direito do Trabalho – Memórias*, (coord. ANTÓNIO MOREIRA), Almedina, Coimbra, 2006, pp. 33-41

——— "Os regimes do teletrabalho", *in Estudos jurídicos em Homenagem ao Professor António da Motta Veiga,* Almedina, Coimbra, 2007, pp. 247-266

BEZANSON, Randall – "The *Right to Privacy* Revisited: Privacy, News and Social Change, 1890-1990", *in California Law Review*, vol. 80, n.º 5, pp. 1133-1175

BHOGAL, Monica – "United Kingdom Privacy Update 2003", *in Script-ed*, vol. 1, n.º 1, 2004, pp. 1-7

BIAGI, Marco; TREU, Tiziano – "A comparative study of the impact of electronic technology on workplace disputes: national report on Italy", *in Comp. Labor Law & Pol'y Journal*, vol. 24, 2002, pp. 177-193

BIBBY, Andrew *Te están siguiendo - Control y vigilancia electrónicos en el lugar de trabajo*, UNI, *in* www.union-network.org

BIBLE, Jon; MCWHIRTER, Darien – *Privacy in the Workplace – a Guide for Human Resource Managers*, Quorum Books, Nova Iorque, 1990

BIGNAMI, Renato – "Los derechos fundamentales de la persona del trabajador", *in RDT*, Ano 32, n.º 122, 2006, pp. 209-229

BIOY, Xavier – "Le libre développement de la personnalité en droit constitutionnel, essai de comparison (Allemagne, Espagne, France, Italie, Suisse)", *in RIDC*, n.º 1, 2003, pp. 123-147

BIRK, Rolf – "Le droit du travail au seuil du 21ème siècle", *in X Jornadas Luso-Hispano-Brasileiras de Direito do Trabalho, Anais*, (coord. ANTÓNIO MOREIRA), Almedina, Coimbra, 1999, pp. 25-36

BLANCHETTE, François – *L'expectative raisonnable de vie privée et les principaux contextes de communications dans Internet*, tese de Mestrado em Direito, Montreal, 2001, *in* www.juriscom.net

BLANPAIN, Roger – "Il diritto del lavoro nel XXI secolo: l'era dei lavoratori dal «portafoglio» creativo", *in DRI*, n.º 3, 1998, pp. 331-334

——— "Some Belgian and European Aspects", *in Comp. Labor Law & Pol'y Journal*, vol. 24, 2002, pp. 47-65

BLOSS, William – *Privacy Issues Involving Law Enforcement Personnel: A Constitutional Analysis*, Sam Houston State University, 1996, *in* www.proquest.com

BLOUSTEIN, Edward J. – "Privacy as an aspect of human dignity: an answer to Dean Prosser", *in New York University Law Review*, vol. 39, 1964, pp. 964-1010

BLUME, Peter – "Privacy as a theoretical and Pratical Concept", *in International Review of Law Computers & Technology*, vol. 11, n.º 2, 1997, pp. 190-196

BOATRIGHT, Daniel B.; PLACE, Jeffrey M. – "Employers beware: three new pitfalls in the digital workplace", *in Employment Relations Today*, Verão, 2001, pp. 133-138

BOCHURBERG, Lionel; CORNAUD, Sébastien – *Internet et vie privée au bureau*, Delmas, Dalloz, Paris, 2001

BONBLED, Patrice – "La consultation des sites pornographiques sur le lieu de travail: motif grave?", *in* www.droit-technologie.org

BONILLA BLASCO, Juan – "Los efectos jurídicos del correo electrónico en el ámbito laboral", *in RL*, n.º 13, Julho 2001, pp. 105-115

BONIS, Alessandro de – "Controlli a distanza e accordo sindicale", *in DL*, vol. 72, n.º 3, 1998, pp. 137-148

BORGES, Sofia Leite – "A justa causa de despedimento por lesão de interesses patrimoniais sérios da empresa e pela prática de actos lesivos da economia nacional", *in Estudos do Instituto de Direito do Trabalho*, vol.II, *Justa Causa de Despedimento*, Instituto de Direito do Trabalho da Faculdade de Direito da Universidade de Lisboa, (coord. Pedro Romano Martinez), Almedina, Coimbra, 2001, pp. 165-178

BORGHI, Paola – "Appunti sulla riservatezza dei lavoratori e sugli strumenti di controllo informatico", *in MGL*, 1993, pp. 280-283

BORRAJO DACRUZ, Efrén – *Introducción al Derecho del Trabajo*, 9.ª edição, Tecnos, Madrid, 1996

———— "Protección de los derechos fundamentales y casuísmo", *in AL*, n.º 29, 2000, pp. 2885-2892

———— "Derechos fundamentales y relación de trabajo: casos judiciales significativos", *in AL*, n.º 3, 2004, pp. 267-286

BORRUSO, Renato – *Computer e diritto, Tomo Primo, analisi giuridica del computer*, Giuffrè Editore, Milão, 1988

BOSSU, Bernard – "Le salarié, le délégué du personnel et la vidéo surveillance", *in DS*, n.º 12, 1995, pp. 978-984

———— "Nouvelles technologies et surveillance du salarié", *in RJS*, n.ºs 8-9, 2001, pp. 663-669

BOUCHET, Hubert – "À l'épreuve des nouvelles technologies: le travail et le salarié", *in DS*, n.º 1, 2002, pp. 78-83

———— *La cybersurveillance des salariés dans l'entreprise*, *in* www.cnil.fr

———— *Rapport d'étude et de consultation publique – La cybersurveillance des salariés dans l'entreprise*, *in* www.cnil.fr

BOURRIÉ-QUENILLET, Martine; RODHAIN, Florence – "L'utilisation de la messagerie électronique dans l'entreprise – Aspects juridiques et managériaux en France et aux États-Unis", *in JCP*, n.º 2, 2002, pp. 63-69

BRADLEY, Ann K. – "An Employer's Perspective on Monitoring Telemarketing Calls: Invasion of Privacy or Legitimate Business Practice", *in Labor Law Journal*, n.º 5, 1991, pp. 259-272

BRAIBANT, Guy – *La Charte des Droits Fondamentaux de l'Union Européene*, Editions du Seuil, Paris, 2001

BRAND – "Human Rights and Scientific and Technological Development", *in Human Rights Journal*, n.º 4, 1971, pp. 350-365

BRATTOLI, Bruno; PELAGGI, Luigi – "L'interpretazione degli artt. 4 e 8 della L. 20 Maggio 1970, n. 300 e le esigenze produttive delle imprese italiane", *in MGL*, 1988, pp. 597-607

BRAVO, Rogério – "Da não equiparação do correio-electrónico ao conceito tradicional de correspondência por carta", *in Polícia e Justiça*, III Série, n.º 7, 2006, pp. 207-216

BRENNER, Susan – "The privacy privilege: law enforcement, technology, and the Constitution", *in University of Florida Journal of Technology Law & Policy*, vol. 7, n.º 2, pp. 129-140

BRIEN, Christopher – "Establishing Boundaries: Employees, Employers and Workplace Monitoring", *in Electronic Monitoring in the Workplace: Controversies and Solutions*, (coord. JOHN WECKERT), Idea Group Publishing, EUA, 2005, pp. 146-157

BROWN, William – "Ontological Security, Existential Anxiety and Workplace Privacy", *in Journal of Business Ethics*, n.º 23, 2000, pp. 61-65

—— *Workplace Privacy and Technological Control*, Universidade de Pittsburgh, 2003, *in* www.proquest.com

BROWN, Clair; CAMPBELL, Benjamin A. – "The impact of technological change on work and wages", *in IR*, vol. 41, n.º 1, 2002, pp. 1-33

BRUGUIÈRE, Jean-Michel – "Filer ne peut prouver! La chambre Sociale condamne les employeurs Nestor Burma et montre la voie de la preuve loyale", *in Recueil le Dalloz*, n.º 28, 2003, pp. 1858-1862

BUCALO, Tommaso – "Implicazione della persona e «privacy» nel rapporto di lavoro considerazioni sullo Statuto dei Diritti dei Lavoratori", *in RGLPS*, ano XXVII, n.ºs 4-5, 1976, pp. 501-531

BUNDESBEAUFTRAGTE FÜR DEN DATENSCHUTZ UND DIE INFORMATIONSFREIHEIT – *Surfen am Arbeitsplatz – Datenschutz-Wegweiser*, *in* www.bfd.bund.de

BUSCHINA, Stephan – "Neue Medien im Lichte des Arbeitsrechts", *in* www.it-law.at

BUSIA, Giuseppe; LUCIANI, Massimo – "Constitution et secret de la vie privée – Italie", *in Annuaire International de Justice Constitutionnelle*, Economica, Paris, 2001, pp. 301-314

BUSNEL, Laëtitia – *Les nouveaux moyens de surveillance de la productivité du salarié*, Universidade Panthéon-Assas Paris II, 2004

BUTARELLI, Giovanni – *Banche dati e tutela della riservatezza – La privacy nella Società dell'informazione – Commento analitico alle leggi 31 dicembre 1996, n.º 675 e 676 in matéria di tratamento dei dati personali e alla normativa comunitária ed internazionale*, Giuffrè Editore, Milão, 1997

BUTERA, Frederico – "Il lavoro nella rivoluzione tecno-economica", *in GDLRI*, n.º 36, 4, 1987, pp.733-748

BUY, Michel – "L'incidence d'Internet sur les relations employeur-salariés", *in Le droit de l'entreprise et Internet Actes du Colloque de Marseille (15 juin 2001)*, Presses Universitaires d'Aix-Marseille, Aix-en-Provence, 2002, pp. 121-132

CABANELLAS, Guillermo – *Contrato de Trabajo, Parte General*, vol. I, Buenos Aires, 1963

CABRAL, Rita Amaral – "O direito à intimidade da vida privada (breve reflexão acerca do artigo 80.º do Código Civil", *in Separata dos Estudos em memória do Prof. Doutor Paulo Cunha*, Lisboa, 1988

CAFFIN, Maxence – *L'action syndicale face aux NTIC*, 2004, *in* www.juriscom.net

CAHEN, Murielle-Isabelle – "Le rôle de l'administrateur réseau dans la cybersurveillance", *in* www.droit-ntic.org

CAMARDELLA, Matthew J. – "Electronic Monitoring in the Workplace", *in Employment Relations Today*, Outono, 2003, pp. 91-100

CAMAS RODA, Ferrán – "La influencia del correo electrónico y de Internet en el âmbito de las relaciones laborales", *in RTSS – CEF*, n.º 50, 2001, pp. 139-162

―――― "La intimidad y la vida privada del trabajador ante las nuevas modalidades de control y vigilância de la actividad laboral", *in Nuevas tecnologias de la información y la comunicación y Derecho del Trabajo*, (coord. ALARCÓN CARACUEL e ESTEBAN LEGARRETA), Editorial Bomarzo, Alicante, 2004, pp. 161-186

CAMPBELL, Duncan – "Puede atajarse la desigualdade en el ámbito de la tecnologia digital?", *RIT*, vol. 120, n.º 2, 2001, pp. 149-173

CAMPOS, Diogo Leite de – "O Direito e os Direitos de Personalidade", *in Nós-Estudo sobre o Direito das Pessoas*, Almedina, Coimbra, 2004, pp. 109-133

―――― "A Génese dos Direitos da Pessoa", *in Nós-Estudo sobre o Direito das Pessoas*, Almedina, Coimbra, 2004, pp. 13-55

CANARIS, Claus-Wilhelm – *Direitos Fundamentais e Direito Privado*, (trad. INGO WOLFGANG SARLET e PAULO MOTA PINTO), Almedina, Coimbra, 2003

CANO GALÁN, Yolanda – *El despido libre y sus límites en el derecho norteamericano*, CES, Madrid, 2000

CANOTILHO, J. J. Gomes – *Direito Constitucional*, 6.ª edição, Almedina, Coimbra, 1993

―――― *Direito Constitucional e Teoria da Constituição*, 5.ª edição, Almedina, Coimbra, 2002

CANOTILHO, J.J. Gomes; MOREIRA, Vital – *Constituição da República Portuguesa Anotada*, 4.ª edição, Coimbra Editora, Coimbra, 2007

CARABELLI, Umberto – "Organizzazione del lavoro e professionalità: una riflessione su contratto di lavoro e post-taylorismo", *in GDLRI*, n.º 101, 2004, pp. 1-66

CARDENAL CARRO, Miguel – "El abuso de internet en el trabajo, vamos bien?", *in AS*, n.º 12, 2004, pp. 187-208

CARDONA RUBERT, María Belén – "Tratamiento automatizado de dados personales del trabajador", *in RTSS*, n.º 16, 1994, pp. 83-116

―――― *Informática y contrato de trabajo, (Aplicación de la Ley Orgánica 5/1992, de 29 de octubre, de Regulación del Tratamiento Automatizado de los datos de carácter Personal)*, Tirant monografias,Tirant lo Blanch, Valencia, 1999

844   *A Privacidade dos Trabalhadores e as Novas Tecnologias...*

——— "Worker's privacy and the power of the employer control in Spain", *in The International Journal of Comparative Labour Law and Industrial Relations*, Inverno 2000, pp. 349-358

——— "Relaciones laborales y tecnologias de la información y comunicación", *in datospersonales.org*, n.º 9, 2004, pp. 1-9

CARDOSO, Carlos José Cabral – *A organização panóptica e a polícia do amor: o argumento da produtividade e a reserva da vida privada em contexto de trabalho – Lição síntese*, Universidade do Minho, Braga, 2004

CARINCI, Franco – "Rivoluzione tecnológica e Diritto del Lavoro: il rapporto individuale", *in GDLRI*, n.º 25, 1986, pp. 203-241

CARON, Christophe; LEPAGE, Agathe; MARINO, Laure – "Droits de la personnalité", *in Recueil le Dalloz*, n.º 23, 2003, pp. 1631-1638

CARRIZOSA PRIETO, Esther – "El principio de proporcionalidade en el derecho del trabajo", *in REDT*, n.º 123, 2004, pp. 471-507

CARVALHO, António Nunes de – "Ainda sobre a crise do Direito do trabalho", *in II Congresso Nacional de Direito do Trabalho – Memórias*, (coord. ANTÓNIO MOREIRA), Almedina, Coimbra, 1999, pp. 47-79

CARVALHO, Orlando de – *Os Direitos do Homem no Direito Civil Português*, Edição do Autor, Coimbra, 1973

CARVALHO, Paulo Morgado de – "O Código do Trabalho e a dignificação do trabalho", *in VII Congresso Nacional de Direito do Trabalho – Memórias*, (coord. ANTÓNIO MOREIRA), Almedina, Coimbra, 2004, pp. 195-200

CASACUBERTA, David – "Loaded Metaphors: Legal Explanations on Monitoring the Workplace in Spain", *in Electronic Monitoring in the Workplace: Controversies and Solutions*, (coord. JOHN WECKERT), Idea Group Publishing, EUA, 2005, pp. 158-170

CASAS BAAMONDE, M.ª Emilia – "La plena efectividad de los derechos fundamentales: juicio de ponderación (o de proporcionalidad?) y pincipio de buena fe", *in RL*, I, 2004, pp. 141-153

CASSANO, Giuseppe – "Internet e riservatezza", *in Internet – Nuovi problemi e questioni controverse*, (coord. GIUSEPPE CASSANO), Giuffrè Editore, Milão, 2001, pp. 9-33

——— "Introduzione", *in Internet – Nuovi problemi e questioni controverse*, (coord. GIUSEPPE CASSANO), Giuffrè Editore, Milão, 2001, pp. 1-6

CASSANO, Giuseppe; LOPATRIELLO, Stefania – "Il telelavoro: profili giuridici e sociologici", *in Dir. Inf.*, vol. 14, n.º 2, 1998, pp. 379-452

CASTALVETRI, Laura – "Le indagini motivazionali nelle strategie aziendali e nello statuto dei lavoratori", *in Strategie di comunicazione e Statuto dei Lavoratori – I limiti del dialogo tra impresa e dipendenti*, (coord. ICHINO), Giuffrè Editore, Milão, 1992, pp.35-188

——— "Diritto del lavoro e tutela della *privacy*. I riflessi sulla riscossione dei contributi sindicali", *in DRI*, n.º 3, 1997, pp. 165-176

Bibliografia 845

CASTELLS, Manuel – *A Era da Informação: Economia, Sociedade e Cultura, o poder da identidade, Volume II*, Fundação Calouste Gulbenkien, Lisboa, 2003
—— *A Era da Informação: Economia, Sociedade e Cultura, A Sociedade em Rede Vol. I*, 3.ª edição, Fundação Calouste Gulbenkien, Lisboa, 2007
CASTILLO JIMÉNEZ, Cinta – "Protección de la intimidade en Internet", *in Informática y Derecho*, n.os 27, 28 e 29, 1998, pp. 461-468
—— "La Sociedad de la Información y los Derechos fundamentales. Ley 34/2002 de Servicios de la Sociedad de la Información y del Comercio Electrónico", *in Derecho y Conocimiento*, vol. 2, pp. 21-37
CASTRO ARGÜELLES, M.ª Antónia – *El Regímen Disciplinario en la Empresa – infracciones y sanciones laborales*, Editorial Aranzadi, Pamplona, 1993
CASTRO, Catarina Sarmento e – "A protecção dos dados pessoais dos trabalhadores", *in QL*, n.º 19, 2002, pp. 27-60
—— "A protecção dos dados pessoais dos trabalhadores", *in QL*, n.º 20, 2002, pp. 139-163
—— "O direito à autodeterminação informativa e os novos desafios gerados pelo direito à liberdade e à segurança no pós 11 de Setembro", *in Estudos em Homenagem ao Conselheiro José Manuel Cardoso da Costa, Volume II*, Coimbra Editora, Coimbra, 2005, pp. 65-95
—— *Direito da Informática, Privacidade e Dados Pessoais*, Almedina, Coimbra, 2005
—— "Privacidade e protecção de dados pessoais em rede", *in Direito da Sociedade da Informação, vol. VII*, Coimbra Editora, Coimbra, 2008, pp. 91-106
CATAUDELLA, Antonino – "La «dignità» del lavoratore (considerazioni sul titolo I° dello Statuto dei Lavoratori", *in DL*, I, 1973, pp. 1-8
—— "Dignità e riservatezza del lavoratore (tutela della), *in Enciclopedia Giuridica Treccani*, Vol. XI, Roma, Itália, 1989, pp. 1-10
—— "Riservatezza (diritto alla)", *in Enciclopedia Giuridica Treccani*, Vol. XXVII, Roma, Itália, 1991, pp. 1-8
—— "Acesso ai dati personali, riserbo e controllo sull'attività di lavoro", *in ADL*, n.º 1, 2000, pp. 138-142
CATE Fred; LITAN, Robert – "Constitutional Issues in Information Privacy", *in Michigan Telecommunications and Technology Law Review*, vol. 9, n.º 35, 2002, pp. 35-63
CAUPERS, João – *Os direitos fundamentais dos trabalhadores e a Constituição*, Almedina, Coimbra, 1985
CERRI, Augusto – "Riservatezza (diritto alla) – II) Diritto comparato e straniero", *in Enciclopedia Giuridica Treccani*, Vol. XXVII, Roma, Itália, 1991, pp. 1-9
CESARO, Jean-François – "Surveillance des salariés – l'employeur peut opposer à ses salariés les preuves recueillies par un système de surveillance des locaux sans les avoir informés de l'existence de cês procédés", *in JCP*, n.º 2, 2005, pp. 22-23
CHACARTEGUI JÁVEGA, Consuelo – *Discriminación y orientación sexual del trabajador*, Editorial Lex Nova, Valladolid, 2001

—— "El correo electrónico como instrumento de información, consulta y participación de los trabajadores en las empresas de dimensión comunitaria", *in RL*, n.º I, 2004, pp. 1255-1275

CHAMPAUX, Françoise – "La protection du salarié dans sa sphere privée : l'exemple des mœurs", *in* AA.VV, *La rupture du contrat de travail en droits français et allemand*, (coord. C. MARRAUD; F. KESSLER; F. GEA), Presses Universitaires de Strasbourg, Estrasburgo, 2000, pp. 159-178

CHARTERS, Darren – "Electronic Monitoring and Privacy Issues in Business-Marketing: The Ethics of the Doubleclick Experience", *in Journal of Business Ethics*, vol. 35, 2002, pp. 243-254

CHASSIGNEUX, Cynthia – *Vie privée et commerce électronique*, Les Éditions Thémis, Montreal, 2004

CHEMERINSKY, Erwin – "Privacy and the Alaska Constitution: failing to fulfill the promise", *in Alaska Law Review*, vol. 20, n.º 1, 2003, pp. 29-48

CHIECO, Pasquale – "Il diritto alla riservatezza del lavoratore", *in GDLRI*, I, n.º 77, 1998, pp. 1-54

—— *Privacy e Lavoro – La disciplina del trattamento dei dati personali del lavoratore*, Cacucci Editore, Bari, 2000

CIACCI, Gianluigi – "Internet e il diritto alla riservatezza", *in RTDPC*, ano 53, 1999, pp. 233-252

CIOCCHETTI, Corey – "Monitoring employee e-mail: efficient workplaces vs. employee privacy", *in Duke L. & Tech. Rev.*, n.º 26, 2001, pp. 1-12

CIOMMO, Francesco di – "Internet e crise del diritto privato: tra globalizzazione, dematerializzazione e anonimato virtuale", *in RCDP*, ano XXI, n.º 1, 2003, pp. 117-141

CLARKE, Roger – "Person location and person tracking – technologies, risks and policy implications", *in Information Technology & People*, vol. 14, n.º 2, pp. 206-216

CLARKE, Steve – "Informed Consent and Electronic Monitoring in the Workplace", *in Electronic Monitoring in the Workplace: Controversies and Solutions*, (coord. JOHN WECKERT), Idea Group Publishing, EUA, 2005, pp. 227-241

CLIFFORD, Brian – "Individual privacy in an information dependent society", *in Ethics in Computer Age*, 1994, pp. 51-53

CLIMENT BARBERÁ, Juan – *Derecho y Nuevas Tecnologias*, CEU, Valencia, 2001

CNIL – *Guide pratique pour les employeurs*, *in* www.cnil.fr

—— *Guide de la geolocalisation des salariés*, *in* www.cnil.fr

CNPD – *Princípios sobre a privacidade no local de trabalho – O tratamento de dados em centrais telefónicas, o controlo do e-mail e do acesso à Internet*, *in* www.cnpd.pt

—— *Princípios sobre Tratamento de Videovigilância*, *in* www.cnpd.pt

COBOS ORIHUEL, Francisco Pérez de los – *Nuevas tecnologias y relaciones de trabajo*, tirant lo blanch, Valencia, 1990

Bibliografia 847

—— "La subordinación jurídica frente a la innovación tecnológica", _in RL_, I, 2005, pp. 1315-1325

—— "La «subordinazione tecnológica» nella giurisprudenza spagnola", _in LD_, vol. 19, n.º 3, 2005, pp. 537-544

COBOS ORIHUEL, Francisco Pérez de los; THIBAULT ARANDA, Javier – "El uso laboral del ordenador y la buena fe (A propósito de la STS de 26 de septiembre de 2007, rec. 966/2006), _in RL_, n.º 6, 2008, pp. 48-67

COCKROFT, David – "New Office technology and employment", _in ILR_, vol. 119, n.º 6, 1980, pp. 689-704

COLEMAN, Stephen – "Universal Human Rights and Employee Privacy: Questioning Employer Monitoring of Computer Usage", _in Electronic Monitoring in the Workplace: Controversies and Solutions_, (coord. JOHN WECKERT), Idea Group Publishing, EUA, 2005, pp. 276-295

CONLON, Kevihn J. – "Privacy in the workplace", Labor Law Journal, vol. 48, n.º 8, 1997, pp. 444-448

COOPER, Cary L. – "Improving the Quality of Working Life: A New Industrial revolution", _in Employee Relations_, vol. 1, n.º 4, 1979, pp. 17-18

CORDEIRO, António Menezes – _Da Boa Fé no Direito Civil_, 1.ª edição, reimp., Almedina, Coimbra, 1997

—— "O respeito pela esfera privada do trabalhador, _in I Congresso Nacional de Direito do Trabalho – Memórias_, (coord. ANTÓNIO MOREIRA), Almedina, Coimbra, 1998, pp. 17-37

—— _Manual de Direito do Trabalho_, 1.ª edição, reimp., Almedina, Coimbra, 1999

—— Os direitos de personalidade na civilística portuguesa", _in Estudos em Homenagem ao Professor Doutor Inocêncio Galvão Telles, volume I – Direito privado e vária_, Almedina, Coimbra, 2002, pp. 21-45

—— "Contrato de trabalho e objecção de consciência", _in V Congresso Nacional de Direito do Trabalho – Memórias_, (coord. ANTÓNIO MOREIRA), Almedina, Coimbra, 2003, pp. 23-46

CORDERO SAAVEDRA, Luciano – "Derecho a la propria imagen y contrato de trabajo", _in REDT_, n.º 101, 2000, pp. 249-267

CORDOVA, Éfren – "From full-time wage employment to atypical employment: a major shift in the evolution of labour relations?", _in ILR_, vol. 125, n.º 6, 1986, pp. 641-657

CORREA CARRASCO, Manuel – "Libertad sindical y libertad informática en la empresa (Comentario a la STC 11/1998, de 13 de enero), _in RDS_, n.º 2, 1998, pp. 117-135

—— "La proyección de las nuevas tecnologias en la dinâmica (individual y colectiva) de las relaciones laborales en la empresa: su tratamiento en la negociación colectiva", _in RDS_, n.º 31, 2005, pp. 41-84

CORREIA, António Damasceno – "Uma abordagem crítica ao Código do Trabalho: a estrutura, o regime do teletrabalho e os direitos de personalidade", _in PDT_, n.º 66, 2003, pp. 82-89

CORRIGNAN-CARSIN, Danielle – "Surveillance du salarié sur le lieu de travail", *in JCP*, n.º 23, 2006, pp. 23-25

——— "Vidéosurveillance – Mise en place d'un dispositif de vidéosurveillance et obligation d'information et de consultation du comité d'entreprise", *in JCP*, n.º 30, 2006, pp. 23-24

COSTA, José Francisco FARIA – "As telecomunicações e a privacidade: o olhar (in)discreto de um penalista", *in Direito Penal da Comunicação (Alguns escritos)*, Coimbra Editora, Coimbra, 1998, pp. 143-177

——— "O Direito Penal, a informática e a reserva da vida privada", *in Direito Penal da Comunicação (Alguns escritos)*, Coimbra Editora, Coimbra, 1998, p. 63-82

——— "Os meios de comunicação (correios, telégrado, telefones ou telecomunicações), o segredo e a responsabilidade penal dos funcionários" *in Direito Penal da Comunicação (Alguns escritos)*, Coimbra Editora, Coimbra, 1998, pp. 83-102

COSTA, Mário Júlio de Almeida – *Direito das Obrigações*, 12.ª edição, Almedina, Coimbra, 2009

COTTIER, Bertil – "La protection des données", *in Internet au lieu de travail*, (coor. JULIEN PERRIN), CEDIDAC, Lausanne, 2004, pp. 81-108

COULON, Cédric – *L'obligation de surveillance*, Económica, Paris, 2003

COZZETTO, Don A. – "Privacy and the workplace: Technology and public employment", *in Public Personnel Management*, Inverno, 1997, pp. 1-11

CRAIG, John D. R. – *Privacy & Employment Law*, Hart Publishing, Oxford, 1999

CRAIG, John; OLIVER, Hazel – "The Right to Privacy in the Public Workplace: Should the Private Sector be Concerned?", *in ILJ*, vol. 27, 1998, pp. 49-59

CREPIN, Cédric – *Le correspondant Informatique et Libertés: un nouvel outil de régulation pour la protection dês donées à caractère personnel*, Universidade de Lille 2, 2004-2005, *in* www.droit-tic.com

CRESSEY, P.; DI MARTINO, V. – "La introducción de nuevas tecnologías: un enfoque participativo", *in Revista de Trabajo*, n.º 80, 1985, pp. 205-227

CRONIN, Iseult – "Who's minding your business? E-mail privacy in the workplace", COLR, VI, 2002, pp. 1-5

CUADRADO, Juan IGLESIAS, Carlos; LLORENTE, RAQUEL – "Los effectos del cambio tecnológico sobre el empleo. Análisis de un caso representativo: la comunidad de Madrid", *in TL*, n.º 57, 2000, pp. 150-165

CURTET, Alain – "La cour de cassation confirme qu'un courriel antisémite envoyé du bureau justifie la faute grave", *in* www.droit-technologie.org

D'AFFLITTO, Rosario – "Il computer e le nuove tecnologie: tipologie e applicazioni", *in Nuove Tecnologie e Tutela della Riservatezza dei Lavoratori*, (coord. LUCA TAMAJO, ROSARIO D'AFFLITTO e ROBERTO ROMEI), Franco Angeli, Milão, 1988, pp. 162-193

D'ANTONA, M. – "Art. 4 dello statuto dei lavoratori ed elaboratori elettronici", *in Nuove Tecnologie e Tutela della Riservatezza dei Lavoratori*, (coord. LUCA

TAMAJO, ROSARIO D'AFFLITTO e ROBERTO ROMEI), Franco Angeli, Milão, 1988, pp. 203-210

D'ARCANGELO, Lucia – "Uso privato del telefono, riservatezza e poteri di controllo del datore di lavoro", *in RGLPS*, II, 2003, pp. 71-89

D'ELCI, Giuseppe – "Licenziamento per abuso di collegamento a Internet e tutela del lavoratore dai controlli a distanza", *in D&L*, n.º 4, 2001, pp. 1067-1071

DANIELSON, Peter – "Ethics of Workplace Surveillance Games", *in Electronic Monitoring in the Workplace: Controversies and Solutions*, (coord. JOHN WECKERT), Idea Group Publishing, EUA, 2005, pp. 19-34

DARMAISIN, Stéphane – "L'ordinateur, l'employeur et le salarié", *in DS*, n.º 6, 2000, pp. 580-588

DÄUBLER, Wolfgang – "Nuove tecnologie: un nuovo Diritto del Lavoro", *in GDLRI*, n.º 25, 1986, pp. 65-83

—— *Derecho del Trabajo*, Ministério de Trabajo y Seguridad Social, Madrid, 1994

—— *Direito do Trabalho e Sociedade na Alemanha*, (trad. ALFRED KELLER), Editora LTR, São Paulo, 1997

—— *Gläserne Belegschaften? Datenschutz in Betrieb und Dienstselle*, 4.ª edição, Bund- Verlag, Frankfurt am Main, 2002

—— *Internet und Arbeitsrecht*, 3.ª edição, Bund-Verlag, Frankfurt am Main, 2004

—— *Arbeitsrecht – Ratgeber für Beruf, Praxis und Studium*, 5.ª edição, Bund--Verlag, Frankfurt am Main, 2004

DÄUBLER, Wolfgang; KLEBE, Thomas; WEDDE, Peter; WEICHERT, Thilo – *Bundesdatenschutzgesetz, Basiskommentar zum BDSG*, 2.ª edição, Bund-Verlag, Frankfurt am Main, 2007

DAU-SCHMIDT, Kenneth G. – "Meeting the demands of workers into the twenty-first century: the future of Labor and Employment Law", *in Indiana Law Journal*, vol. 68, pp. 685-703

—— "Employment in the new age of trade and technology: implications for labor and employment law", *in Indiana Law Journal*, vol. 76, n.º 1, 2001, pp. 1-28

DE CUPIS, Adriano – *I diritti della personalità*, 2.ª edição, Giuffrè editore, Milão, 1982

DEBEER, Jeremy – "Employee Privacy: The Need for Comprehensive Protection", *in Saskatchewan Law Review*, vol. 66, 2003, pp. 383-418

DECEW, Judith Wagner – *In pursuit of privacy – Law, ethics, and the rise of technology*, Cornell University Press, EUA, 1997

DECKER, Micheline – *Aspects internes et internationaux de la protection de la vie privée en droits français, allemand et anglais*, Presses Universitaires d'Aix--Marseille, Aix-en-Provence, 2001

DELAWARI, Myriam; LANDAT, Christophe – *Les enjeux de la relation salariale au regard du dévéloppement du réseau Internet*, in www.ntic.fr

DELL'OLIO, Matteo – "Art. 4 St. Lav. ed elaboratori elettronici", *in DL*, I, 1986, pp. 487-489

DEMIR, Irfan – *Changing privacy concerns in the Internet Era*, Universidade do Norte do Texas, 2002, in www.proquest.com

850 *A Privacidade dos Trabalhadores e as Novas Tecnologias...*

DESPAX, Michel – "L'évolution du rapport de subordination", *in DS*, n.º 1, 1982, pp. 11-19

DESROCHERS, Stéphane; ROUSSOS, Alexia – "The jurisprudence of surveillance: a critical look at the laws of intimacy", *in Lex Electronica*, http://www.lex-electronica.org/articles/v6-2/desroussos.htm

DESSÍ, Ombretta – "Poder directivo y nuevas formas de organización y gestión del trabajo en el ordenamiento jurídico italiano: puesta a disposición, subcontratación y teletrabajo", *in El poder de dirección del empresário: nuevas perspectivas*, (coord. ESCUDERO RODRÍGUEZ), La Ley, Madrid, 2005, pp. 165-188

DICHTER, Mark; BURKHARDT, Michael – *Electronic Interaction in the workplace: monitoring, retrieving and storing employee communications in the Internet Age*, 1999, *in* www.mlb.com

DIÉGUEZ CUERVO, Gonzalo – "Poder empresarial: Fundamento, contenido y limites", *in REDT*, n.º 27, 1986, pp. 325-332

DIXON, Rod – "With Nowhere to Hide: Workers are Scrambling for Privacy in the Digital Age", *in Journal of Technology Law & Policy*, vol. 4, n.º 1, 1999, pp. 1-28

DOCKÉS, Emmanuel – "Le pouvoir patronal au-dessus des lois? La liberté d'entreprendre dénaturée par la Cour de Cassation", *in DO*, n.º 678, 2005, pp. 1-6

DOGLIOTTI, Massimo – "Banche dei dati e protezione della persona", *in Computers e responsabilità civile*, (coord. GUIDO ALPA), Giuffrè Editore, Milão, 1985, pp. 33-40

DOLORES ROMÁN, María – *Poder de dirección y contrato de trabajo*, Ediciones Grapheus, Valladolid, 1992

DRAY, Guilherme Machado – *O princípio da igualdade no Direito do Trabalho – sua aplicabilidade no domínio específico da formação de contratos individuais de trabalho*, Almedina, Coimbra, 1999

―――― "Justa causa e esfera privada", *in Estudos do Instituto de Direito do Trabalho*, vol. II, *Justa causa de despedimento*, Instituto de Direito do Trabalho da Faculdade de Direito da Universidade de Lisboa, (coord. PEDRO ROMANO MARTINEZ), Almedina, Coimbra, 2001, pp. 35-91

―――― "Teletrabalho. Sociedade de informação e Direito", *in Estudos do Instituto de Direito do Trabalho, vol. III*, Almedina, Coimbra, 2002, pp. 261-286

―――― *Direitos de Personalidade – Anotações ao Código Civil e ao Código do Trabalho*, Almedina, Coimbra, 2006

DUBOIS, Pierre – "Lavoro e nuove tecnologie: una riflessione di síntese", *in Sociologia del Lavoro*, n.ºs 26-27, 1985/1986, pp. 213-250

DUNAND, Jean-Philippe – "L'usage de l'Internet sur le lieu de travail au vu de la jurisprudence recente du tribunal federal", *in Internet au lieu de travail*, (coor. JULIEN PERRIN), CEDIDAC, Lausanne, 2004, pp. 3-35

DUPLAT, J. – "Surveillance des salariés et vie privée", *in RJS*, n.º 2, 2003, pp. 104-106

DURÁN LÓPEZ, Frederico – "Globalización y relaciones de trabajo", *in REDT*, n.º 92, 1998, pp. 869-888

DUTTON, William H. – *Social Transformation in an Information Society: Rethinking Access to You and the World*, UNESCO, Paris, 2004

EBBEL, Karl-H. – "The impact of industrial robots on the world of work", *in ILR*, vol. 125, n.º 1, 1986, pp. 39-51

ECHOLS, Micah – "Striking a Balance Between Employer Business Interests and Employee Privacy: Using *Respondeat Superior* to Justify the Monitoring of Web-Based Personal Electronic Mail Accounts of Employees in the Workplace", *in Computer Law Review and Technology Journal*, vol. VII, 2003, pp. 273-300

EDDIE, Glen – "E-mail, the Police, and the Canadian Charter of Rights and Freedoms: Retooling Our Understanding of a Reasonable Expectation of Privacy in the Cyber Age", *in International Review of Law Computers & Technology*, vol. 14, n.º 1, pp. 63-78

ELLISON, Nicole B. – "Social Impacts – New Perspectives on Telework", *in Social Science Computer Review*, vol. 17. n.º 3, 1999, pp. 338-356

ELTIS, Karen – "The emerging American approach to e-mail privacy in the workplace: its influence on developing case law in Canada and Israel: should others follow suit?", *in Comp. Labor Law & Pol'y Journal*, vol. 24, 2003, pp. 487-523

ENGELHARDT, Norbert – "«Kleine» Tele (heim)-arbeit", *in CF*, n.º 3, 2004, pp. 18-22

ERNST, Stefan – "Der Arbeitgeber, die E-mail und das Internet", *in NZA*, n.º 11, 2002, pp. 585-591

ESCRIBANO GUTIÉRREZ, Juan – "El derecho a la intimidad del trabajador. A propósito da STC 186/2000, de 10/7", *in RL*, n.º 1, 2001, pp. 85-92

ESTEVE SEGARRA Amparo; FABREGAT MONFORT, Gemma – "Aspectos relevantes de la libertad de expresión en el ordenamiento jurídico laboral", *in AL*, n.º 43, 2003, pp. 737-763

EUGENIO BLANCO, Juan – "El delito extralaboral como causa justa de despido", *in Revista de Trabajo*, n.os 7-8, 1957, pp. 541-556

EUGENIO DÍAZ, Francisco – "La Protección de la Intimidad y el uso de Internet", *in Informática y Derecho*, n.os 30, 31 e 32, 1999, pp. 149-177

EWING, K. D. – "The Human Rights Act and Labour Law", *in ILJ*, vol. 27, n.º 4, 1998, pp. 275-292

FABRIS, Piera – "Innovazione tecnológica e organizzazione del lavoro", *in DL*, I, 1985, pp. 349-355

FAILLA, Luca; QUARANTA, Carlo – *Privacy e rapporto di lavoro*, IPSOA Editore, 2002

FAIRWEATHER, N. Ben – "Surveillance in Employment: The Case of Teleworking", *in Journal of Business Ethics*, vol. 22, 1999, pp. 39-49

FALERI, Claudia – "Autonomia individuale e diritto alla riservatezza", *in RIDL*, 2000, I, pp. 303-334

────── "El Derecho italiano", *in Tecnología Informática y Privacidad de los Trabajadores*, (coord. MARK JEFFERY, JAVIER THIBAULT ARANDA e ÁNGEL JURADO), Thomson Aranzadi, Navarra, 2003, pp. 241-276

852   *A Privacidade dos Trabalhadores e as Novas Tecnologias...*

FALGUERA I BARÓ, Miquel Angel – "Uso por el trabajador del correo electrónico de la empresa para fines extraprodutivos y competencias de control del empleador", *in RL*, n.º 22, 2000, pp. 17-45

––––– "Criterios doctrinales en la relación com el uso por el trabajador de los médios informáticos empresariales para fines extraproductivos", *in Derecho Social y Nuevas Tecnologías*, (coord. M.ª DEL MAR SERNA CALVO), Consejo General del Poder Judicial, Madrid, 2005, pp. 281-319

––––– "Comunicación sindical a traves de médios electrónicos. La STC 281/2005, de 7 de noviembre: un hito esencial en la modernidad de nuestro sistema de relaciones laborales (conflito CCOO vs. BBVA), *in Iuslabor*, n.º 1, 2006, pp. 1-8

FANELLI, Onofrio – "Informatica e Diritto del Lavoro", *in DL*, 1985, I, pp. 28-40

FAVENNEC-HÉRY, Françoise – "Vie privée dans l'entreprise et à domicile", *in RJS*, n.º 12, 2001, pp. 940-946

––––– "Vie professionnelle, vie personnelle du salarié et droit probatoire", *in DS*, n.º 1, 2004, pp. 48-57

––––– "Conditions d'ouverture par l'employeur des fichiers identifiés comme personnels par le salarié", *in JCP*, n.º 2, 2005, pp.21-23

FAZEKAS, Christopher – "*1984* is still fiction: electronic monitoring in the workplace and U.S. privacy law", *in Duke Law & Technology Review*, n.º 15, 2004, pp. 1-16

FENOLL-TROUSEAU, Marie-Pierre; HAAS, Gérard – *La cybersurveillance dans l'entreprise et le droit*, Litec, Paris, 2002

FÉRAL-SCHUHL, Christiane – *Cyberdroit – le droit à l'épreuve de l'internet*, 3.ª edição, Dalloz, Dunod, Paris, 2002

FERNANDES, António de Lemos Monteiro – "Reflexões acerca da boa fé na execução do contrato de trabalho", *in V Congresso Nacional de Direito do Trabalho – Memórias*, (coord. ANTÓNIO MOREIRA), Almedina, Coimbra, 2003, pp. 107-126

––––– *Direito do Trabalho*, 12.ª edição, Almedina, Coimbra, 2004

––––– "Os novos horizontes do Direito do Trabalho ou a mobilidade das suas fronteiras (algumas reflexões introdutórias)", *in VIII Congresso Nacional de Direito do Trabalho – Memórias*, (coord. ANTÓNIO MOREIRA), Almedina, Coimbra, 2006, pp. 19-29

FERNANDES, Luís A. Carvalho – *Teoria Geral do Direito Civil, I - Introdução, Pressupostos da Relação Jurídica*, 3.ª edição, Universidade Católica Editora, Lisboa, 2001

FERNÁNDEZ DOMÍNGUEZ, Juan José – *Pruebas genéticas en el Derecho del Trabajo*, Estudios de Derecho Laboral, Civitas, Madrid, 1999

FERNÁNDEZ DOMÍNGUEZ, Juan José; RODRÍGUEZ ESCANCIANO, Susana – *Utilización y control de datos laborales automatizados*, Agencia de Protección de Datos, Madrid, 1997

FERNÁNDEZ ESTEBAN, M.ª Luisa – *Nuevas tecnologias, Internet y Derechos Fundamentales*, McGrawHill, Madrid, 1998

Bibliografia 853

—— "Internet y los Derechos fundamentales", *in Anuario Jurídico de la Rioja*, n.ᵒˢ 6/7, 2000, pp. 321-356

FERNÁNDEZ HERNÁNDEZ, Carlos – "Una propuesta de regulación de los medios electrónicos de comunicación en la empresa", *in RL*, n.º 24, 2001, pp. 20-30

FERNÁNDEZ LÓPEZ, Juan Manuel – "El consentimiento del interessado para el tratamiento de sus datos personales", *in datospersonales.org*, n.º 3, 2003, pp. 1-4

FERNÁNDEZ SÁNCHEZ, Sonia – "Variaciones sobre el poder de control a distancia: el espejo de la madrasta", *in El poder de dirección del empresário: nuevas perspectivas*, (coord. ESCUDERO RODRÍGUEZ), La Ley, Madrid, 2005, pp. 85-103

FÉRNÁNDEZ SEGADO, Francisco – "El régimen jurídico del tratamiento automatizado de los datos de carácter personal en España", *in Ius et Praxis*, ano 3, n.º 1, 1997, pp. 33-69

FERNÁNDEZ VILLARINO, Roberto – "La aplicación de los médios telemáticos en las relaciones de trabajo. Tratamiento jurídico vigente", *in Derecho y conocimiento*, vol. 2, pp. 39-58

FERNANDÉZ VILLAZÓN, L. Antonio – "Los derechos de los trabajadores frente al tratamiento de datos personales – Comentario a la Directiva 95/46/CE, relativa a la protección de las personas físicas en lo que respecta al tratamiento de datos personales y a la libre circulación de esos datos", *in RL*, II, 1996, pp. 1178-1209

—— *Las Facultades empresariales de Control de la Actividad Laboral*, Thomson Aranzadi, Navarra, 2003

—— "Tratamiento automatizado de datos personales en los procesos de selección de trabajadores", *in RL*, tomo I, 1994, pp. 510-538

—— "A vueltas com el control empresarial sobre la actividad laboral: «test de honestidad», telemarketing, registro de terminales y uso – o abuso – de Internet", *in TS*, n.º 168, 2004, pp. 35-40

FERRAND, Frédérique – *Droit privé allemand*, Dalloz, Paris, 1997

FERRANTE, Vincenzo – "Il licenziamento del lavoratore che "naviga" su Internet", *in Iuslabor*, n.º 3, 2006, pp. 1-7

FESTAS, David de Oliveira – "O direito à reserva da intimidade da vida privada do trabalhador no Código do Trabalho", *in ROA*, Ano 64, vol. I/II, 2004, pp. 1-51

FEVRIER, Fabrice – *Pouvoir de contrôle de l'employeur et droits des salariés à l'heure d'Internet – les enjeux de la cybersurveillance dans l'entreprise*, 2003, in www.droit-technologie.org

—— "Téletravail: l'employeur ne peut imposer au salarié un retour au sein de l'entreprise", *in RDTIC*, n.º 54, 2006, pp. 5-7

—— "Site internet syndical – la primauté est donnée à la liberté d'expression", *in RDTIC*, n.º 55, 2006, p. 13

FILHO, Roberto Fragale; ALVIM, Joaquim Rezende – "El derecho brasileño", *in Tecnología Informática y Privacidad de los Trabajadores*, (coord. MARK JEFFERY, JAVIER THIBAULT ARANDA e ÁNGEL JURADO), Thomson Aranzadi, Navarra, 2003, pp. 97-119

854   *A Privacidade dos Trabalhadores e as Novas Tecnologias...*

FILHO, Roberto Fragale; JEFFERY, Mark – "Información y consentimiento", *in Tecnología Informática y Privacidad de los Trabajadores*, (coord. MARK JEFFERY, JAVIER THIBAULT ARANDA e ÁNGEL JURADO), Thomson Aranzadi, Navarra, 2003, pp. 377-396

FILHO, Willis Guerra – "Notas em torno ao princípio da proporcionalidade", *in Perspectivas Constitucionais – Nos 20 anos da Constituição de 1976*, (coord. JORGE MIRANDA), vol. I, Coimbra Editora, Coimbra, 1996, pp. 249-261

FINDLAY Patricia; MCKINLAY, Alan – "Surveillance, electronic communications technologies and regulation", *in Industrial Relations Journal*, vol. 34, n.º 4, pp. 305-317

FINKIN, Matthew W. – "Menschbild: the conception of the employee as a person in Western Law", *in Comp. Labor Law & Pol'y Journal*, vol. 23, 2002, pp. 577-637

—— "El Derecho de los EE UU", *in Tecnología Informática y Privacidad de los Trabajadores*, (coord. MARK JEFFERY, JAVIER THIBAULT ARANDA e ÁNGEL JURADO), Thomson Aranzadi, Navarra, 2003, pp. 277-321

—— "Menschbild: La noción del trabajador como persona en Derecho occidental", *in Tecnología Informática y Privacidad de los Trabajadores*, (coord. MARK JEFFERY, JAVIER THIBAULT ARANDA e ÁNGEL JURADO), Thomson Aranzadi, Navarra, 2003, pp. 405-453

FIOLHAIS, Rui – *Sobre as Implicações Jurídico Laborais do Teletrabalho subordinado em Portugal*, Instituto do Emprego e Formação Profissional, Lisboa, 1998

FIORITO, Jack; BASS, William – "The Use of Information Technology by National Unions: an Exploratory Analysis", *in Industrial Relations*, n.º 1, 2002, pp. 34-47

FIORITO, Jack; JARLEY Paul; DELANEY, John – "The Adoption of Information Technology by U.S. National unions", *in Relations Industrielles*, vol. 55, n.º 3, 2000, pp. 451-476

FISHER, Jennifer – *Implications of electronic mail policies for fairness and invasion of privacy: a field experiment*, Universidade de Albany, 2002, *in* www.proquest.com

FLAHERTY, David – *Protecting Privacy in Surveillance Societies – The Federal Republic of Germany, Sweden, France, Canada, and The United States*, The University of North Carolina Press, EUA, 1989

FLANAGAN, Julie – "Restricting electronic monitoring in the private workplace", *in Duke L. J.*, vol. 43, 1994, pp. 1256-1281

FOCARETA, Franco – "Lavoro al videoterminale e responsabilita'penale del dirigente", *in LNG*, n.º 11, 1996, pp. 912-922

FONTANA, António – "Impianti audiovisivi: Quando è necessario l'accordo com le RSA?", *in DL*, II, 1984, pp. 452-463

—— "In tema di «controllo a distanza»", *in DL*, II, 1985, pp. 187-207

FORD, Michael – "Two conceptions of worker privacy", *in ILJ*, vol. 31, n.º 2, 2002, pp. 135-155

Fortis, Élisabeth – "Vie personnelle, vie profissionnellle et responsabilités penales", *in DS*, n.º 1, 2004, pp. 40-47

Franceschelli, Vincenzo – "La tutela dei dati personali. Introduzioni alla lege sulla privacy informatica", *in La tutela della privacy informatica – Problema e prospettive*, (coord. Vincenzo Franceschelli), Giuffré Editore, Milão, 1998, pp. 1-36

Frayssinet, Jean – "Nouvelles technologies et protection del libertés dans l'entreprise", *in DS*, n.º 6, 1992, pp. 596-602

——— "La protection des données personnelles et l'entreprise en ligne", *in Le droit de l'entreprise et Internet Actes du Colloque de Marseille (15 juin 2001)*, Presses Universitaires d'Aix-Marseille, Aix-en-Provence, 2002, pp. 89-104

Frediani, Marco – "Trattamento dei dati sensibili e rapporto di lavoro", *in LNG*, n.º 2, 1998, pp. 105-109

——— "Telelavoro: dal mercato della forza lavoro al mercato dell'informazione", *in LNG*, n.º 10, 1998, pp. 825-828

——— "Abuso di acesso ad Internet e potere di controllo datoriale", *in LNG*, n.º 10, 2002, pp. 947-948

Freeman, Cris; Soete, Luc; Efendioglu, Umit – "Diffusion and the employment effects of information and communication technology", *in ILR*, vol. 134, n.os 4-5, 1995, pp. 587-603

Frosini, Tommaso Edoardo – "Tecnologie e libertà costituzionali", *in Dir. Inf.*, vol. 19, n.º 3, 2003, pp. 487-504

Frosini, Vittorio – "Banche dei dati e tutela della persona", *in Banche dei Dati e Tutela della Persona*, Camera dei Deputati, 2.º edição, Servizio per la Documentazione Automatica, Roma, 1983, pp. 3-18

G. Losano, Mario – "La «iuscibernética» trás quatro décadas", *in Cuestiones Actuales de Derecho y Tecnologías de la Información y la Comunicación (TICS)*, Thomson Aranzadi, Navarra, 2006, pp. 15-41

Gabel, Joan; Mansfideld, Nancy – "The information Revolution and its Impact on the Employment Relationship: an Analysis of the cyberspace Workplace", *in Am. Bus. L. J.*, n.º 301, 2003, pp. 1-3

Gaeta, Lorenzo – "La dignidad del trabajador y las «perturbaciones» de la innovación", *in Autoridad y Democracia en la Empresa*, (coord. Joaquin Aparicio Tovar e Antonio Baylos Grau), Editorial Trotta, Madrid, 1992, pp. 63-75

Gala Durán, Carolina – "La reciente negociación colectiva en el ámbito del uso de Internet y del correo electrónico en las empresas" *in El uso laboral y sindical del correo electrónico e Internet en la empresa – Aspectos constitucionales, penales y laborales*, (coord. Roig Batalla), tirant lo blanch, Valencia, 2007, pp. 231-303

Galantino, Luisa – "Il Diritto del Lavoro e la Società dell'Informazione", *in DL*, ano LIX, 1985, pp. 323-348

Gallo, Massimo – "Subordinazione e potere direttivo e disciplinare del datore di lavoro", *in LNG*, n.º 11, 2004, pp.1163-1168

GANTT II, Larry O. Natt – "An affront to human dignity: electronic mail monitoring in the private sector workplace", *in Harvard Journal of Law & Technology*, vol. 8, n.º 2, 1995, pp. 345-425

GÁRATE CASTRO, Javier – "Derechos Fundamentales del Trabajador y Control de la Prestación de Trabajo por Medio de Sistemas Proporcionados por las Nuevas Tecnologías", *in Minerva - Revista de Estudos Laborais*, ano V, n.º 8, 2006, pp. 151-180

——— *Lecturas sobre el régimen jurídico del contrato de trabajo – concepto, partes y modalidades del contrato de trabajo, salário, poder disciplinario del empresário y extinción del contrato de trabajo*, Netbiblo, Corunha, 2007

GARCÍA GARCÍA, Clemente – *El derecho a la intimidad y dignidade en la doctrina del Tribunal Constitucional*, Universidade de Murcia, Murcia, 2003

GARCÍA NINET, José ignacio – "Sobre el uso y abuso del teléfono, del fax, del ordenador y del correo electrónico de la empresa para fines particulares en lugar y tiempo de trabajo. Datos para una reflexión en torno a las nuevas tecnologías", *in TS*, n.º 127, 2001, pp. 5-14

——— "Sobre el uso del correo electrónico por los sindicatos utilizando los médios de la empresa, o las nuevas tecnologías al servicio de la libertad sindical. El caso COMFIA-CC.OO. contra BBVA-Argentaria: del «ius usus inocui» de las nuevas tecnologias", *in TS*, n.º 181, 2006, pp. 5-12

GARCÍA NINET, José Ignacio; VICENTE PACHÉS, Fernando de – "Prólogo", *in El Control Empresarial*, (coord. GARCÍA NINET e VICENTE PACHÉS), CISS, València, 2005, pp. 3-6

GARCÍA VIÑA, Jordi – *La buena fe en el contrato de trabajo – especial referencia a la figura del trabajador*, CES, Madrid, 2001

——— "Limitaciones en el uso del correo electrónico en las empresas por parte de las secciones sindicales. A propósito de la Sentencia del Tribunal Supremo de 28 de Marzo de 2003 (RJ 2003, 7134), *in REDT*, n.º 122, 2004, pp. 305-326

GARCÍA-NUÑEZ SERRANO, Francisca – "La regulación sobre protección de datos personales y su incidencia en el ámbito laboral", *in AS*, n.º 21, 2001, pp. 70-83

GARCIA-PERROTE ESCARTIN, Ignacio – "Jurisprudencia constitucional sobre el derecho a la intimidad personal art. 18.1 CE), *in RT*, n.º 100, 1990, pp. 125-137

GARFINKEL, Simson – *PGP: Pretty Good Privacy*, O'Reilly Associates, Inc., EUA, 1995

GARILLI, Alessandro – "Tutela della persona e tutela della sfera privata nel rapporto di lavoro", *in RCDP*, n.º 3, 1992, pp. 321-340

GAUDEMAR, Jean-Paul de – *El orden y la produccion*, Madrid, 1991

GAUTIER, Pierre-Yves – "Contrat de travail. La preuve hors la loi ou comment, grâce aux nouvelles technologies, progresse la «vie privée» des salariés, note sous Cass. soc., 2 oct. 2001.", *in Recueil le Dalloz*, n.º 39, 2001, pp. 3148-3153

GENTILE, Gildre – "Innovazioni Tecnologiche e Art. 4 dello Statuto dei Lavoratori", *in DL.*, n.º 4, 1996, pp. 473-502

GENTILE, Gilda – "I controlli oculti sui lavoratori", *in DL*, II, n.º 3, 1997, pp. 22-31

GERADIN, Bertrand – *La convention collective de travail relative à la protection de la vie privée des travailleurs a l'égard du controle des données des communications électroniques en réseau du 26 de avril 2002*, in www.droit-technologie.org

GERHARDT, Roberta Coltro – *Relação de emprego, Internet e futuro – uma perspectiva crítica em âmbito brasileiro*, Editora LTR, São Paulo, 2002

GERLING – "Betriebsvereinbarung E-Mail und Internet – Ein kommentierter Entwurf für die Praxis", *in DuD*, n.º 12, 1997, pp. 703-708

GHERA, Edoardo – "La subordinazione fra tradizione e nuove proposte", *in GDLRI*, n.º 4, 1988, pp. 621-639

GHEZZI, Giorgio; LISO, Francesco – "Computer e controllo dei lavoratori", *in GDLRI*, n.º 30, 1986, pp. 353-382

GIAMPICCOLO, Giorgio – "La tutela giuridica della persona umana e il c.d. diritto alla riservatezza", *in RTDPC*, ano XII, 1958, pp. 458-475

GIL Y GIL, José Luis – "La esfera de intangibilidad del trabajador", *in TS*, n.º 47, 1994, pp. 21-31

——— *Principio de la Buena Fe y Poderes del Empresario*, Consejo Andaluz de Relaciones Laborales, 2003

——— "Poder directivo y apariencia externa del trabajador", *in El poder de dirección del empresário: nuevas perspectivas*, (coord. ESCUDERO RODRÍGUEZ), La Ley, Madrid, 2005, pp. 105-129

GIMENO-CABRERA, Véronique – *Le traitement Jurisprudentiel du Principe de Dignité de la Personne Humaine dans la Jurisprudence du Conseil Constitutionnel Français et du Tribunal Constitutionnel Espagnol*, LGDJ, Paris, 2004

GIRARDI, Gianluigi – "L'art. 4 Statuto lavoratori e le nuove tecnologie", *in MGL*, 1985, pp. 107-108

GIUGNI, Gino – "Direito do Trabalho", *in RDES*, n.º 3, 1986, pp. 305-365

GOFF, Jacques le – *Du Silence a la Parole – Droit du Travail, Société, État (1830-1989)*, Calligrammes, Quimper, 1989

GOLA, Peter – "Neuer Tele-Datenschutz für Arbeitnehmer? Die Anwendung von TKG und TDDSG im Arbeitsverhältnis", *in MMR*, n.º 6, 1999, pp. 322-330

GOLDIN, Adrián O. – "El concepto de dependência laboral y las transformaciones productivas", *in RL*, I, 1996, pp. 340-348

GOLDMAN, Alvin – "Overview and U.S. perspective", *in Com. Labor Law & Pol'y Journal*, vol. 24, n.º 1, 2002, pp. 1-17

GOLISANO, Giampiero – "Posta elettronica e rete internet nel rapporto di lavoro. USA, Unione Europea e Italia", *in ADL*, n.º 6, 2007, pp. 1310-1328

GOMES, Júlio – "Deve o trabalhador subordinado obediência a ordens ilegais?", *in Trabalho e Relações Industriais (Cadernos Sociedade e Trabalho)*, vol. I, 2001, pp. 179-187

——— *Direito do Trabalho, Volume I, Relações Individuais de Trabalho*, Coimbra Editora, Coimbra, 2007

858   *A Privacidade dos Trabalhadores e as Novas Tecnologias...*

GOMES, M. Januário – "O problema da salvaguarda da privacidade antes e depois do computador", *in BMJ*, n.º 319, 1982, pp. 21-56

GONÇALVES, M. Maia – *Código Penal – anotado e comentado*, 18.ª edição, Almedina, Coimbra, 2007

GONÇALVES, Maria Eduarda – *Direito da Informação – novos direitos e formas de regulação na sociedade da informação*, Almedina, Coimbra, 2003

GOÑI SEIN, Jose Luis – *El respeto a la esfera privada del trabajador – un estudio sobre los límites del poder de control empresarial*, Civitas, Madrid, 1988

—— "Vulneración de derechos fundamentales en el trabajo mediante instrumentos informáticos, de comunicación y archivo de datos", *in Nuevas tecnologias de la información y la comunicación y Derecho del Trabajo*, (coord. ALARCÓN CARACUEL e ESTEBAN LEGARRETA), Editorial Bomarzo, Alicante, 2004, pp. 49-87

—— "Los criterios básicos de enjuiciamiento constitucional de la actividad de control empresarial: debilidad y fissuras del principio de proporcionalidad", *in RDS*, n.º 32, 2005, pp. 79-101

—— *La Videovigilancia Empresarial y la Protección de Datos Personales*, Thomson Civitas, Navarra, 2007

GONZÁLEZ MOLINA, María Dolores – "Tratamiento automatizado de datos y derecho de huelga: una aproximación al posible uso de una clave informática en «clave antisindical». (Comentario a STC 60/1998, de 16 de Marzo)", *in Documentación Laboral*, n.º 56, II, 1998, pp. 197-214

GONZÁLEZ ORTEGA, Santiago – "La informática en el seno de la empresa. Poderes del empresário y condiciones de trabajo", *in Nuevas tecnologias de la información y la comunicación y Derecho del Trabajo*, (coord. ALARCÓN CARACUEL e ESTEBAN LEGARRETA), Editorial Bomarzo, Alicante, 2004, pp. 19-48

GONZÁLEZ PÉREZ, Jesus – *La dignidad de la persona*, Civitas, Madrid, 1986

GONZÁLEZ-TABLAS SASTRE, Rafael – "El derecho y las nuevas tecnologías", *in Anuário Jurídico de la Rioja*, n.ºs 6/7, 2000, pp. 271-286

GORELLI HERNÁNDEZ, Juan – "Deber de obediência y despido por desobediencia", *in REDT*, n.º 87, 1998, pp. 73-109

GOURION, Pierre-Alain; RUANO-PHILIPPEAU, Maria – *Le droit de l'Internet dans l'entreprise*, LGDJ, Paris, 2003

GOUVEIA, Jorge Bacelar – "Os direitos fundamentais à protecção dos dados pessoais informatizados", *in ROA*, Ano 51, 1991, pp. 699-732

GOZA, Shirley E. – "Cyber employees: letting employees navigate their own labor course", *in Labor Law Journal*, n.º 7, 1996, pp. 437-453

GRAGNOLI, Enrico – "La prima applicazione della lege «sul trattamento dei dati personali» ed il rapporto di lavoro privato", *in RCDP*, n.º 4, 1997, pp. 673-706

GRAMLICH, Ludwig – "Internetnutzung zu privaten Zwecken in Behörden und Unternehmen", *in RDV*, n.º 3, 2001, pp. 123-127

GRÉVY, Manuela – "Vidéosurveillance dans l'entreprise: un mode normal de contrôle des salariés?", *in DS*, n.º 4, 1995, pp. 329-332

GREWE, Constance – "Constitution et secret de la vie privée – Allemagne", *in Annuaire International de Justice Constitutionnelle*, Economica, Paris, 2001, pp. 135-152

GRINSNIR, Jacques – "Les dispositions nouvelles relatives "au recrutement individuel et aux libertés individuelles" (Loi du 31 décembre 1992)", *in DO*, Julho, 2003, pp. 237-246

GRIPPO, Valentina – "Analisi dei dati personali presenti su Internet. La legge n. 675/96 e le reti telematiche", *in RCDP*, Ano XV, n.º 4, 1997, pp. 639-671

GROSJEAN, Sascha – "Überwachung von Arbeitnehmern – Befugnisse des Arbeitgebers und mögliche Beweisverwertungsverbote", *in Der Betrieb*, n.º 49, 2003, pp. 2650-2654

GRUPO DE PROTECÇÃO DE DADOS – *Privacidade na Internet – Uma abordagem integrada da UE no domínio da protecção de dados em linha*, de 21 de Novembro de 2000 *in* http://ec.europa.eu/justice_home/fsj/privacy/workinggroup/index_en.htm

―――― *Opinion 8/2001 on the processing of personal data in the employment context*, de 13 de Setembro de 2001, *in* http://ec.europa.eu/justice_home/fsj/privacy/workinggroup/index_en.htm

―――― *Documento de trabalho sobre a vigilância das comunicações electrónicas no local de trabalho*, de 29 de Maio de 2002, *in* http://ec.europa.eu/justice_home/fsj/privacy/workinggroup/index_en.htm

―――― *Parecer n.º 4/2004 sobre Tratamento de Dados Pessoais por meio de Videovigilância*, de 11 de Fevereiro de 2004, *in* http://ec.europa.eu/justice_home/fsj/privacy/workinggroup/index_en.htm

―――― *Parecer 3/20006 sobre a Directiva 2006/24/CE do Parlamento Europeu e do Conselho relativa à conservação de dados gerados ou tratados no contexto da oferta de serviços de comunicações electrónicas publicamente disponíveis ou de redes públicas de comunicações, e que altera a Directiva 2002/58/CE*, adoptado em 25 de Março de 2006, *in* http://ec.europa.eu/justice_home/fsj/privacy/workinggroup/index_en.htm

GUERRA, Amadeu – *A Privacidade no Local de Trabalho – As novas Tecnologias e o Controlo dos Trabalhadores através dos sistemas Automatizados Uma abordagem ao Código do Trabalho*, Almedina, Coimbra, 2004

―――― "A privacidade no local de trabalho", *in Direito da Sociedade da Informação, vol. VII*, Coimbra Editora, Coimbra, 2008, pp. 129-171

GUERRERO PICÓ, M.ª del Carmen – *El impacto de Internet en el Derecho Fundamental a la Protección de Datos de Carácter Personal*, Thomson Civitas, Navarra, 2006

GUERRIERO, Paolo – "Potere di controllo del datore di lavoro sui dipendenti", *in DL*, vol. 76, n.º 3, 2002, pp. 163-169

GUFFEY, Cynthia; WEST, Judy – "Employee privacy: legal implications for managers", *in Labor Law Journal*, vol. 47, n.º 11, 1996, pp. 735-745

GUYNES, Steve – "Privacy Considerations as We Enter The «Information Highway» Era", *in Computers and Society*, Setembro, 1994, pp. 16-19

860   *A Privacidade dos Trabalhadores e as Novas Tecnologias...*

HAMES, David S.; DIERSEN, Nickie – "The Common Law Right to Privacy. Another Incursion Into Employers' Rights to Manage Their Employees?", *in Labor Law Journal*, n.º 11, 1991, pp. 757-765

HARDIN, Steve – "First Plenary Session Openness, Privacy and National Security Post 9/11: A Debate", *in Bulletin of the American Society for Information Science and Technology*, vol. 29, n.º 3, pp. 10-23

HAUSER, Evelyn – "The future of cyberwork", *in Employment Relations Today*, Inverno, 2000, pp. 61-71

HAVERKAMP, Josef – "Spione am Arbeitsplatz", *in CF*, n.º 1, 2003, pp. 14-24

HELLE, Jürgen – "Die hiemliche Videoüberwachung – zivilrechtliche betrachtet", *in JZ*, n.º 7, 2004, pp. 340-347

HELMS – "Translating privacy values with technology", *in B.U. J. SCI. & TECH. L.*, vol. 7, n.º 2, 2001, pp. 288-300

HENDRICKX, Frank – "Belgium", *in Employment Privacy Law in the European Union: surveillance and monitoring*, (coord. FRANK HENDRICKX), Intersentia, Antuérpia, Oxford, Nova Iorque, 2002, pp. 23-54

——— *Protection of worker's personal data in the European Union – Two studies*, edição da União Europeia, *in* www.europa.eu

HENDRICKX, Frank e outros – *Employment Privacy Law in the European Union: surveillance and monitoring*, (coord. FRANK), Intersentia, Antuérpia, Oxford, Nova Iorque, 2002

HENNETTE-VAUCHEZ, Stéphanie – "Le principe de dignité en droit américain", *in La dignité de la personne humaine – Recherche sur un processus de juridicisation*, (coord. CHARLOTTE GIRARD e STÉPHANIE HENNETTE-VAUCHEZ), PUF, Paris, 2005, pp. 145-157

HERCE DE LA PRADA, Vicente – *El derecho a la propria imagen y su incidencia en los medios de difusión*, Jose Maria Bosch Editor, S.A., Barcelona, 1994

HERRERO TEJEDOR, Fernando – *Honor, Intimidad y Propria Imagen*, 2.ª edição, Colex, Madrid, 1994

HILBER, Mark; FRIK, Roman – "Rechtliche Aspekte der Nutzung von Netzwerken durch Arbeitnehmer und den Betriebsrat", *in RdA*, n.º 2, 2002, pp. 89-97

HÖLAND, ARMIN – "A comparative study of the impact of electronic technology on workplace disputes: national report on Germany", *in Com. Labor Law & Pol'y Journal*, vol. 24, 2002, pp. 147-176

——— "Germany", *Employment Privacy Law in the European Union: surveillance and monitoring*, (coord. FRANK HENDRICKX), Intersentia, Antuérpia, Oxford, Nova Iorque, 2002, pp. 105-128

HOMAN, Taufan C.B. – "The Netherlands", *in Employment Privacy Law in the European Union: surveillance and monitoring*, (coord. FRANK HENDRICKX), Intersentia, Antuérpia, Oxford, Nova Iorque, 2002, pp. 173-202

HÖRSTER, Heinrich Ewald – *A Parte Geral do Código Civil Português – Teoria Geral do Direito Civil*, Almedina, Coimbra, 1992

Bibliografia   861

—— "Esboço esquemático sobre a responsabilidade civil de acordo com as regras do Código Civil", _in Estudos em Comemoração do Décimo aniversário da Licenciatura em Direito da Universidade do Minho_, Almedina, Coimbra, 2004, pp. 323-338

HUECK, Alfred; NIPPERDEY, H. C. – _Compendio de Derecho del Trabajo_, Editorial Revista de Derecho Privado, Madrid, 1963

HUNTER, Jerry M. – "The NLRA at 70: employer E-mail and Commmunication Policies and the National Labor Relations Act", _in Labor Law Journal_, 2005, pp. 196-202

ICHINO, Pietro – _Diritto alla riservatezza e Diritto al segreto nel rapporto di lavoro – La disciplina giuridica della circulazione delle información nell'impresa_, Giuffrè Editore, Milão, 1979

—— _Il contratto di Lavoro – III – sospenzione le lavoro-sciopero – riservatezza e segreto-potere disciplinare-cessazione del rapporto-conservazione e gestione dei diritti_, Giuffrè Editore, 2003

—— _Lezioni di Diritto del Lavoro – un approcio di labour law and economics_, Milão, Giuffrè, 2004

IHNAT, Mark Daniel – _The Eyes of Capitalism: Surveillance in the Workplace_, National Library of Canada, Canada, 2000

INFORMATION COMMISSIONER'S OFFICE – _The Employment Practices Code_, in www.ico.gv.uk

—— _The Employment Practices Code, – Supplementary Guidance_, in www.ico.gv.uk

INHAT, Mark – _The eyes of capitalism: surveillance in the workplace – a Study of the Issue of Employee Privacy_, Universidade de Queen, Kingston, Ontario, 2000, _in_ www.proquest.com

IORI, Aurelio – _Nuove tecnologie e organizzazione del lavoro_, edizioni lavoro, Roma, 1984

ISHMAN, Mark – "Computer Crimes and the Respondeat Superior Doctrine: _Employers Beware_", _in Boston University Law Review_, vol. 6, 2000, pp. 1-47

JAVILLIER, Jean-Claude – _Droit du Travail_, 7.ª edição, LGDJ, Paris, 1999

JEANNIN, Laure – "Le principe de dignité en droit allemand – l'interpretation et le renforcement de la valeur axiologique des droits fondamentaux", _La dignité de la personne humaine – Recherche sur un processus de juridicisation_, PUF, Paris, 2005, pp. 158-175

JEFFERY, Mark – "El derecho inglês", _in Tecnología Informática y Privacidad de los Trabajadores_, (coord. MARK JEFFERY, JAVIER THIBAULT ARANDA e ÁNGEL JURADO), Thomson Aranzadi, Navarra, 2003, pp. 121-183

—— "Introducción", _in Tecnología Informática y Privacidad de los Trabajadores_, (coord. MARK JEFFERY, JAVIER THIBAULT ARANDA e ÁNGEL JURADO), Thomson Aranzadi, Navarra, 2003, pp. 21-56

862   *A Privacidade dos Trabalhadores e as Novas Tecnologias...*

—— Carta blanca para espiar a los trabajadores? Perspectivas inglesas sobre poder informático e intimidad", *in* www.uoc.edu/web/esp/art/uoc/0109040/jeffery.html

—— "Derecho del trabajo en la sociedad de la información", *in Derecho y Nuevas Tecnologias*, Editorial UOC, Barcelona, 2005, pp. 209-229

JENERO, Kenneth; MAPES-RIORDAN, Lynne – "Electronic Monitoring of Employees and the Elusive "Right to Privacy"", *in Employee Relations Law Journal*, vol. 18, n.º 1, Verão, 1992, pp.71-102

JOURDAN, Dominique – "Le correspondant «informatique et libertés»", *in JCP*, n.ᵒˢ 1-2, 2006, pp. 1002-1004

KAINEN, Burton; MEYERS, Shel D. – "Turning off the power on employees: using surreptitious tape-recordings and e-mail intrusions by employees in pursuit of employer rights", *in Labor Law Journal*, n.º 4, 1997, pp. 199-213

KAMLAH, Ruprecht – *Right of Privacy Das algemeine Persönlichkeitsrecht in Americanischer sicht under berücksichtigung nueuer Technologischer entwicklungen*, Carl Heymanns Verlag KG, Berlim, 1969

KANIADAKIS, Antonios – *The human factor problem and póst-fordism – The Case of the Automobile Industry*, Universidade de Queen, Kingston, Ontario, Canada, 2001, *in* www.proquest.com

KAYSER, Pierre – *La protection de la vie privée par le droit – protection du secret de la vie privée*, 3.ª edição, Economica, Paris, 1995

KEERKKATTU-JOHN, John – *Dignity in the workplace: An exploration of worker experiences in one organization*, Universidade de George Washington, 1994, *in* www.proquest.com

KESAN, Jay – "Cyber-working or Cyber-Shrinking?: a First Principles Examination of Electronic Privacy In the Workplace", *in Florida Law Review*, vol. 54, 2002, pp. 289-332

KIERKGAARD, Sylvia – "Privacy in electronic communication Watch your e-mail: your boss is snooping!", *in Computer Law & Security Report*, vol. 21, 2005, pp. 226-236

KING, Nancy – "Electronic Monitoring to Promote National Security Impacts Workplace Privacy", *in Employee Responsabilities and Rigths Journal*, vol. 15, n.º 3, 2003, pp. 127-147

KIPER, Manuel – "Betriebs – und Dienstverenbarungen zu E-mail und Internet (1)", *in CF*, n.º 9, 2004, pp. 15-24

—— "Betriebs – und Dienstverenbarungen zu E-mail und Internet (2)", *in CF*, n.º 10, 2004, pp. 6-8

KIRBY, Michael – "La protection de la vie privée et des droits de l'homme à l'ère du numerique", *in Les Droits de l'homme dans le cyberspace*, Economica UNESCO, Paris, 2005, pp. 11-30

KIZZA, Joseph Migga; SSANYU, Jackline – "Workplace surveillance" *in Electronic Monitoring in the Workplace: Controversies and Solutions*, (coord. JOHN WECKERT), Idea Group Publishing, EUA, 2005, pp. 1-18

KONRAD-KLEIN, Jochen – "Sinn und Unsinn von IKT-Sicherheitsrichtlinien", *in CF*, n.º 9, 2006, pp. 14-18

KRAMER, Stefan – "Internetnutzung als Kündigungsgrund", *in NZA*, n.º 9, 2004, pp. 457-464

—— "Kündigung wegen privater Internetnutzung", *in NZA*, n.º 4, 2006, pp. 194-197

—— "Formerfordernisse im Arbeitsverhältnis als Grenzen für den Einsatz elektronischer Kommunikationsmittel", *in Der Betrieb*, n.º 9, 2006, pp. 502-508

KRISTIANSEN, Jens – "Denmark", *in Employment Privacy Law in the European Union: surveillance and monitoring*, (coord. FRANK HENDRICKX), Intersentia, Antuérpia, Oxford, Nova Iorque, 2002, pp. 55-68

KRONISCH, Gerard – "Privates Internet-Surfen am Arbeitsplatz", *in AuA*, n.º 12, 1999, pp. 550-551

KUHLMANN, Kai – *Die Nutzung von E-Mail und Internet Im Unternehmen – Rechtliche Grundlagen und Handlungsoptionen – Version 1.5*, 2008, *in* www.bitkom.org

LABA, Jonathan Todd – "If you can't stand the heat, get out of the drug business: thermal imagers, emerging technologies, and the Fourth Amendment", *in California Law Review*, vol. 84, 1996, pp. 1437-1486

LAMBERTUCCI, Pietro – "Trattamento dei dati personali e disciplina del rapporto di lavoro: i primi interventi del garante e della giurisprudenza", *in ADL*, n.º 1, 1998, pp. 101-116

LANE III, Frederick S. – *The naked employee – how technology is compromising workplace privacy*, AMACOM, EUA, 2003

LANSING, Paul; BAILEY, John D. – "Monitoring employee telephone conversations under the amended Illinois eavesdropping act", *in Labor Law Journal*, 1996, pp. 418-425

LARENZ, Karl – *Metodologia da Ciência do Direito*, 3.ª edição, Fundação Calouste Gulbenkien, Lisboa, 1997

LASPROGATA, Gail; KING, Nancy; PILLAY, Sukanya – "Regulation of Electronic Employee Monitoring: Identifying Fundamental Principles of Employee Privacy through a Comparative Study of Data Privacy Legislation in the European Union, United States and Canada", *in Stan. Techn. L. Rev.*, n.º 4, 2004, pp. 1-46

LASTRA LASTRA – "Principios ordenadores de las relaciones de trabajo", *in REDT*, n.º 104, 2001, pp. 160-175

LAZZARI, Chiara – "Diritto alla riservatezza e tutela del lavoratore", *in RGLPS*, n.º 4, 1998, pp. 539-552

LEE, Samantha; KLEINER, Brian – "Electronic Surveillance in the Workplace", *in Management Research News*, vol. 26, n.ºs 2,3,4, 2003, pp. 72-81

LEFEBVRE, Francis – *Contrat de Travail*, Editions Francis Lefebvre, Paris, 1990, com actualização em 1993

LEFÈBVRE, Sylvain – *Nouvelles Technologies et protection de la vie privée en milieu de travail en France et au Québec*, Presses Universitaires d'Aix-Marseille, Aix-en-Provence, 1998

864   *A Privacidade dos Trabalhadores e as Novas Tecnologias...*

LEITÃO, Luis Manuel Teles de Menezes – "A protecção dos dados pessoais no contrato de trabalho", *in A reforma do Código do Trabalho*, Coimbra Editora, Coimbra, 2004, pp. 123-138

————— *Direito do Trabalho*, Almedina, Coimbra, 2008

LEITE, Jorge – "Direito do Trabalho na Crise", *in Temas de Direito do Trabalho – Direito do Trabalho na crise Poder empresarial Greves atípicas – IV Jornadas Luso-Hispano-Brasileiras de Direito do Trabalho*, Coimbra Editora, Coimbra, 1990, pp. 21-49

————— *Direito do Trabalho*, vol. I, Serviços de Acção Social da Universidade de Coimbra, Coimbra, 1998

————— *Direito do Trabalho*, vol.II, reimp., Serviços de Acção Social da Universidade de Coimbra, Coimbra, 1999

LEMARTELEUR, Xavier – *L'employeur: un fournisseur d'accès à l'Internet comme les autres? Implications juridiques de la fourniture d'accès à l'Internet par l'entreprise*, 2003, *in* www.juriscom.net

LENOIR, Christian; WALLON, Bertrand – "Informatique, travail et libertés", *in DS*, n.º 3, 1988, pp. 213-241

LEPAGE, Agathe – *Libertés et droits fondamentaux à l'épreuve de l'internet – Droits de l'internaute, Liberté d'expression sur l'Internet, Responsabilité*, Litec, Paris, 2002

————— "Filature du salarié", *in Recueil le Dalloz*, n.º 23, 2003, pp. 1533-1544

————— "La vie privée du salarié, une notion civiliste en droit du travail", *in DS*, n.º 4, 2006

LEPAGE, Agathe; MARINO, Laure; BIGOT, Christophe – "Droits de la personnalité: panorama 2004-2005", *in Recueil Dalloz*, n.º 38, 2005, pp. 2643-2652

LEROUGE, Loïc – *La Reconnaissance d'un Droit à la Protection de la Santé Mentale au Travail*, LGDJ, Paris, 2005

LEVI, Alberto – "Internet e contrato de trabalho no ordenamento italiano", *in RDT*, ano 34, n.º 130, 2008, pp. 379-383

LIMA, Pires de; VARELA, Antunes – *Código Civil Anotado*, vol. II, 3.ª edição, Coimbra Editora, Coimbra, 1986

————— *Código Civil Anotado*, vol. I, 4.ª edição, Coimbra Editora, Coimbra, 1987

LINDEMANN, Achim; SIMON, Oliver – "Betriebsvereinbarungen zur E-Mail-, Internet- und Intranet-Nutzung", *in BB*, n.º 38, 2001, pp. 1950-1956

LINOWES, David; SPENCER, Ray – "Privacy in the workplace in perspective", *in Human Resource Management Review*, vol. 6, n.º 3, pp. 165-181

LÓPEZ MOSTEIRO, Ricardo – "Despido por uso de correo electrónico e internet", *in AL*, n.º 41, 2001, pp. 767-781

LÓPEZ PARADA, Rafael Antonio – "Las nuevas condiciones de trabajo y el lugar de prestación de servicios", *in Derecho Social y Nuevas Tecnologías*, (coord. M.ª DEL MAR SERNA CALVO), Consejo General del Poder Judicial, Madrid, 2005, pp. 75-128

LÓPEZ-ESCOBAR, Esteban – "Comunicación, participación, ciudadania y nuevas tecnologias: una perspectiva desde la globalización", *in Annuario Jurídico La Rioja*, n.os 6-7, 2000, pp. 287-305

LOSCHAK, Danièle – "Le pouvoir hiérarchique dans l'entreprise privée et dans l'administration", *in DS*, n.º 1, 1982, pp. 21-29

LOY, Gianni – "El domínio ejercido sobre el trabajador", *in El poder de dirección del empresário: nuevas perspectivas*, (coord. ESCUDERO RODRÍGUEZ), La Ley, Madrid, 2005, pp. 59-83

LUCENTE, Giovanna Corrias – "Internet e libertà di manifestazione del pensiero", *in Dir. Inf.*, vol. 16, n.s 4/5, 2000, pp. 597-608

LUGARESI, Nicola – *Internet, privacy e pubblici poteri negli Stati Uniti*, Giuffrè, Milão, 2000

LUQUE PARRA, Manuel – *Los límites jurídicos de los poderes empresariales en la relación laboral*, JMB, Barcelona, 1999

LYON, David – *The Electronic Eye – The Rise of Surveillance Society*, Polity Press, Reino Unido, 1994

LYON-CAEN, Antoine – "Note sur le pouvoir de direction et son contrôle", *in Mélanges dédiés au President Michel Despax*, Presses de l'Université des Sciences Sociales de Toulouse, Toulouse, 2002, pp. 95-106

LYON-CAEN, Antoine; VACARIE, Isabelle – "Droits fondamentaux et Droit du Travail", *in Droit syndical et droits de l'homme à l'aube du XXI siècle – Mélanges en l'honneur de Jean-Maurice Verdier*, Dalloz, Paris, 2001, pp. 421-453

LYON-CAEN, Gérard – *Le droit du Travail – Une technique réversible*, Dalloz, Paris, 1995

MACEDO, Sousa – *Poder Disciplinar Patronal*, Almedina, Coimbra, 1990

MAGLIO, Marco – *Penelope, Narciso e il mito della privacy: la cultura della riservatezza tra antichi e nuove virtu*, in www.privacy.it

MAGREZ, Bernard; VANOVERSCHELDE, Hélène – *Souriez, vous êtes filmés... La videosurveillance en Belgique*, in www.droit-technologie.org

MANNING, Rita – "Liberal and Communitarian Defenses of Workplace Privacy", *in Journal of Business Ethics*, n.º 16, 1997, pp. 817-823

MARÍN ALONSO, Inmaculada – "La facultad fiscalizadora del empresario sobre el uso del correo electrónico en la empresa: su limitación en base al derecho fundamental al secreto de las comunicaciones", *in TL*, n.º 75, 2004, pp. 96-122

——— *El poder de control empresarial sobre el uso del correo electrónico en la empresa – su limitación en base al secreto de las comunicaciones*, Tirant monografias, Valencia, 2005

MARQUES, Garcia; MARTINS, Lourenço – *Direito da Informática*, Almedina, Coimbra, 2000

MARTÍN MORALES, Ricardo – *El regímen constitucional del secreto de las comunicaciones*, Civitas, Madrid, 1995

MARTÍN VALVERDE, Antonio – "El derecho del trabajo de la crisis (España)", *in Temas de Direito do Trabalho – Direito do Trabalho na crise Poder empresarial Greves atípicas – IV Jornadas Luso-Hispano-Brasileiras de Direito do Trabalho*, Coimbra Editora, Coimbra, 1990, pp. 81-99

MARTÍN VALVERDE, António; RODRÍGUEZ-SAÑUDO GUTIÉRREZ, Fermín; GARCÍA MURCIA, Joaquín – *Derecho del Trabajo*, 11.ª edição, 2002, Tecnos, Madrid, 2002

MARTÍN-CASALLO LÓPEZ, José – "Despido disciplinario y las nuevas tecnologías", *in Actualidad Jurídica Aranzadi*, n.º 526, 2002, pp.1-4

MARTINEL, Agnès – "Rôle du juge dans la détermination et le controle des obligations contractuelles", *in DO*, n.º 680, Março, 2005, pp. 103-108

MARTÍNEZ ESTAY, José Ignacio – *Jurisprudencia Constitucional Española sobre Derechos Sociales*, Cedecs Editorial, Barcelona, 1997

MARTÍNEZ FONS, Daniel – "Uso y control de las tecnologias de la información y comunicación en la empresa", *in RL*, II, 2002, pp. 1311-1342

———— *El poder de control del empresario en la relación laboral*, CES, Madrid, 2002

———— "El poder de control empresarial ejercido a través de medios audiovisuales en la relación de trabajo – A propósito de las SSTC 98/2000, de 10 de abril y 186/2000, de 10 de julio, *in RL*, n.º 4, 2002, pp. 11-50

———— "Nuevas tecnologias y poder de control empresarial", *in* http://www.ceveal.com, pp. 1-60

———— "El control empresarial del uso de las nuevas tecnologias en la empresa", *in Relaciones Laborales y Nuevas Tecnologías*, (coord. SALVADOR DEL REY GUANTER e LUQUE PARRA), La Ley, Madrid, 2005, pp. 185-237

———— "Trabajador despedido por intercambiar archivos de contenido humorístico y pornográfico com los compañeros de trabajo. Comentario a la STSJ Cataluña (procedimiento n.º 122/2006)", *in Iuslabor* n.º 3, 2006, pp. 1-7

MARTÍNEZ GIRÓN, Jesus; ARUFE VARELA, Alberto; CARRIL VÁZQUEZ, Xosé – *Derecho del Trabajo*, Netbiblo, Corunha, 2004

MARTÍNEZ LÓPEZ, Francisco José; LUNA HUERTAS, Paula; INFANTE MORO, Alfonso; MARTÍNEZ LÓPEZ, Luis – "Los sistemas de control de la actividad laboral mediante las Nuevas Tecnologías de la Información y las Comunicaciones", *in RL*, n.º 12, 2003, pp.95-115

MARTÍNEZ LÓPEZ, Francisco José; LUNA HUERTAS, Paula; ROCA PULIDO, Roca Pulido – "El teletrabajo en España: análisis comparativo com la Unión Europea", *in RL*, II, 2001, pp. 1215-1236

MARTÍNEZ MARTÍNEZ, Ricardo – *Una aproximación crítica a la autodeterminacion informativa*, Thomson Civitas, Madrid, 2004

MARTINEZ RANDULFE, Fernando – "Derecho a la intimidad y relación de trabajo: aproximaciones", *in Derechos Fundamentales y Contrato de Trabajo – 1.ᵃˢ Xornadas De Outono de Dereito Social*, Editorial Comares, Granada, 1998

MARTINEZ ROCAMORA, Luis G. – *Decisiones Empresariales y Principio de Igualdad*, Cedecs Editorial, Barcelona, 1998

MARTINEZ VIVOT, Julio – *La discriminación laboral – despido discriminatório*, USAL – Universidad del Salvador – Ciudad Argentina, Buenos Aires, 2000

MARTINEZ, Pedro Romano – "Relações empregador empregado", *in Direito da Sociedade da Informação, Volume I*, Coimbra Editora, Coimbra, 1999, pp. 185-190

Bibliografia 867

—— "Poder de direcção: âmbito. Poder disciplinar: desrespeito de ordens. Comentário ao Acórdão do STJ de 20 de Outubro de 1999", *in RDES*, Ano XLI, n.os 3 e 4, 2000, pp. 385-408

—— *A Constituição de 1976 e o Direito do Trabalho*, AAFDL, Lisboa, 2001

—— "Considerações gerais sobre o Código do Trabalho", *in VI Congresso Nacional de Direito do Trabalho Memórias*, (coord. ANTÓNIO MOREIRA), Almedina, Coimbra, 2004, pp. 39-60

—— O Código do Trabalho – Directrizes de reforma; sistematização; algumas questões", *in Estudos de Direito do Trabalho em Homenagem ao Professor Manuel Alonso Olea*, Almedina, Coimbra, 2004, pp. 561-587

—— "O projecto de Código do Trabalho português", *in O Direito do Trabalho nos Grandes Espaços – entre a codificação e a flexibilidade*, (coord. BERNARDO DA GAMA LOBO XAVIER e JOANA VASCONCELOS), Universidade Católica Editora, Lisboa, 2005, pp. 87-101

—— *Direito do Trabalho*, 4.ª edição, Almedina, Coimbra, 2007

MARTINEZ, Pedro Romano; MONTEIRO, Luís Miguel; VASCONCELOS, Joana; BRITO, Pedro Madeira de; DRAY, Guilherme; SILVA, Luís Gonçalves – *Código do Trabalho Anotado*, 6.ª edição, Almedina, Coimbra, 2008

MARTINEZ-HERRERA, Manuel – "BIG EMPLOYER: A study of the continuously decreasing expectation of privacy of employees in the US workplace", *in Iuslabor*, n.º 1, 2007, p. 1-7

MARTINS, João Nuno Zenha – "A descentralização produtiva e os grupos de empresas", *in QL*, n.º 18, pp. 190-235

—— *O Genoma Humano e a Contratação Laboral – Progresso ou Fatalismo?*, Celta Editora, Oeiras, 2002

MARTINS, Lourenço; MARQUES, Garcia: DIAS, Pedro Simões – *Cyberlaw em Portugal – O direito das tecnologias da informação e comunicação*, Centro Atlântico.pt, Lisboa, 2004

MARTINS, Pedro Furtado – "A crise do contrato de trabalho", *in RDES*, n.º 4, 1997, pp. 335-368

MARX, GARY T. – "The Case of the Omniscient Organization", *in Harvard Bus. Rev.*, Março, Abril, 1990, pp. 12-15

MASTINU, Enrico Maria – "La procedimentalización sindical del ejercicio de los poderes y prerrogativas del empresario", *in El poder de dirección del empresário: nuevas perspectivas*, (coord. ESCUDERO RODRÍGUEZ), La Ley, Madrid, 2005, pp. 269-286

MATIA PORTILLA, Francisco Javier – "Constitution et secret de la vie privée – Espagne", *in Annuaire International de Justice Constitutionnelle*, Economica, Paris, 2001, pp. 209-245

MATÍAS, Gustavo – "El trabajo en el espacio y el tiempo digital", *in RMTAS*, vol. 11, 1998, pp. 39-75

MATTIUZZO, Flávio – "Il diritto alla felicita sul posto de lavoro", *in LNG*, n.º 8, 2003, pp. 722-732

868   *A Privacidade dos Trabalhadores e as Novas Tecnologias...*

MAURÍCIO, Nuno; IRIA, Catarina – "As escutas telefónicas como meio de obtenção de prova – necessidade de uma reforma legislativa ou suficiência de uma interpretação conforme? Ponto de situação numa já *vaexata quaestio*!", *in Polícia e Justiça*, III série, n.º 7, 2006, pp. 87-127

MAZZIOTI, Fabio – *Diritto del Lavoro*, 4.ª edição, 2.ª reimpressão, Liguori Editori, Nápoles, 2001

MAZZONI, Giuliano – "Contenuto i limiti del potere disciplinare dell'imprenditore", *in MGL*, VI série, 1965

—— *Manuale di Diritto del Lavoro*, 6.ª edição, a cargo de PAPELEONI, Giuffrè Editore, Milão, 1988

MAZZOTTA, Oronzo – *Diritto del Lavoro*, 2.ª edição, Giuffrè Editore, Milão, 2005

MCCALLUM Ronald; STEWART, Andrew – "The impact of electronic technology on workplace disputes in Australia", *in Comp. Labor Law & Pol'y Journal*, vol. 24, n.º 19, 2002, pp. 19-45

MEIER, Joe – "E-Thrombose: Gefahr am PC-Arbeitsplatz", *in CF*, n.º 3, 2003, pp. 10-13

MELLO, Jeffrey A. – "Salts, Lies and Videotape: Union Organizing Efforts and Management's Response", *in Labor Law Journal*, 2004, pp. 42-52

MELZER-AZODANLOO, Nora – "Austria", *in Employment Privacy Law in the European Union: surveillance and monitoring*, (coord. FRANK HENDRICKX), Intersentia, Antuérpia, Oxford, Nova Iorque, 2002, pp. 7-21

MENDES, João de Castro – *Teoria Geral do Direito Civil*, vol. I, AAFDL, Lisboa, 1978

MENDES, Mário – "O princípio da boa fé no Direito do trabalho – breve nota introdutória", *in V Congresso Nacional de Direito do Trabalho – Memórias*, (coord. ANTÓNIO MOREIRA), Almedina, Coimbra, 2003, pp. 101-105

MERCADER UGUINA, Jesús R. – "Derechos fundamentales de los trabajadores y nuevas tecnologias: hacia una empresa panóptica?", *in RL*, n.º 10, 2001, pp. 11-31

—— *Derecho del Trabajo, Nuevas Tecnologías y Sociedad de la Información*, Editorial Lex Nova, Valladolid, 2002

MESQUITA, José Andrade – "Tipificações legais da justa causa. A "lesão de interesses patrimoniais sérios da empresa" e a "prática intencional, no âmbito da empresa, de actos lesivos da economia nacional", *in Estudos do Instituto de Direito do Trabalho*, Vol.II, *Justa Causa de Despedimento*, Instituto de Direito do Trabalho da Faculdade de Direito da Universidade de Lisboa, (coord. PEDRO ROMANO MARTINEZ), Almedina, Coimbra, 2001, pp.135-163

—— *Direito do Trabalho*, 2.ª edição, AAFDL, Lisboa, 2004

MESTER, Britta – "Anspruch des Betriebsrats auf Internetzugang und Nutzung des betrieblichen Intranets-*Anmerkung* zu den Besclhüsssen des BAG vom 3. Sept.03 (Az. 7 ABR 12/03; 7 ABR 8/03), *in JurPC Web-Dok.* 255, 2004, *in* www.jurpc.de, pp. 1-9

MÉTTALLINOS, Nathalie – "La fonction de «détaché à la protection des données» en Allemagne et aux Pays-Bas", *in DS*, n.º 12, 2004, pp. 1066-1071

—— "Maîtriser le risque Informatique et Libertés – la mise en place du correspondant à la protection des données personnelles", *in DS*, n.º 4, 2006, pp. 378-382

MEUCCI, Mario – "Sui controlli a distanza dell'attività dei lavoratori", *in Lavoro e Previdenza Oggi*, ano XV, Julho 1988, pp. 2247-2256

MEULDERS-KLEIN, Marie-Thérèse – "Vie privée, vie familiale et droits de l'homme", *in RIDC*, n.º 4, 1992, pp. 767-794

MEYER, Sebastian – *Das Recht auf informationelle Selbstimmung, in* www.in-beckum.de/messdiener/meyer/docs/Informationelle%20selbstbestimmung.pdf

MEYRAT, Isabelle – "La contribution des droits fondamentaux à l'évolution du système français des relations du travail – Pour une approche critique", *in Droit fondamentaux et droit social*, Dalloz, Paris, 2005, pp. 41-59

MIALON, Marie-France – *Les pouvoirs de l'employeur*, LGDJ, Paris, 1996

MICHAEL, James – *Privacy and Human Rights – an international and comparative study, with special reference to developments in information technology*, UNESCO e Dartmouth, 1994

MIGUEL SÁNCHEZ, Noelia de – *Tratamiento de datos personales en el ámbito sanitário: intimidad «versus» interés público*, tirant lo blanch, Valencia, 2004

MILLER, Arthur R. – *The Assault on Privacy – Computers, Data Banks and Dossiers*, Ann Harbor, 1971

MILLER, Seumas – "Guarding the Guards: The Right to Privacy, and Workplace Surveillance and Monitoring in Policing", *in Electronic Monitoring in the Workplace: Controversies and Solutions*, (coord. JOHN WECKERT), Idea Group Publishing, EUA, 2005, pp. 260-275

MILLS, Juline; HU, Bo; BELDONA Srikanth; CLAY, Joan – "Cyberslacking! A Liability Issue for Wired Workplaces", *in Cornell Hotel and Restaurant Administration Quarterly*, Outubro-Novembro, 2001, pp. 34-47

MIÑARRO YANINI, Margarita – "Las facultades empresariales de vigilancia y controle en las relaciones de trabajo: especial referencia a las condiciones de su ejercicio y a sus límites", *in El Control Empresarial*, (coord. GARCÍA NINET e VICENTE PACHÉS), CISS, Valência, 2005, pp. 49-63

MIRANDA, Jorge; MEDEIROS, Rui – *Constituição Portuguesa Anotada, Tomo I*, Coimbra Editora, Coimbra, 2005

MISCIONE, Michele – "Il diritto allla riservatezza nel lavoro fra individuale e collettivo", *in LNG*, n.º 8, 2000, pp. 718-722

MISHRA, J. M.; CRAMPTON, S.M. – "Employee monitoring: privacy in the workplace?", *in S.A.M. Advanced Management Journal*, vol. 63, n.º 3, 1998, pp. 4-14

MODERNE, Franck – "La dignité de la personne comme principe constitutionnel dans les constitutions portugaise et française", *in Perspectivas Constitucionais – Nos 20 anos da Constituição de 1976*, (coord. JORGE MIRANDA), vol. I, Coimbra Editora, Coimbra, 1996, pp. 197-230

MOLE, Ariane – "Mails personnels et responsabilités: quelles frontières?", *in DS*, n.º 1, 2002, pp. 84-87

MOLERO MANGLANO, Carlos – "El derecho al honor y a la intimidad del trabajador", *in AL*, n.º 21, 2001, pp. 489-506

MOLFESSIS, Nicolas – "Vie professionnelle, vie personnelle et responsabilité des commettants du fait de leur préposés", *in DS*, n.º 1, 2004, pp. 31-39

MOLINA GARCÍA, Mónica – "El derecho del trabajador a su propria imagen (STC 99/1994, de 11 de abril)", *in RL*, tomo II, 1995, pp. 618-636

MOLINA NAVARRETE, Cristobal; OLARTE ENCABO, Sofia – "Los derechos de la persona del trabajador en la jurisprudência del Tribunal Constitucional", *in RL*, II, 1999, pp. 359-386

MONACO, M.ª Paola – "Mercato, lavoro, diritti fondamentali", *in RGLPS*, Parte I, 2001, pp. 299-321

–––––– "L'obbligo di riservatezza delle persone giuridiche e la prestazione fedele: un percorso di lectura", *in RIDL*, II, 2001, pp. 101-106

MONEREO PÉREZ, José Luis – *Introducción al nuevo derecho del trabajo*, tirant lo blanch, Valencia, 1996

MONTEIRO, Luís Miguel e outros – *Código do Trabalho Três Anos de Jurisprudência Comentada*, Livraria Petrony, Lisboa, 2007

MONTOYA MELGAR, Alfredo – *El Poder de Dirección del Empresario*, Madrid, 1965

–––––– "Artículo 20 – Dirección y control de la actividad laboral", *in Comentarios a las leys laborales. El Estatuto de los Trabajadores, Tomo V artículos 19 a 25*, (coord. EFRÉN BORRAJO DACRUZ), Editorial Revista de Derecho Privado, Madrid, 1985, pp. 101-152

–––––– "Derecho colectivo de información versus derecho individual a la intimidad", *in REDT*, n.º 66, 1994, pp. 619-623

–––––– "Nuevas dimensiones jurídicas de la organización del trabajo en la empresa", *in RMTAS*, n.º 23, 2000, pp. 17-64

–––––– "El poder de dirección del empresário (en torno al artículo 20), *in REDT*, n.º 100, 2000, pp. 575-596

–––––– *La buena fe en el Derecho del Trabajo*, Tecnos, Madrid, 2001

–––––– *Derecho del Trabajo*, 23.ª edição, Tecnos, Madrid, 2002

–––––– "Derechos del trabajador e informática", *in Estudios Jurídicos en Homenage ao Doctor Néstor de Buen Lozano*, (coord. PATRÍCIA KURCZYN VILLALOBOS e CARLOS PUIG HERNANDÉZ), Universidade Nacional Autónoma do México, México, 2003, pp. 533-545

–––––– "El trabajo en la Constitución (la experiencia española en el marco iberoamericano)", *in El Trabajo y la Constitución – Estudios en homenaje al Professor Alonso Olea*, (coord. MONTOYA MELGAR), Ministerio de Trabajo y Asuntos Sociales, Madrid, 2003, pp. 463-489

–––––– "Libertad de empresa y poder de dirección del empresário", *in Libertad de empresa y relaciones laborales en España*, (coord. PÉREZ DE LOS COBOS ORIHUEL), Instituto de Estudios Económicos, Madrid, 2005, pp. 131-179

MONTOYA MELGAR, Alfredo; GALIANO MORENO, Jesús; SEMPERE NAVARRO, Anto-

Bibliografia

nio; Ríos Salmeron – *Comentarios al Estatuto de los Trabajadores*, 5.ª edição, Thomson Aranzadi, Navarra, 2003

Morais, Luís – *Dois Estudos: Justa causa e motivo atendível de despedimento; o trabalho temporário*, Edições Cosmos, Livraria Arco-Íris, Lisboa, 1991

Morales García, Óscar – "La tutela penal de las comunicaciones laborales", *in Tecnología Informática y Privacidad de los Trabajadores*, (coord. Mark Jeffery, Javier Thibault Aranda e Ángel Jurado), Thomson Aranzadi, Navarra, 2003, pp. 457-474

Morato García, Rosa – "El control sobre internet y correo electrónico en la negociación colectiva", *in RL*, n.º 24, 2005, pp. 85-118

Moreira, Teresa Alexandra Coelho – "O respeito pela esfera privada do trabalhador: natureza jurídica das faltas cometidas por motivo de prisão baseada em crimes praticados fora do trabalho", *in QL*, n.º 18, 2001, pp. 155-189

———— *Da esfera privada do trabalhador e o controlo do empregador*, Studia Iuridica, n.º 78, Coimbra Editora, Coimbra, 2004

———— "Das revistas aos trabalhadores e aos seus bens em contexto laboral", *in Estudos em Comemoração do Décimo aniversário da Licenciatura em Direito da Universidade do Minho*, Almedina, Coimbra, 2004, pp. 839-866

———— "Intimidade do trabalhador e tecnologia informática", *in VII Congresso Nacional de Direito do Trabalho – Memórias*, (coord. António Moreira), Almedina, Coimbra, 2004, pp. 175-192

———— "O Poder Directivo do Empregador e o Direito à Imagem do Trabalhador", *in Estudos Jurídicos em Homenagem ao Professor Doutor António Motta Veiga*, (coord. António Moreira), Almedina, Coimbra, 2007, pp. 291-320

Moreno de Toro, Carmen – *La responsabilidad civil del empresario por actos de sus empleados*, CES, Madrid, 1999

Morin, Fernand – "Nouvelles Technologies et la telesubordination du salarié", *in Relations Industrielles*, vol. 55, n.º 4, 2000, pp. 725-737

Mornet, Marie-Noëlle – *La vidéosurveillance et la preuve*, Presses Universitaires d'Aix-Marseille, Aix-en-Provence, 2004

Morris, Gillian – "Fundamental Rights: Exclusion by Agreement?", *in ILJ*, vol. 30, n.º 1, 2001, pp. 49-71

———— "United Kingdom", *in Employment Privacy Law in the European Union: surveillance and monitoring*, (coord. Frank Hendrickx), Intersentia, Antuérpia, Oxford, Nova Iorque, 2002, pp. 255-278

Muñoz Lorente, José – "Los limites penales en el uso del correo electrónico e Internet en la empresa", *in El uso laboral y sindical del correo electrónico e Internet en la empresa – Aspectos constitucionales, penales y laborales*, (coord. Roig Batalla), tirant lo blanch, Valencia, 2007, pp. 125-174

Murillo de la Cueva, Pablo Lucas – "La primera jurisprudência sobre el derecho a la autodeterminación informativa", *in datos personales.org*, n.º 1, 2003, pp. 1-11

National Workrights Institute – *On your tracks: GPS tracking in the workplace*, *in* www.workrights.com

872   *A Privacidade dos Trabalhadores e as Novas Tecnologias...*

NATIONAL WORKRIGHTS INSTITUTE – *Privacy Under Siege: Electronic Monitoring in the Workplace*, in www.workrights.com

NAYER, André – "Droit du tavail et cyberespace: du vestige au vertige?", *in Les Droits de l'homme dans le cyberspace*, Economica UNESCO, Paris, 2005, pp. 131-151

NERBONNE, Sophie – "France", *in Employment Privacy Law in the European Union: surveillance and monitoring*, (coord. FRANK HENDRICKX), Intersentia, Antuérpia, Oxford, Nova Iorque, 2002, pp. 89-103

NETO, Abílio – *Código Civil Anotado*, 11.º edição, Ediforum, Lisboa, 1997

NEUNER, Jörg – "A influência dos direitos fundamentais no Direito privado alemão", *in Direitos Fundamentais e Direito Privado – Uma Perspectiva de Direito Comparado*, (coord. ANTÓNIO PINTO MONTEIRO, JÖRG NEUNER e INGO SARLET), Almedina, Coimbra, 2007, pp. 213-236

NICOLINI, Giovanni – "Tutela della riservatezza del lavoratore", *in La tutela della privacy informatica – Problema e prospettive*, (coord. VINCENZO FRANCESCHELLI), Giuffré Editore, Milão, 1998, pp. 81-108

NOUWT, Sjaak, VRIES, Berend R. de; BURGT, Dorus Van der – "Camera Surveillance and Privacy in the Netherlands", *in Social Science Research Network Electronic Paper Collection*, http://ssrn.com, pp.1-22

NUNZIO, Fulvio di – "Sul controllo occulto nel lavoro subordinato", *in GI*, ano 143, 1991, pp. 951-954

O'BRIEN, Christine Neylon – "The impact of employer e-mail policies on employee rights to engage in concerted activities protected by the National Labor Relations Act", *in Labor Law Journal*, 2002, pp. 69-78

OCDE – *Perspectivas da Tecnologia de Informação na OCDE: Edição 2004 – Sumário em Português*

OIT – *Repertório de recomendações práticas sobre protecção de dados pessoais dos trabalhadores*, de 1997

OJEDA-AVILÉS, Antonio – "La saturación del fundamento contratualista. La respuesta autopoyética a la crisis del Derecho del Trabajo", *in REDT*, n.º 111, 2002, pp. 333-344

OLIVER, Hazel Dawn – *Why Information Privacy and the Employment Relationship don't mix: Workplace E-mail and Internet Monitoring in the United Kingdom and Canada*, National Library of Canada, Canada, 2001, *in* www.proquest.com

────── "E-mail and Internet Monitoring in the workplace: Information Privacy and Contracting-Out", *in ILJ*, vol. 31, n.º 4, 2002, pp. 321-352

ORTIZ LALLANA, Carmen – "Derechos fundamentales y relación laboral", *in RMTAS*, vol. 13, 1998, pp. 15-49

────── "El derecho del trabajador a la intimidad informática y el respeto de su libertad sindical", *in Trabajo y Libertades Publicas*, (coord. EFRÉN BORRAJO DACRUZ), La Ley, Madrid, 1999, pp. 281-293

OVIEDO, Maria Natalia – *Control empresarial sobre los «e-mails» de los dependientes – Uso e abuso del correo electrónico en el marco de una relación laboral.*

Controles permitidos y prohibidos. Responsabilidad civil y penal. Analisis jurisprudencial – Proyectos legislativos, hamurabi, Buenos Aires, 2004

PACHECO ZERGA, Luz – *La Dignidad Humana en el Derecho del Trabajo*, Thomson Civitas, Navarra, 2007

PALERMO, Antonio – *Manuale di Diritto del Lavoro e della Sicurezza Sociale, volume secondo Organizzazione Aziendale*, Giuffrè Editore, Milão, 1957

PALOMEQUE LÓPEZ, Manuel Carlos; ÁLVAREZ DE LA ROSA, Manuel – *Derecho del Trabajo*, 12.ª edição, Editorial Centro de Estudios Ramón Areces, S.A., Madrid, 2004

PALOMEQUE LÓPEZ, Manuel-Carlos – *Los derechos laborales en la Constitución Española*, Cuadernos y Debates n.º 28, Centro de Estudios Constitucionales, Madrid, 1991

—— *Direito do Trabalho e Ideologia*, (trad. ANTÓNIO MOREIRA), Almedina, Coimbra, 2001

—— "Los derechos laborales inespecíficos", *in Minerva – Revista de Estudos Laborais*, ano I, n.º 2, 2003, pp.173-194

—— "Un compañero de viaje histórico del Derecho del Trabajo: la crisis económica", *in Derecho del Trabajo y Razón Crítica – Libro dedicado al Professor Manuel Carlos Palomeque López en su vigésimo quinto aniversario como catedrático*, Salamanca, 2004, pp. 29-36

PANKO, Raymond; BEH, Hazel – "Monitoring for pornography and sexual harassment", *in Communications of the ACM*, vol. 45, n.º 1, 2002, pp. 84-87

PARDOLESI, Roberto – "Dalla Riservatezza alla Protezione dei Dati Personali: una Storia di Evoluzione e Discontinuità", *in Diritto alla riservatezza e circolazione dei dati personali, Volume Primo*, (coord. ROBERTO PARDOLESI), Giuffrè Editore, Milão, 2003, pp. 1-57

PARLIAMENTARY OFFICE OF SCIENCE AND TECHNOLOGY – *Postnote CCTV*, n.º 175, 2002, pp. 1-3

PASTORE, José – "Evolução tecnológica: repercussões nas relações de trabalho", *in RDT*, Ano 31, n.º 119, 2005, pp. 163-184

PATROCÍNIO, José – *Tornar-se pessoa e cidadão digital – Aprender a formar-se dentro e fora da escola na sociedade tecnológica globalizada, vol. I*, Tese de Doutoramento da Faculdade de Ciências e Tecnologia da Universidade Nova de Lisboa, Lisboa, 2004

PAULIN, Jean-François – "Conséquences de l'utilisation d'un système de vidéosurveillance au sein de l'entreprise", *in Recueil Le Dalloz*, n.º 27, 2001, pp. 2169-2170

PAVIA, Marie-Luce – "La Dignité de La Personne Humaine", *in libertés et droits fondamentaux*, 11.ª edição, Dalloz, Paris, 2005, pp. 141-160

PEDRAJAS MORENO, Abdón – *Despido y derechos fundamentales – estudio especial de la presunción de inocencia*, Editorial Trotta, Madrid, 1992

—— "Los derechos fundamentales de la persona del trabajador y los poderes empresariales: la Constitución como marco y como límite de su ejercicio", *in AL*, n.º 4, 2000, pp. 51-61

874   *A Privacidade dos Trabalhadores e as Novas Tecnologias...*

PEDREIRA, Luís de Pinho – "O Direito do Trabalho na Crise (Brasil)", *in Temas de Direito do Trabalho – Direito do Trabalho na crise Poder empresarial Greves atípicas – IV Jornadas Luso-Hispano-Brasileiras de Direito do Trabalho*, Coimbra Editora, Coimbra, 1990, pp. 51-79

PELLACANI, Giuseppe – "Il diritto alla riservatezza del lavoratore nell'ordinamento giuridico statunitense", *in DL*, vol. 74, n.º 6, 2000, pp. 507-529

PÉPIN, René – "Le statut juridique du courriel au Canada et aux Etats-Unis", *in Lex. Electronica*, http://www.lex-electronica.org/articles/v6-2/pepin.htm

PERA, Giuseppe – "Libertà e Dignità dei Lavoratori", *in DL*, 1980, pp. 182-198

―――― *Diritto del lavoro*, Giuffrè Editore, Milão, 1990

―――― *Diritto del Lavoro*, 5.ª edição, CEDAM, Milão, 1996

PERDIGÃO, Carlos – "Testes de alcoolémia e direitos dos trabalhadores", *in Minerva, Revista de Estudos Laborais*, ano I, n.º 2, 2003, pp. 9-59

PEREIRA, Albertina – "A vida privada do trabalhador", *in Minerva – Revista de Estudos Laborais*, ano I, n.º 1, 2002, pp. 39-47

PEREIRA, Alexandre Dias – *Informática, Direito de Autor e Propriedade Tecnodigital*, Coimbra Editora, Coimbra, 2001

PEREIRA, António Garcia – *O poder disciplinar da entidade patronal – seu fundamento,* Editora Danúbio, Lisboa, 1983

―――― "A grande e urgente tarefa da dogmática juslaboral: a constitucionalização das relações laborais", ", *in V Congresso Nacional de Direito do Trabalho – Memórias*, (coord. ANTÓNIO MOREIRA), Almedina, Coimbra, 2003, pp. 273-293

PEREIRA, Marcos Keel – *O lugar do princípio da dignidade da pessoa humana na jurisprudência dos tribunais portugueses. Uma perspectiva metodológica.*, FDUNL, Lisboa, 2002

PEREIRA, Rita Garcia – "Os E-mails: O cavalo de Tróia Actual", *in Minerva – Revista de Estudos Laborais*, Ano IV, n.º 7, 2005, pp. 141-217

PÉREZ ADAN, José – "Impacto de la revolución tecnológica en el trabajo humano", *in RTSS*, n.º 1, 1991, pp. 85-109

PÉREZ AMORÓS, Francisco – "Retos del derecho del Trabajo del futuro", *in RDS*, n.º 32, 2005, pp. 45-78

PÉREZ LUÑO, Antonio-Enrique – *Nuevas tecnologias, sociedad y derecho. El impacto sócio-jurídico de las N.T. de la información*, Fundesco, Madrid, 1987

―――― "Internet y los derechos humanos", *in Derecho y conocimiento*, vol. 2, pp. 101-121

PÉREZ-UGENA, Maria – "Implicaciones constitucionales de las nuevas tecnologías", *in datospersonales.org*, n.º 8, 2004, pp. 1-18

PERSSON, Anders; HANSSON, Sven – "Privacy at work – Ethical Criteria", *in Journal of Business Ethics*, n.º 42, 2003, pp. 59-70

PERULLI, Adalberto – *Il potere direttivo dell'imprenditore*, Giuffré Editore, Milão, 1992

―――― "Il potere direttivo dell'imprenditore. Funzioni e limiti", *in LD*, ano XVI, n.º 3, 2002, pp. 397-413

PETRINI, Davide – "L'articolo 4 dello Satatuto dei Lavoraroti e il controllo dell'attivita'lavorativa attuato com mezzi informatici", *in RGLPS*, n.º 10, 1985, pp. 375-392

PICCININI, Iolanda – "Sulla dignità del lavoratore", *in ADL*, n.º 3, 2005, pp. 739-787

PICCININNO, Silvano – "Legge, contratto e consenso nella tutela della riservatezza del lavoratore. I rimedi giurisprudenziali", *in MGL*, n.º 1, 1998, pp. 184-190

PIÑAR MAÑAS, José Luis – "El derecho fundamental a la protección de datos personales", *in Protección de Datos de Carácter Personal en IberoAmérica*, (coord. PIÑAR MAÑAS, CANALES GIL e BLANCO ANTÓN), TIRANT LO BLANCH, Valencia, 2005, pp. 19-35

PINTO, Carlos Alberto da Mota – *Teoria Geral do Direito Civil*, 3.ª edição, Coimbra Editora, Coimbra, 1989

PINTO, Mário – "A função do Direito do Trabalho e a crise actual", *in RDES*, n.º 1, 1986, pp. 33-63

―――― "Garantia de emprego e crise económica; contributo ensaístico para um novo conceito", *in DJ*, III, 1987/1988, pp. 141-162

PINTO, Paulo Cardoso Correia da Mota – "O direito à reserva sobre a intimidade da vida privada", *in BFDUC*, n.º 69, 1993, pp.479-586

―――― "O direito ao livre desenvolvimento da personalidade" *in BFDUC*, *Studia Iuridica* – n.º 40 – *Portugal-Brasil Ano 2000 – Tema Direito*, Coimbra Editora, Coimbra, 1999, pp. 149-246

―――― "Os direitos de personalidade no Código Civil de Macau", *in BFDUC*, n.º 76, 2000, pp. 205-250

―――― "A protecção da vida privada e a Constituição", *in BFDUC*, n.º 76, 2000, pp. 153-204

―――― "A limitação voluntária do direito à reserva sobre a intimidade da vida privada", *in Estudos em Homenagem a Cunha Rodrigues*, vol. 2, Coimbra Editora, Coimbra, 2001, pp. 527-558

―――― "A protecção da vida privada na jurisprudência do Tribunal Constitucional", *in Jurisprudência Constitucional*, n.º 10, 2006, pp. 13-28

PISANI, Carlo – "I controlli a distanza sui lavoratori", *in GDLRI*, n.º 33, 1, 1987, pp. 121-163

―――― "Rapporto di lavoro e nuove tecnologie: le mansioni", *in GDLRI*, n.º 38, 1988, n.º 2, pp. 121-163

PIVEC, Mary; BRINKERHOFF, Susan – "E-Mail in the Workplace: Limitations on Privacy", *in Human Rights*, Inverno, 1999, pp. 22-25

PLÁ RODRÍGUEZ, Américo – "La protección de la intimidad del trabajador", *in Congreso Americano de Derecho del Trabajo y de la Seguridad Social*, Les Éditions Yvon Blais Inc., Québec, 1995

PLET, Myriam – "Bonne foi et contrat de travail", *in DO*, n.º 680, Março, 2005, pp. 98-102

PODDIGHE, Elena – "La tutela della riservatezza dei dati personali nelle comunicazioni elettroniche e il diritto di autodeterminazione dell'interessato", *in Il codice dei*

876   *A Privacidade dos Trabalhadores e as Novas Tecnologias...*

dati personali – temi e problemi, (coord. FRANCESCO CARDARELLI, SALVATORE SICA e VINCENZO ZENO-ZENCOVICH), Giuffrè editore, Milão, 2004, pp. 453-506

POLICELLA, Eulalia Olimpia – "Il controllo dei dipendenti tra Codice privacy e Statuto del lavoratori", *in LNG*, n.º 10, 2004, pp. 931-942

POST-ORTMANN, Karin – "Der Arbeitgeber als Anbieter von Telekommunikations – und Telediensten", *in RDV*, n.º 3, 1999, pp. 102-109

POTEET, Dewey – "Employee Privacy in the Public Sector", *in FindLaw for legal professionals,* http://findlaw.com

POULLET, Yves – "Internet et vie privée: entre risques et espoirs", *in La Tutela del Navigatore in Internet*, (coord. ANTONIO PALAZZO e UGO RUFFOLO), Giuffrè Editore, Milão, 2002, pp. 145-179

POULLET, Yves; DINANT, Jean-Marc; TERWANGNE, Cécile de – *Rapport sur l'application des principes de protection dês données aux réseaux mondiaux de telecommunications – l' autodétermination informationnelle à l'ère de l'Internet – Eléments de réflexion sur la Convention n.º 108 destinés au travail futur du Comité consultif (T-PD)*, Conselho da Europa, Documento de 18 de Novembro de 2004, *in* www.coe.int

PRADAS MONTILLA, Ricardo – "Empresas y protección de datos de carácter personal", *in AL*, n.º 34, 2000, pp. 69-78

PRÉPOSÉ FEDERAL À LA PROTECTION DES DONNÉES – *Explications sur la vidéosurveillance sur le lieu de travail, in* www.edoeb.admin.ch

PRIVACY RIGHTS – *Privacy Rights of Employees Using Workplace Computers in California, in* www.privacyrights.org

PRÖPER, Martin – "Anmerkung zu ArbG Aachen, Urteil vom 16.08.2005, 7 Ca 5514/04, zur fristlosen kündigung eines System-administrators", *in JurPC*, n.º 85, 2006, pp. 1-3

――― "Fristlose kündigung eines System-administrators", *in CF*, n.º 3, 2006, pp. 31-32

PROSPERETTI, Ubaldo – *Il lavoro subordinato*, Casa Editrice Dr. Francesco Vallardi, Milão, 1966

PROSSER, William L. – "Privacy"*, California Law Review*, vol. 48, n.º 3, pp. 383-423

PUENTE ESCOBAR, Agustin – "Breve descripción de la evolución histórica y del marco normativo internacional del derecho fundamental a la protección de datos de carácter personal", *in Protección de Datos de Carácter Personal en Ibero-América*, (coord. PIÑAR MAÑAS, CANALES GIL e BLANCO ANTÓN), TIRANT LO BLANCH, Valencia, 2005, pp. 37-67

PUJOLAR, Olivier – "Poder de dirección del empresário y nuevas formas de organizacion y gestión del trabajo", *in El poder de dirección del empresário: nuevas perspectivas*, (coord. ESCUDERO RODRÍGUEZ), La Ley, Madrid, 2005, pp. 131-148

PULITANÒ, Domenico – "Problemi di imputazione soggettiva e art. 4 dello Statuto dei lavoratori", *in FI*, 1985, pp. 293-300

QUENAUDON, René de – "Jurisprudence *Nikon*: la suite mais non la fin", *in Recueil Dalloz*, n.º 28, 2005, p. 1873

QUINTAS, Paula; QUINTAS, Hélder – *Código do Trabalho Anotado e Comentado*, Almedina, Coimbra, 2009

RADÉ, Cristophe – "Nouvelles Technologies de l'information et de la communication et nouvelles formes de subordination", *in DS,* n.º 1, 2002, pp. 26-36

RAFFLER, Andrea; HELLICHE, Peter – "Unter welchen Voraussetzungen ist die Überwachung von Arbeitnehmer-e-mails zulässig?", *in NZA,* n.º 16, 1997, pp. 862-868

RAMALHO, Maria do Rosário Palma – *Do fundamento do poder disciplinar laboral*, Almedina, Coimbra, 1993

—— *Da Autonomia Dogmática do Direito do Trabalho*, Almedina, Coimbra, 2000

—— "Ainda a crise do direito laboral: a erosão da relação de trabalho «típica» e o futuro do direito do trabalho", *in III Congresso Nacional de Direito do Trabalho – Memórias*, (coord. ANTÓNIO MOREIRA), Almedina, Coimbra, 2001, pp. 251-266

—— "Contrato de Trabalho e Direitos Fundamentais da Pessoa", *in Estudos em Homenagem à Professora Doutora Isabel de Magalhães Collaço*, vol. II, Almedina, Coimbra, 2002, pp. 393-415

—— "Novas formas de realidade laboral: o teletrabalho", *in Estudos de Direito doTrabalho, volume I*, Almedina, Coimbra, 2003, pp. 195-211

—— "O Novo Código do Trabalho – Reflexões sobre a Proposta de Lei Relativa ao Novo Código de Trabalho", *in Estudos de Direito do Trabalho*, vol. I, Almedina, Coimbra, 2003, pp. 15-67

—— *Direito do Trabalho – Parte I – Dogmática Geral*, Almedina, Coimbra, 2005

—— *Perspectivas metodológicas do Direito do Trabalho – Relatório*, Almedina, Coimbra, 2005

—— *Direito do Trabalho, Parte II, Situações Laborais Individuais*, Almedina, Coimbra, 2006

—— "O telemóvel e o trabalho: algumas questões jurídicas", *in Estudos em Honra do Professor Doutor José de Oliveira Ascensão, volume II*, (coord. MENEZES CORDEIRO, PEDRO PAIS DE VASCONCELOS e PAULA COSTA E SILVA), Almedina, Coimbra, 2008, pp. 1581-1589

RAMM, Thilo – "Diritto Fondamentali e Diritto del Lavoro", *in GDLRI*, 2, n.º 50, 1991, pp. 359-395

RAMOS LUJÁN, Hiruma – "La intimidad de los trabajadores y las nuevas tecnologias", *in RL*, n.º 17, 2003, pp. 41-74

RAPOSO, Mário – "Sobre a Protecção da Intimidade da Vida Privada", *in ROA*, 1973, pp. 6-23

RAVANAS, Jacques – "Protection de la vie privée: la preuve illicite d'une relation «défectueuse» de travail", *in Recueil le Dalloz*, n.º 20, 2003, pp. 1305-1308

RAY, Jean-Emmanuel – "Nouvelles technologies et nouvelles formes de subordination", *in DS*, n.º 6, 1992, pp. 525-537

—— "Du Germinal à Internet. Une nécessaire évolution du critère du contrat de travail", *in DS*, n.ºs 7/8, 1995, pp. 634-637

―― *Le droit du travail à l'épreuve des NTIC*, 2.ª edição, Editions Liaisons, Rueil-
-Malmaison, 2001
―― "Courrier privé et courrier personnel, Cass. Soc. 2 octobre 2001", in *DS*, n.º 11,
2001, pp. 915-920
―― "Avant-propos de la sub/ordination à la sub/organisation", in *DS*, n.º 1, 2002,
pp. 5-9
―― "NTIC et droit syndical", in *DS*, n.º 1, 2002, pp. 65-77
―― "L'ouverture par l'employeur des dossiers personnels du salarié cass. Soc. 17
mai 2005: le retour de L. 120-2", in *DS*, n.ºs 7/8, 2005, pp. 789-793
―― "Temps professionnel et temps personnels", in *DS*, n.º 1, 2004, pp. 58-69
―― "Droit du travail et TIC (I)", in *DS*, n.º 2, 2007, pp. 140-151
―― "Droit du travail et TIC (III) Droit syndical et TIC: sites, blogs, messagerie", in
DS, n.º 4, 2007, pp. 423-432
―― "Actualités des TIC", in *DS*, n.º 9/10, 2007, pp. 950-963
―― "Actualités des TIC – I. – Relations individuelles de travail", in *DS*, n.º 11,
2008, pp. 1072-1083
RAY, Jean-Emmanuel; ROJOT, Jacques – "A comparative study of the impact of electronic technology on workplace disputes", in *Com. Labor Law & Pol'y Journal*,
vol. 24, 2002, pp. 117-145
REBELO, Glória – "Reflexões sobre o teletrabalho: entre a vida privada e a vida profissional", in *QL*, ano XI, n.º 23, 2004, pp. 98-116
―― *Teletrabalho e Privacidade: contributos e desafios para o Direito do Trabalho*,
Editora RH, Lisboa, 2004
―― Teletrabalho: reflexões sobre uma nova forma de prestar trabalho subordinado", in *PDT*, n.º 67, 2004, pp. 53-65
REBOLLO DELGADO, Lucrecio – "Balance constitucional: artículo 18.4 CE", in *datos
personales.org*, n.º 6, 2003, pp. 1-10
―― *Derechos Fundamentales y Protección de Datos*, Dykinson, Madrid,
2004
REDENTI, Enrico – "Variazioni sul tema del verbo comandare", in *RTDPC*, ano XIII,
1959, pp. 777-794
REDINHA, M.ª Regina – *A relação laboral fragmentada – Estudo sobre o trabalho
temporário*, Studia Iuridica, n.º 12, Coimbra Editora, Coimbra, 1995
―― "O teletrabalho", in *II Congresso Nacional de Direito do Trabalho – Memórias*, (coord. ANTÓNIO MOREIRA), Almedina, Coimbra, 1999, pp. 83-102
―― "O teletrabalho", in *QL*, n.º 17, 2001, pp. 87-107
―― "Utilização de novas tecnologias no local de trabalho – Algumas questões", in
IV Congresso Nacional de Direito do Trabalho – Memórias, (coord. ANTÓNIO
MOREIRA), Almedina, Coimbra, 2002, pp. 115-118
―― "Os direitos de personalidade no Código do Trabalho: actualidade e oportunidade da sua inclusão", in *A Reforma do Código do Trabalho*, Coimbra Editora,
Coimbra, 2004, pp. 161-171

REDINHA, Maria Regina; GUIMARÃES, Maria Raquel – "O uso do correio electrónico no local de trabalho – algumas reflexões", *in Estudos em Homenagem ao Professor Doutor Jorge Ribeiro de Faria*, Coimbra Editora, Coimbra, 2003

REI, Maria Raquel Aleixo Antunes – *Esfera privada e cessação da situação jurídica laboral*, Universidade de Lisboa, Faculdade de Direito, Lisboa, 1994

REID, Paul – "Regulating Online Data Privacy", *in Script-ed*, vol. 1, n.º 3, 2004, pp. 1-19

REINHARD, Hans-Joachim – "El derecho alemán", *in Tecnología Informática y Privacidad de los Trabajadores*, (coord. MARK JEFFERY, JAVIER THIBAULT ARANDA e ÁNGEL JURADO), Thomson Aranzadi, Navarra, 2003, pp. 213-239

―――― "Vías de aplicación", *in Tecnología Informática y Privacidad de los Trabajadores*, (coord. MARK JEFFERY, JAVIER THIBAULT ARANDA e ÁNGEL JURADO), Thomson Aranzadi, Navarra, 2003, pp. 349-356

REIS, Viriato – "Ilicitude da Videovigilância no local de trabalho. Segurança de pessoas e bens. Direito à reserva da intimidade da vida privada e direito à imagem dos trabalhadores", *in RMP*, n.º 106, 2006, pp. 180-186

REY GUANTER, Salvador del – "Tratamiento automatizado de datos de carácter personal y contrato de trabajo – una aproximación a la "intimidad informática" del trabajador, *in RL*, II, 1993, pp. 135-160

―――― *Libertad de expresión e información y contrato de trabajo: un análisis jurisprudencial*, Civitas, Madrid, 1994

―――― "Derechos fundamentales de la persona y contrato de trabajo: notas para una teoría general" *in RL*, tomo I, 1995, pp. 181-212

―――― "New Technologies and labor relations in Spain: some general issues", *in Comp. Labor Law & Pol'y Journal*, vol. 24, 2002, pp. 243-256

―――― "Relaciones laborales y nuevas tecnologías: reflexiones introductorias", *in Relaciones Laborales y Nuevas Tecnologías*, (coord. SALVADOR DEL REY GUANTER e LUQUE PARRA), La Ley, Madrid, 2005, pp.1-8

RIBAS, Javier – "Actos desleales de trabajadores usando sistemas informáticos e internet", *in RL*, n.º II, 2004, pp. 1327-1333

RIBEIRO, Joaquim de Sousa – "Constitucionalização do Direito Civil", *in BFDUC*, n.º 74, 1998, pp. 729-755

RICCIO, Giovanni Maria – "La protection de la vie privée: brève analyse de la situation italienne", *in Lex. Electronica*, http://www.lex-electronica.org/articles/v6-2/riccio.htm

RICE, Charles; LEE, Tamila – "Fighting Workplace E-mail Abuse: State Law Issues", *in Employment Relations Today*, Primavera, 2002, pp. 85-93

RICHARDI, Reinhard – "Videoüberwachung am Arbeitsplatz – allgemeines Persönlichkeitsrecht – Grundsatz der Verhältnismäßigkeit", *in RdA*, n.º 6, 2005, pp. 381-384

RICHEVAUX, Marc – *L'introduction d'Internet dans les entreprises*, *in* www.droit-technologie.org

RIGAUX, François – "L'élaboration d'un «right of privacy» par la jurisprudence américaine", *in RIDC*, n.º 4, 1980, pp. 701-730

―――― *La protection de la vie privée et des autres biens de la personnalité*, LGDJ, 1990

―――― "La liberté de la vie privée", *in RIDC*, n.º 3, 1991, pp. 539-563

RIJCKAERT, Olivier – "Exemple de directives à l'utilisation du courrier électronique et d'internet au sein de l'entreprise", 2000, *in* www.droit-tecnologie.org

―――― "Exemple de directives à l'utilisation du courrier électronique et d'internet au sein de l'entreprise", 2002, *in* www.droit-tecnologie.org,

―――― *Surveillance des travailleus: Nouveaux procédés, multiples contraintes*, in www.droit-technologie.org

RIVERO LAMAS, Juan – *Limitación de los poderes empresariales y democracia industrial*, Universidad de Zaragoza, Zaragoza, 1986

―――― "Poderes, libertades y derechos en el contrato de trabajo", *in REDT*, n.º 80, 1996, pp. 969-994

―――― "Principio de proporcionalidad y derechos fundamentales (sobre la inconstitucionalidad de la filmación de los piquetes en una huelga", *in REDT*, n.º 98, 1999, pp. 925-938

―――― "El trabajo en la sociedad de la información", AS, I, 2001, pp. 1037-1062

―――― "Derechos fundamentales y contrato de trabajo: eficácia horizontal y control constitucional", *in El Trabajo y la Constitución – Estudios en homenaje al Professor Alonso Olea*, (coord. MONTOYA MELGAR), Ministerio de Trabajo y Asuntos Sociales, Madrid, 2003, pp. 491-530

RIVERO, Jean – "Les libertés publiques dans l'entreprise", *in DS*, n.º 5, 1982, pp. 421-424

RIVERO, Jean; SAVATIER, Jean – *Droit du travail*, 12.ª edição, PUF, Paris, 1991

ROBERT, Jacques – *Libertés publiques et droits de l'homme*, 4.ª edição, Montchrestien, Paris, 1988

RODENAS, M.ª José Romero – *Protección frente al acoso en el trabajo*, Editorial Bomarzo, Albacete, 2004

RODES, Jean-Michel; PIEJUT Geneviève; PLAS, Emmanuelle – *Memory of tthe Information Society*, UNESCO, Paris, 2003

RODOTÀ, Stefano – *Elaboratori elettronici e controllo sociale*, Societa editrice il Mulino, Bolonha, 1973

―――― "I controlli elettronici tra limiti legali e contrattazione collettiva", *in RGLPS*, n.os 7-10, 1987, pp. 475-476

―――― *Tecnologie e diritti*, Societa Editrice il Mulino, Bolonha, 1995

―――― "Persona, riservatezza, identità. Prime note sistematiche sulla protezione dei dati personali", *in RCDP*, ano XV, n.º 4, 1997, pp. 583-609

―――― "Diritto, scienza, tecnologia: modelli e scelte di regolamentazione", *in RCDP*, Ano XXII, n.º 3, 2004, pp. 357-375

―――― "Tecnología y derechos fundamentales", *in datospersonales.org*, n.º 8, 2004, pp. 1-3

―――― "La conservación de los datos de tráfico en las comunicaciones electrónicas", *in Revista de Internet, Derecho y Política*, n.º 3, 2006, *in* www.uoc.edu/idp, pp. 53-59

RODRIGUES, Benjamim Silva – *Das escutas telefónicas – à obtenção da prova [em ambiente] digital, Tomo II*, Coimbra Editora, Coimbra, 2008

RODRÍGUEZ COARASA, Cristina – "Algunas proyecciones del derecho constitucional a la intimidad en él ámbito laboral", *in datos personales.org*, n.º 6, 2003, pp. 1-18

RODRÍGUEZ MANCINI, Jorge – *Derechos fundamentales y relaciones laborales*, ASTREA, Buenos Aires, 2004

RODRÍGUEZ RUIZ, Blanca – *El secreto de las comunicaciones: tecnologia e intimidad*, Mcgraw-Hill, Madrid, 1998

RODRIGUÉZ-PIÑERO ROYO, Miguel; LÁZARO SÁNCHEZ, José Luis – "Los derechos on-line en el ordenamiento laboral español: estado de la cuestión", *in Derecho y conocimiento*, vol. 2, pp. 151-173

———— "Hacia un tratamiento integrado de la comunicación electrónica no professional", *in Relaciones Laborales y Nuevas Tecnologías*, (coord. SALVADOR DEL REY GUANTER e LUQUE PARRA), La Ley, Madrid, 2005, pp. 9-47

RODRÍGUEZ-PIÑERO Y BRAVO-FERRER, Miguel – "La nueva dimensión del derecho del Trabajo", *in RL,* I, 2002, pp. 85-90

———— "Buena fe y ejercicio de poderes empresariales", *in RL*, n.º 17, 2003, pp. 1-12

———— "Derechos fundamentales del trabajador, poderes empresariales y contrato de trabajo", *in El Trabajo y la Constitución – Estudios en homenaje al Professor Alonso Olea*, (coord. MONTOYA MELGAR), Ministerio de Trabajo y Asuntos Sociales, Madrid, 2003, pp. 531-557

———— "Intimidad del trabajador y contrato de trabajo", *in RL*, I, 2004, pp. 93-105

———— Poder de dirección y derecho contractual", *in El poder de dirección del empresário: nuevas perspectivas*, (coord. ESCUDERO RODRÍGUEZ), La Ley, Madrid, 2005, pp. 1-32

———— "Derecho del Trabajo y racionalidad", *in RL*, n.º 5, 2006, pp. 1-10

ROGERS, Amy – "You got Mail but your Employer does too: Electronic Communication and Privacy in the 21st Century Workplace", *in Journal of Tehnology Law & Policy*, vol. 5, n.º 1, 2000, pp. 1-13

ROIG BATALLA, Antoni – "El uso de Internet en la empresa: aspectos constitucionales", *in El uso laboral y sindical del correo electrónico e Internet en la empresa – Aspectos constitucionales, penales y laborales*, (coord. ROIG BATALLA), tirant lo blanch, Valencia, 2007

ROJAS RIVERO, Gloria P. – *La libertad de expresión del trabajador*, Editorial Trotta, Madrid, 1991

ROJO TORRECILLA, Eduardo – "Pasado, presente y futuro del Derecho del Trabajo", *in RL*, II, 1997, pp. 232-256

ROMAGNOLI, Umberto – "Weimar, y después?", *in Autoridad y Democracia en la Empresa*, (coord. JOAQUIN APARICIO TOVAR e ANTONIO BAYLOS GRAU), Editorial Trotta, Madrid, 1992, pp. 17-26

882   *A Privacidade dos Trabalhadores e as Novas Tecnologias...*

—— "Modernización e Involución del Derecho del Trabajo", *in RDS*, n.º 28, 2004, pp. 13-23

ROMAN, Diane – "Le principe de dignité dans la doctrine de droit social", *in La dignité de la personne humaine – Recherche sur un processus de juridicisation*, PUF, Paris, 2005, pp. 70-87

ROMEI, Roberto – "Il dibattito dottrinale sull'art. 4 dello Statuto dei Lavoratori", *in Nuove Tecnologie e Tutela della Riservatezza dei Lavoratori*, (coord. LUCA TAMAJO, ROSARIO D'AFFLITTO e ROBERTO ROMEI), Franco Angeli, Milão, 1988, pp. 121-145

—— "Profili comparati in matéria di tutela della riservatezza", *in Nuove Tecnologie e Tutela della Riservatezza dei Lavoratori*, (coord. LUCA TAMAJO, ROSARIO D'AFFLITTO e ROBERTO ROMEI), Franco Angeli, Milão, 1988, pp. 230-268

ROMEO CASABONA, Carlos María – "La proteccíon penal de los mensagens de correo electrónico y de otras comunicaciones de carácter personal a través de Internet", *in Derecho y conocimiento*, vol. 2, pp. 123-149

ROMITA, Arion Sayão – *Direitos Fundamentais nas Relações de Trabalho*, 2.ª edição, Editora LTR, São Paulo, 2007

ROPPO, Enzo – "Informatica, tutela della «privacy» e diritti di libertà", *in GI*, vol. CXXXVI, parte quarta, 1984, pp. 951-954

ROQUETA BUJ, Remedios – "El despido por la utilización de los medios tecnológicos de información y comunicación de la empresa", *in AL*, n.º 19, 2005, pp. 2246-2257

—— *Uso y control de los médios tecnológicos de información y comunicación en la empresa*, tirant lo blanch, Valencia, 2005

ROSENBERG, Richard – "The Workplace on the Verge of the 21st Century", *in Journal of Business Ethics*, n.º 22, 1999, pp. 3-14

ROSSELLI, Giovanni – "Art. 4 dello Statuto dei Lavoratori e sistemi informatici – Nuove problematiche in tema di controlli dell'organizzazione del lavoro", *in DL*, n.º 5, 1987, pp. 452-477

ROSSI, Agnello – "«Software» e controllo a distanza sul lavoro", *in FI*, 1985, pp. 287-293

ROUDIL – "Le droit du travail au regard de l'informatisation", *in DS*, n.º 4, 1981, pp. 307-319

ROUX, André – *La protection de la vie privée dans les rapports entre l'état et les particuliers*, Economica, 1983

RUANO ALBERTOS, Sara – "Facultades de control por medios informáticos", *in El Control Empresarial*, (coord. GARCÍA NINET e VICENTE PACHÉS), CISS, Valência, 2005, pp. 127-150

RUBIO DE MEDINA, M.ª Dolores – *El despido por utilización personal del correo electrónico*, BOSCH, Barcelona, 2003

RUBIO SÁNCHEZ, Francisco – "Validez procesal de la grabación de una conversación telefónica privada", *in AS*, n.º 6, Julho 2006, pp. 1-4

Ruiz Miguel, Carlos – *El derecho a la protección de la vida privada en la jurisprudencia del Tribunal Europeo de Derechos Humanos*, Civitas, Madrid, 1994
—— *La configuración constitucional del derecho a la intimidad*, Tecnos, Madrid, 1995
—— "El derecho a la protección de los datos personales en la Carta de Derechos Fundamentales de la unión europea", *in Temas de Direito da Informática e da Internet*, Coimbra Editora, Coimbra, 2004, pp. 19-69
—— *Human Dignity. History of an Idea*, in www.usc.es
Ruiz, Yolanda; Walling, Annette – "Home-based working using communication Technologies", *in Labour Market Trends*, vol. 113, n.º 10, 2005, pp. 417-426
Rule, James – "Toward strong privacy: values, markets, mechanisms, and institutions", *in University of Toronto Law Journal*, vol. 54, 2004, pp. 183-225
Runggaldier, Ulrich – "Diritto del lavoro e diritti fondamentali: Austria", *in LD*, ano XIV, n.º 4, 2000, pp. 621-635
Sagardoy Bengoechea, Juan A. – *Los derechos fundamentales y el contrato de trabajo*, Thomson Civitas, Navarra
Sala Franco, Tomás – "El derecho a la intimidad y a la propria imagen y las nuevas tecnologias de control laboral", *in Trabajo y Libertades Publicas*, (coord. Efrén Borrajo Dacruz), La Ley, Madrid, 1999
Sala-Chiri, Maurizio – "Nuove tecnologie, nuovi lavoratori", *in MGL*, II, 1988, pp. 608-611
Salimbeni, M.ª Teresa – "Nuove tecnologie e rapporto di lavoro: il quadro generale", *in Nuove Tecnologie e Tutela della Riservatezza dei Lavoratori*, (coord. Luca Tamajo, Rosario D'afflitto e Roberto Romei), Franco Angeli, Milão, 1988, pp. 22-41
Samarcq, Nicolas; Masson, Luc – "Les agissements en ligne des salariés: un risque majeur pour les entreprises", *in www.juriscom.net*
Sampedro Guillamón, Vicente – "Facultades empresariales de vigilância y controle en el centro de trabajo", *in El Control Empresarial*, (coord. García Ninet e Vicente Pachés), CISS, Valência, 2005, pp. 87-101
Sánches Blanco, Ángel – *Internet – Sociedad, Empresa y Poderes Públicos*, Editorial Comares, Granada, 1999
Sanchez Pego, Francisco Javier – "La intimidad del trabajador y las medidas de prevención de riesgos laborales", *in AL*, n.º 2, 1997, pp. 19-31
Sánchez Torres, Esther – "El ejercicio de la libertad de expresión de los trabajadores a través de las nuevas tecnologías", *in Relaciones Laborales y Nuevas Tecnologías*, (coord. Salvador del Rey Guanter e Luque Parra), La Ley, Madrid, 2005, pp. 105-151
Sánchez Urrutia, Ana; Silveira Gorski, Héctor Claudio; Navarro Michel, Mónica – *Tecnologia, Intimidad y Sociedad Democrática*, Icaria editorial, Barcelona, 2003
Sánchez-Rodas Navarro, Cristina – "Videocámaras y poder de vigilancia", *in AS*, Vol. V, tomo IX, 1999, pp. 1121-1135

884 *A Privacidade dos Trabalhadores e as Novas Tecnologias...*

SANSEVERINO, Luisa Riva – *Diritto del Lavoro*, 14.ª edição, CEDAM, Pádua, 1982

SANTINI, Fabrizia – "La corrispondenza elettronica aziendale tra diritto alla riservatezza e potere di controlo del datore di lavoro", *in ADL*, n.º 3, 2007, pp. 747-763

SANTORO-PASSARELLI, Francesco – *Nozioni di Diritto del Lavoro*, 35.ª edição, Casa Editrice Dott. Eugenio Jovene, Nápoles, 1991

SANTOS FERNÁNDEZ, M.ª Dolores – *El contrato de trabajo como límite al poder del empresário*, Editorial Bomarzo, Albacete, 2005

SANTOS, A. Carlos dos – "Neoliberalismo e crise das relações laborais: análise de uma estratégia patronal", *in Temas de Direito do Trabalho – Direito do Trabalho na crise Poder empresarial Greves atípicas – IV Jornadas Luso-Hispano-Brasileiras de Direito do Trabalho*, Coimbra Editora, Coimbra, 1990, pp. 249-273

SANTOS, Boaventura de Sousa; REIS, José; MARQUES, Maria Manuel – "O Estado e as transformações recentes da relação salarial – A transição para um novo modelo de regulação da economia", *in Temas de Direito do Trabalho – Direito do Trabalho na crise Poder empresarial Greves atípicas – IV Jornadas Luso--Hispano-Brasileiras de Direito do Trabalho*, Coimbra Editora, Coimbra, 1990, pp. 139-179

SANTOS, Cristina Máximo dos – "As novas tecnologias da informação e o sigilo das telecomunicações", *in RMP*, Ano 25, n.º 99, Jul/Set., 2004, pp. 89-116

SARZANA, Carlo – "Evoluzione tecnológica e diritti dell'individuo", *in Dir. Inf.*, n.º 2, 1992, pp. 393-411

SAVATIER, Jean – "Pouvoir patrimonial et direction des personnes", *in DS*, n.º 1, 1982, pp. 1-10

—— "La liberté dans le travail", *in DS*, n.º 1, 1990, pp. 49-58

—— "La protection de la vie privée des salariés", *in DS*, n.º 4, 1992, pp. 329-336

SCHEIBER, Israel Ben – "Tests and questionaires in the Labor – Management Relationship", *in Labor Law Journal*, vol. 20, n.º 11, 1969, pp. 695-702

SCHIERBAUM, Bruno – "Datenschutz bei Internet – und E-Mail-Nutzung – Handlungsmöglichkeiten von Personalräten", *in Der Personalrat*, n.º 12/2000, pp. 499-507

—— "Recht am eigenem Bild – Umgang mit Bildern im Arbeitsleben", *in Der Personalrat*, n.º 12, 2005, pp. 492-496

—— "Datenschutz durch Mitbestimmung – die rechtlichen Grundlagen", *in CuA*, n.º 1, 2007, pp. 21-25

SCHNAITMAN, Peter – "Building a community trough workplace e-mail : the new privacy frontier", *in Michigan Telecommunications and Technology Law Review*, vol. 5, 1999, pp. 178-216

SCHNEIDER, Gerhard – "Die Wirksamkeit des Sperrung von Internet-Zugriffen", *in MMR*, n.º 10, 1999, pp. 571-577

SCHOEMAN, Ferdinand David – *Privacy and Social Freedom*, Cambridge University Press, Cambridge, 1992

SCHWARTZ, Paul – "Property, privacy and personal data", *in Harvard Law Review*, vol. 117, 2004, pp. 2056-2158

Bibliografia 885

SCIBERRAS, Jean-Christophe – "L'irrigation de l'entreprise par les NTIC: le point de vue d'un praticien", *in DS*, n.º 1, 2002, pp. 93-102

SCOFFONI, Guy – "Constitution et secret de la vie privée – Etats-Unis", *in Annuaire International de Justice Constitutionnelle*, Economica, Paris, 2001, pp. 247-257

SCORCELLI, Renato – "Uso del sistema informático aziendale e controlli del datore di lavoro", *in D&L*, n.º 1, 2002, pp. 39-43

SCOTTI, Fabrizia Douglas – "Alcune osservazioni in mérito alla tutela del lavoratore subordinato di fronte al trattamento informático dei dati personali", *in DRI*, n.º 1, 1993, pp. 231-242

—— "Sistema informático aziendale di comunicazione e condotta antisindicale", *in LNG*, n.º 2, 1996, pp. 139-142

SÉDALLIAN, Valérie – "La responsabilité de l'employeur du fait des activités personnelles de ses salariés sur Internet", *in* www.juriscom.net

SEMPERE NAVARRO, Antonio V. – "Contratación laboral y libertad de empresa", *in Libertad de empresa y relaciones laborales en España*, (coord. PÉREZ DE LOS COBOS ORIHUEL), Instituto de Estudios Económicos, Madrid, 2005, pp. 69-130

SEMPERE NAVARRO, Antonio; MARTÍN MAZZUCCONI, Carolina San – *Nuevas Tecnologías y Relaciones Laborales*, Aranzadi, Navarra, 2002

—— "Intimidad del trabajador y registros informáticos", *in Revista Europea de Derechos Fundamentales*, n.º 1, 2003, pp. 39-69

—— "El uso sindical del correo a la luz de la STC 281/2005 de 7 de noviembre (RTC 2005, 281)", *in AS*, n.º 17, 2006, pp. 1-8

SENGA, Arnaud de – "Libertés fondamentales", *in DO*, 2002, pp. 76-78

SERRANO OLIVARES, Raquel – "El derecho a la intimidad como derecho de autonomía personal en la relación laboral", *in REDT*, n.º 103, 2001, pp. 97-124

—— "Comunicaciones a través de Internet y seguridad jurídica", *in RL*, n.º I, 2005, pp. 1287-1314

SICA, Salvatore – "D.LGS. n.º 467/01 e «riforma» della privacy: un *vulnus* al «sistema» della riservatezza", *in Dir. Inf.*, vol. 18, n.º 2, 2002, pp. 263-295

SIGTHORSSON, Gauti – *A life of the Dead: Privacy, Data Subjects and Labor*, UMI, Ann Arbor, 2004, *in* www.proquest.com

SIMITIS, Spiros – "Il diritto del lavoro e la riscoperta dell'individuo", *in GDLRI*, n.º 45, 1990, pp. 87-113

—— Le droit du travail a-t-il encore un avenir", *in DS*, n.ºs 7/8, 1997, pp. 655-667

—— "Il contesto giuridico e politico della privacy", *in RCDP*, ano XV, n.º 4, 1997, pp. 563-581

—— "Diritto privato e diseguaglianza sociale: il caso del rapporto di lavoro", *in GDLRI*, n.º 89, 1, 2001, pp. 47-66

—— "Quatre hypothèses et quatre dilemmmes – Quelques propôs sur l'état actuel de la protection des données personnelles des salariés", *in DS*, n.º 1/2002, pp. 88-92

SINGER, Reinhard – "Direitos fundamentais no Direito do trabalho", *in Direitos Fundamentais e Direito Privado – Uma Perspectiva de Direito Comparado*, (coord.

886 *A Privacidade dos Trabalhadores e as Novas Tecnologias...*

ANTÓNIO PINTO MONTEIRO, JÖRG NEUNER e INGO SARLET), Almedina, Coimbra, 2007, pp. 327-356

SMITH, Emily – *"Everything is monitored, everything is watched", Employee Resistance to Surveillance in Ontario Call Centers*, Universidade de Queen, Kingston, Ontario, Canada, 2004, *in* www.proquest.com

SMURAGLIA, Carlo – *La persona del prestatore nel rapporto di lavoro*, Giuffrè Editore, Milão, 1967

SOETE, Luc – "Nuevas tecnologias, trabajo del conocimiento y empleo. Retos para Europa", *in RIT,* vol. 120, n.º 2, 2001, pp. 175-198

SOLÀ I MONELS, Xavier – "El deber empresarial de protección en los supuestos de teletrabajo: contenido y alcance", *in Nuevas tecnologias de la información y la comunicación y Derecho del Trabajo*, (coord. ALARCÓN CARACUEL e ESTEBAN LEGARRETA), Editorial Bomarzo, Alicante, 2004, pp. 211-232

SOLOVE, Daniel – "A taxonomy of privacy", *in University of Pennsylvania Law Review*, vol. 154, n.º 3, 2006, pp. 477-560

SOULIER, Jean-Luc; SLEE, Sandra – "La protection dés données a caractère personnel et la vie privée dans le secteur dés communications électroniques", *in RIDC*, n.º 2, 2002, pp. 663-676

SOUSA, Rabindranath Valentino Aleixo Capelo de – *O Direito Geral de Personalidade*, Coimbra Editora, Coimbra, 1995

SPROULE, Clare – "The Effect of the USA Patriot Act on Workplace Privacy", *in Cornell Hotel and Restaurant Administration Quarterly*, Outubro, 2002, pp. 65-73

STAHL, Bernd Carsten; PRIOR, Mary; WILFORD, Sara; COLLINS, Dervla – "Electronic monitoring in the workplace: if People Don't Care, Then What is the Relevance", *in Electronic Monitoring in the Workplace: Controversies and Solutions*, (coord. JOHN WECKERT), Idea Group Publishing, EUA, 2005, pp. 50-78

STANCHI, Andrea – "Privacy, rapporto di lavoro, monitoraggio degli acessi ad Internet, monitoraggio delle email e normative di tutela contro il controllo a distanza. Alcuni spunti per una riflessione interpretativa", *in* www.di-elle.it

STEFANINI, Marthe Fantin-Rouge – "Constitution et secret de la vie privée – France", *in Annuaire International de Justice Constitutionnelle*, Economica, Paris, 2001, pp 259-290

STEINHARDT, BARRY – "The Surveillance-Industrial Complex: How the American Government is Conscripting Businesses and Individuals in the Construction of a Surveillance Society", conferência proferida na 27.ª Conferência Internacional sobre a Privacidade e Protecção de Dados Pessoais, *in* www.cnil.pt

STEINMUELLER, W. Edward – "Posibilidades de salto de etapas tecnológico para los países en desarrollo", *in RIT*, vol. 120, n.º 2, 2001, pp. 231-249

STEINMÜLLER, Wilhelm – "Informationsrecht – das Arbeitsrecht der zweiten industriellen Revolution?", *in DVR*, 1982, pp. 179-185

STENICO, Eleonora – "Diritto all'autodeterminazione informativa del prestatore: Italia e Spagna a confronto", *in LD*, volume XVI, n.º 1, 2002, pp. 67-95

—— "L'esercicio del potere di controlli «informático» del datore di lavoro sugli strumenti tecnologici di «ultima generazione»", *in RGLPS*, I, 2003, pp. 122-135

STRACUZZI, Allegra – "L'uso della posta elettronica e di internet sul luogo di lavoro: conflitti tra norme e necessita di una regolamentazione ad hoc", *in Dir. Inf.*, vol. 18, n.º 6, 2002, pp. 1068-1085

STREITBERGER, Thomas – *Privacy am Rechnerarbeitsplatz – Datenschutzrechtliche Probleme durch die Protokollierung von Log-Files und e-Mails am Arbeitsplatz*, Universidade de Viena, 2003

STRICKLAND, Lee – "The USA Patriot Act Redux: Should We Reauthorize or Repudiate the Post-9/11 Authorities", *in Bulletin of the American Society for Information Science and Technology*, vol. 31, n.º 5, 2005, pp. 25-36

STROWEL, Alain; IDE, Nicolas – *Responsabilité des intermédiaires: actualités législatives et jurisprudentielles*, *in* www.droit-technologie.org

STRUNK, Jan A. – "Anonymes Surfen als Kündigungsgrund", *in CF*, n.º 11, 2006, pp. 28-31

SUPIOT, Alain – "Les nouveaux visages de la subordination", *in DS*, n.º 2, 2000, pp. 131-145

—— "Travail, droit et technique", *in DS,* n.º 1, 2002, pp. 13-25

SUPIOT, Alain e outros – *Transformações do Trabalho e futuro do Direito do Trabalho na Europa*, (coord. ALAIN SUPIOT), Coimbra Editora, Coimbra, 2003

SUSSER, Peter A. – "Electronic Monitoring in the Private Sector: How Closely Should Employers Supervise Their Workers?", *in Employee Relations Law Journal*, vol. 13, Primavera, 1998, pp. 575-598

SUVIRANTA, Antti – "Impact of Electronics Labor Law in Finland", *in Comp. Labor Law & Pol'y Journal*, vol. 24, 2002, pp. 93-115

SZANIAWSKI, Elimar – *Direitos de Personalidade e sua Tutela*, 2.ª edição, Editora Revista dos Tribunais, São Paulo, 2005

TABAK, Filiz; SMITH, William – "Privacy and Electronic Monitoring in the Workplace: a Model of Managerial Cognition and Relational Trust Development", *in Employee Responsabilities and Rigths Journal*, vol. 17, n.º 3, 2005, pp. 173189

TACCONE, Cristina – "Controlli a distanza e nuove tecnologie informatiche", *in ADL*, n.º 1, 2004, pp. 299-331

TAMAJO, Raffaele de Luca – "Presentazione della ricerca", *in Nuove Tecnologie e Tutela della Riservatezza dei Lavoratori*, (coord. LUCA TAMAJO, ROSARIO D'AFFLITTO e ROBERTO ROMEI), Franco Angeli, Milão, 1988, pp. 7-41

—— "Profili di rilevanza del potere direttivo del datore di lavoro", *in ADL*, n.º 2, 2005, pp. 467-490

TASCÓN LÓPEZ, Rodrigo – *El tratamiento por la Empresa de Datos Personales de los Trabajadores. Análisis del estado de la cuestión*, Thomson Civitas, Madrid, 2005

TATÉ, David – "Les tempéraments à l'interdiction de consulter les fichiers personnels des salariés", *in* www.net-iris.com

888 *A Privacidade dos Trabalhadores e as Novas Tecnologias...*

TÉLLEZ AGUILERA, Abel – *Nuevas Tecnologías, Intimidad y Protección de Datos com estúdio sistemático de la Lei Orgánica 15/1999*, Edisofer, Madrid, 2001

TEYSSIÉ, Bernard – *Droit européen du travail*, Litec, Paris, 2001

THANNHEISER, Achim – "Neue Computerprogramme und Personalratsbeteiligung", *in CF*, n.º 3, 2004, pp. 21-23

THIBAULT ARANDA, Javier – "El derecho español", *in Tecnología Informática y Privacidad de los Trabajadores*, (coord. MARK JEFFERY, JAVIER THIBAULT ARANDA e ÁNGEL JURADO), Thomson Aranzadi, Navarra, 2003, pp. 59-96

–––––– "El papel de los representantes de los trabajadores", *in Tecnología Informática y Privacidad de los Trabajadores*, (coord. MARK JEFFERY, JAVIER THIBAULT e ÁNGEL JURADO), Thomson Aranzadi, Navarra, 2003, pp. 357-375

–––––– *El uso del e-mail por los trabajadores y las facultades de control del empleador*, *in* www.uoc.edu/web/esp/art/uoc/0109040/thibault.html

THIELE, Clemens – "Internet am Arbeitsplatz", *in ecolex*, n.º 8, 2001, pp. 613-616

–––––– "Verwendung von Mitarbeiterfotos auf Firmenwebsites", *in* www.eurolawyer.at

TISSOT, Olivier de – "La protection de la vie privée du salarié", *in DS*, n.º 3, 1995, pp. 222-230

–––––– "Pour une analyse juridique du concept de «dignité» du salarié", *in DS*, n.º 12, 1995, pp. 972-977

–––––– "Internet et contrat de travail – les incidences de la conexion à Internet sur les rapports employeurs-salariés", *in DS*, n.º 2, 2000, pp. 150-158

TOFFLER, Alvin – *A Terceira Vaga*, Livros do Brasil, Lisboa, 2003

TOFFOLETTO, Franco – *Nuove tecnologie informatiche e tutela del lavoratore – Il potere di controllo del datore di lavoro – Il telelavoro*, Giuffrè Editore, Milão, 2006

–––––– *Internet e posta, nuove regole al lavoro*, *in* www.privacy.it

TORRICE, Amelia – "Il diritto alla riservatezza del lavoratore e la disciplina contenuta nel codice sulla protezione dei dati personali", *in D & L – Rivista Critica di Diritto del Lavoro*, n.ºs 2/3, 2005, pp. 349-363

TOWNS, Douglas; JOHNSON, Mark – "Sexual Harrassment in the 21st Century – E-Harrassment in the Workplace", *in Employee Relations Law Journal*, vol. 29, Verão, 2003, pp. 7-22

TRIGO, Maria da Graça – *Responsabilidade civil delitual por facto de terceiro*, Coimbra Editora, Coimbra, 2009

TRUDEAU, Giles – "Vie professionnelle et vie personnelle tâtonnements nord-américains", *in D.S.*, n.º 1, 2004, pp. 11-22

UCLA Internet Report – Surveying the Digital Future 2000, *in* www.ccp.ucla.edu

UCLA Internet Report – Surveying the Digital Future 2001, *in* www.ccp.ucla.edu

UCLA Internet Report – Surveying the Digital Future 2002, *in* www.ccp.ucla.edu

USSAI, Alessandro – "Osservazioni in tema di controllo dell'attività dei lavoratori attuato mediante sistemi informatici", *in Dir. Inf.*, 1991, pp. 247-265

UTECK, Anne – *Electronic surveillance and workplace privacy*, Universidade de Dalhousie, Halifax, Nova Scotia, *in* www.proquest.com

VALDÉS DAL-RÉ, Fernando – "Poderes del empresario y derechos de la persona del trabajador", *in RL*, n.º 8, 1990, pp. 8-25

——— "Poderes del Empresario y Derechos de la Persona del Trabajador", *in Autoridad y Democracia en la Empresa*, (coord. JOAQUIN APARICIO TOVAR e ANTONIO BAYLOS GRAU), Editorial Trotta, Madrid, 1992, pp. 27-49

——— "Poder directivo, contrato de trabajo y ordenamiento laboral", *in RL*, n.º 5, 1993, pp. 26-32

——— "Contrato de trabajo, derechos fundamentales de la persona del trabajador y poderes empresariales: una difícil convivência (1)", *in RL*, n.º 22, 2003, pp. 1-4

VALDÉS DE LA VEJA, Berta – "La protección de los derechos fundamentales por el tribunal de justicia", *in RDS*, n.º 23, 2003, pp. 33-59

VÁLIO, Marcelo Roberto Bruno – *Os Direitos de Personalidade nas relações de Trabalho*, Editora LTR, São Paulo, 2006

VALLEBONA, Antonio – "Art. 4 dello statuto dei lavoratori ed elaboratori elettronici", *in Nuove Tecnologie e Tutela della Riservatezza dei Lavoratori*, (coord. LUCA TAMAJO, ROSARIO D'AFFLITTO e ROBERTO ROMEI), Franco Angeli, Milão, 1988, p. 199

——— "Nuova tutela della riservatezza e rapporto di lavoro", *in DL*, I, 1997, pp. 513-523

——— "Il controllo delle comunicazione telefoniche del lavoratore", *in DL*, n.º 75, 2001, pp. 357-360

VALLEE, Guylaine – "Pluralite des status de travail et protection des droits de la personne", *in Relations Industrielles*, vol. 54, n.º 2, pp. 277-300

VALVERDE ASENCIO, Antonio José – "El derecho a la protección de datos en la relación laboral" *in Relaciones Laborales y Nuevas Tecnologías*, (coord. SALVADOR DEL REY GUANTER e LUQUE PARRA), La Ley, Madrid, 2005, pp. 345-410

VARELA, João de Matos Antunes – *Das obrigações em geral, vol. I*, 10.ª edição, Almedina, Coimbra, 2000

VASCONCELOS, Pedro Pais de – "Protecção de dados pessoais e direito à privacidade", *in Direito da Sociedade da Informação, volume I*, Coimbra Editora, Coimbra, 1999, pp. 241-253

VEIGA, António Jorge da Motta – *Lições de Direito do Trabalho*, 8.ª edição, Universidade Lusíada, Lisboa, 2000

VEIGA, Armando; RODRIGUES, Benjamim Silva – *Escutas Telefónicas – Rumo à Monitorização dos Fluxos Informacionais e Comunicacionais Digitais*, 2.ª edição, Coimbra Editora, Coimbra, 2007

VENEZIANI, Bruno – "Nuove tecnologie e contratto di lavoro: profili di diritto comparato", *in GDLRI*, n.º 33, 1, 1987, pp. 1-60

——— "L'art. 4, legge 20 Maggio 1970 n. 300: una norma da riformare?", *in RGLPS*, n.os 1-2, 1991, pp. 79-87

890 *A Privacidade dos Trabalhadores e as Novas Tecnologias...*

VENTURA, Catarina Sampaio – "Os direitos fundamentais à luz da quarta revisão constitucional", *in BFDUC*, n.º 74, 1998, pp. 493-527

VENTURA, Raul – "Extinção das relações jurídicas de trabalho", *in ROA*, Ano 10, n.os 1 e 2, 1950, pp. 215-364

VERALDI, Stefania – "I limiti ai poteri di vigilanza del datore di lavoro: il divieto del controllo a distanza dei lavoratori", *in RGLPS*, n.º 1, 1998, pp. 58-63

VERDELHO, Pedro – "Apreensão de correio electrónico em Processo Penal", *in RMP*, Ano 25, n.º 100, 2004, pp. 153-165

VERDIER, Jean-Maurice; COEURET, Alain; SOURIAC, Marie-Armelle – *Droit du Travail – mémentos*, 11.ª edição, Dalloz, Paris, 1999

VICENTE PACHÉS, Fernando de – "Vigilancia de la salud y derecho a la intimidad del trabajador", *in TS*, n.º 86, 1998, pp. 24-35

———— *El derecho del trabajador al respeto de su intimidad*, CES, Madrid, 1998

———— "Vulneración del derecho a la libertad sindical por uso indebido de la empresa de datos informáticos relativos a afiliación sindical. Comentário a la sentencia 11/1998, de 13 enero, de la sala 1.ª del Tribunal Constitucional (BOE de 12 de febrero de 1998), *in AS*, n.º 5, 1998, pp. 473-490

———— "El derecho a la Intimidad y la Informática en el Âmbito Laboral", *in Informática y Derecho*, n.os 30, 31 e 32, 1999, pp.277-331

———— "Las facultades empresariales de vigilância y control en las relaciones de trabajo: concepto y fundamento. Una primera aproximación a las diversas formas de control empresarial", *in El Control Empresarial*, (coord. GARCÍA NINET e VICENTE PACHÉS), CISS, Valência, 2005, pp. 17-47

VIGLIAR, Salvatore – *"Privacy* e comunicazioni elettroniche: la direttiva 2002/58/CE", *in Dir. Inf.*, vol. 19, n.º 2, 2003, pp. 401-424

VIGNALI, Carla – "Il consenso dell'interessato al trattamento dei dati", *in La tutela della privacy informatica – Problema e prospettive*, (coord. VINCENZO FRANCESCHELLI), Giuffré Editore, Milão, 1998, pp. 141-146

VIGNEAU, Christophe – "El Derecho Francés", *in Tecnología Informática y Privacidad de los Trabajadores*, (coord. MARK JEFFERY, JAVIER THIBAULT ARANDA e ÁNGEL JURADO), Thomson Aranzadi, Navarra, 2003, pp. 185-212

———— "Técnicas reguladoras", *in Tecnología Informática y Privacidad de los Trabajadores*, (coord. MARK JEFFERY, JAVIER THIBAULT ARANDA e ÁNGEL JURADO), Thomson Aranzadi, Navarra, 2003, pp. 325-336

———— "L'imperatif de bonne foi dans l'exécution du contrat de travail", *in DS*, n.os 7/8, 2004, pp. 706-714

VILAR, António – "A caminho de uma sociedade de trabalhadores sem trabalho – um outro olhar sobre a crise do trabalho", *in Minerva, Revista de Estudos Laborais*, Série II, n.º 1, 2008, pp. 31-82

VILASAU SOLANA, Mónica – "Derecho de intimidad y protección de datos personales", *in Derecho y Nuevas Tecnologias*, Editorial UOC, Barcelona, 2005, pp. 93-139

VILASAU, Mònica – "La Directiva 2006/24/CE sobre conservación de datos del tráfico en las comunicaciones electrónicas: seguridad v. privacidad", *in Revista de Internet, Derecho y Política*, n.º 3, 2006, *in* www.uoc.edu/idp, pp. 1-15

VILLA GIL, Luís Enrique de La – "Los derechos humanos y los derechos laborales fundamentales", *in RMTAS*, vol. 17, 1999, pp. 281-290

VIOTTOLO-LUDMANN, Agnés – *Égalité, Liberté et Relation Contractuelle de Travail*, Universitaires d'Aix-Marseille, Aix-en-Provence, 2004

VITALI, Emidia Zanetti – "Utilizzazione dei «dati sensibili» e tutela del lavoratore", *in La tutela della privacy informatica – Problema e prospettive*, (coord. VINCENZO FRANCESCHELLI), Giuffré Editore, Milão, 1998, pp. 109-127

VULLIET-TAVERNIER, Sophie – "Aprés da loi du 6 août 2004: nouvelle loi «informatique et libertés», nouvelle CNIL?", *in DS*, n.º 12, 2004, pp. 1055-1065

WALENSKY-SCHWEPPE – "Öffentlichkeitsarbeit mit E-Mail", *in CF*, n.º 3, 2005, pp. 19-21

WAQUET, Philippe – "Un employeur peut-il filmer à leur insu ses salariés? – Cour de Cassation, Chambre Sociale, 20 Novembre 1991", *in DS*, n.º 1, Janeiro, 1992, pp. 28-31

–––––– "Propos liminaires", *in D.S.*, n.º 1, 2002, pp. 10-12

–––––– *L'entreprise et les libertés du salarié – du salarié-citoyen au citoyen-salarié*, Editions Liaisons, Rueil-Malmaison, 2003

–––––– "La vie personnelle du salarié", *in DS*, n.º 1, 2004, pp. 23-30

WARREN, Samuel; BRANDEIS, Louis – "The right to privacy" *in Harvard Law Review*, vol. IV, n.º 5, 1890, pp. 193-210

WATSON, Geoff – "E-mail surveillance in the UK workplace – a management consulting case study", *in Aslib Proceedings*, vol. 54, n.º 1, 2002, pp. 23-40

WAXER, Cindy – "Navigating privacy concerns to equip workers with GPS", *in Workforce Management*, vol. 84, n.º 8, pp. 71-80

WECKERT, John – "Preface", *in Electronic Monitoring in the Workplace: Controversies and Solutions*, (coord. JOHN WECKERT), Idea Group Publishing, EUA, 2005, pp. VI-XII

WEDDE, Peter – "Heimliche Video-Uberwachung von Arbeitnehmern – zülassig?", *in CF*, n.º 1, 2004, pp. 23-26

–––––– "Schutz vor vedeckten Kontrollen im Arbeitsverhältnis", *in DuD*, n.º 1, 2004, pp. 21-26

–––––– "Wenn der Arbeitgeber eine Flatrate hat...", *in CF*, n.º 5, 2004, pp. 28-32

–––––– "Private E-Mail-Nutzung am Arbeitsplatz", *in CF*, n.º 6, 2004, pp. 25-27

–––––– "Das Telekommunikations-gesetz und die private E-Mail-Nutzung am Arbeitsplatz*, in CuA*, n.º 3, 2007, pp. 9-14

–––––– "Internet und E-Mail am Arbeitsplatz", *in Der Personalrat*, n.º 3, 2007, pp. 107-109

WEISS, Manfred – "Les droits fondamentaux et le droit allemand du travail", *in Droits fondamentaux et droit social*, (coord. ANTOINE LYON-CAEN e PASCAL LOKIEC), Dalloz, Paris, 2005, pp. 201-206

WEIßGERBER, Michael – *Arbeitsrechtliche Fragen bei der Einführung und Nutzung vernetzer Computerarbeitsplätze*, Duncker & Humblot, Berlim, 2003

892   *A Privacidade dos Trabalhadores e as Novas Tecnologias...*

WESTIN, Alan F. – *Privacy and Freedom*, Atheneum, Nova Iorque, 1970

—— "Social and Political Dimensions of Privacy", *in Journal of Social Issues*, vol. 59, n.º 2, 2003, pp. 431-453

WILKE, Matthias – "Videoüberwachung – Zwei Entscheidungen des Bundesarbeitsgerichts sorgen für Verwirrung", *in AiB*, n.º 4, 2005, pp. 225-228

—— "Monitoring – Abhören und Aufzeichnen im Call-Center", *in CF*, n.º 6, 2006, pp. 4-9

WONG, Rebecca – "The Shape of Things to Come: Swedish Developments on the Protection of Privacy", *in Script-ed*, vol. 2, n.º 1, 2005, pp. 107-120

WOOD, A. M. – "Omniscient organizations and bodily observations: electronic surveillance in the workplace", *in International Journal of Sociology and Social Policy*, vol. 18, n.ᵒˢ 5/6, 1998, pp. 136-174

WULF – *Les abus en matière de libertés d'expression sur Internet: Aspects de droit comparé franco-américain*, *in* www.droit-tic.com

XAVIER, Bernardo da Gama Lobo – "Da justa causa de despedimento no contrato de trabalho", *in BFDUC*, suplemento XIV, 1966, pp. 253-456

—— "A crise e alguns institutos de direito do trabalho", *in RDES*, n.º 4, 1986, pp. 517-569

—— "O direito do trabalho na crise (Portugal), *in Temas de Direito do Trabalho – Direito do Trabalho na crise Poder empresarial Greves atípicas – IV Jornadas Luso-Hispano-Brasileiras de Direito do Trabalho*, Coimbra Editora, Coimbra, 1990, pp. 101-138

—— *Curso de Direito do Trabalho*, 2.ª edição, Verbo, Lisboa, 1996

—— "A Constituição, a tutela da dignidade e personalidade do trabalhador e a defesa do património genético. Uma reflexão", *in V Congresso Nacional de Direito do Trabalho – Memórias*, (coord. ANTÓNIO MOREIRA), Almedina, Coimbra, 2003, pp. 261-272

—— "O acesso à informação genética. O caso particular das entidades empregadoras", *in RDES*, ano XLIV, n.º 3 e 4, 2003, pp.11-49

—— *Curso de Direito do Trabalho – I – Introdução Quadros Organizacionais e Fontes*, 3.ª edição, Verbo, Lisboa, 2004

—— *Direito do Trabalho – Ensinar e investigar*, Universidade Católica Portuguesa, Lisboa, 2005

—— "Procedimentos na empresa (para uma visão procedimental do Direito do trabalho", *in Nos 20 anos do Código das Sociedades Comerciais – Homenagem aos Profs. Doutores A. Ferrer Correia, Orlando de Carvalho e Vasco da Gama Lobo Xavier, Volume II, Vária*, (coord. ANTÓNIO PINTO MONTEIRO), Coimbra Editora, Coimbra, 2007, pp. 409-438

YZQUIERDO TOLSADA, Mariano – "La responsabilidad civil en el ámbito empresarial (danos causados por empleados e terceros), *in 2.º Congresso da Asociación Española de Abogados Especializados en Responsabilidad Civil y Seguro*, *in* www.asociacionabogadosrcs.org

ZAA ADDAD – "El uso del Correo Electrónico en la Empresa bajo la perspectiva del

Derecho Laboral Venezolano", *in alfa-redi, Revista de Derecho Informático*, n.º 87, 2005, pp. 1-12

ZANELLI, Pietro – "Innovazione tecnológica e controllo sui lavoratori", *Dir. Inf.*, Vol. 1, n.º 1, 1985 pp. 294-301

—— *Impresa, lavoro e innovazione tecnologica*, Giuffrè Editore, Milão, 1985

—— "Innovazione tecnológica, controlli, riservatezza nel Diritto del Lavoro", *in Dir. Inf.*, vol. 4, 1988, pp. 749-763

—— *Nuove tecnologie – Lege e contrattazione collettiva*, Giuffrè Editore, Milão, 1993

ZICCARDI, Fabio – "L'esperienza britannica in matéria di controllo delle banche dati", *in La tutela della privacy informatica – Problema e prospettive*, (coord. VINCENZO FRANCESCHELLI), Giuffrè Editore, Milão, 1998, pp. 157-167

ZILLI, ANNA – "Licenziamento in tronco per abuso del telefono aziendale", *in LNG*, n.º 12/2005, pp. 1175-1182

ZIRKLE, Brian L.; STAPLES, William G – "Negotiating Workplace Surveillance" *in Electronic Monitoring in the Workplace: Controversies and Solutions*, (coord. JOHN WECKERT), Idea Group Publishing, EUA, 2005, pp. 79-100

ZOLI, Carlo – "Subordinazione e poteri dell'imprenditore tra organizzazione, contratto e contrapotere", *in LD*, ano XI, n.º 2, 1997, pp. 241-259

ZÖLLNER, Wofgang; LORITZ, Karl-Georg – *Arbeitsrecht ein Studienbuch*, 4.ª edição, Beck, Munique, 1992

ZUCCHETTI, Alberto – *Privacy – Dati personali e sensibili Sicurezza – Regolamento – Sanzioni – Problemi e Casi pratici*, Giuffrè Editore, Milão, 2005